lonely planet

Irland

Fionn Davenport, Ryan Ver Berkmoes,
Catherine Le Nevez, Josephine Quintero, Neil Wilson

REISEPLANUNG

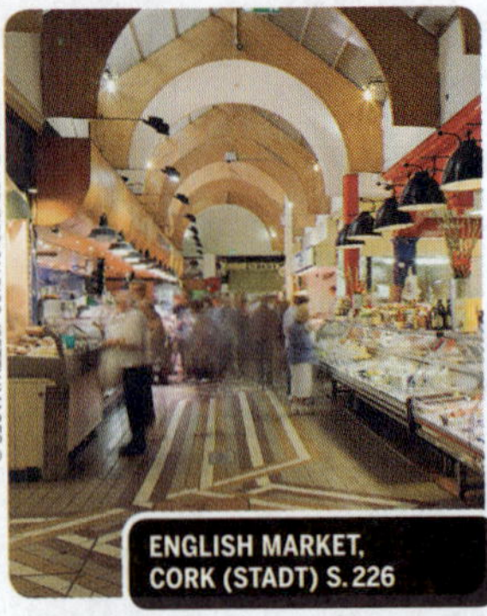

ENGLISH MARKET, CORK (STADT) S. 226

PETER ZOELLER/DESIGN PICS /GETTY IMAGES ©

WICKLOW MOUNTAINS S. 145

EOIN CLARKE /GETTY IMAGES ©

REISEZIELE IN IRLAND

Inhalt

REISEZIELE IN IRLAND

Inhalt

IRLAND VERSTEHEN

PRAKTISCHE INFORMATIONEN

SPECIALS

Willkommen in Irland

Kleines Land ganz groß: Dank seiner zeitlos schönen Landschaft und der charmanten, gastfreundlichen Einheimischen genießt Irland einen erstklassigen Ruf.

Postkartenmotive

Ja, es gibt sie, die wunderschönen Postkartenmotive, z. B. entlang der Halbinseln im Südwesten, im einsamen Connemara oder im urtümlichen County Donegal. Fündig wird man auch rund um die Seen der Counties Leitrim und Roscommon sowie im hügeligen, sonnigen Südosten (wobei „sonnig" ein dehnbarer Begriff ist). Irland wurde stark modernisiert, doch manche Dinge ändern sich nie. Wahrscheinlich ist genau das einer der großen Anziehungspunkte des Landes. Wenn man nach Skellig Michael übersetzt, tost der Atlantik mit altbekannter Urgewalt, und in den Höfen reetgedeckter Pubs saßen die Gäste schon vor Generationen gemütlich beieinander.

Reiche Geschichte

Die Geschichte folgt einem in Irland auf Schritt und Tritt. Zu den beeindruckendsten Sehenswürdigkeiten gehören die atemberaubenden Kultstätten von Brú na Bóinne aus prähistorischer Zeit und die Klosterruinen in Glendalough und Clonmacnoise. Neueren Geschehnissen widmet man sich in Cobh's *Titanic*-Museum und im Dubliner Kilmainham-Gaol-Museum. Gegenwartsgeschichte zum Anfassen erlebt man an Bord eines schwarzen Taxis in West-Belfast oder beim Betrachten der bunten politischen Wandmalereien in Derry.

Kulturelles Potpourri

Irland erschlägt einen fast mit seinem gewaltigen kulturellen Angebot: Theaterstücke mit berühmten Darstellern in Dublin, traditionelle Pubmusik im Westen des Landes oder Rocksessions in Limerick – hier wird jeder Geschmack zufriedengestellt. Im Sommer gibt's darüber hinaus zahlreiche Festivals zu allen möglichen Themen.

Tá Fáilte Romhat

(To fohl-tsche ro-et) – „Du bist willkommen" oder, noch beliebter, *céad míle fáilte*, „hunderttausendmal willkommen". Die Freundlichkeit der Iren ist ein ausgelutschtes Klischee, das die komplexe irische Seele auf einen viel zu einfachen Nenner bringt, wobei die meisten Einwohner nach anfänglicher Reserviertheit tatsächlich sehr warmherzig sind. Die Chancen, in ein Gespräch verwickelt zu werden, stehen überall gut, und wenn man fremd in der Stadt ist, bietet einem garantiert irgendjemand Hilfe an. Trotzdem ist dieses Verhalten keine Art uneingeschränkter Altruismus. In erster Linie geht's den Iren darum, sich wohlzufühlen, was sie nur dann können, wenn ihr Umfeld ebenfalls glücklich ist. Die besagten Hunderttausendmal scheinen übertrieben, aber genau dafür steht Irland – jedenfalls solange die Übertreibung das richtige Maß hat.

Warum ich Irland liebe

Giant's Causeway, County Antrim

Fionn Davenport, Autor

Irland ist wunderbar lässig, weil die Einwohner der Ansicht sind, das Leben sei ein unübersichtlicher und verwirrender Kampf, den wir alle so gut wie möglich kämpfen müssen, egal woher wir stammen, welche politische Gesinnung wir haben und welchen Gott wir anbeten. Dementsprechend können wir uns auch um ein höfliches Miteinander bemühen.

Mehr über unsere Autoren siehe S. 779

Irland

0
100 km
Causeway Coast Way
Beste Küstenwanderung in Nordirland (S. 670)
Black-Taxi-Touren
Belfasts bewegte Vergangenheit erkunden (S. 609)
Titanic Belfast
Museum des berühmtesten Schiffs der Welt (S. 602)
Brú na Bóinne
Beeindruckende neolithische Ganggräber (S. 550)
Derry/Londonderry
Ummauerte Stadt mit einer tollen Kulturszene (S. 654)
Connemara
Melancholische, wunderschöne Landschaften (S. 416)
HÖHE
700 m
500 m
300 m
200 m
100 m
0
ATLANTISCHER OZEAN
North Channel
55°N
54°N
10°W
9°W
8°W
7°W
Malin Head
Tory Island
Rosguill Peninsula
Bloody Foreland
Arranmore Island
Fanad Peninsula
Inishowen Head
Inishowen Peninsula
Lough Swilly
Glenveagh National Park
Lough Gartan
Ballyliffin
Culdaff
Carndonagh
Moville
Buncrana
Dunfanaghy
Gortahork
Gweedore
Kincasslagh
Dunlewy
Dungloe
Derry
Letterkenny
Limavady
Downhill
Portrush
Portstewart
Coleraine
Dunluce Castle
Giant's Causeway
Bushmills
Rathlin Island
Ballycastle
ANTRIM
Bann
Ballymena
Slemish (438 m)
Larne
Kells
Carrickfergus
Antrim
Crawfordsburn
Holywood
Bangor
Belfast
Newtownards
Ards Peninsula
Lisburn
Lough Neagh
Strangford Lough
Craigavon
Lurgan
Portadown
Killyleagh
Downpatrick
Armagh
Banbridge
DOWN
Lecale Peninsula
ARMAGH
LOUTH
DONEGAL
LONDONDERRY
Strabane
Sperrin Mountains
TYRONE
Omagh
Blue Stack Mountains
Lough Eske
Ardara
Glenties
Maghery
Loughrea Peninsula
Glencolumbcille
Carrick
Kilcar
Killybegs
Bruckless
Donegal
Mountcharles
Donegal Bay
Rossnowlagh
Bundoran
Inishmurray Island
Lower Lough Erne
Lough Melvin
FERMANAGH
Enniskillen
Lough Macnean Upper
Lough Macnean Lower
Rossmore Forest Park
Monaghan
Clones
MONAGHAN
Upper Lough Erne
Cuilcagh Mountain (667 m)
Sligo Bay
Lough Gill
Sligo
SLIGO
Céide Fields
Ballycastle
Pollatomish
Killala
Ladies Brae
Bangor Erris
Mullet Peninsula
Ballina
Ballycroy National Park
MAYO
Ireland West Airport Knock
Boyle
Carrick-on-Shannon
LEITRIM
Cavan
CAVAN
Annagh
Inniskeen
Carrickmacross
Carlingford
Greencastle
Cooley Peninsula
Dundalk
Newport
Clew Bay
Castlebar
ROSCOMMON
Knock
LONGFORD
Loughcrew Cairns
Stätte der Schlacht um Boyne
Drogheda
Laytown
Clare Island
Westport
Croagh Patrick (765 m)
Strokestown
Longford
Inny
Kells
Slane
Navan
Brú na Bóinne
Newgrange
Inishturk Island
Inishbofin
Doolough Valley
Letterfrack
Cleggan
Claddaghduff
Leenane
Connemara
Cong
Clare
Roscommon
Lough Ree
Mullingar
Trim
Tara
MEATH
DUBLIN

Festivals in Galway
Der Inbegriff des irischen Hedonismus (S. 399)
Die Küste von Clare
Irlands bester Küstenweg (S. 357)
Dingle
Ein großartiges Fischerörtchen (S. 307)
Ring of Kerry
Berühmteste Panorama-Rundtour des Landes (S. 293)
Cork
Ausgezeichnete Restaurants in der zweitgrößten Stadt der Republik (S. 226)
Rock of Cashel
Spektakuläre alte Festungsanlage auf einem Felsen (S. 338)
Kilkenny
Majestätische mittelalterliche Stadt (S. 208)
Glendalough
Historische Klosteranlage in einer atemberaubenden Umgebung (S. 151)
Dublin
Pulsierende, freundliche Hauptstadt (S. 58)
GALWAY
WESTMEATH
KILDARE
OFFALY
LAOIS
CARLOW
WICKLOW
KILKENNY
WEXFORD
TIPPERARY
CLARE
LIMERICK
KERRY
CORK
WATERFORD
DUBLIN
Malahide
Howth
Maynooth
Dalkey
Straffan
Newbridge
Kildare
Donnelly's Hollow
Glendalough
Wicklow
Wicklow Mountains
Mizen Head
Avoca
Castledermot
Carlow
Ballon
Mt. Leinster (796 m)
Ferns
Enniscorthy
Wexford Bay
Curracloe Beach
Wexford
Rosslare Strand
Rosslare Harbour
Kilmore Quay
Saltee Islands
Hook Peninsula
Dunmore East
Tramore
Waterford
New Ross
Barrow
St. Mullins
Borris
Dungarvan
Kells
Kilkenny
Ballingarry
Carrick-on-Suir
Suir
Curraghmore Estate
Clonmel
Fethard
Cashel
Cahir
Newcastle
Mitchelstown Caves
Blackwater
Lismore
Cappoquin
Dungarvan
Ring Peninsula
Ardmore
Youghal
Youghal Bay
Fota Wildlife Park
Cobh
Cork
Kinsale
Clonakilty
Skibbereen
Castletownshend
Baltimore
Clear Island
Schull
Mizen Head Peninsula
Sheep's Head Peninsula
Bantry
Glengarriff
Gougane Barra Forest Park
Kenmare
Beara Peninsula
Dursey Island
Caherdaniel
Waterville
Skellig Ring
Skellig Islands
Portmagee
Valentia Island
Caherciveen
Ring of Kerry
Kells
Sneem
Kerry Bog Village Museum
Rossbeigh Strand
Killorglin
Killarney
Killarney National Park
Castlemaine
Inch
Annascaul
Dingle
Dingle Peninsula
Connor Pass
Tralee
Listowel
Ballybunion
Mouth of the Shannon
Tarbert
Loop Head
Scattery Island
Kilkee
Kilrush
Shannon Airport
Bunratty
Limerick
Adare
Ballingarry
Tipperary
Glen of Aherlow
Galtee Mountains
Mallow
Ennis
Corofin
Ennistymon
Miltown Malbay
Liscannor
Hag's Head
Cliffs of Moher
Kilfenora
Lisdoonvarna
Doolin
Inisheer
Inishmaan
Inishmór
Aran Islands
Fanore
Burren
Black Head
Ballyvaughan
Kinvara
Gort
Kilcolgan
Clarinbridge
Galway
Athenry
Loughrea
Portumna
Mountshannon
Ballina
Killaloe
Nenagh
Roscrea
Donaghmore
Durrow
Abbeyleix
Timahoe
Rock of Dunamaise
Mountmellick
Portarlington
Slieve Bloom Mountains
Kinnitty
Birr
Banagher
Shannonbridge
Clonmacnoise
Ballinasloe
Athlone
Suck
Kilbeggan
Durrow Abbey
Tullamore
Oughterard
Lough Corrib
Lough Inagh
Cashel
Roundstone
Mace Head
Omey Island
St. George's Channel
53°N
52°N
10°W
9°W
8°W
7°W
6°W

Irlands Top 21

Dublin

1 Irlands Hauptstadt (S. 58) wartet mit zahlreichen Attraktionen auf. Da trifft es sich gut, dass sowieso fast alle Touristen über Dublin ins Land reisen. Hier locken erstklassige Museen, ein tolles Unterhaltungsprogramm, großartige Restaurants und hervorragende Hotels, das Beste sind jedoch die Dubliner, die in Sachen Freundlichkeit, Gelassenheit und Herzlichkeit die Bewohner vieler anderer europäischer Metropolen hinter sich lassen. Außerdem ist in dieser Stadt das Guinness zu Hause. O'Connell Bridge, Dublin

Connemara, County Galway

2 Die filigrane Küste dieser Halbinsel (S. 416) bildet mit ihren winzigen Buchten und Stränden eine herrliche Kulisse zum wilden Atlantik. Malerische Straßen führen durch Dörfer mit traditionellen Pubs und Restaurants, die nach Familienrezepten zubereitete Fischsuppen servieren. Das Landesinnere mit einsamen Tälern, grünen Hügeln, gelben Wildblumen und reißenden Flüssen, in denen sich der blaue Himmel spiegelt, ist sogar noch faszinierender. Wanderungen versprechen Momente wunderbar einsamer Ursprünglichkeit. Mannin Bay, Connemara

2

HOLGER LEUE / GETTY IMAGES ©

GARDEL BERTRAND / GETTY IMAGES ©

DE AGOSTINI / W. BUSS / GETTY IMAGES ©

Pubs

3 In jeder Stadt und in jedem Dorf gibt's mindestens eins und alle haben eine Sache gemeinsam: Im Pub schlägt Irlands Herz am lautesten, außerdem merkt man dort am schnellsten, wie die Einwohner ticken. Egal ob man eine ruhige, traditionelle Kneipe mit Buntglastüren und großem Kamin oder ein moderneres Pub mit blinkenden Lichtern und Musik besucht – man sollte sich einen Abend lang Zeit nehmen, um dieses Herz schlagen zu hören und sich ein paar anständige Biere zu genehmigen. Temple Bar, Dublin

Galway (Stadt)

4 Galway (S. 393) steht für irische Geselligkeit par excellence, denn Irlands lebendigste Stadt verspricht unterhaltsame Abende. In den Pubs treten z. B. geigenspielende Altherrenbands oder angesagte junge Musikgruppen auf. Am besten macht man es den Einwohnern nach und zieht von Kneipe zu Kneipe – dabei wird man nämlich jede Menge Überraschungen erleben und viel Spaß haben. Für den hohen Unterhaltungsfaktor sind auch die berühmten Austern sowie die Abenteuer versprechende Connemara Peninsula und die Aran Islands in der Nähe verantwortlich. Quay Street, Galway

Glendalough, County Wicklow

5 Der hl. Kevin hatte ein Händchen für magische Orte. Als er eine abgelegene Höhle an einem Gletschersee mitten in einem bewaldeten Tal als Standort für seine Einsiedelei wählte, gründete er unbeabsichtigt eine Siedlung (S. 151), die sich später zu einer der dynamischsten Universitäten Irlands entwickeln sollte und heute zu einer der schönsten Ruinenstätten des Landes gehört. Gepaart mit der atemberaubenden Landschaft sind die Überreste der Anlage, darunter ein intakter Rundturm, höchst eindrucksvoll. Glendalough, County Wicklow

Dingle, County Kerry

6 Dingle ist sowohl der Name der malerischen, mit alten Ruinen übersäten Halbinsel (S. 305), die in den Atlantik ragt, als auch von ihrem hübschen, quirligen Hauptort. Fischerboote entladen hier ihren Fang, der kaum frischer sein könnte, Künstler verkaufen ihre Werke (darunter wunderschöner Schmuck mit irischen Motiven) in charmanten Boutiquen, und in den Pubs, von denen sich viele seit ihrer früheren Funktion als kleine Läden kaum verändert haben, wird rund um den Kamin traditionelle Musik gespielt. Hafen, Dingle

Traditionelle Musik

7 Irlands traditionelle Musik (S. 721) ist die wohl mitreißendste Westeuropas. Mit Riverdance erlangte sie Weltruhm, am authentischsten ist sie jedoch in Pubs der alten Schule. Die westlichen Grafschaften tun sich dabei besonders hervor: Von Donegal bis hinunter nach Kerry gibt's großartige Musikzentren, wobei Doolin im County Clare als inoffizielle Hauptstadt irischer Musik gilt. Zum Mitmachen wird man wohl nicht aufgefordert, aber Hände und Füße bewegen sich ganz von allein im Takt. Kinnitty-Castle-Bar

Spaziergänge & Wanderungen

8 Natürlich lässt sich das Land problemlos mit dem Auto erkunden, am besten lernt man es aber zu Fuß kennen, sei es bei einem Nachmittagsspaziergang auf Treidelpfaden oder bei einer der 31 anspruchsvollen Fernwanderungen. Über die Küstenwege und Bergrouten gelangt man in Städte und Dörfer oder in einsames Heideland und karge Sümpfe, wo man sich eine Auszeit vom Alltag nehmen kann. Alles, was man braucht, sind ein paar gute Schuhe und eine Regenjacke. Connemara

Brú na Bóinne, County Meath

9 Mit seinen riesigen runden weißen Steinmauern und der Graskuppel wirkt Newgrange zugleich uralt und merkwürdig futuristisch. Die Stätte gehört zur riesigen neolithischen Nekropole Brú na Bóinne (Palast des Boyne; S. 550) und beherbergt Irlands schönstes jungsteinzeitliches Ganggrab, das rund 600 Jahre älter ist als Ägyptens Pyramiden. Am eindrucksvollsten ist die genaue Ausrichtung des Grabs zur Sonne während der Wintersonnenwende. Newgrange

8

9

IIC/AXIOM / GETTY IMAGES ©

DORI OCONNELL / GETTY IMAGES ©

Rock of Cashel, County Tipperary

10 Die alte, über den grünen Wiesen Tipperarys thronende Festung (S. 338) bietet einen atemberaubenden Anblick. Als Sitz von Königen und Geistlichen, die mehr als 1000 Jahre über die Region herrschten, machte es Tara 400 Jahre lang Konkurrenz. Durch die Halle des Vicars Choral aus dem 15. Jh. gelangt man in die beeindruckende, von undurchdringlichen Mauern umgebene Anlage mit einem intakten Rundturm, einer gotischen Kathedrale aus dem 13. Jh. und der schönsten romanischen Kapelle des 12. Jhs. im ganzen Land.

Golf

11 Wenn Schottland die Heimat des Golfsports (S. 40) ist, dann verbringt dieser in Irland seinen Urlaub. Die schönsten Plätze befinden sich am Meer, wo sie in die hügelige, von Dünengräsern bedeckte Landschaft eingebettet sind. Neben weltberühmten Adressen beeindrucken auch weniger bekannte Plätze mit einer spektakulären Kulisse und bieten Golfern die Möglichkeit, ihre Fähigkeiten Mutter Natur gegenüber unter Beweis zu stellen. Golfplatz in Wicklow

Cork (Stadt)

12 In Sachen Größe muss sich diese Stadt (S. 226) mit dem zweiten Platz zufrieden geben, ansonsten lässt sie die Konkurrenz hinter sich. In ihrem kompakten Zentrum gibt's großartige Kunstgalerien, Museen und vor allem leckeres Essen. Cork überzeugt sowohl mit günstigen Cafés als auch mit edlen Gourmetrestaurants, was bei dem exzellenten kulinarischen Ruf der Grafschaft nicht überrascht. Besonders bemerkenswert und eine Attraktion für sich ist dabei der überdachte English Market, auf dem Obst und Gemüse verkauft werden. Holy Trinity Church, Cork

JORG GREUEL / GETTY IMAGES ©

DAMIAN TULLY / ALAMY ©

Ring of Kerry

13 Eine Fahrt über die 179 km lange Ringstraße (S. 293) um die Iveragh Peninsula ist ein unvergessliches Erlebnis, wobei auch abseits der Hauptroute Highlights warten. In der Nähe von Killorglin führt ein kurzer Abstecher zu der wunderschönen, wenig bekannten Cromane Peninsula, zwischen Portmagee und Waterville kann man den Skellig Ring erkunden, und das Innere der Halbinsel wartet mit einer atemberaubenden Bergkulisse auf. Das ist jedoch erst der Anfang! Seine Kamera (mit aufgeladenen Akkus) sollte man also besser nicht vergessen! Aussicht von Valentia Island

Black-Taxi-Tour, Belfast

14 Ein Muss jedes Nordirlandurlaubs ist die Besichtigung der politischen Wandmalereien (S. 598) rund um die Falls Road und die Shankhill Road. Ohne einen Guide mit dem nötigen Hintergrundwissen wirken die Kunstwerke allerdings lediglich wie bunte Bilder. Aus diesem Grund sollte man eine der zu Recht berühmten Belfaster *black-taxi*-Touren buchen. Die kenntnisreichen Fahrer verfügen über eine gute Portion schwarzen Humors, aber verharmlosen nicht die ernste, teils tragische Situation. Wandmalereien in der Falls Road

Kilkenny (Stadt)

15 Mit seiner majestätischen Burg und der mittelalterlichen Kathedrale strahlt Kilkenny (S. 208) eine solche kulturelle Erhabenheit aus, dass ein Zwischenstopp auf der Reise gen Süden oder Westen unverzichtbar ist. Die Werke der vielen Künstler und Handwerker aus dem gleichnamigen County werden in den Läden und Boutiquen der Stadt verkauft. Wegen der großartigen landwirtschaftlichen Erzeugnisse der Region geben Küchenchefs Kilkenny gegenüber Dublin den Vorzug und in den wunderbaren Pubs gibt's Bier aus der ortsansässigen Brauerei. St. Canice's Cathedral und Rundturm, Kilkenny

Causeway Coast Way

16 Irlands malerischster Küstenwanderweg verläuft 16 km zwischen der schwingenden Hängebrücke von Carrick-a-Rede (S. 675) und dem eindrucksvollen Giant's Causeway (S. 673). Wer ihm folgt, wird mit facettenreichen Ausblicken auf Klippen, Inseln, Sandstränden und Burgruinen belohnt. Am einen Ende erstreckt sich die herrliche, von Meeresvögeln bevölkerte Insel Rathlin, am anderen lockt die Aussicht auf ein Schlückchen in der Old Bushmills Distillery. Carrick-a-Rede

Burgen & Herrenhäuser

17 Die Anglonormannen hinterließen in Irland ein unübersehbares Erbe: verschiedene hübsche Anwesen und eindrucksvolle Burgen, die Macht, Ruhm und Reichtum ihrer jeweiligen Besitzer zeigen sollten. Von manchen sind nur Ruinen geblieben, viele wurden jedoch sorgfältig gepflegt, darunter die im georgianischen Stil errichteten Landsitze rund um Dublin. Wieder andere dienen inzwischen als Luxushotels und sind für eine unvergessliche Übernachtung gut. Powerscourt Estate, County Wicklow

16

17

IIC/AXIOM/GETTY IMAGES ©

WADE EAKLE/GETTY IMAGES ©

Derry/ Londonderry

18 In Nordirlands zweitgrößter Stadt (S. 654) spiegelt sich die konfliktbeladene Vergangenheit des Landes in der Mauer aus dem 17. Jh. und im umstrittenen Namen – Derry für Republikaner, Londonderry für Unionisten – wider. Die neue Brücke über den Foyle dient jedoch als Symbol für die Überwindung der Kluft. Derry ist ein Ort voll kreativer Energie, die sich in den Wandmalereien, einer dynamischen Musikszene und zahlreichen Kunstmuseen ausdrückt. 2013 war er sogar UK City of Culture. Hands Across the Divide von Maurice Harron

Gaelic Football & Hurling

19 Der Besuch eines Hurling- oder Gaelic-Football-Spiels (S. 732) – je nachdem, in welchem County man sich befindet – ist nicht nur ein einzigartiges Erlebnis, sondern gibt außerdem Einblicke in große Emotionen und in eine der kulturellen Säulen Irlands. Ob nun bei einem Football-Match im County Galway oder beim Hurling zwischen alten Rivalen wie den Grafschaften Kilkenny und Tipperary, die große Leidenschaft der Mannschaften und Fans zieht einen schnell in ihren Bann. Frauen bei einem Hurlingspiel

Titanic Belfast

20 Den Bau des bekanntesten Ozeandampfers der Welt feiert dieses großartige neue Museum (S. 602) in voller Hightech- und Multimediapracht. Hier kann man nicht nur praktisch jedes Detail des Bauplans der *Titanic* erkunden – inklusive einer „Flugsimulation" vom Kiel bis zur Brücke – sondern sich auch mitten ins Belfast des Industriezeitalters der Werften zur Jahrhundertwende des 20. Jhs. zurückversetzen. Bewegende Einblicke liefern Fotos, Audiomaterial und vor allem das einzige noch von der *Titanic* existierende Filmmaterial.

SCENICIRELAND.COM / CHRISTOPHER HILL PHOTOGRAPHIC / ALAMY ©

Die Küste von Clare

21 Die berühmten Cliffs of Moher (S. 379), die im Licht der späten Nachmittagssonne golden leuchten, sind nur eine von vielen Attraktionen im County Clare. Vom Boot aus sehen die gewaltigen Klippenwände besonders schön aus. Unten im Süden erheben sich die Felsklippen des Loop Head mit ihren verlassenen Steinbauten, deren Ursprünge bis heute ungeklärt sind. Überall an der Küste stößt man auf niedliche kleine Dörfer wie das von Klängen traditioneller Musik erfüllte Ennistymon und das Surfmekka Lahinch. Cliffs of Moher

ROBERT RIDDELL / GETTY IMAGES ©

Gut zu wissen

Weitere Informationen siehe S.735

Währung
Euro (€) Republik Irland
Pfund Sterling (£) Nordirland

Sprache
Englisch und Irisch

Visa
Deutsche, Österreicher und Schweizer benötigen lediglich einen gültigen Personalausweis oder einen Reisepass.

Geld
Wechselbüros und Geldautomaten sind weit verbreitet. Kreditkarten werden in allen Hotels, vielen B&Bs und den meisten Restaurants akzeptiert.

Handys
In Irland funktionieren viele ausländische Mobiltelefone, allerdings ist die Nutzung teuer. Lokale SIM-Karten gibt's ab 10 €. Ein einfaches Handy mit SIM-Karte kostet ca. 40 €.

Zeit
Westeuropäische Zeit (MEZ –1 Std., MESZ –1 Std).

Reisezeit

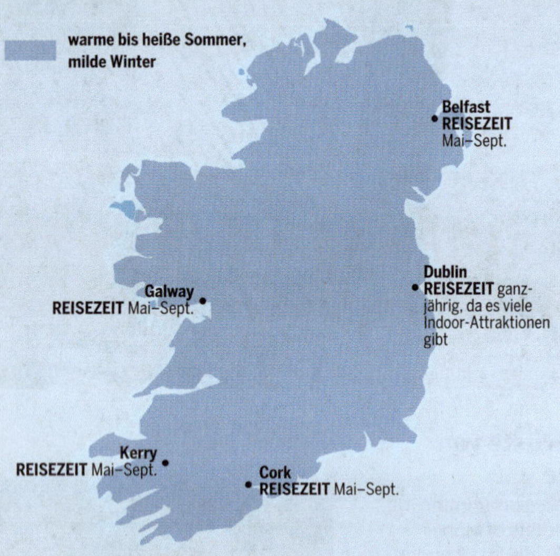

Hauptsaison
(Juni–Mitte Sept.)

➡ Jetzt zeigt sich das Wetter von seiner besten Seite.

➡ Teure Übernachtungspreise (besonders im August).

➡ In Dublin, Kerry sowie an der Süd- und der Westküste tummeln sich zahlreiche Touristen.

Zwischensaison
(Ostern–Ende Mai, Mitte Sept.–Ende Okt.)

➡ Oft gutes Wetter. Im Mai Sonne und Regen, im September Altweibersommer und warme Temperaturen.

➡ Weniger Touristen als im Sommer und günstigere Übernachtungspreise.

Nachsaison
(Nov.–Feb.)

➡ Kürzere Öffnungszeiten von Oktober bis Ostern; einige Orte machen komplett dicht.

➡ Kaltes und nasses Wetter, manchmal Nebel.

➡ In den großen Städten geht alles seinen normalen Gang.

Nützliche Websites

Entertainment Ireland (www.entertainment.ie) Listet Clubs, Theater, Festivals, Kinos und Museen auf.

Failte Ireland (www.discoverireland.ie) Offizielles Tourismusportal mit praktischen Informationen und einer riesigen Datenbank für Unterkünfte.

Lonely Planet (www.lonelyplanet.de) Jede Menge Infos über Irland.

Northern Ireland Tourist Board (www.nitb.com) Offizielle Touristenseite.

Wichtige Telefonnummern

Die Vorwahl muss man nur dann wählen, wenn man sich außerhalb des Gebiets befindet oder vom Handy aus anruft. Aus dem Ausland die „0" vorwählen.

Landesvorwahl	✆353 Republik Irland +44 Nordirland
Internationaler Zugangscode	✆00
Notruf (Polizei, Feuerwehr, Krankenwagen)	✆999

Wechselkurse

Eurozone	1 €	0,83 £
Schweiz	1 SFr	0,81 € 0,67 £

Aktuelle Wechselkurse siehe unter www.xe.com

Tagesbudget

Günstig: unter 60 €

- Bett im Schlafsaal: 12–20 €
- Günstige Mahlzeit im Café oder Pub: 6–12 €
- Intercitybus (200 km): 12–25 €
- Pint: 4,50–5 €

Mittelteuer: 60–120 €

- Doppelzimmer im Hotel oder B&B (in Dublin teurer): 40–100 €
- Hauptgericht in einem Mittelklasserestaurant: 10–18 €
- Mietwagen (pro Tag): ab 40 €
- Dreistündige Zugfahrt: 65 €

Teuer: mehr als 120 €

- Zimmer im Viersternehotel: ab 150 €
- Dreigängemenü in einem gehobenen Lokal: etwa 50 €
- Eine Runde Golf spielen (Mitte der Woche): ab 80 €

Öffnungszeiten

Banken Mo–Fr 10–16 Uhr (Do bis 17 Uhr)

Geschäfte Mo–Sa 9.30–18 Uhr (in Städten Do bis 20 Uhr), So 12–18 Uhr

Pubs Mo–Do 10.30–23.30 Uhr, Fr & Sa 10.30–0.30 Uhr, So 12–23 Uhr (plus 30 Minuten „zum Austrinken"); am 1. Weihnachtsfeiertag und an Karfreitag geschlossen

Restaurants 12–22.30 Uhr; viele Lokale schließen an einem bestimmten Wochentag

Ankunft in Irland

Dublin Airport (S. 140) Privatfahrzeuge starten alle 10 bis 15 Minuten zum Stadtzentrum (7 €). Taxis brauchen 30 bis 45 Minuten und kosten 20 bis 25 €.

Dun Laoghaire Ferry Port (S. 139) Der öffentliche Bus braucht etwa 45 Minuten bis zum Dubliner Stadtzentrum; DART (S-Bahn) schafft die Strecke in 25 Minuten.

Dublin Port Terminal (S. 139) Die Busse sind auf die Ankunfts- und Abfahrtszeiten der Fähren abgestimmt. Für die Fahrt ins Stadtzentrum zahlt man 2,50 €.

Unterwegs vor Ort

Verkehrsmittel sind in Irland effizient und günstig und die Anbindung an die großen Städte ist gut. Auch die kleineren Städte und Orte entlang der Routen werden häufig angesteuert. Ziele abseits der Hauptrouten werden weniger häufig bedient und sind oft unpraktisch zu erreichen.

Zug Über ein eingeschränktes Schienennetzwerk ist Dublin mit allen größeren Städten verbunden, u.a. mit Belfast in Nordirland. Wer mit knappem Budget reist, sollte die Züge meiden.

Auto Die bequemste Art, alle Ecken und Winkel des Landes zu erkunden. Autos können in jeder Stadt gemietet werden. Achtung: In Irland fährt man auf der linken Seite!

Bus Das Liniennetz für öffentliche und private Busse ist recht gut ausgebaut und die günstigste Art zu reisen. Busse steuern die meisten bewohnten Gebiete an.

Mehr zum Thema **Unterwegs vor Ort** siehe S. 746

Irland für Anfänger

Weitere Informationen siehe S. 735

Checkliste

- Gültigkeit des Personalausweises oder Reisepasses prüfen
- Unterkünfte, Veranstaltungen und Verkehrsmittel reservieren
- Über die Gepäckbeschränkungen der Fluggesellschaft informieren
- Die Kreditkartenbank über die Reise informieren
- Reiseversicherung abschließen (S. 738)
- Prüfen, ob man sein Handy in Irland benutzen kann (S. 740)

Reisegepäck

- Gute Wanderschuhe: Irland lässt sich am besten zu Fuß erkunden
- Regenmantel – der wird garantiert gebraucht
- Stromadapter für Großbritannien/Irland
- Subtiler Sinn für Humor
- Viel Platz im Magen für das ganze Bier
- MP3-Player mit irischer Musik

Top-Tipps für die Reise

- Qualität statt Quantität: Statt durch die Gegend zu hetzen, um möglichst schnell möglichst viel zu sehen, sollte man lieber ein paar Orte auswählen und sich dafür Zeit nehmen. Besucher erleben oftmals die unvergesslichsten Momente, wenn sie sich einfach treiben lassen.
- Beim Autofahren ist es ratsam, häufig die Hauptstraßen zu verlassen: Die atemberaubende Landschaft kann man am besten auf Nebenstraßen genießen, die immer wieder tolle Fotogelegenheiten bieten.
- Einheimische grüßen: Eines der schönsten Erlebnisse ist die Liebenswürdigkeit der Iren, da sie tatsächlich so hilfsbereit, freundlich und humorvoll wie ihr Ruf sind.

Kleidung

Im Prinzip kann man hier tragen, was man möchte. Sportlich-elegante Kleidung reicht aus für den Besuch von Restaurants, Theateraufführungen und Konzerten. Im Sommer ist es in Irland warm, aber selten heiß. Für kühlere Stunden, insbesondere am Abend, sollte man etwas zum Überziehen mitbringen. Letzten Endes bestimmt das unbeständige Wetter das Outfit. Am besten hat man immer eine Regenjacke griffbereit.

Schlafen

Die Bandbreite reicht von der einfachen Herberge bis hin zum Fünfsternehotel. Am besten reserviert man sein Zimmer im Voraus; in der Urlaubszeit ist das sogar ein absolutes Muss. Weitere Infos zu Unterkünften siehe S. 741.

- **Hotels** Egal ob man Hotelketten mit gemütlichen Zimmern oder eher normannische Burgen mit Regenduschen und WLAN (zu entsprechenden Preisen) bevorzugt – hier findet jeder die passende Bleibe.
- **B&Bs** Die irische Unterbringungsform schlechthin! Dabei sind die Möglichkeiten schier unbegrenzt. Man kann z. B. in einem Privathaus oder auch in einer luxuriösen georgianischen Stadtvilla unterkommen.

Geld

Die zahlreichen Geldautomaten sind internationalen Systemen angeschlossen. Bei der Kartennutzung dürfte es keine Probleme geben, trotzdem sollte man vor der Reise vorsichtshalber bei der heimischen Bank nachfragen.

Kreditkarten können nahezu überall genutzt werden, lediglich einige B&B-Betreiber auf dem Land verlangen Bargeld. In Bars und Restaurants vor der Bestellung fragen, ob die Karte akzeptiert wird. Am weitesten verbreitet sind Visa und MasterCard. American Express wird nur von großen Ketten akzeptiert, während Diners und JCB fast nie angenommen werden. Normalerweise wird die Karte eingelesen, dann muss man die PIN eingeben; nur selten genügt eine Unterschrift.

Alternativ tauscht man bei Banken, Postämtern und einigen größeren Hotels Bargeld und Reiseschecks.

Mehr Infos siehe S. 737.

Feilschen

In Irland wird nur dann gefeilscht, wenn man ein Pferd kaufen will.

Trinkgeld

- **Hotels** 1 €/1 £ pro Gepäckstück. Das Trinkgeld für den Zimmerservice bestimmt jeder selbst.
- **Pubs** Nur bei Tischservice nötig: 1 €/1 £ pro Runde.
- **Restaurants** Bei gutem Service 10 %, in teureren Lokalen bis zu 15 %.
- **Taxis** 10 % vom Fahrpreis oder bis zum vollen Euro/Pfund aufrunden.
- **Toilettenservice** Höchstens 0,50 €/0,50 £.

Mit Stout anstoßen

Umgangsformen

Im täglichen Leben sind die Iren zwar recht zwanglos, einige Umgangsformen halten sie aber ein.

- **Begrüßung** Bei der ersten Begegnung und beim Abschied gibt man Männern, Frauen und Kindern die Hand. Dabei erwarten die Iren einen festen Händedruck mit Augenkontakt. Befreundete Frauen begrüßen sich mit einem angedeuteten Kuss.
- **Konversation** Die Iren sind freundlich, aber oft reserviert. Zudem vermeiden sie Gespräche, die peinlich werden könnten. Leuten, die ungefragt zu viel erzählen, misstrauen sie.
- **Pubrunden** Meistens schmeißen die Iren abwechselnd Runden für die ganze Gruppe; es ist üblich, dass sich alle beteiligen. Die nächsten Getränke müssen besorgt werden, ehe das letzte Glas geleert ist.

Essen

In Städten sollte man vorab reservieren. Meistens reicht eine Buchung am gleichen Tag. Spitzenrestaurants muss man dagegen bereits zwei Wochen vorher kontaktieren.

- **Restaurants** Vom günstigen Café bis zum Lokal mit Michelin-Stern werden alle nur denkbaren Küchen angeboten.
- **Cafés** Tagsüber (selten abends) geöffnet. Hier gibt's den ganzen Tag über Frühstück, belegte Brote und einfache Gerichte.
- **Pubs** Das Essen reicht von getoasteten Sandwiches bis zu liebevoll gestalteten Gerichten auf Restaurantniveau.
- **Hotels** In allen Hotelrestaurants sind auch Nichtgäste willkommen. Besonders beliebt in ländlichen Gegenden.

Was gibt's Neues?

Im Gedenken an die Titanic

Zum 100. Geburtstag des berühmtesten Ozeankreuzers der Welt ist in Belfast (S. 602), wo die *Titanic* einst gebaut wurde, ein brandneues Multimediamuseum eingeweiht worden. Der letzte Anlaufhafen des Schiffes, bevor es im Nordatlantik versank, war Cobs im County Cork. Hier wurde anlässlich des Jubiläums die Titanic Experience (S. 238) im einstigen Büro der Reederei White Star Line, der die *Titanic* gehörte, eröffnet.

Croke Park Skyline, Dublin

Neu im Programm des Croke Park ist die Skyline, eine Führung auf dem Dach des Stadions. Sie endet auf einer Plattform direkt über dem Spielfeld. (S. 108)

Medieval Museum, Waterford

Das neueste der drei Museen in Waterford widmet sich der 1000-jährigen Geschichte der Stadt und liefert faszinierende Einblicke ins mittelalterliche Waterford. (S. 188)

Giant's Causeway Visitor Experience

In dem umweltfreundlichen Besucherzentrum erfährt man viele Details über die Geologie und Mythologie der berühmtesten Naturattraktion Nordirlands. (S. 673)

Crumlin Road Gaol, Belfast

Belfasts berüchtigtstes Gefängnis beherbergt heute ein hervorragendes Museum. Hier erlebt man hautnah, unter welchen Bedingungen die unzähligen Gefangenen hausen mussten. (S. 600)

Dingle Brewing Company

Die neue Handwerksbrauerei ist in einer ehemaligen Molkerei untergebracht. Besucher können Führungen buchen und ein Pint des vor Ort produzierten Bieres Tom Crean's Fresh Irish Lager probieren. (S. 307)

Jackie Clarke Collection, Ballina

Ein grandioser Sammler hat Hunderttausend Exponate aus 400 Jahren irischer Geschichte zusammengestellt. Die Ausstellungsstücke werden in diesem neuen Museum in einer einstigen Bank aus dem 19. Jh. präsentiert. (S. 452)

Athlone Castle Visitor Centre

Vielseitige Exponate von der Belagerung von Athlone bis zu einem alten Grammofon, das einst dem hiesigen Count John McCormack gehörte, sind in diesem neuen Besucherzentrum zu bewundern. (S. 540)

Forbidden Fruit, Dublin

Kleine „Boutique Festivals" erfreuen sich gerade extrem großer Beliebtheit. Das Forbidden Fruit mit einem Line-up aus coolen alten und angesagten neuen Bands zählt zu den besten Veranstaltungen. (S. 102)

Restaurant 1826 Adare

In einer 1826 errichteten Hütte mit Strohdach befindet sich das neue Restaurant von Wade Murphy, einem der angesehensten Köche des Landes für beste irische Küche. (S. 335)

Noch mehr aktuelle Tipps und Empfehlungen gibt's unter www.lonelyplanet.com/ireland

Wie wär's mit …

Literarische Streifzüge

Vier Nobelpreisträger für Literatur sprechen für sich. Irland ist eines der bemerkenswertesten Schwergewichte in der englischsprachigen Welt, und diese Tradition lebt in zeitgenössischen Schriftstellern sowie Literaturfestivals fort.

Cape Clear Island International Storytelling Festival Hier wird der Brauch des Geschichtenerzählens gefeiert. (S. 265)

Cúirt International Festival of Literature Galways literarisches Vorzeigefestival im April zieht Schriftsteller aus der ganzen Welt an. (S. 399)

Dublin Literary Tours Keine andere Stadt dieser Größenordnung brachte so viele große Autoren hervor und taucht selbst so oft in Büchern auf. Bei einer der zahlreichen literarischen Touren erfährt man mehr. (S. 101)

Listowel Writers' Week Das irische Literaturfest findet im Juni in der Heimatstadt von John B. Keane statt. (S. 29)

Traditionelle Pubs

Es gibt in Irland so viele tolle Pubs, dass jeder Einwohner seinen eigenen Liebling hat. Die im Folgenden genannten erfreuen besonders die Fans traditioneller Kneipen.

Blake's of the Hollow Nordirlands bestes Guinness in einem viktorianischen Klassiker. (S. 689)

John Benny's Dingle-Pub mit Steinboden, Erinnerungsstücken an den Wänden und fast jeden Abend traditionelle Rocksessions. (S. 311)

McCarthy's Kneipe, Restaurant und Bestattungsinstitut in Fethard. (S. 355)

Morrissey's Halb Pub, halb Laden und einer der besten Treffpunkte für ein Bier auf der ganzen Insel. In Abbeyleix. (S. 519)

Séhán Ua Neáchtain Eines der bekanntesten traditionellen Pubs in Galway. (S. 404)

John Mulligan's Das berühmteste unter den traditionellen Pubs der Hauptstadt und bekannt aus Film und Fernsehen. (S. 125)

Vaughan's Pub Großartige Kneipe in Kilfenora mit einem herausragenden Ruf für traditionelle Musik. (S. 387)

Herrliche Aussichten

Irland wartet mit atemberaubenden Landschaften und überwältigenden Aussichten auf. Wer die Augen offenhält, wird neben den berühmten Attraktionen auch vielen andere herrliche Flecken entdecken.

Binevenagh Lake Von den Klippen oben an der Bishop's Road eröffnen sich spektakuläre Ausblicke auf Lough Foyle, Donegal und die Sperrin Mountains. (S. 668)

Clew Bay Der schönste Blick auf die 365 Inseln in dieser Bucht im County Mayo bietet sich vom Gipfel des Croagh Patrick. (S. 441)

Klippen von Kilkee Tolle Aussichten auf hoch aufragende Klippen – und nein, das sind *nicht* die Cliffs of Moher. (S. 373)

Scarriff Inn Von diesem Restaurant in Kerry genießt man einen einzigartigen Blick auf die Buchten von Kenmare und Bantry. (S. 301)

Poisoned Glen Die Aussicht in dieses Tal in Donegal ist einmalig und die Kirchenruine am Fuß der Schlucht das i-Tüpfelchen. (S. 497)

Priest's Leap Beeindruckende Klippe an der Nordseite der Beara-Halbinsel mit einem einmaligen Blick auf die Bantry Bay und die gleichnamige Stadt. (S. 272)

Traditionelle Musik

Musiker, die ihr Können in Pubs und an anderen Orten

im ganzen Land zeigen, spielen den lebendigsten Folk in Westeuropa (und nehmen dabei gern einen kräftigen Schluck). Selbst die „Touristenkonzerte" sind hervorragend.

An Droichead Großartige Auftritte in einem Kunstzentrum in Belfast, das sich der irischen Kultur widmet. (S. 619)

Leo's Tavern Enyas Eltern führen das Pub im County Donegal, das an Sommerabenden mit lebhafter Musik lockt. (S. 496)

Matt Molloy's In dieser Kneipe in Westport, die dem Flötisten der Chieftains gehört, beginnt allabendlich um 21 Uhr eine *céilidh* (Session für traditionelle Musik und Tanz;. (S. 445)

Miltown Malbay Jedes Pub in dieser Stadt im County Clare wartet mit herausragenden traditionellen Sessions auf. (S. 375)

Tig Cóilí Die besten traditionellen Gigs in Galway finden in einer Kneipe statt, deren Name „Haus der Musik" bedeutet. (S. 383)

Marine Bar An Sommerabenden genießt man in dem 200 Jahre alten Pub auf der Ring Peninsula wunderbare Musik. (S. 199)

T&H Doolan's Mittwochabends steht in diesem 300 Jahre alten Waterford-Pub eine ungezwungene Jam Night auf dem Programm. (S. 192)

Livemusik

Livegigs können in Irland nahezu überirdisch sein, denn die hiesigen Fans bringen aus vollstem Herzen ihre Verehrung für ihre Lieblingsmusiker zum Ausdruck. Veranstaltungsorte gibt's praktisch in jeder Stadt, doch einige sind besonders lohnenswert.

Whelan's Das spirituelle Zuhause des Singer-Songwriters. Im

Oben: Cross of the Scriptures (S. 527), Clonmacnoise
Unten: Dún Aengus (S. 409), Aran Islands

kleinen Whelan's in Dublin kann man seinen Idolen hautnah begegnen. (S. 130)

Everyman Palace Theatre Wenn in diesem mittelgroßen Theater in der Stadt Cork Musiker auftreten, ist respektvolle Stille angesagt. (S. 234)

Róisín Dubh Galway liebt Livemusik, und in diesem großartigen Pub stehen viele Newcomer (sowie bereits bekanntere Bands) auf der Bühne. (S. 404)

Sean's Bar In der 100 Jahre alten Bar am Fluss in Athlone wird an den meisten Abenden im Sommer Livemusik geboten. (S. 541)

Peter Matthews Beliebtes Pub in Drogheda. An den meisten Wochenenden gibt's Livemusik verschiedenster Genres. (S. 567)

Spirit Store Die winzige Bar am Hafen von Dundalk hat im Obergeschoss einen prächtigen Raum für Livemusik. (S. 570)

Unterwegs mit der Familie

Im ganzen Land locken familienfreundliche Aktivitäten von Heimatmuseen bis hin zu Ziplines.

Dunlewey Lakeside Centre Kunsthandwerksladen, Heimatmuseum, Zentrum für Aktivitäten, Veranstaltungsort für Konzerte und Streichelzoo – für all das steht eine einzige Einrichtung: das Dunlewey Lakeside Centre im nordwestlichen Donegal. Ein Highlight für Kinder ist die Bootsfahrt auf dem Fluss samt Geschichtenerzähler. (S. 496)

Lough Key Forest Park 142 ha großer Abenteuerspielplatz für die ganze Familie mit einem 300 m langen Rundweg zwischen den Baumwipfeln und einem Abenteuerspielplatz im Freien vor den Toren der Stadt Boyle im County Roscommon. (S. 533)

Great Western Greenway Beliebter ebener Radweg von Westport nach Achill. Unterwegs passiert man zahlreiche Burgen und Stätten. Fahrräder für alle Altersstufen können gemietet werden, für müde kleine (und große) Beine gibt's darüber hinaus einen praktischen Abholservice. (S. 445)

Fota Wildlife Park Riesiger Freiluftzoo außerhalb der Stadt Cork ohne Käfige und Zäune. Besonders großer Beliebtheit erfreut sich die Gepardenfütterung. (S. 237)

Tralee Bay Wetlands Centre Wer genug über die tierischen Bewohner des 300 ha großen Schutzgebietes erfahren hat, kann die wunderbare 15-minütige Safari-Bootsfahrt mitmachen. (S. 318)

Alte Ruinen

Dank der frühesten Bewohner sowie der Kelten und der frühen Christen sind antike Stätten und alte Klöster ein Teil der irischen Landschaft. Dank der Wikinger und Heinrichs VIII. sind viele dieser Gebäude Ruinen – aber äußerst imposante.

Askeaton Stimmungsvolle Überreste einer Burg, eines Klosters und einer Kirche aus dem 14. Jh. (S. 333)

Brú na Bóinne Europas beeindruckendste jungsteinzeitliche Begräbnisstätte. (S. 550)

Carrowkeel Megalithischer Friedhof und ein grandioser Ausblick. (S. 472)

Clonmacnoise Irlands schönste Klosterstätte. (S. 527)

Devenish Island Auf der größten Insel des Lough Erne befinden sich die Ruine eines Augustinerklosters und ein fast vollkommener Rundturm. (S. 693)

Dún Aengus Beeindruckende Festung aus der Steinzeit, die gefährlich nah am Rand der Klippen von Inishmór steht. (S. 409)

Glendalough Überreste einer einst mächtigen Klostersiedlung in atemberaubender Umgebung. (S. 151)

Monat für Monat

TOP-EVENTS

- **St. Patrick's Day**, März
- **Galway Arts Festival**, Juli
- **Willie Clancy Summer School**, Juli
- **Féile An Phobail**, August
- **All-Ireland Finals**, September

Februar

Das schlechte Wetter macht den Februar zum perfekten Monat für Innenaktivitäten. Etliche Museen eröffnen neue Ausstellungen, außerdem lohnt der Besuch von Großstädten.

☆ Six Nations Rugby

2009 gewann die irische Mannschaft den Grand Slam. Die drei Heimspiele finden im Aviva-Stadion im Dubliner Vorort Ballsbridge statt. Saison ist von Februar bis April.

Jameson Dublin International Film Festival

Fast alle Kinos in Dublin nehmen am größten Filmfestival (www.jdiff.com) des Landes teil. Für zwei Wochen verwandeln sie sich in Schaubühnen für die neuen Werke irischer und internationaler Regisseure. Das Festival stellt lokale, internationale und künstlerische Streifen vor und präsentiert Blockbuster vor dem offiziellen Start.

März

Wenn sich der Frühling ankündigt, bereitet sich das ganze Land auf die wohl berühmteste Parade der Welt vor. Der größte Umzug findet in Dublin statt.

St. Patrick's Day

Am 17. März (www.stpatricksday.ie) steht ganz Irland Kopf. Dublin schmeißt eine fünftägige Party rund um die Parade (an der 600 000 Personen teilnehmen) mit unzähligen Konzerten und Veranstaltungen, nach denen man mit einem gewaltigen Kater rechnen muss.

April

Nun wird das Wetter besser, die Bäume beginnen zu blühen, und die Festivalsaison beginnt von Neuem. Ab Mitte April oder an Ostern locken zahlreiche saisonale Attraktionen.

☆ Circuit of Ireland International Rally

Nordirlands renommiertestes Rallyewagenrennen ist als „Circuit" (www.circuitofireland.net) bekannt. Es dauert zwei Tage und findet zu Ostern statt. Mit Vollgas fahren die über 130 Wettkämpfer rund 550 km durch Nordirland und andere Teile der Republik.

☆ Irish Grand National

Iren lieben Pferderennen, das gilt vor allem für dieses (www.fairyhouse.ie). Das Schaurennen der Jagdsaison kann man am Ostermontag in Fairyhouse, County Meath, verfolgen.

☆ World Irish Dancing Championships

Immer im April reisen 4500 Tänzer aus aller Welt an, um sich miteinander zu messen, denn die irische Tanzkultur hat viel mehr zu bieten als Riverdance. Die Veranstaltung wird jedes Jahr an einem anderen Ort abgehalten; mehr darüber erfährt man auf www.irishdancing.org.

Mai

Am ersten Montag des Monats (May Bank Holiday) wird der Sommer

Oben: Umzug am St. Patrick's Day, Dublin
Unten: Oxegen, County Kildare

eingeläutet. Jet
die Iren scharen
die Straßen, un
ne Wetter zu g

Cork Int... nal Choral Festival

Eines der besten Chorfestivals in Europa (www.corkchoral.ie). Es findet an vier Tagen Anfang Mai statt. Die Gewinner nehmen an der Fleischmann International Trophy Competition teil.

Cathedral Quarter Arts Festival

Ebenfalls Anfang Mai ist das Kathedralenviertel von Belfast für zehn Tage Schauplatz eines multidisziplinären Kunstfestivals (www.cqaf.com), bei dem Schauspiel, Musik, Poesie und Straßentheater zum Programm gehören.

North West 200

Irlands berühmtestes Straßenrennen (www.northwest200.org) Mitte Mai ist das größte Outdoor-Sportevent des Landes. Mehr als 150 000 Zuschauer jubeln den Motorradfahrern entlang der Dreiecksroute zu.

Fleadh Nua

In Ennis (County Clare) versammelt sich eine Woche lang die Crème de la Crème der traditionellen Musikszene Irlands. Das Festival in der dritten Maiwoche (www.fleadhnua.com) gilt als eines der wichtigsten des Landes.

Listowel Writers' Week

Lesungen bekannter Autoren, Seminare und Storytelling sind für Bücherfreunde die Attraktionen des bedeutendsten Literaturfestivals des Landes (www.writersweek.ie). Die Listowel

…s' Week findet Ende … fünf Tage in Listowel …tatt, einer Stadt im County Kerry. Auf dem Programm stehen auch Poesie, Musik und Schauspiel.

Juni

Der Feiertag zu Beginn des Monats stellt die Iren vor die Qual der Wahl, da sie sich zwischen zahlreichen Veranstaltungen entscheiden müssen. Zudem wird der Wochenendverkehr belebter und das Wetter besser.

The Cat Laughs Comedy Festival

Anfang Juni zieht das landesbeste Comedyfestival (www.thecatlaughs.com) in Kilkenny viele lokale sowie internationale Berühmtheiten und Newcomer an.

Irish Derby

Eine großartige Veranstaltung für Rennsportbegeisterte und Leute mit ausgefallenen Hüten: In der ersten Juniwoche findet das beste Flachrennen des Landes (www.curragh.ie) statt.

Bloomsday

Kleider wie zu Zeiten Edwards VII., außerdem gibt's zum Frühstück Eier mit Speck und Bier – das sind nur zwei Bestandteile der Feierlichkeiten in Dublin (S. 115) am 16. Juni, dem Tag, an dem James Joyces *Ulysses* spielt. Zu diesem Anlass werden die Spuren Leopold Blooms verfolgt.

Mourne International Walking Festival

Am letzten Wochenende des Monats wird in den Mourne Mountains im County Down ein Wanderfestival (www.mournewalking.co.uk) veranstaltet.

Juli

Im Juli steigt jedes Wochenende ein tolles Fest. Besucher von Galway können einen ganzen Monat lang zahlreiche wunderbare Veranstaltungen erleben.

Willie Clancy Summer School

Das außergewöhnliche Festival wurde zu Ehren eines berühmten lokalen Dudelsackpfeifers ins Leben gerufen. Neun Tage lang versammeln sich in Miltown Malbay (County Clare) die besten Musiker der Welt, um Konzerte, Pubsessions und Workshops abzuhalten (S. 376).

Galway Film Fleadh

Bei diesem wichtigen Filmfest (www.galwayfilmfleadh.com) Anfang Juli werden irische und internationale Produktionen gezeigt.

Galway Arts Festival

Irlands wichtigstes Kunstfestival (www.galwayartsfestival.com) beschert den Einwohnern und Besuchern der Stadt in den letzten beiden Juliwochen jede Menge Konzerte, Theateraufführungen und Künstlerprojekte.

Oxegen

Irlands Pendant zu Glastonbury richtet sich an ein jüngeres Publikum. Das Großkonzert (www.oxegen.ie) steigt Mitte Juli am Punchestown Racecourse im County Kildare. Bei dem dreitägigen Festival treten einige der besten internationalen Bands für Pop und tanzbare Musik auf.

Killarney Summerfest

Tolle Veranstaltungen von Kajakfahren über Straßentheater bis zu Auftritten internationaler Künstler bietet dieses einwöchige Spektakel (www.killarneysummerfest.com) in der zweiten Junihälfte.

August

Die Schulen sind geschlossen, die Sonne scheint (oder auch nicht!) und das Land ist in Urlaubsstimmung. In den Küstenstädten und Touristenzentren herrscht nun reger Andrang und die Iren genießen ihre Ferien.

Galway Race Week

In der ersten Monatswoche wird das größte Pferderennen (www.galwayraces.com) westlich des Shannons abgehalten. Die Gäste strömen nicht nur wegen der Pferde herbei, sondern auch, um die irische Kultur zu zelebrieren, Sportwetten abzuschließen und extravagante Hüte zu präsentieren.

Mary From Dungloe

Irlands zweitwichtigster Schönheitswettbewerb (www.maryfromdungloe.com) findet zum Monatsanfang in Dungloe im County Donegal statt. Einige nutzen ihn nur als Anlass für eine Riesenparty, wobei sich die jungen Teilnehmerinnen tatsächlich sehnlichst wünschen zur „Mary des Jahres" gekrönt zu werden.

Féile An Phobail
Féile An Phobail heißt übersetzt „Volksfest" – und genau das ist es auch: Europas größtes Festival dieser Art (www.feilebelfast.com) wird zwei Wochen lang auf der Falls Road in West-Belfast veranstaltet.

Puck Fair
Irlands ältestes, schrulligstes Festival (www.puckfair.ie) steigt Mitte August: In Killorglin, County Kerry, feiert man drei Tage die Krönung eines Ziegenkönigs.

Rose of Tralee
Zu diesem irischen Schönheitswettbewerb (S. 318) reisen aus aller Welt Frauen mit irischen Wurzeln an, um sich den Sieg zu sichern. Für alle anderen Besucher ist das Ganze eine riesige Party.

Fleadh Cheoil nah Éireann
Die Mutter aller irischen Musikfestivals (www.comhaltas.ie) lockt mit Konzerten und Trinkgelagen 250 000 Besucher an. Gefeiert wird jedes Jahr woanders, zumeist Ende August.

September

Obwohl der Sommer vorbei ist, kann das Wetter erstaunlich gut sein – die ideale Zeit, um in Ruhe die letzten Sonnenstrahlen zu genießen.

Dublin Fringe Festival
Kurz vor dem großen Dublin Theatre Festival steigt das wesentlich innovativere Fringe Festival (www.fringefest.com), bei dem in der ganzen Stadt über 100 Konzerte locken.

All-Ireland Finals
Am zweiten und vierten Sonntag des Monats finden die Endrundenwettkämpfe um die Hurling- und Gaelic-Football-Meisterschaft statt. Mit 80 000 Besuchern, die in das Croke-Park-Stadion in Dublin strömen, ist es eines der größten Sportereignisse des Jahres.

Galway International Oyster Festival
Am letzten Septemberwochenende beginnt Galway seit 1953 die Austernsaison mit einer großen Feier (www.galwayoysterfest.com). Viel Musik und Bier!

Oktober

Aufgrund der kühleren Temperaturen ist es an der Zeit, wieder drinnen Spaß zu haben. Auf dem Programm stehen zahlreiche Aktivitäten und Zerstreuungen, vor allem am letzten Wochenende des Monats.

Dublin Theatre Festival
Beim renommiertesten Theaterfestival des Landes (www.dublintheatrefestival.com) werden aktuelle Stücke und neue Versionen alter Werke aufgeführt.

Belfast Festival at Queen's
Das nordirische Kunstfestival (www.belfastfestival.com) in der zweiten Oktoberhälfte zieht Künstler aus aller Welt an. Zum Angebot gehört alles Mögliche von Bildender Kunst bis zu Tanzvorführungen.

Wexford Opera Festival
Im Oktober treffen sich Musikfans im Wexford Opera House, dem einzigen Haus des Landes, das nur Opern aufführt, um das größte Opernfestival Irlands (www.wexfordopera.com) zu genießen. Statt auf große Hits konzentriert sich dieses eher auf unbekannte Werke.

Guinness Cork Jazz Festival
Irlands bekanntestes Jazzfestival (www.guinnessjazzfestival.com) findet am letzten Oktoberwochenende in Cork statt. Mehr als 1000 Musiker und ihre unzähligen Fans haben die Stadt dann fest im Griff..

Dezember

Das Land bereitet sich auf Weihnachten vor, z. B. mit ausgiebigen Shoppingtouren. Nach der Arbeit treffen sich die Iren mit Freunden und Familienangehörigen, die aus dem Ausland angereist sind. Am ersten Weihnachtsfeiertag ist alles geschlossen.

Weihnachten
Auf dem Land gilt das Fest als stille Angelegenheit, wobei am 26. Dezember (St. Stephen's Day) wieder der Brauch der Wren Boys auflebt, besonders in Dingle, County Kerry. Nun ziehen verkleidete Kindergruppen durch die Gegend und singen Weihnachtslieder.

Christmas Dip (Weihnachtsschwimmen)
Beim traditionellen Christmas Dip am Forty Foot im Dubliner Vorort Sandycove schwimmen einige sehr Tapfere 20 m zu den Felsen und wieder zurück.

Reiserouten

1 WOCHE

Irland-Highlights

Die 300 km lange Touristenroute führt durch Irlands spektakulärste Landschaften und an den größten Sehenswürdigkeiten vorbei. Los geht's in **Dublin**. In der Heimat des Guinness locken das Trinity College, das Book of Kells und ein paar Bierchen. Am nächsten Tag fährt man nach **Galway** und unternimmt einen Abstecher ins beeindruckende, melancholische **Connemara** (bietet sich für eine nette Rundtour an). Anschließend führt die Reise weiter nach Süden durch die mondähnliche Landschaft des **Burren**. Hier lohnt ein Ausflug zu den **Cliffs of Moher** und nach **Ennis**, wo man traditionelle Musik genießen kann. Dann geht's nach Süden über den **Connor Pass** ins County Kerry. Nach einem Besuch in **Dingle** besichtigt man die prähistorischen Monumente und genießt den Ausblicke von **Slea Head**. Mit der Fähre reist man weiter nach **Killarney**, dem perfekten Ausgangspunkt zur Erkundung des **Ring of Kerry**, einer verkehrsreichen, 179 km langen Rundtour um die Iveragh Peninsula.

2 WOCHEN

Der Westen

Auf dem Programm vieler Traveller steht der Westen ganz oben. Die Reise startet im County Sligo, wo sich am **Carrowmore Megalithic Cemetery** Prähistorie und Panorama vereinen. Dann folgt man den Kurven entlang der Küste, legt an einigen der besten Surferstrände wie **Strandhill** und **Enniscrone** Zwischenstopps ein und besucht das hübsche Dorf **Pollatomish** sowie das historische Städtchen **Westport** mit seinen vielen Pubs. Im Südwesten erhebt sich der herrliche **Croagh Patrick**. Der Aufstieg lohnt schon allein, um den Blick über die mit Inseln gesprenkelte Clew Bay zu genießen. Westlich davon unternimmt man in **Louisburgh** einen Ausflug auf die felsige Insel **Clare**, Heimat der Piratenkönigin Grace O'Malley. Danach geht's durch das reizende Doolough Valley nach **Leenane**: Das nördliche Tor zu **Connemara** erstreckt sich an Irlands einzigem Fjord. Man kann die Gegend von der schönen Küstenstraße aus bewundern, die an der **Kylemore Abbey** vorbeiführt. Toll sind auch die abenteuerliche Panoramastraße Sky Road, die bei Clifden beginnt, und das malerische **Roundstone**. Alternativ nimmt man die atemberaubende Route durch das Landesinnere über **Maam Cross** nach **Galway**. Wegen der bunten Straßen und wunderbaren Pubs bleibt man am besten mindestens einen Tag hier.

Die Fischerdörfer **Kinvara** und **Ballyvaughan** im Süden von Galway liegen am Rand der bizarren Karstlandschaft des Burren mit seiner vielfältigen Flora und Fauna und Attraktionen wie den **Aillwee Caves** und den **Cliffs of Moher**. Von dort geht's nach Süden, wo man traditionelle Musik hören und in einem Pub in **Miltown Malbay** eine Trad Session besuchen sollte. Für Strandliebhaber bietet sich eine Pause im Surferort **Kilkee** an.

Am einfachsten kommt man mit der Fähre ab Killimer ins County Kerry. Dort nimmt man sich einen Tag für die antiken Stätten und den herrlichen Ausblick auf der **Dingle Peninsula** und übernachtet in **Dingle**, einer der bezauberndsten Städte an der ganzen Westküste. Am nächsten Tag folgt man dem weltbekannten **Ring of Kerry**, der am Rand des Ortes **Killarney** am **Killarney National Park** endet. Anschließend geht's auf der landschaftlich schönen Straße über die **Beara Peninsula** zur mediterran anmutenden Insel **Garinish** mit ihrer exotischen Pflanzenwelt. Über die Küstenstraße erreicht man über **Castletownshend** und das Fischerdorf **Union Hall** die Stadt **Cork**, Endpunkt der Tour.

Oben: Giant's Causeway, County Antrim

Unten: Steinkreis, Beara Peninsula

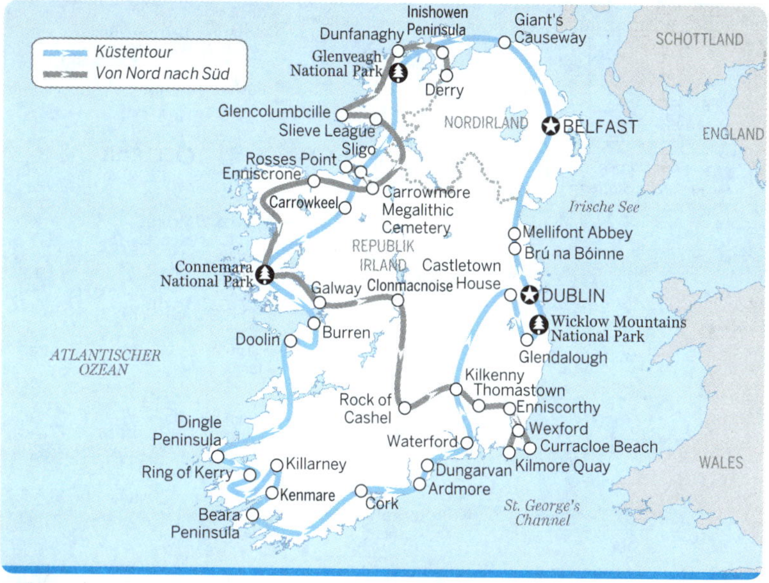

3 WOCHEN Küstentour

Von **Dublin** aus geht's gen Norden zur neolithischen Nekropole **Brú na Bóinne** und zur **Mellifont Abbey**, bevor man Nordirland und **Belfast** ansteuert. Entlang der Küste fährt man anschließend Richtung Nordwesten zum **Giant's Causeway**. Den **Glenveagh National Park** und das südlich davon in **Sligo** gelegene steinzeitliche Ganggrab **Carrowkeel** sollte man sich ebenfalls nicht entgehen lassen. Als Nächstes geht's via **Connemara** nach Südwesten. Danach kommt man durch den **Burren** und genießt traditionelle Musik in **Doolin**. Nun stehen das County Kerry und die **Dingle Peninsula** auf dem Plan. Während man dem **Ring of Kerry** folgt, lohnt ein Zwischenstopp in **Killarney**. Hinterher wird in **Kenmare** gezeltet. Von dort aus besucht man **Beara Peninsula** und **Cork**. Von **Ardmore** aus kann man das County Waterford erkunden, z. B. **Dungarvan** mit seiner Burg und das Museum of Treasures in **Waterford**. Später reist man durch Thomastown gen Norden ins malerische **Kilkenny**. Im County Kildare lockt das **Castletown House**, weiter östlich das im **Wicklow Mountains National Park** gelegene **Glendalough**. Danach geht's zurück nach Dublin.

2 WOCHEN Von Nord nach Süd

Die Tour beginnt in **Derry** mit einem Rundgang um die Stadtmauern und durch den Bogside-Bezirk. Am zweiten Tag geht's ins County Donegal zur **Inishowen Peninsula**; die Nacht verbringt man in **Dunfanaghy**. Außerdem lohnt ein Besuch der Klosterruinen von **Glencolumbcille** und der Klippen von **Slieve League**. Anschließend führt die Reise ins County Sligo und zum **Carrowmore Megalithic Cemetery**; übernachtet wird in der Stadt **Sligo**. Am nächsten Tag gibt's eine Runde Golf in **Rosses Point** oder ein Algenbad in **Enniscrone**. Richtung Süden geht's vorbei am Ostrand von **Connemara** nach **Galway**. **Clonmacnoise**, eine Klosterruine aus dem 6. Jh., sollte man nicht verpassen. Danach stehen eine Tour ins Herz der Midlands und ein Besuch des Klosters auf dem **Rock of Cashel** an. Nur eine Stunde entfernt befindet sich das mittelalterliche **Kilkenny**. Nach der Besichtigung der Stadtfestung locken das nahe gelegene **Thomastown** und die Jerpoint Abbey. Von **Wexford** aus geht's zum **Curracloe Beach** sowie nach **Enniscorthy**, um das National 1798 Rebellion Centre zu besuchen. Natürlich kann man auch einfach relaxen und die Fischer in **Kilmore Quay** beobachten.

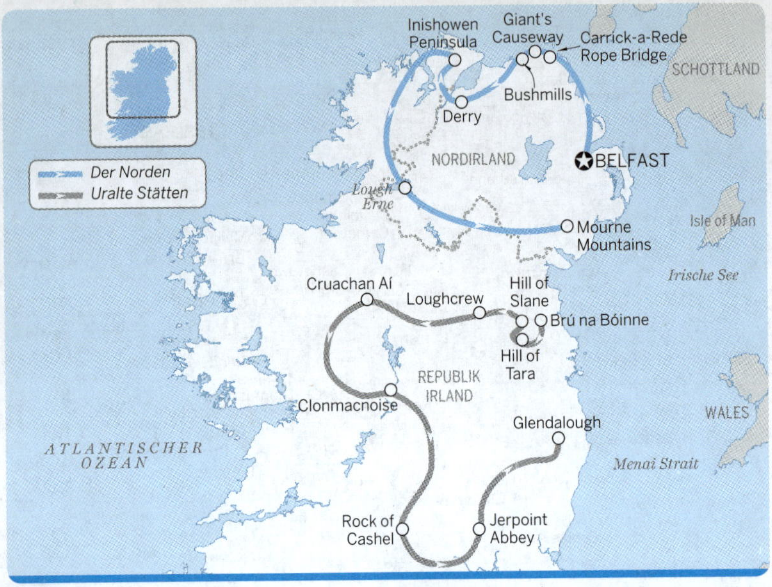

10 TAGE Der Norden

In **Belfast** unternimmt man eine *black-taxi*-Tour und/oder eine Bootsfahrt zu den Docks, bevor die Küste von Antrim und **Carrick-a-Rede** auf dem Programm stehen. Ganz in der Nähe liegen die einzigartige UNESCO-Welterbestätte **Giant's Causeway** und das Dorf **Bushmills** mit seiner berühmten Brennerei. Es folgt ein Tag in **Derry**, wo man die Stadtmauern umrunden oder in Bogside der jüngeren Vergangenheit nachspüren kann. Bei einem Abstecher zur **Inishowen Peninsula** im County Donegal überquert man die unsichtbare Grenze zur Republik. Wieder im Norden geht's südöstlich zum **Lough Erne**. Hier sollte man sich **White Island** und die Grabsteine von **Devenish Island** ansehen. Danach wandert man über die alten Schmugglerpfade der **Mourne Mountains** im Osten oder bewundert einfach nur die Landschaft. Anschließend reist man zurück nach Belfast.

1 WOCHE Uralte Stätten

Die neolithischen Gräber von **Newgrange** und **Knowth**, County Meath, liegen mitten im Herzen von **Brú na Bóinne**. Nicht weit davon entfernt befindet sich der **Hill of Tara**, ein bedeutender Ort für die Einheimischen: Hier hatten die irischen Könige bis zum 11. Jh. ihren Sitz. Auf der anderen Seite der Ebene sieht man den **Hill of Slane**, auf dem der hl. Patrick 433 ein Feuer entzündete, um im ganzen Land das Christentum zu verkünden. Westwärts lockt das antike **Loughcrew**, eine ruhigere Alternative zu Brú na Bóinne. Im County Roscommon stößt man kurz vor Tulsk auf Europas berühmteste Keltenstätte **Cruachan Aí**. Im County Offaly bietet sich ein Besuch von **Clonmacnoise**, einem Kloster aus dem 6. Jh., an. Weiter südlich erhebt sich in Tipperary der beeindruckende **Rock of Cashel**. Hier hält man sich Richtung Osten und durchquert das County Kilkenny. Unterwegs steht die Besichtigung des Zisterzienserklosters **Jerpoint Abbey** bei Thomastown an. Von dort geht's nordöstlich nach Wicklow und ins wunderschöne Tal **Glendalough** mit zwei herrlichen Seen und Überresten einer Klostersiedlung.

Reiseplanung

Outdoor-aktivitäten

Von seiner schönsten Seite erlebt man Irland draußen in der Natur, auch wenn das Wetter nicht immer mitspielt. Aber ob man nun wandern, radeln, surfen oder angeln will – man braucht nur die richtige Ausrüstung und schon geht's los. Es kann eine außerordentlich belebende und wohltuende Erfahrung sein, durch den Sommerwind zu laufen oder mit dem Rad mitten in einen Sturm zu fahren. Oft brechen dann auf einmal die Wolken auf und die Sonne scheint plötzlich wieder. Den Abend verbringt man dann entweder mit seiner Angelrute am Fluss oder tobt sich beim Surfen aus.

Die besten Outdooraktivitäten

Die besten Fernwanderwege

Wicklow Way (County Wicklow), Beara Way (County Cork), Dingle Way (County Derry), Kerry Way (County Kerry)

Die besten Kurzwanderungen

Glendalough (County Wicklow), Connemara (County Galway), Lough Key (County Roscommon), Antrim Coast (County Antrim)

Die besten Surfspots

Bundoran (County Donegal), Easkey (County Sligo), Mullaghmore (County Sligo), Rossnowlagh (County Donegal)

Wandern

Es gibt nichts Besseres, als dieses wilde, wunderschöne Land zu Fuß oder mit dem Fahrrad zu erkunden: Irland wartet nämlich mit sanften grünen Hügeln, üppigen Wäldern, zerklüfteten Kalksteinfelswänden, weiten Sandstränden, überwältigenden Klippen und Mooren auf.

Trotz bester Voraussetzungen trüben einige Faktoren das Wandervergnügen. Manche Wege führen kilometerlang an endlos erscheinenden Waldabschnitten und asphaltierten Straßen entlang. Außerdem sollten die Routen mit dem üblichen Wanderwegschild (gelber Pfeil und ein Wanderer) gekennzeichnet sein, allerdings kann man sich darauf nicht immer verlassen; manchmal fehlen die Schilder sogar komplett. In Irland gilt die Natur traditionell als frei zugänglich, doch aufgrund der wachsenden Zahl an Wanderern und der Rücksichtslosigkeit einiger weniger sind manche Landwirte mittlerweile wenig entgegenkommend. Leider werden Toreinfahrten gelegentlich durch inoffizielle Schilder gesperrt oder Wege durch Hindernisse blockiert. Wer auf solche Probleme stößt, sich an die jeweilige Touristeninformation wenden.

Um die Pflege und Neuerschließung von Wanderwegen kümmert sich in der Republik das **National Trails Office** (☎01-860 8800; www.irishtrails.ie) und in Nordirland das **Outdoor Recreation Northern Ireland** (☎9030 3930; www.outdoorrecreationni.com).

Wenn man beim Wandern nach Gesellschaft sucht, kann man sich einer organisierten Tour anschließen. **South West Walks Ireland** (☎066-712 8733; www.southwestwalksireland.com; 6 Church St, Tralee, Co Kerry) bietet eine Reihe von Ausflügen mit und ohne Guide im Südwesten, im Nordwesten und in Wicklow an.

Wanderrouten

Für seine Größe bietet Irland eine große Auswahl an Routen, die von Küstenspaziergängen bis zu mehrtägigen Bergwanderungen reicht.

Tageswanderungen

Tageswanderungen kann man in fast jeder Gegend unternehmen.

- **Barrow Towpath** Am Barrow in den Countys Carlow und Kilkenny entlang geht's über alte Treidelpfade von Borris nach Graiguenamanagh. (S. 164)
- **Glendalough** Die Waldwege rund um die alte Klostersiedlung im County Wicklow sind ideal, um Dublin für ein paar Stunden zu entfliehen. (S. 151)
- **Lough Key Forest Park** Durch die Wälder rund um den See im County Roscommon führt ein großartiger Baumwipfelpfad. (S. 533)
- **Sky Road** Im County Galway lockt die Clifden's Sky Road mit tollen Blicken auf Connemaras Küste; die Strecke ist zum Wandern und Radfahren geeignet. (S. 423)
- **South Leinster Way** Als malerischster Abschnitt der beschilderten Route gelten die 13 km zwischen Graiguenamanagh und Inistioge im County Kilkenny. (S. 220)

Küstenwanderungen

Die irischen Küsten drängen sich für lange Wanderungen geradezu auf, das gilt besonders für Connemara im County Galway und die ursprünglichen Strände der Grafschaften Mayo und Sligo. Manche Touren stellen einen jedoch vor Herausforderungen:

- **Causeway Coast Way** Im County Antrim geht's oft über die Klippen knapp oberhalb der Brandung. Besonders spektakulär ist der letzte 16,5 km lange Abschnitt des ausgeschilderten Wegs ab Carrick-a-Rede. (S. 670)
- **Wexford Coastal Walk** Auf der 221 km langen Route sieht man Überreste von Schiffswracks.

Bergwanderungen

Auch wenn sich die irischen Berge nicht mit den Alpen vergleichen lassen, locken sie mit tollen Wandermöglichkeiten. Viele Touren sind an einem Tag zu schaffen.

- **Brandon Way** Führt durch Wälder und Moore am Barrow entlang zum Gipfel des Brandon Hill (516 m; nicht mit dem höheren Mt. Brandon im County Kerry verwechseln) im County Kilkenny. (S. 220)
- **Killarney National Park** Großartige, anspruchsvolle Routen. Die eindrucksvollste führt auf den Mt. Carrantuohil (1039 m), Irlands höchsten Gipfel. (S. 288)
- **Mourne Mountains** Nordirlands schönster Bergwanderweg verläuft durch das County Down. In diesem Gebiet erhebt sich auch Nordirlands höchster Gipfel, der Slieve Donard (853 m), eine Tageswanderung von Newcastle entfernt. (S. 641)

WANDERFÜHRER

Umfangreiche Beschreibungen verschiedener längerer und kürzerer Routen sowie Infos zu Unterkünften und Verpflegung kann man im Lonely Planet Band *Hiking in Ireland* nachlesen. Darüber hinaus gibt's noch viele andere gute Bücher, darunter *Wandern in Irland* von Andreas Stieglitz.

EastWest Mapping (☎053-937 7835; www.eastwestmapping.ie) bietet gute Karten für mehrtägige Wanderungen im gesamten Land. Wunderbar detailreich sind die Karten von Tim Robinson über den Burren, die Aran Islands und Connemara, erschienen bei **Folding Landscapes** (☎095-35886; www.foldinglandscapes.com). Gemeinsam mit Joss Lynam hat Robinson außerdem *The Mountains of Connemara: A Hill Walker's Guide* mit einer detaillierten Karte verfasst.

Oben: Fluss, Killarney National Park (S. 288)

Unten: Wanderer auf dem Beara Way (S. 274)

➡ **Mt. Leinster** Von seinem 796 m hohen Gipfel bietet der Berg im County Wexford einen Ausblick auf fünf Grafschaften. (S. 187)

➡ **Mt. Brandon** Der höchste Berg (951 m) der Dingle Peninsula wartet mit spektakulären Trails auf. (S. 316)

Markierte Wanderwege

Das Land ist von 31 markierten Fernwanderwegen durchzogen, für die man mindestens eine Woche einplanen sollte. Einige sind mehrere Hundert Kilometer lang, doch es finden sich auch einzelne Abschnitte für Ausflüge mit individueller Länge.

➡ **Beara Way** Eine moderate 196 km lange Rundtour auf einer wunderschönen Halbinsel im Westen Corks. (S. 274)

➡ **Burren Way** Der 123 km lange Weg führt durch die einzigartige Felsenlandschaft im County Clare, entlang der Cliffs of Moher und durch die Musikerstadt Doolin. (S. 380)

➡ **Cavan Way** Eine 26 km kurze Route, die mit einer beeindruckenden topografischen Vielfalt (Moore, steinzeitliche Monumente, die Quelle des Shannon-Flusses) aufwartet. (S. 574)

➡ **Dingle Way** Der beliebte 168 km lange Rundweg im County Kerry führt über eine der schönsten Halbinseln Irlands. (S. 307)

➡ **East Munster Way** Beginnt im County Tipperary, endet im County Waterford und zieht sich 70 km durch Wälder und Moore sowie ein Stück über den Treidelpfad am Fluss Suir. (S. 355)

NOCH MEHR WANDERWEGE

➡ Great Sugarloaf, County Wicklow (S. 158)

➡ Mt. Seefin, County Cork (S. 272)

➡ Macgillycuddy's Reeks, County Kerry (S. 291)

➡ Tipperary Heritage Trail, County Tipperary (S. 350)

➡ Killary Harbour, County Galway (S. 428)

➡ Inisheer, County Galway (S. 415)

➡ Slieve Donard, County Down (S. 639)

➡ Fair Head, County Antrim (S. 680)

➡ Cliffs of Magho, County Fermanagh (S. 695)

➡ **Kerry Way** 214 km durch die spektakulären Macgillycuddy's Reeks und zu dem Küstenabschnitt am Ring of Kerry. (S. 285).

➡ **Ulster Way** Der 900 km lange Wanderweg verläuft im Kreis um die sechs nordirischen Grafschaften und Donegal und lässt sich in kürzere Abschnitte aufteilen. (S. 692).

➡ **Wicklow Way** Irlands beliebteste, 132 km lange Wanderroute beginnt im Süden von Dublin und endet in Clonegal, County Carlow. (S. 209).

Golf

Golf ist eine der beliebtesten Freizeitbeschäftigungen in Irland, wie über 400 Golfplätze belegen. Natürlich gibt's zahlreiche Plätze in Parklandschaften, doch ein besonders eindrucksvolles Erlebnis ist ein Spiel direkt am Meer – ganze 30 % aller Links weltweit liegen an der irischen Küste!

Die meisten Plätze befinden sich zwar in Privatbesitz, doch auf allen sind Nichtmitglieder gegen eine Gebühr willkommen. Sicherheitshalber sollte man die bekannteren Plätze aber im Voraus buchen. Bei den besten werden 80 bis 100 € pro Runde verlangt, bei unbekannteren ist man zu weniger gefragten Zeiten schon ab 25 € dabei. Einige Betreiber verlangen, dass man ein registriertes Handicap aus dem Heimatland vorweist. Viele leihen auch Golfschläger aus, in der Regel allerdings keine besonders guten.

Unsere Lieblingsplätze:

➡ Ballybunion Golf Club, County Kerry (S. 323)

➡ Royal Portrush Golf Club, County Londonderry (S. 669)

➡ County Sligo Golf Course, County Sligo (S. 470)

➡ Waterville Golf Links, County Kerry (S. 300)

➡ **Killeen Castle** (www.killeencastle.com; Dunsany, Co Meath; Golfplatzgebühr 30–50 €)

Weitere Infos und einen Buchungsservice findet man auf **Golf Ireland** (www.golf.discoverireland.ie), einem Ableger von Fáilte Ireland, und bei der **Golfing Union of Ireland** (www.gui.ie). Das ganze Jahr über sind bei den Golfplatzgebühren Sonderangebote und Rabatte drin. Eine gute Internetseite ist www.teetimes.ie, wo man Dutzende Plätze im ganzen Land zu stark ermäßigten Preisen buchen kann.

Radfahren

Radfahrer müssen sich die Straße zwar mit Geländefahrzeugen teilen, finden aber Trost in den reizvollen Strecken, die sich durch die kaum besiedelte Landschaft winden und an den wilden Küsten entlangschlängeln.

Eine Liste mit Veranstaltern von geführten Touren bekommt man in den Touristeninformationen. Irish Cycling Safaris (S. 748) beispielsweise organisiert Ausflüge im Südwesten, im Südosten, in Connemara sowie in den Counties Clare, Donegal und Antrim.

Wer möchte, kann durch das ganze Land radeln, allerdings trüben der Verkehr und eine asphaltlastige Aussicht das Vergnügen. Trotzdem gibt's tolle Strecken.

➡ **West Clare Cycleway** Der 70 km lange, beschilderte Radweg führt von Killimer an der Shannon-Mündung (wo die Shannon-Fähre nach Tarbert, County Kerry, ablegt) nach Lahinch im County Clare. Weitere Infos siehe unter www.shannonregiontrails.ie.

➡ **Killarney National Park** Durch den Park verläuft eine abenteuerliche 55 km lange Route durch malerische Landschaften und vorbei an den Seen hinter Kate Kearney's Cottage bis zum Lord Brandon's Cottage. (S. 288)

➡ **Kingfisher Trail** Ein markierter Fernradweg, der 370 km auf kleinen Nebenstraßen durch die Countys Fermanagh, Leitrim, Cavan und Monaghan führt. (S. 688)

Reiten

Egal ob man einen idyllischen Ausflug hoch zu Ross oder einen wilden Ritt am Strand bevorzugt – Reiten gehört zu den beliebtesten Freizeitaktivitäten des Landes. Und so gibt's Hunderte von Reitzentren, die z. B. einstündige Ausflüge (ab 25/15 € pro Erw./Kind) oder komplette Ferienpakete für jedes Niveau anbieten.

Erstaunlicherweise sind die Einrichtung und die Führung von Pferdehöfen nicht per Gesetz geregelt, doch eine Mitgliedschaft in der **Association of Irish Riding Establishments** (AIRE; ☎045-850 800; www.aire.ie; Beech House, Millennium Park, Naas, Co Kildare) zu der über 200 Reitschulen und -zentren gehören, stellt sicher, dass sich vor Ort qualifizierte Ausbilder, Sanitäter für Erste Hilfe und Sicherungseinrichtungen für Kinder befinden. Am wichtigsten ist aber die Haltung der Pferde nach einem angemessenen Standard. Aus diesen Gründen sollte man nur von AIRE anerkannte Zentren besuchen.

ABENTEUERZENTREN

Sport- und Abenteuertreffpunkte gibt's in ganz Irland, speziell in den Küstenregionen. Hier bekommt man, was man z. B. fürs Kanu- und Kajakfahren, Surfen, Wandern, Klettern und Orientierungslaufen benötigt. Manche Veranstalter bieten auch Unterkunftsmöglichkeiten an. Eine Auswahl:

➡ Killary Adventure Centre (S. 428), County Galway

➡ Lilliput Adventure Centre (S. 544), County Westmeath

➡ Dunmore East Adventure Centre (S. 194), County Waterford

➡ Donegal Adventure Centre (S. 486), County Donegal

➡ Life Adventure Centre (S. 641), County Down

Wassersport

Irland wartet mit einer Küste von 3100 km Länge sowie zahllosen Flüssen und Seen auf. Von keinem Ort im Land hat man es weit zum Surfen, Tauchen, Paddeln, Kanufahren, Schwimmen oder Lachse-Angeln. Außerdem gibt's Sportausrüster und Kurse im Überfluss.

Surfen & Windsurfen

An der Küste, insbesondere im Westen, ist Surfen das Nonplusultra. Beliebte Spots:

➡ **County Donegal** In Bundoran (S. 486) finden im April die irischen Meisterschaften statt. Entlang der Küste können Anfänger und Fortgeschrittene an mindestens sechs erstklassigen Spots ihre Fähigkeiten testen. Port-na-Blagh (S. 500) lockt Wind- und Kitesurfer an.

➡ **County Sligo** Easkey (S. 474) und Strandhill (S. 471) sind berühmt für ihre ganzjährig gute

GARETH MCCORMACK / GETTY IMAGES ©

P-PIX / ISTOCK ©

Oben: Wanderin, Mourne Mountains (S. 641)

Unten: Surfer in Bundoran (S. 486)

ANGELLIZENZEN

In der Republik benötigt man keine Genehmigung, um Forellen, Hechte und Nicht-Salmoniden zu angeln, in Nordirland hingegen schon. Lachse und Bachforellen dürfen im ganzen Land nur mit Genehmigung gejagt werden.

Lizenzen bekommt man in der Republik in Angelgeschäften vor Ort oder direkt beim **Central Fisheries Board** (☎01-884 2600; www.fisheriesireland.ie). In Nordirland muss man sich für *coarse-fishing-* und *game-fishing*-Genehmigungen in den Regionen Foyle und Carlingford an die **Foyle, Carlingford & Irish Lights Commission** (☎7134 2100; www.loughs-agency.org) wenden und für die restlichen Gebiete beim **Fisheries Conservancy Board** (☎3833 4666; www.fcbni.com) melden. Außerdem kann der jeweilige Besitzer, also meist das **Department of Culture, Arts & Leisure** (☎9025 8825; www.dcalni.gov.uk). Genehmigungen erteilen.

Brandung. Hier kann man problemlos Zimmer und Boards mieten.

- **County Clare** Tolle Wellen bei Kilkee (S. 372), Lahinch (S. 376) und Fanore (S. 389).
- **County Waterford** In Tramore (S. 501) befindet sich Irlands größte Surfschule.
- **County Wexford** Das flache Meer bei Rosslare Strand (S. 177) bietet gute Surf- und Windsurfbedingungen.
- **County Antrim** Als hervorragende Surf- und Bodysurfreviere gelten auch die Strände bei Portrush (S. 671). Im September und Oktober ist der Wellengang am höchsten und das Wasser am wärmsten.

Segeln

Irland hat über 120 Jacht- und Segelclubs. Beliebte Segelreviere sind die Südwestküste – vor allem zwischen Cork und Dingle –, die Küste von Antrim, die geschützten Küstenabschnitte nördlich und südlich von Dublin sowie einige der größeren Seen wie Lough Derg, Lough Erne und Lough Gill. Die **Irish Association for Sail Training** (☎01-605 1621; www.irishmarinefederation.com) überprüft professionelle Schulen und die **Irish Sailing Association** (☎01-280 0239; www.sailing.ie) fungiert als nationaler Segeldachverband.

Tauchen

Die irischen Küstengewässer gehören zu Europas besten Tauchspots. Am besten kommt man zwischen März und Oktober hierher. Die Sicht reicht weiter als 12 m, an guten Tagen sogar bis zu 30 m. Mehr über diese Sportart erfährt man beim offiziellen irischen Tauchverband Comhairle Fó-Thuinn (CFT), auch bekannt als **Irish Underwater Council** (☎01-284 4601; www.cft.ie). Der CFT gibt das Tauchmagazin *SubSea* (ebenfalls online erhältlich) heraus.

Angeln

Der Angelsport erfreut sich in Irland größter Beliebtheit. Besonders berühmt ist das Land für *coarse fishing* (Angeln von Nichtsalmoniden; meistens kostenlos), bei dem u. a. auf Brassen, Hechte, Barsche, Rotaugen, Rotfedern, Schleien, Karpfen und Aale Jagd gemacht wird. Pro Tag darf nur ein Hecht behalten werden, über 3 kg schwere Tiere dürfen nicht getötet werden. Das Töten von Nicht-Salmoniden wird nicht gerne gesehen und Angler sind dazu angehalten, diese wieder lebendig ins Wasser zu werfen. Beim *game fishing* (Salmonidenfang) macht man Jagd auf Lachs sowie Meeres- und Bachforellen. Einige Zuchtstationen ziehen auch Regenbogenforellen groß.

Die ausgedehnten Flusssysteme des Shannon und Erne, die sich südlich von Leitrim und Fermanagh erstrecken, gelten als hervorragende Angelreviere. Cavan, das „Seenland", zählt zu den Lieblingsregionen passionierter Angler. Im Westen findet man entlang der großen Seen Corrib und Conn jede Menge B&Bs, gute und solide Boote sowie sachkundige Führer.

Klettern

Irlands Gebirge sind zwar nicht hoch – der Mt. Carrantuohil der Macgillycuddy's Reeks im County Kerry ist mit nur 1039 m der höchste Berg des Landes – aber meist wunderschön und bestens zum Klettern geeignet. Im Südwesten locken die höchsten Berge.

Zentren für Abenteuersport bieten im ganzen Land Kurse an und organisieren Klettertouren. Mehr darüber erfährt man beim **Mountaineering Council of Ireland** (☎01-625 1115; www.mountaineering.ie), der außerdem Kletterführer und das vierteljährlich erscheinende Magazin *Irish Mountain Log* herausgibt, oder in den Foren von **Irish Climbing Online** (www.climbing.ie).

Tiere beobachten

Alle Wälder, Seen, Moore, Feuchtgebiete und Inseln sind reich an Vögeln, scheuen kleinen Pelztieren und Meeressäugern, deshalb bestehen in vielen Regionen gute Chancen, einige von ihnen zu erspähen.

An Land

Dank seines Pflanzen- und Tierartenreichtums wurde der Killarney National Park im County Kerry von der UNESCO als Biosphärenreservat ausgezeichnet. In dem Schutzgebiet lebt Irlands einzige wilde Rothirschherde. Freche Hasen kann man überall auf dem Land entdecken.

Im Wasser

Finnwale, Buckelwale und Minkwale sieht man im Sommer auf der Suche nach Nahrung besonders häufig vor der Küste West Corks. Delfine und Tümmler halten sich dagegen das ganze Jahr in irischen Küstengewässern auf, z. B. in den natürlichen Häfen der Grafschaften Kerry und Cork.

Robben tummeln sich an der gesamten Küste, vor allem vor Inishbofin in Galway, Portaferry im County Down, Rathlin Island vor der Küste von Antrim und in der Gegend rund um Greencastle bei der Halbinsel Inishowen in Donegal. Scheue Flussotter erspäht man vielleicht in den Flüssen von Connemara im County Galway. Manche Otter verlassen das Wasser, um in den Moorgebieten im Westen Irlands auf Futtersuche zu gehen.

Vögel

Irland ist ein Zwischenstopp für Zugvögel, von denen viele aus der Arktis, Afrika und Nordamerika stammen. Außerdem gelangen regelmäßig exotische, in Westeuropa seltene Arten über unberechenbare Winde ins Land. An den Küsten und auf den Inseln tummeln sich brütende Seevögel wie Tölpel, Dreizehenmöwen, Kormorane und Reiher. Der seltene Wachtelkönig wird häufig an der Westküste gesichtet. Große Kolonien von Alkenvögeln nisten in Felsvorsprüngen an der Küste, besonders auf den Inseln vor Donegal und Nordirland. Der Wanderfalke, der schon vor langer Zeit in Irland als ausgestorben galt, wurde 2001 im Glenveagh National Park, County Donegal, neu angesiedelt. Heute schätzt man die Chancen, dass sich die Art wieder eigenständig in Irland etabliert, als gut ein.

Beobachtungsmöglichkeiten gibt's fast überall im Land, auch dank der über 70 Naturschutzgebiete, die größtenteils öffentlich zugänglich sind. Einige Spots:

- **Inishowen Peninsula** Im County Donegal. (S. 508)
- **Skellig Islands** Vor der Küste der Grafschaft Kerry. (S. 298)
- **Cooley Birdwatching Trail** Im County Louth. (S. 571)
- **Castle Espie** Im County Down. (S. 634)

VOGELBEOBACHTUNG

Interessantes zum Thema Vogelbeobachtung kann man in Dominic Couzens' *Collins Birds of Britain and Ireland* nachlesen. Ein weiterer empfehlenswerter Leitfaden ist *Vögel: 430 Arten Europas* von Peter Hayman und Rob Hume. Weitere Infos bieten die Touristenbüros und folgende Organisationen:

Birds Ireland (☎01-830 7364; www.birdsireland.com)

BirdWatch Ireland (☎01-281 9878; www.birdwatchireland.ie) Veranstaltet Vogelbeobachtungskurse auf Cape Clear Island im County Cork.

National Parks & Wildlife Service (☎01-888 2000; www.npws.ie)

Royal Society for the Protection of Birds (RSPB; ☎9049 1547; www.rspb.org.uk; Belvoir Park Forest, Belfast)

Irisches Frühstück

Reiseplanung

Die irische Küche

Irland hat sich in den letzten Jahren einen Ruf als echtes Feinschmeckerziel erkämpft. Viele Köche und Lebensmittelerzeuger führen eine kulinarische Revolution an und feiern genau die Art von Küche, die auf gut geführten irischen Bauernhöfen auf dem Speiseplan steht. Ihnen ist es ebenso wie dem steigenden Anspruch des irischen Gaumens zu verdanken, dass man mittlerweile in allen Preiskategorien lecker essen kann. Und natürlich freut sich auch die Tourismusindustrie darüber.

Die besten irischen Speisen & Getränke

www.bestofbridgestone.com Eine umfangreiche Liste der Lebensmittelhersteller und der besten Restaurants, die ihre Produkte anbieten.

www.bordbia.ie Auf der Website des irischen Nahrungsmittelverbands findet man Listen mit lokalen Produzenten und allen Bauernmärkten.

Good Food in Cork Myrtle Allens ausgezeichnete jährlich erscheinende Broschüre mit Corks Nahrungsmittelproduzenten erhält man im Farmgate Café.

www.irishcheese.ie Die Vereinigung der irischen Käsebauern listet jede noch so kleine Käserei auf.

www.slowfoodireland.com Unterstützt kleine Hersteller und organisiert in ganz Irland tolle Events.

Saisonale Gaumenfreuden

Januar–März

Die kälteste Zeit des Jahres eignet sich wunderbar für ein warmes irisches Frühstück.

April–Juni

Im Frühling stehen frisches Obst und Gemüse wie Spargel und Rhabarber auf dem Speiseplan. Kulinarische Feste:

- **Waterford Festival of Food** (www.waterfordfestivaloffood.com) An drei Tagen werden in Dungarvan lokale Erzeugnisse und eine edle Küche gefeiert. Dazu gehören auch ein Grillfest am Meer und ein Biergarten mit hausgebrauten Gerstensäften.
- **Só Sligo Festival** (www.sosligo.com) Küchenchefs aus der ganzen Welt messen sich beim World Irish Stew Championship miteinander (für alle anderen gibt's einen Amateurwettbewerb).
- **Taste of Dublin** (www.tasteofdublin.ie) Die Spitzenrestaurants der Hauptstadt Irlands servieren Probierteller ihrer besten Gerichte, außerdem gibt's ein Musik- und Unterhaltungsprogramm.

Juli–September

Im Juli locken die ersten neuen Kartoffeln, Marmeladen und Beerenkuchen aus Stachelbeeren, Brombeeren oder Loganbeeren. Darüber hinaus werden im ganzen Land kulinarische Feste gefeiert:

- **Belfast Taste & Music Festival** (www.belfasttasteandmusicfest.com) Nordirlands bedeutendstes Feinschmeckerevent findet Anfang August auf dem Great Lawn in den Botanic Gardens statt.
- **Carlingford Oyster Festival** (S. 571) In Carlingford, County Louth, beginnt die Austernsaison früh und wird mit einem kleinen Fest gefeiert.
- **Clarenbridge Oyster Festival** (S. 429) Die traditionsreiche Veranstaltung wird in Clarenbridge, County Galway, ausgerichtet.
- **Hillsborough Oyster Festival** (www.hillsboroughoysterfestival.com) Rund 12 000 Menschen aus der ganzen Welt versammeln sich am ersten Septemberwochenende, um die leckersten Austern der Region zu probieren und an der Weltmeisterschaft im Austernessen teilzunehmen.
- **Taste of West Cork Food Festival** (S. 262) In Skibbereen kommen für dieses Fest eine Woche lang die besten Erzeuger der Region zusammen.
- **Waterford Harvest Food Festival** (www.waterfordharvestfestival.ie) Bei dem zehntägigen Festival Mitte September gehören Lebensmittelmärkte, Probierhäppchen, Kochvorführungen von Starköchen und Picknicks zum Programm.
- **Midleton Food & Drink Festival** (www.midletonfoodfestival.ie) Mitte September gibt's in der Stadt im County Cork Kochvorführungen, Weinverköstigungen und über 50 Essensstände mit Erzeugnissen der Region.
- **Galway International Oyster Festival** (S. 399) Am letzten Septemberwochenende spülen Einwohner und Besucher in Galway Austern mit jeder Menge Guinness herunter.

Oktober–Dezember

Im Oktober werden Äpfel und ein Großteil der Kartoffeln geerntet. Die Saison für Gourmetfeste endet mit einem echten Highlight:

- **Kinsale Gourmet Festival** (www.kinsalerestaurants.com; Anfang Okt.) Irlands inoffizielle Feinschmeckerhauptstadt präsentiert drei Tage lang kulinarische Leckereien.

Kulinarische Highlights

Unvergessliche Restaurants

- **Restaurant Patrick Guilbaud** (S. 119), Dublin
- **Finn's Table** (S. 256), Kinsale, County Cork
- **Castle Murray** (S. 488), Dunkineely, County Donegal
- **Jacks Coastguard Restaurant** (S. 296), Cromane Peninsula, County Kerry
- **Restaurant 1826 Adare** (S. 335), County Limerick

Für Experimentierfreudige

Der irische Gaumen ist mutiger geworden, doch die wahren kulinarischen Herausforderungen finden sich ausgerechnet in der traditionellen Küche. Hier eine Auswahl:

- **Black Pudding** Die Wurst aus Schweineblut, Rindernierenfett und anderen Zutaten ist klassischer Bestandteil eines warmen irischen Frühstücks.
- **Boxty** Nordirischer Pfannkuchen, der zu gleichen Teilen aus Kartoffelbrei und geriebenen rohen Kartoffeln zubereitet wird.
- **Carrageen** Die in Irland typischen Meeresalgen werden in verschiedensten Gerichten wie Salat oder Eis verarbeitet.

IRISCHER KÄSE

- **Ardrahan** Würzige Sorte mit reichem Nussgeschmack.
- **Corleggy** Feiner, pasteurisierter Ziegenkäse. (S. 576)
- **Durrus** Feinschmecker werden diesen cremig-fruchtigen Käse lieben. (S. 269)
- **Cashel Blue** Cremiger Blauschimmelkäse aus Tipperary. (S. 350)
- **Cooleeney** Preisgekrönter, camembertähnlicher Käse.

TIM GRAHAM / GETTY IMAGES ©

Hausgemachtes *soda bread*

- **Corned Beef Tongue** Gepökelte Rinderzunge, die oft mit Kohl serviert wird und auf traditionellen irischen Speisekarten zu finden ist.
- **Lough Neagh Eel** Eine nordirische Spezialität. Das Aalgericht wird zu Halloween gegessen und mit weißer Zwiebelsoße gereicht.
- **Poitín** Nur selten bekommt man einen Schluck des auf Basis von Gerste oder Kartoffeln hergestellten *cratur* (illegal gebrannter Schnaps) angeboten. In Donegal, Connemara und West-Cork verstecken sich ein paar der Brennereien.

Spezialitäten

Essen

- **Kartoffeln** Es ist schon ein Wunder, dass die Iren bei den vielen Kartoffeln ihren Humor nicht verloren haben. Aber Vorurteile hin oder her: Diese dicken Knollen sind und bleiben Irlands Nahrungsmittel Nummer eins. Die Kartoffelgerichte *colcannon* und *champ* (eines mit Kohl, eines mit Lauchzwiebeln) zählen sogar zu den leckersten Speisen im ganzen Land.
- **Fleisch & Fisch** Zu einer irischen Mahlzeit gehört entweder Rind-, Lamm- oder

OLIVER STREWE / GETTY IMAGES ©

Das lieben die Iren: Tee und Kekse

Schweinefleisch. Fisch wurde lange Zeit vernachlässigt, findet jedoch immer öfter seinen Weg in die irische Küche. In Restaurants steht er häufig auf der Speisekarte und wird vor allem im Westen hervorragend zubereitet. Austern, Forelle und Lachs schmecken besonders gut, wenn sie im Meer gefangen und nicht auf Fischfarmen gezüchtet wurden. Die berühmte Dublin-Bay-Garnele ist in Wirklichkeit ein Hummer – und sehr teuer. Damit die köstlichen Schalentiere ihren Geschmack nicht verlieren, dürfen sie erst kurz vor der Zubereitung getötet werden.

➡ **Soda Bread** Weil das Mehl, mit dem Irlands berühmteste und meistgegessene Brotsorte hergestellt wird, sehr weich ist und sich nicht mit Hefe verträgt, verwenden die irischen Bäcker seit dem 19. Jh. Backsoda. Buttermilch ist ein weiterer Bestandteil. In B&Bs wird das Brot oft zum Frühstück gereicht.

➡ **Fry** Als wohl meistgefürchtete irische Spezialität gilt das irische Frühstück namens *fry*. Der Herzinfarkt unter den Mahlzeiten wird z. B. in B&Bs aufgetischt und besteht aus einer Platte mit gebratenem Speck, Würstchen, Blutwurst, Eiern und Tomaten. Zum berühmten im Norden üblichen *Ulster fry* wird außerdem noch *fadge* (Kartoffelbrot) gereicht.

Getränke

➡ **Stout** Guinness ist das weltweit bekannteste Stout (Dunkelbier). Daneben buhlen noch zwei weitere Großbrauereien um die Gunst der Kunden: Murphy's und Beamish & Crawford, beide mit Sitz in der Stadt Cork. Wer wissen möchte, wie man das perfekte Pint zapft, kann sich auf S. 127 darüber informieren.

VEGETARIER & VEGANER

Die Zeiten, als Vegetarier in Irland merkwürdige Sonderlinge waren, sind lange vorbei. Heute rümpft man selbst in den ländlichen Gegenden nicht mehr die Nase über sie. Allerdings heißt das nicht, dass Vegetarier außerhalb der größeren Städte – oder auch in den zahlreichen modernen Restaurants, die in den letzten Jahren eröffnet wurden – auf ein reiches Angebot hoffen können. Doch immerhin ist das selbst angebaute Gemüse von erstklassiger Qualität und in vielen Lokalen steht zumindest ein fleischloses Gericht auf der Karte.

Guinness zapfen

➡ **Tee** Pro Kopf trinken die Iren mehr Tee als jede andere Nation auf der Welt. Man braucht nur ein Haus zu betreten, schon wird einem eine Tasse angeboten. Beliebt sind starke Mischungen mit Milch (bei Bedarf auch mit Zucker, selten mit Zitrone).

➡ **Whiskey** Bei der letzten Zählung gab es fast 100 verschiedene Sorten von irischen Whiskeys, die aus den drei Brennereien Jameson's, Bushmills und Cooley's stammen. Wer Irland einen Besuch abstattet, sollte ein paar dieser exzellenten Marken probieren, denn was die Iren *uisce beatha* („Wasser des Lebens") nennen, versetzt selbst Kenner in Erstaunen.

Esskultur

Essenszeit

Die Essgewohnheiten der Iren haben sich in den letzten Jahrzehnten verändert, wobei es Unterschiede zwischen Stadt- und Landbewohnern gibt.

➡ **Frühstück** Eine wichtige Mahlzeit, da mittags eher wenig gegessen wird. In der Regel wird sie vor 9 Uhr eingenommen. Hotels und B&Bs servieren montags bis freitags bis 11 Uhr Frühstück und an Wochenenden sogar bis 12 Uhr (jedenfalls in urbanen Gegenden). Samstags und sonntags sind in größeren Städten auch Brunchs angesagt, die im Grunde auf die ländliche Tradition zurückgehen, am späten Morgen ein ausgiebiges, herzhaftes Frühstück einzunehmen.

➡ **Mittagessen** Die ehemals üppigste Mahlzeit des Tages zeigt heute die größten Unterschiede zwischen Land und Stadt. Wer in der Stadt arbeitet, folgt dem Trend zum schnellen Happen zwischendurch. So gibt's zwischen 12.30 und 14 Uhr ein Sandwich oder ein leichtes Gericht. Viele Restaurants servieren frühestens ab 12 Uhr Mittagessen. Am Wochenende, insbesondere sonntags, werden die Snacks durch eine reichhaltige Mahlzeit ersetzt, die meist zwischen 14 und 16 Uhr eingenommen und als *dinner* bezeichnet wird.

➡ **Tea** Meint nicht das Getränk, sondern eine abendliche Mahlzeit, die man auch *dinner* nennt. Sie wird gegen 18.30 Uhr eingenommen und ist für Städter die wichtigste Mahlzeit des Tages. Auf dem Land isst man zur selben Zeit (meistens Brot, Aufschnitt und Tee). Restaurants richten sich nach internationalen Standards und servieren ab etwa 19.30 Uhr Abendessen.

➡ **Supper** Der aus Tee und Toast oder Sandwiches bestehende Snack vorm Schlafengehen ist weit verbreitet, auch wenn Städter aus gesundheitlichen Gründen zunehmend darauf verzichten. In Restaurants nicht üblich.

Wohin zum Essen?

➡ **Restaurants** Irland hat etwas für jeden Gaumen und Geldbeutel zu bieten, von günstig und gesellig bis zur Sterneküche.

➡ **Cafés** Es gibt unzählige Cafés jeder Couleur, zu deren Angebot oftmals leckere schnelle Snacks gehören.

➡ **Hotels** In vielen Hotelrestaurants sind auch Nichtgäste willkommen. In Top-Hotels kommt gehobene Küche zu entsprechenden Preisen auf den Tisch.

➡ **Pubs** Kneipenkost ist allgegenwärtig, meist in der Form von Sandwichtoasts. Vielerorts wird jedoch auch eine umfangreiche Auswahl an Speisen geboten, die es teilweise sogar mit Spitzenrestaurants aufnehmen können.

Etikette

Freundliche Ungezwungenheit wird in Irland spießiger Überkorrektheit vorgezo-

NOCH MEHR IRISCHE BIERSORTEN

➡ **Beamish Red Ale** Das traditionelle *red ale* ist süß und schmackhaft und wird von Beamish & Crawford in der Stadt Cork gebraut.

➡ **Caffrey's Irish Ale** Einer der besten Neuzugänge (seit 1994) unter den irischen Bieren. Das vollmundige Getränk ist eine würzige Mischung aus Stout und Ale und wird im County Antrim gebraut.

➡ **Kinsale Irish Lager** Dieses goldfarbene Bier wird in der Stadt Cork hergestellt und hat einen leicht bitteren Geschmack, der aber schon nach wenigen Schlucken verschwindet.

➡ **McCardles Traditional Ale** Es lohnt sich, nach dem seltenen dunklen, vollmundig-nussigen Ale zu suchen.

➡ **Smithwick's** Ein herrlich erfrischendes Gebräu, das in der ältesten noch betriebenen Brauerei Irlands hergestellt wird: in der Francis Abbey (14. Jh.) in Kilkenny.

gen. Trotzdem sollte man ein paar Dinge beachten:

➡ **Kinder** Bis 19 Uhr sind Kinder in allen Restaurants willkommen, in Pubs und einige gehobene Lokale darf man sie abends nicht mitnehmen. In Familienrestaurants gibt's Kindermenüs, andere servieren kleinere Portionen regulärer Gerichte.

➡ **Ein Gericht zurückgehen lassen** Wer mit dem Essen nicht zufrieden ist, sollte das dem Kellner höflich und möglichst schnell mitteilen. Jedes respektable Restaurant wird rasch für Ersatz sorgen.

➡ **Die Rechnung bezahlen** Wer die Rechnung für andere übernehmen möchte, sollte sich darauf einstellen, dass dies ein-, zwei- oder sogar dreimal abgelehnt wird. Davon sollte man sich nicht täuschen lassen, denn die Iren zieren sich gern, bevor sie etwas annehmen. Einfach sanft insistieren und man bekommt seinen Willen!

Irland im Überblick

Dublin

Museen
Unterhaltung
Geschichte

Kulturelle Ausstellungen
Dublin hat nicht viele, dafür aber umso beeindruckendere Museen. Das National Museum beherbergt eine der besten Sammlungen keltischer und vorkeltischer Kunst und die städtischen Galerien präsentieren Werke von der Renaissance bis zur heutigen Zeit.

Pubs & Nachtleben
Hunderte Pubs stellen Besucher vor die Qual der Wahl, wenn es um die Entscheidung geht, wo man denn nun ein Pint des berühmten Dubliner Biers trinken soll. Neben Guinness und Kneipengesprächen wartet die Stadt mit einem alten und einem neuen Theater, Konzerten und zahlreichen sportlichen Freizeitmöglichkeiten auf.

Steinerne Geschichte
Fast an jeder Straße zeugen historische Gebäude von einer bewegten Vergangenheit, egal ob man das Gelände des Trinity College oder die blutbefleckten Wände des Kilmainham Gaol betrachtet. Die schönsten Bauten und Straßen stammen aus dem goldenen georgianischen Zeitalter, als Dublin die zweite Stadt des Britischen Empires war. Selbst das bescheidenste Haus hat eine spannende Geschichte zu erzählen.

S. 58

Counties Wicklow & Kildare

Landschaft
Klosterruinen
Aktivitäten

Bergblick
Einen herrlichen Ausblick bieten die Wicklow Mountains fast überall, besonders vom Gipfel der Pässe. An klaren Tagen sieht man von einigen Stellen ganze fünf Grafschaften. Der fruchtbare Bog of Allen in Kildare ist eine weitere klassisch irische Landschaft.

Uralte Klöster
Die Ruinen von Glendalough faszinieren ungemein, außerdem ist ihre Lage am Ende eines Gletschertals mit zwei Seen absolut bezaubernd. Allein deshalb lohnt es sich schon, hierherzukommen.

Wanderrouten
Irlands beliebtester Wanderweg, der Wicklow Way, führt von Norden nach Süden durch die Grafschaft. Kildare ist das Land der Pferdezüchter. Die Wanderwege sind hier etwas sanfter, aber nicht weniger attraktiv.

S. 144

Counties Wexford, Waterford, Carlow & Kilkenny

Landschaft
Geschichte
Essen

Meerblick

Ikonenhafte smaragdgrüne Felder über zerklüfteten tiefschwarzen Klippen, die im himmelblauen Meer enden: Daran sieht man sich nie satt. Wer eine Pause braucht, kann sich in sandigen Buchten oder an einem der schier endlosen Strände in Wexford entspannen. Im ländlichen Hinterland stößt man auf wilde Flüsse und pittoreske Bauernhöfe.

Wikingerpfade

In den Straßen von Waterford und Wexford ist man von Spuren des Mittelalters umgeben: Man betrachte nur die hoch aufragende Kathedrale oder die großartige Burg.

Lokale Produkte

In Dungarvan kommt man in den Genuss hervorragend zubereiteter irischer Gerichte. Außerdem locken in sämtlichen Ortschaften und Städten fantastische regionale Erzeugnisse.

S. 169

County Cork

Essen
Landschaft
Geschichte

Gaumenfreuden

Feinschmecker fühlen sich im County Cork besonders wohl. Die gleichnamige Hauptstadt der Grafschaft wartet mit hervorragenden Restaurants auf, während man in West Cork die vielfältigen lokalen Produkte direkt an der Quelle kaufen und wie ein Lord speisen kann.

Wunderschöne Halbinseln

Mizen Head, Sheep's Head und Beara, die drei westlichen Halbinseln des Landes, haben alles, was das Herz begehrt: Bergpässe, einsame windgepeitschte Berge, schöne Strände und unvergessliche Aussichten.

Rebellion

Die rebellische Grafschaft blickt stolz auf ihre Geschichte zurück, selbst auf die leidvollen Zeiten: mit Gedenkstätten, die an Hungersnöte erinnern, Schlachtszenen aus dem 17. Jh. oder Beiträgen über die in jüngerer Zeit gefallenen Helden.

S. 223

County Kerry

Landschaft
Fisch & Meeresfrüchte
Traditionelle Musik

Irische Postkartenidylle

Dieses County ist der Inbegriff des landschaftlich schönen Irland: Connor Pass, Dingle Peninsula und besonders der Ring of Kerry geben die Maßstäbe vor, an denen sich andere Gegenden messen lassen müssen. Davon kann man sich auch auf Postkarten überzeugen.

Frisch aus dem Meer

Kerry hat eine sehr enge Beziehung zum Meer: Auf der gesamten Dingle Peninsula kommt man in den Genuss von frischem Fisch, der gerade erst das in den Hafen eingelaufene Boot verlassen hat.

Traditionelle Klänge

In jeder Stadt und jedem Dorf der Grafschaft befindet sich mindestens ein Pub, in dem traditionelle Musik gespielt wird. Dabei gibt's im Stil regionale Unterschiede, was dem Besuch in Kerry zusätzliches Flair verleiht.

S. 280

Counties Limerick & Tipperary

Wandern
Geschichte
Landschaft

Wanderwege

Tipperary zieht Wanderfans mit dem abwechslungsreichen Glen of Aherlow und dem anspruchsvolleren Tipperary Heritage Trail, einer 56 km langen Route durch schöne Flusstäler voller alter Ruinen, an.

Burgen & Klöster

Zu den zahlreichen historischen Schätzen der Region gehören die mächtige Klosterstadt Cashel im County Tipperary und das imposante King John's Castle in der Stadt Limerick.

Atmosphärische Ruinen

An seiner breitesten Stelle wartet der gewaltige Shannon mit schönen Ausblicken auf. Die sanften Hügel und Felder von Tipperary mit den vielen alten Ruinen haben Irland berühmt gemacht.

S. 324

County Clare

Landschaft
Musik
Pubs

Dramatische Klippen

Ein fesselnder Anblick, den man sich nicht entgehen lassen sollte, bieten die dramatisch aus dem stürmischen Atlantik emporsteigenden Cliffs of Moher. Beeindruckend ist auch die restliche Küste von Clare, besonders im Süden, wo mysteriöse Steinsäulen hoch über dem Wasser aufragen. Die Landschaft des Burren wirkt geheimnisvoll und ist wunderschön.

Traditionelle Sessions

Irlands traditionellste Musik mit einigen modernen Einflüssen stammt aus Clare. Bei Festivals, in Pubs und an nahezu jeder Straßenecke kann man hervorragende Auftritte von Musikern dieses Countys erleben.

Alte Pubs

Es gibt in der ganzen Grafschaft nicht einen einzigen Ort, der nicht mindestens ein herrliches altes Pub hat, in dem Guinness bereitsteht, das Torffeuer brennt und die Geselligkeit scheinbar nie endet.

S. 357

County Galway

Landschaft
Essen
Kultur

Inseln & Berge

Hunderten Jahren mühevoller Arbeit verdanken die ansonsten kargen Berge der Aran Islands ihre bezaubernden grünen Tupfer. Eine Wanderung über die windgepeitschten und faszinierenden Inseln zählt zu den Highlights des Landes. Im Frühjahr, wenn der Ginster leuchtend gelb blüht, verblüfft die Connemara Peninsula mit ihrer Schönheit.

Frische Austern

In den Tidengewässern der Galway Bay wachsen Millionen saftiger Austern zu ihrer Idealgröße heran. Aus ihnen kreieren die lokalen Küchenchefs köstliche Speisen.

Gigs an jeder Ecke

An jedem Abend punkten die Pubs und Clubs von Galway mit traditionellen Sessions, hervorragender Rockmusik oder der nächsten angesagten Big Band. Ein echtes Fest für die Ohren!

S. 393

Counties Mayo & Sligo

Inseln
Megalithische Stätten
Yeats

Landschaft
In der Clew Bay soll es 365 Inseln geben, darunter auch eine, die John Lennon gehörte. Außerdem wäre da noch Craggy Island, die Heimat der berühmten Piratenkönigin Grace O'Malley (oder Granuaile).

Prähistorische Ruinen
Zu einer Reise in prähistorische Zeiten lädt die Umgebung von Ballycastle u. a. mit dem weltgrößten steinzeitlichen Monument, den Céide Fields, sowie den megalithischen Friedhöfen in Carrowmore und Carrowkeel ein.

Poetische Inspiration
Sligo ist die Heimat von Yeats, der in der Kirche von Drumcliff im Schatten des Benbulben bestattet wurde. Im gesamten County erinnern Museen und Heritage Centres an den Dichter, während die Landschaft seine Poesie widerspiegelt.

S. 433

County Donegal

Wilde Landschaft
Naturstrände
Surfen

Berge & Klippen
Das ungezähmte Donegal ist von wellen- und windgepeitschten Klippen, Stränden und einem gebirgigen Landesinneren von tiefsinniger Schönheit geprägt.

Ursprüngliche Küstenabschnitte
In diesem County erstrecken sich die zweitlängsten und schönsten Strände des Landes, darunter der für Surfer ideale Rossnowlagh, der unberührte Tramore und der rotstichige Sandstrand von Malinbeg. Darüber hinaus locken hier viele abgeschiedene sandige Buchten.

Wellenreiten
Dank seiner großartigen Mischung aus Stränden und zahlreichen Surfschulen zählt Donegal zu Irlands besten Surfspots. Aus diesen Gründen kann man hier wunderbar einen Surfkurs machen und auf einer der anspruchsvollsten Wellen der Welt reiten.

S. 478

Die Midlands

Traditionelle Pubs
Shannon-Kreuzfahrt
Sakrale Überreste

Authentische Atmosphäre
Einige der atmosphärischsten und authentischsten Pubs des Landes darunter Morrissey's of Abbeyleix, die vielleicht beste Kneipe in ganz Irland.

Mächtiger Fluss
Was könnte besser sein, um den Bauch des Landes in seiner Länge und Breite zu erkunden, als eine Bootsfahrt auf Irlands längstem Fluss, dem Shannon? Unterwegs kann man Sehenswürdigkeiten ansteuern und in Restaurants am Flussufer essen.

Heilige & Gelehrte
Clonmacnoise, Irlands sehenswertestes Kloster, thront im County Offaly am Ufer des Shannon. Innerhalb der Klostermauern sind frühe Kirchen, Keltenkreuze, Rundtürme und Gräber erstaunlich gut erhalten.

S. 516

Counties Meath, Louth, Cavan & Monaghan

Geschichte
Angeln
Landschaft

Stammesfürsten & Konflikte

Am Hill of Tara, in den neolithischen Monumenten von Brú na Bóinne und Loughcrew, den prunkvollen Abteien Mellifont und Monasterboice und Städten wie Drogheda wurde irische Geschichte gelebt und geschrieben.

Anglerparadiese

Die zahlreichen Seen Cavans sind bekannte Anglerparadiese. Monaghan steht dem in kaum etwas nach. Wer gern im Meer fischt, ist in Städten wie Clogherhead und Carlingford in Louth richtig.

Seen & Hügel

Die vier Grafschaften bieten eine große landschaftliche Vielfalt, die von den Seengebieten Cavans und Monaghans bis zu den fruchtbaren Hügeln von Meath reicht. Schön ist auch das Küstenpanorama: Der Blick schweift von Louths Küste bis zum hübschen Carlingford.

S. 547

Belfast

Geschichte
Pubs
Musik

Bewegte Vergangenheit

Nirgends in Europa ist man so nah an jüngsten historischen Ereignissen wie in West Belfast, das die Traumata seiner Konflikte in eine der spannendsten Touristenattraktionen Irlands verwandelt hat.

Viktorianische Schmuckstücke

Zu den viktorianischen Klassikern im Stadtzentrum gehört das berühmte The Crown, wobei John Hewitt und The Garrick genauso schön sind und ältere Tavernen wie White's und Kelly's sogar noch mehr Atmosphäre haben.

Mitreißende Musikszene

Die hervorragende Belfaster Musikszene reicht von DJs des Eglantine bis zu ausverkauften Konzerten im Odyssey. Eines der Highlights ist das Belfast Empire, in dem jede Nacht neue und etablierte Bands auftreten.

S. 582

Counties Down & Armagh

Aktivitäten
Tiere
Essen

Wanderfeste

Zu den zahlreichen Möglichkeiten zählen Vogelbeobachtungsausflüge, Wanderfeste und Aktivitäten wie Klettern und Kanufahren. Das Angebot ist so groß, dass man an jedem Tag des Jahres etwas unternehmen könnte.

Vögel & Robben

Das Wildfowl and Wetlands Centre in dem von Vögeln bewohnten Schlickwatt des Castle Espie im County Down spricht selbst Leute an, die sich für Vögel nur mäßig begeistern. Besucher der Strangford Lough im County Armagh werden von großen Kegelrobbenkolonien begrüßt.

Tolle Gastroszene

Erstklassig zubereitete Gerichte bieten die Restaurants und Pubs von Hillsborough, Bangor und Warrenpoint, alle im County Down. Tolle Lokale entdeckt man aber auch an eher merkwürdigen Stellen, darunter das Bistro hinter Irlands ältestem Pub in Donaghadee, Ards Peninsula.

S. 625

Counties Londonderry & Antrim

Geschichte
Landschaft
Wandern

Ummauerte Stadt

Die Stadt Derry blickt auf eine reiche Vergangenheit zurück. Davon zeugen die Mauer rund um den Ort, die von 1688 bis 1689 einer Belagerung standhielt, wunderbare Museen und die politischen Wandmalereien des Bogside-Bezirks.

Riesige Fußabdrücke

Pittoreskes Gold prägt einen Großteil der Küste von Antrim, doch das Highlight ist der südliche Abschnitt um Carnlough Bay und die spektakulärste touristische Sehenswürdigkeit des Nordens: die surrealen geologischen Formationen des Giant's Causeway.

Auf dem Weg

Der Causeway Coast Way erstreckt sich über 53 km von Portstewart bis Ballycastle. Den landschaftlich schönsten Abschnitt – die 16,5 km zwischen Carrick-a-Rede und dem Giant's Causeway – kann man an einem Tag ablaufen.

S. 651

Counties Fermanagh & Tyrone

Aktivitäten
Landschaft
Geschichte

Wandern & Angeln

Wie wär's mit einem Angelausflug auf den Gewässern Fermanaghs, dem Besuch des Appalachian and Bluegrass Music Festival im Ulster American Folk Park oder der Besteigung des Mullaghcarn?

Herrliche Gegend

Ob man mit dem Boot auf dem Lough Erne umherschippert, auf Devenish Island aus dem Fenster eines der Rundtürme schaut oder in den Sperrin Mountains wandert – die Landschaft ist einfach überall bezaubernd, besonders wenn das Wetter mitspielt.

Konflikt & Verbindung

In den Städten Omagh und Enniskillen sind grausame Gewalttaten geschehen, aber Nordirlands Vergangenheit ist nicht nur von Konflikten geprägt: Der Ulster American Folk Park dokumentiert die Geschichte der engen Verbindung dieser Provinz zu den USA.

S. 685

Reiseziele in Irland

Donegal
S. 478
Londonderry & Antrim
S. 651
Belfast
S. 582
Fermanagh & Tyrone
S. 685
Down & Armagh
S. 625
Mayo & Sligo
S. 433
Meath, Louth, Cavan & Monaghan
S. 547
Die Midlands
S. 516
Galway
S. 393
Dublin
S. 58
Wicklow & Kildare
S. 144
Clare
S. 357
Limerick & Tipperary
S. 324
Wexford, Waterford, Carlow & Kilkenny
S. 169
Kerry
S. 280
Cork
S. 223

Dublin

1,27 MIO. EW. / 921 KM²

Inhalt ➡

Gut essen

- ➡ Chapter One (S. 122)
- ➡ Restaurant Patrick Guilbaud (S.L119)
- ➡ Musashi Noodles & Sushi Bar (S. 121)
- ➡ Fade Street Social (S. 117)
- ➡ Fumbally Café (S. 119)

Schön übernachten

- ➡ Aberdeen Lodge (S. 112)
- ➡ Isaacs Hostel (S. 110)
- ➡ Merrion (S. 109)
- ➡ Radisson Blu Royal Hotel (S. 106)
- ➡ Pembroke Townhouse (S. 113)

Auf nach Dublin

Nur wer auch harte Zeiten erlebt hat, versprüht so viel Charakter wie Dublin. Die goldenen Zeiten des keltischen Tigers, als das Geld nur so aus dem Boden sprudelte und der Stadt alles zuzufliegen schien, sind lange vorbei. Dennoch wissen die Einheimischen, wie man das Leben genießt. Eine wichtige Rolle spielen dabei Musik, Kunst, Literatur. Für die Dubliner ist diese kulturelle Vielfalt nur allzu selbstverständlich; erinnert man sie daran, ist jedoch großer Stolz zu spüren.

Hier gibt's Museen von Weltrang, großartige Restaurants, das beste Unterhaltungsangebot in ganz Irland und natürlich das Pub, die allgegenwärtige Seele des gesellschaftlichen Lebens und ein absolutes Muss für jeden Besucher. Wer dagegen genug vom Trubel hat, findet vor den Toren der Stadt einige hübsche Orte am Meer, die sich für eine angenehme Tagestour anbieten.

Reisezeit

- ➡ Im März sehen sich rund 600 000 Menschen die Parade am herrlich chaotischen St. Patrick's Festival an.
- ➡ Im Juni findet der weltweit beliebteste Minimarathon für Frauen statt, bei dem mehr als 40 000 Läuferinnen starten.
- ➡ Im August lockt das Dun Laoghaire Festival of World Cultures Musiker und Künstler aus aller Welt nach Dublin.

Geschichte

Dublin ließ erstmals um 500 v. Chr. von sich hören, als ein Trupp furchtloser Kelten seine Zelte an einer Furt im Fluss Liffey aufschlug. Von ihnen stammt der schwer auszusprechende gälische Name der Stadt, Baile Átha Cliath (*bal*-ja *o*-ha *klie*-ja; Ort an der befestigten Furt). Etwa 1000 Jahre lebten die Kelten friedlich vor sich hin. Erst mit den Wikingern nahm Dublin urbane Züge an. Im 9. Jh. gehörten die Raubzüge aus dem Norden zum irischen Alltag. Manche der Nordmänner entschlossen sich sogar zu bleiben, statt nur zu plündern und sich wieder davonzumachen. Sie heirateten irische Frauen und errichteten einen florierenden Handelshafen an der Stelle, wo der Fluss Poddle am *dubh linn* (schwarzen Teich) in die Liffey strömt. Heute ist vom Poddle nicht mehr viel übrig. Er wurde unterirdisch verlegt, fließt unter der St. Patrick's Cathedral hindurch und tröpfelt schließlich an der Capel Street (Grattan) Bridge in die Liffey.

Weitere 1000 Jahre später, nach Ankunft der Normannen im 12. Jh., war Dublin nicht ganz unbeteiligt an dem langsamen Prozess, Irland unter anglonormannische (und später englische) Herrschaft zu bringen. Anfang des 18. Jhs. lebten in der verdreckten Stadt vor allem arme Katholiken, was den imperialen Ansprüchen der anglophilen Bürger so gar nicht entsprach. Die protestantische Ascendancy verlangte maßgebliche Verbesserungen und fing an, eine im Wesentlichen noch mittelalterlich geprägte Stadt in eine moderne angloirische Metropole umzukrempeln. Straßen wurden erweitert, Plätze angelegt und neue Häuser errichtet, alles in einer Art Proto-Palladianismus, der schon bald als georgianische Architektur (benannt nach den Königen, die damals nacheinander in England regierten) bekannt wurde. Eine Zeit lang war Dublin die zweitgrößte Stadt des Britischen Königreiches. Die Dinge standen also allgemein zum Besten – es sei denn, man gehörte der armen und überwiegend katholischen Masse an, die in den zunehmend ausufernden Slums hauste.

Der georgianische Boom nahm ein jähes und dramatisches Ende, als Irland 1801 durch den Act of Union mit England vereint und sein Parlament aufgelöst wurde. Plötzlich war Dublin nicht mehr die schöne Prinzessin beim königlichen Ball, sondern nur noch die nervige Cousine, die den Wink einfach nicht verstehen wollte. Bald schon folgten wirtschaftliche und soziale Unruhen. Während der Großen Hungersnot (1845–1851) wurde die Stadt von Flüchtlingen aus dem Westen überschwemmt, die sich zu der unterdrückten Arbeiterklasse dazugesellten. Anfang des 20. Jhs. drohte sie schließlich an Armut, Krankheit und zahlreichen sozialen Problemen zu ersticken. Verständlicherweise hatten das viele Einwohner satt und drängten deshalb immer stärker auf Veränderung.

Die erste Gelegenheit bot der Osteraufstand von 1916, bei dem der Stadtkern erhebliche Schäden erlitt. Anfangs waren die Dubliner von den Rebellen nicht gerade begeistert, da sie jede Menge Chaos und Unordnung anrichteten. Doch als die Anführer hingerichtet wurden, änderte sich ihre Meinung – die Einwohner schlagen sich eben stets auf die Seite der Unterlegenen.

Als das ganze Land immer weiter auf einen Krieg mit England zusteuerte, wurde die irische Hauptstadt überraschenderweise nicht zum Schauplatz des Geschehens. Obwohl überall Soldaten zu sehen waren und es zu einigen Schießereien und Sprengungen bekannter Gebäude (etwa das Custom House 1921) kam, ging das Leben über lange Strecken des Unabhängigkeitskrieges seinen gewohnten Gang.

Ein Jahr später war das Land bis auf den nördlichen Teil frei. Doch schon bald schlidderte es in einen Bürgerkrieg, bei dem weitere bedeutende Bauwerke in Flammen aufgingen, darunter das Gerichtsgebäude Four Courts (1922). Ironischerweise verliefen die Auseinandersetzungen untereinander deutlich brutaler als der vorherige gemeinsame Kampf um Unabhängigkeit, vor allem in der O'Connell Street. Die Gewalt von damals hinterließ tiefe Narben, die fast das gesamte Jahrhundert brauchten, um zu verheilen.

Als der neu gegründete Staat endlich seine Arbeit aufnehmen konnte, war Dublin müde und ausgelaugt. Steigende Arbeitslosigkeit, hohe Auswanderungsraten und allgemeine Stagnation waren die Plagen dieser Ära. Dennoch versuchte die Bevölkerung, das Beste aus ihrer Situation zu machen.

Auf einen Boom in den 1960er-Jahren folgten in den 1970ern und 1980ern Rezessionen. Mitte der 1990er-Jahre begannen die goldenen Zeiten des keltischen Tigers, welcher der Stadt und seinen Bewohnern ein durch und durch kosmopolitisches Antlitz verlieh. Die Finanzkrise 2008 läutete im ganzen Land erneut eine Phase der Rezession ein.

Highlights

1 Den kopfsteingepflasterten Campus des **Trinity College** (S. 62) erkunden

2 Alte Bücher aus der ganzen Welt in der **Chester Beatty Library** (S. 78) bewundern

3 Ein Stück in einem Dubliner Theater wie dem **Abbey** (S. 134) oder dem **Gate** (S. 134) erleben

4 Bei einem Besuch im **National Museum of Ireland – Archaeology** (S. 80) Irlands historische Schätze entdecken

5 Im „Toten Zoo", dem **Museum of Natural History** (S. 82), zum viktorianischen

Botaniker werden und sich über die begeisterten Kinder freuen

6 Rund um den begrünten **Merrion Square** (S. 83) und um **St. Stephen's Green** (S. 82) die prächtigen georgianischen Gebäude der Stadt bestaunen

7 Im **Kilmainham Gaol** (S. 90) nach den Spuren der Vergangenheit suchen

8 Sich ein Pint in einem der vielen Dubliner Pubs – unser Favorit ist das **John Mulligan's** (S. 125) – gönnen

Sehenswertes

Grafton Street & Umgebung

Das Trinity College liegt am Nordende von Dublins berühmtester Einkaufsstraße, einer eleganten Fußgängerzone in der südlichen Innenstadt. Der parkähnliche Campus der ältesten und schönsten Universität des Landes erstreckt sich über einen beträchtlichen Teil des südlichen Stadtteils. Ein paar Schritte weiter nördlich stößt man auf Temple Bar, wo nach Sonnenuntergang wild getrunken und gefeiert wird. Das südliche Ende der Grafton Street führt zum Haupteingang von St. Stephens Green, Dublins ganzjährig grüner Lunge. Rund um den beliebten Park reihen sich wunderschöne private und öffentliche Gebäude im georgianischen Stil aneinander, in denen Galerien und Museen untergebracht sind.

★ Trinity College HISTORISCHES GEBÄUDE
(Karte S. 92; ☎ 01-896 1000; www.tcd.ie; ⌚ 8–22 Uhr; 🚇 alle Linien im Zentrum) GRATIS Diese charmante und idyllische Anlage abseits der Großstadthektik ist Irlands renommierteste **Universität** (siehe auch S. 64). Sie nimmt Besucher auf eine Reise in die Vergangenheit mit, als eine akademische Ausbildung einer sehr kleinen Elite vorbehalten war, die leidenschaftlich für Philosophie und das Empire einstand. Heute hat sich die Studentenschaft komplett gewandelt. Rein äußerlich ist das Trinity College jedoch gleich geblieben und an einem Sommerabend, wenn man fast allein ist und die Ruhe genießen kann, gibt's nur wenige schönere Flecken.

Die Universität wurde 1592 von Elisabeth I. auf dem Gelände eines enteigneten Augustinerklosters gegründet. Damit wollte die Königin junge protestantische Dubliner davon abhalten, auf dem Kontinent zu studieren und dort „vom Papismus angesteckt" zu werden. Trinity entwickelte sich zu einer der besten Hochschulen Europas und hat viele bekannte Absolventen vorzuweisen, u. a. Jonathan Swift, Oscar Wilde und Samuel Beckett.

Bis 1793 waren ausschließlich protestantische Studenten zugelassen, dann öffnete sich die Universität für Katholiken. Die Kirche stellte sich jedoch noch immer dagegen und bis 1970 drohte jedem eingeschriebenen Katholiken die Exkommunikation.

Der Campus ist ein Meisterwerk georgianischer Architektur und Landschaftsgärtnerei. Ein Großteil der Gebäude und Statuen, die elegant auf gepflasterten oder grasbedeckten Fundamenten angelegt wurden, stammt aus dem 18. und 19. Jh. Zu den neueren Bauten gehört das **Arts & Social Science Building** (Karte S. 92) von 1978, dessen Rückseite an die Nassau Street grenzt. Hier befindet sich der zweite Eingang zum Trinity College. Wie die Berkeley Library wurde das Gebäude von Paul Koralek entworfen und beherbergt die **Douglas Hyde Gallery of Modern Art** (Karte S. 92; www.douglashydegallery.ie; ⌚ Mo–Mi & Fr 11–18, Do bis 19, Sa bis 16.45 Uhr) GRATIS.

Am besten lässt sich die Anlage im Rahmen einer **Führung** (Karte S. 92; ☎ 01-896 1827; Eintritt 5 €, inkl. Book of Kells 10 €; ⌚ Führungen Mitte Mai–Sept. Mo–Sa 10.15–15.40, So 10.15–15 Uhr alle 40 Min.) erkunden. Ausgangspunkt ist der Eingang des Regent House beim College Green.

➡ ★ Old Library
(Karte S. 92; Library Sq; 🚇 alle Linien im Zentrum) Südlich des Library Square liegt die Old Library, von Thomas Burgh zwischen 1712 und 1732 in strengem Stil errichtet. Nach den Bestimmungen des Library Act von 1801 erhält die Bibliothek des Trinity College noch heute ein Freiexemplar von jedem Buch, das in Großbritannien veröffentlicht wird – und das, obwohl Irland längst unabhängig ist. Für die ständige Flut an neuen Werken werden jährlich fast 1 km zusätzliche Regale angefertigt. Momentan umfasst die Sammlung rund 4,5 Mio. Publikationen, deshalb gibt's überall in Dublin weitere Lagerräume, um die Bücher überhaupt noch unterbringen zu können.

➡ Long Room
(Karte S. 92; East Pavilion, Library Colonnades; Erw./Stud./Kind 9/8 €/frei; ⌚ ganzjährig Mo–Sa 9.30–17 Uhr, Okt.–April So 12–16.30 Uhr, Mai–Sept. So 9.30–16.30 Uhr; 🚇 alle Linien im Zentrum) Die größten Schätze des Trinity College befinden sich im 65 m langen Long Room in der Old Library. Hier sind rund 250 000 der ältesten Bände ausgestellt, darunter das einzigartige **Book of Kells**. Die Eintrittskarte gilt auch für Wechselausstellungen im East Pavilion. Einst waren die Kolonnaden im Erdgeschoss offene Arkaden, sie wurden jedoch 1892 zugemauert, um mehr Lagerraum zu schaffen. Besucher können zudem eine seltene Kopie der **Proklamation der Republik Irland** bestaunen, die Pádraig Pearse zu Beginn des Osteraufstands 1916 öffentlich verlesen hatte. Die ebenfalls ausgestellte **Harfe von Brian Ború** wurde mit Sicherheit noch nicht gespielt, als die Armee des irischen Helden 1014 in der Schlacht von Clontarf die Dänen besiegte. Sie ist zwar eine der ältesten Har-

fen Irlands, stammt aber trotzdem erst aus dem Jahre 1400.

➡ **Science Gallery**

(Karte S. 112 f.; www.sciencegallery.ie; Pearse St; ⌚Ausstellungen normalerweise Di–Fr 12–20, Sa & So bis 18 Uhr; 🚌alle Linien im Zentrum) GRATIS 2008 öffnete die neueste Attraktion des Trinity College. Seitdem erfreut sich das Museum anhaltender Beliebtheit, denn es vermittelt lebendig und informativ die Verbindung zwischen Naturwissenschaft, Kunst und der modernen Welt. Die Ausstellungen widmen sich verschiedenen faszinierenden Themen wie der Wissenschaft der Begierde oder dem Verhältnis zwischen Musik und dem menschlichen Körper. Das **Flux Café** (Pearse St; ⌚Di–Fr 8–20, Sa & So 12–18 Uhr) im Erdgeschoss ist dank seines bodentiefen Fensters sehr hell und zudem ein toller Ort für eine Pause.

Bank of Ireland BEMERKENSWERTES GEBÄUDE

(Karte S. 98 f.; ☎01-671 1488; College Green; ⌚Mo–Fr 10–16, Do bis 17 Uhr; 🚌alle Linien im Zentrum) Bis 1801 beherbergte der eindrucksvolle palladianische Bau an einer Seite des College Green das irische Parlament – er ist das erste Gebäude der Welt, das speziell für diesen Zweck errichtet wurde. Der originale, von Säulen geschmückte Teil in der Mitte, der sich vom neueren Anbau unterscheidet, wurde 1729 von Sir Edward Lovett Pearce entworfen und 1733 von James Gandon fertiggestellt.

Als sich das Parlament mit dem Act of Union 1801 auflöste, verkaufte man das Gebäude unter der Bedingung, es nie wieder für politische Debatten zu nutzen – ein harter Schlag für die parlamentarischen Bestrebungen Irlands. Während das zentrale Unterhaus neu gestaltet wurde und kaum mehr an seine frühere Funktion erinnert, blieb das kleinere sehr viel interessantere **Oberhaus** (Eintritt frei) erhalten. Geschmückt wird es von Holzarbeiten aus irischer Eiche, einer Mahagoni-Standuhr und einem Dubliner Glaskronleuchter aus dem späten 18. Jh. Sein Design stand Pate für das ursprüngliche Repräsentantenhaus in Washington, D. C., das heute die National Statuary Hall beherbergt. Auf den Führungen durch das Unterhaus (Di 10.30, 11.30 & 13.45 Uhr) unter Leitung des Dubliner Historikers und Schriftstellers Éamon MacThomás erfährt man nicht nur Wissenswertes über das Gebäude, dessen Fassade dem British Museum in London als Inspiration diente, sondern auch über Irland und das Leben im Allgemeinen.

Temple Bar STADTVIERTEL

(Karte S. 98 f.) Viele Wochenendausflügler schauen kaum über die kopfsteingepflasterten Grenzen des Kulturviertels von Dublin hinaus. Das Labyrinth aus Straßen und Gassen erstreckt sich vom Trinity College bis zur Christ Church Cathedral und von der Dame Street bis zur Liffey. Tagsüber versprüht das Viertel ein gewisses Bohemienflair. Hier kann man gut nach Vintage-Klamotten stöbern, sich piercen lassen, gegrilltes mongolisches Fleisch verspeisen sowie biologische Lebensmittel, die neuesten CDs und Bücher zu jedem erdenklichen Thema erstehen. Daneben locken moderne Kunstinstallationen, Filmvorführungen unter freiem Himmel oder mitreißende Darbietungen von Tromelgruppen. Abends und am Wochenende ändert sich das Panorama komplett, denn dann füllen sich die Bars mit jeder Menge party- und trinkfreudiger Gäste, die für laute feucht-fröhliche Stimmung und Unterhaltung sorgen. Temple Bar ist zudem Dublins offizielles „Kulturviertel", sodass auch das intellektuelle Angebot nicht zu verachten ist.

Als echtes Highlight in Temple Bar gilt der **Meeting House Square**. Auf der einen Seite befindet sich die **Gallery of Photography** (Karte S. 98 f.; www.galleryofphotography.ie; ⌚Mo–Sa 11–18 Uhr; 🚌alle Linien im Zentrum) GRATIS, die mit Wechselausstellungen zeitgenössischer Fotografen aus dem In- und Ausland aufwartet. Auf der anderen Seite liegt das **National Photographic Archive** (Karte S. 98 f.; ⌚Mo–Sa 10–16.45, So 12–16.45 Uhr; 🚌alle Linien im Zentrum) GRATIS, eine großartige Quelle für alle, die sich für die Geschichte Irlands und historische Fotografien interessieren. Samstags wird auf dem Platz ein beliebter **Lebensmittelmarkt** abgehalten.

In der Nähe der Christ Church Cathedral am westlichen Ende von Temple Bar erstreckt sich Dublins älteste Straße, die **Fishamble Street**. Sie geht auf die Zeit der Wikinger zurück, wovon man heutzutage allerdings nichts mehr entdecken kann.

In der Parliament Street, die vom Fluss Richtung Süden zum Rathaus und Dublin Castle verläuft, sollte man sich das im 19. Jh. errichtete **Sunlight-Chambers-Gebäude** (Karte S. 98 f.; 🚌alle Linien im Zentrum) ansehen, das einen schönen Fries aufweist: Er zeigt Männer, die mit dreckigen Klamotten nach Hause kommen, und ihre Frauen, die diese Kleidung waschen.

Wer einen Abstecher Richtung Osten in die interessante **Eustace Street** unter-

Fortsetzung auf S. 78

Trinity College, Dublin

EIN SCHRITT IN DIE VERGANGENHEIT

Irlands renommierteste Universität (S. 62) wurde 1592 von Queen Elisabeth I. gegründet. Sie ist ein architektonisches Meisterstück und eine freundliche Oase inmitten des hektischen, modernen Stadtlebens. Der Schritt durch den Haupteingang ist auch ein Schritt in die Vergangenheit, denn die gepflasterten Straßen führen in eine Zeit, als die Elite philosophische Ideen diskutierte und leidenschaftlich für das British Empire eintrat. Wenn man den Front Square betritt, erblickt man vor sich den 30 m hohen **Campanile** 1 und links davon die **Dining Hall** 2. Auf der anderen Seite liegt die Old Library mit dem prächtigen **Long Room** 3. Letzterer lieferte die Inspiration für die Computeranimation des Jedi-Archivs in Star Wars Episode II: Angriff der Klonkrieger. Hier wird der größte Schatz der Universität aufbewahrt, das **Book of Kells** 4. Wer es sehen will, muss einige Wartezeit einplanen, doch das Anstehen lohnt sich selbst für einen kurzen Besuch. Gleich hinter der Old Library befindet sich die **Berkeley Library** 5, die trotz ihres hochmodernen Äußeren perfekt in die Ästhetik des Campus passt. Vor ihrem Eingang steht die elegante **Sphere-Within-Sphere-Skulptur** 6.

NICHT VERSÄUMEN

» Die Douglas Hyde Gallery, ein modernes Kunstmuseum auf dem Campus

» Ein Kricketspiel, der stilvollste Zeitvertreib überhaupt

» Ein Pint in der Pavilion Bar, am besten während eines Kricketspiels

» Die Science Gallery mit ihrer wunderbaren, gut verständlichen Ausstellung

FIONN DAVENPORT ©

Campanile
Das visuelle Aushängeschild des Trinity College wurde Mitte des 19. Jhs. nach Plänen von Sir Charles Lanyon errichtet. Thomas Kirk entwarf die dazugehörigen Skulpturen.

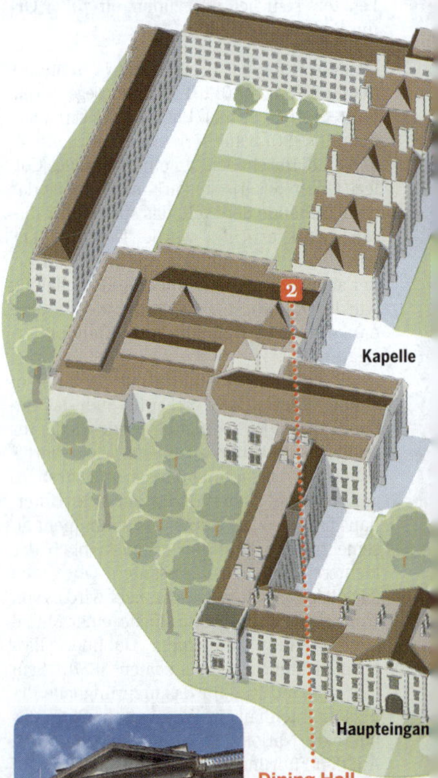

FIONN DAVENPORT ©

Dining Hall
Das von Richard Cassels entworfene Gebäude sollte das Gegenstück zur direkt gegenüberliegenden Examination Hall am Front Square bilden, allerdings stürzte es zweimal ein und wurde 1761 komplett neu errichtet.

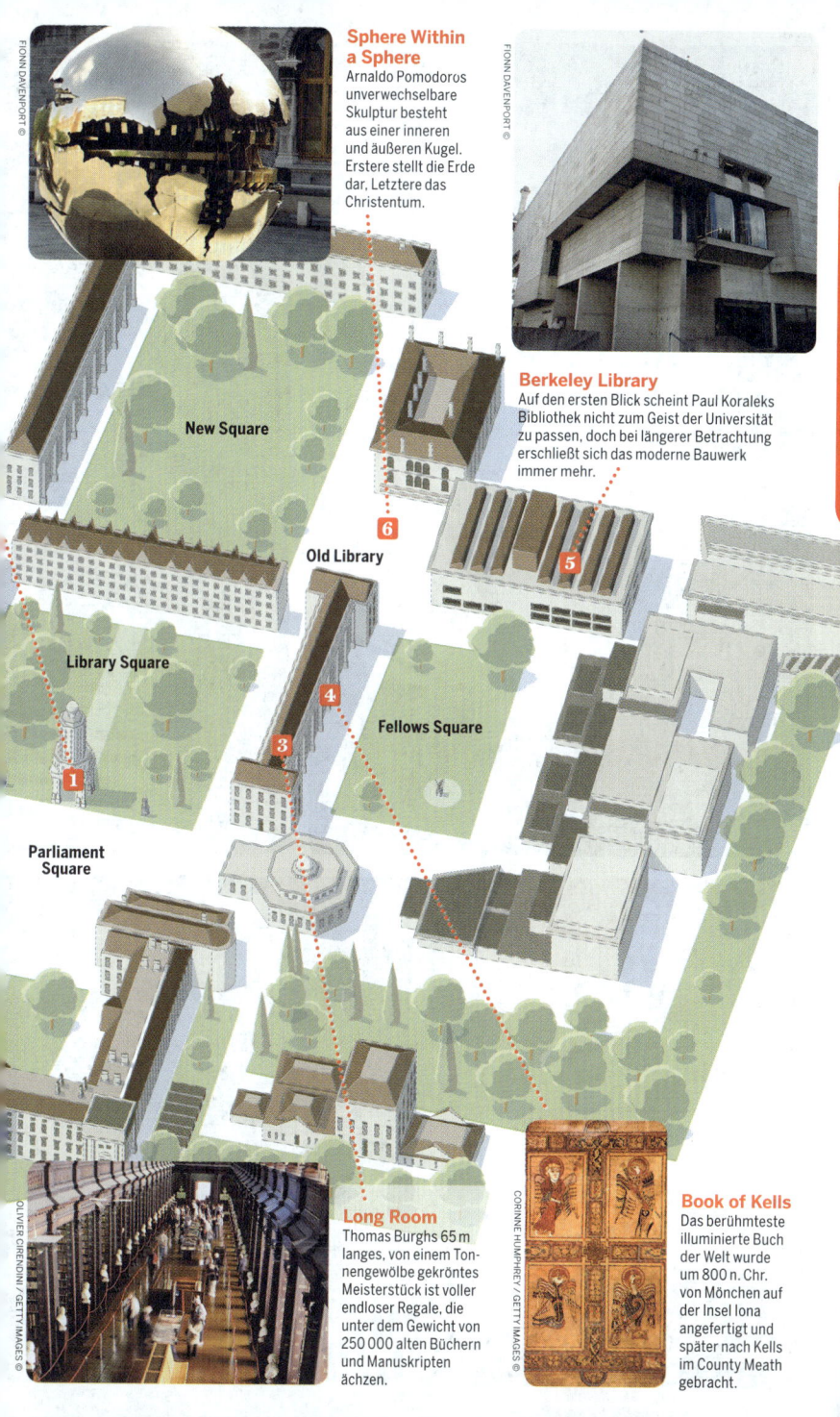

Sphere Within a Sphere

Arnaldo Pomodoros unverwechselbare Skulptur besteht aus einer inneren und äußeren Kugel. Erstere stellt die Erde dar, Letztere das Christentum.

Berkeley Library

Auf den ersten Blick scheint Paul Koraleks Bibliothek nicht zum Geist der Universität zu passen, doch bei längerer Betrachtung erschließt sich das moderne Bauwerk immer mehr.

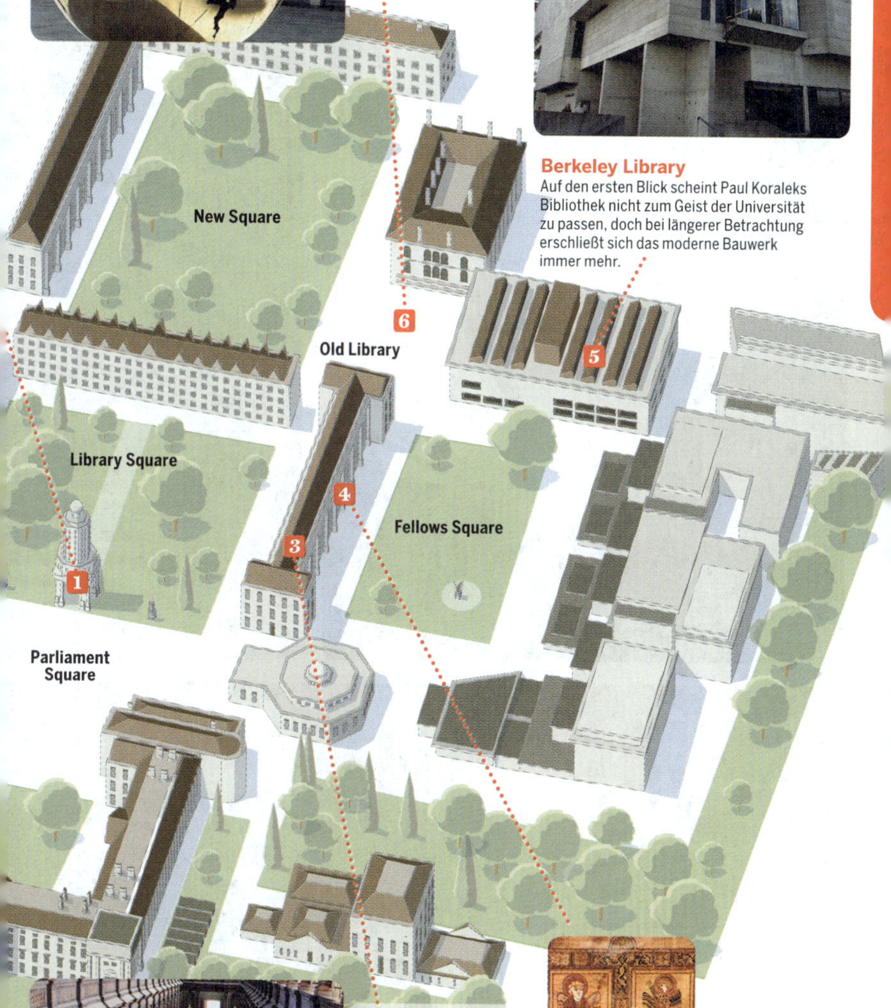

Long Room

Thomas Burghs 65 m langes, von einem Tonnengewölbe gekröntes Meisterstück ist voller endloser Regale, die unter dem Gewicht von 250 000 alten Büchern und Manuskripten ächzen.

Book of Kells

Das berühmteste illuminierte Buch der Welt wurde um 800 n. Chr. von Mönchen auf der Insel Iona angefertigt und später nach Kells im County Meath gebracht.

1

RICHARD I'ANSON / GETTY IMAGES ©

2

4

LONELY PLANET / GETTY IMAGES ©

1. Henry Street (S. 135)
Dublins Fußgängerzone bietet eine tolle Sicht auf den kultigen Spire.

2. St. Stephen's Green (S. 82)
Elegante Parklandschaften und jede Menge Teiche erwarten Besucher dieser hübschen Grünanlage im Herzen Dublins.

3. Temple Bar (S. 63)
In Dublins Unterhaltungsbezirk sind zahlreiche Straßenkünstler zu sehen.

4. Ha'Penny Bridge über die Liffey (S. 78)
Früher musste man einen halben Penny bezahlen, wenn man diese Brücke überqueren wollte – daher der Name.

LONELY PLANET / GETTY IMAGES ©

1

2

SASAR / GETTY IMAGES ©

1. Samuel Beckett Bridge 2. Marsh's Library
3. James-Joyce-Statue

Literarische Dublin

Gibt's überhaupt noch eine Stadt dieser Größe, die ein ähnliches literarisches Schwergewicht ist wie Dublin? Und dabei sprechen wir nicht nur von den Nobelpreisträgern, sondern auch von all den anderen Autoren, die jedes erdenkliche Genre abdecken.

Marsh's Library

Dublins älteste noch geöffnete Bibliothek (S. 89) ist eine Schatzkiste voller uralter Bücher und seltener Manuskripte. Das Gebäude stammt aus dem frühen 18. Jh.

Samuel Beckett

Wie sein großer Mentor James Joyce ging auch Samuel Beckett nach Paris. Hier entstanden seine größten Werke, darunter der moderne Klassiker *Warten auf Godot*. 2009 weihte man zu Ehren des Schriftstellers eine Brücke in Dublin ein, die von Santiago Calatrava entworfen wurde.

James Joyce

Irlands berühmtester Schriftsteller widmete sich in seinen Büchern vor allem einem Thema: Dublin. Wer die Hauptstadt besucht, sollte unbedingt seine Kurzgeschichtensammlung *Dubliners* lesen.

2

Dublin Writers Museum

Die Sammlung des Dublin Writers Museum (S. 92) beleuchtet Dublins reiche literarische Vergangenheit. Zu den Exponaten zählen persönliche Gegenstände vieler Schriftsteller, z. B. von Brendan Behan und Samuel Beckett.

Bibliothek des Trinity College

Zu den absoluten Highlights des Trinity College (S. 62) gehören der Long Room (65 m), die schönste Bibliothek des Landes, und das kunstvoll illustrierte *Book of Kells*.

Oscar Wilde

Herausragender Dramatiker, Dichter, Kinderbuchautor und brillanter Geist: Oscar Wilde ist einer der am meisten geliebten Literaten Dublins.

1. Bibliothek des Trinity College **2.** Writers Gallery, Dublin Writers Museum **3.** Oscar-Wilde-Statue, Merrion Square

Glendalough

SPAZIERGANG

Glendalough (S. 151) verspricht gleichzeitig eine Reise in die Vergangenheit und eine erfrischende Wanderung durch die Hügel. Die alte Mönchssiedlung wurde im 5. Jh. vom hl. Kevin gegründet, erreichte im 9. Jh. recht viel Macht und verfiel schließlich ab 1398. Trotzdem ist die Stätte auch heute noch absolut beeindruckend.

Der Spaziergang beginnt am **Haupttor** 1. Hier befinden sich zahlreiche wichtige Ruinen, darunter der **Rundturm** 2 aus dem 10. Jh., die **Cathedral of St. Peter & St. Paul** 3 und **St. Kevin's Kitchen** 4, eine Kirche. Als Nächstes überquert man den Fluss, passiert den berühmten **Deer Stone** 5, an dem Kevin angeblich eine Hirschkuh gemolken hat, und folgt dem Weg gen Westen. Nach 1,5 km kommt man zum **Upper Lake** 6. An der Südseite des Sees liegen weitere Stätten dicht nebeneinander. In der **Reefert Church** 7, einer schlichten romanischen Kirche aus dem 11. Jh., beerdigte z. B. die mächtige O'Toole-Familie ihre Verwandtschaft, und in **St. Kevin's Cell** 8, einer Bienenkorbhütte, soll Kevin gelebt haben.

DER HL. KEVIN

498 n. Chr. kam der hl. Kevin als junger Mönch auf der Suche nach Abgelegenheit und Ruhe in das Tal. Angeblich führte ihn ein Engel zu einem Grab aus der Bronzezeit, heute bekannt als St. Kevin's Bed. Sieben Jahre lang schlief Kevin auf Steinen, kleidete sich in Tierfelle, ernährte sich von Nesseln und Kräutern und freundete sich der Legende nach mit Vögeln und anderen Tieren an. Als er Milch für zwei Waisenkinder brauchte, erschien ihm der Legende nach am Deer Stone eine Hirschkuh und ließ sich von ihm melken.

Er scharte schnell eine Gruppe von Anhängern um sich und so wuchs die Siedlung, bis Glendalough im 9. Jh. sogar Clomacnoise Konkurrenz machte. Angeblich wurde Kevin 120 Jahre alt. 1903 sprach man ihn heilig.

FIONN DAVENPORT ©

St. Kevin's Cell
In dieser Bienenkorbhütte soll Kevin gebetet und meditiert haben. Sie ist nicht zu verwechseln mit St. Kevin's Bed, der Höhle, in der er schlief.

FIONN DAVENPORT ©

Deer Stone
Bei dem Stein, an dem Kevin angeblich eine Hirschkuh gemolken hat, handelt es sich um einen großen *bullaun* (Mörser), in dem Lebensmittel und Medizin zubereitet wurden.

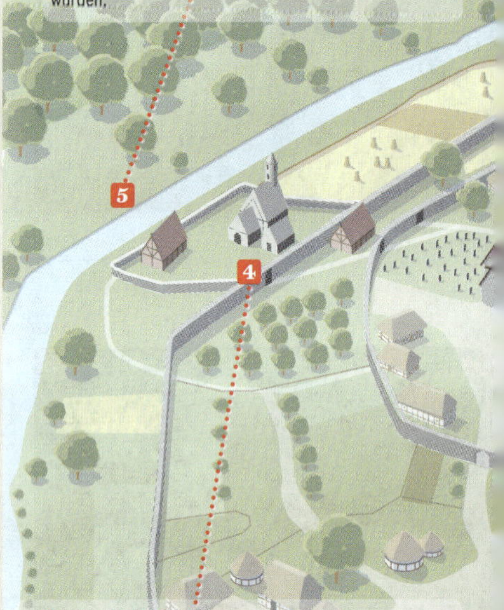

St. Kevin's Kitchen
Aus dem Dach der kleinen Kirche (Priests' House genannt) ragt ein runder Glockenturm heraus, der wie ein Kamin aussieht und dem Gebäude wahrscheinlich seinen Spitznamen einbrachte.

FIONN DAVENPORT ©

FIONN DAVENPORT ©

Reefert Church

Der Name dieser Kirche stammt vom irischen *righ fearta* (königliche Gruft) ab. Sieben Oberhäupter der mächtigen O'Toole-Familie sind in dem einfachen Gotteshaus bestattet.

FIONN DAVENPORT ©

Upper Lake

Ursprünglich lag Kevins Siedlung am Ufer des Upper Lake, einem der beiden Seen, durch die Glendalough seinen Beinamen „Valley of the Lakes" erhielt.

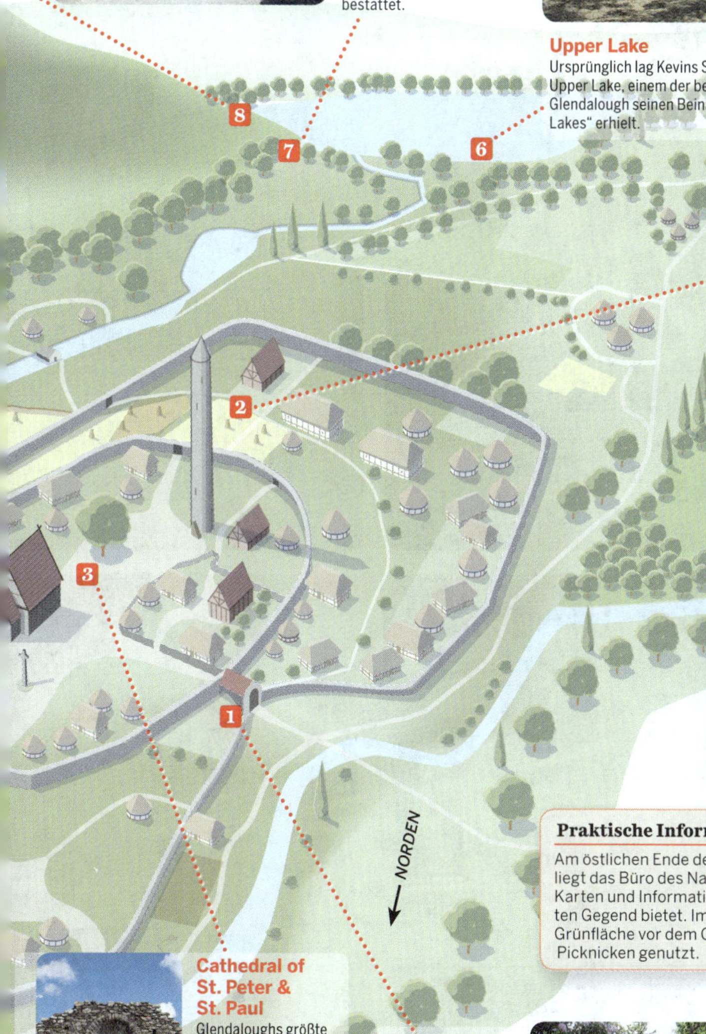

Rundturm

Glendaloughs berühmtestes Wahrzeichen, der 33 m hohe Rundturm, sieht noch genauso aus wie am Tag seiner Errichtung vor tausend Jahren. Einzig das Dach wurde nach einem Blitzeinschlag 1876 ersetzt.

FIONN DAVENPORT ©

Praktische Informationen

Am östlichen Ende des Upper Lake liegt das Büro des Nationalparks, das Karten und Informationen zur gesamten Gegend bietet. Im Sommer wird die Grünfläche vor dem Gebäude gern zum Picknicken genutzt.

JOEFOX COUNTYWICKLOW / ALAMY ©

Cathedral of St. Peter & St. Paul

Glendaloughs größte der insgesamt sieben Kirchen wurde irgendwann zwischen dem 10. und dem 13. Jh. gebaut. Im ältesten Teil, dem Schiff, kann man noch heute Anten (leicht herausragende Säulen am Ende der Mauer) bewundern.

Haupttor

Der einzige noch existierende Eingang zur Mönchssiedlung ist ein doppelter Bogen. Auffällig ist, dass der innere höher emporragt als der äußere, um das Gefälle des Durchgangs auszugleichen.

FIONN DAVENPORT ©

DESIGN PICS / THE IRISH IMAGE COLLECTION / GETTY IMAGES ©

1. Hermesstatue
Das Original dieser Statue auf dem Anwesen des Kilkenny Castle (S. 208) ist in den Vatikanischen Museen zu bewundern.

2. Schlossgärten
Rund um die beeindruckende Burg erstreckt sich ein 20 ha großer, herrlich idyllischer Landschaftspark.

3. Kilkenny Castle, Außenseite
Besucher spazieren um das imposante normannische Bauwerk aus dem 12. Jh.

4. Kilkenny Castle, Innenausstattung
An den Wänden der Galerien hängen Poträts der Butler-Familie – die Schlossbesitzer von 1391 bis 1935.

1

MATT THE MILLER'S

2

66
THE MARBLE CITY BAR
GUINNESS
IS GOOD FOR YOU
SALOON
BAR
NO BICYCLES
EST 1709
MCB
PUSH
MCB

DENNIS FLAHERTY / GETTY IMAGES ©

1. Nore, County Kilkenny 2. Traditionelles Pub, Kilkenny
3. Lokale Austern

Kilkenny (Stadt)

Diese Stadt (S. 208) macht einfach Spaß, egal ob man durch die mittelalterlichen Straßen schlendert, am Ufer des Nore faulenzt oder von Pub zu Pub zieht, um traditionelle Musik zu hören.

Traditionelle Pubs

In irgendeiner Kneipe wird immer Musik gespielt, häufig auch ganz spontan, auf völlig durchgetretenen Dielenböden. Das Angebot ist aber nicht auf traditionelle Melodien beschränkt: Am Wochenende geben sich moderne Livebands die Klinke in die Hand.

Shoppen

Shoppingtouren in diesem Städtchen machen nicht nur die Ladenbesitzer glücklich. Im County Kilkenny wird massenweise Kunsthandwerk produziert, das man in den Straßen rund um die Burg ansehen und kaufen kann.

Nore

Der Nore fließt mitten durch das Stadtzentrum. Herrliche Steinbauten spiegeln sich in seinem tintenschwarzen Wasser. Wenn man die Straßen ringsum erkundet hat, laden die Bänke am Flussufer zu einem Päuschen ein.

St. Canice's Cathedral

Seit dem 13. Jh. ragt der Turm dieser Kathedrale über Kilkenny auf. Weder Cromwell noch der Zahn der Zeit haben dem Gebäude etwas anhaben können.

Kilkennys Küche

Dank der reichen Ernten im County Kilkenny können die einheimischen Köche mit vollen Händen zugreifen. Die Restaurants und Cafés überzeugen mit modernen Kreationen und klassischen Fischgerichten.

Fortsetzung von S. 63

nimmt, kommt am Presbyterian Meeting House (1715) vorbei, in dem inzwischen das hervorragende Kinderkulturzentrum Ark (S. 107) untergebracht ist. Die Dubliner Zentrale der Society of United Irishmen, die für Parlamentsreformen und gleiche Rechte für Katholiken kämpfte, tagte erstmals 1791 in der Eagle Tavern, dem heutigen **Friends' Meeting House** (Karte S. 98 f.; Eustace St) – übrigens nicht zu verwechseln mit der Eagle Tavern in der Cork Street.

Der Merchant's Arch führt zur **Ha'penny Bridge** (Karte S. 122 f.), so genannt, weil die Überquerung der Brücke früher einen halben Penny kostete. In der Anglesea Street beherbergt ein 1878 errichtetes Gebäude die **Börse** (Karte S. 98 f.).

City Hall — MUSEUM

(Karte S. 98 f.; www.dublincity.ie; Castle St; Erw./Stud./Kind 4/2/1,50 €; ⏲ Mo–Sa 10–17.15 Uhr; 🚌 alle Linien im Zentrum) Eine der großen architektonischen Errungenschaften des Dubliner Booms war die kunstvolle Restaurierung der City Hall 2000, die zwischen 1769 und 1779 von Thomas Cooley als Sitz der Royal Exchange (Börse) errichtet wurde. Mitte des 19. Jhs., als der Stadtrat hier einzog, führte man wenig ansprechende architektonische Veränderungen durch. Glücklicherweise lassen die Restaurierungsarbeiten das Gebäude nun wieder in altem georgianischem Glanz erstrahlen.

Der eindrucksvolle runde Innenraum wird von einem Säulengang gesäumt und von natürlichem Licht aus den riesigen Ostfenstern durchflutet. Eine große Marmorstatue des früheren Bürgermeisters, der für die Rechte der Katholiken kämpfte, erinnert an die Verbindungen des Bauwerks mit dem irischen Nationalismus (hier fanden die Beerdigungen von Charles Stewart Parnell und Michael Collins statt). Dublins Stadtrat kommt noch immer am ersten Montag des Monats in dem Gebäude zusammen und diskutiert die Geschicke der Stadt in der Council Chamber, die ursprünglich als Kaffeestube diente.

Auf dem Gelände der City Hall befanden sich einst zwei zwielichtige Etablissements, das Lucas Coffee House und die angrenzende Eagle Tavern, in der Richard Parsons, der Earl of Rosse, 1735 den berüchtigten Hellfire Club gründete. Der Herrenclub war nur einer von vielen in der Stadt, sorgte jedoch wegen angeblicher Sexorgien und satanischer Messen für besonders viel Gesprächsstoff.

Im wunderschön gewölbten Untergeschoss ist die Multimediaausstellung **The Story of the Capital** untergebracht. Sie erzählt die Geschichte der Stadt von ihren Anfängen bis zu Zukunftsplänen. Sex oder Satan finden keine Erwähnung, obwohl eine kleine Auflockerung angesichts der vielen Informationen und der langen Texte ganz gut tun würde. Dennoch lohnt sich das recht schicke Museum mit seinen audiovisuellen Exponaten.

★ Chester Beatty Library — MUSEUM

(Karte S. 98 f.; ☎ 01-407 0750; www.cbl.ie; Dublin Castle; ⏲ ganzjährig Di–Fr 10–17, Sa 11–17, So 13–17 Uhr, Mai–Sept. Mo 10–17 Uhr, kostenlose Führungen Mi 13, So 15 & 16 Uhr; 🚌 50, 51B, 77, 78A, 123) GRATIS Die weltberühmte Bibliothek auf dem Gelände des Dublin Castle beherbergt die atemberaubende Sammlung von Sir Alfred Chester Beatty (1875–1968). Nach dem Tod des Bergbauingenieurs ging sie komplett an den irischen Staat über, der für dieses Geschenk wohl ewig dankbar sein wird. Auf zwei Stockwerken verteilen sich 20 000 Manuskripte, seltene Buchausgaben, Miniaturgemälde, Tontafeln, Kostüme und andere Objekte von künstlerischer, historischer sowie ästhetischer Bedeutung.

Im ersten Stock präsentiert die **Artistic Traditions Gallery** Erinnerungsstücke aus Beattys Leben sowie wertvolle Kunst aus Persien, Japan und China, aus dem Osmanischen und dem Mogulreich. Zu den Höhepunkten zählen prachtvolle Pillendöschen und die vielleicht schönste Sammlung chinesischer Jadebücher weltweit. Auch die illuminierten Handschriften aus Europa sollte man sich nicht entgehen lassen.

Die **Sacred Traditions Gallery** im zweiten Obergeschoss vermittelt einen faszinierenden Einblick in die Rituale und Übergangsriten der fünf Weltreligionen: Christentum, Judentum, Islam, Buddhismus und Hinduismus. In audiovisuellen Präsentationen erfahren Besucher mehr über das Leben Christi und Buddhas sowie die muslimische Wallfahrt nach Mekka.

Besonders interessant ist die Koransammlung aus dem 9. bis 19. Jh. Sie enthält einige der bestilluminierten Handschriften des Islam. Außerdem kann man alte ägyptische Papyri (mit ägyptischen Liebesgedichten aus der Zeit um 1100 v. Chr.), Schriftrollen und edelste Kunstwerke aus Birma, Indonesien und Tibet sowie das zweitälteste Bibelfragment, das je gefunden wurde (das älteste sind die Schriftrollen vom Toten Meer), bestaunen.

Eine exzellente und umfassende Archivquelle für Künstler und Studenten ist die **Reference Library**. Sie hat eine wunderschön lackierte Decke, die sich Beatty in seinem Londoner Haus anfertigen ließ.

Die Bibliothek veranstaltet regelmäßig kostenlose Fachworkshops, Ausstellungen und Diskussionsrunden zu allen möglichen Themen, darunter beispielsweise Origami und Kalligrafie. Auf der Dachterrasse sorgt der friedliche **japanische Garten** für Entspannung, und im Erdgeschoss tischt das Silk Road Café (S. 116) Besuchern arabische Leckereien auf.

County Dublin

0 — 10 km

Dublin Castle HISTORISCHES GEBÄUDE

(Karte S. 98 f.; ☎01-677 7129; www.dublincastle.ie; Dame St; Erw./Kind 4,50/2 €; ⊙Mo–Sa 10–16.45, So 12–16.45 Uhr; 🚌50, 54, 56A 77, 77A) Wer eine mittelalterliche Burg wie aus dem Bilderbuch erwartet, dürfte enttäuscht sein: Dieses Bauwerk, das für 700 Jahre ein Bollwerk der britischen Macht in Irland war, stammt inzwischen größtenteils aus dem 18. Jh. und sieht eher wie ein palastartiges Sammelsurium aus. Von der ursprünglichen anglonormannischen Festung, die König John 1204 errichten ließ, ist nur der 1258 fertig gewordene **Record Tower** (Karte S. 98 f.) übrig geblieben.

1922 wurde die Burg im Namen des irischen Freistaats offiziell an Michael Collins übergeben. Es heißt, dass der britische Vizekönig Collins damals zurechtwies, weil dieser sich sieben Minuten verspätete, woraufhin Collins erwiderte: „Wir haben 700 Jahre gewartet, da können Sie sieben Minuten warten." Heute wird das Gebäude von der irischen Regierung für Sitzungen und Empfänge genutzt. Besucher dürfen im Rahmen einer Führung die State Apartments und die Reste des früheren Pulverturms besichtigen.

Beim Betreten der Anlagen vom Haupteingang in der Dame Street gewinnt man einen guten Eindruck von der Entwicklung der irischen Architektur. Links befindet sich die viktorianische **Chapel Royal** (manchmal Teil von Führungen). Sie ist mit mehr als 90 Köpfen irischer Persönlichkeiten und Heiliger geschmückt, die aus dem Sandstein von Tullamore gehauen wurden. Daneben steht der normannische **Record Tower** mit 5 m dicken Wänden. Inzwischen ist darin das **Garda Museum** (Karte S. 98 f.) GRATIS untergebracht, das sich der Geschichte der irischen Polizei widmet. Es gibt kaum etwas Kostbares zu beschützen, doch die Aussicht ist toll (wer eingelassen werden möchte, muss klingeln). Rechts sieht man das georgianische **Treasury Building**, Dublins ältestes Bürogebäude, und wenn man sich umdreht, erblickt man das hässliche **Revenue Commissioners Building** von 1960.

Vom Haupteingang geht's hinauf zum Upper Yard. Rechts wendet die Figur der Justitia (Gerechtigkeit) der Stadt ihren Rücken zu – ein passendes Symbol für die britische Justiz, wie die Dubliner fanden. Daneben erhebt sich der im 18. Jh. errichtete **Bedford Tower**, aus dem 1907 die bis heute verschwundenen Kronjuwelen gestohlen wurden.

Am Eingang gegenüber beginnen die etwa 45-minütigen Führungen (je nach Andrang alle 20 bis 30 Min.). Sie sind ziemlich dröge, aber im Eintritt inbegriffen. Wer eine davon mitmacht, wird durch die State Apartments gelotst, von denen nicht wenige von einem eher zweifelhaften Geschmack zeugen, außerdem kann man den Raum erkunden, in dem James Connolly 1916 nach dem Osteraufstand an einen Stuhl gefesselt wurde und sich von seinen schweren Verletzungen erholte – nur um gleich darauf von einem Erschießungskommando hingerichtet zu werden.

Höhepunkt der Führung ist die unterirdische alte Burganlage, die 1986 durch einen Zufall entdeckt wurde. Dazu gehören ein Fundament aus der Wikingerzeit (deren widerstandsfähiger Mörtel aus Ochsenblut, Eierschalen und Pferdehaar bestand), handpolierte Außenwände, die potenzielle Angreifer davon abhalten sollten, an ihnen hochzuklettern, und Stufen, die in die Wassergräben hinunterführen (sie wurden einst vom in die Liffey mündenden Strom Poddle gespeist).

★ National Museum of Ireland – Archaeology MUSEUM

(Karte S. 104 f.; www.museum.ie; Kildare St; ⊙Di–Sa 10–17, So 14–17 Uhr; 🚌alle Linien im Zentrum) GRATIS 1977 eröffnete die Mutter irischer Museen und wichtigste kulturelle Einrichtung des Landes, um die archäologischen Schätze Irlands aufzunehmen. Inzwischen ist die Sammlung allerdings so groß, dass das großartige speziell erbaute Gebäude neben dem irischen Parlament nicht mehr ausreicht und ein Teil in drei separate Museen umgezogen ist: Im Museum of Natural History werden ausgestopfte Tiere gezeigt, in den **Collins Barracks** ornamentale Kunst und in einem Museum (S. 454) im County Mayo an der irischen Westküste Exponate zum ländlichen Leben.

Sie sind allesamt faszinierend, doch die Hauptattraktionen befinden sich hier: von Europas schönster Sammlung an Goldartefakten aus der Bronze- und Eisenzeit über die weltweit umfassendste Kollektion mittelalterlicher keltischer Metallarbeiten, fesselnde prähistorische und wikingische Stücke bis zu einigen interessanten Exponaten zu Irlands Unabhängigkeitskampf. Wer möchte, kann sich einer der thematischen **Gruppenführungen** (1,50 €; Di–Sa 11, 12.30, 14 & 15, So 14 & 15 Uhr) anschließen, die dabei helfen, den Überblick über die zahllosen Ausstellungen zu bewahren. Der wohl bedeutendste Teil der Sammlung ist die **Treasury** mit den zwei bekanntesten Kunsthandwerksarbeiten Irlands, dem **Kelch von Ardagh** aus dem 12. Jh. und der **Tara-Brosche** aus dem 8. Jh.

Darüber hinaus umfasst die Treasury die Ausstellung **Ór – Ireland's Gold** mit eindrucksvollen Schmuckstücken und dekorativen Objekten von keltischen Kunsthandwerkern aus der Bonze- und Eisenzeit. Dazu gehört der Broighter Hoard mit einer massiven in Europa einzigartigen goldenen Halskette aus dem 1. Jh. v. Chr. und einem außerordentlich kunstvollen Bootmodell aus Gold. Außerdem ist die wunderbare bronzene Kriegstrompete Loughnasade, ebenfalls aus dem 1. Jh. v. Chr., zu bewundern.

Auf derselben Etage zeigt die Ausstellung **Road to Independence** den Armeemantel, den Michael Collins am Tag seiner Ermordung trug (der Ärmel ist noch immer mit Schlamm beschmutzt). Noch mehr Geschichte bietet **Medieval Ireland 1150–1550, Viking Age Ireland** im oberen Stock, das Exponate von Ausgrabungen bei Wood Quay, dem Areal zwischen der Christ Church Cathedral und dem Fluss, zeigt. Unser Favorit jedoch ist **Clothes from Bogs in Ireland**, eine Sammlung von Wollkleidern, die im 16. und 17. Jh. in Sümpfen gefunden wurden. Spannend!

★ National Gallery — MUSEUM

(Karte S. 104 f.; www.nationalgallery.ie; West Merrion Sq; ⏲Mo–Mi, Fr & Sa 9.30–17.30, Do 9.30–20.30, So 12–17.30 Uhr; 🚌7, 44 ab dem Zentrum) GRATIS Ein Besuch der Nationalgalerie lohnt sich allein schon wegen des grandiosen Caravaggio und der atemberaubenden Werksammlung von Jack B. Yeats, William Butlers jüngerem Bruder. Der Schwerpunkt der herausragenden Kollektion liegt auf irischer Kunst, aber es sind auch viele große europäische Maler mit exzellenten Arbeiten vertreten. An kostenlosen **Führungen** kann man samstags um 15 Uhr und sonntags um 14, 15 sowie 16 Uhr teilnehmen.

Auf vier Flügel verteilen sich Werke von Rembrandt und seinen Zeitgenossen, eine spanische Sammlung mit Gemälden von El Greco, Goya und Picasso sowie eine fachkundig präsentierte Ausstellung italienischer Kunst von der frühen Renaissance bis ins 18. Jh. Zu den ausgestellten Malern gehören Fra Angelico, Tizian und Tintoretto. Als absolutes Highlight gilt Caravaggios *Gefangennahme Christi* von 1602, das über 60 Jahre in einem Jesuitenhaus in der Leeson Street lag und nur zufällig vom Chefkurator Sergio Benedetti entdeckt wurde.

Im Erdgeschoss werden eine tolle irische sowie eine kleinere britische Sammlung mit Werken von Reynolds, Hogarth, Gainsborough, Landseer und Turner präsentiert. Nicht verpassen sollte man die **Yeats Collection** im hinteren Museumsteil mit Werken von Jack B. Yeats (1871–1957), Irlands bedeutendstem Maler des 20. Jhs.

Der moderne, lichtdurchflutete und 2001 neu eröffnete **Millennium Wing** hat einen Extraeingang in der Clare Street. Er beherbergt eine kleine Sammlung irischer Kunst aus dem 20. Jh., Sonderausstellungen namhafter Künstler (kosten Eintritt), eine Kunstbibliothek, einen Hörsaal, einen Buchladen und das Fitzer's Café.

Leinster House — BEMERKENSWERTES GEBÄUDE

(Oireachtas Éireann; Karte S. 104 f.; ☎Info zu Führungen 01-618 3271; www.oireachtas.ie; Kildare St; ⏲Zuschauerplattform Nov.–Mai Di 14.30–20.30, Mi 10.30–20.30, Do 10.30–17.30 Uhr, Führungen Mo–Fr 10.30, 11.30, 14.30 & 15.30 Uhr, wenn das Parlament nicht tagt; 🚌alle Linien im Zentrum) Alle wichtigen Entscheidungen des Landes werden im Oireachtas Éireann, dem irischen Parlament, getroffen oder abgesegnet. Das prächtige palladianische Gebäude wurde zwischen 1745 und 1748 von Richard Cassels als Stadtresidenz für James Fitzgerald, den Duke of Leinster und Earl of Kildare, errichtet; so erklärt sich der bis heute gültige Name. Seine Fassade an der Kildare Street ähnelt der eines Stadthauses (sie inspirierte den irischen Architekten James Hoban zum Bau des Weißen Hauses in den USA), jene am Merrion Square der einer ländlichen Villa.

1922 zog die erste Regierung des Irischen Freistaats in das Gebäude ein. Bis heute diskutieren Angehörige des Dáil (Unterhauses) und des Seanad (Senats) hier die Angelegenheiten des Landes und tauschen in der exklusiven Bar den neuesten Tratsch aus. Der 60 Mitglieder umfassende Seanad hält seine eher maßvollen Diskussionen in einem Saal im Nordflügel ab. Kontroverser geht's bei den Sitzungen des 166-köpfigen Dáil zu. Dieser trifft sich in einem weniger interessanten ehemaligen Vorlesungssaal, der dem Originalgebäude 1897 zugefügt wurde. Das Parlament tritt an 90 Tagen im Jahr zusammen. Eintrittskarten für die **Besucherbereiche** des Unter- und Oberhauses erhält man gegen Vorlage des Personalausweises am Eingang in der Kildare Street. An Wochentagen ohne Sitzungen werden kostenlose anmeldungspflichtige **Führungen** angeboten.

Der Obelisk vor dem Haus ist Arthur Griffith, Michael Collins und Kevin O'Higgins, den Schöpfern des freien Irlands, gewidmet.

★ **Museum of Natural History** MUSEUM
(National Museum of Ireland – Natural History; Karte S. 104 f.; www.museum.ie; Merrion St; ⌚Di–Sa 10–17, So 14–17 Uhr; 🚌7, 44 ab dem Zentrum) 1857 wurde dieses staubige, sonderbare und unglaublich fesselnde Museum von dem schottischen Forscher Dr. David Livingstone eröffnet, kurz bevor sich dieser zu einem Treffen mit Henry Stanley im afrikanischen Dschungel aufmachte. Seither hat sich das Relikt aus der viktorianischen Zeit kaum verändert. Verglichen mit all dem Multimedia- und interaktiven Zeugs der modernen Museen ist dies ein wunderbar erhaltenes Beispiel viktorianischen Charmes. Meistens wimmelt es hier von faszinierten Kindern, doch den größten Lärm machen die mindestens ebenso begeisterten Erwachsenen.

Der **Irish Room** im Erdgeschoss ist mit Säugetieren, Meeresbewohnern, Vögeln und Schmetterlingen gefüllt, darunter die Skelette von drei 10 000 Jahre alten irischen Elchen gleich am Eingang. Die **World Animals Collection** erstreckt sich über drei Etagen und wartet mit dem Skelett eines 20 m langen Finnwals auf, der im County Sligo gestrandet war. Anhänger der Evolutionstheorie werden von den Skeletten der Orang-Utans, Schimpansen, Gorillas und Menschen im ersten Stock beeindruckt sein. Neu ist die **Discovery Zone**: Hier kann man selbst zum Forscher werden, sich mit Taxidermie beschäftigen und alle möglichen Schubladen öffnen. Zu den weiteren bemerkenswerten Exponaten gehören der ausgestorbene australische Tasmanische Tiger (ein Beuteltier, das irrtümlich auch als Tasmanischer Wolf bezeichnet wird), ein Riesenpanda aus China und mehrere afrikanische sowie asiatische Nashörner. Die herrliche **Blaschka Collection** umfasst wunderbar detaillierte Glasmodelle von Meereslebewesen, deren zoologische Akkuratesse einzigartig ist.

National Library HISTORISCHES GEBÄUDE
(Karte S. 104 f.; www.nli.ie; Kildare St; ⌚Mo–Mi 9.30–21, Do & Fr 10–17, Sa 10–13 Uhr; 🚌alle Linien im Zentrum) GRATIS Die angemessen geruhsam-elegante National Library wurde zwischen 1884 und 1890 von Sir Thomas Newenham Deane zur selben Zeit und in ähnlichem Stil wie das National Museum errichtet. Ihre riesige Büchersammlung umfasst zahlreiche wertvolle alte Handschriften, Erstausgaben und Karten.

Teile der Bibliothek sind der Öffentlichkeit zugänglich, darunter der kuppelförmige Lesesaal, in dem Stephen Dedalus in *Ulysses* seine Interpretationen von Shakespeare kundtut. Wem Bilder mehr sagen als tausend Worte, der geht ins National Photographic Archive (S. 63) unten in Temple Bar, eine Zweigstelle der Bibliothek. Im zweiten Stock stellt der **Genealogy Advisory Service** kostenlos Nachforschungen über mögliche irische Vorfahren an.

★ **St. Stephen's Green** PARK
(Karte S. 104 f.; ⌚Sonnenauf- bis Sonnenuntergang; 🚌alle Linien im Zentrum, 🚊St. Stephen's Green) GRATIS Beobachtet man die Parkbesucher beim geselligen Beisammensein oder Händchenhalten, kann man sich kaum vorstellen, dass die 9 ha große elegante Grünanlage des St. Stephen's Green einst Schauplatz von öffentlichen Auspeitschungen, Verbrennungen und Hinrichtungen war. Heutzutage droht die größte Gefahr von Parkwächtern, die Fußball- oder Frisbeespieler der Grünflächen verweisen.

Die Gebäude rund um den Platz stammen hauptsächlich aus der Mitte des 18. Jhs., als die Grünanlage angelegt wurde und sich zum Zentrum des georgianischen Dublins entwickelte. Der Nordteil, Beaux Walk genannt, zählt bis heute zu den angesehensten Gegenden der Stadt und beherbergt auch Dublins erstes Hotel der Society, das Shelbourne (S. 110). Ganz in der Nähe stößt man auf den winzigen **Hugenottenfriedhof** (Karte S. 104 f.), der 1693 von französischen Protestanten gegründet wurde.

1814 erhob man eine jährliche Parknutzungsgebühr von einem Pfund und errichtete Zäune sowie abschließbare Tore. Auf Bestreben von Sir Arthur Edward Guinness erließ das Parlament schließlich 1877 ein Gesetz, das den Park wieder öffentlich zugänglich machte. Er finanzierte außerdem die Gärten und Teiche in dessen Zentrum, die 1880 angelegt wurden.

Der Haupteingang zum Park ist heute der **Fusiliers' Arch** (Karte S. 104 f.) am oberen Ende der Grafton Street. Er wurde als kleinere Version des Titusbogens in Rom konzipiert und erinnert an die 212 Soldaten der Royal Dublin Fusiliers, die im Zweiten Burenkrieg (1899–1902) für die Briten kämpften und fielen.

Auf der gegenüberliegenden Straßenseite westlich des Parks stößt man auf die **Unitarian Church** (Karte S. 104 f.; ⌚Gebetszeit

7–17 Uhr) von 1863 und das aus dem frühen 19. Jh. stammende **Royal College of Surgeons** (Karte S. 104 f.) mit einer der schönsten Fassaden von St. Stephen's Green. Während des Osteraufstands 1916 besetzten Rebellen unter der Führung von Gräfin Markievicz (1868–1927) das Gebäude. An den Säulen sind noch immer Einschusslöcher zu sehen.

Auf die Grünflächen und Wege des Parks verteilen sich einige bemerkenswerte Kunstwerke. Am eindrucksvollsten ist das **Denkmal für Wolfe Tone** (Karte S. 104 f.), den Anführer der irischen Rebellion von 1798. Als Kulisse dienen senkrecht angeordnete Steinplatten in der nordöstlichen Ecke der Anlage, „Tonehenge“ genannt. Am dortigen Eingang erinnert eine **Gedenkstätte** (Karte S. 104 f.) an die Opfer der Hungersnot.

An der Ostseite des Parks befindet sich ein **Spielplatz** (Karte S. 104 f.). Der hübsche alte **Pavillon** südlich davon wurde anlässlich des Thronjubiläums von Königin Viktoria 1887 errichtet. Im Sommer finden hier oft Konzerte statt. Nahebei stößt man auf eine **Büste von James Joyce** (Karte S. 104 f.). Sie steht gegenüber vom **Newman House** (Karte S. 104 f.; 85–86 St. Stephen's Green South; Erw. 5 €; Führungen Juni–Aug. Di–Fr 12, 14, 15 & 16 Uhr; 10, 11, 13, 14, 15A, St. Stephen's Green), Teil der University College Dublin (UCD), an der Joyce einst studierte. An derselben Seite befindet sich das **Iveagh House**. Ursprünglich handelte es sich dabei um zwei separate Gebäude, die Richard Cassels 1730 errichtete. Benjamin Guinness erwarb sie 1862 und legte sie als städtischen Familiensitz zusammen. Nach der Unabhängigkeit wurde das Haus dem irischen Staat gespendet und beherbergt mittlerweile das Außenministerium.

Little Museum of Dublin — MUSEUM

(Karte S. 104 f.; 01-661 1000; www.littlemuseum.ie; 15 St. Stephen's Green North; Erw./Stud./Kind 6/5/4 €; Mo–Fr 10–17 Uhr; alle Linien im Zentrum, St. Stephen's Green) Die Idee ist einfach, aber genial: Verteilt auf zwei Räume in einem eleganten georgianischen Gebäude, widmet sich dieses Museum der Geschichte Dublins im 20. Jh. und zeigt dazu ausschließlich gespendete Erinnerungsstücke. Die Besichtigung ist mit einer Führung verknüpft, darüber hinaus bekommt jeder Besucher eine hübsche Broschüre zur Geschichte der Stadt.

Seit der Eröffnung 2011 entdeckt man zwischen nostalgischen Postern, vom Zahn der Zeit gezeichnetem Krimskrams sowie großartigen Fotos von Menschen und Stadtlandschaften aus der Vergangenheit auch einige außergewöhnliche Stücke wie ein Pult, an dem JFK bei seinem Irlandbesuch 1963 eine Rede hielt, und ein Originalexemplar des verhängnisvollen Briefes, den die irischen Vertreter zu den Friedensverhandlungen von 1921 erhalten hatten und dessen widersprüchliche Instruktionen den Kern der Spaltungen bildeten, die zum Bürgerkrieg führten.

Merrion Square — PARK

(Karte S. 104 f.; Sonnenauf- bis Sonnenuntergang; 7, 44 ab dem Zentrum) GRATIS St. Stephen's Green mag zwar der beliebteste Stadtpark sein, davon lässt sich der elegante Merrion Square, der prachtvollste Platz Dublins, jedoch kaum beeindrucken. Seine gepflegten Rasenflächen und wunderschön gestalteten Blumenbeete werden an drei Seiten von eindrucksvollen georgianischen Häusern gesäumt, die farbenfrohe Türen, Fächerfenster, kunstvoll verzierte Türklopfer und teils Schuhabstreifer schmücken.

Die verbleibende Seite des 1762 angelegten Platzes flankieren die National Gallery und das Leinster House. Manch einem schien das nicht genug zu sein: W. B. Yeats (1865–1939), ein früherer Anwohner, zeigte sich wenig beeindruckt und beschrieb die Architektur als „graues 18. Jh.“; man kann man es eben nie allen recht machen!

An der nordwestlichen Ecke des Platzes befindet sich eine extravagante **Statue von Oscar Wilde** (Karte S. 104 f.), der auf der anderen Straßenseite im Haus Nr. 1 aufgewachsen

DUBLIN-APP

Praktische Infos für Smartphone-Nutzer bietet die offizielle **App** (www.visitdublin.com) GRATIS von Visit Dublin. Beim vierteljährlichen Update aus der Datenbank der Touristeninformation werden umfangreiche Verzeichnisse von Sehenswürdigkeiten, Attraktionen, Hotels und Restaurants auf das Handy geladen, bei der Nutzung der Basisfunktionen fallen also keine Roaming-Gebühren an. Die App ist auch im Apple App Store erhältlich.

Ausführlichere Informationen, Bewertungen und Empfehlungen liefert die iPhone App *Dublin City Guide* von Lonely Planet, die ebenfalls im App Store bereitsteht.

war (heute von der American University Dublin genutzt). In den charakteristischen Hausrock gekleidet, lehnt sich die Figur des Schriftstellers an einen Felsen. Auf einer der umgebenden Säulen, die witzige Sprüche und Zitate Wildes zieren, kniet eine grüne Statue von Oscars schwangerer Mutter.

Government Buildings BEMERKENSWERTES GEBÄUDE
(Karte S. 104 f.; www.taoiseach.gov.ie; Upper Merrion St; Führungen Sa 10.30–13.30 Uhr; 7, 44 ab dem Zentrum) GRATIS Der glänzende edwardianische Gebäudekomplex war fast der letzte, den die Briten fertigstellen konnten, bevor

Dublin

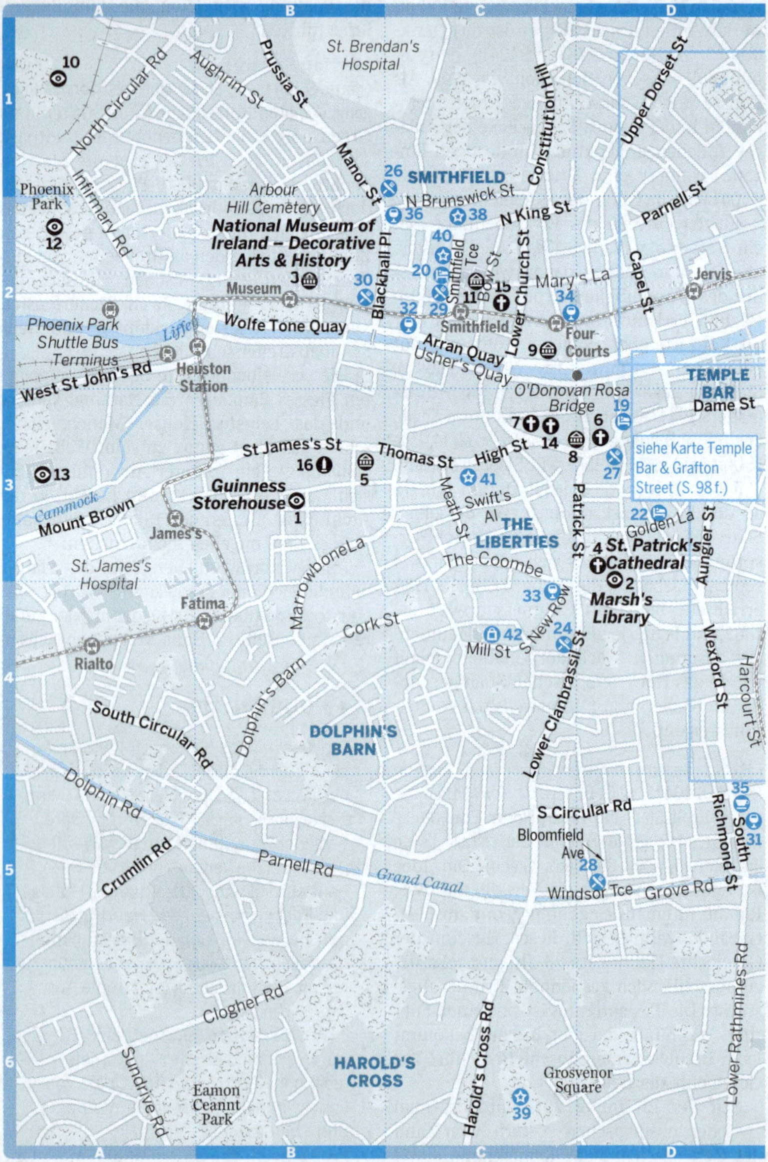

sie des Landes verwiesen wurden. 1911 wurde er als Royal College of Science eröffnet. Als die Hochschule 1989 schloss, zogen Taoiseach (Premierminister der Republik Irland) Charles Haughey und seine Regierung ein und spendierten der Anlage teure Restaurierungsarbeiten.

Die kostenlosen 40-minütigen **Führungen** umfassen das Büro des Taoiseach, den Cabinet Room, den feierlichen Treppenaufgang mit einem eindrucksvollen Buntglasfenster, entworfen von Evie Hone (1894–1955) für die New Yorker Handelsmesse im Jahr 1939, sowie zahlreiche hübsche moder-

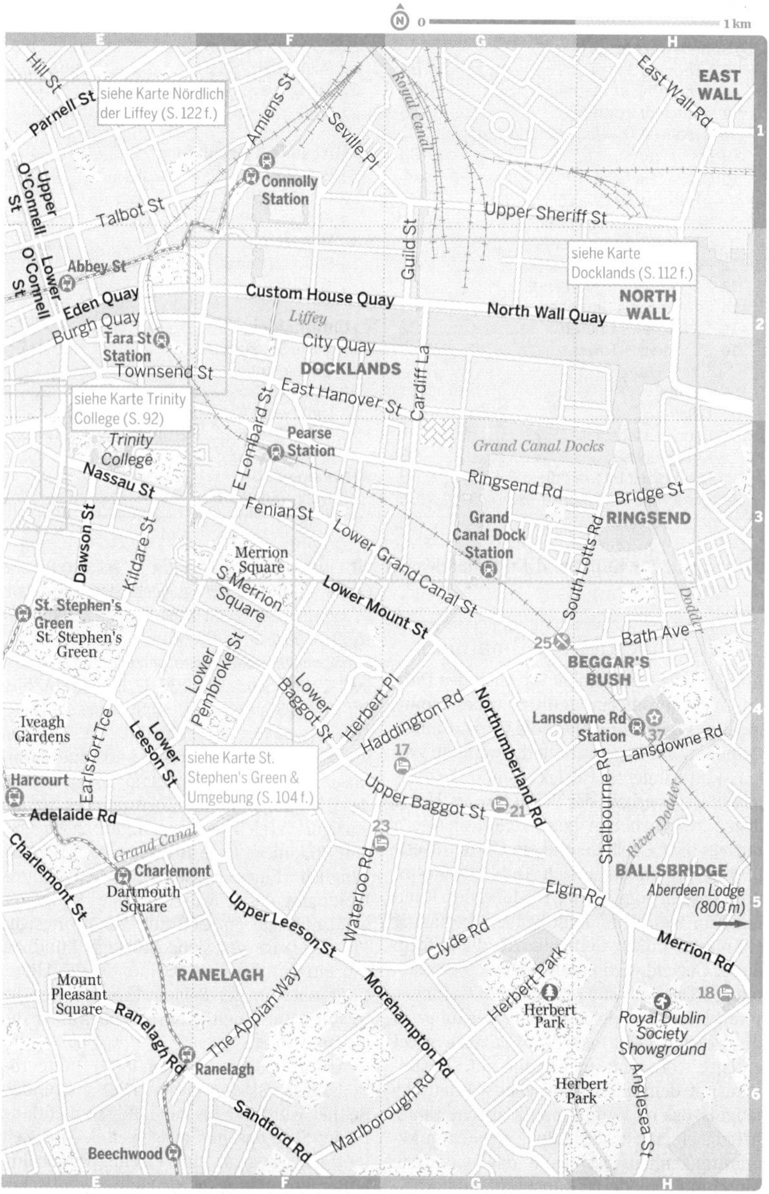

Dublin

ne Beispiele für Kunst und Kunsthandwerk aus Irland.

The Liberties & Kilmainham

Auf einer kleinen Anhöhe westlich des Dublin Castle thront ein eindrucksvolles Monument aus dem Mittelalter: die Christ Church Cathedral. Im Gegensatz zu der anderen großen Kathedrale, St. Patrick's, stand sie stets felsenfest innerhalb der Stadtgrenzen. Heute liegen zwischen den beiden Gotteshäusern nur ein paar Gebäude und ein Garten. Westlich davon erstreckt sich Dublins ältestes noch bestehendes Viertel, the Liberties. Rund um sein westliches Ende wabert beständig ein merkwürdiger Geruch durch die Luft: In dieser Gegend wird nämlich Hopfen geröstet und zu Dublins schwarzem Gold, Guinness, verarbeitet – für viele Besucher der Inbegriff des Irischen. Geht man die St. James's Street entlang, stößt man irgendwann auf Kilmainham mit dem alten sehr sehenswerten Gefängnis, das im Kampf um die irische Unabhängigkeit eine zentrale Rolle spielte. Im Militärkrankenhaus ist heute das wichtigste Museum für moderne Kunst untergebracht.

★ Guinness Storehouse BRAUEREI, MUSEUM

(Karte S. 84 f.; www.guinness-storehouse.com; St. James's Gate, South Market St; Erw./Stud./Kind 16,50/10,50/6,50 €, Conoisseur Experience 25 €, Ermäßigungen bei Onlinebuchung; ⌚ Juli–Aug. 9.30–19 Uhr, Sept.–Juni 9.30–17 Uhr; 🚌 21A, 51B, 78, 78A, 123 ab Fleet St, 🚊 St. James's) Diese Spielwiese für Bierliebhaber ist Dublins größte Touristenattraktion und eine Hommage an den berühmtesten Exportartikel des Landes. Der alte Kornspeicher ist als einziger Bereich der gewaltigen, 26 ha großen St. James's Gate Brewery öffentlich zugänglich. Einen passenderen Tempel zur Huldigung des schwarzen Goldes könnte es wohl nicht geben. Geformt wie ein riesiges Pintglas, ragt der siebenstöckige Rundbau um ein fantastisches Atrium in die Höhe. Ganz oben in der Schaumkrone bietet die **Gravity Bar** einen Panoramablick über die gesamte Stadt.

Arthur Guinness (1725–1803) hatte die St. James's Gate Brewery 1759 gegründet. Seither wurde sie bis zur Liffey und entlang beider Straßenseiten ausgeweitet. Eine Zeit lang gab es sogar eine eigene Werksbahn, außerdem erstreckte sich ein gigantisches

Tor über die St. James's Street – daher auch der eigentliche Name der Brauerei. In den 1930er-Jahren war sie mit mehr als 5000 Beschäftigten Hauptarbeitgeber der Stadt. Mit zunehmender Automatisierung der Abläufe schrumpfte die Belegschaft auf 600 Mitarbeiter. Trotzdem werden weiterhin *täglich* 1,25 Mio. Liter Stout produziert.

Am Ende bekommt natürlich jeder Teilnehmer der Führung ein Pint, vorher sollte man allerdings fit sein für den elend langen Touristenmarathon durch die Guinness-Floorshow, ein 1,6 ha großes Gelände mit einer Unmenge audiovisueller und interaktiver Vorführungen, die keine Fragen zur Geschichte der Brauerei und zum Brauvorgang offen lassen. Zwar ist die Show aufwendig und professionell gemacht, dennoch vergisst man zu keinem Zeitpunkt, wer hinter den Kulissen an den Strängen zieht. Das ganze Geschwafel über die ach so erfolgreiche Werbegeschichte des Unternehmens macht doch immer wieder deutlich, dass dabei statt der viel zitierten Magie und Mystik in Wahrheit vor allem Marketing und Manipulation eine Rolle spielen.

Doch das alles ist einem herzlich egal, wenn man endlich mit einem leckeren Guinness in der Hand den Blick aus den schwindelerregenden Höhen der Gravity Bar genießt. Kenner der Materie behaupten ja, hier bekäme man das beste Guinness-Pint der Welt. Für echte Bierliebhaber gibt's außerdem die **Conoisseur Experience**, bei der ein Barkeeper die Geschichte der vier Guinness-Sorten – Draught, Original, Foreign Extra Stout und Black Lager – erläutert und leckere Proben serviert.

Arthur Guinness wohnte übrigens gleich um die Ecke in der **Thomas Street Nr. 1** (Karte S. 84 f.; ⌚ nicht öffentlich zugänglich). Eine Gedenktafel markiert sein Haus. Gegenüber steht der um 1757 errichtete **St. Patrick's Tower** (Karte S. 84 f.; ⌚ nicht öffentlich zugänglich), Europas höchste Windmühle.

★ **St. Patrick's Cathedral** KATHEDRALE
(Karte S. 84 f.; www.stpatrickscathedral.ie; St. Patrick's Close; Erw./Kind 5,50 €/frei; ⌚ ganzjährig

DUBLIN IN ...

... zwei Tagen

Wenn man nur zwei Tage in der Stadt ist (hoffentlich aus gutem Grund), beginnt man mit dem **Trinity College** (S. 62) und dem **Book of Kells**. Dann geht's in Dublins georgianisches Herz zum **St. Stephen's Green** (S. 82) und zum **Merrion Square** (S. 83) sowie ins **National Museum of Ireland – Archaeology** (S. 80) und in die **National Gallery** (S. 81). Den Abend verbringt man in einem authentischen Pub, dem **Kehoe's** (S. 125) unweit der Grafton Street. Am nächsten Tag stehen die **Chester Beatty Library** (S. 78) und das **Guinness Storehouse** (S. 87) auf dem Plan. Wer jetzt noch Lust hat, besucht das **Irish Museum of Modern Art** (S. 90) und das **Kilmainham Gaol** (S. 90). Anschließend lockt das **Cobblestone** (S. 128) mit irischer Musik.

... vier Tagen

An vier Tagen bleibt genügend Zeit, das oben beschriebene Programm auszudehnen und in den besseren Pubs der Stadt Pausen einzulegen. Außerdem kann man den **Glasnevin Cemetery** (S. 108) und die **Dublin City Gallery – Hugh Lane** (S. 91) besichtigen. In der **Old Jameson Distillery** (S. 95) erfahren Besucher alles zum Thema Whiskey und werden bei einem **Dublin Literary Pub Crawl** (S. 101) zu Fachleuten für Literatur (oder Bier). Im Norden der Stadt lockt eine aufblühende Restaurantszene, darunter das **L Mulligan Grocer** (Karte S. 84 f.; 18 Stoneybatter; Hauptgerichte 14–21 €; 🚌 25, 25A, 66, 67 ab dem Zentrum, 🚊 Museum) mit lokaler Küche oder die **Musashi Noodles & Sushi Bar** (S. 121) mit großartigem japanischem Essen. Die Tour endet mit der Erkundung des wunderbaren Viertels **Temple Bar** (S. 63).

... einer Woche

Nach Absolvieren der Viertagestour folgt ein Tagesausflug in das Küstendorf **Howth** (S. 142); hier stehen ein Besuch der vielen **Fischrestaurants** am Pier, ein Abstecher in den **Phoenix Park** (S. 96) und die Erkundung der **Docklands** (S. 95) an. Eventuell bietet auch das **Bord Gáis Energy Theatre** (S. 132) eine interessante Vorstellung. Alternativ sieht man sich ein Stück im **Abbey** (S. 134) oder im **Gate** (S. 134) an.

DAS BOOK OF KELLS

Mehr als 500 000 Menschen sehen sich jedes Jahr die Hauptattraktion des Trinity College an: das weltberühmte **Book of Kells**. Die wunderbar illuminierte Handschrift stammt vermutlich aus dem Jahr 800 n. Chr. und gehört somit zu den ältesten Büchern der Welt. Angeblich wurde sie von Mönchen des St. Colmcille's Monastery auf der entlegenen Insel Iona vor der Westküste Schottlands verfasst. Wegen wiederholter Überfälle plündernder Wikinger flohen die Äbte 806 nach Kells im County Meath und nahmen ihr Meisterwerk mit. 850 Jahre später wurde das Buch zur sicheren Aufbewahrung ins Trinity College gebracht, wo man das Prachtstück auch heute noch bestaunen kann.

Das *Book of Kells* enthält die vier Evangelien des Neuen Testaments; die Texte basieren auf der lateinischen Bibelübersetzung des Hieronymus aus dem 4. Jh. Zahlreiche vielschichtige und kunstvolle Illustrationen, darunter fantastisch ausgeschmückte Initialen und kleine Malereien zwischen den Zeilen, machen das Werk zu etwas ganz Besonderem.

Doch genau darin liegt das Problem. Obwohl täglich umgeblättert wird, können sich die meisten Besucher von den 680 Seiten gerade mal zwei ansehen – es sei denn, sie kommen häufiger. Natürlich kann man die vielen Bewunderer kaum eigenhändig ein derart wertvolles Dokument durchstöbern lassen. Darüber hinaus wird eine Besichtigung aufgrund der immensen Beliebtheit des Werks zu einem eher zweifelhaften Vergnügen, weil einen die Aufseher im Schnelldurchlauf durch den Raum scheuchen. Man darf also leider nur einen kurzen Blick auf das Buch werfen.

Wer sich den Wälzer in Ruhe zu Gemüte führen möchte, kann sich selbstverständlich auch ein Faksimile für schlappe 22 000 € kaufen. Für weniger Betuchte ist der Buchladen der Bibliothek eine gute Anlaufstelle. Zu den zahlreichen Souvenirs gehört beispielsweise Otto Simms hervorragendes Hintergrundwerk *Exploring the Book of Kells* (12,95 €) mit schönen Farbtafeln. Ebenfalls empfehlenswert ist die DVD-ROM mit allen 800 Seiten für 31,95 €. Kinder könnte das animierte *Secret of Kells* (2009) interessieren: Es zeigt anschaulich und einfach, wie das Evangelium zusammengesetzt wurde.

Mo–Sa 9–17, So 9–10.30 & 12.30–14.30 Uhr, März–Okt. längere Öffnungszeiten; 🚌50, 50A, 56A ab Aston Quay, 54, 54A ab Burgh Quay) Angeblich hat der gute Patrick höchstpersönlich an dieser Kathedrale irische Heiden in einen Brunnen getaucht. Damit wurde die nach dem Heiligen benannte Kirche auf einem der ältesten christlichen Flecken der Stadt errichtet, der unter Gläubigen als gesegnet gilt. Obwohl hier schon seit dem 5. Jh. ein Gotteshaus stand, geht das heutige Gebäude auf 1190 oder 1225 zurück (man ist sich da nicht so einig). Mehrere Umbauten folgten; die auffälligste Veränderung stammt von 1864, als mit der allgemeinen Begeisterung für den neogotischen Stil Strebebogen angebracht wurden. Der **St. Patrick's Park** neben der Kirche war lange Zeit ein überfüllter Slum, bis man Anfang des 20. Jhs. alle Anwohner vertrieb.

Wie die Christ Church Cathedral blickt auch St. Patrick's auf eine dramatische Geschichte voller Stürme und Brandschäden zurück. Als Oliver Cromwell 1649 nach Irland kam, nutzte er das Gebäude als Stall für seine Armeepferde; eine Schmach, der sich zahlreiche weitere irische Gotteshäuser unterziehen mussten. Jonathan Swift, Autor von *Gullivers Reisen*, war von 1713 bis 1745 Dekan der Kirche. Erst eine Restaurierung rettete den vernachlässigten Bau vor dem Verfall. Auch St. Patrick's gehört wie die Christ Church zur Church of Ireland, im katholisch geprägten Dublin gibt's also tatsächlich zwei anglikanische Kirchen!

Betritt man die Kathedrale durch das Südwestportal, gelangt man rechts zu den **Gräbern** von Swift und seiner langjährigen Lebensgefährtin Esther Johnson alias Stella. An der Wand hängen von ihm selbst verfasste Grabinschriften auf Lateinisch sowie eine **Büste von Swift**.

Das riesig wirkende und ziemlich staubige **Boyle Monument** ließ Richard Boyle, der Earl of Cork, 1632 aufstellen und mit zahlreichen Abbildungen seiner Familie verzieren. Die Figur unten in der Mitte zeigt den fünfjährigen Sohn des Earls, Robert Boyle (1627–1691), aus dem ein berühmter Wissenschaftler wurde. Zu seinen Verdiensten gehört u. a. die Entdeckung des Boyleschen Gesetzes, das die Beziehung zwischen Druck und dem Volumen von Gasmassen angibt.

★ Marsh's Library BIBLIOTHEK

(Karte S. 84 f.; www.marshlibrary.ie; St. Patrick's Close; Erw./Kind 2,50 €/frei; ⏲Mo & Mi–Fr 9.30–13 & 14–17, Sa 10–13 Uhr; 🚌50, 50A, 56A ab Aston Quay, 54, 54A ab Burgh Quay) In den letzten drei Jahrhunderten blieb diese wunderbar erhaltene Gelehrtenbibliothek (siehe auch S. 69) fast unberührt. Sie zählt zu Dublins schönsten öffentlich zugänglichen Schätzen und ist das Highlight eines jeden Besuchs der Stadt. Nur wenige erklimmen die alten Treppen und wandern an den Regalen aus dunklem Eichenholz mit kunstvoll geschnitzten vergoldeten Giebeln entlang, die sich unter Büchern biegen. Hier kann man zum Ticktack einer Standuhr aus dem 19. Jh. in eine von drei Jahrhunderten des Studierens geprägte Atmosphäre eintauchen, über knarrende Dielen schreiten und den Duft von Leder und Gelehrsamkeit einatmen. Erstaunlich, wie viele Besucher die St. Patrick's Cathedral nebenan besichtigen und dieses Juwel übersehen – wenn sie wüssten, was sie verpassen!

Die Bibliothek wurde 1701 von Erzbischof Narcissus Marsh (1638–1713) gegründet und 1707 fertiggestellt. Den Entwurf lieferte Sir William Robinson, der auch für das **Royal Hospital Kilmainham** (Karte S. 84 f.) verantwortlich zeichnete. Sie ist die älteste öffentliche Bibliothek des Landes und beherbergt 25 000 Bücher vom 16. bis zum frühen 18. Jh. sowie Karten, Manuskripte (darunter eines auf Lateinisch von 1400) und eine Sammlung Inkunabeln (Bücher, die vor 1500 gedruckt wurden). Ein Zugeständnis an das 21. Jh. gibt's dann aber doch: Dr. Muriel McCarthy ist die erste Frau, die die Bibliothek leitet.

Christ Church Cathedral KATHEDRALE

(Church of the Holy Trinity;Karte S. 84 f.; www.cccdub.ie; Christ Church Pl; Erw./Kind 6/2 €; ⏲ganzjährig Mo–Sa 9.30–17 & So 12.30–14.30 Uhr, Juni–Aug. längere Öffnungszeiten; 🚌50, 50A, 56A ab Aston Quay, 54, 54A ab Burgh Quay) Dank ihrer Lage auf einem Hügel und der auffälligen Strebepfeiler ist dies die bei Weitem fotogenste der drei Dubliner Kathedralen und zudem eines der unverwechselbarsten Symbole der Stadt.

Gegründet wurde sie 1030 an der Südgrenze der Wikingersiedlung Dublins. Ursprünglich stand hier eine Holzkirche, die 1172 von den Normannen wieder aufgebaut wurde. Größter Förderer des Gebäudes war Richard de Clare, der Earl of Pembroke. Der anglonormannische Adlige ging als Strongbow in die Geschichte ein, als er 1170 Irland eroberte.

Von Anfang an wetteiferte Christ Church mit der nahe gelegenen St. Patrick's Cathedral um die Gunst der Gemeinde. Im 18. und 19. Jh. machten jedoch beide schwere Zeiten durch. Das Hauptschiff der Christ Church Cathedral wurde als Markthalle genutzt, während man sich in der Krypta zum Biertrinken traf. Als die Kirche restauriert werden sollte, stand sie bereits kurz vor dem Verfall. Heute fristen beide Häuser der Church of Ireland angesichts der überwiegend katholischen Gemeinden in Dublin nur noch ein Schattendasein.

Geht man vom südöstlichen Eingang zum Friedhof, kommt man an den Ruinen des 1230 errichteten Kapitelsaals vorbei. Der Eingang zur Kathedrale befindet sich an der südwestlichen Ecke, folglich blickt man beim Hineingehen zuerst auf die Nordwand. Diese hat den Zusammensturz der gegenüberliegenden Seite gut überstanden, obwohl sich auch bei ihr die Fundamente senken.

Im südlichen Seitenschiff steht ein Denkmal des legendären Strongbow. Bei der Rittergestalt auf dem Grab handelt es sich jedoch vermutlich nicht um den normannischen Eroberer, sondern um den Earl of Drogheda. Immerhin sollen Strongbows Organe hier bestattet sein. Einer Legende nach stellt die halbe Figur neben dem Grab Strongbows Sohn dar, der von seinem Vater in zwei Stücke geschlagen wurde, weil dieser seine Tapferkeit im Kampf anzweifelte.

Im südlichen Querschiff entdeckt man das barocke Grab des 19. Earl of Kildare (verstorben 1734). Sein Enkel, Lord Edward Fitzgerald, gehörte zu den United Irishmen und fiel bei dem gescheiterten Aufstand von 1798.

Vom südlichen Querschiff aus gelangt man durch den Eingang hinunter in die ungewöhnlich große Gewölbekrypta, die auf die originale Wikingerkirche zurückgeht. Zu ihren eher sonderbaren Highlights gehört ein Schaukasten mit einem mumifizierten Katz-und-Maus-Spiel (Tom und Jerry genannt): Während einer wilden Verfolgungsjagd in den 1860er-Jahren waren beide Tiere in einer Orgelpfeife stecken geblieben und dort verendet. Vom Haupteingang führt eine Brücke, die während der Restaurierungsarbeiten zwischen 1871 und 1878 entstand, zur Dvblinia.

Dvblinia & the Viking World MUSEUM

(Karte S. 84 f.; ☎01-679 4611; www.dublinia.ie; Erw./Stud./Kind 7,50/6,50/5 €; ⏲April–Sept. 10–17 Uhr, Okt.–März Mo–Sa 11–16, So 10–16.30 Uhr; 🚌50, 50A, 56A ab Aston Quay, 54, 54A ab Burgh

Quay) Viele Kinder begeistern sich für die alte Synod Hall, die während der Restaurierung der Christ Church Cathedral Ende des 19. Jhs. an diese angebaut wurde. Hier erweckt die Dauerausstellung Dvblinia das mittelalterliche Treiben der Stadt auf anschauliche, wenn auch leicht kitschige Weise zum Leben. Es gibt Nachbildungen, begehbare Straßenzüge und etwas überholte interaktive Schaukästen zu sehen. Die Modelle eines mittelalterlichen Kais und einer Schusterwerkstatt sind ebenso gelungen wie das maßstabsgetreue Modell des damaligen Stadtbilds. Eine Etage darüber wartet die Viking World mit einer großen Sammlung von Objekten von Wood Quay, der weltweit größten wikingischen Ausgrabungsstätte, auf. Interaktive Exponate erzählen von den skandinavischen Stämmen, die im 9. und 10. Jh. in Dublin einfielen, eigentliches Highlight ist jedoch das nachgebaute Langboot, an dessen Bord das damalige Leben nachempfunden ist. Anschließend kann man die Treppen des benachbarten **St. Michael's Tower** (Karte S. 98 f.) hochsteigen und bei einem Blick durch die schmutzigen Fenster die Aussicht über die Stadt bis zu den Dublin Hills genießen. Zum Museum gehören außerdem ein hübsches Café und der unvermeidbare Souvenirladen. Das Ticket gilt auch für die Christ Church Cathedral, die man über eine Verbindungsbrücke erreicht.

★ Kilmainham Gaol — MUSEUM

(www.heritageireland.com; Inchicore Rd; Erw./Kind 6/2 €; ⌚ April–Sept. 9.30–18 Uhr, Okt.–März Mo–Sa 9.30–17.30, So 10–18 Uhr; 🚌 23, 25, 25A, 26, 68, 69 ab dem Zentrum) Wer die irische Geschichte wirklich verstehen will – vor allem den dramatischen Widerstand gegen England –, sollte dieses ehemalige Gefängnis besuchen. Das graue, bedrohlich wirkende Gebäude wurde zwischen 1792 und 1795 errichtet und spielte bei so ziemlich jeder Etappe auf Irlands steinigem Weg in die Unabhängigkeit eine Rolle.

Die Revolten von 1798, 1803, 1848, 1867 und 1916 endeten alle in diesem Haus mit der Inhaftierung der jeweiligen Anführer. Unter anderem saßen hier Robert Emmet, Thomas Francis Meagher, Charles Stewart Parnell sowie die Köpfe des Osteraufstands von 1916 ihre Zeit ab. Doch es waren die 14 zwischen dem 3. und 12. Mai 1916 vollstreckten Hinrichtungen, die dem Gefängnis seinen berüchtigten Ruf einbrachten. Bevor das Zuchthaus 1924 seine Pforten schloss, sperrte man hier noch die 1922 gemachten Gefangenen des Bürgerkrieges ein.

Auf einen hervorragenden Einführungsfilm folgt eine nachdenklich stimmende Führung durch das unheimliche Gebäude, das größte leer stehende Bauwerk seiner Art in ganz Europa. Unpassenderweise liegt draußen im Hof die *Asgard*, jenes Schiff, das 1914 die britische Blockade durchbrach, um die nationalistischen Truppen mit Waffen zu versorgen. Die Führung endet schließlich auf dem düsteren Hof, wo 1916 die Exekutionen stattfanden.

Irish Museum of Modern Art — MUSEUM

(IMMA; Karte S. 84 f.; www.imma.ie; Military Rd; ⌚ Di & Do–Sa 10–17.30, Mi 10.30–17.30, So 12–17.30 Uhr, Führungen Di–Fr & So 14.30, Sa 12 & 16 Uhr; 🚌 Heuston) GRATIS Irlands bedeutendste Sammlung moderner irischer Kunst ist in den eleganten und großzügigen Räumlichkeiten des Royal Hospital Kilmainham untergebracht, das 1991 in ein großartiges Museum verwandelt und 2012/2013 umfassend renoviert wurde.

William Robinson, der auch für die Marsh's Library verantwortlich zeichnete, entwarf das Gebäude zwischen 1680 und 1687 als Heim für Kriegsveteranen. Als solches wurde es bis 1928 genutzt und stand danach fast 50 Jahre leer, bis man es in den 1980er-Jahren komplett renovierte. Früher war es eines der schönsten Gebäude Irlands, deshalb wurden immer wieder Stimmen laut, es wäre eigentlich viel zu schade für seine Bewohner.

Die alten und neuen Werke ergänzen sich großartig. Zu den zeitgenössischen irischen Malern, die hier vertreten sind, gehören Louis Le Brocquy, Sean Scully, Barry Flanagan, Kathy Prendergrass und Dorothy Cross. Darüber hinaus ist eine Filminstallation von Neil Jordan zu sehen. In der Dauerausstellung werden Werke der Schwergewichte Pablo Picasso und Joan Miró gezeigt, zudem gibt's regelmäßig Wechselausstellungen. Im Erdgeschoss befinden sich ein gutes Café und ein Buchladen.

Kostenlose Museumsführungen werden das ganze Jahr über angeboten, darunter die empfehlenswerten **historischen Rundgänge** (50 Min., Juli–Sept.)

St. Audoen's Churches — KIRCHEN

(Karte S. 84 f.; 🚌 50, 50A oder 56A ab Aston Quay, 54 oder 54A ab Burgh Quay) Kurz nach ihrer Ankunft benannten die Normannen zwei benachbarte Kirchen unmittelbar westlich der Christ Church Cathedral nach ihrem Schutzheiligen Audoen alias Ouen, im 7. Jh. Bischof von Rouen. Die interessantere der beiden ist die **Church of Ireland** (Karte S. 84 f.; ⌚Juni–Sept. 9.30–16.45 Uhr) GRATIS, Dublins einzige mittelalterliche Pfarrkirche, die noch immer genutzt wird. Erbaut wurde sie zwischen 1181 und 1212, wobei eine Grabplatte aus dem 9. Jh. in der Vorhalle darauf schließen lässt, dass an selber Stelle einst eine ältere Kirche stand. Turm und Tür gehen auf das 12., das Seitenschiff auf das 15. Jh. zurück. Das heutige Gebäude ist hauptsächlich das Ergebnis von Restaurierungsarbeiten im 19. Jh.

Bei der Führung sieht man die Ruinen und die Kirche mit von Cromwells Puristen geschändeten Grabfiguren. Hinter der massiven romanisch-normannischen Tür verbirgt sich zudem ein „Glücksstein" aus dem 9. Jh. Früher glaubte man, dass das Berühren desselbigen geschäftlichen Erfolg bringe.

In der **St. Anne's Chapel**, die das Besucherzentrum beherbergt, liegen Grabmale einiger hochrangiger Mitglieder der Dubliner Gesellschaft aus dem 16. bis 18. Jh. Ganz oben im Turm der Kapelle befinden sich die drei ältesten Glocken Irlands von 1423. Obwohl die Ausstellungsstücke wenig spektakulär sind, ist das Gebäude selbst schön und verkörpert ein echtes Stück mittelalterliches Dublin.

In die Kirche gelangt man von der Südseite abseits der High Street durch den **St. Audoen's Arch** von 1240. Von den alten Stadttoren blieb nur er erhalten. Der angrenzende Park ist hübsch, lockt jedoch viele zwielichtige Gestalten an, vor allem abends.

Neben der protestantischen Kirche erhebt sich die neuere massivere **St. Audoen's Catholic Church**, in der Pfarrer „Flash" Kavanagh einst in Blitzgeschwindigkeit die Messe las, damit seine große Gemeinde sich angenehmeren sonntäglichen Aktivitäten wie Fußballspielen widmen konnte. Seit 2006 ist sie Sitz des polnischen Kaplanamts in Irland.

War Memorial Gardens — PARK

(www.heritageireland.ie; South Circular Rd, Islandbridge; ⌚Mo–Fr 8 Uhr–Sonnenuntergang, Sa & So ab 10 Uhr; 🚌25, 25A, 26, 68, 69 ab dem Zentrum) GRATIS Fast kein Besucher wagt sich so weit in den Westen vor, weshalb den meisten dieser wunderschön angelegte Park entgeht. Die War Memorial Gardens stehen anderen Grünanlagen im Herzen des georgianischen Zentrums in nichts nach und sind den 49 400 im Ersten Weltkrieg gefallenen irischen Soldaten gewidmet, deren Namen auf zwei riesigen, von Sir Edwin Lutyens entworfenen „Bücherräumen" aus Granit stehen. Ein herrlicher Ort und eine eindrucksvolle Lektion in Sachen Geschichte.

Nördlich der Liffey

Die Gegend direkt nördlich der Liffey ist etwas düsterer als die vornehmeren Viertel im Süden und bietet einen faszinierenden Mix aus prächtigen Bauten des 18. Jhs., traditionellem Stadtleben und dem multikulturellen Schmelztiegel, der das moderne Dublin ausmacht. Jenseits des weiten eleganten Boulevards gibt's Kunst- und Whiskeymuseen, lebendige Märkte und einige der besten ausländischen Lokale der Stadt.

Dublin City Gallery – The Hugh Lane — MUSEUM

(Karte S. 122 f.; ☎01-222 5550; www.hughlane.ie; 22 North Parnell Sq; ⌚Di–Do 10–18, Fr & Sa 10–17, So 11–17 Uhr; 🚌3, 7, 10, 11, 13, 16, 19, 46A, 123) GRATIS Zu Dublins Ruf als Stadt mit zahlreichen Kunstwerken von Weltrang trägt die großartige Sammlung dieses hervorragenden Museums maßgeblich bei, die im ebenso eindrucksvollen von William Chambers 1763 entworfenen Charlemont House untergebracht ist. Ein moderner Anbau von 2006 beherbergt dreizehn helle Galerien, die sich auf drei Stockwerke des alten National Ballroom verteilen.

Das Museum geht auf Sir Hugh Lane (1875–1915) zurück, der aus dem County Cork stammte und als Kunsthändler in London arbeitete, bevor er 1908 in Dublin seine eigene Galerie eröffnete. Er verfügte über großen Sachverstand und hatte eine gute Nase für die Entwicklungen auf dem Markt. Das erklärt die hohe Qualität der Sammlung, deren Schwerpunkt auf impressionistischen Werken liegt.

Leider und zum Nachteil Irlands wurden sein Talent und seine Kollektion in seiner Heimat kaum gewürdigt. Deswegen änderte Lane sein Testament und wollte einige seiner schönsten Stücke der National Gallery in London hinterlassen. Später setzte er in einer Zusatzklausel dann doch die Stadt Dublin als Erben ein. Wegen fehlender Zeugen entbrannte nach seinem Tod ein langer Rechtsstreit zwischen beiden Galerien um die wahre Eigentümerschaft.

Die Sammlung, **Hugh Lane Bequest 1917** genannt, wurde 1959 nach einem recht komplizierten Verfahren aufgeteilt, so werden verschiedene Werke abwechselnd in beiden Galerien gezeigt. Über die Bedingungen verhandelt man weiterhin, aktuell sind

Trinity College

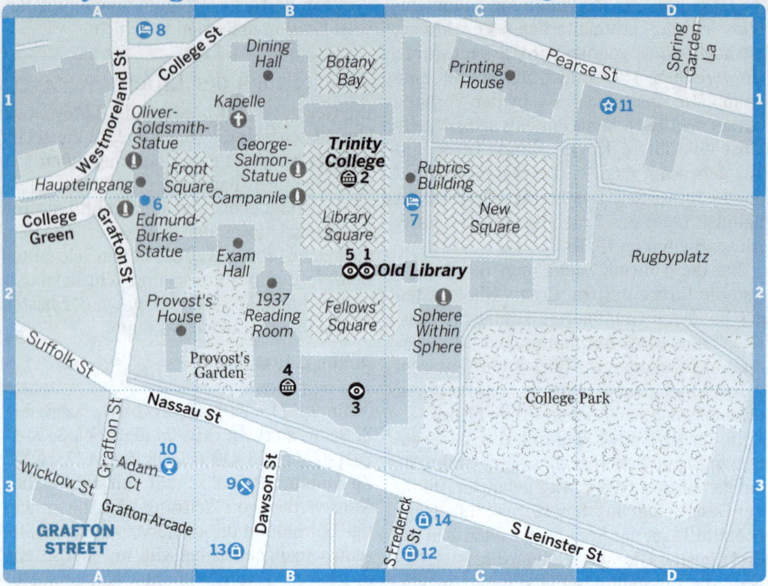

Trinity College

Highlights
1 Old Library B2
2 Trinity College B1

Sehenswertes
3 Arts & Social Science Building B3
4 Douglas Hyde Gallery of Modern Art B2
5 Long Room B2

Aktivitäten, Kurse & Touren
6 Trinity-College-Führung A2

Schlafen
7 Trinity College C2
8 Westin Dublin A1

Essen
9 Lemon B3

Ausgehen & Nachtleben
10 Lillie's Bordello A3

Unterhaltung
11 Players' Theatre D1

Shoppen
12 DESIGNYARD C3
13 Hodges Figgis B3
14 Kilkenny Shop C3

in Dublin jedoch Manets *La Musique Aux Tuileries,* Degas' *Bains de Mer* und Monets *Coucher de soleil sur la neige à Lavacourt* zu sehen.

Neben den impressionistischen Meisterwerken ist die bekannteste Attraktion der Galerie das **Francis Bacon Studio**. Das chaotische Londoner Atelier des in Dublin geborenen Malers (1909–1992) wurde in mühevoller Kleinarbeit von der 7 Reece Mews in South Kensington, wo er 31 Jahre gelebt hatte, hierher verlegt. Zu sehen sind rund 80 000 willkürlich angeordnete Objekte, darunter aufgeschlitzte Leinwände und das letzte Bild, an dem er arbeitete.

Der neue Flügel beherbergt darüber hinaus eine Dauersammlung mit sieben abstrakten Gemälden von Sean Scully. Der in Irland geborene Künstler lebt in New York und ist der wohl bekannteste lebende Maler des Landes.

Dublin Writers Museum MUSEUM

(Karte S. 122 f.; www.writersmuseum.com; 18 North Parnell Sq; Erw./Kind 7,50/4,70 €; Mo–Sa 10–17, So 11–17 Uhr; 3, 7, 10, 11, 13, 16, 19, 46A, 123) Jede Menge Erinnerungsstücke und literarische Objekte zieren die Wände und Schaukästen dieses eleganten Museums (s. S. 71), das sich der reichen literarischen Geschichte der Stadt bis 1970 widmet. Leider werden lebende und zeitgenössische Schriftsteller, die beim heutigen Besucher wohl noch mehr Interesse wecken würden, außen vor gelassen.

Die Büsten und Porträts der großen Literaten in der Galerie im Obergeschoss lohnen zweifellos einen Blick, die eigentliche Attraktion sind jedoch die Exponate im Erdgeschoss, zu denen Samuel Becketts Telefon (natürlich mit einer Taste zum Abweisen eingehender Anrufe), ein Brief des Kneipenliterats Brendan Behan an seinen Bruder und eine Erstausgabe von Bram Stokers *Dracula* gehören.

Der Gebäudekomplex besteht aus zwei Häusern aus dem 18. Jh. und ist für sich genommen ein Highlight. Der Dubliner Stuckateur Michael Stapleton verzierte die Galerie im oberen Stock. Auch die **Gorham Library** nebenan ist interessant, zudem gibt's einen idyllischen Zengarten. Das hübsche Museumscafé lädt zum Verweilen ein, während das Restaurant im Untergeschoss, Chapter One (S. 122), zu den besten der Stadt gehört.

Während sich das Museum den lieben Verstorbenen widmet, dient das **Irish Writers Centre** (Karte S. 122 f.; ☎01-872 1302; 19 North Parnell Sq) nebenan als Treffpunkt und Arbeitsbereich ihrer lebenden Nachfolger.

James Joyce Cultural Centre MUSEUM
(Karte S. 122 f.; www.jamesjoyce.ie; 35 North Great George's St; Erw./Stud./Kind 5/4 €/frei; ⏲Di–Sa 10–17 Uhr; 🚌3, 10, 11, 11A, 13, 16, 16A, 19, 19A, 22 ab dem Zentrum) Denis Maginni, der quirlige extravagante Tanzlehrer und „eingefleischte Junggeselle", den James Joyce in *Ulysses* unsterblich machte, erteilte in diesem wunderschön restaurierten georgianischen Gebäude Tanzunterricht. Heute ist hier ein Zentrum untergebracht, das sich der Förderung und Bewahrung von Joyces Erbe verschrieben hat.

Gezeigt werden verschiedene Exponate, die für Joyce-Liebhaber interessant sind. Dazu gehören ein paar Möbelstücke aus dem Pariser Apartment des Schriftstellers, der Nachbau eines typischen edwardianischen Schlafzimmers in Originalgröße (nicht das von Joyce, aber ein Modell, das auch James und Nora zugesagt hätte) und die Originaltür des Wohnhauses von Leopold und Molly Bloom in der 7 Eccles Street aus *Ulysses*, das im wahren Leben einem Privatkrankenhaus weichen musste.

Zwar gibt's nicht viele Ausstellungsstücke aus der damaligen Zeit, doch das machen die hervorragenden interaktiven Darstellungen mehr als wett, darunter drei Dokumentarfilme über verschiedene Aspekte von Joyces Leben und Arbeit. Das Highlight des Zentrums sind Computer, mit denen man abschnittweise den Inhalt von *Ulysses* sowie Joyces Leben erforschen kann. Hier wird der Mythos entzaubert, die Werke des Schriftstellers seien ein undurchdringliches Mysterium. Außerdem sieht man ihn so, wie er wirklich ist: als enorm talentierten zeitgenössischen Autor, der seine Leser mit intelligentem Witz und Sprachgebrauch herausfordert und unterhält.

Einige der wunderbaren Stuckdecken sind restaurierte Originale, andere sorgfältige Nachbildungen von Michael Stapletons Arbeiten. Nach Restaurierungen wartet die Straße vor dem Kulturzentrum zudem mit einigen der schönsten Eingänge und Oberlichter der Stadt auf.

General Post Office HISTORISCHES GEBÄUDE
(Karte S. 122 f.; www.anpost.ie; O'Connell St; ⏲Mo–Sa 8–20 Uhr; 🚌alle Linien im Zentrum, 🚊Abbey) Das auffällige General Post Office ist das Hauptpostamt des Landes, bekannt wurde es jedoch vor allem wegen seiner Rolle in Irlands Unabhängigkeitskampf: Während

SCHAUPLÄTZE DER LITERATUR

Lange Zeit galt der Merrion Square als bevorzugte Adresse für Dublins wohlhabende Intellektuellenszene. Einen Großteil seiner Jugend verbrachte der Dramatiker Oscar Wilde (1854–1900) im Haus Merrion Square North Nr. 1. Der Dichter W. B. Yeats (1865–1939) wohnte im Haus Merrion Square East Nr. 52 und später, zwischen 1922 und 1928, im Merrion Square South Nr. 82. George („AE") Russell (1867–1935), seines Zeichens Poet, Mystiker, Maler und Herausgeber, arbeitete in der Nr. 84. Der Politiker Daniel O'Connell (1775–1847) genoss seinen Lebensabend in der Nr. 58. Zwischen 1940 und 1956 bewohnte der Österreicher Erwin Schrödinger (1887–1961), der 1993 den Nobelpreis für Physik erhielt, die Nr. 65. Auch Autoren von Gruselgeschichten fühlten sich von Dublin angezogen: Joseph Sheridan Le Fanu (1814–73), der den Vampirklassiker *Carmilla* schrieb, logierte in der Nr. 70.

des Osteraufstands 1916 diente es als Kommandozentrale der Rebellen. Deswegen gilt es bis heute als beliebter Ort für Protestmärsche, Paraden und Gedenkveranstaltungen.

Bei der anschließenden Belagerung brannte das Gebäude – ein neoklassizistisches Meisterwerk von Francis Johnston (1818) – komplett aus. Das war aber nicht alles: Im Bürgerkrieg von 1922 wurde drinnen wie draußen erbittert gekämpft. Noch heute sieht man Einschusslöcher in den dorischen Säulen. Seit der Wiedereröffnung 1929 hat das General Post Office sehr viel ruhigere Zeiten erlebt. An seine bedeutende Rolle in der Geschichte Irlands erinnert eine Reihe von Gemälden, die Geschehnisse des Osteraufstands nach kommunistischer Machart in Szene setzen.

St. Mary's Pro-Cathedral KATHEDRALE

(Karte S. 122 f.; Marlborough St; ⌚8–18.30 Uhr; 🚌alle Linien im Zentrum, 🚊Abbey) GRATIS Dublins bedeutendste katholische Kirche ist nicht gerade ein Vorzeigeobjekt, was vor allem an ihrem Standort liegt. Für das große neoklassizistische Gebäude, das zwischen 1816 und 1825 errichtet wurde, war ursprünglich die Stelle vorgesehen, an der heute das GPO steht. Nach Protesten von protestantischer Seite wurde die Kathedrale dann an einer schmalen Straße mitten im damaligen Rotlichtbezirk Monto erbaut.

Tatsächlich gibt's kaum genug Platz, um die sechs dorischen Säulen der Kirche zu bewundern, die dem Theseustempel in Athen nachempfunden sind. Das Innere ist recht funktional; zu den wenigen Highlights gehören ein geschnitzter Altar von Peter Turnerelli und ein Relief von John Smyth, das die Himmelfahrt Christi zeigt. Am besten kommt man sonntags um 11 Uhr, wenn die lateinische Messe vom Palestrina-Chor gesungen wird. In dessen Reihen startete Irlands berühmtester Tenor, John McCormack, 1904 seine Karriere.

National Leprechaun Museum MUSEUM

(Karte S. 122 f.; www.leprechaunmuseum.ie; Twilfit House, Jervis St; Erw./Kind 12/8 €; ⌚Mo–Sa 9.30–18.30, So ab 10.30 Uhr; 🚌alle Linien im Zentrum; 🚊Jervis) Das National Leprechaun Museum inszeniert sich als kinderfreundliches Folkloremuseum, erinnert jedoch eher an eine etwas altmodische Kinderspielwiese mit Märchenflair. Dem Ganzen kann man durchaus Positives abgewinnen, auch wenn der gemalte Leprechaun mehr einer kitschigen Wald-Disney-Figur ähnelt als einer finsteren Kreatur aus der präkeltischen Mythologie.

Neben einem Tunnel mit optischer Täuschung (von der anderen Seite betrachtet wirkt man kleiner) gibt's einen Raum mit überdimensionalen Möbeln, einen Wunschbrunnen und natürlich einen Goldtopf – interessant ist das Museum also nur für Kinder. Doch wer weiß, vielleicht ging Walt Disney ja höchstpersönlich auf Leprechaun-Jagd, als er beim Dreh des Films *Das Geheimnis der verwunschenen Höhle* 1948 Irland besuchte …

Four Courts HISTORISCHE GEBÄUDE

(Karte S. 84 f.; Inns Quay; ⌚Mo–Fr 9–17 Uhr; 🚌25, 66, 67, 90 ab dem Zentrum, 🚊Four Courts) GRATIS Der riesige Komplex, ein Meisterwerk von James Gandon (1743–1823), erstreckt sich über 130 m entlang dem Inns Quay und ist ein wunderschönes Beispiel für Dublins georgianische öffentliche Gebäude. Obwohl weiter westlich an der Liffey ein brandneuer Bau mittlerweile das Strafgericht beherbergt, symbolisieren die Four Courts noch immer die irische Rechtsprechung und gehen ihrem alltäglichen Geschäft nach.

Der von korinthischen Säulen gesäumte Mittelbau, dessen Errichtung von 1786 bis 1802 andauerte, wird von Seitenflügeln mit jeweils abgeschlossenen Innenhöfen flankiert. Die original erhaltenen vier Höfe (für Finanzen, Zivilrecht, Strafrecht und den Gerichtshof des Lordkanzlers) sind um eine Rotunde in der Mitte angeordnet.

Besucher dürfen zwar durch das Gebäude wandeln, die Höfe oder andere abgegrenzte Bereiche sind allerdings nicht zugänglich. In der Halle der Rotunde kann man Anwälte mit Perücken beim Diskutieren beobachten sowie Polizisten und Angeklagte sehen, die mit Handschellen aneinandergekettet sind.

St. Michan's Church KIRCHE

(Karte S. 84 f.; Lower Church St; Erw./Stud./Kind 5/4/3,50 €; ⌚Mo–Fr 10–12.45 & 14–16.45, Sa 10–12.45 Uhr; 🚊Smithfield) Makabre Details sind die Highlights dieser Kirche, die 1096 von den Dänen errichtet und nach einem ihrer Heiligen benannt wurde. Zu den „Attraktionen" zählt ein 800 Jahre alter normannischer Kreuzfahrer, dem aufgrund seiner Größe die Füße abgetrennt wurden, damit er in den Sarg passte. Ein Besuch ist nur im Rahmen einer Führung möglich.

Das älteste architektonische Merkmal ist der Befestigungsturm aus dem 15. Jh. Die restliche Kirche wurde Ende des 17. Jhs. umgebaut und Anfang des 19. Jhs. sowie nach dem Bürgerkrieg umfassend restauriert. Ihr Innenraum ähnelt einem Gerichtssaal und lohnt einen Blick, um das Warten auf den Guide zu überbrücken. Zu sehen ist eine Orgel von 1724, auf der Händel vielleicht die Uraufführung seines *Messias* gespielt hat. Die Vorderseite des Orgelgehäuses schmücken 17 kunstvoll aus Eiche geschnitzte verflochtene Musikinstrumente. Der Totenschädel neben dem Altar soll Oliver Cromwells Schädel sein. Auf der anderen Seite befindet sich ein Büßerstuhl für Gemeindemitglieder mit unmoralischem Lebenswandel.

Als Highlight gelten allerdings die Führungen durch das Kellergewölbe. Die dort aufbewahrten Leichname sind 400 bis 800 Jahre alt und wurden durch das Methangas aus der verfaulenden Vegetation unter der Kirche, den magnesiumhaltigen Kalkstein des Mauerwerks, das Feuchtigkeit aus der Luft aufnimmt, und die immer konstante Temperatur konserviert. Früher waren ihre Särge übereinandergestapelt, bis einige so verrottet waren, dass sie umkippten und die Toten freigaben. Obwohl man den Guides eine gewisse Routine anmerkt, sind die Führungen dennoch faszinierend; zudem ist man froh, hier unten Gesellschaft zu haben!

Old Jameson Distillery MUSEUM

(Karte S. 84 f.; www.jamesonwhiskey.com; Bow St; Erw./Kind 14/8 €; ⌚ Mo–Sa 9–18, So 10–18 Uhr; 🚌 25, 66, 67, 90 ab dem Zentrum, 🚋 Smithfield) Smithfields größte Attraktion widmet sich ganz dem *uisce beatha* (*isch*-ke ba-ha, „Wasser des Lebens“), also dem Whiskey. Echte Liebhaber finden diesen Namen mehr als angemessen, die schicke Aufmachung des Museums könnte aber etwas abschreckend wirken. Untergebracht ist es in einem Teil der alten Destillerie, die 1971 die Produktion einstellte. Besichtigen kann man es nur im Rahmen einer Führung durch die nachgebaute Fabrik (die anschließende Verköstigung ist äußerst unterhaltsam!) und durch den unvermeidlichen Souvenirshop.

Wer Whiskey kauft, sollte Marken wie den hervorragenden Red Breast oder den superedlen Midleton Very Rare wählen, die es in anderen Ländern meist nicht an jeder Ecke gibt.

★ National Museum of Ireland – Decorative Arts & History MUSEUM

(Karte S. 84 f.; www.museum.ie; Benburb St; ⌚ Di–Sa 10–17, So 14–17 Uhr; 🚌 25, 66, 67, 90 ab dem Zentrum, 🚋 Smithfield) GRATIS Einst beherbergte das prächtige graue Steingebäude im frühen neoklassizistischen Stil am Nordufer der Liffey die größte Militärkaserne der Welt. Heute ist hier die Abteilung Decorative Arts & History des National Museum of Ireland untergebracht.

Der Bau wurde 1704 fertiggestellt. Federführend war dabei Thomas Burgh, der auch die Old Library im Trinity College und die St. Michan's Church entwarf. Der beeindruckende Platz in der Mitte konnte ganze sechs Regimenter aufnehmen und wird von Kolonnaden und durch Brücken verbundene Kasernenblocks gesäumt. Nach der Machtübernahme durch die neue irische Regierung 1922 wurde die Kaserne zu Ehren von Michael Collins umbenannt. Der heldenhafte Unabhängigkeitskämpfer war im selben Jahr im Bürgerkrieg getötet worden. Bis heute nennen die meisten Dubliner das Museum **Collins Barracks**.

Im Inneren verbirgt sich ein wahrer Schatz an Artefakten von Silber, Keramik und Glaswaren über Waffen, Möbel und Alltagsgegenstände bis zu einer exquisiten Ausstellung, die der bekannten irischen Designerin **Eileen Gray** (1878–1976) gewidmet ist. Die faszinierende Schau **Way We Wore** umfasst irische Kleider und Schmuckstücke aus den vergangenen 250 Jahren. Sie ist eine Art fesselnde soziokulturelle Studie, die die symbolische Bedeutung von Mode und Schmuck für Trauer, Liebe und Identität zeigt. Im Erdgeschoss wird die Geschichte des irischen **Osteraufstands von 1916** erzählt. Emotionale Erinnerungsstücke wie Zeugenberichte der Gewalttaten der Black & Tans und der Hungerstreiks nach dem Aufstand sowie handgeschriebene Sterbeurkunden der republikanischen Häftlinge und deren Postkarten aus dem Holloway-Gefängnis machen das einschneidende Ereignis in Irlands Geschichte lebendig. 25 von verschiedenen Kuratoren ausgewählte Glanzstücke werden in einer Sonderausstellung mit dem Titel **Curator's Choice** gezeigt. Die Auswahl wird jeweils kurz begründet.

Docklands

Die goldene Regel eines jeden Städteplaners lautet: Liegt eine Stadt am Meer, ist eine Modernisierung nur dann vollständig, wenn sie das Hafenviertel mit einschließt. So geschehen auch in Dublin. Die östlichen Ufer an der Nord- und Südseite der Liffey – Canary Dwarf genannt – wurden umfangreich umgestaltet und warten jetzt mit einer eindrucksvollen Ansammlung moderner Bürogebäude, nobler Apartments sowie großartiger öffentlicher Bauten auf, darunter Kevin Roches schräges

HELDENDENKMÄLER IN DER O'CONNELL STREET

Die O'Connell Street ist gesäumt von Denkmälern großer Männer aus der irischen Geschichte. Über allen thront die Bronzestatue des Superhelden und „Befreiers" **Daniel O'Connell** (Karte S. 122 f.) am Ende der Brücke. Die vier geflügelten Figuren zu seinen Füßen sollen seine Tugenden darstellen: Mut, Treue, Eloquenz, Patriotismus.

Südlich des Eingangs zur Hauptpost stößt man auf das Denkmal des Gewerkschaftsführers **Jim Larkin** (Karte S. 122 f.) mit weit ausgebreiteten Armen. Fast meint man zu hören, wie er lauthals eine seiner Reden schwingt.

Schmunzelnd blickt die kleine **Statue von James Joyce** (Karte S. 122 f.) an der Ecke der Fußgängerzone North Earl Street auf seine Bewunderer. Scherzkekse nennen sie gerne „Prick with the Stick" („Schwanz mit Stock"). Joyce hätte dieses derbe Wortspiel sicher gefallen.

Weiter nördlich befindet sich die **Statue von Father Theobald Mathew** (Karte S. 122 f.), dem „Abstinenzapostel". Wie man sich denken kann, hatte sich Mathew mit seinem Kampf gegen den Alkohol einiges aufgebürdet. Immerhin führte diese schier unlösbare Aufgabe dazu, dass heute eine Brücke über der Liffey seinen Namen trägt. Am Nordende der Straße entdeckt man schließlich noch die imposante **Statue von Charles Stewart Parnell** (Karte S. 122 f.), Verfechter der Home-Rule-Gesetze und Opfer der irischen Moral.

Das dominanteste Gebäude der Straße ist der **Spire** (Karte S. 122 f.; O'Connell St; alle Linien im Zentrum, Abbey). Die 120 m hohe „Nadel" aus Stahl stammt von Ian Ritchie, einem in London wohnenden Architekten, und ist die wohl höchste Skulptur der Welt, seit ihrer Errichtung 2001 in jedem Fall jedoch das auffälligste Symbol der Stadt.

röhrenförmiges **National Convention Centre** (Karte S. 112 f.) und Daniel Liebeskinds prächtiges **Grand Canal Theatre**.

Custom House MUSEUM

(Karte S. 122 f.; Mo–Fr 10–17, Sa & So 14–17 Uhr; alle Linien im Zentrum) Das georgianische Genie James Gandon (1743–1823) feierte seinen architektonischen Einstand in Dublin mit diesem prächtigen Gebäude (1781–1791), das hinter dem Eden Quay an einem breiten Abschnitt der Liffey errichtet wurde. Der riesige neoklassizistische Bau erstreckt sich über 114 m und wird von einer kupfernen Kuppel gekrönt, unter der ein kleines Museum im **Visitor Centre** (Custom House Quay; Eintritt 1 €; Mitte März–Okt. Mo–Fr 10–12.30, Sa & So 14–17 Uhr, Nov.–Mitte März Mo, Di & Sa geschl.) die Geschichte Gandons und des Gebäudes erzählt.

Den besten Blick hat man vom Südufer der Liffey, wobei die feinen Details eine genauere Betrachtung lohnen. Unter dem Fries symbolisieren Köpfe die Götter von Irlands 13 wichtigsten Flüssen, der einzige weibliche Kopf über dem Haupttor wiederum steht für die Liffey. Kuhköpfe erinnern an Dublins Rindfleischhandel, während die Statuen dahinter Afrika, Amerika, Asien und Europa repräsentieren. Die Kuppel zieren vier Uhren, ihre Spitze krönt eine 5 m hohe Statue der Hoffnung.

Jeanie Johnston MUSEUM

(Karte S. 112 f.; www.jeaniejohnston.ie; Custom House Quay; Erw./Kind 8,50/4,50 €; Führungen 11, 12 & stündlich 14–16 Uhr; alle Linien im Zentrum) Eine der originellsten Sehenswürdigkeiten der Stadt ist der detailgetreue Nachbau eines *coffin ship* (schwimmender Sarg) aus dem 19. Jh. So wurden die Segelboote genannt, die während der Hungersnot irische Emigranten nach Übersee brachten. An Bord erzählt ein kleines Museum von den elenden Bedingungen einer typischen Reise, die in der Regel rund 47 Tage dauerte.

Der Dreimaster, 1847 in Quebec gebaut, überquerte den Atlantik jedoch ganze 16-mal und transportierte über 2500 Menschen, ohne dass ein Passagier gestorben wäre. Von Mai bis September wird das Schiff zudem zu Übungszwecken genutzt. In diesen Monaten informiert die Website darüber, wann es im Hafen liegt.

Phoenix Park

Der **Phoenix Park** (www.phoenixpark.ie; 24 Std.; 10 ab O'Connell St, 25 oder 26 ab Middle Abbey St, dann den Phoenix Park Shuttle Bus ab dem Eingang der Parkgate St) GRATIS, Europas größter Stadtpark, stellt mit seinen 709 ha sogar den New Yorker Central Park (337 ha) in den Schatten. Hier gibt's Gärten und Seen, Plätze für alle möglichen britischen

Sportarten von Fußball über Kricket bis hin zu Polo (natürlich die langweilige Variante zu Pferd), den zweitältesten Zoo des Kontinents, ein Schloss, ein Besucherzentrum, die Hauptwache der Garda Síochána (Polizei), die Büros des Ordnance Survey (Vermessungsamt) sowie die Luxusvillen des irischen Präsidenten und des US-Botschafters, die sich fast gegenüberliegen.

Darüber hinaus streift in der Anlage eine Herde von 500 Damhirschen umher. Lord Ormond siedelte die Tiere 1662 an, als die Ländereien des Hospitaliterordens königliches Jagdrevier wurden. 1745 gab Vizekönig Lord Chesterfield den Park für die Öffentlichkeit frei. Der Name „Phoenix" ist übrigens keine Anspielung auf den mythologischen Vogel, sondern eine Verfälschung des irischen Ausdrucks *fionn uisce* (klares Wasser).

1882 war der Park Schauplatz eines berühmten Verbrechens. Vor dem Haus, in dem heute der irische Präsident wohnt, wurden der britische Minister für irische Angelegenheiten, Lord Cavendish, und sein Assistent von einer Gruppe Nationalisten namens „The Invincibles" (Die Unbesiegbaren) ermordet. Lord Cavendishs Heim, inzwischen „Deerfield" genannt, ist nun die offizielle Residenz des US-Botschafters.

Am Eingang in der Parkgate Street steht das 63 m hohe **Wellington Monument**. 1817 begann man mit seinem Bau, der sich bis 1861 hinzog, weil der Duke of Wellington bei der Bevölkerung in Ungnade fiel. Gleich daneben befinden sich der **People's Garden** (Karte S. 84 f.) von 1864 und ein **Konzertpavillon** im Hollow.

Das große viktorianische Gebäude hinter dem Zoo und am Rande des Parks ist die **Hauptwache der Garda Síochána** (Karte S. 84 f.) aus dem 19. Jh. Sie wurde nach den Plänen von Benjamin Woodward errichtet, der auch die Old Library des Trinity College entworfen hat.

Im Zentrum der Grünanlage markiert ein Kreuz, das **Papal Cross**, die Stelle, an der Johannes Paul II. im Jahr 1979 vor 1,25 Mio. Menschen predigte. Nicht weit davon entfernt stößt man auf das 1747 im Auftrag von Lord Chesterfield aufgestellte **Phoenix Monument**. Weil die Vogelfigur an der Spitze des Denkmals allerdings eher wie ein Adler aussieht, nennen sie viele Dubliner Eagle Monument. Der 81 ha große Abschnitt (entspricht 200 Acres) im Süden wird merkwürdigerweise als **Fifteen Acres** bezeichnet und von zahlreichen Fußballfeldern in Beschlag genommen. Zum Zuschauen kommt man am besten an einem winterlichen Sonntagvormittag. Im Westen erstreckt sich die besonders schöne, ländlich wirkende Gegend rund um den **Glen Pond**.

Zurück am Toreingang des Parks erblickt man das **Magazine Fort** auf dem Thomas' Hill. Es wurde zwischen 1734 und 1801 im Schneckentempo gebaut und diente gelegentlich als Waffendepot für die britische und später die irische Armee. Unter Beschuss geriet es 1916 während des Osteraufstands und 1940, als sich die IRA mit den gesamten Munitionsvorräten der irischen Armee vom Acker machte (nach wenigen Wochen tauchten sie aber wieder auf).

Zu Dublins geliebter Spielwiese fahren die Buslinie 10 von der O'Connell Street sowie die Linien 25 und 26 von der Middle Abbey Street. Am besten erkundet man die Anlage mit dem **Phoenix Park Shuttle Bus** (Erw./Kind 2/1 €; ⏲ Mo–Fr stündlich 7–17, Sa & So 10–17 Uhr), der vor dem Haupttor auf der **Parkgate Street** (Karte S. 84 f.) startet und das Besucherzentrum zum Ziel hat.

Dublin Zoo ZOO

(www.dublinzoo.ie; Phoenix Park; Erw./Kind/Familie 16/11,50/45,50 €; ⏲ März–Sept. 9.30–18 Uhr, Okt.–Feb. 9.30 Uhr–Sonnenuntergang) Der 1830 eröffnete, 12 ha große Zoo gleich nördlich einer Senke namens „the Hollow" zählt zu den ältesten Tierparks in Europa. Große Bekanntheit erlangte er für sein 1857 eingerichtetes Löwenzuchtprogramm, zu dessen Sprösslingen auch jene berühmte Raubkatze gehört, die vor dem Beginn sämtlicher MGM-Filme die Zuschauer anbrüllt. Die majestätischen Tiere sind in der „African Savanna" zu bewundern, eines von mehreren in den letzten Jahren angelegten Gehegen.

Im Zoo leben rund 400 Tiere 100 verschiedener Arten, die in acht unterschiedlichen Themenbereichen untergebracht sind. Diese reichen von einem asiatischen Dschungel bis zu einem Familienbauernhof, in dem Kinder mit den tierischen Bewohnern auf Tuchfühlung gehen und eine (künstliche) Kuh melken können. Zum Gelände gehören außerdem Restaurants, Cafés und eine Besucherbahn.

Áras an Uachtaráin HISTORISCHES GEBÄUDE

(Phoenix Park; ⏲ Führungen Sa stündlich 10–16 Uhr; 🚌 10 ab O'Connell St, 25, 26 ab Middle Abbey St) GRATIS Der Wohnsitz des irischen Präsidenten ist ein palladianisches Bauwerk, das 1751 entstand und seitdem mehrmals erweitert wurde, zuletzt 1816. Von 1782 bis 1922 beherbergte es die britischen Vizekönige und danach die Lord Lieutenants, also die Vertreter der britischen Krone. Nach der Unabhängigkeit löste Irland die Verbindungen zur britischen Krone und richtete 1937 sein eigenes Präsidentschaftsamt ein. Königin Viktoria logierte hier bei ihrem Besuch im Jahr 1849 und schien dabei die Not der Bevölkerung nicht einmal wahrzunehmen. Die im Fenster brennende Kerze ist eine alte Tradition, damit die in aller Welt verstreuten Iren den Weg nach Hause finden.

Tickets für die kostenlosen einstündigen **Führungen** bekommt man im **Phoenix Park Visitor Centre** (Eintritt frei; ⌚März–Sept. tgl.

Temple Bar & Grafton Street

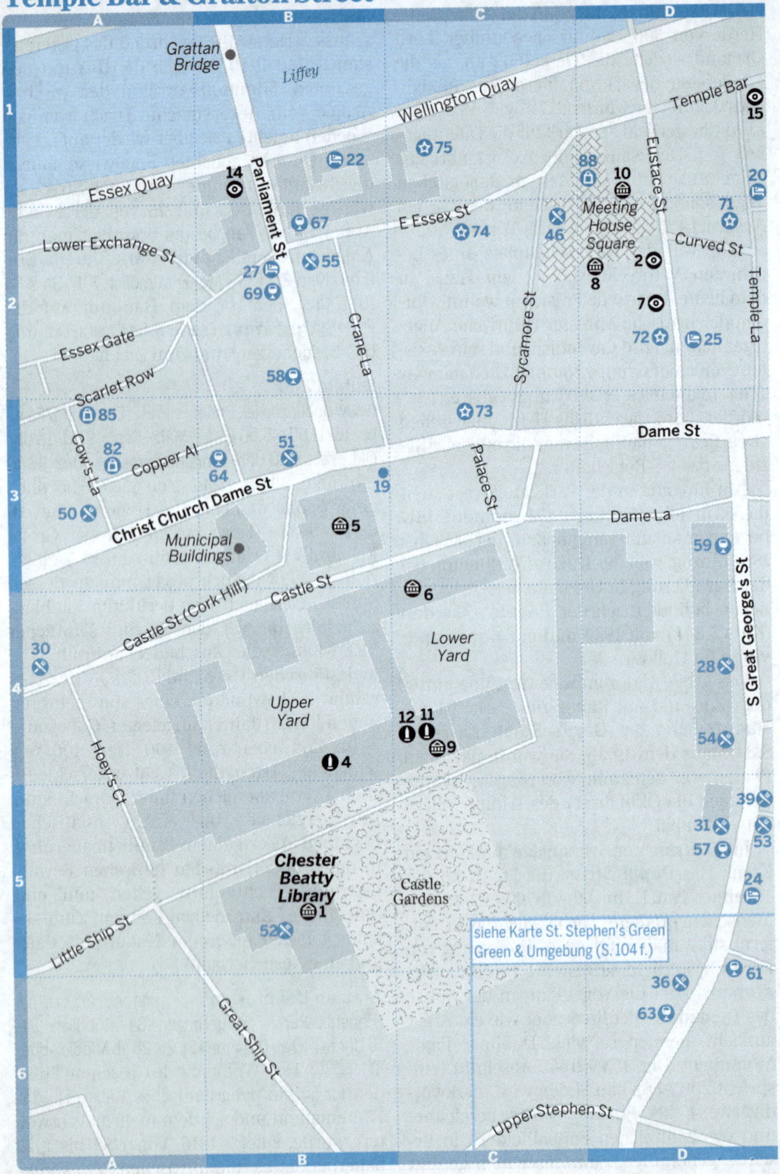

10–17.45 Uhr, Okt.–Feb. Mi–So 9.30–17.30 Uhr) GRATIS in den umgebauten früheren Ställen der päpstlichen Nuntiatur. Zur Einführung wird den Teilnehmern ein etwa zehnminütiges Video gezeigt, dann geht's per Shuttle zum Áras selbst, wo man die fünf Staatsgemächer und das Arbeitszimmer des Präsidenten zu sehen bekommt. Wer einen Besuch am Samstag nicht einrichten kann, hat nur noch die Möglichkeit, Präsident, Nobelpreisträger oder etwas in der Art zu werden: Das dürfte für eine persönliche Einladung reichen.

Das benachbarte vierstöckige **Ashtown Castle** aus dem 17. Jh. wurde zufällig im In-

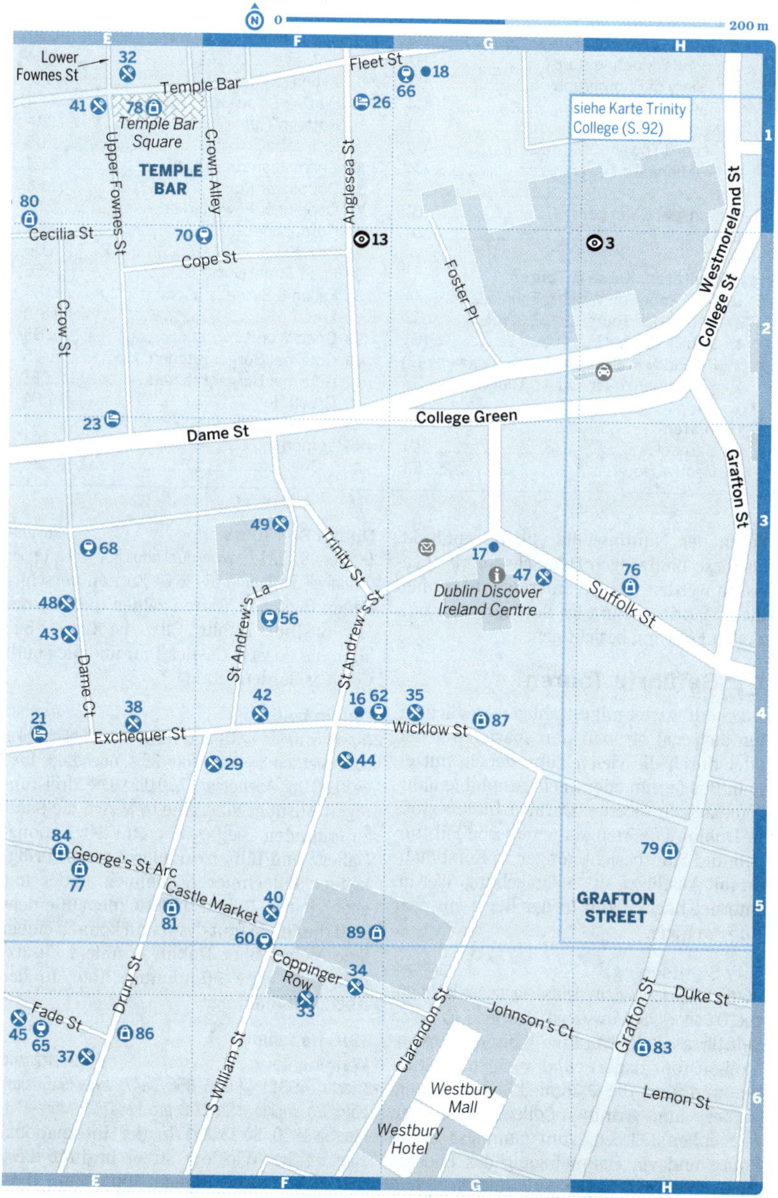

Temple Bar & Grafton Street

Highlights
1 Chester Beatty Library B5

Sehenswertes
2 Ark Children's Cultural Centre D2
3 Bank of Ireland H2
4 Bedford Tower B4
5 City Hall B3
6 Dublin Castle C4
7 Friends' Meeting House D2
8 Gallery of Photography D2
9 Garda Museum C4
10 National Photographic Archive D1
11 Record Tower C4
12 St. Michael's Tower C4
13 Börse F2
14 Sunlight Chambers B1
15 Temple Bar D1

Aktivitäten, Kurse & Touren
16 1916 Rebellion Walking Tour F4
17 Dublin Bus Tours G3
18 Dublin Musical Pub Crawl G1
Pat Liddy Walking Tours .... (siehe 17)
19 Sandeman's New Dublin Tour B3

Schlafen
20 Barnacles D1
21 Central Hotel E4
22 Clarence Hotel B1
23 Dublin Citi Hotel E3
24 Grafton House D5
25 Irish Landmark Trust D2
26 Oliver St. John Gogarty's Penthouse Apartments F1
27 Paramount Hotel B2

Essen
28 777 .... D4
Avoca .... (siehe 76)
29 Blazing Salads F4
30 Bottega Toffoli A4
31 Brasserie Sixty6 .... D5
32 Chameleon E1
33 Coppinger Row F6
34 Coppinger Row Market F5
35 Cornucopia G4
36 Crave D6
37 Fade Street Social E6
38 Fallon & Byrne E4
Fresh .... (siehe 89)
39 Good World D5
40 Gourmet Burger Kitchen F5
41 Gourmet Burger Kitchen E1
42 Green Hen F4
43 Honest to Goodness/Push 88 .... E4
44 Lemon F4
45 L'Gueuleton E6

neren der Nuntius-Villa (18. Jh.) entdeckt, als diese 1986 wegen Hausschwamms abgerissen werden musste. Interessierte können die restaurierte Burg im Rahmen einer offiziellen Führung besichtigen.

Geführte Touren

Die Stadt wartet mit unzähligen Möglichkeiten auf, egal ob man nun spazieren gehen oder durch die vielen Pubs ziehen, mit einem Bus fahren oder in ein Amphibienfahrzeug steigen möchte. Darüber hinaus gibt's in Dublin jede Menge thematische Führungen und Stadtbesichtigungen in Kombination mit Ausflügen in die Umgebung. Wer im Internet bucht, zahlt in der Regel ein paar Euro weniger.

City Sightseeing BUSTOUR
(Karte S. 122 f.; www.citysightseeingdublin.ie; 14 Upper O'Connell St; Erw./Kind 18 €/frei; ⌚ Touren 9–18 Uhr alle 8–15 Min.) Eine typische Hop-on-Hop-off-Tour dauert rund anderthalb Stunden und führt die O'Connell Street entlang, vorbei am Trinity College und am St. Stephen's Green, zum Guinness Storehouse und via Haupteingang des Phoenix Park um die nördlichen Kais zurück.

Dublin Bus Tours BUSTOUR
(Karte S. 122 f.; www.dublinbus.ie; 59 Upper O'Connell St; Touren 16–26 €) Zu den verschiedenen täglichen Touren zählen die Hop-on-Hop-off-Tour Dublin City, die Ghost Bus Tour, die Coast & Castles Tour und die South Coast & Gardens Tour.

Dublin by Bike RADTOUR
(Karte S. 104 f.; ☎ 01-280 1899; www.dublinbybike.com; Merrion Sq West; Tour 28 €, Abendtour 15 €; ⌚ 10.30 Uhr, Abendtour 17.30 Uhr) Die dreistündigen Ausflüge sind eine tolle Art, die Stadt zu erkunden. Sie beginnen an der National Gallery und führen zu allen Sehenswürdigkeiten. Teilnehmer bekommen Räder mit eher kleinen Reifen und Helme, außerdem sind die Guides gut drauf und können einem jede Menge über Dublin erzählen. Zusätzlich gibt's eine 90-minütige Tour in der Abenddämmerung.

1916 Rebellion Walking Tour SPAZIERGANG
(Karte S. 98 f.; ☎ 086 858 3847; www.1916rising.com; 23 Wicklow St; 12 € pro Pers.; ⌚ März–Okt. Mo–Sa 11.30, So 13 Uhr) In der International Bar in der Wicklow Street beginnt diese großartige zweistündige Tour. Zum Pro-

46 Nede ... C2
47 Nude ... G3
48 Odessa ... E3
49 Pichet ... F3
50 Queen of Tarts ... A3
51 Queen of Tarts ... B3
52 Silk Road Café ... B5
53 Simon's Place ... D5
54 Yamamori ... D4
55 Zaytoon ... B2

Ausgehen & Nachtleben

56 Andrew's Lane Theatre ... F4
57 Dragon ... D5
58 Front Lounge ... B2
59 George ... D3
60 Grogan's Castle Lounge ... F5
61 Hogan's ... D6
62 International Bar ... F4
63 Long Hall ... D6
Lost Society ... (siehe 89)
64 Mother ... B3
65 No Name Bar ... E6
66 Oliver St. John Gogarty ... G1
67 Porterhouse ... B2
Pygmalion ... (siehe 89)
68 Stag's Head ... E3
69 Turk's Head ... B2
70 Vintage Cocktail Club ... F2

Unterhaltung

71 Button Factory ... D2
International Bar ... (siehe 62)
72 Irish Film Institute ... D2
73 Olympia Theatre ... C3
74 Project Arts Centre ... C2
75 Workman's Club ... C1

Shoppen

76 Avoca Handweavers ... H3
77 Barry Doyle Design Jewellers ... E5
78 Book Fair ... E1
Bow Boutique ... (siehe 89)
79 Brown Thomas ... H5
80 Claddagh Records ... E1
81 Costume ... E5
82 Cow's Lane Designer Mart ... A3
Dolls Store ... (siehe 89)
83 Dubray Books ... H6
84 George's St Arcade ... E5
85 Gutter Bookshop ... A3
86 Jenny Vander ... E6
87 Louis Copeland ... G4
88 Meeting House Square Market ... D1
89 Powerscourt Townhouse Shopping Centre ... F5
Temple Bar Farmers Market ... (siehe 88)

gramm gehören jede Menge Infos und respektloser Humor. Die Guides, allesamt Trinity-Absolventen, sind durchweg exzellent und lassen sich am Ende der Führung gerne zu einem Bier im International überreden.

Dublin Literary Pub Crawl SPAZIERGANG

(Karte S. 104 f.; ☎01-670 5602; www.dublinpubcrawl.com; 9 Duke St; Erw./Stud. 12/10 €; ⏲April–Okt. tgl. 19.30 Uhr, Nov.–März Do–So 19.30 Uhr) Eine Pubtour mit Schwerpunkt auf bekannten Dubliner Schriftstellern ist ein sicheres Erfolgsrezept, und dieser zweieinhalbstündige Spaziergang mit humoristischen Showeinlagen unter Leitung zweier Schauspieler verspricht sehr viel Spaß. Noch beliebter werden die Führungen dank einer ordentlichen Dosis Alkohol. Los geht's am Duke in der Duke Street; Plätze für die Abendtour können bis 19 Uhr vor Ort reserviert werden.

Dublin Musical Pub Crawl SPAZIERGANG

(Karte S. 98 f.; ☎01-478 0193; www.discoverdublin.ie; Oliver St. John Gogarty's, 58–59 Fleet St; Erw./Stud. 12/10 €; ⏲April–Okt. tgl. 19.30 Uhr, Nov.–März Do–Sa 19.30 Uhr) In verschiedenen Pubs in Temple Bar wird einem in zweieinhalb Stunden die Geschichte traditioneller irischer Musik und ihr Einfluss auf zeitgenössische Genres nahegebracht. Die Gruppe trifft sich oben bei Oliver St. John Gogarty's. Sehr zu empfehlen!

James Joyce Walking Tour SPAZIERGANG

(Karte S. 122 f.; ☎01-878 8547; James Joyce Cultural Centre, 35 North Great George's St; Erw./Stud. 10/8 €; ⏲Di, Do & Sa 14 Uhr) James Joyce lebte, lernte und entwickelte sich in der Northside. Im selbst gewählten Exil auf dem euro-

DUBLIN PASS

Wer viele Sehenswürdigkeiten abklappern will, sollte sich unbedingt den **Dublin Pass** (www.dublinpass.ie; Erw./Kind 1 Tag 35/19 €, 2 Tage 55/31 €, 3 Tage 65/39 €, 6 Tage 95/49 €) zulegen. Damit erspart man sich nicht nur langes Anstehen an den Kassen, sondern kann auch noch kostenlos 30 Attraktionen besichtigen und mit dem Aircoach zwischen dem Flughafen und der Stadt pendeln. Der Dublin Pass ist online und in allen Dublin Discover Ireland Centres erhältlich.

ABSTECHER

SPAZIERGANG ENTLANG DER SOUTH WALL

Einer der schönsten Spazierwege der Stadt führt an der South Wall entlang bis zum Poolbeg Lighthouse, dem roten Turm in der Dublin Bay. Um ihn zu erreichen, muss man über Ringsend (erreichbar mit den Buslinien 1, 2 oder 3 ab dem Stadtzentrum) am Kraftwerk vorbei bis zum Beginn der Mauer gehen (1 km). Der Pfad selbst ist nur an die 800 m lang, bietet aber einen fantastischen Blick auf die Bucht und die Stadt im Rücken. Am besten kommt man bei Sonnenuntergang hierher.

päischen Festland brachte er seine Erfahrungen mit kartografischer Präzision zu Papier. Die Tour des James Joyce Cultural Centre (S. 93) führt in 1¼ Stunden zu allen wichtigen Stationen der Northside, die im Leben des gefeierten Schriftstellers eine Rolle spielten.

Pat Liddy Walking Tours SPAZIERGANG

(Karte S. 98 f.; ☎01-831 1109; www.walkingtours.ie; Dublin Tourism Centre, St. Andrew's Church, 2 Suffolk St; 10 €) Dublins bekanntester Tourguide ist der lokale Historiker Pat Liddy, der verschiedene Stadtführungen anbietet, u. a. Dublin Highlights & Hidden Corners und The Best of Dublin – The Complete Heritage Walking Tour. Man kann ihn auch für private Führungen buchen. Termine liefert die Website, zudem stehen **Podcast-Touren** (www.visitdublin.com/iwalks) zum Download bereit.

Sandeman's New Dublin Tour SPAZIERGANG

(Karte S. 98 f.; ☎01-878 8547; www.newdublintours.com; City Hall; ⏲11 Uhr) GRATIS Tolle dreistündige Stadtspaziergänge zu den größten Attraktionen der Stadt. Wem die kostenlose Tour gefallen hat, der sollte ein Trinkgeld geben.

River Liffey Cruises BOOTSTOUR

(Karte S. 122 f.; ☎01-473 4082; www.liffeyvoyage.ie; Bachelor's Walk; Erw./Stud./Kind 14/12/8 €; ⏲März–Okt. 9–17.30 Uhr) Wasserratten können die Stadt auch von dem wetterfesten Schiff *Spirit of the Docklands* aus kennenlernen. Hier erfährt man u. a. etwas über die Wikinger und die aktuellen Entwicklungen in den Docklands.

Viking Splash Tours BUS-/BOOTSTOUR

(Karte S. 104 f.; ☎01-707 6000; www.vikingsplash.ie; North St. Stephen's Green; Erw./Kind 20/10 €; ⏲10–15 Uhr alle 30–90 Min.) Nachdem sich Teilnehmer einen Wikingerhelm aus Plastik aufgesetzt und auf Bestreben des Guides ein gemeinsames „Jeih!" von sich gegeben haben, startet die 1¼-stündige Tour zu Land und zu Wasser, die am Grand Canal Dock endet. Nur für eingefleischte Touristen!

Feste & Events

Temple Bar Trad Festival MUSIK

(www.templebartrad.com; ⏲Jan.) Das Festival für traditionelle Musik in den Bars und Kneipen von Temple Bar findet am letzten Wochenende im Januar statt.

Jameson Dublin International Film Festival FILM

(www.jdiff.com; ⏲Mitte Feb.) Auf dem zweiwöchigen Filmfest Mitte Februar werden Filme aus Irland, internationale Arthouse-Streifen und Blockbuster-Previews gezeigt.

St. Patrick's Festival PARADE

(www.stpatricksfestival.ie; ⏲17. März) Die Mutter aller Festivals zieht rund um den 17. März etwa 600 000 Besucher an.

Dublin Writers Festival LITERATUR

(www.dublinwritersfestival.com; ⏲Anfang Juni) Anfang Juni wartet das viertägige Literaturfest mit irischen und internationalen Schriftstellern, Lesungen und Gesprächen auf.

Forbidden Fruit MUSIK

(www.forbiddenfruit.ie; ⏲Juni) Zweitägiges Festival für alternative Musik am ersten Juniwochenende auf dem Gelände des Irish Museum of Modern Art.

Taste of Dublin ESSEN

(Karte S. 104 f.; www.tasteofdublin.ie; Iveagh Gardens; ⏲Mitte Juni) Über drei Tage servieren die besten Restaurants der Hauptstadt Kostproben ihrer leckersten Gerichte zu Musik und anderem Unterhaltungsprogramm.

Longitude MUSIK

(www.longitude.ie; Marlay Park; ⏲Juli) Dreitägiges Festival für alternative Musik mit alten und neuen Bands, Kunstinstallationen und Essensständen.

Street Performance World Championships STRASSENFEST

(www.spwc.ie; ⏲Juli) An zwei Juliwochenenden messen sich die weltbesten Straßenkünstler, von Jongleuren bis zu Schwertschluckern, am Merrion Square.

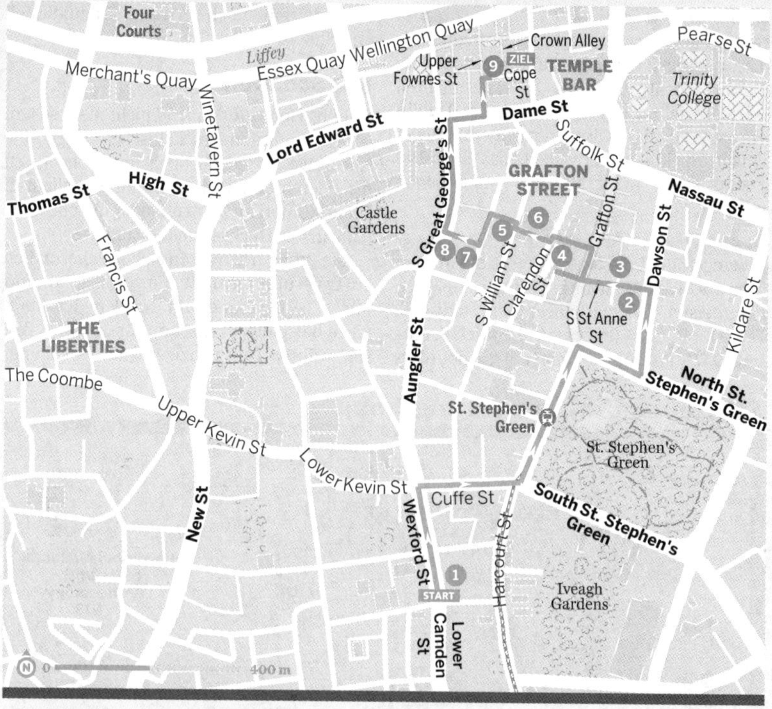

Spaziergang
Kneipentour durch Dublin

START LOWER CAMDEN STREET
ZIEL CROWN ALLEY
LÄNGE/DAUER 2 KM; 1 STD.–2 TAGE

Wenn es darum geht, sich vor dem Spazierengehen zu drücken, um stattdessen ins nächste Pub zu ziehen, lassen sich die Einheimischen bisweilen originelle Ausreden einfallen. Bei dieser Tour durch Dublins beste Kneipen ist das gar nicht nötig – und man kann sich nebenher noch ein bisschen gesellschaftlich und kulturell bilden. Den Anfang macht das fantastische 1 **Anseo** (S. 125) in der Lower Camden Street, wo sich die trendbewusste Partymeute mit dem gemeinen Volk mischt und jeder zum Rhythmus der DJ-Klänge wippt. In der Stadtmitte lockt die Whiskeybar im Hinterhof der 2 **37 Dawson Street** (S. 125) mit 1960er-Ambiente. Das nächste Pint wird im wunderbar altmodischen 3 **Kehoe's** (S. 125) in der South Anne Street geleert, in dem eine grandiose Stimmung herrscht. Danach steuert man das 4 **Bruxelles** (S. 126) an, zu erkennen an der Phil-Lynott-Bronzestatue. Ein toller Treff für Rockfans, selbst wenn die Musik nur aus der Anlage kommt. Glücklicherweise hat sich die traditionelle 5 **Grogan's Castle Lounge** (S. 125) am Castle Market gegen alle Modernisierungsversuche gewehrt, deshalb kann man hier auch weiterhin mit frustrierten Autoren und Künstlern über die Vorzüge unveröffentlichter Werke diskutieren. Auf der anderen Straßenseite im Untergeschoss des Powerscourt Townhouse Centre lebt das coole 6 **Pygmalion** (S. 126) ganz im Hier und Jetzt. Ein paar Straßen entfernt stößt man in der Fade Street auf zwei weitere angesagte Bars, die elegant-diskrete 7 **No Name Bar** (S. 125) im Obergeschoss und das 8 **Hogan's** (S. 126) an der Ecke zur South Great George's Street, seit gefühlten Ewigkeiten eines der Lieblingspubs der Stadt.

Zum Abschluss wandert man nach Temple Bar und klingelt beim 9 **Vintage Cocktail Club**; hinter einer Stahltür an der Crown Alley lässt sich eine attraktive Klientel Cocktails und leckere Snacks schmecken. Wer alle Stationen abgehakt hat, wird nun vermutlich etwas wackelig auf den Beinen sein ...

Dublin Fringe Festival THEATER
(www.fringefest.com; ⏲ Sept.) Ursprünglich für Theaterstücke gedacht, die fürs bedeutende Dublin Theatre Festival zu experimentell oder unwichtig waren, hat sich das Dublin Fringe Festival inzwischen zu einem dreiwöchigen Spektakel entwickelt, das über 100 Events sowie mehr als 700 Vorstellungen umfasst.

Dublin Theatre Festival THEATER
(www.dublintheatrefestival.com; ⏲ Okt.) An dem zweiwöchigen Festival im Oktober nehmen die meisten Theaterhäuser der Stadt teil. Das Dublin Theatre Festival findet bereits seit 1957 statt und ist heute ein glamouröses Ereignis mit hochwertigen Produktionen und Shows.

Schlafen

Dublins Hotelzimmer sind nicht mehr so teuer wie zu Zeiten des keltischen Tigers, die Nachfrage ist jedoch noch immer hoch. Zu reservieren empfiehlt sich sehr, vor allem in Unterkünften im Zentrum oder in Zentrumsnähe in der Hochsaison (etwa Mai–Sept.).

Die Preise orientieren sich gleichermaßen an Lage und Qualität. Ein großes komfortables B&B-Zimmer im Norden der Stadt gibt's beispielsweise schon für 50 € pro Person, während ein winziges Quartier in einer

St. Stephen's Green & Umgebung

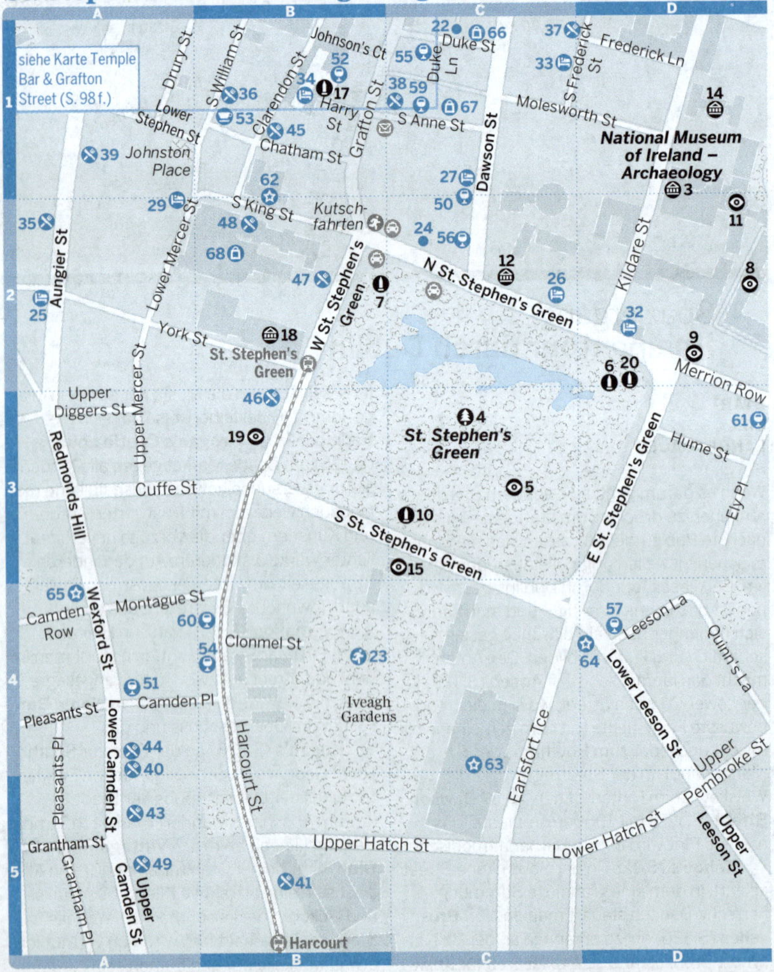

kleinen mittelmäßigen Pension in Gehweite zum St. Stephen's Green rund 100 € kosten kann. Eine gute Pension oder Mittelklasseunterkunft schlägt mit 80 bis 150 € zu Buche, Spitzenklasseunterkünfte sind ab etwa 150 € zu haben. Auch in der gehobenen Klasse lohnt es sich in jedem Fall, nach Angeboten zu suchen oder das Hotel direkt anzurufen und höflich nach Rabatten zu fragen. Am anderen Ende der Preisskala findet man die üblichen Hostels, die bevorzugte Wahl Budgetreisender. Deren Standards sind gestiegen, mit ihnen jedoch auch die Preise: Ein Bett kostet zwischen 18 und 34 € (ohne Frühstück, wenn nicht anders angegeben).

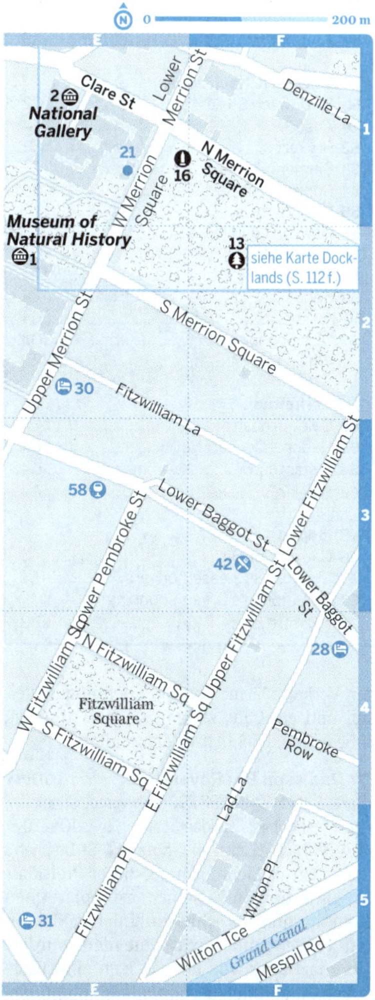

STADTFÜHRER-PODCASTS

Wer auf eigene Faust eine Stadttour unternehmen möchte, kann einen von Pat Liddys hervorragenden **iWalks** (www.visitdublin.com/iwalks) herunterladen, die sich auf dem iPod oder einem entsprechenden MP3-Player abspielen lassen. Einige der zwölf Ausflüge führen durch verschiedene Viertel, bei anderen stehen Dublins Geschichte, Architektur oder Aktivitäten im Vordergrund.

Grafton Street & Umgebung

Zentraler geht's nicht. Auf dem relativ schmalen Streifen südlich der Liffey wimmelt es von Unterkünften jeglicher Couleur. Eines darf man dabei aber nicht vergessen: Je besser die Lage, desto teurer das Hotel.

★ Trinity Lodge PENSION €
(Karte S. 104 f.; ☎ 01-617 0900; www.trinitylodge.com; 12 South Frederick St; EZ/DZ ab 56/70 €; WLAN; Bus alle Linien im Zentrum, Tram St. Stephen's Green) Beim Betreten dieser gemütlichen preisgekrönten Pension begrüßt die Gäste ein grinsender Martin Sheen, der die Trinity Lodge zu seiner Lieblingsunterkunft in Irland erklärte. Da ist er nicht der Einzige: Aufgrund ihrer großen Popularität wurde die Unterkunft um das Stadthaus auf der anderen Straßenseite erweitert, das einen ebenso hohen Standard bietet. Von Zimmer 2 im Originalgebäude genießt man eine hübsche Sicht auf die Bucht.

Barnacles HOSTEL €
(Karte S. 98 f.; ☎ 01-671 6277; www.barnacles.ie; 19 Lower Temple Lane; B 19–22 €; WLAN; Bus alle Linien im Zentrum) Für einen kurzen geselligen Partyaufenthalt ist das Hostel in Temple Bar genau richtig. Das hilfsbereite sachkundige Personal informiert gerne über das Nachtleben. Wer seinen Kater ausschläft, muss mit einem konstant hohen Geräuschpegel leben; ruhiger sind die Zimmer auf der Rückseite.

Avalon House HOSTEL €
(Karte S. 104 f.; ☎ 01-475 0001; www.avalon-house.ie; 55 Aungier St; B/EZ/DZ ab 10/34/54 €; @ WLAN; Bus alle Linien im Zentrum, Tram St. Stephen's Green) Das einladende Avalon House zählt zu den beliebtesten Hostels der Stadt und verfügt über Kiefernböden, hohe Wände und große offene Kamine, die für gemütlich-gesellige Atmosphäre sorgen. Ein Teil der clever ge-

St. Stephen's Green & Umgebung

Highlights
1 Museum of Natural History E2
2 National Gallery E1
3 National Museum of Ireland – Archaeology D1
4 St. Stephen's Green C3

Sehenswertes
5 Spielplatz C3
6 Hungersnot-Gedenkstätte D2
7 Fusiliers' Arch B2
8 Government Buildings D2
9 Hugenottenfriedhof D2
10 James-Joyce-Büste C3
11 Leinster House D2
12 Little Museum of Dublin C2
13 Merrion Square F2
14 National Library D1
15 Newman House C3
16 Oscar-Wilde-Statue E1
17 Phil-Lynott-Statue B1
18 Royal College of Surgeons B2
19 Unitarian Church B3
20 Wolfe Tone Monument D2

Aktivitäten, Kurse & Touren
21 Dublin by Bike E1
22 Dublin Literary Pub Crawl C1
23 Taste of Dublin B4
24 Viking Splash Tours C2

Schlafen
25 Avalon House A2
26 Cliff Townhouse C2
27 La Stampa C1
28 Latchfords F4
29 Mercer Court Campus Accommodation A2
30 Merrion E2
31 Number 31 .... E5
32 Shelbourne D2
33 Trinity Lodge C1
34 Westbury Hotel B1

Essen
35 Brioche A2
Cliff Townhouse .... (siehe 26)
36 Damson Diner B1
37 Dunne & Crescenzi C1
38 Gourmet Burger Kitchen C1
39 Govinda's A1
40 Green Nineteen A4
41 Harcourt Street Food Market B5
42 L'Ecrivain F3
43 Listons A5
44 Neon A4
Restaurant Patrick Guilbaud .... (siehe 30)
45 Saba B1
46 Shanahan's on the Green B3
47 Thornton's B2
48 Wagamama B2
49 Zaytoon A5

Ausgehen & Nachtleben
50 37 Dawson Street C2
51 Anseo A4
52 Bruxelles B1
53 Clement & Pekoe B1
54 Copper Face Jacks B4
55 Davy Byrne's C1
56 Dawson Lounge C2
57 Hartigan's D4
58 James Toner's E3
59 Kehoe's C1
60 Krystle B4
61 O'Donoghue's D3
Whelan's .... (siehe 65)

Unterhaltung
62 Gaiety Theatre B1
63 National Concert Hall C4
64 Sugar Club D4
65 Whelan's A4

Shoppen
66 Cathach Books C1
67 Sheridan's Cheesemongers C1
68 St. Stephen's Green Shopping Centre B2

stalteten Zimmer weist Zwischengeschosse auf und eignet sich besonders gut für Familien. Weit im Voraus buchen!

Kinlay House HOSTEL €
(Karte S. 84 f.; ☎ 01-679 6644; www.kinlaydublin.ie; 2–12 Lord Edward St; B/DZ 18/60 €; ; alle Linien im Zentrum) Eine Institution unter den Hostels der Stadt ist dieses frühere Knabeninternat, das große gemischte Schlafräume mit 24 Betten sowie kleinere Zimmer beherbergt. Die belebte Lage neben der Christ Church Cathedral und dem Dublin Castle ist ein Plus, einige Räume leiden allerdings unter Verkehrslärm. Es gibt Kochmöglichkeiten und ein Café, zudem ist das Frühstück inbegriffen. Nichts für Zartbesaitete!

★ **Radisson Blu Royal Hotel** HOTEL €€
(Karte S. 84 f.; ☎ 01-898 2900; www.radissonblu.ie/royalhotel-dublin; Golden Lane; Zi. 110–220 €; ; alle Linien im Zentrum, St. Stephen's Green) Unser Lieblingshotel dieser Preisklasse garantiert mit seiner exemplarischen Kombination aus schicken Linien, gedämpften Farben und Luxus eine denkwürdige Übernachtung. Von den riesigen eindrucksvollen Aufenthaltsbereichen bis zu den ele-

ganten Gästezimmern mit vielen tollen Details wie in die Wand eingelassenen digitalen Flachbildfernsehern – das Radisson Blu Royal überzeugt auf ganzer Linie!

Cliff Townhouse PENSION €€
(Karte S. 104 f.; ☎ 01-638 3939; www.theclifftownhouse.com; 22 St. Stephen's Green North; Zi. ab 99 €; @ ; alle Linien im Zentrum, St. Stephen's Green) Wer eine erstklassige Bleibe sucht, ist hier richtig: Das wunderbare georgianische Haus verfügt über zehn toll ausgestattete Zimmer, von denen einige einen Ausblick auf St. Stephens Green bieten. Unten befindet sich Sean Smiths großartiges Restaurant (S. 119).

Grafton House B&B €€
(Karte S. 98 f.; ☎ 01-648 0010; www.graftonguesthouse.com; 26–27 South Great George's St; EZ/DZ ab 79/109 €; @ ; alle Linien im Zentrum, St. Stephen's Green) Ein etwas abgelegenes Gästehaus im gotischen Stil, das mit Lage, Preis und Einrichtung punktet. Gleich neben der George's Street Arcade bietet die traditionelle freundliche Bleibe B&B-Standards (ein hervorragendes Frühstück inklusive) und ein abgefahrenes Design (man achte auf die psychedelische Tapete). Der Preis ist nahezu unschlagbar.

Central Hotel HOTEL €€
(Karte S. 98 f.; ☎ 01-679 7302; www.centralhoteldublin.com; 1–5 Exchequer St; EZ/DZ ab 75/89 €; ; alle Linien im Zentrum, St. Stephen's Green) Die Zimmer sind eine moderne, wenn auch kleine Version von edwardianischem Luxus. Ihre schweren Samtvorhänge und maßgezimmerten irischen Möbel, u. a. Betten mit stoffbezogenen Kopfteilen, wirken ein wenig massiv für den überschaubaren Raum, versprühen jedoch eine gewisse Klasse. Jene zur Straße hin bekommen etwas Lärm ab. Angesichts der Lage ist der Name äußerst zutreffend.

Paramount Hotel HOTEL €€
(Karte S. 98 f.; ☎ 01-417 9900; www.paramounthotel.ie; Ecke Parliament St & Essex Gate; EZ/DZ 69/120 €; @ ; alle Linien im Zentrum) Mit ihren dunklen Holzdielen, tiefroten Chesterfield-Ledersofas und den schweren Samtvorhängen ist die Eingangshalle hinter der viktorianischen Fassade dem Hotelstil der 1930er-Jahre nachempfunden und erinnert an *Die Spur des Falken*. Film-Noir-Feeling kommt in den 70 Zimmern zwar nicht auf, aber dafür sind sie hübsch eingerichtet und sehr komfortabel. Unten befindet sich das **Turk's Head** (Karte S. 98 f.; ☎ 01-679 9701; 27–

DUBLIN MIT KINDERN

Kinderfreundlich? Aber hallo! Die Dubliner lieben und verehren die süßen Kleinen. Allerdings mangelt es vielerorts noch an kindgerechten Einrichtungen wie zugänglichen Wickelstationen.

Dennoch weiß die Stadt die Kids zu unterhalten. Für Kinder zwischen drei und 14 Jahren lohnt sich ein Nachmittag im **Ark Children's Cultural Centre** (Karte S. 98 f.; www.ark.ie; 11a Eustace St; alle Linien im Zentrum). Hier sollen verschiedene Aktivitäten deren Interesse für Wissenschaft, Umwelt und Kunst wecken; weit im Voraus buchen!

Dublins Wikingervergangenheit lässt sich auf viele Weisen erkunden. Dvblinia (S. 89), das Wikinger- und Mittelaltermuseum der Stadt, bietet interaktive speziell auf Kinder zugeschnittene Exponate. Kids jedes Alters wird die Viking Splash Tour (S. 102) begeistern, eine Stadttour in einem Amphibienfahrzeug, bei der Teilnehmer mit Wikingerhelmen aus Plastik auf dem Kopf barbarische Laute ausstoßen dürfen. Endstation ist der Grand Canal.

Ein beliebter Klassiker ist der Dublin Zoo (S. 97); das National Leprechaun Museum (S. 94) wiederum regt mit optischen Täuschungen und überdimensionalen Möbeln die Fantasie der Kleinen an. Im zweiten Stock des Powerscourt Townhouse Shopping Centre verkauft der **Dolls Store** (Karte S. 98 f.; Mo–Sa 10–18 Uhr) alle möglichen Puppen und Puppenhäuser. Falls das Lieblingsspielzeug des Nachwuchses „krank" sein sollte, findet man hier außerdem Irlands einziges Krankenhaus für Puppen und Teddybären.

Fast alle Hotels stellen Kinderbetten zur Verfügung, zudem bieten die Luxusunterkünfte einen Babysitterservice (8–15 € pro Std.). Bis 18 Uhr werden Familien in den meisten Restaurants herzlich willkommen geheißen, danach kann es allerdings schwierig werden, vor allem mit Kleinkindern. Am besten fragt man deshalb schon bei der Reservierung nach.

ABSTECHER

JENSEITS DES ROYAL CANAL

Jenseits des Royal Canal beginnen die Vororte und ein authentisches Stückchen Nordstadtleben. Hier befinden sich mehrere herrliche Gärten, das größte Stadion des Landes, ein historischer Friedhof und eines der interessantesten Gebäude Dublins.

Croke Park Experience

Die Gaelic Athletic Association (GAA) sieht sich nicht nur als Hauptorganisator einiger irischer Sportarten, sondern auch als Verfechter einer kulturellen Identität, die im Selbstbild der Iren fest verwurzelt ist. Wer wissen will, welchen Einfluss das Unternehmen wirklich hat, und sich zudem für Sport begeistert, sollte sich die **Croke Park Experience** (www.crokepark.ie; Clonliffe Rd, New Stand, Croke Park; Erw./Stud./Kind Museum 6/5/4 €, Museum & Führung 12/9/8 €; ⏲ April–Okt. Mo–Sa 9.30–17, So 12–17 Uhr, Nov.–März Di–Sa 10–17, So 12–16 Uhr; 🚌 3, 11, 11A, 16, 16A, 123 ab O'Connell St) nicht entgehen lassen. Auf fesselnde Weise beleuchtet die interaktive Ausstellung die symbiotische Beziehung zwischen den Spielen, der irischen Kultur und dem Kampf um eine nationale Identität. Zweimal täglich (außer an Spieltagen) finden exzellente Führungen durch das eindrucksvolle Croke-Park-Stadion statt – diese Mehrausgabe lohnt sich. Die neueste Attraktion ist ein Rundgang um das Stadiondach namens **Skyline** (www.skylinecrokepark.ie; Croke Park; Erw./Stud./Kind 25/20/15 €; ⏲ Führungen Mai–Sept. 11 & 14 Uhr, Okt.–April nur Fr–So).

Glasnevin Cemetery

Die Grabsteine des größten und historisch bedeutendsten **Friedhofs** (www.glasnevin-cemetery.ie; Finglas Rd; ⏲ 24 Std.; 🚌 40, 40A, 40B ab Parnell St) GRATIS lesen sich wie ein „Who's who" der irischen Geschichte, denn hier liegen die wichtigsten Personen der vergangenen 150 Jahre begraben.

Ein moderner Rundturmnachbau dient als praktischer Wegweiser zum Grab von Daniel O'Connell, der 1847 starb. Charles Stewart Parnells Grab schmückt ein großer Granitstein, auf dem nur sein Name eingraviert ist – ein erstaunlich einfaches Denkmal für eine historisch so bedeutsame Person. Auch andere berühmte Persönlichkeiten fanden auf dem Friedhof ihre letzte Ruhe, darunter Sir Roger Casement, der republikanische Anführer Michael Collins, Hafenarbeiter und Gewerkschafter Jim Larkin sowie Dichter Gerard Manley Hopkins.

30 Parliament St; 🚌 alle Linien im Zentrum), eine der beliebtesten Bars der Gegend.

Dublin Citi Hotel HOTEL €€
(Karte S. 98 f.; ☎ 01-679 4455; www.dublincitihotel.com; 46–49 Dame St; Zi. ab 89 €; @; 🚌 alle Linien im Zentrum) Ein Gebäude aus dem 19. Jh. mit auffälligen Türmchen direkt neben der Central Bank beherbergt dieses Mittelklassehotel. Die einfach eingerichteten Zimmer sind nicht groß, verfügen aber über schöne weiße Steppdecken. Das Herz von Temple Bar liegt nur einen Steinwurf entfernt – na dann, Prost!

La Stampa HOTEL €€
(Karte S. 104 f.; ☎ 01-677 4444; www.lastampa.ie; 35 Dawson St; Zi. ab 120 €; @ 📶; 🚌 alle Linien im Zentrum, 🚊 St. Stephen's Green) Kleines atmosphärisches Hotel in der angesagten Dawson Street. Seine 29 asiatisch anmutenden, weiß gehaltenen Zimmer sind mit Rattanmöbeln und exotischen Samtüberwürfen ausgestattet. Das luxuriöse ayurvedische Mandala Day Spa bietet eine große Palette an Behandlungen. Wer sich danach ungestört weiter entspannen will, sollte sich allerdings ein Zimmer unterm Dach fernab der lärmigen Bar unten geben lassen.

★ **Number 31** PENSION €€€
(Karte S. 104 f.; ☎ 01-676 5011; www.number31.ie; 31 Leeson Close; EZ/DZ/3BZ inkl. Frühstück 180/260/300 €; 📶; 🚌 alle Linien im Zentrum) Dublins markantestes Anwesen ist das ehemalige Wohnhaus des modernistischen Architekten Sam Stephenson, der erfolgreich 1960er-Jahre-Stil mit der Pracht des 18. Jhs. verband. Auf eine altmodisch-schicke Remise und ein eleganteres georgianisches Gebäude verteilen sich 21 individuell eingerichtete Zimmer mit geschmackvollen französischen Antiquitäten und großen gemütlichen Betten.

Im Wintergarten wird ein Gourmetfrühstück mit Räucherhering, hausgemachtem Brot und Müsli serviert. Großartige Option!

Das preisgekrönte **Museum** (Museum 6 €, Museum & Führung 12 €; ⌚ Mo–Fr 10–17, Sa & So 11–18 Uhr) erzählt anhand der Schicksale von hier begrabenen Menschen Irlands soziale und politische Geschichte. Am besten erkundet man den Friedhof bei einer der täglichen **Führungen** (11.30, 12.30 & 14.30 Uhr).

National Botanic Gardens

In dem 1795 gegründeten und 19,5 ha großen **botanischen Garten** (Botanic Rd; ⌚ April–Okt. Mo–Sa 9–18, So 11–18 Uhr, Nov.–März Mo–Sa 10–16.30, So 11–16.30 Uhr; 🚌 13, 13A, 19 ab O'Connell St, 34, 34A ab Middle Abbey St) GRATIS stehen mehrere geschwungene Gewächshäuser aus den Jahren 1843 bis 1869. Sie wurden von Richard Turner errichtet, der auch das Gewächshaus im botanischen Garten von Belfast und das Palmenhaus in Londons Kew Gardens entworfen hat. Im Inneren der viktorianischen Prachtbauten verbergen sich neueste Techniken, z. B. computergesteuerte Biotope mit unterschiedlichen Weltklimazonen. Darüber hinaus wurde hier gärtnerische Pionierarbeit geleistet. So versuchte man 1844 erstmals, Orchideen aus Samen zu ziehen.

Casino in Marino

Hier sucht man vergeblich nach Roulette- und Blackjack-Tischen, denn dies ist ein original italienisches **Kasino** (www.heritageireland.ie; Malahide Rd; Erw./Senior/Kind 3/2/1 €; ⌚ Mai–Sept. 10–17 Uhr; 🚌 20A, 20B, 27, 27B, 42, 42C, 123 ab dem Zentrum), also ein Sommerhaus. Der bezaubernde Bau wurde Mitte des 18. Jhs. vom Earl of Charlemont in Auftrag gegeben, der bei seiner Rückkehr von einer großen Europarundreise mit mehr Kunstwerken zurückkam, als sein damaliges Heim – das Marino House – verkraften konnte. Auf der Reise hatte sich der Graf außerdem in den palladianischen Stil verliebt, wie an der Architektur dieses wunderbar nutzlosen Prachtbaus unschwer zu erkennen ist.

Eine Besichtigung ist nur im Rahmen einer Führung möglich. Durch die riesige Eingangstür und die zwölf toskanischen Säulen, die eine tempelähnliche Fassade bilden, vermittelt das Gebäude von außen den Eindruck, als gäbe es nur einen zentralen Innenraum. Doch weit gefehlt: Stattdessen erwartet den Besucher ein extravagant geschnittenes Labyrinth mit fantasievoll gestalteten Räumen. Verschiedene Statuen zieren den Außenbereich, amüsanter sind aber die Täuschungen.

★ Merrion HOTEL €€€
(Karte S. 104 f.; ☎ 01-603 0600; www.merrionhotel.com; Upper Merrion St; Zi./Suite ab 485/995 €; @ 🛜 🏊; 🚌 alle Linien im Zentrum) Das prachtvolle Fünfsternehotel in einer Reihe wunderschön restaurierter georgianischer Stadthäuser öffnete 1988 seine Pforten, wirkt jedoch um einiges älter. Die Zimmer im alten Haus mit der größten privaten Kunstsammlung der Stadt und elegantem Komfort sind besser als jene im neuen Flügel.

Aufgrund der Lage bei den Regierungsgebäuden trifft man auf den Marmorfluren oft Politiker, Würdenträger und Prominente. Selbst wer nicht hier übernachtet, sollte zumindest zum Nachmittagstee vorbeischauen (36 €), der in Silbertassen neben einem lodernden Kaminfeuer gereicht und beliebig oft nachgeschenkt wird.

Irish Landmark Trust SELBSTVERSORGER €€€
(Karte S. 98 f.; ☎ 01-670 4733; www.irishlandmark.com; 25 Eustace St; 2/3 Nächte für 7 Pers. 600/875 €; 🚌 alle Linien im Zentrum) Dieses denkmalgeschützte Gebäude aus dem 18. Jh. wurde nach höchsten Standards vom Irish Landmark Trust wunderschön restauriert. Es ist mit geschmackvollen Antiquitäten sowie authentischen Möbeln und Details ausgestattet (dazu gehört ein prächtiges Klavier im Salon) und bietet in seinen drei Gästezimmern Platz für bis zu sieben Personen. Hier gilt ein Mindestaufenthalt von zwei Nächten.

Westbury Hotel HOTEL €€€
(Karte S. 104 f.; ☎ 01-679 1122; www.doylecollection.com; Grafton St; Zi./Suite ab 199/299 €; @ 🛜; 🚌 alle Linien im Zentrum) Prominente ruhesuchende Dublinbesucher steuern gerne die eleganten Suiten des Westbury an. Hier kann man vom Jacuzzi aus fernsehen, ehe man es sich im Himmelbett gemütlich macht. Normalsterbliche nehmen mit den Standardzimmern vorlieb, die zwar komfortabel eingerichtet sind, aber die mondäne

Eleganz der luxuriösen öffentlichen Bereiche vermissen lassen.

Westin Dublin HOTEL €€€
(Karte S. 92; ☎ 01-645 1000; www.thewestindublin.com; Westmoreland St; Zi. ab 179 €; @ 📶; 🚌 alle Linien im Zentrum) Bevor dieses alte Gebäude zu einem vornehmen Hotel umgestaltet wurde, war darin eine prächtige Filiale der Allied Irish Bank untergebracht. Sämtliche Zimmer trumpfen mit bequemen patentierten Heavenly Beds aus eigener Kreation, elegantem Mahagoniholz und weichen Farben nach edelster US-Art auf. Darüber hinaus genießt man von vielen Räumen einen Blick auf das Atrium.

Shelbourne HOTEL €€€
(Karte S. 104 f.; ☎ 01-676 6471; www.theshelbourne.ie; 27 St. Stephen's Green North; Zi. ab 220 €; @ 📶; 🚌 alle Linien im Zentrum, 🚊 St. Stephen's Green) Dublins Kulthotel, gegründet 1824, wurde von der Marriott-Gruppe gekauft, die vor ein paar Jahren mittels teurer Restaurierungsmaßnahmen den alten Glanz der Zimmer und öffentlichen Bereiche wiederherstellte. Der Umbau war erfolgreich, das Management soll jedoch dem Standard eines Fünfsternehauses nicht gerecht werden.

Abgesehen davon erwartet Gäste ein geschichtsträchtiger Ort: Hier wurde 1921 die irische Verfassung ausgearbeitet, zudem spielt Elizabeth Bowens gleichnamiger Roman in dem Hotel. Der Nachmittagstee in der restaurierten Lord Mayor's Lounge ist ein echtes Highlight.

Clarence Hotel HOTEL €€€
(Karte S. 98 f.; ☎ 01-407 0800; www.theclarence.ie; 6–8 Wellington Quay; Zi. 109–259 €, Suite 299–1499 €; @ 📶; 🚌 alle Linien im Zentrum) Das diskrete kleine Hotel von Bono und The Edge ist nicht mehr die angesagteste Unterkunft der Stadt – ein Vorteil, da die Wirklichkeit dem Hype nie gerecht werden konnte. Gäste erwartet ein hübsches Boutique-Hotel im Stil eines Herrenclubs der 1930er-Jahre mit exzellenter Bar und gutem Restaurant.

RESERVIERUNGEN

Unterkünfte reserviert man am besten über das Computerbuchungssystem von Dublin Tourism. Wer es auf eigene Faust versuchen will, kann alternativ die folgenden Internetplattformen mit fairen Preisen nutzen:

All Dublin Hotels (www.irelandhotels.com/hotels/dublin)

Dublin City Centre Hotels (http://dublin.city-centre-hotels.com)

Dublin Hotels (www.dublinhotels.com)

Hostel Dublin (www.hosteldublin.com)
Weitere Adressen findet man unter www.lonelyplanet.com/hotels.

Nördlich der Liffey

Zwischen der O'Connell Street und Smithfield gibt's verschiedene gute Mittelklasseoptionen. Die Gardiner Street östlich der O'Connell Street ist die traditionelle B&B-Meile der Stadt. Besser und sicherer sind die Unterkünfte am südlichen Abschnitt der Straße.

★ **Isaacs Hostel** HOSTEL €
(Karte S. 122 f.; ☎ 01-855 6215; www.isaacs.ie; 2–5 Frenchman's Lane; B/2BZ ab 14/54 €; @ 📶; 🚌 alle Linien im Zentrum, 🚊 Connolly) Das beste Hostel der Northside – in puncto Atmosphäre sogar das beste der Stadt – ist in einem 200 Jahre alten Weinkeller beim Hauptbusbahnhof direkt um die Ecke untergebracht. Grillabende im Sommer, Livemusik in der Lounge, Internetzugang und farbenfrohe Schlafsäle sorgen für konsequent gute Kritiken von Backpackern und anderen Gästen.

Jacob's Inn HOSTEL €
(Karte S. 122 f.; ☎ 01-855 5660; www.isaacs.ie; 21–28 Talbot Pl; B/DZ ab 12,50/74 €; 📶; 🚊 Connolly) Gleich nebenan verfügt das saubere moderne Schwesterhostel des Isaacs (S. 110) über geräumige Quartiere mit Privatbädern und großartige Einrichtungen wie rollstuhlgerechte Zimmer, einen Fahrradparkplatz und eine Küche für Selbstversorger.

Globetrotters Tourist Hostel HOSTEL €
(Karte S. 122 f.; ☎ 01-878 8088; www.globetrottersdublin.com; 46–48 Lower Gardiner St; B 16 €; 🚌 alle Linien im Zentrum, 🚊 Connolly) Schlafsäle mit insgesamt 94 Betten, eigenen Bädern und Platz fürs Gepäck warten in diesem freundlichen Hostel. An der funkigen Einrichtung ist zu erkennen, dass hier der gleiche künstlerische Geist herrscht wie im Townhouse nebenan; auch die Speiseräume ähneln sich. An den wenigen Sonnentagen lockt hinten ein kleiner Garten.

Anchor Guesthouse B&B €€
(Karte S. 122 f.; ☎ 01-878 6913; www.anchorhousedublin.com; 49 Lower Gardiner St; Zi. unter der Woche/am Wochenende ab 71/143 €; 🚌 alle Linien im

UNIVERSITÄTSUNTERKÜNFTE

Von Mitte Juni bis Ende September bieten auch die städtischen Universitäten Übernachtungsmöglichkeiten an, die man unbedingt frühzeitig buchen muss.

Trinity College (Karte S. 92; ☎01-896 1177; www.tcd.ie; Accommodations Office, Trinity College; EZ/DZ ab 58/78 €; @ 📶 🚌alle städtischen Linien) Komfortable Zimmer von ganz schlicht bis zu solchen mit eigenem Bad an einem der schönsten und atmosphärischsten Orte Dublins.

Mercer Court (Karte S. 104 f.; ☎01-478 2179; www.mercercourt.ie; Lower Mercer St; EZ/DZ 80/120 €; @ 📶) Inhaber des Mercer Court ist das Royal College of Surgeons. Alle Zimmer sind modern und entsprechen Hotelstandards.

Zentrum, 🚊Connolly) Diese hübsche georgianische Pension mit ihrem köstlichen Frühstück wird von vielen Lesern wärmstens empfohlen – zu Recht. Neben dem üblichen Angebot der meisten B&Bs in der Gegend wie Fernsehern, einigermaßen akzeptablen Duschen, sauberer Bettwäsche und Kaffeemaschine wartet das Anchor mit einer Eleganz auf, welche die Konkurrenz blass aussehen lässt.

Clifden Guesthouse PENSION €€
(☎01-874 6364; www.clifdenhouse.com; 32 Gardiner Pl; EZ/DZ/3BZ ab 70/90/110 €; 🚌36, 36A) Ein wirklich hübsch restauriertes georgianisches Haus beherbergt die 14 geschmackvoll eingerichteten Zimmer des Clifden. Sie haben Bäder, sind sehr sauber und extrem komfortabel. Ein tolles Extra ist der kostenlose Parkplatz, den Gäste auch nach dem Checkout nutzen können.

Maldron Hotel Smithfield HOTEL €€
(Karte S. 84 f.; ☎01-485 0900; www.maldronhotels.com; Smithfield Village; Zi. ab 90 €; 📶; 🚌25, 25A, 25B, 66, 66A, 66B, 67, 90, 151 nach Upper Ormond Quay, 🚊Smithfield) Große Zimmer und sanfte Erdtöne, die einen Kontrast zu den modernen Linien bilden, machen das funktionelle Hotel zur besten Option in diesem Teil der Stadt. Besonders schön sind die Panoramafenster mit Blick auf den Platz.

Morrison Hotel HOTEL €€€
(Karte S. 122 f.; ☎01-887 2400; www.morrisonhotel.ie; Ormond Quay; Zi. ab 199 €; @ 📶; 🚌alle Linien im Zentrum, 🚊Jervis) Die neue Besitzerin, die russische Milliardärin Elena Baturina, sorgte in dem Hotel am Hafen für frischen Wind und ließ die Zimmer und eleganten Aufenthaltsbereiche für 7 Mio. € modernisieren. Zum Programm zählen breite Doppelbetten mit Serta-Matratzen, LED-Fernseher mit 40 Zoll, kostenloses WLAN sowie Toilettenartikel von Crabtree & Evelyn.

Mittlerweile wird das Hotel von Hilton Doubletree betrieben und ist die luxurióseste Unterkunft der Northside.

Gresham Hotel HOTEL €€€
(Karte S. 122 f.; ☎01-874 6881; www.gresham-hotels.com; Upper O'Connell St; Zi. ab 200 €, Suite 450–2500 €; ❄ @ 📶; 🚌alle städtischen Linien) Vor einigen Jahren wurde das Gresham, eines der Wahrzeichen der Stadt, komplett saniert. Dabei hat es sich von seinem traditionellen Ambiente à la Omas Wohnzimmer verabschiedet. Trotz des helleren, modernen Erscheinens und des offenen Foyers sind betuchte Amerikaner und Seniorengruppen auf Shoppingtour dem Haus treu geblieben. Die sauberen Zimmer bieten viel Platz.

Townhouse Hotel INN €€€
(Karte S. 122 f.; ☎01-878 8808; www.townhouseofdublin.com; 47–48 Lower Gardiner St; EZ/DZ/3BZ 140/199/219 €; 🚌36, 36A, 🚊Connolly) Einst wohnte hier der irisch-japanische Schriftsteller Lafcadio Hearn, und vielleicht waren es ja seine Geistergeschichten, die den gotischen Einrichtungsstil beeinflusst haben. Durch das Foyer mit dunklen, goldumrandeten Wänden und einem klingelnden Kronleuchter gelangt man zu 82 individuell gestalteten, gemütlichen, wenn auch etwas kleinen Zimmern. Den Speisesaal teilt sich das Haus mit dem Globetrotters Tourist Hostel nebenan.

Docklands

Für Besorgungen in der Stadt benötigt man öffentliche Verkehrsmittel oder ein Taxi.

Gibson Hotel HOTEL €€
(Karte S. 112 f.; ☎01-618 5000; www.thegibsonhotel.ie; Point Village; Zi. ab 120 €; @ 📶; 🚌151 ab dem Zentrum, 🚊Grand Canal Dock) Das Gibson richtet sich an Geschäftsreisende und Gäste, die sich eine Vorstellung im O2 nebenan anse-

Docklands

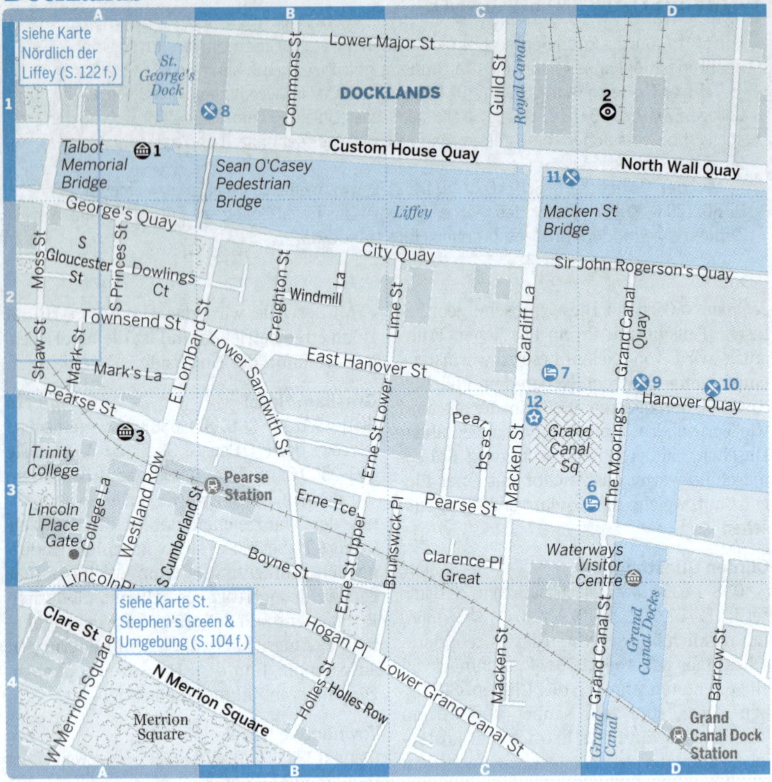

hen, und beeindruckt mit rund 250 sehr modernen Zimmern. Sie verfügen über schicke Respa-Betten, Flachbildfernseher und Arbeitsplätze mit Internet. Die öffentlichen Bereiche sind hell, groß und luftig – dafür sorgen gedämpfte Farben und verglaste Wände –, und beim Frühstück trifft man eventuell auf einen der Stars, der letzte Nacht aufgetreten ist.

The Marker HOTEL €€€
(Karte S. 112 f.; ☎ 01-687 5100; www.themarkerhoteldublin.com; Grand Canal Sq; Zi. ab 200 €; @ Wi-Fi; Bus 56A, 77A, Tram Grand Canal Dock) Dublins neuestes Designerhotel wurde von Manuel Aires Mateus entworfen und wartet mit einer eindrucksvollen Fassade auf. Die Rezession verzögerte die Eröffnung um einige Jahre, seit 2013 erwarten Gäste nun jedoch sehr schicke und moderne Zimmer, eine Cocktaillounge im Erdgeschoss, ein anständiges Restaurant und eine Dachbar mit einem tollen Ausblick.

Jenseits des Grand Canal

Mehr für sein Geld bekommt man in den stilvollen Unterkünften 3 km südlich vom Zentrum im Stadtteil Ballsbridge. Auch der Jetset und Botschaftsangehörige steigen gerne in der Gegend ab.

★ **Aberdeen Lodge** PENSION €€
(☎ 01-283 8155; www.aberdeen-lodge.com; 53–55 Park Ave; EZ/DZ 99/149 €; @ Wi-Fi; Bus 2, 3, DART Sydney Parade) Die Aberdeen Lodge zählt nicht nur zu Dublins besten Pensionen, sondern ist auch eines der bestgehüteten Geheimnisse, das nur diejenigen kennen, die eine kurze Bahnfahrt ab dem Zentrum nicht scheuen. Belohnt werden sie mit einem luxuriösen Haus, dessen persönlicher Service dem eines Spitzenklassehotels in nichts nachsteht.

Ein Großteil der eindrucksvollen Zimmer verfügt über Himmel- oder schmiedeeiserne Betten, die die authentischen edwardiani-

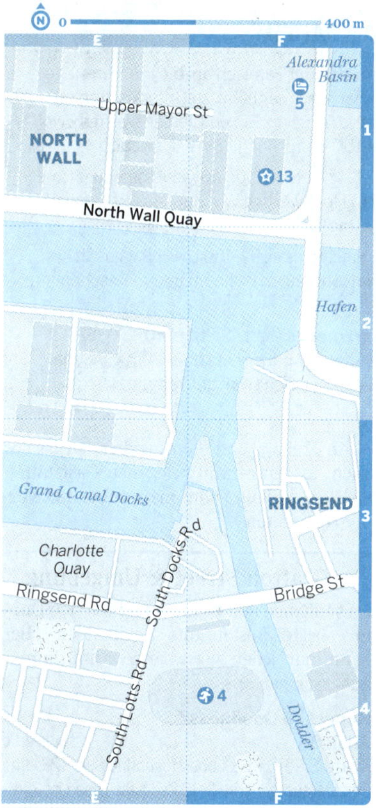

Docklands

Sehenswertes

Aktivitäten, Kurse & Touren

Schlafen

Essen

Unterhaltung

schen Möbel und die geschmackvolle Kunst an den Wänden komplettieren. Die Suiten warten zudem mit Adams-Kaminen auf. Der Service ist exzellent – eine Servicekraft kümmert sich jeweils um zwei Zimmer –, engagiert und sehr höflich. Hierher gelangt man am bequemsten per DART ab der Pearse oder Tara Street in südlicher Richtung bis zur Sydney Parade, von wo ein kurzer Spaziergang zum Hotel führt.

★ Pembroke Townhouse GASTHAUS €€

(Karte S. 84 f.; ☎ 01-660 0277; www.pembroketownhouse.ie; 90 Pembroke Rd; Zi. ab 99 €; 📶 ♿; 🚌 5, 7, 7A, 8, 18, 45 ab dem Zentrum) Was passiert, wenn Tradition und Moderne perfekt zu einem Ganzen verschmelzen, demonstriert dieses superluxuriöse Stadthaus. Hier wurde ein klassischer georgianischer Bau in ein erstklassiges Boutique-Hotel verwandelt, bei dem einfach alles stimmt: Das gilt ebenso für die sorgfältig gestalteten Zimmer in einem grandiosen Mix aus traditionellem Stil und zeitgemäßem Design wie für die moderne Kunst an den Wänden und den Fahrstuhl. Ob man sich den Innenarchitekten wohl mal ausleihen kann?

Waterloo House GASTHAUS €€

(Karte S. 84 f.; ☎ 01-660 1888; www.waterloohouse.ie; 8–10 Waterloo Rd; EZ/DZ 129/145 €; 📶; 🚌 5, 7, 7A, 8, 18, 45 ab dem Zentrum) Nur einen Katzensprung von St. Stephen's Green entfernt stößt man auf diese vornehme, in zwei mit Efeu überwucherten Häusern untergebrachte Bleibe. Die Zimmer sind geschmackvoll im klassisch-georgianischen Stil gestaltet und mit hochwertigen Möbeln, Kabelfernsehen sowie Wasserkochern ausgestattet. Das Frühstück ist im Preis inbegriffen und wird im Wintergarten, an sonnigen Tagen auch im Garten serviert.

Dylan HOTEL €€€

(Karte S. 84 f.; ☎ 01-660 3001; www.dylan.ie; Eastmoreland Pl; Zi. ab 200 €; ❄ @ 📶; 🚌 5, 7, 7A, 8, 18, 27X, 44 ab dem Zentrum) Im Dylan verbindet sich Barock mit schickem skandinavischem Design – ein echtes Erfolgsrezept. Vielleicht spiegelt dies eine Zeit mit dem Motto „Mehr als genug ist immer noch zu wenig" wider. Hier kann man sich wunderbar vorstellen, wie die bessere Gesellschaft bei einem Cocktail Verträge unterzeichnete, bevor sie sich in die frischen Leinenbetttücher der hübschen Zimmer im Obergeschoss kuschelte.

WEIT WEG VON ZU HAUSE UND DOCH DAHEIM

Ferienwohnungen bieten sich vor allem für Freunde oder Familien an, die mehrere Tage bleiben wollen. Das Angebot reicht von Einzimmerapartments bis zu Unterkünften mit zwei Schlafzimmern, Wohnbereich, Küchennische und Bad. Ein empfehlenswertes Zweizimmerapartment in guter Lage kostet 100 bis 150 € pro Nacht. Eine Auswahl:

Home from Home Apartments (Karte S. 112 f.; ☎ 01-678 1100; www.yourhomefromhome.com; The Moorings, Fitzwilliam Quay; Apt. 110–180 €) Hochwertige Wohnungen mit ein bis drei Schlafzimmern im südlichen Teil der Innenstadt.

Latchfords (Karte S. 104 f.; ☎ 01-676 0784; www.latchfords.ie; 99–100 Lower Baggot St; Apt. 100–160 €) Studio-Apartments und Zweizimmerwohnungen in einem georgianischen Stadthaus.

Oliver St. John Gogarty's Penthouse Apartments (Karte S. 98 f.; ☎ 01-671 1822; www.gogartys.ie; 18–21 Anglesea St; 2-Bett-Apt. 99–189 €) Apartments über dem gleichnamigen Pub mit ein bis drei Schlafzimmern und einem tollen Blick auf Temple Bar.

Four Seasons HOTEL €€€
(Karte S. 84 f.; ☎ 01-665 4000; www.fourseasons.com; Simmonscourt Rd; Zi. ab 225 €; @ 📶 🏊; 🚌 5, 7, 7A, 8, 18, 45 ab dem Zentrum) Die prächtige Lobby dieses riesigen Hotels auf dem Gelände der Royal Dublin Showgrounds begeistert jede Diva. Manch einem ist das zu mondän, andere lieben jedoch die Kombination aus Marmor, Kronleuchtern und hinreißenden Zimmern.

Essen

Die meisten Dubliner sind der Meinung, dass die Restaurantszene der Stadt ungeachtet der wirtschaftlichen Einschränkungen besser ist als je zuvor. In den letzten beiden Jahren eröffneten einige brillante neue Lokale mit kreativen Speisekarten und fairen Preisen. Die schlechten Zeiten zwangen Restaurantleiter und Köche dazu, die Ärmel hochzukrempeln und ihren Gästen etwas Besonderes zu bieten – mit bemerkenswertem Ergebnis!

Rund um die Grafton Street gibt's Adressen jeder Couleur, von unkonventionellen Cafés bis zu den schicksten Restaurants, die man vor allem beim Merrion Square und Fitzwilliam Square findet. Zwischen vielen überteuerten enttäuschenden Lokalen in Temple Bar verstecken sich ein paar exzellente Optionen, die jedem Geschmack und Geldbeutel gerecht werden. In der Northside haben sich einige ziemlich noble Restaurants angesiedelt und spannenderweise auch eine Reihe authentischer ethnischer Lokale, deren Bandbreite von chinesisch bis polnisch reicht. Diese findet man vor allem in der Parnell Street zwischen dem nördlichen Ende der O'Connell Street und deren Parallelstraße, der Capel Street.

An Freitag- und Samstagabenden ist vor allem in den zentral gelegenen Gaststätten viel los, deshalb sollte man unbedingt vorher reservieren.

Grafton Street & Umgebung

Im südlichen Stadtzentrum reihen sich Dublins beste Restaurants aneinander. Hier kann man jeden Tag woanders und immer gut essen gehen.

Honest to Goodness/ Push 88 RESTAURANT €
(Karte S. 98 f.; www.honesttogoodness.ie; 12 Dame Court; Hauptgerichte 6–12 €; 🚌 alle Linien im Zentrum) In der unteren Etage serviert das Honest to Goodness bekömmliche Sandwiches, leckere Suppen und einen fast schon legendären Sloppy Joe. Abends gibt's oben im Push 88 Fleischbällchen in verschiedenen Varianten mit Salat, Süßkartoffelpüree oder zwischen zwei Scheiben hausgemachten Brots. Großartiges Essen und viel Spaß in toller Atmosphäre, zu der auch die Bar im Obergeschoss beiträgt.

Fallon & Byrne FEINKOST €
(Karte S. 98 f.; www.fallonandbyrne.com; Exchequer St; Hauptgerichte 5–10 €; ⏲ Mo–Mi 8–21, Do & Fr 8–22, Sa 9–21, So 11–19 Uhr; 🚌 alle Linien im Zentrum) Die Feinkostabteilung mit Weinkeller ist Dublins Antwort auf die US-Gourmetkette Dean & DeLuca. Hier kaufen Feinschmecker ihren Lieblingskäse und importierte Delikatessen ein, zudem gibt's an der Theke Mittagessen zum Mitnehmen für den gehobenen Anspruch wie Sandwiches und exzellente Gerichte von Lamm-Couscous bis zu vegetarischer Lasagne. Oben kredenzt das elegante **Brasserie-Restaurant** (☎ 01-472

1000; Hauptgerichte 5–10 €; ⌚mittags & abends; 🚌alle Linien im Zentrum) irisch geprägte mediterrane Küche.

Brioche FRANZÖSISCH €
(Karte S. 104 f.; www.brioche.ie; 65 Aungier St; Gerichte 4,50–8 €; ⌚Mo–Sa 8–17 & Di–Sa 17.30–22 Uhr; 🚌alle Linien im Zentrum) Tagsüber trifft man hier auf ein normales Café, das exzellente Sandwiches und Kaffee serviert. Abends hingegen erwartet Gäste das Brioche Ce Soir mit charmanter Brasserie-Atmosphäre, in dem der bestens ausgebildete Koch Gavin McDonagh mit leckeren französischen Gerichten aus regionalen Produkten sein ganzes Können unter Beweis stellt. Verstecktes kulinarisches Highlight!

Crave SANDWICHES €
(Karte S. 98 f.; 79 South Great George's St; Sandwiches 4,95–6,95 €; ⌚Mo–Mi 9–17, Do–Sa 10–20 Uhr; 📶; 🚌alle Linien im Zentrum) Dieser charmante Neuzugang der Cafészene im barocken Downtown-Stil ist auf Pitta-Sandwiches mit edlen Zutaten spezialisiert. Unser Favorit ist „Pittalicious" (Parmaschinken und Gorgonzola) mit Rucola-Couscous-Salat. Gemütliche Atmosphäre und kostenloses WLAN.

Green Nineteen IRISCH €
(Karte S. 104 f.; ☎01-478 9626; www.green19.ie; 19 Lower Camden St; Hauptgerichte 10–14 €; ⌚Mo–Sa 10–23, So 12–18 Uhr; 🚌alle Linien im Zentrum) Eine beliebte Adresse in der hippen Camden Street ist dieses schicke Restaurant, das sich auf Biogerichte spezialisiert hat; alle Zutaten stammen aus der Gegend und die Preise sind überraschend fair. Es gibt Lammkoteletts, Corned Beef, Hähnchenschmorbraten und die allgegenwärtigen Burger, aber auch Salate und vegetarische Speisen. Wir lieben diesen Laden!

Neon ASIATISCH €
(Karte S. 104 f.; ☎01-405 2222; www.neon17.ie; 17 Camden St; Hauptgerichte 10–12 €; ⌚12–23 Uhr, Lieferung ab 17 Uhr; 🚌alle Linien im Zentrum) Das brillante neue Lokal ist auf authentisches einfaches asiatisches Essen aus Thailand und Vietnam spezialisiert. Serviert wird die-

BLOOMSDAY

Es ist der 16. Juni. Ein Haufen Spinner läuft in edwardianischen Anzügen durch die Stadt und gibt in dramatischem Tonfall merkwürdiges Zeug von sich. Doch diese Menschen sind nicht wirklich verrückt. Es handelt sich um Bloomsdayers, die an James Joyces *Ulysses* erinnern. Wer das Buch kennt (was nicht heißt, dass man es auch gelesen haben muss), weiß, dass die Handlung an einem einzigen Tag spielt. Was aber nicht jeder weiß, ist, dass Leopold Blooms Odyssee am 16. Juni 1904 stattfindet. Das war der Tag, an dem Joyce zum ersten Mal mit Nora Barnacle ausging, der Frau, die er sechs Tage zuvor kennengelernt hatte und mit der er den Rest seines Lebens verbringen würde.

Zu Lebzeiten behandelte die irische Gesellschaft Joyce wie einen literarischen Pornografen. Heute dagegen kann das ganze Land, insbesondere Dublin, gar nicht genug von ihm bekommen. Mittlerweile ist der Bloomsday eine überzogene Attraktion für Touristen, die extra wegen des Schriftstellers nach Irland reisen. Trotzdem macht er großen Spaß und ist außerdem eine tolle Grundlage für die Lektüre des zweitschwersten Buchs des 20. Jhs. (als schwerstes gilt Joyces Meisterwerk nach Ulysses, *Finnegan's Wake*).

Normalerweise geht man an diesem Tag Blooms Weg durch die Stadt nach. In den vergangenen Jahren weiteten sich die Festivitäten allerdings auf vier Tage rund um den 16. Juni aus. Am eigentlichen Bloomsday frühstückt man am besten im James Joyce Cultural Centre (S. 93), wo „die inneren Organe von Vieh und Geflügel" von feierlichen Lesungen begleitet werden.

Die morgendlichen Führungen zu Joyce-Schauplätzen beginnen meist an der Hauptpost und beim besagten Kulturzentrum. Mittags steht das **Davy Byrne's** (Karte S. 104 f.; ☎677 5217; www.davybyrnes.com; 21 Duke St; 🚌alle Linien im Zentrum) im Mittelpunkt. In Joyces „moralischem Pub" gönnte sich Bloom bei einem Glas Burgunder und einer Scheibe Gorgonzola ein Päuschen. Nachmittags kann man an Führungen teilnehmen und sich von Straßenkünstlern unterhalten lassen. Lesungen finden z. B. um 16 Uhr im **Ormond Quay Hotel** (Karte S. 122 f.; Ormond Quay) und am späten Nachmittag im **Harrisons** (Karte S. 122 f.; Westmoreland St) statt.

Auch vor und nach dem eigentlichen Bloomsday gibt's einen vollen Veranstaltungskalender. Was wann und wo geboten wird, erfährt man im James Joyce Cultural Centre.

se in Boxen zum Mitnehmen, die zu Hause oder im kantinenähnlichen Essraum verzehrt werden können. Unempfindliche Gaumen wagen sich vielleicht an die sehr scharfen *pad ki mow*-Nudeln (gebratenes Nudelgericht, auch als „Beschwipste Nudeln" bekannt, da es ursprünglich mit Reiswein zubereitet wurde). Wer empfindlicher ist, lässt sich ein leckeres Massaman-Curry schmecken. Lieferservice.

Bottega Toffoli ITALIENISCH €

(Karte S. 98 f.; 34 Castle St; Sandwiches & Salate 9–12 €; Di–Mi 8–16, Do & Fr 8–21, Sa 11–20, So 13–20 Uhr; alle Linien im Zentrum) In einer Seitenstraße, die am Dublin Castle entlangführt, versteckt sich dieses großartige italienische Café, das mit viel Liebe von seinen irisch-italienischen Besitzern betrieben wird. Zur Auswahl stehen grandiose Sandwiches – fein geschnittener Prosciutto, Cocktailtomaten und Rucolasalat mit einem Schuss importiertem Olivenöl auf hausgemachter *piadina* (eine Art rustikales Brot) – und Pizzas, die eine neapolitanische *mamma* nicht besser machen könnte.

Lemon CRÊPES €

(Karte S. 98 f.; 66 South William St; Crêpes ab 4,50 €; Mo–Sa 9–19, So 10–18 Uhr; alle Linien im Zentrum) Dublins bestes Crêpelokal hat Filialen an beiden Seiten der Grafton Street, eine in der South William und eine in der **Dawson Street** (Karte S. 92; 61 Dawson St). Diese servieren eine große Auswahl an süßen und herzhaften knusprig-dünnen Varianten mit leckerer Füllung sowie tollen Kaffee in geselliger Atmosphäre, die wohl jeden begeistert.

Simon's Place CAFÉ €

(Karte S. 98 f.; George's St Arcade, South Great George's St; Sandwiches 5 €; Mo–Sa 9–17.30 Uhr; ; alle Linien im Zentrum) Simon hat sein Angebot an Sandwiches und gesunden vegetarischen Suppen nie wirklich geändert, seit er sein Café vor über 20 Jahren öffnete. Warum auch? Er selbst ist ebenso eine Legende wie seine Gerichte. Hier kann man wunderbar Kaffee trinken und das Treiben in der altmodischen Arkade beobachten.

Listons SANDWICHES €

(Karte S. 104 f.; www.listonsfoodstore.ie; 25 Camden St; Mittagessen 5–12 €; Mo–Fr 9–18.30, Sa 10–18 Uhr; alle Linien im Zentrum) Wie die lange Warteschlange zur Mittagszeit beweist, darf sich das Listons Dublins bester Imbiss nennen. Hat man die lecker belegten Sandwiches, die gegrillte vegetarische Quiche, Rosmarin-Kartoffel-Küchlein oder die sagenhaften Salate einmal probiert, kommt man immer wieder hierher. Das einzige Problem an dem Laden ist die riesige Auswahl. Bei schönem Wetter verspeist man das leckere Essen am besten in den Iveagh Gardens um die Ecke.

Queen of Tarts CAFÉ €

(Karte S. 98 f.; 4 Cork Hill; Snacks ab 4 €; Mo–Fr 7.30–18 Uhr; alle Linien im Zentrum) Das kleine Café und Kuchenparadies ist nichts für die schlanke Linie. Schon allein der Anblick der verschiedenen Tarts, Baisers, Streuselkuchen, Kekse und Brownies lässt einem das Wasser im Mund zusammenlaufen. Außerdem gibt's Frühstück wie Kartoffel-Schnittlauch-Quiche mit Pilzen und Ei sowie großartigen Kaffee und charmantes Personal. Aufgrund der Popularität wurde mittlerweile eine größere Filiale um die Ecke in der **Cow's Lane** (Karte S. 98 f.; www.queenoftarts.ie; 3–4 Cow's Lane; Hauptgerichte 5–10 €; Mo–Fr 8–19, Sa 9–19, So 10–18 Uhr; alle städtischen Linien) eröffnet.

Zaytoon ORIENTALISCH €

(Karte S. 98 f.; 14–15 Parliament St; Gerichte 11 €; 12–4 Uhr; alle Linien im Zentrum) Wer nachts noch etwas Herzhaftes braucht, um den Alkohol aufzusaugen, ist in diesem Lokal richtig. Viel mehr als Kebab darf man allerdings nicht erwarten. Eine zweite Filiale gibt's in der **Camden Street** (Karte S. 104 f.; 44–55 Upper Camden St).

Gourmet Burger Kitchen BURGER €

(Karte S. 104 f.; www.gbk.ie; 5 South Anne St; Burger 9–13 €; So–Mi 12–22, Do–Sa bis 23 Uhr; alle Linien im Zentrum) Mit drei Filialen im Zentrum – neben dieser gibt's eine in der **South William Street** (Karte S. 98 f.; 14 South William St; So–Mi 12–22, Do–Sa bis 23 Uhr; alle Linien im Zentrum) und in **Temple Bar** (Karte S. 98 f.; 01-670 8343; Temple Bar Sq; Burger 9–13 €; So–Mi 12–22, Do–Sa bis 23 Uhr; alle Linien im Zentrum) – scheint GBKs Übernahme des Burger-Marktes fast vollendet. Die Kundschaft bekommt einfach nicht genug von den verschiedenen Varianten wie dem Kiwiburger mit Rindfleisch, Roter Bete, Ei, Ananas, Käse, Salat und Relish. Es gibt auch anständige vegetarische Optionen.

Silk Road Café ORIENTALISCH €

(Karte S. 98 f.; Chester Beatty Library, Dublin Castle; Hauptgerichte 11 €; Mo–Fr 11–16 Uhr; 50, 51B, 77, 78A, 123) In Museumscafés läuft einem nur selten das Wasser im Munde zusammen, aber der Laden im Erdgeschoss der fantastischen Chester Beatty Library ist die rühmliche Ausnahme. Zu den Spezialitäten des Hauses, darunter Moussaka und Spinatlasagne, gesellen sich Tagesgerichte wie *djaj mehshi* (gefülltes Hühnchen mit Gewürzen, Reis, getrockneten Früchten, Mandeln und Pinienkernen). Alle Gerichte sind halal, also nach islamischem Glauben erlaubt, und koscher.

★ Fade Street Social — MODERN IRISCH €€

(Karte S. 98 f.; ☎ 01-604 0066; www.fadestreetsocial.com; Fade St; Tapas 8–12 €, Hauptgerichte 19–29 €; ⏲ Mo–Fr mittags & abends, Sa & So abends; 🚌 alle Linien im Zentrum) Zwei Restaurants in einem Haus unter der Leitung des renommierten Kochs Dylan McGrath: Vorne serviert die betriebsame Gastro Bar Gourmet-Tapas, zubereitet in einer schönen offenen Küche, hinten im ruhigen Restaurant gibt's irisches Fleisch (von Kalb bis Kaninchen) an selbst angebautem Biogemüse. Will beeindrucken und tut dies auch. Reservierung empfohlen.

Coppinger Row — MEDITERRAN €€

(www.coppingerrow.com; Coppinger Row; Hauptgerichte 18–25 €; ⏲ Mo–Sa 12–17.30 & 18–23, So 12.30–16 & 18–21 Uhr; 🚌 alle Linien im Zentrum) Die ständig wechselnde fantasievolle Speiseauswahl legt den Schwerpunkt auf mediterrane Fischgerichte. Zur Auswahl stehen z. B. Zackenbarsch aus der Pfanne mit gebratenem Fenchel, Tomaten und Oliven oder Lamm mit würziger Aubergine und getrockneten Aprikosen. Nettes Detail ist das gefilterte Wasser mit und ohne Kohlensäure (1 €), bei dem 50 % des Preises an die Krebsforschung gehen.

Damson Diner — FUSIONSKÜCHE €€

(Karte S. 104 f.; www.damsondiner.com; 52 South William St; Hauptgerichte 12,50–25 €; ⏲ 12–24 Uhr; 🚌 alle Linien im Zentrum) Hinter dem gläsernen Eingangsbereich verbirgt sich ein großartiges neues Lokal, das eine Mischung aus asiatischen Gerichten (Fenchel-*bhaji*, *ssam* mit Ente oder Schwein) und amerikanischen Klassikern (Bostoner Muschelsuppe, Chili con Carne) serviert. Zudem gibt's hier den besten Cheeseburger der Stadt – das Rindfleisch ist mit Käse gefüllt. Leckeres Essen, tolle Atmosphäre und gute Musik.

777 — MEXIKANISCH €€

(Karte S. 98 f.; www.777.ie; 7 Castle House, South Great George's St; Hauptgerichte 16–28 €; ⏲ Mo–Mi 17.30–22, Do 17.30–23, Fr & Sa 17–24, So 14–22 Uhr; 🚌 alle Linien im Zentrum) Besser und authentischer kann mexikanische Küche kaum sein. Die *tostadas* (knusprige Maistortillas mit verschiedenen Beilagen) und *taquitos* (gefüllte weiche Maistortillas) sind perfekt gegen den kleinen Hunger oder als Begleitung für den ein oder anderen Tequila (es gibt 22 Sorten). Auf dem Holzkohlegrill werden leckere Hauptgerichte wie sensationelles Thunfischsteak oder köstliche Rippchen vom Ibero-Schwein zubereitet.

Yamamori — JAPANISCH €€

(Karte S. 98 f.; ☎ 01-475 5001; www.yamamorinoodles.ie; 71 South Great George's St; Hauptgerichte 16–25 €, Mittags-bentō 9,95 €; ⏲ 12.30–23 Uhr; 🖉; 🚌 alle Linien im Zentrum) Das hippe günstige Yamamori überzeugt mit dynamischem Service und leckerer Küche, die Sushi, Sashimi, schmackhafte Nudelgerichte und vieles mehr umfasst. Das *bentō* zählt zu den besten Mittagsangeboten der Stadt und lockt die arbeitende Bevölkerung in Scharen an.

Gruppen werden sich hier sehr wohlfühlen, allerdings muss man für einen Tisch am Wochenende rechtzeitig reservieren. Nördlich des Flusses gibt's eine zweite Filiale.

Good World — CHINESISCH €€

(Karte S. 98 f.; 18 South Great George's St; Dim Sum 4–6 €, Hauptgerichte 12–19 €; ⏲ 12.30–2.30 Uhr; 🚌 alle Linien im Zentrum) Sieger im Wettrennen um das beste Chinarestaurant der Stadt ist eindeutig das Good World. Die einfallslose westliche Speisekarte lässt man einfach links liegen und konzentriert sich stattdessen auf die zweisprachige chinesische Karte. Sie listet eine Köstlichkeit nach der anderen auf und lockt die Leute immer wieder aufs Neue in den Laden.

L'Gueuleton — FRANZÖSISCH €€

(Karte S. 98 f.; www.lgueuleton.com; 1 Fade St; Hauptgerichte 19–26 €; ⏲ Mo–Sa 12.30–16 & 18–22, So 13–16 & 18–21 Uhr; 🚌 alle Linien im Zentrum) Einheimische brechen sich regelmäßig die Zunge beim Versuch, den Namen dieses Restaurants (grob übersetzt „das große Fressen") auszusprechen. Noch schwieriger ist es, einen Tisch zu ergattern, da keine Reservierungen angenommen werden. Trotzdem bekommen die Leute nicht genug von der französischen Landküche (sprich: fleischlastig und sättigend), für die sich alle Unannehmlichkeiten lohnen.

Dunne & Crescenzi — ITALIENISCH €€

(Karte S. 104 f.; www.dunneandcrescenzi.com; 14–16 South Frederick St; 3-Gänge-Abendmenü 30 €; ⏲ Mo–Sa 7.30–22, So 9–22 Uhr; 🚌 alle Linien im Zentrum) Der hervorragende Italiener erfreut seine Stammgäste mit schlichten, rustikalen

Genüssen wie dem Tagesmenü aus Panini, Pasta und köstlichen Antipasti. Es ist immer voll (die Tische stehen etwas zu dicht beieinander), der Kaffee einfach perfekt und die Desserts sündhaft gut.

Green Hen FRANZÖSISCH €€

(Karte S. 98 f.; ☎ 01-670 7238; www.greenhen.ie; 33 Exchequer St; Hauptgerichte 19–26 €; ⏲ Mo–Fr mittags & abends, Sa & So Brunch & abends; 🚌 alle Linien im Zentrum) In diesem stilvollen Restaurant trifft New Yorks Soho auf Pariser Brasserie-Flair. Eleganz und gute Preise führen eine friedliche Koexistenz, wer also kein Geld für teure Köstlichkeiten wie Austern oder ein göttliches Hereford-Rindersteak hat, kann stattdessen das Tagesgericht (*plat du jour*) oder ein anderes Angebot bestellen. Auch die Cocktails sind spitze. Abends sollte man reservieren.

Saba FUSIONSKÜCHE €€

(Karte S. 104 f.; ☎ 01-679 2000; www.sabadublin.com; 26–28 Clarendon St; Hauptgerichte 13–23 €; ⏲ mittags & abends; 🚌 alle Linien im Zentrum) In dem sehr beliebten thailändisch-vietnamesischen Restaurant ist der Name („fröhlicher Treffpunkt") Programm. Hier lassen sich Dubliner eine große Auswahl an südostasiatischen Gerichten und Cocktails schmecken. Die Atmosphäre ist schick und modern, und trotz des nicht ganz authentischen Essens ist ein schöner Abend garantiert.

Pichet FRANZÖSISCH €€

(Karte S. 98 f.; ☎ 01-677 1060; www.pichetrestaurant.ie; 14–15 Trinity St; Hauptgerichte 17–29 €; ⏲ mittags & abends; 🚌 alle Linien im Zentrum) Fernsehkoch Nick Munier und Stephen Gibson, der früher im L'Ecrivain tätig war, brachten ihre Version moderner französischer Küche in diesen lang gezogenen Speiseraum mit blauen Ledersesseln und vielen Fenstern. Und das Ergebnis kann sich sehen lassen: Das Essen ist vorzüglich und der Service tadellos. Im hinteren Bereich befinden sich die besten Plätze.

Odessa MEDITERRAN €€

(Karte S. 98 f.; ☎ 01-670 7634; www.odessa.ie; 13 Dame Ct; Hauptgerichte abends 15–28 €; ⏲ mittags & abends; 🚌 alle Linien im Zentrum) Odessa und Katerfrühstück, das passt zusammen wie Laurel und Hardy. Zum Erfolgsrezept dieses stilvollen Restaurants gehört außerdem eine exzellente Abendkarte, die verlässliche Klassiker wie hausgemachte Burger mit kreativeren Kreationen wie gebratenem Seehechtfilet an Chorizo, Venusmuscheln, weißem Bohneneintopf und Serrano-Schinken kombiniert.

Nede MODERN IRISCH €€

(Karte S. 98 f.; ☎ 01-670 5372; www.nede.ie; Meeting House Sq; Hauptgerichte 16–28 €; ⏲ Mo–Fr 12–14.30 & 18–22.30, Sa & So 12–15 & 18–23 Uhr; 🚌 alle Linien im Zentrum) In Temple Bar serviert dieses alteingesessene Lokal großzügige Portionen moderner irischer Küche in stilvollen Räumlichkeiten, die dem Inneren eines (leeren) Pools nachempfunden sind. Auf den Tisch kommen Rind, Hühnchen, Ente und Wild, unser Favorit ist jedoch der Brunch am Wochenende – Zeitungen und grenzenloser Kaffeegenuss inklusive.

Brasserie Sixty6 FUSIONSKÜCHE €€

(Karte S. 98 f.; www.brasseriesixty6.com; 66 South Great George's St; Hauptgerichte 18–31 €; ⏲ Mo–Sa 8–23.30, So ab 11 Uhr; 🚌 alle Linien im Zentrum) Die Brasserie im New Yorker Stil hat sich auf Grillhähnchen spezialisiert, das in vier verschiedenen Varianten angeboten wird. Auf der fleischlastigen Speisekarte stehen außerdem Lammhüfte und ausgezeichnete Leber. Zu besonderen Anlässen wird sogar ein ganzes Spanferkel (300 €) kredenzt, allerdings nur ab acht Personen und bei Bestellung eine Woche vorher.

Avoca CAFÉ €€

(Karte S. 98 f.; www.avoca.ie; 11–13 Suffolk St; Hauptgerichte 11–14 €; 🚌 alle Linien im Zentrum) In dem Café über einem der besten Läden für Designerkunsthandwerk arbeiten viele hübsch anzusehende Kellner – aus gutem Grund: Das Avoca ist nämlich schon lange der bevorzugte Mittagstreff reicher Hausfrauen, denen ihre teuren Taschen anscheinend zu schwer geworden sind. In diesem Fall hilft nichts besser als die rustikalen Leckerbissen wie Shepherd's Pie aus Biozutaten, Lammbraten mit Couscous oder ein üppiger Salat. Im Untergeschoss befinden sich eine Salatbar für Gerichte zum Mitnehmen und eine Theke mit warmen Speisen.

Wagamama JAPANISCH €€

(Karte S. 104 f.; South King St; Hauptgerichte 11–17 €; ⏲ 11–23 Uhr; 🚌 alle Linien im Zentrum) Besonders anheimelnd wirkt diese beliebte Filiale der japanischen Kette eigentlich nicht: Die Kunden werden im Eiltempo abgefertigt und essen ihr Reis- oder Nudelgericht an Tischen, die auch in einer Kantine stehen könnten. Doch hier schmeckt's einfach großartig, und dafür, dass in diesen Keller keinerlei Tageslicht dringt, ist er erstaunlich hell und luftig.

★ Restaurant Patrick Guilbaud FRANZÖSISCH €€€
(Karte S. 104 f.; ☎01-676 4192; www.restaurantpatrick guilbaud.ie; 21 Upper Merrion St; 2-/3-Gänge-Mittagsmenü 40/50 €, Hauptgerichte abends 38–56 €; ⏲Di–Sa 12.30–14.30 & 19.30–22.30 Uhr; 🚌7, 44 ab dem Zentrum) Stammkunden halten dieses außergewöhnliche Restaurant schon lange für das beste des Landes und Guillaume Lebruns französische Haute Cuisine für den Ausdruck kulinarischer Kunst schlechthin. Übrigens teilen diese Meinung auch die Gourmets von Michelin, die das Lokal mit zwei Sternen auszeichneten. Für diese Preisklasse ist das Mittagsmenü ein echtes Schnäppchen.

Das innovative, jedoch nicht zu verspielte Essen wird wunderbar zubereitet und großartig angerichtet. Im Speiseraum herrscht moderne Eleganz, und der Service ist fachkundig, zurückhaltend und doch überraschend freundlich. Die Mitarbeiter durchlaufen eine gute Ausbildung, kümmern sich um jede Frage und individuelle Wünsche und stellen sicher, dass die Tische makellos sauber bleiben. Besitzer Patrick Guilbaud begrüßt seine Gäste abends oft persönlich und bewegt sie charmant zu einem erneuten Besuch. Reservierung erforderlich.

L'Ecrivain FRANZÖSISCH €€€
(Karte S. 104 f.; ☎01-661 1919; www.lecrivain.com; 109A Lower Baggot St; 3-Gänge-Mittagsmenü 35 €, 10-Gänge-Probiermenü 90 €, Hauptgerichte 40–47 €; ⏲Mo–Fr mittags, Mo–Sa abends; 🚌38, 39 ab dem Zentrum) Zwar muss das L'Ecrivain mit nur einem lumpigen Michelin-Stern auskommen, dennoch ist es der erklärte Favorit vieler Feinschmecker in Dublin. Chefkoch Derry Clarke wird für die erlesene Schlichtheit seiner Kreationen verehrt, für die er mit französischer Raffinesse feinste lokale Zutaten zu wahrhaft göttlichen Gaumenfreuden verarbeitet. Das Essen erhält stets eine französische Note und verwandelt sich in etwas wirklich Paradiesisches.

Thornton's FRANZÖSISCH €€€
(Karte S. 104 f.; ☎01-478 7000; www.thorntonsrestaurant.com; 128 West St. Stephen's Green; werktags 3-Gänge-Mittagsmenü 45 €, Abend-Probiermenüs 76–120 €; ⏲Di–Sa 12.30–14 & 19–22 Uhr; 🚌alle Linien im Zentrum) Kevin Thornton, der geniale Küchenchef, gibt modernen französischen Speisen einen kreativ-irischen Touch. Das Ergebnis ist wunderbare Sterneküche, die saftige Meeresfrüchte und Fleischgerichte wie Lende vom Wicklow-Milchlamm umfasst. Gelegentlich begrüßt Kevin seine Gäste persönlich und erklärt seine Kreationen. Reservierung erforderlich.

Shanahan's on the Green STEAKHAUS €€€
(Karte S. 104 f.; ☎01-407 0939; www.shanahans.ie; 119 West St. Stephen's Green; Hauptgerichte 46–49 €; ⏲Mo–Do, Sa & So ab 18, Fr ab 12 Uhr; 🚌alle Linien im Zentrum) Dieses elegante Restaurant, in dem J. R. Ewing und seine Kumpane sicher gerne Geschäfte gemacht hätten, ist nicht gerade ein typisch amerikanisches Steakhaus. Auf der Karte stehen zwar auch Meeresfrüchte, doch in erster Linie dreht sich alles ums Fleisch: Hier gibt's die edelsten Stücke des unglaublich saftigen und zarten irischen Angusrinds und Berge von Zwiebelringen. Zudem gehören die Sommeliers zu den besten ihres Fachs.

Cliff Townhouse IRISCH €€€
(Karte S. 104 f.; ☎01-638 3939; www.thecliff townhouse.com; 22 North St. Stephen's Green; Hauptgerichte 19–35 €; ⏲Mo–Sa 12–14.30 & 18–23, So 12–16 & 18–22 Uhr; 🚌alle Linien im Zentrum) Auf Sean Smiths Karte stehen irische Köstlichkeiten wie Pastete mit Fisch aus Warrenpoint, Schweinefilet aus Biozucht, Wildlende und Fish 'n' Chips.

The Liberties & Kilmainham

Zwischen Fast-Food-Lokalen und fettigen Imbissen locken ein großartiges gehobenes Restaurant, ein tolles Café und Dublins bekannteste Fish 'n' Chips.

★ Fumbally Café CAFÉ €
(Karte S. 84 f.; Fumbally Lane; Hauptgerichte 5–8 €; ⏲Mo–Sa 8–17 Uhr; 🚌49, 54A, 77X ab dem Zentrum) Das tolle Café gehört zur neuen trendigen Kette Fumbally Development. Seine wunderbare Speiseauswahl umfasst Backwaren, hausgemachte Sandwiches, gesundes Frühstück und tägliche Mittagsangebote. Das Avocado-Sandwich ist lecker. Einfach ein bisschen besser als die Konkurrenz.

Leo Burdock's FISH & CHIPS €
(Karte S. 84 f.; 2 Werburgh St; Fish & Chips 9,50 €; ⏲Mo–Sa 12–24, So 16–24 Uhr; 🚌alle Linien im Zentrum) Wer nicht wenigstens einmal bei klirrender Kälte vor dem berühmtesten Imbiss der Stadt auf seine in Zeitungspapier eingewickelte Portion Fish 'n' Chips warten musste, kann nicht behaupten, in Dublin gegessen zu haben, so heißt es jedenfalls. Natürlich ist das Blödsinn, aber irgendwie hat es tatsächlich was, mit der Tüte auf dem Bürgersteig zu sitzen und zu versuchen, seine Pommes frites zu vertilgen, solange sie noch heiß sind.

BAUERN- & BIOMÄRKTE

Dublin Food Co-op (Karte S. 84 f.; www.dublinfoodcoop.com; 12 Newmarket; ⌚ Do 14–20, Sa 9.30–16.30 Uhr; 🚌 49, 54A & 77X ab dem Zentrum) Auf diesem lebendigen Markt bekommt man u. a. Gemüse, Käse und Weine aus biologischem Anbau. Außerdem gibt's eine Bäckerei und sogar eine Wickelstation.

Coppinger Row Market (Karte S. 98 f.; Coppinger Row; ⌚ Do 9–19 Uhr) Die wenigen Stände dieses wunderbaren Markts sind mit biologischen Lebensmitteln gefüllt, und der Duft von frischgebackenem Brot, leckerem Hummus sowie anderen Köstlichkeiten lockt jede Menge Kunden an.

Harcourt Street Food Market (Karte S. 104 f.; www.irishfarmersmarkets.ie; Park Pl, Station Buildings, Upper Hatch St; ⌚ Do 10–16 Uhr) Hier gibt's Gerichte aus aller Welt mit Biogemüse, -käse, -oliven und -fleisch.

Temple Bar Farmers Market (Karte S. 98 f.; Meeting House Sq; ⌚ Sa 9–16.30 Uhr) Dieser tolle kleine Markt lädt zu einem herrlichen Samstagvormittag ein. Er punktet mit Gourmethäppchen aus biologischem Anbau, die von regionalen Herstellern stammen. Von Sülze bis hin zu Wildblumen könnte man eine komplette Speisekammer mit den dargebotenen Köstlichkeiten füllen.

Mehr Infos zu Bauern- und Biomärkten findet man unter www.irishfarmersmarkets.ie, www.irishvillagemarkets.com und auf den Websites von Kreisverwaltungen wie www.dlrcoco.ie/markets.

Lock's Brasserie MODERN IRISCH €€€
(Karte S. 84 f.; ☎ 01-420 0555; www.locksbrasserie.com; 1 Windsor Tce; Hauptgerichte 25–32 €; ⌚ Do–So mittags, tgl. abends; 🚌 128, 14, 142, 14A, 15, 15A, 15B, 15E, 15F, 65, 65B, 74, 74A, 83 ab dem Zentrum) Dublins diskretestes Sternerestaurant ist diese wunderbare Brasserie am Kanal. Küchenchef Sebastian Masi begeistert seine Gäste mit einer kleinen Auswahl beliebter Klassiker. Die sechs Hauptgerichte bestehen zu gleichen Teilen aus Fisch oder Fleisch und zeugen von großer kulinarischer Kunst. Besonders lecker ist der Petersfisch mit Tintenfischtinte, Sardellen-Pappardelle, jungem rosafarbenem Broccoli, Broccolipüree und Knoblauchschaum.

Nördlich der Liffey

Dublins kulinarische Revolution sorgte für einschneidende Veränderungen in der Gastronomieszene der Northside, die mittlerweile mit einer Reihe charmanter Cafés, Mittelklasserestaurants und vor allem jeder Menge ethnischer Lokale aufwartet.

Third Space CAFÉ €
(Karte S. 84 f.; Unit 14, Block C, Smithfield Market; ⌚ Mo–Di & Fr 8–19, Mi & Do 8–21.30, Sa 9.30–17 Uhr; 🚋 Smithfield) Dieses entzückende Café in Smithfield zählt zu den einladendsten der Stadt und serviert tolle Sandwiches, Wraps & Baps, eine Tarte des Tages (5,95 €) sowie Wein im Glas. An einem der Fensterplätze kann man sich wunderbar mit einem guten Buch entspannen. Das Personal ist großartig.

Brother Hubbard CAFÉ €
(Karte S. 122 f.; 153 Capel St; ⌚ Mo–Fr 8–17.30, Sa 10–17 Uhr; 🚌 alle Linien im Zentrum, 🚋 Jervis) Dass sich die Zubereitung von Kaffee mittlerweile zu einer Art Kunstform entwickelt hat, liegt u. a. an großartigen Cafés dieser Art, die aus besonderen von Experten ausgewählten Bohnen perfekte Kreationen zaubern. Gegen den kleinen Hunger helfen exzellentes Gebäck und leckere Sandwiches. Ein toller Ort zum Entspannen!

Soup Dragon FAST FOOD €
(Karte S. 122 f.; www.soupdragon.com; 168 Capel St; Suppen 5–10 €; ⌚ Mo–Fr 8–17, Sa 10–16 Uhr; 🚌 alle Linien im Zentrum, 🚋 Jervis) Warteschlangen sind nichts Außergewöhnliches in diesem wunderbaren Lokal, das neben Suppen zum Mitnehmen exzellente Currys, Eintöpfe, Pasteten und Salate bietet. Das ausgezeichnete Frühstück gibt's den ganzen Tag über – besonders lecker ist die Quiche mit Wurst, Ei und Speck. Suppen werden in drei verschiedenen Größen serviert, im Preis inbegriffen sind frisches Brot und ein Stück Obst.

Taste of Emilia ITALIENISCH €
(Karte S. 122 f.; 28 Lower Liffey St; Hauptgerichte 4–10 €; ⌚ Mi–Sa 12–22.30, Di ab 17, So ab 15.30 Uhr;

alle Linien im Zentrum) Das einladende gesellige Lokal kredenzt köstliches Fleisch und Käse aus ganz Italien, wobei ein Großteil der Produkte aus der Emilia-Romagna, dem „Herz" der italienischen Küche, stammt. Die Sandwiches bestehen aus hausgemachtem *piadina*- oder *tigelle*-Brot (italienisches Fladenbrot) und können mit einem leichten Schaumwein aus dem Norden hinuntergespült werden.

★ Musashi Noodles & Sushi Bar
JAPANISCH €€

(Karte S. 122 f.; 01-532 8057; www.musashidublin.com; 15 Capel St; Hauptgerichte 15–25 €; mittags & abends; alle Linien im Zentrum, Jervis) In dem hübschen neuen Lokal mit gedämpfter Beleuchtung kommt die authentischste japanische Küche des Landes auf den Tisch. Das frische Sushi erfreut sich einer ständig wachsenden Anhängerschaft und die *bentō*-Angebote zur Mittagszeit sind echte Schnäppchen. Neben rohem Fisch gibt's außerdem eine große Auswahl an japanischen Spezialitäten. Alkoholische Getränke muss man mitbringen und darf sie gegen eine Entkorkungsgebühr trinken. Abends sollte man reservieren.

Wuff
INTERNATIONAL €€

(Karte S. 84 f.; 23 Benburb St; Hauptgerichte 14–24 €; Mo–Mi 7.30–16, Do & Fr 7.30–22, Sa 10–22, So 10–16 Uhr; 25, 25A, 66, 67 ab dem Zentrum, Museum) Hier gibt's exzellentes Frühstück und Brunch – die pochierten Eier mit Trüffel an Toast mit Gruyère sind köstlich – sowie leckere Hauptgerichte mit Fisch, Ente, Rind und Gemüse.

Yamamori Sushi
JAPANISCH €€

(Karte S. 122 f.; www.yamamorinoodles.ie; 38–39 Lower Ormond Quay; Sushi 3–3,50 €, Hauptgerichte 17–35 €; mittags & abends; alle Linien im Zentrum) Das Schwesterlokal des alteingesessenen Yamamori in der South Great George's Street verteilt sich auf zwei umgebaute georgianische Häuser mit Bambusgarten. Es serviert jede Menge beliebte Klassiker, von dampfenden *rāmen*-Schüsseln bis hin zu leckerem *nami moriawase*. Wie in der anderen Filiale sind auch hier die Mittags-*bentōs* besonders begehrt.

Hot Stove
MODERN IRISCH €€

(Karte S. 122 f.; www.thehotstoverestaurant.com; 38–39 Parnell Sq West; Hauptgerichte 17–22 €; Di–Fr mittags & abends, Sa abends; 3, 10, 11, 13, 16, 19, 22 ab dem Zentrum) Eines Tages könnte sich dieses elegante neue Restaurant zur besten Adresse der Northside entwickeln. Auf den Tisch kommen wunderbar zubereitete irische Gerichte aus lokalen Zutaten wie Schweinebauch, eine wechselnde Auswahl an Fischspeisen und das typische Steak. Das Theatermenü vor den Vorstellungen (2/3 Gänge 23/28 €) ist ein tolles Angebot, die Weinkarte exzellent und der Service erstklassig.

VEGETARISCHE KÜCHE

Für Vegetarier wird es in Dublin immer einfacher, denn die Hauptstadt ist inzwischen von der Meinung abgekommen, dass zu einem Essen unbedingt ein ordentliches Stück Fleisch gehört, und hat verstanden, dass bekömmliche Küche der Gesundheit zuträglich ist. Verschiedene Restaurants bieten Vegetariern mehr als nur die üblichen Gemüsevarianten und Hülsenfrüchte, dazu gehören das **Nude** (Karte S. 98 f.; 01-675 5577; 21 Suffolk St; Wraps 5–6 €; Mo–Sa; ; alle Linien im Zentrum), das Yamamori (S. 117) und das **Chameleon** (Karte S. 98 f.; 01-671 0362; www.chameleonrestaurant.com; 1 Lower Fownes St; Hauptgerichte 16,50–19,50 €; Di–So abends; ; alle Linien im Zentrum).

Verlässliche vegetarische Optionen sind außerdem das **Blazing Salads** (Karte S. 98 f.; 42 Drury St; Hauptgerichte 4–9 €; Mo–Sa 10–18, Do bis 20 Uhr;) mit Biobrot, Salaten nach kalifornischer Art und Pizza, das **Cornucopia** (Karte S. 98 f.; www.cornucopia.ie; 19 Wicklow St; Hauptgerichte 10–13 €; Mo & Di 8.30–21, Mi–Sa 8.30–22.15, So 12–21 Uhr;), Dublins bekanntestes vegetarisches Restaurant, mit bekömmlichen Salaten, Sandwiches und verschiedenen warmen Hauptgerichten, das alteingesessene **Fresh** (Karte S. 98 f.; OG, Powerscourt Townhouse Shopping Centre, 59 South William St; Mittagessen 6–12 €; Mo–Sa 9.30–18, So 10–17 Uhr;) mit Salaten, laktose- und glutenfreien Speisen und sättigenden warmen Tagesangeboten sowie das vom Hare Krishna betriebene **Govinda's** (Karte S. 104 f.; www.govindas.ie; 4 Aungier St; Hauptgerichte 7–10 €; Mo–Sa 12–21 Uhr;) mit authentischen Bohnen- und Hülsenfrüchtegerichten.

Nördlich der Liffey

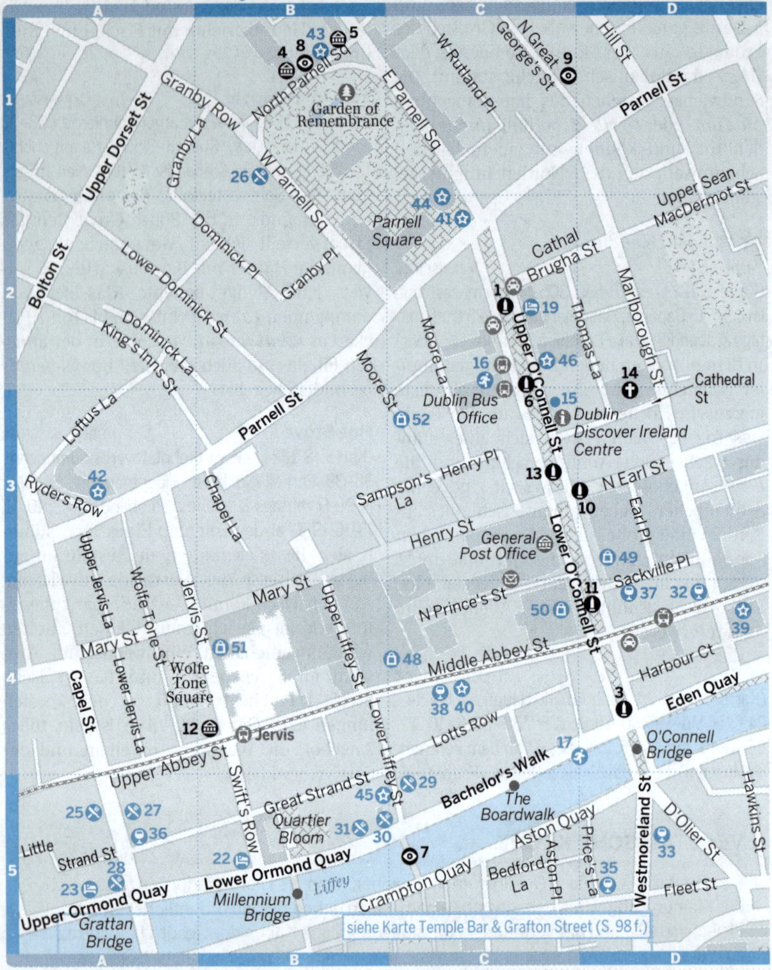

★ Chapter One MODERN IRISCH €€€
(Karte S. 122 f.; ☎01-873 2266; www.chapterone restaurant.com; 18 North Parnell Sq; 2-Gänge-Mittagsmenü 29 €, 4-Gänge-Abendmenü 65 €; ⊙Di–Fr 12.30–14, Di–Sa 18–23 Uhr; 🚌3, 10, 11, 13, 16, 19, 22 ab dem Zentrum) Für uns ist das Sternerestaurant die beste Adresse der Stadt, denn es kombiniert erfolgreich erstklassige Haute Cuisine mit der entspannten einladenden Atmosphäre, die irische Gastfreundlichkeit ausmacht. Serviert wird französisch inspirierte moderne irische Küche, die Auswahl wechselt ständig und der Service ist exzellent. Das Drei-Gänge-Theatermenü (36,50 €) erfreut sich vor Vorstellungen im Gate um die Ecke großer Beliebtheit.

Winding Stair MODERN IRISCH €€€
(Karte S. 122 f.; ☎01-873 7320; http://winding-stair.com; 40 Lower Ormond Quay; Hauptgerichte 23–27 €; ⊙12–17 & 17.30–22.30 Uhr; 🚌alle Linien im Zentrum) Früher war in diesem schönen georgianischen Haus die beliebteste Buchhandlung der Stadt untergebracht. Das Erdgeschoss wird noch immer als solche genutzt, aber die obere Etage beherbergt nun ein Restaurant, das mit einer tollen Kombination aus irischen Spezialitäten (sahnige Fischpasteten, Schinken und Biokohl, gedünstete Mu-

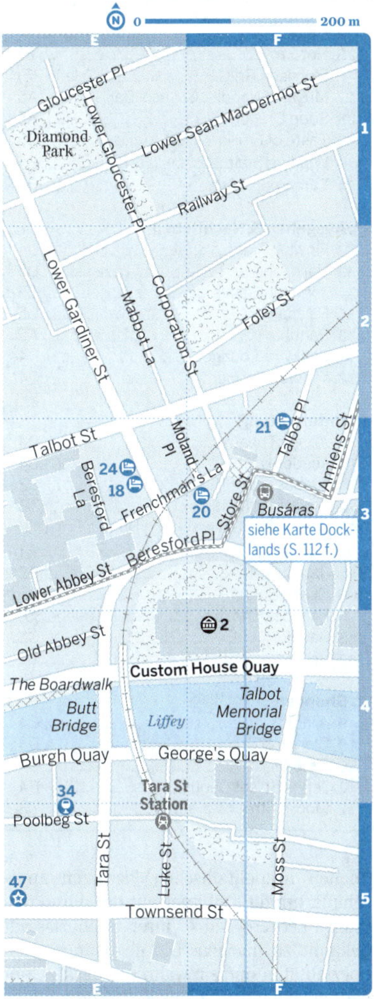

scheln und irischer Bauernkäse) und hervorragenden Weinen Gäste anlockt.

Morrison Grill INTERNATIONAL €€€
(Karte S. 122 f.; ☎01-878 2999; www.morrisonhotel.ie; Morrison Hotel, Lower Ormond Quay; Hauptgerichte 18–30 €; ⌚abends; 🚌alle Linien im Zentrum) Das Hauptrestaurant des frisch umgebauten Morrison Hotel ist auf Speisen spezialisiert, die in Irlands einzigem Josper-Indoor-Grillofen zubereitet werden. Wer Steaks, Burger und gegrillten Fisch nicht mag, findet eine Auswahl an verschiedenen Hauptgerichten, am köstlichsten sind jedoch die bei über 500 Grad gegarten Leckereien.

Docklands

Die Wirtschaftskrise hat der Eröffnung einiger Restaurants in den Docklands einen Strich durch die Rechnung gemacht, trotzdem gibt's ein paar ausgezeichnete Lokale.

Ely Bar & Brasserie FUSIONSKÜCHE €€
(Karte S. 112 f.; www.elywinebar.ie; Custom House Quay; Hauptgerichte 13–21 €; ⌚Mo–Fr 12–15 & 18–22, Sa 13–16 & 18–22 Uhr; 🚋Grand Canal Dock) 🍃 Umwerfend leckere, hausgemachte Burger, *bangers and mash* (Bratwurst und Kartoffelbrei) und Salat mit geräuchertem Wildlachs sind nur ein paar Leckereien, auf die man sich in diesem umgebauten Tabaklagerhaus im Herzen des International Financial Services Centre (IFSC) freuen darf. Das Essen besteht ausschließlich aus Bioprodukten vom familieneigenen Bauernbetrieb im County Clare und ist von erstklassiger Qualität. Darüber hinaus stehen auf der Getränkekarte mehr als 70 verschiedene Weine.

Ely Gastro Pub INTERNATIONAL €€
(Karte S. 112 f.; Grand Canal Quay; ⌚mittags & abends; 🚋Grand Canal Dock) Inmitten von freigelegtem Mauerwerk, Designerlampen und gemütlichen Sitzbereichen erwartet Gäste hier eine großartige Bar mit 30 verschiedenen Biersorten vom Fass sowie ein exzellentes Restaurant, dessen gut zubereitete Klassiker (Hühnchen, Burger, Steak und besonders leckerer Fisch-Cheddar-Pie) eine wunderbare Grundlage für einen Besuch des Bord Gáis Energy Theatre oder einen Ausgehabend bilden.

Herbstreet FUSIONSKÜCHE €€
(Karte S. 112 f.; www.herbstreet.ie; Hanover Quay; Hauptgerichte 13–19 €; ⌚Mo–Fr mittags & abends, Sa abends; 🚋Grand Canal Dock) 🍃 Energiesparende Handtrockner, 1-Watt-LED-Birnen, gebrauchte Möbel und ausschließlich europäische Weine: In diesem Restaurant nimmt man die Verantwortung gegenüber der Umwelt sehr ernst. Der Fisch wird in der Gegend gefangen und die Zutaten aller anderen Gerichte – köstliche Sandwiches, Burger und Salate – kommen ebenfalls weitestgehend aus der Nähe.

Quay 16 FUSIONSKÜCHE €€€
(Karte S. 112 f.; ☎01-817 8760; www.mvcillairne.com; MV Cill Airne, North Wall Quay; Bargerichte 12–14 €, Hauptgerichte 23–30 €; ⌚Mo–Fr 12–15, Mo–Sa 18–22 Uhr) 1961 wurde die MV *Cill Airne* als Passagierlinienschiff in Betrieb genommen, mittlerweile liegt sie aber dauerhaft an

Nördlich der Liffey

den Nordkais und dient dort als Bar, Bistro sowie edles Restaurant. Die Gerichte wie in Himalaya-Salz gepökeltes Filet und gebratener Zackenbarsch sind überraschend gut, auch die Weine können sich sehen lassen.

Jenseits des Grand Canal

Selbstverständlich gibt's auch in den arroganten südlichen Stadtteilen gute Restaurants: Hier können die Reichen ihre Kragen nach oben klappen und nach einem harten Arbeitstag entspannen. Wer in Ranelagh oder Ballsbridge unterwegs ist, findet mit Sicherheit ein passendes Lokal.

Paulie's Pizza ITALIENISCH €€

(Karte S. 84 f.; www.juniors.ie; 58 Upper Grand Canal St; Pizzas 12–17 €; abends; ; 3 ab dem Zentrum, Grand Canal Dock) Im Juli 2010 haben sich die beiden Brüder, denen auch das Juniors gleich um die Ecke gehört, einen traditionellen neapolitanischen Pizzaofen angeschafft, um die Dubliner mit der dünnkrustigen Leckerei aus ihrer Geburtsstadt bekannt zu machen. Die neapolitanischen Spezialitäten sind ein wahrer Genuss, es gibt aber auch ein paar lokale Kreationen.

Juniors ITALIENISCH €€

(Karte S. 84 f.; 01-664 3648; www.juniors.ie; 2 Bath Ave; Hauptgerichte 16–24 €; mittags & abends; 3 ab dem Zentrum, Grand Canal Dock) Oft wird das beengte Juniors vorschnell als altes Café abgetan, dabei ist dieser Laden alles andere als gewöhnlich. Sein Design imitiert bewusst ein New Yorker Deli; das italienisch beeinflusste Essen mit ausschließlich lokal hergestellten Zutaten schmeckt einfach köstlich, die Atmosphäre ist stets lebhaft und das Ethos schlichtweg vorbildlich. Wegen der großen Beliebtheit bekommt man hier allerdings nur schwer einen Tisch.

Ausgehen & Nachtleben

Eine Konstante in Dublins gesellschaftlichem Leben ist die Trinkfreudigkeit der Einwohner. Den Pubs der Stadt werden die Gäste nie ausgehen, und bei vielen Besuchern steht eine Tour durch die legendären Kneipen und Bars ganz oben auf der To-do-Liste.

Die berühmten *last orders* werden montags bis donnerstags um 23.30 Uhr, freitags und samstags um 0.30 Uhr und sonntags um 23 Uhr entgegengenommen – nun bleiben Besuchern noch genau 30 Minuten zum Austrinken. Viele Pubs im Zentrum haben jedoch eine Sonderlizenz, die es ihnen erlaubt, bis 1.30 bzw. 2.30 Uhr auszuschenken.

Grafton Street & Umgebung

John Mulligan's PUB

(Karte S. 122 f.; 8 Poolbeg St; alle Linien im Zentrum) Seit ihrer Eröffnung 1782 hat sich die brillante alte Kneipe kaum verändert. Tatsächlich wurde sie das letzte Mal nach dem Amoklauf von Christy Brown und seinem randalierenden Anhang im Film *Mein linker Fuß* renoviert. Ihr Guinness gehört zu den besten Dublins und lockt eine bunt gemischte Stammkundschaft an. Das Pub liegt abseits der Fleet Street vor der östlichen Grenze von Temple Bar.

Kehoe's PUB

(Karte S. 104 f.; 9 South Anne St; alle Linien im Zentrum) In diesem zentral gelegenen Pub herrscht meistens eine grandios gute Stimmung, deshalb ist es bei einem breiten Publikum beliebt. Es gibt eine bezaubernde viktorianische Bar, ein wunderschönes Nebenzimmer sowie zahlreiche andere kleine Ecken und Winkel. Die Getränke werden oben im ehemaligen Wohnzimmer des Gastwirts serviert, das immer noch so aussieht, als würde es als solches genutzt.

Stag's Head PUB

(Karte S. 98 f.; 1 Dame Ct; alle Linien im Zentrum) 1770 errichtet, 1895 umgebaut und seitdem zum Glück nicht ein bisschen verändert: Das prächtige Stag's Head ist so malerisch, dass es oft als Filmkulisse genutzt wird und es sogar bis zum Briefmarkenmotiv geschafft hat. Zweifellos ein klasse Pub!

Long Hall PUB

(Karte S. 98 f.; 51 South Great George's St; alle Linien im Zentrum) Dank ihrer absolut verführerischen viktorianischen Pracht zählt die Long Hall zu den schönsten und beliebtesten Kneipen der Stadt. Die verzierten Schnitzereien hinter der Bar und die eleganten Kronleuchter sind besonders beeindruckend. Außerdem verstehen die Barkeeper ihr Handwerk, was in Dublin inzwischen leider keine Selbstverständlichkeit mehr ist.

37 Dawson Street BAR

(Karte S. 104 f.; ☎ 01-672 8231; www.37dawsonstreet.ie; 37 Dawson St; alle Linien im Zentrum) Antiquitäten, auffällige Kunst und dekorativer Krimskrams schmücken diese neue Bar, die sich schnell zu einer Lieblingsadresse Trendbewusster entwickelt hat. Im hinteren Teil befindet sich mittlerweile eine Whiskeybar im Stil der 1950er-Jahre, die zu einem gepflegten Scotch-Abend einlädt. Oben serviert ein elegantes Restaurant einen großartigen Brunch.

Anseo BAR

(Karte S. 104 f.; 28 Lower Camden St; alle Linien im Zentrum) Unprätentiös, ungekünstelt und überaus beliebt – so präsentiert sich diese alternative Bar („an-*schuh*" gesprochen). Sie zieht vor allem Leute an, die nach dem Motto „Sich zu sehr zu bemühen ist viel schlimmer als überhaupt nicht" leben. Hier wird Coolness wie ein leichtes Kleidungsstück getragen. Die Gäste vergnügen sich bei Gesprächen und toller DJ-Musik, deren riesige Bandbreite von Peggy Lee bis Lee Perry reicht.

No Name Bar BAR

(Karte S. 98 f.; 3 Fade St; alle Linien im Zentrum) Ein unauffälliger Eingang direkt neben dem trendigen französischen Restaurant L'Gueuleton führt nach oben zu einer der hübschesten Bars der Stadt. Sie besteht aus drei riesigen Räumen in einem restaurierten viktorianischen Stadthaus und einem recht großen beheizten Patio für Raucher. Es gibt weder einen Namen noch ein Schild, deswegen sprechen Gäste einfach von der No Name Bar bzw. von der Number 3 (für echte Insider!).

Oliver St. John Gogarty PUB

(Karte S. 98 f.; 58–59 Fleet St; alle Linien im Zentrum) In dieser Bar trifft man kaum auf Einheimische. Die sorgfältig in Szene gesetzte „authentisch"-traditionelle irische Kultur samt Tanzvorführungen den ganzen Tag über lockt vor allem Touristen an. Serviert werden Gerichte, die an Dublins wenig schmackhafte kulinarische Vergangenheit erinnern.

Grogan's Castle Lounge PUB

(Karte S. 98 f.; 15 South William St) Dieses Pub, einfach nur Grogan's (nach dem Namen des ursprünglichen Besitzers) genannt, ist eine echte Institution im Zentrum. Schon lange ist es die Lieblingskneipe der Dubliner Schriftsteller und Maler sowie anderer Bohemiens, die allesamt auf ihren großen Durchbruch warten.

Whelan's BAR

(Karte S. 104 f.; www.whelanslive.com; 25 Wexford St) Eine der beliebtesten Musikbars, in der Rock, Folk und moderne Klänge zu hören sind. Das Whelan's sieht aus wie ein traditionelles Pub und lockt vor allem junge Gäste an, die hier einen feucht-fröhlichen Abend erleben möchten.

Dawson Lounge PUB

(Karte S. 104 f.; 25 Dawson St) Wer Dublins kleinste Bar sehen will, muss sich erst durch einen Durchgang quetschen und dann über eine ziemlich schmale Treppe nach unten kraxeln. In den beiden winzigen Räumen scheinen immer ein paar Betrunkene zu sitzen, die aussehen, als würden sie sich vor irgendetwas verstecken. Psst: Von Zeit zu Zeit kreuzt hier der sonnenbebrillte Sänger einer gewissen berühmten irischen Band auf.

Pygmalion BAR

(Karte S. 98 f.; ☎ 01-674 6712; www.bodytonicmusic.com; Powerscourt Townhouse Shopping Centre, 59 South William St; 🚌 alle Linien im Zentrum) Das „Pyg" zählt aktuell zu den bestbesuchten Bars der Stadt und lockt mit seinen Bierkrügen für 10 €, durchdringender Musik sowie labyrinthartigen Ecken und Nischen, die sich perfekt für frisch Verliebte eignen, vor allem Studenten an. Der Besitzer hat die Wände mit Teppich verkleidet – vielleicht als Vorsichtsmaßnahme, falls es auf der Tanzfläche zu wild wird?

Hogan's BAR

(Karte S. 98 f.; 35 South Great George's St) Mittlerweile ist das einst altmodisch-traditionelle Hogan's eine gigantische Kneipe, die sich über zwei Stockwerke erstreckt. Unter der Woche entspannen sich hier junge Berufstätige sowie Restaurant- und Barpersonal nach Feierabend. Am Wochenende sorgen hingegen exzellente DJs mit durchdringender Musik für jede Menge Stimmung.

Bruxelles PUB

(Karte S. 104 f.; 7–8 Harry St) Im Bruxelles hört man schon lange nicht mehr nur Heavy Metal und alternative Musik, dennoch geht's in den verschiedenen Musikbereichen noch immer laut und feucht-fröhlich zu. Am trendigsten ist das Erdgeschoss, während in der tollen schmuddeligen Rockbar jedes Wochenende Livemusik gespielt wird. Direkt vor der Tür erinnert eine **Bronzestatue von Phil Lynott** (Karte S. 104 f.) an die Rock-Philosophie des Pubs.

James Toner's PUB

(Karte S. 104 f.; 139 Lower Baggot St; 🚌 7, 44 ab dem Zentrum) Das Toner's mit seinen Steinböden und gemütlicher Einrichtung hat sich über die Jahre kaum verändert und kommt im Zentrum einem ländlichen Pub wohl am nächsten. Regale und Schubladen erinnern daran, dass in dem Raum einstmals ein Lebensmittelgeschäft untergebracht war.

Hartigan's PUB

(Karte S. 104 f.; 100 Lower Leeson St; 🚌 alle Linien im Zentrum) Tagsüber zieht das wohl spartanischste Pub der Stadt zahlreiche Stammkunden an, die das ruhige schnörkellose Ambiente schätzen und sich langsam volllaufen lassen. Abends trifft man in dem Laden vor allem Medizinstudenten des University College Dublin (UCD).

O'Donoghue's PUB

(Karte S. 104 f.; 15 Merrion Row; 🚌 alle Linien im Zentrum) In Dublins einst berühmtester traditioneller Musikbar begann in den 1960er-Jahren die Karriere der weltbekannten Folkband The Dubliners. An Sommerabenden bevölkert ein junges, internationales Publikum den Hof neben der Kneipe, zudem dient sie als Lieblingstreffpunkt irischer und ausländischer Rugby-Fans.

International Bar PUB

(Karte S. 98 f.; 23 Wicklow St; 🚌 7, 44 ab dem Zentrum) Das winzige Pub mit großer Persönlichkeit eignet sich bestens für ein Bier am Nachmittag. Es hat eine lange Bar, Buntglasfenster, rote Veloursledersitze und eine gesellige Atmosphäre. Einige der bekanntesten Comedians Irlands stotterten sich im Comedy Cellar, der natürlich im Obergeschoss liegt, durch ihre ersten Programme.

Porterhouse BAR

(Karte S. 98 f.; 16–18 Parliament St; 🚌 alle Linien im Zentrum) Dublins zweitgrößte Brauerei wirkt mit den vielen Holzelementen und Treppen wie eine Mischung aus einer Bar im Wilden Westen und einem Gemälde von Hieronymus Bosch. Uns überzeugt sie auf ganzer Linie, auch wenn sie immer viel zu voll ist. Das Pub am Rand von Temple Bar ist mit seinen vielen leckeren eigenen Brauerzeug-

EIN PERFEKTES PINT ZAPFEN

Wie eine japanische Teezeremonie ist das Zapfen eines perfekten Guinness teils Ritual, teils Show und teils Logik. Jeder anständige Dubliner Barkeeper durchläuft dabei sechs Stufen.

Das Glas

Man nehme ein trockenes sauberes 20 Unzen (568 ml) fassendes Pintglas. Aufgrund der Tulpenform kann die Kohlensäure seitlich absinken, zudem sorgt die Ausbuchtung auf halbem Weg dafür, dass die wieder nach oben steigenden Bläschen in die Mitte des Pints gedrückt werden.

Der Winkel

Das Glas wird in einem Winkel von 45 Grad unter den Zapfhahn gehalten, wobei dieser das Glas nicht berühren sollte.

Das Zapfen

Das Glas wird zu etwa Dreivierteln gefüllt und dann auf der Theke abgestellt, damit sich das Bier setzen kann.

Die Schaumkrone

Während das Bier in das Glas fließt, durchläuft es mit großer Geschwindigkeit einen Durchflussbegrenzer, der Kohlensäurebläschen produziert. Im Glas sinken diese seitlich ab, steigen dann dank der Ausbuchtung mittig auf und bilden eine schöne cremige Schaumkrone. Dieser Prozess dauert in der Regel ein paar Minuten.

Das Finish

Hat sich das Bier gesetzt, wird das Guinness vom Barkeeper noch mit einer gewölbten Schaumkrone versehen, die etwas über den Rand hinausragt. Fertig ist das perfekte Pint!

Pubs mit dem perfekten Pint

Nun steht der Suche nach dem perfekten Pint nichts mehr im Wege. Jenes in der Gravity Bar ist gut, allerdings fehlt eine wichtige Zutat: Atmosphäre, wie sie nur ein traditionelles Pub bietet, etwa:

- Kehoe's (S. 125) Bei Einheimischen und Touristen beliebter Klassiker.
- John Mulligan's (S. 125) Die perfekte Kulisse für ein perfektes Pint.
- Grogan's Castle Lounge (S. 125) Hohe Qualität aufgrund anspruchsvoller einheimischer Klientel.
- Fallon's (S. 128) Jahrhundertelange Erfahrung.

nissen wie dem Plain Porter (für manche das beste Stout der Stadt) und importierten Sorten die ideale Adresse für eingefleischte Bierliebhaber.

Bernard Shaw BAR

(Karte S. 84 f.; www.bodytonicmusic.com; 11–12 South Richmond St; 🚌 7, 44 ab dem Zentrum) Diese bewusst schäbige Kneipe ist die wohl coolste Bar der Stadt, dafür sorgen ein großartiger Musikmix – dank den Besitzern, der Produktionsfirma Bodytonic, die auch das Twisted Pepper (S. 129) betreibt – und ein vielfältiges Programm, das private Flohmärkte am Nachmittag, Erzählabende und Spaßwettbewerbe, z. B. zwischen Graffiti-Künstlern, umfasst. Trotz des wenig ansprechenden Äußeren funktioniert das Konzept bestens, wahrscheinlich, weil die Mischung aus zwangloser Improvisation und günstiger Unterhaltung dem momentanen Zeitgeist der Stadt entspricht.

Palace Bar PUB

(Karte S. 122 f.; 21 Fleet St; 🚌 alle Linien im Zentrum) Mit seinen Spiegeln und holzgetäfelten Sitzecken gehört das 1823 eröffnete Palace zu Dublins eindrucksvollen viktorianischen Pubs und widersteht störrisch allen Modernisierungstendenzen des letzten halben Jahrhunderts. Zu den Stammgästen zählten einst Patrick Kavanagh und Flann O'Brien. Lange Zeit galt die Kneipe als inoffizieller Hauptsitz der *Irish Times*.

Kilmainham & the Liberties

Fallon's TRADITIONELLES PUB

(Karte S. 84 f.; ☎01-454 2801; 129 The Coombe; 🚌123, 206, 51B ab dem Zentrum) Unmittelbar westlich des Zentrums serviert diese wunderbar altmodische Bar im Herzen des mittelalterlichen Dublin seit Ende des 17. Jhs. tolles Guinness. Der Profiboxer Dan Donnelly, der als einziger Boxer zum Ritter geschlagen wurde, arbeitete hier 1818 als Chef-Barkeeper. Authentisches irisches Pub voller Dubliner.

Old Royal Oak TRADITIONELLES PUB

(11 Kilmainham Lane; 🚌68, 69, 79 ab dem Zentrum) Einheimische lassen auf diese wunderschöne traditionelle Kneipe nichts kommen, die 1845 öffnete und damals vor allem von Patienten und Mitarbeitern des Royal Hospital, dem heutigen Irish Museum of Modern Art, besucht wurde. Die Klientel hat sich verändert, ansonsten ist alles gleich geblieben, deswegen gehört das Pub auch zu den schönsten der Stadt.

Nördlich der Liffey

Cobblestone PUB

(Karte S. 84 f.; North King St; 🚋Smithfield) Die gemütliche Bar im Obergeschoss dieses Pubs im Herzen von Smithfield bietet eine tolle Atmosphäre, dafür sorgen wunderbare Musikabende (vor allem donnerstags) mit traditionellen Künstlern und aufstrebenden Folkbands.

Walshe's PUB

(Karte S. 84 f.; 6 Stoneybatter; 🚌25, 25A, 66, 67 ab dem Zentrum, 🚋Museum) Im kleinen Nebenraum erwartet Gäste typisch traditionelles Pub-Flair. Gibt's dort keinen Platz, gesellt man sich an der altmodischen Bar zum freundlichen Personal und der sympathischen Klientel, einem Mix aus Einheimischen und hippen Ausländern. Authentische Dubliner Kneipe.

Grand Social BAR

(Karte S. 122 f.; ☎01-874 0076; www.thegrandsocial.ie; 35 Lower Liffey St; 🚌alle Linien im Zentrum, 🚋Jervis) In dieser Mehrzweck-Location kann man Clubnächte, Comedians, Livemusik sowie einen Drink an der anständigen Bar erleben. Sie erstreckt sich über drei unterschiedlich gestaltete Etagen: Das Parlour unten ist eine gemütliche altmodische Bar, der Ballroom im mittleren Stock bietet eine Tanzfläche und im Loft im Obergeschoss finden verschiedene Veranstaltungen statt.

CAFÉKULTUR & DIE BESTEN KAFFEES

In ganz Dublin trifft man Kaffeejunkies auf der Suche nach dem nächsten Koffeinkick. Eine Option sind die verschiedenen Ketten wie die berühmte aus Seattle, als bessere Wahl gelten allerdings eigenständige örtliche Cafés wie **Clement & Pekoe** (Karte S. 104 f.; www.clementandpekoe.com; 50 South William St; ⏰Mo–Fr 8–19, Sa 10–18, So 12–18 Uhr; 🚌alle Linien im Zentrum), Brother Hubbard (S. 120), **Wall and Keogh** (Karte S. 84 f.; www.wallandkeogh.ie; 45 Richmond St South; ⏰Mo–Fr 8.30–20.30, Sa & So 11–19 Uhr; 🚌alle Linien im Zentrum) und Brioche (S. 115).

Dice Bar BAR

(Karte S. 84 f.; ☎01-674 6710; 79 Queen St; 🚌25, 25A, 66, 67 ab dem Zentrum, 🚋Museum) Mit Huey von den Fun Lovin' Criminals hat die Bar einen prominenten Mitbesitzer. Sie sieht aus, als wäre sie direkt von New Yorks Lower East Side hierherversetzt worden, und verfügt über eine gewagte Mischung aus schwarz-rot gestrichener Einrichtung, tröpfelnden Kerzen, dicht gedrängten Sitzen und mitreißender DJ-Musik an den meisten Abenden, die Dublins Hipster anlockt. Gegen den Durst helfen Guinness und Biere lokaler Mikrobrauereien.

Hughes' Bar PUB

(Karte S. 84 f.; 19 Chancery St; 🚌25, 66, 67, 90 ab dem Zentrum, 🚋Four Courts) Traditionelle Puristen lieben die abendliche Livemusik in diesem Pub. Tagsüber treffen sich hier Anwälte der nahe gelegenen Four Courts mit ihren Klienten, die wohl das eine oder andere Pint gut gebrauchen können. Die Musiker sind sehr gut, allerdings fehlt es ein bisschen an Atmosphäre und den Konzerten manchmal an Stimmung.

Flowing Tide PUB

(Karte S. 122 f.; 9 Lower Abbey St; 🚌alle Linien im Zentrum, 🚋Abbey) Das atmosphärische alte Pub liegt direkt gegenüber dem Abbey Theatre. Neben Einheimischen, die für eine lebendige Stimmung sorgen, kommen viele Theaterbesucher: Fällt um etwa 23 Uhr der letzte Vorhang, platzt der Laden meist aus allen Nähten. Ein hervorragender Ort für einen Drink und einen netten Plausch.

Sackville Lounge PUB
(Karte S. 122 f.; Sackville Pl; alle Linien im Zentrum, Abbey) Vor allem Schauspieler der nahe gelegenen Theaterhäuser Abbey und Peacock sowie Stammkunden älteren Semesters frequentieren diese winzige Einzimmerbar aus dem 19. Jh. mit Holztäfelung abseits der O'Connell Street. Tolle Adresse für ein geselliges Pint.

Nachtclubs

Die Dubliner schwingen gerne mal das Tanzbein. Das tun sie jedoch vor allem in Bars mit längeren Öffnungszeiten, die über eine anständige Soundanlage und genügend Platz verfügen. Vor ein paar Jahren gab es noch eine lebendige Clubszene, doch mittlerweile sind immer weniger bereit, Eintrittsgeld zu zahlen, und bleiben zum Tanzen lieber in der Bar, in der sie in den Abend starteten. DJs werden zunehmend seltener und setzen meist auf Altbewährtes. Eine Handvoll kreativerer Köpfe, darunter auch gelegentliche Gäste aus dem Ausland, legt in einigen wenigen Locations auf. Am meisten ist donnerstags und samstags los. In vielen Clubs zahlt man bis 23 Uhr keinen Eintritt, danach werden 5 bis 10 € fällig.

Mother CLUB
(Karte S. 98 f.; Copper Alley, Exchange St; Eintritt 10 €; Sa 23–3.30 Uhr; alle Linien im Zentrum) Der beste Nachtclub der Stadt ist ein Schwulentreff, heißt aber Partygänger jeder sexuellen Orientierung willkommen. Sensationelle DJs legen eine Mischung aus Discomusik, modernem Synthie Pop und anderen tanzbaren Rhythmen auf.

Lost Society CLUB
(Karte S. 98 f.; 01-677 0014; www.lostsociety.ie; Powerscourt Town Centre, South William St; Eintritt 6–10 €; alle Linien im Zentrum) Im eindrucksvollen Powerscourt-Komplex aus dem 18. Jh. bietet das Lost Society zwei Locations für einen Preis. Oben gibt's drei Ebenen, mehrere Räume, gemischte Musik und selbstbewusste Clubber. Unten im Bassment sorgen durchdringende Rhythmen für schwitzigheißes Ambiente.

Twisted Pepper CLUB
(Karte S. 122 f.; 01-873 4800; www.bodytonicmusic.com/thetwistedpepper; 54 Middle Abbey St; Bar 16 Uhr–opend end, Café 11–18 Uhr; alle Linien im Zentrum, Abbey) Dublins hippster Club ist in vier Bereiche aufgeteilt: Im Untergeschoss läuft gute DJ-Musik, auf der Bühne spielen Livebands, über der das Zwischengeschoss als abgeschlossener Barbereich liegt, und im Café bekommt man den ganzen Tag über irisches Frühstück. Das Twisted Pepper wird geführt von der Bodytonic-Gruppe, einer der angesagtesten Musik- und Produktionsfirmen der Stadt.

Copper Face Jacks CLUB
(Karte S. 104 f.; www.copperfacejacks.ie; 29–30 Harcourt St, Jackson Court Hotel; Eintritt frei bis 10 €; 22.30–3 Uhr) Das Copper bietet anspruchslosen Discospaß nach rustikal-ländlicher Art. Hier wollen die Gäste einfach nur etwas trinken, zu bekannter Musik tanzen und am Ende des Abends mit ein wenig Glück in Begleitung nach Hause gehen. Puristen mögen die Nase rümpfen, das Konzept ist jedoch äußerst erfolgreich.

Andrew's Lane Theatre CLUB
(ALT; Karte S. 98 f.; www.facebook.com/andrewslanetheatre; 9–17 St. Andrews Lane; Do–Sa 23–3 Uhr) Studenten und junge Partygänger strömen in diesen typischen Club. Die Musik ist laut, schnell und durchdringend.

Krystle CLUB
(Karte S. 104 f.; 01-478 4066; www.krystlenightclub.com; Russell Court Hotel, 21–25 Harcourt St; Do–Sa; alle Linien im Zentrum, Harcourt/St. Stephen's Green) Das Krystle (von seinen penibelsten Anhängern „cris-*tal*" ausgesprochen) ist der Lieblingsladen vieler junger Einheimischer. In der VIP-Lounge über dem weitläufigen Erdgeschoss trifft man häufig auf Promis samt Gefolgschaft. Für Stimmung sorgen Chart-Hits und Club-Klassiker.

Lillie's Bordello CLUB
(Karte S. 92; 01-679 9204; www.lilliesbordello.ie; Adam Ct; Eintritt 10–20 €; 23–3 Uhr) Dublins nobelster Club mit äußerst wählerischen Türstehern rühmt sich selbst als Lieblingsadresse prominenter Dublinbesucher. Diese vergnügen sich in sicherer Entfernung zu den normalen Gästen in der exklusiven VIP-Bar Jersey Lil's, die Privatmitgliedern vorbehalten ist. Schlechte Musik und unsympathische Leute.

☆ Unterhaltung

Unglaublich, aber wahr: Auch außerhalb der Pubs bzw. in deren Umkreis ist für Unterhaltung gesorgt. Das Angebot umfasst Comedyclubs, klassische Konzerte, Vorträge, Lesungen, Marionetten und jede Menge Musik, sowohl live als auch aus der Dose. Ein weiteres kulturelles Highlight der Hauptstadt sind die Theaterhäuser, deren Bandbreite von unterhaltsamen Musicals über anspruchsvolle Stücke von Beckett, Yeats und O'Casey bis zu Aufführungen neuer Talente reicht.

Karten für Theater- und Comedy-Vorstellungen sowie Klassikkonzerte gibt's in der Regel direkt vor Ort. Tickets für Auftritte internationaler Bands und bekannter lokaler Künstler sind ebenfalls bei den jeweiligen Locations sowie bei Buchungsagenturen wie **Ticketmaster** (www.ticketmaster.ie) erhältlich. Diese vertreiben Karten für große und mittelgroße Shows jedes Genres, wobei pro Ticket 9 bis 12,5 % Servicegebühr fällig werden.

Ticket ist eine Beilage in der Freitagsausgabe der *Irish Times* mit umfassendem Veranstaltungskalender und Adressen. Die Version des *Irish Independent* heißt *Day & Night* und erscheint ebenfalls freitags. Online gibt's folgende Infoquellen:

- **Entertainment.ie** (www.entertainment.ie) Alle Arten von Events.
- **MCD** (www.mcd.ie) Größter Veranstalter Irlands.
- **Nialler9** (www.nialler9.com) Exzellenter Indie-Blog mit Adressen.
- **Sweebe** (www.sweebe.com) Mehr als 200 Locations.
- **What's On In** (www.whatsonin.ie) Von Märkten über Gigs bis hin zu Clubnächten.

☆ Rock & Pop

Dublin ist mittlerweile ein beliebter Tourstopp von Musikern aller Couleur, die anscheinend auf die hemmungslose Art stehen, mit der irische Fans ihre Lieblingskünstler feiern.

Workman's Club LIVEMUSIK
(Karte S. 98 f.; ☎ 01-670 6692; www.theworkmansclub.com; 10 Wellington Quay; 🚌 alle Linien im Zentrum) Heute dient der ehemalige Workingmen's Club von Dublin als Konzertsaal für 300 Personen sowie als Bar. Die Betreiber legen großen Wert darauf, sich vom Mainstream abzusetzen, und locken deshalb mit einer beeindruckenden Vielfalt an Veranstaltungen, die von Singer-Songwriter-Auftritten bis zu elektronischem Kabarett reicht.

Academy LIVEMUSIK
(Karte S. 122 f.; ☎ 01-877 9999; www.theacademydublin.com; 57 Middle Abbey St; 🚌 alle Linien im Zentrum, 🚊 Abbey) In dem fantastischen mittelgroßen Club sind schon viele bekannte Künstler aufgetreten, von Nick Caves Bad Seeds bis zu Nik Kershaw, dem Superstar der 1980er-Jahre. Zudem spielen hier unbekannte Musiker, denen man eine große Zukunft zutraut.

Button Factory LIVEMUSIK
(Karte S. 98 f.; ☎ 01-670 0533; Curved St; 🚌 alle Linien im Zentrum) Das breite musikalische Programm reicht von traditionellen irischen Rhythmen bis zu Drum & Bass und wird von einem unprätentiös-lässigen Publikum geschätzt. An einem Abend sorgen hier durchdringende Rhythmen erstklassiger DJs für Stimmung, am anderen streicht eine finnische Esoterikband mit Geigenbogen über ihre E-Gitarren.

Vicar Street LIVEMUSIK
(Karte S. 84 f.; ☎ 01-454 5533; www.vicarstreet.com; 58–59 Thomas St; 🚌 13, 49, 54a, 56a ab dem Zentrum) Unweit der Christ Church Cathedral befindet sich eine Location für kleinere Auftritte. Zwischen den Sitzgruppen mit Tischservice und einem ans Theater erinnernden Balkon haben etwa 1000 Besucher Platz. Das Programm wird hauptsächlich von Soul-, Folk-, Jazz- und ausländischen Künstlern bestritten.

O2 LIVEMUSIK
(Karte S. 112 f.; ☎ 01-819 8888; www.theo2.ie; East Link Bridge, North Wall Quay; 🚊 Point Village) In Dublins führende Veranstaltungshalle passen etwa 10 000 Leute. Wer in dieser Arena auf der Bühne steht, gehört zur ersten Liga. Unter anderem haben hier schon Rihanna, Bryan Adams und die Schauspieler von *Glee* das Publikum verzaubert.

Whelan's LIVEMUSIK
(Karte S. 104 f.; ☎ 01-478 0766; www.whelanslive.com; 25 Wexford St; 🚌 Bus 16, 122 ab dem Zentrum) Der mittelgroße an eine traditionelle Bar angeschlossene Raum ist die wohl beliebteste Livemusik-Location der Stadt und eine Art spirituelle Heimat von Singer-Songwritern: Nachdem sie auf der Bühne ihr Innerstes nach außen gekehrt haben, genehmigen sie sich an der Bar einen Drink mit ihren Fans.

Ambassador Theatre THEATER
(Karte S. 122 f.; ☎ 1890 925 100; O'Connell St; 🚌 alle Linien im Zentrum) Früher wurde das Ambassador erst als Theater, dann als Kino genutzt. Seither hat es sich nicht groß verändert und überzeugt mit seinem coolem Retro-Look. Heute treten hier einheimische und internationale Rockbands auf.

DUBLIN FÜR SCHWULE UND LESBEN

Für Schwule und Lesben ist Dublin kein schlechtes Pflaster. Viele Städter nehmen den Anblick eines Transvestiten oder öffentlich knutschenden gleichgeschlechtlichen Paares gelassen, allerdings sollte man in den Vororten etwas zurückhaltender sein.

Feste & Events

International Dublin Gay Theatre Festival (www.gaytheatre.ie) Bei diesem einzigartigen Festival im Mai werden zwei Wochen lang mehr als 30 Produktionen gezeigt.

Gaze International Lesbian & Gay Film Festival (www.gaze.ie) Im August zieht dieses internationale Festival im Irish Film Institute jede Menge Leute an.

Ausgehen

Dragon (Karte S. 98 f.; 64–65 South Great George's St) Hipp, feucht-fröhlich und selbstbewusst: Das Dragon ist die etwas trendigere Alternative zum alteingesessenen George die Straße hinunter. Hier feiert vor allem ein junges männliches Publikum mit ziemlich auffälligen Klamotten, das ausgelassen tanzt und ohne Scheu Zärtlichkeiten austauscht.

George (Karte S. 98 f.; www.thegeorge.ie; 89 South Great George's St) Lange Zeit war die Mutter der Dubliner Schwulenbars der einzige Laden weit und breit für Homosexuelle. Inzwischen gibt's Alternativen, doch das George ist und bleibt die beste Location – und sei es nur um der Tradition willen. Shirleys legendäre Bingo-Nacht am Sonntag erfreut sich nach wie vor größter Beliebtheit.

Front Lounge (Karte S. 98 f.; 33 Parliament St; alle Linien im Zentrum) Das „Flounge" ist eine inoffizielle Schwulenbar, die freundlich und kultiviert daherkommt. Durch ihre eher zurückhaltende Art hebt sie sich von anderen Treffpunkten für Schwule ab und lockt ein sehr gemischtes Publikum an. Hier geht's in erster Linie um einen guten Drink und einen Schwatz mit Freunden, nicht um die sexuelle Orientierung. In der „Back Lounge" im hinteren Teil der Bar tummeln sich vor allem schwule Gäste.

Pantibar (Karte S. 122 f.; www.pantibar.com; 7–8 Capel St; alle Linien im Zentrum) Panti, die Besitzerin dieser Bar, ist eine hervorragende Entertainerin und macht die Nächte in ihrer Kneipe zu einem unvergesslichen Erlebnis. Die Shows auf und vor der Bühne sind einfach fantastisch. Freitags und samstags kann man hier bis spätnachts feiern.

Praktische Informationen

Gay & Lesbian Garda Liaison Officer (01-666 9000) Wer auf der Straße belästigt wird oder in Schwierigkeiten gerät, kann sich hier melden (Opfer sexueller Gewalt wenden sich an die Sexual Assault Unit).

Gay Community News (www.gcn.ie) Ein brauchbares landesweites Magazin mit Nachrichten und Sonderthemen, das monatlich erscheint. Die beiden Hochglanzbeilagen *Q-Life* und *Free!* enthalten Veranstaltungstipps und liegen rund um Temple Bar sowie im Irish Film Institute aus.

Gay Switchboard Dublin (872 1055; www.gayswitchboard.ie) Freundlicher nützlicher Service auf ehrenamtlicher Basis. Hier bekommt man Infos aller Art von Unterkünften bis zu Rechtsfragen.

Sexual Assault Unit (01-666 6000) Bei der Garda-Station in der Pearse Street kann man anrufen oder selbst vorbeigehen, wenn man Opfer sexueller Gewalt geworden ist.

Gaiety Theatre THEATER
(Karte S. 104 f.; 01-677 1717; www.gaietytheatre.com; South King St; bis 4 Uhr; alle Linien im Zentrum) In diesem tollen alten viktorianischen Theater wird an den Wochenenden bis spät in die Nacht Jazz, Rock oder Blues gespielt.

Olympia Theatre THEATER
(Karte S. 98 f.; 01-677 7744; 72 Dame St; alle Linien im Zentrum) Das wunderschöne viktorianische Theater zeigt vor allem leicht verdauliche Stücke, Musicals und Pantomime. Zudem bietet es unbekannteren und experimentelleren Künstlern ein Forum, die oft

DUBLIN IM SONG

Dublin ist eine der musikalischsten Städte Europas – da überrascht es nicht, dass einige hörenswerte Lieder ihre guten und schlechten Seiten besingen. Aus diesem Grund haben wir eine Playlist mit den besten Songs zusammengestellt:

Running to Stand Still (U2) Ein bewegendes Porträt der Heroinepidemie. Die „seven towers" in dem Song beziehen sich auf einen berüchtigten, inzwischen abgerissenen Wohnungskomplex im nördlichen Vorort Ballymun.

Old Town (Philip Lynott) Wer wissen will, wie Dublin gegen Ende der 1980er-Jahre aussah, sollte sich auf YouTube das Video zu diesem tollen Stück ansehen.

Summer in Dublin (Bagatelle) Der nostalgische, zum Mitsingen einladende Popsong war der größte Hit der Band und ist das Lieblingslied der Stadt über sich selbst.

City of Screams (Paranoid Visions) Ein Song voller Wut. Die führende Dubliner Punkband der 1980er-Jahre besingt das Dublin zu dieser Zeit.

Phil Lynott (Jape) Fängt das Wesen der heutigen Stadt ein, ohne auch nur einen Ort direkt zu benennen.

Die berühmteste Folkband der Stadt, The Dubliners, hat etliche Lieder über die Hauptstadt gesungen. Hier unsere Favoriten:

Auld Triangle In dem bewegenden Song, dessen Titel aus Brendan Behans Stück *The Quare Fellow* stammt, geht's um das Mountjoy Prison.

Raglan Road Luke Kelly verlieh Patrick Kavanaghs Gedicht Töne, Leben und eine tiefe Bedeutung.

Rocky Road to Dublin Traditioneller Song aus dem 19. Jh. über eine schwierige Reise nach Dublin.

Take Her Up to Monto Das charmante traditionelle Liedchen handelt von einem Mädchen, das in das einst berüchtigte Rotlichtviertel mitgenommen wird.

sehr viel interessanter sind als die Superstars. Eine der besten Adressen für ein intimes Theatererlebnis.

Sugar Club LIVEMUSIK

(Karte S. 104 f.; ☎01-678 7188; 8 Lower Leeson St; St. Stephen's Green) An Wochenenden kann man in diesem gemütlichen, theaterähnlichen Club an der Ecke von St. Stephen's Green Livejazz, Kabarett und Soul erleben.

☆ Klassik

In der Innenstadt finden zahlreiche klassische Konzerte und Opernaufführungen statt. Zu den vielen unterschiedlichen Veranstaltungsorten gehören auch Kirchen; Einzelheiten stehen in der Tagespresse.

Bord Gáis Energy Theatre THEATER

(Karte S. 112 f.; ☎01-677 7999; www.grandcanaltheatre.ie; Grand Canal Sq; Grand Canal Dock) Den wenig inspirierenden Sponsorennamen sollte man einfach vergessen: Daniel Liebeskinds Meisterstück fasst 2000 Personen auf drei Ebenen. Dieses wunderbare Auditorium wurde für klassische Konzerte entworfen, doch das Programm reicht vom Bolschoi-Ballett über Staatsopern auf Tournee bis zu Disney on Ice und Barbra Streisand.

National Concert Hall KLASSISCHE MUSIK

(Karte S. 104 f.; ☎01-417 0000; www.nch.ie; Earlsfort Tce; alle Linien im Zentrum) Irlands bedeutendste Konzerthalle wartet das ganze Jahr über mit tollen Events auf, darunter erstklassige Mittagskonzerte (Juni–Aug. Di 13.05–14 Uhr).

Gaiety Theatre KLASSISCHE MUSIK

(☎01-677 1717; www.gaietytheatre.com; South King St; alle Linien im Zentrum) Das beliebte Dubliner Theater veranstaltet auch klassische Konzerte und Opern.

Dublin City Gallery – The Hugh Lane KLASSISCHE MUSIK

(Karte S. 122 f.; ☎01-874 1903; www.hughlane.ie; Charlemont House, Parnell Sq; 3, 7, 10, 11, 13, 16, 19, 46A, 123) In der Kunstgalerie finden von September bis Juni sonntags um 12 Uhr bis zu 30 Klassikkonzerte statt.

Kinos

Die Jugendlichen in Irland gehören zu Europas leidenschaftlichsten Kinogängern. Am besten bucht man seine Tickets also vorab, ansonsten steht man für die Abendvorstellung bis zu einer halben Stunde in der Schlange. Viele Kinos befinden sich nördlich der Liffey. Frühnachmittagsvorstellungen kosten in der Regel 6 €, zu allen anderen Tageszeiten zahlt man rund 9 €.

Lighthouse Cinema KINO

(Karte S. 84 f.; ☎ 01-879 7601; www.lighthousecinema.ie; Smithfield Plaza; 🚌 alle Linien im Zentrum, 🚋 Smithfield) Das schicke Kino mit vier Vorführungsräumen in einem stilvollen Gebäude abseits der Smithfield Plaza ist das eindrucksvollste der Stadt. Gezeigt werden durchweg Arthouse-Produktionen. Die Café-Bar im Erdgeschoss eignet sich bestens für intellektuelle Gespräche.

Irish Film Institute KINO

(Karte S. 98 f.; ☎ 01-679 5744; www.ifi.ie; 6 Eustace St; 🚌 alle Linien im Zentrum) In verschiedenen Sälen zeigt das Irish Film Institute (IFI) Klassiker und neues Programmkino, wobei die unkonventionelle Auswahl teils etwas fragwürdig ist. Vor Ort gibt's eine Bar, ein Café und einen Buchladen.

Manche Filme dürfen ausschließlich Clubmitgliedern (wöchentliche/jährliche Mitgliedschaft 3/25 €) gezeigt werden – nur so sind Zensurbestimmungen zu umgehen. Ein tolles, wenn auch etwas affektiertes Kino.

Savoy KINO

(Karte S. 122 f.; ☎ 01-874 6000; Upper O'Connell St; ⌚ ab 14 Uhr; 🚌 alle Linien im Zentrum) Spätvorstellungen am Wochenende und Premieren laufen in diesem Kino mit fünf Sälen. Das Savoy Cinema 1 ist der größte Vorführsaal des Landes und eignet sich mit seiner riesigen Leinwand perfekt für spektakuläre Blockbuster.

Screen KINO

(Karte S. 122 f.; ☎ 01-671 4988; 2 Townsend St; ⌚ ab 14 Uhr; 🚌 alle Linien im Zentrum) Auf dem Programm dieses Kinos mit drei Sälen zwischen dem Trinity College und der O'Connell Bridge stehen neue Independentfilme und kleinere kommerzielle Streifen.

Cineworld Multiplex KINO

(Karte S. 122 f.; ☎ 0818 304 204; www.cineworld.ie; Parnell Centre, Parnell St; 🚌 alle Linien im Zentrum) In den 17 Sälen des Kinos laufen ausschließlich kommerzielle Streifen. Die Sitze sind gemütlich, der Imbissstand ist riesig und die Auswahl an Süßigkeiten reicht problemlos für einen Zuckerschock. Hat zwar nicht den Charme älterer Kinos, ist jedoch trotzdem zu empfehlen.

Sport

Aviva Stadium STADION

(Karte S. 84 f.; ☎ 01-647 3800; www.avivastadium.ie; 11–12 Lansdowne Rd) Das nagelneue glänzende Stadion im noblen Stadtteil Donnybrook wartet mit tollen kurvigen Tribünen auf und bietet 50 000 Besuchern Platz. Hier finden irische Rugbyspiele und internationale Fußballbegegnungen statt.

Croke Park ZUSCHAUERSPORT

(☎ 01-836 3222; www.crokepark.ie; Clonliffe Rd; 🚌 19, 19A ab dem Zentrum) Von Februar bis November wird in Europas viertgrößtem Stadion (mit Platz für 82 000 Menschen) nördlich des Royal Canal in Drumcondra Hurling und Gaelic Football gespielt. Die genauen Termine erfährt man unter www.gaa.ie.

HÄNDEL IN DUBLIN

1742 lud der fast völlig verarmte Georg Friedrich Händel zur Uraufführung seines monumentalen Werks *Messias* in die inzwischen abgerissene Neal's Music Hall ein. Das Gebäude lag in der Fishamble Street, der ältesten Straße Dublins. Jonathan Swift, Autor von *Gullivers Reisen* und Dekan der St. Patrick's Cathedral, hatte zunächst vorgeschlagen, dass der St.-Patrick's-Chor gemeinsam mit dem Chor der Christ Church Cathedral vorsingen sollte. Als er jedoch erfuhr, dass der Auftritt in einem gewöhnlichen Saal und nicht in einer Kirche stattfinden sollte, zog er das Angebot wieder zurück und drohte den Vikaren, die sich seinem Machtwort nicht beugten, sie „für ihren Widerstand, Ungehorsam und ihre Niedertracht" zu bestrafen. Trotzdem wurde das Konzert mit den Chören beider Kirchen abgehalten. Mittlerweile kann man das gefeierte Werk jährlich am Ort der Uraufführung erleben. Heute steht dort ein Hotel, das nach dem Komponisten benannt wurde.

Harold's Cross Park WINDHUNDRENNEN
(Karte S. 84 f.; ☎ 01-497 1081; www.igb.ie; 151 Harold's Cross Rd; Erw./Kind 10/6 €; ⏲ Mo, Di & Fr 18.30–22.30 Uhr; 🚌 16 oder 16A ab dem Zentrum) Die Windhundrennbahn befindet sich in der Nähe des Zentrums und garantiert einen tollen Abend für einen Bruchteil des Geldes, der bei Pferderennen draufgehen würde.

Leopardstown Race Course PFERDERENNEN
(☎ 01-289 3607; www.leopardstown.com; 🚌 Sonderbusse ab Eden Quay) Irlands Begeisterung für Pferderennen lässt sich 10 km südlich vom Zentrum in Foxrock beobachten. An Renntagen fahren Sonderbusse; mehr darüber erfährt man unter der angegebenen Telefonnummer.

Shelbourne Park Greyhound Stadium WINDHUNDRENNEN
(Karte S. 112 f.; ☎ 01-668 3502, an Rennabenden 01-202 6601; www.igb.ie; Bridge Town Rd, Ringsend; Erw./Kind 10/6 €; ⏲ Mi, Do & Sa 19–22.30 Uhr; 🚌 3, 7, 7A, 8, 45, 84 ab dem Zentrum) Von dem verglasten Restaurant genießt man einen tollen Blick über die Hunderennbahn: Essen, wetten und die Rennen verfolgen, ohne aufstehen zu müssen: einfach herrlich!

☆ Theater

Dublins Theaterszene ist klein, aber aktiv. Karten kann man in der Regel telefonisch oder per Kreditkarte bestellen und kurz vor Vorstellungsbeginn abholen. Sie kosten 12 bis 25 €, teils auch bis zu 30 €. Die meisten Aufführungen beginnen zwischen 20 und 20.30 Uhr. Das aktuelle Programm ist unter www.irishtheatreonline.com nachzulesen.

Gate Theatre THEATER
(Karte S. 122 f.; ☎ 01-874 4045; www.gatetheatre.ie; 1 Cavendish Row; 🚌 alle Linien im Zentrum) Das eleganteste Theater der Stadt ist in einem Gebäude aus dem späten 18. Jh. untergebracht und bietet ein verlässliches Programm mit klassischen amerikanischen und europäischen Stücken. Hier fand Orson Welles' erster professioneller Auftritt statt, zudem trat James Mason in seinen jungen Jahren im Gate auf. Bis heute ist es das einzige Theater der Stadt, in dem etablierte internationale Filmstars gelegentlich ihre Bühnenqualitäten unter Beweis stellen.

Abbey Theatre THEATER
(Karte S. 122 f.; ☎ 01-878 7222; www.abbeytheatre.ie; Lower Abbey St; 🚌 alle Linien im Zentrum, 🚋 Abbey) Irlands renommiertes Nationaltheater wurde 1904 von W. B. Yeats gegründet. In den letzten Jahren brachte Intendant Fiach MacConghaill frischen Wind ins Abbey, das zuvor immer mehr zu einem aussterbenden Relikt geworden war. Das aktuelle Programm umfasst irische Klassiker (Synge, O'Casey etc.), etablierte internationale Namen (Shepard, Mamet) und neue Talente (O'Rowe, Carr etc.). Im angrenzenden **Peacock Theatre** (Karte S. 122 f.; ☎ 01-878 7222; 🚌 alle Linien im Zentrum, 🚋 Abbey) werden Stücke junger aufstrebender Autoren und experimentelles Theater gezeigt.

Gaiety Theatre THEATER
(☎ 01-677 1717; www.gaietytheatre.com; South King St; 🚌 alle Linien im Zentrum) Das Programm des Gaiety bietet Spaß für die ganze Familie. Neben West-End-Hits, Musicals und Weihnachtsstücken für Kinder gibt's auch anspruchsvollere irische Klassiker. Wer Unterhaltung sucht, ist hier richtig.

International Bar THEATER
(Karte S. 98 f.; ☎ 01-677 9250; 23 Wicklow St; 🚌 alle Linien im Zentrum) Am frühen Abend zeigen unbekannte Schauspieler im oberen Stock der Bar recht unterhaltsame Stücke. Danach wird der Raum für die renommierten Comedyshows im Anschluss vorbereitet.

ABENDANDACHT IN DEN KATHEDRALEN

Bei einem seltenen Zusammentreffen nahmen die Chöre der St. Patrick's Cathedral und der Christ Church Cathedral 1742 an der Uraufführung von Händels *Messias* in der nahe gelegenen Fishamble Street teil. Auch heute noch setzen die Kathedralen ihre stolze Chortradition fort. Um in den Genuss der stimmungsvollen musikalischen Darbietungen zu kommen, bieten sich Besuche der Abendandachten an. Der Chor der St. Patrick's Cathedral singt montags bis freitags um 17.45 Uhr (außer mittwochs im Juli und August), während der Chor der Christ Church Cathedral sonntags um 17.30 Uhr, mittwochs und donnerstags um 18 Uhr und samstags um 17 Uhr zu hören ist. Besonders reizvoll sind die Weihnachtsliederkonzerte in der St. Patrick's Cathedral. Die begehrten Tickets gibt's unter ☎ 01-453 9472.

DUBLINS ZEITGENÖSSISCHE THEATERSZENE

Das heutige irische Theater prägen vor allem fünf Namen:

- **Marina Carr** International bekannte Dramatikerin; ihr neuestes Werk ist *16 Possible Glimpses* (2011).
- **Marie Jones** In Belfast geborene Bühnenautorin; *Fly Me to the Moon* (2012) ist ihr aktuellstes Stück.
- **Conor McPherson** Das bekannteste Stück des renommierten Talents ist *Der Seefahrer* (2006).
- **Tom Murphy** Einer der führenden Dramatiker Irlands; sein letztes Werk ist *The Last Days of the Reluctant Tyrant* (2009).
- **Mark O'Rowe** Der Autor von *Howie the Rookie* (1999) und *Made in China* (2001) ist heute vor allem in der Filmbranche tätig, kehrt jedoch ab und zu ans Theater zurück.

Olympia Theatre THEATER
(☎01-677 7744; 72 Dame St; 🚌alle Linien im Zentrum) Der Schwerpunkt liegt auf leichter Kost und Pantomime (zur Weihnachtszeit).

Players' Theatre THEATER
(Karte S. 92; ☎01-677 2941, ext 1239; Regent House; 🚌alle Linien im Zentrum) Während des Semesters werden am Unitheater des Trinity College Stücke von Studenten aufgeführt. Im Oktober sieht man hier die besten Werke des Dublin Theatre Festival.

Project Arts Centre THEATER
(Karte S. 98 f.; ☎1850 260 027; www.project.ie; 39 East Essex St; 🚌alle Linien im Zentrum) Wer es gerne innovativ und unkonventionell mag, findet hier das interessanteste Programm der Stadt, das von Theater und Tanz über Performance-Kunst bis hin zu Filmvorführungen reicht. Drei separate Bereiche ohne einschränkendes Bühnenportal garantieren maximale Flexibilität. Man weiß nie, was einen erwartet, aber genau das macht den Reiz des Kulturzentrums aus: Wir haben hier schon echten Schrott, jedoch auch die besten Shows der Stadt gesehen.

Shoppen

Ob nun Made in Ireland oder Made in China – in Dublin findet man so gut wie alles. Die Grafton Street wird von klassischen größtenteils britischen Ketten gesäumt, die besten örtlichen Läden liegen jedoch in den umliegenden Straßen und verkaufen von Käse über irische Designermode bis hin zu Alltagskleidern alles Erdenkliche. Im Norden flankieren die verkehrsberuhigte Henry Street internationale Ketten sowie Dublins bestes Kaufhaus, das Arnott's.

Traditionelle irische Produkte wie Kristall- und Strickwaren sind weiterhin beliebte Mitbringsel, inzwischen stößt man jedoch auch auf originellere Versionen der Klassiker. Von billiger Massenware lässt man am besten die Finger; der Scherzfaktor steht in keinem Verhältnis zu dem Stress, den der Heimtransport im Flieger beinhaltet. Und eines ist sicher: In der gesamten Stadt wird man keinen echten *shillelagh* (irischen Kampfstock) finden!

Nicht-EU-Bürger können die Umsatzsteuer für gekaufte Artikel zurückverlangen, die mit einem Cash-Back-Aufkleber versehen sind. Näheres erfragt man am besten vor Ort.

Die meisten Geschäfte sind montags bis samstags von 9.30 bis 18 Uhr bzw. donnerstags bis 20 Uhr geöffnet. Viele öffnen auch sonntags, in der Regel von 12 bis 18 Uhr.

Grafton Street & Umgebung

Avoca Handweavers KUNSTHANDWERK
(Karte S. 98 f.; ☎01-677 4215; www.avoca.ie; 11–13 Suffolk St; ⏲Mo–Mi & Sa 9.30–18, Do & Fr 9.30–19, So 11–18 Uhr; 🚌alle Linien im Zentrum) Mit einer Kombination aus Kleidung, Haushaltswaren, einer Lebensmittelabteilung im Untergeschoss und einem exzellenten Café im Obergeschoss (S. 118) steht das Avoca für moderne gemütliche irische Lebensart mit Stil und ist eine der besten Adressen für ein originelles Geschenk. Viele Kleidungsstücke wurden in der hauseigenen Fabrik in Wicklow gewebt, gestrickt oder mit natürlichen Mitteln gefärbt. Die Kinderabteilung mit fantasievoller Strickware, Gummistiefeln mit Bienen und niedlichem Spielzeug ist fantastisch.

EINKAUFSZENTREN

Es gibt in Dublin mehrere große Einkaufszentren:

Powerscourt Townhouse Shopping Centre (Karte S. 98 f.; ☎ 01-679 4144; 59 South William St; ⏲ Mo–Mi & Fr 10–18, Do 10–20, Sa 9–18, So 12–18 Uhr; 🚌 alle Linien im Zentrum) Dieses umwerfende und stylishe Einkaufszentrum ist in einem sorgsam restaurierten georgianischen Stadthaus untergebracht, das zwischen 1741 und 1744 erbaut wurde. Inzwischen ist es vor allem für seine Cafés und Restaurants bekannt, doch man bekommt hier auch erstklassige Haute Couture, Kunstgegenstände, exquisite Handarbeiten und andere Schickimicki-Ware.

George's Street Arcade (Karte S. 98 f.; www.georgesstreetarcade.ie; zw. South Great George's St & Drury St; ⏲ Mo–Mi, Fr & Sa 9–18.30, Do 9–20, So 12–18 Uhr; 🚌 alle Linien im Zentrum) Dublins bester Non-Food-Markt befindet sich in einer überdachten viktorianisch-gotischen Arkade. Außer zahlreichen Läden und Ständen, die neue und gebrauchte Kleidung, Secondhandbücher, Mützen, Poster, Schmuck und Platten verkaufen, locken ein Wahrsager, Gourmethäppchen und eine Fish-'n'-Chips-Bude, die reißenden Umsatz macht.

Jervis Street Centre (Karte S. 122 f.; ☎ 01-878 1323; Jervis St; 🚌 alle Linien im Zentrum) Die moderne gewölbte Mall hat sich britischen Modeketten wie Boots, Topshop, Debenhams, Argos, Dixons, M&S und Miss Selfridge verschrieben.

St. Stephen's Green Shopping Centre (Karte S. 104 f.; ☎ 01-478 0888; West St. Stephen's Green; ⏲ Mo–Mi, Fr & Sa 9–19, Do 9–21, So 11–18 Uhr; 🚌 alle Linien im Zentrum) Mit ihren dramatischen Balkonen an der Fassade und dem zentralen Hof wirkt diese Mall der 1980er im Gewand des 19. Jhs. etwas zu prächtig für die unscheinbaren Modeketten im Inneren. Neben Boots, Benetton und einem großen Dunnes Store mit Supermarkt gibt's eine Filiale von TK Maxx mit Designermode der letzten Saison.

Dundrum Town Centre (☎ 01-299 1700; www.dundrum.ie; Sandyford Rd; ⏲ Mo–Fr 9–21, Sa 8.30–19, So 10–19 Uhr; 🚌 17, 44C, 48A oder 75 ab dem Zentrum, 🚋 Ballaly) Der riesige Einkaufs- und Unterhaltungskomplex im südlichen Vorort Dundrum ist der größte moderne Shoppingtempel Irlands. In dem Gebäude sind über 100 Modemarken vertreten.

Kilkenny Shop KUNSTHANDWERK
(Karte S. 92; ☎ 01-677 7066; www.kilkennyshop.com; 6 Nassau St; ⏲ Mo–Mi & Fr 8.30–19, Do 8.30–20, Sa 8.30–18, So 10–18 Uhr; 🚌 alle Linien im Zentrum) Großer alteingesessener Laden für modernes innovatives irisches Kunsthandwerk wie farbenfrohe Strickware, Designermode, Orla-Kiely-Taschen und hübschen Silberschmuck. Zudem gibt's schöne Glas- und Töpferware aus dem ganzen Land. Toll für Geschenke.

DESIGNYARD IRISCHES KUNSTHANDWERK
(Karte S. 92; ☎ 01-474 1011; www.designyard.ie; 25 South Frederick St; ⏲ Mo–Mi & Fr 10–17.30, Do bis 20, Sa bis 18 Uhr; 🚌 alle Linien im Zentrum) Der hochwertige Kunsthandwerksladen verkauft individuelle hausgemachte Stücke aus Irland, darunter welche aus Glas und im Batikstil sowie Skulpturen, Gemälde. Außerdem bekommt man hier modernen Schmuck junger internationaler Designer. Tolle Adresse für den perfekten Verlobungsring oder ein sehr besonderes Geschenk.

Cathach Books BÜCHER
(Karte S. 104 f.; ☎ 01-671 8676; www.rarebooks.ie; 10 Duke St; ⏲ Mo–Sa 9.30–17.45 Uhr; 🚌 alle Linien im Zentrum) Unser Lieblingsbuchladen der Stadt hat ein umfangreiches bemerkenswertes Sortiment an Büchern zu Irland mit besonderem Schwerpunkt auf der Literatur des 20. Jhs. und einer großen Auswahl an Erstausgaben, darunter seltene Exemplare von den Schriftstellergrößen Joyce, Yeats, Beckett und Wilde.

Gutter Bookshop BÜCHER
(Karte S. 98 f.; ☎ 01-679 9206; www.gutterbookshop.com; Cow's Lane; ⏲ Mo–Mi, Fr & Sa 10–18.30, Do 10–19, So 11–18 Uhr; 🚌 alle Linien im Zentrum) Der fabelhafte Laden ist nach dem berühmten Zitat *We are all in the gutter, but some of us are looking at the stars* („Wir liegen alle in der Gosse, aber einige von uns betrachten die Sterne") aus Oscar Wildes Stück *Lady Windermeres Fächer* benannt und hält die Fahne für alle notleidenden unabhängigen Buchgeschäfte hoch. Erhältlich

sind neue Romane, Kinderbücher, Reiseliteratur und andere ausgewählte Titel.

Sheridan's Cheesemongers FEINKOST
(Karte S. 104 f.; ☎ 01-679 3143; www.sheridanscheesemongers.com; 11 South Anne St; ⌚ Mo–Fr 10–18, Sa ab 9.30 Uhr; 🚌 alle Linien im Zentrum) In diesem Käseparadies biegen sich die Holzregale unter Bauernkäselaiben, zusammengetragen aus ganz Irland von Kevin und Seamus Sheridan, die quasi im Alleingang die Kunst der Käseherstellung im Land wiederbelebt haben. Kunden können jede der 60 erhältlichen Sorten probieren und dazu irischen Wildlachs, italienische Pasta und Oliven kaufen.

Brown Thomas KAUFHAUS
(Karte S. 98 f.; ☎ 01-605 6666; www.brownthomas.com; 92 Grafton St; ⌚ Mo, Mi & Fr 9.30–20, Di 10–20, Do 9.30–21, Sa 9–20, So 11–19 Uhr; 🚌 alle Linien im Zentrum) Dublins exklusivster Laden setzt seine Waren in Jo-Malone-schwangerer Luft wahrhaft kunstvoll in Szene. Neben fantastischen Kosmetikartikeln, traumhaften Schuhen und exotischen Haushaltswaren gibt's irische und internationale Modelabels wie Balenciaga, Stella McCartney, Lainey Keogh und Philip Treacy. Im Bottom Drawer im dritten Stock bekommt man die feinsten irischen Laken im ganzen Land.

Costume KLEIDER
(Karte S. 98 f.; ☎ 01-679 5200; www.costumedublin.ie; 10 Castle Market; 🚌 alle Linien im Zentrum) Bei Dublins Fashionistas gilt das Costume als echter Trendsetter, denn es hat exklusive Verträge mit einigen der innovativsten Designer Europas wie Isabel Marant und Anna Sui. Außerdem bietet es die größte Auswahl von Temperley und American Retro in der Stadt.

Bow Boutique KLEIDER
(Karte S. 98 f.; ☎ 01-707 1763; Powerscourt Townhouse Shopping Centre, South William St; ⌚ Mo–Mi & Fr 10–18, Do 10–20, Sa 9–18, So 12–18 Uhr; 🚌 alle Linien im Zentrum) Diese wunderschöne neue Boutique ist ein Gemeinschaftsprojekt von vier irischen Modeschöpfern (Eilis Boyle, Matthew Doody, Margaret O'Rourke und Wendy Crawford) und hat neben Designerstücken auch maßgeschneiderte Kleider sowie „Ökomode" von Fairtrade-Labels aus der ganzen Welt wie People Tree und Camilla Nordback auf Lager.

IRISCHE QUALITÄTSWARE

Avoca Handweavers (S. 135) Unser Lieblingskaufhaus mit zahllosen handgemachten Geschenkideen.

Barry Doyle Design Jewellers (Karte S. 98 f.; ☎ 01-671 2838; 30 George's St Arcade; ⌚ Mo–Mi, Fr & Sa 10–18, Do bis 19 Uhr; 🚌 alle Linien im Zentrum) Exquisiter handgemachter Schmuck in einzigartigem modernem Design.

Cathach Books (S. 136) Wertvolle Erstausgaben und Joyces *Dubliners* im hübschen Lederumschlag.

Louis Copeland (Karte S. 98 f.; ☎ 01-872 1600; www.louiscopeland.com; 18–19 Wicklow St; ⌚ Mo–Mi, Fr & Sa 9–17.30, Do bis 19.30 Uhr; 🚌 alle Linien im Zentrum) Dublins stadteigener erstklassiger Schneider.

MÄRKTE IN DUBLIN

In den letzten Jahren haben die Dubliner eine echte Leidenschaft für Märkte entwickelt. Das entbehrt nicht einer gewissen Ironie, schließlich schenkten diejenigen, die auf den neuen Feinkostmärkten nicht genug von hausgemachtem Hummus bekommen können, den traditionellen Märkten der Stadt, z. B. in der Moore Street, keinerlei Beachtung. War ihnen wohl zu kontinental …

Die besten Märkte:

Book Fair (Karte S. 98 f.; Temple Bar Sq; ⌚ Sa 10–17 Uhr; 🚌 alle Linien im Zentrum) Große Auswahl an gebrauchten Büchern.

Cow's Lane Designer Mart (Karte S. 98 f.; Cow's Lane; ⌚ Sa 10–17 Uhr; 🚌 alle Linien im Zentrum) Über 60 Stände mit den besten Kleidern, Accessoires und Kunsthandwerksstücken: ein echter Hipster-Markt.

Meeting House Square Market (Karte S. 98 f.; Meeting House Sq; ⌚ Sa 10–17 Uhr; 🚌 alle städtischen Linien) Der beste Lebensmittelmarkt der Stadt unter freiem Himmel.

Moore Street Market (Karte S. 122 f.; Moore St; ⌚ Mo–Sa 8–16 Uhr; 🚌 alle Linien im Zentrum) Unerschütterlicher klassischer Dubliner Markt mit Obst, Fisch und Blumen.

Hodges Figgis BÜCHER
(Karte S. 92; ☎01-677 4754; 56–58 Dawson St; ⏰Mo–Mi & Fr 9–19, Do 9–20, Sa 9–18, So 12–18 Uhr; 🚌alle Linien im Zentrum) Auf drei weitläufigen Stockwerken verkauft die Mutter aller Dubliner Buchläden Literatur zu jedem erdenklichen Thema für jede Art von Leser. Im Erdgeschoss befindet sich die irische Abteilung.

Jenny Vander KLEIDER
(Karte S. 98 f.; ☎01-677 0406; 50 Drury St; 🚌alle Linien im Zentrum) Der Secondhandladen versprüht Eleganz und Raffinesse. Anspruchsvolle Modeliebhaber und Film-Stylisten kaufen hier exquisite perlenbesetzte Handtaschen, Pelzmäntel, aufwendig verzierte Kleider und Modeschmuck zu gesalzenen Preisen.

Claddagh Records MUSIK
(Karte S. 98 f.; ☎01-677 0262; 2 Cecilia St; 🚌alle Linien im Zentrum) In zentraler Lage bietet dieser Plattenladen eine exzellente Auswahl an guter traditioneller und Folk-Musik. Das sachkundige Personal spürt selbst die seltensten Scheiben auf.

Dubray Books BÜCHER
(Karte S. 98 f.; ☎01-677 5568; 36 Grafton St; ⏰Mo–Mi & Sa 9–19, Do & Fr 9–21, So 11–18 Uhr; 🚌alle Linien im Zentrum) Einer der besseren Buchläden der Stadt mit drei geräumigen Etagen, in denen Bestseller, Neuerscheinungen, Luxusbildbände und jede Menge Reiseführer zu finden sind. Er kann nicht mit seinen größeren Konkurrenten unter britischer Leitung mithalten, überzeugt jedoch mit hilfsbereiten Mitarbeitern und einer charmanten Atmosphäre, die zum Bleiben einlädt.

Nördlich der Liffey

Arnott's KAUFHAUS
(Karte S. 122 f.; ☎01-805 0400; 12 Henry St; 🚌alle Linien im Zentrum) Unser Lieblingskaufhaus in Dublin nimmt einen riesigen Block mit Eingängen in der Henry, Liffey und Abbey Street ein. Hier gibt's einfach alles von Gartenmöbeln bis zu Designerklamotten, außerdem ist das Ganze sogar einigermaßen bezahlbar.

Eason's BÜCHER
(Karte S. 122 f.; ☎01-873 3811; www.easons.ie; 40 Lower O'Connell St; 🚌alle Linien im Zentrum) Im Erdgeschoss dieses riesigen Buchladens nahe dem GPO gibt's die größte Auswahl an Magazinen und ausländischen Zeitungen im ganzen Land. Hier blättern sich Dutzende Kunden durch das Angebot, ohne auch nur ans Kaufen zu denken.

Clery's & Co KAUFHAUS
(Karte S. 122 f.; ☎01-878 6000; O'Connell St; 🚌alle Linien im Zentrum) Das elegante Kaufhaus ist das berühmteste Irlands und ein echter Dubliner Klassiker. Nach kürzlich durchgeführten Umbauten erstrahlt das Clery's wieder in altem Glanz, zudem versucht es durch hippe Marken sein konservatives Image abzulegen und jüngere Kunden anzuziehen.

ℹ Praktische Informationen

GEFAHREN & ÄRGERNISSE

Dublin ist eine sichere Stadt, in der man sich im Grunde wie im Heimatland verhalten kann. Manche Gegenden werden allerdings gerne von Drogenabhängigen und anderen zwielichtigen Gestalten frequentiert, dazu gehören der Norden/Nordosten der Gardiner Street sowie Abschnitte der Dorset Street im Norden und der westliche Teil der Thomas Street im Süden.

GELD

Rund um das College Green gegenüber dem Trinity College gibt's einige Banken.

INFOS IM INTERNET

Dublin City Council (www.dublincity.ie)
Dublin Tourism (www.visitdublin.com)
Entertainment.ie (www.entertainment.ie)
Overheard in Dublin (www.overheardindublin.com)
Totally Dublin (www.totallydublin.ie)

INTERNETZUGANG

WLAN und Smartphones machen Internetcafés zunehmend überflüssig (außer vielleicht für Zocker); die wenigen, die es noch gibt, verlangen rund 6 € pro Stunde. In den meisten Unterkünften ist WLAN verfügbar, entweder kostenlos oder gegen eine tägliche Gebühr (bis zu 10 €).

Global Internet Café (8 Lower O'Connell St; 5 € pro Std.; ⏰Mo–Fr 8–23, Sa ab 9, So ab 10 Uhr)

Internet Exchange (3 Cecilia St, Temple Bar; 5 € pro Std.; ⏰Mo–Fr 8–2, Sa & So 10–24 Uhr)

MEDIZINISCHE VERSORGUNG

In akuten Fällen kann man sich jederzeit an die Notaufnahme (A&E; Accident & Emergency) der nächstgelegenen Klinik wenden. Die Notrufnummer für einen Krankenwagen ist die 999. In Dublin gibt's keine Notdienstapotheken; die letzten Geschäfte machen um 22 Uhr zu.

Baggot Street Hospital (☎668 1577; 18 Upper Baggot St; ⏰Mo–Fr 7.30–16.30 Uhr) Stadtzentrum, Southside.

Caredoc (☎1850 334 999; www.caredoc.ie; ⏰24 Std.) Ärztlicher Bereitschaftsdienst, nur außerhalb der regulären Sprechstundenzeiten.

City Pharmacy (☎670 4523; 14 Dame St; ⏰9–22 Uhr)

Dental Hospital (☎ 01-612 7200; 20 Lincoln Pl; ⏱ Mo–Fr 9–17, mit Termin ab 8 Uhr)

Grafton Medical Centre (☎ 671 2122; www.graftonmedical.ie; 34 Grafton St; ⏱ Mo–Do 8.30–18.30, Fr bis 18 Uhr) Ärztehaus mit Medizinern und Physiotherapeuten.

Health Service Executive (☎ 1800 520 520, 679 0700; www.hse.ie; Dr. Steeven's Hospital, Steeven's Lane; ⏱ Mo–Fr 9.30–17.30 Uhr) Zentrale Gesundheitsbehörde, die passende Allgemeinärzte empfiehlt. Infoservice für körperlich und geistig Behinderte.

Mater Misericordiae Hospital (☎ 830 1122; Eccles St) Stadtzentrum, Northside.

St. James's Hospital (☎ 01-410 3000; www.stjames.ie; James's St) Southside.

NOTFALL

Drugs Advisory & Treatment Centre (☎ 01-677 1122; Trinity Ct, 30–31 Pearse St)

Polizei/Feuerwehr/Ambulanz (☎ 01-999)

Rape Crisis Centre (☎ 01-661 4911, 1800 778 888; 70 Lower Leeson St)

POST

Die besten Postämter im Zentrum sind das **General Post Office** (Karte S. 122 f.; ☎ 01-705 7000; O'Connell St; ⏱ Mo–Sa 8–20 Uhr) in der Northside und das **An Post** (Karte S. 98 f.; ☎ 01-705 8206; www.anpost.ie; St. Andrew's St; ⏱ Mo–Fr 8.30–17 Uhr) in der Southside.

TOURISTENINFORMATION

Im **Dublin Discover Ireland Centre** (Karte S. 98 f.; www.visitdublin.com; St. Andrew's Church, 2 Suffolk St; ⏱ Mo–Sa 9–17.30, So 10.30–15 Uhr) gibt's alle Informationen, die man nach der Ankunft in der Hauptstadt benötigt. Neben allgemeinen Besucherinfos zu Dublin und Irland bietet es einen kostenlosen Buchungsservice von Unterkünften, eine Konzertagentur sowie Wissenswertes zu Bussen vor Ort und im Land, zu Bahnverbindungen, zu Touren und zu Reservierungen. Weitere Vertretungen findet man am Flughafen von Dublin und in der **O'Connell Street** (Karte S. 122 f.; 14 O'Connell St; ⏱ Mo–Sa 9–17 Uhr).

ℹ An- & Weiterreise

AUTO & MOTORRAD

Zu den wichtigsten Autovermietungen, die auch Büros am Flughafen haben, gehören:

Avis Rent-a-Car (☎ 01-605 7500, Flughafen ☎ 01-605-7566; www.avis.ie; 35 Old Kilmainham Rd)

Budget Rent-a-Car (☎ 01-837 9611, Flughafen ☎ 01-844 5150; www.budget.ie; 151 Lower Drumcondra Rd)

Europcar (☎ 01-648 5900, Flughafen ☎ 01-844 4179; www.europcar.com; 1 Mark St)

Hertz Rent-a-Car (☎ 01-709 3060, Flughafen ☎ 01-844 5466; www.hertz.com; 151 South Circular Rd)

Thrifty (☎ 01-844 1944, Flughafen ☎ 01-840 0800; www.thrifty.ie; 26 Lombard St East)

BUS

Der Busbahnhof **Busáras** (Karte S. 122 f.; ☎ 01-836 6111; www.buseireann.ie; Store St) befindet sich nördlich des Flusses hinter dem Custom House und ist die Haupthaltestelle von **Bus Éireann** (www.buseireann.ie) mit einem landesweiten Netz.

FLUGZEUG

Der **Dublin Airport** (☎ 01-814 1111; www.dublinairport.com), Irlands größter Flughafen, liegt 13 km nördlich vom Zentrum. Es gibt zwei Terminals: Am Terminal 2 werden die meisten internationalen Flüge abgewickelt, am Terminal 1 Flüge von Ryanair und anderen ausgewählten Linien. Beide bieten die übliche Auswahl an Kneipen, Restaurants, Geschäften, Geldautomaten und Autovermietungen.

SCHIFF/FÄHRE

Dublin hat zwei Fährhäfen. Der **Dun Laoghaire Ferry Terminal** (☎ 01-280 1905; Dun Laoghaire) 13 km östlich des Zentrums bedient Holyhead in Wales und ist mit der DART-Bahn oder den Buslinien 7, 7A und 8 von Burgh Quay bzw. Bus 46A vom Trinity College aus erreichbar. Am 3 km nordöstlich gelegenen **Dublin Port Terminal** (☎ 01-855 2222; Alexandra Rd) legen Fähren nach Holyhead und Liverpool ab.

Die Verbindungen vom Busbahnhof sind auf die Ankunft- und Abfahrtzeiten der Fähren abgestimmt: Für die Verbindung um 9.45 Uhr vom Dublin Port muss man um 8.30 Uhr am Busáras starten, für die 1-Uhr-Nachtfähre nach Liverpool geht's um 23.45 Uhr los. Ein Ticket kostet 2,50/1,25 € pro Erwachsenen/Kind.

ZUG

In Dublin gibt's zwei Hauptbahnhöfe. Die **Heuston Station** (☎ 01-836 5421) im Westen der Stadt nahe der Liffey bedient den Süden des Landes, die **Connolly Station** (☎ 01-836 3333), einen kurzen Fußmarsch nordöstlich von Busáras hinter dem Custom House, den Westen und Norden. Die Heuston Station verfügt über Gepäckaufbewahrungsmöglichkeiten in drei Größen, die zwischen 6 und 10 € für 24 Stunden kosten. An der Connolly Station zahlt man 6 €.

Die Connolly Station liegt an der durch die Stadt führenden DART-Linie. Die Luas Red Line bedient sowohl die Connolly als auch die Heuston Station.

ℹ Unterwegs vor Ort

AUTO & MOTORRAD

Der Verkehr in Dublin ist ein wahrer Albtraum und Parken ein teures Ärgernis. Während der Bürozeiten (Mo–Sa 7–19 Uhr) kann man sein Auto nirgendwo umsonst abstellen, aber es gibt jede Menge Plätze mit Parkuhren (2,50–5 € pro Std.) und mehr als ein Dutzend bewachte Parkhäuser (5 € pro Std.).

Fürs Falschparken fängt man sich schnell eine Kralle ein, die erst gegen eine Zahlung von stolzen 80 € wieder abgenommen wird. Von Montag bis Samstag ist das Parken nach 19 Uhr an Parkuhren und einfachen gelben Streifen kostenlos; sonntags gilt diese Regelung den ganzen Tag über.

Autodiebstahl und -einbrüche sind an der Tagesordnung. Die Polizei rät Besuchern deshalb, ihre Wagen nach Möglichkeit im überwachten Parkhaus abzustellen. Vor allem auf Autos mit ausländischem Kennzeichen haben es die Langfinger abgesehen, daher sollte man niemals Wertgegenstände im Fahrzeug lassen! Am besten erkundigt man sich gleich bei der Hotelbuchung nach Parkmöglichkeiten.

Die **Automobile Association of Ireland** (AA; ☎ 01-617 9999, Pannendienst 1800 667 788; www.aaireland.ie; 56 Drury St) befindet sich im Zentrum.

FAHRRAD

Trotz der rot gekennzeichneten Radwege, die durch Teile des Zentrums führen, haben es Radfahrer nicht ganz einfach, da sie sich die Straßen mit Bussen und abgestumpften Autofahrern teilen müssen. Fahrraddiebstahl ist ein großes Problem, deswegen sollten Fahrräder an betriebsameren Straßen, am besten an einer der zahllosen U-förmigen Parkstangen, abgestellt und gut abgeschlossen werden. Wer sein Rad über Nacht draußen lässt, muss damit rechnen, dass es am nächsten Morgen verschwunden ist. **Dublin City Cycling** (www.dublincitycycling.ie) bietet exzellente Online-Infos.

Fahrräder sind nur in vorstädtischen Zügen (jedoch nicht auf der DART-Linie) zugelassen und müssen im Gepäckwagen oder in einem speziellen Abteil am Ende des Zuges verstaut werden. Die Mitnahme eines Fahrrads auf einer Strecke bis 56 km kostet pauschal 4 €. Fahrradhelme sind keine Pflicht.

Dublinbikes

Eines der beliebtesten Transportmittel der Stadt sind die blauen Fahrräder von **Dublinbikes** (www.dublinbikes.ie). Der Leihservice ist mit dem Pariser Vélib-System zu vergleichen: Radfahrer erwerben für 10 € eine Smartcard (und zahlen mit der Kreditkarte eine Kaution von 150 €), und zwar entweder online oder an einer der 40 Stationen in der Innenstadt. Mit der besagten Karte kann man die Räder dann „freischalten". Die ersten 30 Minuten sind kostenlos, danach kostet jede halbe Stunde 0,50 €.

VOM/ZUM FLUGHAFEN

Weil es keine Zugverbindungen vom bzw. zum Flughafen gibt, muss man einen Bus nehmen oder mit dem Taxi fahren.

Bus

Aircoach (www.aircoach.ie; einfach/hin & zurück 7/12 €) Das private Busunternehmen bedient zwei Strecken und steuert 18 Stationen in der Stadt an, darunter auch die Hauptstraßen im Zentrum. Zwischen 6 und 24 Uhr verkehren die Busse alle 10 bis 15 Minuten, von Mitternacht bis 6 Uhr einmal pro Stunde.

Airlink Express Coach (☎ 01-873 4222; www.dublinbus.ie; Erw./Kind 6/3 €) Bus 747 pendelt alle zehn bis 20 Minuten von 5.45 bis 23.30 Uhr zwischen Flughafen, Busbahnhof (Busáras) und dem Dublin Bus Office in der Upper O'Connell Street. Bus 748 fährt von 6.50 bis 22.05 Uhr alle 15 bis 30 Minuten zwischen Flughafen, Heuston Station sowie Connolly Station.

Dublin Bus (Karte S. 122 f.; ☎ 01-873 4222; www.dublinbus.ie; 59 Upper O'Connell St; ⏲ Mo–Fr 9–17.30, Sa bis 14 Uhr) Einige Busse starten von verschiedenen Punkten in Dublin zum Flughafen, darunter die 16A (Rathfarnham), 746 (Dun Laoghaire) und 230 (Portmarnock), und steuern auch das Stadtzentrum an.

Taxi

Gleich vor der Ankunftshalle befindet sich ein Taxistand. Eine Fahrt vom Flughafen ins Zentrum kostet etwa 20 € einschließlich der Grundgebühr von 2,50 € (fällt bei der Fahrt *zum* Flughafen weg). Man sollte unbedingt darauf achten, dass stets das Taxameter läuft.

ÖFFENTLICHE VERKEHRSMITTEL

Bus

Im Büro von **Dublin Bus** (Karte S. 122 f.; ☎ 01-872 0000; www.dublinbus.ie; 59 Upper O'Connell St; ⏲ Mo–Fr 9–17.30, Sa bis 14 Uhr) erhält man kostenlose Fahrpläne für alle Linien.

Busse verkehren zwischen 6 (manche ab 5.30 Uhr) und 23.30 Uhr. Der Ticketpreis ist nach der Zahl der Haltestellen gestaffelt:

- 1–3 Stationen: 1,65 €
- 4–7 Stationen: 2,15 €
- 8–13 Stationen: 2,40 €
- 14–23 Stationen: 2,80 €
- ab 23 Stationen: 2,80 € (innerhalb der Citizone; außerhalb des Zentrums werden 4,40 € fällig)

Innerhalb des Stadtzentrums (etwa zwischen Parnell Square im Norden und St. Stephen's Green im Süden) gilt ein Pauschalpreis von 0,65 €. Beim Einsteigen sollte man unbedingt passendes Kleingeld dabeihaben, denn statt Wechselgeld gibt's einen Rückerstattungsbeleg, den man nur im Hauptbüro des Unternehmens einlösen kann. Eine bessere Alternative ist die **Leap Card** (www.leapcard.ie), eine Chipkarte, die bei den meisten Zeitungsständen erhältlich ist. Nachdem man sich online registriert hat, kann man die Karte mit einem beliebigen Guthaben aufladen. Wenn man nun in einen Bus, Luas oder vorstädtischen Zug einsteigt, zieht man die

ERMÄSSIGTE TICKETS

Mit folgenden Tickets kann man Geld sparen:

Freedom Ticket (Erw./Kind 28/12 €) Drei Tage lang unbegrenzte Fahrten auf allen Busverbindungen, u. a. mit dem Airlink und den Hop-on-Hop-off-Touren von Dublin Bus.

Adult (Bus & Rail) Short Hop (1/3 Tage 12/24,50 €) Gilt für die unbegrenzte Nutzung von Dublin Bus, DART und Vorstadtbahnen, jedoch nicht für Nitelink und Airlink.

Bus/Luas Pass (1/7 Tage 8,10/32,80 €) Gilt für Busse und Luas.

Family One-Day Short Hop (17,70 €) Mit dem Ticket kann eine Familie mit zwei Erwachsenen und zwei Kindern unter 16 Jahren einen Tag lang alle Bus- und Bahnverbindungen nutzen; ausgenommen sind Nitelink, Airlink, Fähren und Touren.

Rambler Pass (1/3/5 Tage 6,90/15/25 €) Unbegrenzte Nutzung aller Verbindungen von Dublin Bus und Airlink; Nitelink ausgenommen.

10 Journey Travel 90 (Erw. 25 €) Zehn 90-minütige Fahrten auf allen Verbindungen von Dublin Bus und Airlink; Nitelink ausgenommen.

Karte einfach durch und der Fahrpreis (meist 20 % weniger als der übliche Tarif) wird automatisch abgezogen.

Luas

Dublins **Stadtbahn** (www.luas.ie) bedient zwei Strecken. Die Green Line (alle 5–15 Min.) verbindet St. Stephen's Green mit dem südlichen Sandyford und fährt über Ranelagh und Dundrum, während die Red Line (alle 2 Min.) von der Lower Abbey Street über die nördlichen Kais und Heuston Station bis Tallaght verkehrt. Tickets bekommt man an den Automaten bei den Haltestellen oder den Kiosken in der Stadtmitte. Ein Kurzstreckenticket gilt für etwa vier Haltestellen und kostet 2 €. Die Bahnen fahren montags bis freitags von 5.30 bis 0.30 Uhr, samstags von 6.30 bis 0.30 Uhr sowie sonntags von 7 bis 23.30 Uhr. Passagiere können die Leap Card nutzen.

Nitelink

Die Nitelink-Nachtbusse verkehren ab dem Dreieck College, Westmoreland Street und D'Olier Street. Freitags und samstags fahren sie von 0.30 bis 4.30 Uhr alle 20 Minuten auf den wichtigsten Strecken bzw. bis 3.30 Uhr auf weniger frequentierten Routen. Sonntags bis donnerstags gibt's keine Verbindungen. Ein Ticket kostet 5 €. Infos zu den Strecken erhält man unter www.dublinbus.ie.

Zug

Mit dem **Dublin Area Rapid Transport** (DART; ☎ 01-836 6222; www.irishrail.ie) gelangt man schnell und bequem an die Küste. Richtung Norden fahren die Züge bis Howth (30 Min.), Richtung Süden bis Greystones im County Wicklow. Die Pearse Station ist praktischer für den Dubliner Nahbereich südlich der Liffey, die Connolly Station für den Teil nördlich der Liffey. Normalerweise starten die Züge montags bis samstags von 6.30 bis 24 Uhr alle zehn bis 20 Minuten, manchmal auch häufiger. Sonntags ist der Fahrplan eingeschränkt. Von Dublin aus ist man in 15 bis 20 Minuten in Dun Laoghaire. Ein einfaches Ticket nach Dun Laoghaire oder Howth kostet 2,30 €, nach Bray zahlt man 2,75 €.

Weitere Vorortzüge verkehren gen Norden bis Dundalk, ins Landesinnere bis Mullingar und gen Süden über Bray bis Arklow.

TAXI

Der Basistarif für Taxis beträgt 4,10 € bzw. 4,45 € zwischen 22 und 8 Uhr, danach wird pro Kilometer 1,03 € bzw. 1,35 € zwischen 22 und 8 Uhr berechnet. Dazu kommen Extragebühren: 1 € pro Fahrgast und 2 € für telefonische Bestellungen; Gepäck kostet nichts.

Man kann die Taxis entweder direkt an der Straße anhalten oder steuert einen der Taxistände an, z. B. an der Ecke Abbey Street/O'Connell Street, beim **College Green** (Karte S. 98 f.) vor dem Trinity College oder bei St. Stephen's Green am Ende der Grafton Street. Es gibt verschiedene Unternehmen, die ihre Wagen per Funk benachrichtigen, darunter folgende Anbieter:

City Cabs (☎ 01-872 2688)

National Radio Cabs (☎ 01-677 2222; www.radiocabs.ie)

Wer sich beschweren will oder etwas im Taxi liegen gelassen hat, sollte das **Garda Carriage Office** (☎ 01-475 5888) kontaktieren.

RUND UM DUBLIN

An ihrer Stadt schätzen viele Dubliner besonders, dass man so einfach wieder aus ihr hinauskommt – und das ist keineswegs ironisch gemeint. Sobald sich die Gelegenheit ergibt, kehren sie ihrem Wohnort den Rücken, kommen allerdings nicht wirklich weit, da sie meistens in eines der nahe gelegenen Küstendörfer fahren. Zu ihrem Leidwesen gehören die malerischen Orte Howth und Malahide im Norden inzwischen aber schon fast zum Dubliner Einzugsgebiet. Dalkey im Süden musste diesen Kampf längst aufgeben, konnte sich jedoch trotzdem seinen dörflichen Charakter bewahren.

Howth

Am Fuß einer bauchigen Halbinsel erstreckt sich das hübsche Dorf Howth (ausgesprochen wie das englische *„both"*, nur mit einem „h" am Anfang). Es hat einen Fischer- und einen Jachthafen und gilt als eine der besten Adressen Dublins. Die nobelsten Anwesen liegen diskret auf dem höchsten mit Ginster bewachsenen Hügel, der eine tolle Aussicht auf die Dublin Bay bietet. Dubliner, die sich hier kein Eigenheim leisten können, kommen gerne am Wochenende her. Rund um Howth Head kann man nämlich wunderbar wandern, außerdem findet am Ufer ein beliebter Bauernmarkt statt.

Sehenswertes

Howth Castle BURG

Der Ort grenzt größtenteils an das weitläufige Gelände des 1564 errichteten Howth Castle. Seither hat sich jedoch viel an dem Bau geändert; zuletzt verpasste ihm Sir Edwin Lutyens 1910 einen modernen Anstrich. Heute ist die Burg in vier exklusive Wohneinheiten aufgeteilt, die Außenanlagen sind jedoch für Besucher zugänglich. Ursprünglich wurde das Anwesen 1177 von dem normannischen Adeligen Sir Almeric Tristram erworben, der seinen Nachnamen in St. Lawrence umänderte, nachdem er auf Geheiß seines Lieblingsheiligen (zumindest glaubte er das) eine Schlacht gewonnen hatte. Die Familie ist nach wie vor im Besitz des Landes, obwohl die bis dahin ungebrochene Linie männlicher Nachfahren bereits 1909 endete.

Auf dem Gelände befinden sich zudem die Ruinen des **Corr Castle** aus dem 16. Jh. und ein uralter Dolmen (neolithisches Grabmal aus aufrecht stehenden Steinen mit einem Deckstein darüber), der auch **Aideen's Grave** genannt wird. Der Legende nach starb Aideen an gebrochenem Herzen, nachdem ihr Mann bei der Schlacht von Gavra bei Tara 184 n. Chr. gefallen war. Weil der Dolmen nach Einschätzung von Fachleuten mindestens 300 Jahre mehr auf dem Buckel hat, kann am Wahrheitsgehalt der Legende allerdings nicht viel dran sein.

Einen Besuch lohnen auch die **Castle Gardens** (⏲24 Std.) GRATIS, die besonders für ihre im Mai und Juni blühenden Rhododendren, Azaleen sowie eine lange, 10 m hohe und 1710 gepflanzte Buchenhecke bekannt sind.

Darüber hinaus kann man die Ruine der **St. Mary's Abbey** (Abbey St) GRATIS besichtigen. Das Kloster wurde 1042 vom Wikingerkönig Sitric gegründet, der auch die Vorgängerkirche der Christ Church Cathedral errichten ließ. 1235 wurde es mit dem Kloster auf Ireland's Eye zusammengelegt. Einige Teile des Gebäudes stammen noch aus dieser Zeit, ein Großteil datiert aber ins 15. und 16. Jh. Das Grab von Christopher St. Lawrence (Lord Howth) in der südöstlichen Ecke wurde um 1470 angelegt. Die Öffnungs-

ABSTECHER

IRELAND'S EYE

Nicht weit vor der Küste von Howth erstreckt sich **Ireland's Eye** (☎01-831 4200; hin & zurück 12 €) ein felsiges Vogelschutzgebiet mit den Ruinen eines Klosters aus dem 6. Jh. Am nordwestlichen Ende der Insel ragt ein Martello-Turm auf, wo die von Howth kommenden Boote anlegen, und am östlichen Ende stürzt eine spektakuläre nackte Felswand steil ins Meer hinab. Während der Brutzeit sieht man hier nicht nur zahlreiche Meeresvögel in der Luft kreisen, sondern auch jede Menge Jungvögel am Boden. Außerdem werden in der Umgebung immer wieder Robben gesichtet.

Doyle & Sons (☎01-831 4200; hin & zurück 14 €) fährt im Sommer mit Booten vom Ostpier des Howth Harbour zur Insel, meist an Samstag- und Sonntagnachmittagen. Da die ganze Klosterruine dicht mit Brennnesseln bewachsen ist, sollte man bei einem Besuch lange Hosen anziehen und darüber hinaus bitte nicht vergessen, den Müll wieder mitzunehmen – viele Inselbesucher tun das nämlich leider nicht.

Nördlich von Ireland's Eye liegt **Lambay Island**, ein wichtiges Meeresvogelschutzgebiet, das nicht öffentlich zugänglich ist.

ABSTECHER

SANDYCOVE & JAMES JOYCE MUSEUM

1 km nördlich von Dalkey erstreckt sich **Sandycove** mit einem netten kleinen Strand und dem **Martello-Turm**. Dieses Bauwerk errichteten die Engländer, um von dort aus nach Napoleons Truppen Ausschau zu halten. Heute ist darin das **James Joyce Museum** (☎ 01-280 9265; www.visitdublin.com; Joyce Tower; ⌚ 10–16 Uhr) GRATIS untergebracht, außerdem nimmt hier die Handlung von Joyces epischem Roman *Ulysses* ihren Anfang. Eröffnet wurde das Museum 1962 von Sylvia Beach; die in Paris lebende Verlegerin wagte es als Erste, Joyces komplizierten Roman zu veröffentlichen. Zu den sehenswerten Exponaten gehören Fotos, Briefe, Dokumente, verschiedene Versionen von Joyces Werk und zwei Totenmasken des Schriftstellers.

Unterhalb des Martello-Turmes liegt der **Forty Foot Pool**, ein Meerbecken, dessen Name auf das bis 1904 am Gebäude stationierte Fortieth Foot Regiment zurückgeht. Am Ende des ersten Kapitels von *Ulysses* fährt Buck Mulligan dorthin, um zu schwimmen. Noch immer hat das morgendliche Bad Tradition, und zwar unabhängig von den Jahreszeiten. Im Winter erfordert ein Sprung in den Pool übrigens gar nicht so viel mehr Mut als im Sommer, da die Temperatur nur um etwa 5 °C schwankt. Ziemlich kalt ist das Wasser aber auf jeden Fall.

Auf Druck der weiblichen Badegäste wurde der Abschnitt, den früher nur Nacktbader und Männer betreten durften, für beide Geschlechter geöffnet – trotz großen Protests von Seiten der „Forty Foot Gentlemen". Schließlich einigte man sich darauf, dass der Textilzwang erst nach 9 Uhr gilt. Vor dieser Uhrzeit kommen hauptsächlich (nackte) Männer.

zeiten stehen am Tor angeschrieben oder können beim Verwalter erfragt werden.

Howth Summit AUSSICHTSPUNKT
Im Grunde ist Howth ein sehr großer von Klippen gesäumter Hügel. Sein höchster Punkt, Howth Summit (171 m), bietet eine tolle Sicht über die Dublin Bay bis zum County Wicklow. Von der Spitze aus kann man nach Ben of Howth wandern, einer Landzunge in der Nähe des Dorfes, unter der sich ein 2000 Jahre altes keltisches **Königsgrab** befindet. Das **Baily Lighthouse** von 1814 am südöstlichen Ende steht an der Stelle, an der sich früher eine alte Steinfestung befand. Dorthin gelangt man über einen dramatischen Klippenpfad. Schon 1670 wies ein Leuchtfeuer Schiffen den Weg.

✕ Essen

Howth Fishermen's & Farmer's Market MARKT €
(☎ 01-611 5016; www.irishfarmersmarkets.ie; West Pier, Howth Harbour; ⌚ So & Feiertage 10–17 Uhr) Auf diesem wunderbaren Markt gibt's neben frischem Fisch auch Biofleisch, Gemüse und allerlei Hausgemachtes wie Marmelade, Kuchen und Brot. Eine tolle Option fürs sonntägliche Mittagessen.

House IRISCH €€
(☎ 01-839 6388; www.thehouse-howth.ie; 4 Main St; Hauptgerichte 16–23 €; ⌚ Mo–Fr 9–15, Sa & So 11.30–15 & 18–23 Uhr) Ein erstklassiges Restaurant an der Hauptstraße, die vom Hafen wegführt. Hier kann man Köstlichkeiten wie knusprige Polenta mit Bellingham-Blaukäse, Wildhirschragout und leckere Fischgerichte genießen.

Oar House FISCH & MEERESFRÜCHTE €€
(☎ 01-839 4562; www.oarhouse.ie; 8 West Pier; Hauptgerichte 16–24 €; ⌚ 12.30–22 Uhr) In dem neuen Restaurant steht vor allem köstlicher Fisch auf der Karte, wobei die lokalen Spezialitäten am besten schmecken. Natürlich sollte das in einem Fischerdorf auch so sein, trotzdem sticht das Oar House in zweierlei Beziehungen heraus: Erstens ist der Fisch einmalig zubereitet und zweitens bekommt man jedes Gericht auf der Speisekarte entweder als Hauptgang oder als kleinere tapasähnliche Portion.

ℹ An- & Weiterreise

Nach Howth gelangt man am einfachsten und schnellsten mit der DART-Bahn (20 Min., 2,50 €). Zum gleichen Preis fahren die Busse 31 und 31A von der Lower Abbey Street im Zentrum aus bis zum Gipfel 5 km südöstlich von Howth.

Counties Wicklow & Kildare

345 000 EW. / 3718 KM2

Inhalt ➡

Gut essen

- Ballyknocken House (S. 158)
- Strawberry Tree (S. 161)
- Tinakilly Country House & Restaurant (S. 156)
- Grangecon Café (S. 157)
- Poppies Country Cooking (S. 149)

Schön übernachten

- Brook Lodge & Wells Spa (S. 161)
- Rathsallagh House & Country Club (S. 157)
- Hunter's Hotel (S. 159)

Auf nach Wicklow & Kildare

Diese zwei Grafschaften mögen zwar Nachbarn sein und beide an Dublin grenzen, doch damit enden ihre Gemeinsamkeiten auch schon.

Das malerische, wilde Wicklow mit seinem beeindruckenden, dicht von Ginster und Farn bewachsenen Bergkamm liegt südlich der Hauptstadt in einer herrlichen Gegend voll tiefer Gletschertäler, steiler Bergpässe und bedeutender archäologischer Schätze, angefangen bei den Kultstätten der Urchristen bis zu den Herrenhäusern des irischen Hochadels aus dem 18. Jh.

Im Westen erstreckt sich das deutlich beschaulichere Kildare, ein wohlhabendes, von Landwirtschaft geprägtes County mit einigen der lukrativsten Vollblutgestüten der Welt. Die Zucht ist in ganz Irland ein erfolgreiches Geschäft, in Kildare aber gilt sie als wahres Lebenselixier, da mit ihr viele Millionen steuerfreie Euros erwirtschaftet werden.

Reisezeit

- Die Sommermonate von Juni bis September sind die beste Reisezeit für Wicklow, vor allem wenn man eine Wanderung auf dem Wicklow Way unternehmen möchte.
- Von Ostern bis Ende August wird das Wicklow Gardens Festival veranstaltet.
- Im Mai steht das Wicklow Arts Festival auf dem Programm.
- Im Juni findet im Curragh, County Kildare, Irlands renommiertestes Flachrennen statt, das Irish Derby. Aber man kann auch noch bis Oktober andere Rennen besuchen.

COUNTY WICKLOW

Unmittelbar südlich von Dublin liegt Wicklow (Cill Mhantáin), das Lieblingsrefugium der Hauptstädter und ein wilder Lustgarten mit Küsten- und Waldgebiet sowie einer einschüchternden Bergkette, durch die Irlands populärste Wanderstrecke führt.

Der Wicklow Way erstreckt sich über 132 km von den südlichen Vororten Dublins bis zu den sanft hügeligen Feldern von Carlow und über einstige militärische Versorgungsstrecken und Naturpfade. Auf dem Weg kann man Klosterruinen erforschen und schöne Gärten sowie prächtige Villen aus dem 18. Jh. besuchen.

Nationalparks

Der Wicklow Mountains National Park umfasst mehr als 200 km² Hochmoor- und Waldgebiete. Innerhalb der Schutzzone befinden sich zwei Naturreservate, die im Besitz des Heritage Service sind und von diesem auch verwaltet werden. Das größere Gebiet westlich vom Glendalough Visitor Centre dient der Erhaltung der weitläufigen Heide- und Moorlandschaft des Glendalough Valley sowie des Upper Lake und der Hänge zu beiden Seeseiten. Das Glendalough Wood Nature Reserve schützt Eichenwälder, die sich vom Upper Lake bis zur Rathdrum-Straße im Osten erstrecken.

Fast alle in Irland beheimateten Säugetiere sind im Park vertreten. Inzwischen durchstreifen auch wieder Rotwildherden die offenen Hügellandschaften. Während der ersten Hälfte des 18. Jhs. waren die Tiere bereits ausgestorben und wurden erst im 20. Jh. wieder neu angesiedelt. In den höheren Lagen leben Füchse, Dachse und Wildhasen. Eichhörnchen tummeln sich in den Kiefernwäldern rund um den Upper Lake.

Außerdem gibt's jede Menge Vögel, darunter viele Greifvögel wie Wander- und Turmfalken, Merline, Habichte und Sperber. Kornweihen sieht man weniger häufig. Zu den hier vertretenen Moorvögeln zählen Wiesenpieper und Feldlerchen. Seltenere Arten wie Braunkehlchen, Ringdrosseln und Wasseramseln entdeckt man ebenso wie schottische Moorhühner, deren Bestand in anderen Gegenden Irlands inzwischen rapide abnimmt. Weitere Informationen erhält man beim **National Park Information Point** (☎ 0404-45425; www.wicklownationalpark.ie; Miners' Rd, Bolger's Cottage, Upper Lake, Glendalough; ⏱ Mai–Sept. 10–18 Uhr, Okt.–April Sa & So 10 Uhr–Sonnenuntergang), etwa 2 km vom Glendalough-Besucherzentrum entfernt an der Green Road nahe dem Upper Lake. Meist trifft man dort jemanden, der einem weiterhilft. Wenn der Infoschalter geschlossen ist, sind vermutlich alle Mitarbeiter auf Führungen unterwegs. Mithilfe der Broschüre *Exploring the Glendalough Valley* (Heritage Service; 2 €) lässt sich das Gelände auch auf eigene Faust erkunden.

ℹ An- & Weiterreise

In Wicklow ist das Umherreisen recht unkomliziert.

AUTO

Zu den Hauptstraßen des Countys gehören die N11 (M11), die in Nord-Süd-Richtung von Dublin bis Wexford durch die Grafschaft führt, und die N81, die von den Wicklow Mountains durch Blessington bis nach Carlow verläuft..

BUS

St. Kevin's Bus verkehrt zweimal täglich von Dublin und Bray nach Roundwood und Glendalough. Der Westen einschließlich Blessington ist von Dublin aus mit der Buslinie 65 zu erreichen.

ZUG

Der Dublin Area Rapid Transport (DART) fährt von Dublin aus in Richtung Süden bis nach Bray, außerdem bestehen zwischen der Hauptstadt und Wicklow bzw. Arklow regelmäßige Bahn- und Busverbindungen.

Genauere Informationen zu den einzelnen Städten findet man jeweils in den Abschnitten „An- & Weiterreise".

Wicklow Mountains

Sobald man Dublin hinter sich lässt und Wicklow erreicht, ändert sich die Landschaft. Von Killakee aus führt die Military Road 30 km Richtung Süden über weite, mit Ginster, Farn und Heidekraut bedeckte Hügel sowie durch Moorgebiete und idyllische Berg- bzw. Seenlandschaften.

Mit seinen 924 m ist der höchste Berg des Countys, der Lugnaquilla, eher ein großer Hügel. Er besteht aus Granit und ist vor 400 Mio. Jahren aus heißem Magma entstanden. Während der Eiszeit hat er sich zu dem heutigen zerklüfteten Gebirge aufgefaltet. Zwischen seinen Gipfeln liegen einige tiefe Gletschertäler wie Glenmacnass, Glenmalure und Glendalough. Kraterseen wie der obere und untere Lough Bray, durch Eis einst in den Fels gegraben, ergänzen das wilde Landschaftsbild.

Die schmale Military Road windet sich durch abgeschiedene Höhenlagen mit herr-

Highlights

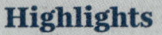

1. Die beeindruckenden Ruinen und malerischen Hügel und Wälder von **Glendalough** (S. 151) entdecken
2. Kildares fruchtbares **Bog of Allen** (S. 165) erkunden
3. Eine Wanderung auf dem beliebtestem Trekkingweg des Landes, dem **Wicklow Way** (S. 154), unternehmen
4. Im **Russborough House** (S. 157) die fantastischen Kunstwerke und die tolle Atmosphäre auf sich wirken lassen
5. Die herrlichen italienischen Gärten und den imposanten Wasserfall des **Powerscourt Estate** (S. 148) in der Nähe von Enniskerry bewundern
6. Unweit von Celbridge an einer Führung durch das **Castletown House** (S. 166), Irlands prächtigste palladianische Villa, teilnehmen
7. Bei der Übernachtung in einer der **Glendalough Hermitages** (S. 155) die Seele baumeln lassen

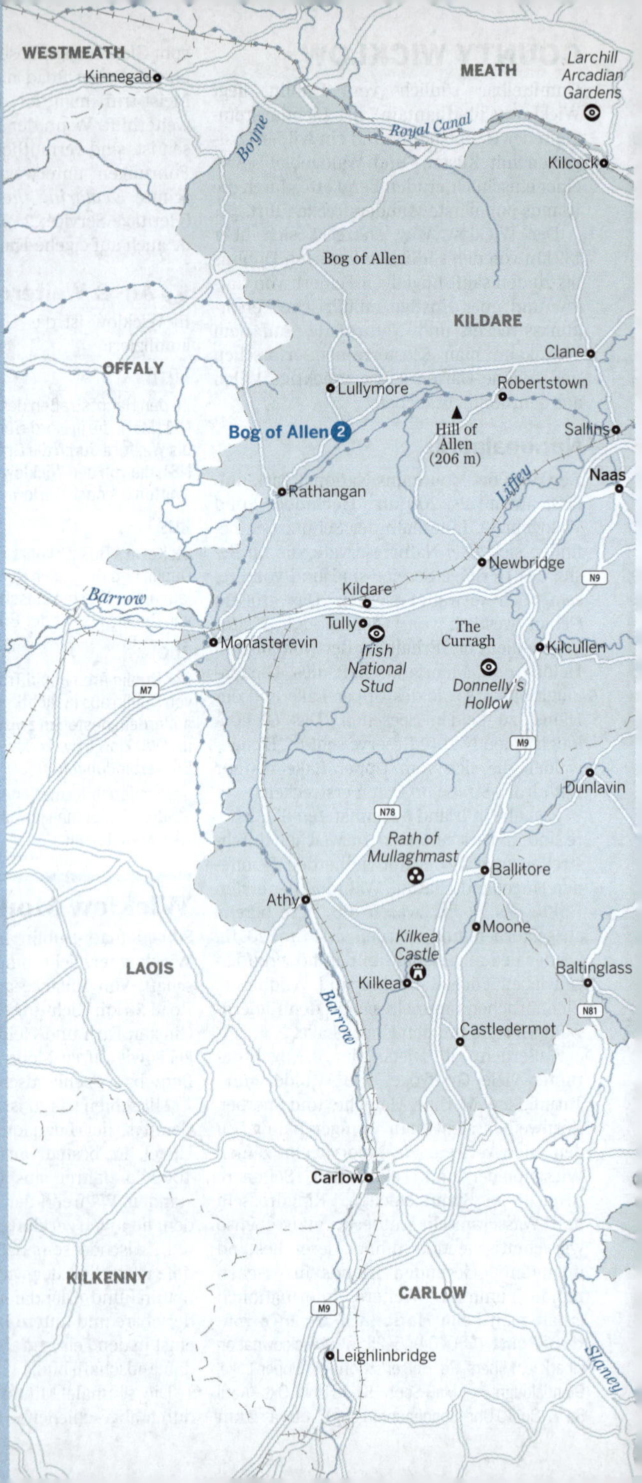

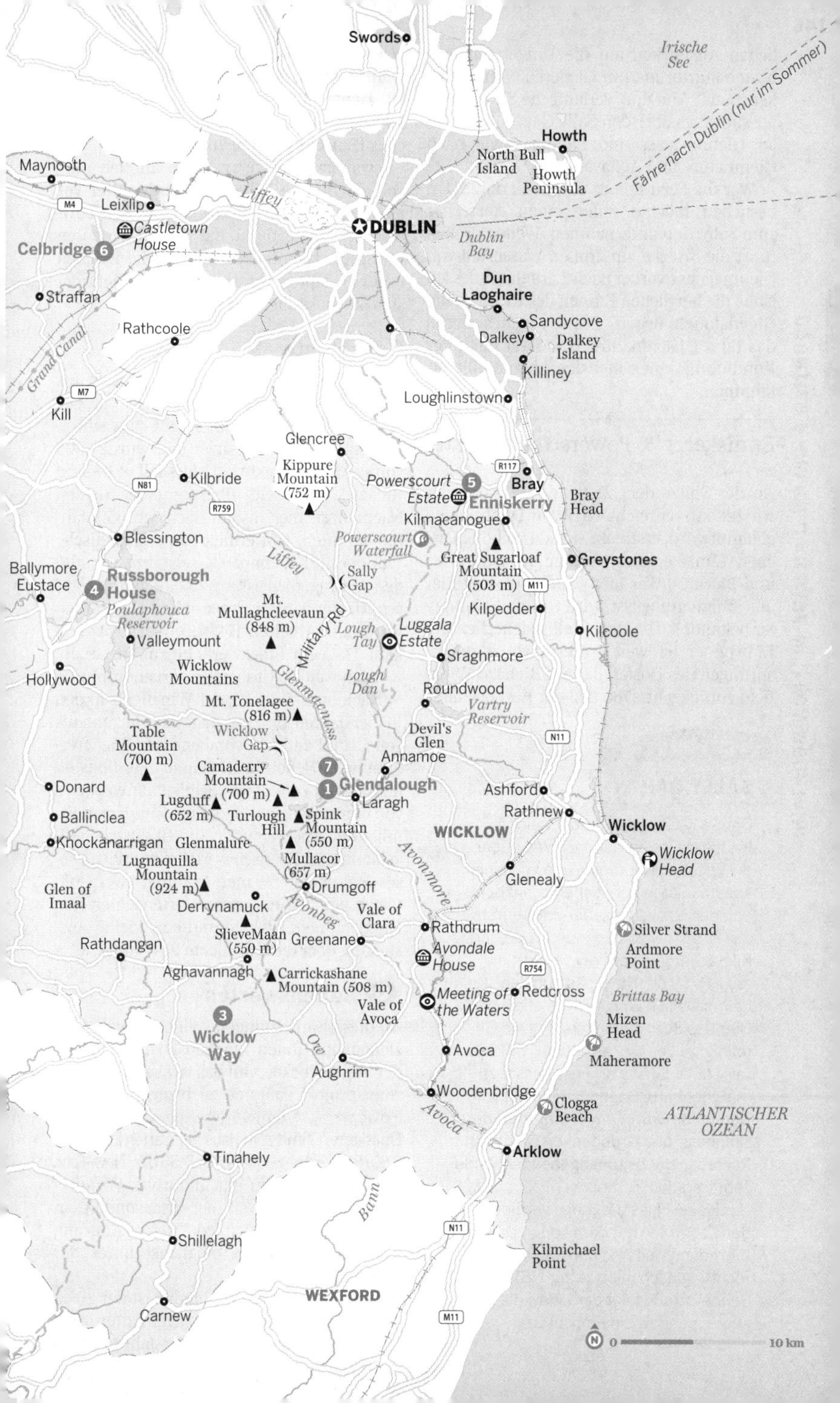

Swords
Irische See
Fähre nach Dublin (nur im Sommer)
Howth
North Bull Island
Howth Peninsula
Maynooth
M4
Leixlip
Liffey
DUBLIN
Castletown House
Celbridge 6
Dublin Bay
Dun Laoghaire
Straffan
Sandycove
Rathcoole
Dalkey
Dalkey Island
Grand Canal
Killiney
M7
Kill
Loughlinstown
Glencree
Kippure Mountain (752 m)
R117
Kilbride
N81
Powerscourt Estate 5
Bray
Enniskerry
Bray Head
R759
Kilmacanogue
Blessington
Powerscourt Waterfall
Great Sugarloaf Mountain (503 m)
Greystones
Liffey
Ballymore Eustace
Sally Gap
M11
4 Russborough House
Poulaphouca Reservoir
Mt. Mullaghcleevaun (848 m)
Military Rd
Kilpedder
Lough Tay
Luggala Estate
Kilcoole
Valleymount
Sraghmore
Hollywood
Wicklow Mountains
Glenmacnass
Lough Dan
Roundwood
Mt. Tonelagee (816 m)
Vartry Reservoir
Table Mountain (700 m)
Wicklow Gap
Devil's Glen
N11
Annamoe
7
Camaderry Mountain (700 m)
1 Glendalough
Donard
Lugduff (652 m)
Laragh
Ashford
Ballinclea
Turlough Hill
Spink Mountain (550 m)
Rathnew
Wicklow
Knockanarrigan
Glenmalure
WICKLOW
Avonmore
Wicklow Head
Lugnaquilla Mountain (924 m)
Mullacor (657 m)
Glenealy
Glen of Imaal
Drumgoff
Derrynamuck
Avonbeg
Vale of Clara
Silver Strand
Rathdrum
Ardmore Point
SlieveMaan (550 m)
Greenane
Rathdangan
Avondale House
R754
Aghavannagh
Carrickashane Mountain (508 m)
Meeting of the Waters
Redcross
Brittas Bay
Vale of Avoca
3 Wicklow Way
Mizen Head
Ow
Avoca
Maheramore
Aughrim
Woodenbridge
Clogga Beach
Avoca
ATLANTISCHER OZEAN
Arklow
Tinahely
Bann
N11
Shillelagh
Kilmichael Point
WEXFORD
Carnew
M11
N
0
10 km

lichen Ausblicken auf die Umgebung. Am besten startet man in Glencree (von Enniskerry aus). Von dort verläuft die Straße weiter südwärts über den Sally Gap und die Täler Glenmacnass und Laragh sowie nach Glenmalure und Aghavannagh.

Wer die Seen Lough Tay und Lough Dan besuchen möchte, sollte einen Abstecher zum Sally Gap unternehmen. Weiter südlich führt die Strecke am großen Wasserfall von Glenmacnass vorbei nach Laragh, in dessen Nähe die herrlichen Ruinen des Klosters von Glendalough liegen. Danach geht's durch das Tal von Glenmalure. Wanderer mit guter Kondition können hier den Lugnaquilla erklimmen.

Enniskerry & Powerscourt Estate

2672 EW.

An der Spitze der „21 Bends" (21 Kehren), wie die kurvenreiche R117 von Dublin auch genannt wird, erstreckt sich das schöne Örtchen Enniskerry mit seinen Kunstmuseen und Biocafés. Wer hier gesteht, dass er Eier aus Käfighaltung isst, wird wie ein Krimineller behandelt. Die stolze Selbstsicherheit der Einwohner ist weit entfernt von den Ursprüngen des Dorfes, das auf Richard Wingfield zurückgeht. 1760 ließ der Earl des nahe gelegenen Powerscourt Estate für seine Arbeiter mehrere Cottages mit Terrassen bauen. Heute muss man schon eine Weile erfolgreich gearbeitet haben, um sich ein solches Häuschen leisten zu können.

Zwar ist Enniskerry schon an sich reizvoll, doch seine Beliebtheit verdankt er vor allem dem herrlichen, 64 km² großen Powerscourt Estate, durch das man einen guten Eindruck davon bekommt, wie die Reichen im 18. Jh. lebten. Der Haupteingang befindet sich 500 m südlich des Dorfplatzes.

ABSTECHER

SALLY GAP

Der Sally Gap ist einer der beiden Hauptpässe von Ost nach West über die Wicklow Mountains und von einer spektakulären Landschaft umgeben. Von der Abzweigung der unteren Straße (R755) zwischen Roundwood und Kilmacanogue bei Bray verläuft die enge R759 oberhalb des dunklen, geheimnisvollen Lough Tay. Die felsigen Ufer des Sees gehen direkt in die Geröllhänge des **Luggala** (Fancy Mountain) über. Einst war diese geradezu märchenhafte Gegend im Besitz von Garech de Brún, Familienmitglied der Guinness' und Gründer von Claddagh Records, Irlands tonangebender Produzent traditioneller irischer Folkmusik. Der kleine Fluss Cloghoge verbindet den Lough Tay mit dem Lough Dan und führt dann weiter in nordwestlicher Richtung nach Kilbride zur N81. Die Schnellstraße folgt der Liffey, die hier kaum mehr als ein Rinnsal ist.

Geschichte

1300 ließ die Familie LePoer (später ins Englische als „Power" übertragen) vor Ort eine Burg errichten. Das Bauwerk wechselte einige Male die Besitzer und wurde 1603 von dem frisch gekürten Marshall of Ireland Richard Wingfield übernommen, dessen Nachfahren hier in den nächsten 350 Jahren wohnten. 1731 erhielt das georgianische Wunderkind Richard Cassels (bzw. Castle) den Auftrag, die Festung zu einem imposanten Herrenhaus umzugestalten. Eigentlich waren die Arbeiten 1743 beendet, trotzdem kam 1787 ein Stockwerk hinzu. Im 19. Jh. wurden weitere Umbauten vorgenommen.

Nach dem Weggang der Wingfields in den 1950er-Jahren sanierte man das Herrenhaus von Grund auf. Am Vorabend der Wiedereröffnung 1974 fiel das Gebäude allerdings einem Brand zum Opfer. Schließlich wurde es von den Slazengers, einem renommierten Familienunternehmen der Sportindustrie, aufgekauft, und ein zweites Mal restauriert. Dieses Mal erweiterte man es durch zwei Golfplätze, ein Café, ein großes Gartencenter, eine Handvoll netter Läden und eine kleine Ausstellung über die Geschichte des Bauwerks.

Sehenswertes

All diese Einrichtungen sollen Besucher anziehen und ihnen möglichst viel Geld aus der Tasche locken, um das riesige Restaurierungsprojekt zu Ende zu bringen und aus **Powerscourt Estate** (www.powerscourt.ie; bei Enniskerry; Eintritt zum Haus frei, Garten Erw./Kind 8,50/5 €; März–Okt. 9.30–17.30 Uhr, Nov.–Febr. bis Sonnenuntergang) ein lukratives Wunderland zu machen. Weil hier insbesondere an Sommerwochenenden jede Menge Andrang herrscht, sollte man möglichst unter der Woche herkommen.

Eines der größten Highlights ist der 20 ha große Garten mit seinem sagenhaften Ausblick. Er wurde in den 1740er-Jahren angelegt und im 19. Jh. von Daniel Robinson umgestaltet, der leider dem Alkohol verfallen war. Ab einer bestimmten Tageszeit wollte (oder musste?) der Landschaftsarchitekt deshalb in einer Schubkarre durch den Garten geschoben werden. Vielleicht trug aber gerade diese Tatsache zu seinem zwanglosen Stil bei, der sich in einer herrlichen Symbiose aus Landschaftsgärten, großzügigen Terrassen, Skulpturen, Zierseen, verborgenen Grotten, hübschen Spazierwegen und Einfriedungen niederschlug. Über 200 Baum- und Straucharten gedeihen hier vor der großartigen Naturkulisse des Great Sugarloaf Mountain im Südosten. Mit den Eintrittstickets erhält man eine Karte, auf der 40-minütige und einstündige Rundgänge durch den Garten eingezeichnet sind. Besucher sollten zudem keinesfalls den herrlichen Japanischen Garten und den Pepperpot Tower nach dem Modell einer Pfeffermühle von Lady Wingfield verpassen. Unser absoluter Favorit ist jedoch der Tierfriedhof, auf dem Haustiere und sogar einige Milchkühe der Wingfields ihre letzte Ruhestätte fanden. Erstaunlich, wie persönlich manche Grabinschrift ist.

Zu dem beeindruckenden **Powerscourt Waterfall** (Erw./Kind 5/3,50 €; ⏲ Mai–Aug. 9.30–19, März–April & Sept.–Okt. 10.30–17.30, Nov.–Jan. bis 16.30 Uhr). der mit seinen 130 m der höchste Wasserfall Großbritanniens und Irlands ist, führt eine 7 km lange Wanderstrecke, man erreicht ihn aber auch über die Straße (dem Wegweiser in Richtung Park folgen). Nach starken Regenfällen sieht er besonders imposant aus. Rund um den Naturpfad am Wasserfall stehen Mammutbäume, Eichen, Buchen, Birken und Ebereschen, in denen man zahlreiche Vogelarten wie Buchfinken, Kuckucke, Zilpzalpe, Raben und Fitislaubsänger entdecken kann.

Geführte Touren

Alle Ausflüge zum Powerscourt Estate starten in Dublin.

Bus Éireann BUSTOUR
(☎ 01-836 6111; www.buseireann.ie; Busáras; Erw./Student/Kind 32,30/30,40/23,75 €; ⏲ Touren Mitte März–Okt. 10 Uhr) Tagestour zum Powerscourt Estate und nach Glendalough (inklusive aller Eintrittskosten) vom Dubliner Hauptbusbahnhof Busáras.

Dublin Bus Tours BUSTOUR
(Karte S. 98 f.; ☎ 01-872 0000; www.dublinbus.ie; Erw./Kind 24/12 €; ⏲ Touren 11 Uhr) Die vierstündige South-&-Coast-&-Gardens-Tour umfasst einen Besuch des Powerscourt Estate sowie einen Ausflug an den Küstenabschnitt zwischen Dun Laoghaire und Killiney und Abstecher ins Landesinnere nach Wicklow bzw. Enniskerry. Der Eintritt für den Park ist im Preis inbegriffen.

Irish Sightseeing Tours BUSTOUR
(☎ 01-872 9010; www.irishcitytours.com; Suffolk St; Erw./Student/Kind 26/24/20 €; ⏲ Touren Fr–So 10 Uhr) Diese Tour, die am Discover Ireland Dublin Centres tartet, führt zu den Topattraktionen in Wicklow: Powerscourt Estate, Glendalough, Avoca, Dun Laoghaire und Dalkey (der Eintritt zum Glendalough Visitor Centre und Powerscourt Estate ist enthalten, aber der Kaffee kostet extra).

Alpine Coaches BUSTOUR
(☎ 01-286 2547; www.alpinecoaches.ie; Dublin Discover Ireland Centre, Suffolk St; ⏲ Touren Di, Mi & Fr–So 9.20 Uhr) Teilnehmer der Tagestour zum Powerscourt Estate und zum Wasserfall werden in Dublin an verschiedenen Punkten abgeholt. Die Rückfahrt zum St. Stephen's Green erfolgt um 16.30 Uhr.

Schlafen & Essen

Summerhill House Hotel HOTEL €€
(☎ 01-286 7928; www.summerhillhousehotel.com; Zi. ab 90 €; 📶 👪) Ein spektakuläres Herrenhaus 700 m südlich der Stadt direkt an der N11. Besser kann man sich weit und breit nicht betten, denn man nächtigt inmitten von Antiquitäten und Gemälden auf weichen Kissen. In dieser Unterkunft ist einfach alles unvergesslich, z. B. das erstklassige Frühstück. Die nächstgelegene Jugendherberge befindet sich in Glencree, 10 km weiter westlich.

Coolakay House B&B €€
(☎ 01-286 2423; www.coolakayhouse.ie; Waterfall Rd, Coolakay; Zi. 70–75 €; 📶) Der moderne Gutshof 3 km südlich von Enniskerry (an der Straße ausgeschildert) eignet sich ideal für Wanderer auf dem Wicklow Way. Alle vier Zimmer bieten einen herrlichen Ausblick, sind gut ausgestattet und komfortabel. Das Frühstück ist sensationell.

★ **Poppies Country Cooking** CAFÉ €
(☎ 01-282 8869; the Square; Hauptgerichte 9 €; ⏲ 8.30–18 Uhr) Wäre der Service nicht so lahm und alles ein bisschen besser organisiert, könnte dieses kleine Café am Hauptplatz eine der besten Adressen im ganzen County sein. Wird das Essen nämlich endlich mal serviert, kommt man in den Genuss

köstlicher Salate, deftiger Sandwiches und preisgekrönter Eiscreme.

Emilia's Ristorante ITALIENISCH €€
(☎ 01-276 1834; Clock Tower, The Square; Hauptgerichte 12–16 €; ⌚ Mo–Sa 17–22.45, So 12–21.30 Uhr) Das hübsche Restaurant im ersten Stock stellt mit seinen hauchdünnen, knusprigen Pizzas selbst die anspruchsvollsten Gäste zufrieden und überzeugt auch mit allen anderen Gerichten von Biosuppe über Steaks bis zu Baiser-Desserts.

Johnnie Fox FISCH & MEERESFRÜCHTE €€
(☎ 01-295 5647; www.jfp.ie; Glencullen; Hauptgerichte 12–20 €; ⌚ 12–22 Uhr) Im Sommer fallen abends ganze Touristenscharen ein, die mit dem Bus anreisen und vor allem feiern möchten. Über die Speisen kann man jedoch nicht meckern: Sie sind so lecker, dass man gern für einen weiteren Refrain von *Danny Boy* sitzen bleibt und am Ende sogar mitsingt. Das Johnnie Fox befindet sich 3 km nordwestlich von Enniskerry in Glencullen.

An- & Weiterreise

Enniskerry liegt 18 km südlich von Dublin und 3 km westlich der M11 an der R117. Man kommt problemlos auf eigene Faust zum Powerscourt Estate (500 m außerhalb der Ortschaft), allerdings hat der Weg zum Wasserfall seine Tücken.

Dublin Bus (☎ 01-873 4222, 01-872 0000; www.dublinbus.ie) Service 44 (2,50 €, alle 20 Min.) fährt in 1¼ Stunden von der Hawkins Street in Dublin nach Enniskerry.

> **ABSTECHER**
>
> **GLENMACNASS**
>
> Obwohl sich Besucher des entlegenen Glenmacnass-Tals sehr einsam fühlen werden, zählt das Moorgebiet zwischen Sally Gap und Laragh zu den schönsten Gegenden des Countys.
>
> Der Mt. Mullaghcleevaun (848 m) ist der höchste Berg im Westen. Hier ergießt sich der Richtung Süden verlaufende Glenmacnass River über die Kante des Hochplateaus und wird so zum **Glenmacnass Waterfall**. Ganz in der Nähe gibt's einen Parkplatz. Beim Klettern auf den Felsen rund um den Wasserfall ist Vorsicht angebracht, denn dort sind schon einige Wagemutige in den Tod gestürzt! Schöne Wanderpfade führen auf den Mullaghcleevaun und in die Hügellandschaft östlich des Parkplatzes.

Roundwood

589 EW.

Für Wanderer auf dem Wicklow Way (dieser verläuft 3 km westlich der Ortschaft) ist das unspektakuläre Roundwood, Irlands wohl höchstgelegenes Dorf auf gerade einmal 238 m über dem Meeresspiegel, ein praktischer Zwischenstopp.

Aktivitäten

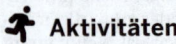

Footfalls Walking Holidays GEFÜHRTE TOUREN
(☎ 0404-45152; www.walkinghikingireland.com; Troperstown, Roundwood) Zum Angebot des Unternehmens gehören sowohl geführte Touren (bis zu acht Tagen) als auch Exkursionen auf eigene Faust. Ein achttägiger Ausflug durch die Wicklow Mountains inklusive Übernachtung und Vollverpflegung kostet 549 €.

Schlafen & Essen

Roundwood Caravan & Camping Park CAMPINGPLATZ €
(☎ 01-281 8163; www.dublinwicklowcamping.com; Stellplatz 8/4 € pro Erw./Kind; ⌚ April–Sept.;) Dieser wunderbare Campingplatz 500 m südlich des Dorfes verfügt über eine Küche, einen Speisebereich und eine TV-Lounge und ist eine der besten Anlagen überhaupt in ganz Wicklow. St. Kevin's Bus verkehrt täglich zwischen Dublin und Glendalough und legt hier einen Zwischenhalt ein.

Roundwood Inn INTERNATIONAL €€
(☎ 01-281 8107; Main St; Hauptgerichte an der Bar 12–17 €, im Restaurant 16–32 €; ⌚ Bar Mo–Fr 12–21 Uhr, Restaurant 19.30–21.30, So 13–15 Uhr) In der gemütlichen Bar des im 17. Jh. errichteten Hauses kann man am offenen Kaminfeuer z. B. ungarisches Gulasch oder irischen Eintopf mit deutscher Note genießen. Das gediegenere von Deutschen geführte Lokal mit preisgekrönter Küche gehört zu den besten Adressen der Ortschaft. Auf der Karte stehen hauptsächlich Fleischgerichte wie irisches Lamm oder saftiges Schwein mit Knusperkruste. Vorab reservieren.

An- & Weiterreise

St. Kevin's Bus (☎ 01-281 8119; www.glendaloughbus.com) steuert Roundwood zweimal täglich auf der Strecke zwischen Dublin und Glendalough an (einfach/hin & zurück 8/14 €, 1¼ Std.).

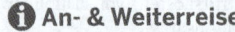

Wicklow Gap

Zwischen dem Mt. Tonelagee (816 m) im Norden und dem Table Mountain (700 m) im Südwesten erstreckt sich der zweite Hauptpass des Gebirges, der Wicklow Gap. Das östliche Ende der Straße über die Berge beginnt direkt am Nordrand von Glendalough und verläuft in Richtung Nordwesten am Glendassan-Tal entlang des Passes hinauf. Die Strecke führt durch eine wunderschöne Landschaft und an ehemaligen Blei-Zink-Bergwerken vorbei, bevor sie in eine Nebenstraße mündet, die Richtung Süden hinauf zum Turlough Hill verläuft. Dort befindet sich Irlands einziges Pumpspeicherwerk. Vom Hügel aus genießt man einen tollen Blick über den Upper Lake.

Glendalough

280 EW.

Viele Traveller kommen nur nach Wicklow, um Glendalough (Gleann dá Loch – „Tal der zwei Seen"; siehe auch S. 72) zu besuchen, einen der schönsten Plätze in ganz Irland sowie Inbegriff von Romantik und wilder Natur.

Natürlich sind die Ruinen der ehemals so bedeutenden Klostersiedlung beeindruckend, doch die Umgebung hat einen noch größeren Reiz. Das gilt besonders für die beiden dunklen, geheimnisvollen Seen in dem tiefen bewaldeten Tal.

Trotz seiner großen Beliebtheit ist Glendalough nach wie vor ein Ort der Stille und Einkehr, deshalb kann man leicht nachvollziehen, warum so viele Mönche auf der Suche nach Einsamkeit ausgerechnet hierherkamen.

Geschichte

498 n. Chr. zog sich ein junger Mönch namens Kevin in das Tal zurück, um in der Stille zu meditieren und eins mit der Natur zu werden. Am Südufer des Upper Lake schlug er auf Überresten eines bronzezeitlichen Grabs sein Lager auf. In den nächsten sieben Jahren schlief er auf Steinen, kleidete sich in Tierfelle, litt ständig Hunger und freundete sich der Legende zufolge mit Vögeln und Tieren an. Bald zog seine naturnahe Lebensweise jede Menge Anhänger an. Ironischerweise schienen diese gar nicht zu merken, dass sie sich um einen Eremiten scharten, der so weit weg von anderen Menschen wie möglich leben wollte. In den nächsten Jahrhunderten entwickelte sich aus dem Lager eine richtige Siedlung und bereits im 9. Jh. konkurrierte Glendalough mit Clonmacnoise um den Rang der führenden Klosterstadt Irlands. Tausende von Studenten studierten hier und bevölkerten das ganze Tal.

Zwischen 775 und 1071 fiel die Enklave allerdings mindestens viermal den Raubzügen von Wikingern zum Opfer, außerdem marschierten 1398 englische Truppen von Dublin aus ein und zerstörten die Anlage fast vollständig. Einige Menschen lebten trotzdem weiterhin hier und versuchten das Kloster wiederaufzubauen, das im 17. Jh. schließlich endgültig aufgelöst wurde.

TOP FIVE: GÄRTEN IN WICKLOW

- Powerscourt Estate (S. 148)
- Mt. Usher Gardens (S. 159)
- Kilruddery House & Gardens (S. 159)
- National Botanic Gardens (S. 160)
- Hunting Brook Garden, Blessington (S. 157)

Sehenswertes

UPPER LAKE

Teampall na Skellig, die ehemalige Siedlung des hl. Kevin, befindet sich am Fuß der Steilklippen, die über dem Südufer des Upper Lake aufragen. Heute ist diese Stelle nur noch mit dem Boot zu erreichen, doch leider gibt's bislang keinen Fährdienst. So bleibt Besuchern lediglich der Blick vom Ufer. Auf einem Felsplateau sieht man die Überreste einer Kirche und eines frühzeitlichen Friedhofs. Früher standen auf der nahe gelegenen Anhöhe einfache Hütten. Ringsum entdeckt man zudem einige Grabplatten und Steinkreuze.

Östlich von hier, 10 m oberhalb des Wassers, erstreckt sich eine künstliche 2 m tiefe Höhle namens **St. Kevin's Bed**. Dort soll der Heilige gelebt haben. Die Höhle wurde jedoch bereits lange vor Kevins Ankunft genutzt, denn das Tal war schon Jahrtausende bewohnt, bevor sich die Mönche hier niederließen. Auf einer Grünfläche direkt südlich vom Parkplatz erhebt sich eine große, runde Mauer, angeblich die Reste einer *caher* (frühchristliche Steinfestung).

Der Uferweg südwestlich des Parkplatzes führt zu den bemerkenswerten Ruinen der **Reefert Church** oberhalb des winzigen Poulanass, eher ein Bach als ein Fluss. Die kleine romanische Kirche verfügt über ein

Glendalough

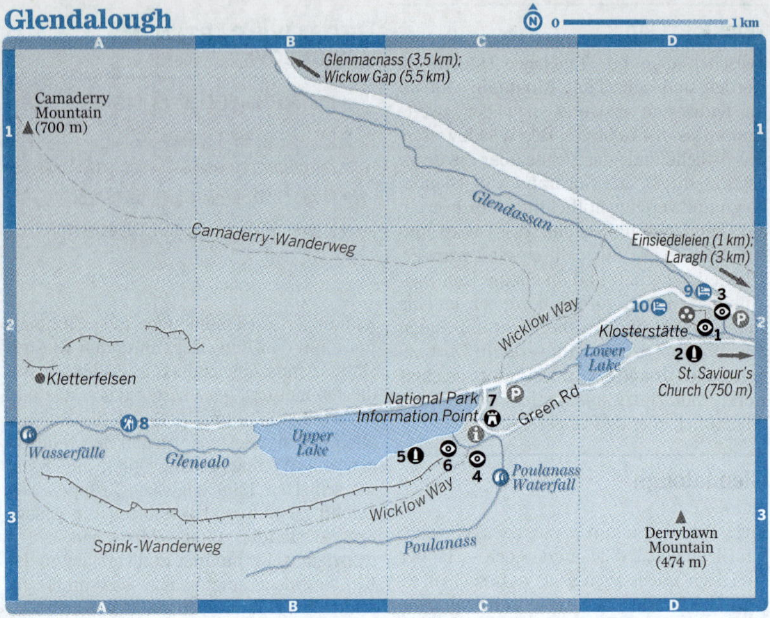

Glendalough

Sehenswertes

1 Cathedral of St. Peter & St. Paul D2
2 Deer Stone D2
3 Glendalough Visitor Centre D2
Priest's House .... (siehe 1)
4 Reefert Church C3
Rundturm .... (siehe 1)
5 St. Kevin's Bed C3
6 St. Kevin's Cell C3
St. Kieran's Church .... (siehe 1)
St. Mary's Church .... (siehe 1)
7 Steinfestung C2
Teampall na Skellig .... (siehe 5)

Aktivitäten, Kurse & Touren

8 Wanderweg zu den Bergwerken A3

Schlafen

9 Glendalough Hotel D2
10 Glendalough International Hostel D2

Hauptschiff und einen Altarraum aus dem 11. Jh. sowie einige wiederzusammengesetzte Bogen und Mauern. Ursprünglich war Reefert (*righ fearta*, wörtlich „Royal Burial Place" – „Königliche Gruft") der Platz, wo alle Oberhäupter der Familie O'Toole bestattet wurden. Auf dem zugehörigen Friedhof befindet sich eine Reihe von groben Steinkreuzen und Platten, meist aus glänzendem Schieferstein.

Steigt man die Stufen hinter dem Friedhof hinauf und folgt dann dem Pfad Richtung Westen, stößt man auf einer Anhöhe mit Blick über den See auf die Überreste der **St. Kevin's Cell**, eine sogenannte Bienenkorbhütte.

LOWER LAKE

Während der Upper Lake in eine besonders reizvolle Landschaft eingebettet ist, wartet der untere Teil des Tals östlich des Lower Lake mit einigen faszinierenden Bauwerken inmitten einer alten Klosteranlage auf.

Beim Glendalough Hotel geht's durch den steinernen Torbogen des **Monastery Gatehouse**, des einzigen erhaltenen Klostertorhauses in Irland. Im Eingangsbereich ist eine große Steinplatte mit eingraviertem Kreuz zu sehen.

Dahinter liegt ein **Friedhof**, der nach wie vor genutzt wird. Der **Rundturm** aus dem 10. Jh. ist 33 m hoch und hat unten einen Umfang von 16 m. Die oberen Stockwerke und das kegelförmige Dach wurden 1876 wieder aufgebaut. Im Südosten findet sich nahe dem Turm die **Cathedral of St. Peter & St. Paul** mit einem Langhaus aus dem 10. Jh. Der Altarraum und die Sakristei stammen aus dem 12. Jh.

In der Mitte des Friedhofs südlich vom Rundturm steht das **Priest's House**. Das Gebäude wurde 1170 errichtet und später stark verändert. Möglicherweise hat man darin Schreine aus dem St.-Kevin-Kloster aufbewahrt. Während der Zeit der Penal Laws im 18. Jh. wurden dort Priester aus der Gegend bestattet – daher auch der Name. Die Überreste der **St. Mary's Church** 140 m südwestlich des Rundturms datieren ins 10. Jh. Einst befand sich das Gebäude mit dem reizvollen Westportal wohl außerhalb der Klostermauern. Etwas weiter östlich stößt man auf die Ruinen der kleinsten Kirche von Glendalough, der **St. Kieran's Church**.

St. Kevin's Kitchen am Südrand der Einfriedung gilt als Glendaloughs Wahrzeichen. Die Kirche mit einem kleinen runden Glockenturm, einer vorspringenden Sakristei und einem steilen Steindach ist ein echtes Meisterwerk. Ihre ältesten Gebäudeteile stammen aus dem 11. Jh. und trotz einiger Umgestaltungen ist sie noch immer ein gutes Beispiel für ein frühes klassisch irisches Gotteshaus.

Überquert man den Fluss südlich dieser beiden Kirchen, entdeckt man an der Kreuzung mit der Green Road die Felsgruppe **Deer Stone**. Als der hl. Kevin Milch für zwei Waisenkinder brauchte, erschien ihm der Legende nach eine Hirschkuh und ließ sich von ihm melken. Bei den Steinen, denen man übernatürliche Kräfte zuschrieb, handelte es sich um *bullaun* (Steine mit tiefer Aushöhlung, die als Mörser dienten, um Medizin oder Essen zuzubereiten). Wahrscheinlich stammen sie noch aus vorgeschichtlicher Zeit. Angeblich sollten Frauen, die sich das Gesicht mit dem Wasser in der Vertiefung wuschen, ihr Aussehen für immer bewahren. Kirchenmänner brachten die Steine in die Klöster, wohl in der Hoffnung, die darin verborgenen Kräfte nutzen zu können.

Die Straße Richtung Osten führt zur **St. Saviour's Church** mit feinen Schnitzereien aus romanischer Zeit. Im Westen geht's auf einem Waldweg am Lower Lake vorbei bis zum Upper Lake.

Aktivitäten

Im Glendalough Valley kann man prima wandern und klettern. Neun ausgeschilderte Wege führen durch das Tal; für den längsten mit 10 km braucht man etwa vier Stunden. Vor dem Aufbruch sollte man beim National Information Point (S. 145) vorbeischauen und ein Faltblatt mit Wanderkarte (0,50 €) mitnehmen. Alleinreisende finden hier eventuell Begleitung. Außerdem kann man einige sehr gute Wanderführer kaufen, z. B. Joss Lynams *Easy Walks Near Dublin* (8,99 €). Achtung: Die sanft anmutende Landschaft täuscht. Auch wenn die Wicklow Mountains nur große Hügel sind, ist das Wetter manchmal gnadenlos. Man braucht auf jeden Fall eine geeignete Ausrüstung und sollte immer jemandem Bescheid geben, wohin man will und wann man zurück sein müsste. Die Bergwacht hat die Nummer ☏999.

Zu den einfachsten und beliebtesten Strecken zählt der gemütliche Spazierweg am Nordufer des Upper Lake entlang zu den **Blei-Zink-Bergwerken** aus dem Jahre 1800. Die Uferroute ist besser als die Straßentour, die etwa 30 m vom Wasser verläuft. Vom Glendalogh Visitor Centre beträgt die einfache Strecke 2,5 km. Wer möchte, kann zum höchsten Punkt des Tals weiterlaufen.

Ein anderer Weg führt auf den **Spink** (auf Irisch „spitzer Hügel"; 380 m), einen steilen Bergkamm mit senkrechten Klippen an den südlichen Uferhängen des Upper Lake. Entweder legt man einen Teil der Strecke zurück und kehrt dann um oder umrundet auf dem Pfad hoch oben zwischen den Felsen den Upper Lake. In dem Fall kommt man unten bei den Minen heraus und wandert am Nordufer entlang zurück. Für die 6 km lange Rundtour benötigt man etwa drei Stunden.

Die dritte Möglichkeit besteht in einer Gipfelwanderung auf den **Camaderry Mountain** (700 m), der sich zwischen den Hügeln auf der Nordseite des Tals erhebt. Die Route beginnt 50 m hinter Glendalough vom Parkplatz des Upper Lake aus. Vom steilen Hügel im Norden genießt man einen sagenhaften Panoramablick. Dann geht's entweder hoch auf den Camaderry im Nordwesten oder der Hügelkette folgend nach Westen mit Aussicht auf den Upper Lake. Für die 7,5 km lange Strecke bis zur Spitze des Camaderry und zurück sollte man etwa vier Stunden einplanen.

Geführte Touren

Wer Glendalough nicht unbedingt auf eigene Faust erkunden will, kann stattdessen auch an einer der Bustouren ab Dublin teilnehmen.

Bus Éireann BUSTOUR
(☎01-836 6111; www.buseireann.ie; Busáras Erw./Student/Kind 29/25/23 €; ⏲Mitte März–Okt. Abfahrt 10 Uhr) Im Preis für die Tagestour sind der Eintritt in das Besucherzentrum und die Besichtigung vom Powerscourt Estate inbe-

AUF DEM WICKLOW WAY VON GLENDALOUGH NACH AUGHRIM

Der malerische Wicklow Way gehört zu den beliebtesten Wanderrouten Irlands. Weil er von verschiedenen Stellen aus erreichbar ist und die Start- bzw. Endpunkte somit variabel sind, kann man die Länge der Tour selbst bestimmen.

Der 40 km lange Abschnitt durch Wicklow führt durch die entlegenen Winkel der Wicklow Mountains bis hinunter ins südöstliche Vorgebirge. Dabei geht's größtenteils durch Föhrenschonungen, man ist also nur selten auf der Straße unterwegs. Für die Tour sollte man 7½ bis acht Stunden einplanen (Steigung: 1035 m).

Beim National Park Information Point (S. 145) am südlichen Ufer des Upper Lake biegt man links ab, wandert bachaufwärts am Lugduff Brook und am **Poulanass Waterfall** vorbei und biegt beim Waldpfad erneut links ab. An einer Kreuzung hält man sich wieder links und überquert zwei Brücken. Nun geht's 600 m Richtung Nordosten und nach einem scharfen Rechtsknick Richtung Süden (über verschiedene gut markierte Kreuzungen) durch Kiefernplantagen und über den Lugduff Brook an einem Nebenfluss vorbei, bis der Weg auf dem Bergsattel zwischen **Mullacor** (657 m) und **Lugduff** (652 m; 1¾ Std. ab Glendalough) auf offenes Terrain führt.

An einem guten Tag hat man vom Bergmassiv des Lugnaquilla einen tollen Blick nach Südwesten. In entgegengesetzter Richtung geht's zum langen Camaderry-Kamm hoch über Glendalough mit dem riesigen Tonelagee als Kulisse.

Anschließend wandert man auf dem Bohlenweg bergab, um die Föhrenschonung herum und mitten ins Gestrüpp hinein. Hier führt ein steiler, schlammiger und felsiger Pfad hinab zur Waldstraße, an der man links abbiegt.

Wer lieber im Glenmalure Hostel (s. S. 156) übernachten möchte, anstatt den ganzen Weg bis zur Kreuzung in den Ort zu laufen, folgt der Route ab der linken Abzweigung 1 km südwärts. An einer abgeschrägten Kreuzung, wo der Weg nach Südosten abbiegt, hält man sich links Richtung Westen; dort windet sich ein steiler Pfad durch Glenmalure zu einer Straße, die zu der 2 km entfernten Unterkunft führt.

Alle anderen folgen den Waldwegen 1,6 km gen Süden bzw. Südosten bis zu einem breiten Zickzackweg auf freiem Gelände. Als Nächstes umrundet man einen steilen Hang und wandert weiter nach Nordosten, wo der Pfad bergab an zwei Brücken vorbei in eine kleinere Straße mündet. Hier geht's weiter bergab bis zu einer Wegkreuzung und nach Glenmalure. Vom Bergsattel aus benötigt man für diese Strecke ca. 1¼ Stunden.

Der Wicklow Way verläuft nun 500 m Richtung Süden über die Kreuzung hinaus, quer über den Avonbeg River, an der stillgelegten Kaserne **Drumgoff Barracks** aus dem Jahre 1803 vorbei und einen Waldpfad entlang. Hinter einem zerfallenen Cottage hält man sich links, steigt auf zwei längeren Abschnitten immer höher hinauf, biegt dann zweimal links ab, wandert bergab und überquert einen Fluss. 800 m weiter biegt man rechts ab und klettert den **Slieve Maan** (550 m) hinauf. Dabei passiert man vier Wegkreuzungen (immer in südlicher bzw. südwestlicher Richtung). Zurück im Wald führt der Weg nahe am unbewaldeten Terrain links nach Westen. Über einige weitere Schleifen stößt man an einer Lichtung auf den Pfad zwischen der Föhrenschonung und der Straße (auf Karten wird sie als Military Road bezeichnet). Neben einem kleinen Nebenfluss des Aghavannagh vereint sich die Straße mit dem Wanderweg (etwa 2 Std. ab Glenmalure). Sie führt 250 m bergab, danach geht's links auf einem Waldpfad weiter. Man hält sich kurz rechts, um wieder an Höhe zu gewinnen, und überquert auf einem breiten Weg den **Carrickashane Mountain** (508 m). Anschließend geht's steil hinab zu einer breiten Waldstraße und 1 km weiter bergab. Nun hält man sich rechts, um eine kleinere Straße zu erreichen, und nimmt den rechten Abzweig. Nach weiteren 500 m verlässt man die Strecke und kommt zu einer weiteren Straße. Die Iron Bridge befindet sich dort gleich rechter Hand (1 Std. ab der Military Road).

Als Nächstes geht man 150 m weiter bergauf zu einem Weg, biegt links ab und folgt der Strecke etwa 7,5 km bergab durch das Ow-Tal bis zu einer Kreuzung. Aughrim liegt von hier aus links, ungefähr 500 m entfernt. In dem Ort halten Busse auf ihrer Fahrt von Dublin nach Wexford.

griffen. Gegen 17.45 Uhr ist man wieder zurück in Dublin. Die Guides sind ganz okay, aber etwas distanziert.

Wild Wicklow Tour BUSTOUR
(☎01-280 1899; www.wildwicklow.ie; Erw./Student/Kind 28/25 €; ⏲Abfahrt 9 Uhr) Dank der Partystimmung bekommt dieser Ausflug nach Glendalough, Avoca und zum Sally Gap immer die besten Noten, dafür mangelt es allerdings an tiefergehenden Informationen. Die Fahrt beginnt am Shelbourne Hotel und der nächste Halt ist die Touristeninformation in Dublin, doch es gibt in der Stadt viele weitere Zusteigemöglichkeiten (beim Buchen kann man nach der nächstgelegenen Haltestelle fragen). Gegen 17.30 Uhr ist man wieder zurück.

Schlafen & Essen

Viele B&Bs befinden sich in sowie rund um Laragh, ein Dorf 3 km östlich von Glendalough bzw. auf dem Weg von Glendalough dorthin.

Glendalough International Hostel HOSTEL €
(☎0404-45342; www.anoige.ie; The Lodge; B/DZ 14/48 €; @📶) Die moderne Jugendherberge liegt gleich hinter dem Rundturm mitten im tiefen bewaldeten Gletschertal von Glendalough. Alle Schlafsäle haben eigene Bäder, darüber hinaus gibt's hier eine ganz gute Cafeteria.

Glendalough Hermitages BUNGALOWS €
(☎0404-45571; www.glendaloughhermitage.ie; St. Kevin's Parish Church, Glendalough; EZ/DZ 45/70 €) St. Kevin's Parish Church vermietet fünf Einsiedeleien (einfache Bungalows mit einem bzw. zwei Doppelbetten) an alle, die fern von der Hektik des Alltags eine meditative Erfahrung machen möchten. Die Hütten sind einfach ausgestattet, aber gemütlich. Neben den Schlafzimmern haben sie ein Bad, eine kleine Küchenecke, einen offenen Kamin sowie einen Nachtspeicherofen. Gäste können am Morgen- und Abendgebet teilnehmen. Katholisch muss man nicht unbedingt sein – hier sind alle Konfessionen und Glaubensrichtungen willkommen. Die Pfarrkirche steht ca. 1 km östlich von Glendalough an der R756 nach Laragh.

Glendalough Hotel HOTEL €€
(☎0404-45135; www.glendaloughhotel.com; EZ/DZ ab 90/140 €; @📶🚻) Glendaloughs bestes Hotel wartet mit einer günstigen Lage gleich neben dem Besucherzentrum auf. Den Gästen, die in den 44 luxuriösen Zimmern logieren, mangelt es an nichts.

Glendale B&B €€
(☎0404-45410; www.glendale-glendalough.com; Laragh East; Zi. 72 €, Cottage 355–755 € pro Woche; 📶) Moderne, tadellos gepflegte B&B-Pension mit großen Zimmern sowie fünf modernen Sechspersonen-Cottages für Selbstverpfleger. Letztere bieten Annehmlichkeiten wie TV- und Videogeräte sowie voll ausgestattete Küchen inklusive Mikrowelle, Geschirrspüler, Waschmaschine und Trockner. Auf Wunsch holen einen die Besitzer aus Glendalougha ab.

Wicklow Heather INTERNATIONAL €€
(☎0404-45157; www.thewicklowheather.com; Main St, Laragh; Hauptgerichte 16–26 €; ⏲12–20.30 Uhr) Auf der Karte des Lokals stehen Wicklow-Lamm, Wild, irisches Rind und frischer Fisch (wir empfehlen die Forelle). Fast alle Produkte stammen aus der näheren Umgebung. Nebenan befindet sich ein von denselben Inhabern betriebenes B&B mit fünf gut ausgestatteten Zimmern (EZ/DZ mit Bad 35/70 €).

Praktische Informationen

Glendalough Visitor Centre (www.heritageireland.ie; Erw./Kind 3/1 €; Mitte März–Mitte Okt. ⏲9.30–18 Uhr, Mitte Okt.–Mitte März 9.30–17 Uhr) Am Eingang des Tals, noch vor dem Glendalough Hotel, zeigt das Besucherzentrum den tollen Kurzfilm (17 Min.) *Ireland of the Monasteries*, der das einstige Klosterleben anschaulich darstellt.

An- & Weiterreise

St. Kevin's Bus (☎01-281 8119; www.glendaloughbus.com) fährt in Dublin von Montag bis Samstag um 11.30 und 18 Uhr sowie sonntags um 11.30 und 19 Uhr vor dem Mansion House in der Dawson Street ab (einfach/hin & zurück 13/20 €, 1½ Std.). Die Busse des Unternehmens halten auch am Rathaus von Bray. Abfahrtszeiten ab Glendalough: Montag bis Samstag 7.15 und 16.30 Uhr. Im Juli und August verkehrt der spätere Bus wochentags um 17.30 Uhr, außerdem gibt's eine zusätzliche Fahrt um 9.45 Uhr.

Glenmalure

Folgt man der Military Road bis fast an ihr südliches Ende und dringt tiefer in die bergige Gegend südwestlich von Glendalough ein, wird das Gebiet wilder und abgeschiedener. Auf der Westseite des Lugnaquilla, Wicklows höchstem Gipfel, erstreckt sich Glenmalure, ein dunkles Tal umrahmt von typischen Geröllhängen. Hat man es erreicht, biegt man hinter der Drumgoff-Brücke in Richtung Nordwesten ab. Von dort führt die Straße 6 km am Avonbeg River entlang bis zu einem Parkplatz, von wo aus Wanderwege in verschiedene Richtungen abzweigen.

Glenmalure spielte eine wichtige Rolle beim Widerstand gegen die Briten. Das Tal war eine Hochburg der Rebellen. 1580 gelang es dem gefürchteten Anführer Fiach Mac Hugh O'Byrne (1544–1597) und seiner Bande, etwa tausend englische Soldaten zu besiegen, woraufhin Queen Elisabeth vor Wut fast einen Schlaganfall erlitt. 1597 aber rächten sich die Engländer: Sie fassten O'Byrne, spießten seinen Kopf auf einen Pfahl und stellten diesen vor die Tore des Dublin Castle.

Sehenswertes & Aktivitäten

In der Nähe von Drumgoff stößt man auf Dwyer's oder **Cullen's Rock**, der sowohl an die Schlacht bei Glenmalure erinnert als auch an Michael Dwyer, ein Mitglied der Vereinten Iren, der am erfolglosen Aufstand von 1789 gegen die Engländer beteiligt war und sich hier verbarg. Während der Kämpfe wurden an dem Felsen Männer erhängt.

Wer nicht auf den Lugnaquilla klettern möchte, kann weiter zum Fraughan Rock Glen östlich des Parkplatzes spazieren oder durch das Glenmalure Valley an der kleinen Herberge An Óige Glenmalure vorbeiwandern. Danach teilt sich der Weg: Richtung Nordosten gelangt man über die Hügel nach Glendalough, Richtung Nordwesten geht's ins Tal Glen of Imaal.

Die Talspitze des Glenmalure und Teile des benachbarten Glen of Imaal sind unzugängliches Militärgebiet, das mit zahlreichen Warnschildern gekennzeichnet ist.

Schlafen

Glenmalure Hostel HOSTEL €
(☎01-830 4555; www.anoige.ie; Greenane; B 15 €; ⌚Juni–Aug., Sept.–Mai nur Sa) In der rustikalen zweistöckigen früheren Jagdhütte gibt's 19 Betten und fließend Wasser, aber statt Telefon und Strom nur Gaslampen. Dafür blickt das Gebäude auf ein reiches literarisches Erbe zurück: Es diente als Kulisse für J. M. Synges Theaterstück *Shadow of a Gunman* und gehörte früher Maud Gonne, der verschmähten Geliebten von W. B. Yeats. Wer die Einsamkeit sucht, ist hier am Fuß des Lugnaquilla genau richtig.

Glenmalure Log Cabin HÜTTE €€
(☎01-269 6979; www.glenmalure.com; 11 Glenmalure Pines, Greenane; Hütte 270 €;) Die moderne Lodge im skandinavischen Stil im Herzen des Glenmalure-Tals verfügt über zwei Zimmer, jeweils inklusive Privatbad, einer voll ausgestatteten Küche und eines Wohnzimmers mit allerlei Unterhaltungselektronik, darunter eine große Auswahl an DVDs. Trotz der zahlreichen Ablenkungen sollte man möglichst viel Zeit auf der herrlichen Sonnenterrasse verbringen..

Westliches Wicklow

Weiter westlich verändert sich die Region und ist nun nicht mehr so felsig, sondern ländlicher, insbesondere an den Grenzen zu Kildare und Carlow. Das wilde, ursprüngliche Terrain weicht saftigem Weideland. Östlich von Blessington prägen viele private Gestüte die Landschaft, in denen einige der weltweit teuersten Pferde unter strenger Geheimhaltung dressiert werden.

Hauptattraktion in diesem Teil Wicklows ist das Russborough House, ein palladianisches Bauwerk gleich hinter Blessington. Wer eine wildere Kulisse bevorzugt, wird

ABSTECHER

TINAKILLY COUNTRY HOUSE & RESTAURANT

Wicklow mangelt es nicht an edlen Landhäusern, die zu Luxusherbergen umgebaut wurden. Das **Tinakilly Country House & Restaurant** (☎0404-69274; www.tinakilly.ie; Rathnew; Zi. 115–200 €, Abendessen 22–29 €), ein herrliches viktorianisches Anwesen mit italienischem Flair gleich außerhalb von Rathnew (5 km westlich von der Stadt Wicklow entfernt), ist jedoch der Inbegriff von Eleganz. Im Westflügel befinden sich *period rooms* mit Antiquitäten und Baldachinbetten, im Ostflügel prächtige Suiten mit einem wunderschönen Ausblick auf die farbenfrohen Gärten oder das Meer, auch wenn dieses etwas weit weg liegt. Und dann ist da noch das Restaurant, das den Begriff „Landhausküche" auf ein ganz neues, mondänes Niveau hebt.

rund um Kilbride, am Oberlauf der Liffey und weiter südlich im Glen of Imaal fündig.

Blessington

4018 EW.

Blessington besteht aus einer langen Reihe von Pubs, Läden sowie Häusern aus dem 17. und 18. Jh. und eignet sich als Ausgangspunkt für Touren in die Umgebung. Größte Attraktion der Ortschaft ist das Russborough House. Die hilfreiche **Touristeninformation** (☎045-865 850; Unit 5, Blessington Craft Centre, Main St; ⏲Mo–Fr 9.30–17 Uhr, Juli–Aug. auch Sa, So 10–14 Uhr) befindet sich gegenüber dem Downshire House Hotel.

Sehenswertes

Russborough House HISTORISCHES GEBÄUDE
(☎045-865 239; www.russboroughhouse.ie; Erw./Kind geführte Tour 10/6 €, 3D-Austellung 6/4 €; ⏲Mai–Sept. tägl. 10–18 Uhr, April & Okt. So & an Feiertagen) Das prächtige Russborough House ist eines der edelsten Anwesen in Irland. Es wurde im Auftrag von Joseph Leeson (1705–1783), dem künftigen ersten Earl von Milltown und späteren Lord Russborough errichtet. Der Bau dauerte von 1741 bis 1751 und erfolgte nach einem Entwurf von Richard Cassels. Leider lebte der Architekt nicht mehr lange genug, um das Projekt zu vollenden, fand aber in Francis Bindon einen würdigen Nachfolger.

Bis 1931 blieb das Gebäude im Besitz der Familie Leeson. 1952 wurde es an Alfred Beit verkauft, den gleichnamigen Neffen des Mitbegründers der Diamantförderungsgesellschaft de Beers. Der leidenschaftliche Kunstsammler schmückte sein Haus mit Gemälden von Künstlern wie Velázquez, Vermeer, Goya und Rubens. 1974 stahlen Mitglieder der IRA 16 Bilder, die jedoch alle wiedergefunden wurden. 1984 beauftragten paramilitärische Loyalisten den Dubliner Gangster Martin Cahill als Drahtzieher eines erneuten Kunstraubs. Zwar konnte die Beute ebenfalls sichergestellt werden, allerdings waren einige Gemälde irreparabel beschädigt. Die wertvollsten Werke schenkte Beit 1988 der Nationalgalerie (S. 81), dennoch brachen 2001 und 2002 erneut Kunsträuber in das Haus ein. Eines der gestohlenen Bilder war ein Gemälde von Gainsborough, das zuvor bereits zweimal entwendet und wiederentdeckt wurde. Zum Glück konnten beide Male sämtliche Kunstwerke sichergestellt werden.

Im Eintrittspreis ist eine 45-minütige Tour durch das Anwesen mit Erklärungen zu allen wichtigen Gemälden enthalten. Man hofft natürlich, dass sich die wilde Vergangenheit des Hauses nicht mehr wiederholt. Seit jüngerer Zeit gibt's auch eine 3D-Ausstellung zum Leben und den Reisen von Sir Alfred.

Schlafen & Essen

Haylands House B&B €€
(☎045-865 183; haylands@eircom.net; Dublin Rd; EZ/DZ ab 40/70 €) Empfehlenswerte moderne Bleibe mit schönen Zimmern samt Privatbädern, gastfreundlichem Service und einem ausgezeichneten Frühstück. Die Pension liegt nur 500 m außerhalb der Ortschaft an der Dublin Road. Möglichst früh vorab buchen!

★ **West Wing** APARTMENT €€€
(Russborough House; www.irishlandmark.com; Russborough House, Blessington; 3 Nächte Beit Residence 1200 €, 2 Nächte Garden Apartment 650 €) Bis 2005 lebte die Familie Beit im Westflügel von Russborough House. Ihre früheren Wohnräume wurden in zwei von der Irish Landmark Trust verwaltete Luxusapartments für Selbstversorger umgewandelt. In den drei Schlafzimmern des großen Garden Apartment finden sieben Personen Platz. Wirklich *riesig* ist die Beit Residence: Hier können acht Personen in einem Luxus schwelgen, der in der Regel den oberen Zehntausend vorbehalten ist.

★ **Rathsallagh House & Country Club** HOTEL €€€
(☎045-403 112; www.rathsallagh.com; Dunlavin; Hauptgerichte 22–32 €; EZ/DZ ab 150/210 €) 20 km südlich von Blessington steht mitten in der Natur das einstige Gestüt von Queen Anne aus dem Jahre 1798, das mittlerweile als Hotel genutzt wird. In dem traumhaft schönen Haus erwartet einen überall purer Luxus, der von prächtig ausgestatteten Räumen bis zu einem Speisesaal (hier werden hervorragend zubereitete irische Köstlichkeiten serviert) im exquisiten Landhausstil reicht. Zudem erstreckt sich rund um die Unterkunft ein Golfplatz der gehobenen Kategorie.

★ **Grangecon Café** INTERNATIONAL €€
(☎045-857 892; Tullow Rd; Huaptgerichte 11–18 €; ⏲Di–Sa 10–17 Uhr) Das kleine Café in einer umgebauten alten Schule kredenzt Salate, Backspezialitäten und jede Menge irische Käsesorten. Alles, was hier auf den Tisch kommt – von der Pasta bis zum köstlichen Apfelsaft – wird von den Betreibern selbst hergestellt, oft aus Biozutaten. Auf der kurzen Speisekarte steht das Beste aus der irischen Küche.

Am Russborough House wird einmal im Monat ein **Bauernmarkt** (☎ 087-611 5016; ⏲ 1. So im Monat 10–16 Uhr) veranstaltet, der in den Wintermonaten drinnen stattfindet.

An- & Weiterreise

Blessington liegt 35 km südwestlich von Dublin an der N81. **Dublin Bus** (☎ 01-873 4222, 01-872 0000) bietet regelmäßige Verbindungen mit der Linie 65 ab Eden Quay an (4,40 €, 1½ Std., alle 1½ Std.). Expressbus 005 von **Bus Éireann** (☎ 01-836 6111; www.buseireann.ie) verkehrt zwei- bis dreimal täglich zwischen Dublin und Waterford und hält unterwegs in Blessington. Auf der Strecke ab Dublin kann man nur zusteigen, auf der Strecke ab Waterford nur aussteigen.

Die Küste

Wicklows Küste ist nicht annähernd so reizvoll oder beeindruckend wie die spektakuläre Berglandschaft. Die bescheidenen Orte und kleinen Resorts am Meer verströmen einen subtilen Charme, der unter einem bedrohlichen Himmel schnell dahinschwinden kann. Ein echter Anziehungspunkt sind die feinen Sandstrände von Brittas Bay unmittelbar südlich der Stadt Wicklow.

Kilmacanogue & Great Sugarloaf

839 EW.

Mit 503 m ist der Great Sugarloaf zwar nicht Wicklows höchster Gipfel, doch dank seiner kegelförmigen Kuppe erkennt man ihn selbst aus großer Entfernung. Er thront über dem Dörfchen Kilmacanogue an der N11 etwa 4 km südlich von Bray. Dieser Ort würde kaum ein Zuwinken im Vorbeifahren verdienen, wäre es nicht die Wiege des irischen Kunsthandwerks mit einem Laden der ersten Stunde am Dorfeingang.

Avoca Handweavers (☎ 01-286 7466; www.avoca.ie; Main St) ist eine der ältesten Handwebereien mit landesweit sieben Filialen und einem internationalen Renommee für Stil und Eleganz des traditionellen Kunstgewerbes. Der Firmensitz befindet sich in einer Baumschule aus dem 19. Jh. und verfügt über einen Verkaufsraum, in dem sich jeder Besucher von dem unglaublichen Erfolg des Unternehmens überzeugen kann. Außerdem gibt's hier ein hervorragendes **Restaurant** (Hauptgerichte 12–18 €; ⏲ 9.30–17.30 Uhr) und Souvenirs in Form von Kochbüchern des Hauses.

An- & Weiterreise

Die Linie 145 von Dublin Bus (S. 747) fährt von der D'Olier Street in Dublin nach Kilmacanogue (4,40 €, 55 Min., alle 10 Min.). **Bus Éireann** (☎ 01-836 6111; www.buseireann.ie) bietet Verbindungen mit der Linie 133 von Dublin nach Arklow über Kilmacanogue (einfach/hin & zurück 4,70/8,20 €, 45 Min., 10-mal tgl.).

Von Greystones nach Wicklow

Früher war der Badeort Greystones 8 km südlich von Bray ein malerisches Fischerdorf und auch heute noch ist der Ort rund um den kleinen Hafen sehr idyllisch. Im Sommer wimmelt es in der Bucht von Schlauchbooten und Windsurfern. Leider wird die Landschaft ringsum zusehends zum Bauland.

Sehenswertes

Wegen seiner bildhübschen grünen Landschaft wird Wicklow zu Recht oftmals als

ABSTECHER

BALLYKNOCKEN HOUSE

Das **Ballyknocken House & Cookery School** (☎ 0404-69274; www.ballyknocken.com; EZ/DZ 150/300 €, Hauptgerichte abends 14–22 €) übertrifft alle Vorstellungen, die man von einem edlen Landhaus hat. Dieses wunderschöne efeubewachsene Gebäude im viktorianischen Stil liegt 5 km südlich von Ashford an der R752 nach Glenealy. Alle Schlafzimmer sind mit Originalmöbeln und privaten Bädern ausgestattet; manche haben sogar viktorianische Wannen mit Krallenfüßen. All dies verleiht der Unterkunft eine Atmosphäre zeitloser Eleganz, die man heute nur noch selten findet. Die alte Melkanlage auf dem Bauernhof wurde in ein sauberes Loft mit zwei Schlafzimmern umgewandelt, in dem bis zu sechs Personen übernachten können. Das größtes Highlight neben dem Haus selbst sind die ganzjährig angebotenen **Kochkurse** (www.thecookeryschool.ie; 110 €) von Catherine Fulvio, die es auch für Mini-Chefköche gibt.

ABSTECHER

HISTORISCHES GEFÄNGNIS VON WICKLOW

Wicklows berüchtigtes **Gefängnis** (☎0404-61599; www.wicklowshistoricgaol.com; Kilmantin Hill; Erw./Student/Kind mit Führung 7,30/6/4,50 €, Führung nur für Erwachsene 15 €; ⏲10.30–16.30 Uhr) wurde 1702 errichtet, um die vielen Gefangenen unterzubringen, die zu Zeiten der Penal Laws verurteilt wurden. Es war im ganzen Land wegen der Brutalität seiner Wärter und der harten Haftbedingungen berüchtigt. Der üble Geruch, Folterungen, der Höllenfraß und die virenverseuchte Luft sind natürlich seit Langem passé. Kinder wie auch Erwachsene können hier bei der unterhaltsamen Führung dem Gefängnisalltag von einst nachspüren. Inzwischen ist der Kerker die Touristenattraktion schlechthin. Schauspieler schlüpfen in die Rollen von Wärtern und Häftlingen, um die dramatische Stimmung noch weiter zu steigern. Zu den hier ausgestellten Exponaten gehört eine Tretmühle, die Gefangene zur Bestrafung stundenlang in Gang halten mussten, außerdem bekommt man das grauenhafte Verlies zu sehen.

Im zweiten Stock befindet sich ein Modell der HMS *Hercules*, ein Sträflingsschiff, das Verurteilte nach New South Wales deportierte. Kapitän war der Psychopath Luckyn Betts: Nach sechs Monaten unter seiner eisernen Faust erschien vielen der Tod als Gnade. Die obere Etage widmet sich den Lebensläufen der Gefangenen nach ihrer Ankunft in Australien. Führungen starten alle zehn Minuten, außer zwischen 13 und 14 Uhr. Am letzten Freitag im Monat finden Rundgänge nur für Erwachsene statt. Dazu gibt's Häppchen, ein Glas Wein und sogar ein bisschen Spuk.

Die Linie 133 von **Bus Éireann** (☎01-836 6111; www.buseireann.ie) verkehrt von Dublin nach Arklow und hält unterwegs in der Stadt Wicklow (einfach/hin und zurück 9,80/16,20 €, 1 Std., 10-mal tgl.).

„Garten von Irland" bezeichnet. Zu diesem Ruf tragen auch die 8 ha großen **Mt. Usher Gardens** (☎0404-40116; www.mountushergardens.ie; Erw. /Student/Kind 7,50/6,50/3,50 €; ⏲März–Okt. 10.30–18 Uhr) bei. Der Park erstreckt sich außerhalb der unscheinbaren Stadt Ashford 10 km südlich von Greystones an der N11. Mit seinen Bäumen, Sträuchern und Stauden aus aller Welt ist er im natürlichen Stil des berühmten irischen Landschaftsarchitekten William Robinson (1838–1935) angelegt.

Ein weiterer schöner Garten umgibt **Kilruddery House**, rund 6 km nördlich von Greystones nahe der Küstenstraße R761. Das umwerfende Herrenhaus im elisabethanischen Stil diente ab 1618 als Wohnsitz der Familie Brabazon (Earls von Meath) und verfügt über eine der ältesten Grünanlagen des Landes. Der 14. Earl ließ das Gebäude, das 1820 von dem im 19. Jh. damals modernen Architekten Richard Morrisson und seinem Sohn entworfen wurde, 1953 verkleinern. Offensichtlich wollte er etwas Kleineres und Eleganteres. Die Villa ist beeindruckend, wird aber von der herrlichen Orangerie aus dem Jahre 1852 mit zahllosen Statuen und Pflanzen noch überflügelt. Für Liebhaber ausgefallener Gewächshäuser ist dies genau das Richtige.

Schlafen & Essen

★Hunter's Hotel HOTEL €€
(☎0404-40106; www.hunters.ie; Newrath Bridge, Rathnew; EZ/DZ 80/130 €; 📶) Dieses noble Anwesen außerhalb von Rathnew an der R761 wartet mit 16 herrlichen, stilvoll eingerichteten Zimmern auf. Das Hunter's ist eine von Irlands ältesten Herbergen und liegt mitten in einem preisgekrönten Garten, der auch am Wicklow Gardens Festival teilnimmt

Three Q's INTERNATIONAL €€
(☎01-287 5477; Church Rd; Hauptgerichte 17,95 €; ⏲Di–Fr 9–22, Sa & So 9–15 Uhr) In dem eleganten Restaurant gibt's Gerichte wie würziges Rindfleisch vom Holzkohlegrill samt Zuckermaissoße und Limetten-Crème-fraiche und Fischgerichte wie gegrilltes Seehechtfilet samt einem Confit aus Orzo-Nudeln mit Tomaten und Öl aus geräucherten Paprika.

Hungry Monk IRISCH €€€
(☎01-287 5759; Church Rd; Hauptgerichte 17–29 €; ⏲Mi–Sa 19–23, So 12.30–21 Uhr; 👪) Ausgezeichnetes Lokal in der Hauptstraße von Greystones, das zu den besseren Adressen an der Küste gehört. Auf einer Schiefertafel stehen die täglichen Angebote, z. B. saftiges Schweinefleisch mit Pflaumen und Aprikosenfüllung, frische Meeresfrüchte, Wicklow-Lammrücken und Würstchen mit Kartoffelbrei.

WICKLOW GARDENS FESTIVAL

Wer die etwa 40 berühmtesten öffentlichen und privaten Gärten der Grafschaft sehen möchte, sollte zwischen Ostern und Ende August herkommen, wenn das wunderbare **Wicklow Gardens Festival** (www.wicklowgardens.com) stattfindet. Einige der größeren Gärten öffnen während des Festivals durchgehend, kleinere manchmal nur zu bestimmten Zeiten. Auf der Website kann man sich über die Parks, Öffnungszeiten, Sonderveranstaltungen und Gartenbaukurse informieren.

An- & Weiterreise

Die Linie 133 von **Bus Éireann** (☎01-836 6111; www.buseireann.ie) fährt von Dublin nach Wicklow (Stadt) und Arklow und hält unterwegs vor dem Ashford House (einfach/hin & zurück 7,60/12,50 €, 1 Std., 10-mal tgl.).

Südliches Wicklow

Das südliche Wicklow wartet mit einer sanfteren Landschaft auf als die nördliche Hälfte an der Küste. Diese besteht aus sanft geschwungenen Hügeln und Tälern, die von rauschenden Flüssen durchschnitten werden und mit zahlreichen hübschen Weilern übersät sind. Hier erstreckt sich auch das viel besungene malerische Vale of Avoca, das täglich Scharen von Touristen anlockt.

Rathdrum

2123 EW.

Der ruhige Ort am Fuße des Vale of Clara hat nicht viel mehr als einige alte Häuser und ein paar Läden zu bieten. Ende des 19. Jhs. blühte hier noch die Flanellindustrie und es gab bereits ein Armenhaus, doch für heutige Besucher ist Rathdrum weniger interessant als die unmittelbare Umgebung.

In der kleinen **Touristeninformation** (☎0404-46262; 29 Main St; ⏲Mo–Fr 9–17.30 Uhr) bekommt man Broschüren und erfährt mehr über das Städtchen und nahe gelegene Attraktionen wie den Wicklow Way.

Sehenswertes

„Wehe dem, durch den das Ärgernis kommt ... Für ihn wäre es besser, wenn ihm ein Mühlstein um den Hals gelegt worden und er im Meer versunken wäre, als dass er einen dieser Kleinen verführte."

James Joyce, Ein Porträt des Künstlers als junger Mann

Mit dem Bibelzitat bezieht sich James Joyce keinesfalls auf einen Mörder oder Schwerverbrecher, sondern auf Charles Stewart Parnell (1846–1891), den „ungekrönten König von Irland", der eine Schlüsselrolle innerhalb der irischen Unabhängigkeitsbewegung spielte. Das **Avondale House** (☎0404-46111; Erw./Stud. & Kind 5/4 €; ⏲Mai–Aug. 11–18 Uhr, April nur Sa & So, restl. Jahr nach Vereinbarung), ein prächtiges palladianisches Gebäude auf einem 209 ha großen Anwesen, war Parnells Geburts- und Wohnort. Das 1779 von James Wyatt entworfene Haus wartet mit zahlreichen Highlights wie einer prächtigen, zinnoberroten Bibliothek (Parnells Lieblingszimmer) und einem wunderschönen Speisesaal auf.

Von 1880 bis 1890 war Avondale der Inbegriff des Kampfes um Irlands Selbstverwaltung, den Parnell anführte, bis 1890 ein Mitglied seiner eigenen Partei, Captain William O'Shea, seine Frau Kitty des Ehebruchs beschuldigte und Parnell als ihren Geliebten entlarvte. Im katholischen Irland galt die Affäre als großer Skandal. So erklärte der erzkonservative Klerus, Parnell sei für eine Führungsrolle nicht mehr geeignet, obwohl er Kitty O'Shea direkt nach ihrer Scheidung heiratete. Daraufhin gab Parnell seine politischen Ämter auf und zog sich verbittert nach Avondale zurück, wo er im darauffolgenden Jahr starb.

Das Anwesen ist von einer großen Wald- und Parklandschaft umgeben. Nach dem Übergang in den Staatsbesitz 2004 setzte der Irish Forestry Service (Coillte) dort erste forstwirtschaftliche Experimente um. Die 1,5 ha großen Versuchsparzellen verteilen sich entlang eines der schönsten Parkwege des Anwesens, dem Great Ride. Parkbesichtigungen sind ganzjährig möglich.

3 km östlich der Stadt (und 3 km westlich der N11) erstrecken sich die **National Botanic Gardens** (www.botanicgardens.ie) GRATIS von Kilmacurragh, ein hübsches Beispiel für den Stil von Daniel Robinson, in dem anders als in formellen Gärten Natürlichkeit an erster Stelle steht.

Schlafen & Essen

Old Presbytery Hostel HOSTEL €
(☎0404-46930; www.hostels-ireland.com; The Fairgreen; B/DZ 15/48 €) Eine moderne IHH-Jugendherberge in zentraler Lage, die eher

wie ein Studentenwohnheim daherkommt und über große gemütliche Schlafsäle, gut ausgestattete Zweibettzimmer mit Privatbädern, Familienzimmer, eine Waschküche, ein Fernsehzimmer sowie einige Zeltstellplätze verfügt.

Bates Inn PUB €€
(www.batesrestaurant.com; 3 Market Sq; Hauptgerichte 19–25 €; ⌚ Di–Sa 19–21.30, So 12.30–15 Uhr) Das hervorragende Restaurant in einem Kutscherpub, das bereits 1785 eröffnet wurde, legt viel Wert auf erstklassig zubereitete Fleischgerichte (besonders gut sind die mit Rind vom Holzkohlegrill). Es zählt zu den gehobenen Lokalen im südlichen Wicklow. Am Wochenende abends vorab reservieren!

An- & Weiterreise

Bus Éireann (☎ 01-836 6111; www.buseireann.ie) Die Linie 133 startet in Dublin und steuert auf ihrem Weg nach Arklow auch Rathdrum an (einfach/hin & zurück 12,50/19,50 €, 1¾ Std., 10-mal tägl.).

Iarnród Éireann (☎ 01-836 6222) Die Züge halten in Rathdrum auf der Hauptstrecke zwischen Dublin und Rosslare Harbour (einfach/hin & zurück 15,50/20,50 €, 1½ Std., 5-mal tgl.).

Vale of Avoca

Das dicht bewaldete Vale of Avoca zählt zu den malerischsten Orten in Irland. Es beginnt am Zusammenfluss von Avonbeg und Avonmore, die sich zum Fluss Avoca vereinen. Diese Kreuzung zweier Gewässer mit dem Namen „Meeting of the Waters" wurde durch ein 1808 verfasstes gleichnamiges Gedicht von Thomas Moore berühmt.

Hier gibt's auch einen Pub mit dem Namen **The Meetings** (☎ 0402-35226; www.themeetingsavoca.com; ⌚ 12–21 Uhr), in dem man essen (Hauptgerichte 11–17 €) und ganzjährig am Wochenende Livemusik hören kann. Von April bis Oktober finden sonntags zwischen 16 und 18 Uhr *céilidhs* (traditionelle Tanz- und Musikvorführungen) statt. Zu dem Lokal gehört eine Pension mit ordentlichen, sauberen Zimmern (EZ/DZ 40/72 €). Busse von Dublin nach Avoca halten direkt am Meetings; man kann aber auch vom etwa 3 km entfernten Dorf zu Fuß herlaufen.

Avoca

570 EW.

Das kleine hübsche Dorf Avoca (Abhóca) gilt als Wiege der führenden irischen Handweberei **Avoca Handweavers** (☎ 0402-35105; www.avoca.ie; Old Mill, Main St; ⌚ Mai–Sept. 9–18 Uhr, Okt.–April 9.30–15.30 Uhr) und ist in Irlands ältester Webmühle untergebracht.

Seit 1723 werden dort Leinenstoffe, Wolle und andere Gewebe der viel gepriesenen Avoca-Kollektion hergestellt. In den Webwerkstätten kann man ganz nach Lust und Laune umherschlendern.

Nur für den Fall, dass sich jemand auch noch für etwas anderes interessiert: Die **Touristeninformation** (☎ 0402-35022; Old Courthouse; ⌚ Mo–Sa 10–17 Uhr) befindet sich in einem kleinen Bungalow, der The Courthouse genannt wird.

Schlafen

★ **Sheepwalk House & Cottages** B&B €€
(☎ 0402-35189; www.sheepwalk.com; Arklow Rd; EZ/DZ 60/90 €, Cottages 250–420 € pro Woche;

ABSTECHER

ABSOLUTER LUXUS

Zu den ausgefallensten Hideaways von Wicklow zählt das **Brook Lodge & Wells Spa** (☎ 0402-36444; www.brooklodge.com; Macreddin; Zi./Suite ab 260/310 €; 📶), 3 km westlich von Rathdrum im Dorf Macreddin. Es hat 86 schön eingerichtete Zimmer, die sich auf das Haupthaus und die Anbauten verteilen, deren Bandbreite vom Standardraum bis zur Mezzanine-Suite reicht, die zu einem New Yorker Penthouse gehören könnte. Schon die Unterkunft allein ist also purer Luxus, noch mehr Gäste lockt aber das herausragende Spa an. Es bietet Schlammpackungen, Flotation-Kammern, Finnische Saunas, Aromabäder, Hamam-Massagen und Wellnessbehandlungen mit Kosmetik von Decléor und Carita. Kreditkarten landen nirgendwo in sanfteren Händen. Das **Strawberry Tree** (☎ 0402-36444; www.brooklodge.com; Brook Lodge, Macreddin; Abendmenü 65 €; ⌚ Di–Sa 19–24 Uhr) ist eines von Wicklows besten Restaurants.

Ein **Biomarkt** (Macreddin; ⌚ April–Okt. So 10–17 Uhr) findet im Sommer am ersten Sonntag des Monats in Macreddin statt.

(📶) Heute gehört der 1727 für den Earl of Wicklow errichtete Gutshof zu den beliebtesten Unterkünften in Avoca, obwohl er 2 km außerhalb der Ortschaft liegt. Das Haupthaus hat wunderschön eingerichtete Zimmer und die umgewandelten Nebengebäude mit ausgebautem Dach, Kaminen und Kachelfußböden eignen sich ideal für Gruppen von fünf bis sechs Personen.

River Valley Park CAMPINGPLATZ €
(☎ 0402-41647; www.rivervalleypark.com; Stellplätze für Familien/Erw. ohne Kinder 13/24 €, Microlodges ab 55 €; 👪) Mit sechs verschiedenen Unterbringungsmöglichkeiten ist dies der wahrscheinlich am besten ausgestattete Campingplatz des Countys. Neben Stellplätzen für Familien gibt's Chalets für Selbstverpfleger, Mobile Homes, luxuriöse Microlodges und einen für Erwachsene vorbehaltenen Bereich. Der Platz befindet sich 1 km südlich des Dorfes Redcross und 7 km nordöstlich von Avoca an der Landstraße R754.

An- & Weiterreise

Die Linie 133 von **Bus Éireann** (☎ 01-836 6111; www.buseireann.ie) hält auf dem Weg von Dublin nach Arklow in Avoca (einfach/hin und zurück 13/21 €, 2 Std., 10-mal tgl.).

COUNTY KILDARE

Das County Kildare (Cill Dara) gehört zu den fruchtbarsten Gegenden Irlands und ist seit jeher ein reiches landwirtschaftliches Gebiet, nicht zuletzt wegen der Pferdezucht. Einige der renommiertesten Gestüte des Landes züchten hier ein Spitzenrennpferd nach dem anderen. In den vergangenen Jahrzehnten schluckte der sich immer weiter vergrößernde Pendlergürtel zahlreiche Dörfer und Kleinstädte.

Obwohl die Region nicht gerade mit vielen Attraktionen aufwartet, die Touristen unbedingt sehen müssen, bietet sie Abwechslung genug für einen Tagesausflug von der irischen Hauptstadt aus oder für einen Zwischenstopp auf dem Weg nach Westen.

Maynooth

10 715 EW.

Der Campus der Maynooth (Maigh Nuad) National University of Ireland (NUIM) prägt diese geschäftige Ortschaft. Zwei Drittel der Einwohner sind Studenten, die ein wenig Leben in die ansonsten recht nüchterne Kleinstadt voll Steinhäuser und Geschäfte bringen. Die Main Street und die Leinster Street verlaufen in Ost-West-Richtung. Zum Kanal und zum Bahnhof (den man über ein paar Fußgängerbrücken erreicht) im Süden gelangt man über die Parson Street. Die Straffan Road führt gen Süden zur M4.

Sehenswertes

St. Patrick's College UNIVERSITÄT
(☎ 01-628 5222; www.maynoothcollege.ie; Main St) Seit 1795 werden im St. Patrick's College & Seminary katholische Priester ausgebildet. Nach dem Trinity College in Dublin ist dies Irlands zweitälteste Hochschule. Sie wurde gegründet, um angehende Pastoren vom Seminar in Frankreich sowie den gefährlichen Idealen der Revolution und des Republikanismus fernzuhalten. 1898 wurde St. Patrick's eine päpstliche Universität (die theologischen Kurse im Priesterseminar fielen damit unter die Kontrolle des Vatikans). 1910 trat sie der neu gegründeten National University of Ireland (NUI) bei. Die Studentenschaft bestand jedoch weiterhin ausschließlich aus Klerikern, bis 1966 schließlich auch weltliche Bürger aufgenommen wurden. Heute ist St. Patrick's zwar Teil einer größeren Universität, aber dennoch weitgehend eigenständig. Darüber hinaus unterscheiden sich die 80 eigenbrötlerischen männlichen Seminaristen deutlich von den übrigen 8500 Studenten anderer Fachrichtungen.

Die Collegegebäude, die u. a. von dem gotischen Architekten Augustus Pugin entworfen wurden, sind beeindruckend und lohnen eine Besichtigung. Man betritt sie über das Georgian Stoyte House. Im Büro der **Zimmerverwaltung** (☎ 01-708 3576; ⏲ Mo–Fr 8.30–17.30 & 20–23, Sa & So 8.30–12.30 & 13.30–23 Uhr) kann man eine Broschüre (6 €) kaufen, die bei der Orientierung auf dem Gelände hilft. Im Sommer gibt's auch ein **Besucherzentrum** (⏲ Mai–Sept. Mo–Fr 11–17, Sa & So 14–18 Uhr) und ein kleines **Wissenschaftsmuseum** (Eintritt gegen Spende; ⏲ Mai–Sept. Di & Do 14–16, So 14–18 Uhr). Auf dem Gelände verteilen sich vornehme georgianische und neogotische Gebäude, Gärten und Plätze, aber das absolute Highlight ist die größte **Chorkapelle** der Welt mit prachtvoller Ornamentik und Stühlen für mehr als 450 Sänger.

Maynooth Castle BURG
(☎ 01-628 6744; ⏲ Juni–Sept. Mo–Fr 10–18, Sa & So 13–18 Uhr, Okt. So 13–17 Uhr) GRATIS Nicht weit vom Eingang zum St. Patrick's College entfernt liegen die Überreste des Torhauses, des

Bergfrieds und der Halle der im 13. Jh. erbauten Burg, dem ehemaligen Sitz der Familie Fitzgerald. Das Bauwerk wurde zur Zeit Cromwells niedergerissen, als die Fitzgeralds ins Kilkea Castle (heute geschlossen) umzogen. Besucher können die Ruinen nur im Rahmen einer 45-minütigen Führung besichtigen. Im Bergfried ist eine kleine Ausstellung zur Burggeschichte untergebracht.

Aktivitäten

Golf

Am Stadtrand betreibt das **Carton House** (☎01-651 7720; www.cartonhousegolf.com; Platzgebühr Mo–Do 60 €, Fr–So 70 €) zwei herausragende 18-Loch-Golfplätze, die nach Entwürfen von Colin Montgomerie und Mark O'Meara gestaltet wurde. Das Hotel wird im Abschnitt „Schlafen" beschrieben.

Kanufahren

An der Liffey zwischen Maynooth und Dublin liegt das **Kanuzentrum** Leixlip, Startpunkt des jährlichen 28 km langen **International Liffey Descent Race** (www.imnda.ie). Mehr als 1000 Teilnehmer kämpfen meist Anfang September um den Sieg.

Schlafen

NUI Maynooth UNIVERSITÄT €€
(☎01-708 6200; www.maynoothcampus.com; EZ/DZ ab 60/96 €; 📶) Auf dem Campus können ganze tausend Gäste in ganz unterschiedlichen Bleiben übernachten, die vom traditionellen Collegezimmer bis zum Apartment-Doppelzimmer im Universitätsdorf reichen. Viele Unterkünfte befinden sich auf dem Nordcampus, der aus den 1970er-Jahren stammt. Der Südcampus bietet bessere Räumlichkeiten, da sich diese rund um die Höfe und Gärten des stimmungsvollen St. Patrick's College verteilen. In den Sommermonaten hat man die besten Chancen, ein Zimmer zu ergattern.

Carton House HOTEL €€€
(☎01-505 2000; www.cartonhouse.com; Zi. ab 110 €; @📶🏊) Der 1739 errichtete ehemalige Landsitz der Fitzgeralds, der Earls of Kildare (in der Stadt residierten sie im Leinster House, wo heute das irische Parlament tagt), dient heute als exquisites Luxushotel. Die von Richard Cassels entworfene palladianische Außenanlage bildet einen Gegensatz zur stylish-minimalistischen Inneneinrichtung. Alle Zimmer sind mit modernen Hightechgeräten ausgestattet. Man kann auf einem der beiden Meisterschaftsgolfplätze den Schläger schwingen oder auf dem 100 ha großen Gelände spazieren gehen. Um zum Carton House zu gelangen, folgt man der R148 nach Osten entlang des Royal Canal in Richtung Leixlip.

Essen

Mohana INDISCH €€
(☎01-505 4868; Main St; Hauptgerichte 13–17 €; ⏲12–14.30 & 17–23 Uhr) Dieses Lokal ist um einiges besser als die üblichen Curryrestaurants und serviert darüber hinaus eine große Auswahl ausgezeichneter südasiatischer Gerichte. Es verfügt über einen freundlichen Speisesaal im ersten Stock. Wer ein richtig gutes Masala essen möchte, sollte die Chilihühnchen-Variante probieren.

Avenue INTERNATIONAL €
(☎01-628 5003; www.avenuecafe.ie; Main St; Main St; Gerichte 6–11 €; ⏲Mo–Sa 8–16 Uhr; 👪) Auf der Karte des Avenue stehen Steaks, Würstchen mit Kartoffelbrei, leckere Fish 'n' Chips sowie zahlreiche Salate und Burger.

An- & Weiterreise

Dublin Bus (☎01-873 4222; www.dublinbus.ie) verkehrt mehrmals stündlich von der Pearse Street in Dublin nach Maynooth (2,80 €, 1 Std.).

Der Ort liegt an der Hauptstrecke Dublin–Sligo und bietet deshalb regelmäßige Zugverbindungen in beide Richtungen (Dublin: 3,50 €, 35 Min., 1–4-mal stdl.; Sligo: 35 €, 2 Std. 40 Min., 4-mal tgl.).

Straffan

Das winzige Straffan hat ein paar kleine Attraktionen für junge Leute (und für Junggebliebene) und ist bei Golffans beliebt.

Die Geschichte der Dampfkraft und ihrer Bedeutung für die industrielle Revolution dokumentiert das **Steam Museum & Lodge Park Walled Garden** (☎01-627 3155; www.steam-museum.com; Erw./ermäßigt 7,50/5 €; ⏲Juni–Aug. Mi–So 14–18 Uhr), das in einer alten Kirche untergebracht ist. In der Maschinenhalle stehen sechs Motoren aus dem 19. Jh., deren Funktionstüchtigkeit regelmäßig vorgeführt wird. Nebenan gedeihen in einem ummauerten Garten aus dem 18. Jh. traditionelle Obstbäume, Blumen und kunstvolle Anpflanzungen.

Ein Stück weiter an der Straße liegt die **Straffan Butterfly Farm** (☎01-627 1109; www.straffanbutterflyfarm.com; Ovidstown; www.straffanbutterflyfarm.com; Ovidstown; Erw./Kind 8/5 €; ⏲Juni–Aug. Mo–Fr 12–17.30, Sa, So ab 10 Uhr). Hier kann man ein tropisches Gewächshaus voller riesiger exotischer Schmetterlinge besuchen oder Larry, den Leopardengecko, und andere Kriechtiere beobachten.

Der **K Club** (Kildare Hotel & Country Club; ☎ 01-601 7200; www.kclub.ie; Zi. ab 415 €; @ ≈) ist ein georgianisches Anwesen und mit zwei irischen Spitzengolfplätzen ein echtes Golferparadies. Im Hotel gibt's 92 gut eingerichtete Zimmer und viele öffentliche Bereiche, in denen man etwas trinken und ein paar Lügen über seine sportlichen Heldentaten verbreiten kann. Wie überall sind auch im K Club die Folgen der Wirtschaftskrise spürbar und so wurden die Greenfee-Gebühren von abschreckenden 250 € auf erschwinglichere 100 € gesenkt. Das ist nicht schlecht für einen Platz, auf dem Europa 2006 den dritten Ryder Cup in Folge gewann.

Bus Éireann (☎ 01-836 6111; www.buseireann.ie) fährt von Dublin hierher (einfach/hin & zurück 4/5,90 €, 30 Min., alle 30 Min., So 6-mal tgl.).

Am Grand Canal entlang

Am Ufer des Grand Canal westlich von Straffan befinden sich einige interessante Sehenswürdigkeiten. Der Kanal fließt gemächlich von Dublin in das winzige stille **Robertstown** hinter Clane, das durchaus einen Abstecher lohnt. Das malerische Dorf ist weitgehend unberührt und wird von dem verfallenen 1801 errichteten Grand Canal Hotel dominiert. Hier kann man wunderbar am Wasser entlangspazieren.

Südwestlich von Robertstown, mitten im Flachland von Kildare, erhebt sich der **Hill of Allen** (206 m). Wegen des Panoramablickes diente der Hügel jahrhundertelang als strategischer Aussichtspunkt. Heute thronen auf seiner Spitze ein Zierbau aus dem 19. Jh. sowie die Ruinen einer eisenzeitlichen Festung, in der Fionn McCumhaill gelebt haben soll.

Weiter westlich stößt man auf das informative **Bog of Allen Nature Centre** (☎ 045-860 133; www.ipcc.ie; R414, Lullymore; Erw./Kind 6 €/frei; ⏲ Mo–Fr 9.30–17 Uhr), eine faszinierende Institution unter der Leitung des gemeinnützigen Irish Peatland Conservation Council. In dem Zentrum wird Besuchern die Geschichte der Moore und der Torfgewinnung erzählt, außerdem besitzt es die größte Sammlung fleischfressender Pflanzen in Irland, darunter Sonnentau, Fettkraut und andere Moorpflanzen. In der Nähe beginnt ein Bohlenweg, der sich bis ins Bog of Allen erstreckt.

WANDERN AUF DEM TREIDELPFAD

Der Treidelpfad des Grand Canal bietet sich für eine gemütliche Wanderung an. Von den vielen Zugangspunkten ist Robertstown der beste, wenn man einen längeren Ausflug unternehmen will. Das Dorf liegt genau in der Mitte des Kildare Way und des Treidelpfads am Barrow-Fluss. Letzterer erstreckt sich bis ins 95 km südlich gelegene St. Mullin's im County Carlow. Dort besteht Zugang zum South Leinster Way bei Graiguenamanagh sowie zum südlichen Ende des Wicklow Way in Clonegal (nördlich des Mt. Leinster).

In vielen regionalen Touristeninformationen bekommt man Broschüren mit genauen Beschreibungen der Wanderwege. Alternativ informiert man sich bei **Waterways Ireland** (www.waterwaysireland.org).

Im fröhlichen **Lullymore Heritage & Discovery Park** (☎ 045-870 238; www.lullymoreheritagepark.com; Lullymore; Eintritt Erw./Familie 9/28 €; ⏲ Ostern–Okt. Mo–Sa 10–18 Uhr, Nov.–Ostern Sa & So 11–18 Uhr) begrüßt ein leicht schäbiges Hasenmaskottchen die kleinen Gäste. Der Freizeitpark liegt 1 km nördlich des Bog of Allen Nature Centre. Auf einem Waldwanderweg kommt man an verschiedenen Behausungen wie jungsteinzeitlichen Hütten, einem einfachen Haus aus der Zeit der Großen Hungersnot und einem bezaubernden Märchendorf vorbei. Darüber hinaus gibt's einen Minigolfplatz und eine Bimmelbahn. Sollte es vollkommen unerwartet regnen, kann man den Funky Forest, einen überdachten Spielplatz, besuchen.

Newbridge & der Curragh

17 042 EW.

Das unscheinbare Newbridge (Droichead Nua) in der Nähe der Kreuzung der M7 und M9 ist bekannt für seine Silberwaren und dient als Tor zum Curragh, einem der größten fruchtbaren Landstriche Irlands und gleichzeitig das Zentrum der irischen Pferdezucht.

Im **Newbridge Silverware Visitor Centre** (☎ 045-431 301; www.newbridgesilverware.com) kann man traditionelle Metallarbeiten aus der Gegend wie versilberte Löffel und Gabeln kaufen. Hinten präsentiert das absolut deplatzierte **Museum of Style Icons** (Mo–Sa 9–18, So 11–18 Uhr) GRATIS wechselnde Kleidungsstücke, die einst Stars gehörten, darunter eine Jacke von Michael Jackson, ein Kleid von Prinzessin Diana und ein Gewand, das Bette Davis trug, als sie Elizabeth I. spielte.

In der Stadt befindet sich außerdem die älteste und renommierteste **Pferderennbahn** (045-441 205; www.curragh.ie; Eintritt 15–60 €; Mitte April–Okt.) des Landes. Auch wenn man kein Pferdenarr ist, sollte man die Atmosphäre, Leidenschaft und allgemeine Begeisterung bei den Rennen, die fast schon in Massenhysterie ausartet, zumindest einmal auf sich wirken lassen. Wer es nicht zu einem Wettkampf schafft, kann die Vollblüter früh am Morgen oder spätabends beim Training auf den weiten Flächen rund um die Rennbahn beobachten.

An- & Weiterreise

Von Dublin führt die M7 durch den Curragh (Ausfahrt 12) und nach Newbridge. Bus Éireann verkehrt regelmäßig twischen dem Busáras-Busbahnhof in der Hauptstadt und Newbridge (einfach/hin und zurück 9,80/16,20 €, 90 Min.). Von Newbridge geht's weiter zur Pferderennbahn (1,90 €, 10 Min.) und in die Stadt Kildare. An Renntagen werden zusätzliche Busse eingesetzt.

Busse von **South Kildare Community Transport** (045-871 916; www.skct.ie) fahren u. a. nach Athy, Ballitore, Castledermot, Kildare (Stadt), Moone und Newbridge (5-mal tgl.).

Der **Zug** (01-836 6222) zwischen Dublin und Kildare startet am Bahnhof Heuston und legt in Newbridge (13,80 €, 30 Min., stdl.) einen Zwischenstopp ein. Einige Züge halten auch an der Pferderennbahn.

Kildare (Stadt)

7538 EW.

Rund um einen dreieckigen Platz mit der beeindruckenden Kathedrale entstand Kildare, eine quirlige Stadt, die nur wenige Sehenswürdigkeiten zu bieten hat. Sie ist eng mit Brigid, der zweitwichtigsten Heiligen Irlands, verbunden.

Sehenswertes

St. Brigid's Cathedral KATHEDRALE
(045-521 229; Market Sq; Eintritt Spenden erwünscht, Rundturm 6 €; Mai–Sept. Mo–Sa 10–13 & 14–17, So 14–17 Uhr) Der Kildare Square wird von der St. Brigid's Cathedral aus dem 13. Jh. beherrscht. Ein schönes Buntglasfenster im Innern zeigt die drei Schutzpatrone Irlands: Patrick, Brigid und Colmcille. In der Kirche befindet sich auch das restaurierte Grabmal von Walter Wellesley, dem Bischof von Kildare, das kurz nach seinem Tod 1539 verschwand und erst 1971 wiederentdeckt wurde. Eine der Relieffiguren wird als Turnerin oder *sheela-na-gig* (gemeißelte Figur einer Frau mit übergroßen Genitalien) interpretiert.

Der aus dem 10. Jh. stammende **Rundturm** auf dem Kirchengelände ist mit 32,9 m der zweithöchste Turm Irlands und eines der wenigen Bauwerke dieser Art, die man betreten darf – vorausgesetzt, der Wächter ist in der Nähe. Das ursprünglich kegelförmige Dach wurde durch ungewöhnliche normannische Zinnen ersetzt. In der Nähe des Turms befindet sich ein **Wunschstein**: Wenn man einen Arm durch das Loch steckt und die eigene Schulter berührt, wird einem ein Wunsch erfüllt. An der Nordseite der Kathedrale kann man die restaurierten Grundmauern eines antiken **Feuertempels** besichtigen.

Irish National Stud & Gärten GESTÜT, GÄRTEN
(045-521 617; www.irishnationalstud.ie; Tully; Erw./Student/Kind 12,50/9,50/7 €; Mitte Feb.–Dez. 9–18 Uhr, letzter Einlass 17 Uhr) Mit Highlights wie dem „Teasing Shed" ist das Irish National Stud 3 km südlich der Stadt die größte Attraktion in der Region. Auf ihrem historischen Besuch 2011 kam hier sogar die in Pfer-

BOG OF ALLEN

Wie eine braune, feuchte Wüste erstreckt sich das Bog of Allen über neun Counties, darunter Kildare, Laois und Offaly. Einst bedeckte Irlands bekanntestes Hochmoor sogar den Großteil der Midlands. Leider wird Torf inzwischen regelmäßig und schnell zu Kompost und Treibstoff verarbeitet. Früher waren 17 % der Insel von Moorland bedeckt, heute sind es weniger als 2 %. In den Sümpfen gibt's eine Vielzahl von Pflanzen und Tieren, z. B. Moosbeeren, Sonnentau und alle möglichen Arten von Fröschen und Schmetterlingen. Die Gegend kann auf verschiedene Arten erkundet werden. Nähere Informationen dazu bekommt man im Bog of Allen Nature Centre (s. S. 164), das direkt am Grand Canal liegt.

de vernarrte Queen Elizabeth II. vorbei. Das Gestüt wurde von Colonel Hall Walker, der mit dem Whiskey Johnnie Walker Berühmtheit erlangte, gegründet. Walker war ein äußerst erfolgreicher Pferdezüchter, doch bei seinen exzentrischen Zuchtmethoden verließ er sich größtenteils auf die Sterne: Das Leben eines Fohlens wurde nach seinem Horoskop entschieden, und wenn die Sterne günstig standen, öffnete man die Dächer der Pferdeboxen zum Himmel hin, um das Schicksal der Tiere zu beeinflussen. Heute ist das tadellos gepflegte Gestüt im Besitz der irischen Regierung. Stuten aus aller Welt werden hier von hochkarätigen Zuchthengsten gedeckt.

Pünktlich zu jeder vollen Stunde gibt's **geführte Touren** durch das Gestüt, bei der man oft spannende Geschichten zu hören bekommt und auch die Intensivpflegestation für neugeborene Fohlen besucht. Wer zwischen Februar und Juni herkommt, erlebt vielleicht sogar die Geburt eines Fohlens mit. Alternativ wird in der Fohlenstation ein zehnminütiges Video gezeigt. Man kann durch die Ställe schlendern und den berühmten Zuchthengsten direkt in die Augen sehen. Da die meisten inzwischen kastriert sind, haben sie wahrscheinlich nur noch dunkle Erinnerungen an ihre Zeit im bereits erwähnten Teasing Shed, wo sie unter den Augen Dutzender Beobachter auf die Paarung vorbereitet werden. Kostenpunkt: zigtausende Euros für ein Spitzenpferd.

Nachdem man die wertvollen Zuchthengste von Nahem gesehen hat, ist das umgebaute **Irish Horse Museum** eine Enttäuschung. Hier werden Siegerpferde gefeiert, aber die dokumentierte Geschichte der Pferderennen weist kaum eine bessere Qualität als ein gutes Schulprojekt auf.

ABSTECHER

CASTLETOWN HOUSE

Das prächtige **Castletown House** (☎ 01-628 8252; www.castletownhouse.ie; Celbridge; Erw./Kind 4,50/3,50 €; ⏲ Ostern–Okt. Di–So 10–16.45 Uhr) ist Irlands größtes und beeindruckendstes georgianisches Anwesen und ein Zeugnis des großen Reichtums anglo-irischen Adels im 18. Jh.

Es wurde zwischen 1722 und 1732 für William Conolly (1662–1729), Sprecher des Irish House of Commons und zu jener Zeit der wohlhabendste Mann des Landes, erbaut. Aufgewachsen in relativ ärmlichen Verhältnissen in Ballyshannon im County Donegal, hatte Conolly in den unsicheren Zeiten nach der Schlacht am Boyne mit Grundstückshandel sein Glück gemacht.

Die ursprünglichen Entwürfe von 1718 stammten von dem italienischen Architekten Alessandro Galilei (1691–1737), für die Realisierung des Projekts ab 1724 wurde aber Sir Edward Lovett Pearce (1699–1733) engagiert.

Inspiriert von den Arbeiten Andrea Palladios, die er auf seiner Italienreise studiert hatte, vergrößerte Pearce den Entwurf des Hauses und fügte die Kolonnaden sowie die abschließenden Pavillons hinzu. Ein Highlight der opulenten Inneneinrichtung ist die Long Gallery mit Familienporträts und exquisiten Stuckarbeiten der Gebrüder Francini. (Auch Thomas Jefferson, der US-amerikanische Präsident, war ein Anhänger Palladios; viele Regierungsgebäude Washingtons wurden in diesem Stil errichtet.)

Wie so oft bei großen Projekten erlebte der Bauherr die Fertigstellung seines Wunderpalastes nicht mehr. Nach Conollys Tod 1729 lebte seine Witwe Katherine weiterhin in dem Haus und veranlasste zahlreiche Umbauten. Ihr wichtigster architektonischer Beitrag ist der sonderbare 42,6 m hohe **Obelisk**, im Ort als Conolly Folly bekannt. Außerdem veranlasste Katherine den Bau des **Wonderful Barn** (☎ 01-624 5448; Leixlip; nicht öffentlich zugänglich) im Stil von Heath Robinson (oder Rube Goldberg), um dessen sechs Stockwerke sich eine äußere Wendeltreppe windet. Das windschiefe Gebäude erhebt sich auf einem Privatgrundstück in der Nähe von Leixlip.

Castletown House blieb bis 1965 im Besitz der Familie Conolly. Danach erwarb es Desmond Guinness und steckte viel Geld hinein, um dem Anwesen wieder zu altem Glanz zu verhelfen. Ab 1979 investierte auch die Castletown Foundation in das Gebäude. 1994 ging es in Staatsbesitz über und wird heute vom Heritage Service verwaltet.

Von Dublin aus fahren die Busse 120 und 123 nach Celbridge (3,50 €; 30 Min.; Mo–Fr alle 30 Min., Sa stdl., So 6-mal tgl.).

Wenig erquickend sind auch die **japanischen Gärten** (ein Teil der Anlage), die als die schönsten ihrer Art in Europa gelten – das spricht übrigens nicht besonders für die anderen Anwärter. Zwischen 1906 und 1910 angelegt, zeichnen sie den Lebensweg von der Geburt bis zum Tod durch 20 Sinnbilder nach, darunter der „Tunnel of Ignorance", der „Hill of Ambition" und der „Chair of Old Age". Die Blumen sind wunderschön, aber die Anlage selbst ist zu klein, um wirklich zu beeindrucken.

St. Fiachra's Garden ist ein ländlicher Mix aus Mooreichen, sprudelnden Gewässern, nachgebauten Klosterzellen und einem unterirdischen Kristallgarten mit zweifelhaftem Ruf.

In beiden Grünanlagen kann man entspannte Spaziergänge unternehmen.

Im **Besucherzentrum** gibt's ein Café, einen Shop und einen Spielbereich für Kinder. Eine Führung durch das Gestüt und die Gärten dauert zwei Stunden. Außerhalb des Geländes, hinter dem Museum, sind die Ruinen der **Black Abbey** aus dem 12. Jh. zu sehen. Abseits der Straße nach Kildare stößt man auf **St. Brigid's Well**, wo die verschiedenen Lebensstationen der hl. Brigid durch fünf Steine dargestellt werden.

Schlafen & Essen

Martinstown House HOTEL €€
(☎045-441 269; www.martinstownhouse.com; The Curragh; EZ/DZ ab 90/150 €; ⏰Mitte Jan.–Mitte Dez.) Dieses schöne Herrenhaus aus dem 18. Jh. im gotischen Strawberry-Hill-Stil erhebt sich umgeben von Bäumen auf einem 170 ha großen Grundstück. Die vier Zimmer des Anwesens wurden mit zahlreichen Antiquitäten gefüllt. Kinder sind hier nicht erwünscht. Wer im Voraus bucht, kommt in den Genuss eines unvergesslichen Abendessens (55 €); fast alle Zutaten stammen aus dem eigenen Gemüsegarten.

Derby House Hotel HOTEL €€
(☎045-522 144; www.derbyhousehotel.ie; EZ/DZ 40/70 €;) Altes Hotel mit 20 hübschen Zimmern direkt im Stadtzentrum. Von dort aus sind es nur wenige Gehminuten bis zu den Bars, Restaurants und Sehenswürdigkeiten der hl. Brigid.

Agape CAFÉ €
(☎045-533 711; Station Rd; Gerichte 6–12 €; ⏰Mo–Sa 9–18 Uhr) In der Nähe des Market Square bietet dieses hippe kleine Café eine exzellente Auswahl an hausgemachten Speisen, darunter Salate, Suppen, Sandwiches und leckere Tagesgerichte. Außerdem gibt's alle möglichen Kaffeespezialitäten.

Praktische Informationen

Touristeninformation & Heritage Centre
(☎045-521 240; www.kildare.ie; Market House, Market Sq; ⏰Mai–Okt. Mo–Fr 10–17, Sa & So 14–16 Uhr, Nov.–April Mo–Fr 10–17 Uhr) Eine Ausstellung (Eintritt frei) dokumentiert die Geschichte von Kildare. Vor Ort wird überdies Kunst aus der Region verkauft.

An- & Weiterreise

Bus Éireann bietet regelmäßige Verbindungen von Dublins Busbahnhof Busáras nach Kildare (einfach/hin & zurück 12,50/19,50 €, 1¾ Std.). Einige Linien in Richtung Hauptstadt halten auch am Gestüt.

Züge (☎01-836 6222) von Dublin nach Kildare (16,50 €, 35 Min., 1–4-mal stdl.) starten am Heuston-Bahnhof. Von Kildare aus verkehren sie in unterschiedliche Richtungen, z. B. nach Ballina, Galway, Limerick und Waterford.

Von Donnelly's Hollow nach Castledermot

Auf der 25 km langen Strecke nach Carlow locken ein paar interessante Abstecher zu winzigen Ortschaften, die alle an der wenig reizvollen N9 liegen.

Donnelly's Hollow

Dan Donnelly (1788–1820) wird als Irlands größter Boxer des 19. Jhs. verehrt. Er lieferte den Stoff, aus dem Legenden sind. Angeblich waren seine Arme so lang, dass er seine Schnürsenkel zubinden konnte, ohne sich zu bücken. An diesem Ort 4 km westlich von Kilcullen an der R413 kämpfte er besonders gern. Auf dem Obelisk sind die Eckdaten seiner Laufbahn festgehalten worden.

Ballitore

338 EW.

Das kleine Ballitore ist die einzige geplante und dauerhafte Quäkersiedlung Irlands. Sie wurde im frühen 18. Jh. von Einwanderern aus Yorkshire gegründet. In einem winzigen restaurierten Häuschen dokumentiert das kleine **Quaker Museum** (☎059-862 3344; Mary Leadbeater House, Main St; Eintritt gegen Spende; ⏰ganzjährig Di–Sa 12–17 Uhr, Juni–Sept. So 14–18 Uhr) das Leben der Gemeindemitglieder (inklusive der Namenspatin und einstigen Besitzerin Mary Leadbeater, die als Kriegsgegnerin bekannt war). Neben einem Quäkerfriedhof und einem Gemeindehaus gibt's einen modernen **Shaker Store** (☎ 059-862 3372; www.shakerstore.ie; Main St; ⏲ Mo–Fr 10–18, Sa & So ab 14 Uhr), in dem herrlich einfaches Holzspielzeug und Möbel verkauft werden und der darüber hinaus über ein nettes Teezimmer verfügt. 2 km westlich liegt die **Rath of Mullaghmast**, eine eisenzeitliche Bergfestung mit einem Hinkelstein, an dem Daniel O'Connell, Verfechter der Katholikenemanzipation, 1843 eine seiner „Massenkundgebungen" abhielt.

Moone

380 EW.

Südlich von Ballitore stößt man auf das unscheinbare Dorf Moone, in dem ein prächtiges Hochkreuz zu sehen ist. Das ungewöhnlich hohe und schlanke **Moone High Cross** stammt aus dem 8. oder 9. Jh. Seine Reliefs mit biblischen Szenen wirken so lebendig wie Comics. Das Kreuz steht 1 km westlich von Moone und der N9 auf einem stimmungsvollen frühchristlichen Friedhof mit alten Steinruinen.

2 km südlich von Moone befindet sich das in einem massiven Steingebäude aus dem 18. Jh. untergebrachte **Moone High Cross Inn** (☎ 059-862 4112; www.moonehighcrossinnonline.com; Bolton Hill; EZ/DZ 50/80 €). Es verfügt über fünf Zimmer in einem hübschen ländlichen Stil. In der wunderbaren Bar im Untergeschoss wird mittags gute Kneipenkost serviert. Zum Hotel gehört auch ein **Restaurant** (Hauptgerichte 12–19 €; ⏲ 18–20.30 Uhr), in dem es Gerichte aus regionalen Bioprodukten gibt. Hier dreht sich alles ums Keltentum: Dazu gehören heidnische Feste und das Sammeln von Glücksbringern draußen im Hof.

Castledermot

1160 EW.

In Castledermot erstreckte sich einst eine riesige Klostersiedlung. Vom **Kloster** des hl. Diarmuid aus dem 9. Jh. ist heute nur noch ein 20 m hoher Rundturm mit mittelalterlichen Zinnen erhalten. Ganz in der Nähe entdeckt man zwei mit Reliefs verzierte Granithochkreuze aus dem 10. Jh., ein romanisches Eingangstor aus dem 12. Jh. und einen mittelalterlichen sogenannten „Hogback"-Grabstein, der einzige seiner Art in ganz Irland. Zu den Ruinen gelangt man durch ein rostiges Tor an der stark befahrenen Main Street (N9); dann geht's eine Allee entlang bis zur St. James Church. Am südlichen Ortsende stößt man schließlich auf die Überreste des **Franziskanerklosters** aus dem frühen 14. Jh.

Counties Wexford, Waterford, Carlow & Kilkenny

507 000 EW. / 7193 KM²

Inhalt ➡

Historische Gebäude

➡ Hook Head Lighthouse (S.180)

➡ Kilkenny Castle (S. 208)

➡ Reginald's Tower (S. 187)

➡ Jerpoint Abbey (S. 219)

➡ Kells Priory (S. 217)

➡ Tintern Abbey (S. 181)

Parks & Gärten

➡ Johnstown Castle & Gardens (S. 176)

➡ Duckett's Grove (S. 205)

➡ Altamont Gardens (S. 206)

➡ Delta Sensory Gardens (S. 205)

➡ Huntington Castle (S. 209)

Auf nach Wexford, Waterford, Carlow und Kilkenny

Die Grafschaften Wexford, Waterford, Carlow und Kilkenny bilden zusammen mit dem südlichen Teil von Tipperary den „sonnigen Südosten", die wärmste und trockenste Region der Insel. Da wir uns in Irland befinden, ist der Begriff „warm" natürlich relativ. Breite Sandstrände krönen Wexford und Waterford wie eine goldene Tiara, die mit ein paar bildschönen Edelsteinen – pittoresken Fischerdörfern, eleganten Küstenstädten und windgepeitschten Halbinseln – aufwartet. Wer alles liebt, was funkelt und glänzt, sollte sich das weltbekannte Waterford Crystal (Glaswaren aus Waterford) genauer ansehen. Landeinwärts trennt der Fluss Barrow die grünen Counties Carlow und Kilkenny. Ersteres ist eine ländliche Gegend voller Bauernhöfe, Landhäuser und blühender Anwesen. Als Highlight von Kilkenny und als eine der Top-Sehenswürdigkeiten Irlands gilt die gleichnamige Stadt der Grafschaft mit ihrer Festung, der Kathedrale, mittelalterlichen Gassen, atmosphärischen Pubs und Restaurants. Die Geschichte der Region ist von marodierenden Wikingern und obskuren Ritterorden geprägt. Außerdem befinden sich hier ein paar der beeindruckendsten Burgen und Schlösser des Landes.

Reisezeit

➡ Von Juni bis September ist es am Meer sowie in den Strandcafés und -restaurants am schönsten.

➡ April bis Oktober sind die besten Monate zum Wandern und Spazierengehen, allerdings nur mit wasserdichter, warmer Kleidung.

➡ Von Oktober bis Anfang November kommen Musikfans auf ihre Kosten. Dann steigt in Wexford das weltbekannte Opernfestival. Liebhaber von traditioneller Musik und Country reisen zum *Celtic Festival* nach Kilkenny.

➡ Im Frühling und im Herbst können sich Sparfüchse die Hände reiben, denn dann sind die Preise (und Touristenzahlen) niedriger als im Hochsommer.

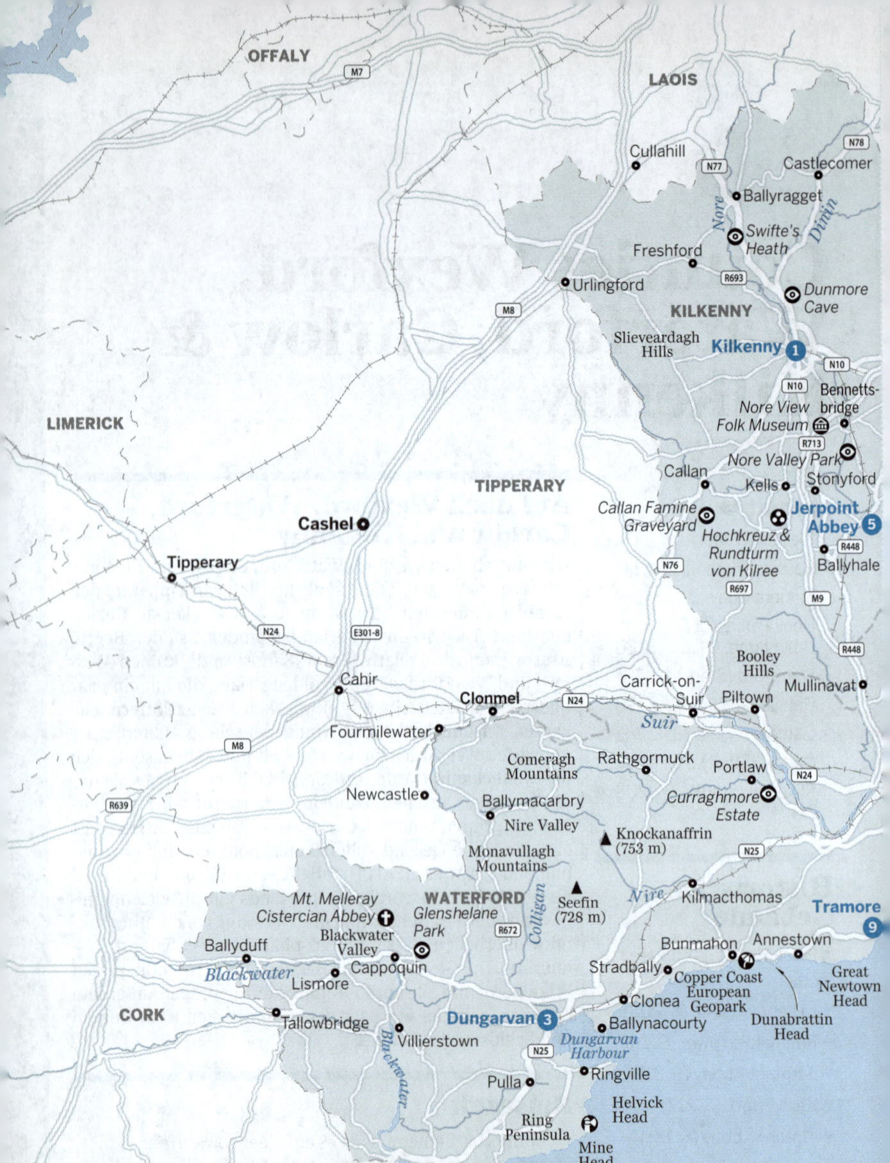

Highlights

❶ **Kilkenny** (S. 208), einer der lebendigsten Städte des Landes, einen Besuch abstatten

❷ Auf dem **Dunbrody Famine Ship** (S. 183) in New Ross mehr über Irlands bewegte Geschichte erfahren

❸ Schlemmen in der Feinschmeckerhochburg **Dungarvan** (S. 196), Sitz zahlreicher Starköche

❹ Die wunderschöne Küstenlandschaft von Waterford rund um das historische **Ardmore** (S. 199) kennenlernen

❺ Wie ein Mönch (oder eine Nonne) durch die Ruinen der

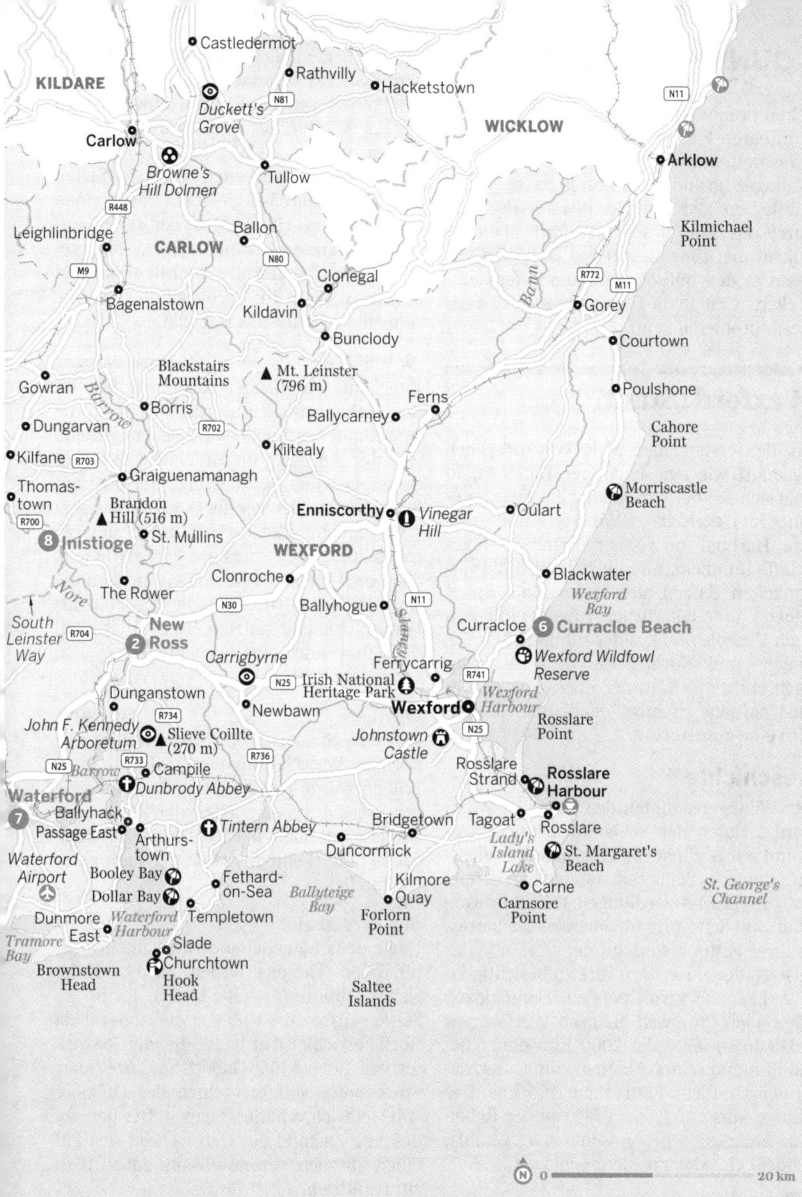

Jerpoint Abbey (S. 219) im County Kilkenny wandeln

6 Den **Curracloe Beach** (S. 177) bei Wexford, einen weißen Traum aus pulvrigem Sand, erkunden

7 In den fantastischen Museen von **Waterford** (S. 187) mehr über die Geschichte der Normannen erfahren

8 Am Flussufer im hübschen **Inistioge** spazieren gehen

9 Der Kälte trotzen, einen Neoprenanzug überstreifen und in **Tramore** (S. 195), dem besten Surfspot der Gegend, die tosenden Wellen bezwingen

COUNTY WEXFORD

145 273 EW.

Schon immer hat Wexford mit seinen leicht schiffbaren Flüssen und fruchtbaren Böden Invasoren und Freibeuter angezogen. Die Wikinger gründeten Irlands erste große Städte am gemächlichen Slaney, der sich durch das County zieht. Wexfords abenteuerliche maritime Geschichte lässt sich vor allem in den hübschen Küstendörfern entdecken, wo man die Gaben des Meeres auch gleich probieren kann.

Wexford (Stadt)

19 913 EW.

Auf den ersten Blick wirkt Wexford (Loch Garman) wie ein schläfriger Hafenort, in dem sich seit der Versandung der Flussmündung im Gegensatz zu Waterford und Rosslare Harbour inzwischen immer weniger Schiffe tummeln. Allerdings bergen die verwinkelten Gassen abseits der Main Street neben mittelalterlichen Baudenkmälern auch Überbleibsel aus der ruhmreichen Wikinger- und Normannenzeit. Wenn man nach einiger Zeit an der Küste mal wieder Lust auf eine „richtige" Stadt hat, ist Wexford eine gute Adresse.

Geschichte

Die Wikinger nannten den Ort einst Waesfjord („Hafen der Schlammebenen"). Aufgrund seiner günstigen Lage nahe der Flussmündung des Slaney entstanden hier bereits 850 die ersten Ansiedlungen. 1169 wurde die Stadt von den Normannen erobert; Überreste ihrer Festung sind auf dem Gelände des Irish National Heritage Park zu besichtigen.

Auf seinem vernichtenden Irlandfeldzug stieß auch Cromwell bis nach Wexford vor (1649/1650). 1500 der 2000 Einwohner fielen ihm und seinen Mannen zum Opfer, darunter sämtliche Franziskanermönche. Der blutige Aufstand 1798 wurde von den Rebellen anfangs sehr entschlossen geführt, schließlich jedoch niedergeschlagen.

Sehenswertes

Die Museen sind nichts Besonderes, doch das heißt nicht, dass Wexford keine reiche Geschichte hätte. Davon kann man sich z. B. bei einem Spaziergang durch das sanierte Hafenviertel überzeugen.

★ St. Iberius' Church KIRCHE

(North Main St; ⌚ Mai–Sept. 10–17 Uhr, Okt.–April bis 15 Uhr) Die 1760 errichtete St. Iberius' Church liegt südlich des Bull Ring. An diesem Standort befanden sich vorher bereits verschiedene andere Kirchen (eine soll noch vor der Ankunft des hl. Patrick in Irland errichtet worden sein). Einige von Oscar Wildes Vorfahren arbeiteten hier als Pfarrer. Die Renaissancefassade lohnt zwar einen Blick, aber das Highlight ist der **georgianische Innenbereich** mit seinem fein geschnitzten Chorgeländer und den Skulpturen aus dem 18. Jh. Darüber hinaus ist die Akustik des Bauwerks legendär.

★ Bull Ring HISTORISCHE STÄTTE

Einst nur ein flacher Küstenstreifen, an dem Lebensmittel umverladen bzw. in die Innenstadt verbracht wurden, entwickelte sich der Bull Ring im Mittelalter zu einem Schauplatz fürs *bull baiting* (Hetzjagd auf Stiere). Jeder Metzger der Stadt musste sich seine Gildenmitgliedschaft durch die Bereitstellung eines Stiers pro Jahr verdienen. Die **Lone-Pikeman-Statue** erinnert an die Aufständischen von 1798, die den Platz als Waffenschmiede nutzten. Heute wird auf dem Bull Ring ein Wochenmarkt (S. 172) veranstaltet.

Westgate BAUDENKMAL

Von den ehemals sechs Stadttoren ist nur noch das West Gate aus dem 14. Jh. erhalten. Früher wurde das Stadttor als Mautstelle genutzt; die Kassierstellen der Zolleintreiber erkennt man noch als Mauernischen, ebenso die Gefängniszellen der *runagates* (Zollpreller).

Selskar Abbey RUINE

Nach dem Meuchelmord an seinem Verbündeten Thomas Becket leistete Heinrich II. Abbitte für seine blutige Tat in der Selskar Abbey, die 1190 von Alexander de la Roche errichtet wurde. Basilia, die Schwester von Robert Fitz Gilbert de Clare (alias Strongbow), soll hier einen der Offiziere von Heinrich geheiratet haben. Der heutige desolate Zustand des Hauses lässt sich auf einen „Besuch" Cromwells im Jahre 1649 zurückführen.

Franciscan Friary HISTORISCHES GEBÄUDE

(School St; ⌚ 10–18 Uhr) GRATIS 1649 entfachten Cromwells Truppen in diesem Franziskanerkloster aus dem 13. Jh. ein Flammeninferno und zerstörten das Gebäude weitestgehend. Im 19. Jh. wurde es rekonstruiert. Nur zwei der ursprünglichen Wände blieben erhalten. In dem Kloster werden eine Reliquie sowie eine Wachsfigur des hl. Adjutor, ein junger

Märtyrer, der im alten Rom von seinem eigenen Vater getötet wurde, aufbewahrt.

Keyser's Lane HISTORISCHE STÄTTE
Kopf einziehen und hinein in die Keyser's Lane, die von der North Main Street abgeht und aus der Wikingerzeit stammt.

Geführte Touren

Bei den 90-minütigen **Führungen** (www.wexfordwalkingtours.com; Führung 4 €; ⏲ März–Okt. Mo–Sa 11 Uhr) durch Wexford erfährt man mehr über die komplexe Stadtgeschichte und die diversen Ruinen. Vor der Touristeninfo geht's los.

Feste & Events

Wexford Festival Opera OPERNFESTIVAL
(wwww.wexfordopera.com; Tickets 20–30 €; ⏲ Ende Okt.–Anfang Nov.) Jedes Jahr findet im Wexford Opera House ein 18-tägiges opulentes Klassikfestival statt. Es ist *das* Opernereignis des Landes mit erstklassigen Vorstellungen vor ausgebuchten Rängen. Zusätzliche Straßentheateraufführungen, Dichterlesungen und Ausstellungen lassen überall in der Stadt Feststimmung aufkommen; darüber hinaus veranstalten viele Bar- und Kneipenbetreiber Gesangswettbewerbe für Laien. Tickets im Voraus reservieren.

Schlafen

Wexfords Nähe zu Dublin zieht zahlreiche Wochenendbesucher an, und auch während des Wexford Festival Opera sind die freien Unterkünfte oft knapp. Davon abgesehen bietet die Stadt eine große Auswahl an unterschiedlichen Bleiben.

Ferrybank Camping & Caravan Park CAMPINGPLATZ €
(☎ 053-918 5256; www.wexfordswimmingpool.ie; Ferrybank; Stellplatz 9,50/5/5 € pro Erw./Kind/Zelt; ⏲ Ostern–Sept.; 📶) Vom Stadtzentrum aus gesehen erstreckt sich gleich auf der anderen Flussseite ein Campingplatz. Hier pfeift der Wind, aber der Blick auf Wexford ist genial.

★ **McMenamin's Townhouse** B&B €€
(☎ 053-914 6442; www.wexford-bedandbreakfast.com; Spawell Rd, 6 Glena Tce; EZ/DZ ab 65/90 €; 📶) Gäste werden in dem spätviktorianischen B&B aus rotem Backstein liebevoll umsorgt. Von IKEA-Möbeln ist hier weit und breit nichts zu sehen: Stattdessen sind die Zimmer mit antiken Einrichtungsgegenständen (beispielsweise Himmelbetten) ausgestattet. Zum Frühstück gibt's selbst gebackenes Brot, hausgemachte Marmeladen, *porridge* (Haferbrei) mit einem Quäntchen Rum und wahlweise Räucherhering oder Lammnierchen in Sherry.

Whites of Wexford HOTEL €€
(☎ 053-912 2311; www.whitesofwexford.ie; Abbey St; Zi. ab 109 €; @📶🏊) Das Whites of Wexford ist kein gewöhnliches Hotel. Der Hightech-Wellnessbereich dieses zeitgenössischen Kolosses hat nämlich eine ziemlich „coole" Spezialität: die Kryotherapie (Kältetherapie). Danach kann man sich in einer der einladenden Bars aufwärmen, eines der Restaurants besuchen oder auch einfach auf sein Zimmer zurückziehen, von dem man eventuell einen Blick auf die Flussmündung genießt. Die stilvoll modernisierten Räume kosten 10 € extra; dort bestimmen klare Linien, Metall, technische Spielereien und funkelndes Glas das Dekor. Frühstück ist inbegriffen.

Cuasnog B&B €€
(☎ 053-912 3637; www.cuasnog.com; St. John's Rd; Zi. ab 75 €; 📶) In einem ruhigen Wohnviertel ein paar Gehminuten vom Zentrum entfernt bereiten Caitriona und Theo Reisenden einen herzlichen Empfang, u. a. mit einer Portion Räucherlachs. Die kompakten Zimmer verfügen über Kamine, ein gemütliches Flair und rustikale Möbel. Zum Frühstück werden selbst gebackene Scones und Bioerzeugnisse aus der Region gereicht.

Abbey B&B B&B €€
(☎ 053-912 4408; www.abbeyhouse.ie; 34–36 Abbey St; EZ/DZ 45/80 €; 📶) Im Sommer sprießen rote Blüten in den Blumenkästen vor den Fenstern dieses niedlichen schwarzweißen B&Bs. Die sieben Zimmer sind unterschiedlich groß und haben En-suite-Bäder mit bodengleichen Duschen. Das Frühstück wird in einem Speisesaal mit fröhlichem Blumendekor serviert.

Talbot Hotel HOTEL €€
(☎ 053-912 2566; www.talbotwexford.ie; Trinity St; EZ/DZ 85/110 €; @📶🏊) Das 1905 eröffnete Talbot steht direkt am Wasser und ist nicht zu übersehen. In vielen der kürzlich renovierten Zimmer blickt man auf den Fluss und das Meer. Zu den Einrichtungen zählen ein Dampfbad, eine Sauna, ein Fitnessstudio und ein Hallenbad. In der stylischen Ballast Bar gibt's traditionelle Kneipengerichte. Hier treten auch oft Livebands auf. Frühstück ist inbegriffen.

Wexford (Stadt)

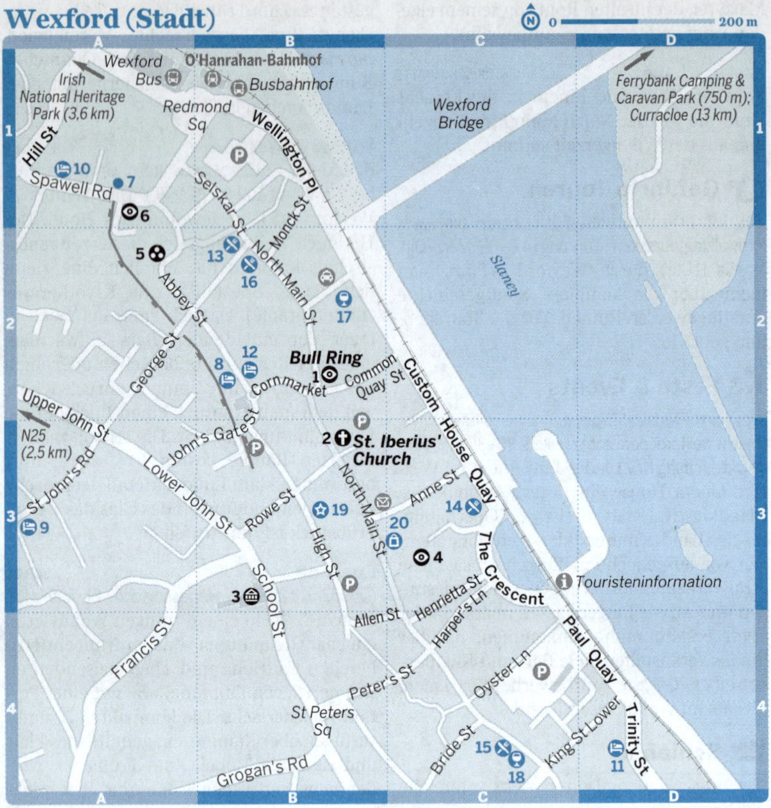

Wexford (Stadt)

Highlights
1 Bull Ring B2
2 St. Iberius' Church B3

Sehenswertes
3 Franciscan Friary B3
4 Keyser's Lane C3
Lone-Pikeman-Statue .... (siehe 1)
5 Selskar Abbey A2
6 Westgate A1

Aktivitäten, Kurse & Touren
7 Führungen A1

Schlafen
8 Abbey B&B B2
9 Cuasnog A3
10 McMenamin's Townhouse A1
11 Talbot Hotel D4
12 Whites of Wexford B2

Essen
13 Greenacres B2
14 Jacques at Sidetracks C3
15 Lotus House C4
Sky View Café .... (siehe 19)
16 Yard B2

Ausgehen & Nachtleben
17 Centenary Stores B2
18 Sky & the Ground C4

Unterhaltung
19 Wexford Opera House B3

Shoppen
Bull Ring Market .... (siehe 1)
20 Wexford Book Centre C3

Essen

★ Lotus House ASIATISCH €
(70A South Main St; Hauptgerichte 10–12 €; 12.30–22.30 Uhr) Auf der Karte stehen in erster Linie chinesische Speisen und ein paar thailändische Klassiker wie Tom-Yam-Suppe. Die Pfannengerichte, z. B. die Variante mit Tiger Prawns (Riesengarnelen) und einer Soße nach Wahl, sind legendär. Auch das scharfe Satay können wir wärmstens empfehlen. Das Dekor ist geschmackvoll und praktischerweise befindet sich gleich nebenan ein Spirituosenladen, in dem man BYO-Alkohol (*bring your own* – es ist also erlaubt, eigene Getränke mitzubringen) kaufen kann.

Sky View Café CAFÉ €
(Wexford Opera House, High St; Snacks 6–12 €; Mo–Sa 10–16 Uhr;) Im dritten Obergeschoss des eleganten Opernhauses von Wexford kann man sich über große Salatschüsseln, Sandwiches, Ofenkartoffeln und verschiedene Tagesgerichte hermachen. Zu trinken gibt's u. a. frische Smoothies. Schade, dass das Mobiliar eher zweckmäßig als hübsch ist, doch dafür entschädigt der Panoramablick.

Yard MODERN IRISCH €€
(www.theyard.ie; 3 Lower George St; Hauptgerichte mittags 9–12 €, Hauptgerichte abends 17–25 €; 12–15 & 18 Uhr–spät) Ein Restaurant mit schummriger Beleuchtung und intimer Atmosphäre, das auf einen eleganten Hof mit einem Baldachin aus Lichterketten hinausgeht. Die innovative moderne Karte wechselt mit den Jahreszeiten, wobei der Schwerpunkt auf frischen, bodenständigen Zutaten liegt. Wie wär's z. B. mit einem Wildpilzrisotto oder Fischkuchen?

★ Greenacres FEINKOST, BISTRO €€€
(www.greenacres.ie; 7 Selskar St; Hauptgerichte 20–30 €; Laden Mo–Sa 9–18, So 12–18 Uhr; Bistro Mo–Sa 9–22, So 12–20 Uhr;) In diesem herausragenden Laden bekommt man die besten Käsesorten und regionalen Erzeugnisse Irlands. Alle Produkte werden wunderschön präsentiert. Die Weinauswahl ist die beste (und größte) südlich von Dublin und auch das Bistro, wo Innovatives wie Wildtaube, Austern und geräuchertes Kaninchen auf dem Teller landet, genießt einen tollen Ruf. Zwei Stockwerke des Gebäudes sind einer erstklassigen Kunstgalerie mit Werken weltbekannter Künstler und Bildhauer vorbehalten (sie hat dieselben Öffnungszeiten wie der Laden). Einkaufserlebnis, leibliches Wohl oder Kultur – das Greenacres bietet von allem etwas.

Jacques at Sidetracks FRANZÖSISCH €€€
(053-912 1666; Custom House Quay; Hauptgerichte abends 22–30 €; Mo–Sa 18–21.30 Uhr) Heimische Erzeugnisse und Meeresfrüchte werden in dem modernen französischen Restaurant gekonnt zubereitet. Tagsüber dient das Sidetracks als Café, abends vollzieht sich dann die Metamorphose zum Pariser Bistro, in dem sich die Gäste ganz dekadent an Krebsscheren oder *cassoulet* (Eintopf mit weißen Bohnen) laben.

Ausgehen & Nachtleben

Wexford ist die regionale Partyhochburg und wartet mit vielen Pubs auf, vor allem an der Monck Street und am Cornmarket.

Centenary Stores PUB, CLUB
(www.thestores.ie; Charlotte St; Pub 10–23, Club Do–So 21–2 Uhr) Das Centenary Stores ist eine der belebteren Adressen in Wexford. In der ehemaligen Lagerhalle trifft Altes auf Neues. Unten befindet sich ein Pub mit viel dunklem Holz, in dem einfache Küche serviert wird und das jede Menge Einheimische anzieht. Im Sommer werden hier mittags traditionelle Sessions geboten. An den Wochenenden öffnet der Club Backroom seine Pforten, das Terrain einer jungen, feierwütigen Meute.

Sky & the Ground PUB
(www.theskyandtheground.com; 112–113 South Main St; Mo–Do 14–23.30, Fr–Sa 13–0.30, So bis 23 Uhr) Eines der älteren Pubs in Wexford. Das Sky & the Ground verfügt über ein klassisches Dekor inklusive lackierter Schilder und einem lodernden Kamin. Unter der Woche treten abends oft Musiker auf. Im Sommer ist die Terrasse oben geöffnet.

Unterhaltung

Wexford Opera House OPER
(www.wexfordoperahouse.ie; High St; Eintrittskarten 20–40 €) Das 2008 eröffnete Opernhaus überrascht vor allem mit seiner Innenarchitektur. Hier finden auch Theateraufführungen und Konzerte statt.

Shoppen

Bull Ring Market KUNSTHANDWERK
(Fr & Sa 9–14 Uhr) Der Markt auf dem Bull Ring (S. 172) ist stets gut besucht. Jede Woche stehen dort Kunsthandwerk, Vintagekleidung, Antiquitäten, Schmuck, Haushaltsartikel, Spielzeug und Accessoires zum Verkauf.

Wexford Book Centre BÜCHER
(5 South Main St; ⏲ Mo–Sa 9–18, So 13–17 Uhr) Irische Titel, Reiseführer und Karten.

Praktische Informationen

Hauptpost (Anne St)
Touristeninformation (www.visitwexford.ie; Quayfront; ⏲ April–Okt. Mo–Sa 9–18 Uhr, Juli & Aug. zusätzlich So 11–13 & 14–17 Uhr, Nov.–März Mo–Sa 9.15–13 & 14–17 Uhr; 📶)

Anreise & Unterwegs vor Ort

BUS

Bus Éireann (www.buseireann.ie) verkehrt vom O'Hanrahan-Bahnhof nach Rosslare Harbour (5,50 €, 30 Min., mind. 9-mal tgl.), Waterford (10 €, 1 Std., 6-mal tgl.) und Dublin (17,60 €, 3 Std., mind. 9-mal tgl.), normalerweise mit einem Halt in Enniscorthy (6,75 €, 25 Min.).

Wexford Bus (www.wexfordbus.com; 📶) fährt via Enniscorthy, Ferns und Dublin zum/vom Dublin Airport (20 €, 2¾ Std., 7-mal tgl.).

TAXI

Wexford Cabs (☎ 053-912 3123; 3 Charlotte St) 24-Stunden-Taxiservice.

ZUG

Züge von **Irish Rail** (www.irishrail.ie) fahren von der **O'Hanrahan Station** (☎ 053-912 2522; Redmond Sq) nach Dublin Connolly (17,60 €, 2½ Std.) und Waterford (10 €, 55 Min.).

Rund um Wexford (Stadt)

Sehenswertes

★ **Johnstown Castle & Gardens** MUSEUM, PARK
(Kombiticket Erw./Kind 8/4 €, nur Park 3/1 €; ⏲ 9–16.30 Uhr; 📶 👪) Stolzierende Pfauen gebärden sich als Wächter dieses prächtigen Landguts aus dem 19. Jh., in dem einst die mächtigen Fitzgeralds und Esmondes residierten. Das heute leer stehende Hauptgebäude blickt auf einen kleinen See und ist von einem 20 ha großen bewaldeten Grundstück mit einem italienischen Garten, Statuen und Wasserfällen umgeben.

In den Nebenbauten lässt das **Irish Agricultural Museum** (www.irishagrimuseum.ie; Kombiticket Erw./Kind 8/4 €, nur Park 3/1 €; ⏲ Park Mai–Sept. tgl. 9–17.30 Uhr, Okt.–April 9–16.30 Uhr; Museum Mo–Fr 9–17, Sa & So 11–17 Uhr, Nov.–März Mo–Fr 9–16, Sa & So 12–16 Uhr) die Herzen von Traktorfans höher schlagen. Darüber hinaus ist eine Ausstellung zur Großen Hungersnot zu sehen und es gibt Rätselfragen und Lehrpfade für Kinder. Im Juli und August hat das Cafe geöffnet.

Das Anwesen liegt 7 km südwestlich von Wexford.

Irish National Heritage Park MUSEUM
(www.inhp.com; Ferrycarrig; Erw./Kind 9/4,50 €; ⏲ Mai–Aug. 9.30–18.30 Uhr, Sept.–April 9.30–17.30 Uhr; 👪) Das Freilichtmuseum deckt mehr als 9000 Jahre irischer Geschichte ab. Nach einer kurzen audiovisuellen Präsentation kann man sich für eine Führung oder einen Audioguide entscheiden und auf dem Rundgang einen nachgebauten neolithischen Hof, einen Steinkreis, eine Ringfestung, ein Kloster, eine *crannóg* (künstliche Insel), eine Wikingerwerft und eine normannische Burg (auf den Überresten einer echten Normannenburg) bewundern. Außerdem hat man die Möglichkeit, sich im Bogenschießen zu üben. Ein Abenteuerspielplatz und ein tolles Restaurant mit entspannter Atmosphäre gehören ebenfalls zur Anlage.

Wexford Wildfowl Reserve NATURSCHUTZGEBIET
(☎ 076-100 2660; www.wexfordwildfowlreserve.ie; North Slob; Führungen auf Anfrage; ⏲ 9–17 Uhr) GRATIS Dieses riesige Naturschutzgebiet liegt unterhalb des Meeresspiegels und wird von Deichen geschützt (ein bisschen wie Holland). Zu den Einrichtungen des Reservats zählen ein Aussichtsturm, verschiedene Hochsitze und ein Besucherzentrum mit detaillierten Ausstellungen. In den Slobs (der Begriff kommt vom irischen *slab*, was „Schlamm" oder „Morast" bedeutet) leben jede Menge Vögel, deshalb ist die Gegend ein Paradies für (Hobby-)Ornithologen. Im Winter lässt sich hier sogar ein Drittel der weltweiten Population von Blässgänsen nieder (insgesamt einige 10 000 Vögel). Außerdem sind zu dieser Zeit nordkanadische Ringelgänse zu sehen.

Von Wexford folgt man der R741 nach Dublin 3 km Richtung Norden. Das Schutzgebiet ist ausgeschildert.

Rosslare Strand

1300 EW.

Rosslare (Ros Láir) ist ein eher gesichtsloser, von kleinen Siedlungen umgebener Ort. Pluspunkte bekommt er aber für seinen herrlichen Strand, der mit der Blauen Flagge ausgezeichnet wurde. Im Sommer wimmelt es hier von eisschleckenden Kindern, während man im Winter lediglich einige vereinzelte Spaziergänger sieht.

Die seichte Bucht eignet sich ideal zum Windsurfen. Im **Rosslare Watersports Centre** (www.rosslareholidayresort.ie) wird in den Sommermonaten Ausrüstung für verschiedene Wassersportarten vermietet.

Schlafen & Essen

B&Bs und Pubs, in denen Fish 'n' Chips auf der Karte stehen, sind zahlreich vertreten.

Killiane Castle APARTMENTS €€
(053-915 8885; www.killianecastle.com; Drinagh; EZ/DZ ab 75/100 €, Apt. für 2 Pers. ab 75 €;) Einmal in einer richtigen Burg übernachten – das ist hier möglich, denn das Gästehaus aus dem 17. Jh. grenzt direkt an eine Normannenfestung aus dem 13. Jh. Man kann auf den Turm steigen und die Aussicht auf Landschaft und Küste genießen oder Wanderungen unternehmen. Die Apartments für Selbstversorger liegen schön im Grünen. Vor Ort gibt's einen Tennis-, einen Golf- und einen Kricketplatz. Die Unterkunft befindet sich nordöstlich der N25 in Richtung Wexford.

★ **Kelly's Resort Hotel** RESORT €€€
(053-913 2114; www.kellys.ie; Strand Rd; EZ/DZ ab 90/180 €;) Das 1895 errichtete Haus am Meer wird von einer Familie schon in der vierten Generation geführt und regelmäßig generalüberholt. Der Service ist hinreißend altmodisch und persönlich, die Zimmer sind hell und modern, tolle Kunstwerke setzen Akzente. Es gibt zahlreiche Freizeitangebote wie Tennis, Snooker, Badminton, Yoga, Kricket sowie Restaurants und Bars. Die Wellnessoase ist auf dem allerneuesten Stand.

La Marine FRANZÖSISCH €€
(053-32114; Kelly's Resort Hotel; Hauptgerichte mittags 11–16 €, Hauptgerichte abends 18–25 €; 12–22 Uhr;) Dieses wunderbar einladende Bistro im Kelly's Resort Hotel wartet mit der feinsten Küche südlich von Wexford auf. Geschmackvolle Bilder hängen an den Wänden des rustikalen Speisesaals. An einem der seltenen Sonnentage kann man auch auf der Terrasse Platz nehmen. Gerichte wie Krebs-Linguine werden mit Zutaten aus der Region zubereitet. Außerdem gibt's gesunde Kinderteller.

An- & Weiterreise

Wexford Bus (053-914 2742; www.wexfordbus.com) verkehrt täglich viermal nach Wexford (4 €, 40 Min.).

ABSTECHER

CURRACLOE BEACH

Herrlich pulvriger weißer Sand, eine sanfte Brandung und weit und breit kein Haus – das sind die Markenzeichen des 11 km langen Curracloe Beach, der mit einem Ökosymbol, der Blauen Flagge, ausgezeichnet wurde. An Sonnentagen mit mehr als 20 °C trifft man hier viele Familien, doch weil der Strand so lang ist, verteilen sich die Menschenmassen recht gut. Wer mag, kann ausgedehnte Spaziergänge unternehmen. Zu den Einrichtungen vor Ort gehören ein paar Parkplätze und Toiletten.

Viele der Vögel, die im Wexford Wildfowl Reserve heimisch sind, können auch im **Raven Nature Reserve** von Curracloe beobachtet werden. Das Schutzgebiet ist 13 km nordöstlich von Wexford an der R741 ausgeschildert.

Rosslare Strand liegt an der Hauptbahnstrecke Dublin–Wexford–Rosslare Harbour. Täglich kommen hier drei Züge der **Irish Rail** (www.irishrail.ie) an (ab Dublin 23 €, 3 Std.; ab Wexford 5 €, 20 Min.; ab Rosslare Europort 5 €, 10 Min.).

Rosslare Harbour

1475 EW.

Von seinem Europort-Terminal aus bietet das geschäftige Rosslare Harbour Verbindungen nach Wales und Frankreich. Hier befindet sich auch der Europort-Bahnhof. Die Straße, die vom Hafen kommend bergauf führt, geht in die N25 über: Diesen Weg sollte man gleich nach der Ankunft einschlagen, denn das Einzige, was eine Übernachtung rechtfertigt, ist eine frühe Überfahrt mit der Fähre.

Schlafen & Essen

Die St. Martin's Road ist von B&Bs für mit der Fähre weiterreisende Gäste gesäumt. In den zahlreichen Pubs werden typische Kneipengerichte zubereitet.

★ **O'Leary's Farmhouse B&B** B&B €€
(053-913 3134; www.olearysfarm.com; Killilane, Kilrane; EZ/DZ 45/70 €;) Die O'Learys züchten auf ihrem Bauernhof ein Stück außerhalb der Stadt seltene Schaf- und Rinderrassen. Darüber hinaus stehen vier anheimelnde Gästezimmer bereit, drei davon mit Meerblick. Die schicken Bäder sind schwarz-

WISSENSDURST

Während eines Jagdausflugs in den Slobs nahe Wexford während der 1950er-Jahre schoss der Geschäftsführer der Guinness-Brauerei, Sir Hugh Beaver, auf einen Goldregenpfeifer, verfehlte ihn jedoch. Unter den Teilnehmern der Jagd entbrannte nun eine hitzige Debatte darüber, ob dieses Tier oder aber das Schottische Moorhuhn der schnellste Jagdvogel Europas sei. Sir Hugh bemerkte, dass in Pubs immer wieder ähnliche Diskussionen aufkamen, und war sich sicher, dass die Veröffentlichung von eindeutigen Antworten diese Diskussionen beenden könnte (selbstverständlich bei einigen Pints Guinness). Er hatte Recht, und heute hält das *Guinness Book of World Records* sogar selbst einen Weltrekord. Es handelt sich um das meistverkaufte urheberrechtlich geschützte Buch. In einem Punkt lag Beaver allerdings falsch: Europas schnellster Jagdvogel ist die Sporngans.

weiß gekachelt (sehr schick!) und aus den Duschköpfen schießt das Wasser mit viel Druck hervor. Der Aufenthaltsraum wartet mit einem Kamin, einem Klavier und jeder Menge Büchern auf. Zum Frühstück gibt's vegane, vegetarische und glutenfreie Kost, Erzeugnisse frisch vom Bauernhof und hausgemachtes Brot.

Um hierhinzugelangen, folgt man der N25 bis Kilrane, biegt dann zwischen den beiden Pubs – dem Kilrane Inn und dem Culleton's – ab und folgt den Schildern.

Harbour View Hotel HOTEL **€€**
(☎053-916 1450; www.harbourviewhotel.ie; Cliff Rd; EZ/DZ ab 45/90 €; 📶) Ein toller Service und frische, farbenfrohe Zimmer in diesem butterblumengelben Hotel lassen einen die Gegenwart des klotzigen Euroports einfach vergessen. Das Mail Boat, Bar und Bistro in einem, erfreut sich bei den Einheimischen großer Beliebtheit. Hier steht eine Handvoll sättigender Speisen von Sandwiches bis zu Pfannengerichten zur Auswahl.

ℹ An- & Weiterreise

Busse und Züge starten am Rosslare-Europort-Bahnhof beim Fährterminal.

BUS

Bus Éireann (☎053-912 2522; www.buseireann.ie) Bedient zahlreiche irische Städte und Ortschaften, z. B. Dublin (20 €, 3 Std., mind. 9-mal tgl.) via Wexford (5,50 €, 30 Min.) und Cork (25 €, 4 Std., 3–5-mal tgl.) via Waterford (18 €, 1½ Std.).

SCHIFF/FÄHRE

Die Rosslare-Fähren verbinden Irland mit Wales und Frankreich.

Irish Ferries (www.irishferries.com) Setzt nach Pembroke in Wales über (Fußgänger 35 €, Pkw und Fahrer ab 89 €, 4 Std., 2-mal tgl.). Außerdem bestehen Verbindungen nach Cherbourg (Fußgänger 64 €, Pkw und Fahrer ab 100 €, 19½ Std., Mitte Feb.–Mitte Dez. bis zu 3-mal wöchentl.) und nach Roscoff in Frankreich (ähnliche Preise).

Stena Line (www.stenaline.ie) Das Fährunternehmen steuert Fishguard in Wales an (Fußgänger 35 €, Pkw und Fahrer ab 99 €, 1–2-mal tgl.). Die Überfahrt dauert 2 bis 3½ Std.

ZUG

Täglich verkehren vier Züge der **Irish Rail** (www.irishrail.ie) auf der Strecke Rosslare Europort–Wexford–Dublin (nach Wexford 5,60 €, 25 Min., bis zur Dublin Connolly Station 26 €, 3 Std.).

Südlich von Rosslare Harbour

Das Dorf **Carne** wartet mit einigen hübschen weiß getünchten, reetgedeckten Cottages und einem schönen Strand auf. Die Nebenstraßen am Strand sind ideal für eine Spritztour.

Im Sommer platzt der **Lobster Pot** (Carne; Hauptgerichte mittags 8–12 €, Hauptgerichte abends 20–35 €; ⏲ Restaurant Di–So abends, Bar warme Küche Di–So 12–19.30 Uhr, Jan. geschl.) vor Einheimischen und Touristen förmlich aus den Nähten. Angesichts des superfrischen Meeresgetiers muss man das Gedrängel in dem sagenhaften Pubrestaurant einfach mal aushalten. Außerdem schmeckt die Fischsuppe mit Garnelen, Muscheln, Krebsen, Lachs und Kabeljau wohl nirgendwo auf der Welt so gut wie hier.

Fährt man auf der Straße zurück, kommt man an **Our Lady's Island**, einem alten Augustinerpriorat vorbei. Einst folgten passionierte Pilger ihrem Bußweg rund um die Insel auf Knien, heute gehen sie dagegen aufrecht, aber dafür mit nackten Füßen. Wenn die Zufahrtsstraße nicht überflutet ist, erreicht man die Inselfestung mit dem Auto; am Schrein führt ein 2 km langer Rundweg vorbei.

Der **St. Margaret's Beach Caravan & Camping Park** (☎053-913 1169; www.campingstmargarets.ie; St Margaret's Beach; Stellplätze 12/

6/4 € pro Erw./Kind/Zelt, Wohnwagenmiete ab 50 € pro Tag; ⏱ Mitte März–Okt.; 📶) ist ein gut ausgestatteter Campingplatz nur 500 m vom Strand. Hier werden auch kleine Wohnwagen vermietet.

Kilmore Quay

417 EW.

Kilmore Quay ist ein Fischerdorf mit vielen reetgedeckten Cottages. Der Hafen dient als guter Ausgangspunkt für Ausflüge in Irlands größtes Vogelschutzgebiet, die vor der Küste gelegenen Saltee Islands. Möwengeschrei und die Meeresbrise schaffen die passende Atmosphäre, um frisch gefangenen Fisch aus der Gegend zu kosten.

Sehenswertes & Aktivitäten

Ab Forlorn Point (Crossfarnoge) erstrecken sich mehrere Sandstrände in Richtung Nordwesten und -osten. Jenseits der Dünen verlaufen einige ausgeschilderte **Wanderpfade**, über denen kreischende Feldlerchen ihre Kreise ziehen.

Schiffswracks wie die der SS *Isolde* und der SS *Ardmore* (beide aus den 1940er-Jahren), aber auch die außergewöhnliche Meeresfauna dürften Taucher glücklich machen. Infos darüber bekommt man im **Wexford Sub Aqua Club** (www.divewexford.org).

Unter www.kilmorequayweb.com findet man Links zu Aktivitäten in der Umgebung, z. B. zu **Charterbooten**.

Ballycross Apple Farm BAUERNHOF
(☎053-913 5160; www.ballycross.com; Bridgetown; Wanderwege Erw./Kind 2/1,50 €; ⏱ Mitte Mai–Sept. Sa & So 11–18 Uhr; 👪) Auf dem Hof 9 km nördlich von Kilmore Quay werden Äpfel, Apfelsaft, Chutneys, Marmeladen und köstliche Waffeln verkauft. Außerdem verlaufen einige ausgeschilderte Wanderwege auf dem Grundstück. Sie führen an Flussufern entlang durch Wälder und Obsthaine.

Feste & Events

Seafood Festival ESSEN
(www.kilmorequayseafoodfestival.com; ⏱ Juli) Das viertägige Meeresfrüchtefest wird mit Musik und Tanz und leckerem Essen gefeiert.

Schlafen & Essen

Mill Road Farm B&B €€
(☎053-912 9633; www.millroadfarm.com; R739; EZ/DZ 45/70 €; ⏱ Ende Dez. geschl.; 📶) Etwa 2 km nordöstlich von Kilmore Quay wartet die Mill Road Farm mit vier goldigen Gästezimmern auf. Alle sind mit Blumenstoffen eingerichtet und drei bieten einen Blick aufs Meer. Der Besitzer züchtet Rennpferde. Im Aufenthaltsraum gibt's zahlreiche Spiele und Bücher für regnerische Tage. Morgens kommt man in den Genuss von hausgemachtem Brot und Eiern freilaufender Hühner.

Crazy Crab FISCH & MEERESFRÜCHTE €€
(www.crazycrab.ie; Kilmore Quay; Hauptgerichte 14–20 €; ⏱ Do 17–21, Fr–So 12–21 Uhr) Schlichtes Restaurant mit blau-weißer Fassade und Fenstern wie Bullaugen. Von den Tischen auf der Veranda blickt man direkt aufs Wasser und auf der Karte stehen alle Arten von Meeresfrüchten und Fisch aus der Gegend, vom Klassiker (Fish 'n' Chips) bis zu feinen gebratenen Jakobsmuscheln.

Silver Fox Seafood Restaurant FISCH & MEERESFRÜCHTE €€€
(www.thesilverfox.ie; Kilmore Quay; Hauptgerichte 16–32 €; ⏱ Mai–Sept. 12–22 Uhr, den Rest des Jahres kürzere Öffnungszeiten; 👪) Im Silver Fox werden fangfrische Kilmore-Quay-Schollen, Garnelen und Lachs sowie Tagesangebote mit den anderen Leckerbissen, die ins Netz gegangen sind, serviert. Der Speisesaal verströmt ein elegantes Flair mit all den weißen Tischdecken – Flipflops sind deshalb nicht gern gesehen. Vor Ort kann man außerdem selbst gemachte Marmeladen, Chutneys, Fischpasten und Ähnliches kaufen.

An- & Weiterreise

Wexford Bus (www.wexfordbus.com) Fährt bis zu viermal täglich nach Wexford (7 €, 45 Min.) und wieder zurück.

Saltee Islands

Einst Schlupfwinkel für Schmuggler und Piraten aller Herren Länder erfreuen sich die **Saltee Islands** (www.salteeislands.info; ⏱ Besichtigungen von 11.30–16 Uhr) heute einer friedlichen Existenz als eines der bedeutendsten Vogelschutzgebiete Europas. Über 375 registrierte Arten haben hier ihren Lebensraum, insbesondere Basstölpel, Kormorane, Dreizehenmöwen, Papageientaucher, Alke und Schwarzschnabel-Sturmtaucher. Die Nistzeit im Frühling bzw. Anfang Sommer gilt als beste Saison für die Vogelbeobachtung. Sobald die Jungen flügge sind, verlassen die Vögel die Inseln; Anfang August geht's deshalb sehr ruhig zu.

Die beiden Inseln **Great Saltee** (90 ha) und **Little Saltee** (40 ha; Zutritt verboten) sind in Privatbesitz. Sie waren bereits um 3500 bis 2000 v. Chr. bewohnt. Vom 13. Jh. bis zur Auflösung der Kloster 1538 gehörte das gesamte Terrain zum Eigentum der Tintern Abbey, danach wechselten die Besitzer einige Male.

Von Kilmore Quay aus setzen Boote zu den Inseln über, man kann aber nur anlegen, wenn der Wind richtig steht – leider ist das jedoch nur selten der Fall! Buchungen nimmt man bei **Declan Bates** (☎ 087 252 9736, 053-912 9684; Tagestour 25 €) vor. Vor Ort gibt's keinerlei Einrichtungen, nicht einmal Toiletten.

Hook Peninsula & Umgebung

Die Straße an der langen Hook Peninsula ist als **Ring of Hook Coastal Drive** ausgeschildert. Hinter jeder Kurve tauchen idyllische Strände, verfallene Burgen, imposante Klöster oder Fischrestaurants auf, und an der Spitze der Halbinsel steht der älteste noch genutzte Leuchtturm der Welt.

Strongbow (Robert FitzGilbert de Clare, Earl of Pembroke) landete hier 1170 auf dem Weg zur Eroberung von Waterford. Angeblich soll er seine Männer angewiesen haben, „bei Hook oder bei Crooke" (die nahe gelegene Siedlung Crooke im County Waterford auf der gegenüberliegenden Seite der Bucht) zu landen.

Fethard-on-Sea

325 EW.

Fethard ist eines der größten Dörfer in der Gegend. In der kurzen Hauptstraße reihen sich ein paar Cafés, Pubs und mehrere B&Bs aneinander. Die Gemeinde betreibt eine **Touristeninformation** (☎ 051-397 502; www.hooktourism.com; Wheelhouse Café, Main St; ⏲ Mai–Sept. 10–18 Uhr).

Sehenswertes & Aktivitäten

In Fethard befinden sich die Ruinen der **St.-Mogue's-Kirche** (9. Jh.) und die wackeligen Überreste einer **Burg** aus dem 15. Jh., die einst dem Bischof von Ferns gehörte. An dem kleinen Hafen hat man einen ganz netten Ausblick.

Der Südosten Irlands erfreut sich bei Surfern großer Beliebtheit und bietet zudem viele gute Tauchgründe, insbesondere in der Nähe von Hook Head.

Freedom Surf School SURFEN
(☎ 086 391 4908; www.freedomsurfschool.com; Carnivan Beach; Surfboardmiete 15 €, Surfunterricht ab 35 €; ⏲ Juni–Sept. 9–19 Uhr, Okt.–Mai 10–16 Uhr; 👪) Die professionell aufgezogene Surfschule befindet sich am Hauptstrand für Wellenreiter. Man kann heiß duschen, es gibt Umkleideräume und Tee und Kaffee sind umsonst.

Monkey's Rock Surf Shop SURFEN
(☎ 087 647 2068; Main St; ⏲ Juni–Sept. Sa & So 11–17 Uhr; 👪) Nur an Sommerwochenenden geöffnet. Verleiht Neoprenanzüge, Surfbretter, Bodyboards und Bootszubehör.

Hook Head & Umgebung

Die Fahrt von Fethard raus zum Hook Head ist traumhaft; nur wenige Häuser unterbrechen das flache offene Land der immer schmaler werdenden Halbinsel. Der Blick schweift hinüber nach Waterford Harbour und reicht an klaren Tagen sogar bis zu den Comeragh und Galtee Mountains.
Von Wexford oder Waterford aus kann man problemlos einen Tagesausflug nach Hook Head unternehmen. Dörfer wie **Slade**, in denen sich außer herumflatternden Seemöwen über der Burgruine und dem Hafen nicht viel rührt, sind einfach bezaubernd. Zu den Stränden auf dem Weg nach Duncannon zählen die entlegene **Dollar Bay** und **Booley Bay** gleich hinter Templetown.

Sehenswertes

★ **Hook Head Lighthouse** LEUCHTTURM
(www.hookheritage.ie; Erw./Kind 6/3,50 €; ⏲ 9.30–17 Uhr; 📶👪) An der Südspitze von Hook Head steht der älteste noch genutzte Leuchtturm der Welt. Das schwarz-weiße Gebäude wurde Anfang des 13. Jhs. von William Marshal errichtet. Angeblich hielten Mönche hier bereits im 5. Jh. ein Leuchtfeuer in Gang und die einfallenden Wikinger ließen sie aus Dank dafür ungeschoren davonkommen. Bei den halbstündigen Führungen erklimmt man 115 Stufen und kann dann den genialen Blick genießen. Das Besucherzentrum beherbergt ein kleines Café. Die Grasflächen ringsum und die Küste laden zum **Picknicken** und **Wandern** ein.

Loftus Hall „SPUKHAUS"
(☎ 051-397 728; www.loftushall.com; Hook Peninsula; Erw./Kind 9/5 €; ⏲ 11–18 Uhr; 👪) 3,5 km

NICHT VERSÄUMEN

TINTERN ABBEY

Die düstere **Tintern Abbey** (Salzmühlen; Erw./Kind 3/1 €; ⌚10–16 Uhr) ist in einem besseren Zustand als ihr walisisches Gegenstück, von wo aus die ersten Mönche hierherkamen. Sie versteckt sich in einem großen Waldgebiet von 40 ha Fläche. William Marshal, der Earl of Pembroke, gründete das Zisterzienserkloster im frühen 13. Jh., nachdem er auf See fast sein Leben verloren und daraufhin geschworen hatte, eine Kirche zu errichten, falls er das rettende Ufer erreichen würde. Die Wände des Kreuzgangs, der Vierungsturm, der Altarraum und die Kapellen im südlichen Querschiff sind nach wie vor deutlich zu erkennen.

Das Kloster ist von Seen, idyllischen Flüsschen und zahlreichen Wanderwegen umgeben, an denen sich die knorrigen Stämme der Lorbeerbäume wie das Werk eines verrückten Bildhauers ausnehmen. Zu den Ruinenstätten in der Nähe zählt eine kleine Kirche mit nur einem Raum. Größtes Highlight ist aber der wunderschöne **Colclough Walled Garden** (www.colcloughwalledgarden.com; Tintern Abbey). Die 1 ha große Grünanlage ist erst kürzlich generalüberholt und neu bepflanzt worden und rund um die Uhr geöffnet. Außerdem haben das Besucherzentrum und ein Andenkenladen ihren Betrieb wieder aufgenommen. Ersteres war zusammen mit den historischen Ställen im Juli 2012 bei einem mysteriösen Brand zerstört worden.

Die Tintern Abbey ist ca. 5 km nördlich von Fethard an der R734 ausgeschildert.

nordöstlich vom Leuchtturm erhebt sich ein unheimliches Herrenhaus mit Blick über das Mündungsgebiet The Three Sisters nach Dunmore East. Es wurde im 17. Jh. errichtet und in den 1870er-Jahren im Auftrag des Marquis von Ely wiederaufgebaut. Loftus Hall ist eines der Top-Spukhäuser Irlands. An Halloween 2012 fand hier die erste „Geistertour" statt.

Bei den ersten beiden Führungen des Tages steht die Geschichte des Hauses im Mittelpunkt, danach wird es gruselig: Auf dem einstündigen interaktiven Rundgang berichtet der Guide über die düstere Vergangenheit des Gebäudes, inklusive haarsträubender Geschichten über einen „Besucher", der in einer stürmischen Nacht vor 250 Jahren gesichtet wurde. Die Website bietet weitere Informationen.

Aktivitäten

Auf beiden Seiten von Hook Head verlaufen fantastische **Wanderwege**. Wenn man sich die Felsenbecken anschaut, nimmt man vielleicht ungewollt eine Dusche: An der Westseite der Halbinsel schießt nämlich manchmal Wasser aus den *blowholes* (Löchern im Stein). Die schwarzen Kalksteinfelsen an der Küste sind reich an **Fossilien**. Wer aufmerksam sucht, entdeckt möglicherweise 350 Millionen Jahre alte Muscheln und Seesterne. Als besonders gutes „Jagdrevier" gilt **Patrick's Bay** im Südosten der Halbinsel.

Bei Ebbe kann man auf einem Pfad zwischen den Stränden von **Grange** und **Carnivan** einen Spaziergang unternehmen. Der Weg führt an Höhlen, Felsenpools und **Baginbun Head** mit dem **Martello-Turm** (19. Jh.) vorbei. 1169 landeten dort erstmals Normannen, um Irland zu erobern. Das Kap dient als hervorragender Aussichtspunkt zur **Vogelbeobachtung**: Vor Ort wurden schon mehr als 200 Arten gesichtet. Zwischen Dezember und Februar kann man zudem Delfine und Wale beobachten.

Essen

Templars Inn FISCH & MEERESFRÜCHTE €€
(Templetown; Hauptgerichte 10–22 €; ⌚12–22 Uhr) Die anheimelnde Terrasse des Templars Inn gewährt einen Blick auf die Ruinen der mittelalterlichen Kirche, Felder mit grasenden Kühen und den Ozean dahinter. Drinnen sieht es aus wie in einer alten Schenke (viel dunkles Holz). Ein gemütliches Fleckchen für frischen Fisch und Meeresfrüchte.

Duncannon & Umgebung

328 EW.

Duncannon, ein kleines, etwas angestaubtes Urlaubsörtchen, liegt an einem Sandstrand, der sich während des **Duncannon International Sand Sculpting Festival** im August in eine Art surrealistisches Atelier verwandelt.

Das sternförmige **Duncannon Fort** (www.duncannonfort.com; Erw./Kind mit Führung 5/3 €;

⌚ Führungen Juni–Mitte Sept. tgl. 10–17.30 Uhr, Anlage den Rest des Jahres über Mo–Fr 10–16.30 Uhr) gleich westlich des Dorfes wurde 1588 zur Abwehr der Spanischen Armada errichtet. Im Ersten Weltkrieg nutzte es die irische Armee als Ausbildungslager (die meisten Gebäude stammen aus dieser Zeit). Zur Anlage gehören ein kleines **Militär- und Meeresmuseum** sowie ein **Kunstmuseum**, ein Café und ein Burggraben.

4 km nordwestlich von Duncannon befindet sich das schöne **Ballyhack**, wo eine **Autofähre** nach Passage East im County Waterford startet. **Ballyhack Castle** (www.heritageireland.ie; ⌚ Mitte Juni–Ende Aug. 10–18 Uhr), ein Turmhaus der Hospitalritter des hl. Johannes aus dem 15. Jh., beherbergt eine Ausstellung über die Kreuzzüge.

9 km nördlich von Duncannon stößt man an der R733 auf die Ruinen der **Dunbrody Abbey** (www.dunbrodyabbey.com; Campile; Erw./Kind 3/1 €; ⌚ Mai–Mitte Sept. 11–17 Uhr). Dieses bemerkenswert intakte Zisterzienserkloster wurde 1170 von Strongbow gegründet und 1220 fertiggestellt. Das Kombiticket (Erw./Kind 6/3 €) umfasst den Eintritt zu dem **Museum** mit einem großen Puppenhaus, einem Minigolfkurs und dem witzigen **Labyrinth**, das aus mehr als 1500 Eiben besteht. Außerdem gibt's Teesalons und einen Kunsthandwerksladen.

Schlafen & Essen

Rund um Duncannon warten ein paar tolle Landgüter und schlichte Strandpensionen auf Gäste.

★ Glendine Country House PENSION €€
(☎ 051-389 500; www.glendinehouse.com; Arthurstown; EZ/DZ ab 45/90 €; 📶) In dem von Wein umrankten Haus aus den 1830er-Jahren spürt man gleich, dass die Besitzer Geschmack haben. Von den Erkern aus blickt man auf die Bucht sowie auf die Koppeln mit Wild, Kühen und Schafen. An den Wänden hängen Bilder lokaler Künstler. Die Zimmer sind unterschiedlich, besitzen aber ein paar gemeinsame Merkmale wie Holzböden, Kronleuchter und Antiquitäten. Besonders schön ist die Nummer 9 mit ihrem großzügigen Grundriss und dem Kingsizebett. Die nette Familie Crosbie bereitet ihren Gästen ein opulentes Biofrühstück zu.

Aldridge Lodge Restaurant & Guesthouse GASTHAUS €€
(☎ 051-389 116; www.aldridgelodge.com; Duncannon; EZ/DZ ab 55/100 €; ⌚ Restaurant Mi–So 19 Uhr–spät; 📶) Das Gasthaus liegt an einem windigen Fleckchen oberhalb von Duncannon und ist nicht ganz leicht zu finden. Wegen der eleganten modernen Zimmer und der frischen Meeresfrüchte, darunter Hook-Head-Krebsscheren und Kilmore-Dorsch (Abendessen 39 €), lohnt sich die Mühe jedoch. An der Sache gibt's allerdings zwei Haken: Man muss vorab reservieren und Kinder unter sieben Jahren haben keinen Zutritt.

Dunbrody Country House Hotel, Restaurant & Cookery School HOTEL, RESTAURANT €€€
(☎ 051-389 600; www.dunbrodyhouse.com; Arthurstown; EZ/DZ 125/225 €; mehrgängige Menüs ab 55 €; 📶) Küchenchef Kevin Dundon tritt häufig im irischen Fernsehen auf, hat mehrere Kochbücher verfasst und sogar eine eigene Geschirrlinie auf den Markt gebracht (www.kevindundonhome.com). Sein Wellnesshotel ist in einem stilvoll eingerichteten georgianischen Herrenhaus aus den 1830er-Jahren untergebracht und befindet sich auf einem 120 ha großen Grundstück. Mit dem Gourmetrestaurant und der Kochschule gilt es als wahrgewordener Traum für Feinschmecker (eintägige Kurse ab 175 €).

Sqigl Restaurant & Roche's Bar MODERN IRISCH €€
(☎ 051-389 188; www.sqiglrestaurant.com; Quay Rd, Duncannon; Restaurant Hauptgerichte 19,50–23,50 €, Bar Hauptgerichte 8–12 €; ⌚ Restaurant Mi–Sa 18–21 Uhr, Bar tgl. 12–21 Uhr) Produkte aus der Region liefern die Basis für die Gerichte wie Frühlingslamm, Fisch und Meeresfrüchte, die im Sqigl auf den Tisch kommen. Wer hier essen möchte, muss vorab reservieren. Roche's Bar nebenan ist mit Seemannsknoten und alten Plakaten dekoriert und bietet erstklassige Kneipenkost nebst einer einladenden Atmosphäre. Freitagabends finden traditionelle Sessions statt.

An- & Weiterreise

Öffentliche Verkehrsmittel (wenige Verbindungen) fahren bis Fethard, allerdings nicht zum Hook Head.

FÄHRE

Wer direkt nach Waterford (Stadt) weiterreist, erspart sich mit der **Waterford-Wexford-Fähre** (www.passengerferry.ie; einfache Fahrt/hin & zurück 2/3 €, Pkw 8/12 €; ⌚ April–Sept. Mo–Sa 7–22, So 9.30–22 Uhr, Okt.–März Mo–Sa 7–20, So 9.30–20 Uhr) den Umweg über New Ross.

New Ross

4552 EW.

Die große Attraktion in New Ross (Rhos Mhic Triúin), 34 km westlich von der Stadt Wexford, besteht in der Gelegenheit, einmal an Bord eines Auswandererschiffs aus dem 19. Jh. zu gehen. Doch die historischen Wurzeln des Ortes reichen viel weiter zurück, da sich New Ross bereits im 12. Jh. als normannischer Hafen am Barrow entwickelte. Während des Aufstands von 1798 versuchten einige Rebellen die Stadt einzunehmen, wurden jedoch von ihren Verteidigern zurückgeschlagen. Am Ende gab es 3000 Tote und viele Trümmer. Noch heute befinden sich am Ostufer des Flusses einige malerische enge, steile Gassen und die imposanten Ruinen eines mittelalterlichen Klosters.

Sehenswertes & Aktivitäten

★ Dunbrody Famine Ship MUSEUM

(☎051-425 239; www.dunbrody.com; The Quay; Erw./Kind 8,50/5 €; ⊙April–Sept. 10–18 Uhr, Okt.–März bis 17 Uhr;) Wegen der vielen Todesfälle während der Überfahrt nannte man die undichten stinkenden Schiffe, die Generationen von Iren nach Amerika brachten, auch *coffin ships* (schwimmende Särge). Bei diesem Exemplar am Hafen handelt es sich um einen Nachbau. Die leidvollen, oft inspirierenden Geschichten der Emigranten (sie zahlten im Schnitt 7 £ für die Überfahrt) werden von Museumsführern während einer 45-minütigen Tour mit Leben gefüllt. Ein zehnminütiger **Film** informiert über die Ereignisse jener Zeit. Mittlerweile ist auch das **Hall of Fame Café** geöffnet, in dem Snacks und vollwertige Mahlzeiten serviert werden.

Ros Tapestry MUSEUM

(www.rostapestry.com; Priory Court, The Quay; Erw./Kind 6/4 €; ⊙Di–So 10–17 Uhr;) Im 13. Jh. hatten die Normannen viel Einfluss in Irland, was sich u. a. daran zeigte, das im Hafen von New Ross bis zu 400 Boote mit Handelswaren an Bord vor Anker lagen. An diese Tatsache erinnert dieses Museum mit seinen 15 Wandteppichen, geschaffen von mehr als 150 Freiwilligen. Besucher können Audioguides leihen und im Museumsladen nach Souvenirs stöbern.

St. Mary's Abbey KIRCHE

(Church Lane) GRATIS Isabella von Leinster und ihr Gemahl William gründeten im 13. Jh. die St. Mary's Abbey, eine der größten mittelalterlichen Kirchen des Landes. Bei Interesse an einer Besichtigung muss man sich an die Touristeninformation wenden.

John F. Kennedy Arboretum

(www.heritageireland.ie; Erw./Kind 3/1 €; ⊙Mai–Aug. 10–20 Uhr, April & Sept. 10–18.30 Uhr, Okt.–März 10–17 Uhr;) An einem sonnigen Tag ist dieser Park 2 km südöstlich von Kennedy Homestead die ideale Adresse für Familien. Er beherbergt ein kleines Besucherzentrum, Teestuben und ein Picknickgelände und während des Sommers fährt eine kleine Tou-

ABSTECHER

WEXFORD & DIE KENNEDYS

1848 entfloh Patrick Kennedy den schlechten Lebensbedingungen im County Wexford an Bord eines *coffin ship* wie jenem, das in New Ross besichtigt werden kann. Sein neues Leben in Amerika bescherte ihm mehr Erfolg, als er sich je zu träumen gewagt hätte! Zu seinen Nachfahren zählten ein US-Präsident, Senatoren und Rumschmuggler. Den irischen Wurzeln der Kennedys kann man an zwei Orten in der Nähe von New Ross auf den Grund gehen:

Kennedy Homestead (☎051-388 264; www.kennedyhomestead.com; Dunganstown; Erw./Stud. 5/2,50 €; ⊙Juli & Aug. 10–17 Uhr, Mai, Juni & Sept. Mo–Fr 11.30–16.30 Uhr, ansonsten auf Anfrage) Auf diesem Hof, der sich in den letzten 160 Jahren kaum verändert hat, erblickte Patrick Kennedy, Urgroßvater von John F. Kennedy, das Licht der Welt. Als JFK das Anwesen 1963 besuchte und die Großmutter des Besitzers umarmte, zeigte er nach den Worten seiner Schwester Jean zum ersten Mal Gefühle in der Öffentlichkeit. Die Nebengebäude wurden in ein Museum umfunktioniert, das die Familiengeschichte des irisch-amerikanischen Clans beidseits des Atlantiks beleuchtet. Außerdem hat 2013 ein Besucherzentrum eröffnet. Wer die Farm 7 km südlich von New Ross besichtigen möchte, gelangt über eine sehr schmale, hübsch überwucherte Straße hierher.

ristenbahn durch die Gegend. In der 250 ha großen Grünanlage wachsen 4500 Baum- und Buscharten. Gegenüber dem Eingang erhebt sich der **Slieve Coillte** (270 m), eine Anhöhe, von der man bei guter Sicht einen Blick auf sechs Counties hat.

Schlafen & Essen

Samstags findet in New Ross ein **Farmers Market** (The Quay; ⌚ Sa 9–14 Uhr) statt.

MacMurrough Farm Cottages COTTAGES €
(☎ 051-421 383; www.macmurrough.com; MacMurrough, New Ross; Cottage für 2 Pers. 50 €; ⌚ Mitte März–Okt.; 📶) In Brians und Jennys entlegenem Bauernhof auf einem Hügel dient ein Hahn als Wecker. Die preiswerten Häuschen für Selbstversorger nehmen die früheren Stallungen ein und haben eine nette Ausstattung. Man erreicht die 3,5 km nordöstlich der Stadt zu findende Unterkunft, indem man den handgemalten Schildern folgt. Ganz in der Nähe stößt man auf ein gemütliches altes Pub und einen Markt.

Brandon House Hotel HOTEL €€
(☎ 051-421 703; www.brandonhousehotel.ie; New Ross; Zi. ab 80 €; @📶🏊👪) 2 km südlich von New Ross liegt am Ende einer steilen Zufahrt dieses 1865 errichtete Herrenhaus aus roten Ziegeln. Seinem familienfreundlichen Ruf macht es alle Ehre, denn Kinder können hier ganz unbekümmert herumtollen. Neben dem herrlichen Flussblick locken offene Holzfeuer, eine Bibliothek mit Bar, große Zimmer und Wellnessanwendungen.

★ **Café Nutshell** IRISCH €€€
(8 South St; Hauptgerichte 10–16 €; ⌚ Di–Sa 9–17.30 Uhr; 👪) Es ist jammerschade, dass dieses Café abends nicht geöffnet hat, denn im Zentrum von New Ross gibt's nicht gerade viele Läden dieses Kalibers. Hier werden Brot, Brötchen und Scones gebacken, das warme Mittagessen besteht vor allem aus örtlichen Produkten und es gibt eine große Palette an Smoothies, Säften und Bioweinen. Die Hauptgerichte werden mit frischem Salat serviert. Im angrenzenden Laden bekommt man (gesunde) Zutaten für ein Picknick.

Praktische Informationen

Touristeninformation (www.newrosstourism.com; The Quay; ⌚ April–Sept. 9–18, Okt.–März bis 17 Uhr) Befindet sich in dem Gebäude, wo auch die Eintrittskarten für das Dunbrody Famine Ship verkauft werden.

An- & Weiterreise

Bus Éireann (www.buseireann.ie) Zu den Reisezielen des Busunternehmens gehören Waterford (7 €, 30 Min., 7–11-mal tgl.), Wexford (8 €, 40 Min., 3–4-mal tgl.) und Dublin (16 €, 3 Std., 4-mal tgl.). Die Abfahrt erfolgt am Dunbrody Inn (am Kai).

Enniscorthy

10 543 EW.

Enniscorthy (Inis Coirthaidh), die zweitgrößte Stadt im County Wexford, besteht aus einem Gewirr steiler Gassen, die von der Augustus-Pugin-Kathedrale hinunter zur Normannenburg und dem Slaney führen. Für Iren ist Enniscorthy untrennbar mit einigen der erbittertsten Kämpfe während des Aufstands im Jahr 1798 verbunden, als Rebellen den Ort einnahmen und bei Vinegar Hill ihr Lager aufschlugen.

Sehenswertes

Enniscorthy Castle BURG
(www.enniscorthycastle.ie; Castle Hill; Erw./Kind 4/2 €; ⌚ 10–17 Uhr; 👪) Während der Rebellion 1798 wurde die Burg von den Aufständischen als Gefängnis genutzt. Jahrhunderte zuvor hatten Normannen den Bergfried mit den vier Türmen errichtet. 1649 eroberte Cromwell auch diese Festung. Heute beherbergt sie ein **Museum** zur Lokalgeschichte mit einer herrlichen Dachterrasse.

National 1798 Rebellion Centre MUSEUM
(www.1798centre.ie; Mill Park Rd; Erw./Kind 5,50/3 €; ⌚ April–Sept. Mo–Fr 10–17, Sa & So 12–17 Uhr, Okt.–März Mo–Fr. 9.30–16 Uhr; 👪) Bevor man auf den Vinegar Hill hinaufsteigt, sollte man dieses Museum besuchen. Die Ausstellungen beleuchten die französische und die amerikanische Revolution, deren Funke auf den Wexforder Aufstand gegen die englische Besatzung übersprang, und zeigen den Ablauf einer der blutigsten Schlachten der Rebellion 1798. Der Aufstand war zugleich ein Wendepunkt im Kampf gegen die Briten. Viele interaktive Medien illustrieren Umstände und Hintergründe des Widerstands, so gibt's z. B. ein riesiges Schachbrett mit den Schlüsselfiguren des Aufstands und eine Darstellung der finalen Schlacht auf einem virtuellen Vinegar Hill.

Vinegar Hill HISTORISCHE STÄTTE
Den Schauplatz der Ereignisse von 1798 findet man mithilfe einer Karte aus der Touristeninformation und der Beschilderungen.

Von Templeshannon am östlichen Flussufer sind es 2 km mit dem Auto hierher, alternativ geht man zu Fuß (45 Min.). Auf dem Gipfel erinnert eine Gedenkstätte an den Aufstand, außerdem gibt's ein paar Infotafeln und man hat einen netten Blick über die komplette Grafschaft.

St. Aidan's Cathedral KATHEDRALE
(www.staidanscathedral.ie; Church St; ⌚8.30–18 Uhr) GRATIS Die beeindruckende katholische Kathedrale wurde 1846 von Augustus Pugin, federführender Architekt der Houses of Parliament in London, errichtet. Seit ihrer Restaurierung erstrahlt sie wieder in altem Glanz. Man beachte vor allem das mit Sternen verzierte Dach.

Aktivitäten

Der Besuch des Rebellion Centre kann mit einer netten 2 km langen **Rundwanderung** verbunden werden, die über die Uferpromenade am Fluss Slaney führt. Wer fit genug ist, wird zudem Spaß daran haben, den Vinegar Hill hinaufzuklettern.

Feste & Events

Strawberry Fest KULINARISCH
(www.strawberryfest.ie; ⌚Ende Juni) Das Erdbeerfest findet an einem Wochenende statt. Dann sind die Pubs länger geöffnet, außerdem treten Musikbands auf und man kann Erdbeeren mit Sahne essen, bis man platzt.

Schlafen

In den schönen grünen, sanft geschwungenen Hügeln des Countys Wexford verstecken sich einige hervorragende Pensionen.

Salville House B&B €€
(☎053-923 5252; www.salvillehouse.com; EZ/DZ ab 60/100 €; 📶) Der Blick auf die Rasenfläche und die Birken bis zum Slaney sind Grund genug, um in einem der fünf Zimmer auf dem kleinen Landgut 2 km südlich der Stadt zu übernachten. Solide Möbel aus dunklem Holz gehören zum Standard. Drei der Gästeräume haben En-suite-Bäder, die anderen beiden befinden sich in einem voll ausgestatteten Apartment. Das abendliche viergängige Menü (40 €) besteht aus saisonalen Biozutaten.

Riverside Park HOTEL €€
(☎053-923 7900; www.riversideparkhotel.com; The Promenade; Zi. ab 110 €) Gäste des Riverside können vor Ort wunderbare Spaziergänge am grasbewachsenen Ufer unternehmen. Die runde Lobby in modernen Lila- und Grautönen stimmt einen auf die gemütlichen Zimmer (fast alle mit Balkonen und Flussblick) mit karamellfarbenem Teppichboden ein. Auch die übrige Farbpalette setzt sich aus neutralen Creme-, Braun- und Beigetönen zusammen. Achtung: Bei Hochzeitsgesellschaften erfreut sich das Hotel großer Beliebtheit, samstags wird es also durchaus mal laut (bzw. sind die Zimmer ausgebucht). Das Frühstück ist inbegriffen.

Treacy's Hotel HOTEL €€
(☎053-923 7798; www.treacyshotel.com; Templeshannon; Zi. ab 90 €; 📶) Ein großes cremefarbenes Gebäude mit hübsch herausgeputzten Zimmern in Naturtönen, zwei Bars, zwei Restaurants (ein internationales, ein thailändisches) und einem Nachtclub. Das Unterhaltungsangebot reicht von Livemusik bis zu irischem Tanz. Hotelgäste dürfen das Freizeitzentrum gegenüber kostenlos nutzen. Prima Lage zum Sightseeing und Shoppen.

Woodbrook House PENSION €€€
(☎053-925 5114; www.woodbrookhouse.ie; Killanne; EZ/DZ ab 95/150 €; ⌚Ostern–Sept.; @📶) Bei dem Aufstand 1798 trug das bezaubernde Haus mit den drei Gästezimmern 13 km westlich von Enniscorthy einige Blessuren davon. Die Wendeltreppe am Eingang widersetzt sich schon seit 200 Jahren allen Regeln der Schwerkraft. In dieser Bleibe wird Umweltbewusstsein groß geschrieben. Wer möchte, kann hier Abendessen bestellen, für das natürlich nur Biozutaten verwendet werden.

Essen & Ausgehen

Auf dem **Farmers Market** (Abbey Sq; ⌚Sa 9–14 Uhr) werden (Bio-)Produkte aus der Region verkauft, darunter auch fertige Gerichte. Unser Favorit ist der Carrigbyrne-Käse. Die Slaney Street, eine Fußgängerzone, dient als guter Ausgangspunkt für eine Kneipentour. Sie ist so steil, dass man sich zu vorgerückter Stunde eventuell nur noch auf allen vieren fortbewegen wird.

★ **Cotton Tree Café** CAFÉ €
(☎053-923 4641; Slaney Place; Hauptgerichte 6–10 €; ⌚Mo–Sa 8.30–17, So 11–17 Uhr; 👪) Ein herrlich entspanntes Café mit anheimelndem (und historischem) Dekor, darunter allerlei Kunstwerke. Auf der Karte stehen Gourmetsandwiches, z. B. mit irischem Rindfleisch und Hummus, sowie verschiedene Salate und ein Tagesgericht.

Toffee & Thyme CAFÉ €
(24 Rafter St; Gerichte 6–12 €; ⌚Mo–Sa 8–17 Uhr) In der Fußgängereinkaufsstraße befindet sich dieses stylische Café mit rustikalem Mobiliar und zwei kleinen Speisesälen, in denen leichte Mahlzeiten aus lokalen Zutaten aufgetischt werden. Besucher haben die Wahl zwischen Sandwiches und Salaten, herzhaften Suppen und anderen warmen Mahlzeiten. Selbst wenn man eigentlich nur einen Kaffee möchte, sollte man sich die hausgemachten Scones nicht entgehen lassen.

Galo Chargrill Restaurant PORTUGIESISCH €€
(19 Main St; Hauptgerichte 10–20 €; ⌚Di–So 12–15 & 19–22 Uhr) Kleines portugiesisches Restaurant mit einem fantastischen Ruf. Die würzigen Grillgerichte, darunter doppeltes Hähnchenbrustfilet mit Chili, sorgen für ein echtes Aha-Erlebnis. An milden Tagen wird die Frontseite wie eine Dose Anchovis geöffnet.

Bailey IRISCH €€
(www.thebailey.ie; Barrack St; Hauptgerichte mittags 9–14 €, Hauptgerichte abends 13–25 €; ⌚10–22 Uhr) Der umgebaute Kornspeicher am Fluss mit den Sitzbänken aus Kunstleder sieht ein bisschen angestaubt aus, dennoch ist das Bailey unverändert eine der beliebtesten Sommerbars, weil hier regelmäßig Livemusik von Rock'n'Roll bis Blues auf dem Programm steht. Die Terrasse vorne ist groß und die Kneipengerichte machen satt.

Antique Tavern PUB
(14 Slaney St; ⌚Mo–Fr 17–23.30, Sa & So 11–24 Uhr) In ästhetischer Hinsicht schwankt das 1790 errichtete Fachwerkhaus an einem Hügel auf der anderen Seite des Flusses zwischen niedlich und rustikal. Die Einheimischen lieben die Antique Tavern, auch wegen der verglasten Terrasse treppauf. Dort kann man bei warmem Wetter sitzen und den tollen Blick genießen.

Shoppen

Kiltrea Bridge Pottery KERAMIK
(www.kiltreapottery.com; ⌚Mo–Sa 10–13 & 14–17.30 Uhr) Seit dem 17. Jh. ist die Region als Zentrum für Keramik bekannt. Kiltrea setzt diese Tradition fort und stellt handgefertigte Terrakottagefäße in teils riesigen Größen her. Der Betrieb liegt 6,5 km westlich von Enniscorthy in der Nähe der Kiltealy Road (R702).

Praktische Informationen

Touristeninformation (☎053-923 4699; www.knightsandrebels.ie; Castle Hill; ⌚April–Sept. Mo–Fr 10–17, Sa & So 12–17 Uhr, Okt.–März Mo–Fr 9.30–16 Uhr) Im Enniscorthy Castle.

An- & Weiterreise

BUS

Bus Éireann (www.buseireann.ie) bietet täglich neun Verbindungen nach Dublin (15,75 €, 2½ Std.) und acht nach Rosslare Harbour (11 €, 1 Std.) via Wexford (6,75 €, 25 Min.).

ZUG

Der **Bahnhof** (Templeshannon) liegt am östlichen Flussufer. **Irish-Rail-Züge** (www.irishrail.ie) fahren dreimal täglich nach Dublin (Connolly Station; 10 €, 2¼ Std.) und Wexford (7 €, 25 Min.).

Ferns

1510 EW.

Es ist kaum zu glauben, doch dieses alltägliche Dorf war einst die Machtzentrale der Könige von Leinster, darunter Dermot MacMurrough (1110–1171), der die Normannen nach Irland führte. Letztere errichteten hier eine Kirche und eine wehrhafte Burg, die später von Cromwell zertrümmert wurde.

Sehenswertes

Ferns Castle HISTORISCHE STÄTTE
(www.heritageireland.ie; ⌚Besucherzentrum Juni–Sept. 10–18 Uhr) Die Burg mitten im Ort wurde um 1220 erbaut. Einige Mauern und ein Teil des Wallgrabens blieben erhalten, außerdem kann man den Turm hinaufklettern. 1649 zerstörten die Republikaner das Gebäude und töteten einen Großteil der Dorfbewohner. Die Ruine soll an der Stelle stehen, wo sich früher die Festung von Dermot MacMurrough erhob. Im Besucherzentrum finden regelmäßig interessante Ausstellungen zur Lokalgeschichte statt.

St. Edan's Cathedral KATHEDRALE
Am östlichen Ende der Hauptstraße stößt man auf eine neogotische Kathedrale aus dem Jahre 1817. Im Friedhof weist ein ramponiertes **Hochkreuz** auf die letzte Ruhestätte von Dermot MacMurrough hin.

Mittelalterliche Ruinen HISTORISCHE STÄTTE
Hinter der Kirche entdeckt man abgeschieden und von Rasenflächen mit grasendem Vieh umgeben zwei mittelalterliche Ruinen, die von Normannen erbaute **Ferns Cathedral** und die **St. Mary's Abbey** mit einem originellen Rundturm auf einem viereckigen Sockel. MacMurrough gründete das Augustinerkloster 1158. Wikinger zerstörten

die frühere christliche Siedlung von 600, die der hl. Aedan an eben dieser Stelle gegründet hatte.

St. Peter's Church KIRCHE
Die Kirche etwas weiter außerhalb des Ortes wurde aus Steinen der Ferns Cathedral und der St. Mary's Abbey errichtet.

An- & Weiterreise

Ferns liegt 12 km nordöstlich von Enniscorthy und ist leicht über die N11 zu erreichen. Hier halten sämtliche Busse, die zwischen Dublin und Wexford verkehren.

Mt. Leinster

Vom Gipfel des höchsten Berges (796 m) in den Blackstairs genießt man einen herrlichen Ausblick auf die Grafschaften Waterford, Carlow, Kilkenny und Wicklow. Der Mt. Leinster gilt als irisches Mekka für Gleitschirm- und Drachenflieger; Näheres erfährt man bei der **Irish Hang Gliding & Paragliding Association** (http://ihpa.ie).

Der Parkplatz am Fuß des Berges ist ab Bunclody, 16 km nordwestlich von Ferns, ausgeschildert. Hier beginnt eine steile 1½-stündige Rundwanderung.

COUNTY WATERFORD

107 950 EW.

Das wunderbar abwechslungsreiche County Waterford wartet mit einer traumhaften Küstenlandschaft, felsigen Stränden, netten Dörfern wie Dungarvan, einem Labyrinth aus Wanderwegen im schönen Nire Valley, das sich hinter den Comeragh und Monavullagh Mountains versteckt, der lebendigen gleichnamigen Stadt mit ihren verschlungenen mittelalterlichen Gassen und einer gut erhaltenen georgianischen Architektur auf.

Waterford (Stadt)

49 200 EW.

Irlands älteste Stadt feiert 2014 ihren 1100. Geburtstag. Wexford hat einen geschäftigen Handelshafen. Er liegt 16 km von der Küste entfernt am Fluss Suir, dessen Wasserstand von den Gezeiten beeinflusst wird. Mit seinen engen, von breiten Straßen abzweigenden Gassen, wirkt Waterford (Port Láirge) teilweise immer noch mittelalterlich. Dank einer groß angelegten Kampagne wird ein Häuserblock nach dem anderen saniert, außerdem findet man nirgendwo in Irland bessere Museen zur mittelalterlichen Geschichte des Landes.

Geschichte

1210 verstärkte King John die alten Stadtmauern der Wikinger und machte Waterford dadurch zu Irlands bestbefestigtem Ort. Im 15. Jh. widerstand die Stadt zweimal der Machtgier von Anwärtern auf die englische Krone, Lambert Simnel und Perkin Warbeck. Zwar hielt Waterford Cromwells Truppen 1649 stand, aber als diese 1650 zurückkehrten, kapitulierte es. Obwohl dem Ort das übliche Gemetzel erspart blieb, schrumpfte die Bevölkerung drastisch, denn die Katholiken mussten entweder ins Exil oder wurden als Sklaven in die Karibik verschleppt.

Sehenswertes & Aktivitäten

Die alten Straßen nordwestlich von der Mall (das sogenannte Viking Triangle – Wikingerdreieck) werden derzeit mit neuen Museen und Attraktionen aufgewertet, die sich der faszinierenden Stadtgeschichte annehmen.

Waterford Museum of Treasures MUSEUM
(www.waterfordtreasures.com) Unter diesem Namen sind drei hervorragende Museen zusammengefasst, die 1000 Jahre Lokalgeschichte abdecken. Der Eintritt zum Bishop's Palace und zum Medieval Museum umfasst entweder einen Audioguide oder Führungen mit Guides bzw. Schauspielern in zeitgenössischen Kostümen.

★ **Reginald's Tower** HISTORISCHES GEBÄUDE
(The Quay; Erw./Kind 3/1 €; Ostern–Okt. tgl. 10–17.30 uhr, Juni–Mitte Sept. bis 18 Uhr, Nov.–Ostern Mi–So 10–17 Uhr;) Der Reginald's Tower aus dem 12. Jh. ist das älteste noch vollständig erhaltene Gebäude im Land und das erste, bei dem Mörtel zum Einsatz kam. Mit seinen 3 bis 4 m dicken Mauern gilt er als Paradebeispiel für mittelalterliche Wehranlagen und war einst die wichtigste Befestigung der Stadt. Die Normannen errichteten ihn an der Stelle, wo sich früher ein hölzerner Vorgängerbau der Wikinger befand. Über die Jahrhunderte hinweg diente das Gebäude als Zeughaus, Gefängnis und Münzpräge; daran erinnern verschiedene Exponate im Innern, z. B. mittelalterliche Silbermünzen, ein hölzerner Kerbstock, der Schuldbeträge ausweist, ein (zertrümmertes) Sparschwein aus dem 12. Jh. und eine Münzwaage zum Abwiegen der Goldbarren. Ein etwas bizar-

res architektonisches Detail ist das Plumpsklo mit einem Wasserschacht, der das halbe Gebäude einnimmt.

Hinter dem Turm wurde ein Teil der alten Mauer in einen neuen Pub- und Restaurantkomplex integriert. Die beiden Bogen waren Sicherheitsschleusen, die ein gefahrloses Einlaufen der Boote in den Hafen garantieren sollten.

★Medieval Museum MUSEUM
(Greyfriar's St; Erw./Kind 7 €/frei, in Kombination mit dem Bishop's Palace 8/2 €; ⌚Ostern–Okt. tgl. 10–17.30 Uhr, Juni–Mitte Sept. bis 18 Uhr, Nov.–Ostern Mi–So 10–17 Uhr; 👪) Dies ist das neueste des Waterforder Museumstrios. Die Ausstellungen sind toll aufgemacht und es gibt überall Schilder mit Erklärungen. Zu den Exponaten zählen ein paar ganz besondere Stücke, darunter das originale **Great Parchment Book**, das dokumentiert, wie das Leben im Mittelalter war. Es geht darin beispielsweise um Fälle von Kleinkriminalität und die Auswirkungen der Pest. Darüber hinaus kann man sich eine auch für Kinder geeignete unterhaltsame zwölfminütige audiovisuelle Vorführung zur Geschichte der Gewänder ansehen, die aus den 1450er-Jahren stammen und unter der Christ Church Cathedral versteckt waren. Die kunstvollen Kleidungsstücke sind mit Goldfäden bestickt und in einem erstaunlich guten Zustand.

★Bishop's Palace MUSEUM
(The Mall, Bishop's Palace; Erw./Kind 7 €/frei, in Kombination mit dem Medieval Museum 8/2 €; ⌚Ostern–Okt. tgl. 10–17.30 Uhr, Juni–Mitte Sept. bis 18 Uhr, Nov.–Ostern Mi–So 10–17 Uhr; 👪) Das interaktive Museum im 1741 errichteten und frisch renovierten Bischofspalast beschäftigt sich mit Waterfords Geschichte von 1700 bis 1970. Zu den vielen faszinierenden Darstellungen gehören Schätze aus der städtischen Sammlung, darunter goldene Wikingerbroschen, edelsteinbesetzte Normannenkreuze und silberne Kirchenreliquien aus dem 18. Jh.

★House of Waterford Crystal GLAS
(www.waterfordvisitorcentre.com; The Mall; Erw./Stud. 12/4 €; ⌚9–17 Uhr) Schon der Name Waterford Crystal ist ein Gütesiegel. 1783 wurde die erste Waterforder Glasfabrik am Westende der Flusskais gegründet. Jahrhunderte später, nach dem Boom der 1980er- und 1990er-Jahre, geriet das Unternehmen in finanzielle Schieflage und wurde 2009 von einem amerikanischen Investor gekauft. Heute entstehen in Irland jährlich um die 60 000 Stücke, das sind ca. 55 % der Gesamtproduktion. Die restlichen 45 % werden gemäß Waterford-Standard in anderen europäischen Ländern produziert.

In dem großen, modernen Zentrum an der Mall wird eine Führung angeboten, bei der man erfährt, wie die Glaswaren gemacht werden. Ein Highlight ist der Glasbläserraum. Dort können die Besucher beobachten, wie die glühend heißen Kristalle wie durch Zauberhand in feine Kunstwerke verwandelt werden. Letzte Station des Rundgangs ist natürlich der Laden mit funkelnden Waren, vom Flaschenuntersetzer für 30 € bis zur Cinderella-Kutsche für bombastische 40 000 € (definitiv kein Spielzeug!). Ein Café gibt's auch.

Edmund Rice International Heritage Centre MUSEUM
(www.edmundrice.ie; Barrack St; Erw./Kind 5/2 €; ⌚Mo–Fr 9–17, Sa 10–14 Uhr; 👪) Edmund Ignatius Rice, Gründer der Christian Brothers, errichtete in der Barrack Street seine erste Schule. Ein quirliges interaktives Museum veranschaulicht das Stadtleben im 18. Jh. und beherbergt zudem eine Kapelle mit dem **Grab** von Rice, der übrigens auf seine Heiligsprechung wartet.

Christ Church Cathedral KATHEDRALE
(www.waterford-cathedral.com; Cathedral Sq; ⌚Mo–Fr 10–18, Sa 10–16 Uhr) GRATIS Waterfords Christ Church Cathedral ist Europas einzige neoklassisch-georgianische Kathedrale. Vom lokalen Architekten John Roberts entworfen, wurde sie an der Stelle errichtet, wo einst eine Wikingerkirche aus dem 12. Jh. stand. Im gleichen Jahrhundert fand hier die Hochzeit zwischen Strongbow und Aiofe statt. Eine eher düstere Attraktion ist das **Grab von James Rice**, dem siebenmaligen Oberbürgermeister von Waterford: Seine Statue zeigt einen verfallenden Körper, aus dem Würmer und Frösche krabbeln. Dank ihrer großartigen Akustik wird die Kathedrale auch als **Konzertsaal** genutzt.

Holy Trinity Cathedral KATHEDRALE
(Barronstrand St) GRATIS Zum prächtigen Interieur dieser katholischen Kathedrale gehören eine Barockkanzel aus geschnitztem Eichenholz, bemalte Säulen mit korinthischen Kapitellen und zehn **Kronleuchter aus Waterford-Kristall**. Das Gebäude wurde zwischen 1792 und 1796 von John Roberts errichtet, demselben Architekten, der ungewöhnlicherweise auch die protestantische Christ Church Cathedral entwarf.

Waterford (Stadt)

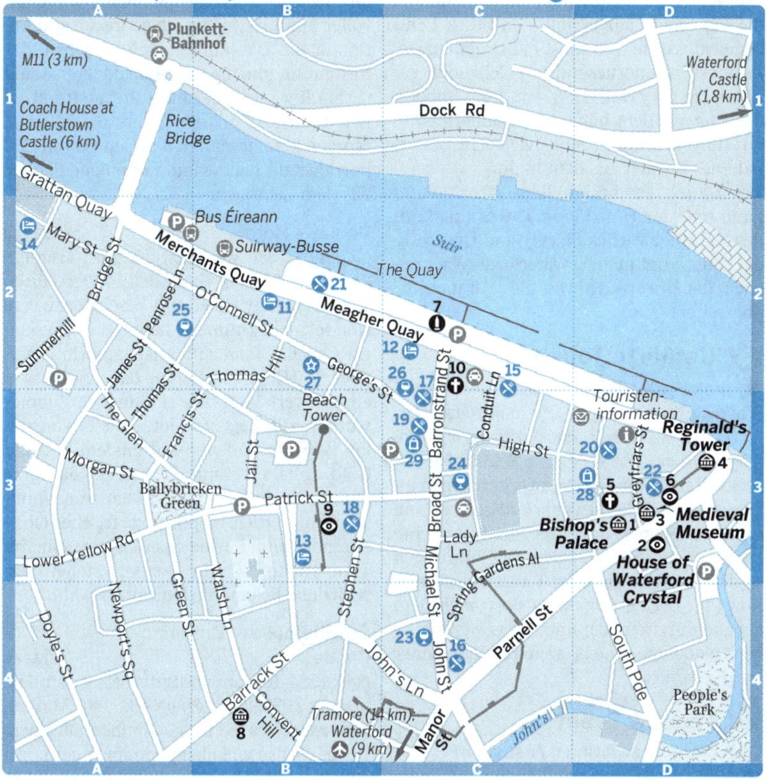

Waterford (Stadt)

Highlights
1 Bishop's Palace ... D3
2 House of Waterford Crystal ... D3
3 Medieval Museum ... D3
4 Reginald's Tower ... D3

Sehenswertes
5 Christ Church Cathedral ... D3
6 City Hall ... D3
7 Uhrenturm ... C2
8 Edmund Rice International Heritage Centre ... B4
9 Half Moon Tower ... B3
10 Holy Trinity Cathedral ... C2

Schlafen
11 Dooley's Hotel ... B2
12 Granville Hotel ... C2
13 Mayor's Walk House ... B3
14 Portree Guesthouse ... A2

Essen
15 Berfranks ... C2
16 Bodega! ... C4
17 Chocolate Café ... C3
18 Harlequin ... B3
19 La Bohème ... C3
20 L'Atmosphere ... D3
21 Merchant's Quay ... B2
22 Munster Bar ... D3

Ausgehen & Nachtleben
23 Geoff's ... C4
24 Gingerman ... C3
25 Henry Downes Bar ... A2
26 T&H Doolan's ... C2

Unterhaltung
27 Garter Lane Arts Centre ... B2
Theatre Royal ... (siehe 3)

Shoppen
28 Kite Design Studios ... D3
29 Waterford Book Centre ... C3

Historische Gebäude HISTORISCHE GEBÄUDE

Die Mall, eine breite Straße aus dem 18. Jh., die auf einem aufgeschütteten Stück Land angelegt wurde, war einst ein Gezeitenarm. Zu ihren beeindruckendsten Gebäuden gehören die **City Hall** (1788) von John Roberts und das wunderschöne, frisch sanierte Theatre Royal (S. 192), Irlands vielleicht besterhaltenes Theater aus dem 18. Jh.

Der **Beach Tower** am Ende der Jenkin's Lane und der **Half Moon Tower** (beide in der Nähe der Patrick Street) sind Überreste der alten Stadtmauer. Waterfords Wahrzeichen, der **Uhrenturm** von 1860, ist nicht zu übersehen.

Geführte Touren

★ Jack Burtchaell's Guided Walking Tour STADTSPAZIERGANG

(051-873 711; www.jackswalkingtours.com; Führung Erw./Kind 7 €/frei; 11.45 & 13.45 Uhr;) Jacks flottes Mundwerk erweckt jeden Winkel und jede Ecke in Waterford zum Leben, wobei er die tausendjährige Stadtgeschichte locker in eine Stunde packt. Die Führungen beginnen in der Nähe der Touristeninformation (am besten fragt man dort nach dem genauen Treffpunkt); unterwegs werden an verschiedenen Hotels weitere Teilnehmer aufgesammelt.

Feste & Events

Waterford International Festival of Music MUSIK

(www.waterfordintlmusicfestival.com; Mai) Dieses Festival gibt's jetzt schon seit mehr als 50 Jahren. Im Mittelpunkt steht „leichter" Operngenuss.

Schlafen

Im Stadtzentrum gibt's erstaunlich wenige Unterkünfte.

Mayor's Walk House B&B €

(051-855 427; www.mayorswalk.com; 12 Mayor's Walk; EZ/DZ ab 30/50 €) Solides B&B mit vier mittelgroßen, etwas altmodischen Zimmern in einem Gebäude aus dem Jahre 1891. Die Bäder im Flur werden gemeinschaftlich genutzt. Alle Gästeräume haben hohe Decken und sind mit Waschbecken ausgestattet.

★ Granville Hotel HOTEL €€

(051-305 555; www.granville-hotel.ie; Meagher Quay; EZ/DZ ab 80/100 €;) Das nachts angestrahlte Gebäude am Fluss aus dem 18. Jh. ist eines der ältesten Hotels des Landes. Es verfügt über brokatgeschmückte Zimmer im vornehmen georgianischen Stil, genau wie die gemeinschaftlich genutzten Bereiche voller Buntglas, historischer Drucke und Antiquitäten. Die Einheimischen lieben das Restaurant und die Bar, denn die Preise sind vernünftig und das Ambiente verströmt einen Hauch Luxus der guten alten Zeiten. Morgen kommt man in den Genuss von Bioporridge mit Baileys und Eiern Benedikt wie aus dem Lehrbuch.

Dooley's Hotel HOTEL €€

(051-873 531; www.dooleys-hotel.ie; Mercant's Quay; Zi. ab 80 €;) In den 1940er-Jahren war das Dooley's noch eine bescheidene Pension mit acht Zimmern, heute ist es ein schickes großes familienbetriebenes Hotel mit über 100 Gästequartieren, das präzise wie ein Uhrwerk läuft. Die geräumigen Zimmer wurden à la Regency Hotel mit Brokatstoffen gestaltet und sind in dunklem Rot und Gold gehalten. Zum Frühstück, das eine Spur besser schmeckt als in anderen Unterkünften, werden Bioporridge, frisches Obstkompott und warme Speisen gereicht. Im Thai Therapy Centre vor Ort stehen verschiedene Behandlungen zur Auswahl.

Coach House at Butlerstown Castle B&B €€

(051-384 656; www.butlerstowncastle.com; Butlerstown; Zi. 80–150 €; April–Okt. ;) Von außen ist dieses B&B (17 Zimmer) aus dem 19. Jh. ebenso einladend wie im Innern. Mit dem Auto erreicht man es von der Stadt aus innerhalb von zehn Minuten (6 km westlich von Waterford abseits der N25). Gäste werden mit tiefen nietenverzierten Ledersesseln, gemütlichen offenen Kaminen, prächtigen Betten und Eierkuchen zum Frühstück verwöhnt.

Portree Guesthouse B&B €€

(051-874 574; www.portreeguesthouse.ie; Mary St; EZ/DZ ab 39/69 €;) Diese große georgianische Pension mit 24 Zimmern befindet sich in einer ruhigen Straße – ein echter Vorteil im tendenziell eher lauten Waterford. Die Besitzer kommen aus London. Sie sorgen dafür, dass die eher unspektakulären Zimmer immer wie aus dem Ei gepellt aussehen. In dem anheimelnden Aufenthaltsraum gibt's reichlich Infos und Broschüren. Außerdem bekommt man rund um die Uhr Kaffee und Tee. Beliebt bei Reisegruppen.

★ Waterford Castle LUXUSHOTEL €€€

(051-878 203; www.waterfordcastle.com; The Island, Ballinakill; Zi. ab 140 €, Cottages ab 130 €;) Eine mit Türmen verzierte Burg aus dem 19. Jh., die mehr als nur eine Pause vom Alltag bietet. Sie befindet sich auf einer eigenen 124 ha großen Insel, auf der zahlreiche Rehe und Hirsche umherstreifen. Mit einer privaten kostenlosen Autofähre (ab dem Waterford Regional Hospital ausgeschildert) erreicht man das Hotel rund um die Uhr. Alle 19 Zimmer verfügen über elegante antike Badewannen und in einigen stehen sogar Himmelbetten. Außerdem gibt's 48 moderne Selbstversorgercottages. Gäste wie Nichtgäste können im vornehmen, mit Eichenholz ausgestatteten Restaurant die Biogerichte des Küchenchefs Michael Quinn genießen (Menüs ab 28 €) oder auch eine Runde Golf (Platzgebühr 20 €) spielen. Das Frühstück ist inbegriffen.

Essen

Es gibt in Waterford eine große Auswahl an Restaurants. Samstags wird auf dem John Roberts Square von 10 bis 16 Uhr ein beliebter Lebensmittelmarkt abgehalten.

★ Merchant's Quay MARKT, RESTAURANT €

(Merchants Quay; Hauptgerichte 8–12 €; Sa & So 10–17, Fr bis 22 Uhr;) Der ehemalige Kornspeicher von 1759 wurde umgebaut und feierte 2013 Eröffnung. Auf den drei Ebenen findet man einen Bauernmarkt, einen Essbereich mit entspannter Atmosphäre, ein Grillrestaurant und, ganz oben, eine Bühne für Mittelaltershows. Unter den Marktständen ist auch eine Bäckerei. Darüber hinaus werden hier Biolebensmittel, Eiscreme, Meeresfrüchte, hausgemachter Käse und vieles mehr verkauft. Alle Produkte stammen aus einem Umkreis von 50 km. Zum weiteren „Veranstaltungsprogramm" gehören Kochdemonstrationen für Kinder.

Chocolate Café CAFÉ €

(Georges Court Shopping Centre; Sandwiches ab 3,50 €; Mo–Sa 8–18.30, So 11–18 Uhr;) Die Farbgebung in Minzgrün und Schokobraun passt wie die Faust aufs Auge: In diesem Café plus Laden werden süße Sünden wie Obststreuselkuchen, französische *macarons* und saftiger Möhrenkuchen nebst der berühmten irischen Gourmetschokolade von Lily O'Brien verkauft (6 Pralinen à 2 €). Wer Lust auf etwas Herzhaftes hat, kann sich ein Gourmetsandwich bestellen.

Berfranks CAFÉ, DELIKATESSEN €

(www.berfranks.ie; 86 The Quay; Mahlzeiten 6–10 €; Mo–Sa 8.30–17 Uhr) Das Berfranks ist der ideale Ort für eine Pause während der Entdeckungsreise durch das mittelalterliche Waterford. In den Regalen des Feinkostladens liegen jede Menge hochwertige irische Lebensmittel aus und auf der Karte des Cafés stehen allerlei Leckereien – schon beim Lesen wird einem das Wasser im Munde zusammenlaufen! Das gemütliche Hinterzimmer ist mit Bücherregalen und Sofas bestückt.

★ Harlequin ITALIENISCH €€

(37 Stephen St; Hauptgerichte mittags 8–12 €, Hauptgerichte abends 10–14 €; Mo–Mi 8.30–20.30, Do–Sa 8.30–22.30 Uhr;) Von Italienern geführte authentische kleine Trattoria. Im Laufe des Tages verwandelt sich diese vom Café zu einem belebten Lokal sowie zu einer von Kerzen erleuchteten Weinstube. Zu den Spezialitäten des Hauses zählen Antipastiteller mit verschiedenen Käsesorten, mariniertem Gemüse und hauchdünnem geräuchertem Fleisch. Es gibt allerdings keine Pizza!

Bodega! MODERN IRISCH €€

(051-844 177; www.bodegawaterford.com; 54 John St; Hauptgerichte 7–25 €; Mo–Sa 12–24 Uhr) Zwar muten die ockerfarbenen Wände und der Boden mit zerbrochenen Kacheln à la Gaudi Spanisch an, tatsächlich liegt der Schwerpunkt aber auf moderner irischer Küche aus lokalen Zutaten. Die Karte umfasst eine gesunde Mischung aus Fisch- und Fleischkreationen, leichtere Mahlzeiten wie Ziegenkäsetörtchen und innovative Salate und zahlreiche irische Biere. Im Speisesaal herrscht eine tolle Atmosphäre; Blickfänge sind die funkelnden roten Lichterketten und Kunstwerke.

L'Atmosphere FRANZÖSISCH €€

(051-858 426; www.restaurant-latmosphere.com; 19 Henrietta St; Hauptgerichte 12–25 €; Mo–Sa 12.30–15, Mo–So 17.30–22 Uhr;) Von der energiegeladenen Atmosphäre dieses stets gut besuchten Bistros mit den Steinwänden können viele Restaurantbetreiber in Paris nur träumen. Die klassischen französischen Gerichte bestehen aus lokalen Zutaten und haben eine moderne irische Note, die Kunstwerke sind provokant und die Nachspeisen einfach göttlich, insbesondere die Crème brûlée.

Munster Bar PUB €€

(www.themunsterbar.com; Bailey's New St; Hauptgerichte 8–16 €; 12–21 Uhr;) Das 1822 errichtete Gebäude beherbergt ein Pubrestaurant mit einem Nebenzimmer, in dem ein gemütliches Feuer im Kamin brennt, und einer großen Bar in der alten Remise. Die hochwertige Kneipenkost (Rindfleisch-und-

Guinness-Pasteten, Sandwiches mit geschmolzenem Brie und Chutney) eignet sich als krönender, entspannter Abschluss einer ausgedehnten Sightseeingtour.

La Bohème FRANZÖSISCH €€€
(☎051-875 645; wwwlabohemerestaurant.ie; 2 George's St; Hauptgerichte 29–32 €; ⊙Di–Sa 17.30 Uhr–spät) Ab in den feinen Zwirn! La Bohème vereint französisches Flair und frische irische Zutaten. Das Resultat sind Hauptgerichte wie Lammkarree mit Senf und Honig oder algenverkrustete Jakobsmuscheln. Früher dienten die Speiseräume als Küche einer georgianischen Villa, heute sitzen die Gäste hier unter den Tonnengewölbedecken und Steinbogen. Der Weinkeller ist gut bestückt.

Ausgehen & Nachtleben

In einigen tollen Pubs und Läden wird Livemusik geboten.

★Henry Downes Bar PUB
(Thomas St; ⊙17 Uhr–spät) Bereits seit zwei Jahrhunderten stellt das Downes seinen eigenen irischen Whiskey No. 9 her – eine willkommene Abwechslung zum Stout. Man kann den edlen Tropfen entweder in einem der athmosphärischen Räume genießen oder auch eine Flasche zum Mitnehmen kaufen (32 €). Dieses Pub ist wirklich einmalig: Hinten gibt's sogar einen Squashplatz (8 € für 40 Min.).

T&H Doolan's PUB
(www.thdoolans.com; 32 George's St; ⊙Mo–Do 10–23.30, Fr & Sa bis 0.30, So 12–0.30 Uhr) Hinter der auffälligen Fassade im (nachgemachten) Tudorstil verbirgt sich ein reizendes 300 Jahre altes Pub. Im Doolan's wird jeden Abend traditionelle Musik gespielt (ab 21 Uhr) und mittwochs findet eine Jamsession statt. Eine der beliebtesten Bars der Stadt.

Geoff's PUB
(9 John St; ⊙11.30–0.30 Uhr) Das Geoff's hat wirklich Charakter. Schon die grüne Fassade der Kneipe ist ziemlich eigen. Dazu kommen noch schwere Holzmöbel, hohe Decken und die atmosphärische „Kirchenbar" hinten. Die Räume sind indigoblau gestrichen. Gute Pubküche.

Gingerman PUB
(6/7 Arundel Lane; ⊙Mo–Fr 10–23.30, Sa bis 0.30, So 12–23 Uhr) In einer schmalen Straße mitten im Zentrum lockt dieses Pub mit schön viel dunklem Holz, Flair, verschiedenen Ales vom Fass und warmer Küche. Trad Sessions immer sonntags ab 17 Uhr.

AUF DER SUCHE NACH WATERFORDS KUNSTHANDWERKERN

Waterford hat noch mehr zu bieten als das berühmte Kristall: Zahlreiche örtliche Künstler und Kunsthandwerker fertigen hier Textilien, Gemälde, Schmuck, Töpferwaren, Papiermaché, Kerzen sowie Möbel aus Recyclingmaterialien an. Unter www.waterforddesignermakers.com findet man eine Liste mit Kontakten und kann Termine vereinbaren.

★ Unterhaltung

Garter Lane Arts Centre THEATER
(www.garterlane.ie; 22a O'Connell St) Das exzellente Theater ist in einem atmosphärischen Gebäude aus dem 18. Jh. untergebracht und zeigt Autorenfilme, Ausstellungen, Musik, Tanz sowie Bühnenstücke.

Theatre Royal THEATER
(www.theatreroyal.ie; The Mall) Auf dem Programm dieses prachtvollen renovierten Hauses stehen Theaterstücke, Musicals und Tanzvorführungen.

Shoppen

Waterfords Einkaufsmeile führt vom Suir nach Süden.

★Kite Design Studios KUNST & KUNSTHANDWERK
(11 Henrietta St) Diese Mischung aus Atelier und Geschäft bietet den besten Künstlern der Stadt Raum zum Entfalten. Zu den Mietern zählen die Irish Handmade Glass Company und der virtuose Künstler Sean Egan. 2013 erhielt Sean den Auftrag, eine Glaskugel zu gestalten, die das „Famine"-Schiff enthält – ein Geschenk für US-Präsident Barack Obama. Die Übergabe war Teil der Erinnerungsfeier „The Gathering", mit der 2013 die irische Geschichte und Kultur gefeiert wurde.

Waterford Book Centre BÜCHER
(www.thebookcentre.ie; 25 John Roberts Sq; ⊙Mo–Sa 9–18, So 13–17 Uhr) Drei Etagen voller Bücher, darunter eine herausragende Auswahl an irischen Klassikern, und ein Café.

DIE FÄHRE ZWISCHEN WATERFORD UND WEXFORD

Wer zwischen den Counties Waterford und Wexford an der Küste entlangreist, spart sich einen großen Umweg über Waterford Harbour und den Barrow, wenn er die **Autofähre** (www.passage ferry.ie; ⌚April–Sept. Mo–Sa 7–22, So 9.30–22 Uhr, Okt.–März Mo–Sa 7–20, So 9.30–20 Uhr) zwischen Passage East und Ballyhack in der Grafschaft Wexford nimmt. Diese benötigt nur fünf Minuten. Einfache Tickets/inklusive Rückfahrt kosten 2/3 € für Fußgänger und Radfahrer sowie 8/12 € für Autos.

Praktische Informationen

Touristeninformation (☎051-875 823; www.discov erwaterfordcity.ie; Parade Quay; ⌚Juli & Aug. Mo–Sa 9–18, So 11–17 Uhr, den Rest des Jahres kürzere Öffnungszeiten) Nirgendwo bekommt man bessere Infos zu den Counties Waterford und Wexford als in dieser großen Touristeninformation. Ein Umzug in die Nähe des Reginald's Tower ist geplant.

An- & Weiterreise

BUS

Bus Éireann (www.buseireann.ie; Merchant's Quay) Häufige Verbindungen nach Tramore (3,25 €, 30 Min.), Dublin (14,75 €, 3 Std.) und Wexford (10 €, 1 Std.).

FLUGZEUG

Waterford Airport (WAT; ☎051-875 589; www.flywaterford.com) Der Flughafen liegt 9 km südlich des Stadtzentrums in Killowen. Viele Flüge gehen nach London Luton, Manchester und Birmingham.

ZUG

Die **Plunkett Station** (www.irishrail.ie) befindet sich nördlich des Flusses. Bis zu acht Züge fahren nach/ab der Heuston Station in Dublin (ab 20 €, 2–2½ Std.) und Kilkenny (ab 10 €, 40 Min.).

Unterwegs vor Ort

Zum Flughafen kommt man nicht mit öffentlichen Verkehrsmitteln. Eine Fahrt mit dem **Taxi** (☎051-77710, 051-858 585) kostet ca. 15 €.

Curraghmore Estate

Lord und Lady Waterford residieren auf dem 1000 ha großen **Curraghmore Estate** (www.curraghmorehouse.ie; Portlaw; Anwesen 10 €, Muschelhaus & Garten 5 €; ⌚Ostern–Okt. Di–Do plus 1. & 3. So im Monat 10–16 Uhr) 14 km nordwestlich von Waterford, das seit dem 12. Jh. in Familienbesitz ist. In der eindrucksvollen **Gartenanlage** des Anwesens befindet sich ein skurriles **Muschelhaus**, das 1754 im Auftrag von Catherine, Countess of Tyrone, errichtet wurde. Die Gräfin ließ sich von Überseekapitänen, die am Hafen von Wexford anlegten, Muscheln aus aller Welt mitbringen. Das schöne **georgianische Gebäude** (Eintritt 15 €; ⌚Feb. & Mai–Juli Mo–Fr 9–13 Uhr, Mai–Juli auch jeden 1. & 3. So im Monat geöffnet) ist ebenfalls für Besucher zugänglich.

Im Südosten von Waterford

Diese abgeschiedene Ecke der Grafschaft Waterford kann von der gleichnamigen Stadt aus im Rahmen eines Tagesausflugs erkundet werden. Weil die Gewässer den Gezeiten unterliegen, ändern sich die Pegelstände mehrfach pro Tag.

An der Flussmündung 14 km östlich von Waterford erstreckt sich das hübsche kleine Fischerdorf **Passage East**. Von dort setzen Autofähren nach Ballyhack, County Wexford, über. Rund um den Hafen verteilen sich jede Menge reetgedeckte Cottages.

Eine kaum befahrene 11 km lange **Küstenstraße** windet sich zwischen Passage East und Dunmore East Richtung Süden. Streckenweise bietet sie gerade mal einem Wagen Platz und ist sehr steil, aber dafür genießt man einen tollen Blick aufs Meer und die sanft geschwungenen Felder. Eine wunderbare Strecke auch für Radfahrer.

An- & Weiterreise

Busse von **Suirway** (www.suirway.com; Erw./Kind €4/2, 30 minutes) verkehren zwischen Waterford und Passage East (7–8-mal tgl.).

Dunmore East

1795 EW.

Dunmore East (Dún Mór), 19 km südöstlich von Waterford, erstreckt sich an einem Küstenstreifen mit roten Sandsteinklippen voller versteckter Buchten und kreischender Klippenmöwen. Im 19. Jh. diente der Ort als Anlaufstelle für Schiffe, die Postsendungen zwischen England und dem südlichen Irland transportierten. Aus dieser Ära stammen die reetgedeckten Cottages entlang der

Hauptstraße und ein ungewöhnlicher dorischer **Leuchtturm** (1825) mit Blick über den Hafen. Mehr Infos zur Gegend siehe unter www.discoverdunmore.com.

Sehenswertes & Aktivitäten

Im Winter geht's hier ruhig zu, doch im Sommer erwacht die Region zum Leben: Dann strömen Badegäste an die winzigen Strände unterhalb der Klippen, z. B. an den **Counsellor's Beach** (in der Nähe gibt's gute Pubs und Cafés) oder in die **Ladies Cove** (ein hübscher Park ist gleich um die Ecke).

Im Westen führt eine 17 km lange **reizvolle Autoroute** nach **Tramore** an die Küste. Unterwegs erwartet einen Natur pur mit sanft geschwungenen, grünen Hügeln, tollen Panoramablicken aufs Meer und Kuhherden, die die Straßenseite wechseln wollen. Damit kann das quirlige Tramore kaum mithalten!

Dunmore East Adventure Centre ABENTEUERSPORT
(www.dunmoreadventure.com; Stoney Cove; 👪) Leihausrüstung (Kajaks, Surfbretter, Schnorchel etc.), Segel-, Kajak-, Kanu- und Windsurfkurse für Kinder und Erwachsene sowie Aktivitäten zu Lande (z. B. Bogenschießen und Klettern).

Feste & Events

Bluegrass Festival MUSIK
(⌚ Aug.) Zu diesem Anlass im Hochsommer werden die Banjos hervorgeholt.

Schlafen

Avon Lodge B&B B&B €
(☎ 051-385 775; www.avonlodgebandb.com; Zi. ab 60 €; 📶) Von außen sieht das große Haus im Vorstadtstil ziemlich schlicht aus, doch die Lage beim Ladies Beach ist großartig. Es wird von dem traditionellen Musiker Richie Roberts geführt und hat saubere, gemütliche Zimmer in schönen Farben mit dazu passenden Textilien.

Haven Hotel HOTEL €€
(☎ 051-383 150; www.thehavenhotel.com; EZ/DZ ab 45/90 €; ⌚ Hotel & Restaurant März–Okt. geöffnet; 📶) In den 1860er-Jahren als Sommerresidenz der Malcolmson-Familie erbaut, deren Wappen immer noch über dem Kamin prangt, wird das Haven heute von der Familie Kelly geführt. Das noble Refugium wartet mit holzvertäfelten Bädern auf und zwei der Gästezimmer haben sogar ein Himmelbett.

Im locker-lässigen **Restaurant** (⌚ Mo–Sa 17.30–22, So 10–15 Uhr; Hauptgerichte 12–20 €) werden vor allem örtliche Produkte zum Kochen verwendet. Die in Rottönen gehaltene Bar ist dezent beleuchtet.

Essen & Ausgehen

Bay Café CAFÉ €
(Dock Rd; Hauptgerichte 7–11 €; ⌚ 9–18 Uhr) Von dem künstlerisch angehauchten Café genießt man einen derart großartigen Ausblick auf den Hafen, dass ein Plakat mit Wissenswertem über Wale am Fenster befestigt wurde! Hier kommen einfache Gerichte mit dem gewissen Extra auf den Tisch. Hoch gelobt sind z. B. die Sandwiches mit Fisch oder Meeresfrüchten. Der Bagel mit Guacamole ist eine Neuheit in diesen Breiten.

★ **Lemon Tree Café** IRISCH €€
(www.lemontreecatering.ie; Hauptgerichte 8–20 €; ⌚ Juni–Aug. Di–So 10–18, Fr & Sa 19–22 Uhr; 👪) Biokaffee, Backwaren und eine Theke, an der es Gerichte zum Mitnehmen vom Brot mit Nüssen und Linsen bis zur Meeresfrüchtepastete gibt. Es stehen zahlreiche Sitzplätze drinnen und draußen sowie eine Spielecke für Kinder bereit. Die Karte umfasst vor allem Gerichte mit Fisch und Meeresfrüchten.

Spinnaker Bar FISCH & MEERESFRÜCHTE €€
(www.thespinnakerbar.com; Hauptgerichte 14–25 €; ⌚ Essen 12–21 Uhr) An den Tischen auf dem Bürgersteig kann man Strandgänger beobachten, drinnen umgeben von nautischem Schnickschnack speisen oder in dem geschützten Biergarten Platz nehmen. Das Essen ist hervorragend: Sämige Meeresfrüchtesuppen, Fish 'n' Chips, Salate und fangfrische Tagesgerichte werden gekonnt zubereitet. An Sommerwochenenden treten Livebands auf.

Power's Bar PUB
(Dock Rd; ⌚ Mo–Do 12–23.30, Fr & Sa bis 0.30, So 11.30–23.30 Uhr) Dienstagabends finden in dem buttergelben Eckpub lebhafte traditionelle Musiksessions statt. Der Spitzname der Kneipe, „The Butcher's", erinnert an ihre Vergangenheit als Fleisch- und Lebensmittelladen.

An- & Weiterreise

Suirway (www.suirway.com; Erw./Kind 4/2 €) bietet täglich etwa acht Busverbindungen zwischen Waterford und Dunmore East (4 €, 30 Min.).

Tramore

10 328 EW.

Im Sommer ist der Küstenstreifen unterhalb der steil ansteigenden Stadt Tramore (auf Irisch Trá Mhór, „Großer Strand") eine Art trubeliger Jahrmarkt mit Karussells, Spielhallen und allem, was zu einem altmodischen Badeort gehört. Im Winter geht's entschieden ruhiger zu.

Sehenswertes

Die Bucht von Tramore ist im Südwesten durch **Great Newtown Head** und im Südosten durch **Brownstown Head** begrenzt. Deren 20 m hohe Betonpfeiler wurden von Lloyds of London 1816 nach der Schiffstragödie der *Seahorse* errichtet, die 363 Menschenleben forderte. Weil der Kapitän die Bucht für Waterfords Hafen hielt, lief er hier auf Grund. Von der zauberhaften versteckten **Guillamene Cove**, die sich auch zum Schwimmen eignet, genießt man eine wunderbare Aussicht auf die Heads.

Auf dem Great Newtown Head ragt der 3,60 m hohe und nicht zugängliche **Metal Man** in den Himmel, das 1816 errichtete kolossale Standbild eines Seemanns aus Eisen. In Uniform aus weißer Kniehose und blauer Jacke warnt er mit theatralischer Geste herannahende Schiffe. Der Legende nach soll ein Mädchen, das dreimal auf einem Bein um die Statue herumhüpft, innerhalb eines Jahres unter die Haube kommen (das funktioniert übrigens nicht, wenn man sich das Gegenteil, sprich: eine Scheidung, wünscht!).

Aktivitäten

Tramore's malerischer 5 km langer **Strand** wird am östlichen Ende von 30 m hohen Dünen gekrönt. Hier stürzen sich **Surfer** aller Niveaus ins Wasser. In der Stadt gibt's mehrere ganzjährig geöffnete Surfschulen, die auch **Ökowanderungen** rund um Back Strand, eine der größten Gezeitenlagunen Europas, sowie verschiedene andere Aktivitäten anbieten.

Surfstunden in der Gruppe kosten 45 €, Privatunterricht 90 €. Für eine Ausrüstung inklusive Neoprenanzug und der im Winter dringend nötigen Stiefel, Handschuhe sowie einer Kappe zahlt man ca. 25 € (2 Std.).

T-Bay Surf & Eco Centre SURFEN
(☎ 051-391 297; www.tbaysurf.com; 👪) Irlands größte Surfschule organisiert zahlreiche Kurse für jedes Niveau, darunter auch Sommercamps für Kinder.

Oceanics SURFEN
(☎ 051-390 944; www.oceanics.ie; Red Cottage, Riverstown; 👪) Surfstunden und -kurse plus Partys sowie Sommerlager für Teenager und kleinere Kinder.

Freedom Surf School SURFEN
(☎ 086 391 4908; www.freedomsurfschool.com; The Gap, Riverstown; 👪) Surfkurse und Unterricht im Blokartfahren (von Segeln angetriebene Strandbuggys).

Lake Tour Stable REITEN
(☎ 051-381 958; www.laketourstables.ie; Reitwanderungen Erw./Kind ab 25/20 €; 👪) Die richtige Anlaufstelle, wenn man einen Reitausflug unternehmen möchte.

Tramore Golf Club GOLF
(☎ 051-386 170; www.tramoregolfclub.com; Newtown Hill; Greenfees 30–40 €) Dies ist einer der ältesten Golfplätze Irlands (1894 eingerichtet) mit einem neuen Neunlochparcours zusätzlich zu dem vorherigen mit 18 Löchern. Hier werden verschiedene Wettbewerbe ausgetragen, darunter die Irish Close Championship (bereits drei Mal) – das nächste Mal 2015.

Feste & Events

Waterford & Tramore Racecourse PFERDERENNEN
(www.tramore-racecourse.com; Graun Hill) Das erste Pferderennen des Jahres auf europäischem Boden findet am 1. Januar auf dem Tramore Racecourse statt, ist aber nur eines von vielen Events im Laufe des Jahres.

Schlafen

★ **Beach Haven House** B&B, HOSTEL €
(☎ 051-390 208; www.beachhavenhouse.com; Waterford Rd; B&B EZ/DZ ab 30/60 €, B ab 15 €, Apt. für 2-Pers. ab 50 €; ⌚ B&B und Apt. ganzjährig, Hostel März–Nov.; 📶) Der Amerikaner Avery und seine irische Frau Niamh bieten Unterkünfte für jede Preisklasse in ihrem B&B, dem Hostel und den Apartments (Minimum: 2 Übernachtungen). Ersteres und Letztere sind geschmackvoll ausgestattet (helles Holz, warme Erdfarben), während das Hostel erwartungsgemäß einfach ist, aber über einen gemütlichen Gemeinschaftsraum verfügt. Avery bleibt seinen kalifornischen Wurzeln treu: In den Sommermonaten wird regelmäßig der Grill angeschmissen.

O'Shea's Hotel HOTEL €€
(☎ 051-381 246; www.osheas-hotel.com; Strand St; EZ/DZ ab 50/80 €; 📶) Obwohl die Zimmer im O'Shea's nicht ganz so fein sind, wie

man angesichts der blumengeschmückten, schwarz-weißen Fassade erwarten würde, ist das familiengeführte Hotel sein Geld wert, zumal es in der Nähe des Strands liegt. Ein paar Zimmer gewähren einen Blick aufs Meer.

Essen & Ausgehen

In Tramore dominieren gebratene und frittierte Gerichte die Speisekarten. An den Wochenenden wimmelt es in den netten Pubs von lärmendem Volk aus der näheren Umgebung, das gilt besonders für lange Sommernächte.

Vee Bistro INTERNATIONAL €€
(1 Lower Main St; Hauptgerichte 10–28 €; 9 Uhr–spät;) In dem roten Haus hängen abstrakte Gemälde und Ethnokunst an den Wänden, auf den Tellern landen einfache Bistrogerichte wie Hühnchenpfanne und Chorizo-Salat. Eine Tageskarte gibt's auch. Die Backwaren sind ein Gedicht.

Banyan THAILÄNDISCH €€
(051-330 707; www.thebanyanthai.ie; Upper Branch Rd; Hauptgerichte 12–14 €; Di–Do 18–21, Fr & Sa 17–22, So 16–21 Uhr) Hervorragende thailändische Küche und das elegante Ambiente eines alten Stadthauses sind die Markenzeichen des Banyan. Die Kellner servieren Tom-Yam-Suppe, Massamam-Currys und Satay-Hühnchenspieße, alles gut gewürzt, ohne zu brennen. All die Iren und anderen Gäste, die es etwas bodenständiger mögen, bekommen auch zahlreiche Beilagen wie Reis, Nudeln oder Pommes.

An- & Weiterreise

Bus Éireann (www.buseireann.ie) verkehrt regelmäßig von Waterford nach Tramore (3 €, 30 Min.).

Die Copper Coast

Strahlend blauer Himmel, azurfarbenes Wasser, leuchtend grüne Hügel und ebenholzfarbene Klippen prägen die wunderschöne **Copper Coast** westlich von Tramore (Richtung Dungarvan). Die R675 schlängelt sich durch die Landschaft und offenbart eine fantastische Aussicht nach der anderen.

Annestown ist ein guter Ort, um nach Tramores Karnevalsatmosphäre wieder runterzukommen. Hier haben sich einige einladende Cafés angesiedelt. Am **Dunabrattin Head** sollte man nach dem kleinen **Strand in der Bucht** gleich westlich Ausschau halten. Er ist breit und einladend, aber unverbaut.

25 km westlich von Tramore erstreckt sich der zerklüftete Küstenstreifen des **Copper Coast European Geopark** (www.coppercoastgeopark.com; Parkbüro Mo–Fr 9.30–17 Uhr); seinen Namen verdankt er den Kupferminen des 19. Jhs. in der Nähe von Bunmahon. An den Stränden und Buchten der Gegend sieht man geologische Formationen wie Quarzblöcke, Fossilien und ehemalige Vulkane, die bis zu 460 Mio. Jahre alt sind. Im Sommer werden einstündige geführte **Wanderungen** angeboten (kostenlos). Alternativ kann man eine Wegbeschreibung auf der Website herunterladen.

Wer die Grotten, Buchten und Klippen der Copper Coast mit dem Kajak erforschen will, sollte **Sea Paddling** (051-393 314; www.seapaddling.com; Touren ab 35 €;) kontaktieren. Die Touren dauern ein paar Stunden bis zu mehreren Tagen und führen zu verschiedenen Abschnitten der Küste von Waterford. Sie sind auch für Kinder ab 13 Jahren geeignet.

Bevor man nach Dungarvan gelangt, stößt man an der Nordseite des Hafens bei Ballynacourty auf einen herrlich unberührten Sandstreifen, den **Clonea Strand**.

Dungarvan

9427 EW.

Mit seinen pastellfarbenen Gebäuden rund um die malerische Bucht, wo der Fluss Colligan ins Meer mündet, erinnert Dungarvan an ein Miniatur-Galway. Der hl. Garvan gründete im 7. Jh. an dieser Stelle ein Kloster, aber fast alle Gebäude im Ortszentrum stammen aus dem frühen 19. Jh., als der Duke von Devonshire die Straßen rund um Grattan Square neu anlegte. Besonders sehenswert sind die dramatische Burgruine und ein Augustinerkloster mit Blick auf die Bucht. Dungarvan ist für gutes Essen bekannt und mit tollen Restaurants sowie einer berühmten Kochschule gesegnet. Jedes Jahr findet hier das Waterford Festival of Food statt.

Sehenswertes

Vom bunten, idyllischen **Davitt's Quay** aus dem 18. Jh. kann man bei einem kühlen Bier dabei zusehen, wie Boote in den Hafen einlaufen. Der **Grattan Square** ist ein guter Ausgangspunkt für eine Entdeckungstour durch die atmosphärischen Straßen.

★ **Dungarvan Castle** BURG
(www.heritageireland.ie; Juni–Sept. 10–18 Uhr) GRATIS Dank der aufwendigen Sanierungsarbeiten erstrahlt die Burg inzwischen wieder

in normannischer Pracht. Einst residierte hier King Johns Vertrauter Thomas Fitz Anthony. Der älteste Teil des Komplexes ist der originelle Bergfried aus dem 12. Jh., erbaut zur Verteidigung des Flussdeltas. In der britischen Kaserne aus dem 18. Jh. befindet sich ein Besucherzentrum mit verschiedenen Exponaten (Einlass nur im Rahmen einer Führung möglich).

Waterford County Museum MUSEUM
(www.waterfordcountymuseum.org; St Augustine St; ⌚ Juni–Sept. Mo–Fr 10–17, Sa 14–17 Uhr) GRATIS Das kleine, aber feine Museum in einer ehemaligen Weinhandlung präsentiert Ausstellungsstücke von Schiffsunglücken sowie Wissenswertes zur Großen Hungersnot und zu lokalen Berühmtheiten.

St. Augustine's Church KIRCHE
(St Augustine St; ⌚ variieren) Von der einsamen 1832 errichteten St. Augustine's Church, in der bis heute Gottesdienste abgehalten werden, schweift der Blick über den Hafen. Früher einmal besaß die Kirche ein Strohdach. Verschiedene Bauelemente stammen noch von einem Kloster aus dem 13. Jh., darunter der gut erhaltene Turm des Mittelschiffs. Während der Belagerung durch Cromwell wurde das Kloster zerstört.

Old Market House Arts Centre KUNSTMUSEUM
(Lower Main St; ⌚ Di–Sa 11–17 Uhr) GRATIS In einem schönen Gebäude aus dem Jahre 1641 sind luftig-leichte Galerien untergebracht. Die Sammlung umfasst Werke moderner lokaler Künstler.

Aktivitäten

★ **Tannery Cookery School** KOCHKURSE
(☎ 058-45420; www.tannery.ie; 10 Quay St; Kurse 75–150 €; 📶) Die Kochschule des Starkochs und Bestsellerautors Paul Flynn sieht wie eine futuristische Ausstellungsküche aus und grenzt an einen Obst-, Gemüse- sowie Kräutergarten. Bei den Kursen werden die richtigen Zutaten eingekauft und man befasst sich mit Themen wie Gemüseanbau oder traditionelle italienische Küche. Beliebt ist auch das Programm „How To Cook Better".

Feste & Events

★ **Waterford Festival of Food** ESSEN
(www.waterfordfestivaloffood.com; ⌚ Mitte April) Mit diesem beliebten Fest wird der Reichtum der Gegend an frischen Erzeugnissen gefeiert. Zum Programm gehören Kochkurse und -vorführungen, Vorträge von Bauern aus der Gegend und eine Lebensmittelmesse. Durst? Dann nichts wie in den Biergarten.

Féile na nDéise MUSIK
(www.feilenandeise.com; ⌚ langes Wochenende Anfang Mai) In den Pubs und Hotels vor Ort findet ein lebhaftes Festival mit traditioneller Musik und Tanz statt, an dem rund 200 Musiker teilnehmen.

Schlafen

Im Einklang mit Dungarvans Ruf als Gourmethochburg ist das Frühstück in den B&Bs häufig ein kleines kulinarisches Wunder mit vielen frischen Zutaten aus dem Garten der Besitzer.

Mountain View House B&B €€
(☎ 058-42588; www.mountainviewhse.com; O'Connell St; EZ/DZ ab 50/70 €; 📶) Vom Grattan Square sind es fünf Gehminuten auf der O'Connell Street bis zu diesem georgianischen Haus aus dem Jahre 1815. Stolz steht es auf einem Anwesen jüngeren Datums. Der Blick auf die Comeragh Mountains von hier ist schichtweg umwerfend. Alle Zimmer sind gemütlich, aber leider fehlen zeitgenössische Elemente wie die im Frühstücksraum; dort ist der Originalkamin erhalten und man speist unter einer Deckenrose.

Tannery Townhouse PENSION €€
(☎ 058-45420; www.tannery.ie; Church St; EZ/DZ 65/110 €; ⌚ Feb.–Dez.; 📶) Gleich um die Ecke vom Tannery Restaurant stößt man auf diese nette Boutique-Pension, die zwei Gebäude im Stadtzentrum einnimmt. Die Kühlschränke in den 14 modernen Zimmern sind

DAS „GOLFDREIECK"

Gleich drei Golfplätze, auf denen Meisterschaften ausgetragen werden, befinden sich in unmittelbarer Nähe von Dungarven (5 Min. Autofahrt): der West Waterford Golf & Country Club (www.westwaterfordgolf.com), der Dungarvan Golf Club (www.dungarvangolfclub.com) und der Golf Coast Golf Club (www.goldcoastgolfclub.com). Alle drei haben sich an der Initiative „Dungarvan Golf Triangle" beteiligt, derzufolge erfahrene Spieler auf allen drei Plätzen golfen können, aber nur für zwei zahlen müssen. Mehr Infos siehe unter www.golftriangle.com.

gut bestückt mit Säften, Obst und Muffins, sodass man sich nicht an bestimmte Frühstückszeiten halten muss. Für den kleinen Hunger am frühen Abend gibt's Snacks und eine Bar.

Cairbre House B&B €€
(☎ 058-42338; www.cairbrehouse.com; Abbeyside; EZ/DZ ab 40/80 €; ⏲ Mitte Dez.–Mitte Jan. geschl.; 📶) Das Vierzimmer-B&B liegt inmitten von großen Gärten am Fluss, aus denen viele Frühstückszutaten wie duftende Kräuter stammen. Im Sommer blühen hier viele rote Blumen. Außerdem verfügt die Unterkunft über eine kleine Terrasse mit Blick aufs Wasser. Einziger Nachteil: Um in die Stadt zu kommen, muss man 1 km an stark befahrenen Straßen entlanglaufen. Das ändert sich jedoch bald: Bei unserem Besuch wurde gerade ein Flusspfad angelegt.

Lawlor's Hotel HOTEL €€
(☎ 058-41122; www.lawlorshotel.com; TF Meagher St; EZ/DZ ab 60/90 €; 📶) Dungarvans gelbes Wahrzeichen, von William Thackeray 1843 als „sehr gepflegter und komfortabler Gasthof" gelobt, befindet sich gegenüber der Touristeninformation. Viele der 94 modernen cremefarbenen Zimmer gewähren einen Blick auf den Hafen, und das Bar-Restaurant ist kunstvoll beleuchtet. Ein paar der Gemeinschaftsbereiche könnten eine Generalüberholung vertragen.

Essen

Der hiesige **Bauernmarkt** (www.dungarvanfarmersmarket.com; Grattan Sq; ⏲ Do 9–14 Uhr) ist ein kleines Fest für die Geschmacksknospen. Hier gibt's Brote, Käse, Schokolade, Obst und Gemüse sowie warme Gerichte.

Meades CAFÉ €
(☎ 087 411 6714; www.meadescafe.com; Grattan Sq; Snacks ab 4,50 €; ⏲ Mo–Sa 9–17, So 11–17 Uhr; 📶 👪) Das Meades verströmt eine lebendige, fröhliche Atmosphäre und verfügt über eine erstklassige Lage am zentralen Platz. Es wartet mit einer Spielecke für Kinder, Zeitungen und natürlich jeder Menge leckeren gebackenen Köstlichkeiten, süß wie herzhaft, hausgemachten Suppen (nicht nur aus Gemüse), Salaten und Cottage Pie auf.

★ **Nude Food** MODERN IRISCH €€
(www.nudefood.ie; 86 O'Connell St; Hauptgerichte 10–14 €; ⏲ Mo–Mi 9.15–18, Do–Sa bis 21.30 Uhr; 🌿 👪) Das Einzige, was hier *nude* (nackt) zurückbleibt, sind die Teller nach dem Essen. Dieses Café ist einfach großartig: Neben liebevoll zubereitetem Kaffee können sich die Gäste über eine tolle Auswahl an Gourmet-Lebensmitteln sowie Mittag- und Abendessen mit erstklassigen Zutaten aus Waterford (Sandwiches, Salate, Vorspeisen und warme Gerichte) freuen. Das Nude Food dient oft als Veranstaltungsort für alternative Events (Dichterlesungen etc.).

★ **Tannery** MODERN IRISCH €€€
(☎ 058-45420; www.tannery.ie; 10 Quay St; Hauptgerichte 18–29 €; ⏲ Fr & So 12.30–14.30, Di–Sa 18–21.30 Uhr, Juli & Aug. auch So) In der ehemaligen Ledergerberei ist mittlerweile ein innovatives, hochgelobtes Restaurant untergebracht, in dem Küchenchef Paul Flynn je nach Saison wechselnde Kreationen zaubert. Die Anzahl der Gerichte ist begrenzt, doch diese werden auf überraschende Weise zur Geltung gebracht und machen einfach glücklich. Unten herrscht eine intime Atmosphäre, während es in dem loftartigen Raum oben geschäftiger zugeht. Der Service ist hervorragend. Vorab reservieren.

Ausgehen & Nachtleben

In den Pubs sollte man sich unbedingt ein paar der hiesigen Mikrobiere der Dungarvan Brewing Company wie das hopfige Helvick Gold Blonde Ale bestellen.

Moorings PUB
(www.mooringsdungarvan.com; Davitt's Quay; ⏲ 11–0 Uhr) Wunderschöne Holzbalkenelemente prägen das alte Pub am Wasser. Draußen erstreckt sich ein großer Biergarten. Besucher genießen hier Biere aus der Gegend vom Fass sowie traditionelle Küche und an den Wochenenden legt ein DJ auf. Zum Programm gehören auch Gästezimmer (EZ/DZ 35/70 €).

Kiely's PUB
(O'Connell St; ⏲ Mo–Do 17–23.30, Fr & Sa bis 0.30, So bis 23 Uhr) Typischer Einheimischentreff im Zentrum. In dem Fachwerkhaus wird häufig traditionelle Musik geboten.

Bridie Dee's PUB
(Mary St; ⏲ 18–23.30 Uhr) Das Torffeuer brennt förmlich ohne Pause, an der Theke erzählen komische Käuze skurrile Geschichten, häufig wird traditionelle Musik gespielt und hinten befindet sich ein kleiner Biergarten – eine unwiderstehliche Kombination.

Praktische Informationen

Touristeninformation (☎ 058-41741; www.dungarvantourism.com; Courthouse Building,

TF Meagher St; ⌚Mo–Fr 9.30–17 Uhr ganzjährig, Mai–Sept. auch Sa 10–17 Uhr) Hilfreiche Touristeninformation mit Unmengen von Broschüren.

An- & Weiterreise

Bus Éireann (www.buseireann.ie) hält auf dem Weg nach/von Waterford (12 €, 1 Std., 12-mal tgl.) und Cork (16 €, 1½ Std., 12-mal tgl.) am Davitt's Quay.

Ring Peninsula

1689 EW.

Nur 15 Fahrminuten von Dungarvan entfernt erreicht man die Ring-Halbinsel (auf Irisch An Rinn, „Landzunge"), eine der berühmtesten Gaeltacht-(irischsprachigen)Regionen Irlands. Unterwegs eröffnen sich weite Ausblicke auf die Comeragh Mountains, die Bucht von Dungarvan und die Copper Coast. Man kann problemlos einen Tag damit zubringen, die ruhigen Landstraßen abzufahren, um versteckte Strände oder traditionelle Pubs zu entdecken.

Eamonn Terry, ein ehemaliger Mitarbeiter der Kristallfabrik in Waterford, kehrte auf die Halbinsel zurück und eröffnete sein eigenes Atelier namens **Criostal na Rinne** (☎058-46174; www.criostal.com; ⌚nach Vereinbarung), in dem er kunstvoll geschliffene Kristallprismen sowie hübsche Vasen, Schalen, Schmuck und sogar Kronleuchter aus Bleiglas anfertigt.

Schlafen & Essen

Dún Ard B&B €€

(☎058-46782; www.ringbedandbreakfast.ie; Gaotha, Dungarvan; EZ/DZ ab 50/90 €; 📶) Die Fassade der Pension auf einem eleganten Anwesen hoch über der Bucht von Dungarvan vermittelt den falschen Eindruck. Im ersten Moment kommen einem die Preise hoch vor, doch die drei Zimmer sind tatsächlich jeden Euro wert, denn sie haben die Qualität, Größe und Ausstattung wie in einem Fünfsternehotel. Besonderes Extra: Filme zum Ausleihen und eine Leinwand.

Seaview B&B €€

(☎058-41583; www.seaviewdungarvan.com; Pulla; EZ/DZ ab 45/70 €; 📶) Diese lichtdurchflutete rosafarbene Pension mit acht komfortablen Zimmern und herrlichen Ausblicken auf Dungarvan und die Comeragh Mountains liegt ganz in der Nähe des wunderbaren An Seanachaí und der Marine Bar. Gleich vor der Haustür beginnen ein paar Wanderwege.

★ **Marine Bar** PUB €€

(www.marinebar.com; Pulla; Hauptgerichte 10–20 €; ⌚Küche 12–21 Uhr) Zwar schmeckt das traditionelle Essen in diesem 200 Jahre alten Pub köstlich, doch eigentlich strömen die Gäste vor allem aufgrund der geselligen Atmosphäre herbei. Montag- und samstagabends locken hier traditionelle Sessions und im Sommer gibt's fast jeden Abend Livemusik. Mittwochs treffen sich die Einwohner zum irischen Kartenspielturnier „45", bei dem jeder mitmachen kann.

An Seanachaí PUB €€

(☎058-46755; www.seanachai.ie; Pulla; Hauptgerichte 12–20 €; ⌚Küche Mo–Sa 11–21, So 12.30–21 Uhr) Wahrscheinlich hätten die grob behauenen Wände des „Alten Geschichtenerzählers" selbst ein paar Storys auf Lager, denn Teile des reetgedeckten ehemaligen Bauernhauses stammen noch aus dem 14. Jh. Diese Tatsache sorgt für ein stimmungsvolles Flair, egal ob man nur ein Bier trinkt, etwas isst (besonders lecker: die Hausspezialität Fischpastete) oder wegen der Livemusik oder der zweiwöchentlich stattfindenden Geschichtenerzählerstunde (Sa 21 Uhr) herkommt. Auf dem Gelände befinden sich zudem zwölf Selbstversorgercottages, die wochenweise gemietet werden können (ab 300 €).

Anreise & Unterwegs vor Ort

Besucher der Halbinsel benötigen einen fahrbaren Untersatz, da Pubs, Unterkünfte und Läden teilweise etwas weiter voneinander entfernt sind.

Bus Éireann (www.buseireann.ie) Die Busse dieses Unternehmens halten auf ihrem Weg von Ardmore (30 Min.) über Dungarvan nach Waterford (1¼ Std.) auch auf der Halbinsel. Im Sommer fahren sie einmal täglich, ansonsten noch seltener.

Ardmore

410 EW.

In dem bezaubernden ruhigen Dorf am Meer soll zwischen 350 und 420 der hl. Declan gelebt haben. So gelangte das Christentum schon lange, bevor der hl. Patrick auf der Bildfläche erschien, in den Südosten Irlands. Heute kommen Besucher wegen des schönen Strands, der Wassersportmöglichkeiten, der alten Gebäude sowie der verlässlich guten Angebote in puncto Essen, Trinken und Unterkünfte.

Sehenswertes & Aktivitäten

Für Spaziergänge durch den Ort und zu den historischen Stätten sowie entlang der Küste und auf dem Land sollte man einen Tag einplanen.

★St. Declan's Church RUINEN
Die Ruinen der St. Declan's Church und ein 29 m hoher **Rundturm** aus dem 12. Jh. mit konischem Dach befinden sich auf einem Hügel über dem Dorf, auf dem einst das Kloster des hl. Declans thronte.

Auf der äußeren westlichen Giebelwand der Kirche aus dem 13. Jh. sind verwitterte Schnitzereien aus dem 9. Jh. in ungewöhnlichem Maßwerk zu sehen, das Kircheninnere birgt derweil zwei Ogham-Steine mit den ältesten irischen Schriftzeichen, darunter eine der längsten Inschriften im ganzen Land. Der hl. Declan soll in der Betkapelle aus dem 8. Jh. beigesetzt worden sein, die 1716 modernisiert wurde. Drinnen klafft eine leere Grube ohne Steinplatte: Im Laufe der Jahrhunderte entnahmen Gläubige nämlich immer wieder Erde aus der Grabstätte. 1591 pachtete Sir Walter Raleigh das Gelände, das 1642 von Royalisten besetzt wurde; 117 von ihnen fanden hier den Tod am Galgen.

St. Declan's Well HISTORISCHE STÄTTE
Einst wuschen sich Pilger in dem Wasser dieses Brunnens, der sich vor den Ruinen der Dysert Church befindet.

St. Declan's Stone WAHRZEICHEN
Am südlichen Ende des Strandes liegt ein Findling, der St. Declan's Stone, um den sich zahlreiche Geschichten ranken und der sich geologisch von anderen Gesteinen der Gegend unterscheidet. Vermutlich wurde er von einem Gletscherstrom hierhertransportiert. Die Legende will es jedoch anders. Ihr zufolge handelt es sich bei dem Steinbrocken um die ehemalige Glocke des hl. Declan, mit der er auf Abbildungen häufig zu sehen ist. Sie gelangte auf wundersame Weise von Wales über das Meer hierher. Wo immer der Stein angespült werden sollte, so verfügte Declan, solle der Ort seiner Wiederauferstehung sein.

★Ballyquin Beach STRAND
(👪) Gezeitenpools, Felsen und ein geschützter Sandstreifen machen diesen schönen Strand aus. Er liegt 1 km abseits der R673 und 4 km nordöstlich von Ardmore. Ein kleines Schild weist einem den Weg.

Ardmore Pottery KERAMIK
(www.ardmorepottery.com; ⌚ Mai–Okt. Mo–Sa 10–18, So 14–18 Uhr) Hier werden traumhafte Tonwaren, vielfach in Blau- und Cremetönen, sowie warme, handgestrickte Socken und ähnliche Waren verkauft. Ganz in der Nähe des kleinen Hauses beginnt der Klippenwanderweg. Der Laden ist eine gute Infoquelle für Traveller, die Fragen zu der Gegend haben.

Wanderungen WANDERN
Am St. Declan's Well beginnt der 5 km lange wildromantische **Klippenwanderweg**. Unterwegs kommt man an einem Schiffswrack vorbei, das 1987 auf seinem Weg von Liverpool nach Malta während eines Sturmes strandete. Der 94 km lange **St. Declan's Way** folgt einer alten Pilgerstraße von Ardmore zum Rock of Cashel (Grafschaft Tipperary) über Lismore. Am St. Declan's Day (24. Juli) sind hier katholische Pilger unterwegs.

Ardmore Adventures ABENTEUERSPORT
(www.ardmoreadventures.ie; Main St; 👪) Bietet jede Menge Action in Form von Kajaktouren entlang der Küste (45 €) sowie Surf- und Kletterausflüge und vieles mehr.

Phil's Walking Tours of Ardmore SPAZIERGANG
(☎ 087 952 6288; www.ardmorewalksandtours.com; Spaziergänge ab 5 €; ⌚ 12 Uhr) Ein Archäologe führt zu den Ruinen in und rund um den Ort.

Schlafen & Essen

Newtown Farm Guesthouse B&B €€
(☎ 024-94143; www.newtownfarm.com; Grange; EZ/DZ ab 45/72 €; 📶) In diesem stilvollen B&B auf einer Schaffarm mit unverstelltem Blick aufs Meer werden Gäste mit frischen Eiern, hausgemachten Scones, geräuchertem Lachs und lokalen Käsesorten zum Frühstück verwöhnt. Von Dungarvan auf der N25 kommend, fährt man am Abzweig Ardmore vorbei und biegt 1 km weiter an der nächsten Kreuzung links ab; von dort sind es noch 100 m geradeaus.

Cliff House Hotel LUXUSHOTEL €€€
(☎ 024-87800; www.thecliffhousehotel.com; Zi. 225–450 €; @📶🏊) Die Gästezimmer in diesem neuen Gebäude in den Klippen blicken direkt auf die Bucht; fast alle haben einen Balkon oder eine Terrasse. Einige Suiten warten sogar mit von raumhohem Glas eingefassten Zweipersonenduschen auf, in denen man einen Blick aufs Meer genießen

kann (an strategischen Stellen wurde übrigens Milchglas verwendet). Die Sicht aufs Wasser gibt's praktisch überall dazu – auch im Hallenbad, dem Jacuzzi unter freiem Himmel, dem Spa, der Bar und dem hochgelobten modernen irischen Restaurant (Menü ab 68 €), das mit einem Michelin-Stern ausgezeichnet wurde.

Ardmore Gallery & Tearoom CAFÉ €
(www.artmoregalleryandtearoom.ie; Main St; Gerichte 5–12 €; ⌚ April–Sept. tgl. 9.30–18 Uhr, Okt.–März Sa & So) Ein beliebtes Konzept, das oft aufgeht: In der Galerie ist lokale Kunst ausgestellt und im Café werden leckere Kuchen, Suppen und andere herzhafte Schlemmereien gereicht. Zum Verkauf stehen außerdem Schmuck, von Hand bemalte Seidenschals und Strickwaren.

White Horses FISCH & MEERESFRÜCHTE €€
(☎ 024-94040; Main St; Hauptgerichte mittags 8–13 €, Hauptgerichte abends 22–33 €; ⌚ Mai–Sept. Di–So 11–23, Okt.–April Fr–So) Die Spezialität in dem von drei energiegeladenen Schwestern geführten Bistro sind Fisch und Meeresfrüchte. Unbedingt probieren: die Riesengarnelen aus der Dublin Bay (33 €), die auf selbst gemachten Tellern aus dem Dorf serviert werden. Alternativ lässt man sich mit einem Drink auf der Bank vorn nieder. Oder man isst etwas an einem Tisch in der Sonne auf dem Rasen hinterm Haus.

An- & Weiterreise

Bus Éireann (www.buseireann.ie) bietet jeden Tag ein bis drei Verbindungen Richtung Westen nach Cork (15 €, 1¾ Std.) an. Im Sommer geht's einmal täglich nach Dungarvan im Osten (den Rest des Jahres seltener).

Cappoquin & Umgebung

760 EW.

Cappoquin erstreckt sich über einen steilen Hang am Fuße der Knockmealdown Mountains, einer hügeligen Heidelandschaft. Im Westen liegt das malerische Blackwater Valley mit mehr als 9000 Jahre alten Spuren der ältesten irischen Volksstämme.

Sehenswertes & Aktivitäten

Der Dromana Drive nach Cappoquin ab Villierstown (An Baile Nua) 6 km weiter südlich verläuft am Blackwater entlang durch den Dromana Forest. An der Brücke über den Finisk steht ein bemerkenswertes **hinduistisch-gotisches Tor**. Als Vorbild diente der Brighton Pavilion in England.

Mt. Melleray Cistercian Abbey KLOSTER
(www.mountmellerayabbey.org; ⌚ 7–19 Uhr) GRATIS Die schöne Mt. Melleray Cistercian Abbey ist ein Kloster mit 28 Trappistenmönchen. Es wurde 1832 von 64 Mönchen gegründet, die zuvor eines Klosters nahe Melleray in der Bretagne verwiesen worden waren. Besucher, die sich „für stille Kontemplation Zeit nehmen", sind willkommen. Das Gebäude beherbergt Teestuben (Mo geschlossen) sowie ein Kulturerbezentrum und befindet sich 6 km nördlich der Stadt an den Ausläufern der Knockmealdown Mountains; der Weg ist ausgeschildert. Wenn man rechts von der Straße zum Kloster abbiegt, gelangt man zum **Glenshelane Park** mit seinen hübschen Waldwegen und Picknickbereichen.

Cappoquin House & Gardens HISTORISCHES GEBÄUDE
(www.cappoquinhouseandgardens.com; Haus/Garten 5/5 €; ⌚ Haus Mai–Juni Mo–Sa 9–13, Garten ganzjährig 10–16 Uhr) Das Cappoquin House ist ein prachtvolles georgianisches Anwesen von 1779 mit großen Gartenanlagen, die einen Blick über den Blackwater bieten. Hier residiert seit mehr als 200 Jahren die Keane-Familie. Der Eingang, ein riesiges schwarzes Eisentor, befindet sich nördlich der Ortsmitte von Cappoquin.

Schlafen & Essen

Richmond House PENSION €€
(☎ 058-54278; www.richmondhouse.net; N72; EZ/DZ ab 70/120 €; ⌚ Restaurant April–Mai tgl. abends, Okt.–März Di–Sa; 📶) 1704 wurde das Richmond House in einem fast 6 ha großen Park errichtet. Die neun Zimmer mit Landhausüberdecken, Mahagonimöbeln und Kunstdrucken wirken eher gemütlich als imposant, außerdem ist der Service wirklich freundlich. Im **Restaurant** (25–40 €, 5-Gänge-Menü 58 €) sind auch Nichtgäste willkommen. Zu den Spezialitäten aus lokalen Produkten gehören Lammbraten aus dem Westen Waterfords und Helvicker Seeteufel.

Barron's Bakery BÄCKEREI €
(www.barronsbakery.ie; The Square; Gerichte 3–8 €; ⌚ Mo–Sa 8.30–17.30 Uhr) Seit 1887 kommen in dieser berühmten Bäckerei dieselben schottischen Ziegelbacköfen zum Einsatz. In dem hauseigenen mintgrünen Café gibt's Sandwiches, Snacks und ein Sortiment an verführerischen Kuchen und Brötchen. Das Brot ist in der gesamten Gegend bekannt.

An- & Weiterreise

Bus Éireann (www.buseireann.ie) hält sonntags auf dem Weg nach Lismore (3,75 €, 10 Min.) und Dungarvan (6 €, 20 Min.) in Cappoquin.

Lismore

1370 EW.

Lismores gewaltige Burg aus dem 19. Jh. wirkt in diesem ruhigen eleganten Ort am Blackwater fehl am Platz. Ein Großteil der Bauten stammt aus dem frühen 19. Jh. Jahrhundertelang gaben sich in der Klosteruniversität aus dem 7. Jh. Staatsmänner und Geistesgrößen die Ehre, die dort ihren Standort hatte, wo sich heute die Burg befindet.

Sehenswertes

Wer genug von Geschichte und Legenden hat, kann nach dem Besuch der Burg in den **Millennium Gardens** neben dem Burgparkplatz picknicken oder einen 20-minütigen Uferspaziergang auf dem **Lady Louisa's Walk** unternehmen.

Lismore Castle BURG

(www.lismorecastlearts.ie; Garten Erw./Kind 8/4 €; Mitte März–Sept. 11–16.45 Uhr;) Von der Straße nach Cappoquin genießt man herrliche Ausblicke auf die Burg am Fluss. 1185 wurde das ursprüngliche Gebäude im Auftrag von Prince John, Lord of Ireland, errichtet, ein Großteil der erhaltenen Bauten stammt allerdings aus dem frühen 19. Jh. Das beeindruckende zinnenbewehrte Hauptgebäude ist nicht öffentlich zugänglich, aber man kann durch die 3 ha großen, gepflegten **Gärten** flanieren. Wahrscheinlich handelt es sich hierbei um Irlands ältesten Park. Beschnittene Hecken, Magnolien- und Kamelienstraucher, eine **Eibenallee**, die Edmund Spenser zu *The Faerie Queen* inspiriert haben soll, und diverse moderne Skulpturen ergeben ein stimmiges Bild. Im Westflügel der Burg befindet sich ein modernes **Kunstmuseum**.

Die Ställe und Gärten dienen als Veranstaltungsorte des jährlich stattfindenden Lismore Music Festival (www.lismoremusicfestival.com) im Juni. 2013 wurde hier z. B. Mozarts *Hochzeit des Figaro* aufgeführt.

St. Carthage's Cathedral KATHEDRALE

(variieren) GRATIS „Eines der schönsten Bauwerke, die ich je gesehen habe", so äußerte sich Thackeray 1842 über die eindrucksvolle Kathedrale aus dem Jahre 1679. Und das, bevor nachträglich ein wunderschönes präraffaelitisches **Buntglasfenster** von Edward Burne-Jones eingefügt wurde. Vor einem Hintergrund mit Blumenornamenten sind darauf die Gerechtigkeit (ein Mann mit Schwert und Waage) und die Bescheidenheit (eine Frau, die ein Lamm hält) zu sehen. Das Fenster ehrt Francis Currey, der während der Großen Hungersnot den Armen half. Zu den Besonderheiten der Kirche gehören einige bemerkenswerte **Gräber** aus dem 16. Jh., darunter die kunstvoll verzierte Krypta der MacGrath-Familie von 1557.

Lismore Heritage Centre MUSEUM

(Main St; Erw./Kind 5/3,50 €; Mitte März–Weihnachten Mo–Fr 9.30–17.30, Sa 10–17.30, So 12–17.30 Uhr) Eine 30-minütige audiovisuelle Präsentation entführt Besucher auf eine Zeitreise von der Ankunft des hl. Carthages 636 v. Chr. bis heute, einschließlich der Entdeckung des *Book of Lismore* hinter einer Wand der Burg im Jahre 1814 und John F. Kennedys Besuch 1947. Eine weitere Attraktion ist die „Family Fun Experience": halb Naturpfad, halb Schnitzeljagd quer durch die Stadt. Das Info-„Paket" kostet 10 € – die Kinder werden es lieben.

Schlafen & Essen

Lismore House Hotel HOTEL €€

(058-72966; www.lismorehousehotel.com; Main St; EZ/DZ ab 55/120 €;) 1797 ließ der Herzog von Devinshire den ältesten Hotelbau des Landes errichten; dieser befindet sich direkt gegenüber dem Heritage Centre. Von außen würde der Adlige das Hotel sofort wiedererkennen, aber die Zimmer sind inzwischen ganz zeitgenössisch mit dunklen Holzmöbeln sowie Textilien in Gold- und Cremetönen ausgestattet. Bei Onlinereservierung erhält man eventuell Rabatt.

★ **Lismore Farmers Market** MARKT €

(Castle Ave; So 10–16 Uhr) In gediegenem Ambiente kommt eine tolle Truppe von Anbietern zusammen, darunter ein Stand von Naked Lunch aus Dungarvan. Die leckeren Sandwiches und Snacks können im Park oder an den Tischen auf dem Kiesweg verspeist werden.

Saffron INDISCH €€

(058-53778; Main St; Hauptgerichte 10–14 €; Mi–Mo 17–23 Uhr) Safranfarbene Wände, gedimmtes Licht und große Goldspiegel schaffen eine intime Atmosphäre, die eher untypisch ist für das indische 08/15-Restaurant um die Ecke. Auf der Karte stehen jedoch alle Klassiker. Ein paar Currys sind so scharf, dass sie einem die Tränen in die Augen treiben!

Foley's IRISCH €€
(www.foleysonthemall.ie; Main St; Hauptgerichte 10–24 €; ⏲9–21 Uhr) Ein einladendes traditionelles Pub mit lederbezogenen Sitzbänken, gemusterten Tapeten und einem offenen Kamin. Im Foley's bekommt man hervorragende Steaks, Fischgerichte und Würstchen mit Kartoffelbrei. Im Biergarten gibt's weitere Plätze.

Praktische Informationen

Touristeninformation (www.discoverlismore.com; Main St; ⏲Mitte März–Weihnachten Mo–Fr 9.30–17.30, Sa 10–17.30, So 12–17.30 Uhr) Im Lismore Heritage Centre. Hier wird der informative *Lismore Walking Tour Guide* (3 €) verkauft.

Anreise & Unterwegs vor Ort

Bus Éireann (www.buseireann.ie) fährt nur sonntags nach Cappoquin (3,75 €,10 Min.) und Dungarvan (6 €, 20 Min.).

Lismore Cycling Holidays (☎087 935 6610; www.cyclingholidays.ie; Fahrradmiete ab 18 € pro Tag) Fahrradverleih.

Im Norden von Waterford

Einige der landschaftlich schönsten Ecken des Countys findet man im Norden rund um Ballymacarbry und im Nire Valley, das sich zwischen den Comeragh und Monavullagh Mountains erstreckt. Zwar ist die Gegend nicht so zerklüftet wie der Westen Irlands, doch dafür überzeugt die Bergwelt mit ihrer herben Schönheit. Touristen trifft man hier nur selten, und das, obwohl zahllose Megalithruinen locken. Diese Gegend lädt zu ausgedehnten Spaziergängen und Übernachtungen in Landgasthöfen ein.

Sehenswertes & Aktivitäten

Die Comeragh Mountains, ein hügeliges Areal mit ein paar Seen, verdanken ihren Namen den vielen *coums* (von Gletschern geformte Täler).

Im **Melody's Nire View** (☎052-36169; Ballymacarbry) kann man sich ein Pint und ein Panino gönnen. Die neuen Besitzer versorgen Traveller mit Infos über Wanderungen und andere Aktivitäten.

Ein Besuch der Gegend lohnt auch während des **Nire Valley Walking Festival** (www.nirevalley.com), das immer am zweiten Wochenende im Oktober stattfindet und mit geführten Wanderungen sowie traditioneller Musik lockt.

Der 70 km lange **East Munster Way** verläuft von Carrick-on-Suir in Tipperary bis zu den nördlichen Hängen der Knockmealdown Mountains. Bei Fourmilewater, 10 km nordwestlich von Ballymacarbry, kann man mit der Tour beginnen.

Schlafen

★**Hanora's Cottage** PENSION €€
(☎052-36134; www.hanorascottage.com; Nire Valley, Ballymacarbry; VP ab €75 pro Pers., B&B EZ/DZ ab 65/120 €; 📶) Das im 19. Jh. errichtete Gebäude wartet mit einer atemberaubend schönen Lage zwischen dem gurgelnden River Nire und der bildhübschen Kirche auf. Die Umgebung ist ein Paradies für Wanderer. Gäste dürfen sich auf luxuriöse Zimmer und Whirlpools freuen. Alles, was im **Feinschmeckerrestaurant** (⏲Mo–Sa abends) serviert wird, ist auf dem Gelände produziert worden. Am besten bucht man Vollpension – ein echtes Schnäppchen. Man erreicht die Pension über die Straße östlich von Ballymacarbry, gegenüber dem Melody's Nire View. Dann geht's immer den Schildern nach.

Glasha Farmhouse B&B B&B €€
(☎052-36108; www.glashafarmhouse.com; Ballymacarbry; EZ/DZ ab 60/100 €; 📶) Olive O'Gorman ist zu Recht stolz auf die makellosen Gästezimmer im Regency-Hotel-Stil (inklusive Kingsizebetten), die sie auf ihrer Milchfarm mit Blick auf die Comeragh und Knockmealdown Mountains eingerichtet hat. Ringsum erstrecken sich einige großartige Rundwanderwege (einer führt zum Dorfpub). Abends kann man im Wintergarten bei Kerzenlicht dinieren (35–45 €). Die Pension ist 2 km nordwestlich von Ballymacarbry ausgeschildert.

An- & Weiterreise

Da es kaum öffentliche Verkehrsmittel gibt, erkundet man die Gegend am besten mit dem eigenen Wagen, per Rad oder zu Fuß.

COUNTY CARLOW

55 000 EW.

Malerische Dörfer ziehen sich wie Perlenketten durch Carlow (Ceatharlach), Irlands zweitkleinstes County nach Lough. Der Südosten wird von den reizvollen Blackstair Mountains beherrscht. Gleich vor den Toren der ruhigen Stadt Carlow erhebt sich Europas größter Dolmen, das dramatischste Denkmal dieser Region. Zwei prächtige Gärten erstrecken sich vor dem Hintergrund eines verfallenen gotischen Herrenhauses und eines angeblich von Geistern heimgesuchten Schlosses.

Carlow (Stadt)

13 623 EW.

In den schmalen Straßen und Gassen von Carlow stößt man u. a. auf ein gutes Museum und eine Galerie. Für Touristen ist die Stadt vor allem als Basis für Ausflüge ins Umland interessant, denn die Gärten auf dem Lande sind das eigentliche Highlight der Grafschaft.

Sehenswertes

Die Hauptsehenswürdigkeiten liegen nicht weit voneinander entfernt im Ortszentrum.

★ Carlow County Museum MUSEUM
(www.carlowcountymuseum.ie; Ecke College & Tullow Sts; Mo–Sa 10–17 Uhr, Juni–Aug. auch So 14–16.30 Uhr;) GRATIS Im Mittelpunkt der fesselnden Ausstellung dieses neuen Heimatmuseums steht der Alltag der Countybewohner im Wandel der Zeit. Viele der uralten Gegenstände wurden von Bauern bei der Verrichtung ihrer Arbeit gefunden. Das eine oder andere Unikat ist auch dabei, z. B. der einzige Originalgalgen des Landes aus dem frühen 19. Jh. und eine 6 m hohe, herrliche gearbeitete Kanzel aus der Kathedrale von Carlow; der Bischof ließ sie (sehr zum Ärger vieler Einheimischer) durch eine modernere Version ersetzen. Das Museum nimmt ein ehemaliges Kloster ein, das über hübsche Buntglasfenster verfügt.

Visual Centre for Contemporary Art KUNSTMUSEUM
(www.visualcarlow.ie; Old Dublin Rd; je nach Ausstellung unterschiedl.;) GRATIS Dieses mattweiße kubistische Bauwerk ist das kulturelle Herz des Countys. Hinter dem von Industriebauwerken inspirierten Entwurf eines funktionalen Zweckbaus aus Beton, Stahl und Glas steht der britische Architekt Terry Pawson. Manch einer bemäkelt, dass es sich mit der historischen Kathedrale gegenüber „beißt". Zu den fünf separaten Galerien des Centers gehört ebenfalls eine „Kathedrale", Irlands größter einzelner Ausstellungsraum. Die Wechselausstellungen konzentrieren sich auf lokale Künstler. In dem Gebäude ist auch das **George Bernard Shaw Theatre** untergebracht.

Carlow Castle RUINE
(Castle Hill) Im 13. Jh. ließ William de Marshall die hoch aufragende Burg an der Stelle errichten, an der sich zuvor eine normannische Erdhügelburg befand. Die Anlage überlebte eine Attacke Cromwells, fiel dann jedoch den Plänen eines gewissen Dr. Middleton zum Opfer, der sie als Irrenanstalt nutzen wollte und 1814 beim Versuch, die Burg umzubauen, große Teile in die Luft sprengte. Übrig blieb nur ein Teil der Mauer mit zwei Türmen.

Cathedral of the Assumption KATHEDRALE
(College St; variieren) GRATIS Zwischen dem Carly County Museum und dem St. Patrick's College erhebt sich diese elegante Kathedrale im Regency-Stil aus dem Jahre 1833. Ihr Bau geht auf Bischof Doyle zurück, einen überzeugten Unterstützer der katholischen Emanzipation. Sein Denkmal zeigt u. a. eine Frau, die Irlands Kampf gegen seine Unterdrücker darstellen soll. Darüber hinaus wartet die Kirche mit einer kunstvollen Kanzel und ein paar schönen farbigen Glasfenstern auf.

Feste & Events

Éigse Carlow Arts Festival KUNST
(www.eigsecarlow.ie; Mitte Juni) Zu diesem Anlass strömen Musiker, Schriftsteller, Schauspieler und Straßenkünstler herbei.

Garden Festival GARTEN
(www.carlowfloralfestival.com; Ende Aug.) Während des Gartenfestivals halten irische „Gartenstars" Vorträge und machen Führungen.

Schlafen

Das winzige County Carlow hält eine bunte Palette reizender Landgasthäuser bereit, doch in der Stadt selbst ist das Unterkunftsangebot vergleichsweise begrenzt.

Red Setter Guest House B&B €
(059-914 1848; www.redsetterguesthouse.ie; 14 Dublin St; EZ/DZ ab 25/50 €;) Schöne kleine Extras wie die frischen Blumenbouquets machen das bescheidene B&B zu einer einladenden Schlafoption im Stadtzentrum. Die Zimmer sind behaglich und die Möbel schlicht.

Barrowville Townhouse B&B €€
(059-914 3324; www.barrowville.com; Kilkenny Rd; EZ/DZ ab 45/80 €;) Dieses Stadthaus aus dem 18. Jh. wurde liebevoll in ein solides B&B mit eleganten Zimmern verwandelt.

Zum Frühstück im luftigen Wintergarten kommen Freilandeier aus der Gegend auf den Tisch und man kann seinen Blick über den Garten schweifen lassen.

Essen & Ausgehen

Abends wird die Stadt zum Treffpunkt für die Menschen aus der Umgebung. Am östlichen Ende der Tullow Street befinden sich ein paar große Pubs. Unbedingt probieren: die O'Hara-Biere aus der Gegend, z. B. das India Pale Ale.

★Farmers Market MARKT €
(www.carlowfarmersmarket.com; Sa 9–14 Uhr) Findet auf dem alten Potato Market statt. Sehr zu empfehlen sind Elizabeth Bradleys Käse, das hausgemachte Pesto am Olivenstand, die feinen Pralinen, das Biogemüse und die vollständigen Mahlzeiten.

★Lennons MODERN IRISCH €€
(www.lennons.ie; Visual Centre for Contemporary Art; Old Dublin Rd; Hauptgerichte mittags 8–12 €, Hauptgerichte abends 17–25 €; Mo–Sa Mittagessen 10.30–17, So 12–16 Uhr, Do–Sa Abendessen 18–21.30 Uhr;) Carlows bestes Restaurant ist im Visual Centre for Contemporary Art untergebracht. Es hat eine breite Veranda, von der man das College-Gelände sehen kann. Das Mittagessen ist beliebt bei der Sorte Damen, die sich zum Mittagessen verabreden. Zum Angebot gehören kreative Sandwiches, Salate und warme Tagesgerichte. Das Abendessen ist aufwendiger; die Karte ändert sich je nach Jahreszeit und die Zutaten stammen aus der Gegend.

Caffe Formenti CAFÉ €€
(20 Dublin St; Hauptgerichte 9–14 €; 8–18 Uhr) In dem quirligen Café entfalten sich die kombinierten Talente eines irisch-italienischen Ehepaares. Das Resultat ist eine verführerische Mischung aus frisch gemachten Eissorten, italienischem Gebäck und traditionellen Scones, die so unfassbar gut sind, dass sie 2012 als „beste Scones Irlands" gekürt wurden. Mittags gibt's z. B. hausgemachte Suppen.

Teach Dolmain PUB
(76 Tullow St; Mo–Do & So 9.30–23.30, Fr & Sa bis 1.30 Uhr) Das bodenständige Teach Dolmain ist nur eines von mehreren benachbarten Pubs. Donnerstags um 22 Uhr wird Livemusik (Trad Sessions) gespielt, die Sonntage sind gemischter (alles von Jazz bis Blues, ab 19 Uhr). Für das leibliche Wohl ist ebenfalls gesorgt.

Praktische Informationen

Post (Ecke Kennedy Ave & Dublin St)

Touristeninformation (www.carlowtourism.com; Ecke Tullow & College Sts; Mo–Sa 9.30–17.30 Uhr) Im Carlow County Museum. Gute Infos rund um die Grafschaft.

Anreise & Unterwegs vor Ort

BUS

Bus Éireann (www.buseireann.ie) fährt nach Dublin (12 €, 2 Std., 9-mal tgl.), Kilkenny (8,75 €, 35 Min., 3-mal tgl.) und Waterford (11 €, 1½ Std., 7-mal tgl.).

TAXI

Carlow Cabs (059-914 0000)

ZUG

Der **Bahnhof** (www.irishrail.ie; Station Rd) befindet sich im Nordosten der Stadt. Carlow liegt an der Strecke zwischen Dublin Heuston (ab 10 €, 70 Min.) und Waterford (16 €, 80 Min.) via Kilkenny. Täglich gibt's acht bis zehn Verbindungen.

Rund um Carlow (Stadt)

Die nachfolgend beschriebenen Sehenswürdigkeiten befinden sich in unmittelbarer Nähe von Carlow.

Sehenswertes

★Delta Sensory Gardens GARTEN
(www.deltasensorygardens.com; Cannery Rd, Strawhall Estate; Erw./Kind 5 €/frei; Mo–Fr 9–17, Sa & So 11–17 Uhr;) Unpassenderweise erstreckt sich die 1 ha große Grünanlage hinter einem Industriegebiet am nördlichen Stadtrand. Sie umfasst 16 miteinander verbundene Themengärten, die alle fünf Sinne ansprechen und vom Skulpturen- bis zum Rosen-, Wasser-, Wald-, Weiden- und Musikgarten mit mechanischen Fontänen reichen. Die Eintrittsgelder dienen der Unterstützung des angrenzenden Delta Centre für Erwachsene mit Lernbehinderungen.

★Duckett's Grove GARTEN
(www.duckettsgrove.eu; 8–20 Uhr) GRATIS Neben der bedrohlich anmutenden Ruine eines gotischen Herrenhauses erheben sich die ursprünglichen hohen Backsteinmauern dieses Anwesens, hinter denen sich zwei weitläufige miteinander verbundene Gärten erstrecken. Im Frühling und Sommer duften sie nach Obstbaumblüten und Lavendel. An die Grünanlagen grenzt ein schattiges Waldstück (4,5 ha). Über Veranstaltungen auf dem Gelände, das 12,5 km nordöstlich von

Carlow (abseits der R726) liegt, kann man sich in Carlows Touristeninformation erkundigen. Öffentliche Verkehrsmittel fahren nicht hierhin.

Browne's Hill Dolmen HISTORISCHE STÄTTE
Dieses 5000 Jahre alte Granitungetüm ist Europas größtes Kammergrab. Allein die Deckplatte wiegt weit über 100 t. Der ausgeschilderte Dolmen liegt 3 km östlich von Carlow an der R726.

Killeshin Church RUINE
Einst befand sich an diesem Standort ein bedeutendes Kloster mit einem der schönsten Rundtürme des Landes, allerdings wurde das mittelalterliche Schmuckstück Anfang des 18. Jh. von einem besorgten Bauern zerstört: Der Kulturbanause fürchtete nämlich einen Einsturz, bei dem seine Kühe erschlagen werden könnten. Geblieben sind die **Ruinen** einer Kirche aus dem 12. Jh. mit einem bemerkenswerten **romanischen Tor**, das aus dem 5. Jh. stammen soll. Ein bärtiges Gesicht ziert den Schlussstein. Killeshin liegt 5 km westlich von Carlow an der R430.

Ballon

684 EW.

Stattliche Anwesen, Gärten und ein tolles Wandergebiet umgeben dieses kleine Dorf.

Sehenswertes

★ **Altamont Gardens** GARTEN
(www.heritageireland.ie; Kilbride, Ballon; Sommer 10–19, den Rest des Jahres bis 17 Uhr) GRATIS Dies ist eine der schönsten umzäunten Gartenanlagen des Landes. Sie ist 16 ha groß und stammt noch aus viktorianischen Zeiten. Alle Pflanzenarrangements wurden mit Bedacht ausgewählt und möglichst natürlich um einen See, Bäche und einen kleinen Wasserfall angeordnet. Pfauen, Schwäne und Hasen tragen zusätzlich zu der idyllischen Atmosphäre bei – man wird den Finger gar nicht mehr vom Auslöser nehmen wollen. Vor Ort befinden sich eine kleine Gärtnerei und eine Villa, in der Hausbesetzer wohnen; leider haben sie das Gebäude ziemlich verwahrlosen lassen. Die Altamont Gardens liegen 5 km östlich von Ballon.

Schlafen & Essen

★ **Sherwood Park House** PENSION €€
(059-915 9117; www.sherwoodparkhouse.ie; Kilbride, Ballon; EZ/DZ ab 60/100 €) Das 1730 errichtete georgianische Herrenhaus aus grauem Stein beherbergt fünf riesige Zimmer mit satin- und samtgeschmückten Himmelbetten. Abendessen nach vorheriger Anmeldung (40 € pro Pers.), das Frühstück ist inbegriffen. Die Altamont Gardens erstrecken sich nur 600 m weiter südlich.

Forge Restaurant IRISCH €
(www.theforgekilbride.ie; Kilbride Cross, Ballon; Gerichte 5–10 €; Mo–Sa 9.30–17, So 10–17 Uhr;) In der ehemaligen Schmiede nahe den Altamont Gardens bereitet Mary Jordan köstliche, gesunde Suppen und warmes Mittagessen aus lokalen Produkten zu. Außerdem gibt's Backwaren zum Mitnehmen, Snacks und Kunsthandwerk.

Borris & Umgebung

650 EW.

Dieses scheinbar unberührte georgianische Dorf erstreckt sich vor einer dramatischen Bergkulisse. Mehrere stimmungsvolle Bars säumen die traditionelle Hauptstraße. Dort finden im Sommer Trad Sessions statt.

Sehenswertes & Aktivitäten

Kilgraney House Herb Gardens GARTEN
(www.kilgraneyhouse.com; Bagenalstown; Eintritt 3 €; Mai–Sept. Do–Sa 14–17 Uhr) In dieser bildschönen Grünanlage wachsen jede Menge Arznei- und Küchenpflanzen. Seltene, exotische Kräuter drängen sich ordentlich in den Beeten, aus denen auch die Zutaten für die Inn- und Restaurantküche stammen. Zu den Hauptattraktionen gehört sicherlich der mittelalterliche Klostergarten. Ein Tässchen Kräutertee ist im Eintritt inbegriffen. Die Kilgraney House Herb Gardens erstrecken sich abseits der R705 auf halber Strecke zwischen Borris und Bagenalstown.

Carlow Brewing Company BRAUEREI
(059-913 4356; www.carlowbrewing.com; Royal Oak Rd, Bagenalstown; Führung nach vorheriger Reservierung 11 €) Auf den Rundgängen durch die beliebte Mikrobrauerei werden die O'Hara-Biere vorgestellt. Das vor Ort gebraute preisgekrönte Irish Stout schmeckt unglaublich intensiv und muss sich vor der Marke Guinness nicht verstecken.

Schlafen & Essen

★ **Step House Hotel** HOTEL €€
(059-977 3209; www.stephousehotel.ie; 66 Main St, Borris; EZ/DZ ab 75/130 €;) Am oberen Ende der Stadt erhebt sich das ansprechen-

REIZVOLLE WANDERUNGEN & STRECKEN

In Borris kann man wunderbar ausgedehnte Spaziergänge unternehmen, außerdem beginnt hier der 13 km lange **Mt. Leinster Scenic Drive** (kann auch zu Fuß bewältigt werden) und der Ort liegt am South Leinster Way. Wer den gewaltigen Mt. Leinster von Borris aus erreichen will, folgt einfach den Mt.-Leinster-Scenic-Drive-Schildern 13 km in Richtung Bunclody, County Wexford. Auf den letzten paar Kilometern sind die Straßen eng und von vielen steilen Abhängen gesäumt. Mit dem Auto braucht man 20 Minuten, zu Fuß gute zwei Stunden. In Kildavin, einem Weiler an der Nordseite des Mt. Leinster, besteht direkter Zugang zum South Leinster Way.

Alternativ wandert/radelt man auf dem zauberhaften **Barrow-Treidelpfad** 10 km bis ins malerische Dorf Graiguenamanagh im County Kilkenny und weiter bis nach St. Mullins.

Richtung Norden führt die R705 etwa 12 km durch das malerische **River Barrow Valley** bis Bagenalstown.

de Step House Hotel. Alle Zimmer sind in eleganten Farben (Pastellgrün und Gold) gehalten, verfügen über Balkone mit Blick auf den Mt. Leinster und vermitteln ein angenehmes Gefühl von Opulenz, auch dank der riesigen Regenwaldduschen. Die Tische des atmosphärischen Kellerrestaurants verstecken sich in romantischen Nischen unter Gewölbedecken und die rustikale Bar gilt als idealer Ort für ein entspanntes Pint nach einem langen Wandertag. Das Frühstück ist inbegriffen.

Lorum Old Rectory B&B **€€**
(☎059-977 5282; www.lorum.com; EZ/DZ ab 85/150 €; ⏲März–Nov.; 📶) Auf halber Strecke zwischen Borris und Bagenalstown thront abseits der R705 auf einem Hügel östlich der Straße dieses historische Herrenhaus aus dem 19. Jh. Von den vier Zimmern, allesamt inklusive luxuriöser Himmelbetten, blickt man ins Grüne. Die überwiegend auf Bioprodukten basierende Küche erfreut sich großer Beliebtheit, deshalb sollte man das viergängige Abendessen schon bei der Zimmerbuchung reservieren (45 € pro Pers.).

Kilgraney Country House PENSION **€€€**
(☎059-977 5283; www.kilgraneyhouse.com; EZ/DZ ab 120/170 €; ⏲März–Nov.; 📶) Von den sechs Zimmern dieses geogianischen Herrenhauses hört man den Barrow leise durch das flache Tal rauschen. Die weitgereisten Besitzer haben ihr Anwesen mit exotischen Dingen aus aller Welt ausgestattet. Egal ob im Spa, im berühmten Kräutergarten oder beim sechsgängigen Menü (ab 50 €) – hier kann man sich prächtig erholen. Das Haus liegt auf halbem Weg zwischen Borris und Bagenalstown abseits der R705.

M O'Shea PUB
(Main St; Hauptgerichte 8–10 €; ⏲12 Uhr–spät) Eine Mischung aus Gemischtwaren- und modernem Lebensmittelladen sowie einem altmodischen Pub, in dem einfache Kneipenküche serviert wird. Von der Decke baumeln Ersatz- und Maschinenteile.

ℹ An- & Weiterreise

Borris liegt an der von Osten nach Westen verlaufenden R702. Diese Straße verbindet die M9 mit der N11 im County Wexford.

Zwischen der Stadt Carlow und Bagenalstown verkehren täglich acht bis zehn Züge (5,75 €, 15 Min.) auf ihrem Weg nach/von Kilkenny (10 €, 35 Min.).

St. Mullins

Dieses beschauliche Örtchen befindet sich 6 km flussabwärts von Graiguenamanagh im County Kilkenny. Hier wuchs die Mutter von Michael Flatley, einem berühmten Riverdance-Star, auf. Vom Barrow-Treidelpfad Ufer führt ein Weg hinauf zur Ruine eines klobigen alten **Klosters**, ringsum liegen Gräber der Rebellen von 1798. Neben der Abtei steht ein keltisches Kreuz aus dem 9. Jh., an dem der Zahn der Zeit mächtig genagt hat. Ganz in der Nähe stößt man auf **St. Moling's Well**, einen heiligen Brunnen, der Kleingeld magisch anzuziehen scheint.

Martin und Emer O'Brien haben dem Angestelltendasein den Laufpass gegeben, um den **Old Grain Store** (☎051-424 4440; www.oldgrainstorecottages.ie; Cottages 380–480 € pro Woche; ⏲Café Sommer Di–So 11–18 Uhr, sonst unterschiedliche Öffnungszeiten) in ein tolles Café zu verwandeln, und versorgen Besucher nun mit hausgemachten Suppen, Kuchen und Brot. In der alten Remise, der einstigen Schmiede und den Ställen gibt's drei gemütliche kleine Selbstversorgercottages für ein bis zwei Personen mit Kaminen und Bücherregalen. Auf Anfrage sind eventuell auch kurze Aufenthalte möglich. Darüber hinaus vermieten Martin und Emer Leihfahrräder und -kajaks an ihre Gäste.

COUNTY KILKENNY

95 420 EW.

Kilkennys Herz ist die gleichnamige Stadt, ein „Geschenk" der Normannen. Sie bezaubert Besucher mit ihren mittelalterlichen Gassen, die an der Burg, der Kathedrale, an Klosterruinen und dynamischen modernen sowie traditionellen Pubs vorbeiführen.

Doch auch das hügelige Umland hat seinen Reiz: Schmale Straßen schlängeln sich durch Täler sowie an rauschenden Flüssen, moosbewachsenen Feldsteinmauern und Relikten der jahrhundertealten irischen Geschichte vorbei. Darüber hinaus gibt's in der Gegend jede Menge stimmungsvolle Pubs und erstklassige Restaurants. Zu den schönsten Orten der Grafschaft gehören das charmante Inistioge, das bereits in vielen Filmen eine Hauptrolle spielen durfte, sowie Graiguenamanagh, Bennettsbridge und Thomastown. Kein Wunder, dass sich hier so viele Künstler und Kunsthandwerker niedergelassen haben.

Kilkenny (Stadt)

24 423 EW.

Kilkenny (Cill Chainnigh; siehe auch S. 77) ist für viele Besucher das Irland ihrer Träume. Die majestätische Burg am Fluss, das Gewirr von Gassen aus dem 17. Jh., Straßenzüge mit farbenfrohen traditionellen Geschäften und jahrhundertealte Pubs mit traditioneller Livemusik üben eine ebenso zeitlose Anziehung aus wie die grandiose mittelalterliche Kathedrale. Gleichzeitig ist Kilkenny randvoll mit modernen Restaurants und bietet jede Menge Kultur.

Die hiesige Architektur verdankt ihren Charme größtenteils dem Mittelalter, als der Ort ein politisches Machtzentrum war. Manchmal wird er auch „Marmorstadt" genannt, da der schwarze Kalkstein der Gegend an schieferfarbenen Marmor erinnert und hier überall bei der Gestaltung von Fußböden und Verzierungen genutzt wird.

Um dem Gedränge zu entgehen und die Eleganz und Quirligkeit der Stadt besser genießen zu können, besucht man Kilkenny am besten an einem Werktag oder außerhalb der Sommermonate.

Geschichte

Im Mittelalter fungierte Kilkenny mit Unterbrechungen als inoffizielle Hauptstadt Irlands und hatte sein eigenes anglonormannisches Parlament, das 1366 die „Statuten von Kilkenny" verabschiedete. Das Gesetz sollte die Integration der Anglonormannen in die irische Gesellschaft verhindern. So war diesen die Ehe mit Einheimischen, die Teilnahme an irischen Sportveranstaltungen und die Eingliederung in den Alltag bis hin zur irischen Sprache, Kleidung und Musik verboten. Formal blieben die Gesetze mehr als 200 Jahre bestehen, konnten aber nie wirklich durchgesetzt werden. Die Vermischung von anglonormannischer und irischer Kultur ließ sich nicht aufhalten.

Im englischen Bürgerkrieg um 1640 verbündete sich die Stadt mit katholischen Königstreuen. Der Bund von Kilkenny 1641 war eine widerwillige irisch-anglonormannische Zweckallianz, mit deren Hilfe die Katholiken Land und Macht zurückgewinnen wollten. Nach der Hinrichtung Karls I. ließ Cromwell Kilkenny fünf Tage lang belagern. Bis sich die herrschende Ormonde-Familie endlich unterwarf, war die Südflanke der Burg größtenteils zerstört. Mit der Niederlage zeichnete sich bereits das Ende der politischen Macht Kilkennys über Irland ab.

Inzwischen ist der Tourismus der wichtigste Geschäftszweig der Stadt, doch gleichzeitig ist der Ort auch ein regionales Zentrum traditioneller Aktivitäten wie der Landwirtschaft.

Sehenswertes

★ Kilkenny Castle BURG

(www.kilkennycastle.ie; Erw./Kind 6/2,50 €, Audioguides 5 €, Park Eintritt frei; ⌚ März–Sept. 9.30–17 Uhr, Okt.–Feb. bis 16.30 Uhr, Park tagsüber) Hoch oben über dem Nore thront das Kilkenny Castle, eine der meistbesuchten irischen Kulturstätten. Einst befand sich ein Holzturm an diesem strategisch wichtigen Ort, errichtet 1172 von Richard de Clare, dem anglonormannischen Eroberer Irlands und besser bekannt als Strongbow. 1192 ließ Strongbows Schwiegersohn William Marshall eine Steinburg mit vier Türmen erbauen, von denen drei noch heute erhalten sind. Die Festung wurde 1391 von der mächtigen Familie Butler gekauft, deren Nachkommen dort bis 1935 wohnten. Als der Erhalt des Bauwerks zu einer großen finanziellen Belastung wurde, versteigerten die Besitzer fast das ganze Mobiliar. 1967 ging die Burg

ABSTECHER

CLONEGAL

In dem malerischen Dorf Clonegal spannt sich eine steinerne Bogenbrücke über einen Fluss, an dessen Ufern es kreucht und fleucht: Hier tummeln sich Füchse und Otter sowie zahlreiche Vögel wie Schwäne, Eisvögel und Teichhühner.

Clonegal liegt am südlichen Ende von Irlands erstem Fernwanderweg, dem **Wicklow Way** (www.wicklowway.com). Wer mit dem Auto herkommt, verlässt die N80 bei Kildavin und erreicht den gut ausgeschilderten Ort nach 5 km über kurvenreiche kleine Straßen.

Huntington Castle (www.huntingtoncastle.com; Clonegal; Burg- & Gartentour Erw./Kind 8/5 €, Garten nur 5/3 €; ⏲ Haus Juni–Aug. 14–18 Uhr, sonst nach vorheriger Anmeldung, Garten Mai–Sept. 10–18 Uhr) ist ein verwunschener und verstaubter alter Bergfried. Es wurde 1625 von den Durdin-Robertsons errichtet, in deren Besitz es sich auch heute noch befindet. Die Familie veranstaltet 30- bis 45-minütige Führungen durch ihr Anwesen, das angeblich von zwei Geistern bewohnt wird: dem von Bischof Leslie (ein früherer Bischof von Limerick) und dem von Ailish O'Flaherty (Enkeltochter der Piratenkönigin Grace O'Malley). Im Untergeschoss ist ein Isis-Tempel untergebracht – seitdem die Familie 1976 die Gemeinde *Fellowship of Isis* gegründet hat, betet sie dort mit den Mitgliedern die ägyptische Göttin an.

Die ländliche Gartenanlage erfüllt alle formellen Ansprüche und umfasst einen wunderbaren 500 Jahre alten Eibenweg, seltene Bäume und einen Fischteich aus dem 17. Jh. 2013 sind ein Abenteuerspielplatz, ein Teesalon und ein Andenkenladen hinzugekommen.

Das **Sha-Roe Bistro** (☎ 053-937 5636; Main St; Hauptgerichte 18–25 €; ⏲ So mittags, Mi–Sa abends) liegt versteckt in einem Gebäude aus dem 18. Jh. und punktet mit seiner herausragenden modernen irischen Küche, darunter Gerichte mit Wild, Schwein und Lamm. Auf der Karte sind alle lokalen Lieferanten aufgeführt, von deren Bauernhöfen und Gärten die Zutaten stammen.

Osborne's Pub (Main St), ein traditioneller Zwischenstopp für Wanderer auf dem Wicklow Way, besteht makabererweise aus zahlreichen Sargdeckeln.

schließlich für läppische 50 £ in das Eigentum der Stadt über.

Man sieht auf den ersten Blick, dass die Festung im Laufe der Jahrhunderte erweitert wurde. Zuerst fällt auf, dass sie keine Mauer besitzt – ein entscheidendes Manko in der Verteidigung. Außerdem baute man viele Fenster ein, perfekte Ziele für Wurfmaschinen. Fast alle Veränderungen stammen aus dem 19. Jh., einer Zeit, zu der man sich allenfalls noch vor Bauern schützen musste, die mit verfaulten Kartoffeln um sich warfen.

Während der Wintermonate (Nov.–Jan.) werden 40-minütige Touren angeboten, von Februar bis Oktober erkundet man das Gelände auf eigene Faust. Für den Großteil der Besucher ist die **Long Gallery** das Highlight. Porträts der Butler-Familie vergangener Jahrhunderte schmücken die eindrucksvolle Halle. Die hohen Decken zieren farbenfrohe Fresken mit keltischen und präraffaelitischen Motiven.

Im Burgkeller befindet sich die **Butler Gallery** (www.butlergallery.com) GRATIS. Dort sind Wechselausstellungen mit Werken zeitgenössischer Künstler zu sehen. Ebenfalls im Untergeschoss liegt die Burgküche mit einem beliebten Café. Die Butler Gallery und das Café sind ohne Eintritt zugänglich.

Im Südosten erstreckt sich ein 20 ha großer, herrlich idyllischer **Landschaftspark** mit einem **Rosengarten** in Form eines keltischen Kreuzes, einem Springbrunnen am nördlichen Ende und einem Spielplatz im Süden – der ideale Ort, wenn man der Hektik der Stadt für eine Weile entfliehen möchte. Außerdem locken nette Aussichten auf den Fluss. Die ehemaligen Stallungen der Burg beheimaten heute das **Kilkenny Design Centre**.

★ **St. Canice's Cathedral** KATHEDRALE
(www.stcanicescathedral.ie; St. Canice's Pl; Erw./Kind 4 €/frei, Rundturm 3 €/frei; ⏲ Mo–Sa 9–18, So 14–18 Uhr, Rundturm April–Okt.) Irlands zweitgrößte mittelalterliche Kathedrale (nach St. Patrick's in Dublin) ragt hoch über dem nördlichen Ende des Stadtzentrums auf. Das gotische Bauwerk mit seinem ikonenartigen, runden Turm blickt auf eine faszinierende Vergangenheit zurück. Der Legende

Kilkenny (Stadt)

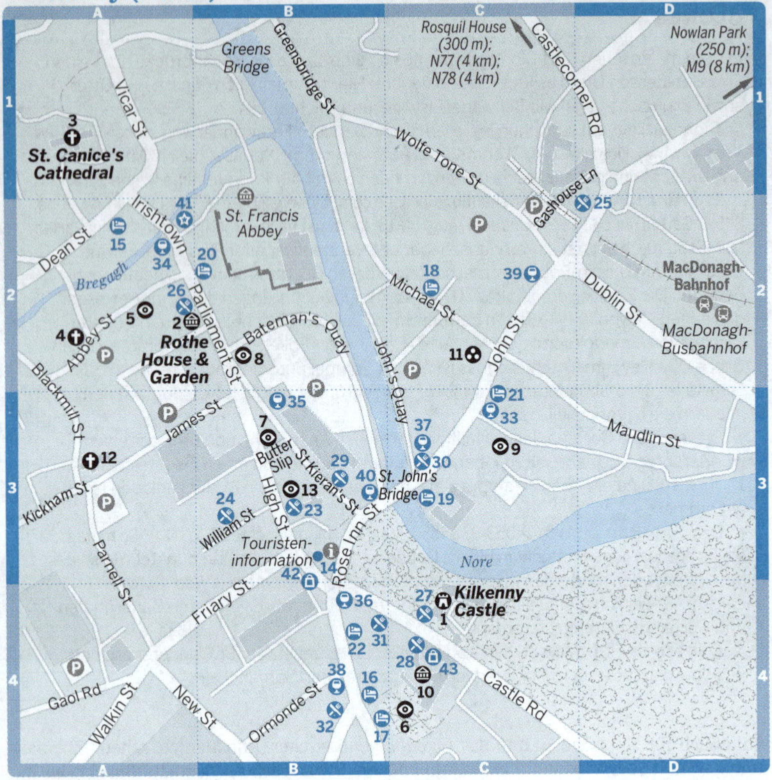

nach soll der hl. Canice, Schutzpatron von Kilkenny, an diesem Standort schon im 16. Jh. ein Kloster errichtet haben. Aufzeichnungen zufolge brannte hier 1087 eine Holzkirche ab.

Die St. Canice's Cathedral entstand zwischen 1202 und 1285 und durchlebte wechselhafte Zeiten. 1332 stürzte der Turm ein, was eine Folge der Verurteilung von Alice Kyteler als Hexe war. Kytelers Zofe wurde ebenfalls der schwarzen Magie schuldig gesprochen und auch ihr Neffe William Outlawe soll in diese Machenschaften verwickelt gewesen sein. Das unglückliche Dienstmädchen endete auf dem Scheiterhaufen, ihrer Herrin gelang jedoch die Flucht nach London. William schließlich blieb verschont, weil er anbot, das Dach der Kathedrale mit (viel zu schweren) Bleiziegeln neu zu decken, was den Turm zum Einsturz brachte.

1650 schändeten und demolierten Cromwells Truppen die Kirche, indem sie das Gebäude als Pferdestall zweckentfremdeten. Die Reparaturarbeiten begannen 1661. 1863 stellte man das schöne Dach des Mittelschiffs fertig. Interessant ist auch das Modell, das Kilkenny im Jahre 1642 zeigt.

An den Wänden und auf dem Boden der Kathedrale befinden sich blank polierte **Grabplatten**, darunter eine an der Nordwand, die mit normannisch-französischer Inschrift an den 1280 verstorbenen Jose de Keteller erinnert. Trotz der unterschiedlichen Schreibweisen war dies vermutlich Alice Kytelers Vater. Ein Steinstuhl des hl. Kieran, eingebettet in die Mauer, stammt aus dem 13. Jh. Das kunstvolle Denkmal der Honorina Grace von 1596 auf der Westseite des südlichen Mittelgangs ist aus wundervollem schwarzem Kalkstein aus der Region gefertigt. Ein prächtiges **schwarzes Grabmal** zeigt im südlichen Querhaus Porträts von Piers Butler (verstorben 1539) und seiner Frau Margaret Fitzgerald. In dieser Ecke der

Kilkenny (Stadt)

Highlights
1 Kilkenny Castle C4
2 Rothe House & Garden A2
3 St. Canice's Cathedral A1

Sehenswertes
4 Black Abbey A2
5 Black Freren Gate A2
Butler Gallery .... (siehe 1)
6 Butler House Gardens C4
7 Butter Slip B3
8 Confederation Hall Monument B2
9 Kilkenny College C3
10 National Craft Gallery & Kilkenny Design Centre C4
11 St. John's Priory C2
12 St. Mary's Cathedral A3
13 Tholsel B3

Aktivitäten, Kurse & Touren
14 Tynan Tours B3

Schlafen
15 Bregagh House A2
16 Butler Court B4
17 Butler House B4
18 Celtic House C2
19 Kilkenny River Court C3
20 Kilkenny Tourist Hostel B2
21 Langton House Hotel C3
22 Pembroke Hotel B4

Essen
23 Café Mocha B3
24 Café Sol B3
25 Campagne D2
26 Chez Pierre A2
27 Farmers Market C4
28 Kilkenny Design Centre Café C4
29 Lautrec's Tapas & Wine Bar B3
30 Lemongrass C3
31 Rinuccini B4
32 Zuni B4

Ausgehen & Nachtleben
67 Club .... (siehe 21)
33 Bridie's General Store C3
34 John Cleere's A2
35 Kyteler's Inn B3
36 Left Bank B4
37 Matt the Millers C3
38 Morrison's Bar B4
39 O'Faolain's & Pegasus C2
40 Tynan's Bridge House B3

Unterhaltung
41 Watergate Theatre A2

Shoppen
42 Kilkenny Book Centre B3
43 Kilkenny Design Centre C4

Kirche kann man noch mehr Grab- und Denkmäler der bedeutenden Butler-Familie entdecken; sie sind auf einer Tafel im südlichen Mittelgang aufgelistet.

In der Nähe der Kathedrale erhebt sich ein 30 m hoher **Rundturm** aus einem bizarren Gewirr alter Grabsteine. Das älteste Gebäude auf dem Gelände wurde zwischen 700 und 1000 n. Chr. an der Stelle eines früheren christlichen Friedhofs errichtet. Abgesehen von der fehlenden Krone ist der Turm noch gut erhalten. Wer älter als zwölf Jahre ist, kann einen herrlichen Rundblick von ganz oben genießen. Allerdings gestaltet sich aber das Erklimmen der Plattform ziemlich mühsam, denn man braucht beide Hände, um die steilen 100 Treppenstufen hochzuklettern.

Der Fußweg zur Kathedrale führt von der Parliament Street aus über die Irishtown Bridge und die **St. Canice's Steps** von 1614 hinauf; die obere Mauer weist Fragmente mittelalterlicher Reliefs auf. An düsteren Tagen wird man durch die schiefen Grabsteine zumindest dazu verleitet, nach einer schwarzen Katze Ausschau zu halten ...

★ Rothe House & Garden MUSEUM
(www.rothehouse.com; Parliament St; Erw./Kind 5/4 €; ⏲ April–Okt. Mo–Sa 10.30–17 plus So 14–17 Uhr, Nov.–März Mo–Sa 10.30–16.30 Uhr) Als das am besten erhaltene Beispiel eines irischen Kaufmannshauses des 16. Jhs. gilt das Rothe House, das gleich mit mehreren Innenhöfen aufwartet. Heute beherbergt es ein **Museum** mit regionalen Fundstücken, darunter ein in der Nähe gefundenes abgenutztes Wikingerschwert und ein grinsender Steinkopf, das Werk eines keltischen Künstlers. Das Fachwerkdach im zweiten Stock ist eine sorgfältige Rekonstruktion. Neu sind die Exponate zur Rothe-Familie und der hübsche umzäunte Garten, unterteilt in einen Früchte-, Gemüse-, Kräutergarten sowie einen traditionellen Obsthain. Einziger Wermutstropfen ist das angrenzende Parkhaus.

Um 1640 spielte die wohlhabende Familie Rothe eine tragende Rolle im Bündnis von Kilkenny. Peter Rothe, Sohn des Erbauers, musste die Enteignung seines gesamten Besitzes erleben. Seiner Schwester gelang es zwar, diesen zurückzufordern, doch kurz vor der Schlacht am Boyne (1690) verlor die Familie das Haus endgültig, da sie Jakob II. unterstützte. 1850 wurde im Gebäude ein Banner gefunden, das dieses Bündnis belegt. Mittlerweile kann man es im Nationalmuseum von Dublin bewundern.

National Craft Gallery & Kilkenny Design Centre KUNSTMUSEUM
(www.ccoi.ie; Castle Yard; ⏲Di–Sa 10–17.30 Uhr; 👪) Zeitgenössisches irisches Kunsthandwerk zeigt das ideenreiche Museum in den früheren Ställen der Burg, die mittlerweile auch das Kilkenny Design Centre beherbergen. Obwohl der Schwerpunkt auf Keramik liegt, werden oft auch Möbel, Schmuck und Webarbeiten präsentiert, gefertigt von Mitgliedern der handwerklichen Berufsgenossenschaft Irlands, dem Crafts Council of Ireland. Am zweiten Samstag im Monat ist Familientag mit kostenlosen Kursen für Kinder (10 und 12.30 Uhr). Weitere Seminare und Veranstaltungen werden auf der Website angekündigt.

KUNSTHANDWERK IN KILKENNY

Im County Kilkenny findet man eine der höchsten Konzentrationen von Künstlern in ganz Irland, denn hier sind mehr als 130 Vollzeit-Kunsthandwerker tätig. Zu verdanken ist diese Tatsache vermutlich den hervorragenden Rohstoffen der Gegend und der inspirierenden Landschaft.

Wer die Arbeiten der Künstler sehen möchte, sollte folgende Orte besuchen:

➡ **Bennettsbridge** In und rund um Bennettsbridge gibt's ein paar Kunsthandwerksateliers.

➡ **Graiguenamanagh** Unweit des Zentrums stößt man auf einige Woll- und Kristallglaswerkstätten.

➡ **Kilkenny (Stadt)** Im Kilkenny Design Centre werden Arbeiten von mehr als einem Dutzend Künstlern aus der Umgebung verkauft.

➡ **Stonyford** Hier befinden sich ein berühmtes Glasatelier und ein Laden mit Lebensmitteln aus der Region.

Unter www.kilkennytourism.ie/craft_trail sind sämtliche Ateliers und Geschäfte aufgeführt.

Hinter dem Gebäude führt ein Spazierweg zur schönen **Butler-House-Gartenanlage**, deren ungewöhnlichstes Stück ein Wasserspiel ist. Es wurde aus Resten der von den Briten errichteten Nelson-Säule in Dublin erbaut, die irische Nationalisten vor fast einem Jahrhundert in die Luft jagten.

Black Abbey KIRCHE
(Abbey St; ⏲tgl. Zur Messe) Das Dominikanerkloster wurde 1225 von William Marshall gegründet. Es verdankt seinen Namen dem schwarzen Habit der Mönche. Viele Gebäudeteile gehen auf das 18. und 19. Jh. zurück, Reste älterer Bogengänge sind aber noch im jüngeren Mauerwerk zu sehen. Besucher sollten sich unbedingt die Särge aus dem 13. Jh. in der Nähe des Eingangs anschauen.

Tholsel HISTORISCHE STÄTTE
Das Tholsel (Rathaus) in der High Street errichtete man 1761 an der Stelle, wo Alice Kytelers Zofe Petronella 1324 auf dem Scheiterhaufen verbrannt wurde.

Butter Slip HISTORISCHE STÄTTE
Mit seinem Rundbogeneingang und den Steintreppen ist der Butter Slip, eine enge und dunkle Verbindung zwischen der High Street und der St. Kieran's Street (früher Low Lane), die malerischste von Kilkennys vielen mittelalterlichen Gassen. 1616 entstanden, befanden sich hier ursprünglich lauter Butterstände.

Black Freren Gate HISTORISCHE STÄTTE
(Abbey St) In der Abbey Street steht das einzige noch bestehende Tor des normannischen Ortes – gesichert mit Metallstreben. Bröckelnde Überreste der alten Stadtmauer findet man noch überall im Stadtzentrum.

Confederation Hall Monument HISTORISCHE STÄTTE
Dieses Denkmal (bzw. was davon übrig ist) an der Bank of Ireland erhebt sich an der Ecke der Parliament Street und der Straße, die zum Bateman's Quay führt. Es markiert die Stelle, an der von 1642 bis 1649 das nationale Parlament tagte. Ganz in der Nähe stößt man auf das sorgfältig restaurierte **Grace's Castle** von 1210. 1568 wurde es in ein Gefängnis und 1794 in ein Gerichtsgebäude umgewandelt, als das es bis heute genutzt wird. Hier wurden Rebellen des Aufstands von 1798 hingerichtet.

St. Mary's Cathedral KATHEDRALE
(Blackmill St; ⏲variieren) GRATIS Die Kathedrale aus dem 19. Jh. ist von fast jedem Punkt in

der Stadt zu sehen. Auf einer Gedenktafel am Eingang steht: „Mit dem Bau der Kathedrale wurde 1843 begonnen. Die Arbeiten zogen sich durch jahrelange Hungersnot, Emigration und „Sargschiffe" in die Länge. Es herrscht schiere Verzweiflung, weil so viele Menschen unseres Volkes an Hunger und Krankheiten sterben mussten ...". Danach geht's mit der Aufzählung von weiteren widrigen Umständen weiter.

St. John's Priory RUINE

Auf der anderen Flussseite liegen die Ruinen der St. John's Priory, die 1200 gegründet wurde und bis Cromwells Ankunft für ihre vielen wundervollen Fenster berühmt war. Das nahe gelegene **Kilkenny College** in der John Street stammt aus dem Jahre 1666; hier büffelte u. a. Jonathan Swift, Autor von *Gullivers Reisen*. Heute dient das Gebäude als Verwaltungssitz des Countys Kilkenny.

Geführte Touren

Kilkenny Cycling Tours RADTOUR

(☎086 895 4961; www.kilkennycyclingtours.com; Erw./Kind ab 17,50/10 €;) Man kann die Stadt und die Umgebung mit dem Fahrrad erkunden und zur 2½-stündigen Tour auch ein Mittagessen buchen. Die Räder werden zur jeweiligen Unterkunft gebracht.

Tynan Tours STADTSPAZIERGANG

(☎087 265 1745; 6 €; ⊙Mitte März–Okt. tgl. 2–4 Rundgänge) Unterhaltsame einstündige Stadtführungen entlang der engen Gassen, Treppen und Passagen. Treffpunkt ist die Touristeninformation.

Feste & Events

In Kilkenny finden mehrere einzigartige Veranstaltungen statt, die Tausende in ihren Bann ziehen.

Kilkenny Rhythm & Roots MUSIK

(www.kilkennyroots.com; ⊙Anfang Mai) In mehr als 30 Pubs und Veranstaltungsorten kann man sich auf einem der größten Musikfestivals Irlands vor allem an Country und American Roots Music erfreuen.

Cat Laughs Comedy Festival COMEDY

(www.thecatlaughs.com; ⊙Anfang Juni) Bei diesem Event treten in den Hotels und Pubs Comedians von Weltklasse auf.

Kilkenny Arts Festival KUNST & KULTUR

(www.kilkennyarts.ie) Mitte August steht die Stadt zehn Tage lang im Zeichen von Kunst und Kultur mit Theater, Kino, Musik, Literatur, Bildenden Künsten, Straßenfesten und Kinderveranstaltungen.

Schlafen

Wer ohne Zimmerreservierung anreist – was in den Sommermonaten und während der Festivals unklug ist –, wendet sich am besten an die Touristinformation: Das dortige Buchungssystem ist äußerst effizient (€4). Generell findet man in Kilkenny Unterkünfte für jedes Budget.

Kilkenny Tourist Hostel HOSTEL €

(☎056-776 3541; www.kilkennyhostel.ie; 35 Parliament St; B/2BZ 17/42 €; @) Ein mit Efeu bewachsenes georgianisches Stadthaus aus den 1770er-Jahren beherbergt das gemütliche IHH-Hostel mit 60 Betten. Es wartet mit einem Aufenthaltsraum inklusive offenem Kamin, einem Esszimmer voller Naturholz und einer Selbstversorgerküche auf.

★ **Rosquil House** PENSION €€

(☎056-772 1419; www.rosquilhouse.com; Castlecomer Rd; Zi. ab 70 €, 2-Pers.-Apt. ab 60 €;) Phil und Rhoda sind die wunderbaren Besitzer dieser top gepflegten Pension. In den mit dunklen Holzmöbeln eingerichteten Zimmern dominieren warme Gelbtöne und hübsche Paisley-Stoffe. Die Gästelounge mit Spiegeln in Messingrahmen kommt ähnlich geschmackvoll daher: Dort stehen kuschelige Sofas und Grünpflanzen. Das Frühstück ist überdurchschnittlich gut. Es gibt selbst gemachtes Müsli und luftig-lockere Omelettes mit Spinat und Fetakäse. Das Apartment hat eine nette Ausstattung und wirkt sehr gemütlich (Minimum: drei Übernachtungen).

Butler House BOUTIQUE-HOTEL €€

(☎056-772 2828; www.butler.ie; 16 Patrick St; EZ/DZ ab 77/135 €; @) Man kann zwar nicht direkt in der Burg übernachten, aber das historische Herrenhaus nebenan kommt diesem Erlebnis schon ziemlich nah. Früher diente es als Wohnsitz der Grafen von Ormonde, die auch die Festung errichten ließen. Heute beherbergt das Gebäude ein Boutique-Hotel mit Freitreppen, Marmorkaminen, einer Kunstsammlung und sorgsam gepflegten Gärten. Die 13 großzügigen Zimmer sind individuell gestaltet – und damit man auch ja nicht vergisst, dass man in einem historischen Bauwerk ist, knarzen die Böden.

Celtic House B&B €€

(☎056-776 2249; www.celtic-house-bandb.com; 18 Michael St; EZ/DZ 35/70 €; @) Ihren Gästen bereitet die Künstlerin und Autorin Angela

Byrne stets einen warmherzigen Empfang. Die blitzblanken Zimmer bieten teilweise einen Blick auf die Burg, andere haben Bäder mit Oberlichtern, und in vielen zieren Landschaftsbilder der Besitzerin die Wände. Unbedingt reservieren.

Butler Court GASTHAUS €€
(☎ 056-776 1178; www.butlercourt.com; Patrick St; Zi. ab 70 €; @ 📶) Ursprünglich war in diesem Gebäude (nicht mit dem prächtigen Butler House ein paar Häuser die Straße hoch zu verwechseln!) die Postkutschenstation für Kilkenny Castle untergebracht. Die modern eingerichteten Räume mit bildschönen Fotografien oder keltischer Kunst an den Wänden und Parkett aus kanadischem Kirschholz gruppieren sich rund um einen blumengeschmückten Hof. Im eigenen Zimmerkühlschrank gibt's alle Zutaten für ein kontinentales Frühstück samt frischen Früchten und Filterkaffee.

Bregagh House B&B €€
(☎ 056-772 2315; www.bregaghhouse.com; Dean St; EZ/DZ ab 45/70 €) Wer die anheimelnde Atmosphäre einer Familienunterkunft mag, wird sich in dem B&B mit den gemütlichen, schallisolierten Zimmern nahe der Kathedrale wohlfühlen. Der Wintergarten gewährt einen Blick auf den hübschen Garten mit der prächtigen Blutbuche. Morgens wird reichhaltiges warmes und alternativ auch ein normales Frühstück serviert. Für die Gäste stehen ausreichend Parkplätze bereit.

Langton House Hotel HOTEL €€
(☎ 056-776 5133; www.langtons.ie; 67 John St; EZ/DZ ab 65/99 €; @ 📶) Das Wahrzeichen der Stadt entwickelt sich stets weiter und wird schon seit den 1930er-Jahren von derselben Familie geführt. Die 34 Zimmer sind mit Parkettböden und dunklen Möbeln ausgestattet, während die Bäder Mosaikböden und fantastische Powerduschen haben. Außerdem gibt's ein klasse Restaurant, ein beliebtes Pub und im Preis inbegriffenes Frühstück.

Pembroke Hotel HOTEL €€€
(☎ 056-778 3500; www.pembrokekilkenny.com; Patrick St; Zi. 109–160 €; @ 📶) Von einigen der 74 Zimmer des modernen, zentral gelegenen Hotels fällt der Blick beim Aufwachen direkt auf die Burg. Die Deluxe-Räume verfügen sogar über Balkons, eine echte Seltenheit in Irland. Insgesamt ist das Dekor ansprechend, die Farbpalette schwankt zwischen moosgrün und blau. In der hauseigenen Bar stehen Ledersofas, außerdem kann man gleich um die Ecke kostenlos das Schwimmbad und andere Freizeitangebote nutzen. Frühstück ist inbegriffen.

Kilkenny River Court HOTEL €€€
(☎ 056-772 3388; www.rivercourthotel.com; John St; EZ/DZ 75/130 €; @ 📶 🏊) Wenn man nicht gerade in seinem großen modernen Zimmer alle viere von sich streckt, hat man die Möglichkeit, im hoteleigenen Restaurant zu dinieren, im preisgekrönten Health Club zu schwimmen oder auf der kopfsteingepflasterten Barterrasse einen Cocktail zu trinken und dabei die Aussicht auf Brücke sowie Burg zu genießen. Das Personal ist sehr entgegenkommend und das Frühstück inbegriffen.

Essen

Kilkennys Restaurants zählen zum Besten, was der Südosten zu bieten hat. Auf dem **Farmers Market** (Mayors Walk, The Parade; ⌚ Do 9–14 Uhr) werden jede Menge Erzeugnisse aus der Region und leckere Snacks verkauft.

Café Mocha CAFÉ €
(84 High St; Mahlzeiten 6–10 €; ⌚ Mo–Do 9–18, Fr & Sa bis 22, So 11–18 Uhr; 👪) In diesem schicken, netten Café mit mädchenhaftem Dekor stehen alle Arten von Saft, Kaffee, Tee und mehr auf der Karte. Ebenso toll sind die leichten Mahlzeiten mittags, darunter mediterrane Salate und geräucherter irischer Lachs. Die abendliche Küche ist frisch und modern (gebackener Fisch u. Ä. mit Beilagen wie Fenchelrisotto). Das Porzellan in den Vitrinen steht zum Verkauf.

Lautrec's Tapas & Wine Bar SPANISCH €
(9 St Kieran's St; Tapas 5–7 €; ⌚ Mi & Do 17–22, Fr 17–0, Sa 14–0, So 12–20 Uhr) Turteltauben und romantische Seelen werden diese verführerische Tapasbar mit ihren Rosatönen, winzigen Tischchen und der umfangreichen Weinkarte lieben. Kulinarisch begibt man sich mit Gazpacho und Guacamole auf eine kontinentübergreifende Reise. Am besten bestellt man eine bunte Mischung und teilt diese!

Café Sol MODERN IRISCH €€
(☎ 056-776 4987; www.restaurantskilkenny.com; William St; Hauptgerichte mittags 11–13 €, abends 17–25 €; ⌚ Mo–Do 12–21.30, Fr & Sa 11–22, So 12–21 Uhr; 📶) In dem herrlich unverkrampften Restaurant servieren die professionellen Servicekräfte bis 17 Uhr Mittagessen. Die saisonal wechselnden Gerichte bestehen stets aus frischen regionalen Bioprodukten. Oft sind die Kreationen extravagant und inter-

national. Das Café Sol wurde unlängst renoviert und präsentiert sich nun im modernen mediterranen Bistrolook.

Rinuccini ITALIENISCH €€
(056-776 1575; www.rinuccini.com; 1 The Parade; Hauptgerichte mittags 10–20 €, Hauptgerichte abends 16–30 €; Mo–Sa 12–22, So 17–21.30 Uhr) Eine kurze Treppe führt hinunter in einen mit Kerzen erleuchteten Keller, in dem man die exzellenten klassisch-italienischen Gerichte von Antonio Cavaliere genießen kann, z. B. hervorragende *Spaghetti al astice:* Hummer mit Pasta, Schalotten, Sahne, Weinbrand, schwarzen Trüffeln und frischem Parmesan. Vorne im Atrium befindet sich ein besonders romantischer Platz. Der Service ist fantastisch.

Zuni CAFÉ, TAPAS €€
(www.zuni.ie; 26 Patrick St; Gerichte 7–15 €; 9.30–23 Uhr;) Mit seinen dunklen Ledermöbeln, die einen Kontrast zu den helleren Tischen und Wänden bilden, bietet das einstige Theater einen stilvollen Rahmen für Maria Raffertys kreative Küche. Tagsüber präsentiert sich das Zuni als schickes Café mit großer Frühstücks- und Mittagsauswahl, abends werden Tapas, Fisch und Meeresfrüchte serviert. Am besten bestellt man ein paar kleine Gerichte wie Foie Gras mit Hühnerleberparfait und ein Glas Wein.

Kilkenny Design Centre Café CAFÉ €€
(www.kilkennydesign.com; Castle Yard; Gerichte 8–13 €; 10–19 Uhr;) Über den Kunsthandwerksläden befindet sich eine Cafeteria, in der das Wort „Bio" ganz groß geschrieben wird. Hier bekommt man selbst gebackene Brote und Scones, eine große Salatauswahl, Gourmetsandwiches, zahlreiche warme Gerichte und üppige Nachspeisen.

Chez Pierre FRANZÖSISCH €€
(17 Parliament St; Hauptgerichte 10–15 €; Mo–Fr 10–15.30, Sa 19–22 Uhr) Zum Angebot des heiteren französischen Cafés gehören leckere *tartines* (belegte Brote), z. B. mit Würstchen und Eiern (ausgesprochen sättigend), aber auch Suppen, Brioche und süße Leckereien. Darüber hinaus gibt's eine Mittagskarte. Frühstück wird bis nachmittags serviert. Menüs am Abend ab 20 €.

Lemongrass THAILÄNDISCH €€
(www.lemongrass.ie; 1 St John's Bridge; Hauptgerichte 8–12 €; Di–So 12–22 Uhr;) Die Inneneinrichtung des zu Recht beliebten Lemongrass besticht durch Backsteine und Bambus. Auf der Karte stehen authentische thailändische Gerichte. Donnerstags ist „Ladies Night"; dann kostet ein zweigängiges Menü 22,50 € (Wein inbegriffen). Viele vegetarische Speisen.

★ **Campagne** MODERN IRISCH €€€
(056-777 2858; www.campagne.ie; 5 Gashouse Lane; 2-/3-Gänge-Menü 24/29 €, Hauptgerichte abends 25–30 €; Fr–So 12.30–14.30, Di–Sa 18–22 Uhr) Garrett Byrne machte sich in Dublin einen Namen und erkochte sich dort mehrere Michelin-Sterne, stammt aber ursprünglich aus Kilkenny. In diesem durchgestylten Restaurant hält er die Fäden in der Hand. Er ist ein leidenschaftlicher Unterstützer einheimischer Erzeuger und zaubert aus wechselnden Zutaten unvergessliche Gerichte mit einer französischen Note.

Ausgehen & Nachtleben

In der John Street ist viel los, aber auch in der Parliament Street befindet sich eine größere Ansammlung von traditionellen Pubs.

★ **Kyteler's Inn** PUB
(27 St Kieran's St; So–Do 11–0, Fr & Sa bis 2 Uhr, Livemusik März–Okt. 18.30 Uhr) Alice Kytelers Haus wurde bereits 1224 errichtet. Hier kamen unter mysteriösen Umständen alle vier Ehemänner dieser Dame ums Leben, und so wurde Alice 1323 der Hexerei bezichtigt. Heute ist das Originalgebäude mit den Tonnengewölbedecken und Steinbogen Teil der weitläufigen Bar. Es gibt einen Biergarten, einen Hof und einen großen Raum im Obergeschoss, in dem Livemusik von Trad bis Blues gespielt wird.

Left Bank BAR
(www.leftbank.ie; The Parade; Mo–Do 12–23.30, Fr & Sa bis 0.30 Uhr) Die frühere Filiale der Bank of Ireland ist ohne Zweifel die auffälligste Bar der Stadt. Ihre umwerfende Innenausstattung (Säulen, geschnitztes Holz, nackte Steinwände, Kronleuchter) stammt aus den 1870er-Jahren. Wer Hunger hat, kann sich mit Kneipensnacks stärken.

Tynan's Bridge House PUB
(St John's Bridge; 11 Uhr–spät) Das georgianische Pub aus dem Jahre 1703 besitzt eine blaue Fassade und schöne Bodenfliesen und ist die beste traditionelle Bar der Stadt. An der hufeisenförmigen Theke sitzen Stammgäste, als wären sie Teil des Inventars, und es gibt – juchuh! – keinen Fernseher. Montags bis donnerstags um 21 Uhr wird traditionelle Musik geboten.

Bridie's General Store PUB, DELIKATESSEN
(John St; ⌚So–Mi 11–22, Do–Sa 18–2 Uhr) Das Langton-Imperium legte bei der Gestaltung des auf traditionell getrimmten Bridie's viel Wert auf das Design, und das Resultat, eine Mischung aus Lebensmittelladen und Pub, kann sich durchaus sehen lassen. Vorn bestimmt eine bunte Mischung aus Souvenirs, Scherzartikeln, Spielzeug, Konserven und Delikatessen das Bild, durch die Schwingtüren gelangt man in ein Pub mit bildschönen Bodenfliesen. Hinten erstreckt sich ein uriger Biergarten.

O'Faolain's & Pegasus PUB, CLUB
(John St, Kilford Arms Hotel; ⌚O'Faolains 22–2, Pegasus Fr & Sa 22 Uhr–spät) Diese Location erstreckt sich über drei Etagen und ist um eine Steinkirche aus dem 16. Jh. errichtet worden, die in Kisten aus Wales hierherkam und sorgfältig wiederaufgebaut wurde. Im O'Faolain's geht's das ganze Jahr über rund, während sich Tanzwütige an den Wochenenden von Ostern bis Oktober im Pegasus (Eintritt 10 €) hinter dem O'Faolain's austoben können.

John Cleere's PUB
(www.cleeres.com; 22 Parliament St; ⌚Mo–Do 11.30–23.30, Fr & Sa bis 0.30, So 13–23 Uhr) Einen schöneren Ort für Livemusik, Theater und Comedy wird man in Kilkenny kaum finden. In dieser Bar stehen Blues, Jazz und Rock auf dem Programm, außerdem gibt's montags und mittwochs Trad Sessions. Seit Neuestem bekommt man hier auch etwas zu essen: Sandwiches und täglich fünf verschiedene Suppen.

Matt the Millers BAR
(www.mattthemillers.com; 1 John St; ⌚9.30 Uhr–spät; 📶) Mittelalterliche rosafarbene Mühle mit vier Bars auf vier Etagen sowie beliebten Bands und DJs.

Morrison's Bar CLUB
(1 Ormonde St; ⌚Do–Sa 22 Uhr–spät; 📶) Die hohen Hacken hervorholen, das Haar mit Gel stylen und schon kann es losgehen ... Im Belle-Epoque-Keller des Hibernian Hotels spielen die DJs einen bunten Mix für ein gehobenes Publikum.

67 Club CLUB
(Langton House Hotel, 67 John St; Eintritt unterschiedl.; ⌚Di, Do & Sa 21 Uhr–spät; 📶) Dreimal pro Woche wird das Pub im Langton's zu einem Club umfunktioniert, in dem DJs auflegen sowie Musiker und manchmal auch Comedians auftreten.

☆ Unterhaltung

Mehr über örtliche Veranstaltungen erfährt man in der Wochenzeitung *Kilkenny People* (www.kilkennypeople.ie). Eine gute Übersicht bieten auch die Website der Touristeninformation und www.whazon.com.

Theater

Watergate Theatre THEATER
(www.watergatetheatre.com; Parliament St) Dieses tolle Theater bringt Dramen, Komödien und Musik auf die Bühne. Wer sich wundert, warum die Pausen 18 Minuten dauern: So können die Gäste mal schnell auf ein Pint ins John Cleere einkehren.

Sport

Nowlan Park SPORT
(www.kilkennygaa.ie; O'Loughlin Rd) Zu den Höhepunkten einer Irlandreise gehört der Besuch eines Hurlingspiels in Nowlan Park, dem Heimatstadion der Kilkenny Cats.

Shoppen

Eine spannende Mischung aus einheimischen Geschäften findet man in der High Street. Die feinsten Boutiquen säumen The Parade und die Patrick Street. Im MacDonagh Junction, dem größten Shoppingcenter der Region, sind vor allem Filialen großer Ketten vertreten. Das Einkaufszentrum nimmt einen Teil des alten Bahnhofs ein.

★ Kilkenny Design Centre KUNST & KUNSTHANDWERK
(☎056-772 2118; www.kilkennydesign.com; Castle Yard; ⌚10–19 Uhr) Hinter den hochwertigen Waren, die im Design Centre verkauft werden, stehen Kunsthandwerker aus dem ganzen County. Uns haben vor allem die Wolldecken von John Hanly, Wollartikel von Cushendale, Foxford-Schals und Bunbury-Schneidebretter gefallen.

Kilkenny Book Centre BUCHLADEN
(10 High St; ⌚Mo–Sa 10–17 Uhr) Kilkennys größte Buchhandlung bietet eine umfangreiche Auswahl an Romanen und Sachbüchern über Irland, Zeitschriften sowie Landkarten. Oben ist ein Café untergebracht.

ℹ Praktische Informationen

Polizei (☎056-22222; Dominic St)

Touristeninformation (www.kilkennytourism.ie; Rose Inn St; ⌚Mo–Sa 9.15–17 Uhr) Hervorragende Reiseführer und Wanderkarten. Die Touristeninformation befindet sich im Shee Alms House, das der Wohltäter Sir Richard Shee 1582 zur Unterstützung der Armen errichten ließ.

An- & Weiterreise

BUS

Bus Éireann (www.buseireann.ie) betreibt ein Büro neben dem Bahnhof und bedient die Strecken nach Carlow (8,75 €, 35 Min., 3-mal tgl.), Cork (18,50 €, 3 Std., 2-mal tgl.), Dublin (12 €, 2¼ Std., 5-mal tgl.) und Waterford (10,50 €, 1 Std., 2-mal tgl.).

JJ Kavanagh & Sons (www.jjkavanagh.ie; Haltestelle an der Ormonde Rd) verkehrt zum Dubliner Flughafen (13 €, 3 Std., 6-mal tgl.).

ZUG

Irish Rail (www.irishrail.ie) Jeden Tag fahren von der MacDonagh Station aus sechs Züge zur Heuston Station in Dublin (ab 10 €, 1¾ Std.) und nach Waterford (ab 10 €, 50 Min.).

Unterwegs vor Ort

Auf beiden Seiten der High Street sowie an vielen anderen Stellen in der Stadt befinden sich große Parkplätze.

Kilkenny Cabs (☎ 056-775 2000)

Im Zentrum des Countys Kilkenny

Das südliche – insbesondere das südöstliche – Umland der Stadt Kilkenny verzaubert mit Landstraßen und reizvollen kleinen Orten, die herrliche Ausblicke über die üppig grünen Flusstäler von Barrow und Nore bieten, und ist ein wunderbares Wandergebiet. Außerdem leben hier einige bemerkenswerte Kunsthandwerker, deren Werkstätten für Besucher offenstehen. Viele Dörfer kann man im Rahmen eines Tagesausflugs besuchen, benötigt dafür aber ein eigenes Fahrzeug, da es nur wenige öffentliche Verkehrsmittel gibt.

Kells & Umgebung

Kells (nicht zu verwechseln mit Kells in der Grafschaft Meath), 13 km südlich von Kilkenny an der R697 gelegen, ist kaum mehr als ein winziges Dorf an einem Nebenfluss des Nore, den an dieser Stelle eine schöne Steinbrücke überspannt. Dennoch wartet das Örtchen mit einer der atmosphärischsten und romantischsten Klosterstätten im ganzen Land auf, der **Kells Priory**.

Sehenswertes

★ Kells Priory RUINE

Das Highlight von Kells sind zweifellos die Klosterruinen, die man ganz ohne Führung, Schließzeiten oder Eintrittsgelder erkunden kann. In der Abenddämmerung eines wolkenlosen Tags ist die alte Abtei einfach traumhaft schön, außerdem stehen die Chancen gut, dass man die Stätte (abgesehen von neugierigen Schafen) vollkommen für sich allein hat.

Während die ältesten Überbleibsel der Anlage aus dem späten 12. Jh. stammen, datiert der größte Teil der heute vorhandenen Ruinen ins 15. Jh. Auf einer weiten Fläche fruchtbaren Ackerlandes erheben sich sieben Wohntürme, die durch einen sorgfältig restaurierten Schutzwall miteinander verbunden sind. Innerhalb der Mauern befinden sich die Reste eines **Augustinerklosters** sowie die Fundamente einiger Kapellen und Häuser. Für eine Abtei wirkt die Anlage ungewöhnlich gut befestigt, vor allem die massiven Umfassungsmauern weisen auf eine bewegte Vergangenheit hin. Und in der Tat wurde der Komplex in den 100 Jahren nach 1250 von kampfeslustigen Kriegsherren zweimal angegriffen und anschließend niedergebrannt. Seit seiner Unterdrückung 1540, schlitterte das Kloster seinem Verfall unaufhaltsam entgegen.

Die Ruinen liegen 500 m östlich von Kells an der Straße nach Stonyford. Ein malerischer, gut ausgeschilderter 3 km langer **Spazierweg** führt rund um die Stätte sowie am Fluss vorbei und durchs Dorf.

Hochkreuz & Rundturm von Kilree HISTORISCHE STÄTTE

2 km südlich von Kells (ab dem Parkplatz des Klosters ausgeschildert) stößt man auf einen 29 m hohen Rundturm und auf ein einfaches Hochkreuz, das angeblich die Grabstätte des irischen Hochkönigs Niall Caille aus dem 9. Jh. markiert. Dieser soll um 840 im King's River bei Callan ertrunken sein, als er versuchte, einen Diener zu retten. Seine Leiche wurde bei Kells an Land gespült. Da er kein Christ war, setzte man ihn vor den Toren des Friedhofs bei.

Callan Famine Graveyard HISTORISCHE STÄTTE

Westlich von Kilree und 2 km abseits der R698 befindet sich ein 2 km südlich von Callan ausgeschilderter Friedhof, auf dem Opfer der Großen Hungersnot bestattet wurden. Nachdem man seinen Wagen an dem Schild abgestellt hat, muss man einem Feldweg 300 m lang folgen. Es gibt nicht wirklich viel zu sehen, trotzdem führt einem das Massengrab auf ergreifende Weise die Anonymität des Hungertods vor Augen.

Schlafen

★ Lawcus Farm PENSION €€
(www.lawcusfarmguesthouse.com; Kells; Zi. ab 80 €;) Diese außergewöhnliche Unterkunft aus dem 18. Jh. begann ihr Dasein als reetgedeckte Bruchbude, wurde dann aber von dem Engländer Mark Fisher und seiner irischen Lebensgefährtin Anne Marie nach ästhetischen Gesichtspunkten wiederaufgebaut. Alle Zimmer sind individuell gestaltet, haben jedoch Steinmauern, rustikale Antiquitäten und zahlreiche schräge Kuriositäten sowie moderne Einrichtungen wie Küchenzeilen und WLAN gemeinsam. Das 8 ha große Grundstück grenzt an den Barrow und dient als Heimat zahlreicher Schweine, Schafe, Kühe, Hühner und Pferde, aber auch wilder Tiere wie Otter, Eisvögel, Dachse und Füchse. Zum Frühstück gibt's Leckerbissen wie Spinat-und-Ziegenkäse-Omelette sowie Erzeugnisse aus eigener Herstellung (Eier, Würste und Schinken).

Bennettsbridge & Umgebung

680 EW.

Bennettsbridge befindet sich 7 km südlich von Kilkenny an der R700 und ist vor allem für die legendären Nicholas-Mosse-Tonwaren bekannt.

Sehenswertes & Aktivitäten

Nore View Folk Museum MUSEUM
(056-27749; Danesfort Rd; Erw./Kind 5/2 €; variieren, gewöhnlich 10–18 Uhr) Ein Besuch dieses ungewöhnlichen Museums an einer kleinen Straße oberhalb von Nicholas Mosse lohnt sich. Seamus Lawlor ist ein leidenschaftlicher Chronist des irischen Lebens und erzählt faszinierende Dinge über seine private Sammlung, zu der Farmwerkzeuge, Küchengerät und herrlicher alter Krimskrams gehören.

Nore Valley Park BAUERNHOF
(www.norevalleypark.com; Annamult; Tageskarte 6 €, Stellplätze 8,50/4/4 € pro Erw./Kind/Zelt; Park März–Okt. Mo–Sa 9–18 Uhr, Zeltplatz März–Okt.;) Auf dem 73 ha großen Gelände kann man campen und Kinder dürfen Ziegen streicheln, mit Häschen knuddeln, im Irrgarten (im alten Stall) herumstromern, Minigolf spielen und von Strohballen hüpfen. Außerdem gibt's ein Teezimmer und einen Picknickbereich. Wer von Kilkenny aus auf der R700 anreist, biegt bei der Einfahrt nach Bennettsbridge kurz vor der Brücke rechts ab.

Shoppen

Nicholas Mosse Irish Country Shop KERAMIK
(www.nicholasmosse.com; Mo–Sa 10–18, 13.30–17 Uhr) Eine große Mühle am Flussufer westlich des Ortes beherbergt dieses Keramikgeschäft, das auf Töpferkunst mittels Schwammtechnik spezialisiert ist – natürlich alles in Handarbeit. Die cremefarbenbraunen Waren werden weltweit exportiert; zu den Kunden zählt beispielsweise Tiffany's. Kurze audiovisuelle Präsentationen erklären die Produktionsschritte. Neben Porzellan stehen auch Heimtextilien und allerlei handgefertigter Kunstnippes zum Verkauf (wobei wohl so manches aus Billiglohnländern fern von Irland stammt). In einem zweiten Laden wird Ware zu Schnäppchenpreisen verkauft (bis 20% Rabatt). Mittags kann man im zugehörigen Café ein wunderbares Essen genießen, denn dort lockt eine gute Auswahl an Suppen, Sandwiches und warmen Gerichten sowie hervorragende Scones.

Moth to a Flame KERZEN
(www.mothtoaflamecandles.com; ganzjährig Mo–Sa 9–18 Uhr, Mai–Dez- auch So 12–18 Uhr) In diesem alteingesessenen Geschäft gleich neben der Brücke werden aufwendige Kerzen hergestellt.

Thomastown

1800 EW.

Seit die M9 den Verkehr aus Dublin um das kompakte, hübsche Zentrum herumführt, ist Thomastown, das nach dem walisischen Kaufmann Thomas de Cantwell benannt wurde, so beschaulich und ruhig wie seit Jahrzehnten nicht mehr. Vor Ort befinden sich Reste einer mittelalterlichen Mauer und unten an der Brücke erhebt sich das **Mullin's Castle**, die einzige noch existierende von ehemals 14 Burgen.

Wie im County üblich gibt's auch in dieser Gegend eine dynamische Kunsthandwerkszene. **Clay Creations** (087-257 0735; Low St; Di–Sa 10–17.30 Uhr) präsentiert z. B. skurrile Keramik und Skulpturen des einheimischen Künstlers Brid Lyons.

4 km südwestlich von Thomastown können Jetsetter mit genug Kleingeld auf dem von Jack Nicklaus geadelten **Mount Juliet** (www.mountjuliet.ie; Greenfee ab 100 €) ihre Golfschläger schwingen. Die Anlage erstreckt sich auf 600 ha bewaldetem Land und verfügt über ein eigenes Reitcenter, ein Fitness-

studio und ein Spa sowie zwei Restaurants. Darüber hinaus werden Meisterkurse für Weinliebhaber und **Luxusräume** angeboten (ab 130 €), die keinen Wunsch offenlassen (bis hin zur Kopfkissenauswahl).

Essen

★Blackberry Café CAFÉ €
(www.theblackberrycafe.ie; Market St; Gerichte 4,50–7,50 €; Mo–Fr 9.30–17.30, Sa 10–17.30 Uhr;) Hier kommt man in den Genuss von üppigen Sandwiches und wärmenden Suppen mit leckerem Kürbiskern-Sodabrot. Viele Zutaten stammen aus biologischem Anbau, Torten und Kuchen werden täglich frisch gebacken. Zwischen 12 und 14 Uhr gibt's tolle mehrgängige Menüs; dann platzt das im Ortszentrum gelegene Blackberry aus allen Nähten.

Sol Bistro MODERN IRISCH €€
(Low St; Hauptgerichte 12–25 €; 12–16 & 18–22 Uhr;) Die moderne irische Cafékette betreibt auch eine Filiale im Zentrum von Thomastown. Das kleine Lokal mit der alten Ladenfassade bedient sich nur der besten Zutaten, um typisch irische Gerichte mit dem gewissen Extra auf den Tisch zu zaubern.

An- & Weiterreise

Die Züge auf der Strecke zwischen Dublin und Waterford halten unterwegs in Kilkenny und Thomastown (tgl. 8-mal pro Fahrtrichtung). Der Bahnhof befindet sich 1 km westlich der Stadt.

Rund um Thomastown

STONYFORD

Nur 6 km westlich von Thomastown entfernt liegt das kleine Stonyford.

Sehenswertes & Aktivitäten

Jerpoint Park HISTORISCHE STÄTTE
(086-172 8225; www.jerpointpark.com; Stonyford, Thomastown; Eintritt 8 €, Hütehundprüfungen 5 €; Mai–Sept. 10–19 Uhr) Jerpoint Park ist eine neue Attraktion mit langer Geschichte, denn hier erstreckte sich im 12. Jh. eine mittelalterliche Siedlung. Bei den 90-minütigen Führungen über das hügelige Terrain erörtern die Guides, was genau sich einst wo befand. Als Highlight gilt der Besuch der verfallenen Church of St. Nicholas, in der (so will es die Überlieferung), der hl. Nikolaus begraben liegt. Eine zerbrochene Steinplatte, die das Bildnis eines Geistlichen ziert, markiert die Grabstelle. Sehenswert sind auch die Hütehundprüfungen, die hier abgehalten werden. In der Teestube (Juli & Aug. geöffnet) gibt's fantastische hausgemachte Scones.

Jerpoint Glass Studio GLASWAREN
(www.jerpointglass.com; Geschäft Mo–Sa 10–18, So 12–17 Uhr) Das national bekannte Jerpoint Glass Studio ist in einem alten, von Steinmauern umgebenen Bauernhaus untergebracht. Dort kann man Arbeitern dabei zusehen, wie sie geschmolzenes Glas in exquisite oder praktische Glasgegenstände verwandeln.

Essen

Knockdrinna Farm Shop FEINKOST
(www.knockdrinna.com; Mahlzeiten ab 5 €; Di–Fr 9–18, Sa 10–18, So 12–18 Uhr) Der Laden im Dorfzentrum bietet eine große Auswahl an regionalen Erzeugnissen. Aus den hausgemachten Käsesorten, dem gepökelten

NICHT VERSÄUMEN

JERPOINT ABBEY

Die **Jerpoint Abbey** (056-772 4623; www.opw.ie; N9, Thomastown; Erw./Kind 3/1 €; März–Okt. 9–17.30 Uhr, Nov.–Feb. Öffnungszeiten erfragen), eine der schönsten Zisterzienserklosterruinen Irlands, liegt 2,5 km südwestlich von Thomastown an der N9. Sie wurde bereits im 12. Jh. gegründet, wobei Turm und Kreuzgang aus dem späten 14. oder frühen 15. Jh. stammen. Witzig sind die Relieffiguren an den Säulen des Klosters, das gilt vor allem für den Ritter. Steinreliefs zieren auch die Kirchenwände und Grabmäler von Familienmitgliedern der Butlers und Walshes. An der nördlichen Kirchenwand sieht man verblasste Spuren einer Malerei aus dem 15. oder 16. Jh. und im Altarraum befindet sich ein Grabmal, angeblich die letzte Ruhestätte des 1202 verstorbenen eigensinnigen Felix O'Dulany, erster Abt von Jerpoint und Bischof von Ossory. Tagsüber werden sehr gute 45-minütige Führungen angeboten.

Fleisch und geräucherten Fisch und den Salaten kann man sich das beste Picknick aller Zeiten zusammenstellen oder nimmt alternativ an einem der Tische Platz.

KILFANE

Dieses Dorf 3 km nördlich von Thomastown an der R448 besitzt eine kleine, zerfallene **Kirche aus dem 13. Jh.** und einen **normannischen Turm** 50 m abseits der beschilderten Straße. In der Kirche entdeckt man ein bemerkenswertes Steinrelief von Thomas de Cantwell, als „Cantwell Fada" oder „Long Cantwell" bekannt. Es zeigt einen großen, schlanken Ritter in detailgetreuem Kettenpanzer, der einen Schild mit dem Cantwell-Wappen schwingt.

Inistioge

260 EW.

Inistioge (*in*-isch-tieg) sieht aus wie ein Bilderbuchdorf. Eine **Steinbrücke** aus dem 18. Jh. spannt sich in zehn Bogen über den Nore und der zentrale Platz ist herrlich beschaulich. Kein Wunder, dass der Ort immer wieder als Filmkulisse herhalten muss, u. a. für *Die Witwen von Widow's Peak* (1993) und *Circle of Friends – Im Kreis der Freunde* (1994). Nach einem Bummel durch das winzige Zentrum bietet sich ein **Spaziergang am Fluss** Richtung Süden an.

Ein malerisches Stück des South Leinster Way verläuft durch den Ort, was ihn zu einem empfehlenswerten Startpunkt für Ausflüge macht. Die R700 (aus Richtung Thomastown kommend) eignet sich für eine wundervolle **Panoramatour** durch das Flusstal. Zu den Highlights zählt die Aussicht auf die Ruinen des im 13. Jh. errichteten **Grennan Castle**. Noch schöner ist es, den **Wanderwegen** am Fluss zu folgen, deren Abzweige direkt in die Berge führen.

500 m südlich erstrecken sich auf dem Mt. Alto die **Woodstock Gardens** (www.woodstock.ie; Parken 4 € (man kann nur mit Münzen zahlen); ⊙ April–Sept. 9–19 Uhr, Okt.–März 10–16 Uhr), eine herrliche Parkanlage aus dem 19. Jh. mit Picknickplätzen und Spazierpfaden. Der Ausblick hier ist spektakulär. Von Inistioge aus folgt man den Schildern zum Woodstock Estate, fährt durch das große Tor und erreicht nach 1 km den Parkplatz. Die Teestuben öffnen während der Sommermonate.

Schlafen & Essen

Im Zentrum gibt's ein oder zwei ganz nette Cafés. Die Sandwichbar im Centra-Supermarkt ist ebenfalls in Ordnung.

Woodstock Arms B&B, PUB €€
(☎ 056-775 8440; www.woodstockarms.com; EZ/DZ/3BZ ab 40/70/80 €; ⊙ 12–22 Uhr) Pittoreskes Pub mit Sitzgelegenheiten draußen (man blickt auf den Platz) und sieben einfachen, sauberen Gästeräumen. Die Dreibettzimmer sind besonders großzügig geschnitten. Das Frühstück wird auf traditionellem Porzellan aus der Gegend in einem hübschen kleinen Raum mit Holztischen serviert.

Graiguenamanagh

1300 EW.

Graiguenamanagh (greg-*na*-muh-na; in der Gegend auch einfach Graigue genannt) ist die Art von Dorf, wo man unvermutet länger bleibt als geplant. Über den Fluss Barrow führt eine nachts angestrahlte uralte Steinbrücke mit sechs Bogen; sie verbindet Graigue mit dem kleineren Örtchen Tinna-

WANDERN IN DEN COUNTIES CARLOW & KILKENNY

Der **South Leinster Way** verläuft durch das südliche Hügelland des Countys Kilkenny von Graiguenamanagh über Inistioge bis hinunter nach Mullinavat und westwärts nach Piltown. Sein mit Abstand schönster Abschnitt ist 13 km lang und beginnt am Fluss Barrow. Er verbindet Graiguenamanagh und Inistioge, zwei charmante Orte, die sich auf Touristen eingestellt haben. In beiden gibt's köstliches Essen.

Alternativ kann man auf dieser Route auf den **Brandon Way** (4 km südlich von Graiguenamanagh) wechseln, der zum **Brandon Hill** (516 m) hinaufführt. Das weite Moorland-Hochplateau ist leicht zu erreichen. Hier oben genießt man einen wunderbaren Blick auf die Blackstairs Mountains und den Mt. Leinster im Osten. Von Graigue aus hin und zurück hat der entspannte Spazierweg eine Länge von 12 km.

Die Strecke am **River Barrow** flussabwärts von Graiguenamanagh nach St. Mullins in der Grafschaft Carlow ist landschaftlich ebenso schön. Ein befestigter Pfad verläuft an Kanälen entlang sowie durch Wälder und über Wiesen, die zum Picknicken einladen.

hinch im County Carlow. Die Steine auf der Carlower Seite sind dunkler – eine Hinterlassenschaft des Aufstands aus dem Jahre 1798, als die Brücke gesprengt wurde.

Sehenswertes & Aktivitäten

Ein paar malerische **Wanderwege** verlaufen durch das Dorf und die Umgebung.

Duiske Abbey KIRCHE
(8–18 Uhr, Öffnungszeiten im Abbey Centre variieren) Was man heute von Irlands ehemals größter Zisterzienserabtei sieht, ist das Ergebnis vieler Anbauten und Veränderungen der letzten acht Jahrhunderte. Auf dem Gelände befinden sich zwei frühe **Hochkreuze** (7. und 9. Jh.), die im letzten Jahrhundert zu ihrem Schutz hierhergebracht wurden. Das kleinere Ballyogan Cross zeigt auf seiner östlichen Seite Tafeln mit Darstellungen von der Kreuzigung, Adam und Eva, Abrahams Opferung des Isaak sowie den harfespielenden David. Auf der westlichen Seite wird der Kindermord zu Betlehem dargestellt.

Um die Ecke liegt das **Abbey Centre** mit einer kleinen Ausstellung über christliche Kunst sowie Bildern des Klosters in unrestauriertem Zustand.

Waterside Bike & Hire RADFAHREN
(086-408 4008; www.watersideguesthouse.com; The Quay; normal/elektrisch 15/25 € pro Tag; 9–18 Uhr;) Die Inhaber des Waterside Hotel & Restaurant betreiben diesen praktischen Fahrradverleih speziell für Leute, die den Barrow-Treidelpfad entlangradeln wollen, einen für Autos gesperrten Grasweg, der sich von Graiguenamanagh aus mehrere Kilometer in beide Richtungen erstreckt.

Feste & Events

Town of Books Festival BÜCHER
(www.booktownireland.com; Mitte Sept.) Während des dreitägigen Bücherfests tummeln sich jede Menge Buchhändler, Autoren und Leseratten in den engen Dorfgassen. Es gibt Pläne, aus Graiguenamanagh eine ganzjährige „Bücherstadt" einzurichten (nach dem Beispiel des walisischen Hay-on-Wye); bis es so weit ist, kann man den guten Antiquariaten und Secondhandbuchläden einen Besuch abstatten.

Schlafen & Essen

Waterside PENSION €€
(059-972 4246; www.watersideguesthouse.com; The Quay; EZ/DZ ab 55/78 €; Restaurant ganzjährig So 12–15 Uhr, April–Sept. Mo–Sa 18–22 Uhr, Okt.–März nur Fr & Sa;) Dieses einladende Gasthaus und Restaurant liegt neben den am Flussufer vertäuten Booten. Alle zehn renovierten Zimmer des umgewandelten steinernen Getreidelagers aus dem 19. Jh. warten mit viel Holz auf. Die Gastgeber Brian und Brigid Roberts können ihren Gästen mehr über versteckte Winkel des Dorfes verraten. Ihr **Lokal** (Hauptgerichte 18–26 €) verdankt seinen guten Ruf der hervorragenden modernen irischen Küche und regelmäßigen „After Dinner Live"-Konzerten, deren Bandbreite von Jazz bis Bluegrass reicht.

Ausgehen

In den beiden wunderbaren Pubs **Mick Doyle's** (Main St) und **Mick Ryan's** (Main St) hat sich seit Generationen nichts verändert. An Ersterem hängt noch ein uraltes Schild für *sheep-dipping* (eine traditionelle Methode der Ungezieferbekämpfung, bei der Schafe komplett in ein Bad eingetaucht wurden); dort werden zudem Eisenwaren verkauft. In der zweiten Kneipe gibt's ein authentisches *snug* (Nebenzimmer).

F J Murray PUB
Dieses herrlich gemütliche Pub an der Ecke Quay und Abbey Street wird sonntagabends zum Treffpunkt der Dorfbewohner, denn dann finden dort traditionelle Sessions statt. Manche Songs handeln von Orten in der Umgebung.

Shoppen

★ **Cushendale Woollen Mill** WOLLE
(www.cushendale.ie; Mo–Fr 8.30–12.30 & 13.30–17.30, Sa 10–13 Uhr) In diesem Laden werden Strickgarn, Decken, Tweed und Winterwollsachen hergestellt. Besucher können hier nach der informellen Führung in der jahrhundertealten Mühle fragen.

Duiske Glass GLAS
(www.duiskeglass.ie; Mo–Sa 9–17 Uhr) In dem kleinen Atelier im Zentrum des Dorfs werden moderne und traditionelle Kristallwaren angefertigt.

An- & Weiterreise

Graiguenamanagh befindet sich 23 km südöstlich von der Stadt Kilkenny an der R703. Zwei Busse von **Kilbride Coaches** (www.kilbridecoaches.com) verkehren montags bis samstags von bzw. nach Kilkenny (6 €, 55 Min.).

Nördliches Kilkenny

Die sanften grünen Berge im Norden des Countys laden zu idyllischen Spritztouren mit Picknick ein. Ansonsten gibt's in der landschaftlich recht hübschen Gegend mit den friedlichen Dörfern aber nicht sehr viele Sehenswürdigkeiten.

Castlecomer & Umgebung

1500 EW.

Castlecomer liegt am sanft dahinfließenden Dinin, etwa 18 km nördlich von Kilkenny. Nachdem man hier 1636 Anthrazitvorkommen aufgespürt hatte, avancierte der Ort zu einem Bergbauzentrum, bis die Gruben Mitte der 1960er-Jahre geschlossen wurden. Die Kohle gilt als beste Europas, denn sie enthält wenig Schwefel und entwickelt kaum Rauch.

Im üppigen Waldgebiet erstreckt sich der **Castlecomer Discovery Park** (www.discoverypark.ie; Estate Yard; Erw./Kind 8/5 €; ⌚ Mai–Aug. 9.30–18 Uhr, Sept.–Okt. & März–April 10–17 Uhr, Nov.–Feb. 10.30–16.30 Uhr) mit Exponaten zum Kohlebergbau, darunter einige **Fossilien** von Tieren, die älter sind als die Dinosaurier.

10 km südwestlich von Castlecomer stößt man auf **Swifte's Heath**, den Wohnsitz von Jonathan Swift während seiner Schulzeit in Kilkenny. Offenbar wurde das „e" in seinem Namen weggelassen, noch bevor der Satiriker und Schriftsteller mit *Gullivers Reisen* und *Ein bescheidener Vorschlag* Berühmtheit erlangte.

Bus Éireann (☎ 056-64933) bietet jeden Tag fünf Verbindungen nach Kilkenny (5,50 €, 20 Min.) an.

Dunmore Cave

Mit eindrucksvollen Kalkspatformationen wartet **Dunmore Cave** (☎ 056-776 7726; www.heritageireland.ie; Ballyfoyle; Erw./Kind 3/1 €; ⌚ Juni–Sept. 9.30–18.30 Uhr, März–Mai & Sept.–Okt. 9.30–17 Uhr, Nov.–März Mi–So 9.30–17 Uhr) rund 6 km nördlich von Kilkenny an der Straße nach Castlecomer (N78) auf. Historischen Quellen zufolge töteten plündernde Wikinger im Jahre 928 insgesamt 1000 Menschen in den nahe gelegenen Ringfestungen. Die Überlebenden flüchteten in die Höhlen, wo ihre Peiniger versuchten, sie auszuräuchern. Man nimmt an, dass die Männer schließlich von ihren Häschern aus dem Feuer gezogen wurden, um sie als Sklaven zu halten. Frauen und Kinder hingegen ließen sie ersticken: Bei Ausgrabungen 1973 kamen die Gebeine von mindestens 44 Menschen zutage. Außerdem fand man Münzen aus dem 10. Jh. Einer These zufolge sollen diese Geldstücke von Wikingern stammen, die sich ihre Münzen oftmals mit Wachs unter die Achseln klebten, um sie im Kampf nicht zu verlieren. Allerdings weisen die Skelette kaum Spuren von Gewalteinwirkungen auf, was wiederum dafür spricht, dass Ersticken die Todesursache war.

Die Höhle kann nur im Rahmen einer überaus lohnenswerten Führung besichtigt werden. Nach einem steilen Abstieg erreicht man Räume voller Stalaktiten, Stalagmiten und Säulen, darunter das 7 m hohe **„Market Cross"**, Europas größter freistehender Stalagmit. In der hell erleuchteten und geräumigen Höhle ist es ziemlich kühl und feucht, deshalb sollte man sich warm anziehen.

Infos zu Busverbindungen erhält man bei der Verwaltung der Dunmore Cave.

County Cork

518 000 EW. / 7508 KM²

Inhalt ➡

Gut essen

- Finn's Table (S. 256)
- Manning's Emporium (S. 271)
- Josie's Lakeview House (S. 279)
- Glandore Inn (S. 261)

Schön übernachten

- Garnish House (S. 231)
- Ballymaloe House (S. 240)
- Gilbert's (S. 239)
- Blair's Cove House (S. 269)

Auf nach Cork

In diesem County gibt's alles, was Irland an guten Dingen zu bieten hat. Cork, die gleichnamige Hauptstadt der Grafschaft, präsentiert sich als blühende Metropole und ist durch ihre Lage und die Liebe zu den guten Dingen des Lebens berühmt geworden. Rund um Irlands zweitgrößte Stadt liegen üppige Landschaften und Dörfer, in deren Idylle man verträumte Tage verbringen kann.

Das Selbstbewusstsein von der Stadt Cork beruht auf unzähligen Märkten und der sich stetig verändernden kreativen Restaurantszene sowie auf ihren Pubs und vielen Unterhaltungs- und Kulturangeboten.

In der Umgebung locken erodierte Küsten und zahlreiche charmante alte Fischerstädte und -dörfer. Die zauberhafte Landschaft zählt zu den schönsten Irlands, besonders entlang der langen Halbinseln Mizen, Sheep's Head und Beara, wo Bergpässe und Irlands uralte Vergangenheit auf Besucher warten.

Reisezeit

Obwohl die Sommermonate das beste Wetter versprechen, finden in der Nebensaison die meisten Festivals statt.

- Der Frühling beginnt in Baltimore mit dem Musikfestival Fiddle Fair, gefolgt von einem Fisch- und Jazzfest im Mai.
- Im Herbst dreht sich im Westen von Cork alles ums Essen, besonders in Skibbereen, wo im September das Taste of West Cork Food Festival stattfindet, und in der Gourmethauptstadt Kinsale, die im Oktober mit zwei exzellenten, etablierten Festen für Feinschmecker lockt.
- Die Stadt Cork zieht Ende Oktober mit ihrem beliebten Jazzfestival Einwohner und Besucher an.

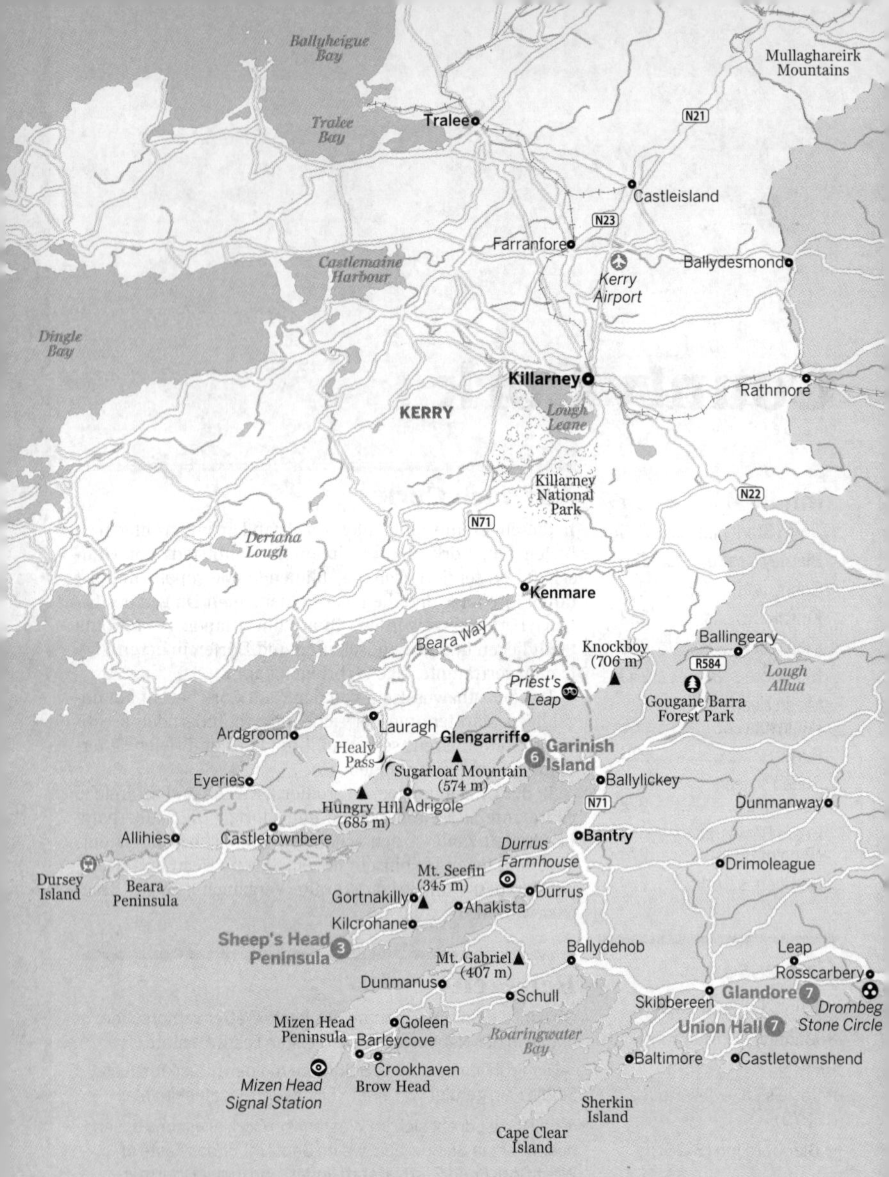

Highlights

1 In der quirligen **Stadt Cork** (S. 226) feiern, die mit einer überwältigenden Auswahl an Restaurants, Pubs, Konzerten und Theatern aufwartet

2 Bei der spannenden **Titanic Experience Cobh** (S. 238) dem Weg der Passagiere an Bord des schicksalsschweren Ozeandampfers *Titanic* folgen

3 Über die windgepeitschte, wunderbar einsam gelegene **Sheep's Head Peninsula** (S. 272) radeln

4 In der **Ballymaloe Cookery School** eine kulinarische

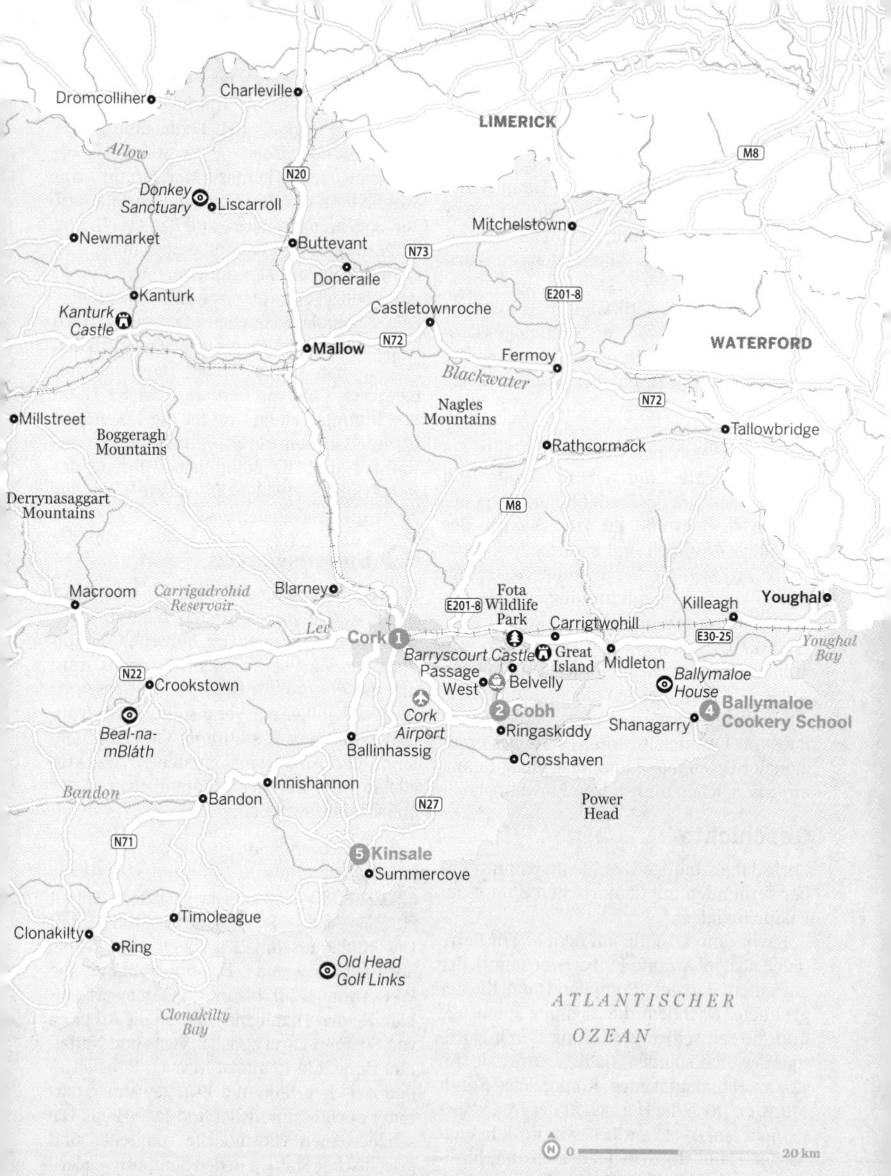

Vorführung oder einen Kochkurs besuchen (S. 240)

5 Durch die mittelalterlichen Straßen von **Kinsale** (S. 243) zum gigantischen Charles Fort an der Küste wandern und in Kinsales Pubs am Meer relaxen

6 Auf der zehnminütigen Fährüberfahrt von Glengariff nach **Garinish Island** (S. 274) Seehunde beobachten und dann durch die prächtigen tropischen Gärten der Insel spazieren

7 Die ursprünglichen Fischerdörfer **Union Hall** und **Glandore** (S. 261) erkunden

CORK (STADT)

120 000 EW.

Die zweitgrößte Stadt der Republik steht in jeder Hinsicht an erster Stelle, zumindest wenn es nach den Einheimischen geht, die Cork gerne als „Irlands echte Hauptstadt" bezeichnen. Schöne Wasserwege umgeben das kompakte Zentrum, das mit hervorragenden Restaurants und vielen kulinarischen Höhepunkten lockt.

Die Innenstadt wird vom Fluss Lee umrundet und wirkt wie eine Insel. Enge Gässchen aus dem 17. Jh. und georgianische Prachtstraßen, gesäumt von modernen architektonischen Meisterwerken wie dem Opernhaus, prägen sie. Von der St. Patrick's Bridge am Nordarm des Lee verläuft die St. Patrick's Street durch das Einkaufs- und Handelszentrum der Stadt bis zur georgianischen Grand Parade, die zum Südarm des Lee führt. Nördlich und südlich der Straße erstrecken sich die Vergnügungsviertel, ein Gewirr von Gassen mit unzähligen Pubs, Cafés, Restaurants und Läden.

Corks Dynamik spiegelt sich in den modernen Bauwerken, Bars und Kunstzentren wider. Dennoch hat sich die Stadt ihren traditionellen Charme bewahrt: dank kleiner Pubs mit Livemusiksessions, dank bester regionaler Erzeugnisse und nicht zuletzt dank ihrer herzlichen und stolzen Einwohner.

Geschichte

Corks lange, blutige Geschichte ist untrennbar verbunden mit dem irischen Kampf um Unabhängigkeit.

Sie begann im 7. Jh. mit dem hl. Fin Barre (auch als Finbarr und Finbarre bekannt), der auf einem *corcach* (Sumpfland) ein Kloster gründete. Nachdem die Siedlung Raubzüge und die zeitweilige Besiedlung durch Nordmänner überstanden hatte, wurde sie im 12. Jh. Hauptstadt des Königreichs South Munster. Doch die Herrschaft der Iren währte nicht lange – schon 1185 war Cork in englischer Hand. In dem folgenden unerbittlichen Kampf zwischen Engländern und Iren wurde Cork mehrfach von beiden Seiten bezwungen, wieder verloren und zurückerobert. Die Stadt überstand Cromwells Invasion, nur um dem strengen Protestanten Wilhelm von Oranien in die Hände zu fallen.

Im 18. Jh. erlebte der Ort eine Blütezeit und exportierte Butter, Rindfleisch, Bier sowie Whiskey in die ganze Welt. Nur ein Jahrhundert später wütete die Große Hungersnot; sie beraubte Cork Zehntausender Einwohner. In ganz Irland kamen Millionen Menschen ums Leben oder wanderten aus.

Im Kampf um die irische Unabhängigkeit spielte Cork als Rebellenhochburg eine entscheidende Rolle. 1920 wurde Oberbürgermeister Thomas MacCurtain von Mitgliedern der Royal Irish Constabulary, den sogenannten Black and Tans (britische Hilfstruppen, so genannt wegen ihrer Uniformen, die eine Mischung aus Armee-Kaki und Polizei-Schwarz waren), erschossen. Sein Nachfolger, Terence MacSwiney, starb in London im Gefängnis von Brixton an den Folgen eines Hungerstreiks. Die Briten unterwarfen Cork mit besonders harter Hand und brannten einen Großteil der Innenstadt nieder, darunter die St. Patrick's Street, das Rathaus und die Bibliothek. Während des Bürgerkriegs (1922–1923) rückte Cork ins Zentrum des Geschehens.

Sehenswertes

Die schönste Sehenswürdigkeit ist die Stadt selbst, die man am besten beim Umherschlendern erkundet. Im hübschen Haupthaus aus Fachwerk und im Komplex rund um die **ehemalige Beamish & Crawford Brewery** sollen ein Veranstaltungszentrum und Kino sowie Restaurants, Geschäfte, Galerien und Apartments entstehen; die aktuellsten Infos darüber bekommt man in der Touristeninformation.

Crawford Municipal Art Gallery — KUNSTMUSEUM

(021-480 5042; www.crawfordartgallery.ie; Emmet Pl; Mo–Mi & Fr–Sa 10–17, Do 10–20 Uhr) GRATIS

Das Kunstmuseum beherbergt eine kleine, aber hervorragende Dauerausstellung, die Werke vom 17. Jh. bis in die Gegenwart enthält. Zu den Highlights gehören die Arbeiten von Sir John Lavery, Jack B. Yeats und Nathaniel Hone. Ein Raum ist irischen Künstlerinnen zwischen 1886 und 1978 gewidmet, darunter auch Mainie Jellet und Evie Hone. Die schneeweißen Gipsmodelle römischer und griechischer Statuen in den Skulpturengalerien waren ein Geschenk des Papstes an den englischen König Georg IV. im Jahre 1822. Allerdings fand der Monarch daran wenig Gefallen und verbannte die Skulpturen in den Keller, bis schließlich jemand vorschlug, sie der Stadt Cork zu vermachen.

St. Fin Barre's Cathedral — KATHEDRALE

(021-496 3387; www.cathedral.cork.anglican.org; Bishop St; Erw./Kind 5/3 €; April–Okt. Mo–Sa 9.30–17.30, So 12.30–17 Uhr, Nov.–März Mo–Sa

9.30–12.45 & 14–17.30 Uhr) Spitze Türme, Wasserspeierfratzen und Skulpturen schmücken die Außenfassade der protestantischen Kathedrale von Cork. Das Gebäude ist eine auffallende Mischung aus französischer Gotik und mittelalterlichem Einfallsreichtum. Einer Legende nach soll der goldene Engel auf der Ostseite in sein Horn stoßen, sobald die Apokalypse bevorsteht.

Der Innenraum ist nicht weniger prächtig gestaltet, mit **Marmormosaiken** auf dem Boden, einer farbenprächtigen Decke über dem Altar, einer riesigen Kanzel und einem Bischofsthron. Zu den ungewöhnlicheren Exponaten gehört eine Kanonenkugel, die bei der Belagerung von Cork 1690 einen mittelalterlichen Turm traf.

Ein Großteil dieser Pracht ist das Ergebnis eines Architektenwettbewerbs von 1863, den William Burges gewann. Kaum hatte er den Sieg in der Tasche, warf er alle Entwürfe über den Haufen, fügte ein weiteres Chorgewölbe und höhere Türme hinzu und sprengte rasch sein Budget von umgerechnet 22 000 Euro. Zum Glück wusste der Bischof diesen Perfektionismus zu schätzen und verbrachte den Rest seines Lebens damit, Gelder für das Projekt einzutreiben.

Die Kathedrale liegt etwa 500 m südlich der Innenstadt, genau dort, wo Corks Schutzpatron, der hl. Fin Barre, im 7. Jh. sein Kloster gegründet hatte.

Lewis Glucksman Gallery KUNSTMUSEUM

(☎021-490 1844; www.glucksman.org; University College Cork; Spendenvorschlag 5 €; ⌚Di–Sa 10–17, So 14–17 Uhr) Die preisgekrönte Galerie befindet sich auf dem Gelände des University College Cork (UCC) und ist in einem aufsehenerregenden Gebäude aus Kalkstein, Stahl und Holz untergebracht. Sie zeigt die besten nationalen und internationalen Arbeiten aus den Bereichen moderne Kunst und Installation. Alle zwei Wochen wird eine lohnenswerte kostenlose Führung angeboten (mehr Infos dazu stehen auf der Website). Auch das **Café** ist sehr empfehlenswert.

Cork City Gaol MUSEUM

(☎021-430 5022; www.corkcitygaol.com; Convent Ave, Sunday's Well; Erw./Kind 8/4,50 €; ⌚April–Okt. 9.30–17 Uhr, Nov.–März 10–16 Uhr) Dieses imposante frühere Gefängnis ist überaus sehenswert, wenn auch nur, um zu verstehen, was für ein grauenhaftes Leben die Gefangenen vor einigen Jahrhunderten führten. Mit Kopfhörern ausgestattet läuft man durch die restaurierten Zellen und sieht dort lebensgroße Figuren leidender Insassen sowie sadistisch dreinblickender Wärter. Die Härte des Strafsystems im 19. Jh. geht einem unter die Haut. Häufig brachte die Menschen einzig die weitverbreitete bittere Armut ins Gefängnis: Viele Inhaftierte leisteten z. B. nur deshalb Schwerstarbeit, weil sie einen Laib Brot gestohlen hatten.

1923 wurde das Gefängnis geschlossen und 1927 als Radiosender wiedereröffnet. Der neuen Funktion des Gebäudes widmet sich das **Radio Museum Experience** im Obergeschoss, wo eine Sammlung schöner alter Empfangsgeräte zu bewundern ist und man alles über die Geschichte von Guglielmo Marconi, dem Pionier der drahtlosen Telekommunikation, erfährt.

Stimmungsvolle **Abendführungen** finden donnerstags um 19 Uhr statt (10 €).

Vom Stadtzentrum unternimmt man entweder einen Spaziergang hierher oder steigt am Busbahnhof in die Linie 8 und fährt bis zum UCC; von dort geht's quer durch den Fitzgerald Park über die Mardyke Bridge, am Ufer des River Lee Walkway entlang und den Hügel hinauf. Der Weg ist ausgeschildert.

Shandon STADTVIERTEL

Galerien, **Antiquitätenläden** und **Cafés** entlang der alten Straßen und Plätze dieses Viertels laden zum Bummeln ein. Ein Besuch des auf dem Nordhügel über dem Zentrum gelegenen Stadtteils lohnt sich allein schon wegen der schönen Aussicht. Die kleinen alten Reihenhäuser, in denen Generationen von Arbeitern unter sehr einfachen Bedingungen mit ihren großen Familien lebten, dienen nun als begehrte Zweitwohnungen in der Stadt.

Herzstück von Shandon ist die **St. Anne's Church** (☎021-450 5906; www.shandonbells.ie; John Redmond St; Turm inkl. Glocken Erw./Kind 5/2,50 €; ⌚Mo–Sa 10–17, So 11.30–16.30 Uhr) von 1722, auch „Four-Faced Liar" (Viergesichtige Lügnerin) genannt. Die Kirche erhielt diesen Namen, weil früher jede der vier Turmuhren eine andere Uhrzeit anzeigte. Hobby-Kampanologen können die **Glocken** im ersten Stock des italienisch anmutenden

NOCH MEHR TIPPS?

Ratschläge für die Reiseplanung, Empfehlungen der Autoren, Bewertungen von anderen Reisenden und Insidertipps gibt's bei Lonely Planet (www.lonelyplanet.com/cork).

Cork (Stadt)

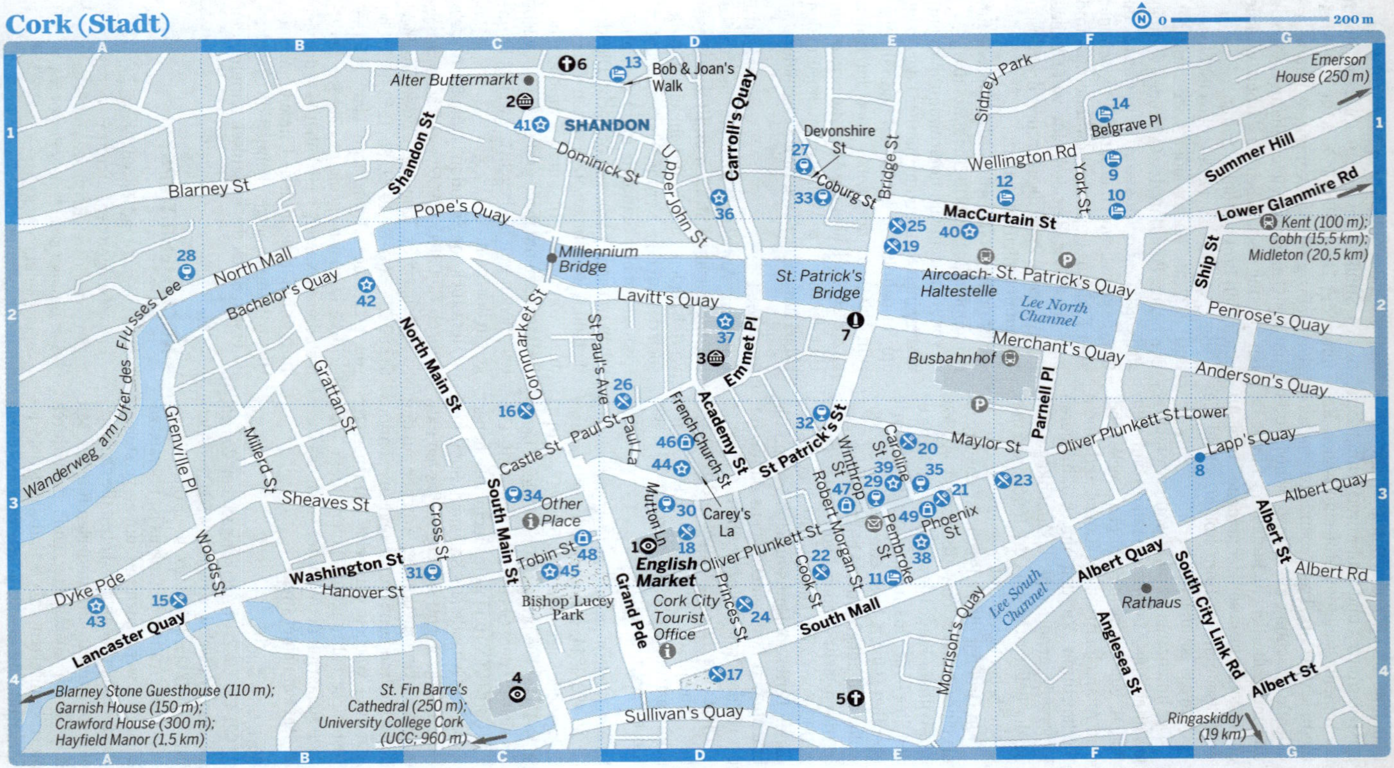
0
200 m
Emerson House (250 m)
Alter Buttermarkt
Bob & Joan's Walk
SHANDON
Dominick St
Upper John St
Carroll's Quay
Devonshire St
Coburg St
Bridge St
Sidney Park
Belgrave Pl
Wellington Rd
York St
Summer Hill
Lower Glanmire Rd
MacCurtain St
Kent (100 m); Cobh (15,5 km); Midleton (20,5 km)
Ship St
Shandon St
Blarney St
Pope's Quay
North Mall
Flusses Lee
Bachelor's Quay
Millennium Bridge
Lavitt's Quay
St. Patrick's Bridge
Aircoach-Haltestelle
St. Patrick's Quay
Lee North Channel
Penrose's Quay
Merchant's Quay
Busbahnhof
Anderson's Quay
Wanderweg am Ufer des
Grenville Pl
Millerd St
Grattan St
North Main St
Cornmarket St
St Paul's Ave
Emmet Pl
Paul St
Paul La
French Church St
Academy St
St Patrick's St
Winthrop St
Caroline St
Maylor St
Parnell Pl
Oliver Plunkett St Lower
Lapp's Quay
Albert Quay
Castle St
Sheaves St
Cross St
South Main St
Other Place
Mutton Ln
Carey's La
Robert Morgan St
Phoenix St
Pembroke St
Oliver Plunkett St
English Market
Tobin St
Woods St
Washington St
Hanover St
Dyke Pde
Lancaster Quay
Bishop Lucey Park
Grand Pde
Cork City Tourist Office
Princes St
Cook St
South Mall
Morrison's Quay
Lee South Channel
Albert Quay
Rathaus
Anglesea St
South City Link Rd
Albert St
Albert Rd
Blarney Stone Guesthouse (110 m); Garnish House (150 m); Crawford House (300 m); Hayfield Manor (1,5 km)
St. Fin Barre's Cathedral (250 m); University College Cork (UCC; 960 m)
Sullivan's Quay
Ringaskiddy (19 km)

Cork (Stadt)

Kirchturms von 1750 läuten und dann die 132 Stufen bis zur Spitze hochsteigen, um den herrlichen Panoramablick zu genießen.

Die Butterherstellung hat eine lange Tradition in Cork (in den 1860er-Jahren befand sich hier der weltgrößte Buttermarkt, und Cork exportierte das Milchprodukt ins gesamte Britische Reich). Das **Cork Butter Museum** (☎021-430 0600; www.corkbutter.museum; O'Connell Sq; Erw./Kind 4/3 €; ⌚März–Juni & Sept.–Okt. 10–17 Uhr, Juli & Aug. 10–18 Uhr) widmet sich der Butterindustrie mit Ausstellungsstücken und Dioramen. Den Platz vor dem Museum beherrscht im Zentrum des alten Buttermarktes das auffällige runde Gebäude **Firkin Crane**, in dem sich heute ein Tanzzentrum befindet (S. 234).

Geführte Touren

Cork City Tour BUSTOUR
(☎021-430 9090; www.corkcitytour.com; Erw./Student/Kind 14/12/5 €; ⌚April–Okt. 10–17.30 Uhr; der letzte Bus startet um 16 Uhr) Die offenen Busse fahren zu allen Hauptattraktionen in Cork. Passagiere können an bestimmten Punkten ein- und aussteigen.

Cork Literary Tour STADTSPAZIERGANG
GRATIS Kostenloser Rundgang durch Cork mit einem Audioguide, den man in der **Cork City Library** (☎021-492 4900; www.corkcitylibraries.ie; 57–61 Grand Parade; ⌚Mo–Sa 10–17.30 Uhr) herunterladen kann.

Cork Walks STADTSPAZIERGANG
GRATIS Die Stadtverwaltung bietet zwei kostenlose Rundgänge an, die durch South Parish und Shandon führen. Karte und Leitfaden sind in der Touristeninfo erhältlich.

Sunfish Explorer KAJAKFAHREN
(☎087 947 4616; sunfishexplorer.com; Lapps Quay; pro Std./4 Std. 30/100 €) Veranstaltet komfortable Touren in motorisierten Kajaks.

Feste & Events

Um Karten für Veranstaltungen sollte man sich rechtzeitig kümmern, besonders für die Jazz- und Filmfestivals.

DER SCHNAPSJÄGER

Auf der St. Patrick's Street, gleich südlich vom Nordarm des Lee, stößt man auf die imposante **Statue** von Father Theobald Mathew, dem „Apostel der Enthaltsamkeit". In den 1830er- und 1940er-Jahren unternahm er einen effektiven Feldzug gegen den Alkohol: 250 000 Menschen schworen dem Trinken ab und die Produktion von Whiskey halbierte sich. Mathew zu Ehren entwarfen die Gebrüder Pain 1834 die **Holy Trinity Church** (Fr Mathew Quay), außerdem ist die Father Mathew Bingo Hall um die Ecke nach dem Geistlichen benannt.

Cork World Book Festival LITERATUR
(www.corkcitylibraries.ie; Ende April) Riesiges Buchfest mit vielen Autoren, das von der Cork City Library gesponsert wird.

International Choral Festival MUSIK
(www.corkchoral.ie; Anfang Mai) Bedeutendes Event, das im Rathaus und an anderen Veranstaltungsorten stattfindet.

Cork Pride SCHWULE & LESBEN
(www.corkpride.com; Juli/Aug.) Einwöchige Gay-Pride-Feier.

Guinness Jazz Festival JAZZ
(guinnessjazzfestival.com; Ende Okt.) Beim größten Festival der Stadt treten hochkarätige Jazzgrößen an verschiedenen Veranstaltungsorten auf.

Cork Film Festival FILM
(www.corkfilmfest.org; Nov.) Internationale Filmwoche mit vielfältigem Programm.

Schlafen

Stadtzentrum

Egal ob man auf der Hauptinsel oder im Norden, auf der anderen Seite der St. Patrick's Bridge in Shandon oder in der MacCurtain Street übernachtet – man ist immer mitten im Trubel.

Brú Bar & Hostel HOSTEL €
(021-455 9667; www.bruhostel.com; 57 MacCurtain St; B 15–20 €, DZ & 3BZ 48–60 €; @) Bei Rucksackreisenden und Einheimischen erfreut sich die tolle Bar großer Beliebtheit. Alle Schlafsäle verfügen über ein Bad, sind sauber und stilvoll und haben vier bis sechs Betten. Man sollte sich in einem der oberen Stockwerke unterbringen lassen, denn dort herrscht mehr Ruhe. Es gibt ein Internetcafé mit freiem Zugang für Gäste. Das Frühstück ist im Preis enthalten.

Sheila's Hostel HOSTEL €
(021-450 5562; www.sheilashostel.ie; 4 Belgrave Pl, abseits der Wellington Rd; B 16–18 €, 2BZ 44–50 €; @) Im Sheila's geben sich Rucksacktouristen die Klinke in die Hand, was bei der zentralen Lage nicht verwundert. Gästen stehen kostenloser Internetzugang, ein Billardtisch, Wäscheservice und ein Grillplatz zur Verfügung. Die billigeren Zweibettzimmer teilen sich Gemeinschaftsbäder. Frühstück kostet 3 € extra.

Kinlay House HOSTEL €
(021-450 8966; www.kinlayhousecork.ie; Bob & Joan's Walk; B 15–18, EZ 30–35 €, DZ 46–54 €; @) Das verschachtelte Hostel nahe der St. Anne's Church in Shandon punktet mit einer entspannten Atmosphäre. Zum Service gehören eine Waschmaschine und kostenloses Frühstück. Gäste können das Fitnessstudio nebenan zum vergünstigten Preis nutzen.

★ **Imperial Hotel** HOTEL €€
(021-427 4040; www.flynnhotels.com; South Mall; DZ/Suite ab 109/450 €; @) Obwohl das Hotel vor Kurzem seinen 200. Geburtstag feierte, altert es in Würde. Die Gemeinschaftsräume bezaubern mit opulenten historischen Details wie Marmorböden und Blumenbouquets. Alle 130 Zimmer warten mit den Standards eines Viersternehotels auf: Schreibtische, eine dezente Einrichtung und moderne Elemente wie ein Aveda-Spa und eine digitale Musikbibliothek – so etwas gab es noch nicht, als Charles Dickens hier übernachtete. Michael Collins, der Vorsitzende der provisorischen Regierung von 1922, verbrachte hier seine letzte Nacht; wer will, kann in seiner Suite übernachten.

Auburn House B&B €€
(021-450 8555; www.auburnguesthouse.com; 3 Garfield Tce, Wellington Rd; EZ/DZ 58/80 €;) In dem B&B wird man wie ein Familienmitglied aufgenommen. Zwar sind die Zimmer klein, aber dafür sauber und mit hübschen Blumenkästen vor den Fenstern ausgestattet. In den Räumen nach hinten genießt man eine herrliche Aussicht über die Stadt. Zum Frühstück wird auch Vegetariern etwas geboten; ein weiterer Vorteil ist die Lage unweit der quirligen MacCurtain Street.

Isaac's Hotel
HOTEL €€

(☎ 021-450 0011; www.isaacscork.com; 48 MacCurtain St; EZ/DZ/Apt. ab 80/85/120 €; @ 📶) Die Lage an einer gepflasterten Gasse mit einem Wasserfall ist das große Plus dieses Hotels, dessen Gebäude früher ein Lager für viktorianische Möbel war. Alles ist in verblichenen Lachstönen gestaltet, auch die Apartments, die mit Küche und Waschmaschine ausgestattet sind. In den Zimmern ohne Ventilatoren ist es an sonnigen Tagen heiß und stickig. Nach einer Unterkunft abseits der lauten Straße fragen!

Western Road & Umgebung

Die Western Road führt vom Stadtzentrum zum UCC-Campus im Südwesten, wo es die meisten B&Bs gibt. Man erreicht die Unterkünfte mit einem Bus vom zentralen Busbahnhof aus oder zu Fuß entlang der ruhigen Dyke Parade.

★ Garnish House
B&B €€

(☎ 021-427 5111; www.garnish.ie; Western Rd; EZ/DZ ab 75/89 €; 📶) In dem preisgekrönten B&B wird dem Gast alle Aufmerksamkeit zuteil. Auf der legendären Frühstückskarte (30 Angebote!) stehen frischer Fisch und französische Toasts. Als Spezialität des Hauses gilt frisch gekochter Porridge mit sahnigem Honig und einem Whiskey oder Baileys nach Wahl. Am besten genießt man ihn auf der Gartenterrasse. Die 14 Zimmer sind sehr komfortabel und die Rezeption ist 24 Stunden geöffnet.

Blarney Stone Guesthouse
B&B €€

(☎ 021-427 0083; www.blarneystoneguesthouse.ie; Western Rd; EZ/DZ 59/89 €; @ 📶) Es liegt zwar nicht einmal annähernd in der Nähe vom Blarney Castle, doch die acht Zimmer lassen die Herzen der Gäste höher schlagen. Das Blarney Stone ragt mit seiner leuchtend weißen Fassade aus der Reihe eng zusammenliegender B&Bs hervor. Innen wartet eine üppige Einrichtung voller Rüschen und Schnörkel, die an Zeiten erinnert, als noch Autos mit Vinyldächern in Mode waren.

Crawford House
B&B €€

(☎ 021-427 9000; www.crawfordhouse.ie; Western Rd; DZ 60–90 €; @ 📶) Alle zwölf Zimmer dieses B&Bs trumpfen mit Powerduschen, geräumigen Spa-Bädern sowie riesigen Doppelbetten und dezenten Holzmöbeln auf. Das Crawford House bietet die Standards eines modernen Hotels (24 Std. geöffnete Rezeption), dazu aber eine familiäre Atmosphäre. Die öffentlichen Bereiche (und vier Zimmer) haben WLAN.

Hayfield Manor
HOTEL €€€

(☎ 021-484 5900; www.hayfieldmanor.ie; Perrott Ave, College Rd; DZ 195–310 €; @ 📶 🏊) Der rote Teppich ist ausgerollt, ein Glas Sherry wartet schon – willkommen im Hayfield Manor. Nur 1½ km vom Zentrum geht's eher zu wie in einem gemütlichen Landhaus. Komfort und Annehmlichkeiten eines Luxushotels treffen hier auf die lockere Gastfreundlichkeit einer privaten Pension. In den 88 schönen Zimmern (man kann zwischen traditioneller und moderner Einrichtung wählen) wird ein 24-Stunden-Service geboten, und in der Bibliothek, dem luxuriösen Spa und den Gourmetrestaurants lassen sich viele Stunden vertrödeln.

Essen

Ein Besuch in Cork lohnt sich schon allein wegen der wunderbaren Gastronomie. Der English Market (S. 232) ist ein lokaler, wenn nicht sogar nationaler Schatz. In den engen dunklen Gassen der Fußgängerzone nördlich der St. Patrick's Street reihen sich Cafés und Restaurants aneinander, außerdem wimmelt es dort Tag und Nacht von Leuten.

Gourmet Burger Bistro
BURGER €

(☎ 021-4505 404; www.gourmetburgerbistro.ie; 8 Bridge St; Hauptgerichte 8–17 €; ⏲ Mo–Sa 10–22, So 14–21 Uhr; 📶 👪) In diesem schicken, minimalistischen Lokal gibt's Burger aus der ganzen Welt, von indisch (Lamm-Kofta mit Mango) über spanisch (Hühnchen, Chorizo und Manchego), amerikanisch (mit Schinken, Monterey Jack Cheese und Barbecuesoße) und französisch (mit Brie) bis natürlich irisch (Schinken, Clonakilty-Blutwurst und Spiegelei). Für Vegetarier sind Varianten mit Falafel und Halloumi im Angebot. Außerdem stehen Salate und Sandwiches auf der Karte – doch dafür kommt man nicht hierher.

Idaho Café
CAFÉ €

(☎ 021-427 6376; 19 Caroline St; Hauptgerichte 8,50–11,50 €; ⏲ Mo–Do 8.30–17, Fr & Sa 8.30–18 Uhr; 👪) Von außen sieht es aus wie ein altes, traditionelles Café, doch auf der Karte findet man kreative Abwandlungen irischer Gerichte sowie Kräutertees und offene Weine. Viel Privatsphäre bieten die eng gestellten Tische aber nicht.

★ Electric
MODERN IRISCH €

(www.electriccork.com; 41 South Mall; Hauptgerichte 15–27 €; ⏲ 12–22 Uhr; 📶) Die Gerichte in dieser umgewandelten Art-déco-Bank reichen von Brokkolirisotto mit Birnen, Blaukäse und Walnussdressing bis zu üppigen Steaks. Die Zutaten stammen frisch vom Markt. Von Donnerstag bis Sonntag wird zusätzlich eine rustikale Fischbar im mediterranen Stil geboten. Doch den größten Reiz für die vielen Gäste haben die große Terrasse am Fluss und der Restaurantbalkon im Obergeschoss mit fantastischem Blick auf die Kathedrale. Für sich sprechen auch die zahlreichen offenen Weine und die zwei Dutzend Biersorten.

Nash 19 INTERNATIONAL €€
(☎021-427 0880; www.nash19.com; Princes St; Hauptgerichte 10,50–16 €; ⏲Mo–Fr 7.30–17, Sa 8.30–16 Uhr) Sensationelles Bistro mit einem kleinen Feinkostladen, das zum Frühstück, Mittagessen und zur Teezeit lokale Produkte auftischt. Die köstlichen Scones locken schon zeitig Kundschaft an und die frischen Tagesangebote (Suppen, Salate, Desserts etc.) sowie Hühnerpastete von Freilandhühnern und Platten mit Räucherfisch von **Frank Henderman** (S. 237) sorgen dafür, dass den ganzen Tag über Betrieb herrscht.

Café Paradiso VEGETARISCH €€
(☎021-427 7939; www.cafeparadiso.ie; 16 Lancaster Quay; Hauptgerichte mittags 13–14, 2-/3-Gänge-Menü abends 33/40 €; ⏲ganzjährig Fr & Sa 12–14.30, Di–Sa 17.30–22 Uhr, Juni–Ende Aug. auch Mo 17.50–22 Uhr;) Das Paradiso ist in jeder Sparte ein Anwärter für das beste Lokal der Stadt. Es serviert moderne vegetarische Gerichte: Wir empfehlen z. B. gebratenen Tofu mit Chilischoten und asiatischem Gemüse in einer Kokosnuss- und Zitronengrasbrühe oder gefüllte Krautblätter mit gebratenem Kürbis, karamellisierten Zwiebeln und Haselnüssen, Kardamomjoghurt und Safran-Kartoffelstampf. In den funkigen Räumen oben kostet die Unterbringung im B&B inklusive Abendessen ab 100 € pro Person.

Market Lane IRISCH, INTERNATIONAL €€
(☎021-427 4710; www.marketlane.ie; 5 Oliver Plunkett St; Hauptgerichte 11–25,50 €; ⏲Mo–Sa 12–open end, So 12–21 Uhr;) In diesem hellen Eckbistro mit einer offenen Küche und einer langen Holzbar herrscht immer Trubel. Die Karte wechselt häufig, um viele frische Speisen zu bieten. Besonders gut geschmeckt haben uns der in Dry Gin aus Cork marinierte geschmorte Schweinebraten und die Steaks mit der göttlichen Aioli. Das Mittagsmenü für 10 € ist ein Schnäppchen, zudem gibt's viele offene Weine.

Star Anise MODERN EUROPÄISCH €€
(☎021-455 1635; www.staranise.ie; 4 Bridge St; Hauptgerichte 19–25; ⏲Mo–Sa 12–14.30 & 18–22 Uhr) Seine frische, kreative Küche ist das Markenzeichen dieses kleinen, stilvollen Bistros. Hier werden z. B. Steaks für jedermann, aber auch Leckereien wie mit Ahornsirup glasierte Entenbrust und langsam gegarte Tajine serviert. Die Weine sind ausgezeichnet und ausgesprochen günstig.

Uncle Pete's PIZZA €€
(☎021-455 5888; http://unclepetes.ie; Paul St; Pizza 6–18 €; ⏲So–Do 12–0.30, Fr & Sa 12–1.30 Uhr) Corks bester Italiener bietet mehr als 25 glutenfreie Pizzas.

NICHT VERSÄUMEN

ENGLISH MARKET

Wegen seiner kunstvoll gewölbten Decken und Säulen könnte er genauso gut Viktorianischer Markt heißen – doch egal wie man ihn nennt, der **English Market** (siehe auch S. 247; www.englishmarket.ie; Princes St; ⏲Mo–Sa 9–17.30 Uhr) ist auf jeden Fall ein Juwel. Zahlreiche Verkäufer bieten hier hervorragende lokale Erzeugnisse wie Fleisch, Käse oder Snacks an. Bei schönem Wetter kann man seine Einkäufe im nahen Bishop Lucey Park verspeisen, einem beliebten Ort für Picknicks.

Ein Zwischengeschoss oberhalb des Markts beherbergt das erstklassige **Farmgate Café** (☎021-427 8134; Englischer Markt; Gerichte 4,50–15 €; ⏲Mo–Sa 8.30–17 Uhr). Hier zu essen ist eine Erfahrung, die man sich nicht entgehen lassen sollte. Wie sein Schwesterrestaurant in Midleton beherrscht das Café die Kunst, ohne großen Aufwand köstliche Gerichte auf die Teller zu zaubern. Alle Zutaten – von Austern bis zu Lamm für einen irischen Eintopf – stammen direkt vom Markt. Es gibt mehrere Tische, aber die besten Plätze befinden sich an der Balkontheke, wo man die vorbeiziehenden Leute beobachten kann.

Jacques Restaurant MODERN IRISCH €€€
(☎ 021-427 7387; www.jacquesrestaurant.ie; 23 Oliver Plunkett St; Hauptgerichte 20–28 €; ⏲ Mo 10–16, Di–Sa 10–22 Uhr) Jacqueline und Eithne Barry haben ein schickes neues Restaurant und profitieren weiterhin von einem hervorragenden Netzwerk an lokalen Erzeugern, das sie sich in fast drei Jahrzehnten geschaffen haben und mit dessen Hilfe sie ihre kulinarische Vision verwirklichen: frisches Essen aus Cork, einfach zubereitet. Die Karte wechselt täglich: Vielleicht stehen gerade Wachteln mit Couscous oder Castletownbere-Jakobsmuscheln mit Granatapfel, Rosinen und Kapern-Salsa darauf.

Les Gourmandises FRANZÖSISCH €€€
(☎ 021-425 1959; www.lesgourmandises.ie; 17 Cook St; 2-Gänge-Menüs 27,50–38,50 €, 3-Gänge-Menüs 29,50–45 €; ⏲ Mo–Sa 18–21.30, So 12.30–15 Uhr) Viele der herrlich frischen Fische vom English Market werden in diesem hübschen Restaurant, das an ein Pariser Lokal erinnert, zu leckeren Gerichten verarbeitet. Doch auch Fleisch und Geflügel kommen zu ihrem Recht, etwa beim gebratenen Perlhuhn mit Stopfleber und Pilzsoße. Das Personal ist liebenswürdig und umsichtig.

Cornstore MODERN EUROPÄISCH €€€
(☎ 021-427 4777; www.cornstorecork.com; 40A Cornmarket St; Hauptgerichte 17–34 €; ⏲ 12–23 Uhr) Dieses Restaurant brummt Tag und Nacht. Die Wartezeit auf einen Tisch lässt sich mit creativen Cocktails an der noblen Bar überbrücken. Wer die wunderbare Hummerspezialität des Hauses bestellt, sollte sich an einen der größeren Tische setzen, um genügend Platz für Schalen und Ellbogen zu haben. Ebenfalls lecker: der frische Fisch, Steaks, Pasta und der würzige Trüffelburger.

Ausgehen & Nachtleben

In Corks Pubs kann man auf eigene Gefahr Guinness trinken, auch wenn Heineken inzwischen die beiden hiesigen Stout-Legenden Murphy's und Beamish aufgekauft und letztere Brauerei geschlossen hat. Corks Mikrobrauerei, die Franciscan Well Brewery, stellt Qualitätsbier her, darunter das im Sommer beliebte Friar Weisse.

Die Kneipen sind zwar der größte Schatz der Stadt, doch es gibt auch etliche florierende Bars.

Angesichts der vielen Studenten in Cork ist in den wenigen Nachtclubs der Stadt entsprechend viel los. Der Eintritt kostet mindestens 15 € und die meisten Läden sind freitags und samstags bis 2 Uhr geöffnet. Weitere Infos siehe im Abschnitt „Unterhaltung".

Sin É PUB
(8 Coburg St) In diesem alten, überaus gemütlichen Pub geht bei toller Stimmung locker ein ganzer Tag vorbei. An vielen Abenden wird Musik gemacht – häufig traditionell, aber mit der einen oder anderen Ausnahme.

Mutton Lane Inn PUB
(Mutton Lane) Das einladende und sehr beliebte Pub versteckt sich in der winzigsten Gasse, die von der St. Patrick's Street abgeht. Es wird von Kerzen und bunten Lichtern beleuchtet und ist eine von Corks intimsten Kneipen. Am besten kommt man früh her, um sich einen Platz zu sichern, oder lässt sich draußen auf den Bierbänken nieder.

Long Valley PUB
(10 Winthrop St) Diese Institution in Cork reicht bis in die Mitte des 19. Jhs. zurück. Einige Möbel stammen von den Kreuzfahrtschiffen der White Star Line, die früher in Cobh anlegten.

Suas Rooftop Bar COCKTAILBAR
(www.suasbar.com; 4-5 South Main St; Sommer Mo–Do 10–23.30, Fr 10–0.30, Sa 12–23 Uhr, im Winter kürzere Öffnungszeiten) Man könnte locker durch die South Main Street spazieren, ohne zu ahnen, dass sich diese elegante Bar mit beheizter Dachterrasse direkt darüber befindet. Alle klassischen Cocktails sind im Angebot, die Caipirinhas werden korrekt mit *cachaça* (fermentiertes Zuckerrohr) und frischer Limone zubereitet. Freitag- und samstagabends sorgen DJs auf der Terrasse für Stimmung.

ABSTECHER

AUF DEN HUND GEKOMMEN

Wer von den Pubs, Konzerten und Theatern genug hat, könnte eines der Windhundrennen besuchen, die sich bei irischen Familien großer Beliebtheit erfreuen. Einer der besten Orte dafür ist der **Curraheen Greyhound Park** (☎ 021-454 3095; www.igb.ie/cork; Curraheen Park; Erw./Kind 10/5 €; ⏲ ab 18.45 Uhr an variablen Tagen). Pro Abend finden zehn Rennen statt; ein Restaurant, eine Bar und Livemusik sorgen zwischendurch für Unterhaltung. Das Stadion liegt 5,5 km außerhalb vom Zentrum, vom Busbahnhof Cork fahren Busse her.

CORK FÜR SCHWULE & LESBEN

➜ **Cork Pride** (www.corkpride.com; ⊙ Juli/Aug.) Einwöchiges Festival im Juli/August mit Veranstaltungen in der ganzen Stadt.

➜ **Ruby Lounge** (☎ 021-4222 2860; www.facebook.com/MrRubyLounge; Washington St; ⊙ Mi–So 21 Uhr–open end) Corks führende Schwulenbar, das Chambers, hat als Ruby Lounge wiedereröffnet.

➜ **Emerson House** (☎ 086 834 0891; www.emersonhousecork.com; 2 Clarence Tce, North Summer Hill; EZ/DZ ab 60/80 €; 📶) Schwul-lesbisches B&B in einem eleganten georgianischen Haus. Gastgeber Cyril ist ein Quell an Informationen.

➜ **Gay Cork** (www.gaycork.com) Programm und Veranstaltungsverzeichnis.

➜ **L.inC** (☎ 021-480 8600; www.linc.ie; 11A White St; ⊙ Di & Mi 11–15, Do 11–20 Uhr) Hervorragendes Archiv für Lesben und bisexuelle Frauen.

➜ **Other Place** (☎ 021-427 8470; www.gayprojectcork.com; 8 South Main St; ⊙ Café-Bar Di–Fr 11–19, Sa 13–19 Uhr) Kooperiert mit dem **Southern Gay Health Project** (www.gayhealthproject.com); Buchladen und Café-Bar.

Franciscan Well Brewery PUB
(www.franciscanwellbrewery.com; 14 North Mall; ⊙ Mo–Do 15–23.30, Fr & Sa 15–0.30, So 15–23 Uhr; 📶) Eigentlich sagen die Kupfertanks hinter der Bar schon alles: Im Franciscan Well wird eigenes Bier gebraut. Am schönsten ist es im hinten gelegenen großen Biergarten. Gemeinsam mit anderen kleinen (und oft unterschätzten) irischen Brauereien hält das Pub regelmäßig Bierfeste ab.

Abbot's Ale House PUB
(17 Devonshire St) Diese unauffällige Kneipe im ersten Obergeschoss ist klein, verfügt aber über eine umfangreiche Karte mit Fassbieren und weiteren 300 Sorten in Flaschen. Ein guter Treffpunkt vor dem Discobesuch.

Savoy THEATER, CLUB
(☎ 021-422 3910; www.savoytheatre.ie; Patrick St; ⊙ Do–So) Bei den Clubnächten des Savoy zeigen die besten DJs der Stadt (und wechselnde Gast-DJs), was sie draufhaben.

The Oliver Plunkett LIVEMUSIK
(☎ 021-422 2779; www.theoliverplunkett.com; 116 Oliver Plunkett St; ⊙ 8 Uhr–open end) Corktypisches aus Sport, Politik und Musik, ein entspanntes Pub, das auch Essen serviert, rockige Livemusik und Clubnächte machen diesen vielseitigen Treffpunkt rund um die Uhr zu einem Magneten für Einheimische und Besucher.

☆ Unterhaltung

Das Gratisheft **WhazOn?** (www.whazon.com) listet alle Veranstaltungen in der Stadt auf.

Theater

Das kulturelle Leben in Cork steht anderen Orten in Irland in nichts nach und lockt internationale Künstler in die Stadt.

Cork Arts Theatre THEATER
(☎ 021-450 5624; www.corkartstheatre.com; Camden Court, Carroll's Quay) Dieses hervorragende Theater zeigt anspruchsvolle Dramen und neue Stücke.

Cork Opera House OPER
(☎ 021-427 0022; www.corkoperahouse.ie; Emmet Pl; ⊙ Ticketschalter Mo–Sa 10–19, So ab 18 Uhr, an veranstaltungsfreien Tagen Mo–Sa 10–17.30 Uhr) Seit über 150 Jahren sorgt das renommierte Haus in Cork für Unterhaltung. Auf dem Programm stehen Ballett, Stand-up-Shows und Marionettentheater. An der Rückseite des Gebäudes präsentiert das **Half Moon Theatre** (☎ 021-427 0022; halfmoontheatre.ie; Emmet Place) modernes Theater, Tanz und gelegentlich Clubnächte.

Everyman Palace Theatre THEATER
(☎ 021-450 1673; www.everymanpalace.com; 15 MacCurtain St; ⊙ Ticketschalter Mo–Fr 12–19.30, Sa 14–19.30, So 16–19.30 Uhr, an veranstaltungsfreien Tagen Mo–Fr 12–17, Sa 14–17 Uhr) Bekannte Musical- und Theaterproduktionen. Manchmal treten auch Rockbands oder Comedians auf. Ein toller Veranstaltungsort für Konzerte, die etwas respektvolles Schweigen erfordern.

Firkin Crane THEATER
(☎ 021-450 7487; www.firkincrane.ie; Shandon) Eines der besten Zentren für zeitgenössischen Tanz in Irland.

Granary THEATER
(☎021-490 4275; www.granary.ie; Dyke Pde) Im Granary treten neben der Theatergruppe des University College Cork auch auswärtige Ensembles auf.

Triskel Arts Centre KUNSTZENTRUM
(☎021-472 2022; www.triskelart.com; Tobin St; Tickets ca. 15 €; ⌚Café Mo–Sa 10–17 Uhr) Der Laden ist klein, aber fein und wartet mit einem umfangreichen Programm auf, egal ob man Konzerte, Installationskunst, Fotografie oder Theater bevorzugt. Es gibt auch ein **Kino** (ab 18.30 Uhr) und ein tolles **Café.**

Kinos

Gate Multiplex KINO
(☎021-427 9595; www.corkcinemas.com; North Main St) Das Multiscreenkino zeigt vor allem Hollywoodfilme.

Livemusik

Bei Musikevents hat man die Qual der Wahl. Neben zahlreichen Pubs, die mit Livemusik aufwarten, und Theatern gibt's auch Konzertsäle und Bars, die vor allem wegen ihrer Liveevents bekannt sind. Vollständige Veranstaltungsprogramme bieten *WhazOn?*, PLUGD Records und www.corkgigs.com.

Cyprus Avenue KONZERTHALLE
(☎021-427 6165; www.cyprusavenue.ie; Caroline St; ⌚19.30 Uhr–open end) Hier kann man Konzerte von aufstrebenden und bereits etablierten Sängern sowie von Songwritern und Bands erleben.

Pavilion CAFÉ, LIVEMUSIK
(☎021-427 6230; www.pavilioncork.com; 13 Carey's Lane; ⌚12 Uhr–open end) Bietet in Cork die beste Mischung aus Bands, Musikern und Sängern. Zum Programm gehören Jazz, Blues, Rock, Independent und vieles mehr.

Crane Lane Theatre THEATER
(☎021-427 8487; www.cranelanetheatre.com; Phoenix St) Stimmungsvoller Veranstaltungsort für Livemusik, der im Stil der 1920er- bis 1940er-Jahre dekoriert ist. Der Biergarten im Hof ist eine Oase im Stadtzentrum.

Shoppen

Die St. Patrick's Street gilt als das Herz des Einzelhandels, denn hier stößt man auf die größten Kaufhäuser und Einkaufspassagen der Stadt. Eine weitere bedeutende Shoppingmeile befindet sich in der Fußgängerzone (Oliver Plunkett Street). Dort und in den engen Nebengassen entdeckt man viele interessante kleine Läden.

O'Connaill SCHOKOLADE
(☎021-437 3407; 16B French Church St) O'Connaill kreiert exquisite Köstlichkeiten. Kein Besucher sollte Cork verlassen, ohne hier eine heiße Schokolade (4 €) gekostet zu haben.

P Cashell ANTIQUITÄTEN
(☎021-427 5824; 13 Winthrop St; ⌚Di–Sa 10–17 Uhr) Der zeitlose und überfüllte Antiquitäten- und Kuriositätenladen wirkt im Glitter des Stadtzentrums völlig deplatziert. Hier fühlt man sich wie bei einer Schatzsuche.

PLUGD Records MUSIK
(☎021-472 2022; www.plugdrecords.com; Tobin St; ⌚Mo–Sa 12–19 Uhr) Hat Musik aller Genres im Angebot und ist der richtige Ort, um sich über die stetig im Umbruch begriffene Clubszene zu informieren.

Pro Musica MUSIKINSTRUMENTE
(☎021-427 1659; www.promusica.ie; Oliver Plunkett St; ⌚Mo–Sa 9–18 Uhr) Eines der besten Musikgeschäfte Corks. Der Laden verfügt über Noten und Instrumente und hat zudem ein Schwarzes Brett.

Praktische Informationen

Auf den Hauptstraßen und öffentlichen Plätzen im Stadtzentrum gibt's WLAN.

Cork City Tourist Office (☎021-425 5100; www.corkcity.ie; Grand Pde; ⌚Juli & Aug. Mo–Sa 9–18, So 10–17 Uhr, Sept.–Juni Mo–Fr 9.15–17 & Sa 9.30–16.30 Uhr) Souvenirladen und Infoschalter. Verkauft maßstabsgetreue Karten, auch das Fährunternehmen **Stena Line** betreibt hier einen Schalter.

General Post Office (☎021-485 1042; Oliver Plunkett St; ⌚Mo–Sa 9–17.30 Uhr)

Mercy University Hospital (☎021-427 1971; www.muh.ie; Grenville Pl) Unfall- und Notfallversorgung.

People's Republic of Cork (www.peoplesrepublicofcork.com) Die unabhängige Website trägt den beliebten Spitznamen der liberal gesinnten Stadt und bietet hervorragende Infos.

Webworkhouse.com (☎021-427 3090; www.webworkhouse.com; 8A Winthrop St; 1,50–3 € pro Std.; ⌚24 Std.) Internetcafé, bietet auch preiswerte internationale Telefongespräche.

An- & Weiterreise

BUS

Aircoach (☎01-844 7118; www.aircoach.ie) fährt zum Dublin Airport und ins Zentrum der Hauptstadt. Abfahrtsort ist St. Patrick's Quay (15 €; 4¼ Std.; alle 2 Std. von 1–23 Uhr).

Bus Éireann (☎ 021-450 8188; www.buseireann.ie) verkehrt vom **Busbahnhof** (Ecke Merchants Quay & Parnell Pl) zu den meisten irischen Städten, darunter Dublin (14,50 €, 3 Std., 6-mal tgl.), Killarney (15,30 €, 1¾ Std., 14-mal tgl.), Kilkenny (19 €, 3 Std., 2-mal tgl.) und Waterford (21,20 €, 2¼ Std., 13-mal tgl.).

GoBus (☎ 091-564 600; www.gobus.ie;) fährt vom Busbahnhof in Cork nach Dublin (12 €, 3 Std., 9-mal tgl.).

Citylink (☎ 091-564 164; www.citylink.ie;) bietet regelmäßige Verbindungen nach Galway (3 Std.) und Limerick (1½ Std.). Die Busse starten häufig und Tickets sind schon ab 10 € zu haben.

FLUGZEUG

Cork Airport (ORT; ☎ 021-431 3131; www.cork-airport.com) liegt 8 km südlich der Stadt an der N27. Hier findet man auch Geldautomaten und alle großen Autovermietungen. Zu den Airlines, die Cork ansteuern, gehören Air Lingus, Ryanair und Jet2.com. Es gibt u. a. Verbindungen nach Dublin und London (Heathrow, Gatwick und Standsted) und in einige andere Städte in Großbritannien und Kontinentaleuropa.

SCHIFF/FÄHRE

Brittany Ferries (☎ 021-427 7801; www.brittany ferries.ie; 42 Grand Pde) setzt zwischen Ende März und Oktober wöchentlich nach Roscoff (Frankreich) über. Die Reise dauert 15 Stunden und die Ticketpreise variieren. Das Fährterminal ist in Ringaskiddy, etwa 15 Autominuten südöstlich vom Stadtzentrum an der N28. Ein Taxi dorthin kostet zwischen 28 und 35 €. Bus Éireann fährt vom Busbahnhof in Cork abgestimmt auf die Abfahrtszeiten der Fähren hierher (Erw./Kind 7,90/5,60 €, 40 Min.); Zeiten vorher erfragen. Auch nach Rosslare Harbour verkehren Fähren (Erw./Kind 26/17,50 €, 4–5 Std.).

ZUG

Die **Kent Train Station** (☎ 021-450 4777) befindet sich nördlich des Lee in der Lower Glanmire Road. Von hier fahren Busse für 1,80 € ins Zentrum. Ein Taxi kostet zwischen 9 und 10 €.

Die Züge steuern Mallow an, wo man in die Tralee-Linie umsteigen kann, und verkehren durch Limerick Junction, mit Anschluss nach Ennis (und Galway), von wo es nach Dublin (38 €, 3 Std., 16-mal tgl.) weitergeht.

ℹ Unterwegs vor Ort

AUTO

Wer am Straßenrand parken will, braucht dafür eine bestimmte Parkscheibe (2 € pro Std.), die man bei der Touristeninformation und einigen Kiosken bekommt. Vorsicht: Politessen erledigen ihre Arbeit vorbildlich, und um ein abgeschlepptes Auto wieder zurückzubekommen, muss man gesalzene Gebühren zahlen. Rund um das Zentrum gibt's mehrere ausgeschilderte Parkhäuser (2 € pro Stunde bzw. 12 € über Nacht).

BUS

Vom Stadtzentrum erreicht man fast alle Sehenswürdigkeiten leicht zu Fuß. Ein einfaches Busticket kostet 1,80 €, eine Tageskarte 4,80 €. Alle Tickets können im Bus gekauft werden.

VOM/ZUM FLUGHAFEN

Bus Éireann bietet zwischen 6 und 23 Uhr regelmäßige Verbindungen zwischen dem Busbahnhof und dem Flughafen (5 €, 30 Min.). Eine Taxi vom/ins Stadtzentrum kostet zwischen 20 und 25 €.

TAXI

Empfehlenswert sind **Cork Taxi Co-op** (☎ 021-427 2222; www.corktaxi.ie) und **Shandon Cabs** (☎ 021-450 2255).

RUND UM CORK (STADT)

Blarney Castle

Diese **Burg** (☎ 021-438 5252; www.blarneycastle.ie; Erw./Kind 12/5 €; ⌚ Juni–Aug. Mo–Sa 9–19, So 9–18 Uhr, Mai & Sept. Mo–Sa 9–18.30, So 9–18 Uhr, Okt.–April Mo–Sa 9–18, So 9–17 Uhr) aus dem 15. Jh. ist eines der beliebtesten Touristenziele Irlands. Wer wissen will, wie viel Macht Seemannsgarn haben kann, sollte sich hier in die Schlange einreihen.

Menschenmassen strömen hierher, um den berühmten **Blarney Stone** zu küssen. Das Objekt der Begierde befindet sich ganz oben auf der Burg und kann nur über steile, schlüpfrige Wendeltreppen erreicht werden. Um ihn mit den Lippen zu berühren, muss man sich auf den Zinnen rückwärts über einen tiefen Abgrund lehnen – ein Sicherheitsgitter und ein Wächter passen auf, dass keine Unfälle passieren. Während einem das Hemd hochrutscht, starren einem Busladungen von Schaulustigen direkt in die Nasenlöcher. Am besten denkt man nicht darüber nach, was Einheimische über all die anderen Flüssigkeiten *außer* Speichel erzählen, die den Stein befeuchten. Noch besser: Man küsst ihn nicht.

Auch wenn dieser Brauch (angeblich verleiht einem der Kuss eine unschlagbare Rhetorik) noch relativ jung ist, wird Blarney Castle schon sehr lange mit der Kunst der Wortgewandtheit in Verbindung gebracht. Die Phrase *„to talk blarney“* soll Queen Elisabeth I. in einem Wutanfall über Lord Blarney erfunden haben. Der redete nämlich ohne Punkt und Komma, ohne je auf ihre Forderungen einzugehen.

Wem der ganze Trubel zu viel wird, zieht sich in den **Rock Close** zurück, einen Teil der schönen, oft unbeachteten **Gärten**. Barryscourt Castle (S. 240) östlich von Cork ist übrigens noch beeindruckender und weniger überfüllt.

Blarney liegt 8 km nordwestlich von Cork. Die Burg selbst ist schlecht ausgeschildert, am besten folgt man den Schildern zum Gift Emporium und dem Hotelkomplex Blarney Woollen Mills. Vom Busbahnhof Cork fahren häufig Busse her (Erw./Kind 3.80/2 €, 30 Min.).

Fota

Kängurus, Geparden, Affen und Gibbons erwarten einen auf der bewaldeten Insel im **Fota Wildlife Park** (☎ 021-481 2678; www.fotawildlife.ie; Carrigtwohill; Erw./Kind 14,30/9,20 €; ⌚ Mo–Sa 10–17, So 10.30–17 Uhr), einem riesigen Zoo in freier Wildbahn, wo die Tiere ohne einen Käfig oder Zaun umherstreifen. Während der Hochsaison dreht eine **Bimmelbahn** (auf Rädern, nicht auf Schienen) alle 15 Minuten eine Runde durch den Park (einfach/hin & zurück 1/2 €); einen viel besseren Eindruck bekommt man allerdings, wenn man den 2 km langen **Rundweg** zu Fuß unternimmt.

Anschließend lohnt ein Spaziergang zum **Fota House** (☎ 021-481 5543; www.fotahouse.com; Carrigtwohill; Hausführung Erw./Kind 8/3 €; April–Okt. Mo–Sa 10–17, So 10–16 Uhr) im Regency-Stil. Das nahezu leere Gebäude besitzt eine schöne Küche und hübsche Stuckdecken; interaktive Schaukästen sorgen in den Räumen für Leben.

Der Wildlife Park und das Fota House teilen sich einen Parkplatz (3 €).

Auf dem 315 ha großen Gelände des **Fota Island Resort** (☎ 021-488 3700; www.fotaisland.ie; Fota Island; EZ/DZ/Suite ab 164/179/249, Golfplatzgebühr ab 45 €; @ 📶 🏊) erstrecken sich drei **Meisterschaftsgolfplätze**. Das Hauptgebäude des Hotels erinnert von außen an ein Flughafenterminal, doch innen besticht es mit warmem Holz und Fünfsterne-Eleganz. Neben einem Spa gibt's ein ausgezeichnetes Restaurant und eine Bar, doch der stimmungsvollste Platz, um etwas zu essen oder zu trinken, ist das schöne alte steinerne Clubhaus in einem umgebauten Bauernhaus mit Blick auf den See.

Fota liegt 10 km östlich von Cork. Der Zug verkehrt stündlich zwischen Cork und Fota (2,45 €, 13 Min.) und dann weiter nach Cobh.

Cobh

6500 EW.

Cobh (ausgesprochen kohf), eine charmante hügelige Stadt an einer glitzernden Flussmündung, beherbergt leuchtend bunte Häuser und eine prächtige Kathedrale. Für die Einwohner des Countys ist dies ein beliebter Erholungsort, der außerdem von zahlreichen Kreuzfahrtschiffen (etwa 60 täglich) angesteuert wird – nach dem australischen Sydney Harbour hat das Städtchen nämlich den zweitgrößten Naturhafen der Welt.

Kaum noch etwas erinnert an die entsetzlichen Jahre der Hungersnot, als 2,5 Mio. Iren das Land von hier aus verließen, um so dem Tod zu entgehen. Cobh war auch der letzte Hafen, den die *Titanic anlief;* 2012 wurde zum 100. Jubiläum ihrer Fahrt ein ergreifendes Museum eröffnet.

Die Stadt liegt auf der Südseite von Great Island, einer der drei Inseln an der Küste

INSIDERWISSEN

GERÄUCHERTES

Ein Aufenthalt in Cork ist erst dann vollkommen, wenn man einen Spezialitätenhersteller besucht hat, und Besitzer Frank Hedermann macht gerne eine Führung in Irlands ältester und mittlerweile einziger natürlicher Räucherkammer, **Belvelly** (☎ 021-481 1089; www.frankhederman.com). Neben Meeresfrüchten, Käse und Butter wird hier vor allem Fisch, insbesondere Lachs, geräuchert. Bei dem traditionellen Verfahren, das 24 Stunden dauert, filetiert und pökelt man den Fisch, ehe er in der winzigen Kammer über Buchenholzscheiten zum Räuchern aufgehängt wird. Das Ergebnis ist köstlich. Einen Besuch der Räucherkammer, die 12 km von Midleton entfernt an der R624 Richtung Cobh liegt (auf die kleinen lindgrünen Schilder achten) sollte man per Telefon oder E-Mail arrangieren oder bei Franks Stand auf dem Bauernmarkt in Midleton (S. 241) vorbeischauen.

Corks. Vom Ufer sind die anderen beiden zu sehen: Haulbowline Island, einst die Basis des irischen Seedienstes, und die grüne Spike Island, auf der einst ein Gefängnis stand und die man auch besuchen kann.

Geschichte

Viele Jahre lang war Cobh der Hafen von Cork und spielte eine wichtige (oft tragische) Rolle für Überfahrten über den Atlantik. 1838 stach die *Sirius* von hier aus in See, um als erstes Dampfschiff den Atlantik zu überqueren. Zudem legte hier die *Titanic* ein letztes Mal an, bevor sie 1912 ihre desaströse Reise antrat. Als die *Lusitania* 1915 vor der Küste von Kinsale torpediert wurde, brachte man viele der Überlebenden nach Cobh und begrub dort die Toten. Überdies war der Ort für die Millionen, die während der Hungersnot auswanderten, das Letzte, was sie von Irland sahen. Nachdem Queen Viktoria das Städtchen besucht hatte, wurde Cobh 1849 in Queenstown umbenannt. Diesen Namen behielt es bis zur Unabhängigkeit Irlands 1921, dann führte der Stadtrat wieder das irische Original ein.

1720 wurde in Cobh der erste Jachtclub der Welt, der Royal Cork Yacht Club, gegründet. Gegenwärtig wird er von Crosshaven auf der anderen Seite des Cork Harbour aus betrieben. Im schönen Old Yacht Club befinden sich heute die Touristeninformation und ein Kunstzentrum.

Sehenswertes

★Titanic Experience Cobh MUSEUM

(021-481 4412; www.titanicexperiencecobh.ie; 20 Casement Sq; Erw./Kind 9,50/4,75 €; 9–18 Uhr) Die Originalbüros der White Star Line, von denen aus 123 Passagiere an Bord gingen (und sich eine glückliche Seele absetzte), beherbergen heute eine eindringliche Ausstellung zur schicksalhaften *Titanic*. Man kann sie nur im Rahmen einer Tour besuchen, die teilweise von einem Führer begleitet wird und teilweise interaktiv ist. Für die Exponate, die audiovisuellen Präsentationen und die Hologramme sollte man mindestens eine Stunde einplanen. Die technischen Spielereien sind beeindruckend, doch am berührendsten ist es, an der Stelle zu stehen, von wo aus die Passagiere zu dem vor der Küste liegenden Schiff übergesetzt wurden, um niemals zurückzukehren.

★Cobh, The Queenstown Story MUSEUM

(021-481 3591; www.cobhheritage.com; Lower Rd; Erw./Kind 7,50/4 €; Mo–Sa 9.30–17.30, So 11–17.30 Uhr, letzter Einlass 1 Stunde vor Schließung) Der Sturm scheint einem durch die Haare zu blasen, es gibt ein wenig künstliches Erbrochenes und die Leute auf den Bildern sehen alle ziemlich erbärmlich aus: So etwas erlebt man im **Cobh Heritage Centre**, einem einzigartigen interaktiven Museum, das in einem ehemaligen Bahnhof (neben dem jetzigen Bahnhof) untergebracht ist. Der eben beschriebene Raum erzählt von der Massenauswanderung während der Hungersnot. Bei diesen Reisen wurden die Menschen sprichwörtlich grün im Gesicht. Schockierende Berichte schildern das Schicksal von Häftlingen, die auf Schiffen nach Australien deportiert wurden, auf denen es „so wenig Luft gab, dass keine Kerze brannte“. Dagegen wecken die Szenen von eleganten Seereisen in den 1950er-Jahren nostalgische Sehnsüchte. Zum Museum gehören auch ein **Ahnenforschungszentrum** und ein **Café**.

St. Colman's Cathedral KATHEDRALE

(021-481 3222; Cathedral Pl; Eintritt gegen Spende; Führungen So 15.30 Uhr) Auf einer Hangterrasse über Cobh thront dramatisch die wuchtige St. Colman's Cathedral im Stil der französischen Gotik. Sie wirkt in der Stadt völlig überdimensioniert. Ungewöhnlich ist das Glockenspiel mit 47 Glocken. Mit einem Tonumfang von vier Oktaven ist es das größte in Irland. Die größte Glocke wiegt 3,4 t – etwa so viel wie ein ausgewachsener Elefant! Von Mai bis September hört man sonntags um 16.30 Uhr ein Glockenkonzert.

Das Bauwerk wurde von E. W. Pugin entworfen und 1868 begonnen, jedoch erst 1915 vollendet. Ein Großteil der Spendengelder stammt von heimatverbundenen irischen Gemeinden in Australien und den USA.

Cobh Museum MUSEUM

(021-481 4240; www.cobhmuseum.com; High Rd; Erw./Kind 2,50/1,50 €; April–Okt. Mo–Sa 11–13 & 14–17.30, So 14.30–17 Uhr) Schiffsmodelle, Gemälde, Fotos und kuriose Ausstellungsstücke, die Besuchern Cobhs Geschichte näherbringen, füllen dieses kleine, aber anschauliche Museum. Es befindet sich unweit des Bahnhofs in einer schottischen Presbyterianerkirche aus dem 19. Jh.

Geführte Touren

Michael Martin's Walking Tours SPAZIERGANG

(021-481 5211; www.titanic.ie; Erw. 9,50–12,50 €, Kind 4,75–6,25 €, Geisterspaziergang 17,50/8,45 €;

⌚Titanic Trail 11 & 14 Uhr, Geisterspaziergang nach Vereinbarung) Der geführte Spaziergang **Titanic Trail** von Michael Martin dauert 1¼ Stunden. Er beginnt am Commodore Hotel am Westbourne Place und endet mit einer Gratiskostprobe Stout. Darüber hinaus bietet Martin auch einen unheimlichen **Geisterspaziergang** und Wanderungen auf **Spike Island** an. Letztere sind abhängig vom Wetter und der Teilnehmerzahl und starten um 14 Uhr am Kennedy Pier. Sie erkunden die Geschichte dieser Klostersiedlung aus dem 7. Jh., die später als Schmugglernest, Festung und zuletzt bis 2004 als Gefängnis diente.

Schlafen & Essen

★Gilbert's BOUTIQUE HOTEL €€
(☎021-481 1300; www.gilbertsincobh.com; 11 Pearse Sq; EZ/DZ/Penthouse 45/70/90 €; 📶) Diese recht neue Unterkunft im Zentrum von Cobh bietet eine Handvoll frischer, moderner Zimmer mit handgefertigten Möbeln, Decken aus reiner Wolle und Regenduschen. Das Frühstück ist nicht enthalten, doch die Penthouse-Suite hat eine Miniküche. Unten serviert das beste **Restaurant** (Hauptgerichte 16–28 €; ⌚Mi & Do 9–20.30, Fr & Sa 10–21.30, So 10–17.30 Uhr) der Stadt Gerichte wie Hühnerleberparfait mit Safran und Apfelchutney und Garnelen- und Muschellinguine.

Knockeven House B&B €€
(☎021-481 1778; www.knockevenhouse.com; Rushbrooke; EZ/DZ 65/90 €) Ein herrliches viktorianisches Hotel 1,5 km nördlich von Cobh. Die riesigen Zimmer sind mit antiken Möbeln ausgestattet und blicken auf einen traumhaften Garten voller Magnolien und Kamelien. Fantastisch ist auch das Frühstück mit selbst gebackenem Brot und frischem Obst; es wird in einem üppig dekorierten Speisezimmer serviert. Die Einrichtung erinnert an eine historische Kreuzfahrtschiffkabine erster Klasse.

Commodore Hotel HOTEL €€
(☎021-481 1277; www.commodorehotel.ie; Westbourne Pl; EZ/DZ 60/110 €; @📶🏊) Dieses klassische Hotel am Meer hat mit Kronleuchtern geschmückte Flure und 42 moderne, attraktive Zimmer – am besten nimmt man eines der teureren mit Meerblick. Es gibt ein Schwimmbad und einen Dachgarten mit toller Aussicht.

Farmers Market MARKT €
(The Promenade; ⌚Fr 10–14 Uhr) 🍃 Am Meer.

Titanic Bar & Grill IRISCH €€
(☎021-481 4585; 20 Casement Sq; Hauptgerichte 14–25 €; ⌚Mo–Mi 10–18, Do 10–23.30, Fr & Sa 10–0.30, So 12–23 Uhr; 👪) Auf des Rückseite der Titanic Experience Cobh liegt dieses großartige Lokal. Die riesige Terrasse mit Blick auf den Hafen eignet sich perfekt für ein Bierchen. Doch auch die Speisekarte wird dem stilvollen Ambiente mit viel Holz gerecht und bietet Gerichte wie Schweinefleisch-Assiette (Schweinebauch-Confit, gebratenes Schweinemedaillon und hausgemachte Schweinefleisch-Porree-Würstchen). Essen wird ganztägig serviert.

Ausgehen & Nachtleben

Roaring Donkey PUB
(www.theroaringdonkey.com; Tiknock) Vom Meer geht's steil hinauf, doch zur Belohung warten im Roaring Donkey (der herrliche Name soll daher stammen, dass sich früher einige Gäste draußen bemerkbar machten) jede Menge *craic* und oft Livemusik. Das Pub befindet sich 2,6 km von der St. Colman's Cathedral entfernt an der Orilia Terrace.

Kelly's PUB
(Westbourne Pl; 📶) Im Kelly's tummeln sich Tag und Nacht gesellige Gäste. Die beiden Räume sind mit Kirchenbänken, wuchtigen Holzmöbeln, einem Holzofen und einem Hirschgeweih ausgestattet.

Praktische Informationen

Auf www.visitcobh.com stehen Informationen für Besucher.

Touristeninformation (☎021-481 3301; cobhharbourchamber.ie; Westbourne Pl; ⌚Mo–Fr 9.30–17.30, Sa & So 11–17 Uhr) Im Old Yacht Club.

PASSAGE WEST FERRY

Die **Passage West Ferry** (☎021-481 1485; www.passagewestmonkstown.ie/cross-river-ferry.asp; Fußgänger/Fahrrad/Auto einfache Fahrt 1/1/5 €; ⌚7–22 Uhr) ab Ballynoe, 4 km nordwestlich von Cobh, bietet eine praktische Abkürzung nach Passage West, das sich 15 km südöstlich von der Stadt Cork befindet. Die Flussüberquerung dauert nur 5 Minuten. Die Fähre ist besonders praktisch, wenn man aus dem Süden von Cork (z. B. Kinsale) kommt bzw. dorthin will und den Stadtverkehr vermeiden will.

ABSTECHER

DAS HERZ DER GOURMETSZENE: BALLYMALOE

Wer vor dem Eingang des glyzinienumrankten **Ballymaloe House** (☎021-465 2531; www.ballymaloe.ie; Shanagarry; EZ/DZ ab 135/230 €) steht, dem wird klar, dass es sich um einen ganz besonderen Ort handeln muss. Die Allen-Familie kaufte die Anlage 1948 und führt das herausragende Hotel und Restaurant in ihrem alten Familiendomizil nun schon seit Jahrzehnten. Myrtle Allen ist eine lebende Legende und genießt internationalen Ruhm für ihre fast im Alleingang kreierte gehobene irische Küche. Die Zimmer sind unterschiedlich geschnitten und mit exquisiten Antikmöbeln ausgestattet. In der schönen Anlage befinden sich u. a. ein Tennisplatz, ein Pool, ein Geschäft und ein Café.

Die Speisekarte im gefeierten **Restaurant** (Hauptgerichte mittags 13–24 €, 4-Gänge-Abendmenü 70 €; ⏲8–10.30, 13–15.30 & 19–21.30 Uhr) des Ballymaloe House wechselt täglich, je nachdem, welche Zutaten von den Bauernhöfen Ballymaloes oder aus anderen lokalen Quellen gerade zur Verfügung stehen. Zu den Gerichten zählen z. B. regionale Ballycotton-Jakobsmuscheln und Artischockenpüree gewürzt mit Gartenkräutern oder würziges geschmortes Lamm mit Gartensteckrüben. Das Hotel veranstaltet auch Wein- und Gärtnerwochenenden.

Nur 3 km weiter auf der R628 stößt man auf die **Kochschule** (☎021-464 6785; www.cookingisfun.ie) von Myrtles Schwiegertochter, Fernsehstar Darina Allen. Darinas eigene Schwiegertochter, Rachel Allen, ist ebenfalls eine namhafte Fernsehköchin und Autorin und unterrichtet regelmäßig an der Kochschule. Vorführungen kosten 70 €. Die Unterrichtsangebote reichen von halbtägigen Klassen (95–125 €) bis zu zwölfwöchigen Kursen mit Zertifikat (10 695 €) und sind oft Wochen im Voraus ausgebucht. Kursteilnehmer von längeren Kursen können in hübschen **Cottages** auf dem 40 ha großen Grundstück übernachten.

ℹ An- & Weiterreise

Cobh liegt 15 km südöstlich von Cork an der N25 Richtung Rosslare. Great Island ist durch eine Dammstraße mit dem Festland verbunden. Züge von Cobh nach Cork verkehren im Stundentakt (hin & zurück 3,75 €, 25 Min.). Wer nach Midleton will, steigt in Glounthaune um.

Nach Cobh fahren keine Busse, doch am Pearse Square warten Taxis.

Barryscourt Castle

Die Barrys immigrierten im 12. Jh. aus Wales und heirateten schon bald in wichtige irische Familien ein. So erlangten sie schnell Reichtum an Land und Gütern. Um sein Vermögen zu schützen, errichtete der Clan im 15. Jh. eine riesige Befestigungsanlage.

Ein großer Teil des **Barryscourt Castle** (☎021-488 3864; www.heritageireland.ie; Carrigtwohill; ⏲Juni–Sept. 10–18 Uhr) GRATIS ist bis heute erstaunlich gut erhalten. Die authentische Küche aus dem 16. Jh. und dekorative Gärten wurden nachgebaut.

Die Burg liegt an der N25, etwa 2 km östlich der Abzweigung nach Cobh nahe Carrigtwohill.

Midleton & Umgebung

3700 EW.

Midleton ist besonders den Liebhabern von edlen irischen Whiskeys ein Begriff. Wer die quirlige Marktstadt besucht, sollte sich die Besichtigung der alten Whiskey-Brennerei nicht entgehen lassen. Aber auch die hübschen Dörfer in der Umgebung und die zerklüftete Küstenlinie sind sehenswert. Die Nacht verbringt man am besten in einem der wunderbar ländlichen Hotels wie dem Ballymaloe House (S. 240) außerhalb Midletons.

Sehenswertes

Ganze Busladungen von Touristen nehmen an den Führungen durch das restaurierte 200 Jahre alte Gebäude teil, in dem sich die **Jameson Experience** (☎021-461 3594; www.jamesonwhiskey.com; Old Distillery Walk; Führungen Erw./Kind 13/7,70 €, ⏲Laden 10–18.30 Uhr, Touren zu variablen Zeiten) befindet. Exponate und Führungen veranschaulichen die Herstellung von Whiskey aus Gerste (heute wird Jameson in einer modernen Fabrik produziert). Außerdem gibt's einen gut ausgestatteten Souvenirladen und das **Malt House Restaurant**

(Hauptgerichte 9–11 €; ⏲12–15 Uhr), das sonntags Livemusik bietet.

Schlafen & Essen

Loughcarrig House B&B €€
(☎021-463 1952; www.loughcarrig.com; Ballinacurra; EZ/DZ 50/80 €) Ein guter Ort für Erholungssuchende ist dieses elegante georgianische Haus mit vier Gästezimmern am Hafen von Cork, etwa 3 km südlich von Midleton. Das WLAN ist sehr unzuverlässig. Doch neben Wanderungen und Vogelbeobachtung in der herrlichen Landschaft können die Besitzer das Angeln in den fischreichen Gewässern arrangieren. Außerdem gibt's ein herzhaftes, sättigendes Frühstück.

Midleton Farmers Market MARKT €
(www.midletonfarmersmarket.com; ⏲Sa 9.30–13 Uhr) Midletons Bauernmarkt hinter dem Gerichtsgebäude in der Main Street ist einer der besten Corks: Hier werden jede Menge lokale Produkte angeboten und die Erzeuger halten gerne ein Schwätzchen.

★ **Farmgate Restaurant** IRISCH, BÄCKEREI €€
(☎021-463 2771; www.farmgate.ie; The Coolbawn, abseits der Broderick St; Hauptgerichte mittags 12–15 €, Hauptgerichte abends 18–30 €; ⏲Kaffee & Snacks 9–17.30 Uhr, Di–Sa 12–15.30 Uhr, Do–Sa 18.30–21.30 Uhr) Als Schwester des **Farmgate Café** (S. 232) in Cork bietet das Lokal eine hervorragende Mischung aus traditionellem und modernem irischem Essen. Der Feinkostladen vorne verkauft lokale Erzeugnisse, darunter Gebäck, Bioobst und -gemüse, verschiedene Käsesorten und Eingemachtes. Wer sich durchgezwängt hat, landet im Caférestaurant im Bauernhausstil, in dem man genauso gut speist wie an jedem anderen Ort in Irland.

Praktische Informationen

Die **Touristeninformation** (☎021-461 3702; www.eastcorktourism.com; ⏲Mai–Sept. Mo–Sa 9.30–13 & 14–17.15 Uhr) befindet sich am Eingangstor zur Jameson Experience.

An- & Weiterreise

Midleton liegt 20 km östlich von Cork. Der **Bahnhof** (5 McSweeney Terrace) befindet sich 1,5 km nördlich von der Jameson Experience. Von Montag bis Freitag fahren täglich 21 Züge nach Cork, am Samstag 17 und am Sonntag 9 (2,30 €, 20 Min.). Nach Cobh steigt man in Glounthaune um.

Der Busbahnhof von Cork (7,10 €, 25 Min.) wird nur selten von Bussen angesteuert. Um die Umgebung zu erkunden, benötigt man ein eigenes Fahrzeug.

Youghal

6900 EW.

Der alte ummauerte Seehafen Youghal (Eochaill; sprich: *johl)* an der Mündung des Blackwater River blickt auf eine spannende Geschichte zurück, auch wenn diese – vor allem beim Vorbeieilen auf der N25 – nicht gleich sichtbar ist. Selbst wenn man anhält, mag der Ort zuerst nur wie eine langweilige irische Marktstadt wirken. Nimmt man sich jedoch ein wenig Zeit, spürt man etwas von der Vergangenheit in dem einst ummauerten Städtchen und genießt die Aussicht auf die weite Mündung des Blackwater.

Im 16. Jh., während der Revolte gegen England, war Youghal ein heißes Pflaster; Oliver Cromwell überwinterte hier 1649, als er Hilfe für seinen Krieg in England zusammentrommelte und den Aufstand der lästigen Iren unterdrückte. Während der elisabethanischen Plantation of Munster wurde der Ort an Sir Walter Raleigh übergeben, der sich hier gelegentlich in seinem Haus Myrtle Grove aufhielt.

Sehenswertes & Aktivitäten

Youghal hat zwei **Strände** mit Blauer Flagge: Claycastle (2 km) und Front Strand (1 km) nahe der N25. Sie sind vom Ort aus zu Fuß erreichbar.

Whale of a Time (☎086 328 3256; www.whaleofatime.ie; Walbeobachtungstouren 35 €; ⏲Mitte April–Jan.) veranstaltet 90-minütige Walbeobachtungstouren. **Seahunter** (☎024-90437; www.seahunter.ie; Angeltouren pro Erw./Kind ab 25/12 €) organisiert Angeltrips sowie Charterboote und Wracktauchen.

Das kleine **Fox's Lane Folk Museum** (☎024-91145; www.tyntescastle.com/fox; North Cross Lane; Erw./Kind 4/2; ⏲Juli & Aug. Di–Sa 10–13 & 14–18 Uhr, Rest des Jahres nach Vereinbarung) zeigt über 600 Haushaltsgegenstände aus der Zeit zwischen 1850 und 1950 und wartet zudem mit einer viktorianischen Küche auf.

Schlafen & Essen

In der Nähe des Clock Gate im Stadtzentrum findet man ein paar Pubs und Cafés.

Aherne's GASTHOF €€
(☎024-92424; www.ahernes.net; 163 North Main St; DZ ab 110 €; @📶) Die zwölf Zimmer über dem beliebten **Restaurant** (Bargerichte 10–18 €, Abendessen Hauptgerichte 24–33 €; ⏲Bargerichte 12–22 Uhr, Abendessen 18.30–21.30 Uhr) sind außerordentlich gut ausgestattet; die größeren haben kleine Balkone, um die frische Mee-

DIE GESCHICHTE YOUGHALS ZU FUSS ERKUNDEN

Am besten erschließt sich Youghals Geschichte anhand seiner Wahrzeichen. Von Süden her durch die Stadt kommt man zunächst zum kuriosen **Clock Gate** aus dem Jahr 1777, das als Glockenturm und Gefängnis diente; beim Osteraufstand 1798 wurden hier Gefangene hingerichtet, indem man sie aus den Fenstern hängte.

1706 wurde das wundervoll proportionierte **Red House** in der North Main Street vom holländischen Architekten Leuventhen erbaut. Das rote Ziegelgebäude lässt Details der niederländischen Renaissance erkennen. Die Main Street folgt in einer interessanten Kurve dem ursprünglichen Verlauf der Küste; viele Ladenfassaden stammen aus dem 19. Jh. Ein paar Türen weiter stößt man auf sechs **Armenhäuser**, die Richard Boyle, ein Engländer, errichten ließ. Boyle kaufte Raleigh sämtliche Ländereien in Irland ab und wurde 1616 zum ersten Earl von Cork – in Anerkennung seiner Arbeit, eine „herausragende Kolonie“ geschaffen zu haben.

Gegenüber erhebt sich das **Tynte's Castle** (www.tyntescastle.com) aus dem 15. Jh. Einst stand die Burg als Verteidigungsposten direkt am Fluss. Nachdem der Blackwater jedoch versandet war und im 17. und 18. Jh. seinen Lauf änderte, blieb sie sich selbst überlassen. Derzeit wird sie renoviert.

Die **St. Mary's Collegiate Church** von 1220 weist Elemente einer dänischen Kirche aus dem 11. Jh. auf. Der Earl von Desmond und seine Truppen zerstörten bei einem Aufstand gegen England im 16. Jh. das Dach über dem Altarraum. Am Friedhof erstreckt sich ein Stück **Stadtmauer** aus dem 13. Jh. samt einem noch erhaltenen Eckturm.

Myrtle Grove neben der Kirche wurde einst von Sir Walter Raleigh bewohnt. Die **Gärten** auf der anderen Seite von St. Mary's wurden erst kürzlich erneuert und sind öffentlich zugänglich.

resluft zu genießen. Im Preis enthalten ist ein prächtiges Frühstück (frisch gepresster Orangensaft, Bioeier, regionaler Fisch), das für den ganzen Tag reicht. Neben dem gehobenen Fischrestaurant gibt's auch eine stilvolle, gemütliche Bar und eine große, bei den Einheimischen beliebte Kneipe.

La Petite Auberge B&B €€
(☎ 024-85906; www.lapetiteauberge.ie; 2 The Mall; EZ 50–60 €, DZ 70–80 €; 📶) In dem 1830 erbauten, charmanten „Kleinen Gasthof“ begrüßt der Blick aufs Meer die Gäste schon beim Aufstehen. Die Zimmer sind klassisch, stilvoll und originell möbliert. Auch der Frühstücksraum wartet mit Meerblick und mit Leckereien wie Räucherhering, frischem Orangensaft und saisonalen Nüssen und Früchten auf.

Sage Café CAFÉ €
(☎ 024-85844; 86 North Main St; Gerichte 5–9 €; ⏰ Mo–Sa 10–18 Uhr; ✎) 🌿 Alles in diesem hinreißenden Café ist hausgemacht, darunter Linsen- und Nussbrot, Quiche, Kuchen und mehr. Ein Paradies für Vegetarier!

Ausgehen & Nachtleben

Treacy's PUB
(The Nook; www.findthenook.ie; 20 North Main St) Für ein Absacker-Pint und traditionelle Livemusik gibt's keinen besseren Ort als das älteste Pub Youghals, das Treacy's, auch The Nook genannt. Der Eingang befindet sich in der angrenzenden Gasse.

Praktische Informationen

Touristeninformation (☎ 024-20170; www.youghal.ie; Market Sq; ⏰ Mo–Sa 10–15 Uhr) Das Youghal Visitor Centre liegt in einem alten Markthaus am Meer und beherbergt eine Touristeninformation und ein kleines **Heritage Centre**. Kostenlose Stadtpläne.

An- & Weiterreise

Bus Éireann (☎ 021-450 8188; www.buseireann.ie) bietet Verbindungen nach Cork (12,50 €, 50 Min., 13-mal tgl.) und Waterford (18,50 €, 1½ Std., 11-mal tgl.).

Die Bahnstrecke von Midleton nach Youghal wird hoffentlich wieder eröffnet.

KINSALE & WEST-CORK

Die irische Küste, deren Schönheit in den westlich und nördlich gelegenen Grafschaften eine geradezu atemberaubende Wirkung entfaltet, bezaubert bereits mit dieser Gegend. Auf den Straßen in der Region kann man sich wunderbar treiben lassen.

Kinsale

2200 EW.

Schmale und verwinkelte Straßen, kleine Kunstläden, lebendige Bars und großartige Restaurants sowie der schöne Hafen voller Fischerboote und Jachten machen Kinsale (Cionn tSáile; siehe auch S. 247) zu einer der beliebtesten mittelgroßen Städte in Irland. Die geschützte Bucht wird von einer gewaltigen Festung bewacht.

Viele Hotels und Restaurants liegen in Hafennähe und sind vom Zentrum aus leicht zu Fuß erreichbar. Scilly, eine Halbinsel im Südosten, ist nur zehn Gehminuten entfernt. Von dort führt ein Weg weiter nach Summercove und zum Charles Fort.

Geschichte

Im September 1601 ankerte eine von den Engländern belagerte spanische Flotte im Hafen der Stadt. Sie war vom spanischen König entsandt worden, um die irischen Rebellen im Norden zu unterstützen. Daraufhin marschierte eine irische Armee quer durchs ganze Land, um die spanischen Schiffe in Kinsale zu befreien, wurde jedoch am Weihnachtsabend vor den Toren der Stadt geschlagen. Für die Katholiken bedeutete dies ihre sofortige Verbannung. Es vergingen 100 Jahre, ehe sie wieder in der Stadt geduldet wurden. Historiker betrachten das Jahr 1601 als Anfang vom Ende des gälischen Irlands.

Nach diesem schicksalhaften Ereignis entwickelte sich hier ein Werfthafen. Zu Beginn des 18. Jhs. brach ein gewisser Alexander Selkirk an dieser Stelle zu einer Reise auf, in deren Verlauf er auf einer einsamen Insel strandete – damit lieferte er Daniel Defoe die Romanvorlage für seinen *Robinson Crusoe*.

Sehenswertes

Regional Museum — MUSEUM

(☎ 021-477 7930; Market Sq; Erw./erm. 3/1,50 €; ⌚ Mi–Sa 10–17, So 14–17 Uhr) In einem Gerichtsgebäude aus dem 17. Jh., in dem 1915 der Untergang der *Lusitania* verhandelt wurde, zeigt dieses hübsche Museum so ausgefallene Kuriositäten wie die Hurlingschläger und Schuhe von Michael Collins, dem 2,40 m großen Riesen von Kinsale.

Desmond Castle — BURG, MUSEUM

(☎ 021-477 4855; www.heritageireland.ie; Cork St; Erw./Kind 3/1 €; ⌚ April–Mitte Sept. 10–18 Uhr) Kinsales historischen Wurzeln im Zusammenhang mit dem Weinhandel kann man im Desmond Castle, einem befestigten Wohngebäude aus dem 16. Jh., nachspüren. Seitdem das Bauwerk im Jahre 1601 von den Spaniern besetzt wurde, diente es zunächst als Zollhaus, dann als Gefängnis für französische und amerikanische Kriegsgefangene und schließlich als Armenhaus. Heute enthält es spannende historische Ausstellungsstücke und ein kleines **Weinmuseum** zur Geschichte irischer Weinhändlerfamilien, darunter die Hennessys (die Namensgeber einer berühmten Marke), die während der britischen Regentschaft nach Frankreich flohen.

St. Multose Church — KIRCHE

(Church of Ireland Church; ☎ Pfarrhaus 021-477 2220; Church St) Diese zur Church of Ireland gehörende Kirche ist dem Schutzpatron von Kinsale geweiht. 1190 wurde sie von Normannen auf den Überresten eines Gotteshauses aus dem 6. Jh. errichtet und gilt damit als eine der ältesten Kirchen Irlands. Von der Innenausstattung kann man heute kaum mehr etwas sehen, doch die Fassade wurde wunderbar restauriert. Im Gebäude zeigt ein flacher Stein eine Figur mit rundlichen Händen. Diese wurde nach alter Tradition von den Fischerfrauen gerieben, damit ihre Männer heil vom Meer zurückkehrten. Mehrere Opfer des Untergangs der *Lusitania* wurden auf dem Friedhof bestattet.

★ Charles Fort — FESTUNG

(☎ 021-477 2263; www.heritageireland.ie; Erw./Kind 4/2 €; ⌚ Mitte März–Okt. 10–18 Uhr, Nov.–Mitte Dez. 10–17 Uhr, Mitte Dez.–Mitte März Di–So 10–17 Uhr) Allein wegen der spektakulären Aussicht lohnt das Charles Fort, eine der besterhaltenen sternförmigen Festungen des 17. Jhs. in Europa, einen Besuch. Das Bauwerk, das 3 km östlich von Kinsale liegt, hat aber noch viel mehr zu bieten. Die Ruinen auf dem weitläufigen Areal stammen aus dem 18. und 19. Jh. und laden zu schönen Spaziergängen ein. Schautafeln erklären die typische harte Lebensweise der hier untergebrachten Soldaten und das vergleichsweise bequeme Leben der Beamten. Die Festung wurde in den 1670er-Jahren errichtet, um Kinsale Harbour zu überwachen, und war bis 1921 in Betrieb. Beim Abzug der Briten im gleichen Jahr wurde ein Großteil der Anlage zerstört. Ein hübscher Spaziergang um die Bucht herum führt hierhin.

Aktivitäten

Wer zum Charles Fort, zur James Cove und den Bandon flussaufwärts schippern will, sollte **Kinsale Harbour Cruises** (☎086 250 5456, 021-477 8946; www.kinsaleharbourcruises.com; Erw./Kind 12,50/6 €) kontaktieren. Die Abfahrtszeiten variieren je nach Jahreszeit und Wetterlage. Alle Boote legen unweit der Vista Wine Bar in der Pier Road zur Marina ab.

Whale of a Time (☎086 328 3250; www.whaleofatime.ie) organisiert Bootsausflüge entlang der Küste und 90-minütige Walbeobachtungstouren mit Schnellbooten ab 35 € pro Person.

Angler können bei **Mylie Murphy's** (☎021-477 2703; 14 Pearse St; ganzjährig Mo–Sa 9.30–18 Uhr, Juni–Sept. auch So 12–16 Uhr) für 10 € pro Tag Angeln ausleihen.

In der Touristeninformation erfährt man Einzelheiten zu den Golfplätzen der Gegend, darunter der berühmte **Old Head Golf Links** (☎021-4778 444; oldhead.com; 18/36 Löcher 200/325 €), der sich in herrlicher Lage auf einer felsigen Landzunge 15 km südlich von Kinsale erstreckt; man erreicht ihn über die R600 und die R604. Den Eingang umrahmen die Ruinen der Burg De Courcy, vom siebten Abschlag sieht man auch die Ruinen eines Leuchtturms.

Geführte Touren

Dermot Ryan's Heritage Town Walks STADTSPAZIERGANG
(☎021-477 2729; www.kinsaleheritage.com; 1-stündige Tour Erw./Kind 5 €/frei; 10.30 & 15 Uhr) An der Touristeninformation geht's los.

Feste & Events

Gourmet Festival ESSEN
(www.kinsalerestaurants.com; Anfang Okt.) Weinproben, Essen und Hafenrundfahrten tragen zum Ruf der Stadt als Gourmetzentrum bei.

Kinsale Jazz Festival JAZZ
(www.kinsale.ie; Ende Okt.) Entspannte Unterhaltung am langen Oktoberwochenende.

Schlafen

Dempsey's HOSTEL €
(☎021-477 2124; www.hostelkinsale.com; Eastern Rd; B/DZ 18/44 €;) Kinsales billigste Unterkunft ist dieses freundliche Hostel 750 m nordöstlich vom Hafen. Es hat separate Schlafsäle für Männer und Frauen mit breiten Betten, eine Küche und Tische im Garten vorm Haus.

Old Presbytery B&B €€
(☎021-477 2027; www.oldpres.com; Cork St; DZ 125–160 €; Jan.–Mitte Feb. geschl.;) Das Old Presbytery ist elegant ins 21. Jh. gekommen, da eine umsichtige Renovierung seinen Charakter bewahrt hat und eine Solarheizung ergänzt wurde. In Zimmer 6 sollte man nur übernachten, wenn man nichts von Kinsale sehen möchte, denn die Glasveranda mit Balkon ist derart schön, dass man sie gar nicht mehr verlassen will. Das legendäre Frühstück wird vom Besitzer und früheren Küchenchef Phillip zubereitet.

Pier House B&B €€
(☎021-477 4475; www.pierhousekinsale.com; Pier Rd; Zi. 100–140 €;) Dieses hinreißende B&B liegt von der Straße versetzt in einem abgeschirmten Garten. Alle Zimmer sind mit Treibholzskulpturen und Muscheln dekoriert, das Bad aus schwarzem Granit überzeugt mit perfekten Duschen, und es gibt eine Fußbodenheizung! Vier Zimmer haben einen Balkon.

White House GASTHOF €€
(☎021-477 2125; www.whitehouse-kinsale.com; Pearse St; EZ/DZ ab 75/120 €; @) Mitten im Herzen der Stadt befindet sich diese Pension mit zehn großen, modernen Zimmern. Die Räume sind sehr komfortabel – Präsidenten werden sie zwar nicht gerecht, aber Kabinettssekretäre können hier durchaus stilvoll übernachten.

Cloisters B&B B&B €€
(☎021-470 0680; www.cloisterskinsale.com; Friars St; EZ/DZ ab 55/100 €;) Kleinigkeiten machen in diesem bezaubernden B&B mit den blauen Fensterläden in der Nähe des Desmond Castle den Unterschied aus. Bei der Ankunft wird man mit Schokolade begrüßt, die Zimmer sind blitzsauber und die Matratzen sind so gemütlich, dass einen höchstens das einfallsreiche Frühstück aus dem Bett lockt.

Old Bank House HOTEL €€€
(☎021-477 4075; www.oldbankhousekinsale.com; 11 Pearse St; DZ 120–170 €; @) Die georgianische Eleganz in diesem Luxushotel mit 18 Zimmern ist zeitlos schön. Herrliche Kunstobjekte und Gemälde an den Wänden und luxuriös ausgestattete Aufenthaltsräume tragen zum wunderbaren Ambiente bei. Obwohl die Zimmer opulent dekoriert sind, sind sie dezent genug, um nicht versnobt zu

Fortsetzung auf S. 256

Kinsale

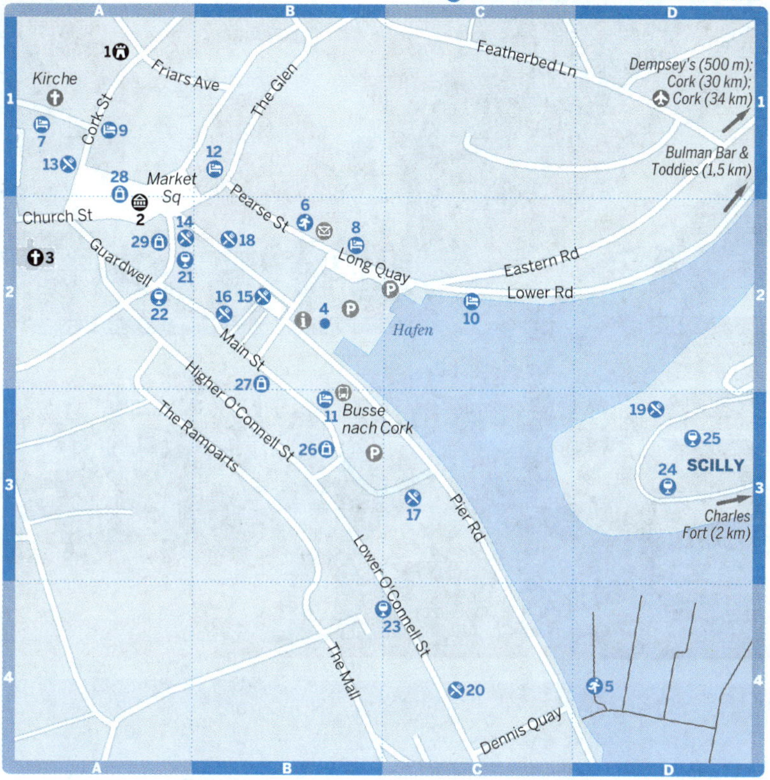

Kinsale

Sehenswertes
1 Desmond Castle ... A1
2 Regionalmuseum ... A2
3 St. Multose Church ... A2

Aktivitäten, Kurse & Touren
4 Dermot Ryan's Heritage Town Walks ... B2
5 Kinsale Harbour Cruises ... D4
6 Mylie Murphy's ... B2

Schlafen
7 Cloisters B&B ... A1
8 Old Bank House ... B2
9 Old Presbytery ... A1
10 Perryville House ... C2
11 Pier House ... B3
12 White House ... B1

Essen
13 Crackpots ... A1
14 Cucina ... A2
15 Farmers Market ... B2
16 Finn's Table ... B2
17 Fishy Fishy Café ... C3
18 Jim Edwards ... B2
19 Man Friday ... D3
20 Stolen Pizza ... C4

Ausgehen & Nachtleben
21 An Seanachai ... A2
22 Apéritif ... A2
23 Black Pig Wine Bar ... C4
24 Harbour Bar ... D3
25 Spaniard Bar & Restaurant ... D3

Shoppen
26 Giles Norman Gallery ... B3
27 Granny's Bottom Drawer ... B2
28 Kinsale Chocolate Boutique ... A1
29 Kinsale Crystal ... A2

1

2

TRISH PUNCH / GETTY IMAGES ©

1. English Market, Cork 2. Baltimore, West-Cork
3. Fenster eines Cottages, Kinsale

County Cork

Willkommen in der Gourmet-Hochburg des Landes! Irlands größtes County, mit der gleichnamigen Provinzhauptstadt auf der einen sowie den Küstendörfern und -städten im Westen auf der anderen Seite, ist malerisch und abwechslungsreich.

Kinsale

Tolle Landschaften, eine hervorragende Lage, großartige Restaurants und nette Gassen: Dieser perfekte irische Küstenort (S. 243) bietet das Komplettpaket.

English Market

Eines der absoluten Highlights in Cork ist der überdachte Englische Markt (S. 232). Hier verkaufen Erzeuger aus der Region ihre Waren, außerdem kann man in einem der besten Lokale der Stadt speisen.

Clonakilty

Die wuselige Marktstadt (S. 258) überzeugt mit netten B&Bs, tollen Restaurants und hervorragenden Pubs, in denen traditionelle Musik auf dem Programm steht.

Baltimore

Das Dorf (S. 263) im Westen Corks gilt als Traum eines jeden Seemanns. Bunte Häuschen drängen sich um den geschäftigen Fischerhafen und die Marina.

OLIVER STREWE / GETTY IMAGES ©

1. Käse
Lokales Produkt aus Kanturk im County Cork (S. 223).

2. Traditionelles Restaurant
Gastfreundschaft auf die County-Cork-Art.

3. English Market (S. 232)
Wer die Stadt Cork besucht, sollte sich keinesfalls diesen wunderbaren Markt entgehen lassen.

4. Frisches Brot
Rustikale Brote sind eine Spezialität der Region.

European Capital 2005

BLICKWINKEL / ALAMY ©

1. Seesaibling 2. Torc Waterfall 3. Grasende Rothirschkuh
4. Rhododendren, Killarney National Park

2

KEN WELSH / DESIGN PICS / GETTY IMAGES ©

4

Die Tierwelt im Killarney National Park

Obwohl Killarney eines der Ballungszentren im Südwesten Irlands ist, tummeln sich gleich vor den Haustüren der Einwohner jede Menge Tiere: Ein paar Eingänge zum Nationalpark (S. 288) liegen nämlich mitten im Stadtzentrum.

Das 10 236 ha große Schutzgebiet umfasst Berge, Seen und Wälder. Trotz der Nähe zur Stadt und steigender Besucherzahlen sind auf dem Gelände viele seltene Arten heimisch. In höheren Lagen streift beispielsweise Irlands letzte freie Rotwildherde mit etwa 700 Tieren umher. Diese Gattung war bereits vor 12 000 Jahren in der Gegend anzutreffen.

Zudem bevölkern Bachforellen und Lachse sowie seltenere Spezies wie Seesaiblinge oder Maifische die Wasserläufe.

Interessant sind auch die Insekten, darunter die arktische Smaragdlibelle, die in diesen Breitengraden eher ungewöhnlich ist. Man vermutet, dass sie hier seit dem Ende der letzten Eiszeit herumschwirrt.

Ebenso gut repräsentiert ist das Federvieh. Mit etwas Glück entdeckt man Seeadler, deren Flügelspanne stolze 2,50 m beträgt. Erst 2007 wurden die Raubvögel wieder eingeführt, nachdem sie mehr als 100 Jahre ausgestorben waren. Heute leben mehr als 50 Exemplare im Park und lassen sich nach und nach an Flüssen, Seen sowie in den Küstenregionen nieder. Ähnlich wie Killarney (Stadt) hat auch der Park zahlreiche Sommergäste, darunter Kuckucke, Schwalben und Mauersegler.

1. König-Puck-Statue, Killorglin **2.** Bauernhof, Skellig Ring
3. Traditioneller Laden, Kenmare **4.** Valentia Island

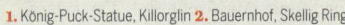

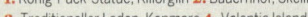

RICHARD CUMMINS / GETTY IMAGES ©

Ring of Kerry

Windgepeitschte Strände, Atlantikwellen, die sich an zerklüfteten Felsen und Inseln brechen, mittelalterliche Ruinen, hohe Berge und glitzernde Seen sind die Stars dieser 179 km langen Route rund um die Halbinsel Iveragh.

Killorglin

Killorglin (S. 293) ist die erste Stadt am Ring of Kerry, wenn man die Strecke gegen den Uhrzeigersinn abfährt. Dort gibt's eine Lachsräucherei und ein paar hervorragende Restaurants, außerdem steigt im August das historische Puck Fair Festival.

Kenmare

Als charmanter Auftakt (oder – je nach Fahrtrichtung – als Endpunkt) für die Reise gilt das typisch irische Örtchen Kenmare (S. 302). Es liegt an einer Bucht und punktet mit bunten Geschäften sowie einer umwerfenden Architektur.

Skellig Ring

Diese weniger überlaufene malerische Ringstraße (18 km lang; S. 299) zweigt von der Hauptroute ab. Sie verbindet Portmagee und Waterville und führt durch einen irischsprachigen Gaeltacht-Bezirk mit Ballinskelligs (Baile an Sceilg) im Zentrum.

Valentia Island

Ein weiteres Highlight des Ring of Kerry sind malerische Inseln. Einige können nur mit Booten erreicht werden, aber Valentia Island (S. 297) ist über eine kurze Brücke mit dem Festland verbunden. Im Sommer setzt auch eine Autofähre südlich von Caherciveen (S. 295) zu der Insel über.

Caherdaniel

Besonders urtümlich und wild wirkt die Landschaft rings um Caherdaniel (S. 301). Hier erstreckt sich der Derrynane National Historic Park, der einen Garten voller Palmen und einen Strand mit Blauer Flagge beherbergt. Darüber hinaus kann man hier reiten und Wassersportarten ausüben.

1

DAVE G KELLY / GETTY IMAGES ©

1. Slea Head **2.** Inch Beach **3.** Straße in Dingle (Stadt)
4. Wasserfall, Connor Pass

3

MICHAEL DIGGIN / ALAMY ©

Dingle Peninsula

Diese Halbinsel (S. 305) bündelt das Beste, was das County Kerry zu bieten hat. Sie kann problemlos innerhalb eines Tages erkundet werden, doch je länger man bleibt, desto wahrscheinlicher ist es, dass man gar nicht mehr abreisen will. Das bezeugen auch die vielen Künstler, die sich hier niedergelassen haben.

Slea Head

Der Slea Head (S. 313) weist die größte Konzentration an altertümlichen Stätten in ganz Kerry auf. Dazwischen locken jede Menge traumhafte Fotomotive und das ausgefallene Celtic & Prehistoric Museum.

Castlegregory

An der Nordseite der Dingle Peninsula liegt Castlegregory (S. 316), ein Paradies für Wassersportler, insbesondere für Taucher. Über viele Möglichkeiten freuen sich auch begeisterte Wanderer.

Connor Pass

Die malerischste Route quer durch das Inland der Dingle Peninsula führt über Irlands höchsten Pass (456 m; S. 316) und bietet eine atemberaubende Aussicht auf die Halbinsel.

Inch Beach

Perfekte Wellen, ein breiter, sandiger Strand sowie eine geniale Kreuzung aus Pub, Restaurant und Café – das Sammy's – machen Inch (S. 306) zu einer wunderbaren Anlaufstelle. Wie wär's mit Surfstunden oder einem Spaziergang über die 5 km lange Sandbank?

Dingle (Stadt)

Ein typisch irisches Küstenörtchen (S. 307): Die alten Pubs dienen auch als Lebensmittelläden, es gibt kreuz und quer verlaufende Gassen sowie traditionelle Jamsessions, und im Hafen kann man dabei zusehen, wie frischer Fisch ausgeladen wird.

Fortsetzung von S. 244

wirken. Das üppige Frühstück mit frisch gebackenem Brot (aus der Bäckerei unten) und hausgemachten Marmeladen ist im Preis enthalten.

Perryville House BOUTIQUE-HOTEL €€€
(☎021-477 2731; www.perryvillehouse.com; Long Quay; DZ 160–300 €; ⏲saisonale Schließzeiten telefonisch erfragen; 📶) Im familienbetriebenen Perryville ist alles von der imposanten Fassade bis zum Nachmittagstee im Salon vom Feinsten. Die 26 Zimmer sind komfortabel, und wer etwas tiefer in die Tasche greift, kann sich über noch größere Betten, Balkone und Meerblick freuen.

Essen

Kinsale ist ein echtes Gourmetparadies, denn hier bekommt man hervorragende Gerichte für jeden Geldbeutel. Fisch und Meeresfrüchte werden täglich frisch geliefert, es gibt aber auch ausgezeichnete Fleischgerichte.

Cucina CAFÉ €
(☎021-470 0707; www.cucina.ie; 9 Market St; Hauptgerichte 7,50–18,50 €; ⏲Mo–Mi 8.30–16, Do–Sa 9–21.30, So 9–15 Uhr; ✎) Entspannter Jazz gibt in diesem modernen kleinen Café mit minimalistischem Ambiente den Ton an, zum Angebot gehören Bruschetta, Salate und Suppen und weniger gesunde, aber köstliche Riesentortenstücke. Kreditkarten werden nicht akzeptiert.

Farmers Market MARKT €
(Short Quay; ⏲Di 9.30–13.30 Uhr) Vor dem Jim Edwards.

Jim Edwards FISCH & MEERESFRÜCHTE €
(☎021-477 2541; www.jimedwardskinsale.com; Market Quay; Bar Hauptgerichte 13–19 €, Restaurant Hauptgerichte 16–30 €; ⏲Bargerichte 12–22 Uhr, Restaurant 17.30–22 Uhr) Die Bargerichte liegen weit über dem Standard und das Essen im Restaurant schmeckt außergewöhnlich gut. Auf der Karte stehen zahlreiche hochwertige Speisen, darunter alle Arten regionaler Fisch. Fleischliebhaber kommen ebenfalls auf ihre Kosten.

Bulman Bar & Toddies FISCH & MEERESFRÜCHTE €
(☎021-477 2131; www.thebulman.ie; Summercove; Bulman Bar Hauptgerichte 8,50–21,50 €, Toddies Hauptgerichte 21,50–29,50 €; ⏲Bulman Bargerichte tgl. 12–17 Uhr, Toddies Di–So 17.30–21.30 Uhr; 📶) Besser als hier kann man am Meer nicht essen. Das urige Hafenlokal gilt als Oase fernab vom umtriebigen Kinsale, deftige Sprüche gehören zum guten Ton. Meeresfrüchte gibt's im Überfluss – entweder in einer dicken Suppe schwimmend oder verführerisch auf einer Platte angerichtet. Die Zutaten stammen direkt aus der Gegend, die Kräuter kommen geradewegs aus dem Garten hinter der Küche. Das formellere Toddies serviert eine exzellente Auswahl wunderschön zubereiteter Gerichte, darunter köstliches Hummerrisotto. Vom Hafen in Kinsale Harbour fährt man 600 m auf der Lower Road, biegt dann links in die Scilly ein und folgt ihr 1,6 km. Zu Fuß nimmt man den Pfad, der von der Lower Road die ganze Zeit an der Küste entlangführt.

Stolen Pizza ITALIENISCH €€
(☎021-470 0488; www.thestolenpizza.com; 18-19 Lower O'Connell St; Hauptgerichte 10–16 €; ⏲ab 18 Uhr) Das neuere, größere Quartier von Stolen Pizza sorgt mit seinen zwei Etagen hohen Decken, den unverputzten Mauern und einem tollen Kronleuchter für einen Hauch von urbanem Stil in Kinsale. Auch das Essen ist professionell: Es gibt ausgezeichnete Pizzas, darunter Garnelenpizza, und als Verbeugung vor der hiesigen Tradition gute Krabbenravioli.

Crackpots MODERN IRISCH €€
(☎021-477 2847; www.crackpots.ie; 3 Cork St; Hauptgerichte 13–28 €; ⏲18–22 Uhr) Der Schriftzug „Ceramic Restaurant" über der Eingangstür bezieht sich darauf, dass sämtliches Geschirr des Lokals vor Ort hergestellt wurde. Kombiniert man Kunstwerkstatt und Restaurant miteinander, kommt normalerweise eines davon zu kurz – doch es ist ganz sicher nicht das Essen. Es besteht aus regionalem Fleisch, frischen Meeresfrüchten und Biogemüse, und daraus werden Gerichte wie Lachs mit Zitronengras oder Auberginenstrudel zubereitet.

★ **Finn's Table** MODERN IRISCH €€€
(☎021-470 9636; www.finnstable.com; 6 Main St; Hauptgerichte 24,50–33 €; ⏲Do–Mo ab 17.30 Uhr) Wer in Kinsale ein neues Gourmetrestaurant eröffnet, muss sich auf harte Konkurrenz gefasst machen, doch das neue Projekt von John und Julie Finn ist der Herausforderung bestens gewachsen. Mit Gerichten wie Filetsteak und Tabak oder marmoriertem Tintenfisch mit Curry-Krabben-Mayonnaise und Kräuteröl setzt es neue Maßstäbe. Die Meeresfrüchte, darunter saisonal Hummer, kommen aus dem Westen Corks, das Fleisch vom Familienfleischer der Finns.

Fishy Fishy Café FISCH & MEERESFRÜCHTE €€
(☎021-470 0415; www.fishyfishy.ie; Crowley's Quay; Hauptgerichte 19–34,50 €; ⏲März–Okt. 12–21 Uhr, Nov.–Feb. So–Mi 12–16, Do–Sa 12–21 Uhr) Das Fishy Fishy, eines der berühmtesten Fischrestaurants des Landes, glänzt mit seinem wundervollen Ambiente: schlichte weiße Wände, die mit bunter Kunst geschmückt sind, und eine tolle Terrasse. Es ist nicht billig, doch sämtliches Meeresgetier wird direkt vor Ort gefangen. Wir empfehlen die vielfältige kalte Meeresfrüchteplatte, auf der alles frisch ist.

Man Friday INTERNATIONAL €€€
(☎021-477 2260; www.manfridaykinsale.ie; Ecke River & High Rds, Scilly; Hauptgerichte 19,50–31 €; ⏲Mo–Sa ab 17, So 12.30–21.30 Uhr) Am Hafen in Scilly befindet sich dieses alteingesessene Restaurant mit schönem Blick auf den Hafen von Kinsale. Die Karte ist international, doch die Atmosphäre erinnert mit dem zauberhaften, von Palmen überdachten Weg zum Eingang an eine tropische Insel. An milden Abenden sollte man einen Tisch auf der Terrasse reservieren.

Ausgehen & Unterhaltung

Die Grenzen zwischen Essengehen und einem Bar- oder Pubbesuch sind in Kinsale verschwommen. Viele Lokale eignen sich für beides, etwa das Bulman Bar & Toddies.

★ **Black Pig Wine Bar** WEINBAR
(☎021-477 4101; 66 Lower O'Connell St; Tapas 3–13 €; ⏲Do–So 17.30–24 Uhr) Diese niveauvolle Bar liegt versteckt in einer aufstrebenden Straße und hat beachtliche 80 Flaschenweine und 40 offene Weine, darunter viele Bioweine, im Angebot. Hinter der Bar gibt's einen hübschen gepflasterten Hof. Auf Hungrige warten eine ganze Palette leckerer Tapas und Käseplatten mit Produkten aus einheimischer Herstellung. Die Tische sind sehr begehrt und sollten deshalb vorab reserviert werden.

Spaniard Bar & Restaurant PUB
(☎021-477 2436; www.thespaniard.ie; Scilly; Bar Hauptgerichte 7,50–14,50 €; Restaurant Hauptgerichte 16–24,50 €) Eine gute alte Matrosenbar mit knisterndem Torffeuer und niedrigen Decken. In der Bar kann man nach Herzenslust Krebsscheren knacken oder einfach nur ein Sandwich essen. Viele Gerichte kosten um die 10 €. Oben befindet sich ein teures Restaurant, das dieselben Gerichte serviert, aber nicht an die Atmosphäre der Bar herankommt.

Apéritif WEINBAR
(☎021-477 2209; www.aperitifkinsale.com; Main St; Tapas 6–10 €; ⏲Do–Sa ab 17.30, So ab 14 Uhr) Metallisch schimmernde Möbel und Wände machen diese Weinbar zu einem glamourösen Ort für einen Drink und ein paar Tapas vor dem Abendessen. Die großen Panoramafenster ermöglichen sowohl von innen als auch von außen einen guten Blick aufs Geschehen.

Harbour Bar PUB
(Scilly; ⏲ab 18 Uhr) Von außen mag das Pub wirken, als ob es geschlossen ist, doch drinnen fühlt man sich wie in einem Wohnzimmer. Uralte Sofas, Feuer im offenen Kamin, Charakterköpfe in jeder Ecke und Gartenbänke mit Meerblick tragen zum Charme dieses Ladens bei.

An Seanachai PUB
(☎021-477 7077; 6 Market St) In dem scheunenartigen Pub wird fast jeden Abend traditionelle Musik gespielt.

Shoppen

Kinsale Chocolate Boutique SCHOKOLADE
(6 Exchange Buildings, Market St; ⏲Mai–Aug. 10–18 Uhr, Sept.–April Mi & Do 11–17, Fr & Sa 10–18, So 14–18 Uhr) Dieser Schokoladenhersteller verkauft jede Menge Leckereien, darunter handgemachte Schokoladen und pastellfarbene Makronen.

Giles Norman Gallery FOTOGRAFIE
(☎021-477 4373; www.gilesnorman.com; 45 Main St; ⏲Mo–Sa 10–18, So 12–18 Uhr) Faszinierende Schwarz-Weiß-Fotos mit Irlandmotiven von einem Meister des Genres. Drucke kosten ab 25 € (ohne Rahmen) bzw. 55 € (gerahmt).

Granny's Bottom Drawer IRISCHES KUNSTHANDWERK
(☎021-477 4839; 53 Main St; ⏲10–18 Uhr) Edles irisches Leinen, Damast und Haushaltswaren im traditionellen Stil.

Kinsale Crystal KRISTALL
(☎021-477 4493; www.kinsalecrystal.ie; Market St; ⏲Mo–Fr 10–17.30, Sa 10–18, So 12–18 Uhr) Erlesene Arbeiten eines aus Waterford stammenden Handwerkskünstlers, der sich dem traditionellen Tiefschnitt in Kristallglas verschrieben hat.

Praktische Informationen

In der Pearse Street gibt's eine **Post** und Banken mit Geldautomaten.

Touristeninformation (☎021-477 2234; www.kinsale.ie; Ecke Pier Rd & Emmet Pl; ⏲Nov.–

März Di–Sa 9.15–17, April–Juni, Sept. & Okt. auch Mo, Juli & Aug. auch So 10–17) Hier bekommt man eine gute Karte mit Wanderungen in und um Kinsale.

Anreise & Unterwegs vor Ort

Bus Éireann (☎021-450 8188) verkehrt zwischen Kinsale und Cork über den Flughafen von Cork (8,50 €, 50 Min., Mo–Fr 14-mal tgl., Sa 11-mal, So 4-mal). Die **Bushaltestelle** befindet sich in der Pier Road unweit der Touristeninformation.

Kinsale Cabs (☎021-477 2642; www.kinsalecabs.com) arrangiert auch Golftouren im Westen Corks.

Clonakilty

4000 EW.

Die fröhliche, geschäftige Marktstadt (siehe auch S. 247) dient den kleinen Küstenorten in der Umgebung als Verkehrsdrehkreuz. Sie wartet mit schicken B&Bs, Top-Restaurants und gemütlichen Livemusikpubs auf. Wasserstraßen sorgen für zusätzlichen Charme.

Clonakilty ist für zwei Dinge bekannt: als Geburtsort von Michael Collins – eine **Statue** von ihm thront an der Ecke zum Emmet Square – und für die berühmteste Blutwurst Irlands, Clonakilty Black Pudding.

Am Asna Square laufen die Straßen der Stadt zusammen. Der Platz wird von einem **Denkmal des Aufstands von 1798** beherrscht. Außerdem steht hier der **Kilty Stone**. Einst gehörte er zur früheren Burg, die Clonakilty (auf Irisch Clogh na Kylte, „Burg des Waldes") seinen Namen gab.

Sehenswertes & Aktivitäten

Das Michael Collins Centre (S. 260), 6 km nordöstlich von Clonakilty, ist ein Muss für alle, die ein Schlüsselkapitel der irischen Geschichte verstehen wollen.

Im Zentrum kann man gut ein paar Stunden umherschlendern. Der georgianische **Emmet Square** veranschaulicht den traditionellen Reichtum der Region und auf der **Spillers Lane** gibt's hübsche kleine Läden.

West Cork Model Railway Village
(☎023-883 3224; www.modelvillage.ie; Inchydoney Rd; Erw./Kind 8/4,25 €; ⏲Sept.–Juli 11–17 Uhr, Juli & Aug. 10–17 Uhr) Beim Anblick des West Cork Model Railway Village kann man sich das Schmunzeln nicht verkneifen. Zu den Highlights gehören eine große Nachbildung der West Cork Railway aus den 1940er-Jahren im Freien und ein erstklassiges Miniaturmodell der wichtigsten Städte im Westen des Countys Cork. Die **Bimmelbahn** (Erw./Kind inkl. Eintritt ins Railway Village 12/6,25 €; ⏲im Sommer tgl., im Winter nur am Wochenende) startet im West Cork Model Railway Village zu einer 20-minütigen kommentierten Rundfahrt durch Clonakilty – ideal, wenn man gern eingepfercht wird und angestarrt werden möchte.

Schwimmen SCHWIMMEN
Die **Bucht** eignet sich zwar zum Schwimmen, doch das Wasser ist eiskalt. Ebenfalls sehen lassen kann sich der saubere **Sandstrand** (Blaue Flagge) auf **Inchydoney Island** 4 km von Clonakilty, allerdings gilt er wegen der Unterströmung als gefährlich. Wenn Rettungsschwimmer vor Ort sind, weist eine rote Flagge auf einen starken Sog hin.

Inchydoney Surf School SURFEN
(☎086 869 5396; www.westcorksurfing.com; 2-std. Anfängerkurs Erw./Kind 35/30 €) Auf Inchydoney Island kann man Surfen lernen. Die Surfschule verleiht auch Boards (2 Std. ab 20 €) und Neoprenanzüge (2 Std. 10 €).

Schlafen

Emmet Hotel HOTEL €€
(☎023-883 3394; www.emmethotel.com; Emmet Sq; DZ 89–129 €, Hauptgerichte 12–22 €; 📶👶) Das bezaubernde, georgianische Hotel am gleichnamigen Platz hat 20 große, vornehme Zimmer und setzt erfolgreich auf Charme sowie hervorragenden Service mit allen Annehmlichkeiten einer modernen Unterkunft. Im hauseigenen Restaurant, Bistro und der Bar werden deftige irische Speisen aus einheimischen Bioprodukten zubereitet.

Bay View House B&B €€
(☎023-883 3539; www.bayviewclonakilty.com; Old Timoleague Rd; EZ/DZ 50/80 €; 📶) Ein rosafarbenes B&B auf höchstem Niveau, in dem man herzlich empfangen wird. Von den Zimmern 5 und 6 und der gemütlichen Lounge genießt man einen fantastischen Blick über die Felder, die sich bis zur Bucht von Clonakilty hinunterziehen, außerdem kann man sich über das ausgezeichnete Frühstück freuen. Die Pension liegt 300 m östlich vom Stadtzentrum gleich hinter der Abzweigung vom N71-Hauptkreisverkehr in die Stadt.

Tudor Lodge B&B €€
(☎023-883 3046; www.tudorlodgecork.com; McCurtain Hill; EZ 40–50 €, DZ 60–80 €; 📶) Dieses moderne Familienhotel mit Tudor-Motto einen kurzen Spaziergang vom Zentrum entfernt hält das hohe Niveau unbeirrt aufrecht.

O'Donovan's Hotel GASTHOF €€
(☎023-883 3250; www.odonovanshotel.com; Pearse St; EZ/DZ 45/90 €;) Hinter der klassischen roten Fassade schlägt das Herz eines Traditionshotels mit funktionalen Zimmern. Die zentrale Lage ist unschlagbar. Vor dem Haus befindet sich eine Gedenktafel zum Zweiten Weltkrieg.

Inchydoney Island Lodge & Spa RESORT €€€
(☎023-883 3143; www.inchydoneyisland.com; EZ Wochentage/Wochenende 145/175 €, DZ 190/250 €, Restaurant Hauptgerichte 18,50–34,50 €; Restaurant tgl. 18.30–21.45 Uhr, So auch 13–15 Uhr;) Das Herzstück dieses weitläufigen Resorts 5 km südlich von Clonakilty bildet ein erstklassiges Meerwasser-Spa. Der Service ist herausragend, das Essen im französisch angehauchten Restaurant köstlich, und die vor Kurzem neu gestalteten Zimmer haben Balkons oder Terrassen mit Meerblick.

Essen

Scannells MODERN IRISCH €
(☎023-883 4116; www.scannellsbar.com; Connolly St; Hauptgerichte 6,50–11 €; Mo–Fr 12–15, Sa 12–16 Uhr) Der geschützte, blumenreiche Garten dieses Gastropubs ist bei jedem Wetter gut besucht. Dafür sorgt die ambitionierte Speisekarte, auf der Gerichte von geräucherter Makrele und Steak-Sandwiches mit handgeschnittenen Pommes bis zu traditionellem Irish Stew und Biosalaten mit Roter Bete, gerösteten Haselnüssen, Ziegenkäse und Inkareis stehen.

Clonakilty Homemade Ice Cream EIS €
(☎023-883 3699; McCurtain Hill; Eis 1,80–3,50 €; Mo, Di & Do–Sa 11–17.30 Uhr;) Hier kann man eine Kugel oder Tüte des opulenten Eises kaufen, das vor Ort hergestellt wird, oder es in Form von Sundaes, Milchshakes und Smoothies genießen. Im mit bonbonfarbenen Streifen verzierten Laden gibt's auch einen Sitzbereich.

Farmers Market MARKT €
(www.clonakiltymarket.com; Fr 10–14 Uhr) Der Bauernmarkt findet neben O'Donovan's Hotel statt.

★ **An Súgán** MODERN IRISCH €€
(☎023-883 3719; www.ansugan.com; 41 Wolfe Tone St; Hauptgerichte 12–22 €; 12–22 Uhr) Das traditionelle An Súgán ist im ganzen Land für seine exzellenten Fischgerichte bekannt. Bar und Restaurant sind vollgestopft mit jeder Menge Krimskrams: Krüge baumeln von der Decke, unter den Sparren stecken zahlreiche Visitenkarten, die Wände sind mit Laternen und antiken Feuerlöschern behängt. Doch das Essen ist ganz und gar nicht skurril. Die Suppe mit Meeresfrüchten und die Krabbenküchlein schmeckt einfach großartig. Zum Angebot gehören zehn verschiedene Fischsorten (je nach Tagesfang).

Malt House Granary MODERN IRISCH €€
(☎023-883 4355; 30 Ashe St; Hauptgerichte 16,50–25 €; Mo–Sa 17–22 Uhr) Auf der Speisekarte stehen ausschließlich Gerichte mit Produkten aus der Gegend, darunter Clonakilty Black Pudding, Boile-Ziegenkäse, Gubbeen-Chorizowurst und Muscheln aus der Bantry Bay. Die Einrichtung ist gleichzeitig stylish und kitschig.

Ausgehen & Unterhaltung

★ **De Barra's** PUB
(www.debarra.ie; 55 Pearse St) Hier ist immer was los. Die Wände sind mit Fotos, Zeitungsausschnitten, Masken und Instrumenten gepflastert und oft erklingt ab 21.30 Uhr Livemusik, vor allem Folk.

An Teach Beag PUB
(5 Recorder's Alley) Dieses einladende Pub hinter dem O'Donovan's Hotel verbreitet genau die richtige Stimmung für traditionelle Musik. Mit etwas Glück erwischt man sogar einen *scríocht*-Abend mit Dichtern und Geschichtenerzählern. Im Juli und August finden jeden Abend Konzerte statt, ansonsten immer an den Wochenenden.

Shoppen

Jellyfish Surf Co. SURFZUBEHÖR
(☎023-883 5890; www.jellyfishsurfco.com; Spillers Lane; Mo–Sa 10–18 Uhr) Hier gibt's nicht nur

NICHT VERSÄUMEN

DIE BESTE BLUTWURST

Clonakiltys begehrtester Exportartikel ist der *black pudding*, eine Blutwurst, die auf der Speisekarte der meisten lokalen Restaurants steht. Am besten kauft man diese beim Fleischer **Edward Twomey** (☎023-883 3733; www.clonakiltyblackpudding.ie; 16 Pearse St; Würste ab 2,75 €; Mo–Sa 9–18 Uhr). Er hat verschiedene Sorten im Angebot, die alle auf dem Originalrezept aus den 1880er-Jahren basieren.

die aktuellste Surfbekleidung und Surfbretter, sondern auch Tipps zu den besten Orten der Gegend, um sich in die Wellen zu stürzen.

Praktische Informationen

Post (Bridge St) In der alten presbyterianischen Kapelle.

Touristeninformation (023-883 3226; www.clonakilty.ie; Ashe St; Mo–Sa 9.15–17 Uhr)

An- & Weiterreise

Täglich fahren sieben Busse nach Cork (14,20 €, 65 Min.) und Skibbereen (9,80 €, 40 Min.). Die **Bushaltestelle** liegt gegenüber vom Geschäft Harte's Spar an der Umgehungsstraße nach Cork. Eine alternative Route nach Kinsale ist die Fahrt auf der R600.

Unterwegs vor Ort

MTM Cycles (023-883 3584; 33 Ashe St; Mo–Sa 8.30–18 Uhr) verleiht Räder für 10/50 € pro Tag/Woche. Eine schöne Tour führt zum Duneen Beach, etwa 13 km südlich der Stadt.

Von Clonakilty nach Skibbereen

Malerische Dörfer, ein sehenswerter Steinkreis und eine friedliche Küstenlandschaft zeichnen diese wenig befahrene Strecke aus. Wer nicht die ganze Zeit auf der Hauptstraße N71 bleiben möchte, sollte in Rosscarbery am Ende der Dammstraße links auf die R597 abbiegen (Glandore ist ausgeschildert). Am besten nimmt man sich aber einfach doppelt so viel Zeit und legt die gesamte Strecke auf kleinen Straßen am Wasser zurück.

Smugglers Cove Adventure Golf (023-884 8054; www.rosscarberygolf.com; Rosscarbery; Erw./unter 16 J./unter 3 J. 7,50 €/5 €/frei; März–Sept. tgl. 10–20 Uhr, Okt.–Feb. Sa & So 10–17 Uhr), ein Allwetter-Kunstrasen-Golf-

MICHAEL COLLINS – DER „BIG FELLA"

Michael Collins ist einer der berühmtesten und beliebtesten Söhne des Countys. Der Befehlshaber der Armee des Irischen Freistaates, der 1922 die Unabhängigkeit Irlands von Großbritannien errang, wurde auf einer Farm in der Nähe von Clonakilty geboren.

Nach dem Osteraufstand von 1916 avancierte Collins zu einer Schlüsselfigur des irischen Nationalismus. Er revolutionierte den Kampfstil der irischen Soldaten und setzte auf eine Guerillataktik mit „fliegenden Einheiten", die sich im Kampf gegen die viel größeren, aber weniger mobilen britischen Truppen als äußerst effektiv erwies. 1921 brachte ihm sein politischer Scharfsinn beim Abschluss des Angloirischen Vertrags die Position als Verhandlungsführer ein. Collins war gezwungen, große Zugeständnisse zu machen, darunter auch die Teilung des Landes. Als er den Vertrag widerwillig unterzeichnete, erklärte er, dass er sein eigenes Todesurteil unterschreibe.

Seine Worte sollten sich auf tragische Weise bewahrheiten. Kurz nach Vertragsabschluss brach der Bürgerkrieg aus und Collins wurde am 22. August 1922 auf einer Reise ins westliche Cork in Beal-na-mBláth bei Macroom von vertragsfeindlichen Truppen in einen Hinterhalt gelockt und getötet. Jedes Jahr wird am Tag seiner Ermordung ein Gedenkgottesdienst abgehalten. Wer die Stätte besuchen will, nimmt die N22 westlich von Cork und biegt nach 20 km rechts auf die R590 nach Crookstown ab. Dort fährt man rechts auf die R585 nach Beal-na-mBláth. Der Schauplatz des Mordes liegt 4 km weiter auf der linken Seite.

Eine praktische Karte und die Broschüre *In Search of Michael Collins* (4,50 €), die alle Orte der Gegend mit einem Bezug zu dem Freiheitskämpfer auflistet, erhält man in der Touristeninformation von Clonakilty. Im großartigen **Michael Collins Centre** (023-884 6107; www.michaelcollinscentre.com; Erw./Kind 5/3 €; Mitte Juni–Sept. 10.30–17 Uhr) erfährt man anhand von Fotos und Briefen mehr über diesen Mann und seine Zeit. Hier gibt's sogar eine Rekonstruktion der Landstraße aus den 1920er-Jahren (samt Panzerfahrzeug) zu sehen, auf der Collins getötet wurde. Gelegentlich organisiert das Zentrum Touren zu den wichtigsten Orten im Leben des Revolutionärs. Es ist auf der R600 zwischen Timoleague und Clonakilty ausgeschildert.

Das ehrenamtlich betriebene **Clonakilty Museum** (023-883 3115; Western Rd; Eintritt 2 €; Juni–Sept. Di–Fr 11–16 Uhr) stellt weitere Erinnerungsstücke aus, darunter Collins' Waffen und Uniform. In der Touristeninformation erfährt man die aktuellen Öffnungszeiten.

platz mit 18 Löchern in Rosscarbery, bietet Piraten (Erwachsene), Seeräubern (Kinder unter 16 Jahren) und Strolchen (Kinder unter 3 Jahren) eine vergnügliche Einführung ins Golfspiel. Er lockt u.a. mit Holzflößen und Schatztruhen.

Der stimmungsvolle **Drombeg Stone Circle** 4 km westlich von Rosscarberry liegt auf einem Hügel und ist von lauter Feldern umgeben, die sich bis zur Küste ziehen. In der Ferne hört man Kühe muhen. Einst bewachten die 17 aufrecht stehenden Steine die eingeäscherten Gebeine eines jungen Mannes, die man bei Ausgrabungen in den 1960er-Jahren entdeckt hat. Vermutlich datiert der Kreis mit 9 m Durchmesser ins 5. Jh. v. Chr. und stellt eine anspruchsvolle eisenzeitliche Rekonstruktion eines früheren Monuments aus der Bronzezeit dar. Gleich dahinter befinden sich die Überreste einer Hütte und einer Kochstelle aus der Eisenzeit, eine sogenannte *fulachta fiadh*. Experimente haben gezeigt, dass die erhitzten Steinbrocken Wasser zum Kochen bringen und rund drei Stunden lang warm halten konnten – lange genug, um Fleisch zuzubereiten.

Wer sich die Stätte ansehen möchte, nimmt die ausgeschilderte Linksabzweigung von der R597. Vom Parkplatz geht man nach links und folgt dem schmalen Fußweg 120 m bis zum Steinkreis.

Glandore & Union Hall

250 EW.

Im Sommer, wenn zahlreiche Jachten im geschützten Hafen von Glandore ankern, erwachen die hübschen Küstendörfer Glandore (Cuan Dor) und Union Hall zum Leben. Ein Gewirr kleiner Straßen durchzieht die Gegend, die es sich zu erkunden lohnt.

Union Hall ist benannt nach dem Act of Union von 1800, der das eigenständige irische Parlament aufhob. Der Ort liegt 2,7 km südwestlich von Glandore, man erreicht ihn über einen langen und engen Dammweg. 1994 wurde hier das Drama *Der Krieg der Knöpfe* über den Kampf zweier Jugendbanden gedreht. In Union Hall gibt's einen Geldautomaten, eine Post und einen Lebensmittelladen.

Aktivitäten

Atlantic Sea Kayaking (028-21058; www.atlanticseakayaking.com; Union Hall; halbtägiger Ausflug 50 €; ganzjährig) hat einen abenteuerlichen Küstenausflug im Kajak sowie viele weitere Touren und Kurse (auch nächtliche Kajaktrips) im Programm.

Whale Watch West Cork (028-33 357; www.whalewatchwestcork.com) und **Whale Watch mit Colin Barnes** (086 327 3226; www.whalewatchwithcolinbarnes.com) bieten ganzjährig Wal- und Delfin-Beobachtungsausflüge vom Reen Pier, ca. 3 km südwestlich von Union Hall, an. Die Preise für halbtägige Exkursionen liegen im Durchschnitt bei 50/30 € pro Erwachsenem/Kind.

Schlafen & Essen

Meadow Camping Park CAMPINGPLATZ
(028-33280; meadowcamping@eircom.net; Rosscarbery Rd, Glandore; Stellplatz 20 €; Ostern & Mai–Mitte Sept.) 2 km östlich von Glandore an der R597 nach Rosscarbery erstreckt sich dieser kleine, idyllische Campingplatz in einem Garten voller Bäume und Blumen.

Bay View House B&B €€
(028-33115; Glandore; EZ/DZ 50/80 €) Das B&B bietet eine spektakuläre Aussicht über die Bucht, das gilt vor allem für Zimmer 1. Helle Zitrusfarben, Dielenböden, Holzmöbel und blitzblanke Bäder tragen zum Charme der Unterkunft bei. Die Pubs des Ortes sind nur wenige Schritte entfernt.

Shearwater B&B B&B €€
(028-33178; www.shearwaterbandb.com; Union Hall; EZ/DZ 50/70 €; April–Okt.) Dieses B&B auf einem flachen Hügel 500 m von Union Halls Zentrum entfernt verfügt über gemütliche Zimmer und eine große Terrasse mit tollem Ausblick.

Fischgeschäft FISCH & MEERESFRÜCHTE
(028-33818; Main St, Union Hall; Mo–Fr 9–17, Sa 9–13 Uhr) Der geräucherte Lachs aus Union Hall genießt einen guten Ruf. Man bekommt ihn in diesem Fabrikladen, ebenso wie den Fang des Tages und lebende Meeresfrüchte.

★ **Glandore Inn** PUB €€
(028-33468; www.theglandoreinn.com; Main St, Glandore; Hauptgerichte 10–16 €; im Sommer ab 10 Uhr, im Winter ab 12 Uhr;) Ein Blick auf den Hafen von der ersten Reihe aus und eine Speisekarte der Superlative machen das Glandore Inn zu einem der besten Lokale des Countys Cork für ein schönes Abendessen. Das Speisenangebot reicht von hausgemachten Schweinepasteten mit Früchte-Chutney, Lammleber und Schinken auf Kohl und Kartoffelpüree bis zu Hähnchen „Normandie" mit Sahne-Basilikum-Pilzsoße.

Unbedingt probieren: das Bierbrot des Besitzers und Kochs David Wine. Die Einrichtung ist rustikal, hat aber einen modernen Touch. Im Angebot sind auch handwerklich gebraute Biere.

Hayes Bar PUB €€
(☎ 028-33214; The Square, Glandore; Hauptgerichte 8–20 €; ⏲ variieren) Perfektes Pub am Hafen mit Bierbänken im Freien.

An- & Weiterreise

Busse von/nach Skibbereen (3,80 €, 15 Min.) und Clonakilty (7,10 €, 25 Min.) halten 3 km nördlich in Leap. Die meisten B&B-Betreiber holen ihre Gäste bei vorheriger Anfrage ab.

Castletownshend

160 EW.

Mit seinen herrschaftlichen Gebäuden und kunterbunten Häuschen aus dem 17. und 18. Jh. an der steilen Hauptstraße ist Castletownshend eines der charakteristischsten Dörfer Irlands. Am Fuß des Hügels liegen ein kleiner Hafen und die Burg (eher ein zinnenbewehrtes Herrenhaus), nach der dieser Ort benannt ist. Hat man sie gesehen, kann man getrost die Füße hochlegen und sich entspannen – es sind bereits alle Sehenswürdigkeiten abgehakt.

Die **Burg** (☎ 028-36100; www.castle-townshend.com; DZ ab 70 €, Selbstversorger-Apts. & Cottages ab 150 € pro Woche) am Ufer sieht wie ein felsiges Traumschloss aus. Ihre großen, längs unterteilten Fenster machen deutlich, dass die wehrhaften Elemente rein dekorativ sind. Das prächtige Bauwerk verfügt über riesige, unterschiedlich eingerichtete Gästezimmer: Eines ist mit einem alten Himmelbett ausgestattet, manche sind klein, aber hell, wieder andere haben Terrassen und eine schöne Aussicht. Den **Garten** (Erw./Kind 5 €/frei) können auch Nichtgäste besuchen.

Man erreicht das Dorf nur mit dem Auto von Skibbereen aus über die R596 (8 km). Ein **Taxi** (☎ 028-21258) von Skibbereen hierher kostet ungefähr 15 €.

Skibbereen

2500 EW.

Mittlerweile ist Skibbereen (Sciobairín) eine geschäftige, gewöhnliche Marktstadt. Die Hungersnot hat Skib jedoch stärker als jeden anderen Ort Irlands getroffen. Damals wanderten unzählige Bewohner aus oder verhungerten bzw. starben an Krankheiten. „Die Berichte sind nicht überzogen, sie können es nicht sein. So etwas Schreckliches lässt sich nicht ausdenken", schrieben Lord Dufferin und G. F. Boyle, die im Februar 1847 von Oxford nach Skibbereen reisten, um zu prüfen, ob die Meldungen wirklich stimmten. Ihr Augenzeugenbericht liest sich wie eine Horrorgeschichte; Dufferin war von dem Erlebten so entsetzt, dass er 1000 £ spendete (heute wären dies rund 100 000 €).

Das wichtigste Wahrzeichen der Ortschaft ist eine zu Ehren der Helden der irischen Rebellion errichtete Statue auf dem Hauptplatz.

Sehenswertes

Das **Skibbereen Heritage Centre** (☎ 028-40900; www.skibbheritage.com; Upper Bridge St, Old Gasworks Bldg; Erw./Kind 6/3 €; ⏲ Mitte Mai–Mitte Sept. Mo–Sa 10–18 Uhr, Mitte März–Mitte Mai & Mitte Sept.–Okt. Di–Sa 10–18 Uhr, Rest des Jahres geschl.) wurde am einstigen Standort der städtischen Gaswerke errichtet und beherbergt eine bewegende Ausstellung über die Hungersnot. Schauspieler lesen erschütternde Berichte aus jener Zeit vor und rücken so grauenvolle Aspekte der irischen Geschichte ins Bewusstsein. Zudem gibt's eine kleinere Dokumentation zum nahe gelegenen Lough Hyne, dem ersten Meeresschutzpark Irlands, sowie ein Zentrum für Ahnenforschung. Die Mitarbeiter sind sehr enthusiastisch.

Abends starten am Heritage Centre geführte **historische Spaziergänge** (Erw./Kind 5/2,50 €), die 1½ Stunden dauern (wegen der genauen Zeiten vorher anrufen).

Auf dem **Abbeystrewery Cemetery**, einem Friedhof 1 km östlich des Zentrums an der N71 Richtung Schull, befinden sich die Massengräber von 8000 bis 10 000 Einheimischen, die während der Hungersnot ums Leben kamen.

Eine schöne **alte Eisenbahnbrücke** überquert den Fluss in der Nähe der Ilen Street. Freitags bietet der **Viehmarkt** auf dem Ausstellungsgelände einen hektischen und geruchsintensiven Einblick in das Landleben.

Feste & Events

Taste of West Cork Food Festival ESSEN
(www.atasteofwestcork.com; ⏲ Mitte Sept.) Wer Mitte September in der Stadt ist, sollte das Taste of West Cork Food Festival nicht verpassen. Dazu gehören ein lebhafter Markt

und spezielle Veranstaltungen in den örtlichen Restaurants.

Schlafen

★Bridge House B&B €€
(☎028-21273; www.bridgehouseskibbereen.com; Bridge St; EZ/DZ 40/70 €;) Mona Best hat ihr Haus in ein Kunstwerk verwandelt: Alle Räume sind prall gefüllt mit fantastischen viktorianischen Gemälden, liebevoll gesammeltem Kram, verrückten Holzschnitzereien, Schaufensterpuppen und frischen Blumen. Auf Wunsch können die Gäste schwarze Bettlaken aus Seide bekommen.

West Cork Hotel HOTEL €€
(☎028-21277; www.westcorkhotel.com; Ilen St; Zi. 55–150 €;) Ein solider Oldtimer mit 30 komfortablen restaurierten Zimmern neben dem Fluss und der alten Eisenbahnbrücke. Die Zimmer nach hinten bieten einen idyllischen Blick.

Essen

Bauernmarkt MARKT €
(ganzjährig Sa 10–13.30 Uhr, Juli–Sept. auch Mi 10–13.30 Uhr) Lokale Erzeuger verkaufen ihre Produkte am Old Market Square.

Riverside Café & Restaurant INTERNATIONAL €€
(☎028-40090; www.riversideskibbereen.ie; North St; Tapas 6–10,50 €, Hauptgerichte 10–24 €; Di–Sa 12–15.30, Fr & Sa 18–22 Uhr) Zum Angebot dieses sehr beliebten Restaurants zählen Meeresfrüchtekasserolle in Hummer-Bisque, Algenpaella und Würstchen mit Kartoffelbrei in Ochsenschwanzsoße, aber auch Käse- und Räucherfischbretter. Doch das größte Plus ist die Lage am Fluss – bei schönem Wetter kann man draußen sitzen.

Kalbo's INTERNATIONAL €€
(☎028-21515; 26 North St; Gerichte 4,50–12 €, Hauptgerichte abends 14,50–26,50 €; Mo–Do 9–18, Fr & Sa 9–21 Uhr;) Produkte aus der Region und geschickte Hände in der Küche sorgen morgens für herrliche Vanillepfannkuchen und mittags für wunderbare Schinkensandwiches. Abends werden kreative Gerichte wie Krabbenlinguine mit Koriander und Zitronencreme serviert.

Praktische Informationen

Touristeninformation (☎028-21766; www.skibbereen.ie; North St; Di–Sa 9.15–17 Uhr) Buchung von Unterkünften in Baltimore, auf Sherkin Island und auf Cape Clear Islands, Tipps zu Wanderungen in der Gegend und Fahrpläne für die Fähren zu den Inseln.

An- & Weiterreise

Bus Éireann (☎021-450 8188; www.buseireann.ie) fährt von Montag bis Samstag siebenmal und an Sonntagen fünfmal nach Cork (18,50 €, 1¾ Std.). Schull steuern Montag bis Samstag täglich drei Busse (7,10 €, 30 Min.) an. Die Haltestelle befindet sich vor dem früheren Eldon Hotel in der Main Street.

Baltimore

400 EW.

Baltimore (siehe auch S. 247) ist ein altes Dorf am Meer mit einem belebten Hafen voller Fischerboote. Rund um die zentrale Terrasse mit Hafenblick verteilen sich Ferienhäuschen, die im Sommer von Seglern, Anglern, Tauchern und Besuchern der nahe gelegenen Inseln Sherkin und Clear gestürmt werden.

Am 20. Juni 1631 überfielen Berberpiraten das Dorf und verschwanden mit 108 Einwohnern, die in Nordafrika in die Sklaverei verkauft wurden. Nur dreien von ihnen gelang es, später wieder zurück in ihre Heimat zu kommen.

Sehenswertes & Aktivitäten

Abgesehen von den Ruinen der Burg **Dun na Sead** (Festung der Juwelen; ☎028-20735; Erw./Kind 3 €/frei; Juni–Sept. 11–18 Uhr), von denen man einen wunderbaren Ausblick auf den Hafen hat, dreht sich in Baltimore alles um Wassersport.

An den Riffen rund um **Fastnet Rock** kann man hervorragend tauchen (das Wasser wird vom Golfstrom erwärmt) und einige Schiffswracks erkunden. Für einen ganztägigen Tauchausflug inklusive Ausrüstung zahlt man beim **Aquaventures Dive Centre** (☎028-20511; www.aquaventures.ie; Stonehouse B&B, Lifeboat Rd) 115 €, ein halbtägiger Schnorcheltrip kostet 40 €. Außerdem gibt's Pauschalangebote für Tauchgänge und Übernachtung im hauseigenen B&B. Die Preise erfährt man direkt im Zentrum.

Von Juni bis September veranstaltet die **Baltimore Sailing School** (☎028-20141; www.baltimoresailingschool.com) empfehlenswerte Kurse (5 Tage 290 €) für Anfänger und fortgeschrittene Segler. Verschiedene kürzere Jachtausflüge ab 50 € hat **Baltimore Yacht Charters** (☎028-20160; www.baltimoreyachtcharters.com) im Programm. **Baltimore Sea Safari** (☎028-20753; www.baltimoreseasafari.ie) organisiert ebenfalls Segeltrips (im Hafen; Preise beginnen bei 25 € für 2 Std.).

Am Hafen erfährt man Näheres zu Tauch-, Segel- und Angelanbietern.

Ein weißer Leuchtturm (auch Lot's Wife genannt) ragt als Wahrzeichen an der westlichen Landspitze der Halbinsel auf und lädt vor allem bei Sonnenuntergang zu einem netten **Spaziergang** ein.

Etwa 10 km von Baltimore entfernt, an der R585 Richtung Skibbereen, kann man rund um **Lough Hyne** und im **Knockamagh Wood Nature Reserve** wunderbar wandern. Gut ausgeschilderte Wege führen einmal rund um den See sowie einen steilen Hügel hinauf durch den Wald. Oben angekommen, wird man mit einer spektakulären Aussicht belohnt.

Feste & Events

Im Frühling spielt die ganze Stadt verrückt.

Fiddle Fair MUSIK
(www.fiddlefair.com; 2. Wochenende im Mai) Zu diesem Anlass treten internationale und lokale Musiker auf.

Walking Festival WANDERN
(www.westcork.ie; Mitte Mai) Geführte Wanderungen in Baltimore und in der Region.

Seafood Festival ESSEN
(www.baltimore.ie; letztes Wochenende im Mai) Jazzbands geben sich die Ehe und in den Pubs werden Muscheln und Krabben serviert. Außerdem findet ein Korso mit Holzbooten statt.

Schlafen & Essen

Rolf's Country House PENSION €€
(028-20289; www.rolfscountryhouse.com; Baltimore Hill; EZ/DZ 60/100 €, Cottages ab 500 €/Woche; April–Okt.; @) Ein restauriertes altes Bauernhaus mit ruhigem Garten am Stadtrand. Gäste haben die Wahl zwischen 14 elegant eingerichteten Zimmern mit hervorragendem Preis-Leistungs-Verhältnis oder Selbstversorger-Cottages. Die Mitarbeiter sind sehr hilfsbereit und es gibt ein hübsches **Restaurant** (Hauptgerichte 22–29 €; Juni–Sept. 18–21.30 Uhr).

Waterfront HOTEL €€
(028-20600; www.waterfronthotel.ie; The Quay; EZ/DZ 80/120 €; @) Das Hotel mit 13 kleinen, aber sauberen Zimmern (am besten nimmt man eines mit Meerblick) liegt im Ortszentrum. Auch das hauseigene Restaurant, das **Lookout** (Chez Youen; Hauptgerichte 16–40 €; Ostern–Sept. Fr, Sa & Feiertage ab 18.30 Uhr), lockt mit Meerblick und üppigen Meeresfrüchteplatten mit Hummer, Garnelen, Taschenkrebsen, Samtkrabben und Austern. Die jährlich geänderten Öffnungszeiten stehen auf der Website.

Casey's of Baltimore HOTEL €€
(028-20197; www.caseysofbaltimore.com; Skibbereen Rd; EZ/DZ ab 120/150 €; @) Alle 14 Zimmer verfügen über riesige Betten und zehn Quartiere bieten einen Blick auf die Flussmündung. Das Hotel befindet sich gleich am Eingang in die Stadt (falls man mit dem Helikopter kommt – es gibt einen Landeplatz). Zum Essen genießt man eine herrliche Aussicht, besonders auf der Terrasse. Das Fisch- und Meeresfrüchterestaurant kredenzt Muscheln aus der hoteleigenen Zucht in der Roaringwater Bay und die Spezialität des Hauses, Krebsscheren in Knoblauchbutter.

Glebe Gardens & Café MODERN IRISCH €€
(028-20232; www.glebegardens.com; Gerichte 6–10,50 €, 2-/3-Gänge-Abendmenü 25/30 €; April–Okt. Mi–So 10–18 & Mi–Sa 19–22 Uhr) Als Attraktion für sich gilt der schöne Garten (Garteneintritt Erw./Kind 5 €/frei). Lavendel und Kräuter sorgen für einen angenehm aromatischen Duft, der draußen und drinnen über die Tische weht. Die Küche ist einfach und frisch: Fast alle Zutaten wurden entweder selbst angebaut oder stammen von lokalen Erzeugern.

Ausgehen & Nachtleben

Bushe's Bar PUB
(www.bushesbar.com; The Quay; Sandwiches 6,50–11 €) Von der Decke dieser authentischen alten Bar baumeln Seefahrer-Devotionalien. Die Bänke draußen auf dem Hauptplatz bieten sich dafür an, bei Sonnenuntergang einen Drink und die berühmten Krabbensandwiches zu genießen, die immer dann serviert werden, wenn gerade frische Krabben gefangen wurden.

Praktische Informationen

Am Hafen gibt's eine Infotafel, außerdem lohnt ein Blick auf die Website www.baltimore.ie. Der nächste Geldautomat befindet sich in Skibbereen.

An- & Weiterreise

Von Montag bis Freitag fahren täglich drei, am Samstag zwei Busse zwischen Skibbereen und Baltimore (4,30 €, 20 Min.).

Sherkin Island

100 EW.

Sherkin Island (www.sherkinisland.eu), eine zehnminütige Fährfahrt vor der Küste Baltimores gelegen, ist nur 5 km lang und 3 km breit, trotzdem lebten hier vor der Hungersnot über 1000 Menschen.

Heute zieht die Insel Künstler, Urlauber und Gourmets an: Allein wegen des im Piratenstil eingerichteten Pubs **Jolly Roger** (☎028-20003; Hauptgerichte 12–20 €; ⌚10 Uhr–spät abends, im Winter kürzere Öffnungszeiten) lohnt ein Besuch, denn dort gibt's eine traumhaft leckere Meeresfrüchtesuppe (die Knoblauchmuscheln sind auch nicht schlecht) und im Sommer noch dazu jeden Tag Livemusik.

Wer es nicht eilig hat, aufs Festland zurückzukehren, kann das Ganze vom **Islander's Rest** (☎028-20116; www.islandersrest.ie; EZ/DZ 80/120 €), dem anderen Pub des Eilandes, aus betrachten, das 21 komfortable Zimmer mit eigenem Bad besitzt.

An- & Weiterreise

Sherkin Island Ferry (☎087 911 7377; www.sherkinferry.com; Erw./Kind hin & zurück 10/4 €) setzt bis zu neunmal täglich von bzw. nach Baltimore über (Sa 7-mal tgl., So 5-mal tgl., im Winter eingeschränkte Verbindungen).

Cape Clear Island

150 EW.

Mit ihren wenig besuchten Buchten, Kiesstränden und den von Ginster und Heidekraut bedeckten Klippen ist Cape Clear Island (Oileán Chléire) ein Paradies für alle, die es einsam mögen. Trotz der geringen Größe der Insel (5 km lang, 1,5 km breit) braucht man Zeit, um die zerklüftete Gaeltacht-Region (hier wird Irisch gesprochen), das südlichste bewohnte Eiland Irlands, richtig zu genießen.

Der Tourismus hat bisher kaum Einzug gehalten, es gibt aber ein paar B&Bs, einen Laden und drei Pubs.

Sehenswertes

Das kleine **Heritage Centre** (☎028-39119; www.capeclearmuseum.ie; Eintritt 3 €; ⌚Mai–Aug. 14.30–17 Uhr) präsentiert Ausstellungen über die hiesige Geschichte und Kultur und wartet mit einem herrlichen Blick übers Meer nach Mizen Head auf.

Auf der nordwestlichen Seite der Insel befinden sich auf einem Felsen die Ruinen des **Dunamore Castle**, einer Festung des O'Driscoll-Clans (vom Hafen aus dem Fußweg folgen) aus dem 14. Jh. Die große Halle wird ihrem Namen gerecht und ist gelegentlich für geführte Besichtigungen (3 €) geöffnet.

Aktivitäten

Cape Clear zählt zu den besten Orten in Irland, um **Vögel zu beobachten**, z. B. Schwarzschnabel-Sturmtaucher, Tölpel, Eissturmvögel und Dreizehenmöwen. Trottellummen brüten auf der Insel, während viele andere Vögel nur zur Nahrungssuche von den Felsen der westlichen Halbinseln herfliegen. Manchmal halten sich hier Zehntausende Vögel gleichzeitig auf, besonders frühmorgens und in der Dämmerung. Im Oktober bekommt man die meisten Arten zu Gesicht. Am Hafen steht das weiße Gebäude der **Vogelwarte** (am Ende des Piers rechts und 100 m weiter).

Über die gesamte Insel ziehen sich markierte **Wanderwege.**

Kurse

Wer sich in einer so einsamen Gegend befindet, kann ruhig etwas für seine Bildung tun. Ed Harper vom Bauernhof **Chléire Goats** (☎028-39126; www.oilean-chleire.ie/GoatFarm) westlich von der Kirche, kann einem alles über die Ziegenhaltung beibringen. Er stellt auch Eis und Ziegenkäse her (Verkostung möglich) und veranstaltet halb- (35 €) bis fünftägige (155 €) Kurse zur Ziegenhaltung.

Feste & Events

Cape Clear Island International Storytelling Festival GESCHICHTENERZÄHLEN (☎028-39157; www.capeclearstorytelling.com; ⌚Anfang Sept.) Dieses Festival bringt Hunderte Besucher auf die Insel, die hier Geschichten lauschen, an Workshops teilnehmen und Spaziergänge unternehmen.

Schlafen & Essen

Cape Clear Island Hostel HOSTEL € (☎028-41968; www.capeclearhostel.com; Old Coastguard Station; B/2BZ ab 20/46 €; @🛜) Das Hostel am südlichen Hafen befindet sich in einem großen weißen Gebäude und verfügt über einen hübschen Garten. Es wartet mit einer großen Selbstversorgerküche, Waschmaschine und Trockner sowie einer erstaunlichen Sammlung von Modellschiffen in Flaschen auf.

Chléire Haven CAMPINGPLATZ
(☎ 028-39119; www.yurt-holidays-ireland.com; Stellplatz 10 € pro Pers.; ⏲ Juni–Sept.) Hier gibt's ein paar Zeltplätze, Jurten und Tipis. Um in Letzteren zu übernachten, wird ein Mindestaufenthalt von mehreren Tagen verlangt, was sich durchaus lohnt: Die Preise für zwei Nächte in der Hochsaison beginnen bei 240 €.

Ard Na Gaoithe B&B **€€**
(☎ 028-39160; www.ardnagaoithe.ie; The Glen; DZ ab 70 €) Ruhige Zimmer in einem einfachen, massiven Haus.

Praktische Informationen

Touristeninformation & Post (☎ 028-39100; www.capeclearisland.ie; ⏲ Mai–Sept. Mo–Sa 11.30–16.30, So 12–17 Uhr) Hinter dem Pier neben dem Café.

An- & Weiterreise

Die **Cailín–Óir-Fähre** (☎ 086 346 5110; www.cailinoir.com; Erw./Kind hin & zurück 16/8 €; ⏲ 10.30–19 Uhr) benötigt von Baltimore 45 Minuten für die 11 km lange Überfahrt. Sie verkehrt viermal täglich.

Mittlerweile ist auch die **Schull-Fähre** (☎ 087 3899 711; www.schullferry.com; hin & zurück 16 €) in Betrieb. Sie startet außer Montag und Donnerstag (kein Fährverkehr) täglich dreimal (45 Min.).

MIZEN HEAD PENINSULA

Von Skibbereen verläuft die Straße Richtung Westen durch Ballydehob, dem Tor zum Mizen Head („meisen" ausgesprochen), Irlands Südwestspitze. Von hier führt die R592 weiter ins hübsche Dorf Schull. Wer auf der R592 und R591 weiter durch die hügelige Landschaft fährt, passiert winzige Siedlungen und landet schließlich in Goleen.

Doch auch dort ist noch nicht das Ende der Halbinsel erreicht. Immer schmalere Straßen führen zum spektakulären Mizen Head und zu zwei versteckten Naturschätzen: Barleycove Beach und Crookhaven. So mancher, der ohne ordentliche Landkarte unterwegs ist, landet allerdings immer wieder an der gleichen Kreuzung.

Auf dem Rückweg nach Goleen lohnt ein Abstecher nach Norden die malerische Küstenstraße entlang, die sich am Rand von Dunmanus Bay fast bis nach Durrus schlängelt. Die R591 führt durch Durrus Richtung Norden nach Bantry, während sich die L4704 nach Westen zur Sheep's Head Peninsula wendet.

Schull

700 EW.

Segler und Künstler haben das Fischerdorf Schull („*skall*" ausgesprochen; www.schull.ie) in einen quirligen Ort verwandelt. Trotzdem gehen die Einheimischen unbeirrt ihren Geschäften nach, ganz wie früher, als der belebte Hafen noch ihr Lebensmittelpunkt war. Heute herrscht dort ein reges Durcheinander, außerdem kann man sich in den Kunsthandwerksläden und Galerien umschauen. Schulls beliebter sonntäglicher **Country Market** (www.schullmarket.com; Pier Car Park; ⏲ Mitte März–Sept. So 10–14 Uhr) präsentiert die Arbeiten der Künstler und Kunsthandwerker der Region und zieht Erzeuger und Lieferanten aus der gesamten Region an.

Sehenswertes & Aktivitäten

Das einzige **Planetarium** (☎ 028-28552; www.schullcommunitycollege.com; Colla Rd; Erw./Kind 5/3,50 €; ⏲ Juni–Sept.) in der Republik wurde von einem Deutschen gegründet, der Schulls Charme verfallen war. Es liegt auf dem Gelände des Schull Community College. Im Sommer gibt's eine 45-minütige **Sternenschau** (die Zeiten sollte man telefonisch erfragen). Das Planetarium befindet sich am Ortsende Richtung Goleen an der Colla Road. Vom Pier aus kann man auch einfach zu Fuß über den Uferpfad laufen.

Eine der möglichen **Wanderungen** ist die zum **Mount Gabriel** (407 m, 13 km hin & zurück). Einst wurde hier Kupfer abgebaut und es wurden Überreste aus der Bronzezeit sowie alte Minenschächte und Schlote aus dem 19. Jh. entdeckt Bequemer ist der kurze Uferweg (Foreshore Path, 2 km) vom Pier zur **Roaringwater Bay** hinaus, von wo aus man die vorgelagerten Inseln sieht.

Divecology (☎ 086 837 2065; www.divecology.com; Cooradarrigan; Tauchkurse/Tauchgänge ab 100/25 €) veranstaltet Kurse und Tauchtrips zu Schiffswracks und Korallenriffs. Am Hafen fahren Charterboote zum Fischen hinaus.

Feste & Events

Calves Week SEGELN
(www.shsc.ie) Die Segelregatta findet meistens nach dem Bank-Holiday-Wochenende im August statt.

Schlafen & Essen

Grove House B&B €€
(☎028-28067; www.grovehouseschull.com; Colla Rd; EZ/DZ ab 50/80 €; 📶) Das wunderschön restaurierte und mit Efeu bewachsene Anwesen wartet mit herrlichen Kiefernholzböden und einer exquisiten Einrichtung aus Antiquitäten und selbst gefertigten Decken auf. Zum Haus gehört ein tolles **Restaurant** (3-Gänge-Menü 25 €; ⏱März–Sept. Mo–Sa ab 18, So 13–17 Uhr), auf dessen Speisekarte schwedisch inspirierte und irische Gerichte stehen.

Corthna-Lodge Guesthouse B&B €€
(☎028-28517; www.corthna-lodge.net; EZ/DZ ab 70/95 €; 📶) Neben sieben frischen, gepflegten Zimmern bietet das weitläufige, moderne Haus gleich außerhalb des Zentrums einen Außenwhirlpool, eine Sauna und einen Fitnessbereich.

Newman's West PUB €
(☎028-27776; www.tjnewmans.com; Main St; Gerichte 6,50–12,50 €; ⏱9–23 Uhr; 📶) Die bei Seemännern beliebte Weinbar (es gibt eine große Auswahl an guten offenen Weinen) und Kunstgalerie hat Suppen, Salate sowie riesige Sandwiches mit lokal hergestelltem Käse und Salami im Angebot. Als Tagesgericht werden z. B. Muscheln aus der Bantry Bay und Fischsuppe gereicht. Das angrenzende ursprüngliche Pub, das TJ Newman, ist sehr charmant.

Hackett's MODERN IRISCH €€
(☎028-28625; Main St; Bargerichte 4–9 €; ⏱Mo & Do–So ab 12, Di & Mi ab 17 Uhr) Der soziale Treffpunkt des Ortes hat sich durch seine kreative biologische Kneipenkost einen Ruf gemacht und zieht ein sehr gemischtes Publikum an. Alle Gerichte werden frisch zubereitet. Schwarz-Weiß-Fotos und Blechschilder zieren die schrägen Wände, auf dem ausgetretenen Steinboden stehen alte Küchenstühle und -bänke. Man kann aber auch draußen sitzen.

An- & Weiterreise

Täglich fahren zwei Busse von Cork über Clonakilty und Skibbereen nach Schull (19,70 €, 2½ Std.).

Unterwegs vor Ort

Betty Johnson's Bus Hire (☎086 265 6078, 028-28410) Bus- und Taxiservice.

Westlich von Schull bis zum Mizen Head

Für Auto- und Radfahrer empfiehlt sich die kurvenreiche Küstenroute von Schull nach Goleen. An klaren Tagen sieht man sogar bis nach Cape Clear Island und zum Fastnet Lighthouse. Rund um Toormore wird die Gegend wilder. Von Goleen führen ein paar Straßen zum Mizen Head und ins malerische Hafenörtchen Crookhaven.

Unterwegs sieht man alte Steinhäuser, von denen heute viele verlassen zwischen den Feldern stehen. Material gab es offenbar genug, doch für den Bau der rustikalen Bauten, die selbst Atlantikstürmen trotzen konnten, waren zahlreiche Arbeitskräfte nötig. Dabei hatten die Einheimischen schon alle Hände voll zu tun, ihre Felder zu bestellen.

Goleen & Umgebung

Das Dorf Goleen ist die größte Ortschaft in dieser Gegend. Es beherbergt eine imposante neogotische Kirche sowie vier Pubs und eine Tankstelle.

Schlafen & Essen

Heron's Cove B&B, RESTAURANT €€
(☎028-35225; www.heronscove.com; Goleen; EZ/DZ 60/80 €, Hauptgerichte 16–25 €; 📶) 🌿 Eine ausgezeichnete Wahl! Alle Zimmer dieser wunderbaren Bleibe sind neu möbliert, zudem besitzen einige Balkone mit Blick auf die Bucht von Goleen Harbour. Das kleine **Restaurant** (3-Gänge-Menü 27,50 €; ⏱April–Okt. 19–21.30 Uhr, Okt.–März auf Reservierung) verfügt über eine exzellente Speisekarte mit Gerichten aus biologischen sowie einheimischen Erzeugnissen.

Fortview House B&B €€
(☎028-35324; www.fortviewhouse.ie; Gurtyowen, Toormore; EZ/DZ 50/100 €; ⏱April–Okt.; 📶👪) In dem zauberhaften Haus, das sich auf einem bewirtschafteten Bauernhof befindet, gibt's drei Gästezimmer, die mit Antiquitäten gefüllt und mit Blumenmotiven dekoriert sind. Das Frühstück von Gastgeberin Violet wird Gourmetstandards gerecht (warmer Kartoffelkuchen mit Crème fraiche und Räucherlachs); die Eier stammen von den sehr glücklich wirkenden Hennen im Garten. Von Goleen fährt man 9 km auf der R591 Richtung Nordosten.

An- & Weiterreise

Bus Éireann verkehrt zweimal täglich von Skibbereen (11,50 €, 70 Min.) über Schull hierher. Goleen ist die Endhaltestelle der Busse auf der Halbinsel.

Crookhaven

Der westliche Zipfel von Crookhaven hinter Goleen ist so abgelegen, dass man meint, man wäre mit dem Boot schneller dort als mit dem Auto. Für manche trifft das sogar zu: Im Sommer legen hier jedenfalls viele Jachten an und der Ort erwacht zum Leben. Außerhalb des Sommers geht's vor Ort sehr ruhig zu. In seiner Blütezeit war der natürliche Hafen von Crookhaven ein wichtiger Ankerplatz, wo Post aus Amerika gesammelt wurde sowie Segel- und Fischerboote Schutz fanden. Gegenüber dem Ufer sieht man eingebettet in den Hügel Überreste von verfallenen 1939 geschlossenen Steinbruchhütten; wer bei Einheimischen nachfragt, wird so manche haarsträubende Geschichte zu hören bekommen.

Schlafen & Essen

Pints im Sonnenschein sind die Belohnung dafür, dass man sich auf die abenteuerliche Straße nach Crookhaven gewagt hat. (Wenn es regnet, dürfen es natürlich auch ein paar Bierchen am Kamin sein.).

Galley Cove House B&B €€
(☎ 028-35137; www.galleycovehouse.com; EZ/DZ 55/ 90 €;) Ein abgeschiedenes modernes Hotel 2 km von Crookhaven, in dem man herzlich willkommen geheißen wird. Der Blick über das Meer ist einfach toll und der Strand von Barleycove schnell zu erreichen. Alle Zimmer haben Böden aus Holzdielen und sind sauber, luftig und hell.

Crookhaven Inn PUB €€
(☎ 028-35309; www.crookhaveninn.com; Hauptgerichte7–14 €; ⌚ April–Sept. Fr–Mo 12.30–20 Uhr) Das Crookhaven Inn ist in einem vor der Küste gelegenen Steincottage untergebracht und verfügt über etliche Picknicktische, an denen man die großartigen Fische und Meeresfrüchte verspeisen kann. Die Küche ist ehrgeizig. Im Sommer kommt man an vielen Abenden in den Genuss traditioneller Livemusik.

O'Sullivan's Bar PUB €
(☎ 028-35319; Hauptgerichte 6–12,25 €; ⌚ Küche 12–15 Uhr) Sobald sich nur ein Sonnenstrahl zeigt, zieht das Pub in einem zeitlosen Gebäude direkt am Hafen zahlreiche Gäste an. Hier gibt's ebenso wie beim Crookhaven Inn jede Menge Picknicktische und gut zubereitete Gerichte, darunter Meeresfrüchtesuppe und gebratene Garnelen.

Shoppen

Escallonia Jewellery SCHMUCK
(www.etsy.com/shop/escalloniajewellery; Main St; ⌚ Do–Di 11–17 Uhr) Crookhavens Lage am Ende der Welt scheint die kreative Inspiration zu beflügeln: Jorg Uschkamp stellt in seiner Ladengalerie am Hafen exquisiten Gold- und Silberschmuck her. Er verkauft auch skurrile Skulpturen, Glas und Kerzen.

Brow Head

Der südlichste Punkt auf dem irischen Festland lohnt einen Spaziergang. Hinter Crookhaven ist eine Abzweigung nach links zum „Brow Head" ausgeschildert. Am besten parkt man am Fuß des Hügels – der Weg ist schmal und man kann nicht ausweichen, falls ein Traktor entgegenkommen sollte. Nach 1 km endet die Straße und wird zu einem Fußpfad, der nach Brow Head führt. Vom dortigen **Aussichtsturm** verschickte Guglielmo Marconi seine erste Funkmeldung (nach Cornwall), die beantwortet wurde.

Barleycove

Weitläufige Sanddünen zwischen zwei langen Klippen verlieren sich in den Wellen und bilden den schönsten **Strand** im Westen Corks. Die selten überfüllte Bucht mit ihrem goldenen Sand eignet sich wunderbar für Kinder; es gibt einen sicheren Badeabschnitt an einer Flussmündung. Ein langer Steg und die Pontonbrücke schützen das umliegende Sumpfgebiet. Auf der Südseite des Damms an der Straße nach Crookhaven befindet sich ein Parkplatz direkt am Strand.

Mizen Head Signal Station

Irlands südwestlichster Zipfel wird von dieser in der viktorianischen Zeit errichteten **Signalstation** (☎ 028-35115; www.mizenhead.ie; Mizen Head; Erw./Kind 6/3,50 €; ⌚ Juni–Aug. 10–18 Uhr, Mitte März–April & Okt. 10.30–17 Uhr, Nov.–Mitte März 11–16 Uhr) dominiert, die 1909 fertiggestellt wurde und Schiffe vor den gefährlichen Felsen warnen sollte, die hier unerwartet im Wasser auftauchen.

Vom Besucherzentrum geht's in zehn Minuten über 99 Stufen zur Station; der

Höhepunkt ist die Überquerung der spektakulären **Bogenbrücke**, die sich über einen weitläufigen Golf zwischen den Klippen erstreckt. Die Aussicht ist fantastisch, und überall spritzt Gischt hoch.

Jenseits der Brücke, am entlegenen Ende der Felseninsel, thront die Signalstation mit den **Zimmern des Wärters** sowie dem **Maschinen- und Funkraum**. Hier kann man sehen, wie die Aufseher einst lebten und wie die Station bis zu ihrer Umrüstung auf Automatikbetrieb 1993 funktionierte. Den eigentlichen Kick bekommt man beim Blick auf die ewigen Weiten des Atlantiks.

Nach der Rückkehr kann man beim Besucherzentrum die **Fastnet Hall** besichtigen, die mit einer Fülle von Infos zur lokalen Ökologie und Geschichte sowie zum namensgebenden Leuchtturm aufwartet, und sich anschließend in dem einfachen **Café** ausruhen.

Man gelangt hierher, indem man von Goleen aus auf der R591 Richtung Südwesten bis zum Ende der Straße fährt.

Die Nordseite der Halbinsel

Obwohl die Landschaft auf dieser Seite der Halbinsel nur halb so dramatisch ist, lohnt eine Fahrt auf der Küstenstraße, weil die Ausblicke auf die Halbinseln Sheep's Head und Beara einfach herrlich sind.

Durrus

900 EW.

Das lebhafte Dorf an der Spitze von Dunmanus Bay dient als guter Ausgangspunkt für den Besuch der Mizen-Head- und der Sheep's-Head-Halbinsel und machte sich in den letzten Jahren unter Feinschmeckern einen Namen, denn hier gibt's einige tolle Lokale und handwerkliche Produzenten wie Durrus Farmhouse.

Die Welt der Pflanzen kann man im **Kilravock Garden** (☎027-61111; Ahakista Rd; Erw./Kind 6/3 €; ⏲ auf Vereinbarung; 👪) entdecken, den ein Paar mit offensichtlich sehr grünen Daumen innerhalb von zwei Jahrzehnten von einem einfachen Feld in ein üppiges Exotenparadies verwandelt hat.

Schlafen & Essen

★ **Blair's Cove House** B&B €€€
(☎027-61127; www.blairscove.ie; DZ 120–260 €, ⏲ März–Jan.) Dieses beeindruckende georgianische B&B 1 km südlich von Durrus an der R591 liegt auf einem 2 ha großen Grundstück. und wirkt, als sei es einer Hochglanzzeitschrift entsprungen. Es verfügt über wunderbar ausgestattete Zimmer und ein Selbstversorgerapartment, die an einen edlen Garten grenzen. Das **Restaurant** (2-/3-Gänge-Menü 46/58 €; ⏲ März–Okt. Di–Sa ab 18 Uhr) befindet sich in einem mit Kronleuchtern geschmückten Saal und serviert lokale Zutaten in internationalem Stil.

Sheeps Head Inn PUB €€
(☎027-62822; Hauptgerichte 10–23 Uhr; ⏲ tgl. 12–15, Fr & Sa ab 19 Uhr; 👪) Im Zentrum des Dorfes bereitet dieses gemütliche schwarzweiße Gastropub außergewöhnliche Fisch- und Meeresfrüchtegerichte zu, darunter gebratenen Wolfsbarsch und Lachsdressing sowie Krabbenscheren in Knoblauch und Zitrone.

Good Things Café MODERN IRISCH €€
(☎027-61426; www.thegoodthingscafe.com; Ahakista Rd; Hauptgerichte mittags 10–20 €, Hauptgerichte abends 21–38 €; ⏲ variieren) Ein echter Gourmettempel! In dem Lokal an der Dunmanus Bay, 600 m westlich des Ortes, kommen Gäste in den Genuss großartiger zeitge-

ABSTECHER

KÄSE AUS DURRUS

Dank des **Durrus Farmhouse** (☎027-61100; www.durruscheese.com; Coomkeen, Durrus; ⏲ nach Vereinbarung) ist dieser kleine Ort weltweit für seinen wundervollen Käse bekannt. Seine Produkte werden in ganz Irland, in Großbritannien und sogar in den USA und Japan verkauft. Den Produktionsbereich können Besucher nicht sehen, sie können aber auf dem wunderbar rustikalen Hof einer zwanglosen Präsentation beiwohnen und Käse kaufen, so viel sie wollen. Um zu dem Betrieb zu gelangen, verlässt man Durrus auf der Ahakista Road und biegt nach 900 m an der St. James' Church rechts ab. Nach 2,6 km auf der immer holpriger werdenden Straße sieht man ein Schild zum Bauernhof, von dort ist es noch 1 km.

nössischer Speisen aus regionalen Biozutaten. Von den Tischen auf der riesigen Terrasse fällt der Blick auf Schafe. Man sollte sich jedoch über die saisonalen Öffnungszeiten informieren.

Darüber hinaus sind verschiedene **Kochkurse** im Angebot, darunter „A Dozen Quickies in a Day" („Ein Dutzend schnelle Gerichte an einem Tag", das kulinarische Äquivalent zum Speeddating, bei dem man zwölf Kombigerichte lernt; 140 €), und das zweitägige „Kitchen Miracle" (375 €), das sich vor allem für Leute eignet, deren Fertigkeiten in der Küche mit dem Lesen der Mikrowellen-Gebrauchsanweisung auf einer Fertiggerichtpackung enden.

Bantry

3300 EW.

Die prachtvolle, weitläufige Bantry Bay wird von den zerklüfteten Caha Mountains umfasst und ist eine der schönsten Buchten Irlands. Aus diesem Grund sollte sie auch auf jedem Reiseplan stehen. Absolutes Highlight eines Besuchs ist das Bantry House: Dort wohnte einst Richard White, der sich 1798 seinen Platz in der irischen Geschichte sicherte. Er informierte die Behörden über die bevorstehende Ankunft des Patrioten Wolfe Tone und seiner französischen Flotte, die sich der landesweiten Rebellion der United Irishmen anschließen wollten. Da ihre Landung letztlich durch heftige Stürme verhindert wurde, änderte sich der Verlauf der irischen Geschichte maßgeblich. Wolfe Tone wurden für seine Bemühungen ein Platz und eine Statue gewidmet.

Nachdem Bantry im 19. Jh. von Armut und Massenemigration gebeutelt worden war, lebt seine Wirtschaft heute von der Bucht: Auf den Speisekarten im gesamten County stehen Austern und Muscheln aus Bantry.

Sehenswertes

Die engen Straßen laden mit ihren altmodischen Cafés, ungewöhnlichen Geschäften und dem hübschen Hafenbereich zu einem netten kleinen Spaziergang ein.

Bantry House HISTORISCHES GEBÄUDE

(☎027-50047; www.bantryhouse.com; Bantry Bay; Erw./Kind 11/3 €; ⏲April–Okt. 10–17 Uhr) Mit seinem melancholischen Charme lohnt das Bantry House aus dem 18. Jh. einen Besuch. Seit 1729 befindet es sich im Besitz der Familie White. In jedem Zimmer verbergen sich Schätze, die jede Generation von ihren Reisen mitgebracht hat. Der Boden im Eingangsbereich ist mit Mosaiken aus Pompeji ausgelegt, an den Wänden hängen französische und flämische Wandteppiche, und japanische Truhen stehen neben russischen Schreinen. Von den etwas mitgenommenen Räumen im Obergeschoss genießt man einen wunderbaren Blick auf die Bucht – im 18. Jh. hatten die Whites hier Logenplätze mit Sicht auf die französische Armada. Gute Pianisten dürfen auf dem uralten Klavier in der Bücherei in die Tasten greifen. In den Seitenflügeln kann man auch übernachten (S. 271).

Die **Gärten** des Bantry House sind sein Prunkstück. Rasenflächen erstrecken sich vom Gebäudeeingang bis zum Meer und in dem kunstvoll angelegten italienischen Garten steht eine riesige „Himmelsleiter" mit einmaliger Aussicht.

In den früheren Ställen befindet sich das **1796 French Armada Exhibition Centre** mit einer eindringlichen Darstellung der zum Scheitern verurteilten französischen Invasion. Die Flotte wurde von Stürmen auseinandergerissen. Eine Fregatte, *La Surveillante,* wurde von der eigenen Crew versenkt und liegt nun 30 m tief auf dem Grund der Bucht.

Das Bantry House befindet sich 1 km südwestlich des Ortszentrums an der N71.

Feste & Events

West Cork Chamber Music Festival MUSIK

(www.westcorkmusic.ie; ⏲Juni/Juli) Eine Woche lang werden im Bantry House abendliche Konzerte veranstaltet. Das Haus bleibt dann für Besucher geschlossen, doch der Garten, das Teezimmer und der Kunsthandwerksladen bleiben geöffnet.

Schlafen

Eagle Point Camping CAMPINGPLATZ

(☎027-50630; www.eaglepointcamping.com; Glengarriff Rd, Ballylickey; Stellplatz ab 35 €; ⏲Mitte April–Ende Sept.) Dank seiner Lage am Ende eines filigranen Kaps 6 km nördlich von Bantry erfreut sich der Campingplatz großer Beliebtheit. Fast alle 125 Stellplätze bieten einen Blick auf das Meer, überdies hat man direkten Zugang zum Kiesstrand.

Ballylickey House B&B €€

(☎027-50071; www.ballylickeymanorhouse.com; Ballylickey; DZ 95–180 €; ⏲März–Nov.; 📶🏊) Dieses schöne Herrenhaus mit gepflegtem Rasen und Blick auf die Bucht liegt 5 km nördlich von Bantry in Ballylickey. Zum

Übernachten kann man zwischen geräumigen, komfortablen Zimmern im Haus und süßen Cottages rund um den Pool wählen.

Bantry Bay Hotel HOTEL €€
(☎ 027-50062; www.bantrybayhotel.ie; Wolfe Tone Sq; EZ/DZ ab 50/70 €; @ 📶) Die meisten der 14 komfortablen, wenn auch nicht sehr aufregenden Zimmer dieses hellblauen Hotels schauen auf den Platz und einen Zipfel der Bucht. Das Frühstück ist im Preis enthalten. Einigen Gästen macht die maritime Bar vielleicht Lust, den Besanmast zu hissen.

Sea View House Hotel HOTEL €€€
(☎ 027-50073; www.seaviewhousehotel.com; Ballylickey; EZ 95 €, DZ 140–170 €; 📶) Das Hotel hat alles, was man von einer Luxusunterkunft erwartet: Landhausatmosphäre, geschmackvolle Aufenthaltsräume, einen hervorragenden Service und 25 gemütlich-elegante Zimmer. Es liegt an der N71 in Ballylickey.

Bantry House HERRENHAUS €€€
(☎ 027-50047; www.bantryhouse.com; Bantry Bay; DZ ab 169 €; ⏲ April–Okt.; 📶) Die Zimmer in blassen Farbtönen und mit einer Mischung aus antikem und modernem Mobiliar sind luxuriöse Orte, um die Zeit verstreichen zu lassen – wenn man nicht gerade eine Partie Crocket, Rasentennis oder Billard spielt oder in der Bibliothek entspannt, die abends nur für Hotelgäste zugänglich ist. Nummer 22 und 25 bieten die beste Aussicht auf den Garten und die Bucht.

Essen

★ **Manning's Emporium** CAFÉ, FEINKOST €
(www.manningsemporium.ie; Ballylickey; Probierteller 8 €; ⏲ Mo–Sa 9–18, So 9–17 Uhr) Von außen sieht das Café mit den vielen Topfpflanzen und Hängekörben wie ein Gartencenter aus, doch innen erwartet Besucher ein Märchenland mit den besten Produkten aus dem Westen Corks. Am besten bestellt man einen Probierteller, um in den Genuss der verschiedenen lokalen Spezialitäten und Hofkäsesorten zu kommen, die im Angebot sind. Hier finden regelmäßig besondere Gourmetevents statt. Das Manning's Emporium liegt an der N71 in Ballylickey (von Bantry kommend auf der rechten Seite).

Bantry Market MARKT €
(Wolfe Tone Sq; ⏲ Fr 9.30–13 Uhr) Über dem Wolfe Tone Sqare wehen berauschende Aromen, wenn der bei unzähligen Verkäufern und Käufern gleichermaßen beliebte Freitagsmarkt stattfindet. Fast alle Stände verkaufen frisches Obst und Gemüse, Brot, Käse und andere örtliche Erzeugnisse, es gibt aber auch Kleidung, Schnickschnack und landwirtschaftliche Geräte und Werkzeuge. Am ersten Freitag im Monat ist der Markt besonders groß und gut besucht.

Fish Kitchen MODERN IRISCH €€
(☎ 027-56651; www.thefishkitchen.ie; New St; Hauptgerichte mittags 6–11 €, Hauptgerichte abends 15–28 €; ⏲ Di–Sa 12–15.30 & 17.30–21 Uhr) In dem herausragenden kleinen Restaurant über einem Fischladen werden perfekt zubereitete Gerichte aus Meeresfrüchten serviert, z. B. einheimische Austern, die lebend aus dem Aquarium kommen (serviert mit Zitronen- und Tabascosoße) oder Muscheln aus der Bantry Bay in Weißwein. Fleischesser werden sich hier ebenfalls wohlfühlen. Freundlich, schnörkellos und absolut lecker!

O'Connors Seafood Restaurant FISCH & MEERESFRÜCHTE €
(☎ 027-55664; www.oconnorseafood.com; Wolfe Tone Sq; Hauptgerichte 18,50–25,50 €; ⏲ ab 12 Uhr) Jakobsmuscheln aus dem Westen Corks mit Wildschweinblutwurst, gebratener Kabeljau aus Castletownbere mit gerösteten Krabben und Kräutern und Muscheln aus der Bantry Bay in vier Variationen sind nur einige der innovativen Gerichte mit den berühmten Fischen und Meeresfrüchten der Region.

Ausgehen & Unterhaltung

Crowley's PUB
(Wolfe Tone Sq) Eine der besten Kneipen in Bantry, was Livemusik betrifft. Mittwochs spielen traditionelle Bands.

Ma Murphy's PUB
(www.mamurphys.com; 7 New St) In diesem Lebensmittelladen mit Pub, der bereits seit 1840 an dieser Stelle steht, scheint die Zeit stehen geblieben zu sein. Auch heute kann man hier noch Cornflakes und Zucker kaufen, und die Einheimischen haben immer Lust auf einen Schwatz.

Snug PUB
(Wolfe Tone Sq) Gemütliches Stammlokal der Einheimischen am Wasser.

Praktische Informationen

Post (William St)

Touristeninformation (☎ 027-50229; Wolfe Tone Sq; ⏲ April–Okt. Mo–Sa 9.15–13 & 14–17 Uhr) Im alten Gerichtsgebäude.

ABSEITS DER ÜBLICHEN PFADE

PRIEST'S LEAP

Die steil ansteigende, kurvenreiche, einspurige und schlecht asphaltierte Straße zum 17 km nordwestlich von Bantry gelegenen Priest's-Leap-Pass ist nichts für ängstliche Fahrer. Auch ein GPS-Gerät hilft nicht weiter, sondern neigt eher zu fehlerhaften Angaben, also Vorsicht! Auf Unerschrockene, die diese Rundfahrt wagen, warten jedoch zur Belohnung grandiose Aussichten über die Berge bis nach Bantry und zur Bantry Bay dahinter.

Von Bantry aus geht's auf der N71 7,9 km Richtung Norden, hinter der Brücke in Ballylickey (ausgeschildert Kilgarvan/Coomhola) rechts ab und 1,7 km geradeaus. Dann biegt man links und nach 110 m an der ersten Straße rechts ab. Von dort führt die immer steiler werdende, von Gras durchsetzte Piste weitere 7,8 km bis zum **Priest's Leap**, der mit einem windumtosten Kruzifix geschmückt ist. Der Legende zufolge rief Pater James Archer 1601 die Clans von Cork und Kerry dazu auf, den Engländern weiterhin die Stirn zu bieten. Englische Truppen sahen ihn auf der alten Straße nach Kerry und verfolgten ihn, bis er mit seinem Pferd von den Klippen sprang und in Bantry landete.

Der Rest der Fahrt ist recht einfach: Es geht 2,85 km weiter nach Norden, hinunter in ein bewaldetes Tal. Dann biegt man links ab und folgt der Straße 2 km, biegt wieder links ab und fährt 400 m. Danach biegt man erneut links auf die N71 ab. 17,3 km später erreicht man Glengariff und fährt von da 17,1 km Richtung Südosten zurück nach Bantry.

An- & Weiterreise

Bus Éireann (www.buseireann.ie) bietet von montags bis samstags sieben Verbindungen täglich (vier am So) zwischen Bantry und Cork (19 €, 2 Std.). Nach Glengarriff fahren jeden Tag fünf Busse (4,70 €, 25 Min.). Wer gen Norden weiterreisen möchte, z. B. zum Ring of Beara, nach Kenmare oder Killarney, muss zuerst nach Cork zurück.

Bantry Rural Transport (☎ 027-52727; www.ruraltransport.ie; 5 Main St) steuert Dunmanway, Durrus, Goleen, Schull, Skibbereen und einige abgelegene Dörfer an (einfach/hin & zurück 4/6 €). Die Busse verkehren nur unregelmäßig (Details siehe Website).

Unterwegs vor Ort

Nigel's Bicycle Shop (☎ 027-52657; Glengarriff Rd; pro Tag/Woche 15/70 €; ⏲ Mo–Sa 10–18 Uhr) verleiht Fahrräder.

SHEEP'S HEAD PENINSULA

Die am wenigsten besuchte der drei Halbinseln von Cork hat ihren ganz eigenen Reiz – und jede Menge Schafe. Von der Ringstraße aus eröffnen sich weite Ausblicke aufs Meer. Die Goat's Path Road zwischen Gortnakilly und Kilcrohane (entlang der Nord- bzw. Südküste) über den Westhang des Mt. Seefin, wo ein aufregender 1 km langer Aufstieg auf den Gipfel wartet, ist eine praktische Verbindungsstraße.

Ahakista (Atha an Chiste) besteht im Prinzip aus einigen Pubs – darunter die **Ahakista Bar** (Tin Pub; Ahakista; ⏲ Juni–Sept.), auch The Tin Pub genannt, ein charmantes Steinhaus mit Blechdach in einem hübschen Garten am Ufer – und ein paar Häusern entlang der R591. Die **Heron Gallery mit Café & Gärten** (☎ 027-67278; www.herongallery.ie; Ahakista; Snacks 2,50–5 €, Hauptgerichte 10 €; ⏲ ganzjährig 10.30–17 Uhr, Garten April–Aug.), die mit farbenfrohen Kunstwerken und süßen kleinen Geschenken gefüllt ist, bietet sich für eine Pause an. Von etwa April bis Oktober gibt's hier tolle, reichhaltige Gerichte wie Falafeln, karamellisierte rote Zwiebeln und Ziegenkäsetarte sowie Suppen, z. B. thailändisch gewürzte Pastinakensuppe. In den Gärten blühen jede Menge Wildblumen.

Den uralten **Steinkreis** am südlichen Ortsende von Ahakista erreicht man über einen kurzen ausgeschilderten Pfad.

Kilcrohane, das zweite Dorf, liegt 6 km südwestlich an einem schönen **Strand**.

Auf der **Website** (www.thesheepshead.com) der Halbinsel stehen Infos für Besucher.

Aktivitäten

Wanderer und Radfahrer können in herrlicher Einsamkeit die **Moore**, wilden Stechginster, Fingerhut und Fuchsien genießen. Für den steilen Abschnitt in Bantry Kilcrohane an der Goat's Path Road braucht man stramme Waden, doch die Strecke zwischen Ahakista und Durrus ist weniger anstrengend. Die Touristeninformation in Bantry bietet Auskünfte und Tipps und hilft bei der Zimmersuche entlang des Sheep's Head Way.

Der **Sheep's Head Way** ist eine 88 km lange Wanderroute, die meistens über Straßen und Pfade rund um die Halbinsel führt. Bei der Orientierung helfen die Ordnance-Survey-Karten 85 und 88. Es gibt in der Gegend zwar keinen Campingplatz, aber dafür kann man an der Straße zelten, wenn es der jeweilige Besitzer des Landes erlaubt.

Die 120 km lange Sheep's Head Cycle Route verläuft gegen den Uhrzeigersinn von Ballylickey entlang der Küste von Sheep's Head, zurück zum Festland und hinunter nach Ballydehob. Abkürzungen oder Alternativstrecken, etwa über die Goat's Path Road oder entlang der Küste von Ahakista nach Durrus, sind möglich. Die überall erhältliche Broschüre *The Sheep's Head Cycle Route* beschreibt die Tour in allen Einzelheiten; man bekommt sie auch in den örtlichen Touristeninformationen.

An- & Weiterreise

Ringbusse von Bantry Rural Transport (S. 272) fahren an unterschiedlichen Tagen über die Goat's Path Road nach Kilcrohane sowie nach Durrus (einfach/hin & zurück 4/6 €).

GOUGANE BARRA FOREST PARK

Der im Landesinneren gelegene **Gougane Barra** (www.gouganebarra.com) sieht aus wie ein verzauberter Wald. Besucher genießen eine spektakuläre Aussicht über Täler, silberne Flüsse und Wälder, die bis hinunter zu dem Bergsee reichen, aus dem der Lee entspringt. Der hl. Fin Barre, Gründer von Cork, errichtete dort im 6. Jh. ein Kloster und lebte als Einsiedler auf der Insel im **Gougane Barra Lake** (Lough an Ghugain), die heute über einen kurzen Dammweg zu erreichen ist. Die kleine **Kapelle** auf dem Eiland hat schöne Buntglasfenster mit Motiven von unbekannten keltischen Heiligen. Eine Straße führt rund um den Park, allerdings lohnt es sich viel mehr, die Gegend auf den gut ausgeschilderten Wegen und **Naturpfaden** zu erkunden.

Der einzige Ort, an dem man mal die Wanderschuhe auslüften kann, ist das **Gougane Barra Hotel** (☎ 026-47069; www.gouganebarrahotel.com; DZ ab 110 €, 2-/4-Gänge-Menü 21,45/27 €; ⏱ Restaurant Mo–Sa 12.30–14.30 & 18–20.30, So 12.45–14.30–18–19 Uhr). Dazu gehören ein Restaurant und ein Café, daneben liegt ein Pub. Im Sommer steigt in der Unterkunft ein Theaterfest.

Es fahren kaum Busse, deshalb ruft man am besten vorher im Hotel an, um sich nach den genauen Zeiten bzw. Abholmöglichkeiten zu erkundigen.

Der Park ist auf der R584 nach Ballingeary ausgeschildert. Wenn man auf dem Rückweg wieder die Hauptstraße erreicht und weiter nach Westen fährt, überquert man den Keimaneigh-Pass und erreicht bei Ballylickey auf halber Strecke zwischen den Halbinseln Beara und Sheep's Head die N71.

BEARA PENINSULA (RING OF BEARA)

Die Beara Peninsula ist nach Kerry und Dingle der dritte große „Ring" (Ringstraße rund um die Halbinsel) im Westen. Ein kleiner Teil der Halbinsel liegt zwar in Kerry, wird aber der Einfachheit halber in diesem Kapitel vorgestellt.

Man kann die 137 km lange Küste ganz bequem an einem Tag abfahren, allerdings verpasst man so die spektakuläre **Healy Pass Road** (R574), die sich quer über die Halbinsel von Cork nach Kerry zieht. Wer nicht viel Zeit hat, sollte sich für die Passstraße entscheiden und auf den übrigen Teil der Route verzichten.

An der Südseite reihen sich entlang der Bantry Bay Fischerdörfer aneinander. Der Norden ist überwältigend und lockt mit verwinkelten Straßen, die der zerklüfteten Küste folgen. Viele davon verlaufen abseits touristischer Pfade.

Zu den weiteren Highlights zählen die schwankende **Seilbahn** an der Spitze der Halbinsel, die zum winzigen **Dursey Island** fährt, sowie spannende Hügelwanderungen. Letztere erfordern einiges an Erfahrung und Disziplin, die richtige Kleidung und einen guten Orientierungssinn.

Der 196 km lange **Beara Way**, eine ausgeschilderte Wanderstrecke, führt von Glengarriff nach Kenmare in Kerry über Castletownbere, Bere Island, Dursey Island und die nördliche Seite der Halbinsel, während sich die 138 km lange **Beara Way Cycle Route** über kleine Straßen und durch sämtliche Dörfer in der Gegend schlängelt.

Der nachfolgend beschriebene Abschnitt beginnt in Glengarriff und folgt einer Route, die im Uhrzeigersinn bis nach Kenmare führt.

BEARA WAY

Der recht leichte 196 km lange Wanderweg zieht eine Schleife um die schöne Beara Peninsula im Westen Corks. Weil die Halbinsel bisher vom Massentourismus verschont geblieben ist, gilt sie als gute Alternative zur stärker besuchten Halbinsel Iveragh im Norden. Ein Teil der Route folgt zwischen Castletownbere und Glengarriff dem Weg, den Donal O'Sullivan und seine Männer nahmen, da dessen Burg 1602 nach elf Tagen Belagerung von den Engländern besetzt worden war. In Glengarriff traf O'Sullivan andere Familien, mit denen er gemeinsam den Weg nach Norden fortsetzte. Dort hofften sie, weiteren gälischen Widerstandskämpfern zu begegnen. Von den etwa 1000 Menschen, die sich in jenem Winter auf die beschwerliche Reise machten, erreichten allerdings nur 30 ihr Ziel.

Meist folgt der Beara Way alten Straßen und Pfaden und führt nur selten höher als 340 m. Es gibt keinen offiziellen Start- oder Zielpunkt, außerdem kann die Strecke in beide Richtungen begangen werden. Lässt man Bere Island und Dursey Island aus, verkürzt sich die Tour auf sieben Tage. Wer in Castletownbere losläuft, erreicht Kenmare in spätestens fünf Tagen.

Eine gute Beschreibung des Wegs (und der Halbinsel) findet man auf der Website von **Beara Tourism** (www.bearatourism.com).

Glengarriff

1100 EW.

Versteckt an der waldigen Bantry Bay liegt das hübsche Glengarriff (Gleann Garbh), das viele Durchreisende auf der Suche nach neuen Pullovern anlockt.

Die nahe gelegenen kargen, felsigen **Caha Mountains** eignen sich zum Bergwandern, und Mutige können die aufregende Fahrt zum **Priest's Leap** (S. 272) wagen. Doch es gibt auch leichtere Touren, z. B. durch alte Eichenwälder oder durch die Blue Pool Amenity Area, wo sich Seehunde auf den Felsen im Wasser sonnen.

In der zweiten Hälfte des 19. Jhs. war Glengarriff ein beliebter Ferienort für reiche Engländer. Diese segelten von ihrer Heimat herüber, nahmen den Zug nach Bantry und tuckerten dann mit dem Dampfschiff nach Glengarriff. 1850 baute man eine Straße quer durchs Gebirge nach Kenmare und schuf so eine Anbindung nach Killarney. Heute liegt Glengarriff an der Hauptstraße von Cork nach Killarney (N71).

Sehenswertes

Man kann am Blue-Ferry-Pier entlangwandern und schöne **Spaziergänge** entlang der Küste unternehmen. Schilder mit Karten informieren über die Wanderwege. Vielleicht entdeckt man sogar ein paar Seehunde.

★ **Garinish (Ilnacullin) Island** GÄRTEN

(☎027-63040; www.heritageireland.ie; Erw./Rentner & Kind 4/2 €; ⌚Juli & Aug. Mo–Sa 9.30–18.30, So 11–18 Uhr, April–Juni & Sept.–Okt. kürzere Öffnungszeiten, letzter Einlass 1 Std. vor Schließung) Im fruchtbaren Boden und im warmen Klima des magischen **Gartens im italienischen Stil** auf Garinish Island gedeihen die subtropischen Pflanzen einfach prächtig. Kamelien, Magnolien und Rhododendren bringen Farbe in die Landschaft, die sonst eher von Grün- und Brauntönen dominiert wird. Von dem **griechischen Tempel** am Ende einer Zypressenallee genießt man einen fantastischen Ausblick, ebenso von der Spitze des **Martello-Turms**, den man im 19. Jh. errichtete, um nach Napoleons feindlichen Truppen Ausschau zu halten.

Erschaffen wurde dieser wundersame Ort Anfang des 20. Jhs., als die Besitzerin der Insel, Annan Bryce, den englischen Architekten Harold Peto beauftragte, einen Garten auf dem damals noch kargen Hang anzulegen.

Die zehnminütige Bootsfahrt zur Insel führt an Kolonien von Robben vorbei, die sich in der Sonne aalen – frühmorgens ist die Chance am größten, sie zu sehen. Die Fährunternehmen **Blue Pool Ferry** (☎027-63333; www.bluepoolferry.com), das eine kleine Bucht unweit des Zentrums von Glengarriff als Start- und Haltepunkt nutzt, und **Harbour Queen Ferries** (☎027-63116, 087 234 5861; www.harbourqueenferry.com), das gegenüber vom Eccles Hotel ablegt, verkehren während der Öffnungszeiten des Gartens alle 20 bis 30 Minuten zur Insel. Der Preis für die Hin- & Rückfahrt (Erw./Kind 10/5 €) beinhaltet nicht den Eintritt in die Gärten.

Bamboo Park GÄRTEN

(☎027-63007; www.bamboo-park.com; Erw./Kind 6 €/frei; ⌚9–19 Uhr) Dank des frostfreien Klimas von Glengarriff wachsen und gedeihen in dem 12 ha großen **Park** subtropische Pflanzen, darunter Palmen und Baumfarne. Außerdem erstrecken sich an der Küste mehrere hübsche Waldwege.

Glengarriff Woods Nature Reserve NATURSCHUTZGEBIET

(☎027-63636; www.glengarriffnaturereserve.ie) GRATIS Die uralten **Wälder** erstrecken sich auf einer Fläche von 300 ha in einem Gletschertal und gehörten im 18. Jh. der Familie White vom Bantry House. In dem dichten Baumbestand wird genügend Feuchtigkeit gespeichert, sodass Farne und Moose gut gedeihen.

Darüber hinaus sind in den Wäldern und Mooren Irlands die einzige auf Bäumen lebende Ameise und die seltene Kerry-Nacktschnecke zu sehen. Mit etwas Glück entdeckt man außerdem die gesprenkelten, cremefarbenen Bauchfüßler, wenn sie nach einem Regenschauer an dem Teppich aus Flechten nagen.

Fünf markierte **Wanderwege**, die durch Waldgebiete, über Berge, Flüsse und Wiesen führen, durchziehen das Naturschutzgebiet; sie sind zwischen 0,5 und 3 km lang und starten am Parkplatz. Öffentliche Toiletten sind allerdings nicht vorhanden.

Der Eingang liegt etwa 1 km von Glengarriff an der N71 Richtung Kenmare auf der linken Seite.

Ewe Sculpture Gardens GÄRTEN

(☎027-63840; www.theewe.com; Toreen; Erw./Kind 6,50/5 €; ⏲Ostern–Sept. 10–18 Uhr) Ein riesiges Schaf, das einen Oldtimer fährt, begrüßt Besucher am Eingang und ist eine gute Einstimmung auf diesen skurrilen 2 ha großen Skulpturenpark. Die Wege, die insgesamt 1 km lang sind, führen zu Skulpturen wie einem Nilpferd im Bikini, einem Emu mit Handtasche, auf Fahrrädern sitzenden Fischen und einem Schwein, das sich in einem Schaumbad aalt. Außerdem gibt's in den Gärten einen Wasserfall, einen Zauberberg und Aussichten aufs Meer. Die Anlage wird mit Sonnen- und Wasserenergie betrieben und die Künstler und Besitzer haben auch eine Galerie und ein Café eingerichtet.

Die Gärten liegen rund 4,5 km nordwestlich von Glengarriff an der N71 (von Glengarriff kommend auf der rechten Seite). Vorher anrufen, denn die Öffnungszeiten können sich ändern.

Schlafen & Essen

Glengarriff Caravan & Camping Park CAMPINGPLATZ

(☎027-63154; glengarriffccp@gmail.com; Castletownbere Rd; Stellplatz ab 10 €; ⏲April–Okt.) Der Campingplatz befindet sich mitten in einem Wald, 4 km westlich von Glengarriff an der

Beara Peninsula (Ring of Beara)

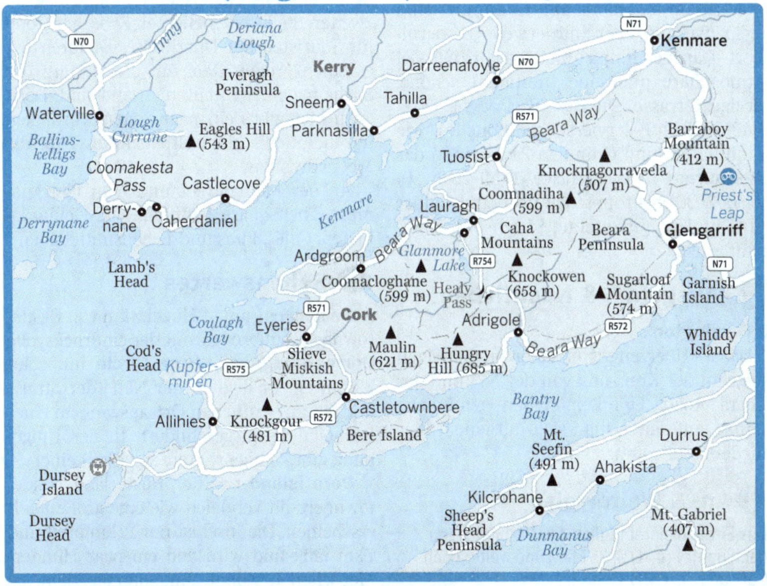

Straße nach Castletownbere. Zu seinen Einrichtungen gehören ein Spielzimmer und eine Bar mit Alkoholausschank, in der von Juni bis August abends oft Livemusik geboten wird.

Murphy's Village Hostel HOSTEL €
(☎027-63555; www.murphyshostel.com; Main St; B/DZ 15/40 €; Juni–Sept.) Im Herzen von Glengarriff lockt dieses praktische und einfache Hostel mit sauberen Zimmern, Holzbetten und einer kleinen Küche für Selbstversorger.

Eccles Hotel HISTORISCHES HOTEL €€
(☎027-63003; www.eccleshotel.com; Glengarriff Harbour; DZ ab 100 €, Bargerichte 4–12 €, Restaurant Hauptgerichte 10–22 €; ⏲ Bargerichte 12–16 Uhr, Restaurant 18–22 Uhr; Nov.–März geschl.; @) Im Osten des Ortszentrums gelegen, blickt das Eccles auf eine lange, distinguierte Geschichte (seit 1745) zurück. Zu den Gästen zählten schon Angehörige des britischen Kriegsministeriums sowie die Schriftsteller Thackeray, George Bernard Shaw und W. B. Yeats. Die Einrichtung der 66 großen, hellen Zimmer weist noch etwas von der Pracht des 19. Jhs. auf. Wir empfehlen vor allem die Räume im vierten Stock mit Blick auf die Bucht.

Casey's Hotel HOTEL €€
(☎027-63010; www.caseyshotelglengarriff.ie; Main St; EZ 55–80 €, DZ 90–140 €; @📶) Seit 1884 werden in diesem altmodischen Hotel Gäste empfangen, darunter auch Berühmtheiten wie Éamon de Valera. Die 19 Zimmer sind klein, wurden aber mittlerweile modernisiert. Darüber hinaus bietet das Hotel viel Atmosphäre und eine traumhaft schöne, riesige Terrasse. Die **Bar** (Barsnacks 12–20 €; ⏲12–21.30 Uhr) serviert Traditionelles wie Rindfleisch- und Guinness-Pastete und das **Restaurant** (Hauptgerichte 14,50–26 €; ⏲ 18.30–21.30 Uhr) toppt das noch mit halber Ente im Honigmantel und Lachs mit Krabbenfleisch.

🍷 Ausgehen & Nachtleben

P Harrington's PUB
(Main St) Überzeugt mit einer erstklassigen Lage an der Kreuzung von der N71 und der Beara Road. Draußen stehen gemütliche Bänke, auf denen man sich mit einem Bier niederlassen kann.

ℹ An- & Weiterreise

Bus Éireann bietet täglich drei Verbindungen nach Bantry (4,70 €, 25 Min.) und weiter nach Cork an (19,70 €, 2½ Std.).

Von Glengarriff nach Castletownbere

Auf diesem Abschnitt nach Westen treten die Faltungen im felsigen Untergrund der Landschaft immer deutlicher zutage. Auf den höchsten Erhebungen, dem Sugarloaf Mountain und dem Hungry Hill, erstrecken sich Steinmauern, sogenannte *„benches"* (Bänke), quer über die Hänge. Sie machen Bergwanderungen anstrengend und bei Nebel sogar gefährlich. Wer hier unterwegs ist, sollte einen Kompass und Karten mitnehmen (die topografischen Karten 84 und 85 von Ordnance Survey Discovery decken dieses Gebiet ab) und sich Tipps von Einheimischen holen.

Adrigole besteht aus einer Reihe einzelner Häuser. Das **West Cork Sailing Centre** (☎027-60132; www.westcorksailing.com; The Boat House, Adrigole) organisiert Segelboote mit Skipper und verleiht Kajaks (12 €/Std.).

Von Adrigole führt eine Straße Richtung Norden in Serpentinen 11 km über den überirdisch wirkenden **Healy Pass** nach Lauragh und bietet unterwegs spektakuläre Aussichten auf die felsige Landschaft.

Castletownbere & Umgebung

900 EW.

Castletownbere (Baile Chais Bhéara) ist in erster Linie ein Fischerdorf und erst an zweiter Stelle ein beliebter Zwischenstopp für Touristen auf Durchreise. Dadurch hat es einen großen Reiz für alle, die auf der Suche nach dem „echten" Irland sind. Doch auch hier gibt's ein paar Sehenswürdigkeiten, besonders ein weltbekanntes Pub: die McCarthy's Bar.

An der Main Street und dem Platz namens The Square befinden sich Geldautomaten, Cafés, Pubs und Lebensmittelläden.

👁 Sehenswertes

Auf einem einsamen Hügel 2 km von Castletownbere entfernt thront der eindrucksvolle **Derreenataggart Stone Circle** mit zehn Menhiren. Er liegt in der Nähe der Straße und ist am westlichen Ortsausgang an einer Rechtskurve ausgeschildert. In der Umgebung gibt's einige weitere solcher Steine.

Bere Island vor der Küste lässt Castletownbere im Vergleich wie eine große Stadt erscheinen. Die Insel ist nur 12 km breit und 7 km lang und wird von ein paar Hundert Menschen bewohnt. Im Sommer zieht sie mit ihren Ferienwohnungen aber wesentlich mehr Leute an. Vor Ort stößt man auf alte Ruinen und einige zum Schwimmen geeignete Felsbuchten. **Bere Island Ferry** (☎027-75009; www.bereislandferries.com; Passagier/Auto hin & zurück 8/25 €; ⏲Juni–Aug. Mo–Sa alle 90 Min., So & Sept.–Mai seltener) legt in Castletownbere ab und setzt Passagiere an einer abgelegenen Ecke des Eilandes ab. **Murphy's Ferry Service** (☎027-75014; www.murphysferry.com; Fußgänger/Auto hin & zurück 8/25 €) startet 5 km östlich von Castletownbere am Ponton-Pier und steuert das Hauptdorf der Insel an, **Rerrin**, das ein Geschäft, ein Pub, ein Café und Unterkünfte beherbergt.

Schlafen & Essen

Rodeen B&B B&B €€
(☎027-70158; www.rodeencountryhouse.com; EZ/DZ 40/70 €; ⏲April–Nov.) Das reizende, mit zahlreichen Musikinstrumenten gefüllte Hotel versteckt sich östlich oberhalb der Ortschaft. Es verfügt über sechs Zimmer, bietet einen schönen Meerblick und wartet mit einem Garten voller Delfinsäulen auf. Auf den Frühstückstischen stehen Blumen und es gibt selbst gemachte Scones mit Bienenhonig aus eigener Herstellung.

Taste FEINKOST
(☎027-71842; Main St; Gerichte 4–5 € ⏲Mo–Mi 9–17.30, Do & Fr 9–18, Sa 10–14 Uhr) Hat eine breite Palette regionaler Lebensmittel im Angebot, darunter cremiger Milleens-Käse, und einfallsreiche Sandwiches zum Mitnehmen.

Olde Bakery MODERN IRISCH €€
(☎027-70869; Castletown House; Hauptgerichte 13–23 €; ⏲ganzjährig 17.30–21.30 Uhr, April–Sept. auch So 12–16.30 Uhr) Eines der besten Lokale des Ortes, die Olde Bakery, serviert regionale Meeresfrüchte. Die Tische vor dem Restaurant sind ideal für einen langen Abend.

Jack Patrick's INTERNATIONAL €€
(☎027-70319; Main St; Hauptgerichte 10–20 €; ⏲Juni–Sept. 12–21 Uhr, Okt.–Mai 12–19 Uhr) Das schlichte Restaurant wird von einem der besten örtlichen Metzger betrieben, dessen Laden gleich nebenan zu finden ist. Auf der Karte stehen Steaks, Koteletts und andere Fleischgerichte wie Schinken und Kohl.

Ausgehen & Nachtleben

McCarthy's Bar PUB
(Main St) Auf dem Umschlag des Bestsellers *McCarthy's Bar* vom inzwischen verstorbenen Pete McCarthy ist genau dieses Haus in der Main Street abgebildet, das gleichzeitig als Lebensmittelladen und Pub genutzt wird. Wer also zu seinem Glas Beamish eine Büchse Pfirsiche und eine Dose Mais kaufen will, ist am richtigen Ort. Drinnen ist es sehr gemütlich, außerdem erklingt hier oft Livemusik.

Shoppen

Issie's Handmade Chocolate SCHOKOLADE
(www.issieshandmadechocolate.ie; Main St; ⏲12–18 Uhr) Das kornblumenblaue Geschäft verkauft handgemachte Schokolade, heiße Schokolade und hausgemachtes Schokoladeneis sowie eine bunte Palette altmodischer Süßigkeiten.

Praktische Informationen

Touristeninformation (☎027-70054; www.bearatourism.com; Main St; ⏲Mo–Fr 9–17.30 Uhr) Vor der Church of Ireland.

An- & Weiterreise

Bus Éireann (www.buseireann.ie) fährt bis zu zweimal pro Tag nach Bantry (12,50 €) und weiter nach Cork (19 €; 3¼ Std.).

Dursey Island

6 EW.

Diese winzige Insel am Ende der Beara Peninsula erreicht man mit Irlands einziger **Seilbahn** (☎028-21766; Erw./Kind hin & zurück 8/2 €; ⏲ganzjährig Mo–Sa 9–11, 14.30–17 & 19–20, So 9–10.30, 13–14.30 & 19–20 Uhr, Juni–Aug. zusätzlich 16–17 Uhr), einer klapprigen Konstruktion aus den 1960er-Jahren, die 30 m über dem Dursey Sound dahingleitet – nichts für schwache Nerven. Oben genannte spätere Zeiten beziehen sich nur auf die Rückfahrt. Fahrräder sind nicht erlaubt.

Die nur 6,6 km lange und 1,5 km breite Insel dient als **Schutzgebiet** für Wildvögel und Wale; manchmal sichtet man in der Umgebung auch Delfine. Unterkünfte gibt's nicht, doch Camping ist erlaubt, wenn man die üblichen Verhaltensregeln einhält und alles sauber hinterlässt.

Der **Beara Way** führt 11 km rund um die Insel. Als Ziel für einen kurzen Spaziergang bietet sich das Stellwerk an.

Die Nordseite von Beara

Die Nordseite ist der schönste Teil der Halbinsel. Mehrere Straßen, einige davon einspurig, schlängeln sich um die Felsvorsprünge der zerklüfteten und verwitterten Küste und mit Felsen übersäte Hänge fallen dramatisch zum Meer ab. Die Gegend ist herrlich abgelegen, nur ein paar Schafherden und der eine oder andere Hirtenhund leisten einem Gesellschaft.

Allihies

Das abgelegene Dorf Allihies (Na hAilichí) wartet mit tollen Ausblicken, zahlreichen Wanderwegen und einer langen Bergbaugeschichte auf. 1810 wurden auf der Halbinsel Beara erstmals Kupfererzvorkommen gefunden. Der Bergbau machte die Landbesitzer, die Familie Puxley, schnell reich, während sich bis zu 1300 Arbeiter für Hungerlöhne unter gefährlichen Bedingungen verausgaben mussten. Dass die Ruinen der Maschinenhäuser Zinnminen an Cornwalls Küste ähneln, hat man den vielen erfahrenen kornischen Bergleuten zu verdanken. Noch in den 1930er-Jahren wurden über 30 000 t reines Kupfer pro Jahr abgebaut, 1962 machte jedoch auch die letzte Mine dicht.

An der R575 im Norden des Dorfes stößt man auf viele dieser **verlassenen Minen**, die alle ausgeschildert sind. Nach jahrelanger Arbeit der Gemeinde entstand das **Allihies Copper Mine Museum** (☎ 027-73218; www.acmm.ie; Erw./Kind 5/2 €; ⌚ Mai–Sept. tgl. 10–16.30 Uhr, Okt.–April Sa & So 10–16.30 Uhr; 📶), in dem eindrucksvolle Exponate gezeigt werden. Im Museum gibt's auch eine Touristeninformation und ein Café.

Schlafen & Essen

Allihies Village Hostel HOSTEL €
(☎ 027-73107; www.allihieshostel.net; B/DZ 18/50 €; 👪) Das helle, einladende Hostel verfügt über saubere, mit Dielenboden ausgelegte Schlafsäle und Aufenthaltsräume sowie einen Innenhof und einen Grillbereich. Michael, der Besitzer, ist ein wandelnder Reiseführer der Gegend und weiß jede Menge über Wanderwege und Ponytrekking.

Sea View Guesthouse PENSION €€
(☎ 027-73004; www.seaviewallihies.com; Allihies; EZ/DZ 45/75 €) Ein zweistöckiges, gelb gestrichenes Gebäude mit zehn sauberen, einfachen Zimmern. Einige blicken gen Norden über das Wasser. Beim üppigen Frühstück kann man Energie tanken.

O'Neill's PUB €€
(☎ 027-73008; Hauptgerichte 11–23 €; ⌚ Bargerichte Mo–Do 12–20, Fr–So 12–21 Uhr) Mit seiner hübschen rot-blauen Fassade ist dies das attraktivste Pub des Ortes. Draußen stehen polierte Holzbänke und Picknicktische, von denen man die Aussicht genießen kann. Auf den Tisch kommen typische Kneipenkost und frische Meeresfrüchte.

Von Eyeries nach Lauragh

Eine schöne **Küstenstraße** (R575) führt von Allihies 23 km Richtung Norden und Osten. Sie wird von Fuchsien- und Rhododendronbüschen gesäumt und schlängelt sich 12 km bis nach **Eyeries**, dessen bunte Häuschen mit Blick auf die Coulagh Bay als beliebte Filmkulisse dienen. Außerdem wird hier der berühmte **Milleens-Käse** (☎ 027-74079; www.milleenscheese.com ⌚ nach Vereinbarung) produziert. Nach telefonischer Anmeldung empfängt Herstellerin Veronica Steele auch gern Gäste in ihrer Käserei.

Hinter Eyeries verlässt man die R571 und nimmt die noch kleineren Straßen (eigentlich eher Wege) nach Norden und Osten in den spektakulärsten und unberührtesten Teil der Halbinsel. Kleine Buchten liegen wie Perlen in einem Meer aus Felsen, und der Blick zum Ring of Kerry im Norden ist schlichtweg umwerfend.

An der Kreuzung vor **Ardgroom** (Ard Dhór), stößt man erneut auf die R571. Weiter östlich in Richtung Lauragh weisen Schilder zu einem **Steinkreis**, einem ungewöhnlichen Monument aus der Bronzezeit mit neun hohen schlanken Hinkelsteinen. Ein matschiger Parkplatz erstreckt sich am Ende der 500 m langen, schmalen Zufahrt. Den Kreis entdeckt man schon aus 200 m Entfernung; ein Pfad führt durch das Marschland dorthin. Auf einem groben Schild steht lediglich das Wort *„money"* und ein US-Dollar unter einem Fels gibt einen Hinweis.

Wer der R571 weiter folgt, erreicht 1 km vor Lauragh die Straße zum **Glanmore Lake**. Auf einer kleinen Insel inmitten des Sees stehen die Überreste einer Einsiedelei. In der Umgebung verlaufen einige Wanderwege, die teilweise nur schwer zugänglich sind. Am besten erkundigt man sich vor Ort danach.

Lauragh (Laith Reach) befindet sich nordöstlich von Ardgroom im County Kerry. Hier kann man die **Derreen Gardens** (☎ 064-668 3588; Erw./Kind 7/2 €; ⌚ 10–18 Uhr) besichtigen, die der fünfte Lord Lansdowne an der Wende zum 20. Jh. anlegen ließ. Moosbewachsene Wege winden sich vorbei an interessanten Pflanzen, darunter spektakuläre Baumfarne aus Neuseeland und riesige Lebensbäume. Hin und wieder sieht man in unmittelbarer Ufernähe Seehunde.

Schlafen & Essen

Glanmore Lake Hostel HOSTEL €
(☎064-83181; www.uniqueirishhostels.com; Glanmore Lake; B Erw./Kind ab 17/14 €; ⊙Ende Mai–Ende Sept.;) Die zeitlose Atmosphäre und die schöne Umgebung im Herzen Glanmores machen das abgelegene Hostel zu einem wunderbaren Ort. Es liegt etwa 5 km abseits der R571 in Glanmores alter Schule.

★ **Josie's Lakeview House** MODERN IRISCH €€
(☎064-83155; www.josiesrestaurant.ie; Glanmore Lake; Hauptgerichte mittags 7–14 €, Hauptgerichte abends 11–25 €; ⊙ab 10.30 Uhr) Beim leckeren hausgemachten Essen in diesem Lokal, das auf einem Hügel oberhalb des von Wald umringten Glanmore Lake thront, genießt man einen malerischen Seeblick. Mittags kann man Salate oder Sandwiches, zur Teezeit Kuchen und abends herzhaftes Lammkarree oder lokale Meeresfrüchtespezialitäten bestellen. Wer gern länger bleiben möchte, sollte sich nach dem B&B (DZ 70 €) oder einem Cottage für Selbstversorger erkundigen. Das ausgeschilderte Restaurant befindet sich ungefähr 4 km abseits der R571.

An- & Weiterreise

Bus Éireann (☎021-450 8188; www.buseireann.ie) bietet täglich zwei Verbindungen zwischen Kenmare und Castletownbere (12,50 €, 40 Min.) über Lauragh (7,10 €).

Von Lauragh nach Kenmare

Hinter Lauragh fährt man auf der R573 direkt an der Küste entlang und wechselt in Tuosist auf die gradlinige R571. Von dort sind es weitere 16 km nach Osten bis Kenmare in Kerry.

NÖRDLICHES CORK

Im Norden von Cork ist die Landschaft weniger dramatisch und romantisch als in den Küstenregionen, doch die Städte und Dörfer haben einen erfrischend eigenständigen ländlichen Charakter.

Mallow

Mallow (Mala), das im Blackwater Valley an der N20 liegt, ist nach Cork (Stadt) die zweitgrößte Stadt des County Cork. Im 19. Jh. tauften Badegäste sie „Bath of Ireland" (das Bad Irlands). Heute hinkt der Vergleich, obwohl die Architektur im Stadtzentrum den Glanz von einst noch anzudeuten vermag.

Im Rathaus an der Hauptstraße (gegenüber der **Statue** des Lokalpolitikers J. J. Fitzgerald) führen Treppen hinauf zur **Touristeninformation** (☎022-42222; www.visitmallow.ie; Thomas Davis St; ⊙Mo–Fr 9.30–13 & 14–17.30 Uhr), wo einem die Mitarbeiter bei der Suche nach einer Unterkunft und der Planung von Aktivitäten helfen.

Rund um die imposanten Ruinen des 1585 errichteten **Mallow Castle** (Bridge St) kann man weiße Damhirsche beobachten. Interessant ist auch das elegante **Clock House** (Bridge St), das ein Hobbyarchitekt nach einem Urlaub in den Bergen entwarf – was man dem Gebäude allerdings überhaupt nicht ansieht.

Rund um Mallow

Im 60 ha großen **Doneraile Park** (⊙Mo–Fr 8–20, Sa & So 9–20 Uhr, im Winter kürzere Öffnungszeiten) GRATIS 13 km nordöstlich von Mallow grast Rotwild. Hier locken Waldwanderwege, Wasserspiele und Spielplätze für die Kleinen.

Bei Buttevant, 20 km nördlich von Mallow an der N20, stößt man auf die Ruinen eines **Franziskanerklosters** aus dem 13. Jh.

In der Kleinstadt Liscarroll, etwa 13 km westlich von Buttevant an der R522, befindet sich das herzerwärmende **Donkey Sanctuary** (☎022-48398; www.thedonkeysanctuary.ie; Liscarroll; ⊙Mo–Fr 9–16.30, Sa & So 10–17 Uhr) GRATIS, das sich Irlands kultigen Lasttieren widmet. Auf dem großen gemeinnützigen Bauernhof haben verlassene und geschlagene Esel ein neues Zuhause gefunden – und zwar für den Rest ihres Lebens. Dazu stehen Weiden, Futter und medizinische Versorgung zur Verfügung. Ganz in der Nähe befinden sich die idyllischen Ruinen einer Burg.

Zwischen Mallow und Killarney lohnt ein Abstecher zu den gut erhaltenen Überresten des **Kanturk Castle** aus dem 17. Jh. Die Burg diente vom frühen 17. Jh. bis 1906 erst als Festung und später als Landhaus, inzwischen wird sie jedoch nur noch von Krähen bewohnt.

County Kerry

145 000 EW. / 4746 KM²

Inhalt ➡

Gut essen

- ➡ Jacks Coastguard Restaurant (S. 296)
- ➡ Smuggler's Inn (S. 300)
- ➡ Out of the Blue (S. 311)
- ➡ Spillane's (S. 317)

Schön übernachten

- ➡ Gormans Clifftop House (S. 315)
- ➡ Aghadoe Heights Hotel (S. 292)
- ➡ Teach de Broc (S. 323)
- ➡ Parknasilla Resort & Spa (S. 302)

Auf nach Kerry

Die Landschaft dieses Countys zählt zu den faszinierendsten Irlands, denn hier locken traumhafte Felsküsten, endlose, von baufälligen Steinmauern durchzogene grüne Felder sowie vernebelte Gipfel und Moore.

Vor der Kulisse eines herrlichen Nationalparks wartet das quirlige Touristenzentrum Killarney mit bunten Läden, Restaurants und von den Klängen traditioneller Musik erfüllten Pubs auf. Darüber hinaus ist die Stadt eine gute Ausgangsbasis, um eine Tour auf den beiden berühmten Rundstraßen der Grafschaft zu unternehmen. Die längere Strecke, der Ring of Kerry, führt an der Iveragh Peninsula und mehreren der Küste vorgelagerten Inseln vorbei. Im Vergleich zu ihrem südlichen Nachbarn präsentiert sich die Dingle Peninsula mit ihren historischen Stätten, Sandstränden und der teils harschen Landschaft als kompaktere Version.

Kerrys außergewöhnliche Schönheit macht das County zu einem der beliebtesten Reiseziele Irlands. Trotzdem gibt's noch einige unberührte Fleckchen abseits der Touristenpfade, darunter Gebirgspässe, abgeschiedene Höhlen und einsame Wege.

Reisezeit

In den wärmeren Monaten stehen jede Menge Feste an, besonders von Juni bis August. Unterkünfte muss man für diese Zeit weit im Voraus reservieren. Die Highlights auf Kerrys Veranstaltungskalender:

- ➡ Im Juni findet die Writers' Week in Listowel statt.
- ➡ Die Stadt Dingle veranstaltet im August Pferderennen und eine Regatta.
- ➡ Das Puck Festival in Killorglin, das mindestens auf das 17. Jh. zurückgeht, wird ebenfalls im August gefeiert.

Auch im tiefsten Winter zeigen Geschichtenerzähler und Musiker bei improvisierten Auftritten in Pubs überall im County ihr Können.

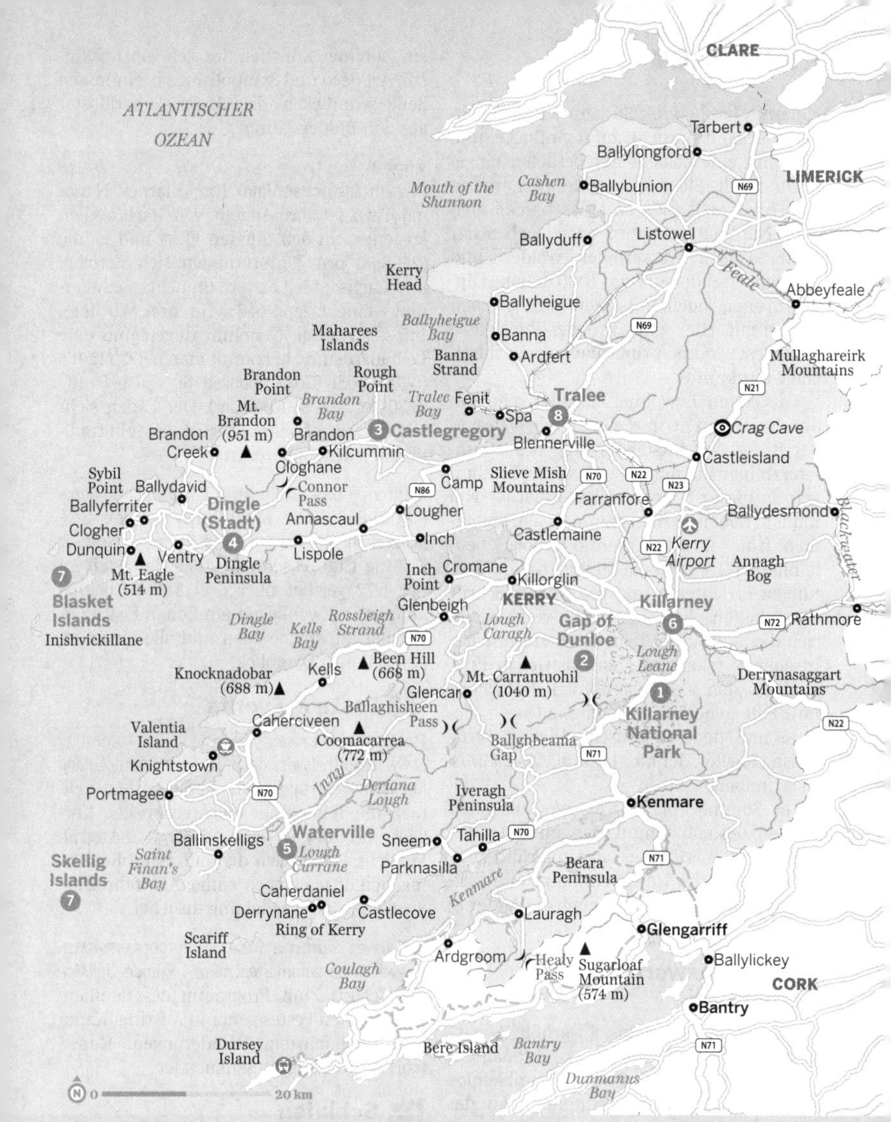

Highlights

1 Vom Ross Castle über den Lower Lake zur Insel Inisfallen im **Killarney National Park** (S. 288) rudern

2 Über den dramatischen **Gap of Dunloe** (S. 290) radeln

3 Die herrlichen Tauchspots rund um **Castlegregory** (S. 316) erkunden

4 Eine Führung durch die Dingle Brewing Company mitmachen und im bezaubernden **Dingle** (S. 307) Meeresfrüchte direkt von den Booten probieren

5 Den Golfschläger auf dem spektakulär gelegenen **Waterville Golf Links** (S. 300) am Ring of Kerry schwingen

6 Sich in einer Kutsche durch **Killarney** (S. 282) fahren lassen

7 Auf den **Skelligs** (S. 298) und den **Blaskets** (S. 314) von Insel zu Insel hüpfen

8 Bei einer Safari im **Tralee Bay Wetlands Centre** (S. 318) durch Süß- und Salzwasserbiotope streifen

KILLARNEY

12 750 EW.

Killarney hat bereits 250 Jahre Erfahrung in der Tourismusbranche auf dem Buckel und ist somit eine bestens auf Besucher eingestellte Stadt. Sie liegt inmitten der traumhaft schönen Landschaft des namensgleichen Nationalparks und wartet neben der Nähe zu Seen, Wasserfällen, Wäldern und Mooren, über denen rund 1000 m hohe Gipfel thronen, auch mit ihren ganz eigenen Reizen auf. Hier gibt's in jeder Preisklasse gute Restaurants, prima Pubs und zahlreiche Unterkünfte.

Die ersten Bewohner hausten schon in der Jungsteinzeit in der Gegend. Während der Bronzezeit entstanden wegen der Kupfererzminen auf Ross Island vor Ort Siedlungen. In dieser Periode wurde Killarney von immer neuen Kriegsstämmen eingenommen. Unter ihnen waren die Firbolg („Beutelmänner"), exzellente Steinmetze, die Festungen errichteten und die Ogham-Schrift entwickelten. Erst im 17. Jh. verwandelte sich die Stadt unter Lord Kenmare zu einer irischen Version des Lake District in England. Zu den vielen berühmten Besuchern im 19. Jh. gehören die englische Queen Victoria und der romantische Dichter Percy Bysshe Shelley, der hier begann, *Queen Mab* zu schreiben.

Im Sommer platzt Killarney aus allen Nähten, deshalb kommt man am besten gegen Ende des Frühlings oder im Frühherbst, wenn das Wetter Unternehmungen im Freien zulässt und etwas weniger Andrang herrscht.

Sehenswertes & Aktivitäten

Killarneys in jeder Hinsicht größte Attraktion ist der gleichnamige Nationalpark (s. S. 288). Die Stadt selbst kann problemlos zu Fuß in ein oder zwei Stunden erkundet werden.

St. Mary's Cathedral KATHEDRALE
(Cathedral Pl) Die Kathedrale wurde zwischen 1842 und 1855 errichtet und ist ein hervorragendes Beispiel für neogotische Architektur. Für den kreuzförmig angelegten Bau ließ sich Architekt Augustus Pugin von der Ardfert Cathedral bei Tralee inspirieren.

Franciscan Friary KLOSTER
(Fair Hill) Ein prunkvolles Altargemälde im flämischen Stil, eindrucksvolle Fliesenarbeiten und Buntglasfenster von Harry Clarke, ein Dubliner Künstler, der sich von Jugendstil, Art déco und Symbolismus beeinflussen ließ, schmücken das Franziskanerkloster aus den 1860er-Jahren.

Angeln ANGELN
(www.fishinginireland.info) Im Killarney National Park ist das Angeln von Bachforellen kostenlos. In den Flüssen Flesk und Laune (25–35 € pro Tag) tummeln sich Forellen und Lachse; für Letztere braucht man allerdings eine Lizenz (46 € für drei Wochen). Infos, Lizenzen, Genehmigungen und eine Leihausrüstung bekommt man bei **O'Neill's** (☎ 064-6631 970; 6 Plunkett St; ⊙ Mo–Fr 10–21.30 Uhr, Sa & So 10–21 Uhr). Der Laden sieht wie ein Souvenirshop aus, ist aber ein traditionsreiches Angelzentrum.

Killarney Golf & Fishing Club GOLF, ANGELN
(☎ 064-663 1034; www.killarney-golf.com; Golfplatzgebühr ab 75 €) Der Killarney Golf & Fishing Club, 3,4 km westlich der Stadt an der N72 verfügt über drei Meisterschaftsgolfplätze: Zwei liegen am Lough Leane, einer hat künstliche Seen und alle bieten einen schönen Bergblick.

Feste & Events

Rally of the Lakes AUTORALLEY
(www.rallyofthelakes.com; ⊙ Ende April/Anfang Mai) Am Feiertagswochenende im Mai nehmen die Teilnehmer halsbrecherische Kurven rund um die Seen und Berge in Angriff. Vorsicht: Auch nach den offiziellen Rennen machen oftmals noch einige Autofahrer die Straßen in der Umgebung unsicher.

Killarney Summerfest OUTDOORAKTIVITÄTEN
(www.killarneysummerfest.com; ⊙ Ende Juli/Anfang August) Zum Programm des familienfreundlichen Festes gehören Ausritte, Kanu- und Kajakfahrten, Wanderungen, Kunstworkshops und Straßenkünstler.

Schlafen

Viele B&Bs befinden sich unmittelbar außerhalb des Stadtzentrums in der Rock Road, der Lewis Road und der Muckross Road. Zudem gibt's in der Stadt jede Menge Einheitshotels für Reisegruppen. Die meisten Unterkünfte verleihen Räder (ca. 12 € pro Tag) und haben vergünstigte Touren im Angebot. Im Sommer sollte man rechtzeitig reservieren.

Railway Hostel HOSTEL €
(☎ 064-663 5299; www.killarneyhostel.com; Fair Hill; B 14–20 €, EZ/DZ ab 45/52 €; @) Ein ver-

BAUERNMÄRKTE IN KERRY

Je nach Saison finden im County Kerry Bauernmärkte statt. Aktuelle Infos dazu siehe unter www.kerryfarmers markets.com.

stecktes, einladendes Hostel mit Terrasse und Picknicktischen in Bahnhofsnähe. Das Railway verfügt über Nischen-Stockbetten sowie Karten und Fahrradrouten an den Wänden. Die separaten Zimmer haben Privatbäder, außerdem ist im Preis ein kontinentales Frühstück enthalten.

Killarney Flesk Caravan & Camping Park CAMPINGPLATZ €
(☎064-663 1704; www.killarneyfleskcamping.com; Muckross Rd; Stellplatz pro Campingwagen plus 2 Pers. 26 €, Wanderer 10 €; ⏲Juni–Sept.;) Der von Wäldern umgebene, gepflegte Campingplatz mit Blick auf majestätische Berge befindet sich 1,3 km südlich der Stadt an der N71. Er wartet mit einem Fahrradverleih, einem Supermarkt, einer Bar und einem Café auf.

Súgán Hostel HOSTEL €
(☎064-663 3104; www.killarneysuganhostel.com; Lewis Rd; B 12–15 €, 2BZ 38 €;) Hinter der pubähnlichen Fassade dieses Gebäudes im Stadtzentrum versteckt sich eine 250 Jahre alte liebenswert exzentrische Herberge mit einem offenen Torffeuer im Aufenthaltsraum und niedrigen Decken voll schiefer Ecken und Parkettböden. Alkohol wird nicht ausgeschenkt – für die einen ein Vor-, für die anderen ein Nachteil.

Neptune's Killarney Town Hostel HOSTEL €
(☎064-663 5255; www.neptuneshostel.com; Bishop's Lane, New St; B 16–20 €, EZ/DZ ab 30/44 €; @) In den Schlafsälen des Neptune's stehen über 150 Betten, trotzdem ist das zentral gelegene Hostel behaglich, was wohl an dem flackernden Kaminfeuer an der Rezeption und dem stets freundlichen Service liegt. Es gibt einen Wäscheservice, zudem ist das Frühstück im Preis inbegriffen.

★Crystal Springs B&B €€
(☎064-663 3272; www.crystalspringsbb.com; Ballycasheen Cross; EZ/DZ ab 45/70 €;) Die Holzveranda und das angrenzende Rasenstück der wunderbar entspannten am Fluss gelegenen Pension laden zu erholsamen Stunden ein. Zur Ausstattung der Zimmer gehören gemusterte Tapeten, Walnussholz und große Privatbäder (fast alle mit Whirlpool). Von dem verglasten Frühstücksraum genießt man einen tollen Ausblick auf den rauschenden Fluss Flesk. Das Stadtzentrum ist 15 Gehminuten entfernt.

Murphy's of Killarney GASTHAUS €€
(☎064-663 1294; www.murphysofkillarney.com; College St; DZ ab 85 €;) 20 stilvoll renovierte Zimmer – am schönsten sind die mit Blick auf die Straße – bietet diese Mittelklasseunterkunft in guter Lage. Wenn es draußen regnet, kann man sich die Zeit im Restaurant oder Pub des Gasthauses vertreiben.

Fairview B&B €€
(☎064-663 4164; www.fairviewkillarney.com; Lewis Rd; DZ ab 90 €; @) Die mit edlen Hölzern eingerichteten, individuell gestalteten Zimmer dieser gehobenen Bleibe, einige mit klassischer Tapete, andere mit modernen Sofas und Glas, bieten mehr für ihr Geld als größere, weniger persönliche Unterkünfte vor Ort. Zum Frühstück gibt's ein echtes Festmahl und abends lohnt das elegante hauseigene Restaurant einen Besuch.

Killarney Haven APARTMENTS €€
(☎064-663 3570; www.killarney-selfcatering.com; High St; Apt. ab 475 € pro Woche;) Moderne Apartments in zentraler Lage mit Balkonen und voll ausgestatteten Küchen.

Kingfisher Lodge B&B €€
(☎064-663 7131; www.kingfisherlodgekillarney.com; Lewis Rd; EZ/DZ 65/100 €; ⏲im Jan. geschl.; @) Highlight dieser makellosen Bleibe, deren elf Zimmer in lebendigen Gelb-, Rot- und Rosatönen gehalten sind, ist der schöne Garten hinter dem Gebäude. Der Besitzer Donal Carroll, ein zertifizierter Wanderführer, hat hilfreiche Tipps zum Thema Trekking in der Gegend parat.

Chelmsford House B&B €€
(☎064-663 6402; www.chelmsfordguesthouse.com; Muckross View, Countess Grove; DZ ab 60 €; @) Zehn Gehminuten vom Stadtzentrum entfernt stößt man auf die einladende Pension, die an einem Park mit Blick auf den See und die Berge liegt. Die hellen, luftigen Zimmer haben eigene Bäder und Parkettböden und warten mit ein paar Extras auf.

Algret House B&B €€
(☎064-663 2337; www.algret.com; Countess Grove; EZ/DZ 40/80 €;) In dem einladenden B&B fünf Gehminuten vom Zentrum dominiert knorriges Kiefernholz.

Killarney

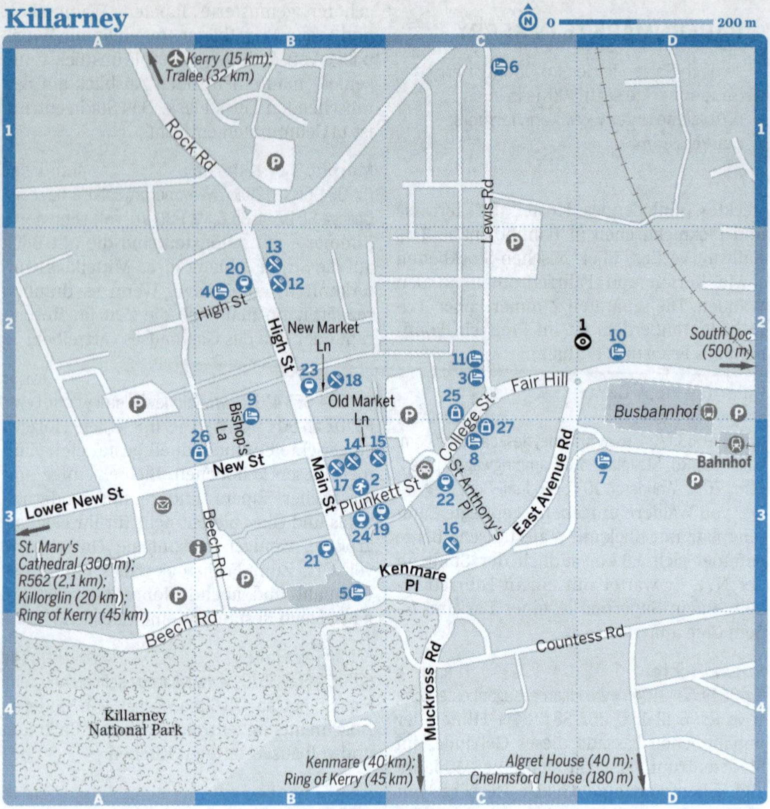

Killarney

Sehenswertes
1 Franciscan Friary D2

Aktivitäten, Kurse & Touren
2 O'Neill's B3

Schlafen
3 Fairview C2
4 Killarney Haven B2
5 Killarney Plaza Hotel B3
6 Kingfisher Lodge C1
7 Malton D3
8 Murphy's of Killarney C3
9 Neptune's Killarney Town Hostel B2
10 Railway Hostel D2
11 Súgán Hostel C2

Essen
12 Brícín B2
13 Gaby's Seafood Restaurant B2
14 Jam B3
15 La Rambla Bistro B3
16 Lir Café C3
17 Murphy's Ice Cream B3
18 Pay As You Please B2
Smoke House .... (siehe 23)

Ausgehen & Nachtleben
19 Courtney's B3
20 Hussy's B2
21 Killarney Grand B3
22 McSorley's C3
23 O'Connor's B2
24 Tatler Jack's B3

Shoppen
25 Dungeon Bookshop C2
26 O'Sullivan's Outdoor Store B3
27 Variety Sounds C3

Killarney Plaza Hotel HOTEL €€€
(☎ 064-662 1100; www.killarneyplaza.com; Kenmare Pl; EZ/DZ ab 115/160 €; @ 📶 ≋ 👪) Mit einem herrlich traditionellen weißen Stil und 198 Zimmern wartet dieses große Hotel am Südende der Main Street und am Rand des Killarney National Park auf. Ebenso geschmackvoll präsentieren sich die klassischen Gästezimmer und die restliche Anlage samt Marmorlobby, einem schön gefliesten Innenpool, einer Sauna, einem Dampfbad, einem Spa und drei Restaurants.

Malton HOTEL €€€
(☎ 064-663 8000; www.themalton.com; EZ/DZ ab 120/180 €; @ 📶 ≋ 👪) Diese Unterkunft ist so bekannt, dass es keine Adresse braucht. Das zentral gelegene efeubedeckte Gebäude mit Säulen zeugt – zumindest äußerlich – von viktorianischer Eleganz und wurde vor einigen Jahren umfassend renoviert. Im 1852-Flügel befinden sich die schönsten der 172 Zimmer, die sich ihre historische Opulenz bewahrt haben. Zur Hotelanlage gehören mehrere erstklassige Restaurants, ein Spa und ein Freizeitzentrum mit einem 17 m langen Pool, einem Fitnessstudio und zwei Tennisplätzen.

Europe LUXUSHOTEL €€€
(☎ 064-667 1300; Fossa; EZ/DZ ab 240/260 €; @ 📶 ≋) Das moderne Fünfsternehaus direkt am Seeufer verfügt über ein dekadentes Spa sowie Innen- und Außenpools und punktet zudem mit engagiertem Personal. Gäste bekommen im Killarney Golf & Fishing Club (S. 282) nebenan Ermäßigung.

Essen

Viele Hotel in Killarney haben ausgezeichnete hauseigene Restaurants. Wie überall in Kerry sind oftmals frische Meeresfrüchte die Stars der Speisekarten.

Jam CAFÉ €
(☎ 064-663 7716; www.jam.ie; 77 Old Market Lane; Hauptgerichte 5–11 €; ⏲ Mo–Sa 8–18 Uhr; 👪) Dieser lokale Geheimtipp versteckt sich in einer Gasse und serviert wechselnde warme Gerichte aus heimischen Produkten, z. B. Shepherd's Pie aus Kerry und verschiedene Delikatessen sowie Kaffee und Kuchen. Vorne stehen unter einer Markise ein paar Tische. Es gibt weitere Filialen in Kenmare und Castleisland sowie in Cork.

Lir Café CAFÉ €
(☎ 064-663 3859; www.lircafe.com; Kenmare Pl; Gerichte 3–6 €; ⏲ Mo–Sa 8–21.30, So 8–19 Uhr; 📶) Hier kommt man in den Genuss von Kuchen, Gebäck, leckerem Kaffee und der Spezialität des Hauses: köstliche selbst gemachte Schokolade wie Bailey's-Trüffeln. Nette Atmosphäre.

Pay As You Please INTERNATIONAL €
(☎ 087 190 2567; www.payasyouplease.ie; New Market Lane; ⏲ Do–Sa 12.30–16, Fr & Sa 7–22, So 12–16 Uhr) Wie der Name schon sagt, zahlt man in diesem legeren PAYP, was einem das Gericht wert ist, auch wenn auf der Speisekarte Preise von 4 bis 12 € stehen, was diesem Prinzip etwas widerspricht. Der Laden ist eine gute Wahl, wenn man Lust auf knusprige Pizza, knackige Salate und Desserts wie Zitronen-, Mandel- und Polentakuchen hat. Er hat zwar keine Ausschanklizenz, aber man darf selbst alkoholische Getränke mitbringen. Die Korkgebühr für eine Flasche Wein kostet 4 €, die Gebühr für Bier 1 €.

Murphy's Ice Cream EISCREME €
(www.murphysicecream.ie; 37 Main St; ⏲ 11–22.30 Uhr) In der Filiale des grandiosen Eisherstellers aus Dingle gibt's auch wunderbar dickflüssige Schokolade mit Chili.

DER KERRY WAY

Der 214 km lange **Kerry Way** (www.kerryway.com), Irlands längster markierter Wanderweg, wird gegen den Uhrzeigersinn gelaufen. Er beginnt und endet in Killarney und führt drei Tage lang durchs Inland, wo er sich durch die atemberaubenden Macgillycuddy's Reeks sowie am Mt. Carrantuohil (1039 m) vorbeiwindet, bevor er auf den Ring of Kerry stößt und ihm durch Cahirciveen, Waterville, Caherdaniel, Sneem sowie Kenmare folgt.

Wer fit genug für 20 km Fußmarsch am Tag ist, schafft den Kerry Way in rund zehn Tagen. Hat man weniger Zeit, lohnt es sich, die ersten drei Tage bis nach Glenbeigh zu laufen und dann mit dem Bus zurück nach Killarney zu fahren.

Es gibt zwar zahlreiche Unterkünfte, aber kaum Verpflegungsmöglichkeiten, man sollte also genügend Proviant einpacken. Die Karten 78, 83 und 84 der Discovery-Serie vom Verlag Ordnance Survey beinhalten detaillierte Abbildungen des Weges.

Smoke House
BISTRO €€

(☎064-662 0801; www.thesmokehouse.ie; High St; Hauptgerichte mittags 7–14 €, Hauptgerichte abends 15–28 €; ⏰9–spät; 📶) Das gekachelte Bistro ist seit der Eröffnung vor ein paar Jahren eine von Killarneys betriebsamsten Adressen und besitzt den einzigen *josper* (spanischer Holzkohleofen) in ganz Irland. Zum Angebot gehören leckere Salate, z. B. mit Königskrabben, und ein exquisiter Burger mit Garnelen sowie hausgemachter Barbecuesoße.

La Rambla Bistro
SPANISCH €€

(☎064-663 9813; Old Market Lane; Tapas 4–6,50 €, Hauptgerichte 15,50–22.50 €; ⏰16–24 Uhr) Am zweitbesten nach einem Besuch Barcelonas ist ein Abstecher in dieses brummende katalanische Restaurant mit Holzfußboden. Zu den Tapas zählen *tocino a la parrilla* (knuspriger Schweinebauch) und frittierter Manchego (Hartkäse vom Schaf) mit Tomatensauce. Auch die authentischen Hauptgerichte wie *mejillones a la catalana* (Miesmuscheln mit scharfer Soße und Knoblauch) überzeugen auf ganzer Linie. Es gibt außerdem viele offene spanische Weine und tolle Sangria.

Bricín
IRISCH €€

(www.bricin.com; 26 High St; Hauptgerichte 19–26 €; ⏰Di–Sa 18–21.30 Uhr) Die Einrichtung des keltisch anmutenden Lokals, das gleichzeitig als Stadtmuseum dient, stammt aus einem Kloster, einem Waisenhaus und einer Schule. Im Vordergrund stehen Jonathan Fishers Bilder des Nationalparks aus dem 18. Jh. Wir empfehlen die Spezialität des Hauses, *boxty* (Kartoffelpuffer).

Gaby's Seafood Restaurant
FISCH UND MEERESFRÜCHTE €€€

(☎064-663 2519; www.gabysireland.com; 27 High St; Hauptgerichte 28–50 €; ⏰Mo–Sa 18–22 Uhr) Das schicke Restaurant serviert traditionell zubereitete, exzellente Meeresfrüchte. Vor dem offenen Kamin kann man in Ruhe die Karte studieren, bevor es am Weinkeller vorbei in den schummrig erleuchteten Speisesaal geht. Zur Auswahl stehen ausgezeichnete französische Gerichte wie Hummer in Cognac-Sahne-Soße. Die Weinliste ist lang, aber man kann sich auf die Empfehlungen des Personals verlassen.

Ausgehen & Unterhaltung

Abends geht's in Killarney sehr lebhaft zu und in vielen Pubs steht Livemusik auf dem Programm. In der Plunkett Street und der College Street reiht sich eine Kneipe an die nächste.

★ O'Connor's
PUB

(High St) In dem winzigen traditionellen Pub mit den Bleiglastüren werden allabendliche Livemusik und im Sommer leckere Kneipenkost geboten. Bei wärmerem Wetter verlagert sich das Geschehen oft in das angrenzende Gässchen.

Courtney's
PUB

(www.courtneysbar.com; Plunkett St) Mit traditioneller Musik sorgt das äußerlich unscheinbare und im Innern zeitlose Pub das ganze Jahr über für Stimmung. Hierher kommen Einheimische, um ihre besten Freunde auftreten zu sehen und in einen unterhaltsamen Abend zu starten.

Hussy's
PUB

(High St) In der kleinen Kneipe mit authentischem Extrazimmer *(snug)* am Eingang kann man den Touristenmassen entfliehen und ganz in Ruhe sein Pint genießen.

Tatler Jack's
PUB

(www.tatlerjack.com; Plunkett St) Fotos lokaler Sportteams schmücken die Wände dieses überraschend großen Ladens mit Billardtischen, gemütlichen Barhockern und einer tollen Atmosphäre.

McSorley's
BAR, CLUB

(www.mcsorleyskillarney.com; College St) Bei Einheimischen erfreut sich das McSorley's dank seines großen Biergartens und des Nachtclubs mit geräumiger Tanzfläche großer Beliebtheit. Traditionelle Sessions gibt's ab dem frühen Abend bis 22 Uhr. Ab 23.30 Uhr treten Livebands auf. Für die Bar wird kein Eintritt verlangt.

Killarney Grand
BAR, CLUB

(www.killarneygrand.com; Main St) Von 21 bis 23 Uhr steht traditionelle Livemusik auf dem Programm und von 23.30 bis 1.30 Uhr geben sich Livebands die Ehre. Um 23 Uhr öffnet zudem die hauseigene Disco. Vor 23 Uhr muss man im Killarney Grand keinen Eintritt zahlen.

Shoppen

Variety Sounds
MUSIK

(College St; ⏰Mo–Sa 10–18, So 12–18 Uhr) Plattenladen mit großer Auswahl an traditioneller Musik, Instrumenten, Notenblättern und seltenen Aufnahmen

INSIDERWISSEN

FUSSBALLVERRÜCKT

Gaelic-Football-Vereine (s. S. 732) gibt's in Irland so viele wie grüne Wiesen und Kneipenschilder mit dem Wörtchen Guinness, doch die Begeisterung für den Sport ist nirgendwo größer als in Kerry.

Wer Gaelic Football live erleben will und während der laufenden Saison (Feb.–Sept.) in der Stadt ist, sollte sich zum **Fossa GAA** (☎064-6636 636; http://fossagaaclub.com; Fossa) begeben. Mehr über das Spiel erfährt man von den Kommentatoren in den Pubs – am besten bei einem Pint in einer GAA-Bar wie Tatler's Jack (S. 286).

O'Sullivan's Outdoor Store OUTDOORAUSRÜSTUNG
(www.killarneyrentabike.com; New St; ⏲Mo–Sa 10–18, So 12–18 Uhr) Große Auswahl an Outdoorausrüstung auf kleinem Raum.

Brícín KUNSTHANDWERK
(www.bricin.com; 26 High St; ⏲Mo–Sa 10–21 Uhr) Interessantes Kunsthandwerk aus der Gegend, darunter Schmuck und Keramik, sowie Souvenirs und ein gleichnamiges Restaurant.

Dungeon Bookshop BÜCHER
(College St; ⏲8–21 Uhr) Das exzellente Geschäft für gebrauchte Bücher versteckt sich über einem Zeitschriftenladen – einfach den Stufen im hinteren Bereich folgen.

Praktische Informationen

Auf www.killarney.ie findet man nützliche Links.

GELD

Die meisten Banken haben einen Geldautomaten und teilweise auch Wechselbüros.

INTERNETZUGANG

Killarney Library (www.kerrylibrary.ie; Rock Rd; ⏲Mo, Mi, Fr & Sa 10–17, Di & Do 10–20 Uhr) Kostenloser Internetzugang.

MEDIZINISCHE VERSORGUNG

Die nächstgelegene Unfall- und Notaufnahme befindet sich im Tralee General Hospital, 32 km nordwestlich von Killarney.

SouthDoc (☎1850-335 999; Upper Park Rd) Ärztedienst außerhalb der normalen Sprechzeiten. 500 m östlich des Stadtzentrums.

POST

Post (New St)

TOURISTENINFORMATION

Touristeninformation (☎064-663 1633; www.kil larney.ie; Beech Rd; ⏲ganzjährig Mo–Sa 9–18 Uhr, Juni–Aug. auch So 9–17 Uhr) Weiß Antworten auf fast alle Fragen, vor allem, wenn es um Verkehrsmittel geht.

An- & Weiterreise

BUS

Bus Éireann (☎064-663 0011; www.buseireann.ie) fährt vom östlichen Ende des Killarney Outlet Centre regelmäßig nach Cork (19 €, 2 Std., 15-mal tgl.), Dublin (28 €, 6 Std., 6-mal tgl.) und Galway (26 €, 7 Std., 7-mal tgl.) via Limerick (20,20 €, 2¼ Std.), Tralee (8,70 €, 40 Min., stdl.) bzw. Waterford (26 €, 4½ Std., stdl.).

FLUGZEUG

Der **Kerry Airport** (KIR; ☎066-976 4644; www.kerryairport.ie; Farranfore) liegt in Farranfore, etwa 15 km nördlich von Killarney entlang der N22 und weitere 1,5 km der N23 nach. Er ist fest in der Hand von **Ryanair** (www.ryanair.com): Neben täglichen Flügen nach Dublin sowie zu den Flughäfen Luton und Stansted in London bietet das Unternehmen u. a. auch weniger häufige Verbindungen nach Frankfurt-Hahn an.

In dem kleinen Flughafen gibt's ein Restaurant, eine Bar, einen Geldautomaten und Schalter vieler großer Autovermietungen.

ZUG

Vom Bahnhof hinter dem Malton Hotel östlich des Zentrums fahren pro Tag bis zu neun direkte **Irish-Rail-Züge** (☎064-6631067; www.irishrail.ie) nach Tralee (10,80 €, 45 Min.). Außerdem bestehen täglich drei Verbindungen über Mallow nach Cork (26,80 €, 1½ Std.) sowie eine direkte nach Dublin (ab 33 €, 3½ Std.) – andernfalls muss man in Mallow umsteigen.

Unterwegs vor Ort

AUTO

Im Zentrum von Killarney kann dichter Verkehr herrschen. **Budget** (☎064-663 4341; Kenmare Pl) betreibt als einzige Autovermietung einen Laden in der Innenstadt von Killarney. Alternativ nimmt man Kontakt zu den Flughafenfilialen auf.

FAHRRAD

Die weit verstreuten Sehenswürdigkeiten lassen sich hervorragend mit dem Fahrrad erkunden. Manche sind sogar nur auf diese Weise oder zu Fuß erreichbar.

O'Sullivan's Bike Hire (www.killarneyrentabike.com; 15/85 € pro Tag/Woche) hat Läden in der New Street gegenüber der Kathedrale und in der Beech Road gegenüber der Touristeninformation und vermietet Tourenräder, Mountainbikes sowie Kinderräder.

VOM/ZUM FLUGHAFEN

Bus Éireann verkehrt sechs- bis siebenmal täglich zwischen Killarney und dem Kerry Airport (€5, 20 Min.), doch leider sind die Abfahrtszeiten nicht auf die Flugzeiten abgestimmt.

Züge zwischen Tralee und Killarney halten am Bahnhof von Farranfore, zehn Gehminuten vom Flughafen entfernt.

Ein Taxi nach Killarney kostet ca. 35 €.

JAUNTING CAR

Killarneys traditionelle Transportmittel, von Pferden gezogene **jaunting cars** (☎ 064-663 3358; www.killarneyjauntingcars.ie), bzw. *traps* und *jarveys* (Kutscher) stehen am Kenmare Place bereit. Der Platz wird auch „the Ha Ha" oder „the Block" genannt. Eine Fahrt durch die Stadt kostet je nach Entfernung 30 bis 70 € und im Wagen haben maximal vier Personen Platz. Weitere Kutschen warten an der N71 auf den Parkplätzen vor Muckross House, Abbey und beim Gap of Dunloe.

TAXI

Der Taxistand befindet sich in der College Street. Zu den Anbietern gehört **Killarney Taxi & Tours** (☎ 085-280 3333; www.killarneytaxi.com).

RUND UM KILLARNEY

Besucher des Nationalparks südlich der Stadt Killarney können sich auf Burgen, Gärten, Seen und weitere Attraktionen freuen. Unterhalb des Schutzgebietes erstreckt sich eine zerklüftete Landschaft mit dem grandiosen Gap of Dunloe samt felsigem Terrain, plätschernden Bächen und Bergseen.

Killarney National Park

Überraschend schnell lässt man Killarney hinter sich und dringt in die umliegende Wildnis ein. Obwohl zahlreiche Busse zu Ross Castle und Muckross House fahren, kann man die Touristenhorden auf dem 10 236 ha großen Gelände des **Killarney National Park** (siehe auch S. 251; www.killarneynationalpark.ie) voller alter Eichenwälder leicht umgehen. Hier tummelt sich Irlands einzige einheimische Rotwildherde, außerdem genießt man eine herrliche Aussicht auf die höchsten Berge des Landes.

Die Gletscherseen **Lough Leane** (Lower Lake oder „Lake of Learing"), **Muckross Lake** und der **Upper Lake** bedecken rund ein Viertel des Schutzgebietes. In den torfigen Gewässern und am Ufer hat sich eine Vielzahl von Tieren niedergelassen: Kormorane fliegen tief über die Wasseroberfläche hinweg, Rehe schwimmen zu den Inseln, um dort zu grasen, und Lachse, Forellen und Flussbarsche leben friedlich ohne Gefahr von Hechten. Am Lough Leane blickt man auf Schilf und Schwäne.

1982 wurde der Park von der UNESCO zum Biosphärenreservat erklärt. Zu den weiteren hier lebenden Wildtieren zählen die wieder angesiedelten Seeadler; 2013 schlüpften in Irland die ersten Küken seit über 100 Jahren.

Zugänge für Wanderer befinden sich gegenüber der St. Mary's Cathedral. Autofahrer müssen der N71 folgen.

In der Touristeninformation von Killarney gibt's Wanderführer und die Ordnance Survey Map Karte 78, die u. a. Irlands höchsten Berg, den Carrantuohil (1039 m) in den Macgillycuddy's Reeks, zeigt.

Knockreer House & Gardens

Gleich beim Parkeingang und unweit der St. Mary's Cathedral stößt man auf das Knockreer House. In den Gärten des Anwesens mit terrassenförmig angelegtem Rasen befindet sich auch eine Sommervilla. Das in den 1870er-Jahren errichtete Originalgebäude wurde in einem Feuer zerstört, das heutige Bauwerk stammt aus dem Jahre 1958. Leider ist das Haus nicht öffentlich zugänglich, doch dafür genießt man von den **Gärten** aus einen schönen Blick über die Seen bis zu den Bergen.

Rechts vom Eingang der St. Mary's Cathedral führt ein Weg 500 m bergauf zu der Grünanlage.

Ross Castle

Der Heritage Service Dúchas ließ das am Seufer gelegene **Ross Castle** (☎ 064-663 5851; www.heritageireland.ie; Ross Rd; Erw./Kind 4/2 €; ⌚ März–Okt. 9–17.45 Uhr) restaurieren. Die Festung geht auf das 15. Jh. zurück und diente als Sitz des O'Donoghues-Clans. Sie war die letzte Burg in Munster, die sich Cromwells Truppen unterwarf. Zuvor konnte sie dank ihrer raffinierten Wendeltreppe, deren Stufen alle eine andere Höhe haben, die Angriffe verzögern.

Vom Fußgängereingang am Park bei der St. Mary's Cathedral ist es ein schöner 3 km langer Spaziergang bis zur Festung. Unterwegs erspäht man mit etwas Glück Rotwild. Wer von Killarney aus herfahren will, biegt rechts gegenüber der Tankstelle am Beginn der Muckross Road ab. Eine Besichtigung ist nur im Rahmen einer Führung möglich.

Inisfallen Island

Angeblich wurde das erste Kloster auf Inisfallen Island (mit fast 9 ha ist dies die größte der 26 Inseln im Nationalpark) im 7. Jh. vom hl. Finian dem Aussätzigen gegründet. Der Ruhm der Insel geht auf das frühe 13. Jh. zurück, als hier die „Annalen von Inisfallen" verfasst wurden. Heute befinden sich diese in der Bodleian Library im englischen Oxford. Sie gelten noch immer als wichtige Informationsquelle für die frühe Geschichte Munsters. Besucher von Inisfallen können die Ruinen eines **Oratoriums** aus dem 12. Jh. besichtigen, mit einer geschnitzten romanischen Eingangtür und einem **Kloster** an der Stelle, wo vorher St. Finians Originalkloster gestanden hatte.

Vom Ross Castle aus gelangt man mit einem Leihboot (ca. 5 €) zur Insel.

Muckross Estate

Als Herzstück des Killarney-Nationalparks gilt das **Muckross House** (☎ 064-667 0144; www.muckross-house.ie; Erw./Kind 7,50/4 €, Kombitickets inkl. Farmen 12,50/7 €; ⌚ Juli & Aug. 9–19, Sept.–Juli bis 17.30 Uhr) das Arthur Bourn Vincent 1932 dem Staat schenkte. Seit seiner Renovierung erstrahlt das prächtige Gebäude aus dem 19. Jh. wieder in altem Glanz. Seine Einrichtung stammt noch aus damaliger Zeit. Besichtigungen sind nur in Form einer Führung möglich.

Der herrliche **Park** erstreckt sich bis zum See. Hinter dem Haus befinden sich ein Restaurant, ein Kunsthandwerksladen und **Ateliers**, in denen man Töpfern, Webern und Buchbindern bei ihrer Arbeit über die Schulter sehen kann. Wer mag, lässt sich mit einer Kutsche durch ein Rotwildgelände und Wälder bis zum **Torc Waterfall** und zur **Muckross Abbey** (hin & zurück ca. 20 € pro Pers.; Feilschen lohnt sich!) bringen. Im Besucherzentrum gibt's ein exzellentes Café.

Östlich vom Muckross House liegen die **Muckross Traditional Farms** (☎ 064-663 1440; Erw./Kind 7,50/4 €, Kombi-Ticket inkl. Muckross House 12,50/7 €; Juni–Aug. 10–18 Uhr, Mai & Sept. 13–18 Uhr, April & Okt. Sa, So & feiertags 13–18 Uhr). Diese Rekonstruktionen von Bauernhöfen aus den 1930er-Jahren samt Hühnern, Schweinen, Rindern und Pferden lassen erahnen, wie das Leben auf einer Farm aussah, als diese die Existenzgrundlage der Leute darstellte.

Das Muckross House befindet sich 5 km südlich der Stadt; der Weg ist ab der N71 ausgeschildert. Wer sich zu Fuß oder per Fahrrad aufmachen möchte, nimmt den Radweg entlang der Straße nach Kenmare. Nach 2 km führt rechts ein Pfad in den Killarney-Nationalpark, und nach einem weiteren Kilometer erreicht man die **Muckross Abbey**. Das Kloster wurde 1448 gegründet und 1652 von Cromwells Truppen niedergebrannt. William Thackeray bezeichnete es als „das schönste kleine Juwel einer Klosterruine, das es je gab". Das Muckross House ist 1,5 km von der Klosterruine entfernt.

Radfahrer, die eine Tour um den Muckross-See (Middle Lake) unternehmen, sollten gegen den Uhrzeigersinn fahren – das ist einfacher und landschaftlich reizvoller.

Abstecher zum Gap of Dunloe

Am besten leiht man sich in Killarney ein Fahrrad und fährt damit bis zum Ross Castle. Wer vor 11 Uhr eintrifft, kann mit einem Boot zu Brandon's Cottage sowie durch die Schlucht radeln. Zurück nach Killarney geht's über die N72 und den Golfplatzweg (Fahrradmiete und Bootsfahrt kosten ca. 30 €).

DAS KÖNIGREICH KERRY

Traveller werden immer wieder hören, dass Einheimische Kerry als Königreich bezeichnen. Der Grund ist so nebelumwoben wie die Berge des Countys. Manche schreiben dies der isolierten Lage und außergewöhnlichen Schönheit der Grafschaft zu, aber am weitesten verbreitet ist die Theorie, das Königreich gehe auf Ciar zurück, Sohn des Königs von Ulster Fergus mac Róich und Connaught Queen Medb. Um 65 v. Chr. nahm Ciar ein großes Gebiet in Munster in Besitz, das als Ciarraige (Ciar's Königreich) bekannt wurde. Ciars Nachfahren hießen ebenfalls Ciarraige („Volk von Ciar"). Daher stammt auch Kerrys irischer Name – Ciarraí.

Rund um Killarney

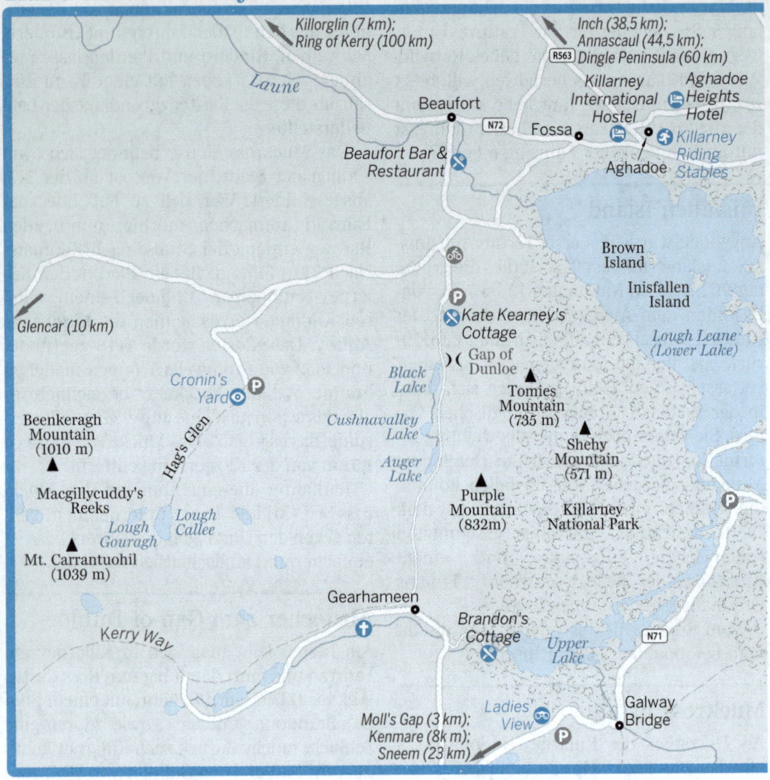

Schon alleine die 90-minütige Bootstour lohnt den Ausflug. Man durchkreuzt alle Seen, schlängelt sich am Meeting of the Waters entlang und kommt an einigen Inseln sowie Brücken vorbei.

An Land kann man das Radfahren auch durch Wandern, Ponyreiten oder Pferdewagen (max. 4 Pers.) ersetzen. Für einen Ponyritt durch die Schlucht werden ungefähr 50 € pro Stunde bzw. 80 € für einen zweistündigen Ausflug von Brandon's Cottage nach Kate Kearney's Cottage verlangt. Achtung: Wer eine Rundwanderung unternehmen möchte, sollte sich auf eine anstrengende Tour gefasst machen. Von Süden aus bis Kate Kearney's ist die Route gut zu bewältigen, danach ruft man am besten ein Taxi, denn der letzte Abschnitt zieht sich hin und führt an viel befahrenen Straßen entlang.

Alternativ legt man die Strecke (abgesehen vom Sommer) mit dem eigenen Wagen zurück, allerdings haben Fußgänger, Radfahrer und Pferdewagen Vorfahrt (zum Ausweichen ist kaum Platz), außerdem sind die unübersichtlichen Haarnadelkurven nervenaufreibend. Um Brandon's Cottage mit dem Auto zu erreichen, muss man einen langen, landschaftlich schönen Umweg von der N71 über die R568 in Kauf nehmen, der durch ein großartiges raues Tal führt. Die Fahrt dauert 45 Minuten.

Gap of Dunloe

Geografisch betrachtet liegt der Gap of Dunloe außerhalb des Killarney National Park, aber viele Reisende verbinden beide Highlights. Die zerklüftete wunderschöne Landschaft wirkt durch das schnell umschlagende Wetter sogar noch eindrucksvoller.

Während des Winters ist der Pass im Schatten des Purple Mountain und der Macgillycuddy's Reeks atemberaubend, doch im Hochsommer herrscht hier jede Menge

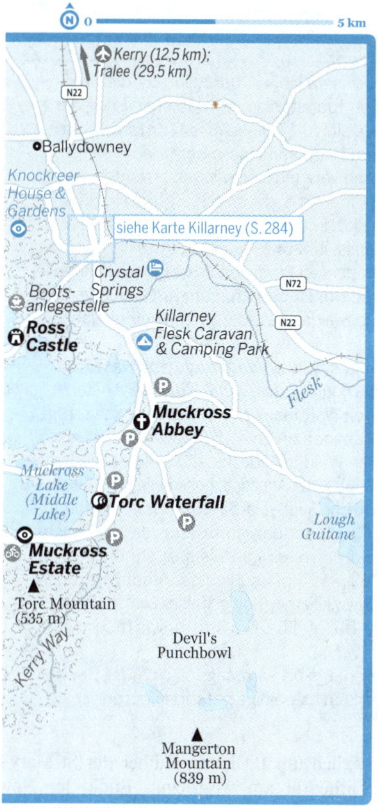

Andrang: Dann bringen Touristenbusse zahllose Besucher für eine Kutschfahrt hierher.

Im Süden liegt inmitten von saftig grünen Wiesen **Brandon's Cottage** (Gerichte 3–6 €; ⏲ April–Okt. morgens & mittags), eine schlichte alte Jagdhütte aus dem 19. Jh. mit einem tollen Freiluftcafé und einer Bootsanlegestelle am Upper Lake. Von dort windet sich eine enge Straße den Berg hinauf. Fährt man weiter Richtung Norden, wirkt die Umgebung wie eine Fantasiewelt mit klaren Seen, Gebirgsbächen und Steinbrücken.

Am Nordende erwartet einen **Kate Kearney's Cottage** (☎ 064-664 4146; www.katekearneyscottage.com; Hauptgerichte 7,50–19.50 €; ⏲ Mo–Do 10–11.30, Sa 10–12.30, So 10–23 Uhr; 👪), ein Pub aus dem 19. Jh. Hier lassen viele ihr Auto stehen und klettern zu Fuß hinauf. Alternativ geht's per Pony oder Kutsche weiter.

Weiter nordwärts auf der N72 gelangt man zu einem charmanten 1851 errichteten Steinhaus, das heutige **Beaufort Bar & Restaurant** (☎ 064-664 4032; www.beaufortbar.com; Beaufort; Hauptgerichte 13–20 €; ⏲ Fr & Sa 18.30–21.30, So 12.30–14.30 Uhr). Der Speisesaal aus poliertem Holz ist edel, intim und gemütlich zugleich.

Macgillycuddy's Reeks

Die **Macgillycuddy's Reeks** und die benachbarten Berge (Purple, Tomies und Shehy zwischen dem Gap of Dunloe und dem Lough Leane, sowie Torc und Mangerton südlich des Muckross Lake) sollten wirklich nur erfahrene Wanderer angehen, die sich mit Karten und Kompass auskennen. Wasserfeste Kleidung und Schuhe sind das ganze Jahr über ein Muss. Vor einer Besteigung unbedingt bei Einheimischen Rat holen!

Mehrere Wege führen zum höchsten Gipfel des Landes, dem **Carrantuohil**. Manche Routen sind mittelschwer, bei anderen muss man sogar richtig klettern. Einen Vorgeschmack auf die Reeks bietet das nahe gelegene **Hag's Glen**: Durch das schöne Tal geht's stetig bergauf zu den beiden Seen Callee und Gouragh am Fuß der Nordwand des Carrantuohil.

Am besten startet man seine Wandertour bei **Cronin's Yard** (☎ 064-662 4044; www.croninsyard.com; Mealis, Beaufort; camping pods 10 € pro Pers.), dort gibt's eine **Teestube**, Duschen, Toiletten, ein Telefon und (bei Bedarf) Picknickpakete sowie ein paar einfache, aber schicke neue **camping pods**. Diese sehen aus wie Iglus aus Holz und bieten Schlafplätze für drei bis fünf Erwachsene. Cronin's Yard liegt am Ende der Straße (OS Ref. 836873), die von der N72 via Beaufort, westlich von Killarney, abzweigt. Fürs Parken wird meist eine kleine Gebühr erhoben. Von hier verläuft der Weg am Fluss Gaddagh entlang, über den eine neue Fußgängerbrücke führt. Bis zu den Seen sind es 3 km.

Vom Fluss aus windet sich die beliebte, aber anstrengende Route auf den Carrantuohil über die berüchtigte **Devil's Ladder** (Teufelsleiter), die einem stark erodierten Schluchtenweg südwestlich der Seen folgt. An manchen Stellen ist der Boden locker, zudem wird er bei nassem Wetter matschig. Für die komplette Tour vom und zum Cronin's Yard sollte man sechs Stunden einplanen.

Von Killarney nach Kenmare

Die N71 nach Kenmare (32 km) führt durch eine einmalig schöne Landschaft voller Seen und Berge. Von zahlreichen Haltepunkten

ABSTECHER

AGHADOE

5 km westlich der Stadt zieht die Aussicht von diesem Hügel über Killarney, die Seen und die Insel Inisfallen schon seit Jahrhunderten Touristen an. Am östlichen Ende der Wiese und vor Killarneys bestem Hotel befinden sich die Ruinen einer **romanischen Kirche** und das **Parkavonear Castle** aus dem 13. Jh. mit einem Bergfried – eines der wenigen zylinderförmigen Bauwerke, die in Irland von den Normannen errichtet wurden.

Die Gebäudereste liegen gegenüber dem luxuriösen **Aghadoe Heights Hotel** (☎064-663 1766; www.aghadoeheights.com; Aghadoe; EZ/DZ/Suite ab 110/130/160 €, Bar Hauptgerichte 15,50–18,50 €; ⏰Bar mittags & abends; @ 📶 🏊). Ein riesiger verglaster Pool mit Blick auf die Seen ist das Herzstück des modernen Prachtbaus, wobei man die tolle Aussicht ebenso gut von der Bar und aus dem **Lake Room Restaurant** (Hauptgerichte 28–35 €; ⏰6–21 Uhr) genießen kann, die ebenso wie das dekadente Spa beide auch für Nichtgäste zugänglich sind.

Am anderen Ende des Preisspektrums bewegt sich das **Killarney International Hostel** (☎064-663 1240; www.anoige.ie; Aghadoe House, Fossa; B 21 €, 2BZ 54 €; ⏰März–Okt.; @ 📶) in einem ehemaligen herrschaftlichen Wohnhaus aus dem 18. Jh. Es verfügt über 137 Betten sowie Aufenthaltsräume mit Kaminen und einem Piano. Auf dem Grundstück der Unterkunft, einem 30 ha großen Waldgelände, lockt die abenteuerliche Kletteranlage **Killarney High Ropes** (☎064-663 1240; Aghadoe; hohe Seile Erw./Kind 25/18 €, niedrige Seile 10 €; ⏰ Juni–Aug. tägl. 11–16 Uhr, Sept.–Mai Sa & So), eine Kombination aus Ziplines, Cargonetzen und Schaukeln. Für Kinder über fünf Jahre, die noch nicht die Mindestgröße von 1,40 m erreicht haben, wurden niedrige Seile gespannt.

Von Killarney aus erreicht man über die N72 die 1,5 km westlich der Stadt gelegenen **Killarney Riding Stables** (☎064-663 1686; www.killarney-riding-stables.com; Ballydowney; ⏰8–18 Uhr). Der Reitstall bietet kurze Ausritte (ab 35 € pro Std.) sowie mehrtägige Touren zur Iveragh Peninsula.

Zwischen Juni und September verkehren montags bis samstags täglich vier Busse von Killarney nach Aghadoe. Darüber hinaus enden hier einige geführte Touren.

genießt man einen herrlichen Ausblick und kann sich nebenbei von den Serpentinen erholen – allerdings muss man auf die Busse achten, die sich hier entlangzwängen.

2 km südlich des Eingangs zum Muckross House verläuft ein 200 m langer Weg zum hübschen **Torc Waterfall**. Nach 8 km auf der N71 folgt die **Ladies' View** mit einem wunderschönen Panorama über den Upper Lake. An dieser Stelle gerieten auch schon Queen Victorias Hofdamen in Verzückung.

5 km weiter lohnt ein Zwischenstopp am **Moll's Gap**, um die schöne Aussicht und das Essen zu genießen. Das **Avoca Café** (☎064-663 4720; www.avoca.ie; Hauptgerichte 7,50–13,50 €; ⏰Mo–Fr 9.30–17, Sa & So 10–18 Uhr) kombiniert ein atemberaubendes Panorama mit Köstlichkeiten wie Räucherlachssalat, mit Pistazien gespickte Schweineterrine und dekadente Kuchen.

☞ Geführte Touren

Killarney Guided Walks WANDERUNG
(☎087 639 4362; www.killarneyguidedwalks.com; Erw./Kind 9/5 €) Die zweistündigen Wanderungen durch den Nationalpark beginnen täglich um 11 Uhr gegenüber der St. Mary's Cathedral am westlichen Ende der New Street. Sie führen durch die Knockreer Gardens und zu Orten, wo Charles de Gaulle Urlaub machte, David Lean *Ryans Tochter* drehte und Bruder Cudda 200 Jahre geschlafen haben soll. Auf Nachfrage werden die Ausflüge auch zu anderen Zeiten angeboten.

Ross Castle Open Boats BOOT
(☎087 689 9241) Reizvoller sind die Ausflüge in den offenen Booten, die man beim Ross Castle chartern kann, denn die Guides legen mehr Wert auf Individualität. Von der Burg zum Muckross (Middle) Lake und zurück bezahlt man 10 €, eine Tour zu allen drei Seen kostet 15 €.

Gap of Dunloe Tours BUS, BOOT
(☎064-663 0200; www.gapofdunloetours.com) Der Veranstalter bietet Touren über den Gap of Dunloe mit Bus und Boot an (ab 30 €). Zusätzlich kann man eine Fahrt mit dem *jaunting car* (20 € extra) und einen Ponyritt (30 € extra) unternehmen. Ausflüge mit Boot und Rad im Voraus buchen (Räder werden kostenlos transportiert).

Killarney Day Tour BOOT, WANDERUNG
(☎064-663 1068; www.killarneydaytour.com) Kombinierte Bus- und Bootsfahrten (27 €) oder nur Bootstouren (13,50 €) ab Ross Castle. Organisiert auch geführte Wanderungen aller Schwierigkeitsgrade.

Corcoran's BUS
(☎064-663 6666; www.corcorantours.com) Touren zum Gap of Dunloe (27 €), zum Ring of Kerry (18 €), nach Dingle und zum Slea Head (22 €) sowie ins Umland von Killarney (20 €).

Dero's Tours BUS
(☎064-663 1251; www.derostours.com) Ausflüge zum Gap of Dunloe (27 €), zum Ring of Kerry (19 €) sowie nach Dingle und zum Slea Head (22 €).

O'Connor Autotours BUS
(☎064-663 4833; www.oconnorautotours.ie; 📶) Touren auf dem Ring of Kerry (ab 24 €).

Outdoors Ireland ABENTEUER
(☎086 860 45 63; www.outdoorsireland.com) Kajakfahrten (inklusive dreistündiger Touren bei Sonnenuntergang, 50 €), Wanderungen, Felsklettern und Bergsteigen.

Hidden Ireland Adventures WANDERUNG
(☎087 221 4002; www.hiddenirelandadventures.com) Veranstaltet zweimal pro Woche geführte Wanderungen in die Macgillycuddy's Reeks (75 €) sowie maßgeschneiderte Touren.

RING OF KERRY

Die längste und vielfältigste von Irlands großen Ringstraßen (siehe auch S. 253) kombiniert eine atemberaubende Küstenlandschaft mit grünen Wiesen und Dörfern.

Sie ist 179 km lang und schlängelt sich vorbei an herrlichen Stränden, dem von Inseln übersäten Atlantik, mittelalterlichen Ruinen sowie Bergen und Seen. Zwischen Waterville und Caherdaniel im Südwesten der Halbinsel erstreckt sich der raueste Küstenabschnitt. Im Sommer kann es auf der Strecke recht voll werden, doch selbst dann ist der abgeschiedene Skellig Ring einsam, ruhig und wunderschön.

Man schafft den Ring of Kerry problemlos an einem Tag. Wer die Tour ausdehnen möchte, hat entlang der Route mehrere Übernachtungsmöglichkeiten. In Killorglin und Kenmare gibt's die besten Restaurants, ansonsten muss man sich, bis auf wenige glorreiche Ausnahmen, mit einfacher Kneipenkost begnügen.

ℹ Unterwegs vor Ort

Obwohl man die Rundfahrt mit dem Auto an einem Tag und mit dem Rad an drei Tagen schafft, lautet die Devise: Je mehr Zeit man sich nimmt, desto mehr wird man die Tour genießen.

Reisebusse umrunden die Halbinsel gegen den Uhrzeigersinn. Hinter ihnen herzutuckern ist anstrengend, deshalb sollte man besser andersrum fahren (Vorsicht in nicht einsehbaren Kurven!). Die Straße ist extrem eng und an vielen Stellen kurvig, aber der Belag wird Stück für Stück verbessert. Beim **Ballaghbeama Gap** ist angenehmerweise nur sehr wenig los. Der Pass zieht sich durch die zentralen Highlands der Halbinsel und bietet einige spektakuläre Ausblicke. Diese Route und die längere Strecke vom **Ballaghisheen Pass** nach Waterville eignen sich perfekt für eine lange Radtour.

Der 214 km lange Kerry Way (S. 285) beginnt und endet in Killarney.

Von Ende Juni bis Mitte August bietet **Bus Éireann** (☎064-663 0011; www.buseireann.ie) tägliche Verbindungen auf dem Ring of Kerry (von Killarney nach Killarney 28,50 €, 7 Std.) mit Halt in Killorglin, Glenbeigh, Caherciveen, Waterville und Caherdaniel. Außerhalb der Sommermonate gibt's nur wenige Möglichkeiten, mit öffentlichen Verkehrsmitteln auf dem Ring umherzureisen.

Einige Tourveranstalter in Killarney organisieren Busrundfahrten.

Killorglin

4150 EW.

Reist man von Killarney aus gegen den Uhrzeigersinn weiter, dann ist Killorglin (Cill Orglan; siehe auch S. 253) 23 km weiter nordwestlich der erste Ort auf dem Ring of Kerry. Diese kleine Stadt scheint fast das ganze Jahr über stiller zu sein als das Wasser des Laune-Flusses, das gegen die achtbogige Brücke aus dem Jahre 1885 plätschert. Im August wird allerdings während des berühmten Puck Fair ein ganzes Feuerwerk an langjährigen heidnischen Zeremonien abgehalten. König Pucks Statue, eine Ziege, thront auf der Killarney-Seite des Flusses, wo die Mutter des Autors Blake Morrison aufwuchs. Morrison hat ihre Kindheit in *Things My Mother Never Told Me* beschrieben.

Feste & Events

Puck Fair Festival HISTORISCH
(Aonach an Phuic; www.puckfair.ie; ⏲Mitte Aug.) 1603 wurde dieses lebendige Fest erstmals erwähnt, sein Ursprung liegt jedoch im Ungewissen. Höhepunkt der Veranstaltung ist der Brauch, einen Ziegenbock oder *puck* –

Ring of Kerry

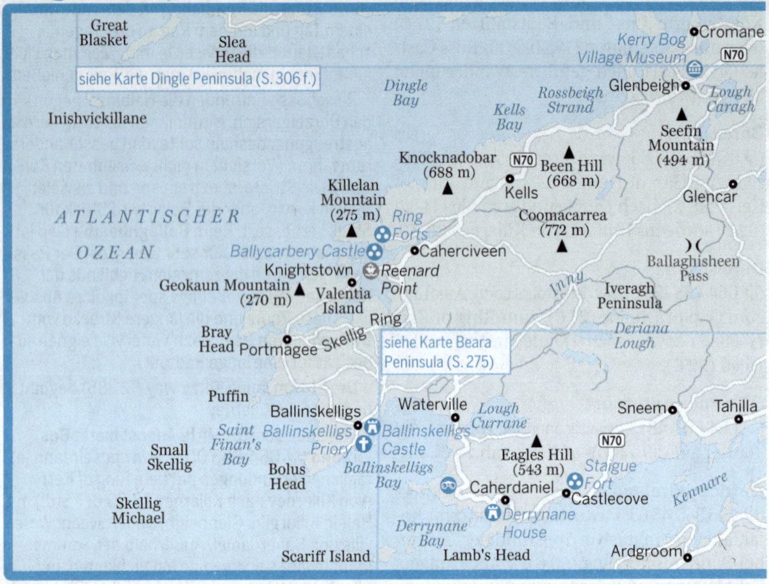

das Wahrzeichen des bergigen Kerry – mit schleifchenverzierten Hörnern auf ein Podest im Ort zu stellen. Für zusätzliche Unterhaltung sorgen eine Pferdemesse, ein Schönheitswettbewerb für Babys, Straßentheater, Konzerte und Feuerwerk. Die Pubs bleiben zu diesem Anlass bis 3 Uhr morgens offen.

Schlafen & Essen

In der Upper Bridge Street reihen sich zahlreiche altmodische Kneipen aneinander.

Bianconi GASTHAUS €€
(066-976 1146; www.bianconi.ie; Bridge St; EZ/DZ ab 70/110 €; Hauptgerichte 8,50–25,50 €; Restaurant Mo–Do 8–23.30, Fr & Sa 8–12.30, So 18–23 Uhr;) Mitten im Zentrum verbindet das gedämpft beleuchtete Gasthaus edles Ambiente mit moderner irischer Küche. Zu den Gerichten zählen mit Salbei gefülltes Brathähnchen an Preiselbeersoße und spektakuläre Salate – vollwertige Mahlzeiten –, z. B. mit Cashelm Blue, Äpfeln, gerösteten Mandeln und Chorizo. Die in Oliv- und Trüffeltönen renovierten Zimmer im Obergeschoss verfügen über luxuriöse Bäder (teilweise mit freistehenden Wannen).

Coffey's River's Edge B&B €€
(066-976 1750; www.coffeysriversedge.com; the Bridge; EZ/DZ 50/70 €;) Die moderne Pension neben der Brücke bietet makellose, in frischen Farben gehaltene Zimmer mit Parkettboden und einen Balkon samt Flussblick.

Jack's Bakery BÄCKEREI €
(Lower Bridge St) Jack Healy bereitet leckere Brote, Pasteten und Sandwiches zu.

KRD Fisheries FISCH & MEERESFRÜCHTE €
(066-976 1106; www.krdfisheries.com; Tralee Rd; 200 g geräucherter Wildlachs/gezüchteter Lachs 15/9,90 €; Mo–Fr 9–13 & 14–17, Sa 9–13, So 9–11 Uhr) Wer vom Zentrum von Killorgan die Brücke überquert, kann Räucherlachs direkt bei diesem seit 1782 etablierten Unternehmen kaufen.

Giovannelli ITALIENISCH €€
(087 123 1353; Lower Bridge St; Hauptgerichte 14–30 €; Mo–Sa 18.30–21 Uhr) Daniele Giovannelli stammt aus Norditalien und stellt die Pasta, die in diesem einfachen, aber gemütlichen kleinen Restaurant serviert wird, selbst her. Wir empfehlen die Meeresfrüchtelinguine mit Muscheln und Rinderravioli in Salbeibutter. Die wundervollen Weine werden sowohl offen als auch glasweise serviert.

Sol Y Sombra TAPAS €€
(066-976 2347; www.solysombra.ie; Lower Bridge St; Tapas & raciones 5,50–13,50 €, Hauptgerichte

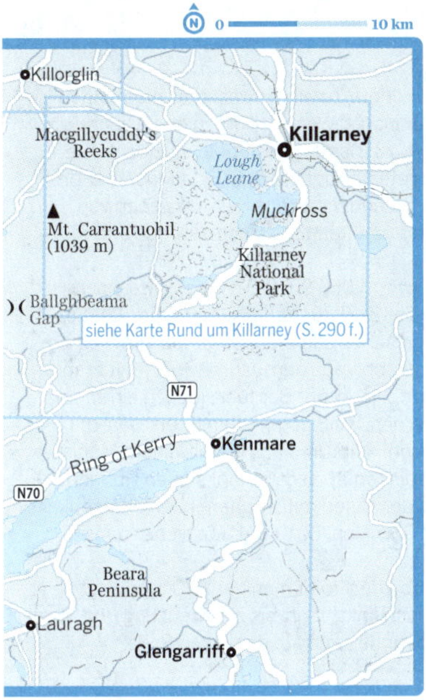

15–22 €; ⌚ Mi & Do 17–23, Fr & Sa 17–0.30, So 13–20.30 Uhr) Diese Bar ist in einer wunderschön renovierten Kirche von 1816 untergebracht und versetzt ihre Gäste mit Tapas (gegrillter Tintenfisch, marinierte Sardellen und *tostadas*) in mediterrane Gefilde. Hier treten oft Bands auf.

ℹ Praktische Informationen

Bibliothek (Library Pl; ⌚ Di–Sa 10–17 Uhr) Kostenloser Internetzugang.

Touristeninformation (☎ 066-976 1451; Library Pl; ⌚ 10–16 Uhr) Karten, Wanderführer, Angellizenzen und Souvenirs. Variierende Öffnungszeiten.

Kerry Bog Village Museum

An der N70 zwischen Killorglin und Glenbeigh wartet das **Kerry Bog Village Museum** (www.kerrybogvillage.ie; Eintritt 5 €; ⌚ 8.30–18 Uhr) mit einer nachgebauten Moorsiedlung aus dem 19. Jh. auf, wie sie für die kleinen Gemeinden typisch war. Nur unter großen Mühen war es den Menschen damals möglich, in der kargen Landschaft mit den allgegenwärtigen Torfmooren zu überleben. Besucher können reetgedeckte Wohnhäuser von Torfstechern, Dachdeckern und Arbeitern sowie eine Schmiede und eine Molkerei bestaunen und sich die seltenen Kerry-Bog-Ponys ansehen. Das Museum grenzt an den großen **Red Fox Pub**, in dem sich die Einheimischen gern auf ein Pint treffen.

Rossbeigh Strand

1,6 km westlich von Glenbeigh ragt dieser ungewöhnliche **Sandstrand** in die Bucht von Dingle hinein und bietet einen wunderbaren Blick auf Inch Point und die Halbinsel. Auf einer Seite ist das Meer durch die atlantischen Winde stürmisch, auf der anderen ruhig und geschützt.

Zum **Burke's Horse Trekking Centre** (☎ 087 237 9110; http://beachtrek.ie; Rossbeigh; Ausritte am Strand 25 € pro Std.) gehören eine Minigolfanlage, ein Irrgarten und ein Bauernhof, außerdem kann man Ausritte am Strand (25 € pro Std.) buchen.

Caherciveen

1200 EW.

Um 1841 lag die Einwohnerzahl von Caherciveen noch bei 30 000, dann sank sie jedoch drastisch aufgrund von Hungersnot und Auswanderung. Heute ist der Ort nur noch ein verschlafenes Nest im Schatten des 688 m hohen **Knocknadobar**. Verglichen mit anderen Siedlungen auf der Halbinsel sind die Einwohner mürrisch, zudem erinnert Caherciveen in vielerlei Hinsicht mehr an die harten 1930er-Jahre als irgendein anderes Dorf in Kerry. In jüngster Zeit erlebt die Gemeinde einen Aufschwung: Einst leere Schaufenster werden dekoriert und die Gebäude in den Hauptstraßen gesäubert und gestrichen. Derzeit fegt ein frischer Wind des Aufbruchs durch den zum Leben erwachten Ort.

Sehenswertes

Am Fluss verläuft ein Weg mit mehreren Infotafeln über die regionale Tierwelt.

Ballycarbery Castle & Ring Forts BURG, FESTUNG

Die stimmungsvolle Ruine des im 16. Jh. errichteten Ballycarbery Castle, die man erreicht, indem man der Straße von der Kaserne zum White Strand Beach 2,4 km folgt, liegt inmitten von grünen Wiesen mit weidenden Kühen.

An derselben Strecke befinden sich zwei steinerne Ringfestungen. **Cahergall**, die

ABSEITS DER ÜBLICHEN PFADE

CROMANE PENINSULA

Man muss schon wissen, dass es sie gibt, denn durch Zufall verschlägt es niemanden auf die unweit der N70 versteckte Cromane Peninsula. Wer in Killorglin oder Glenbeigh von der N70 abbiegt, gelangt nach fünf Minuten zu Irlands größter Muschelbank, die eine Fläche von rund 2050 ha einnimmt. Die Ernte beträgt bis zu 8000 t Muscheln pro Jahr. Das Dorf Cromane liegt an einer schmalen Landzunge aus Kies, umgeben von weiten Feldern, die einen herrlichen Blick auf die spektakuläre Meereskulisse und leuchtende Sonnenuntergänge freigeben.

Das hiesige **Jacks Coastguard Restaurant** (☎ 066-976 9102; www.jackscromane.com; Hauptgerichte 16,50–35 €; ⏲ Mai–Sept. Mi–So 12–21.30 Uhr, April–Nov. & Dez. Do–So, Jan. & Feb. geschl.) ist ein lokaler Geheimtipp und schon allein Grund genug, um hierherzukommen. Beim Betreten der Küstenwachenstation aus dem Jahre 1866, fühlt man sich zunächst wie in einer einfachen Dorfkneipe. Hinter der Bar führt jedoch ein schmaler Durchgang zu einem eindrucksvollen modernen, weiß getünchten Speisesaal mit Lichtern an dunkelblauen Deckenpaneelen, Fischskulpturen aus Metall, einem Pianisten und Panoramafenstern mit Meerblick. Zur exquisiten Speiseauswahl stehen Hühnerleber und Port Parfait, gefolgt von Steinbutt aus dem Ofen mit Trauben- oder Orangenkartoffeln oder glasiertes Schollenfilet gefüllt mit Garnelen. Dazu wird köstliches hausgemachtes Brot gereicht.

Cromane liegt 9 km von Killorglin entfernt. Von dort folgt man der N70 in südwestliche Richtung, nimmt die zweite Abzweigung nach links, fährt bis zur Kreuzung und biegt rechts ab. Das Jacks Coastguard Restaurant befindet sich auf der linken Seite.

größere der beiden, datiert ins 10. Jh. An den Innenmauern sind Treppen zu sehen, außerdem gibt's hier eine Bienenkorbhütte (*clochán*) und die Überreste eines Hauses. Das kleinere Fort, **Leacanabuile**, stammt aus dem 9. Jh. und hat einen Eingang zu einem unterirdischen Tunnel. Die Innenwände und Räume vermitteln einen Eindruck vom Leben in einer Ringfestung. Autofahrer können auf dem Parkplatz neben einer Steinmauer parken und den Fußweg nehmen.

Barracks Heritage Centre MUSEUM
(www.theoldbarracks.com; Bridge St; Erw./Stud. 4/2 €; ⏲ Mo–Sa 10–17.30 Uhr, Mai–Sept. auch So 13–17.30 Uhr, zu anderen Zeiten nach Voranmeldung) Das Barracks Heritage Centre ist in einem Turm der Kaserne der ehemaligen Royal Irish Constabulary (RIC) untergebracht. Vertragsgegner brannten das Gebäude 1922 nieder. Heute wirkt es bunt zusammengewürfelt, ganz so, als wären die Renovierungsarbeiten einen Schritt zu weit gegangen.

Das Museum widmet sich dem Fenier-Aufstand, Daniel O'Connell sowie weiteren berühmten Bürgern, darunter der Gaelic-Football-Star Jack O'Shea. Darüber hinaus kann man die Nachbildung einer alten Behausung zur Zeit der Großen Hungersnot und einer Kaserne während des Osteraufstands von 1916 bewundern. Über eine Wendeltreppe gelangt man zu einem netten Aussichtspunkt.

O'Connells Geburtshaus RUINEN
Wenn man die Brücke von Kells aus überquert und sich dann links hält, stößt man am Ostufer des Carhan auf das verfallene Geburtshaus von Daniel O'Connell, dem „großen Befreier". Am anderen Ufer thront eine mächtige Büste von O'Connell.

Aktivitäten

Zu den Wandermöglichkeiten vor Ort gehören die 5½-stündige **Rundtour um den Killelan Mountain** und der weniger anstrengende **Strandweg** zur Burg und den Ringfestungen. In der Touristeninformation erfährt man mehr über Ausflüge und Bootsfahrten in der Gegend.

Feste & Events

In den Pubs der Stadt finden regelmäßig Trad Sessions statt.

Caherciveen Festival of Music & the Arts MUSIK
(www.celticmusicfestival.com; ⏲ Ende Juli/Anfang Aug.) Auf dem familienfreundlichen Festival am Feiertagswochenende im August gibt's keltische Bands, Straßenmusikwettbewerbe und irisches Set Dancing.

Schlafen & Essen

Mannix Point Camping & Caravan Park CAMPINGPLATZ €
(☎066-947 2806; www.campinginkerry.com; Mannix Point; Stellplatz ab 8,50 € pro Pers.; ⊙März–Okt.; 📶 👪) Mortimer Moriartys preisgekrönter Platz direkt an der Küste verfügt über eine gemütliche Küche, einen Aufenthaltsraum mit Kamin (ohne Fernseher, aber dafür wird regelmäßig irische Musik gespielt), einen Grillplatz und sogar eine Aussichtsplattform zum Beobachten von Vögeln.

Petit Delice PATISSERIE €
(http://ringofkerrypatisserie.com; Main St; Gerichte 3,50–10 €; ⊙Mo–Sa 9–17.30 Uhr; 📶) Fabelhafte Auswahl an hausgemachter Schokolade, Eiscremes und Sorbets sowie eine Ladentheke mit frischem Kuchen, Gebäck und Broten. Mittags gibt's Quiches, Suppen und belegte Baguettes.

Thatch Restaurant IRISCH €€
(www.thethatchrestaurant.com; Strands End; Hauptgerichte 9,50–23 €; ⊙Mo–Fr 13–15, Fr & Sa ab 18, So 12–16 Uhr; 👪) In dem sonnengelben reetgedeckten Häuschen am nördlichen Rand von Caherciveen kommen herzhafte irische Gerichte und Pints auf den Tisch. Wenn ein Reisebus davorsteht (das Lokal ist ein beliebter Zwischenstop von Ausflugsgästen), kann es sein, dass man etwas auf sein Essen warten muss.

Praktische Informationen

In Caherciveen gibt's eine **Post** und Banken mit **Geldautomaten**.

Die beste Adresse für Besucherinfos ist das Barracks Heritage Centre.

Valentia Island

664 EW.

Über der 11 km langen Insel Valentia (Oileán Dairbhre; siehe auch S. 253) thront der Geokaun Mountain. Das Eiland ist gemütlicher als die Skelligs im Südwesten und ein empfehlenswerter (busfreier!) Abstecher vom Ring of Kerry aus. Vor Ort verteilen sich einige interessante einsame Ruinen.

Auf Valentia wurde das erste transatlantische Telegrafenkabel angeschlossen. Als die Verbindung 1858 fertiggestellt war, stand Caherciveen in direktem Kontakt mit New York – und das noch ehe es einen Anschluss nach Dublin gab! Doch nach 27 Tagen fiel die Verbindung aus. Dem Versuch, sie mit höherer Stromspannung schneller zu machen, hielt sie nicht stand. 1865 wurde ein zweites Kabel gelegt und 1866 waren die Arbeiten abgeschlossen. Beide Kabel funktionierten bis 1966. Auch die Telegrafenstation war bis 1966 in Betrieb.

Am besten unternimmt man auf der 11 km mal 3 km große Insel eine Rundfahrt und besorgt sich dafür eine der kostenlosen Karten, die im Skellig Experience Heritage Centre erhältlich sind.

Das winzige **Knightstown**, der einzige Ort auf Valentia, wartet mit Kneipen, Nahrungsmitteln, Spazierwegen, einer Fähre und Booten zur Skellig Island sowie einfachen Unterkünften auf.

Sehenswertes & Aktivitäten

Skellig Experience HERITAGE CENTRE
(☎066-947 6306; www.skelligexperience.com; Erw./Kind 5/3 €, inkl. Bootstour 27,50/14,50 €; ⊙Juli & Aug. 10–19 Uhr, Mai, Juni & Sept. bis 18 Uhr, restliches Jahr kürzer) Am anderen Ende der Brücke, gegenüber von Portmagee, erhebt sich ein interessantes Gebäude mit einem torfbedeckten Tonnendach, das Ausstellungen über die Tierwelt, das Leben und die Zeit der Skellig-Michael-Mönche sowie die Geschichte der hiesigen Leuchttürme präsentiert. Von April bis September veranstaltet das Museum zweistündige **Bootstouren** rund um die Inseln. Bei schlechtem Wetter werden 90-minütige **Kurzfahrten** im Hafen und im Kanal angeboten.

Im März, April, Oktober und November ist das Zentrum fünfmal pro Woche von 10 bis 17 Uhr geöffnet, die jeweiligen Tage ändern sich allerdings von Jahr zu Jahr (einfach nachfragen).

St. Brendan's Well HISTORISCHE STÄTTE
Im morastigen Westteil der Insel wird man selten andere Besucher treffen. Am besten hält man nach der Ausschilderung zum St. Brendan's Well Ausschau, einer alten religiösen Stätte, die noch immer zahlreiche Pilger anzieht. Der Legende nach ist der hl. Brendan im 5. Jh. von Dingle aus zu dieser Stelle gesegelt, über die Klippen geklettert und prompt auf ein paar sterbende Heiden gestoßen, die er daraufhin salbte.

An- & Weiterreise

Eine Brücke verbindet Valentia Island mit Portmagee. Von April bis September verkehren **Fähren** (☎087 241 8973) zwischen dem Reenard Point 5 km südwestlich von Caherciveen und Knightstown auf Valentia Island. Die fünfminütige Überfahrt (jeweils einfach/hin & zurück) kostet pro Auto 6/9 €, für Radfahrer 2/3 € und für Fußgänger 1,50/2 €. Zwischen 7.45 Uhr (So 9 Uhr) und 21.30 Uhr (Juli & Aug. 22 Uhr) legen die Boote alle zehn Minuten ab.

Portmagee

390 EW.

Von Portmagee auf dem Festland genießt man einen tollen Blick auf die Südseite der Valentia Island. Dank ihrer bunten Häuser ist die einzige Straße des Ortes ein beliebtes Fotomotiv. An Sommermorgen erwacht der kleine Pier zum Leben, wenn hier Boote bei ihrer Überfahrt zu den Skellig-Inseln anlegen.

Über das Feiertagswochenende im Mai veranstaltet Portmagee **Set-Dancing-Workshops** (www.moorings.ie) mit Übungsstunden in der geselligen **Bridge Bar** (Gerichte 10–24,50 €), wo man sich das ganze Jahr über spontane Musikeinlagen der Einheimischen freuen kann. Im Sommer finden dort förmlichere Veranstaltungen statt.

Direkter Nachbar der Bridge Bar ist das **Moorings** (☎066-947 7108; www.moorings.ie; EZ 70–100 €, DZ 100–140 €). Die 16 Zimmer der Pension sind fast alle weiß gestrichen, teils modern und mit Meerblick, teils schlichter und günstiger. Das maritim dekorierte **Restaurant** (Hauptgerichte 20–25 €; ⌚April–Okt. Di–So abends) hat sich auf Meeresfrüchte und hausgemachte Pastete spezialisiert.

Wer auf besseres Wetter für Ausflüge und Wanderungen auf den Skelligs wartet, vertreibt sich die Zeit am besten im **Skellig Ring House** (☎066-948 0018; www.skelligringhouse.com; 2BZ ohne Bad 30–36 €, DZ mit/ohne Bad 52/46 €; 📶 👪), einer geselligen einfachen Budgetunterkunft mit zwei Küchen für Selbsverpfleger und vielen Kiefernholzmöbeln. Familien sind herzlich willkommen.

Skellig Islands

50 000 TÖLPEL

Die Skellig Islands (Oileáin na Scealaga) lassen die Atlantikwellen unbeeindruckt an sich abprallen. George Bernard Shaw sagte, Skellig Michael sei der „unerreicht fantastischste Felsen der Welt".

Mitunter kann die 12 km lange Überfahrt ziemlich rau sein. Auf Skellig Michael, der einzigen zugänglichen Insel, gibt's weder Toiletten noch Unterstände, deshalb sollte man Proviant mitnehmen und unbedingt feste Schuhe sowie witterungsbeständige Kleidung tragen. Wegen des steilen, oft glitschigen Terrains und plötzlicher Windböen eignen sich die Inseln nicht für kleine Kinder oder Traveller mit eingeschränkter Mobilität.

Für **Vogelbeobachter** sind die Skelligs ein wahres Paradies. Auf der Bootsfahrt bekommt man vielleicht winzige Sturmschwalben (auch bekannt als Mother Carey's Chickens) zu sehen, die blitzschnell übers Wasser schießen. Tölpel mit scharfen Schnäbeln, eindringlichem Blick und gelben Hauben sind allein schon durch ihre Flügelspannweite von über einem Meter leicht zu erkennen. Dreizehenmöwen, kleine, zierliche Vögel mit schwarzen Flügelspitzen, kann man, sobald man das Boot verlässt, am überdachten Fußweg von Skellig Michael sehen und hören. Sie überwintern auf See und kommen zwischen März und August zu Tausenden zum Brüten an Land.

Hoch oben auf den Felsen entdeckt man Eissturmvögel mit stoppeligen Flügeln und auffällig knöchernen Nasenlöchern, aus denen eine übel riechende grüne Flüssigkeit strömt, sobald man ihnen zu sehr auf die Pelle rückt. Im Mai flattern sie an Land, um am hinteren Höhlen- oder Gangende ein einziges Ei zu legen, das anschließend von den Vogeleltern bewacht wird. Sie bleiben nur die ersten Augustwochen über.

Skellig Michael

Die schroffe 217 m hohe Felseninsel **Skellig Michael** („Felsen des Erzengels Michael" wie St. Michael's Mountain im englischen Cornwall und der Mont Saint Michel in der Normandie) ist die größere der zwei Inseln und gehört zum UNESCO-Welterbe. Ihre Klippe wirkt wie der letzte Ort auf Erden, an dem irgendwer an Land gehen, geschweige denn eine Gemeinde aufbauen würde. Und doch lebten hier vom 6. bis zum 12. oder 13. Jh. frühchristliche Mönche. Beeinflusst von der koptischen Kirche, die der hl. Antonius in den Wüsten von Ägypten und Libyen gegründet hatte, führte sie ihre beharrliche Suche nach absoluter Einsamkeit zu diesem abgelegenen, windigen Felsen am Rande Europas.

Die **Klostergebäude** thronen auf einem Felssattel ungefähr 150 m über dem Meeresspiegel und sind über 600 steile, ins Gestein gehauene Stufen erreichbar. Nicht entgehen lassen sollte man sich die unterschiedlich großen Oratorien und Bienenkorbhütten aus dem 6. Jh.; Die größte Zelle misst 4,50 m mal 3,60 m. Man kann die nach Süden hin angelegten Gemüsegärten der Mönche und ihre Zisterne sehen, in der Regenwasser gesammelt wurde. Doch die eindrucksvollste bauliche Errungenschaft sind die Fundamente der Siedlung: Plattformen aus Erde und trockenen Steinmauern wurden direkt auf dem steilen Abhang errichtet.

Über das Klosterleben ist kaum etwas bekannt, es gibt aber Aufzeichnungen über die Wikinger-Überfälle 812 und 823. Dabei wurden Mönche verschleppt oder getötet, trotzdem erholte sich die Gemeinde und blieb weiter bestehen. Im 11. Jh. erweiterte man die Anlage um ein rechteckiges Oratorium, und obwohl im 12. Jh. weitere Anbauten folgten, verließen die Ordensbrüder den Felsen zu dieser Zeit.

Nach der Einführung des gregorianischen Kalenders 1582 avancierte Skellig Michael zu einem beliebten Ort für Hochzeiten. In der Fastenzeit waren keine Eheschließungen erlaubt, aber da auf Skellig der alte julianische Kalender galt, konnte man auf die Insel fahren und dort heiraten, statt bis Ostern warten zu müssen.

In den 1820er-Jahren errichtete man hier zwei **Leuchttürme** und eine Ringstraße.

Small Skellig

Während Skellig Michael an zwei durch einen Vorsprung verbundene Dreiecke erinnert, ist Small Skellig länger, flacher und zerklüfteter. Von Weitem sieht es aus, als hätte jemand ein Federkissen darüber ausgeschüttelt. Aus der Nähe erkennt man dann, dass die Federn in Wirklichkeit eine Kolonie von 20 000 brütenden Tölpelpaaren sind – die zweigrößte Brutkolonie der Welt. Viele Boote umrunden die Insel, damit Ausflügler die Tölpel genauer beobachten können. Manchmal tauchen auch badende Seehunde auf. Small Skellig ist ein Vogelschutzgebiet und darf deshalb nicht betreten werden.

An- & Weiterreise

Um Skellig Michael zu schonen, wurde die tägliche Besucherzahl reglementiert. Jeden Tag dürfen 15 Boote mit je maximal zwölf Passagieren zur Insel fahren. Damit sind nie mehr als 180 Menschen gleichzeitig vor Ort. Für den Juli oder den August sollte man die Überfahrt schon vorab buchen. Die Boote verkehren von Ostern bis September, laufen allerdings nicht bei schlechtem Wetter aus (das passiert an etwa zwei bis sieben Tagen im Monat).

Gegen 10 Uhr legen sie in Portmagee, Ballinskelligs oder Derrynane (und manchmal in Knightstown) ab. Um 15 Uhr geht's wieder zurück. Pro Person zahlt man 60 €, allerdings versuchen die Betreiber gern, den Inselaufenthalt auf zwei Stunden zu beschränken. Diese Zeit braucht man mindestens, um das Kloster zu besichtigen, die Vögel zu sehen und dann auch noch zu picknicken. Die Überfahrt von Portmagee dauert 1½ Stunden, von Ballinskelligs 35 Minuten bis zu einer Stunde und ab Derrynane 1¾ Stunden.

Wer die Insel nur mal aus der Nähe sehen, aber sie nicht unbedingt betreten möchte, kann an einer Bootstour mit Skellig Experience auf Valentia Island teilnehmen.

Das Skellig Experience Heritage Centre sowie Pub- und B&B-Betreiber vor Ort beschreiben Besuchern den Weg zu den Tourveranstaltern, darunter:

Ballinskelligs Boats (☎ 086 417 6612; http://bestskelligtrips.com; Ballinskelligs)

Casey's (☎ 066-947 2437; www.skelligislands.com; Portmagee)

John O'Shea (☎ 087 689 8431; www.skelligtours.com; Derrynane)

Seanie Murphy (☎ 066-947 6214; www.skelligsrock.com; Reenard Point, Valentia Island)

Skellig Ring

Dieser faszinierende kaum frequentierte 18 km weite Abstecher vom Ring of Kerry (N70) verbindet Portmagee mit Waterville und liegt in einer Gaeltacht-Region (dort wird Irisch gesprochen) rund um Ballinskelligs (Baile an Sceilg), was „Ort mit Kanten" bedeutet. Fans von Father Ted und seinen kantigen Inselfreunden mag das ein Grinsen entlocken. Die Gegend (siehe auch S. 253) ist genauso wild und schön wie Teds fiktionale Insel und die zerklüfteten Umrisse von Skellig Michael sind fast immer in Sichtweite.

Sehenswertes

Siopa Cill Rialaig KUNSTMUSEUM
(☎ 066-947 9277; crsiopa@gmail.com; Dun Geagan; ⏲ Juli–Aug. 11–18 Uhr, restliches Jahr nach Voranmeldung) An der Stelle, wo einst ein ganzes Dorf vor der Hungersnot floh, befindet sich heute ein zeitgenössisches Museum, das Werke regionaler Künstler sowie aus Irland und der ganzen Welt ausstellt. Es fungiert als Schaufenster des Cill Rialaig Project, das Kreativen einen Rückzugsort bietet: Sie bezahlen mit Kunstwerken dafür, dass sie hier wohnen dürfen.

Das Siopa Chill Rialaig liegt an der R566 am nordöstlichen Ende von Ballinskelligs. Die runden strohgedeckten Dächer und die an einen halluzinogenen Pilz erinnernde

Skulptur sind nicht zu übersehen. Drinnen lädt ein **Café** zu einem Päuschen ein.

Ballinskelligs Priory & Bay RUINEN, STRAND

Das Meer und die salzige Luft zehren an den stimmungsvollen Ruinen dieses **mittelalterlichen Priorats**. Vermutlich wurde die Klostersiedlung von den Mönchen auf Skellig Michael gebaut, nachdem diese ihren abgeschiedenen Außenposten im 12. Jh. verlassen hatten. Der Weg hierhin ist bis zum Pier am westlichen Ortsende ausgeschildert, wo man die Überreste auf der linken Seite entdeckt.

Dank der Wegweiser findet man auch problemlos den schönen kleinen badetauglichen und mit Blauer Flagge ausgezeichneten **Strand**. Am westlichen Ende liegen die Ruinen einer **Burg** aus dem 16. Jh., die einst als Sitz der McCarthys diente. Auf der Landenge erbaut, sollte sie vor Piratenangriffen schützen.

Skelligs Chocolate SCHOKOLADENFABRIK

(☎066-947 9119; www.skelligschocolate.com; St. Finian's Bay) GRATIS In dieser genialen neuen Schokoladenfabrik erhalten Besucher einen Einblick in die Herstellung von Schokolade und dürfen die süßen Leckereien kostenlos probieren. Außerdem kann man Schokolade in Schachteln, Taschen und Dosen kaufen. Im dazugehörigen **Café** gibt's sie auch in dampfend heißer Form.

Aktivitäten

St. Finian's Bay eignet sich wunderbar zum Surfen. **Ballinskelligs Watersports** (☎086 389 4849; www.skelligsurf.com) vermietet Bretter, Kajaks und die Ausrüstung zum Windsurfen und bietet auch Unterricht (Surfen/Windsurfen 2 Std. 35/45 €) an.

Schlafen & Essen

Old School House B&B €€

(☎066-947 9340; www.rascalstheoldschoolhouse.com; Cloon; EZ/DZ 49/70 €;) Farbenfrohe karierte Stoffe, rustikale Muster und bemalte Balken sorgen in den Zimmern der charmanten Pension für gute Stimmung. Zum Frühstück stehen Leckereien wie Pfannkuchen mit Beeren und Sahne zur Auswahl.

Caifé Cois Trá CAFÉ €

(☎066-947 9323; Snacks 2,50–3,50 €; ⏲9–17 Uhr;) In diesem netten Strandhüttencafé und Kunsthandwerksladen am Parkplatz von Ballinskellig Strand in der Nähe von McCarthy's Castle holen sich viele Einheimische ihre morgendliche Koffeindosis.

Waterville

550 EW.

Waterville besteht aus einer Reihe bunter Häuser an der N72 zwischen Lough Currane und Ballinskelligs Bay. An der Küste thront eine Statue des bekanntesten Besuchers, Charlie Chaplin. Dem großen Künstler zu Ehren findet Ende August das **Charlie Chaplin Comedy Film Festival** (charliechaplincomedyfilmfestival.com) statt.

Im Dorf selbst gibt's nur wenige Sehenswürdigkeiten, doch am nördlichen Ende des Lough Currane erstreckt sich **Church Island** mit Ruinen einer mittelalterlichen Kirche und einer Bienenkorbhütte, die vom hl. Finian im 6. Jh. errichtet worden sein soll, der hier eine Klostersiedlung gründete.

Mór Active (☎086 389 0171; www.activityireland.ie) vermietet Kajaks (40 € pro halber Tag) und organisiert außerdem Abseiling und Klettern.

Tiger Woods, Mark O'Meara und Payne Stewart sind nur einige der Golfgrößen, die schon auf dem **Waterville Golf Links** (☎066-947 4102; www.watervillegolflinks.ie; Golfplatzgebühr 18-Loch-Platz 144–163 €; ⏲Reservierung erforderlich) ihre Schläger geschwungen haben. Der herrlich gelegene Platz bietet einen weiten Blick auf die Bucht und die Berge.

Neben hochwertigem irischen Schmuck, Haushaltswaren, Kleidung etc. gibt's im **Waterville Craft Market** (☎066-947 4212; craftmarket@eircom.net; ⏲11–16 Uhr) auch Besucherinformationen.

Schlafen & Essen

Silver Sands HOSTEL €

(☎086 369 2283; silversandshostel@gmail.com; Main St; B/DZ 19/36 €; @) Backpacker sind im Silver Sands gut aufgehoben. Diese gesellige Bleibe an der Küste hat Musikinstrumente für Sessions und Doppelzimmer mit Privatbädern. Die Räume im Obergeschoss sind den dunklen im Untergeschoss vorzuziehen.

★ **Smuggler's Inn** GASTHAUS €€

(☎066-947 4330; www.the-smugglers-inn.com; Cliff Rd; DZ 90–130 €;) Das Smuggler's Inn direkt am Wasser gegenüber dem Waterville Golf Links ist ein echtes Juwel, allerdings aus nördlicher Richtung schwer zu finden. Alle Zimmer sind frisch renoviert, wobei die Nummer 15 besonders überzeugt, denn sie hat einen verglasten Balkon mit einem tollen Blick über Ballinskelligs Bay. Im hervorragenden hauseigenen **Restaurant** (Haupt-

NICHT VERSÄUMEN

IRLANDS SCHÖNSTER AUSBLICK

Auf halbem Weg zwischen Waterville und Sneem beansprucht das **Scarriff Inn** (☎066 947 5132; http://scarriffinn.com; Hauptgerichte 16–25 €; ⏰9–21 Uhr, Küche wechselnde Öffnungszeiten) den schönsten Ausblick Irlands für sich. Trotz der malerischen Konkurrenz ist an der Behauptung etwas dran. Durch die Panoramafenster des Restaurants hat man eine traumhafte Aussicht auf die felsige Küste und die vorgelagerten Inseln bis zur Kenmare Bay und Bantry Bay. Wer diese auch schon beim Aufwachen genießen möchte, bucht einfach eines der sechs schlichten, aber luftigen Gästezimmer samt Privatbädern des hauseigenen **B&Bs** (EZ/DZ 50/70 €)

gerichte 14–29 €; ⏰Restaurant 13–14.30 & 18–21.30 Uhr) serviert Besitzer und Küchenchef Henry Hunt nicht nur Kreationen aus Meeresfrüchten (z. B. sensationelle Fischsuppe), sondern auch aus Geflügel und Fleisch von Bauerhöfen aus der Umgebung sowie stilvolle Desserts. Frühstück wird auf Bestellung zubereitet. Dazu gehört immer auch der fangfrische Fisch des Tages.

Brookhaven House B&B €€
(☎066-947 4431; www.brookhavenhouse.com; New Line; DZ 80–120 €; 📶 👪) Watervilles bestes B&Bs, ein Familienunternehmen, punktet mit blitzsauberen Zimmern, gemütlichen Betten und einem sonnigen Frühstücksraum samt Meerblick.

Dooley's Seafood & Steakhouse FISCH & MEERESFRÜCHTE, STEAKHAUS €€
(☎066-947 8766; www.dooleyswaterville.com; gegenüber vom Waterville Craft Market; Hauptgerichte 17–26 €; ⏰6–21.30 Uhr; 👪) Der schicke Newcomer Dooley's serviert mit viel Raffinesse, was der Name verrät. Die Spezialität des Hauses sind am Knochen gereifte Rindersteaks (Dry-Aged-Steaks).

Caherdaniel

350 EW.

Caherdaniel (siehe auch S. 253) liegt zwischen der Derrynane Bay und den Eagles Hill. Läden verstecken sich wie Schmuggler im Gestrüpp – passend, denn früher diente das Dorf als Unterschlupf für selbige.

Dies ist das alte Zuhause von Daniel O'Connell, dem „Befreier", dessen Familie damit zu Geld kam, dass sie Geldschmuggel von ihrem Stützpunkt in den Dünen betrieb. Der Strand ist mit einer Blauen Flagge ausgezeichnet, außerdem kann man hier tolle Wanderungen unternehmen und einige Pubs mit Piratenflair besuchen. Vom Wind zerzauste Bäume tragen noch mehr zur rauen und wilden Atmosphäre bei.

Sehenswertes

Derrynane National Historic Park HISTORISCHE STÄTTE
(☎066-947 5113; www.heritageireland.ie; Derrynane; Erw./Kind 3/1 €; ⏰Mai–Sept. 10.30–18 Uhr, Okt.–Ende Nov. Mi–So 10.30–17 Uhr) Das **Derrynane House** gehörte der Familie von Daniel O'Connell, dem Verfechter der katholischen Emanzipation. Die O'Connells kauften das Gebäude und umliegendes Parkgelände, nachdem sie durch Schmuggelgeschäfte mit Frankreich und Spanien zu Reichtum gelangt waren. Ihr Haus ist weitgehend mit Gegenständen und Möbeln aus Familienbesitz ausgestattet, darunter ein restaurierter Triumphwagen, in dem Daniel nach seiner Entlassung aus dem Gefängnis 1844 durch Dublin fuhr.

Dank des warmen Golfstroms wachsen im **Garten** Palmen, 4 m hohe Farne, *gunnera* („Riesenrhabarber") und andere südamerikanische Pflanzenarten. Ein netter **Spazierweg** führt von hier zu Feuchtgebieten, Stränden und Klippen. Manchmal erspäht man wilde Fasane und andere Vögel, deren musikalische Schreie einen Kontrast zum dumpfen Geräusch der Wellen bilden. Die 1844 im Auftrag von Daniel O'Connell errichtete **Kapelle** ist eine Nachbildung des verfallenen Gotteshauses auf **Abbey Island**. Man erreicht sie zu Fuß über den Sand.

Auf der linken Straßenseite zum Haus hin befindet sich ein **Ogham-Stein**. Die eingemeißelten Schriftzeichen zeigen das einfache altirische Alphabet. Einige Buchstaben fehlen, doch es könnte sich hierbei auch um den Namen eines Häuptlings handeln.

Aktivitäten

Am Strand kann man viel unternehmen. Der Kerry Way führt hier vorbei zu einem Hünengrab am Fuß des Farraniaragh Mountain (248 m).

Derrynane Sea Sports WASSERSPORT
(☎087 908 1208; www.derrynaneseasports.com) Organisiert vom Strand aus Segeltrips, Ka-

nufahrten sowie Windsurfing und Wasserski für sämtliche Schwierigkeitsgrade. Wer sich ein wenig von den Kindern erholen will (oder sie sich von den Eltern): Im Juli und August werden halbtägige Kids Camps für Kleine und Piratencamps für Größere angeboten.

Sunfish Explorer KAJAKFAHREN
(☎087 947 4616; http://sunfishexplorer.com; pro Std./4 Std. 30/100 €) Dieser Veranstalter hat Touren mit motorisierten Kajaks im Programm. So kann man man das abenteuerliche Gefühl des Kajakfahrens mit der Bequemlichkeit einer Bootstour verbinden und kommt trotzdem an Orte, die nur mit einem solchen Fahrzeug zugänglich sind.

Eagle Rock Equestrian Centre REITEN
(☎066-947 5145; www.eaglerockcentre.com) Strand-, Berg- und Waldtouren für alle Schwierigkeitsgrade (ab 30 € pro Std.).

Schlafen & Essen

Wave Crest CAMPINGPLATZ €
(☎066-947 5188; www.wavecrestcamping.com; Stellplatz ab 19 €;) 1,6 km südöstlich von Caherdaniel erstreckt sich dieser gepflegte Campingplatz in einmaliger Lage direkt an der Küste. Für die Hochsaison sollte man rechtzeitig reservieren.

Olde Forge B&B €€
(☎066-947 5140; www.theoldeforge.com; EZ/DZ 45/70 €;) Die Pension 1,2 km südöstlich von Caherdaniel (auf der N70) wartet mit einer fantastischen Aussicht auf die Kenmare Bay und die Beara Peninsula sowie sechs modernen, gemütlichen Zimmern auf. Wer nach Erholung sucht, ist in den zwei separaten Cottages (ab 400 € pro Woche) gut aufgehoben.

Blind Piper PUB €€
(☎066-947 5126; Hauptgerichte 11–23 €) Tagsüber zieht das Blind Piper mit seinen netten Tischen und leckeren Gerichten wie frittiertem Seeteufel vor allem Familien an. Abends drängen sich hier Einheimische und Touristen. Manchmal wird Livemusik geboten. Essen gibt's ab 12 Uhr.

Sneem

Auf halber Strecke zwischen Caherdaniel und Kenmare liegt Sneem (An tSnaidhm). Der Ort eignet sich wunderbar für eine kleine Stärkungspause, vor allem, wenn man entgegen dem Uhrzeigersinn unterwegs ist, denn auf den verbleibenden 27 km nach Kenmare führt die N70 weg vom Wasser und unter einem Blätterdach hindurch.

Wahrscheinlich geht der irische Dorfname, der *„the knot in the Ring of Kerry"* („der Knoten im Ring of Kerry") bedeutet, auf den Fluss Sneem zurück, der sich knotenartig in die nahe gelegene Kenmare-Bucht schlängelt. Ein weiteres Wortspiel aus der Gegend bezieht sich auf Charles de Gaulle, der hier seine Ferien verbrachte, während in Paris 1968 die Studentenrevolte tobte. Die Statue, die daran erinnert, ist als „Le Gallstone" („Der Gallenstein") bekannt.

Besucher sollten sich als Erstes die beiden niedlichen Dorfplätze ansehen und dann das **Blue Bull** (South Square; Hauptgerichte 12–27 €; ⌚Küche 12–14 & 18–21.30 Uhr), ein tolles altes kleines Steinpub, ansteuern.

Zudem befinden sich in der Gegend einige der schönsten Burghotels des Landes. Das **Parknasilla Resort & Spa** (☎064-667 5600; www.parknasil lahotel.ie; DZ/Suite ab 169/269 €;) begrüßt seit 1895 berühmte Gäste wie George Bernard Shaw. Das idyllische, 200 ha große Resort liegt am Ortsrand von Sneem, das durch den weiten Fluss Kenmare von der Beara Peninsula im Süden (grandiose Ausblicke!) getrennt wird. Von den modernen, luxuriösen Schlafzimmern über das erstklassige Spa mit Pool bis zum eleganten **Restaurant** (Barsnacks 12–16 €, 3-gängiges Menü 40 €; ⌚Fr–So Bar 12–20, Restaurant 19–21 Uhr) wurde hier alles richtig gemacht.

Kenmare

2900 EW.

Die kupferbedeckte Turmspitze der Holy Cross Church lenkt den Blick auf die bewaldeten Hügel oberhalb des Städtchens, die einen kurz vergessen lassen können, dass Kenmare (ken-*mär* ausgesprochen; siehe auch S. 253) am Meer liegt. Flüsse, die z. B. Finnihy, Roughty und Sheen heißen und alle in der Kenmare Bay münden, geben aber einen klaren Hinweis darauf, dass man sich nirgendwo anders als im Südwesten Irlands befindet.

Kenmare wurde im 18. Jh. x-förmig angelegt mit einem dreieckigen Markplatz im Zentrum. Heute ist das auf dem Kopf stehende „V" im Süden der Mittelpunkt des Ortes. Die Bucht von Kenmare erstreckt sich von der Stadt nach Südwesten und eröffnet einen einmaligen Blick auf die Berge.

Sehenswertes

Kenmare Heritage Centre HERITAGE CENTRE
(☎064-664 1233; kenmaretio@eircom.net; the Square; ⏱April–Okt. 10.15–17.30 Uhr) GRATIS Der Eingang zum Kenmare Heritage Centre befindet sich in der Touristeninformation. Im Museum wird die Geschichte des Ortes von seiner Gründung (als Neidín durch den verwegenen Sir William Petty 1670) bis heute nacherzählt. Außerdem erfährt man mehr über den 1861 errichteten Poor Clare Convent hinter der Holy Cross Church.

Früher lernten Kenmares Einwohnerinnen im Frauenkloster das Spitzenklöppeln und brachten dem Städtchen mit ihren Arbeiten internationalen Ruhm ein. Im oberen Stockwerk zeigt das **Kenmare Lace & Design Centre** (www.kenmarelace.ie; ⏱April–Okt. 10.15–17.30 Uhr) u. a. Designs für „das wichtigste Stück Spitze, das in Irland je hergestellt wurde" (jedenfalls laut der Meinung eines Kritikers aus dem 19. Jh.).

Steinkreis HISTORISCHE STÄTTE
Südwestlich des Square erstreckt sich ein für diesen Teil des Landes sehr seltener Steinkreis. Das Grabmonument aus der frühen Bronzezeit besteht aus 15 Steinen, die rund um einen Dolmen angeordnet sind.

Holy Cross Church KIRCHE
(Old Killarney Rd) Die 1862 errichtete Kirche besitzt ein prächtiges Holzdach mit 14 geschnitzten Engeln. **Mosaiken** schmücken die Bogen des Mittelgangs und die Ecken der Buntglasfenster über dem Altar. Charles Hansom, der Architekt, war Mitarbeiter und Schwager von Augustus Pugin, dem Erbauer des Londoner Parlamentsgebäudes.

Aktivitäten

In der Touristeninformation erfährt man mehr über **Wanderungen** rund um die Kenmare Bay, in die Berge sowie auf dem Kerry Way und dem Beara Way.

Star Sailing WASSERSPORT
(☎064-664 1222; www.staroutdoors.ie; R571, Dauros) Einstündige Bootsfahrten mit Guide (Erw./Kind 15/8 €) und weitere Aktivitäten wie Segeln (ab 65 € pro Std. für max. 6 Pers.; dafür braucht man etwas Erfahrung), Kajakfahren (Einzel-/Zweierkajak 18/32 € pro Std.) und Bergwandern für alle Schwierigkeitsstufen.

Seafari BOOTSTOUR
(☎064-664 2059; www.seafariireland.com; Kenmare Pier; Erw./Kind 20/12,50 €; ⏱April–Okt.) Während der unterhaltsamen zweistündigen Fahrt beobachtet man Irlands größte Seehundkolonie und zahlreiche Meerestiere. Unterwegs sorgen Tee, Kaffee, Rum und die Matrosenlieder des Kapitäns für Stimmung. Ferngläser (und Lutscher!) werden gestellt.

Schlafen

Virginia's Guesthouse B&B €€
(☎064-664 1021; www.virginias-kenmare.com; Henry St; EZ/DZ 60/90 €; 📶👪) Zentraler als in diesem preisgekrönten B&B mit einem großartigen Preis-Leistungs-Verhältnis kann man in Kenmare nicht unterkommen. Das kreative Frühstück besteht aus Bioobst und -gemüse aus der Region (je nach Jahreszeit z. B. Rhabarber und Blaubeeren sowie frisch gepresster Orangensaft und Porridge mit Whiskey). Alle acht Zimmer sind wunderbar gemütlich.

Hawthorn House B&B €€
(☎064-664 1035; www.hawthornhousekenmare.com; Shelbourne St; DZ 80–90 €; 📶) Eine stilvolle Pension mit acht großzügigen Räumen, darunter ein edles Familienzimmer, die nach Orten im Umland benannt und mit frischen Blumen dekoriert sind. Das Haus liegt versetzt hinter der belebten Shelbourne Street im Schutz eines niedrigen Mäuerchens.

Whispering Pines B&B €€
(☎064-664 1194; www.whisperingpineskenmare.com; Glengarrif Rd; DZ ab 70 €; ⏱Ostern–Nov.; 📶) Das gastfreundliche B&B in ruhiger Lage unweit des Piers wartet mit vier sauberen Zimmern auf. Die Nähe zum Meer ist toll und das Ortszentrum befindet sich weniger als fünf Gehminuten entfernt.

Rose Cottage B&B €€
(☎064-664 1330; the Square; DZ 59–79 €; 📶👪) Gegenüber dem Park am Hauptplatz des Städtchens stößt man inmitten wunderschöner Gärten auf ein Gebäude aus Stein mit drei Zimmern samt Privatbädern. Nach ihrer Ankunft in Kenmare wohnten hier zunächst die Nonnen von Poor Clare, mussten das Haus aber verlassen, als gerade die Äpfel im Obstgarten reif wurden.

Sheen Falls Lodge BOUTIQUE-HOTEL €€€
(☎064-664 1600; www.sheenfallslodge.ie; EZ/DZ ab 160/220 €; Restaurant 3-/4-Gänge-Menü 45/65 €; ⏱Feb.–Dez.; @📶) Noch heute verströmt die frühere Sommerresidenz des Marquis of Landsdowne aristokratisches Flair. Das Hotel verfügt über ein gehobenens französisches Restaurant, eine Bar, ein Spa und 66 Zimmer, die mit DVD-Playern und

italienischem Marmor in den Bädern ausgestattet sind. Der Ausblick reicht über die Wasserfälle bis zur anderen Seite der Kenmare Bay nach Carrantuohil. Gästen wird viel geboten, z. B. Tontaubenschießen.

Essen

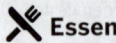

Bread Crumb BÄCKEREI, CAFÉ €
(www.thebreadcrumb.com; New Rd; Gerichte 4–9 €; Mo–Sa 8–17, So 10–17 Uhr) Neben einer verführerischen Auswahl an frisch gebackenem Brot lockt das Bread Crumb mit vegetarischen Tagesmenüs wie Reisküchlein mit gebratener Paprika, Spinat und Blauschimmelkäse oder Dinkelpfannkuchen mit sonnengetrockneten Tomaten.

Truffle Pig FEINKOST €
(Gerichte 6–13 €; Mo–Sa 8.30–18 Uhr) Hochwertiges Fleisch, Käse vom Bauernhof und andere Delikatessen aus der Region.

Kenmare Ice Cream EISCREME €
(http://kenmareicecream.eu; Henry St; Eiskrem ab 2,50 €; Mo–Sa 9–18 Uhr) Hinter einer bonbonpinken Fassade bereitet dieser lokale Laden über 50 verschiedene Eissorten zu, darunter Zitronenbaiser, Karamelfondant sowie Orangen- und Schokoladencrisp.

Farmers Market MARKT €
(Mi 10–17 Uhr) Auf dem Square.

★ **Tom Crean Fish & Wine** IRISCH €€
(064-664 1589; www.tomcrean.ie; Main St; Hauptgerichte 17–25,50 €; 17–21.30 Uhr;) Zu Ehren des Antarktisforschers Tom Crean, Pionier aus Kerry und Großvater von Besitzer und Küchenchef Aileen d'Arcy's, wurde dieses renommierte Restaurant von D'Arcy's in Tom Crean Fish & Wine umbenannt. In modernem, schnörkenlosem Ambiente kommen die besten Produkte aus biologischem Anbau – Käse, Fisch- und Meeresfrüchte – auf den Tisch. Alles stammt von Lieferanten aus der Umgebung. Die rohen Austern verströmen den Duft der Bucht und sind ebenso köstlich wie die hausgemachten Ravioli mit Garnelenmousse und der atlantische Lachs mit Sesamkruste in Limettensoße und Koriander. Frühstück ist nicht im Preis inbegriffen, aber Gäste, die im **Stadthaus** (DZ 60 €) übernachten, erhalten hier abends ermäßigte Preise.

Horseshoe PUB €€
(064-664 1553; www.thehorseshoekenmare.com; 3 Main St; Hauptgerichte 14–24,50 €; Küche Mo–Mi 17–22, Do–So 12–16 & 17–22 Uhr) Auf der kurzen, aber hervorragenden Speisekarte dieses netten Pubs mit efeubewachsenem Eingang stehen u. a. Muscheln aus der Kenmare Bay in cremiger Apfelweinsoße und Lamm aus der Region an Senf-Kartoffelbrei.

Mulcahys Restaurant IRISCH €€
(064-664 2383; 36 Henry St; Hauptgerichte 19,50–28 €; Do–So 17.30–22 €) Regionale Fischgerichte mit kreativen, manchmal asiatisch inspirierten Elementen. Lachs, Garnelen und Kabeljau-Sushi sind die Highlights auf der Karte. Fleischfans können Klassiker wie das Filet Wellington bestellen.

Ausgehen & Unterhaltung

Crowley's TRADITIONELLES PUB
(Henry St) Pub mit toller traditioneller Musik.

PF McCarthy's LIVEMUSIK
(14 Main St) Bietet von Donnerstag bis Samstag ein vielfältiges Programm.

Shoppen

In Kenmare gibt's zahlreiche Künstlerläden. Jedes Jahr am 15. August kommen Händler aus dem ganzen Land mit Kunsthandwerk, regionalen Produkten, Ponys, Kühen, Schafen und allem möglichen Krimskrams zur **Kenmare Fair**.

★ **Lorge Chocolatier** SCHOKOLADE
(064-667 9994; http://lorge.ie; Bonane; Mo–Sa 10–18 Uhr) An der N21, 5 km südlich von Kenmare, kreiert der Franzose Benoit Lorge in seiner Chocolaterie exquisite Schokoladenprodukte. In dem Laden kann man hübsch eingepackte Süßigkeiten kaufen, heiße Schokolade trinken oder auch an **Kursen** teilnehmen und sich selbst als Hersteller versuchen. In einem eintägigen Anfängerkurs (150 €) lernt man, wie Schokolade erhitzt und geformt wird und z. B. wie man Dips, Trüffeln und Mousse macht.

PFK Gold & Silversmith SCHMUCK
(www.pfk.ie; 18 Henry St; Di–Sa 10–13 & 14–18 Uhr) Minimalistischer Schmuck von Paul Kelly und zeitgenössischen Designern aus Irland. Kelly nimmt auch Aufträge an.

Soundz of Muzic MUSIK
(www.soundzofmuzic.ie; 9 Henry St; Mo–Sa 10–17.30 Uhr) Tolle Auswahl an Instrumenten sowie an irischer und aktueller Musik.

Praktische Informationen

Die Website www.kenmare.com bietet hilfreiche Infos für Touristen. In der Stadt gibt's einige Banken und Geldautomaten.

Post (Ecke Henry & Shelbourne Sts)

Touristeninfomation (☎ 064-41233; The Square; ⏲ April–Okt. 9–17 Uhr) Kostenlose Karten mit einem *heritage trail* (Geschichtspfad) rund um die Stadt und bis zu 13 km langen Wanderungen.

An- & Weiterreise

Dank der Tunnel und dramatischen Ausblicke ist die kurvenreiche 32 km lange Fahrt auf der N71 ab Killarney überraschend beeindruckend. (Wer Richtung Süden fährt, erreicht nach 27 km über die N71 und die Beara Peninsula Glengarriff im County Cork.)

Es gibt jeden Tag zwei Busverbindungen nach Killarney (10,90 €, 50 Min.). Im Sommer werden zusätzliche Fahrten angeboten. Die Haltestelle befindet sich vor der Roughty Bar in der Main Street.

Finnegan's Coach & Cab (☎ 064-664 1491; www.kenmarecoachandcab.com) Veranstaltet Touren, u. a. auf dem Ring of Kerry.

Unterwegs vor Ort

Finnegan's Cycle Centre (☎ 064-664 1083; Shelbourne St; ⏲ 10–18.30 Uhr) Vermietet Fahrräder für 15/85 € pro Tag/Woche.

DINGLE PENINSULA

Auf dem Ring of Kerry scheinen die Felsen das Meer zu beherrschen, während auf der kleinen Dingle Peninsula (siehe auch S. 255) der Ozean die dominierende Rolle spielt. Das opalblaue Wasser, das die von grünen Hügeln und goldenen Stränden gefärbte Landschaft der Landzunge umgibt, ist das ideale Terrain für maritime Abenteuer und Fischereiflotten, deren fangfrische Ausbeute auf den Tellern der besten Restaurants des Countys landet.

Die Halbinsel endet an Europas westlichstem Zipfel und bietet dort einen Ausblick zur unbewohnten Great Blasket Island. Der Mt. Brandon, der Connor Pass und weitere Hochlandschaften bilden ebenso wie die vielen Ringfestungen und anderen alten Ruinen eine dramatische Kulisse. Von unvergesslicher Schönheit zeigt sich die Dingle Peninsula jedoch dort, wo das Land aufs Meer trifft: in von Gischt umtosten Felsen und abgeschiedenen Buchten.

Mittelpunkt der Gegend ist das charmante Örtchen Dingle. Hier zeigt sich an den Künstlern, den zahlreichen eigenwilligen Charakteren, den Trad Sessions und den Folklorefestivals eine alternative Lebensweise.

Die klassische Rundtour um den Slea Head ab Dingle ist 50 km lang. Für die Strecke sollte man einen Tag einplanen. Die N86 über Tralee ist die Hauptverkehrsstraße nach Dingle, wir bevorzugen jedoch die viel schönere Küstenstraße.

Folgende Route verläuft in Form einer Acht: Ausgangspunkt ist das südwestliche Ende bei Killarney. Von dort nimmt man die malerische Straße nach Dingle, umrundet den Slea Head und kehrt zurück nach Dingle. Dann geht's über den Connor Pass bis zur Nordseite der Halbinsel, wo die N86 nach Tralee und Killarney führt.

Geführte Touren

Mehrere Veranstalter in Killarney bieten nette Tagestouren mit Bussen rund um die Halbinsel an.

O'Connor's Slea Head Tours HISTORISCH (☎ 087 248 0008; www.dingletourskerry.com; 10 € pro Pers. & Std.; ⏲ tgl. 11 & 14 Uhr) Drei- bis vierstündige Küstentrips mit einem Schwerpunkt auf der Besichtigung von Festungen und anderen alten Stätten. Als Startpunkt dient die Touristeninformation von Dingle.

Unterwegs vor Ort

Von Killarney und Tralee fahren regelmäßig Busse nach Dingle, aber die übrigen Orte auf der Halbinsel werden nur ein- bis zweimal pro Woche von lokalen Bussen angesteuert. Am besten erkundet man die Gegend mit dem Auto oder Rad.

Zwischen Tralee und Dingle hat die N86 nur wenig zu bieten, allerdings kommt man auf ihr schneller voran als über den Connor Pass. Mit dem Fahrrad ist die Tour weniger anstrengend als mit dem Auto.

Fußgänger folgen in den ersten drei Tagen dem Dingle Way, der nahe der Straße entlangführt. Im Norden der Halbinsel erstreckt sich ein dichtes Straßennetz, es gibt jedoch noch viel mehr Wanderwege. Bei der Orientierung hilft die *Map 70* der Discovery-Serie von Ordnance Survey, die alle Strecken im Detail darstellt.

Von Killarney über Castlemaine nach Dingle (Stadt)

Der schnellste Weg von Killarney nach Dingle führt durch Killorglin und Castlemaine. In Castlemaine verläuft die R561 in westlicher Richtung. Bald darauf erreicht man die Küste und fährt durch den Strandort Inch, bis man auf die N86 nach Dingle stößt.

Von Castlemaine verkehren Busse nach Tralee, Killorglin und Limerick (via Killarney), allerdings bestehen hier keine Verbindungen über Inch nach Annascaul.

Inch

Inch (siehe auch S. 255), eine 5 km lange **Sandbank**, diente bereits als Schauplatz für die Filme *Ryans Tochter* und *Der Held der Westlichen Welt*. Sarah Miles, Protagonistin des ersten Streifens, beschrieb ihren Aufenthalt als „kurz, aber schön".

In den herrlichen Dünen liegen Überreste von **Schiffswracks** sowie von **Siedlungen aus der Stein- und Eisenzeit**. Der nach Westen ausgerichtete Strand ist auch bei Surfern sehr beliebt, denn die Wellen können 1 bis 3 m hoch werden. Wer sich für den Sport interessiert, kann bei der **Offshore Surf School** (☎ 087 294 6519; http://offshoresurfschool.ie), z. B. zweistündige Gruppenkurse für 25/20 € (Erw./Kind) buchen.

Autos sind zwar erlaubt, aber Vorsicht: Wer im Sand stecken bleibt, macht sich zur Zielscheibe des Spotts.

Am Eingang zum Strand lockt das quirlige ★ **Sammy's** (☎ 066-915 8118; www.inchbeach.ie; Hauptgerichte 14–20 €; ⏲ 9.30–22 Uhr, im Winter kürzer; 📶 👪) mit Gerichten wie Sandwiches, Pasta, frischen Austern und Muscheln Einheimische und Touristen an. Hier gibt's einen Laden und eine Touristeninformation und im Sommer wird traditionelle Musik gespielt.

Das schicke, moderne **Inch Beach Guest House** (☎ 066-915 8333; www.inchbeachguesthouse.com; EZ/DZ 55/80 €; @ 👪) erinnert mit seinen Oberlichtern, dem Meerblick sowie den luftigen, in gedämpften Farben gehaltenen Zimmer samt riesigen Doppelbetten eher an ein Boutique-Hotel als an ein Gästehaus. Bei einem längeren Aufenthalt kann man auch eines der spektakulär gelegenen Cottages buchen.

Annascaul

271 EW.

Hauptgrund für einen Zwischenstopp im kleinen Annascaul (Abhainn an Scáil, auch Anascaul) ist ein Besuch des **South Pole Inn** (☎ 066-915 7388; Main St; Hauptgerichte 10,50–18 €; ⏲ mittags & abends). Antarktisforscher Tom Crean betrieb das große blaue Pub, nachdem er sich zur Ruhe gesetzt hatte. In der Kneipe werden köstliche, herzhafte Speisen sowie Fass- und Flaschenbier aus der Dingle Brewing Company serviert. Das South Pole Inn ist ab der Küstenstraße ausgeschildert. Hier halten viele Busse auf dem Weg von Dingle nach Tralee.

Dingle Peninsula

Dingle (Stadt)

1500 EW.

Der bezaubernde kleine vom Fischerhafen gesäumte Hauptort (siehe auch S. 255) der Halbinsel strahlt eine ursprüngliche Idylle aus. Dingle ist eine von Irlands größten Gemeinden, in denen noch Irisch gesprochen wird. Viele Pubs werden gleichzeitig als Geschäfte genutzt, man kann also ein Guinness trinken und dabei Nägel, Gummistiefel oder Hufeisen kaufen. Diesem Charme sind schon zahlreiche Aussteiger aus aller Welt erlegen, durch die das Hafenstädtchen kosmopolitisch und künstlerisch daherkommt. Im Sommer sind die hügeligen Straßen oft von Besuchern verstopft, aber zu allen anderen Jahreszeiten verströmt Dingle eine ganz natürliche Anziehungskraft.

Zwar befindet man sich hier in einer Gaeltacht-Region, doch die Einheimischen haben per Abstimmung beschlossen, dass ihre Stadt weiterhin als Dingle und nicht An Daingean – so lautet der offizielle Name – ausgeschildert wird.

Sehenswertes

Dingles Hauptattraktion ist der Ort an sich. Am besten spaziert man durch die Straßen und Gassen, streift durch die Hafengegend und erkundet Läden und Pubs.

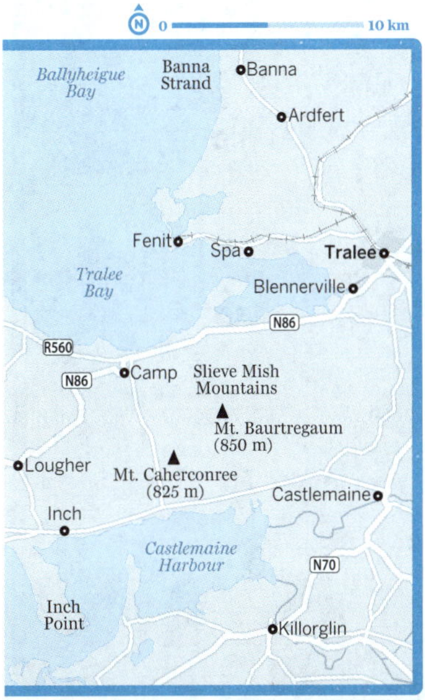

DER DINGLE WAY

Der 168 km lange Dingle Way führt um die ganze Halbinsel. Bei einem Tagespensum von 21 km braucht man für den Rundweg ab Tralee acht Tage. Die ersten drei Etappen sind leicht zu bewältigen. Da der erste Abschnitt von Tralee nach Camp allerdings der langweiligste ist, nehmen hier viele Wanderer den Bus bis Camp und starten erst dort. Die *Map 70* der Discovery-Serie von Ordnance Survey enthält eine detaillierte Abbildung der Halbinsel.

Dingle Marine & Leisure (S. 314) veranstaltet am Jachthafen Bootstouren zu den Blasket Islands.

Dingle Oceanworld AQUARIUM

(☎066-915 2111; www.dingle-oceanworld.ie; Dingle Harbour; Erw./Kind 13/7,50 €; ⊙ Juli & Aug. 10–18 Uhr, Sept.–Juni 10–17 Uhr; 👪) In diesem wunderbaren Aquarium schwimmen farbenprächtige Fische durch Becken, in denen ganze Landschaften wie der Malawisee, der Kongo und der Amazonas in Miniaturformat zu sehen sind. Riffhaie und Stachelrochen sind im Haifischbecken zu bewundern. Für den unglaublich hässlichen Wrackbarsch wird extra Wasser aus dem Hafen abgepumpt. Außerdem gibt's einen begehbaren Unterwassertunnel und ein Streichelbecken.

An Díseart KULTURZENTRUM

(☎066-915 2476; www.diseart.ie; Green St; Erw./Familie 2/5 €; ⊙ Mo–Sa 9–17 Uhr) Das keltische Kulturzentrum befindet sich in einem wunderschönen ehemaligen Kloster im neugotischen Stil. Harry Clarke hat die beeindruckenden Buntglasfenster des Gebäudes gestaltet; sie zeigen zwölf Szenen aus dem Leben Christi. Im Eintrittspreis ist eine 15-minütige Führung inbegriffen.

Trinity Tree SKULPTUR

(Green St) Die Skulptur aus einer ungewöhnlichen dreistämmigen Platane in der Nähe der **St. Mary's Church** symbolisiert die Heilige Dreifaltigkeit. Mit seinen geschnitzten Gesichtern könnte der Baum auch aus einem Märchen stammen..

Dingle Brewing Company BRAUEREI

(☎066-915 0743; http://dinglebrewingcompany.com; Spa Rd; Eintritt 6 €; ⊙ Führungen nach Voranmeldung) 🍃 Am 20. Juli 2011 öffnete diese fantastische Mikrobrauerei auf dem Gelän-

Dingle (Stadt)

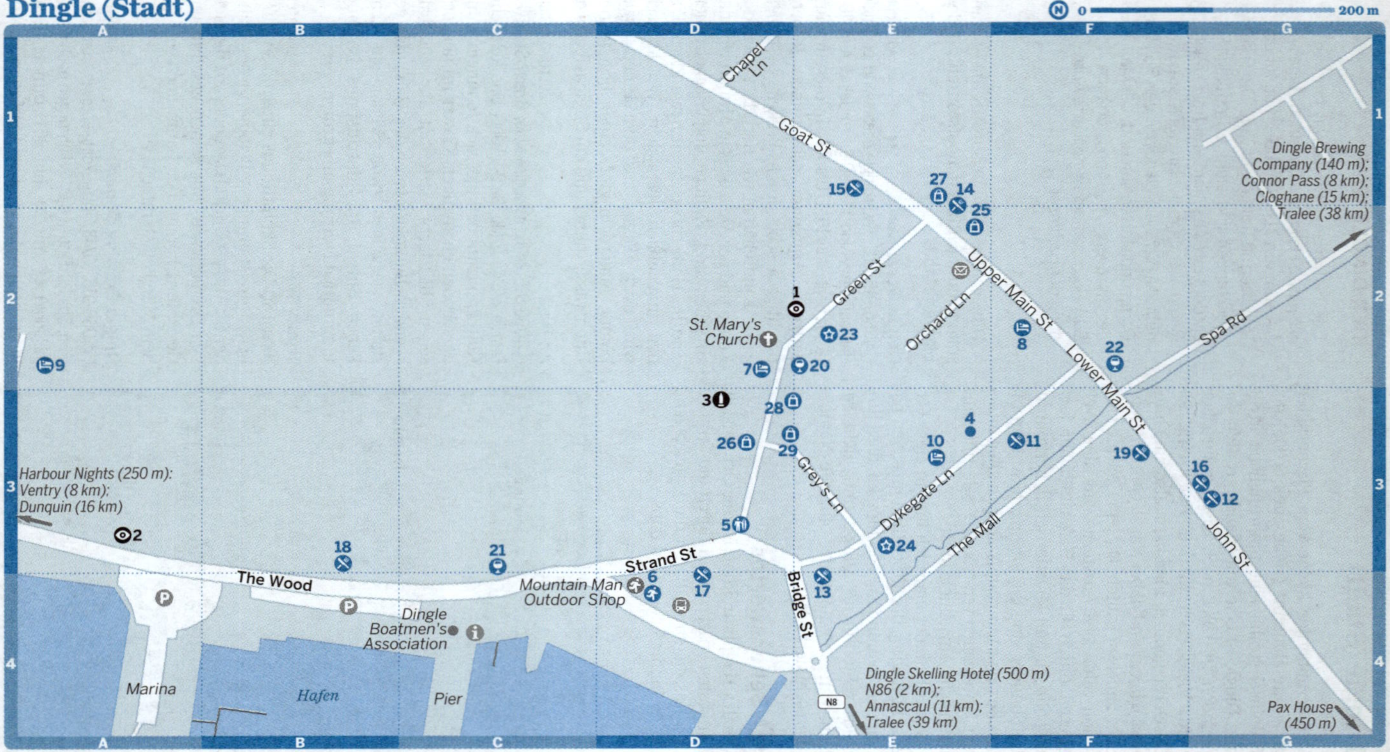

Dingle (Stadt)

Sehenswertes
1 An Díseart E2
2 Dingle Oceanworld A3
3 Trinity Tree D3

Aktivitäten, Kurse & Touren
4 Dingle Music School E3
5 Finn McCool's D3
6 Irish Adventures D4

Schlafen
7 An Capall Dubh D2
8 Dingle Benner's Hotel F2
9 Dingle Harbour Lodge A2
10 Hideout Hostel E3

Essen
11 An Café Liteártha F3
12 Doyle's G3
13 Farmers Market E4
14 Global Village Restaurant E1
15 Goat Street Café E1
16 Half Door G3
17 Murphy's D4
18 Out of the Blue B3
19 Ti Koz F3

Ausgehen & Nachtleben
20 Dick Mack's E2
21 John Benny's C3
22 Small Bridge Bar F2

Unterhaltung
23 Blue Zone E2
24 Phoenix Dingle E3

Shoppen
25 An Gailearaí Beag E2
26 Brian de Staic D3
27 Curran's E1
Dingle Record Shop .... (siehe 23)
28 Lisbeth Mulcahy D3
29 Little Cheese Shop D3

de einer ehemaligen Molkerei aus dem 19. Jh. ihre Pforten. Das Datum war nicht nur zufällig der Geburtstag des örtlichen Antarktisforschers Tom Crean: Nach diesem ist das einzige Produkt der Brauerei, ein hopfenreiches Lager, benannt. Im Eintritt sind eine freie Besichtigung oder eine Führung und ein Pint inbegriffen. Wer sich nicht für einen Rundgang interessiert, kann hier auch nur ein Bier trinken, wobei es zahlreiche Pubs auf der Halbinsel und in der weiteren Umgebung ebenfalls in Flaschen und frisch gezapft anbieten.

Aktivitäten

Seitdem sich 1984 ein Delfin in die Dingle Bay verirrt hat, prägt er den Tourismus vor Ort. „Fungie" legte von Anfang an eine ungewöhnliche Zutraulichkeit an den Tag und schwamm mit der örtlichen Fischereiflotte umher. Irgendwann kam jemand auf die Idee, Besucher mit dem Boot zu dem freundlichen Meeressäuger zu bringen. Mittlerweile sind vor Ort bis zu zwölf Schiffe gleichzeitig unterwegs, sodass sich mehr als 1000 Touristen das Wasser mit Dingles Maskottchen, dem Rückgrat der hiesigen Wirtschaft, teilen.

Fungie, der Delfin BOOTSTOUR
(☎ 066-915 2626; www.dingledolphin.com; the Pier; Erw./Kind 16/8 €) Die Boote der Dingle Boatmen's Association starten täglich vom Pier aus zu einstündigen Beobachtungstouren von Dingles berühmtestem Bewohner, einem Delfin namens Fungie. Sollte sich das Tier wider Erwarten nicht zeigen, ist der Ausflug kostenlos.

In den wärmeren Monaten hat der Verband außerdem einen zweistündigen Trip im Programm, bei dem die Teilnehmer **mit Fungie schwimmen** (☎ 066-915 1146; 25 € pro Pers. plus 20 € Leihgebühr für den Neoprenanzug; ⌚ April–Mitte Sept. 8 oder 9 Uhr). Unbedingt im Voraus buchen!

Finn McCool's SURFEN
(☎ 066-915 0833; www.finnmccools.ie; Green St; Surfunterricht Erw./Kind 30/20 €; ⌚ Laden ganzjährig Mo–Sa 10–18, März–Sept. auch So 12–16.30 Uhr) McCool's bietet Surfkurse in der Brandon Bay (inkl. Transfer) und verkauft die Ausrüstung, darunter auch seine eigene kultige Surfwear-Marke.

Irish Adventures WASSERSPORT
(☎ 066-915 2400; www.irishadventures.net; Strand St; ⌚ Mo–Fr 9.30–17.30, Sa 9–18 Uhr) Hinter der Fassade des **Mountain Man Outdoor Shop** organisiert Irish Adventures geführte Touren, u. a. Felsklettern, Bergwandern, Radfahren und Kajakfahren mit Fungie (halber Tag oder bei Sonnenuntergang je 50 €).

Dingle Jaunting KUTSCHFAHRTEN
(☎ 086 177 1117; www.dinglejaunting.com; Erw./Kind 8/2 €) Die von Pferden gezogenen *jaunting cars* (Kutschen) machen sich zu jeder Stunde am Hafenparkplatz zu 40-minütigen Fahrten durch Dingle auf. An Weihnachten gibt's *„jingle jaunts"* mit Glöckchen.

Dingle Hill Walking Club WANDERN
(www.dinglehillwalkingclub.com) Regelmäßige halbtägige geführte Wanderungen in die Berge (viele sind kostenlos).

Dingle Music School MUSIKUNTERRICHT
(☎086 319 0438; www.dinglemusicschool.com; Dykegate Lane, Wren's Nest Cafe; 30 €/pro Std.) John Ryan bietet morgens und abends *Bodhrán-* sowie Blechflötenkurse für Anfänger und Fortgeschrittene an. Instrumente werden gestellt.

Feste & Events

Aktuelle Veranstaltungstipps findet man online unter www.dingle-peninsula.ie/calendar.

Dingle Races PFERDERENNEN
(www.dingleraces.ie; Mitte Aug.) In der zweiten Augustwoche zieht dieses Event wahre Menschenmassen an. Die Rennstrecke liegt 1,6 km östlich der Stadt an der N86.

Dingle Regatta BOOTSRENNEN
(Ende Aug.) Das Hafenrennen in traditionellen irischen *currach-* oder *naomhóg*-Kanus ist das größte seiner Art in Kerry und lieferte die Inspiration für das gleichnamige traditionelle Lied.

Dingle Food & Wine Festival ESSEN, WEIN
(www.dinglefood.com; Anfang Okt.) Zu diesem fabelhaften Feinschmeckerfest wird in Dingle ein *„taste trail"* eingerichtet, der zu über 40 günstigen Probierstationen führt. Außerdem gibt's einen Markt, Kochvorführungen, Workshops und einen kulinarischen Spaziergang.

Schlafen

Dingle beherbergt zahlreiche Mittelklasse-B&Bs und einige Pubunterkünfte.

Hideout Hostel HOSTEL €
(☎066-915 0559; www.thehideouthostel.com; Dykegate Lane; B/DZ 18/50 €; @) Das zentrale Hostel ist in einem ehemaligen Gästehaus untergebracht, was die mit eigenen Bädern ausgestatteten Zimmer erklärt. Zu der erstklassigen Bleibe gehören zwei Aufenthaltsräume mit schicken Möbeln, ein Fahrradschuppen und eine gut ausgestattete Küche. Im Preis ist ein leichtes Frühstück enthalten (Tee, Kaffee, Toast, Müsli), zudem kennt sich der engagierte Besitzer Mícheál bestens in der Gegend aus.

Dingle Harbour Lodge HOTEL €€
(☎066-915 1577; www.dingleharbourlodge.com; the Wood; EZ/DZ ab 50/75 €;) Die vor Kurzem umgestaltete Dingle Harbour Lodge verfügt über eine große helle Lobby mit Holzfußboden und vielen frischen Blumen, saubere Zimmer mit Flachbildschirmen sowie ein sehr effizientes neues Management. Als preiswerte moderne Unterkunft besetzt es eine Nische. Zum Zentrum sind es nur fünf Gehminuten, aber dank der Lage oberhalb des Hafens hört man keinen Straßenlärm. Darüber hinaus bieten die Zimmer in der oberen Etage einen fantastischen Ausblick.

Pax House B&B €€
(☎066-915 1518; www.pax-house.com; Upper John St; EZ/DZ ab 100/115 €; Mitte Nov.–bis Mitte Feb. geschl.; @) Von der individuellen Ausstattung mit zeitgenössischen Gemälden bis zur einmaligen Aussicht über die Mündung von den Balkonen und der Terrasse: Ein Aufenthalt im Pax House, 1 km südöstlich des Zentrums, ist ein Volltreffer. Zur Auswahl stehen günstigere Quartiere mit Blick auf die Hügel, Zimmer mit Aussicht auf den Meeresarm und Familiensuiten mit zwei Räumen sowie einem Zugang zur Terrasse. WLAN ist im Foyer verfügbar.

Harbour Nights B&B €€
(☎066-915 2499; www.dinglebandb.com; the Wood; DZ 70–80 €; @) Das B&B punktet mit einer tollen Aussicht auf den Hafen, und zwar sowohl von den 14 Zimmern als auch vom Aufenthaltsraum mit Terrasse im Obergeschoss.

An Capall Dubh B&B €€
(☎066-915 1105; www.ancapalldubh.com; Green St; EZ 60–65 €, DZ 80–90 €;) Eine Auffahrt für Kutschen aus dem 19. Jh. führt zum gepflasterten Innenhof dieser luftigen Pension mit hellem Holz und karierten Stoffen. In den separaten Reihenhäuschen haben bis zu sechs Personen Platz.

Dingle Benner's Hotel HOTEL €€€
(☎066-915 1638; www.dinglebenners.com; Main St; EZ/DZ ab 120/190 €;) In diesem alteingesessenen Hotel gehen altmodische Eleganz, regionaler Touch sowie moderner Komfort in den ruhigen Zimmern, der Lounge, Bibliothek und der renovierten, sehr beliebten Mrs. Benners Bar Hand in Hand. Die Räumlichkeiten im 300 Jahre alten Flügel verströmen am meisten Charakter, die in den neueren Teilen sind dafür ruhiger. WLAN ist in der Bar verfügbar und bald soll die Reichweite auf das ganze Gebäude erweitert werden.

Dingle Skellig Hotel HOTEL €€€
(☎066-915 0200; www.dingleskellig.com; DZ 89–199 €; @) Ein ozeangleicher Pool und

ein Spa mit Whirlpool unter freiem Himmel sind die Highlights der luxuriösen Unterkunft in Meeresnähe bei der N86. Die Zimmer wurden in leckeren Brauntönen von creme- und karamell- bis zu haselnuss- und schokofarben gestaltet. Es gibt ein Restaurant und mehrere Bars und für Familien Zimmer mit Verbindungstüren sowie eine Kinderkrippe und einen Kinderclub.

Essen

Ganz Kerry ist für seine Meeresfrüchtegerichte bekannt, aber Dingle genießt in dieser Hinsicht einen besonders guten Ruf. Die Ortschaft wartet mit einigen tollen Restaurants und Cafés sowie exzellenter Pubkost auf, vor allem bei John Benny's (S. 311).

An Café Liteártha CAFÉ €
(Dykegate Lane; Snacks 4–7,50 €; Mo–Sa 11–16 Uhr) Das Café im hinteren Bereich eines Buchladens mit Schwerpunkt auf irischer Geschichte ist sehr einladend. Hier kann man es sich mit einem Buch, einer Tasse Tee mit Gebäck oder einer wärmenden Suppe gemütlich machen und die nette Atmosphäre genießen.

Ti Koz CRÊPERIE €
(2 John St; Crêpes 2–10 €; Mo–Sa 12–14 & 17–21 Uhr) In der Crêperie mit der kleegrünen Fassade, die nach Dingle passt, als sei sie hier zu Hause, serviert absolut authentische, köstliche *galettes* (werden aus Buchweizen gemacht und haben eine Füllung aus Ziegenkäse, Walnuss und Honig) sowie süße Crêpes, z. B. mit gesalzener Karamelsoße und bretonischem Cidre.

Murphy's EISCREME €
(www.murphysicecream.ie; Strand St; Kugeln ab 3,80 €; 11.30–19 Uhr;) Das großartige in Dingle hergestellte Eis gibt's u. a. in den Geschmacksrichtungen Guinness, Kilbeggan Whiskey, Schwarzbrot, Meersalz, Honigwabe und Minze. Weitere Filialen befinden sich in Killarney und Dublin.

Farmers Market MARKT €
(Ecke Bridge St & Dykegate Lane; Fr 9–15 Uhr) Riesige Auswahl an frischem Obst und Gemüse sowie hausgemachten Leckereien.

Global Village Restaurant INTERNATIONAL €€
(066-915 2325; www.globalvillagedingle.com; Upper Main St; Hauptgerichte 19–29 €; März–Okt. Mi–So 17.30–21.30 Uhr) Im eleganten Ambiente eines kontinentalen Bistros kredenzt dieses Restaurant eine Mischung aus internationalen Gerichten, die der weit gereiste Besitzer und Küchenchef zusammengestellt hat, allerdings werden dafür Produkte von lokalen Erzeugern verwendet, z. B. Berglamm aus Kerry. Die Weinauswahl ist hervorragend.

Goat Street Café CAFÉ €€
(066-915 2770; Goat St; Hauptgerichte 6–22,50 €; Mo–Sa 10–16 Uhr) In dem beliebten Café mit Fotogalerie, glänzender Holzvertäfelung und edlen Möbeln wird Internationales von Lamm-Tajine über grüne Thaicurrys und Wokgerichte mit Ingwer bis zu mediterranen Schmorpfannen zubereitet.

★ **Out of the Blue** FISCH & MEERESFRÜCHTE €€€
(066-915 0811; www.outoftheblue.ie; the Wood; Mittagessen 10–20 €, Hauptgerichte 22,50–29 €; tgl. 17.30–21.30, So 12.30–15 Uhr) Auf der Speisekarte des witzigen blau-gelben Restaurants im Stil einer Fischerhütte am Meer steht ausdrücklich, dass hier keine Pommes frites serviert werden. Trotz des rustikalen Ambientes ist dies das beste Lokal der Stadt. Es bietet ausschließlich frische regionale Meeresfrüchte an und bleibt einfach geschlossen, wenn mal keine ins Netz gehen. Die kreative Karte ändert sich täglich; manchmal gibt's gedünstete Krebsscheren in Knoblauchbutter oder scharf gebratene, mit Calvados flambierte Jakobsmuscheln. Wer braucht da schon Pommes?

Doyle's FISCH & MEERESFRÜCHTE €€€
(066-915 2674; www.doylesofdingle.ie; 4 John St; Hauptgerichte 23,50–33 €; ab 17 Uhr, die Tage wechseln je nach Saison) Das Doyle's mit seiner scharlachroten Fassade gilt als eines der besten Meeresfrüchterestaurants der Gegend – und das will hier etwas heißen. Neben Vorspeisen wie Risotto und Pastete mit Meeresfrüchten kommen verschiedene Hauptgerichte wie spanischer Fischeintopf, Meeresfrüchtelinguine und Hummer auf den Tisch.

Half Door FISCH & MEERESFRÜCHTE €€€
(066-915 1600; John St; Hauptgerichte 10–45 €; Mo–Sa 12.30–15 & 17–22 Uhr;) In dem edlen Lokal gibt's wunderbar angerichtete Fischgerichte, deren Zutaten jeden Tag fangfrisch vom Hafen hergebracht werden. Wir empfehlen die Garnelen und die größeren Krustentiere.

Ausgehen & Unterhaltung

Viele der zahlreichen Pubs in Dingle warten mit einem Unterhaltungsprogramm auf.

★ **John Benny's** PUB
(www.johnbennyspub.com; Strand St; Hauptgerichte 12–22,50 €; Barküche von 12–21.30 Uhr) Ein

knisternder, gusseiserner Holzofen, Steinplattenboden, Erinnerungsstücke, herzliche Angestellte und das Fehlen eines nervenden Fernsehers machen dieses Pub zu einem der nettesten vor Ort. An den meisten Abenden amüsieren sich hier Einheimische bei traditioneller Musik.

Dick Mack's PUB
(http://dickmacks.homestead.com; Green St) Auf den Gehwegsternen vor dem Pub stehen Namen berühmter Gäste. Altes Holz und Gemütlichkeit beherrschen den Innenraum, der durch seine Beleuchtung wie das Innere einer Whiskeyflasche aussieht. Im Garten dahinter stehen viele Tische und Stühle.

Ladenpubs PUB
Einige Pubs in Dingle waren früher Geschäfte, darunter das **Foxy John's** und das **Curran's**. Beide haben noch ein altes Sortiment an Eisenwaren und Outdoorkleidung. Eine überschwängliche Begrüßung darf man von den rauen Einheimischen nicht erwarten.

Small Bridge Bar LIVEMUSIK
(An Droichead Beag; Lower Main St) Ab 21.30 Uhr sorgt in dem rustikalen Pub bei der Brücke jeden Abend traditionelle Musik für gute Stimmung.

Blue Zone JAZZ
(Green St; Pizza 9,50–16 €; ⏲ ab 17.30 Uhr) Tolle Kombination aus Jazzbar, Pizzeria und Weinkeller in stimmungsvollen Blau- und Rottönen.

Phoenix Dingle KINO
(www.phoenixdingle.net; Dykegate Lane) In dem gemütlichen familienbetriebenen Kino werden neue Filme und Arthousestreifen gezeigt.

Shoppen

Neben Fungie-Souvenirs bekommt man in einigen Geschäften tolles lokales Kunsthandwerk.

Lisbeth Mulcahy MODE, HAUSHALTSWAREN
(www.lisbethmulachy.com; Green St; ⏲ Mo–Sa 10–18 Uhr) An einem 150 Jahre alten Webstuhl entstehen die wunderschönen Schals, Teppiche und Wandbehänge der bekannten Designerin Lisbeth Mulcahy. Die Künstlerin verkauft auch die Keramikarbeiten ihres Mannes, der sein Atelier bei Louis Mulcahy Pottery (S. 314) westlich von Dingle hat.

An Gailearaí Beag KUNST, KUNSTHANDWERK
(www.angailearaibeag.com; Main St; ⏲ tgl. 11–17 Uhr) In der kleinen Galerie kümmern sich oft die Künstler selbst um den Verkauf. Hier werden Arbeiten der West Kerry Craft Guild sowie Keramik, Gemälde, Holzschnitzereien, Fotos, Batik, Schmuck und Glasmalereien präsentiert.

Brian de Staic SCHMUCK
(www.briandestaic.com; Green St; ⏲ Mo–Sa 9–18 Uhr) Der bekannte lokale Designer Brian de Staic integriert in seine außergewöhnlichen, individuell gefertigten modern-keltischen Stücke Symbole wie den Hill of Tara, Kreuze und Hinkelsteine und stellt auch Schmuck mit Ogham-Schrift her. An sein **Atelier in Dingle** (the Wood; ⏲ Mo–Sa 9.30–17.30 Uhr) ist ein Verkaufsladen angeschlossen, außerdem gibt's im Land verteilt eine Handvoll weitere Filialen.

Little Cheese Shop KÄSE
(www.thelittlecheeseshop.net; Grey's Lane; ⏲ Mo–Fr 11–18, Sa 11–17 Uhr) Der kleine Laden der in der Schweiz ausgebildeten Maja Binder bietet aromatische Käse in Hülle und Fülle, darunter auch selbst hergestellte Sorten.

Dingle Record Shop MUSIK
(www.dinglerecordshop.com; Green St; ⏲ Mo–Sa 11–17 Uhr; ⏲ unregelmäßige Öffnungszeiten) Unter dem Jazzclub Blue Zone verkauft das kleine Geschäft Alben, die man bisher nicht im Internet runterladen kann. Zum Online-Angebot gehören Podcasts von Stücken, die im Laden aufgenommen wurden.

Praktische Informationen

Alle Banken auf der Main Street haben Geldautomaten. Die Post befindet sich in einer Seitenstraße der Lower Main Street. Kostenlose Parkplätze gibt's fast im ganzen Ort, am Hafen muss man aber dafür zahlen.

Touristeninformation (☎ 066-915 1188; www.dingle-peninsula.ie; The Pier; ⏲ Mo–Sa 9.15–17 Uhr) Hilfreich, aber ziemlich überlaufen. Hier bekommt man Karten, Guides und jede Menge nützliche Informationen über die Halbinsel. Die Buchung von Unterkünften kostet 5 €.

An- & Weiterreise

Bus Éireann (www.buseireann.ie) hält vor dem Parkplatz hinter dem Supermarkt und fährt jeden Tag bis zu sechsmal nach Killarney (16 €, 80 Min.) über Tralee (13 €, 45 Min.),

Unterwegs vor Ort

Dingle lässt sich wunderbar zu Fuß erkunden. Das Taxiunternehmen **Dingle Co-op Cabs** (☎ 087 222 5777) bietet Privattouren an.

In **Paddy's Bike Shop** (☎ 066-915 2311; Dykegate Ln; 10 € pro Tag; ⏲ 9–19 Uhr), einer von vielen Fahrradverleihstellen, oder bei **Foxy John's** (☎066-915 1316; Main St; 12 € pro Tag) kann man seinen sportlichen Ehrgeiz auch mal kurz an den Nagel hängen und ein Pint bestellen.

Westlich von Dingle

Am Ende der Halbinsel verläuft der Slea Head Drive entlang der R559. Hier befindet sich die größte Ansammlung historischer Stätten in ganz Kerry, wenn nicht sogar des ganzen Landes.

Bei dichtem Nebel wirkt die Landschaft besonders dramatisch. Wer die Strecke im Uhrzeigersinn bereist, genießt die besten Ausblicke. Die Route ist zwar nur 50 km lang, trotzdem sollte man für die Fahrt mindestens einen ganzen Tag einplanen.

Ventry & Umgebung

410 EW.

Das kleine Ventry (Ceann Trá) liegt 6 km westlich von Dingle idyllisch neben einer breiten Sandbucht. Von hier aus gelangt man auf die ursprünglichen Blasket Islands.

Frischen Fisch und Meeresfrüchte mit französischem Touch zu erschwinglichen Preisen kommen im marineblauen **Skipper Restaurant** (☎085-278 7958; Hauptgerichte 14–22,50 €; ⏲Mitte März–Sept. 12–21 Uhr) auf den Tisch. Außerdem stehen lokale Fleischspezialitäten wie Kanincheneintopf auf der Karte.

Als guter Ausgangspunkt zur Erkundung der Gegend dient **Ceann Trá Heights** (☎066-915 9866; www.ceanntraheights.com; EZ 45–55 €, DZ 60–76 €; ⏲März–Okt.; 📶), eine gemütliche, moderne Pension mit fünf Zimmern und Aussicht auf den Hafen von Ventry (die Nummern 1 und 2 bieten einen besonders herrlichen Blick) sowie einem gemütlichen Aufenthaltsraum samt Kamin.

Ganz in der Nähe der Unterkunft stößt man auf die **Long's Riding Stables** (☎066-915 9723; www.longsriding.com; 1 Std./Tag ab 30/130 €), wo man Ausritte in die Berge und an den Strand und Reitunterricht (ab 25 € pro Std.) buchen kann.

3 km westlich der Ortschaft präsentiert das **Celtic & Prehistoric Museum** (☎087-770 3280; www.celticmuseum.com; Kilvicadownig, Ventry; Eintritt 5 €; ⏲Mitte März–Okt. 10–17.30 Uhr) eine eindrucksvolle mehr als 500 Stücke umfassende Sammlung keltischer und prähistorischer Artefakte, darunter der größte Schädel und die größten Stoßzähne eines Wollmammuts weltweit, das 40 000 Jahre alte Skelett eines Höhlenbärs, Wikinger-Schlittschuhe aus Pferdeknochen, Streitäxte aus Stein, Messer aus Feuerstein und Schmuck. Einst gehörten all diese Dinge zu der Privatsammlung von Harry Moore, einem hier lebenden Musiker aus den USA, der auf Nachfrage gerne ein paar keltische Melodien zum Besten gibt. In dem Souvenirshop findet man allerlei Kurioses, u. a. Fossilien.

Slea Head & Dunmore Head

Der Slea Head (siehe auch S. 255) wartet mit wunderschönen Ausblicken auf die Dingle Bay, den Mt. Eagle und die Blasket Islands sowie einigen tollen **Stränden**, Wanderwegen, gut erhaltenen Bauten aus Dingles Vergangenheit wie **Bienenkorbhütten**, Festungen, Steinen mit Inschriften und Kirchenstätten auf. Der Dunmore Head ist der westlichste Punkt des irischen Festlands; hier liegen die Wracks von zwei 1588 gesunkenen Schiffen der Spanischen Armada.

Das eisenzeitliche **Dunbeg Fort** (www.dunbegfort.com; Eintritt 3 €; ⏲9–19 Uhr) eine Vorgebirgsfestung mit vier äußeren Steinmauern, thront auf einer Meerklippe etwa 7 km südwestlich von Ventry an der Straße zum Slea Head. Im Innern der Anlage sind die Reste eines Hauses, eine Bienenkorbhütte sowie ein unterirdischer Gang erhalten. Eine zehnminütige audiovisuelle Präsentation im **Besucherzentrum** ist im Eintrittspreis inbegriffen. Das dazugehörige **Stonehouse Café & Restaurant** (www.stonehouseventry.com; Dunbeg Fort Visitor Centre; Gerichte 6–15 €; ⏲April–Sept. 10.30–20 Uhr, Okt.–März kürzer geöffnet; 👪) serviert köstliche Krabbensandwiches und herzhafte Gerichte wie Rind-und-Guinness-Eintopf.

Direkt oberhalb des Dunbeg Fort Visitor Centre liegt auf einem Hügel das 1845 errichtete **Famine Cottage** (http://famine-cottage.com; Eintritt 3 €; ⏲April–Okt. tägl. 10–18 Uhr, im Winter kürzer geöffnet). Hier sind u. a. Möbel und Kochutensilien zu sehen, die daran erinnern, wie ärmlich die Bewohner einstmals lebten.

Die **Fahan-Bienenkorbhütten**, zu denen zwei intakte Gebäude gehören, befinden sich 500 m westlich des Dunbeg Fort auf der landeinwärts liegenden Straßenseite. Wenn die Kassen im Sommer besetzt sind, muss man für die Besichtigung 3 € zahlen.

Dunquin

Das Dorf unterhalb des Mt. Eagle und des Mt. Croaghmarhin ist eine gute Ausgangsbasis, um die Blasket-Inseln zu besuchen. Laut der lokalen Website www.dunchaoin.com ist

Dunquin übrigens die Gemeinde, die am dichtesten an Amerika grenzt.

Vom **Blasket Centre** (Ionad an Bhlascaoid Mhóir; ☎066-915 6444; www.heritageireland.ie; Erw./Kind 4/2 €; ⏰April–Mitte Okt. 10–18 Uhr), einem wunderbaren Infozentrum in einer langen weißen Halle mit deckenhohen Fenstern, genießt man einen schönen Blick auf die Inseln. Neben namhaften Schriftstellern wie John Millington Synge, Autor von *Held der westlichen Welt*, werden auch Blaskets viele Geschichtenerzähler und Musiker vorgestellt. Den eher prosaisch anmutenden praktischen Gegenständen des alltäglichen Insellebens widmen sich Ausstellungen über Schiffsbau und Fischfang. Außerdem befinden sich hier ein Café mit Blick auf die Inseln und ein Buchladen.

Europas westlichste Jugendherberge, das **Dunquin Hostel** (☎066-915 6121; www.anoige.ie; B 15–18,50 €, 2BZ 42 €; ⏰März–Okt.) in der Nähe des Blasket Centre, besticht durch ihre traumhafte Lage am Wasser und einen tollen Ausblick. Die separaten Zimmer und die kleineren Schlafsäle haben jeweils Privatbäder. Es gibt auch eine gut ausgestattete Küche für Selbstverpfleger, aber der nächste Laden ist 8 km entfernt – also Vorräte mitbringen.

Blasket Islands

5 km vor der Küste ragen die westlichsten Inseln Irlands (Na Blascaodaí) aus dem Atlantik. Mit 6 km Länge und 1,2 km Breite ist **Great Blasket** (An Blascaod Mór) das größte und meistbesuchte Eiland und bergig genug für anstrengende **Wanderungen**. Alle Inseln waren irgendwann einmal bewohnt; einige Funde beweisen sogar, dass auf Great Blasket schon in der Eisen- und frühchristlichen Zeit Menschen lebten. Die letzten Bewohner verließen ihre abgeschiedene Heimat 1953, nachdem sie und die Regierung sich einig waren, dass es sich nicht länger lohnte, unter solch harten Bedingungen zu hausen. Und doch verbringt hier der eine oder andere Hartgesottene einen Großteil des Jahres.

Auf den Inseln gibt's keine Campingeinrichtungen.

Boote verkehren von Ostern bis September, allerdings nur, wenn es das Wetter zulässt (die saisonbedingten Abfahrtszeiten erfährt man übers Telefon):

Blasket Island Ferries BOOTSTOUR
(☎066-915 1344, 066-915 6422; www.blasketisland.com; Erw./Kind 20/10 €) Für die Fahrt vom Hafen in Dunquin brauchen die Boote etwa 20 Minuten.

Blasket Islands Eco Marine Tours BOOTSTOUR
(☎087 231 6131; www.marinetours.ie; Morgen-/Nachmittags-/Tagestour 25/40/50 €) Ökotouren ab dem Hafen von Ventry.

Dingle Marine & Leisure BOOTSTOUR
(☎066-915 1344, 087 672 6100; www.dinglebaycharters.com; Fähre Erw./Kind hin & zurück 30/15 €, 3-stündige Inseltour 40/15 €) Die Fähren legen an der Marina in Dingle ab und benötigen 45 Minuten. Zum Angebot zählen auch Angeltouren (Erw./Kind 2 Std. ab 25/15 €).

Clogherhead & Ballyferriter

Wer die Fahrt nördlich von Dunquin fortsetzt, sollte am **Clogherhead** halten, wo ein kurzer Spazierweg zum Gipfel führt. Von oben blickt man auf einen perfekten kleinen Strand in Clogher. **Seehunde** und andere Säugetiere, deren dicke Fettschicht vor kaltem Wasser schützt, legen hier gern ein Päuschen ein. Folgt man der Straße weitere 500 m, gelangt man zur Kreuzung in **Clogher**. An dieser Stelle verlässt man die Ringstraße und nimmt einen schmalen befestigten Weg hinunter zum **Strand**. Die unablässige wilde Brandung ist berauschend.

Zurück auf der Ringstraße geht's weiter bis nach **Ballyferriter** (Baile an Fheirtearaigh) im Inland. Der Ort wurde nach dem Poeten und Soldaten Piaras Ferriter benannt, der beim Aufstand von 1641 als lokaler Anführer emporstieg und sich als letzter Kommandeur von Kerry Cromwells Truppen ergab. Die gesamte Landschaft ist ein felsiger Patchworkteppich aus verschiedenen Grüntönen, durchzogen von kilometerlangen alten Steinmauern.

Im Dorf selbst befindet sich das in einem alten Schulhaus aus dem 19. Jh. untergebrachte **Dingle Peninsula Museum** (Músaem Chorca Dhuibhne; ☎066-915 6100; www.westkerrymuseum.com; Ballyferriter; Eintritt 3,50 €; ⏰Mai–Sept. 10–17.30 Uhr, ansonsten nach Vereinbarung) mit Exponaten zur Archäologie und Ökologie der Halbinsel. Auf der anderen Straßenseite steht eine einsame, von Laubflechten bedeckte Kirche. Neben dem Museum bietet das **Altú Restaurant** (☎087 177 7324; Ballyferriter; Hauptgerichte 15,50–21,50 €; ⏰Di–Sa 17.30–21 Uhr) eine herrliche Aussicht und lokale Spezialitäten wie im Ofen gebackene Slea-Head-Lammhaxe mit Pflaumensoße oder Seehecht in Zitronencreme.

Louis Mulcahy Pottery (☎066-915 6229; www.louismulcahy.com; Clogher; ⏰Mo–Fr 9–18, Sa

& So 10–18 Uhr) hat moderne Tonwaren und Workshops (vorab buchen!) im Programm, bei denen sich Teilnehmer selbst an der Töpferscheibe versuchen können. Unten serviert das **Café** (Gerichte 5–11 €; ⌚10–17 Uhr) Sandwiches mit Biolachs und Dingle-Käse.

2,5 km nordöstlich der Ferriter's Cove stößt man auf das **Dún an Óir Fort** (Goldfestung), Schauplatz eines grauenhaften Massakers während des irischen Aufstands 1580 gegen die Engländer. Die Burg wurde von Sir James Fitzmaurice erbaut, dem eine internationale Brigade von Italienern, Spaniern und Basken unterstand. Am 7. November griffen diese die englischen Truppen unter Lord Grey an und nach drei Tagen ergaben sich die Belagerten. Von der Festung sind nur einige grasbewachsene Überreste erhalten, trotzdem ist dies ein schöner, relativ geschützter Ort mit Blick auf den Hafen von Smerwick und mit ruhigem Wasser, das sehr viel weniger bedrohlich wirkt als an der Westseite. Die Ruine liegt 2,5 km nördlich von Ballyferriter in der Nähe des Beal-Bán-Strandes.

Zu den Überbleibseln der **Klostersiedlung Riasc** aus dem 5. oder 6. Jh., eine der beeindruckendsten, aber auch unheimlichsten Stätten der Halbinsel, gehört eine Säule mit wunderschönen keltischen Verzierungen. Ausgrabungen brachten die Grundmauern eines Oratoriums (das zuerst aus Holz, später aus Stein errichtet worden war), einen Ofen zum Trocknen von Getreide und einen Friedhof zutage. Die Ruinen befinden sich etwa 2 km östlich von Ballyferriter an der schmalen Straße abseits der R559 (den Hinweisschildern zum „Mainistir Riaisc" folgen).

Ein guter Ausgangspunkt für Erkundungstouren zu Fuß ist das **An Speice** (✆066-915 6254; www.anspeice.com; Ballyferriter; EZ 40–45 €, DZ 60–70 €; ⌚Feb.–Nov.; 📶). Die vier sonnigen Zimmer dieser Bleibe sind modern eingerichtet und würden wohl die meisten Besitzer von B&Bs in Erstaunen versetzen: Wo sind die knallbunten Muster? Die nicht zueinanderpassende Wäsche? Die Farben, die man heute ansonsten nur noch auf rostigen 70er-Jahre-Armaturen findet?

Wenn man vorher fragt, darf man kostenlos bei der Ferriter's Cove zelten, wo es allerdings keinerlei Einrichtungen gibt.

Gallarus Castle & Oratory

Zu den wenigen erhaltenen Burgen der Dingle Peninsula gehört auch das **Gallarus Castle** (www.heritageireland.ie), das um das 15. Jh. von den FitzGeralds errichtet wurde. Zwar ist es aus Sicherheitsgründen für unbestimmte Zeit nicht zu besichtigen, aber man kann es zu Fuß von außen umrunden. Einen Parkplatz gibt's in unmittelbarer Nähe der Burg nicht.

Die aus Trockenstein erbaute **Gallarus Oratory** (✆066-915 6444; www.heritageireland.ie; ⌚Mai–Aug. 10–18 Uhr) bietet einen beeindruckenden Anblick und steht bereits seit 1200 Jahren einsam unterhalb der braunen Hügel. Bisher trotzte die Kapelle Wind und Wetter (vom leicht eingesunkenen Dach mal abgesehen). Spuren von Mörtel weisen darauf hin, dass die Innen- und Außenmauern möglicherweise verputzt wurden. Auf der Westseite befindet sich ein Eingang, der wie ein umgedrehtes Boot geformt ist, und auf der Ostseite sieht man ein rundes Fenster. Im Inneren des Eingangs ragen zwei Steine mit Löchern heraus, an denen einst die Tür aufgehängt war.

Bei der Oratory können nur wenige Autos parken, zudem ist im Sommer meist die Hölle los. Am nahe gelegenen **Besucherzentrum** (✆066-915 5333; Erw./Kind 3 €/frei; ⌚Juni–Aug. 9–21 Uhr, Feb.–Mai & Sept.–10. Nov. 10–18 Uhr), das eine 15-minütige audiovisuelle Vorführung zeigt, erstreckt sich ein Privatparkplatz.

Burg und Oratorium sind ab der R559 etwa 2 km hinter der Ausfahrt zur Klostersiedlung Riasc ausgeschildert.

Ballydavid

2 km vom Gallarus Castle und dem Oratorium befindet sich diese kleine Siedlung in schöner Lage oberhalb einer geschützten Bucht und eines alten Wellenbrechers der Küstenwache. Unweit davon erstreckt sich Europas westlichster Campingplatz, **Oratory House Camping** (Campaíl Teach An Aragail; ✆066-915 5143; www.dingleactivities.com; Gallarus; Stellplätze ab 18 €; ⌚April–Mitte Sept.). Er gilt auch als gute Infoquelle für die Region und viele Aktivitäten wie Wanderungen.

Im **Tigh TP** (✆066-915 5300; www.tigh-tp.ie; Hauptgerichte 8–19 €) kann man sein Pint direkt am Wasser genießen. Direkt daneben verfügt die **Coast Guard Lodge** (DZ 75 €) über eine Gästeküche und sechs karg ausgestattete Zimmer für drei bis vier Personen mit Privatbädern.

Bei Weitem die beste Wahl, um in dieser Gegend etwas zu essen und/oder zu übernachten ist das **Gormans Clifftop House** (www.gormans-clifftophouse.com; Hauptgerichte 19,50–28,50 €; EZ 95–115 €, DZ 130–150 €;

⌚ Abendessen nach Reservierung; 📶). Um abends in den Genuss von köstlichem Kerry-Berglamm-Eintopf, Dingle-Bay-Garnelen und anderen exquisiten Spezialitäten zu kommen, muss man vorher reservieren. Die Zimmer sind luftig, modern und tadellos sauber, das Personal ist freundlich und die Aussicht herrlich.

Connor Pass

Mit 456 m ist der Connor (Conor) Pass (siehe auch S. 255) Irlands höchster Bergpass. An nebligen Tagen sieht man lediglich ein Stück des Weges vor sich, bei schönem Wetter eröffnet sich jedoch ein großartiger Ausblick auf den Hafen von Dingle im Süden und den Mt. Brandon im Norden. Die Straße ist in gutem Zustand, allerdings sehr eng und steil und für Busse sowie Lastwagen gesperrt.

Vom Parkplatz auf dem Gipfel an einem Wasserfall genießt man einen herrlichen Blick auf zwei Seen im felsenübersäten Tal und Überreste von Mauern und alten Hütten. Bei gutem Wetter lohnt sich der zehnminütige Aufstieg zum Gipfel mit dem versteckt gelegenen See **Peddlers Lake** allemal. Das tolle Bergpanorama lockt auch Kletterer an.

Radfahrer nehmen sich den Pass am besten von Nordosten nach Südwesten vor. So steht zuerst der engste und steilste Abschnitt an, danach folgt die weniger steile und breitere Straße nach Dingle.

Im Norden der Halbinsel

Bei Kilcummin führt ein Weg in westlicher Richtung zu den ruhigen Dörfern Cloghane und Brandon sowie zum Brandon Point mit Blick über die Brandon Bay.

Cloghane & Umgebung

280 EW.

Cloghane (An Clochán) ist eine weitere kleine Schönheit der Halbinsel. Die netten Pubs und Unterkünfte des Dorfes sind zwischen dem Mt. Brandon und der Brandon Bay zu finden. Sie bieten eine wunderbare Aussicht übers Meer bis zu den Stradbally Mountains.

Sehenswertes & Aktivitäten

Beliebtes Ziel vieler Wanderer ist der 951 m hohe **Mt. Brandon** (Cnoc Bhréannain), Irlands achthöchster Berg. Wem der Ausflug zu anstrengend ist, der kann sich einen der vielen Küstenwege vornehmen.

Brandon's Point AUSSICHTSPUNKT

Die 5 km lange Fahrt von Cloghane zum Brandon's Point führt über eine enge einspurige Straße, an deren Ende Klippen mit Blick nach Norden und Osten liegen. Hier ziehen Schafe über die zerklüfteten Felsen – scheinbar ohne zu merken, auf welch gefährlichem Terrain sie sich befinden.

St. Brendan's Church KIRCHE

Diese stille Kirche verfügt über ein Buntglasfenster, auf dem das Gallarus Oratory und die Kathedrale von Ardfert abgebildet sind.

Feste & Events

Lughnasa ERNTEFEST

(⌚ Ende Juli) Am letzten Juli-Wochenende wird das uralte keltische Erntefest Lughnasa gefeiert. Zu diesem Anlass gibt's im Dorf und auf dem Gipfel des Mt. Brandon Veranstaltungen und Freudenfeuer.

Brandon Regatta BOOTSRENNEN

(⌚ Ende Aug.) *Currach*-Kanu-Rennen.

Schlafen & Essen

Mount Brandon Hostel HOSTEL €

(☎ 085-136 3454; www.mountbrandonhostel.com; B/2BZ 20/45 €; ⌚ März–Jan.; @ 👪) Ein kleines, einfaches Hostel mit gewienerten Holzböden und Möbeln sowie einem Innenhof samt Blick auf die Bucht. Die meisten Zimmer haben Privatbäder. In direkter Nachbarschaft befindet sich ein kirschrotes traditionelles Pub namens **O'Donnell's**.

O'Connors PUB, B&B €€

(☎ 066-713 8113; www.cloghane.com; DZ 70 €; @ 📶) Wer sich ein Zimmer oder einen Tisch in diesem herzlich geführten Dorfpub sichern will, sollte rechtzeitig buchen. Für die **Gerichte** (Hauptgerichte 14–19 €; ⌚ 7–20.30 Uhr) wie Lachs oder Steak werden lokale Produkte verwendet. Besitzer Michael weiß jede Menge über die Region und kann außerdem erklären, warum vor der Kneipe ein Flugzeugmotor liegt.

Praktische Informationen

Der Laden und die Postfiliale unweit des Hostels und des Pubs bieten Besucherinfos, z. B. zu Spazier- und Wanderwegen.

Castlegregory & Umgebung

950 EW.

Früher einmal war Castlegregory (Caislean an Ghriare; siehe auch S. 255) ein ebenso bedeutendes Geschäftszentrum wie das Städtchen Tralee. Heute ist es nur noch ein Dorf mit einer hübschen Kulisse (oftmals verschneite Berge im Süden) und einer steigenden Anzahl an nicht besonders ansprechenden Ferienhäusern.

Das Bild ändert sich jedoch, wenn man die Sandstraße entlang über eine breite Landzunge zwischen Tralee Bay und Brandon Bay zum Rough Point fährt. Dort oben wird die Halbinsel zur reinsten Wassersport-Spielwiese. Sie ist ein Hotspot zum **Windsurfen**, zudem werden immer mehr abenteuerliche Sportarten wie Wavesailing und Kitesurfing angeboten. Auf Tauchgängen sichtet man eventuell Grindwale, Orkas, Sonnenbarsche und Delfine.

Aktivitäten

Glanteenassig Forest Recreation Area SEEN, WÄLDER
(www.coillte.ie; Mai–Aug. 7–22 Uhr, Sept.–April 9–18 Uhr) GRATIS Östlich von Castlegregory erstreckt sich dieses wenig besuchte, 450 ha große Schutzgebiet mit Wäldern, Bergen, Sumpfland und zwei **Seen**. Der höher gelegene ist mit dem Auto erreichbar und wird von einem Plankenweg eingefasst, der für Kinderwagen und Rollstühle allerdings zu eng ist. Achtung: Wer das Gelände nach Öffnungsschluss (man achte auf die Schilder am Eingang) verlässt, muss für das Aufschließen des Eingangstors eine Gebühr zahlen. Das Reservat ist 7 km südlich von Castlegregory sowie 7 km westlich von Aughacasla an der nördlichen Küstenstraße (die R560), eine Verbindung zur N86 nach Tralee, ausgeschildert.

Waterworld TAUCHEN
(066-713 9292; www.waterworld.ie; Tauchgang mit Druckluftflasche inkl. Ausrüstung 45 €, Schnuppertauchen im Hafen inkl. Ausrüstung 80 €) Professioneller Tauchladen im Harbour House.

Jamie Knox Watersports WASSERSPORT
(066-713 9411; www.jamieknox.com; Maharees, Castlegregory) Verleiht Surf-, Paddelsurf-, Windsurf- und Kitesurfausrüstung sowie Kanus und Tretboote und bietet u. a. Schnuppersurfkurse (ab 45 €) an. Nach den auffallenden gelben Anhängern Ausschau halten.

Schlafen & Essen

★ **Harbour House** HOTEL €€
(066-713 9292; www.maharees.ie; Scraggane Pier; EZ/DZ ab 55/90 €;) In eindrucksvoller Lage mit Blick auf die Maharees Islands sowie mit 15 komfortablen, modernen Zimmern (ohne Fernseher und ohne WLAN, aber keine Sorge – beides ist in den gemütlichen Gemeinschaftsräumen vorhanden, wenn man gar nicht ohne leben kann) und dem bezaubernden Haushund Lucy versprüht dieses familienbetriebene Hotel eine gemütliche Atmosphäre. Weil hier das Waterworld-Tauchzentrum untergebracht ist, wird der Pool auch für Tauchkurse genutzt. Die Inhaber haben ein eigenes Fischerboot sowie einen Gemüsegarten und liefern so superfrische Zutaten für ihr exzellentes **Islands Seafood Restaurant** (Hauptgerichte 11–27 €; abends). Das Harbour House liegt 5 km nördlich von Castlegregory am Ende der Halbinsel.

Seven Hogs IRISCH €€
(066-713 9719; www.sevenhogs.ie; Aughacasla; Hauptgerichte 10–20 €; EZ/DZ 40/50 €, Hütten für Selbstverpfleger ab 200 € pro Woche; Barküche Mo–Fr ab 18, Sa & So ab 13 Uhr;) Das pfirsichfarbene Gebäude oberhalb der nördlichen Küstenstraße R560 verfügt über einen großen Speiseraum mit Steinkamin und Bücherregalen, in dem Gourmetburger und hausgemachte Pommes frites serviert werden. Außerdem gibt's gemütliche B&B-Zimmer (mit WLAN) im Haus und einige Cottages für Selbstverpfleger (ohne WLAN) hinter dem Hauptbau.

★ **Spillane's** PUB €€
(066-713 9125; www.spillanesbar.com; Fahamore; Hauptgerichte 11,50–22,50 €; ab 13 Uhr, im Winter kürzere Zeit geöffnet;) Wer an einem der Tische draußen Platz nimmt, genießt einen Blick über Strand, Bucht und Berge. Spezialität des idyllischen, legeren Pubs sind Meeresfrüchte (wir empfehlen die Scampi mit Brotkruste), aber es stehen auch leckere Pizzas sowie hausgemachte Burger und Pommes auf der Karte.

NÖRDLICHES KERRY

Verglichen mit dem grandiosen Ring of Kerry, der Dingle Peninsula, Killarney und Kenmare ist der nördliche Teil des Countys eher unspektakulär. Dennoch laden hier einige interessante Orte zum Verweilen ein. In Tralee gibt's ein tolles Museum, zudem lohnen Ballybunion und die stürmischen Strände südlich der Shannon-Mündung einen Besuch.

Tralee

22 800 EW.

Kerrys Hauptstadt hat einige gute Restaurants, Bars, ein tolles Museum und ein neues, hervorragendes Besucherzentrum für das Feuchtgebiet, allerdings kümmern sich die bodenständigen Einheimischen lieber um ihr alltägliches Leben als um den Tourismus.

1216 von den Normannen gegründet, blickt Tralee auf eine lange Geschichte der Rebellion zurück. Im 16. Jh. wurde hier der letzte herrschende Earl of Desmond gefangen genommen und hingerichtet. Seinen Kopf überbrachte man Elizabeth I., die ihn auf der London Bridge zur Schau stellen ließ. An der Kreuzung Denny Street und Mall befand sich einst das Desmond Castle, doch während der Zeit Cromwells wurden alle Spuren der mittelalterlichen Vergangenheit ausgelöscht.

Zu den ältesten Gebieten in der Stadt gehören die elegante Denny Street und der Day Place mit ihren Gebäuden aus dem 18. Jh. Südlich der Mall erstreckt sich ein angenehm offener und modern gestalteter Platz.

Sehenswertes & Aktivitäten

Kerry County Museum MUSEUM

(☎066-712 7777; Denny St; Erw./Kind 5 €/frei; ⊙Juni–Aug. 9.30–17.30, restliches Jahr bis 17 Uhr) Das Kerry County Museum in der neoklassizistischen Ashe Memorial Hall überzeugt mit hervorragenden interaktiven Ausstellungen über historische Ereignisse und Entwicklungen in der Grafschaft sowie ganz Irland. Durch die **Medieval Experience** erwacht der einstige Alltag in Tralee um 1450 zum Leben (inklusive der Gerüche); manches wirkt wie eine Horrorvision von Monty Python. Besonders Kinder laufen begeistert durch die mittelalterlichen Straßen. Die Kommentare sind mehrsprachig. Im **Tom Crean Room** wird der gleichnamige Entdecker aus dem frühen 20. Jh. gefeiert, der Scott und Shackleton auf langen Antarktisexpeditionen begleitete.

Blennerville Windmill & Visitor Centre WINDMÜHLE

(☎Besucherzentrum 066-712 1064; Erw./Kind 5/3 €; ⊙Juni–Aug. 9–18 Uhr, April–Mai & Sept.–Okt. 9.30–17.30 Uhr) Blennerville, von Tralee etwa 1 km südwestlich auf der N86 Richtung Dingle entfernt, war früher der wichtigste Hafen der Stadt, ist aber inzwischen lange ungenutzt. Eine restaurierte **Windmühle** aus dem 19. Jh. gilt als größtes noch betriebenes Bauwerk dieser Art in Irland und Großbritannien. Das zugehörige moderne **Besucherzentrum** präsentiert eine Ausstellung über das Getreidemahlen und Tausende von Auswanderern, die im damals größten Anlegeplatz von Kerry an Bord der sogenannten *coffin ships* (Sargschiffe) in die USA auswanderten. Eine 30-minütige Führung durch die Mühle ist im Eintrittspreis enthalten.

Tralee Bay Wetlands Centre FEUCHTGEBIET

(☎066-712 6700; www.traleebaywetlands.org; Ballyard Rd; Erw./Kind 6/4 €; ⊙Juli & Aug. 10–19 Uhr, Sept.–Juni 10–17 Uhr) Highlight des Besuchs von Tralees neuem Wetlands Centre ist eine 15-minütige Bootsfahrt. Einen guten Blick auf das 3000 ha große Naturschutzgebiet mit den Salz- und Süßwassergebieten genießt man von dem 20 m hohen Aussichtsturm (mit Aufzug). Die versteckten Vogelbeobachtungspunkte eignen sich auch zur Sichtung von Wildtieren. Auf dem Hauptsee werden Tretboote (30 Min. à 10 €) und Ruderkähne (30 Min. à 8 €) vermietet und am Ufer gibt's ein lichtdurchflutetes Café-Bistro. Auf einem weiteren kleineren See kann man angeln lernen.

Feste & Events

Rose of Tralee SCHÖNHEITSWETTBEWERB

(www.roseoftralee.ie; ⊙Aug.) Bei diesem Schönheitswettbewerb können Irinnen und Frauen irischer Abstammung aus der ganzen Welt teilnehmen. Begleitet werden die *„roses"* von *„escorts"*, unverheirateten Männern, die sich ebenfalls einer Jury stellen müssen. Die fünftägige Veranstaltung ist mehr als eine einfache Misswahl und findet ihren krönenden Abschluss in einem Ball sowie der *„midnight madness"*-Parade, der von der frisch gekürten Rose of Tralee angeführt und von Feuerwerk begleitet wird. Darüber hinaus gehört eine Modenschau zum Programm.

Kerry Film Festival FILMFEST

(www.kerryfilmfestival.com; ⊙Okt.) Fünftägiges Festival mit einem Kurzfilmwettbewerb und Vorführungen.

Schlafen

In der Denny Street findet man Unterkünfte aller Preiskategorien.

Finnegan's Holiday Hostel HOSTEL, B&B €

(☎066-712 7610; www.finneganshostel.com; 17 Denny St; B/DZ ab 14/50 €; @📶) Hinter einer eleganten georgianischen Fassade verbirgt

Tralee

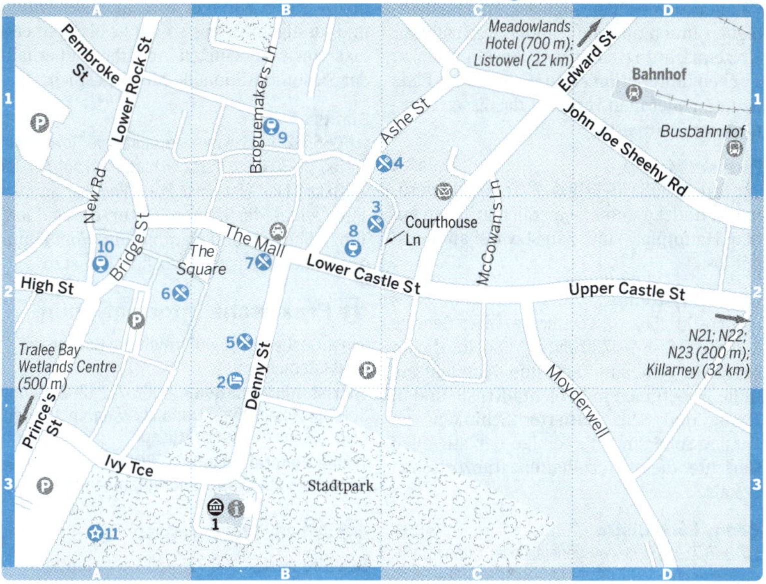

Tralee

Sehenswertes
1 Kerry County Museum B3

Schlafen
2 Finnegan's Holiday Hostel B2

Essen
3 Chez Christophe B2
4 Chopin's Café C1
5 Denny Lane Bistro B2
6 Farmers Market A2
7 Quinlan's Fish B2

Ausgehen & Nachtleben
8 Baily's Corner B2
9 Roundy's B1
10 Seán Óg's A2

Unterhaltung
11 Siamsa Tíre A3

sich eine freundliche Bleibe. Drinnen ist die frühere Pracht zwar längst verblasst, aber dafür gibt's hier eine große Küche und eine Lounge. Die Schlafsäle sind nach irischen Schriftstellern benannt und verfügen ebenso wie die Einzelzimmer über Bäder. Frühstück kostet 5 €.

★ **Meadowlands Hotel** HOTEL €€
(☎066-718 0444; www.meadowlandshotel.com; Oakpark; EZ 65–95 €, DZ 130–160 €; @🛜👪) Nicht weit vom Zentrum entfernt und doch in angenehm ruhiger Lage wartet dieses Viersternehotel mit einem erstaunlich romantischen Ambiente auf. Die Zimmer sind in herbstlichen Tönen gehalten und der Service ist professionell (nach Ermäßigungen fragen!) In der höhlenartigen **Bar** (Bargerichte 10–22 €; ⏲11–21 Uhr) mit Balkendecke kommen frische Meeresfrüchte auf den Tisch – die Besitzer haben eine Flotte eigener Fischerboote. Dementsprechend erfreut sich der Laden bei den Einheimischen mindestens so großer Beliebtheit wie bei den Touristen.

Essen

Romantische Fischrestaurants liegen eine kurze Autofahrt westlich von Tralee in **Spa** und **Fenit** (S. 321).

★ **Quinlan's Fish** FISCH & MEERESFRÜCHTE €
(☎066-712 3998; The Mall; Fish 'n' Chips 8–12 €; ⏲12–22 Uhr; 👪) Quinlan's ist Kerrys führende Fischladenkette mit eigener Fischereiflotte. Die Waren sind immer frisch, außerdem gibt's hier großartige Fish 'n' Chips. Auf der

Speisekarte stehen außerdem Dingle-Bay-Calamares mit süßer Chilisoße. In dem delftblauen Innenraum mit sauber geschrubbter Holzeinrichtung kann man an ein paar zu Tischen umfunktionierten Weinfässern Platz nehmen oder man verspeist das Essen alternativ im Stadtpark.

Farmers Market MARKT €
(the Square; Sa 10–16 Uhr) Tralees Bauernmarkt findet an unterschiedlichen Tagen auf dem Hauptplatz statt. Samstags ist am meisten los.

Chez Christophe FRANZÖSISCH €
(066-718 1562; 6 Courthouse Lane; Gerichte 3,50–10,90 €; 9–17.30 Uhr;) Quiche, die im Mund zergeht, mit Chili und Mandeln gefüllte Auberginen mit Polenta-Kruste und in Honig und Senf glasierter Schinken mit Parsley-Soße sind nur einige der stilvollen Gerichte dieses fabelhaften französischen Lokals.

Denny Lane Bistro CAFÉ €€
(066-719 4319; www.dennylane.ie; Denny Lane; Hauptgerichte 16–24 €; Mo–Sa 10–15, Do–Sa ab 18 Uhr;) Eine schmale Gasse führt zu dem modernen Café, das großartige Tapas und sättigendere Speisen wie pfannengebratene Lendensteaks serviert.

Chopin's Café CAFÉ €€
(066-711 7539; 8 Ashe St; Hauptgerichte 8,50–18 €; Mo–Sa 8–18 Uhr;) Zu den irischen Gerichten in diesem süßen kleinen Café, das an eine rote Schachtel erinnert, gehören in Schinken eingewickelte Jakobsmuscheln, hausgemachte Rindfleischburger mit Zwiebeln und internationale Speisen wie Lasagne.

Ausgehen & Unterhaltung

In der Castle Street gibt's zahlreiche kommerzielle Pubs, die oft auch Konzerte im Programm haben.

★ **Roundy's** BAR
(5 Broguemakers Lane; ab 17 Uhr) Hier wurde mit ganz viel Kreativität ein Reihenhaus samt Baum im Innenhof in eine kleine, sehr coole Bar mit aktueller Musik, regelmäßigen Old-School-DJ-Nächten und Livebands verwandelt.

Baily's Corner PUB
(Lower Castle St;) Rugby-Erinnerungsstücke füllen dieses Pub, das zu Recht wegen seiner tollen Trad Sessions beliebt ist. Hier treten lokale Künstler mit eigenen Kompositionen auf.

Seán Óg's PUB
(Bridge St) Im Sommer wird in dieser lauten und launigen Kneipe sonntags bis donnerstags sowie an einigen Abenden außerhalb der Saison traditionelle Musik gespielt.

Siamsa Tíre THEATER
(066-712 3055; www.siamsatire.com; Town Park; Karten 15–30 € pro Pers.; Kartenverkauf Mo–Sa 9–18 Uhr) Das National Folk Theatre Siamsa Tíre belebt die irische Kultur durch Lied, Tanz, Theater und Pantomime. Vorstellungen finden mehrmals wöchentlich statt.

Praktische Informationen

In der Castle Street gibt's mehrere Banken mit Geldautomaten.

Touristeninformation (066-712 1288; Denny St; Mo–Sa 9.15–17 Uhr Juli & Aug. tgl.) Unterhalb des Kerry County Museum.

Tralee General Hospital (066-712 6222; Boherbee) Mit Unfall- und Notaufnahme.

An- & Weiterreise

Bus Éireann (066-716 4700; www.buseireann.ie) bietet ab dem Busbahnhof (neben dem Bahnhof östlich des Stadtzentrums) neun tägliche Verbindungen nach Dublin (27,80 €, 6 Std.). Die Busse fahren über Listowel (8,50 €, 30 Min.) und man muss in Limerick (19,70 €, 2 Std.) umsteigen. Außerdem starten stündlich Busse nach Waterford (28,50 €, 5½ Std.), Killarney (9,80 €, 40 Min.) und Cork (20,70 €, 2½ Std.).

Irish Rail (066-712 3522; www.irishrail.ie) verkehrt dreimal täglich über Mallow nach Cork (35 €, 2¼ Std.), bis zu neunmal nach Killarney (10,80 €, 45 Min.) und einmal auf direktem Weg nach Dublin (33 €, 4 Std.). Einige weitere Züge steuern Mallow an, wo man umsteigen muss.

Unterwegs vor Ort

An der Mall warten mehrere Taxis. Stehen hier keine Wagen bereit, kann man es bei **Jackie Power Tours & Cabs** (066-712 6300; 2 Lower Rock St) versuchen.

Tralee Gas & Bicycle Supplies (066-712 2018; Strand St; Mo–Sa 8.30–17.45 Uhr) verleiht Fahrräder für 15 € pro Tag.

Rund um Tralee

Östlich der Stadt erstrecken sich einige der schönsten Höhlen des Landes. Richtung Westen gelangt man zum winzigen Fischerdorf Spa und zum Hafen von Fenit, Richtung Nordosten zu Ardferts mittelalterlicher Kathedrale.

Crag Cave

Diese **Höhle** (☎066-714 1244; www.cragcave.com; Castleisland; Erw./Kind 12/5 €; ⏲April–Dez. tgl. 10–18 Uhr, Jan.–März Mi–So 10–18 Uhr) wurde erst 1983 entdeckt, als man wegen einer Wasserverschmutzung nach der Quelle des örtlichen Flusses suchen musste. Seit 1989 kann man im Rahmen einer 30-minütigen Führung die ersten 300 m der 4 km langen Höhle besichtigen. Drinnen herrschen nur 10 °C , also sollte man eine Jacke mitnehmen. Zu den bemerkenswerten Felsformationen gehört ein Stalagmit, der an eine Madonnenfigur erinnern soll (allerdings liegt das im Auge des Betrachters). Es gibt hier einen Spielplatz, ein Restaurant und natürlich einen Souvenirladen.

Die Crag Cave befindet sich 18 km östlich von Tralee und ist ab Castleisland sowie ab der N21 von Abbeyfeale nach Castleisland ausgeschildert. Castleisland erreicht man von Tralee und Killarney aus problemlos mit dem Bus.

Spa & Fenit

435 EW.

7 km nordwestlich von Tralee an der Küste liegt eine kleine Siedlung namens Spa, auf manchen Karten als „The Spa" bezeichnet. Nach weiteren 6 km folgt Fenit, dessen irischer Name An Fhianait so viel wie „Wilder Ort" bedeutet. Obwohl das abgeschiedene Dorf winzig ist, entstand hier wegen seiner Atlantiknähe ein beachtlicher Fischer- und Jachthafen. Außerdem gibt's in der Gegend einige hervorragende Fischrestaurants.

Essen

West End Bar & Bistro FISCH & MEERESFRÜCHTE €€
(☎066-713 6246; www.westendfenit.ie; Fenit; Hauptgerichte 10–23 €; ⏲Restaurant Mo–Sa 17–21, So 13–20 Uhr, Jan.–März geschl.) Die weiß getünchte Bar wird bereits in fünfter Generation betrieben und ist eine echte Institution. Hier werden köstliche Meeresfrüchte, z. B. mit Krebsfleisch von der Tralee Bay belegte Sandwiches, sowie Fleischgerichte aus regionalen Zutaten serviert. Das Motto lautet: Entweder frisch oder gar nicht! Die zehn Gästezimmer (70 €) haben eigene Bäder, zudem ist im Preis ein herzhaftes Frühstück inbegriffen.

Spa Seafoods Restaurant FEINKOST, RESTAURANT €€
(☎066-713 6901; www.spaseafoods.com; Spa; Hauptgerichte 10,50–24 €; ⏲Laden tgl. 9–18, Restaurant Fr–So 12.30–17 & 18–21 Uhr) In dem modernen Glasbau gegenüber der Oyster Tavern sind ein hervorragender Feinkostladen mit frischen Meeresfrüchten und Gewürzen und ein hübsches Restaurant untergebracht. Zur kleinen, aber feinen Auswahl gehören Tarte aus selbst geräuchertem Schellfisch und Spinat sowie gedünstete Venusmuscheln mit Sherry und iberischem Schinken.

Tankard FISCH & MEERESFRÜCHTE €€
(☎066-713 6164; Kilfenora, Fenit; Hauptgerichte 15–25 €; ⏲12.30–21.30 Uhr) Das leuchtend gelbe Publokal serviert klassische Gerichte aus frischem Fisch in gebratener und frittierter Form oder mit Mornay-Soße, z. B. Jakobsmuscheln mit Mornay-Soße und Kartoffelkruste.

Oyster Tavern FISCH & MEERESFRÜCHTE €€€
(☎066-713 6102; Spa; Hauptgerichte 14–28 €; ⏲Mo–Sa ab 17, So ab 12 Uhr; 👪) Gäste dieses erstklassigen Restaurants dürfen sich über gegrillten Atlantiklachs, gebratene Krebsscheren vom Kerry Head sowie Scampi und Hummer aus der Dingle Bay (saisonbedingt) freuen. Fleischfans und Vegetariern wird ebenfalls eine kreative Auswahl geboten.

Ardfert

924 EW.

Ardfert (Ard Fhearta) liegt 10 km nordwestlich von Tralee an der Straße nach Ballyheigue. Das Dorf ist für seine hohe **Kathedrale** (☎066-713 4711; www.heritageireland.ie; Erw./Kind 3/1 €; ⏲Mai–Sept. 10–18 Uhr) bekannt, die größtenteils aus dem 13. Jh. stammt. Einige Bauteile wurden jedoch von einer Kirche aus dem 11. Jh. übernommen. Ein Bildnis an der Innenwand zeigt den hl. Brendan, der in Ardfert zur Schule ging und hier ein Kloster gründete. Auf dem Gelände befinden sich außerdem die Ruinen zweier weiterer Kirchen: Templenahoe aus dem 12. Jh. und Templenagriffin aus dem 15. Jh.

Geht man vor der Kathedrale nach rechts und etwa 500 m die Straße entlang, stößt man auf die Überreste eines **Franziskanerklosters** aus dem 13. Jh., dessen Kreuzgänge ins 15. Jh. datieren.

Listowel

4207 EW.

Einst sagte der verstorbene Schriftsteller Bryan MacMahon über Listowel: „Ich hege die absurde Vorstellung, eine irische Ortschaft, einen winzigen Punkt auf der Karte, dazu zu bewegen, zu einem Zentrum der

Fantasie zu werden." Eines ist sicher, in literarischer Hinsicht hat diese kleine Stadt mehr zu bieten als jedes andere Provinznest, schließlich bestehen Bezüge zu so großen Namen wie John B. Keane, Maurice Walsh, George Fitzmaurice und Brendan Kennelly.

Abgesehen von dieser Seite und ein, zwei Veranstaltungsorten besteht Listowel jedoch lediglich aus ein paar sauberen georgianischen Straßen, die um den Hauptplatz mit dem St. John's Theatre und dem Arts Centre, der ehemaligen St. John's Church, angeordnet sind. Darüber hinaus erstreckt sich am Ufer des Feale ein Park, den man über eine Straße bei der Burg erreicht.

Sehenswertes & Aktivitäten

Kerry Literary & Cultural Centre KULTURZENTRUM

(Seanchaí; ☎068-22212; www.kerrywritersmuseum.com; 24 the Square; Erw./Kind 5/3 €; ⌚Juni–Sept. tgl. 9.30–17.30 Uhr, Okt.–Mai Mo–Fr 10–16 Uhr) Die audiovisuelle Writers' Exhibition in diesem großartigen Kulturzentrum erzählt Listowels Erbe literarischer Beobachter des irischen Alltags nach. Ganze Zimmer sind regionalen Größen wie John B. Keane und Bryan MacMahon gewidmet, deren Leben auf Tafeln beschrieben wird. Außerdem erklingen hier die Originalstimmen der Autoren, die aus ihren Werken vorlesen. Zum Centre gehören noch ein Café und ein Aufführungsraum, in dem gelegentlich Veranstaltungen stattfinden.

Auf der anderen Seite des Platzes erinnert eine **Statue**, die so aussieht, als würde sie gerade ein Taxi rufen, an Keane. Der Schriftsteller ist bekannt für seine ironischen Texte über Limericks Bettler bis hin zu Silvestervorsätzen, nun aber ganz bestimmt kein Porter (eine Biersorte) mehr zu trinken.

In der Church Street gegenüber der Polizeistation zeigt das **literarische Wandbild** bekannte Schriftsteller aus der Region sowie einige Zitate.

Listowel Castle BURG

(☎086 385 7201; www.heritageireland.ie; ⌚Ende Mai–Ende Aug. Di–Sa 10–17 Uhr) Im 12. Jh. entstand die Burg hinter dem Kerry Literary & Cultural Centre als Sitz der anglonormannischen Herren von Kerry, den Fitzmaurices. Sie war die letzte Festung in Irland, die während der Desmond-Rebellion den elisabethanischen Angriffen standhielt. Die Ruine wurde umfassend restauriert.

St. John's Theatre & Arts Centre KUNSTZENTRUM

(☎068-22566; www.stjohnstheatrelistowel.com; the Square) Auf dem Programm des in einer ehemaligen Kirche untergebrachten Zentrums stehen Kunstausstellungen, Theaterstücke sowie Musik- und Tanzveranstaltungen.

Lartigue Monorailway EISENBAHN

(☎068-24393; www.lartiguemonorail.com; John B Keane Rd; Erw./Kind 6/3 €; ⌚Mai–Sept. 13–16.30 Uhr) Die letzte viktorianische Eisenbahn entstand nach den Entwürfen des Franzosen Charles Lartigue und bediente die Strecke zwischen Listowel und dem Küstenort Ballybunion. Der restaurierte Abschnitt ist weniger als 1 km lang, aber faszinierend. Mit manuellen Bodendrehplatten an den Enden lässt sich der Zug wenden.

Wanderungen WANDERUNGEN

In der Touristeninformation bekommt man Broschüren über Wanderungen, darunter der 3,5 km lange **Spaziergang am Fluss** und die 10 km lange **Sive-Route**. Letztere führt an der John B. Keane Road, stillgelegten Gleisen und einem Sumpf vorbei.

Feste & Events

Writers' Week LITERATUR

(www.writersweek.ie; ⌚Ende Mai/Anfang Juni) Am ersten Juniwochenende strömen Bücherfreunde nach Listowel, um hier fünf Tage lang Lesungen, Dichtkunst, Musik, Schauspiel, Seminare, Geschichtenerzähler und viele andere Events mitzuerleben. Das Literaturfest zieht zudem eine erstaunliche Zahl bekannter Schriftsteller an, darunter die Gewinner des Booker Prize Colm Tóibín, John Montague, Jung Chang, Damon Galgut, Rebecca Miller und Terry Jones.

Listowel Races PFERDERENNEN

(www.listowelraces.ie; ⌚Juni & Mitte Sept.) Das Pferderennen findet rund um das Pfingstwochenende sowie eine Woche lang Mitte September statt.

Schlafen & Essen

Listowel Arms Hotel HOTEL €€

(☎068-21500; www.listowelarms.com; the Square; EZ 64–120 €, DZ 120–200 €; @) Listowels einziges Hotel mit Komplettservice wird von einer Familie geführt. In dem georgianischen Gebäude hält man gekonnt die Waage zwischen Prunk und Landhauscharme. Die 42 Zimmer verfügen über Antiquitäten, marmorne Waschbecken sowie einen Blick auf Fluss und eine Pferderennbahn. Im Sommer wird in der **Writers Bar** (📶) Musik gespielt, außerdem kredenzt das **Georgian Restaurant** (Hauptgerichte 13–22 €; ⏲ab 15 Uhr) den Fang des Tages – frittiert, gegrillt oder gebraten.

Farmers Market MARKT €
(⏲Fr 9–14 Uhr) Auf dem Square.

Ausgehen

John B. Keane PUB
(37 William St) Bis zu seinem Tod war John B. Keane der Besitzer dieser kleinen, unauffälligen Bar voller Andenken an das Leben des berühmten Schriftstellers.

Praktische Informationen

Touristeninformation (☎068-22212; www.listowel.ie; ⏲Ende Mai–Ende Aug. Di–Sa 10–17 Uhr) Das Büro ist nur im Sommer geöffnet und im Kerry Literary & Cultural Centre (S. 322) untergebracht.

An- & Weiterreise

Von hier bestehen tägliche Busverbindungen nach Tralee (8,50 €, 40 Min.) und Limerick (18,50 €, 1½ Std.).

Rund um Listowel

Ballybunion

Der kleine Badeort, 15 km nordöstlich von Listowel an der R553 gelegen, ist für den erstklassigen **Ballybunion Golf Club** (☎068-27146; www.ballybuniongolfclub.ie; Golfplatzgebühr 65–180 €; ⏲Abschlagszeiten nach Vereinbarung) berühmt. Hinter der Statue eines golfschlägerschwingenden Bill Clinton, die an den Besuch des früheren US-amerikanischen Präsidenten 1998 erinnert, liegen zwei lange **Strände**; einer davon, Ballybunion South, wurde mit der Blauen Flage ausgezeichnet.

Von den Überresten des **Ballybunion Castle**, das im 16. Jh. als Sitz der Fitzmaurice-Familie diente, genießt man einen guten Ausblick auf den Sandstreifen im Süden. Ein unterirdischer Gang führt von der Burg bis zur Klippe.

Während des **Ballybunion Bachelor Festival** (⏲Aug.) gibt's überall in der Stadt und der Umgebung Veranstaltungen und Feiern, außerdem versuchen zu diesem Anlass 15 irische Junggesellen in Anzug und Krawatte eine Jury zu beeindrucken.

Statt in den Hotels im Ortszentrum zu übernachten, sollte man besser das 2,5 km südlich gegenüber dem Golfclub gelegene **Teach de Broc** (http://ballybuniongolf.com; Link Rd; EZ/DZ 90/135 €; ⏲Nov.–März Gasthaus; 📶) ansteuern. Die wundervolle Unterkunft hat 14 große, stilvolle Zimmer mit gut durchdachter Ausstattung (hypoallergene Kissen, kostenlose Wasserflaschen). Das **Strollers Bistro** (Hauptgerichte 15–37 €; ⏲Mo–Sa 18–22, So 15–22 Uhr) besitzt einen etwas irreführenden Namen, denn hierbei handelt es sich um Ballybunions Top-Gourmetrestaurant. Es serviert Gerichte wie gegrillte Ente mit Kartoffelrösti, Marmelade und Ingwersoße. Die Desserts kommen als Mini-Verführungen in Schnapsgläsern daher. In der Bar kann man ein Bier aus einer isländischen Kleinbrauerei oder auch einen Cocktail trinken.

Montags bis samstags verkehrt ein Bus (im Sommer sind es zwei) von Listowel nach Ballybunion (5 €, 25 Min.).

Tarbert

775 EW.

Tarbert befindet sich 16 km nördlich von Listowel an der N69. **Shannon Ferry Limited** (☎068-905 3124; www.shannonferries.com; einfach/hin & zurück Fahrrad & Fußgänger 5/7 €, Motorrad 9/14 €, Auto 18/28 €; ⏲Juni–Aug. 7.30–21.30 Uhr, Sept.–Mai 7.30–19.30 Uhr, ganzjährig So ab 9.30 Uhr; 📶) betreibt eine Fähre zwischen Tarbert und Killimer im County Clare, mit der man das ständig verstopfte Limerick umgehen kann. Der gut ausgeschilderte Hafen erstreckt sich 2,2 km westlich des Dorfes. Wer von hier aus durch Limerick fahren muss, nimmt am besten die malerische N69.

Vor der Überfahrt lohnt sich ein Besuch des renovierten **Tarbert Bridewell Jail & Courthouse** (http://tarbertbridewell.com/museum.html; Erw./Familie 3,50/10 €; ⏲April–Okt. 10–17 Uhr). Eine Ausstellung (inklusive Schaufensterpuppen) widmet sich den schwierigen sozialen und politischen Bedingungen im 19. Jh. Vom Gefängnis führt der 6,1 km lange **John F. Leslie Woodland Walk** an der Bucht von Tarbert entlang bis zur Shannon-Mündung.

Wer über Nacht bleiben möchte, sollte das farbenprächtig renovierte, zentral gelegene **Ferry House Hostel** (☎068-36555; www.ferryhousehostel.com; the Square; B/DZ 18/48 €; 📶) aus dem 18. Jh. ansteuern. Es ist im Besitz einer weitgereisten Familie und hat saubere, luftige Schlafsäle, private Zimmer sowie ein hübsches Café. In Teilen des historischen Steingebäudes ist WLAN verfügbar.

Busse fahren im Juli und August von Tarbert nach Limerick (15,40 €, 1¼ Std.).

Counties Limerick & Tipperary

350 000 EW. / 6989 KM²

Inhalt ➡

Gut essen

- Restaurant 1826 Adare (S. 335)
- Mustard Seed at Eco Lodge (S. 336)
- Befani's (S. 354)
- Café Hans (S. 350)

Schön übernachten

- Adare Manor (S. 335)
- The Boutique Hotel (S. 331)
- Aherlow House Hotel (S. 337)
- Dunraven Arms (S. 335)

Auf nach Limerick & Tipperary

Diese beiden Counties stehen synonym für Marschlieder sowie freche Reime auf Toilettenwänden und sind touristisch kaum erschlossen.

Limericks dramatische Geschichte ist eng mit der gleichnamigen Stadt verbunden, die mit Straßen voller historischer Sehenswürdigkeiten aufwartet und eine düstere, ehrliche Atmosphäre verströmt. Auch in der üppig grünen Umgebung gibt's jede Menge zu entdecken.

Im Gegensatz dazu ist die Stadt Tipperary weit weniger bedeutend. Dafür erstreckt sich in der Grafschaft eine malerische Landschaft mit sanften Hügeln, fruchtbarem Ackerland, Flusstälern und hohen Bergen. Hier kann man Flüsse bis zur Quelle verfolgen, über Zäune klettern und stößt mitunter ganz plötzlich auf faszinierende Ruinen.

Beide Counties locken mit antiken keltischen Stätten, mittelalterlichen Klöstern und anderen Relikten. Und selbst die bekanntesten Sehenswürdigkeiten strahlen eine spröde, inspirierende Würde aus.

Reisezeit

- In Limerick, Irlands drittgrößter Stadt, leben viele Studenten. Hier ist das ganze Jahr über etwas los, aber von April bis Oktober kann man am meisten unternehmen. Dies ist auch die beste Zeit, um die Dörfer und die Landschaft der beiden Counties zu erkunden. Jetzt haben die Touristenattraktionen am längsten geöffnet (im restlichen Jahr sind viele geschlossen) und es herrscht das beste Wetter.
- Zwischen April und Oktober ist der Veranstaltungskalender in den Counties am vollsten. Im Glen of Aherlow finden z. B. tolle Wanderfeste statt.

COUNTY LIMERICK

Das tief gelegene Ackerland von Limerick wird im Süden und Osten vom ansteigenden Hochland und von Bergen begrenzt. Trotz des ländlichen Charakters der Umgebung sprüht die gleichnamige Stadt des Countys nur so vor Leben und bietet einige historische und kulturelle Attraktionen für Tagesausflügler. 15 km südlich erstrecken sich die faszinierenden archäologischen Stätten rund um den Lough Gur und einige Kilometer weiter südwestlich stößt man auf das charmante Örtchen Adare.

Limerick (Stadt)

56 800 EW.

Limerick liegt beiderseits des Shannon, genau dort, wo der Fluss Richtung Westen schwenkt und sich zur Trichtermündung ausweitet. Es durchlebte düstere Zeiten, die Frank McCourt in *Die Asche meiner Mutter* beschrieben hat. Während der Phase des keltischen Tigers wurde die hiesige mittelalterliche und georgianische Architektur auf Hochglanz poliert, doch die Wirtschaftskrise traf Limerick hart, davon zeugen verlassene Grundstücke und vergitterte Fenster.

Allerdings erlebte der Ort erneut eine Art Renaissance. 2014 ist Limerick die erste Kulturhauptstadt Irlands (diese Ehre wird irischen Städten alle zwei Jahre für zwölf Monate zuteil) und bietet ein volles Programm mit Kunst-, Kultur- und Sportveranstaltungen. Darüber hinaus wartet es mit einer faszinierenden frisch renovierten Burg, einem tollen Kunstmuseum, herrlichen Cafés und zahlreichen Pubs auf. Am meisten zeichnet sich der Ort jedoch durch seine gastfreundlichen Bewohner aus, die Besucher herzlich willkommen heißen.

Man kann die kompakte Stadt gut zu Fuß oder mit dem Rad erkunden. Für die Strecke von der St. Mary's Cathedral am einen und dem Bahnhof am anderen Ende benötigt man nur 15 Minuten.

Geschichte

Im 9. Jh. errichteten die Wikinger auf einer Insel im Shannon eine Siedlung. Die Einheimischen versuchten das Territorium immer wieder zurückzuerobern, aber erst 968 gelang es Brian Borús Truppen, die Eindringlinge zu vertreiben und Limerick zum Hauptsitz der O'Brien-Könige zu machen. Das endgültige Aus bereitete Ború den Wikingern 1014 in der Schlacht von Clontarf. Ende des 12. Jhs. fielen die Normannen ein und drängten die Iren zurück. Das ganze Mittelalter hindurch blieben beide Gruppen getrennt.

1690 bis 1691 errang Limerick Heldenstatus im Kampf der Iren gegen die englischen Machthaber. Wegen ihrer Niederlage am Boyne 1690 zogen sich die jakobitischen Truppen Richtung Westen hinter die berüchtigten dicken Mauern der Stadt zurück. Dann wurde der Vertrag von Limerick geschlossen, der den Katholiken Religionsfreiheit garantierte. Die britischen Herrscher hielten sich nicht daran und setzten strenge antikatholische Gesetze durch – ein Akt des Verrats, der als Symbol für die Ungerechtigkeit englischer Herrschaft gesehen wurde.

Im 18. Jh. wurde die alte Mauer abgerissen, um einer neuen, gut konzipierten Stadt nach georgianischem Muster Platz zu machen. Allerdings hatte sich der Wohlstand bis zu Beginn des 20. Jhs. wieder verflüchtigt, weil für die traditionellen Industriebetriebe harte Zeiten angebrochen waren. Einige eingefleischte Nationalisten wie Eamon de Valera erhoben hier ihre Stimme.

Sehenswertes

Limericks Sehenswürdigkeiten konzentrieren sich im Norden auf King's Island, das älteste Viertel, das einst zu Englishtown gehörte, und im Süden rund um den Crescent und den Pery Square (der sehenswerte georgianische Stadtteil) sowie entlang der Flussufer.

★ King John's Castle BURG

(www.shannonheritage.com; Nicholas St; Erw./Kind 8/4,50 €; April–Sept. tgl. 9.30–17.30 Uhr, Okt.–März bis 16.30 Uhr) Vom Westufer des Shannon genießt man einen tollen Blick auf Limericks beeindruckende Festung mit ihren massiven Umfassungsmauern und Türmen. Das Gebäude wurde von King John of England zwischen 1200 und 1212 an dem Standort errichtet, wo sich einst eine Befestigungsanlage befand, und diente der wohlhabenden Region als militärischer Stützpunkt sowie als Verwaltungszentrum. 2013 feierte es nach umfassenden Renovierungsarbeiten seine Wiedereröffnung.

Im Inneren der Burg werden Rekonstruktionen von mittelalterlichen Waffen (beispielsweise der Tribok, eine Wurfschleuder), freigelegte Wikingerstätten, normannisches Kulturgut und andere Artefakte präsentiert. Neben neuen Multimediaexponaten gibt's Ausstellungsstücke für Kinder wie Schubladen für kleine Entdecker.

Highlights

1 Im **Hunt Museum** (S. 329) in Limerick (Stadt) Schätze aus der Bronze- und Eisenzeit sowie aus dem Mittelalter bewundern

2 Bei einer Tour auf Limericks Nebenstraßen zu den atmosphärischen Ruinen von **Askeaton** (S. 333) und zum **Bootsmuseum** (S. 333) in Foynes den Blick auf den Shannon genießen

3 In die faszinierende Unterwelt aus Gängen und Höhlen der **Mitchelstown Caves** (S. 352) eintauchen

4 Einen Spaziergang entlang der Gemäuer und des Bergfrieds von Cahirs exemplarischer **Burg** (S. 351) unternehmen

5 Die alten religiösen Bauten auf dem **Rock of Cashel** (S. 338) erkunden

6 In **Adare** (S. 334), einem Dorf mit zahlreichen reetgedeckten Häusern, verlockende Gerichte schlemmen

7 Einen Tag auf der **Rennbahn** (S. 337) von Tipperary verbringen

Limerick (Stadt)

0
200 m
N18; Thormond Park Stadium (1 km)
High St
Thomond Bridge
7
Zolltor
4
Church St
King John's Castle
2
5
KING'S ISLAND
Nicholas St
Castle Ln
6
Absolute Hotel (200 m)
Shannon
Merchants Quay
Bridge St
18
George's Quay
Abbey
Bunratty (12 km); Shannon Airport (26 km)
Ennis Rd
Clancy's Strand
1
Hunt Museum
Bank Pl
Charlotte Quay
8
24
N7 (3 km)
Quay
Rutland St
Arthurs
22
Sarsfield Bridge
9
Patrick St
Michael St
12
Sarsfield St
Denmark St
Ellen St
The Milk Market
Cruise's St
13
Bedford Row
Robert St
16
Cornmarket Row
Bushaltestelle
19
11
William St
20
Henry St
Thomas Rd
High St
Lower Cecil St
10
14
17
Thomas St
Parnell St
Dock Rd (N69)
15
Theatre Ln
O'Connell St
Roches St
Catherine St
23
Cecil St
N24; Lough Gur (16 km); Tipperary (36 km)
Dolan's (400 m)
Glentworth St
Mallow St
Pery St
Catherine Pl
Daniel-O'Connell-Denkmal
Hartstonge St
3
Upper Mallow St
N20; N21 (4 km)
The Crescent
Limerick City Gallery of Art
Citylink-Haltestelle
Busbahnhof
Bahnhof
Pery Sq
21
Quinlan St
People's Park

Limerick (Stadt)

Highlights
1 Hunt Museum ... C3
2 King John's Castle ... C1
3 Limerick City Gallery of Art ... B7

Sehenswertes
4 Bishop's Palace ... C1
5 Limerick City Museum ... D1
6 St. Mary's Cathedral ... D2
7 Treaty Stone ... B1

Aktivitäten, Kurse & Touren
8 Red Viking ... D3
9 Stadtspaziergang ... C4

Schlafen
10 George Boutique Hotel ... B5
11 Savoy ... B5
12 The Boutique Hotel ... C4

Essen
13 Café Noir ... D4
14 Chocolat ... B5
15 Glasshouse Restaurant ... A5
16 Milk Market ... D4
17 Sage Café ... C5

Ausgehen & Nachtleben
18 Locke Bar ... D2
19 Nancy Blake's ... D4
20 Peter Clohessy's Bar & Sin Bin Nightclub ... A5
21 South's ... A7
22 Trinity Rooms ... D3
23 White House Pub ... B6

Shoppen
24 Celtic Bookshop ... D3

Auf der anderen Seite der mittelalterlichen Thomond Bridge erhebt sich der **Treaty Stone**. Er markiert die Stelle am Ufer, wo der Vertrag von Limerick unterzeichnet wurde. Vor dem Überqueren der Brücke fällt der Blick auf den **Bishop's Palace** aus dem 18. Jh. (Church St; Mo–Fr 10–13 & 14–16.30 Uhr) und das ehemalige **Zolltor**.

★ Hunt Museum MUSEUM

(www.huntmuseum.com; Custom House, Rutland St; Erw./Kind 5/2,50 €; Mo–Sa 10–17, So 14–17 Uhr;) Obwohl das Museum nach seinen Mäzenen benannt ist, verdankt es seinen Namen ebenso der Tatsache, dass sein Besuch der „Jagd" nach einem Schatz gleicht. Hier wird man nämlich dazu animiert, Schubläden zu öffnen, in den Sammlungen aus der Bronze- und Eisenzeit zu stöbern und mittelalterliche Schätze außerhalb Dublins ausfindig zu machen. Die rund 2000 Exponate stammen aus der Privatsammlung des verstorbenen Ehepaars Hunt, das sich als Antiquitätenhändler und Experten für Denkmalpflege für die Region einsetzte. Besucher sollten sich das kleine, aber feine Bronzepferd von Leonardo da Vinci und die Münze aus Syrakus, angeblich einer der 30 Silbertaler, die Judas für den Verrat an Jesus erhalten haben soll, nicht entgehen lassen. Kykladische Figuren, eine Zeichnung von Giacometti und Gemälde von Renoir, Picasso sowie Jack B. Yeats gehören ebenfalls zu den Ausstellungsstücken. Kostenlose einstündige **Führungen** werden von engagierten Freiwilligen in bunten Gewändern angeboten. Im Museum befindet sich auch ein gutes **Café**.

★ Limerick City Gallery of Art KUNSTMUSEUM

(www.limerickcitygallery.ie; Carnegie Bldg, Pery Sq; Mo–Mi & Fr 10–17.30, Do 10–20.30, Sa 10–17, So 12–17 Uhr) GRATIS Limericks exzellentes Kunstmuseum grenzt an den friedlichen People's Park im Herzen des georgianischen Limerick. Zur Dauerausstellung gehören Werke von Sean Keating und Jack B. Yeats. Besucher sollten unbedingt einen Blick auf Keatings stimmungsvolles Genrebild *Kelp Burners* (Tangfeuer) und Sir John Laverys *Stars in Sunlight* werfen, deren jeweilige traditionelle Motive strahlend in Szene gesetzt sind. Hin und wieder finden auch Wechselausstellungen mit pseudoskandalösen Werken statt, zudem richtet das Museum Irlands zeitgenössische Kunstbiennale **eva International** (www.eva.ie) aus, die in jedem Jahr mit gerader Jahreszahl veranstaltet wird. Mehr darüber erfährt man auf der Website.

St. Mary's Cathedral KATHEDRALE

(061-310 293; Bridge St; Eintritt durch Spende 2 €; Mo–Fr 9–17, Sa & So 9–16 Uhr) Die Kathedrale wurde 1168 von Donal Mór O'Brien, König von Munster, gegründet. Teile des romanischen Westportals aus dem 12. Jh. sowie das Haupt- und Seitenschiff sind bis heute erhalten geblieben. Aus dem 15. Jh. stammen die aus schwarzem Eichenholz geschnitzten Misericordien (kleine Stützbretter im Chorgestühl) – die einzigen ihrer Art in ganz Irland. Wer sich die Kirche ansehen möchte, sollte vorher anrufen und sich über aktuelle Öffnungszeiten und eventuelle Konzerte informieren.

Limerick City Museum MUSEUM
(www.limerickcity.ie; Castle Lane; ⌚ Di–Sa 10–13 & 14.15–17 Uhr) GRATIS Das kleine Museum neben King John's Castle wird zu Ehren des verstorbenen irischen sozialistischen Politikers auch Jim Kemmy Municipal Museum genannt. Zu den Exponaten gehören Artefakte aus der Stein- und Bronzezeit, das berühmte Civic Sword von 1575, Limericker Silberarbeiten sowie einige der Glacé- und Spitzenhandschuhe, die in der Stadt hergestellt wurden. Außerdem sind Exponate aus dem 19. Jh. zu sehen.

Thomond Park Stadium STADION
(☎ 061-421 109; http://thomondpark.ie; Führung Erw./Kind 10/8 €, an Spieltagen 3/2 €) Von 1995 bis 2007 konnte das **Munster Rugby Team** (www.munsterrugby.ie) in diesem legendären Stadion kein einziges Mal besiegt werden. 2008 – als es den Heineken European Cup zum zweiten Mal gewann – wurde das Bauwerk umfassend renoviert. Bei einer Führung besichtigt man auch das mit Erinnerungsstücken vollgestopfte Museum. Das Stadion liegt 1 km nordwestlich des Zentrums an der High Street und ist bequem zu Fuß zu erreichen.

Geführte Touren

Stadtspaziergang STADTSPAZIERGANG
(☎ 087 235 1339; 10 € pro Pers.) Noel Curtin bietet unterhaltsame und informative 90-minütige Stadtrundgänge an, die um 14.30 Uhr vor der Touristeninformation starten.

Red Viking BUSTOUR
(☎ 061-334 920; http://redvikingtours.com; Bank Pl; Erw./Kind 10/5 €; ⌚ Mai–Okt.) Die einstündigen Stadtrundfahrten im offenen Bus beginnen am Bank Place beim Charlotte Quay oder neben der Touristeninformation.

Schlafen

Wer in der Nähe des Ortszentrums eine Unterkunft findet, hat es nicht weit zum Nachtleben. Ansonsten bleiben Optionen an bzw. unweit der Umgehungsstraßen, wobei man in dem Fall vielleicht lieber in etwas idyllischeren, weiter außerhalb gelegenen Bleiben auf dem Land übernachtet.

In der Alexandra Terrace an der O'Connell Avenue (verläuft von der O'Connell Street nach Süden) gibt's einige mittelteure Pensionen, ebenso wie in der Ennis Road, die Richtung Nordwesten zum Shannon führt, allerdings ist man dort mindestens 1 km vom Zentrum entfernt.

Courtbrack Accommodation B&B €
(☎ 061-302 500; www.courtbrackaccom.com; Courtbrack Ave; B/EZ/DZ 23,50/30/52 €; ⌚ Mai–Aug.; @ 📶) Im Semester dient das schicke in Rottönen gehaltene Courtbreak als Studentenunterkunft, aber im Sommer sind hier Besucher willkommen. Im Preis ist ein kontinentales Frühstück enthalten, zudem umfasst

FRANK MCCOURT

Keine Persönlichkeit unserer Zeit ist so eng mit Limerick verbunden wie Frank McCourt (1930–2009). Sein autobiografischer Roman *Die Asche meiner Mutter* wurde 1996 veröffentlicht und brachte ihm viel Ruhm ein (u. a. den Pulitzer-Preis).

Vier Jahre nach seiner Geburt in New York zog McCourts Familie wieder nach Limerick, weil sie in Amerika nicht überlebt hätte. McCourts Kindheit war voller Entbehrungen: Sein Vater war ein Trinker und verschwand eines Tages, drei seiner sechs Geschwister starben schon sehr früh und er selbst verließ bereits mit 13 Jahren die Schule, um Geld zu verdienen und das Überleben seiner Familie zu sichern.

Im Alter von 19 Jahren kehrte er schließlich nach New York zurück und arbeitete drei Jahrzehnte lang als Lehrer in verschiedenen Highschools. Außerdem unterrichtete er künstlerisches Schreiben. In den 1970er-Jahren versuchte er sich gemeinsam mit seinem Bruder Malachy als Schriftsteller und Theaterschauspieler. Als er 1987 in Rente ging, verfasste er seinen berühmten Roman *Die Asche meiner Mutter*. Dank zahlreicher begeisterter Kritiken wurde das Werk sofort ein Erfolg. Lediglich in Limerick gab es gemischte Reaktionen: Viele Leser prangerten das schlechte Bild an, das McCourt von der Stadt zeichnete.

Heutzutage aber wird das Erbe des Autors auch in seiner Heimat gefeiert. In der Touristeninformation erfährt man alles über geführte Touren zu den im Buch beschriebenen Sehenswürdigkeiten, zudem kann man das im Roman erwähnte Pub South's (S. 332) besuchen.

die gepflegte Anlage eine Küche, einen Wäscheservice und einen Gemeinschaftsraum mit WLAN-Empfang. Das B&B liegt 400 m südwestlich der Innenstadt gleich südlich der Dock Road an der N69.

★ The Boutique Hotel HOTEL €€
(☎061-315 320; www.theboutique.ie; Denmark St; DZ ab 55 €; @ 📶 👪) Wechselausstellungen der lokalen Künstlerin Claire De Lacy, ein Aquarium in der Lobby, ein Frühstücksraum mit Glaswänden auf der Terrasse im ersten Stock und die rot-weiß-gestreifte Einrichtung machen dieses schicke kleine Hotel zu etwas Außergewöhnlichem. Dank seiner Lage in der Nähe der Fußgängerzone herrscht hier wenig Verkehr, aber an den Wochenenden und bei Festivals kann es trotzdem laut werden, da unten im Haus ein lebhaftes Pub untergebracht ist. Trotzdem wartet die Unterkunft mit einem fantastischen Preis-Leistungs-Verhältnis auf.

George Boutique Hotel HOTEL €€
(☎061-460 400; www.thegeorgeboutiquehotel.com; O'Connell St; DZ ab 60 €; @ 📶 👪) Im schicken George Boutique Hotel, das einer Hochglanzzeitschrift entsprungen zu sein scheint, sorgen Laminatböden, originelle Tapeten und Extras wie Safes in Laptopgröße für ein einladend-luxuriöses Ambiente. Außerdem gibt's eine kleine Terrasse mit Blick auf die belebten Straßen des Zentrums.

Absolute Hotel HOTEL €€
(☎061-463 600; www.absolutehotel.com; Sir Harry's Mall; DZ ab 79 €; @ 📶) Freigelegte Backsteinwände, Granitbäder und eine lichtdurchflutete Lobby verleihen dem schimmernden Hotel am Fluss einen schicken modernen Touch. Das Absolute bietet darüber hinaus ein gemütliches hauseigenes Spa, eine Bar und einen Grill. Autofahrer sollten früh einchecken: Parkplätze sind kostenlos, aber begrenzt.

Savoy HOTEL €€
(☎061-448 700; www.savoylimerick.com; Henry St; DZ ab 99 €; @ 📶 🏊 👪) Klassisches Fünfsternehotel mit professionellen Angestellten, Zimmern samt komfortablen Kingsizebetten, einem hervorragenden Service, einem Spa, in dem Thai-Massagen angeboten werden, und hervorragende Restaurants.

Essen

Café Noir CAFÉ €
(☎061-411 222; www.cafenoir.ie; Robert St; Gerichte 4,50–11 €; ⏱Mo–Mi 8–17.30, Do–Sa 8–18.30 Uhr) Neben köstlichen Obsttörtchen kredenzt die französisch inspirierte Bäckerei mit Café exquisites Gebäck, Salate, Pasteten, Quiches und die Hausspezialität, französische Zwiebelsuppe. Der Kaffee ist bei Regenwetter genau das Richtige.

Milk Market MARKT €
(www.milkmarketlimerick.ie; Cornmarket Row; ⏱Lebensmittelmarkt Sa 8–15 Uhr, Geschäfte Fr 10–16, Sa 8–15, So 11–16 Uhr) 🍃 Auf dem traditionellen Lebensmittelmarkt in Limericks alten Markthallen werden Bioprodukte und lokale Erzeugnisse (z. B. Käse) sowie Kunsthandwerk verkauft. Eine Liste mit weiteren Märkten findet man auf der Website.

Glasshouse Restaurant IRISCH €€
(☎061-469 000; www.glasshouserestaurant.ie; Riverpoint; Hauptgerichte 15–28 €; ⏱17–23.30 Uhr) Am Fuße eines auffälligen gewölbten Glasgebäudes bietet das Glasshouse von seinem minimalistischen Speisesaal und der Terrasse einen Blick auf den glitzernden Shannon. Es kredenzt gehobene Kneipenkost, darunter kreative Gourmetburger, Muscheln mit Pommes frites und Pies. Die Weinauswahl ist exzellent.

Chocolat INTERNATIONAL €€
(☎061-609 709; www.chocolatrestaurant.ie; 109 O'Connell St; Hauptgerichte 8–25 €; ⏱ab 12 Uhr; 👪) Hier geht's international zu, so reicht die Auswahl von Yan-Pang-Hühnchen über Singapur-Nudeln bis hin zu Klassikern aus Nord-, Zentral- und Südamerika wie köstlichen Rippchen. Außerdem sind die großzügig bemessenen Cocktails die besten der Stadt, das gilt vor allem für den Chocolate Coffee Kiss (Kahlua, Baileys, Creme de Cacao, Grand Marnier und Schokosirup).

Sage Café CAFÉ €€
(☎061-409 458; www.thesagecafe.com; 67–68 Catherine St; Gerichte 9–14 €; ⏱Mo–Sa 8.30–17 Uhr; 👪) Neben einer großen Auswahl an Frühstück und Backwaren gibt's hier mittags Salate mit Ente, Orange, Fenchel und Sonnenblumenkernen sowie heiße Speisen wie Zitronengrasrisotto mit gegrillten Garnelen.

Ausgehen & Nachtleben

★ Nancy Blake's PUB
(Upper Denmark St) In diesem wundervollen Pub ist der Boden mit einer Staubschicht bedeckt und aus dem offenen Kamin an der Bar steigt Torfgeruch auf. Hinter dem Gebäude lockt eine große überdachte Fläche mit Ausschank im Freien, wo regelmäßig

Livemusik und Fußballübertragungen präsentiert werden.

White House Pub PUB
(www.whitehousebarlimerick.com; 52 O'Connell St) Ein Klassiker direkt im Zentrum. In der Eckkneipe mit guter Bierauswahl kann man auch draußen unter einem der wenigen Bäume der Stadt sitzen. Manchmal finden Livekonzerte statt, an anderen Abenden werden Lesungen regionaler Dichter angeboten.

Locke Bar PUB
(George's Quay;) Sitzplätze am Fluss, mehrere Räume und großartiges Essen.

South's PUB
(4 Quinlan St) In diesem Laden hat schon Frank McCourts Vater sein Bierchen gezischt. Hier ist überall das *Asche-meiner-Mutter*-Flair zu spüren – das geht sogar so weit, dass die Toiletten die Namen „Frank" und „Angela" tragen.

Peter Clohessy's Bar & Sin Bin Nightclub BAR, CLUB
(www.peterclohessy.ie; Howley's Quay; Nachtclub Fr & Sa 23–3 Uhr) Die sportbegeisterte Bar am Flussufer voller Rugby-Erinnerungsstücke steht unter der Leitung des ehemaligen Rugbyprofis Peter Clohessy, der für Munster und die irische Nationalmannschaft spielte. Gezeigt werden auch andere Sportarten wie American Football. Freitags gibt's Livemusik und auch der Nachtclub im unteren Stock namens Sin Bin lohnt einen Besuch.

Trinity Rooms CLUB
(www.trinityrooms.ie; Michael St, The Granary) Ein riesiger Club in einem 300 Jahre alten Gebäude am Wasser mit tollen DJs und einem Biergarten.

Unterhaltung

In der Touristeninformation erhält man das aktuelle Veranstaltungsprogramm. Vor den Nachtclubs haben oft ziemlich strenge Türsteher Dienst.

Dolan's LIVEMUSIK
(www.dolanspub.com; 3 & 4 Dock Rd) Limericks bester Club für Konzerte und authentische irische Musik besteht aus zwei benachbarten Veranstaltungsorten. Hiert treten auch ganz neue Künstler auf.

University Concert Hall KONZERTSAAL
(UCH; 061-322 322; www.uch.ie; University of Limerick) Die Heimat des Irish Chamber Orchestra bietet regelmäßig Konzerte mit Gaststars sowie Opern, Dramen, Komödien und Tanz.

Shoppen

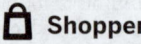

Celtic Bookshop BÜCHER
(061-401 155; 2 Rutland St; Mo & Mo–Fr 11–17 Uhr) Große Auswahl an Fachliteratur zu lokalen und irischen Themen.

Praktische Informationen

GEFAHREN & ÄRGERNISSE

Trotz seines schlechten Rufs und des unseligen Spitznamens „Stab City" („Messerstecherstadt") ist das Zentrum nicht weniger sicher als andere irische Gegenden. Abends sollte man wachsam sein und sich an gut beleuchtete Gegenden halten.

GELD

AIB Bank (106/108 O'Connell St)

INTERNETZUGANG

Auf der Website der Touristeninformation gibt's eine Karte mit kostenlosen Hotspots in der Stadt.

Limerick City Library (www.limerickcity.ie/library; Michael St, The Granary; Mo & Di 10–17.30, Mi–Fr 10–20, Sa 10–13 Uhr)

MEDIZINISCHE VERSORGUNG

Midwestern Regional Hospital (061-301 111; Dooradoyle) Krankenhaus mit Unfallstation und Notaufnahme.

POST

Hauptpost (Lower Cecil St)

TOURISTENINFORMATION

Limerick Tourist Office (061-317 522; www.limerick.ie; Arthurs Quay; Mo–Sa 9–17.30 Uhr) Eine große, beeindruckende und hilfreiche Touristeninformation.

An- & Weiterreise

BUS

Bus Éireann (061-313 333; www.buseireann.ie; Parnell St) bietet regelmäßige Verbindungen vom Busbahnhof im Stadtzentrum nach Cork (14,25 €, 1¾ Std.), Tralee (18,75 €, 2 Std.) und Dublin (12,35 €, 3½ Std.) sowie nach Galway, Killarney, Rosslare, Ennis, Shannon, Derry und in viele andere Orte. In der O'Connell Street in Limerick befindet sich eine weitere Bushaltestelle.

Citylink (1890 280 808; www.citylink.ie) verkehrt täglich sechsmal nach Galway (16 €, 1½ Std.) und Cork (16 €, 2 Std.). Die Busse halten auf der Upper Mallow Street.

JJ Kavanagh & Sons (081 8333 222; www.jjkavanagh.ie) fährt siebenmal pro Tag nach

Dublin (11 €) und zum Dublin Airport (20 €). Die Busse starten vor der Touristeninformation in Limerick.

FLUGZEUG

Der **Shannon Airport** (S. 365) im County Clare wird von Fluglinien aus dem In- und Ausland angesteuert.

ZUG

Irish Rail (www.irishrail.ie) fährt von der **Limerick Railway Station** (☎ 061-315 555; Parnell St) u. a. täglich neunmal nach Ennis (10 €, 40 Min.), stündlich nach Dublin Heuston (51,60 €, 2½ Std.) und neunmal nach Galway (21,50 €, 2 Std.). Außerdem bestehen Verbindungen nach Cork, Tralee, Tipperary, Cahir und Waterford mit einem Umstieg in der **Limerick-Junction-Station**, 20 km südöstlich von Limerick.

ℹ Unterwegs vor Ort

Bus Éireann (6,75 €) und **JJ Kavanagh & Sons** (6 €) verkehren regelmäßig von Limericks Busbahnhof bzw. Bahnhof zum Shannon Airport, 26 km nordwestlich von Limerick (etwa 30 Autominuten). Ein Taxi vom Stadtzentrum zum Flughafen kostet 35 bis 45 €.

Die Wagen warten vor der Touristeninformation, am Busbahnhof und am Bahnhof sowie in der Thomas Street. Alternativ kontaktiert man **Swift Taxis** (☎ 061-313 131).

Fahrräder kann man bei **Emerald Alpine** (☎ 061-416 983; www.irelandrentabike.com; Roches St; 20/80 € pro Tag/Woche; ⌚ 9.30–17.30 Uhr) mieten und diese landesweit für 25 € liefern bzw. abholen lassen.

Rund um Limerick (Stadt)

In Stadtnähe gibt's jede Menge historische Stätten, die man im Rahmen eines Tagesausflugs mit dem Auto oder auf einer mehrtägigen Radtour erkunden kann.

Lough Gur

Rund um den hufeisenförmigen See verteilen sich einige faszinierende archäologische Stätten. Der **Grange Stone Circle**, auch als Lios bekannt, ist ein 4000 Jahre alter Steinkreis aus 113 Pfeilern und damit Irlands größte prähistorische Sehenswürdigkeit dieser Art. An der Straße gibt's Parkmöglichkeiten; der Zugang zum Gelände ist kostenlos, wobei sich vor Ort eine Box für Spenden befindet. Die Anfahrt von Limerick erfolgt über die N24 nach Süden Richtung Water-

ABSTECHER

AUF DER MALERISCHEN N69 VON LIMERICK NACH TARBERT

Die enge, ruhige N69 führt entlang der Flussmündung des Shannon westlich von Limerick 58 km bis nach Tarbert im nördlichen County Kerry. Auf dem Weg genießt man einen herrlichen Ausblick auf das Flussdelta und scheinbar endlose grüne Hügellandschaften mit Steinmauern. Außerdem kommt man an mehreren Heritage Centres und Gärten vorbei, die allerdings oft nur in der Hochsaison (ungefähr Juni bis September) geöffnet sind.

Abseits der Straße versteckt sich **Askeaton**, ein Highlight auf der Strecke. Das Dorf wartet mit beeindruckende Ruinen wie dem Desmond Castle aus dem 14. Jh. und einem 1389 errichteten Franziskanerkloster auf. Zu den weiteren Sehenswürdigkeiten gehören die St. Mary's Church of Ireland, ein Turm der Tempelritter aus dem Jahre 1829 sowie der 1740 erbaute Hellfire Gentlemen's Club. Die Restaurierung der Gebäude begann 2007 und soll noch bis 2017 andauern, aber die bisherigen Fortschritte sind schon eindrucksvoll. Wer die Ruinen besichtigen möchte, sollte sich an die örtliche **Touristeninformation** (☎ 061-392 149; askeatontouristoffice@gmail.com; The Square; ⌚ Mo–Fr 9–17 Uhr) wenden. Dort erfährt man mehr über die einzelnen Stätten, zudem kann man sich zu kostenlosen **geführten Touren** anmelden, wenn man die Gebäude nicht auf eigene Faust erkunden will. Die Rundgänge werden von begeisterten Lokalhistorikern (Trinkgelder werden gern angenommen) geleitet und dauern eine Stunde.

Foynes lockt ebenfalls mit einer echten Attraktion, dem **Foynes Flying Boat Museum** (www.flyingboatmuseum.com; Erw./Kind 10/5 €; ⌚ April–Okt. 9–17 Uhr). Zwischen 1939 und 1945 befand sich hier die Startbahn für Flugzeuge, die zwischen Nordamerika und Großbritannien verkehrten. Panamerikanische Clipper (auf Überseestrecken eingesetzte Langstreckenflugzeuge) – eines davon als Replik ausgestellt – landeten zum Auftanken in der Flussmündung.

ford. Auf der R512 folgt man den Ausschilderungen 16 km bis zum Ziel.

1 km weiter südlich die R512 entlang, auf der Höhe der Holycross Garage und der Post, biegt man links ab in Richtung Lough Gur. Unterwegs kommt man an einer verfallenen **Kirche** aus dem 15. Jh. und einem **Keilgrab** auf der anderen Straßenseite vorbei.

Nach weiteren 2 km erreicht man einen Parkplatz bei Lough Gur sowie den strohgedeckten Nachbau einer neolithischen Hütte mit dem **Lough Gur Stone Age Centre** (☎ 087 285 2022; www.loughgur.com; Erw./Kind 3/2 €; ⏲ Mo–Fr 10–17, Sa & So 12–18 Uhr). In dem Zentrum sind eine Ausstellung über irische Bauernhöfe aus der Zeit vor dem Kartoffelanbau und ein kleines Museum mit jungsteinzeitlichen Artefakten sowie einer Replik des Lough-Gur-Schutzschildes (das Original ist im Dubliner Nationalmuseum zu bewundern) untergebracht.

Kurze Wanderwege am Seeufer führen zu Hügelgräbern, Menhiren, alten Einfriedungen und anderen interessanten Stellen, die man kostenlos besichtigen kann. Die Gegend ist wie geschaffen für ein Picknick.

Kilmallock

2368 EW.

Kilmallock war einst die drittgrößte Stadt Irlands (nach Dublin und Kilkenny) und wartet mit wunderbaren mittelalterlichen Bauwerken auf.

Der Ort entwickelte sich rund um ein Kloster aus dem 7. Jh. und diente zwischen dem 14. und 17. Jh. als Sitz der Earls of Desmond. Heute liegen zwischen der Ortschaft am Lubach und dem nur 26 km entfernten Limerick Welten.

Von Limerick kommend erblickt man linker Hand zuerst ein **mittelalterliches Steingebäude**, eines von 30 Wohnhäusern wohlhabender Händler und Landbesitzer. Anschließend windet sich die Straße um das vierstöckige **King's Castle**, ein Turm aus dem 15. Jh. mit einer gepflasterten Passage und einem Torbogen.

Gegenüber der Burg führt eine Gasse zum **Kilmallock Museum** (Sheares St; ⏲ Mo–Do 10–12 & 13–15, Fr 10–13.30 Uhr) GRATIS, das eine bunte Sammlung historischer Exponate und ein Modell der Stadt von 1597 präsentiert. Hier beginnt der **historische Wanderweg** durch Kilmallock.

Im hervorragenden **Friars' Gate Theatre & Arts Centre** (☎ 063-98727; www.friarsgate.ie; Main St) finden Kunstausstellungen, Theaterstücke und Konzerte statt. Darüber hinaus erhält man hier zahlreiche Informationen über den Ort.

Von Montag bis Samstag fahren zwei Bus-Éireann-Linien von Limerick nach Kilmallock (10,90 €, 1 Std.).

Adare & Umgebung

1100 EW.

Adare besteht aus erhaltenen strohgedeckten Hütten aus dem 19. Jh. und wird oft als schönstes Dorf Irlands bezeichnet. Der englische Gutsherr Earl of Dunraven ließ es im 19. Jh. für die Arbeiter errichten, die sein Landgut Adare Manor erbauten. Heute beherbergen die Cottages Kunsthandwerksläden und gehobene Restaurants. Zudem erstrecken sich in der Nähe einige prestigeträchtige Golfplätze.

Die Postkartenidylle zieht viele Touristen an, die mit Bussen zu dem 16 km südwestlich von Limerick gelegenen Dorf am Fluss Maigue gekarrt werden. Aus diesem Grund sind die Straßen oft verstopft (die belebte N21 ist die Hauptstraße des Dorfes). Weil Adare überdies als beliebter Rückzugsort für irische Besucher dient, sollte man Hotels und Restaurants rechtzeitig buchen, besonders am Wochenende.

Sehenswertes

Adare Heritage Centre MUSEUM
(☎ 061-396 666; www.adareheritagecentre.ie; Main St; ⏲ 9–18 Uhr) GRATIS Die Ausstellung in dem zentral gelegenen Museum illustriert auf unterhaltsame Weise Adares Geschichte und die mittelalterlichen Gebäude des Ortes. Zudem können Besucher einen Langbogen in die Hand nehmen (heute schon Spinat gegessen?), hochwertiges irisches Kunsthandwerk kaufen und eine Pause in dem beliebten Café einlegen.

Adare Castle BURG
(Führungen Erw./Familie 6/15 €; ⏲ Führung Juni–Sept. stdl. von 10–17 Uhr) Schon bevor Cromwells Truppen sie 1657 unwiederbringlich in eine malerische Ruine verwandelten, hatte die um 1200 entstandene Burg schwere Zeiten durchgemacht und längst ihre strategische Bedeutung verloren. Bei Redaktionsschluss war die Restaurierung noch im vollen Gange. Besucher sollten unbedingt den großen Saal mit Fenstern aus dem frühen 13. Jh. besichtigen.

Führungen können im Heritage Centre gebucht werden. Werden gerade keine angeboten, bewundert man das Bauwerk stattdessen von der viel befahrenen Straße, dem Flusspfad oder dem Grundstück des Augustinerpriorats aus.

Religiöse Bauten HISTORISCHE STÄTTEN
Ehe die Tudors alle Klöster auflösten (1536–1539), gab es in Adare drei religiöse Bauwerke, deren Überreste heute noch zu besichtigen sind. Gleich neben dem Heritage Centre sieht man den eindrucksvollen Turm und die Südmauer der katholischen **Church of the Holy Trinity**. Einst gehörte die Kirche zum Dreifaltigkeitskloster aus dem 13. Jh., das im Auftrag des ersten Earls of Dunraven restauriert wurde. Nebenan befindet sich ein renovierter **Taubenschlag** aus dem 14. Jh.

Am Maigue, mitten auf dem Gelände des **Adare Golf Club** (061-605 200; www.adaremanor.com; 18 Löcher 95–125 €), erheben sich die Überreste des **Franziskanerklosters**, 1464 vom Earl of Kildare gegründet. Wer es erkunden möchte, sollte vorher im Clubhaus Bescheid geben. Vom Parkplatz aus sind es nur 400 m bis zur Ruine, zu der ein schöner Turm und eine kunstvolle Sitzbank für Priester an der Südwand des Altarraums gehören, allerdings muss man sich vor herumfliegenden Golfbällen in Acht nehmen!

Nördlich der Ortschaft, an der N21 nahe der Brücke über dem Maigue, thront die Pfarrkirche der Church of Ireland, ein 1315 gegründetes **Augustinerpriorat**, das auch als Black Abbey bekannt ist. Innen ist es herrlich höhlenartig, zudem gibt's einen kleinen, atmosphärischen Kreuzgang.

Nördlich vom Tor zum Priorat beginnt ein schöner ausgeschilderter **Flussweg** mit Sitzgelegenheiten, den man durch eine schmale Lücke erreicht. Nach 250 m zweigt ein Weg links ab in Richtung Ortszentrum.

Schlafen

Adare Village Inn GASTHAUS €
(087 251 7102; www.adarevillageinn.com; Main St; EZ/DZ 45/60 €;) Gemütliche moderne und komfortable Zimmer (Gäste können das Kissen selbst aussuchen) zu sehr guten Preisen. Das Gasthaus liegt nahe der Kreuzung mitten im Stadtzentrum.

Berkeley Lodge B&B €€
(061-396 857; www.adare.org; Station Rd; DZ 70 €;) Eines von mehreren modernen B&Bs in dieser Straße nur drei Gehminuten vom Zentrum entfernt. Die kinderfreundliche Berkeley Lodge verfügt über sechs Zimmer mit TV und punktet mit einem großartigen Frühstück. Auf Wunsch werden die Gäste vom Shannon Airport abgeholt.

Dunraven Arms GASTHAUS €€€
(061-396 633; www.dunravenhotel.com; Main St; EZ/DZ ab 100/180 €;) Die 1792 errichtete Bleibe versteckt sich hinter einem Garten und wartet mit 86 Zimmern auf, die traditionellen Luxus auf hohem Niveau bieten und mit Antiquitäten sowie exklusiver Bettwäsche ausgestattet sind. Im hauseigenen **Restaurant** (Hauptgerichte 16–26,50 €; ab 18 Uhr) gibt's Anspruchsvolles wie gebratene Ente mit Lavendelrisotto oder warmer weißer Schokoladenkuchen mit karamellisierten Bananen. In der **Bar** (Hauptgerichte 13–18 €; Bar 11–22 Uhr) bekommt man günstigere, ebenfalls gute Gerichte.

★ **Adare Manor** HOTEL €€€
(061-605 200; www.adaremanor.com; Main St; DZ ab 380 €;) Heute ist in dem prachtvollen Landgut des Earl of Dunraven ein imposantes, wunderbar intimes Burghotel untergebracht, das über individuell in Herbstfarben und mit Antiquitäten dekorierte Zimmer verfügt. Das ausgezeichnete **Oak Room Restaurant** (Hauptgerichte 27–37,50 €; 18.30–22 Uhr) und der vornehme Salon sind auch für Nichtgäste geöffnet. In Letzterem wird täglich **Nachmittagstee** (27,50 €; 14–17 Uhr) auf mehrstöckigen Platten serviert. Darüber hinaus erhalten Hotelgäste Rabatt im Adare Golf Club.

Essen

Good Room Café CAFÉ €
(061-396 218; Main St; Hauptgerichte 8–10 €; Mo–Sa 9–17, So 10–17 Uhr;) Kreative Suppen, Salate, Sandwiches, Backwaren und hausgemachte Marmeladen – die Gerichte in dem netten Café sind moderner, als man es von einem reetgedeckten Cottage-Lokal erwartet. Unbedingt rechtzeitig kommen, damit man noch ein paar Scones ergattert.

★ **Restaurant 1826 Adare** MODERN IRISCH €€
(061-396 004; www.1826adare.ie; Main St; Hauptgerichte 19–30 €; Mi–Sa 17.30–21.30, So 12–20 Uhr;) Wade Murphy zählt zu Irlands renommiertesten Köchen. Er arbeitete einst als Küchenchef für Häuser wie The Lodge at Doonbeg und die Lisloughrey Lodge und betreibt nun ein eigenes Restaurant. In einem reetgedeckten, mit Kunst geschmücktem Landhaus von 1826 lebt er seine Leidenschaft für regionale saisonale Pro-

ABSTECHER

BALLINGARRY

Das hübsche Dorf Ballingarry (Baile an Gharraí, „Stadt der Gärten") liegt 13 km südwestlich von Adare an der R519 und wartet mit einem der besten Restaurants des ganzen Countys auf, dem **Mustard Seed at Eco Lodge** (☎ 069-68508; www.mustardseed.ie; 4-Gang-Menü 60 €; DZ ab 130 €; ⏲ Restaurant 19–21.15 Uhr, Mitte Jan.–Mitte Feb. Restaurant & Unterkunft geschlossen; 📶). Die Zutaten für die saisonalen Gerichte stammen aus dem Obst- und Küchengarten des senfgelben ehemaligen Klosters. Bei unserem Besuch gab's z. B. Parmesandonuts an Mousse von schwarzer Olive, Johannisbeeren-Gin-Sorbet und irisches Wild. Wer sich nach dem Essen nicht mehr bewegen kann, bucht einfach eines der eleganten Gästezimmer im Landhausstil. Einige sind sogar mit Himmelbetten ausgestattet.

dukte aus, so kommen z. B. in Schwarzbrot gebackene Jakobsmuscheln, trocken abgehangenes Rinderfilet mit gebratenen Wildpilzen und Desserts wie Rhabarber-Rohrzucker-Baisers, serviert in Einmachgläsern mit Sahne und Mandelgebäck, auf den Tisch.

Wild Geese IRISCH €€
(☎ 061-396 451; www.thewild-geese.com; Main St; 2-/3-Gänge-Mittagsmenü 20/25 €, 2-/3-Gänge-Abendmenü 29/35 €; ⏲ Di–Sa ab 18.30, So 13–16 Uhr) Auf der wechselnden Speisekarte stehen die besten Gerichte aus dem Südwesten Irlands von Jakobsmuscheln bis zu üppigem Lammkarree. Alle Gerichte werden fantasievoll zubereitet, zudem sind die Brotkörbe ein Gedicht und der Service ist vorbildlich.

Blue Door IRISCH €€
(☎ 061-396 481; www.bluedooradare.com; Main St; Hauptgerichte mittags 9–16 €, Hauptgerichte abends 19–25 €; ⏲ Mo–Do 11–15 & 18–22, Fr 11–22, Sa 12–22, So 13–21 Uhr; 👪) Gourmetsalate, Sandwiches und Lasagne finden sich auf der Mittagskarte dieses Cottage-Restaurants. Abends gibt's kreativere Gerichte wie Entenconfit in Guinness- und Kabeljau in Chardonnay-Soße.

Ausgehen & Nachtleben

Seán Collins PUB
(www.seancollinsbaradare.com; Killarney Rd) Adares traditionellste Kneipe. Montags und freitags treten Livebands auf.

Bill Chawke Lounge Bar PUB
(www.billchawke.com; Main St) Veranstaltet regelmäßig traditionelle Musikkonzerte und Karaokeabende.

Praktische Informationen

Die Website www.adarevillage.com ist sehr informativ.

Touristeninformation (☎ 061-396 255; www.discoverireland.com/shannon; Main St, Adare Heritage Centre; ⏲ Mo–Sa 9–17 Uhr)

An- & Weiterreise

Bus Éireann bietet stündliche Verbindungen zwischen Limerick und Adare (5,50 €, 25 Min.). Viele Busse fahren von hier aus weiter bis nach Tralee (19,70 €, 1¾ Std.), einige steuern aber auch Killarney (19 €, 1¾ Std.) an.

Wer stilvoll durch Adare sausen will, kann bei **Heritage Sports Cars** (☎ 069-63770; www.heritagesportscars.com; ab 109 € pro Tag) einen Ferrari, Porsche oder Lotus mit kostenloser Lieferung und Abholung innerhalb der Ortschaft mieten.

COUNTY TIPPERARY

Tipperary besitzt den fruchtbaren Boden, von dem jeder Bauer träumt. In dieser Gegend wird Tradition auf hohem Niveau gepflegt: Im Winter finden Fuchsjagden ohne gesetzliche Einschränkungen statt. Das Kernland des Countys liegt in einer Tiefebene, umrahmt von den Hügellandschaften der angrenzenden Regionen.

Insbesondere das Glen of Aherlow bietet wunderbare Wander- und Radfahrmöglichkeiten rund um die Stadt Tipperary, aber die wirklichen Publikumsmagneten sind der Rock of Cashel und Cahir samt Burg. Außerdem gibt's noch das eine oder andere Highlight am Straßenrand.

Tipperary (Stadt)

4320 EW.

Die Stadt (Tiobrad Árann) verdankt ihren Namen vor allem einem Marschlied aus dem Ersten Weltkrieg. Der besungene „lange Weg nach Tipperary" zieht sich auf der N24 hin und führt quer durch das regionale Straßenlabyrinth, das im Ortszentrum zusammenläuft, wo es verkehrsmäßig genauso wenig vorangeht wie im Stellungskrieg an der Somme. Tipperary an sich ist eher unscheinbar und lohnt nicht unbedingt einen Besuch.

Die **Touristeninformation** (062-80520; Mo–Sa 10–17, So 14–17.30 Uhr) ist im **Excel Heritage Centre** (Mitchell St) untergebracht und über die St. Michael's Street, eine Seitenstraße, die etwa 200 m nördlich der Main Street abzweigt, zu erreichen. Ganz in der Nähe befinden sich ein kleines Kunstmuseum, ein **Café** (Gerichte 4,50–6,50 €), ein Kino und ein Ahnenforschungszentrum, außerdem gibt's hier einen **Internetzugang** (1 € pro 20 Min.).

In der Main Street verteilen sich Banken, Geldautomaten und zahlreiche Läden. Die **Statue von Charles J. Kickham** (1828–1882), Schriftsteller aus Tipperary (Autor des Romans *Knocknagow*) und Mitglied der Young Irelander, thront in der Mitte der Straße. Wegen Betrugs saß Kickham um 1860 vier Jahre im Londoner Gefängnis Pentonville ein.

Das zu Ehren des Lokalhelden errichtete Traditionspub **Kickham House** (www.kickhamhouse.com; Main St; Hauptgerichte 8–13 €; Mo–Fr 12–15 Uhr) lockt mit einem Brunch samt geräuchertem Schellfisch und leckerer *cod pie* (Dorschpastete).

3 km nordwestlich der Stadt erstreckt sich eine der führenden Rennbahnen Irlands, **Tipperary Racecourse** (062-51357; www.tipperaryraces.ie; Limerick Rd). Sie wartet mit regelmäßigen Veranstaltungen auf. Man erreicht die Strecke von der Limerick Junction Station aus zu Fuß.

Danny Ryan Music (www.dannyryanmusic.ie; 20 Bank Pl; Mo, Di & Do–Sa 10–13 & 14–18, Mi 10–13 Uhr) verfügt über eine hervorragende Auswahl an traditionellen Musikinstrumenten.

Fast alle Busse halten in der Abbey Street am Fluss. **Bus Éireann** (www.buseireann.ie) bietet täglich bis zu acht Verbindungen nach Limerick (9,50 €, 30 Min.) und Waterford via Cahir und Clonmel an.

Wer zum **Bahnhof** will, folgt der Bridge Street in südlicher Richtung. Tipperary liegt auf der Bahnstrecke von Waterford zur Limerick Junction. Zweimal täglich fahren Züge nach Cahir (25 Min.), Clonmel, Carrick-on-Suir, Waterford und Rosslare Harbour. Von der **Limerick Junction** (062-51406), 3 km vom Bahnhof Tipperary entlang der Limerick Road, geht's nach Cork, Kerry und Dublin.

Glen of Aherlow & Galtee Mountains

Im Süden von Tipperary erheben sich die markanten Silhouetten der Slievenamuck Hills und der Galtee Mountains, die das bunte und breite Glen of Aherlow trennen. Von Tipperary aus verläuft eine gut ausgeschilderte 25 km lange **Panoramaroute** durch das ganze Tal. Am östlichen Ende zwischen Tipperary und Cahir befindet sich Bansha (An Bháinseach). Das Dorf dient als Startpunkt für einen 20 km langen Ausflug Richtung Westen nach Galbally. Ob auf vier oder auf zwei Rädern: Wer der R663 folgt, durchquert eine der malerischsten Landstriche des Countys.

Darüber hinaus ist die Gegend für ihre hervorragenden **Wanderwege** bekannt. Üppige bewachsene Ufer des Aherlow, bergige Kiefernwälder und felsiges Weideland mit scheinbar unendlichem Horizont prägen das Landschaftsbild. 1,6 km nördlich von Newtown an der R664 erreicht man einen **Aussichtspunkt** mitsamt einer **Christusstatue** und spektakulärem Ausblick.

Südlich von Tipperary, beim **Coach Road Inn** in Newtown, einem bei Wanderern beliebten Pub, laufen die R663 aus Bansha und die R664 zu einer Straße zusammen. Hinter der Kneipe versteckt sich die **Touristeninformation** (062-56331; www.aherlow.com; ganzjährig Mo–Fr 9.30–17, plus Juni–Aug. Sa 10–16 Uhr) von Glen of Aherlow mit enthusiastischen Angestellten, die Fragen über die Region beantworten und **Wanderfeste** organisieren.

In der Umgebung gibt's mehrere ländliche Herbergen.

Ein 1928 erbautes Jagdhaus beherbergt mittlerweile die luxuriöse Unterkunft **Aherlow House Hotel** (062-56153; www.aherlowhouse.ie; Newtown; DZ/Lodge ab 69/149 €; @ 📶 👪). Es verfügt über 29 Zimmer mit großen Betten, 15 moderne Lodges für Selbstversorger (Mindestaufenthalt zwei Nächte), eine **Bar** (12.30–21 Uhr) und ein **Restaurant** (Hauptgerichte 16–30 €; Mo–Sa ab 18, So ab 12.30 Uhr). Von der Terrasse genießt man einen tollen Blick auf die Berge. Zu dem Hotel führt ein beschilderter Weg ab der R663.

10 km westlich von Bansha hinter Newtown, vor der wunderbaren Kulisse der Galtees, stößt man auf den exzellenten **Ballinacourty House Camping Park & B&B** (062-56559; www.ballinacourtyhse.com; Glen of Aherlow; Zeltplatz 23 €, EZ/DZ 51,50/70 €; 👪) mit einem hübschen Garten, einem empfehlenswerten **Restaurant** (4-Gänge-Menü mittags/

abends 20/30 €; ⌚ Mi–Sa 18–21, So 12.30–14.30 & 18–20.30 Uhr) sowie einem Tennis- und einem Minigolfplatz.

Die freundlichen Besitzer des **Homeleigh Farmhouse** (☎ 062-56228; www.homeleighfarmhouse.com; Newtown; EZ/DZ 50/80 €; Abendessen 28 €; 📶) auf einem Bauernhof gleich westlich von Newtown und dem Coach Road Inn können einem jede Menge über die Gegend erzählen. In ihrem modernen Haus sind fünf komfortable Zimmer mit Privatbädern untergebracht. Wer hier in den Genuss eines leckeren viergängigen Menüs kommen will, muss sich dafür rechtzeitig anmelden.

Bus Éireann verkehrt regelmäßig zwischen Tipperary (3,80 €, 10 Min.) und Waterford mit Halt in Bansha. Von dort geht's per Drahtesel oder zu Fuß weiter in die Berge. Natürlich kann man die Umgebung auch mit einem Mietauto erkunden.

Cashel

2276 EW.

Cashel (Caiseal Mumhan) ist sehr beliebt bei Travellern und selbst die Queen besuchte den Ort 2011 auf ihrer historischen Irlandreise. Der kegelförmige Rock of Cashel und die alten Kirchen auf seinem Gipfel bereichern die felsige Landschaft, zudem hat sich der Ort den Charme eines Marktstädtchens bewahrt.

Sehenswertes

Auf der Website der Touristeninformation steht ein kostenloser Audioguide für eine Stadtführung zum Download bereit.

Rock of Cashel HISTORISCHE STÄTTE
(www.heritageireland.com; Erw./Kind 6/2 €; ⌚ Mitte März–Mitte Okt. 9–17.30 Uhr, Mitte Juni–Aug. bis 19 Uhr, Mitte Okt.–Mitte März bis 16.30 Uhr) Eine der spektakulärsten archäologischen Stätten des Landes ist der **Rock of Cashel** (siehe auch S. 340), ein grüner Hügel mit Kalksteinschichten. Er erhebt sich aus einer grasbewachsenen Ebene am Ortsrand inmitten einer alten Festungsanlage (*cashel* ist das englische Pendant zum irischen Wort *caiseal* für „Festung"). Eine kompakte Mauer umschließt kreisförmig den Hof, der von einem Rundturm, einer gotischen Kathedrale (13. Jh.) und der schönsten romanischen Kapelle des Landes (12. Jh.) umrahmt wird.

Der Eóghanachta-Clan aus Wales wählte ihn im 4. Jh. als Hauptsitz. Von hier aus eroberte er weite Teile von Munster und beherrschte die Region. 400 Jahre lang wetteiferten Cashel und Tara um die Stellung als Machtzentrum Irlands. Der Clan berief sich auf seine Verbindung zum hl. Patrick, deshalb wird der Rock of Cashel gelegentlich auch St. Patrick's Rock genannt. Im 10. Jh. verloren die Eóghanachta den Fels an die O'Briens (oder Dál gCais) unter Brian Borús Führung. 1101 schenkte König Muircheartach O'Brien ihn der Kirche, um sich die Gunst der mächtigen Bischöfe zu erkaufen. Außerdem wollte er den uralten Streit um diesen Felsen mit den Eóghanachta (inzwischen als MacCarthys bekannt) beenden.

Auf dem Hügel müssen zahlreiche Gebäude gestanden haben, doch nur die Sakralbauten trotzten dem Wüten von Cromwells Armee 1647. Die Kathedrale wurde bis Mitte des 18. Jhs. für Gottesdienste genutzt.

Zu den Grabstätten zählen ein Hochkreuz und ein Mausoleum aus dem 19. Jh. für die lokale Landbesitzerfamilie Scully. Die Spitze des Scully Cross wurde 1976 bei einem Blitzeinschlag beschädigt.

Vom Ortszentrum sind es nur fünf Gehminuten bis zum Felsen. Besucher können eini-

ABSTECHER

FAMINE WARHOUSE

Das **Famine Warhouse** (www.heritageireland.ie; ⌚ April–Sept. Mi–So 14.30–17.30 Uhr, Okt.–März Sa & So 14–16 Uhr) auf einem Feld in der Nähe von Ballingarry ist ein Relikt aus den schwärzesten Kapiteln Irlands. Heute wirkt das Anwesen ganz friedlich, doch beim großen Aufstand gegen die Hungersnot 1848 belagerten die von William Smith O'Brien angeführten Rebellen die Polizei, die sich in dem Gebäude mit Kindern als Geiseln verbarrikadiert hatte. Es lief nicht gut für die Rebellen – dieser Zwischenfall bedeutete das Ende des Aufstandes. Die Ausstellung erläutert neben der Hungersnot auch die Massenflucht irischer Emigranten nach Amerika.

Das Haus befindet sich 30 km nordöstlich von Cashel an der R691, etwa auf halbem Weg nach Kilkenny. Achtung: Im County Tipperary gibt's zwei Ballingarrys; der falsche Ort liegt in der Nähe von Roscrea.

ge schöne Spaziergänge unternehmen, z. B. den **Bishop's Walk** vom Park des Cashel Palace Hotel aus. Die Schafe machen allerdings nur widerwillig den Weg frei. Im endlosen Kampf gegen auftretende Risse wird ein Gerüst jedes Jahr ein Stück weiter gerückt.

Wer an einer geführten Tour teilnehmen möchte, muss vorher anrufen.

Hore Abbey HISTORISCHE STÄTTE
Nur 1 km nördlich des Rock of Cashel liegt auf flachem Ackerland die großartige Ruine von Hore Abbey aus dem 13. Jh. (auch bekannt als Hoare Abbey oder St. Mary's). Ende des 12. Jhs. lebten hier Benediktinermönche aus dem englischen Glastonbury. Im 13. Jh. wurden sie von einem Erzbischof vertrieben, der geträumt hatte, sie wollten ihn ermorden. Später schenkte er das Gebäude dem Zisterzienserorden.

Brú Ború GESCHICHTS- & KULTURZENTRUM
(☎ 062-61122; www.comhaltas.ie/locations/detail/bru_boru; Eintritt frei, Ausstellungen ab 5 €; ⏲ 9–17 Uhr, wechselnde Öffnungszeiten) Cashels privat geführtes Geschichts- und Kulturzentrum ist in einem modernen Gebäude gleich neben dem Parkplatz unterhalb des Rock of Cashel untergebracht und gewährt faszinierende Einblicke in die traditionelle irische Musik samt Tanz und Gesang. Das Highlight ist die Ausstellung **Sounds of History**, wo z. B. mittels Audioshow die Geschichte des Landes und seiner Musik nacherzählt wird. Außerdem finden hier in den Sommermonaten verschiedene musikalische Veranstaltungen statt.

Cashel Folk Village MUSEUM
(☎ 062-62525; www.cashelfolkvillage.ie; Dominic St; Erw./Kind 5/2 €; ⏲ Mitte Juni–Mitte Sept. 9–19.30 Uhr, restliches Jahr verkürzte Öffnungszeiten) In diesem faszinierenden Museum kann man typische alte Häuser und Ladenfronten bestaunen. Memorabilien aus der Umgebung ergänzen das Angebot.

Cashel Heritage Town Centre Museum MUSEUM
(www.casheltc.ie; Main St, Town Hall; ⏲ Mitte März–Mitte Okt. Mo–Sa 9.30–17.30 Uhr, Mitte Okt.–Mitte März Mo–Fr 9.30–17.30 Uhr) GRATIS Gleich neben der Touristeninformation ist im Rathaus ein maßstabsgetreues Modell zu sehen, das Cashel im Jahre 1640 zeigt. Auch für die passende musikalische Untermalung ist gesorgt.

Bolton Library MUSEUM
(John St; Eintritt 2 €; ⏲ Besuch nach Voranmeldung, Buchung in der Touristeninformation) In einem 1836 errichteten abweisenden Steingebäude präsentiert die Bolton Library Bücher, Karten und Handschriften von den Anfängen des Buchdrucks bis heute, darunter Werke der Schriftsteller Chaucer und Swift.

Schlafen

Cashel Holiday Hostel HOSTEL €
(☎ 062-62330; www.cashelhostel.com; 6 John St; B/EZ/DZ ab 16/30/45 €; 📶) Freundliche Budgetoption im Ortszentrum. Das bunte dreistöckige Gebäude unweit der Main Street verfügt u. a. über eine Küche, eine Wäscherei, eine Bibliothek und einen Fahrradschuppen. Musiker können ihre Übernachtung mit einem Auftritt „bezahlen" (die Angestellten organisieren Konzerte und beschaffen Instrumente).

Cashel Lodge & Camping Park HOSTEL, CAMPINGPLATZ €
(☎ 062-61003; www.cashel-lodge.com; Dundrum Rd; Stellplatz ab 10 € pro Pers., B/EZ/DZ 20/40/65 €; 📶) Nordwestlich von Cashel liegt an der R505 dieses nette IHH-Hostel, das in einer 200 Jahre alten umgebauten Remise untergebracht und mit viel Holz und Stein eingerichtet ist. Die Lodge bietet einen herrlichen Blick auf den Rock of Cashel sowie die Hore Abbey. Einfach der Ausschilderung nach Dundrum folgen.

Baileys Hotel BOUTIQUE-HOTEL €€
(☎ 062-61937; www.baileyshotelcashel.com; Main St; EZ/DZ ab 55/70 €; 📶👪) Saubere moderne Linien und dunkles Holz kontrastieren mit hellen Wänden und verleihen dem restaurierten georgianischen Stadthaus ein elegantes Ambiente. Das **Restaurant** (Hauptgerichte 14–25,50 €; ⏲ Do–Sa 18–21.30, So 12–14.30 Uhr) und die **Kellerbar** (Hauptgerichte 13–25,50 €; ⏲ 12–21.30 Uhr) mit Steinwänden und Kerzenlicht sind großartig, ebenso die zentrale Lage und die Parkgarage. Frühstück ist im Preis inbegriffen.

Cashel Town B&B B&B €€
(☎ 062-62330; www.cashelbandb.com; 5 John St; DZ ab 60 €; @📶👪) 🍃 Auf den Frühstückstisch dieses heimeligen B&Bs kommen nur frische Produkte von den nahe gelegenen Bauernmärkten; selbst das Porridge besteht aus Biohafer. Das 1808 errichtete georgianische Stadthaus beherbergt sieben komfortable Zimmer und eine gemütliche Gästelounge mit offenem Kamin und einem Klavier.

Fortsetzung auf S. 350

Rock of Cashel

Über 1000 Jahre war der Rock of Cashel (siehe auch S. 338) ein Symbol der Macht und Sitz von Königen und Geistlichen, die über die Region herrschten. Ein Besuch der monumentalen Anlage vermittelt faszinierende Einblicke in Irlands Vergangenheit.

Der Eingang befindet sich in der **Hall of the Vicars Choral** 1 aus dem 15. Jh., die einst von den Chorsängern der Kathedrale bewohnt wurde. Zu den Exponaten in der Krypta zählen seltene Silberstücke, Steinreliefs und das **St. Patrick's Cross** 2. Im Burghof ist eine Replik des Kreuzes ausgestellt. Eine kleine Vorhalle führt zur gotischen **Kathedrale** 3 aus dem 13. Jh. An der Westseite liegen die Überreste der **Archbishop's Residence** 4. Vom nördlichen Querschiff aus in der nordöstlichen Ecke der Kathedrale sieht man das älteste Gebäude am Rock, einen **Rundturm** 5 aus dem 11. oder 12. Jh. Durch das Südschiff gelangt man zur faszinierenden **Cormac's Chapel** 6, der vermutlich ersten romanischen Kirche Irlands. Sie stammt von 1127 und ist in ihrer mittelalterlichen Gestalt erhalten. Hinter dem Hauptportal erblickt man linker Hand einen Sarkophag aus der Zeit zwischen 1125 und 1150, angeblich das Grab König Cormacs. Am Ende des Rundgangs lohnt ein näherer Blick auf die **Einfriedungsmauern und den Eckturm** 7 der Anlage.

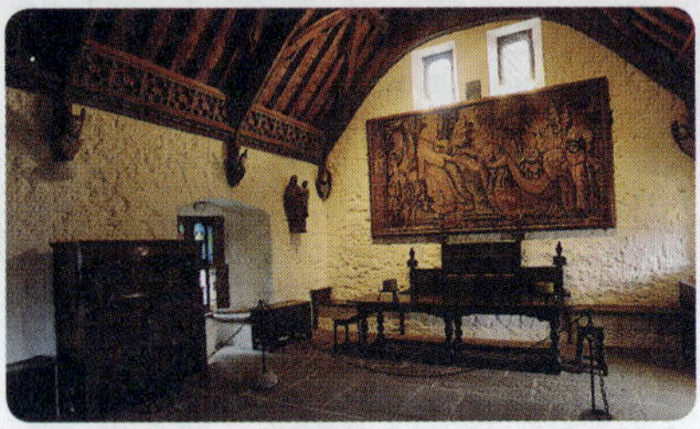

Hall of the Vicars Choral

Vom Ticketbüro führt eine Treppe hoch zu der restaurierten Küche und dem Speisezimmer der Chorsänger mit historischen Möbeln, Wandteppichen und Gemälden unter einem kunstvoll geschnitzten Eichendach und einer Empore.

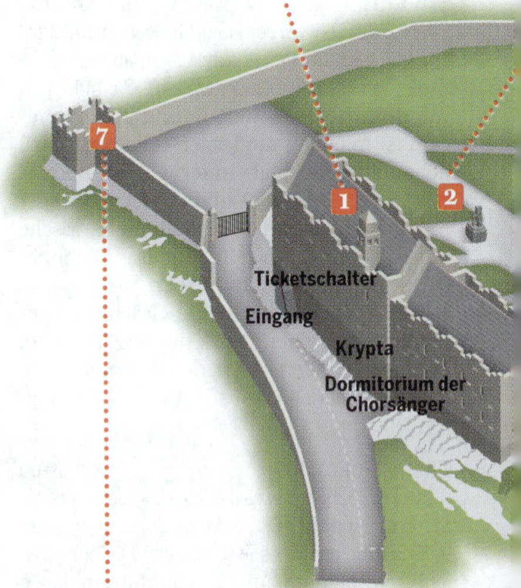

TOP-TIPPS

- Gute Fotos des irischen Wahrzeichens lassen sich von der Straße nach Cashel ab der Kreuzung Dublin Road oder von den kleinen Straßen westlich des Zentrums schießen.
- Die schönsten Motive findet man allerdings innerhalb der atmosphärischen Ruinen der Hore Abbey, 1 km weiter nördlich.

Einfriedungsmauern & Eckturm

Die gesamte Anlage umgibt eine Steinmauer, die etwa im 15. Jh. aus Kalkmörtel errichtet wurde und ursprünglich fünf Tore umfasste. Der verbliebene Eckturm soll als Wachtturm gedient haben.

St. Patrick's Cross

Das Kreuz im Burghof ist eine Replik des eindrucksvollen verwitterten Originals aus dem 12. Jh. in der Hall of the Vicars Choral; dieses zeigt auf der einen Seite die Kreuzigung Christi und auf der anderen Tierfiguren.

GEORGE MUNDAY/GETTY IMAGES ©

Archbishop's Residence

An der Westseite der Kathedrale erstreckt sich die Erzbischöfliche Residenz, eine vierstöckige Burg aus dem 15. Jh., deren Halle über dem Kirchenschiff lag, was sie kürzer machte. Mitte des 18. Jhs. war sie zuletzt bewohnt.

Kathedrale

Über der Kathedrale thront ein riesiger viereckiger Turm mit einem Rondell in der südwestlichen Ecke. Zu sehen sind außerdem Monumente, ein Hochgrab aus dem 16. Jh., Wappen sowie steinerne Kapitelle und Konsolen.

JOE CORNISH/GETTY IMAGES ©

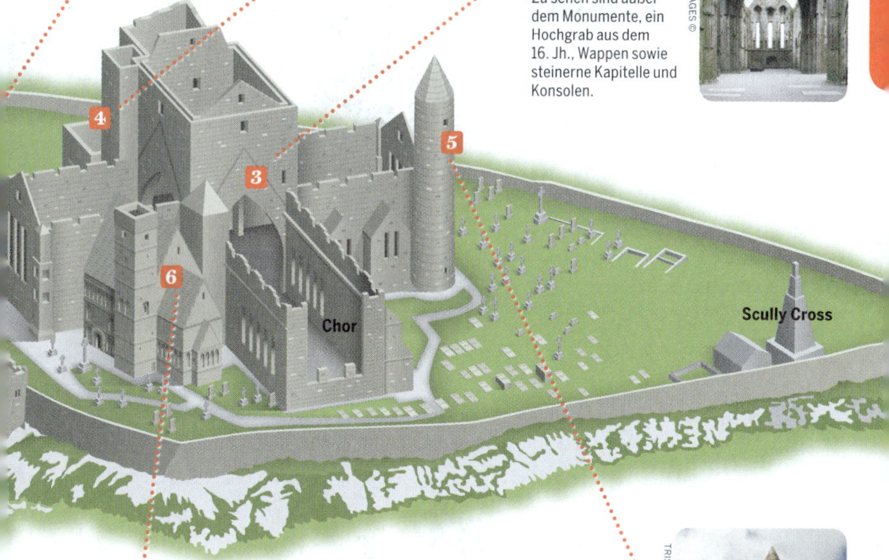

TRISH PUNCH/GETTY IMAGES ©

Rundturm

Der Eingang zu dem 28 m hohen Turm liegt 3,50 m über dem Boden – vermutlich eher aus bau- als aus verteidigungstechnischen Gründen. Das genaue Entstehungsdatum ist unbekannt, 1101 gilt jedoch als wahrscheinlich.

Cormac's Chapel

Bemerkenswert sind die kunstvollen Torbogen, der prächtige Altarbogen, das Rippengewölbe und die Reliefs, darunter ein Ungeheuer mit drei Schwänzen und ein Zentaur mit Normannenhelm, der einen Pfeil auf einen wütenden Löwen schießt.

STEPHEN SAKS/GETTY IMAGES ©

DESIGN PICS / THE IRISH IMAGE COLLECTION / GETTY IMAGES ©

1. Lough Gur (S. 333)
Prähistorische irische Farmen sind eine der Attraktionen in dieser Gegend.

2. Bergziege, Tipperary (S. 336)
Die lokale Fauna scheint ebenso freundlich zu sein wie die Einwohner Tipperarys.

3. Feldarbeit, nahe Mitchelstown (S. 352)
Bei der Feldarbeit genießt dieser Bauer einen tollen Blick auf die Galtee Mountains.

4. Rock of Cashel (S. 338)
Eine der spektakulärsten archäologischen Stätten Irlands.

1

DENNIS K. JOHNSON / GETTY IMAGES ©

DAVID GEE 4 / ALAMY ©

1. Cliffs of Moher (S. 379)
Einer der berühmtesten Orte in Irland und das Thema vieler lyrischer Songtexte.

2. O'Brien's Tower (S. 379)
Die herrliche Aussicht und die Sehenswürdigkeiten entlang der Klippen auf dem Doolin Trail bewundern.

3. Penny Whistle
Dieses auch Tin Whistle genannte Instrument ist ein wichtiger Bestandteil der traditionellen irischen Musik.

4. Traditionelle Musik, Doolin (S. 382)
In einem Pub im County Clare sorgen ein Geigen- und ein Akkordionspieler für Stimmung.

INGOLF POMPE / GETTY IMAGES ©

Feste & Events in Galway

In Galway (S. 395) wissen die Leute, wie man feiert. Zu den großen Festivals strömen Tausende Besucher aus ganz Irland und dem Rest der Welt herbei. Gefeiert wird hier eigentlich immer, egal ob der Schwerpunkt auf der Kultur liegt, es ums Essen geht oder der Sport im Mittelpunkt steht.

Im Frühling versammeln sich in der Stadt Schriftsteller aus aller Herren Länder zum Cúirt International Festival of Literature. Zu diesem Anlass finden in so ziemlich jedem Pub Lesungen von Prosa bis Lyrik statt.

Im Sommer steht das Galway Arts Festival auf dem Programm, bei dem erstklassige Theatergruppen, Musiker und Bands, Komiker und Künstler auftreten bzw. Ausstellungen ausrichten. Gleichzeitig läuft das Galway Film Fleadh mit neuen avantgardistischen Werken.

Toll ist auch die Galway Race Week: Nun machen Hunderttausende eine Woche lang Party, schick zurechtgemacht mit Hüten oder einfach in legerer Alltagskleidung. Die Pferderennen scheinen dabei weniger wichtig zu sein als der Spaß – zumindest, wenn man nicht gewettet hat!

Als Highlight im Herbst gilt das Galway International Oyster Festival. Die Austern stammen aus dem niedrigen Tidegewässer der Galway Bay und schmecken am besten, wenn die Tage langsam kürzer werden. Sie sind die Stars bei kleinen und großen Events in der gesamten Region.

1. Galway während des Galway Arts Festival **2.** Pferderennen, Galway Races **3.** Zuschauer, Galway Races

HOLGER LEUE / GETTY IMAGES ©

Aran Islands

Wind und Wellen haben die erodierten geriffelten Felsen der Aran Islands (S. 406) geformt. Hier leben die Nachfahren eines unglaublich zähen Volkes. Die Inseln sind Verlängerungen des Burren im County Clare.

Inishmaan

Wer durch die raue Landschaft von Inishmaan (S. 412) spaziert, wird kaum einer Menschenseele begegnen. Dafür stößt man überall auf die geheimnisvollen Spuren früherer Inselbewohner und gelangt irgendwann immer an einen einsamen Strand.

Aran Islands

Hätte man die Inseln sich selbst überlassen, wären sie heute nicht mehr als ein paar Felshaufen im Atlantik. Stattdessen haben Generationen von Bewohnern Algen und Sand auf dem Boden verstreut und so über die Jahrhunderte fruchtbare grüne Felder geschaffen.

Inishmór

An Sommerwochenenden wird Inishmór (S. 409) von zahlreichen Tagesausflüglern überschwemmt, die eines der großen altertümlichen Wunder Irlands sehen möchten: das 2000 Jahre alte Fort Dún Aengus.

Inisheer

Ein altes Schloss, Kirchen und eine magische Quelle sind nur ein paar Highlights der kleinsten Aran-Insel (S. 414), die auf eine jahrhundertealte Geschichte zurückblickt.

Das Wrack der Plassy

Sie ist der Star im Vorspann der irischen Comedy-Serie *Father Ted:* Die *Plassy* (S. 407) kenterte bei einem Sturm 1963 an der Küste von Inisheer. Seither fasziniert ihr verrosteter Rumpf Wanderer und zeigt anschaulich die zeitlose Urgewalt der Elemente.

1. Steinzeitliche Festung Dún Aengus, Inishmór **2.** Wrack der *Plassy*
3. Alte Steinwälle, Inisheer

2

IIC/ AXIOM / GETTY IMAGES ©

Fortsetzung von S. 339

★ **Cashel Palace Hotel** HISTORISCHES HOTEL €€€
(☎062-62707; www.cashel-palace.ie; Main St; EZ/DZ ab 95/134 €; @🛜) Diese hübsche im späten Queen-Anne-Stil erbaute und umfassend restaurierte Erzbischofsresidenz aus Ziegelstein gilt als ein Wahrzeichen der Gegend. Im Garten gedeihen die Ableger der originalen Hopfenpflanzen, mit denen das erste Guinness gebraut wurde. Zu der Anlage gehören 23 Zimmer mit Antiquitäten und teilweise auch mit Badewannen, die im prachtvollen Hauptgebäude und in den charmanten Stallungen mit direktem Zugang zum Fuß des Rock of Cashel untergebracht sind. In der **Bar** kann man sich über seine Jagdpläne austauschen. Zum Abendessen geht's ins atmosphärische **Bishops Buttery Restaurant** (Hauptgerichte 10–21 €; ⏲19.30–21.30 Uhr).

Essen

Abgesehen vom Rock of Cashel ist das Städtchen vor allem für seinen preisgekrönten Bauernkäse Cashel Blue, Irlands ersten Blauschimmelkäse, berühmt. Dieser wird ausschließlich vor Ort und immer noch von Hand hergestellt, ist aber erstaunlicherweise nur selten in den örtlichen Restaurants und Geschäften zu finden.

Die meisten Lokale liegen in der Main Street, darunter das Bishops Buttery Restaurant und das Restaurant des Baileys Hotel.

★ **Café Hans** CAFÉ €€
(☎062-63660; Dominic St; Hauptgerichte 13–18 €; ⏲Di–Sa 12–17.30 Uhr; 👪) Die 32 Plätze in dem Gourmetcafé sind hart umkämpft. Es wird von derselben Familie geführt wie das benachbarte Chez Hans und bietet eine fantastische Auswahl an Salaten, Sandwiches (z. B. mit riesigen Garnelen in würziger Mary-Rose-Soße), Meeresfrüchten, Lammfleisch-, Fisch- und vegetarischen Gerichten sowie eine tolle Weinkarte und Desserts (darunter hausgemachtes Karamelleis mit Karamellsoße), bei deren Anblick einem das Wasser im Mund zusammenläuft. Wer nicht längere Zeit auf einen Platz warten will, kommt am besten vormittags oder gegen Nachmittag.

Kearney's Castle Hotel IRISCH €€
(☎062-61044; Main St; Hauptgerichte 14–25 €; ⏲12–21 Uhr) Von außen sieht das Gebäude dank des mittelalterlichen Festungsturms aus dem 15. Jh. wie eine riesige Burg aus, doch im Innern wartet das Restaurant mit einer gedämpften Beleuchtung und einer modernen Einrichtung auf. Gute Fleisch-, Fisch- und Geflügelgerichte.

Chez Hans IRISCH €€€
(☎062-61177; www.chezhans.net; Dominic St; Hauptgerichte 24–38 €; ⏲Di–Sa 18–21.30 Uhr) Seit 1968 ist die ehemalige Kirche ein Anziehungspunkt für Feinschmecker aus der ganzen Welt. Frisch und erfinderisch huldigt das Spitzenrestaurant der heimischen Küche. Auf der Speisekarte stehen Gerichte wie Hummer, Aged Beef und Wachteln.

WANDERUNG: DER TIPPERARY HERITAGE TRAIL

Der durchgängig ausgeschilderte **Tipperary Heritage Trail** erstreckt sich über 56 km vom Aussichtspunkt Vee Gap nahe Clogheen im Süden bis Cashel im Norden und passiert einige wunderschöne Flusstäler und Ruinen. Als schönster Teil der Strecke gilt der 30 km lange nördliche Abschnitt von Cahir nach Cashel, denn dort ist die Gegend rund um den Fluss Suir von grünen Landschaften geprägt, außerdem befinden sich hier Attraktionen wie die Athassel Priory. Rund um Golden liegen die besten Routen abseits der Straße. In der Umgebung tummelt sich allerlei Wild, da die Pfade und Wege am Wasser entlang sowie durchs Gehölz verlaufen. Die Wanderkarten 66 und 74 von Ordnance Survey Discovery Series decken den kompletten Weg ab.

Ausgehen & Nachtleben

Brian Ború PUB
(☎062-63381; http://brianborubar.ie; Main St; Bar Hauptgerichte 10–12 €; 🛜) Regelmäßige Livemusik, DJs, Cocktailabende und überdurchschnittliche Kneipenküche machen das gesellige Pub zu einem beliebten Treffpunkt Einheimischer.

Ryan's PUB
(Ladyswell St) Hat einen riesigen Biergarten.

Praktische Informationen

Banken und Geldautomaten findet man im Ortszentrum.

Touristeninformation (☎062-62511; www.cashel.ie; Main St, Town Hall; ⏲Mitte März–Mitte Okt. Mo–Sa 9.30–17.30 Uhr, Mitte Okt.–Mitte März Mo–Fr 9.30–17.30) Hilfreicher Anlaufpunkt mit vielen Infos zur Region.

An- & Weiterreise

Bus Éireann (www.buseireann.ie) bietet täglich acht Verbindungen zwischen Cashel und Cork (14,50 €, 1½ Std.) via Cahir (5,50 €, 20 Min., 6–8-mal tgl.). Die Haltestelle für die Busse nach Cork befindet sich vor dem Bake House an der Main Street; gleich gegenüber fährt der Bus nach Dublin (11,70 €, 3 Std., 6-mal tgl.) ab.

Ring a Link (☎1890 424 141; www.ringalink.ie), in erster Linie ein gemeinnütziger Service für Landbewohner, aber auch für Touristen verfügbar, steuert Tipperary an (3 €, 50 Min.).

Rund um Cashel

Die atmosphärischen und in der Dämmerung schaurig-schönen Überreste der **Athassel Priory** liegen im grünen Flusstal des Suir, 7 km südwestlich von Cashel. Das ursprüngliche Gebäude stammt aus dem Jahre 1205. Früher war Athassel eines der reichsten und bedeutendsten Klöster Irlands. Weite Teile davon sind bis heute erhalten: Torhaus, Fallgittertor, Kreuzgang, Abschnitte der Umfriedungsmauer sowie einige mittelalterliche Grabbildnisse. Wer sie besichtigen möchte, fährt auf der N74 Richtung **Golden** und folgt dann einer engen, ausgeschilderten Straße 2 km gen Süden zur Athassel Abbey. Leider gibt's vor Ort kaum Parkmöglichkeiten, deswegen stellt man sein Auto am besten in Golden ab. Der Weg zum Kloster führt bisweilen über schlammige Felder. Auf den unzähligen Wegen in der Umgebung kann man wunderbare Radtouren unternehmen.

Cahir

1150 EW.

An der Ostspitze der Galtee Mountains, 15 km südlich von Cashel, erstreckt sich das kompakte Städtchen Cahir (An Cathair; ausgesprochen wie das englische *care*) rund um die gleichnamige Burg. Die Festung verfügt über Türme, einen Burggraben sowie viele Mauerzinnen und liegt direkt am Strand. Am Ufer des **Flusses Suir** verlaufen ruhige Spazierwege, auf denen man gut und gern zwei Stunden lang die Gegend erkunden kann.

Sehenswertes

Cahir Castle HISTORISCHE STÄTTE
(☎052-744 1011; www.heritageireland.ie; Castle St; Erw./Kind 3/1 €; ⏲Mitte Juni–Aug. 9–16.30 Uhr, Mitte März–Mitte Juni & Sept.–Mitte Okt. 9.30–17.30 Uhr, Mitte Okt.–Mitte März 9.30–16.30 Uhr) Cahirs beeindruckende Burg macht Mittelalterfans glücklich: Sie ist eine der größten Festungen des Landes und wartet mit einer romantischen Lage auf einem felsigen Eiland im Fluss, massiven Mauern, einem Türmchen sowie einem Bergfried, Verteidigungsanlagen und Verliesen auf. 1142 von Conor O'Brien gegründet, wurde sie 1375 an die Butlers übergeben. 1599 verlor sie den Rüstungswettlauf der damaligen Zeit, als der Earl of Essex die Mauern mit Kanonenfeuer beschoss, was anhand eines riesigen Modells illustriert wird.

1650 ging das Bauwerk kampflos an Cromwell. Womöglich entschied sich der englische Staatsmann aufgrund der soliden Bauweise, es nicht zu zerstören, sondern es in Zukunft selbst zu nutzen. Zum größten Teil ist die Burg intakt und nach wie vor wunderschön anzusehen. Sie wurde in den 1840er-Jahren sowie in den 1960er-Jahren, als sie in staatlichen Besitz überging, restauriert.

Eine 15-minütige audiovisuelle Präsentation liefert Hintergrundwissen zu Cahir, auch im Zusammenhang mit anderen irischen Burgen. Die einzelnen Gebäude sind zwar nur spärlich möbliert, aber dafür überzeugen die ausgestellten Exponate dank ihrer guten Qualität. Das eigentliche Highlight

ABSTECHER

HOLY CROSS ABBEY

Neben dem Suir-Fluss, 15 km nördlich von Cashel und 6 km südwestlich von Thurles, erhebt sich die wunderschön restaurierte **Holy Cross Abbey** (holycrossabbeytours@gmail.com; Eintritt gegen Spende; ⏲9–20 Uhr), in der zwei Kreuzreliquien zu sehen sind. Die Zisterzienserabtei wurde 1168 gegründet, allerdings stammen die erhaltenen großen Gebäude aus dem 15. Jh. Besonders bemerkenswert sind die kunstvoll verzierten Sedilien in Altarnähe und die stadionähnlich angeordneten Sitzreihen. Im Frühling und Sommer finden dreimal wöchentlich Führungen statt und es gibt einen Buchladen mit sporadischen Öffnungszeiten.

besteht jedoch darin, durch dieses interessante Anwesen zu streifen. Vor Ort finden regelmäßig Führungen statt.

Swiss Cottage HISTORISCHES BAUWERK
(☎052-744 1144; www.heritageireland.ie; Cahir Park; Erw./Kind 3/1 €; ⌚April–Mitte Okt. 10–18 Uhr) Hinter dem städtischen Parkplatz beginnt ein schöner Flusspfad, der 2 km Richtung Cahir Park im Süden zum Swiss Cottage führt. Umgeben von Rosen, Lavendel und Geißblatt könnte das zauberhafte reetgedeckte Cottage auch einem Märchen entsprungen sein. Es ist das interessanteste Gebäude seiner Art in Irland und wurde 1810 als Domizil für Richard Butler, den zwölften Baron Caher, errichtet. Der Entwurf stammt von dem Londoner Architekten John Nash, der auch für den Royal Pavilion in Brighton und den Londoner Regent's Park verantwortlich war. Der verspielte Cottage-Orné-Stil kam Ende des 18., Anfang des 19. Jhs. in England auf. Als typisch dafür gilt die Verzierung der Häuser mit Strohdächern, Holz und geschnitzten Schindeln.

Darüber hinaus ist das Swiss Cottage ein Paradebeispiel für den Regency-Stil. Das stattliche Anwesen ist größer als üblich und thront auf einem weitläufigen Grundstück. 30-minütige Besichtigungen sind nur im Rahmen von (amüsanten) Führungen möglich.

Schlafen & Essen

★ Apple Caravan & Camping Park CAMPINGPLATZ €
(☎052-744 1459; www.theapplefarm.com; Moorstown, Cahir; Stellplatz ab 6,50/4,50 € pro Erw./Kind; ⌚Campingplatz Mai–Sept., Hofladen ganzjährig Mo–Fr 8–18, Sa & So 9–17 Uhr;) Der große ruhige Campingplatz liegt inmitten von Obstgärten an der N24 zwischen Cahir (6 km) und Clonmel (9 km). Gäste können den Tennisplatz und die -ausrüstung kostenlos nutzen, zudem gibt's eine Campingküche im umgebauten Apfelgeschäft und Wasser aus der eigenen Quelle. Auch wenn man nicht zelten möchte, lohnt sich ein Besuch des **Hofladens**, in dem Äpfel, Marmelade, Säfte und Fruchteis verkauft werden.

Tinsley House B&B €
(☎052-744 1947; www.tinsleyhouse.com; The Square; DZ ab 55 €; ⌚April–Sept.;) In toller Lage wartet die gepflegte Pension mit vier gut eingerichteten Zimmern und einem Dachgarten auf. Hausherr Liam Roche kennt sich mit der Stadtgeschichte bestens aus und kann einem überdies Wanderwege sowie andere Aktivitäten empfehlen.

Lazy Bean Café CAFÉ €
(www.thelazybeancafe.com; The Square; Gerichte 5–7 €; ⌚Mo–Sa 9–18, So 10–18 Uhr;) Auf der Karte des belebten kleinen Cafés stehen gute Sandwiches, Salate, Suppen und Wraps. In der Teestube nebenan, dem Coffee Pod, geht's ruhiger zu.

Farmers Market MARKT €
(Parkplatz Castle; ⌚Sa 9–13 Uhr) Zum Bauernmarkt kommen die besten Nahrungsmittellieferanten der Region.

Shoppen

Cahir Craft Granary KUNSTHANDWERK
(www.craftgranary.com; Church St; ⌚ganzjährig Mo–Fr 10–17, Sa 9–17 Uhr, zusätzlich Juli–Aug. & Dez. So 13–17 Uhr) In der früheren Leinenweberei nördlich des Square und hinter der Post schufteten im 19. Jh. Hunderte Einheimische. Fast 200 Jahre später beherbergt das ehemals unheilvolle Steingebäude das Cahir Craft Granary, in dem lokale Künstler u. a. Keramiken, Schnitzereien, Gemälde und Schmuck herstellen und verkaufen.

Praktische Informationen

Post (Church St) Nördlich vom Square.

Touristeninformation (☎052-744 1453; www.discov erireland.ie/tipperary; Parkplatz Cahir Castle; ⌚Ostern–Okt. Mo–Sa 9.30–17.30 Uhr) Infos über die Stadt und die Region.

An- & Weiterreise

BUS

In Cahir halten mehrere Linien von Bus Éireann, z. B. auf dem Weg von Dublin nach Cork, von Limerick nach Waterford, von Galway nach Waterford, von Kilkenny nach Cork und von Cork nach Athlone. Montags bis samstags gibt's täglich acht und sonntags sechs Verbindungen nach Cashel (5,50 €, 20 Min.). Die Busse fahren vom Parkplatz neben der Touristeninformation ab.

ZUG

Von Montag bis Samstag macht der Zug auf der Strecke Limerick Junction–Waterford dreimal täglich in jeder Richtung Halt.

Mitchelstown Caves

Die Galtee Mountains bestehen hauptsächlich aus Sandstein, doch an ihrer Südseite verläuft ein schmaler Streifen aus Kalkstein, aus dem die **Mitchelstown Caves** (☎052-746 7246; www.mitchelstowncave.com; Burncourt; Erw./Kind 9/3 €; ⌚Juni–Aug. 10–17.30 Uhr, sonst kürzere Öffnungszeiten) entstanden sind. Obwohl sie viele für reizvoller als Kilkennys Dunmore Cave halten und sie zu den größten Höhlen des Landes gehören, sind sie touristisch noch nicht vollständig erschlossen. Besucher können hier fast 3 km durch Gänge und spektakuläre Kammern voller Bilderbuchformationen mit Namen wie Pipe Organ (Orgelpfeife), Tower of Babel (Turm zu Babel), House of Commons (Unterhaus) und Eagle's Wing (Adlerflügel) schreiten. Führungen dauern 30 Minuten. Die Temperatur beträgt das gesamte Jahr über konstant 12 °C – angenehm lau im Winter und erfrischend im Sommer.

Die Höhlen liegen bei Burncourt, 16 km südwestlich von Cahir, und sind auf der N8 Richtung Mitchelstown (Baile Mhistéala) ausgeschildert.

Clonmel

17 908 EW.

Clonmel (Cluain Meala; „Honigwiesen"), der größte und quirligste Ort in Tipperary, liegt am breiten Fluss Suir.

Laurence Sterne (1713–1768), Autor von *A Sentimental Journey* und *Tristram Shandy*, wurde hier geboren. Den wirtschaftlichen Aufschwung verdankt die Stadt dem gebürtigen Italiener Charles Bianconi (1786–1875). Er war im zarten Alten von 16 Jahren von seinem Vater nach Irland „verbannt" worden, weil er sich in die falsche Frau verliebt hatte. Bianconi kompensierte seine unerfüllte Leidenschaft, indem er eine Kutschlinie zwischen Clonmel und Cahir einrichtete. Seine Firma entwickelte sich bald zu einem landesweiten Personen- und Postbeförderungsunternehmen, wodurch Clonmel in ganz Irland berühmt wurde. Zum Dank wählten die Einheimischen Bianconi zweimal hintereinander zum Bürgermeister.

Das Ortszentrum erstreckt sich am Nordufer des Suir. Hinter den Kais, parallel zum Fluss, führt die Hauptstraße in Ost-West-Richtung, beginnend als Parnell Street. Im weiteren Verlauf wird sie zur Mitchell Street sowie zur O'Connell Street und nach dem West Gate schließlich zur Irishtown bzw. Abbey Road (auf einem Schild unweit der St. Mary's Church gibt's einen guten Stadtplan). Von der langen Durchfahrtsstraße geht nach Norden die Gladstone Street mit mehreren Hotels und Pubs ab.

Durch Clonmel verläuft der **East Munster Way** (S. 355).

Sehenswertes

Wer der Bridge Street gen Süden folgt, den Fluss überquert und auf der Straße weitergeht, stößt direkt auf Lady Blessington's Bath, einen malerischen Streifen am Fluss, der sich toll zum Picknicken eignet.

South Tipperary County Museum MUSEUM
(www.southtippcoco.ie; Mick Delahunty Sq; Di–Sa 10–17 Uhr) GRATIS Das gut organisierte Museum erzählt die Geschichte des Countys von der Jungsteinzeit bis heute und richtet Wechselausstellungen aus. In der Nähe des Gebäudes befindet sich die lebensgroße **Frank-Patterson-Statue**. Sie zeigt Clonmels großen Sohn und Irlands „goldenen Tenor", der gerade aus voller Kehle singt. Schade, dass die Statue stumm ist ... Auf der langen Liste von Pattersons gesanglichen Interpretationen steht auch die Performance des Songs *Danny Boy* im Film *Miller's Crossing*, der 1990 von den Coen-Brüdern gedreht wurde.

Main Guard HISTORISCHES GEBÄUDE
(052-612 7484; www.heritageireland.ie; Sarsfield St; Ostern–Sept 9.30–18 Uhr, Öffnungszeiten können variieren) Dort, wo sich die Mitchell und die Sarsfield Street kreuzen, thront das wunderschön restaurierte Main Guard. Einst diente das Anwesen, das 1675 nach einem Entwurf von Christopher Wren erbaut wurde, der Butler-Familie als Gerichtsgebäude. Die Säulengänge wurden nach der Sanierung wieder geöffnet. Zu den hier ausgestellten Exponaten gehört u. a. das Modell von Clonmel mit Stadtmauern aus dem 17. Jh.

County Courthouse HISTORISCHES GEBÄUDE
(Nelson St) In der Nelson Street, südlich der Parnell Street, befindet sich das renovierte County Courthouse, das Richard Morrison 1802 errichten ließ. Hier fand 1848 der Prozess gegen die Young Irelanders statt, darunter auch Thomas Francis Meagher. Die Angeklagten wurden zur Strafe nach Australien geschickt.

Franciscan Friary HISTORISCHES GEBÄUDE
(Mitchell St) Wenn man Richtung Westen die Mitchell Street entlanggeht (am Rathaus vorbei, wo ein Monument an den Aufstand von 1798 erinnert) und südlich die Abbey Street hinunterläuft, gelangt man zu diesem Franziskanerkloster. Im Inneren befindet sich unweit der Tür ein Butler-Familiengrab von 1533, das einen Ritter und seine Dame zeigt. Die St. Anthony's Chapel besticht mit herrlichen modernen Buntglasfenstern.

Schlafen & Essen

In der Marlfield Road westlich vom Zentrum reihen sich mehrere B&Bs aneinander.

★ Befani's MEDITERRAN, B&B €€
(052-617 7893; www.befani.com; 6 Sarsfield St; EZ/DZ 40/70 €; Hauptgerichte 15–26 €; Restaurant 9–11, 12.30–14.30 & 17.30–21.30 Uhr;) Zwischen Main Guard und Fluss befindet sich das Befani's, auf dessen Karte mediterrane Köstlichkeiten stehen. Tagsüber gibt's köstliche Tapas (wir empfehlen die Muscheln nach katalanischer Art). Zu den Hauptgerichten zählt eine reichhaltige Bouillabaisse mit Hummerbrühe. Die neun Gästezimmer verschiedener Größe sind in sonnigen Farben gestaltet.

Hotel Minella HOTEL €€€
(052-612 2388; www.hotelminella.ie; Coleville Rd; DZ 120–150 €, Suite 180–350 €;) Das unprätentiöse, aber dennoch edle familiengeführte Luxushotel liegt 2 km östlich vom Stadtzentrum inmitten eines weitläufigen Gebiets am südlichen Ufer des Suir. Die 90 Zimmer sind im 1863 errichteten Herrenhaus sowie einem neueren Flügel untergebracht. Letzterem mangelt es nicht an modernen Annehmlichkeiten, darunter zwei Suiten mit Privatterrassen samt Whirlpool und Flussblick.

Niamh's CAFÉ, FEINKOSTLADEN €
(1 Mitchell St; Hauptgerichte 10,50–12 €; Mo–Sa 8.30–17.30 Uhr;) Gäste des Cafés kommen in den Genuss köstlicher Mittagsgerichte, darunter Burger, gebratenes Schweinefleisch, Lasagne und kreative Sandwiches, die sie sich vor Ort oder am Ufer des Suir schmecken lassen können.

Indian Ocean INDISCH €€
(052-618 4833; www.indianoceanclonmel.com; Sarsfield St; Hauptgerichte 8,50–16 €; 17–23.30 Uhr) Das Indian Ocean ist nicht nur Clonmels bestes indisches Restaurant (nein, es ist nicht das einzige), sondern auch eines der besten Lokale der Stadt. Es verfügt über einen mit Holz und weißen Tischdecken gestalteten Speisesaal und punktet mit erstklassigem Essen. Unser Favorit ist der Tandoori-Teller mit Lamm, Steak und Hühnchen.

Ausgehen & Unterhaltung

Sean Tierney PUB
(13 O'Connell St) In den vielen Räumen und Fluren des engen alten Pubs muss man eine Weile suchen, bis man den richtigen Tisch für sich findet. Die Bar im Erdgeschoss platzt immer aus allen Nähten.

Phil Carroll PUB
(Parnell St) Clonmels urigste Kneipe liegt in der Nähe der Nelson Street.

South Tipperary Arts Centre KUNSTZENTRUM
(052-612 7877; www.southtipparts.com; Nelson St) Bietet ein hervorragendes Programm mit Kunstausstellungen, Theater und Filmen.

Praktische Informationen

Post (Emmet St)

Touristeninformation (052-612 2960; Mary St, St. Mary's Church; Mo–Fr 9.30–13 & 14–16.30 Uhr) Neben dem Main Guard.

An- & Weiterreise

BUS

Bus Éireann (www.buseireann.ie) fährt von Clonmels Bahnhof nach Cahir (6 €, 30 Min., 8-mal tgl.), Cork (19,70 €, 2 Std., 3-mal tgl.), Kilkenny (10,50 €, 1 Std., 12-mal tgl.), Waterford (8,50 €, 1 Std., 9-mal tgl.) und in einige andere Orte.

ZUG

Der **Bahnhof** (052-612 1982) liegt in der Prior Park Road hinter dem Oakville Shopping Centre. Von Montag bis Samstag halten die Züge hier auf der Strecke Limerick Junction–Waterford zweimal täglich in beide Richtungen.

Rund um Clonmel

Direkt südlich von Clonmel, schon in der Grafschaft Waterford, erheben sich die Comeragh Mountains. Eine Panoramastraße verläuft Richtung Süden nach Ballymacarbry und ins Nire Valley.

Fethard

900 EW.

Fethard (Fiodh Ard) ist ein idyllisches Dorf 14 km nördlich von Clonmel am Clashawley, das trotz der vielen mittelalterlichen Ruinen rund um den kompakten Ortskern – darunter ein gut erhaltener Teil der alten Stadtmauern – keinerlei touristische Ambitionen hegt. Folgt man der R689 nordwärts, überquert man eine kleine Brücke und blickt von hier aus hinunter auf den in einem smaragdgrünen Tal gelegenen Ort. Von der historischen Rolle Fethards als wichtiger Handelsposten zeugt die breite Hauptstraße.

Sehenswertes

Holy Trinity Church KIRCHE

(Main St) Fethards Holy Trinity Church und der Friedhof nehmen Besucher auf eine spannende Zeitreise mit. Die Kirche liegt etwas abseits der Main Street und wird durch ein gusseisernes Tor betreten. Wer sie besichtigen möchte, muss sich die Schlüssel im XL Stop & Shop (alias Whyte's), 50 m westlich des Tors in der Hauptstraße, besorgen.

Der Hauptteil des Gebäudes stammt aus dem 13. Jh. Leider wurde das Gemäuer durch einen wetterfesten Verputz ziemlich verschandelt. Später kam der hübsche Westturm mit dem blanken Mauerwerk dazu. Dank seiner wilden Kreuzblumen an den Ecktürmchen sieht die Kirche eher aus wie eine Burg. Seitenschiff und Altarraum sind von mittelalterlicher Baukunst geprägt, jedoch nur spärlich ausgestattet. Am Südende des Gebäudes schließen sich eine verfallene Kapelle mit Sakristei an. Reihen alter Grabsteine erstrecken sich bis zu dem rekonstruierten Teil der mittelalterlichen Mauer samt Wachtturm und Brüstung. Von hier genießt man einen herrlichen Blick auf den ruhigen Clashawley und seine Ufer, an denen Pferde grasen.

In der Main Street, unweit der Kirche, stößt man auf das **Rathaus** aus dem 17. Jh. mit schönen Wappen auf der Fassade.

Weitere mittelalterliche Gebäude HISTORISCHE STÄTTEN

Viele mittelalterliche Ruinen der Stadt, die teilweise in neuere Gebäude integriert wurden, liegen südlich der Kirche am Ende der Watergate Street. An das Castle Inn schließen sich die Überreste mehrerer **Turmhäuser** aus dem 17. Jh. an. Unter dem Torbogen, der sich zum Flussufer und zur Watergate Bridge hin öffnet, prangt an der linken Wand eine schöne **sheela-na-gig** (weibliche Figur in übertrieben dargestellter sexueller Pose). Besucher können herrlich am Ufer entlangspazieren – jedenfalls vorausgesetzt, die Gänse sind friedlich.

In der Abbey Street kommt in östlicher Richtung das im 14. Jh. errichtete **Augustinerkloster** in Sicht, das heute als katholische Kirche dient und über einige schöne Buntglasfenster sowie eine weitere **sheela-na-gig** (an der Ostwand) verfügt.

Essen & Ausgehen

★ **McCarthy's** PUB €€

(http://mccarthyshotel.net; Main St; Hauptgerichte 16–22,50 €; tgl. 12–15 & Mi–So ab 18 Uhr) Dieser Klassiker würde es verdienen, zum irischen Kulturerbe ernannt zu werden. Das McCarthy's ist Pub, Restaurant und Bestatter in einem, was es zu einer idealen Adresse für einen Leichenschmaus macht. Zwischen vielen Fundstücken aus dem 19. Jh. in engen holzvertäfelten Nischen treffen sich Einheimische gern auf ein Schwätzchen.

An- & Weiterreise

Es fahren keine öffentlichen Verkehrsmittel nach Fethard. Von Cashel, 15 km westlich, kann man eine Radtour hierher unternehmen.

Carrick-on-Suir

4355 EW.

Im späten Mittelalter hatte der unprätentiöse Marktort Carrick-on-Suir (Carraig na Siúire) rund 20 km östlich von Clonmel noch doppelt so viele Einwohner wie jetzt.

WANDERUNG: DER EAST MUNSTER WAY

Dieser 70 km lange Wanderweg verläuft durch Wälder und Moorland und führt über kleine Landstraßen sowie einen Treidelpfad am Fluss. Er ist deutlich mit schwarzen Wegweisern und gelben Pfeilen ausgezeichnet. Von Carrick-on-Suir im County Tipperary bis nach Clogheen im County Waterford braucht man drei Tage.

Die erste Etappe auf dem alten Treidelpfad am Suir endet in Clonmel. Damit hat man schon einen großen Teil der Gesamtroute zurückgelegt. An der Kilsheelan Bridge lässt man den Fluss hinter sich und geht zur Harney's-Kreuzung, dann weiter durch den Gurteen Wood und die Comeraghs zur Sir Thomas Bridge, wo man zum Fluss zurückkehrt.

Am zweiten Tag steht Newcastle auf dem Plan. Der Weg zieht sich zuerst durch eine Hügellandschaft gen Süden, fällt in Richtung Newcastle ab und führt erneut zum Suir. Am dritten Tag erlebt man eine idyllische Wanderung entlang des ruhigen Flusses Tar nach Clogheen.

Die empfehlenswerten Karten 74 und 75 von Ordnance Survey Discovery Series decken die komplette Route ab.

Damals war er noch ein Zentrum des Brauerei- und Wollgewerbes.

Das Dorf gehörte der Familie Butler, den Earls of Ormond, die im 14. Jh. am Flussufer das **Ormond Castle** (www.heritageireland.ie; Castle St; ⏲ Ostern–Sept. Mo–Sa 10–13.30 & 14–18 Uhr) GRATIS errichten ließen. Neben der Burg befindet sich ein elisabethanisches Herrenhaus. Dieses wurde im Auftrag des zehnten Earl of Ormond, Black Tom Butler, erbaut – eigens für den langfristig geplanten Besuch seiner Cousine Queen Elizabeth I., die sich jedoch nie die Ehre gab. Einige Räume des prächtigen Gebäudes, das heute im Besitz der Dúchas ist, sind mit edlem Stuck aus dem 16. Jh. verziert, insbesondere die Long Gallery. Hier hängen die Porträts von Elisabeth und die Wappen der Butlers.

Von Carrick-on-Suir schlängelt sich der **East Munster Way** nach Westen bis Clonmel und führt weiter nach Waterford.

Carrick-on-Suirs **Farmers Market** (⏲ Fr 10–14 Uhr) liegt neben der **Touristeninformation** (☎ 051-640 200; www.carrickonsuir.ie; ⏲ Mo–Fr 10–16 Uhr) und ist über eine schmale Gasse zu erreichen.

Bus Éireann (☎ 051-879 000; www.buseireann.ie) bietet u. a. Verbindungen nach Cahir und Clonmel (7,10 €, 25 Min., bis zu 8-mal tgl.) an. Die Busse fahren am Greenside Park neben der N24 ab.

Der **Bahnhof** liegt nördlich des Greenside-Parks unweit der Cregg Road. Von Montag bis Samstag halten täglich zwei Züge auf der Strecke Limerick Junction–Waterford in jeweils beiden Richtungen.

Roscrea

6300 EW.

Roscrea verdankt seine Entstehung im 5. Jh. dem hl. Cronan, der hier eine Raststation für mittellose Reisende errichtete. Ein Großteil der historischen Bauten befindet sich in oder nahe der Hauptstraße, der Castle Street.

Bereits 1213 begann man mit dem Bau des **Roscrea Castle**, einer Burg im Ortszentrum mit zwei befestigten Steintürmen, das insgesamt bemerkenswert gut erhalten ist. Wer genau hinschaut, erkennt noch die Stelle, wo die Zugbrücke verankert war. Im Innenhof erhebt sich das **Damer House**, Residenz der Damer-Familie im Queen-Anne-Stil aus dem frühen 18. Jh.

Das im Gebäude untergebrachte **Roscrea Heritage Centre** (www.heritageireland.ie; Castle St; Erw./erm. 4/2 €; ⏲ Ostern–Sept. 10–17.15 Uhr) präsentiert interessante Ausstellungen, z. B. über mittelalterliche Klöster im Binnenland und das Leben auf dem Land Anfang des 20. Jhs. Zum Anwesen gehört ein idyllischer Mauergarten.

Bus Éireann verkehrt täglich bis zu achtmal zwischen Dublin (11 €, 2½ Std.) und Limerick (9,50 €, 1½ Std.) in Roscrea, außerdem gibt's drei Verbindungen nach Cashel (10,26 €, 1¼ Std.).

Nenagh & Umgebung

8000 EW.

Im 19. Jh. war Nenagh eine Garnisonsstadt; zuvor stand hier eine trutzige **Burg**. Letztere erinnert heute an die Turmfigur eines Schachspiels und stammt aus dem 13. Jh. Von ihren unglaublich dicken Mauern hallt das Krächzen von Krähen wider.

In der Nähe ragt das beeindruckende Gemeindezentrum mit dunklen Steinmauern aus dem 19. Jh. auf, zu denen auch ein alter **Kerker** gehört. Nebenan erhebt sich das 1840 errichtete **Round House**, ein charmantes Steingebäude, in dem heute das **Nenagh Heritage Centre** (☎ 067-33850; www.tipperarynorth.ie; Kickham St; ⏲ Mo–Fr 9.30–17 Uhr) GRATIS samt Touristeninformation untergebracht ist.

Am besten besucht man das Städtchen am Mittag und speist in einem der exzellenten Cafés, wie dem lavendelfarbenen **Country Choice** (☎ 067-32596; 25 Kenyon St; Gerichte 5–11 €; ⏲ Mo–Sa 9–17 Uhr). Liebhaber authentischer irischer Küche kommen hier in den Genuss von Eingemachtem, Bauernkäse und zahlreichen weiteren Gaumenfreuden.

Nenagh ist das Tor zur Ostküste des **Lough Derg**, der zum Baden, Angeln und Bootsfahren einlädt. Wer segeln möchte, wendet sich an **Shannon Sailing** (☎ 067-24499; www.shannonsailing.com). Eine malerische Route verläuft am Seeufer 24 km auf der R494 entlang und schlängelt sich um Killaloe sowie Ballina herum.

Bus Éireann bietet regelmäßige Verbindungen nach Limerick (8 €, 50 Min.). Vom Bahnhof von Nenagh fahren täglich vier Züge nach Limerick (12,20 €, 1 Std.). In Ballybrophy besteht Anschluss nach Dublin, Cork und Tralee.

County Clare

117 000 EW. / 3147 KM²

Inhalt ➡

Gut essen

- Buttermarket Café (S. 371)
- Linnane's Lobster Bar (S. 392)
- Naughton's Bar (S. 373)
- Vaughan's Anchor Inn (S. 378)

Schön übernachten

- Rowan Tree Hostel (S. 361)
- Old Ground Hotel (S. 361)
- Sheedy's Country House Hotel & Restaurant (S. 385)
- Gregan's Castle Hotel (S. 391)

Auf nach Clare

Neben seiner faszinierenden langen und gewundenen Küstenlinie wartet das wunderbare County Clare mit einer einzigartigen, windgepeitschten Landschaft und jeder Menge Kultur auf.

An der Küste trifft die raue Natur auf den Atlantischen Ozean, dessen starke Brandung fantastische Felslandschaften, blanke Klippen wie die Cliffs of Moher und seltsame kleine Inseln in der Nähe des Loop Head geformt hat. An manchen Stränden locken die kühlen Meerwellen sogar Surfer an. Darüber hinaus bezaubert der Burren, eine uralte Region aus schroffen Felsen, die sich bis an die Küste sowie die Aran Islands erstreckt, mit herrlichen Ausblicken.

Die Landschaft ist zwar rau, allerdings gilt dies nicht für die Seele der Grafschaft, in der die irische Kultur und die Musikszene florieren. Doch das ist nicht nur eine Show für Touristen, denn selbst in Pubs kleiner Dörfer wie Miltown Malbay, Ennistymon, Doolin und Kilfenora kann man das ganze Jahr über traditionelle Sessions erleben.

Reisezeit

➡ Wer auf Pubsessions steht, kommt in Clare selbst während der Wintermonate auf seine Kosten, denn *craic* (geselliges Beisammensein) gehört hier zum Leben. Wenn es draußen kalt und ungemütlich ist, sorgen in den Kneipen auf dem Land oft Torffeuer für Wärme.

➡ In den wärmeren Monaten erstrahlt das County im wahrsten Sinne des Wortes. Nun braucht man für lange Wanderungen entlang der spektakulären Felsküste und zwischen den einsamen Felsen des Burren keine komplette Schlechtwetterausrüstung mehr.

Highlights

1 Traditionelle Musik in den Pubs von **Miltown Malbay** (S. 375) genießen

2 Streifzüge am herrlichen **White Strand** (S. 375) unternehmen

3 Malerische Straßen, Pfade und die verblüffenden Felsen vor dem **Loop Head** (S. 374) erkunden

4 In der felsigen Einöde des Burren einsame Dolmen (Grabstätten) und verlassene Klöster bei **Carron** (S. 388) aufspüren

5 Das stimmungsvolle Örtchen **Ennistymon** (S. 377) besuchen

6 Im musikalischen **Ennis** (S. 359) von Pub zu Pub ziehen und durch die Straßen schlendern, um hier eine der vielen traditonelle Sessions mitzuerleben

7 Spätnachmittags von **Doolin** (S. 382) aus eine Bootsfahrt unternehmen, um die **Cliffs of Moher** (S. 379) in ihrer ganzen strahlenden Pracht zu sehen

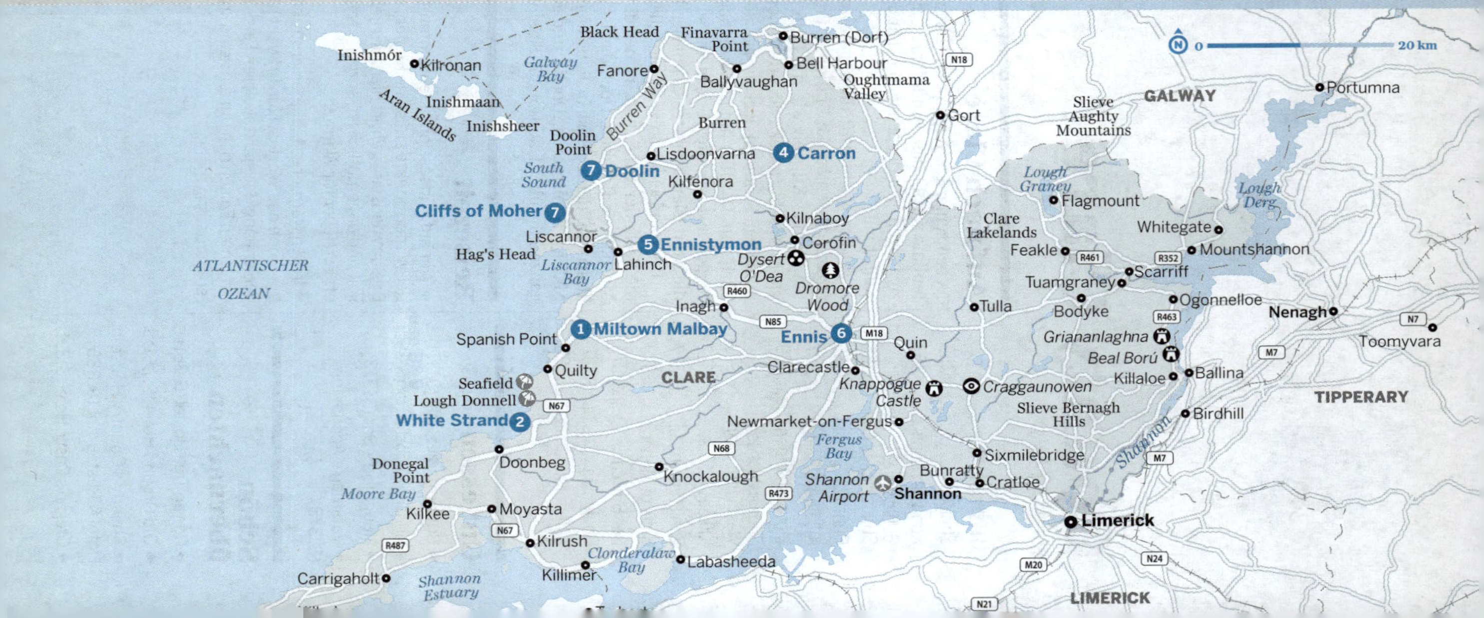

ENNIS & UMGEBUNG

Ennis

20 200 EW.

Ennis (Inis) ist ein quirliges Handelszentrum am Ufer des Fergus, der zunächst ostwärts und dann nach Süden fließt, wo er schließlich in den Shannon mündet.

Wer städtisches Flair erleben will, ist hier richtig, denn man erreicht in weniger als zwei Stunden alle Teile der Grafschaft. Der Ort selbst hat wenige Sehenswürdigkeiten, punktet jedoch mit seinen Restaurants, Unterkünften und traditioneller Unterhaltung. Außerdem laden die schmalen, fußgängerfreundlichen Straßen im Zentrum zum Shoppen ein.

Geschichte

Das enge Gassengewirr zeugt noch von den Anfängen der Ortschaft im Mittelalter. Die Ennis Friary, die bedeutendste historische Stätte, wurde im 13. Jh. von den O'Briens, den Königen von Thomond, gegründet, die auch die Burg errichten ließen. Ein Großbrand legte 1249 viele hölzerne Gebäude der Stadt in Schutt und Asche. 1306 wurde Ennis von einem der O'Briens erneut dem Erdboden gleichgemacht.

Sehenswertes

★ Ennis Friary KIRCHE
(www.heritageireland.ie; Abbey St; Ostern–Sept. 10–18 Uhr, Okt. 10–17 Uhr) GRATIS Die Ennis Friary befindet sich gleich nördlich des Square. Sie wurde zwischen 1240 und 1249 von Donnchadh Cairbreach O'Brien, König von Thomond, errichtet und besteht aus mehreren Gebäuden aus der Zeit zwischen dem 13. und 19. Jh. Ein vor ca. 200 Jahren zerstörtes Dach wurde erst in heutiger Zeit ersetzt.

Das elegante fünfteilige Fenster stammt aus dem späten 13. Jh. und auf den Alabasterplatten am Grabmal von McMahon (1460) sind Szenen aus der Passion Christi dargestellt. Sehenswert ist das Relief, das Franz von Assisi zeigt, den Patron der Franziskanermönche, die sich zu Beginn des 13. Jhs. in Ennis niederließen.

Clare Museum MUSEUM
(Arthur's Row; Di–Sa 9.30–13 & 14–16.30 Uhr) GRATIS Im gleichen Gebäude wie die Touristeninformation von Ennis ist auch dieses kleine, wunderbar kurzweilige Museum untergebracht. Die Ausstellung Riches of Clare (Die Reichtümer Clares) zeichnet die 8000 Jahre alte Geschichte der Grafschaft anhand von Exponaten nach, die in vier Themenbereiche gegliedert sind: Erde, Macht, Glaube, Wasser.

Denkmäler & Skulpturen DENKMÄLER
Auf dem Square im Stadtzentrum steht ein **Denkmal von Daniel O'Connell**. Als dieser 1828 mit einer überwältigenden Mehrheit ins britische Parlament gewählt wurde, musste Großbritannien die Zugangssperre für katholische Abgeordnete aufheben. Ein Jahr später war der Weg frei für das Gesetz zur Gleichberechtigung der Katholiken. Der „Great Liberator" (Großer Befreier) thront hoch oben auf einer Säule, geradezu unerreichbar für die Normalsterblichen.
Éamon de Valera vertrat Clare von 1917 bis 1959 im irischen Parlament. Ihm zu Ehren wurde eine **Bronzestatue** in der Nähe des Gerichtsgebäudes ein Stück nördlich der Stadt an der Gort Road aufgestellt.

Zahlreiche **moderne Skulpturen** verteilen sich rund um das Stadtzentrum, darunter die **Weathered Woman** (Verwitterte Frau) in der Old Barrack Street. Bei der Touristeninformation bekommt man eine Karte zum *Ennis Sculpture Trail* (Ennis-Skulpturenpfad).

Aktivitäten

Tierney's Cycles & Fishing FAHRRADVERLEIH
(086 803 0369; www.clarebikehire.com; 17 Abbey St; Mo–Sa 9–18 Uhr) Hier werden gepflegte Mountainbikes für 20/70 € pro Tag/Woche inklusive Helm, Fahrradschloss und Reparaturset verliehen. Das Personal empfiehlt Routen.

Geführte Touren

Ennis Walking Tours STADTSPAZIERGANG
(087 648 3714; www.enniswalkingtours.com; Erw./Kind 8 €/frei; Mai–Okt. Mo, Di & Do–Sa 11 Uhr) Am besten erkundet man Ennis zu Fuß und in Begleitung eines kundigen Stadtführers. Die erstklassigen Rundgänge beginnen vor der Touristeninformation.

Feste & Events

Fleadh Nua KULTUR
(www.fleadhnua.com; Mitte–Ende Mai) Quirliges, traditionelles Musikfestival mit Gesang, Tanz und Workshops.

Ennis Trad Festival MUSIK
(www.ennistradfestival.com; Mitte Nov.) An verschiedenen Veranstaltungsorten in der Stadt wird traditionelle Musik gespielt.

Ennis

Ennis

Highlights
1 Clare Museum B2
2 Ennis Friary B1

Sehenswertes
3 Daniel-O'Connell-Denkmal B2
4 Weathered Woman B3

Aktivitäten, Kurse & Touren
5 Tierney's Cycles & Fishing B1

Schlafen
6 Banner Lodge A3
7 Old Ground Hotel B3
8 Queens Hotel B1
9 Rowan Tree Hostel B1

Essen
Brogan's .... (siehe 15)
10 Farmers Market A3
11 Food Heaven A2
Poet's Corner Bar .... (siehe 7)
Rowan Tree Café Bar .... (siehe 9)
12 Town Hall Café B2
13 Tulsi B3
14 Zest B2

Ausgehen & Nachtleben
15 Brogan's B2
16 Ciaran's Bar B1
17 Cruise's Pub B1
18 John O'Dea B3
Poet's Corner Bar .... (siehe 7)

Unterhaltung
19 Glór D2

Shoppen
20 Custy's Music Shop B2
21 Ennis Bookshop B2

Schlafen

Ennis bietet eine große Auswahl an Übernachtungsmöglichkeiten. In den meisten Hauptstraßen stadteinwärts findet man schlichte Frühstückspensionen, einige davon in Gehnähe zum Stadtzentrum. Viele Besucher kommen direkt vom Shannon Airport hierher, der weniger als 30 Autominuten weiter südlich liegt.

★ **Rowan Tree Hostel** HOSTEL €
(☎065-686 8687; www.rowantreehostel.ie; Harmony Row; B/EZ/DZ ab 19/35/54 €; @ 📶) Dieses Hostel in einem schönen Herrenclub aus dem 18. Jh. direkt am Fluss Fergus verfügt über helle und luftige Zimmer samt herrlichen Balkonen mit Blick aufs Wasser sowie wunderbare Gemeinschaftsräume. Es gibt 150 Betten, die sich auf Ein- bis Vierzehnbettzimmer verteilen und teilweise private Bäder haben. Im Haus befindet sich auch eine tolle Café-Bar.

★ **Old Ground Hotel** HOTEL €€
(☎065-682 8127; www.flynnhotels.com; O'Connell St; EZ/DZ ab 90/120 €; @ 📶) Im Foyer des im 19. Jh. errichteten Hotels geht's lebhaft zu: Alte Freunde lümmeln sich auf den Sofas, an den Tischen werden Geschäfte abgeschlossen und die Damen der hiesigen Kirchengemeinde tauschen bei einer Tasse Tee den neuesten Klatsch aus. Die 83 Zimmer variieren in Größe und Ausstattung, deshalb schaut man sich vor seiner Entscheidung am besten erst mal um. An warmen Tagen kann man an den Tischen auf dem Rasen relaxen.

Newpark House GASTHAUS €€
(☎065-682 1233; www.newparkhouse.com; Roslevan; EZ/DZ ab 60/90 €; ⏲April–Okt.; @ 📶) 2 km nördlich von Ennis erhebt sich das Newpark House, ein von Weinreben umranktes Gebäude aus dem Jahre 1650. Die sechs Gästezimmer sind mit alten und modernen Möbeln ausgestattet und bieten alle Gartenblick. Der Weg hierher führt ostwärts über die Tulla Road (R352) bis zum Roslevan-Kreisverkehr. Dort biegt man nach Südosten in die Newpark Road ab.

Ardilaun Guesthouse B&B €€
(☎065-682 2311; www.ardilaun.com; Gort Rd/R458; EZ/DZ ab 40/70 €; 📶) Wenn man auf der Terrasse dieses feinen B&B einen kurzen Fußmarsch nördlich des Zentrums von Ennis sitzt, könnte man glatt die Angel auswerfen, denn der Fergus fließt hinter dem Haus vorbei. Er ist von vielen der zehn Zimmer zu sehen. Einen weiteren Pluspunkt gibt's für die Sauna.

Banner Lodge GASTHAUS €€
(☎065-682 4224; www.bannerlodge.com; Market Pl; EZ/DZ ab 45/70 €; 📶) Zentraler geht's nicht – und das zu einem supergünstigen Preis! Einige der acht Zimmer sind ziemlich klein, aber bei der Lage ein Schnäppchen. Das Dekor des zweistöckigen Gasthofs wird von grellblauen Teppichen und einigen Antiquitäten dominiert und der Service ist aufs Minimum beschränkt.

Queens Hotel HOTEL €€
(☎065-682 8963; www.irishcourthotels.com; Abbey St; Zi. 65–100 €; @ 📶) Das hübsche Eckhaus eignet sich bestens für alle, die anonym bleiben und direkt im Zentrum wohnen wollen. Alle 48 Zimmer sind modern und einheitlich ausgestattet sowie zeitlos in Rot- und Beigetönen dekoriert. Die Fassade erinnert an die große Vergangenheit des Hotels. Am Wochenende kann es abends laut werden.

Essen

Ennis bietet einen guten Mix an Restaurants, Cafés und Bars. Feinschmecker steuern den **Farmers Market** (Parkplatz Upper Market St; ⏲Fr & Sa 8–14 Uhr) an, auf dem einige der besten Erzeuger in Clare ihre Produkte verkaufen.

★ **Food Heaven** CAFÉ €
(www.foodheaven.eu; 21 Market St; Hauptgerichte 6–10 €; ⏲Mo–Sa 8.30–18 Uhr) Dieses kleine Café und Delikatessengeschäft ist eine von mehreren guten Adressen in der Gegend rund um die Market Street. Es wird seinem himmlischen Namen mit kreativen und frischen Speisen gerecht. Die Sandwiches bestehen aus ausgezeichnetem Vollkornbrot und es gibt täglich andere Suppen und Salate sowie verschiedene warme Tagesangebote. Mittags muss man etwas Geduld mitbringen, da meist viel Andrang herrscht.

Zest CAFÉ €
(Market Pl; Mahlzeiten 5–10 €; ⏲Mo–Sa 8–18 Uhr) Das Zest ist Imbiss, Bäckerei, Laden und Café in einem und lockt mit Salaten, Suppen, hervorragend zubereiteten frischen Mahlzeiten aus der Region und vielem mehr. Ideal für ein Mittagessen oder einen Kaffee.

Rowan Tree Café Bar MEDITERRAN €€
(www.rowantreecafebar.ie; Harmony Row; Hauptgerichte 7–20 €; ⏲10.30–23 Uhr) 🌿 In der Café-Bar im Erdgeschoss des gleichnamigen Hos-

tels gibt's keine sonderlich günstigen, aber dafür hervorragende Gerichte mit mediterranem Einfluss. Hier wird mit lokalen und biologisch angebauten Produkten gekocht. Der wunderbare alte Holzboden im hübschen Hauptspeisesaal stammt aus dem 18. Jh. An den Tischen draußen genießt man einen Blick auf den Fluss.

Poet's Corner Bar IRISCH €€

(Old Ground Hotel, O'Connell St; Hauptgerichte 6–15 €; ⌚12.30–21 Uhr) Eine legendäre alte Bar, deren verdientermaßen guter Ruf auf den traditionelle Mahlzeiten gründet, insbesondere den stets frischen Fish 'n' Chips. Hervorragender Service, viele Angebote.

Town Hall Café IRISCH €€

(☎065-682 8127; O'Connell St; Hauptgerichte 8–25 €; ⌚10–16 & 18–21.30 Uhr; 📶) Gleich neben dem Old Ground Hotel lädt das dazugehörige ausgezeichnete Bistro im alten Rathausgebäude zum Verweilen ein. Unter den hohen Decken ist viel Raum für große Kunst, die von den modern-irischen Speisen auf der ständig wechselnden Karte noch übertrumpft wird. Bei den Mahlzeiten legen die Betreiber Wert auf lokale Produkte, vor allem bei Fisch- und Meeresfrüchtegerichten.

Tulsi INDISCH €€

(Carmody St; Hauptgerichte 8–18 €; ⌚Mo–Sa 17–22, So 13–16 Uhr) Die indischen Köstlichkeiten in diesem herzlichen Restaurant sind einfach toll und die Standards wie Tandoori Chicken um Klassen besser als in 08/15-Lokalen. Ein weiteres Plus ist das liebenswerte Personal.

Brogan's PUB €€

(24 O'Connell St; Hauptgerichte 8–15 €; ⌚10–22 Uhr) In dem beliebten alten Pub haben die Erbsen den richtigen Biss und die Kartoffeln scheinen nie auszugehen. Klassiker wie Braten sind hier der Renner, ebenso wie Steaks und ein stattlicher in Bier gebackener Kabeljau. Die Meeresfrüchtesuppe enthält jede Menge geräucherten Fisch.

Ausgehen & Nachtleben

In der Hauptstadt dieser musikalischen Grafschaft gibt's jede Menge Pubs, die traditionelle Sessions veranstalten. Die Kneipen sind sogar der beste Grund, eine Weile hierzubleiben. Welche Location gerade angesagt ist, ändert sich häufig. Am besten durchstreift man einfach die Straßen und zieht von Pub zu Pub, bis man einen Laden entdeckt, der einem besonders gut gefällt.

Brogan's PUB

(24 O'Connell St) Eine tolle Musikertruppe heizt den Gästen im Brogan's an der Ecke zur Cooke's Lane von Montag bis Donnerstag (im Sommer häufiger) ab 21 Uhr kräftig ein. Das große Pub hat mehrere Räume.

Cruise's Pub PUB

(Abbey St) Zu der freundlichen Kneipe gehört ein großer Innenhof, wo man im Schatten der Ennis Friary ein Bier genießen kann. An vielen Abenden finden ab 21.30 Uhr irische Musiksessions statt.

Poet's Corner Bar PUB

(Old Ground Hotel, O'Connell St) Freitagabends werden in dem Pub des Old Ground Hotel oft grandiose Konzerte geboten.

Cíaran's Bar PUB

(Francis St) In diesem netten Schuppen grübelt tagsüber mancher Kauz über seinem Pint. Abends gibt's regelmäßig traditionelle Konzerte.

John O'Dea PUB

(66 O'Connell St) Seit den 1950er-Jahren ist der Laden mit der Kachelfassade ein Treffpunkt für lokale Musiker, die ihre Trad Sessions (einige der besten in Clare) sehr ernst nehmen.

Unterhaltung

Cois na hAbhna TRADITIONELLE MUSIK

(☎065-682 0996; www.coisnahabhna.ie; Gort Rd; ⌚Laden 9–17 Uhr, Trad Sessions Di 21 Uhr) Fans irischer Musik und Kultur kommen 1,5 km nördlich der Stadt an der N18 auf ihre Kosten. Hier finden Veranstaltungen, traditionelle Sessions sowie zahlreiche Kurse in Tanz und Musik statt. Das Archiv sammelt alles Wissenswerte zur traditionellen irischen Musik, zum Liedgut, Tanz und zur Folklore in der Grafschaft; außerdem werden vor Ort Bücher und CDs verkauft.

Glór THEATER

(www.glor.ie; Friar's Walk) Clares Kulturzentrum ist in einem auffälligen modernen Gebäude untergebracht. Auf dem Programm stehen u. a. Kunst, traditionelle Musik, Theater, Tanz, Fotografie sowie Film.

Shoppen

Ennis ist Clares beste Einkaufsstadt. Samstagvormittags wird auf dem Marktplatz ein Wochenmarkt abgehalten. Die meisten Läden befinden sich in der O'Connell Street und in der Abbey Street.

NICHT VERSÄUMEN

TRADITIONELLE MUSIK IM COUNTY CLARE

Von stimmungsvollen kleinen Pubs in winzigen Dörfern, wo Gäste, die kein Instrument spielen, in der Minderheit sind, bis zu den lebhaften städtischen Kneipen in Ennis: Wer traditionelle Musik hören möchte, ist in diesem County richtig. In Clare meiden die Musiker alle modernen Einflüsse wie Rock oder gar Polka, die andernorts zu hören sind, und halten sich entschieden an die Tradition, meist mit wenig Gesang.

Trad Sessions finden zwar in fast jeder Kleinstadt und jedem Dorf mindestens an einem Abend pro Woche statt, aber für den Anfang empfehlen wir die folgenden Orte:

➜ **Doolin** Zahlreiche gehypte Pubs bieten allabendlich Sessions an, Touristen-„Aufläufe" können die Stimmung allerdings ruinieren (S. 382).

➜ **Ennis** An den meisten Abenden bietet es sich an, von einem Pub zum nächsten zu ziehen, besonders im Sommer. In den Kneipen treten Musiker aus dem ganzen County auf, die teilweise mit anspruchsvollen Darbietungen aufwarten (S. 359).

➜ **Ennistymon** In diesem unscheinbaren Bauerndorf im Hinterland von Doolin locken mehrere alte Pubs herausragende lokale Talente an (S. 377).

➜ **Kilfenora** Das große musikalische Erbe dieses kleinen Dorfes lernt man in dem tollen örtlichen Pub kennen (S. 386).

➜ **Miltown Malbay** Hier findet jedes Jahr die wunderbare Willie Clancy Summer School statt, eines der besten Musikfestivals in Irland. Darüber hinaus geben die talentierten Bewohner ihr Können das ganze Jahr über in mehreren alten Pubs zum Besten (S. 375).

Custy's Music Shop MUSIK
(☎065-682 1727; www.custysmusic.com; Cook's Lane, abseits der O'Connell St; ⏲Mo–Sa 10–18 Uhr) Hier bekommt man einfach alles rund um irische Musik, ob man nun auf der Suche nach CDs, Instrumenten wie z. B. Geigen, Zubehör oder Infos zur lokalen Szene ist.

Ennis Bookshop BÜCHER
(13 Abbey St; ⏲Mo–Sa 10–18 Uhr) Karten und Bücher mit lokalem Bezug.

ℹ Praktische Informationen

Touristeninformation (☎065-682 8366; www.visitennis.ie; Arthur's Row; ⏲Di–Fr 9.30–13 & 14–17.30 Uhr) Sehr hilfreich. Für eine Gebühr von 4 € werden Unterkünfte vermittelt.

ℹ An- & Weiterreise

Die Umgehungsstraße M18 östlich der Stadt leitet den Verkehr zwischen Limerick und Galway um Ennis herum, aber wenn man an die Küste fahren möchte, muss man das Zentrum trotzdem durchqueren.

BUS

Bus Éireann (☎065-682 4177; www.buseireann.ie) bietet Verbindungen nach Cork (16 €, 3 Std., 11-mal tgl.), Doolin (12 €, 1½ Std., 2-mal tgl.) via Corofin, Ennistymon, Lahinch und Liscannor, Galway (10 €, 1½ Std., stdl.) via Gort, Limerick (9 €, 40 Min., stdl.) via Bunratty sowie zum Shannon Airport (8 €, 50 Min., stdl.). Die Busse fahren am Terminal neben dem Bahnhof ab.

Wer Richtung Dublin (20 €) reist, muss in Limerick umsteigen.

ZUG

Die Züge der **Irish Rail** (www.irishrail.ie) fahren vom **Bahnhof in Ennis** (☎065-684 0444; Station Rd) nach Limerick (10 €, 40 Min., 9-mal tgl.), wo u. a. Anschlussverbindungen nach Dublin bestehen. Auf der Strecke nach Galway (19 €, 1¾ Std., 5-mal tgl.) kann man sich auf die Szenerie des Burren einstimmen.

ℹ Unterwegs vor Ort

Viele Traveller nehmen sich direkt am Shannon Airport einen Mietwagen. In Ennis gibt's genügend Parkmöglichkeiten, z. B. hinter der Touristeninformation im Friar's Walk sowie am Flussufer nahe der Abbey Street.

Burren Taxis (☎065-682 3456) Taxistände findet man am Bahnhof und am Square.

Rund um Ennis

Nördlich von Ennis befindet sich die frühchristliche Stätte von Dysert O'Dea und im Südosten locken mehrere schöne Burgen. Viele Sehenswürdigkeiten kann man im Rahmen eines Tagesausflugs besuchen.

Dysert O'Dea

Wenn man auf den engen Fahrspuren mit Grasstreifen in der Mitte nach **Dysert O'Dea** (⏲24 Std.) holpert, spürt man die Vergangenheit förmlich. Im 8. Jh. gründete der hl. Tola hier ein Kloster. Kirche und Hochkreuz, das White Cross of St. Tola, stammen aus dem 12. oder 13. Jh. Auf der einen Seite des Kreuzes sieht man eine Darstellung von Daniel in der Löwengrube, die andere Seite zeigt den gekreuzigten Jesus Christus über dem Relief eines Bischofs. Interessant sind auch der südliche Torbogen der romanischen Kirche mit verschiedenen Tiermotiven und menschlichen Gesichtern und die 5 m hohen Überreste eines Rundturms.

Ganz in der Nähe lieferten sich 1318 die O'Briens, damals Könige von Thomond, und Norman de Clares of Bunratty eine heftige Schlacht. Durch den Sieg der O'Briens verzögerte sich die anglonormannische Eroberung von Clare um zwei Jahrhunderte. Das **O'Dea Castle** aus dem 15. Jh. beherbergt heute das **Clare Archaeology Centre** (www.dysertcastle.com; Corofin; Erw./Kind 4/2,50 €; ⌚Mai–Sept. 10–18 Uhr). Rund um die Burg führt ein 3 km langer Geschichtspfad zu mehr als 20 Denkmälern von Ringfestungen und Hochkreuzen bis hin zu einer alten Kochstelle. Über eine mittelalterliche Straße erreicht man nach 5 km ein weiteres Fort aus Stein.

Östlich von Dysert O'Dea kann man an einem schönen Fluss entlang durch den **Dromore Wood** (www.heritageireland.ie; Ruan; ⌚Sommer 8–19.30 Uhr, Winter 8–18 Uhr, Besucherzentrum Juni–Aug. 10–17 Uhr) GRATIS wandern. In dem 400 ha großen Naturschutzgebiet befinden sich die Ruinen des O'Brien Castle aus dem 17. Jh., zwei Ringfestungen und die Kilakee-Kirche.

An- & Weiterreise

Dysert O'Dea liegt 1,7 km abseits der Corofin Road (R476) und 11 km nördlich von Ennis. Der Dromore Wood erstreckt sich 8 km östlich von Dysert in der Nähe der R458.

Bus Éireann hält auf seiner täglichen Fahrt von Ennis an der R476.

Quin

930 EW.

In Quin (Chuinche), einem Dorf 10 km südöstlich von Ennis, stießen Arbeiter beim Bau der Bahnlinie zwischen Ennis und Limerick 1854 auf einen großen Goldschatz – die wichtigste Entdeckung prähistorischen Goldes in Irland. Doch menschliche Gier und Armut gewannen die Oberhand: Von zahlreichen Fundstücken gelangten nur wenige ins Dubliner Nationalmuseum; der Großteil der Beute wurde verscherbelt.

Die **Quin Abbey** (⌚24 Std.) GRATIS, ein Franziskanerkloster, wurde 1433 auf den Grundmauern einer 1280 erbauten Burg errichtet. Trotz häufiger Verfolgung lebten hier bis ins 19. Jh. Mönche. Auch der berühmt-berüchtigte Fireballs MacNamara, ein notorischer Duellant und Mitglied der hiesigen Herrscherfamilie, fand in der Gegend seine letzte Ruhestätte. Über dem Hauptgebäude des Klosters ragt ein eleganter Glockenturm auf, den man über eine enge Wendeltreppe besteigen kann. Von oben blickt man auf den schönen Kreuzgang und die Landschaft.

Neben dem Bauwerk thront die gotische **Church of St. Finghin** aus dem 13. Jh. Zahlreiche Cafés und Pubs säumen die ruhigen Gassen in der Nähe der Ruinen.

Knappogue Castle

3 km südöstlich von Quin erreicht man das **Knappogue Castle** (www.shannonheritage.com; R469; Erw./Kind 6/3 €; ⌚Mai–Aug. 10–16.30 Uhr), 1467 von den McNamaras erbaut. Diese Familie herrschte vom 5. bis Mitte des 15. Jhs. über einen großen Teil von Clare. Sie errichtete in der Region insgesamt 42 Burgen. Nach wie vor sind die Mauern von Knappogue intakt und innen ist eine schöne Ausstellung antiker Möbel und Kamine zu sehen. Die **Gärten** wurden umfassend restauriert.

Als Oliver Cromwell 1649 nach Irland kam, nutzte er Knappogue als Stützpunkt – so blieb die Festung vor Zerstörungen verschont. 1660 erhielten die MacNamaras ihre Burg zurück. Danach wurden Fenster und andere Elemente hinzugefügt, um sie „wohnlicher" zu machen.

Für Touristen werden auf Knappogue auch **mittelalterliche Bankette** (Erw./Kind 44/22 €; ⌚April–Okt. 18.30 Uhr) veranstaltet.

Craggaunowen

Noch mehr irisches Kulturerbe gibt's in **Craggaunowen** (www.shannonheritage.com; abseits der R469; Erw./Kind 8/4,50 €; ⌚Ostern–Sept. 10–16 Uhr; 👪) 6 km südöstlich von Quin zu sehen. Zu dem Freilichtmuseum gehören alte keltische Bauernhöfe und Siedlungen, darunter eine *crannóg* (künstliche Insel) und eine Ringfestung aus dem 5. Jh., außerdem kann man Gerätschaften der Bronzezeit und eine 2000 Jahre alte Eichenallee bestaunen. Das Craggaunowen Castle ist eine kleine, gut erhaltene Burg der MacNamaras. Mit seinen vielen Tieren begeistert es vor allem Kinderherzen.

ÖSTLICHES & SÜDÖSTLICHES CLARE

Abseits von Atlantikküste und dem zerklüftetem Burren wird Clare im Osten allmählich flacher. Hier ist das Land von grünen Ebenen geprägt, durch die sich niedrige Hügelketten ziehen. Die östliche Grenze der Grafschaft bilden der Shannon und der lang gezogene Binnensee Lough Derg, der sich 48 km von Portumna in der Grafschaft Galway bis nach Killaloe erstreckt. Wenn man aus dem zerklüfteten mystischen Westen Clares kommt, erscheinen die Dörfer am See wie Mountshannon wie eine idyllische Welt mit Wasserlandschaften, Ufersiedlungen, Wäldern und Panoramablick.

Im Südosten weitet sich der Shannon zu einem riesigen Mündungsdelta aus. Hier sind die weiten Ebenen übersät mit Bauernhöfen sowie zahlreichen Weilern.

Shannon Airport

Als Flugzeuge noch Kolbenmotoren und damit weniger Reichweite hatten und hier auf der Strecke zwischen Nordamerika und dem europäischen Festland zum Auftanken landen mussten, war Irlands zweitgrößter Flughafen ein viel genutztes Etappenziel. Heutzutage geht's auf dem Shannon (Sionainn) Airport deutlich entspannter zu. Der Flughafen dient als idealer Ausgangspunkt zu den westlichen Counties.

3 km entfernt liegt die **Stadt Shannon**, einst für die Mitarbeiter des Airports errichtet. Sie hat den Charme eines alten sowjetischen Industrieortes, aber immerhin eine bessere Warmwasserversorgung. Zum Verweilen verführt kaum etwas.

Schlafen & Essen

In dem Städtchen 3 km vom Flughafen entfernt gibt's mehrere B&B-Unterkünfte, allerdings ist man in gerade mal 30 Minuten schon in Ennis, Limerick und noch hübscheren Orten. Im Flughafenterminal befindet sich ein großes, oft überfülltes Restaurant. Am besten versorgt man sich in den Cafés von Ennis mit Reiseproviant.

Park Inn Shannon Airport HOTEL €€
(☎ 061-471 122; www.parkinns.com; Zi. ab 70 €; @ ᯤ) Hier wacht man in einem von 114 Standardräumen auf. Die Unterkunft ist ebenso gut wie jedes andere Flughafenhotel. Der Parkplatz des Hotels liegt gleich gegenüber dem Terminal. Eine gute Option, wenn man früh am nächsten Morgen abfliegt und sein Mietauto schnell loswerden will.

ℹ Praktische Informationen

Am **Shannon Airport** (SNN; ☎ 061-712 000; www.shannonairport.com; ᯤ) gibt's viele Einrichtungen wie eine offene Aussichtsplattform und Geldautomaten, die sich alle auf einer Ebene befinden.

Touristeninformation (www.shannonregiontourism.ie; Shannon Airport; ⏲ 7–16 Uhr) In der Nähe der Ankunftshalle bekommt man Infos über die Region sowie Reisebücher, Karten und Souvenirs.

ℹ Anreise & Unterwegs vor Ort

AUTO

Am Flughafen sind alle großen Mietwagenunternehmen vertreten.

BUS

Bus Éireann (☎ 061-474 311; www.buseireann.ie) Tickets kauft man entweder am Automaten oder beim Fahrer. Nach Cork (17 €, 2½ Std., stdl.), Ennis (8 €, 50 Min., stdl.), Galway (15 €, 1¾ Std., stdl.) und Limerick (8 €, 30–55 Min., 2-mal stdl.) bestehen direkte Verbindungen. Auf manchen Strecken verkehren sonntags weniger Busse.

FLUGZEUG

Mehrere Airlines bieten Direktflüge von/nach Shannon, darunter die irische Fluggesellschaft **Ryanair** (www.ryanair.com), die viele europäische Ziele ansteuert.

TAXI

Eine Taxifahrt ins Zentrum von Limerick oder Ennis kostet 40 €, wenn man diese am Schalter in der Nähe der Ankunftshalle bucht. Am Taxistand zahlt man eventuell mehr.

Bunratty

Bunratty (Bun Raite) liegt direkt an der N18 und hat jede Menge Parkplätze, die auch für Busse genügend Platz bieten. Der Ort ist ein echter Publikumsmagnet und zieht mehr Besucher an als irgendein anderes Fleckchen in der Region. Im Themenpark wird ein altes irisches Dorf zum Leben erweckt (allerdings fehlen die Pferdeäpfel, Peitschen und Krankheiten ...) und jedes Jahr schießen neue Verkaufsstände aus dem Boden, die dann sämtliche Zufahrtsstraßen blockieren und „authentisch irische Ware" made in China anbieten.

Von April bis Oktober wird Bunratty regelrecht von Reisegruppen belagert.

Sehenswertes & Aktivitäten

Bunratty Castle & Folk Park BURG

(www.shannonheritage.com; Erw./Kind 15/1 €; 9–17.30 Uhr, letzter Einlass 16.15 Uhr;) Das quaderförmige, wuchtige Bunratty Castle ist das jüngste von mehreren Steingebäuden am Fluss Ratty. Im 10. Jh. gründeten Wikinger an eben dieser Stelle eine Siedlung und in den 1270er-Jahren besetzte der Normanne Thomas de Clare die Region. Die heutige Burg wurde Anfang des 15. Jhs. von der tatkräftigen Familie MacNamara errichtet, fiel aber kurz darauf an die O'Briens und blieb bis ins 17. Jh. in deren Besitz. Sie wurde komplett restauriert und ist mit exquisiten Möbeln und Gemälden sowie hübschen Wandbehängen aus dem 14. bis 17. Jh. ausgestattet.

Im Volkspark, der an die Burg grenzt, erstreckt sich ein traditionelles irisches Dorf mit Cottages, einer Schmiede, Webern, Postamt, Pub und einem kleinen Café.

Einige Gebäude wurden von ihrem ursprünglichen Standort hierher versetzt, bei den meisten handelt es sich jedoch um Rekonstruktionen. Während der Hauptsaison führen Mitarbeiter die Besucher in historischen Gewändern über das Gelände und berichten von den „familienfreundlicheren" Seiten des Alltags gegen Ende des 19. Jhs. (Arbeitshäuser und schießwütige englische Soldaten fehlen). Das Gelände erinnert insgesamt an einen Vergnügungspark ohne Fahrgeschäfte.

➡ Traditionelle irische Nacht

(061-360 788; Erw./Kind 40/20 €; April–Okt. 19–21.30 Uhr) Die irischen Nächte werden in einer Getreidescheune im Volkspark veranstaltet. Zu diesem Anlass servieren zahlreiche Rotschöpfe (echte und falsche, aber die richtige Haarfarbe verschafft Bewerbern für den Job auf jeden Fall einen Vorteil) traditionelle Kost. Dazu gibt's Musik und Tanz. Obwohl es nicht den Bräuchen entspricht, wird auch Wein ausgeschenkt, der vielleicht sogar zum Mitsingen verleitet.

➡ Mittelalterliche Bankette

(061-360 788; Erw./Kind 50/25 €; April–Okt. 17.30 & 20.45 Uhr, Nov.–März unterschiedl. Zeiten) Wer den Rummel in der Scheune lieber auslassen möchte, kann sich auch für das mittelalterliche Bankett mit Harfenspielern und Hofnarren entscheiden. Hier kommen fleischlastige Speisen mit mittelalterlichen Anklängen auf den Tisch (wir vermuten, dass viele Gäste bei authentischem Essen schnell das Weite suchen würden). Das Mahl wird mit Met, einer Art Honigwein, hinuntergespült. Unterhalten werden die Gäste von Schauspielern und Bänkelsängern. Reisegruppen lieben diese Bankette, daher sollte man unbedingt frühzeitig reservieren. Online findet man häufig Sparangebote.

Die Festmähler auf Knappogue Castle (S. 364) und Dunguaire Castle (in Galway) sind ähnlich, wenn auch etwas gesetzter.

Schlafen & Essen

Bunratty beherbergt nur wenige Hotels, aber jede Menge B&Bs, viele in der Hill Road nördlich der Burg. Auf der großen Übersichtskarte am Eingang zum Park sind die Standorte verzeichnet. Man trifft mit den Unterkünften eine gute Wahl, wenn man frühmorgens vom 5 km weiter westlich gelegenen Shannon Airport abfliegt.

★ Cahergal Farmhouse B&B €€

(061-368 358; www.cahergal.com; Newmarket-on-Fergus; EZ/DZ ab 50/80 €;) Diese luxuriös ausgestattete Bleibe in einem Bauernhaus befindet sich auf halber Strecke zwischen Bunratty (6 km) und dem Flughafen (8 km). Morgens weckt einen sanft das entfernte Gackern von Hühnern. Von den edlen Zimmern mit Kingsizebetten genießt man einen schönen Ausblick auf die ländliche Idylle. Zu essen gibt's herzhafte Gerichte, irische Backwaren und weitere Leckereien.

Briar Lodge B&B €€

(061-363 388; www.briarlodge.com; Hill Rd; EZ/DZ ab 40/60 €; Mitte März–Mitte Okt.;) In einer ruhigen Sackgasse 1,6 km von der Burg entfernt stößt man auf diese traditionelle Pension mit fünf Zimmern, die über kleine Extras wie Lockenstäbe (für den großen Auftritt beim Bankett) verfügen. Manche haben sogar Kingsizebetten.

Durty Nelly's PUB €€

(www.durtynellys.ie; Bunratty House Mews; Hauptgerichte 6–25 €; Küche 12–22 Uhr) Im Durty Nelly's herrscht den ganzen Sommer reger Touristenandrang. Doch obwohl das Lokal direkt gegenüber der Burg liegt, hat es sich einen gewissen Charme bewahrt. Außerdem schmecken die Gerichte überraschend gut. Das Pub ist gemütlicher als das Restaurant oben. An vielen Abenden wird traditionelle irische Musik geboten.

An- & Weiterreise

Bunratty liegt an der verkehrsreichen Route von Limerick zum Shannon Airport, die von **Bus Éireann** (061-313 333; www.buseireann.ie) bedient wird. Die Linien verkehren mindestens stündlich in beide Richtungen und brauchen für die Strecke knapp 30 Minuten. Ein Ticket kostet 7 €. Nach Ennis bestehen täglich mindestens fünf direkte Verbindungen (8 €, 30 Min.). Die Busse halten in der Nähe der Burg.

Killaloe & Ballina

4100 EW.

Nur getrennt durch einen schmalen Kanal sind Killaloe und Ballina eigentlich ein einziges Reiseziel, obwohl sie nicht wirklich viel gemeinsam haben und sogar zu verschiedenen Grafschaften gehören. Als Bindeglied spannt sich eine 1770 errichtete einspurige Brücke mit 13 Bogen über den Fluss. In nur fünf Gehminuten ist man auf der anderen Seite, mit dem Auto braucht man dagegen 20 Minuten (aufgrund eines sehr komplizierten Ampelsystems).

Killaloe (Cill Da Lúa) zeigt ein Clare wie aus dem Bilderbuch. Das Dorf liegt am Westufer des unteren Loch Deirgeirt (der südlichen Verlängerung des Lough Derg); an dieser Stelle verjüngt sich der Meeresarm. Der Ort schmiegt sich an die schroff aufragenden Slieve Bernagh Hills im Westen, nach Osten hin bilden die Arra Mountains einen harmonischen Abschluss.

Ballina (Béal an Átha) in der Grafschaft Tipperary ist nicht ganz so malerisch wie Killaloe, hat aber die besseren Pubs und Restaurants. Es liegt am Ende einer landschaftlich schönen Route (R494), die von Nenagh aus am Ufer des Lough Derg entlangführt.

Sehenswertes & Aktivitäten

Das charmante Zentrum von Killaloe konzentriert sich auf den kleinen Uferbereich mit Promenade. In Ballina spielt sich das Leben vor allem auf der Main Street ab, die vom Ufer den Berg hinaufführt.

Killaloe Cathedral KIRCHE
(St Flannan's Cathedral; Limerick Rd) Das Gebäude geht auf das frühe 13. Jh. zurück und wurde von der Familie O'Brien auf den Fundamenten einer Kirche aus dem 6. Jh. errichtet. Kunstvolle Steinmetzarbeiten zieren die Innenseite des Südportals. Neben dem Tor steht der Stumpf eines Steinkreuzes, der als Thorgrim's Stone bekannt ist. Der außergewöhnliche Stein stammt aus frühchristlicher Zeit und zeigt alte skandinavische Runen sowie irische Ogham-Inschriften.

Brian Ború Heritage Centre MUSEUM
(www.shannonheritage.com; Lock House, Killaloe; Erw./Kind 3,35/1,75 €; Mai–Mitte Sept. 10–17 Uhr) Dieses Museum ist nach dem einheimischen Knaben benannt, der es mithilfe politischer Drahtzieher und Hintermänner als König schaffte, Irland zu vereinigen und vom Joch der Wikinger zu befreien. Es bemüht sich sehr, die Legenden am Leben zu erhalten. Hier gibt's auch eine gute Ausstellung über das nautische Erbe der Seen und Flüsse in der Region.

TJ's Angling Centre ANGELN
(061-376 009; www.tjsangling.com; Main St, Ballina; 8–22 Uhr) Angler finden in dem Laden alles, was ihr Herz begehrt und können sich ausgiebig beraten lassen. Die Leihausrüstung kostet 15 € pro Tag. Angelausflüge werden ebenfalls angeboten, doch die Forellen und Hechte beißen vor Ort genauso gut an.

Geführte Touren

Spirit of Killaloe BOOTSTOUREN
(086 814 0559; www.killaloerivercruises.com; Lakeside Dr, Ballina; Erw./Kind 12,50/7,50 €; Mai–Sept.) Ausgedehnte Bootsfahrten.

Schlafen

In der Gegend gibt's eine große Auswahl an B&Bs, besonders in den Straßen am Lough Derg. Während der Sommermonate sollte man unbedingt vorher reservieren.

★ **Kincora House** B&B €€
(061-376 149; www.kincorahouse.com; Church St, Killaloe; EZ/DZ ab 45/76 €) Das jahrhundertealte Stadthaus liegt mitten im Herzen von Killaloe und hat vier altmodische Zimmer. Hier fühlt man sich fast wie bei seiner Lieblingstante.

Lakeside Hotel HOTEL €€
(061-376 122; www.lakesidehotel.ie; Ballina; EZ/DZ ab 75/100 €;) Ein fein herausgeputztes Hotel mit 13 Bogen in toller Lage unweit der Brücke, das über attraktive Gemeinschaftsbereiche, einen Park und 43 unterschiedlich gestaltete Zimmer verfügt (die Preise variieren je nach Ausblick). Jeder Gast sollte wenigstens einmal die 40 m lange Wasserrutsche hinuntersausen.

Kingfisher Lodge B&B €€
(061-376 911; www.kingfisherlodge-ireland.com; Lower Ryninch, Ballina; EZ/DZ ab 45/70 €;) Das exquisite B&B liegt direkt am Lough Derg. Es verfügt über drei Zimmer und einen fast 1 ha großen Garten mit Terrassen und einer Anlegestelle. Die Räume sind gemütlich und stimmig dekoriert. Bis Ballina ist es 1 km.

Arkansas B&B B&B €€
(☎061-376 485; Main St, Ballina; EZ/DZ ab 45/70 €; 📶) 300 m von der Brücke entfernt wartet diese Unterkunft mit vier Zimmern im Erdgeschoss auf. Aber warum Arkansas? Die sympathische Inhaberin erzählte uns, sie habe einmal einen Fischkutter mit diesem Namen gesehen und mochte den Klang des Wortes auf Anhieb.

Essen & Ausgehen

Der **Farmers Market** (⏲So 9–16 Uhr) der beiden Orte findet auf dem Inselchen nahe der Brücke auf der Seite von Killaloe statt.

★ **Wooden Spoon** CAFÉ €
(Bridge St, Killaloe; Hauptgerichte 4–10 €; ⏲Di–Do & So 12–18, Fr & Sa 12–21 Uhr) In dem Café mit Bäckerei in einer schmalen Passage unweit des Ufers gibt's so leckere mediterrane Gerichte, dass man sich hier an sonnigen Tagen fühlt wie an der Riviera. Die renommierte Küchenchefin Laura Kilkenny serviert auch traditionelle Produkte wie frisches *soda bread*. Alle Speisen werden mit Zutaten aus der Gegend zubereitet.

Tuscany Bistro ITALIENISCH €€
(☎061-376 805; www.tuscany.ie; Main St, Ballina; Hauptgerichte 8–20 €; ⏲Di–So 12.30–21 Uhr; 👪) Klein, smart und stilvoll präsentiert sich dieses italienische Bistro. Die Küche ist lecker und authentisch: Neben Suppen, Salaten und Pastagerichten kann man sich an Pizzas oder den Speisen auf der Tageskarte satt essen. Auch die Weine überzeugen.

Goosers FISCH & MEERESFRÜCHTE €€
(www.goosers.ie; Main St, Ballina; Hauptgerichte 10–30 €; ⏲Mahlzeiten 12–22 Uhr) Lediglich die Besuchermassen an den Wochenenden trüben das Schlemmererlebnis im Goosers etwas. Das beliebte strohgedeckte Pub (inklusive Torffeuer!) ist bekannt für seine große Auswahl an Fischgerichten. Gäste können entweder im Restaurant essen und oder an den Tischen draußen Kneipenkost bestellen.

Liam O'Riains PUB
(Main St, Ballina) In dem alten steinernen Veteran werden die Gäste gleich am Eingang von einem 12 kg schweren Hecht an der Wand begrüßt. Das Pub wird von sanftem Kerzenlicht beleuchtet und punktet mit einem tollen Flussblick.

Praktische Informationen

Die AIB-Bank am Ende der Church Street in Killaloe verfügt über einen Geldautomaten. Toiletten findet man auf dem Parkplatz der Ortschaft.

Touristeninformation (☎061-376 866; Bridge St, Brian Ború Heritage Centre, Killaloe; ⏲Mai–Okt. 10–18 Uhr) Teilt sich die Räumlichkeiten mit dem Brian Ború Heritage Centre auf der kleinen Insel. Mehr über die Gegend erfährt man außerdem unter www.discoverkillaloe.com.

An- & Weiterreise

Glücklicherweise gibt's zu beiden Seiten des Flusses Parkmöglichkeiten. So schön sie auch ist, gilt die Brücke doch als echter Albtraum für Autofahrer. Am besten stellt man seinen Wagen ab und geht zu Fuß.

Montags bis samstags verkehrt **Bus Éireann** (☎061-313 333; www.buseireann.ie) viermal täglich zwischen Limerick und Killaloe (8 €, 45 Min.). Die Bushaltestelle befindet sich vor der Kathedrale.

Von Killaloe nach Mountshannon

Die Fahrt Richtung Norden nach Mountshannon führt am ruhigen Wasser des **Lough Derg** entlang. Die Form des Sees erinnert an die lange Tropfspur eines zu vollen Guiness Pint, das beim Tragen von der Bar zum Tisch übergeschwappt ist. Von Killaloe aus geht's über die R463 nach Tuamgraney, wo man Richtung Osten auf die R352 abbiegt. Unterwegs genießt man immer wieder einen schönen Blick auf den See, Holy Island und Picknickplätze.

2 km nördlich von Killaloe erreicht man **Beal Ború**, die Überreste einer Festung. Hier soll einst Kincora, der legendäre Palast des berühmten irischen Königs Brian Ború, gestanden haben. Dieser siegte 1014 in der Schlacht von Clontarf über die Wikinger und lebt heute im Namen zahlloser irischer Kneipen überall auf der Welt weiter. Archäologen fanden vor Ort Spuren einer bronzezeitlichen Siedlung. Mit ihrer Lage weit über dem Lough Derg muss die Stätte von strategischer Bedeutung gewesen sein. Wenn man im See einen Wasserstrudel sieht, könnte dies ein Verwandter des 32,6 kg schweren Hechts sein, der an dieser Stelle gefangen wurde.

4,5 km weiter nördlich thront auf dem Cragliath Hill eine weitere Burg, **Griananlaghna**, die nach Brian Borús Urgroßvater, König Lachtna, benannt wurde.

In **Tuamgraney**, wo die Straße nach Mountshannon abzweigt (R352), erhebt sich die bedeutende St.-Cronan's-Kirche, die teilweise auf das 10. Jh. zurückgeht. Innen zeigt das kleine **East Clare Heritage Centre** (www.eastclareheritage.com; R463; Erw./Kind 3/1,50 €; ⏲ Mo–Fr 10–15 Uhr) eine umfangreiche Sammlung alter und weniger alter Artefakte zu der Vergangenheit in der Region. Zu den kuriosesten Stücken gehört ein Lachs, ein Rekordfang von 1914. Der angrenzende stimmungsvolle **Gemeindefriedhof** bietet einen faszinierenden Einblick in irische Ahnenreihen.

Mountshannon

350 EW.

1742 gründete ein aufgeklärter Großgrundbesitzer Mountshannon (Baile Uí Bheoláin) am südwestlichen Uferabschnitt des Lough Derg, um protestantischen Flachsarbeitern eine neue Heimat zu geben. Das Dorf ist mehr als nur Preisträger der Trophäe „saubersten Ort" und eignet sich prima für ein Päuschen.

Im Hafen liegen das ganze Jahr über hübsche Fischerboote vor Anker. Während der Sommermonate gesellen sich beeindruckende Jachten sowie Kreuzfahrtschiffe dazu. Mountshannon dient als gute Ausgangsbasis für Touren nach Holy Island, eine der schönsten frühchristlichen Siedlungen im County Clare.

Aktivitäten

Die Gegend ist ein echtes Anglerparadies mit Bachforellen, Hechten, Flussbarschen und Brassen. Mehr über die Bootsverleiher und die Ausrüstung erfährt man in seiner Unterkunft.

Schlafen & Essen

Mountshannon Hotel HOTEL €€
(☎ 061-927 162; www.mountshannon-hotel.ie; Main St; EZ/DZ ab 42/74 €, Hauptgerichte 10–18 €; ⏲ März–Okt.) Eine unscheinbare Gastwirtschaft im Zentrum eines unscheinbaren Ortes. Die 14 Zimmer in dem Gebäude sind in einem undefinierbaren Stil irgendwo zwischen den 1950er- und 1980er-Jahren eingerichtet. Im Pub kann man sich bei einem Bier entspannen und Angelgeschichten lauschen. Auf der Speisekarte stehen Gerichte wie Hühnchen Kiew und Lasagne.

Sunrise B&B B&B €€
(☎ 061-927 343; www.sunrisebandb.com; EZ/DZ ab 50/70 €; 📶) Der runde Frühstücksraum in diesem ländlichen B&B mit vier Zimmern hätte für seine vielen Fenster und die hohe beleuchtete Holzdecke, die auch an düsteren Tagen für eine angenehme Stimmung sorgt, einen Preis verdient. Etwa 300 m außerhalb des Dorfes gelegen.

Bourke's the Galley CAFÉ €
(Main St; Hauptgerichte 4–9 €; ⏲ 9–17 Uhr; 📶) In diesem makellosen Cafés gegenüber der Kirche mit einem tollen Feinkostladen und einer kleinen Terrasse sollen sich die Gäste ganz wie zu Hause fühlen. Wahrscheinlich gibt's in der eigenen Wohnung aber nicht so leckere Cupcakes! Darüber hinaus gehören köstlicher Kaffee, duftende Backwaren und frische, leichte Gerichte zum Angebot.

★ **An Cupán Caifé** MODERN IRISCH €€
(☎ 087 294 3620; www.ancupan.ie; Main St; Hauptgerichte 13–28 €; ⏲ Mai–Okt. Mi–So 18–21.30, So auch 13–17 Uhr; 📶) In dem cottageähnlichen

NICHT VERSÄUMEN

HOLY ISLAND

2 km vor der Küste von Mountshannon erstreckt sich Holy Island (Inis Cealtra) mit einer alten **Klostersiedlung**, die vermutlich im 7. Jh. vom hl. Cáimín gegründet wurde. Der **Rundturm** der Insel ist 27 m hoch. Obwohl das obere Stockwerk fehlt, sieht man ihn aus zwei Grafschaften schon von Weitem. Außerdem gibt's auf der Insel vier alte Kapellen, eine Eremitenzelle und einige frühchristliche Grabsteine aus dem 7. bis 13. Jh. Eine der Kapellen besticht durch einen eleganten romanischen Bogen und ein Kreuz mit der altirischen Inschrift: „Betet für Tornog, der dieses Kreuz machte."

Die Wikinger plünderten das Kloster im 9. Jh., aber unter dem Schutz des beliebten Königs Brian Ború und einiger anderer Herrscher erlebte es eine neue Blütezeit. Im 17. Jh. pilgerten zu Ostern um die 15 000 Menschen hierher.

Am Hafen von Mountshannon ankern den Sommer über Ausflugsboote, mit denen man auf die Insel fahren oder einfach nur ein bisschen durch die Gegend schippern kann. Der bekannte lokale Historiker **Gerard Madden** (☎ 086 874 9710; gerardmmadden@eircom.net; Erw./Kind 10/5 €; ⏲ April–Okt.) bietet zweistündige Inselrundgänge an.

Restaurant herrscht eine leicht formelle, europäische Atmosphäre. Auf der Karte stehen Fleisch-, Fisch- und hervorragende Tagesgerichte. Sonntags kostet ein dreigängiges Mittagessen 20 €. Hat die beste Weinkarte in der Gegend.

An- & Weiterreise

Mountshannon erreicht man am besten mit dem Auto oder Fahrrad (oder man schwimmt).

Richtung Norden nach Galway

Nördlich von Mountshannon verläuft die R352 parallel zum Lough Derg bis nach Portumna im County Galway. Sie ist eine der zahlreichen einspurigen, von Bäumen gesäumten ländlichen Strecken. Eine weitere Straße, die R461, beginnt in Scarriff und führt direkt ins Herz des Burren.

SÜDWESTLICHES & WESTLICHES CLARE

Der Loop Head an Clares Südwestspitze ragt wie ein Finger in den Atlantik. Mag er auch eher klein und gedrungen sein, steht er doch symbolisch für den endlosen Kampf der Titanen zwischen Land und Meer an diesem Abschnitt der irischen Küste.

Vom Seebad Kilkee bis hinunter zum Loop Head erstrecken sich überwältigende Steilklippen, die lange nicht die verdiente Aufmerksamkeit bekamen, weil viele Besucher lieber die Cliffs of Moher im Norden besuchten. Inzwischen ist aber auch der Loop Head eine beliebte Gegend. 2013 kürte ihn die *Irish Times* sogar zum „besten Feriziel in Irland“.

Die Felsformationen sind atemberaubend, allerdings tummeln sich hier im Sommer Horden von Touristen. Glücklicherweise findet man immer ein ruhiges Fleckchen, an dem man den schönen Blick in Ruhe genießen kann.

Südlich der Klippen Richtung Kilkee liegen die ruhigen Urlaubsorte Lahinch, Miltown Malbay und Doonbeg. Der Küstenabschnitt verströmt nicht den kleinsten Hauch von südländischem Feeling, sondern ist von wilder windgepeitschter Schönheit. Vor etwa 400 Jahren wurden hier Schiffbrüchige der Spanischen Armada an den Strand gespült, deren Nachkommen noch heute in dieser Gegend leben.

Am besten hält man sich an die schmalen, abgelegenen Pfade, dann kann jeder seine eigenen Entdeckungen machen, ob man nun auf einen versteckten Strand stößt oder mehr Trubel wie in dem reizvollen Städtchen Ennistymon bevorzugt.

Anreise & Unterwegs vor Ort

BUS

Bus Éireann (www.buseireann.ie) bedient alle größeren Orte. Von Limerick aus geht's entlang des Shannon nach Kilrush und Kilkee sowie durch Corofin, Ennistymon, Lahinch, Liscannor, zu den Cliffs of Moher und nach Doolin. Busse ab Ennis folgen derselben Strecke. Im Sommer verkehren die Busse an der Küste zwischen Kilkee und Lahinch durchschnittlich zweimal täglich. Einige andere Strecken werden nur von Schulbussen genutzt, die nicht immer fahren.

SCHIFF/FÄHRE

Shannon Ferry Limited (☎ 065-905 3124; www.shannonferries.com; einfach/hin & zurück Radfahrer & Fußgänger 5/7 €, Autofahrer 18/28 €; ⏲ Juni–Aug. mindestens stdl. 9–21 Uhr, Sept.–Mai 9–19 Uhr) verkehrt zwischen Tarbert im County Kerry und Killimer im County Clare. Die Überfahrt dauert 20 Minuten. Auf diese Weise spart man sich den großen Umweg durch Limerick und ist schnell in der Nähe der Dingle-Halbinsel. Tipp: Online nach Schnäppchen suchen.

Kilrush

2600 EW.

Kilrush (Cill Rois) ist eine interessante Kleinstadt, die Richtung Süden über die Shannon-Mündung auf die Hügel von Kerry blickt. Am Kilrush Creek erstreckt sich der größte **Jachthafen** (www.kilrushcreekmarina.ie) der Westküste. Vor Ort gibt's zahlreiche Möglichkeiten, Delfine zu beobachten.

Sehenswertes & Aktivitäten

Die Hauptstraße, die 30 m breite **Frances Street**, führt geradewegs zum Hafen. Sie spiegelt die Anfänge von Kilrush als Hafen- und Handelsstadt im 19. Jh. wider, als zwischen Land und Meer reger Verkehr herrschte. An ihrem Ende steht das **Maid-of-Eireann-Denkmal**. Es erinnert an die Schäden, die beim Rückzug der englischen Truppen 1921 angerichtet wurden.

St. Senan's Church KIRCHE

(Toler St) In der katholischen Kirche sind acht Buntglasfenster des bekannten Künstlers Harry Clarke (1889–1931) zu sehen.

ABSTECHER

SCATTERY ISLAND

Auf dem heute unbewohnten, vom Wind zerzausten Eiland 3 km südwestlich von Kilrush in der Flussmündung, gründete der hl. Senan im 6. Jh. eine Klostersiedlung mit einem 36 m hohen **Rundturm** (einem der größten und besterhaltenen Irlands). Im Gegensatz zu anderen Türmen, deren Eingang hoch über dem Boden lag, hat dieser einen ebenerdigen Zugang. Außerdem befinden sich auf der Insel die Ruinen von fünf **mittelalterlichen Kirchen** einschließlich einer Kathedrale aus dem 9. Jh., deshalb kann man stimmungsvolle Streifzüge unternehmen.

Im **Besucherzentrum von Scattery Island** (www.heritageireland.ie; ⌚ Juni–Aug. 10–18 Uhr) informiert eine kostenlose Ausstellung über die Natur und Geschichte des denkmalgeschützten Eilands.

Scattery Island Ferries (✆ 065-905 1327; www.discoverdolphins.ie; Kilrush Creek Marina; Erw./Kind 12/7 €; ⌚ Juni–Aug.) setzen von Kilrush zur Insel über. Einen genauen Fahrplan gibt's nicht, denn die Touren hängen von den Gezeiten und dem Wetter ab. Der Aufenthalt auf der Insel dauert etwa eine Stunde. Tickets bekommt man an dem kleinen Kiosk im Jachthafen.

Vandeleur Walled Garden GARTEN

(www.vandeleurwalledgarden.ie; Killimer Rd; ⌚ Mi–So 10–16 Uhr) GRATIS Einst gehörte dieser bemerkenswerte Garten den wohlhabenden Vandeleurs, einer Familie von Kaufleuten und Großgrundbesitzern, die im 19. Jh. Zwangsräumungen durchsetzte und viele Einheimische zur Auswanderung zwang und nach dem Unabhängigkeitskrieg dann schließlich selbst fliehen musste. Der weitläufige Park liegt in einem großen Wald östlich des Zentrums, der von einer Mauer umgeben ist. Er wartet mit farbenprächtigen tropischen Gewächsen sowie seltenen Pflanzen auf. Durch die Anlage führen mehrere Wanderwege, außerdem gibt's hier ein nettes Café.

Shannon Dolphin & Wildlife Centre NATURSCHUTZZENTRUM

(www.shannondolphins.ie; Merchants Quay; ⌚ Mai–Sept. 10–16 Uhr) GRATIS Die Forschungseinrichtung beschäftigt sich mit den mehr als 100 im Shannon lebenden Delfinen. An die Außenfassade des Gebäudes, in dem eine Ausstellung über die verspielten Tiere gezeigt wird, ist einer der Meeressäuger gemalt.

Kilrush Shannon Dolphin Trail TOURISTENSTRECKE

Diese 4 km lange Straße endet 3 km südlich von Kilrush am Aylevarro Point, wo sich Infotafeln zu Delfinen befinden und man die Tiere vor der Küste beobachten kann.

Geführte Touren

Dolphin Discovery BOOTSTOUREN

(✆ 065-905 1327; www.discoverdolphins.ie; Kilrush Creek Marina; Erw./Kind 22/10 €; ⌚ April–Okt.) Die zweistündigen Delfinbeobachtungstouren auf dem Shannon starten je nach Wetter und Nachfrage.

Schlafen & Essen

B&Bs gibt's in der Gegend so viele wie Delfine im Shannon. Der **Farmers Market** (⌚ Do 9–14 Uhr) findet auf dem Hauptplatz statt.

Katie O'Connor's Holiday Hostel HOSTEL €

(✆ 065-905 1133; www.katieshostel.com; Frances St; B/DZ ab 20/40 €; ⌚ Mitte März–Mitte Okt.; WLAN) Dieses schöne alte Gebäude an der Hauptstraße stammt aus dem 18. Jh. und war eines der Stadthäuser der Familie Vandeleur. In zwei Zimmern stehen insgesamt 30 Betten zur Verfügung. Die flippige Herberge gehört zum IHH-Verbund.

Crotty's HOTEL €€

(✆ 065-905 2470; www.crottyspubkilrush.com; Market Sq; EZ/DZ ab 45/70 €; ⌚ Trad Music Juni–Aug. Di–Do 19 Uhr; WLAN) Ein altmodischer Tresen, Fliesenböden und traditionelle Möbel verleihen dem Crotty's seinen unverwechselbaren Charme. Außerdem locken typische Kneipengerichte von bester Qualität. Oben befinden sich fünf kleine traditionell eingerichtete Zimmer.

★ **Buttermarket Café** CAFÉ €

(Burton St; Hauptgerichte 4–12 €; ⌚ Mo–Sa 9.30–17 Uhr; WLAN) Ganz in der Nähe des Hauptplatzes bietet das wunderbare kleine Café hervorragenden Kaffee, Gourmetsandwiches und warme Tagesgerichte an, die man sich im Hof zu Gemüte führen kann. Eine Spezialität des Hauses reißt die Gäste unweigerlich zu entzückten Ausrufen hin: „Mmmmmh! Banoffee Pie!"

Praktische Informationen

Touristeninformation (☎ 065-905 1577; Frances St; ⊙ Mitte März–Mitte Okt. Mo–Sa 10–16 Uhr) Im Katie O'Connor's Holiday Hostel.

Anreise & Unterwegs vor Ort

Bus Éireann verkehrt drei- bis viermal täglich nach Limerick (1¾ Std.), Ennis (1 Std.) und Kilkee (15 Min.). Die Ticketpreise liegen im Durchschnitt bei 8 €.

Gleeson's Cycles (☎ 065-905 1127; Henry St; ab 20/80 € pro Tag/Woche) Leihräder.

Kilkee

1100 EW.

Kilkees (Cill Chaoi) breiter weißer Sandstrand sieht aus, als würde er aus einem Werbeprospekt für die Karibik stammen. Natürlich ist das Wasser eiskalt und der Wind oft scharf, aber im Sommer tummeln sich vor Ort trotzdem jede Menge Tagesausflügler und Urlauber. Im Norden der geschwungenen halbkreisförmigen Bucht ragen hohe Steilklippen auf und im Süden zerklüftete Felsen. Ebbe und Flut sind stark ausgeprägt, sodass ehemals breite Sandflächen in nur wenigen Stunden wieder von tosenden Wellen überspült werden.

Große Beliebtheit erlangte Kilkee zu viktorianischen Zeiten, als hier betuchte Familien aus Limerick Strandhäuser errichteten. Heute lockt ein reiches Angebot an netten Pensionen, großen Vergnügungshallen und Imbissstuben, der Ort hat aber immer noch Stil (größtenteils jedenfalls).

Sehenswertes & Aktivitäten

Viele Besucher kommen wegen des schönen geschützten **Strandes** und der **Pollock Holes**, natürlichen Felsenbecken in den Duggerna Rocks, nach Kilkee. Außerdem erstrecken sich in der Gegend etliche schöne Wanderwege, z. B. beim **St. George's Head** im Norden, wo man vor herrlicher Kulisse über die Klippen spazieren kann. Im Süden der Bucht bilden die **Duggerna Rocks** ein ungewöhnliches natürliches Amphitheater. Noch weiter südlich liegt eine große **Meeresgrotte**. All diese Ziele erreicht man über Kilkees West-End-Bezirk, indem man dem Küstenpfad folgt.

Das Dorf hat sich als **Tauchzentrum** einen Namen gemacht, da sich die spektakuläre Felslandschaft der Küste unter der Wasseroberfläche fortsetzt. Allerdings sollte man unbedingt Erfahrung und Ortskenntnisse haben oder einen Guide engagieren, wenn man einen Ausflug unternehmen möchte. An der Spitze der Duggerna Rocks birgt der kleine Meeresarm Myles Creek eine faszinierende Unterwasserwelt.

Ein 2 km langer Überrest der **West Clare Railway** (☎ 065-905 1284; www.westclarerailway.ie; Erw./Kind 8/4 €; ⊙ April–Sept. 13–16 Uhr), einer historischen Bahnstrecke, verläuft 6 km nordwestlich von Kilrush bei Moyasta parallel zur Straße nach Kilkee (N67). Von Freiwilligen betriebene Dampfloks verkehren in beide Richtungen quer durch die offene Landschaft.

Schlafen

In Kilkee gibt's zahlreiche Pensionen. Während der Hauptsaison ziehen die Preise deutlich an; dann ist es eventuell schwierig, eine Unterkunft zu finden.

Green Acres Caravan & Camping Park CAMPINGPLATZ €
(☎ 065-905 7011; Doonaha, Kilkee; Stellplätze 8–24 €; ⊙ April–Sept.) 6 km südlich von Kilkee erstreckt sich nahe der R487 diese idyllische kleine Anlage mit 40 Stellplätzen am Shannon-Ufer. Ein Wohnwagen ist ab 250 € pro Woche zu haben.

Lynch's B&B B&B €
(☎ 065-905 6420; www.lynchskilkee.com; O'Connell St; EZ/DZ ab 35/60 €; 📶) Das wunderbare, zentral gelegene B&B hat Zimmer mit Hartholzböden und altmodisch gemusterten Bettdecken. Hier geht's sehr ruhig zu und es gibt ein reichhaltiges Frühstück.

★ **Strand Guest House** GASTHAUS €€
(☎ 065-905 6177; www.thestrandkilkee.com; the Strand; EZ/DZ ab 50/80 €; ⊙ Feb.–Nov.; 📶) Die Pension mit sechs schlicht ausgestatteten Zimmern direkt am Wasser wurde teilweise renoviert, ist aber immer noch so unprätentiös wie der gesamte Ort. Von einigen Räumen genießt man einen ebenso herrlichen Blick wie von dem einladenden **Bistro mit Bar** (Hauptgerichte 10–25 €; ⊙ April–Okt.).

Stella Maris Hotel HOTEL €€
(☎ 065-905 6455; www.stellamarishotel.com; O'Connell St; EZ/DZ ab 70/120 €; @) Das ganzjährig geöffnete Hotel mit 20 renovierten Zimmern liegt mitten im Zentrum. Ein paar der Räume in der oberen Etage locken mit einer Aussicht auf die Brandung. Manche

bieten schnelle Internetverbindungen, andere sind mit Kingsizebetten ausgestattet.

Essen & Ausgehen

Im Sommer haben in Kilkee zahlreiche Restaurants geöffnet, darunter sehr empfehlenswerte Läden. Der kleine **Farmers Market** (So 10–14 Uhr) findet auf dem großen Parkplatz unweit der Bushaltestelle statt.

★ Diamond Rocks Café CAFÉ €
(www.diamondrockscafe.com; West End; Hauptgerichte 5–12 €; Juni–Mitte Sept. 9–19 Uhr) Dieses moderne Café mit der riesigen Terrasse ist der perfekte Grund, um sich zur Spitze der Bucht aufzumachen. Gewöhnlich lässt das Essen in Lokalen mit vergleichbar umwerfender Lage zu wünschen übrig, nicht so hier: Die frischen Salate, *chowders* (sämige Fischsuppen), Sandwiches, das Frühstück und die Vielzahl an Tagesgerichten machen einfach glücklich.

Pantry CAFÉ €
(O'Curry St; Hauptgerichte 4–12 €; Ostern–Sept. 8–18 Uhr) Mit vielen Überraschungen und frischen Leckereien wartet diese Mischung aus Bäckerei, Imbiss und Café auf. Die Scones sind schlicht die besten ihrer Art in ganz Clare und auch die übrigen Backwaren können sich sehen lassen. Es gibt Frühstück, Mittagsgerichte und Nachmittagssnacks, auch zum Mitnehmen.

★ Naughton's Bar FISCH & MEERESFRÜCHTE €€
(065-905 6597; www.naughtonsbar.com; 46 O'Curry St; Hauptgerichte 10–25 €; 18–21.30 Uhr) Schon allein die herrliche Terrasse ist ein Grund, das Naughton's zu besuchen, das außerdem mit köstlichen Gerichten punktet. Frische regionale Produkte und Fisch sind die Hauptzutaten in diesem stimmungsvollen familiengeführten Pub aus den 1870er-Jahren. Reservieren!

Strand Bistro & Café BISTRO €€
(065-905 6177; The Strand; Hauptgerichte 10–25 €; Mai–Sept. 12–21 Uhr, April & Okt. kürzere Öffnungszeiten) Lust auf eine salzige Meeresbrise zum Bier? An Tischen unter freiem Himmel werden die Gäste mit erstklassigen Fisch- und Meeresfrüchtekreationen verwöhnt. Abends sollte man reservieren. Gute Weinkarte.

Murphy Blacks IRISCH €€
(065-905 6854; www.murphyblacks.com; the Square; Hauptgerichte 16–26 €; Ostern–Sept. Mi–So 17–21.30 Uhr) Das verdientermaßen beliebte Murphy Blacks ist jeden Abend ausgebucht, denn die Fisch- und Fleischgerichte werden mit größter Sorgfalt zubereitet. In lauen Sommernächten sind die Tische draußen ein Traum. Öffnungszeiten telefonisch bestätigen lassen!

Stella Maris IRISCH €€
(065-905 6455; www.stellamarishotel.com; O'Connell St; Hauptgerichte 10–25 €; 12–21.30 Uhr) In dem beliebten Hotel gibt's den ganzen Tag über Fisch und Meeresfrüchte aus der Gegend wie Seelachs und Schalentiere sowie Steaks. Gäste können ihr Essen entweder im schlichten, hellen Saal oder im stets überfüllten Pub genießen.

Praktische Informationen

Gute Websites mit Lokalinfos sind www.loophead.ie und www.kilkee.ie.

An- & Weiterreise

Bus Éireann verkehrt drei- bis viermal täglich von Limerick (19 €, 2 Std.) und Ennis (15 €, 1¼ Std.) via Kilrush nach Kilkee.

NICHT VERSÄUMEN

DIE „ANDEREN" KLIPPEN VON CLARE

Ein eindrucksvoller Moment der Reise ist der Besuch der spektakulären westlich von Kilkee aufragenden Klippen. An der R487, der Loop Head Road, weist ein Schild den Weg zum sogenannten „Scenic Loop". „*Scenic*", auf Deutsch „malerisch", ist jedoch pure Tiefstapelei! Die enge Fahrspur schlängelt sich 10 km an der Küste entlang bis zur westlichen Seite von Kilkee und auf der Strecke verschlägt es einem vor Staunen den Atem. Hier genießt man Ausblicke auf Steilklippen wie aus dem Bilderbuch: Einige der Felsen sind von der Wellenbrandung zerfranst und durchlöchert, andere wurden vom Land getrennt und stehen wie einsame Wachposten mitten im Meer. Ganz oben auf einem völlig einsam gelegenen Basaltturm thronen zudem alte Häuser – wie sind sie bloß dahin gekommen und wer hat sie gebaut? Man sollte genügend Zeit einplanen, um Streifzüge zu unternehmen und für Kühe zu bremsen, die auf die andere Straßenseite wollen.

Von Kilkee zum Loop Head

Die Küstenszenerie in dieser Gegend ist vielleicht sogar noch ein bisschen spektakulärer als rund um die Cliffs of Moher. Außerdem muss man sich hier nicht mit fliegenden Händlern herumplagen.

Südlich von Kilkee erstreckt sich die wunderschöne Landschaft bis hinunter zum Loop Head, wo sie abrupt in schwindelerregenden Klippen zum Atlantik abfällt. Die windgepeitschte Umgebung ist von einem Netz alter Steinmauern überzogen und der Blick schweift meilenweit in die Ferne. Dieser Landstrich eignet sich wunderbar zum Radfahren oder für Klippenwanderungen – umso mehr, weil es keine öffentlichen Verkehrsmittel gibt.

Carrigaholt

150 EW.

Am 15. September 1588 suchten sieben angeschlagene Schiffe der Spanischen Armada Zuflucht in der Shannon-Mündung bei Carrigaholt (Carraig an Chabaltaigh). Eines, wahrscheinlich die *Anunciada*, wurde in Brand gesetzt und aufgegeben; es sank schließlich vor der Flussmündung. Durch das zeitlose Dorf führt eine schlichte, aber reizende Hauptstraße und über dem Wasser ragen die Ruinen der **McMahon-Burg** aus dem 15. Jh. auf.

Aktivitäten

★ Dolphinwatch BOOTSTOUREN
(☎ 065-905 8156; www.dolphinwatch.ie; Erw./Kind 25/12,50 €; ⏲ April–Okt.) Dolphinwatch bietet zweistündige Bootstouren in der Shannon-Mündung an. Dort leben mehr als 100 Flaschennasendelfine. Außerdem kann man bei Sonnenuntergang nette Loop-Head-Fahrten unternehmen. Mehr Infos über die possierlichen Tiere gibt's in den Delfinzentren in und um Kilrush.

Essen & Ausgehen

In der verschlafenen Hauptstraße liegen ein paar alte, herrlich stimmungsvolle Pubs.

★ Long Dock FISCH & MEERESFRÜCHTE €€
(West St; Hauptgerichte 6–25 €; ⏲ Küche 11–21 Uhr, Nov.–März nur Do–So) Das Pub mit Steinwänden und -böden sowie einem anheimelnden Kaminfeuer hat eine hervorragende Küche. Hier kommt nur Fangfrisches auf den Tisch. Man kann die Fischer bei der Arbeit auf dem Fluss beobachten; manchmal kehren sie auch auf ein Glas Bier ein. Im Sommer sucht man sich am besten draußen einen Platz.

Kilbaha

50 EW.

Die Landschaft rund um diesen winzigen Uferort ist so karg und öde wie die Seele des Grundbesitzers aus dem 19. Jh., der Kilbahas Dorfkirche niederbrennen ließ, damit seine Arbeiter keine Zeit mehr mit unproduktivem Beten verschwendeten. Beim Blick zu den Ruinen des Hauses weit oben am Hang sagen Einheimische auch heute noch: „Yeah, wir sind ihn losgeworden" – als sei dies nicht vor 150 Jahren, sondern erst gestern passiert.

Mehr über diese Geschichte und andere Details aus dem Dorfalltag erzählt die moderne **Bildrolle**, eine Skulptur unter freiem Himmel. Die Straße nach Osten, Richtung Doonaha, folgt alten Lavaströmen an der Küste.

Direkt am Wasser liegt das fröhliche **Lighthouse Inn** (☎ 065-905 8358; www.thelighthouseinn.ie; EZ/DZ ab 35/50 €; 📶) mit elf einfachen Zimmern. In dem geselligen Pub bekommt man Sandwiches und im Sommer auch leckere Fischgerichte (ab 14 €). An manchen Abenden wird zudem traditionelle Livemusik geboten.

Loop Head

An klaren Tagen genießt man vom Loop Head (Ceann Léime), Clares südlichstem Punkt, einen herrlichen Blick zur Dingle Peninsula mit dem Mt. Brandon (951 m). Im Norden sieht man die Aran Islands und die Galway Bay. Die Gegend ist ideal für ausgedehnte Spaziergänge. Ein langer Wanderweg führt über die Klippen bis nach Kilkee. Als markanter Farbtupfer krönt das **Loop Head Lighthouse** (Kilbaha; Eintritt 5 €; ⏲ Mai–Sept. 10–17 Uhr) mit einer Fresnel-Linse die Landspitze. Ganz in der Nähe befindet sich eine lange Spalte in den Klippen, aus der Vogelgeschrei hervordringt. Hierbei handelt es sich um einen beliebten Nistplatz. In den Felsnischen tummeln sich u. a. Trottellummen, Alpendohlen und Tordalke.

Die oft menschenleere Wildnis der Landspitze ist sehr reizvoll. **Bog Road Bike Tours** (☎ 086 278 0161; www.bogroadbiketours.com; Touren 20–35 €) folgt Wegen am Loop Head, die für Pkw gesperrt sind. Räder und Ausrüstung können gegen eine kleine Extragebühr geliehen werden. **Long Way Round** (☎ 086 409 9624; www.thelongwayround.ie) hat historische und Naturtouren mit der bekannten Führerin Laura Foley im Programm.

Von Kilkee nach Ennistymon

Nördlich von Kilkee wird das Land zunehmend flacher und bietet weite Ausblicke über Weideflächen und Dünen. Die N67 führt 32 km landeinwärts bis nach Quilty. Es lohnt, gelegentlich in eine der Nebenstraßen nach Westen einzubiegen, um einsame Gegenden wie den **White Strand** nördlich von Doonbeg zu erkunden. 8 km westlich von Doonbeg erstreckt sich die **Ballard Bay** mit einem alten Fernmeldeturm, von dem man auf schöne Steilklippen blickt. Auf den Felsen des **Donegal Point** thronen die Ruinen einer Festung. Überall an der Küste kann man Angelausflüge unternehmen, sichere Strände sind in Seafield, Lough Donnell und Quilty zu finden. Hinter Quilty entdeckt man draußen vor der Küste **Mutton Island**, eine kahle, von einem historischen Turm gekrönte Insel.

Doonbeg

300 EW.

Doonbeg (An Dún Beag) ist ein winziges Seebad auf halbem Weg zwischen Kilkee und Quilty. Ein weiteres Schiff der Spanischen Armada, die *San Esteban*, havarierte hier am 20. September 1588. Die Überlebenden wurden am Spanish Point hingerichtet. Sehenswert ist auch der winzige **Burgturm** aus dem 16. Jh. neben der eleganten siebenbogigen Steinbrücke.

Der ruhige **White Strand** (Trá Ban) zieht sich 2 km an der Küste entlang. Er liegt nördlich der Ortschaft und ist kaum mehr zu verfehlen, seit sich dort der Doonbeg Golf Club niedergelassen hat. Vom öffentlichen Parkplatz gelangt man durch eine Schneise in den Dünen zu einem tollen bogenförmigen Strandabschnitt.

Außerdem wartet Doonbeg mit guten **Surfmöglichkeiten** für all jene auf, die dem Touristenpulk in Lahinch entfliehen wollen. Seit der Wirtschaftskrise hat der **Doonbeg Golf Club** (☎ 065-905 5600; www.doonbeglodge.com; Greenfee ab 170 €) seine ehemals snobistische Einstellung geändert. Der Meisterschaftsplatz erstreckt sich in den Dünen. Wer in einem der luxuriösen Zimmer der Lodge unterkommen möchte, muss dafür mindestens 200 € hinblättern.

Schlafen & Essen

Campingfans können an vielen schönen Seitenstraßen rund um Doonbeg haltmachen und sich über herrliche Sonnenuntergänge freuen. B&Bs, teilweise mit Strandblick, sind ebenfalls zahlreich vertreten.

★ **Morrissey's** GASTHAUS €€
(☎ 065-905 5304; www.morrisseysdoonbeg.com; Main St; EZ/DZ ab 55/90 €; ⏲ März–Okt.; @ 📶) Eine stilvolle Oase an der Küste! Dieses alte Pub ist bereits seit vier Generationen in Familienbesitz und hat sechs Zimmer mit Kingsizebetten sowie großen Badewannen. Das hauseigene **Restaurant** (Hauptgerichte 12–25 €) ist für seine einfachen, verführerischen Meeresgerichte bekannt, angefangen bei Fish 'n' Chips bis hin zu saftigen vor Ort gefangenen Krebsen. Auf der Terrasse genießt man zudem einen tollen Blick auf den Fluss.

Miltown Malbay

800 EW.

Genau wie Kilkee war Miltown Malbay ein beliebtes Feriendomizil für gut betuchte Viktorianer – und das, obwohl der Strand erst 2 km weiter südlich am **Spanish Point** beginnt. Nördlich des Point führen schöne

CLARES BESTES MUSIKFESTIVAL

An der jährlichen **Willie Clancy Summer School** (☎ 065-708 4148; www.scoilsamhraidhwillieclancy.com; ⏲ Juli) nimmt gefühlt die Hälfte aller Einwohner von Miltown Malbay teil. Das Festival findet zu Ehren von Willy Clancy statt, einem Sohn der Stadt und berühmten Dudelsackspieler. Normalerweise beginnt die neuntägige Veranstaltung in der ersten oder zweiten Juliwoche. Zu diesem Anlass werden Tag und Nacht spontane Konzerte geboten, alle Pubs sind voller Menschen und Guinness fließt in Strömen.

Darüber hinaus gibt's Workshops und Dudelsackunterricht. An manchen Abenden treten sogar bis zu 40 bekannte Fiedler auf. Auf die Frage, wie es sein kann, das ein derart riesiges Fest in einem so kleinen Ort schon seit 40 Jahren ausgerichtet wird, antwortete ein Einheimischer: „Das weiß keiner, es passiert einfach."

Spazierwege an den niedrigen Felsen vorbei zu Buchten und einsamen Sandstreifen.

Das freundliche Örtchen punktet mit irischem Flair und einer blühenden Musikszene. Jedes Jahr findet hier die Willie Clancy Summer School statt, eine von Irlands größten traditionellen Musikveranstaltungen.

Schlafen & Essen

An Gleann B&B B&B €€
(☎065-708 4281; www.angleann.net; Ennis Rd; EZ/DZ ab 30/60 €;) Miltown Malbays freundlichste Pension liegt in der Nähe der R474, ca. 1 km vom Zentrum entfernt. Sie wird von Mary und Harry Hughes mit viel Herz geführt und verfügt über fünf einfache, aber gemütliche Zimmer. Auch Fahrradfahrer werden sich hier wohlfühlen.

Old Bake House IRISCH €
(Main St; Hauptgerichte 5–15 €; ⏲12–21 Uhr) In dieser Gegend, die für ihre großartige Fischsuppe bekannt ist, zählt das schlicht eingerichtete Old Bake House zu den besten Adressen. Hier stehen irische Klassiker auf der Speisekarte.

Ausgehen & Nachtleben

O'Friel's Bar (Lynch's; The Square) gehört zu einer Handvoll klassischer, authentischer Kneipen, in denen gelegentlich Trad Sessions stattfinden. Das elegante **Hillery's** (Main St) ist eine weitere gute Adresse.

Praktische Informationen

Informationen über die Umgebung bekommt man im netten **An Ghiolla Finn Gift Shop** (Main St; ⏲Mo–Sa 10.30–18 Uhr). Hilfreich ist auch die Website www.visitmiltownmalbay.ie.

An- & Weiterreise

Bus Éireann verkehrt in dieser Gegend nur sehr eingeschränkt. Ein oder zwei Busse fahren montags bis samstags an der Küste entlang nach Norden und Süden sowie ins Landesinnere nach Ennis.

Lahinch

650 EW.

Lahinch (Leacht Uí Chonchubhair) ist ein Anziehungspunkt der irischen Surferszene. Hier reihen sich zahlreiche Veranstalter und Geschäfte aneinander, die sich allesamt dem Wellenreiten verschrieben haben.

Clare Kayak Hire (☎085 148 5856; www.clarekayakhire.com; Miete ab 15 € pro Std., Touren ab 35 €; ⏲Vermietung Juli & Aug.) organisiert Kajaktouren auf den Flüssen und Seen in der näheren Umgebung und verleiht Ausrüstung am White Strand Beach nahe dem Spanish Point.

Der leicht schäbige Urlaubsort an der Liscannor Bay lebt von strandhungrigen Feriengästen. Im Sommer fallen ganze Touristenscharen mit locker sitzenden Geldbörsen ein. Viele bringen ihre Golfschläger mit, um im berühmten **Lahinch Golf Club** (☎065-708

SURFSPOTS

Clares Surferszene wächst und wächst. An Wochenenden tummeln sich Hunderte Wellenreiter in der Brandung vor Lahinch. Dann trocknen dicke Neoprenanzüge an Gittern und viele Zuschauer beobachten das Treiben von den Stränden und Pubs des Dorfes.

Die Bedingungen sind einen Großteil des Jahres hervorragend, außerdem sorgen die trichterförmigen Felsen für eine tolle Kulisse. Wenn es einem hier zu voll wird, steuert man einfach andere Surfspots an, z. B. Doonbeg und Fanore.

In Lahinchs zahlreichen Surfshops kann man Ausrüstung leihen (Brett & Neoprenanzug ca. 15 € pro Tag) und Kurse belegen (ab ca. 40 € pro 2 Std. Entlang der Strandpromenade haben sich lokale Anbieter niedergelassen:

Ben's Surf Clinic (☎086 844 8622; www.benssurfclinic.com; Strandpromenade, Lahinch) Kurse, Bretter und Neoprenanzüge (unentbehrlich!).

Clare Surf Safari (☎087 634 5469; www.claresurfsafari.com) Der Unterricht findet an verschiedenen Stränden in Clare statt und der Transport ist im Preis inbegriffen.

Lahinch Surf School (☎087 960 9667; www.lahinchsurfschool.com; Strandpromenade, Lahinch) Profisurfer John McCarthy gibt Trainingsstunden und bietet mehrtägige Pauschalangebote an.

Lahinch Surf Shop (☎065-708 1108; www.lahinchsurfshop.com; Old Promenade, Lahinch; ⏲Mo–Sa 10–18 Uhr) Verkauft Surfausrüstung in spektakulärer Strandlage.

1003; www.lahinchgolf.com; Greenfee ab 120 €) zu spielen, der bereits 1892 von schottischen Soldaten mitten in den Dünen angelegt wurde.

Schlafen & Essen

In der Touristeninformation erfährt man mehr über die Unterkünfte in der Gegend. Wer die Surfer beobachten möchte, kann dies z. B. in den Cafés und Pubs an der Uferpromenade tun.

★ West Coast Lodge GASTHAUS €
(☎065-708 2000; www.lahinchaccommodation.com; Station Rd; B/Zi. ab 20/50 €; @ 📶) Flashpackern wird dieses stylishe und geradezu vornehme Hostel im Herzen von Lahinch gefallen. Powerduschen, feine Baumwollbettlaken und Daunendecken sind nur ein paar der vielen Annehmlichkeiten in den einladenden Zimmern und Schlafsälen mit sieben bis zwölf Betten. Von der Dachterrasse kann man die Brandung beobachten und Fahrräder für Erkundungstouren ausleihen.

Atlantic Hotel HOTEL €€
(☎065-708 1049; www.atlantichotel.ie; Main St; EZ/DZ ab 50/90 €; @) Schon am Empfang ist ein Hauch der guten alten Zeit zu spüren: Das Hotel im Ortszentrum verfügt über 14 ordentliche Zimmer und ein nettes Pub.

O'Looneys IRISCH €
(www.olooneys.ie; the Promenade; Hauptgerichte ab 8 €; ⏲April–Okt. tgl., Nov.–März Sa & So) Am besten hat man die Surfer und die rauschende Brandung auf der Terrasse dieser zweigeschossigen Mischung aus Pub, Café und Club im Blick. Der Standard liegt eine Spur über dem Durchschnitt und an Sommerwochenenden wird bis tief in die Nacht gefeiert.

Barrtra Seafood Restaurant FISCH & MEERESFRÜCHTE €€
(☎065-708 1280; www.barrtra.com; Miltown Malbay Rd; Hauptgerichte 15–28 €; ⏲Juli & Aug. tgl. 13–22 Uhr, den Rest des Jahres an weniger Tagen) Auf der Speisekarte dieses wunderbaren Lokals 3,5 km südlich von Lahinch stehen so klangvoll benannte Gerichte wie „Seafood Symphony", außerdem genießt man von dem bezaubernden Cottage mit dem hauseigenen Kräutergarten einen tollen Blick über die Felder bis zum Meer. Das üppige Menü für 35 € ist ein echtes Schnäppchen.

Shoppen

Lahinch Bookshop BÜCHER
(Main St; ⏲Mo–Sa 10–18 Uhr) Die beste Adresse für Wanderkarten außerhalb von Ennis.

AUF DER SUCHE NACH EINEM GELDAUTOMATEN

Im Westen von Clare kann einem leicht das Bargeld ausgehen, da es in vielen der kleinen Orte wie Liscannor, Doolin, Lisdoonvarna und Kilfenora keine Bankautomaten gibt. Ennistymon wartet mit zwei Automaten auf: Der eine befindet sich im **Supervalu** (Church St), der andere bei der **Bank of Ireland** (Parliament St). Einen weiteren findet man in Lahinch. Der Geldautomat im Besucherzentrum an den Cliffs of Moher ist schwer zu erreichen und hin und wieder leer.

Praktische Informationen

Der *einzige* verlässliche Geldautomat in der Gegend befindet sich in der Main Street im Ortszentrum.

An- & Weiterreise

Bus Éireann verkehrt täglich zwei- bis viermal von Doolin nach Ennis sowie nach Limerick mit Halt in Lahinch. Im Sommer gibt's montags bis samstags ein bis zwei Verbindungen südlich entlang der Küste nach Doonbeg.

Ennistymon

1000 EW.

Ennistymon (Inis Díomáin) liegt nur 4 km von Lahinch entfernt im Landesinneren, doch in dem Ort herrscht eine vollkommen andere Atmosphäre. Hier gehen die Einheimischen ihren Geschäften nach und halten vor den markanten Häuserfassaden in der Main Street gerne ein fröhliches Schwätzchen. Hinter einem Torbogen in der Nähe des Byrne's Hotel erreicht man die tosenden **Cascades**, den mehrstufigen Wasserfall des Inagh. Nach heftigen Regenfällen schwillt der Fluss an und stürzt braun schäumend ins Tal. An windigen Tagen wird man eventuell vom Sprühnebel durchnässt.

Sehenswertes

Courthouse Studios & Gallery KUNSTZENTRUM
(Parliament St; ⏲Di–Sa 12–16 Uhr) Ennistymon hat eine lebendige Kunstszene. Die Ateliers sind in einem renovierten Gebäude von 1800 untergebracht, in dem wechselnde Ausstellungen lokaler und internationaler Künstler gezeigt werden.

Ennistymon Horse Market MARKT
An jedem ersten Montag im Monat findet in Ennistymon eines der größten Spektakel in ganz Clare statt: Auf dem Pferdemarkt werden Esel, Vollblüter und sogar alte Ackergäule verkauft.

Schlafen & Essen

Einheimische Bauern bieten ihre Waren auf dem **Farmers Market** (Market Square; ⏲Sa 10–14 Uhr) feil.

Byrne's GASTHAUS €€
(☎065-707 1080; www.byrnes-ennistymon.ie; Main St; Zi. ab 50/70 €) Die Cascades befinden sich gleich hinter der historischen Pension mit **Restaurant** (Hauptgerichte 15–25 €; ⏲Juni–Aug. 12–21 Uhr, Rest des Jahres kürzere Öffnungszeiten). Auf der Terrasse kann man ihren Anblick genießen. Auf der übersichtlichen Speisekarte stehen u.a. leckere Meeresfrüchtegerichte. Über eine knarzende uralte Treppe gelangt man zu sechs großen komfortablen Zimmern.

Falls Hotel HOTEL €€
(☎065-707 1004; www.fallshotel.ie; abseits der N67; EZ/DZ ab 75/120 €; @) Dieses hübsche georgianische Hotel mit 140 modernen Zimmern und einem großen umzäunten Pool wurde auf den Überresten einer O'Brien-Burg errichtet. Von der Eingangstreppe genießt man einen atemberaubenden Blick auf den Wasserfall, außerdem lädt ein 20 ha großer bewaldeter Park zu Spaziergängen ein.

Ungert's Bakery BÄCKEREI €
(Main St; Snacks ab 2 €; ⏲Mo–Sa 8–17 Uhr;) Einfach immer der Nase nach, dann kann man diese kleine, aber feine Bäckerei kaum verfehlen. Zum Angebot gehören süße Teilchen und andere Snacks.

Ausgehen & Nachtleben

★ **Eugene's** PUB
(Main St) In diesem wunderbaren traditionellen Pub gibt's jede Menge *craic* (Spaß). An den Wänden der behaglichen Bar hängen zahlreiche Visitenkarten und die Auswahl an Whiskeys ist hervorragend.

Cooley's House PUB
(☎065-707 1712; Main St) Eine weitere großartige Kneipe. Im Sommer wird hier häufig Musik gespielt und im Winter finden mittwochs Trad Sessions statt.

Nagle's PUB
(Church St) Traditionelles Pub und Leichenbestatter in einem. Bei diesem Laden handelt es sich um den idealen Ort für lange Nächte und ein letztes irdisches Pint.

An- & Weiterreise

Bus Éireann verkehrt täglich zwei- bis viermal zwischen Doolin und Ennis/Limerick mit einem Zwischenstopp in Ennistymon. Im Sommer fahren montags bis samstags ein bis zwei Busse über Lahinch die Küste hinunter nach Doonbeg. Sie halten vor dem Aherne's in der Church Street.

Liscannor & Umgebung

250 EW.

Das kleine Küstendorf mit Blick auf die Liscannor Bay liegt an der R478, die Richtung Norden zu den Cliffs of Moher und nach Doolin verläuft. Liscannor (Lios Ceannúir) ist Namensgeber für einen in der Gegend vorkommenden dunklen Sandstein, der sich durch seine grobkörnige geriffelte Oberfläche auszeichnet und für Fußböden, Wände sowie Dächer verwendet wird.

Schlafen & Essen

Moher Lodge Farmhouse B&B €€
(☎065-708 1269; www.cliffsofmoher-ireland.com; abseits der R478; EZ/DZ 50/80 €; ⏲April–Okt.;) In dem großen Bungalow mit vier Zimmern und Blick aufs Meer und das Weideland rundherum kann man sich nach einem langen Wandertag wunderbar entspannen. Die Pension liegt 3 km nordwestlich von Liscannor und 1 km von den Cliffs of Moher.

★ **Vaughan's Anchor Inn** FISCH & MEERESFRÜCHTE €€
(☎065-708 1548; www.vaughans.ie; Main St; Hauptgerichte 12–25 €; ⏲Küche 12–21.30 Uhr) Mit seinen exzellenten Fischen und Meeresfrüchten wie Heilbutt und Jakobsmuscheln zieht dieses maritim dekorierte Pub jede Menge Leute an. Wenn es regnet, macht man es sich drinnen am Torffeuer gemütlich, und wenn die Sonne scheint (oft nur 15 Min. später), kann man draußen die frische Brise genießen. Darüber hinaus stehen für Übernachtungsgäste kompakte, aber gemütliche **Zimmer** (EZ/DZ ab 50/80 €) zur Verfügung.

Ausgehen & Nachtleben

Joseph McHugh's Bar PUB
(Main St) Jede Menge Tische im Innenhof und regelmäßige traditionelle Musikabende machen die alte Kneipe gleich neben dem Vaughan's zu einem Publikumsmagneten.

Hag's Head

Am südlichen Ende der Cliffs of Moher ragt der Hag's Head ins Meer und bietet eine spektakuläre Aussicht auf die Steilklippen. An seiner Spitze hat die Brandung einen riesigen Felsenbogen in den Stein gewaschen, ein weiterer ist im Norden zu sehen. Der alte **Wachtturm** auf der Klippe wurde für den Fall errichtet, dass Napoleon die Westküste Irlands angreifen würde. Ein bildschöner **Wanderweg** führt von der Landspitze über die Klippen nach Liscannor.

Cliffs of Moher

Sie schmücken Millionen Touristenbroschüren und gehören zu den beliebtesten Sehenswürdigkeiten Irlands: die Cliffs of Moher (Aillte an Mothair oder Ailltreacha Mothair).

Bis zu 203 m ragen die Felsen auf und stürzen senkrecht zum tosenden Meer ab. Entlang der Küste erstrecken sich Klippen aus dunklem Kalkstein in gleichförmiger Formation – ein Bild, das immer wieder erstaunt, egal wie oft man es schon gesehen hat. An klaren Tagen erheben sich die scharfen Umrisse der Aran Islands aus der Galway Bay und dahinter erblickt man die Hügel von Connemara.

Doch die Schönheit hat ihren Preis in Form von Massenandrang, vor allem im Sommer. Dann werden die Leute hier gleich busweise herangekarrt. Ein großes, aber leicht zu übersehendes Besucherzentrum schmiegt sich an einen Hügel. Leider wurden die Hauptwege und Aussichtsplattformen entlang der Klippen mit einer 1,50 m hohen Mauer begrenzt, die zu hoch und zu weit von der Steilkante entfernt ist.

Es lohnt sich, zehn Minuten zu laufen, da man die Menschenmengen schnell hinter sich gelassen hat. Vom südlichen Ende der „Moher Wall" führt ein **Wanderweg** über die Klippen zum Hag's Head (ca. 5,5 km). Nur wenige Besucher legen die gesamte Strecke zurück, dabei ist der unverstellte Ausblick phänomenal. Wer mag, spaziert bis nach Liscannor weiter (insgesamt 12 km Gehweg, ca. 3½ Std.). Weiter nördlich verläuft der **Doolin Trail** am O'Brien's Tower vorbei in das Dorf Doolin (ca. 7 km, 2½ Std.). Die komplette Klippenwanderung von Liscannor nach Doolin ist ausgeschildert. Unterwegs geht's häufig auf und ab und über schmale Abschnitte entlang der Abbruchkante.

Mit einem Fernglas kann man unterwegs ein paar der mehr als 30 verschiedenen **Vogelarten** beobachten, darunter goldige kleine Papageitaucher, die in den Spalten der zerklüfteten Steilwände nisten.

Die Straßen zu den Klippen winden sich durch eine erfrischend unberührte sanfte Landschaft, in der nichts auf den spektakulären Blick an der Kante hindeutet.

Wenn man die Klippen und ihre Fauna einmal aus einer anderen Perspektive betrachten möchte, sollte man eine **Bootsfahrt** buchen. Die Veranstalter in Doolin bieten beliebte Touren an.

ℹ Praktische Informationen

Besucherzentrum (www.cliffsofmoher.ie; Eintritt Erw./Kind 6 €/frei; ⌚ Juli & Aug. 9–21.30, Mai, Juni & Sept. 9–19, März, April & Okt. 9–18, Nov.–Feb. 9.15–17 Uhr) Offiziell „Cliffs of Moher Visitor Experience" genannt, präsentiert das Besucherzentrum eine glanzvolle Ausstellung zur Steilküste und der Umgebung namens „Atlantic Edge".

An den Ständen in der Nähe des großen kostenlosen Parkplatzes werden Pullover und Krimskrams verkauft. Das Café im Untergeschoss scheint es nur deshalb zu geben, um Besucher in das oben gelegene teure Restaurant mit dem herrlichen Ausblick zu locken.

ℹ An- & Weiterreise

Bus Éireann verkehrt täglich zwei- bis zu viermal von Doolin nach Ennis/Limerick und steuert unterwegs die Klippen an. Die lange Wartezeit auf den nächsten Bus verdirbt einem allerdings eventuell den Spaß an der schönen Aussicht. Aus diesem Grund verbindet man den Ausflug am besten mit einem kleinen Spaziergang. Zahlreiche private Reisebüros bieten Ausflüge zu den Klippen und in die Region an.

DER BURREN

Diese Region ist steinig und vom Wind zerzaust, passend für den harten Existenzkampf jener Menschen, die hier draußen leben wollten. Der Burren erstreckt sich im Norden Clares von der Atlantikküste bis Kinvara in der Grafschaft Galway. Geformt wurde die einzigartige Landschaft von voreiszeitlichen Meeren; sie fiel durch tektonische Bewegungen trocken.

Dies ist nicht das grüne Irland von den Postkarten, aber im Frühjahr verleihen Wildblumen dem 560 km² großen Burren leuchtende, kurzlebige Farbtupfer in seiner sonst sehr kargen Schönheit. Zudem befinden sich in der Gegend einige faszinierende Dörfer, darunter Doolin an der Westküste, Kilfenora im Landesinneren und Ballyvaughan im Norden an der Galway Bay.

Geschichte

Trotz seiner offenkundigen Kargheit ernährte der Burren früher viele Bewohner – 2500 historische Fundstätten sind ein Beleg dafür. Als wichtigste gilt der 5000 Jahre alte Poulnabrone Dolmen, ein gewaltiges Megalithgrab aus der Jungsteinzeit und eines der meistfotografierten vorgeschichtlichen Monumente Irlands.

Etwa 70 der Grabstätten sind belegt. Bei vielen handelt es sich um sogenannte Keilgräber. Sie laufen in Höhe und Breite keilförmig zu und haben ungefähr die Größe eines Doppelbetts. Die Toten wurden hineingelegt und mit Erde bzw. Steinen bedeckt. Ein gutes Beispiel dafür ist Gleninsheen südlich der Höhlen von Aillwee.
In der Region gibt's fast 500 Ringfestungen, darunter eisenzeitliche Forts wie Cahercommaun bei Carron.

Flora & Fauna

Humusreicher Boden ist in der Gegend ein knappes Gut. Doch wo er sich in den Spalten sammeln kann, bildet er einen gut bewässerten und äußerst nährstoffreichen Lebensraum. In dem milden Atlantikklima gedeiht eine faszinierende Flora aus mediterranen, arktischen und alpinen Pflanzen. 75 % aller Wildpflanzen Irlands wachsen hier, darunter zahlreiche Orchideen, die cremeweiße Bibernellrose, die kleinen Blütensterne des Steinbrech und der blutrote Storchschnabel.

Auch Irlands scheuestes Säugetier, der Baummarder, hat im Burren eine Zuflucht gefunden. Häufiger anzutreffen sind Dachse, Füchse und sogar Hermeline. Otter und Robben bevölkern die Küsten rund um Bellharbour, New Quay und Finavarra Point.

Aktivitäten

Der Burren ist ein echtes Wanderparadies. Seine bizarre Landschaft, die zahlreichen Pfade und uralten Stätten lassen sich am besten zu Fuß erkunden. *„Green roads"*, alte Straßen, ziehen sich über Hügel und durch Täler bis in entlegene Winkel. Ein Großteil der unbefestigten Wege entstand während der Hungersnot als Arbeitsbeschaffungsmaßnahme, andere Strecken gibt's sogar schon seit Jahrtausenden. Heute werden sie hauptsächlich von Wanderern und Landwirten genutzt. Einige sind beschildert.

Darüber hinaus erstreckt sich in der Gegend der **Burren Way**, ein 123 km langes Netz von ausgeschilderten Trekkingrouten durch die Region.

Der Burren

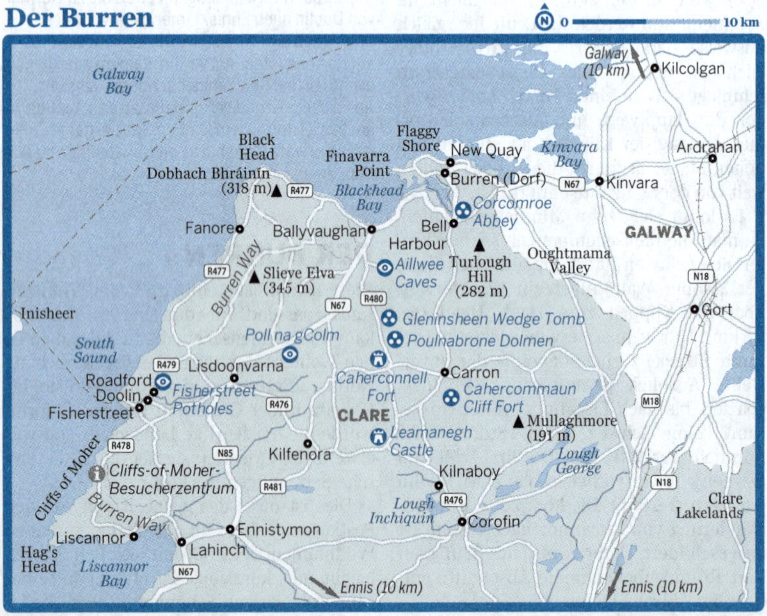

IN STEIN GEHAUENE LEGENDEN

Geologisch gesehen scheint der Burren (Boireann ist die irische Bezeichnung für „felsiges Land") das Resultat gewaltiger Bewegungen und Erschütterungen zu sein, die seine Mondlandschaft formten. Wer sich die tiefen Rinnen im Gestein genauer ansieht, erkennt, dass die kargen Aran Islands direkt vor der Küste Teil derselben Formation sind. Massive Verschiebungen der Erdkruste vor 270 Mio. Jahren formten den europäischen Kontinent und hoben den Meeresboden aus dem Wasser. Bei diesem Prozess wurden die Kalksteinplatten gebogen und gebrochen, außerdem bildeten sich lange, tiefe Klüfte, die sogenannten Karren – typisch für den Burren.

Während mehrerer Eiszeiten schoben sich Gletscher über die Hügel und gaben ihnen dadurch ihre charakteristische abgerundete Form. Manch ein Felsen wurde dabei blankpoliert. Zugleich lagerte sich in den Rissen eine dünne Stein- und Humusschicht ab. Riesige Felsblöcke wurden vom Eis mitgeführt, die nun verstreut in einem Ozean aus flachem Gestein aufragen.

Eine gute Möglichkeit, den Burren zu erkunden, sind geführte **Spaziergänge** (10–25 €) mit den Schwerpunkten Natur, Geschichte, Archäologie und Wildnis. Die Ausflüge können auch individuell auf die eigenen Wünsche zugeschnitten werden. Startzeiten und Ziele vorher bestätigen lassen.

Burren Guided Walks & Hikes WANDERUNGEN
(☎087 244 6807, 065-707 6100; www.burrenguidedwalks.com) Die erfahrene Führerin Mary Howard organisiert Gruppenwanderungen.

Burren Wild Tours WANDERUNGEN
(☎087 877 9565; www.burrenwalks.com) John Conolly wartet mit einer großen Auswahl von einfachen bis schweißtreibenden Wanderungen auf.

Heart of Burren Walks WANDERUNGEN
(☎065-682 7707; www.heartofburrenwalks.com) Der im Burren ansässige Autor Tony Kirby bietet Spaziergänge und archäologische Wanderungen an.

ℹ Praktische Informationen

BESUCHERINFORMATION

Das Burren Centre (S. 386) in Kilfenora ist eine hervorragende Informationsquelle, genau wie der dazugehörende Webauftritt.

Burren Ecotourism Network (www.burrenecotourism.com) Ein Netzwerk für alles, was mit Tourismus im Burren zu tun hat.

Burren National Park (www.burrennationalpark.ie) Teile des Burren im Südosten sind zum Nationalpark erklärt worden, es müssen aber noch Einrichtungen für Besucher geschaffen werden. Diese Website hat gute Infos über die Naturlandschaft.

Burrenbeo Trust (www.burrenbeo.com) Die gemeinnützige Organisation möchte ein größeres Bewusstsein für den Burren wecken und seine Naturschönheiten fördern. Ihre Webseite ist eine tolle Infoquelle.

BÜCHER & KARTEN

Zum Burren gibt's englischsprachige Literatur in Hülle und Fülle. Am besten durchstöbert man die Buchläden in Ennis oder hält in den Infozentren vor Ort Ausschau nach altbewährten Publikationen wie *Wild Plants of The Burren and the Aran Islands* von Charles Nelson, die hervorragenden *Burren-Journey*-Bücher von George Cunningham oder Tony Kirbys ausgezeichnetes aktuelles Werk *The Burren and the Aran Islands: A Walking Guide*.

Die Faltkarten von Tír Eolas, *A Rambler's Guide & Map*, zeigen historische Orte und andere Sehenswürdigkeiten und das Büchlein *The Burren Way* beinhaltet interessante Wanderrouten. Einen Großteil der Gegend decken außerdem die Karten 51 und 57 der Discovery Serie von Ordnance Survey ab.

ℹ An- & Weiterreise

Bus Éireann (www.buseireann.ie) bietet ein paar Verbindungen zum Burren, z. B. von Limerick und Ennis nach Corofin, Ennistymon, Lahinch, Liscannor, den Cliffs of Moher, Doolin und Lisdoonvarna sowie von Galway nach Ballyvaughan, Lisdoonvarna und Doolin. Pro Tag verkehren ein bis vier Busse, die meisten im Sommer.

ℹ Unterwegs vor Ort

Wer mit dem Auto anreist, kann schon an einem einzigen Tag weite Teile des Burren besichtigen und dabei auch gleich einige der zahlreichen namenlosen Nebenstraßen erkunden. Für Touren querfeldein abseits der Hauptstraßen nutzt man am besten Fahrräder, die oft in Hotels und Pensionen vermietet werden. Wanderungen sind ebenfalls wunderbar dazu geeignet, um die Schönheit der majestätischen Landschaften hautnah zu erleben.

Doolin

250 EW.

Doolin sorgt in der Presse oft für Wirbel, denn hier schlägt dank dreier Pubs, in denen regelmäßig Trad Sessions stattfinden, das Herz der irischen Musikszene. Nicht minder spektakulär ist die Lage des Ortes nur 6 km nördlich von den Cliffs of Moher und dem rastlosen Ozean entfernt. Rundum erstreckt sich eine windgepeitschte Landschaft mit riesigen Felsblöcken auf kargen Böden.

Bei all diesen Vorzügen wird so manch einer womöglich überrascht sein, dass Doolin in Wirklichkeit aus drei winzigen Nachbardörfern besteht: **Fisherstreet** liegt am Wasser, Doolin 1 km östlich am Flüsschen Aille und **Roadford** 1 km weiter östlich. Jeder Weiler beherbergt lediglich ein paar Häuser, deshalb gibt's auch kein echtes Zentrum.

Dennoch ist die Gegend bei musikbegeisterten Touristen beliebt. Preisgünstige Jugendherbergen und B&Bs verteilen sich zuhauf in der rauen Landschaft, außerdem setzen von hier Fähren zu den Aran-Inseln über.

Sehenswertes & Aktivitäten

Das kleine **Fisherstreet** hat sehr viel Charme. Von seinem Hafen 1,5 km weiter an der Küste entlang genießt man überdies einen spektakulären Blick auf die Brandung. Von den Cliffs of Moher aus kommend, biegt man von der R478 in eine kleine kurvige Straße ein und folgt ihr an den massiven Ruinen einer **Burg** vorbei bis Fisherstreet. An der Abzweigung von der R478 sollte man nach den Schildern Ausschau halten, die die Durchfahrt für Busse verbieten und in Richtung des Sea View House, einem B&B, weisen. **Bootstouren** von den Cliffs of Moher aus hierher erfreuen sich großer Beliebtheit.

Der schönste Zeitvertreib in Doolin besteht darin, durch windgepeitschte Landschaften zu wandern. Pfade führen in alle Richtungen und nur 6 km weiter südwestlich liegen die Cliffs of Moher (S. 379). **Doolin Cliff Walk** (☎065-707 4170; www.doolincliffwalk.com; Erw./Kind 5/3 €) bietet eine unterhaltsame geführte Wanderung auf dieser Route an.

Auch Höhlenforscher kommen in der Gegend auf ihre Kosten. Hier erstrecken sich die **Fisherstreet Potholes**, zudem lockt 5 km nordöstlich von Lisdoonvarna **Poll na gColm**, Irlands längste Höhle mit mehr als 12 km kartografierten Gängen.

1 km nördlich von Roadford wartet die **Doolin Cave** (www.doolincave.ie; Erw./Kind 15/8 €; ⏲März–Nov. 10–17 Uhr) mit einem riesigen Stalaktiten auf, der wie ein Tintenfisch aussieht. Der Haupteingang befindet sich bei den Fisherstreet Potholes. Je nach Saison werden zu unterschiedlichen Zeiten Führungen angeboten.

Feste & Events

Micho Russell Festival MUSIK
(www.doolin-tourism.com; ⏲Feb.) Am letzten Wochenende im Februar findet dieses Festival zu Ehren der Werke eines legendären Musikers aus Doolin statt und zieht Top-Talente der traditionellen Szene an.

Schlafen

In der Zeit des allzu eifrigen irischen Optimismus gab es in der Umgebung von Doolin einen Hotelbauboom. Viele der neueren B&Bs und Gästehäuser sind unpraktisch weit von den Musikpubs entfernt, aber die im Folgenden aufgelisteten Bleiben haben eine zentrale Lage.

Rainbow Hostel HOSTEL €
(☎065-707 4415; www.rainbowhostel.net; Roadford; B 15–19 €, DZ 40–50 €; 📶) In der gemütlichen Lounge hat schon so manche wunderbare Freundschaft begonnen. Der alte Bauernhof an der Straße besitzt 24 Betten und gehört zum IHH-Verbund. Fahrräder werden für 9 € pro Tag vermietet.

★**Doolin Hostel** HOSTEL €
(☎087-282 0587; www.doolinhostel.ie; Fisherstreet; B ab 16–20 €, DZ 50–55 €; @📶👪) Das tolle Hostel in der Nähe der Bushaltestelle verfügt über Vier- und Achtbett- sowie private Zimmer mit eigenen Bädern – von einfach bis schick ist alles dabei. Café und Garten sind nett und das hübsche Fisherstreet ist nur wenige Schritte entfernt.

Aille River Hostel HOSTEL €
(☎065-707 4260; www.ailleriverhosteldoolin.ie; Roadford; B 18–25 €, DZ ab 55 €; ⏲März–Dez.; @📶) Eine gute Wahl: Das umgebaute Gehöft aus dem 17. Jh. am Flussufer in Roadford punktet mit einem Torffeuer und dem kostenlosen Wäscheservice. Die preisgekrönte Herberge hat 30 Betten sowie Stellplätze für Wohnwagen und Zelte (ab 16 €) und vermietet Fahrräder.

Nagles Camping & Caravan Park CAMPINGPLATZ €
(☎065-707 4458; www.doolincamping.com; Doolin; Stellplätze 10–19 €; ⏲April–Sept.; 📶) Auf der grasbewachsenen Anlage unweit des Hafens

lullt einen das Geräusch der Wellen in den Schlaf. Alle 60 Stellplätze sind Wind und Wetter ausgesetzt, also sollte man die Heringe gut festmachen.

★ O'Connors Guesthouse GASTHAUS €€
(☎065-707 4498; www.oconnorsdoolin.com; Doolin; EZ/DZ ab 45/70 €; ⊙Feb.–Okt.; 📶) An einer Flussbiegung des Aille und nahe der größten Straßenkreuzung befindet sich ein nobles, blitzsauberes Gehöft mit zehn geräumigen Gästezimmern.

Dounroman House B&B €€
(☎065-707 4774; www.doolinbedandbreakfast.com; Doolin; EZ/DZ ab 45/70 €; 📶) Dieses zweistöckige B&B in der Nähe der großen Kreuzung von Doolin gewährt einen Blick über die raue Graslandschaft. Die Zimmer sind groß und teilweise für Familien geeignet. Zum Frühstück gibt's geräucherten Lachs aus der Gegend, Reibekuchen und mehr.

Toomullin House GASTHAUS €€
(☎065-707 4723; www.toomullindoolin.com; Doolin; EZ/DZ ab 55/70 €; 📶) Das weiß getünchte alte Steincottage weist fröhlich blaue Zierelemente auf und ist nur einen kurzen Fußweg von den Pubs entfernt. In den vier Zimmern mit den in der Gegend allgegenwärtigen einfachen Kiefernmöbeln können bis zu vier Personen schlafen. Prima Frühstück.

Daly's House B&B €€
(☎065-707 4242; www.dalys-doolin.com; Fisherstreet; EZ/DZ ab 50/80 €; 📶) Ein schönes B&B nur ein Feld vom O'Connor's Pub entfernt mit sechs großen, gemütlichen Zimmern. Die Besitzer sind unheimlich gastfreundlich. Vom Frühstückssaal kann man Teile der Cliffs of Moher sehen.

Cullinan's Guesthouse GASTHAUS €€
(☎065-707 4183; www.cullinansdoolin.com; Doolin; EZ/DZ ab 50/80 €; 📶) Die acht B&B-Zimmer warten mit Powerduschen und anderem Komfort auf, zwei haben sogar Balkone. Von der reizvollen Terrasse blickt man direkt auf den Fluss Aille. Das Restaurant gehört zu den besten im Dorf. Unterkunft und Lokal werden von dem bekannten irischen Musiker James Cullinan geführt.

Sea View House GASTHAUS €€
(☎065-707 4826; www.seaview-doolin.ie; Fisherstreet; EZ/DZ ab 60/90 €; 📶) Auf einer Anhöhe oberhalb von Fisherstreet bietet dieses große Anwesen mit Terrasse einen herrlichen Blick auf das Meer. Mit dem Fernrohr in der Gemeinschaftslounge kann man das Panorama sogar noch besser genießen.

Essen

Bis ca. 21 Uhr werden in den drei traditionellen Musikpubs irische Klassiker wie Schinken und Kohl sowie Fischsuppe serviert.

★ Fabiolas Patisserie BÄCKEREI €
(Ballyvoe; Snacks ab 3 €; ⊙Do–Mo 10–17 Uhr) Von der großen Kreuzung in Doolin muss man nur den Hügel hinaufgehen, um zu diesem fantastischen kleinen Bäckerladen zu gelangen. Die französische Besitzerin beliefert die besten Restaurants in der Gegend mit Nachspeisen – wer eines ihrer Törtchen gekostet hat, versteht warum.

Doolin Café CAFÉ €€
(www.thedoolincafe.com; Roadford; Hauptgerichte 5–25 €; ⊙April–Okt. 8–22 Uhr) In diesem wunderbaren Cottage schmeckt einfach alles. Das Frühstück ist das beste weit und breit. Mittags gibt's Salate, Suppen und Sandwiches, abends ein regelmäßig wechselndes, ambitioniertes Angebot.

Cullinan's MODERN IRISCH €€€
(☎065-707 4183; www.cullinansdoolin.com; Doolin; Hauptgerichte 20–30 €; ⊙April–Okt. Do–Sa, Mai–Sept. Mo & Di 18–21 Uhr) Dieses ausgezeichnete, recht versnobte Lokal neben der gleichnamigen Pension kredenzt köstliche Meeresgerichte, Fleisch und Geflügel. Die kurze Speisekarte wechselt je nach dem saisonalen Angebot auf dem Markt. Umfangreiches Weinsortiment.

Ausgehen & Nachtleben

Doolin hat sich vor allem mit seiner Musikszene einen Namen gemacht. In der Gegend leben viele Musiker, die eine fast symbiotische Beziehung mit den Touristen pflegen: Jeder stößt auf Gegenliebe beim anderen und jedes Jahr wird das Ganze ein wenig intensiver. Der große Besucherandrang bringt es aber mit sich, dass die Musik vom Niveau her nicht immer mit der in weniger überlaufenen Dörfern der Grafschaft mithalten kann. Während der Sommermonate ist die Begeisterung der Touristen oft genauso unterhaltsam wie die Konzerte (manche springen einfach auf die Bühne und versuchen mitzusingen, andere fordern lautstark die Songs *When Irish Eyes are Smiling* und *Danny Boy* oder schicken ihre unscharfen Handy-Schnappschüsse in die ganze Welt). Je nach eigener Stimmung kann dies unterhaltsam oder unangenehm sein.

Die drei beliebteste Kneipen in Doolin sind hier in der Reihenfolge ihrer Bedeutung aufgelistet:

★ McGann's PUB
(www.mcgannspubdoolin.com; Roadford) Das McCann's hat alle klassischen Attribute einer authentischen irischen Musikkneipe. Manchmal setzt sich das Treiben bis auf die Straße fort. Außerdem hängt es die beiden Kontrahenten in puncto Küche ab – die Krebsscheren sind ein Gedicht! In den vielen kleinen Räumen des Pubs (einige mit Torffeuer) spielen Einheimische gerne Darts. Draußen gibt's einen kleinen überdachten Bereich.

O'Connor's PUB
(www.gusoconnorsdoolin.com; Fisherstreet) Diese Kneipe direkt am Wasser platzt stets aus allen Nähten. Traditionelle irische Musik sorgt für Bombenstimmung. Der Laden wird schnell sehr voll und zieht die meisten Touristen an. An manchen Sommerabenden kann man sich kaum noch hineinquetschen. Dann wird das Essen zu einer echten Herausforderung!

MacDiarmada's PUB
(www.mcdermottspubdoolin.com; Roadford) Das einfache rot-weiße alte Pub wird auch MacDermott's genannt und ist der Favorit zahlreicher Einheimischen. Die Einrichtung kommt ebenso schlicht daher wie die Speisekarte (Sandwiches und Braten). Es gibt einen Außenbereich.

Praktische Informationen

Einrichtungen für Touristen sind hier kaum vorhanden. Die nächsten verlässlichen Geldautomaten finden sich 13 km entfernt in Ennistymon. Nützliche Infos bietet die Website www.doolintourism.com.

Doolin Internet Café (Fisherstreet; 3 € für 30 Min.; 8–19 Uhr;) In der Doolin Activity Lodge. Internetcafé und Waschsalon.

An- & Weiterreise

BUS

Bus Éireann fährt ein- bis viermal täglich von Ennis (12 €, 1½ Std.) und Limerick (18 €, 2½ Std.) über Corofin, Lahinch und die Cliffs of Moher nach Doolin. Außerdem gibt's Verbindungen nach Galway (16 €, 1½ Std., 1–2-mal tgl.) via Ballyvaughan.

Im Sommer verkehren Shuttlebusse zwischen Galway und Doolin oder anderen Orten in der Grafschaft Clare. Sie werden von den Herbergen im großen Stil angepriesen.

SCHIFF/FÄHRE

Doolin ist einer von zwei Fährhäfen, an denen von Mitte März bis Oktober Boote zu den drei Aran Islands ablegen. Zwei Linien bieten in der Hochsaison zahlreiche Überfahrten an. Innerhalb von 45 Minuten erreicht man das 8 km entfernte Inisheer Island, die nächstgelegene der Aran-Inseln und für einen Tagesausflug von Doolin aus die beste Wahl. Nach Inishmór dauert die Überfahrt mindestens 1½ Std. mit einem Zwischenstopp auf Inisheer. Nach Inishmaan verkehren die Fähren nur unregelmäßig.

Segeltörns werden oft wegen hohem Seegang oder der Ebbe abgesagt. Aufgrund der starken Konkurrenz verändern sich die Preise recht häufig. Für die Hin- und Rückfahrt nach Inisheer zahlt man 15 bis 25 €. Die Unternehmen unterhalten Büros am Hafen, bei Vorabbuchung online kommt man aber z. T. noch günstiger davon. Abfahrtszeiten bestätigen lassen.

Die Boote nehmen auch Kurs auf die Cliffs of Moher (ca. 15 € für eine Std.). Am besten startet man spätnachmittags, wenn das Licht von Westen kommt.

Doolin 2 Aran Ferries (087 245 3239, 065-707 5949; www.doolin2aranferries.com; Doolin Pier; Mitte März–Okt.) Steuert regelmäßig die Aran-Inseln und die Cliffs of Moher an.

O'Brien Line (065-707 5555; www.obrienline.com) Bietet die meisten Segeltouren zu den Aran Islands, organisiert Kreuzfahrten zu den Cliffs of Moher und verkauft Kombitickets.

Lisdoonvarna

750 EW.

Lisdoonvarna (Lios Dún Bhearna) bzw. Lisdoon ist bekannt für seine Mineralquellen. Seit Jahrhunderten kommen Gäste, um den irischen Kurort mit dem heilsamen Wasser zu besichtigen. In viktorianischen Zeiten war das freundliche Örtchen sehr nobel, während sich hier heute eher die breite Masse tummelt. Da Lisdoonvarna abseits der Küste liegt, ist es nicht so überlaufen wie Doolin und ein guter Ausgangspunkt für Erkundungstouren zum Burren.

Sehenswertes & Aktivitäten

★ Burren Smokehouse RÄUCHEREI
(065-707 4432; www.burrensmokehouse.ie; Kincora Rd; April–Mai 10–17 Uhr, Juni–Okt. 9–18 Uhr, im Winter kürzere Öffnungszeiten) Ein sechssprachiger Film informiert im Burren Smokehouse über die traditionelle irische Kunst des Lachsräucherns. Dazu werden kostenlose Häppchen von leckerem Räucherlachs und allerlei anderem Fisch gereicht – viel-

NICHT VERSÄUMEN

DAS LISDOONVARNA MATCHMAKING FESTIVAL

Früher war Lisdoonvarna das Zentrum der *basadóiri* (Heiratsvermittler), die ihren Kunden gegen Gebühr einen Partner suchten. Vor allem im September nach der Heuernte strömten hoffnungsvolle, hauptsächlich männliche Bewerber fein herausgeputzt in den Ort. Diese Tradition setzt sich heute auf dem hochgepuschten und stetig wachsenden **Lisdoonvarna Matchmaking Festival** (www.matchmakerireland.com; ⌚ Sept. Sa & So) im Frühherbst fort. Zu der Veranstaltung kommen irische und sogar ausländische alleinstehende Männer sowie alle, die sich einfach nur amüsieren wollen, und feiern, flirten, trinken und tanzen um die Wette. An die gesittetere Brautwerbung aus früheren Tagen erinnert die **Statue** an dem von Pubs umgebenen Main Square.

leicht verleitet das auch zum Kauf? Außerdem gibt's Kaffee, Tee und Leckereien für ein gutes Picknick sowie Infos für Touristen. Die Räucherei liegt am Rand von Lisdoonvarna an der Straße nach Kincora (N67).

Spa Well THERMALQUELLE

Am südlichen Ende der Stadt erstreckt sich inmitten einer gepflegten, bewaldeten Anlage dieses Thermalbad mit einer Schwefelquelle und einem viktorianischen Pumpwerk. Das Wasser enthält Eisen, Schwefel, Magnesium und Jod und soll bei Rheuma sowie Drüsenbeschwerden lindernd wirken. In der Nähe kann man das Wasser auch verkosten, wobei das Geschmackserlebnis nicht gerade mit einer Weinprobe zu vergleichen ist. Ein Pfad hinter der Taverne führt nach 400 m zu **zwei Quellen** am Fluss. Die eine hat einen hohen Schwefelgehalt, während die andere reichlich Eisen enthält. Hier besteht die Möglichkeit, sich ganz nach Belieben einen Mineralcocktail zu mixen.

Schlafen & Essen

Wer zum Matchmaking Festival im September herkommen will, sollte vorab reservieren. Die Unterkünfte, Restaurants und Pubs vor Ort sind allesamt klasse.

Sleepzone HOSTEL €

(☎065-707 7168; www.sleepzone.ie; Doolin Rd; B 16–25 €, EZ/DZ 50/70 €; @ 📶) Das ehemalige Luxushotel dient nun als charmantes Hostel mit 124 Zimmern und den üblichen Standardeinrichtungen. Im Gebäude ist noch ein Hauch noblerer Zeiten zu spüren.

★ **Sheedy's Country House Hotel & Restaurant** GASTHAUS €€

(☎065-707 4026; www.sheedys.com; Sulphur Hill; Zi. 80–220 €; ⌚April–Sept.; 📶) Aus dem Küchengarten dieser edlen, entspannten Elfzimmerbleibe vor den Türen des Ortes kann man sich z. B. eine frische Lauchstange holen und diese auf der langen Veranda verspeisen. Hier genießt man einen tollen Blick auf die vielen Gärten. Das Essen (nur abends) schmeckt ausgezeichnet und die Bar wartet mit einer tollen Whiskey-Auswahl auf.

Wild Honey Inn GASTHAUS €€

(☎065-707 4300; www.wildhoneyinn.com; Kincora Rd; EZ/DZ ab 50/80 €; 📶) Dieses schöne alte Herrenhaus am Rande des Dorfes beherbergt 14 stilvolle Zimmer und ist ein tolles Wochenendziel (oder Versteck für spontane Flitterwochen in der Matchmaking-Saison?). Das hauseigene **Pub** (⌚Mitte Feb.–Dez. Do–Sa 13–15.30, Mi–Mo 17–21 Uhr) kredenzt eine verführerische Auswahl irischer Klassiker aus lokalem Fisch, Fleisch und Gemüse. Im Sommer kann man im hübschen Garten essen.

★ **Roadside Tavern** PUB €

(www.roadsidetavern.ie; Kincora Rd; Mahlzeiten 6–12 €) Unten am Fluss verströmt ein familienbetriebenes Pub irische Gemütlichkeit. Besitzer Peter Curtin hat einen reichen Schatz erzählenswerter Geschichten in petto. Im Sommer finden hier täglich hervorragende traditionelle Musikabende statt, im Winter nur an den Wochenenden. Die Freude an Althergebrachtem zieht sich bis in die Küche, wo u. a. cremige Fischsuppe zubereitet wird. Alle Gerichte mit geräuchertem Lachs schmecken lecker, denn den Curtins gehört auch das in der Nähe gelegene Burren Smokehouse. Ebenso gut ist das Bier aus der hauseigenen Brauerei.

Praktische Informationen

Der nächste zuverlässig funktionierende Geldautomat befindet sich in Lahinch.

Anreise & Unterwegs vor Ort

Bus Éireann fährt ein- bis viermal täglich von Ennis über Lisdoonvarna nach Doolin sowie über

Corofin, Lahinch und die Cliffs of Moher nach Limerick. Nach Galway verkehren auch Busse über Ballyvaughan und Black Head.

Kilfenora

250 EW.

Kilfenora (Cill Fhionnúrach) liegt am südlichen Rand des Burren, 8 km (mit dem Auto 5 Min.) südöstlich von Lisdoonvarna. Es ist ein kleines Dorf, in dem niedrige bunte Häuser den dichten Ortskern bilden.

Die hiesige starke Musiktradition konkurriert mit der Szene in Doolin, allerdings wird Kilfenora von weniger Touristen angesteuert. Besonders großer Beliebtheit erfreut sich die **Kilfenora Céili Band** (www.kilfenoraceiliband.com), eine gefeierte Truppe, die bereits vor hundert Jahren gegründet wurde. Zum Ensemble gehören Fiedeln, Banjos, Quetschkommoden und andere Instrumente.

6 km östlich der Ortschaft an der Straße nach Corofin stößt man auf die Überreste des **Leamanegh Castle**, ein altes Herrenhaus aus Stein.

Sehenswertes

Burren Centre MUSEUM

(065-708 8030; www.theburrencentre.ie; Main St; Erw./Kind 6/4 €; März–Okt. 9–17 Uhr) Unterhaltsame, informative Ausstellungen mit vielen Details zur Region. Nett ist z. B. das Video mit den goldigen Hasen, die Figuren aus der Steinzeit sehen allerdings aus, als würden sie gleich erfrieren. Vor Ort gibt's ein Café und einen großen Laden mit einheimischen Produkten.

Kathedrale KATHEDRALE

In früheren Zeiten war die Kathedrale von Kilfenora (11. Jh.) ein wichtiges Wallfahrtsziel. Hier gründete der hl. Fachan (auch Fachtna genannt) im 6. Jh. ein Kloster, das später als Sitz des kleinsten Bistums Irlands, der Diözese Kilfenora, diente.

Hat man die jüngere protestantische Kirche umrundet, kann man den ältesten Teil der **Ruinen** betreten, die mit einem Glasdach und praktischen Infoschildern versehen wurden. Im Altarraum befinden sich zwei Gräber mit schlichten Skulpturen. Außerdem sind drei **Hochkreuze** zu sehen.

Doorty Cross HOCHKREUZ

100 m westlich der Kathedrale erhebt sich das 800 Jahre alte **Doorty Cross**. Bis in die 1950er-Jahre lag es in zwei Teile zerbrochen am Boden, doch dann wurde es wieder aufgestellt.

Schlafen & Essen

Kilfenora wartet mit zwei erstklassigen Pubs auf.

Kilfenora Hostel HOSTEL €

(065-708 8908; www.kilfenorahostel.com; Main St; B 20–24 €, DZ 52–60 €; @) Das Hostel ist mit Vaughan's Pub nebenan verbunden und verfügt über neun Zimmer mit 46 Betten, eine Waschmaschine sowie eine große Küche. In der Lounge fühlen sich müde Gäste wie im siebten Himmel.

Ait Aoibhinn B&B B&B €€

(065-708 8040; aitaoibheann@live.ie; Main St; EZ/DZ ab 40/60 €; Mitte Feb.–Nov.;) Direkt an der Hauptstraße des Ortes betreibt Mary Murphy eine kleine Frühstückspension (der Name bedeutet so viel wie „erholsamer Ort") mit schlichten Zimmern, in denen man gern für immer bleiben würde. Ihr gehören noch zwei weitere Häuser ganz in der Nähe.

Linnane's PUB €

(065-708 8157; Main St; Hauptgerichte 5–12 €; Küche 12–20 Uhr) Hier widmet man sich irischen Klassikern wie Räucherlachs & Co. Torffeuer wärmen den spartanisch einge-

DER UNSTERBLICHE FATHER TED

Father Ted ist eine erfolgreiche britische Sitcom über die witzigen Erlebnisse dreier irischer Priester auf der fiktiven Insel Craggy Island. Viele Szenen wurden rund um Kilfenora und Ennistymon gedreht, u. a. im Pub Eugene's, der Stammkneipe der Filmcrew. Das einsame Pfarrhaus befindet sich bei Kilnaboy.

Von dem riesigen Erfolg des Tedfests (S. 407) auf der Insel Inismór inspiriert, gründeten die Bürger von Kilfenora und Ennistymon ihr eigenes **Father Ted Festival** (www.kilfenoraclare.com; Mai) mit Kostümen, Partys, Wettbewerben, geführten Touren etc. Ein zentraler Dreh- und Angelpunkt ist Vaughan's Pub, das Schauplatz in einigen Folgen war. **Ted Tours** (www.tedtours.com; Erw./Kind 25/20 €) bringt Fans an lokale Drehorte.

richteten Innenraum, in dem keine einzige Rüsche oder Dekofigur zu sehen ist. Im Sommer werden in dem Pub gelegentlich Trad Sessions veranstaltet.

★ **Vaughan's Pub** PUB €€
(www.vaughanspub.ie; Main St; Hauptgerichte 8–15 €; Küche 10–20 Uhr) Wie wär's mit einem Pint unter dem großen Baum vor der Tür? Auf der verlockenden Speisekarte stehen Fischgerichte, traditionelle Hausmannskost und einheimische Delikatessen. Darüber hinaus genießt die Kneipe in der irischen Musikszene großes Ansehen.

Im Sommer werden jeden Abend Konzerte veranstaltet, aber es gibt auch den Rest des Jahres zahlreiche tolle Events. In der Scheune nebenan treffen sich donnerstags (22 Uhr) und sonntags (21 Uhr) talentierte Tänzer aus ganz Clare zum **set-dancing**, einem irischen Volkstanz.

An- & Weiterreise

Die Busse fahren nicht täglich.

Corofin & Umgebung

700 EW.

Corofin (Cora Finne) oder Corrofin ist ein traditionelles Dorf am südlichen Rand des Burren. Der Ort eignet sich bestens, um mit dem Alltagsleben in Clare auf Tuchfühlung zu gehen. In der Umgebung befinden sich einige *turloughs* (kleine Seen) und mehrere Burgen der O'Briens. Zwei davon liegen am Ufer des nahen Lough Inchiquin.

4 km nordwestlich von Corofin erstreckt sich an der Straße nach Leamanegh Castle und Kilfenora (R476) das kleine Örtchen **Kilnaboy**. Hier stößt man auf die Ruinen einer Kirche mit einer sehenswerten *sheela-na-gig* (weibliche Figur mit überdimensioniertem Geschlechtsteil) über dem Portal.

Sehenswertes

Clare Heritage Centre MUSEUM
(www.clareroots.com; Church St; Erw./Kind 4/2 €; Ostern–Okt. 9.30–17.30 Uhr) Das in einer alten Kirche untergebrachte Museum beherbergt viele Darstellungen zu den Schrecken der Hungersnot. Vorher lebten in dem County über 250 000 Menschen – die Bevölkerung ist also um rund 60 % zurückgegangen. In einem separaten Gebäude nebenan helfen Mitarbeiter des **Clare Genealogical Centre** (065-683 7955; Mo–Fr 9–17.30 Uhr) Besuchern, die nach ihren aus dieser Grafschaft stammenden Vorfahren forschen möchten.

Schlafen & Essen

Corofin Hostel & Camping Park HOSTEL, CAMPINGPLATZ €
(065-683 7683; www.corofincamping.com; Main St; Stellplätze 20–25 €, B/EZ/DZ 16/25/40 €; April–Sept.) Hinter dem zentral gelegenen Hostel kann man auf offenem Gelände sein Zelt aufschlagen, drinnen gibt's 30 Betten. Im großen Gemeinschaftsraum steht ein Billardtisch.

Lakefield Lodge B&B €€
(065-683 7675; www.lakefieldlodgebandb.com; Ennis Rd; EZ/DZ ab 45/70 €; April–Okt.;) Am Südrand des Dorfes befindet sich mitten in einem Park ein attraktiver Bungalow mit vier gemütlichen Zimmern. Das B&B ist ein guter Ausgangspunkt für Burren-Wanderungen.

Fergus View B&B €€
(065-683 7606; www.fergusview.com; R476; EZ/DZ ab 50/80 €; April–Okt.; @) Wie es der Name schon vermuten lässt, befindet sich die reizende Pension mit sechs Zimmern direkt am Fluss Fergus. Sie ist vor allem wegen des kreativen Frühstücks bekannt, für das nur frische und zudem oft auch Biozutaten verwendet werden. Das Fergus View liegt 3 km nördlich von Corofin.

Inchiquin Inn IRISCH €
(065-683 7713; Main St; Hauptgerichte 6–12 €; Küche Mo–Fr 9–17 Uhr;) Mit seinen leckeren Gerichten lockt das wunderbare Pub viele Gäste an: Besser zubereiteten Speck mit Kohl und schmackhaftere Fischsuppe als hier wird man woanders vermutlich nicht bekommen. An einigen Sommerabenden gibt's Trad Sessions. Der jährliche Wettbewerb im Steinewerfen hinter dem Haus im Juni ist ein großes lokales Ereignis.

An- & Weiterreise

Bus Éireann verkehrt an einigen Wochentagen zwischen Corofin und Ennis.

Im Zentrum des Burren

Mehrere Straßen mit vielen Sehenswürdigkeiten führen durch das Herz des Burren. Neben der R480 erstreckt sich eine faszinierende Landschaft: Hier zeigt sich das karge Hochland von seiner schönsten Seite. Überall in der Region verstreut liegen verblüffende prähistorische Steinbauten.

NICHT VERSÄUMEN

POULNABRONE DOLMEN

Was wäre eine Broschüre über den Burren ohne den Poulnabrone Dolmen? Dieses Portalgrab zählt zu Irlands meistfotografierten antiken Monumenten und die unwirkliche Erscheinung beeindruckt sogar die abgeklärtesten Traveller. Alleine der Deckstein wiegt 5 t. Das riesige Megalithgrab befindet sich 8 km südlich von Aillwee und ist von der R480 aus zu sehen. Es gibt vor Ort einen großen, kostenlosen Parkplatz und eine ausgezeichnete Beschilderung.

Der Dolmen wurde vor mehr als 5000 Jahren errichtet. Bei Ausgrabungen 1986 kamen neben Schmuck und Töpferwaren auch die Gebeine von 16 Menschen zutage. Durch Radiokarbonuntersuchungen fand man heraus, dass sie zwischen 3800 und 3200 v. Chr. bestattet wurden. Ursprünglich war das Grab mit einem Steinhügel bedeckt, der im Lauf der Zeit abgetragen wurde. Kaum zu glauben, dass die Menschen damals ein derart großes Monument errichten konnten.

Südlich von Ballyvaughan zweigt die R480 beim Wegweiser zu den Aillwee-Höhlen von der N67 ab und führt vorbei an Gleninsheen Wedge Tomb und dem verblüffenden Poulnabrone Dolmen zu den Ruinen des Leamanegh Castle. Dort trifft sie auf die R476, die weiter südöstlich nach Corofin verläuft. Jede kleine Nebenstraße – insbesondere jene in Richtung Osten – lohnt einen Abstecher, um in die beinahe überirdische Einsamkeit zu fliehen.

Auf der N67 nach Lisdoonvarna genießt man weite Ausblicke in die Gegend. Die Straße wurde zu Zeiten der Hungersnot um 1800 errichtet.

Gleninsheen Wedge Tomb

Eine der berühmtesten prähistorischen Grabstätten Irlands liegt an der R480 südlich der Aillwee Caves nahe Ballyvaughan. Das Keilgrab von Gleninsheen wird auf ein Alter von 4000 bis 5000 Jahren geschätzt. Hier wurde ein herrlicher goldener Halskragen gefunden. Das Stück stammt etwa aus dem Jahre 700 v. Chr. und befindet sich heute im Nationalmuseum in Dublin. Manchmal ist das Zugangstor zur Grabstätte geschlossen, außerdem gibt's kaum Beschilderungen.

Caherconnell Fort

Wer eine gut erhaltene *caher* (Festung mit Steinwall) aus der späten Eisenzeit bzw. der frühchristlichen Ära sehen möchte, sollte das **Caherconnell Fort** (www.burrenforts.ie; R480; Erw./Kind 7/6 €; ⌚ Juli & Aug. 10–18 Uhr, März–Juni & Sept.–Okt. 10–17 Uhr), eine privat betriebene Sehenswürdigkeit, besuchen. Exponate zeigen, wie die Entwicklung solcher Wehrsiedlungen Land- und Besitzansprüche einer immer stärker wachsenden und sesshaft werdenden Bevölkerung widerspiegelte. Die Trockenmauer der Burg ist hervorragend erhalten. Ein Besucherzentrum informiert über diese und viele andere Stätten in der Gegend. Und damit keine Langeweile aufkommt, demonstrieren Hütehunde zu verschiedenen Zeiten ihr Können – sehr unterhaltsam!

Die Festung befindet sich 1 km südlich des Poulnabrone Dolmen.

Carron & Umgebung

10 km östlich der R480 liegt das winzige Dorf Carron (auf einigen Landkarten auch „Carran" bzw. „An Carn" genannt) auf einer einsamen Anhöhe. Hier eröffnet sich ein weiter Rundblick über die Felsenlandschaft des Burren.

Sehenswertes

Unterhalb von Carron befindet sich einer der schönsten *turloughs* (Winterseen) des Landes, der **Carron Polje**. Der serbokroatische Begriff *polje* ist gebräuchlich für wannenförmige Mulden in Karstgebieten. Diese stehen im Winter voll Wasser und trocknen im Sommer aus. Das zurückbleibende üppige Gras wird als Weide genutzt. Südlich von Carron erstreckt sich fast bis nach Kilnaboy einer der kahlsten Abschnitte des Burren. Standortfremde Felsbrocken aus der Eiszeit prägen die raue Landschaft. Es ist egal, welchen Pfad man nimmt, denn man stößt unweigerlich auf irgendeinen alten **Dolmen**.

★ **Burren Perfumery & Floral Centre** PARFÜMERIE
(www.burrenperfumery.com; Carron; ⌚ Juli–Aug. 9–19 Uhr, Sept.–Juni 10–17 Uhr) In der Parfüm-Ma-

nufaktur, einer herrlich kreativen Schatztruhe, werden aus Burren-Wildblumen dezente Düfte hergestellt. Ein interessantes Video informiert über die wunderbar vielfältige Flora der Gegend, z. B. über die wohlriechenden, in Felsritzen wachsenden Orchideenarten. Viele Dinge, die zum Verkauf stehen, werden in selbst gemachtes Papier gewickelt.

Auf dem Gelände befinden sich ein nettes Biocafé und Gärten mit einheimischen Pflanzen und Kräutern. Die Parfümerie ist an der T-Kreuzung nahe der Carron Church ausgeschildert.

Cahercommaun HISTORISCHE STÄTTE

3 km südlich von Carron thront am Rand eines steilen Tals die große Festung Cahercommaun, die im 8. und 9. Jh. bewohnt war. Ein unterirdischer Gang führt von dort auf die Klippen hinaus. Wer die Stätte besichtigen möchte, fährt von Carron Richtung Süden und biegt nach links Richtung Kilnaboy ab. Nach 1,5 km nimmt man den Weg auf der linken Seite. Für die bessere Übersicht sollte man einen Blick auf die Schautafel am Anfang des Pfades werfen.

Schlafen & Essen

★ **Clare's Rock Hostel** HOSTEL €

(065-708 9129; www.claresrock.com; Carron; B/EZ/DZ 20/34/48 €; Mai–Sept.;) Gäste des Hostels, ein imposantes Gebäude aus grauem Granit mit 30 Betten und geräumigen, gut gepflegten Zimmern, können Fahrräder mieten oder sich im Garten mit dem großen Gartenzwerg-Schachbrett vergnügen.

Cassidy's PUB €€

(www.cassidyspub.com; Hauptgerichte 8–19 €; Mai–Sept. tgl. 11–21 Uhr, Okt.–April Sa & So;) Das Cassidy's serviert eine gute Auswahl an Pubgerichten, darunter die legendären Ziegenburger aus Biofleisch. Einst diente die Kneipe als britische Royal-Irish-Constabulary-Station und später als *garda*-(Polizei-) Kaserne. An manchen Wochenenden gibt's traditionelle irische Musik und Tanz. Der Ausblick von der Terrasse ist ebenso berauschend wie die Getränke.

Fanore

150 EW.

Die landschaftlich reizvolle R477 folgt Clares karger Küste auf dem Weg in die Galway Bay. In der Ferne sieht man die Aran Islands. Fanore (Fan Óir), 5 km südlich des Black Head, ist weniger ein Dorf als vielmehr ein Küstenabschnitt mit einem Geschäft, einem Pub und einigen verstreuten Häusern in der Hauptstraße.

Sehenswertes & Aktivitäten

In Fanore kann man das ganze Jahr über surfen.

Fanore Beach STRAND

Der schöne Sandstrand abseits der R477 erstreckt sich vor einer weitläufigen Dünenlandschaft. Schilder weisen den Weg zu Wanderwegen entlang des Wassers, in die Hügel hinauf und zum Black Head. Es gibt genügend Parkplätze und im Sommer auch Duschen und Toiletten.

Aloha Surf School SURFEN

(087 213 3996; www.surfschool.tv; Fanore Beach; Unterricht ab 35 €) Kurse für jedes Alter und Niveau sowie Leihbretter, Neoprenanzüge und andere Ausrüstung, Stehpaddelbretter und Kajaks (45 € pro halber Tag).

Siopa Fan Óir ANGELN

(R477; Sommer 9–21, Winter 9–19 Uhr) Der recht gut sortierte Laden gegenüber dem O'Donohue's-Pub verkauft Angelzubehör, Wanderkarten, Boogieboards und Sandeimer.

Schlafen & Essen

★ **Rocky View Farmhouse** GASTHAUS €€

(065-707 6103; www.rockyviewfarmhouse.com; abseits der R477; EZ/DZ 40/68 €;) Das Rocky View Farmhouse, eine der wenigen Unterkünfte in der Umgebung von Fanore, ist eine atmosphärische Bleibe im Herzen des küstennahen Burren. Die fünf hellen, luftigen Zimmer harmonieren wunderbar mit der kargen Landschaft. Alle Frühstückszutaten stammen aus eigenem biologischem Anbau und das Essen wird in einem sonnigen Wintergarten serviert.

Vasco MEDITERRAN €

(www.vasco.ie; Hauptgerichte 8–16 €; Juli–Aug. tgl. 9–21 Uhr, Mai–Juni & Sept. 9–20 Uhr, Okt.–April nur Sa & So) Dieses stilvolle Lokal in der Nähe des Strands punktet mit einer verglasten Terrasse, von der man einen Blick auf das Meer genießt. Die Küche ist mediterran beeinflusst. Hier kann man auch Vorräte für ein Strandpicknick besorgen.

O'Donohue's PUB €€

(www.odonohuespub.com; R477; Mahlzeiten 8–25 €; April–Okt.) In dem Gemeindezentrum 4 km südlich des Strands mit Blick auf die graue

See werden Meeresfrüchte aus der Gegend sowie Fischsuppen und Sandwiches mit einer ordentlichen Prise authentischem lokalen Flair serviert. Farblich dominiert kräftiges Blau.

An- & Weiterreise

Bus Éireann fährt ein- bis dreimal täglich von Galway über Black Head und Fanore nach Lisdoonvarna.

Black Head

Atlantikstürme haben das Gebiet rund um diese Landzunge im äußersten Nordwesten Clares in eine geriffelte Landschaft kahler Felsen verwandelt. Hier und da sprießen Gras und Gebüsch in den Spalten, außerdem stehen Geröllbrocken wie einsame Wachposten in der Gegend herum. Bei **Wanderern** erfreut sich der Black Head großer Beliebtheit.

Die Hauptstraße R477 windet sich hier knapp über dem Meeresspiegel rund um die steil abfallenden Felsen.

Ballyvaughan & Umgebung

260 EW.

Der ganze Charme des Burren zeigt sich in Ballyvaughan (Baile Uí Bheacháin): In dem Örtchen geht das karge Hügelland in die freundliche, begrünte Gegend der Galway Bay über. Er ist der ideale Ausgangspunkt für Ausflüge in den Norden der Karstlandschaft.

Sehenswertes & Aktivitäten

Gleich westlich der Kreuzung an der R477 befindet sich der **Kai**. Er wurde 1829 zu einer Zeit erbaut, als reger Schiffshandel mit den Aran-Inseln und Galway bestand. Zu den Exportgütern zählten Getreide und Speck und zur Importware Torf, ein knappes Gut im felsigen, windgepeitschten Burren.

Hinter dem Hafen führt ein beschilderter Weg zu einem **Küstenvogelreservat** mit schönen Ausblicken aufs Meer.

6 km südlich von Ballyvaughan windet sich die N67 Richtung Lisdoonvarna in mehreren engen Serpentinen den **Corkscrew Hill** (180 m) hinauf. Die Straße wurde in den 1840er-Jahren während der Hungersnot im Rahmen einer Arbeitsbeschaffungsmaßnahme erbaut. Von oben bietet sich ein schöner Rundblick über den nördlichen Burren und die Galway Bay. Rechts sieht man den Aillwee Mountain mit seinen Höhlen, zur Linken erhebt sich der Cappanawalla Hill. Unten im Tal liegt das teilweise restaurierte Newtown Castle aus dem 16. Jh., einst Residenz der O'Lochlains.

Aillwee Caves HÖHLEN
(www.aillweecave.ie; abseits der R480; Kombiticket Erw./Kind 17/10 €; ⌚10–17.30 Uhr, Juli & Aug. 10–18.30 Uhr) Kinder sind von dieser Sehenswürdigkeit oft besonders begeistert. Die Haupthöhle erstreckt sich 600 m weit in den Berg hinein. Von ihr zweigen weitere Höhlen ab, die vor mehr als 2 Mio. Jahren vom Wasser ausgewaschen wurden; in einer gibt's sogar einen Wasserfall. Gleich beim Eingang sind Spuren eines Braunbären zu sehen, der in Irland seit über 10 000 Jahren ausgestorben ist. Während der Sommermonate platzen die Aillwee Caves häufig aus allen Nähten. Es gibt ein Café, eine große Raubvogelausstellung mit Falken, Eulen und anderen Tieren und einen Laden, in dem der hervorragende Burren-Gold-Käse verkauft wird.

Burren By Bike FAHRRADVERLEIH
(info@burrenwine.ie; the Laundrette, abseits der N67; Miete 15/80 € pro Tag/Woche, Touren ab 25 €; ⌚Mai–Sept. Mo–Sa 9–17 Uhr) Der Burren, insbesondere der Küstenabschnitt, lässt sich gut auf Rädern erkunden. Bei den morgendlichen Touren folgt man den noch menschenleeren Straßen. Anschließend steht ein Feinschmeckerfrühstück auf dem Programm.

Schlafen & Essen

Rund um das Ortszentrum verteilen sich zahlreiche einfache B&Bs. Auf Ballyvaughans **Farmers Market** (St. John's Hall; ⌚Mai–Okt. Sa 10–14 Uhr) bekommt man hochwertige Erzeugnisse aus der Gegend.

Oceanville House B&B B&B €€
(☎065-707 7051; www.clareireland.net/oceanville; Coast Rd/R477; EZ/DZ ab 45/68 €; 📶) Mit seiner Lage direkt am Meer punktet dieses Haus in der Nähe des Monk's und des Hafens. Die Dachfenster der kompakten oberen Zimmer bieten einen tollen Blick über die Bucht. Von hier aus kann man gut das Dorf erkunden.

Hyland's Burren Hotel HOTEL €€
(☎065-707 7037; www.hylandsburren.com; Main St; EZ/DZ ab 60/90 €; ⌚April–Okt.; 📶) Das zentral gelegene moderne Geschäftshotel mit 30 großen Zimmern (einer Mischung aus traditionellen und größeren modernen Räumen) besticht durch Flair, denn es hat sich

Lokalkolorit bewahrt. Zur Unterkunft gehören eine Bar und ein Restaurant. In der hauseigenen Broschüre *Walks* werden nette Spaziergänge beschrieben.

★ **Gregan's Castle Hotel** HOTEL €€€
(☎ 065-707 7005; www.gregans.ie; N67; Zi. ab 200 €; 📶) Die 20 Zimmer und Suiten dieses prachtvollen Anwesens aus dem 19. Jh. sind vornehm, stilvoll und angenehm modern. Im Restaurant gibt's kreative frische Gerichte aus lokalen Zutaten und die Bar lädt dazu ein, etwas Braunes zu trinken und die Stunden dahinplätschern zu lassen. Wenn man nicht gerade Wanderungen in der Gegend unternimmt, kann man in dem fantastischen Garten Krocket spielen. Das Hotel befindet sich 6 km südlich von Ballyvaughan entfernt beim Corkscrew Hill.

An Fulacht Fia IRISCH €€
(☎ 065-707 7300; www.anfulachtfia.ie; Coast Rd/R477; Hauptgerichte 18–24 €; ⏱ tgl. 17.30–21 Uhr, Juni–Aug. So ab 13 Uhr, sonst kürzere Öffnungszeiten) Gleich westlich des Ortszentrums stößt man auf dieses wunderbare Restaurant, dessen in kräftigen Farben gehaltenes Innendesign einen starken Kontrast zu dem weiten grauen Meer vor der Tür bildet. Das saisonal wechselnde Speisenangebot ist durch und durch biologisch und aus der Region. Besonders zahlreich vertreten sind Fisch- und Meeresfrüchtegerichte.

Ausgehen & Nachtleben

★ **Ólólainn** PUB
(Coast Rd) Wer der Straße zum Hafenkai hinunter folgt, erreicht bald diesen kleinen auf der linken Seite gelegenen Zufluchtsort. In den altmodisch möblierten Nischen des Ololainn (o-*loch*-leyn) kann man wunderbar vor sich hinträumen und die alten Whiskeyflaschen auf den Festerbänken bewundern. Wer die erstaunliche Sammlung seltener Tropfen nicht nur ansehen, sondern auch probieren möchte, sollte trinkfest sein.

Praktische Informationen

Besucherzentrum (www.ballyvaughantourism.com; ⏱ März–Okt. tgl. 9–17 Uhr, Nov.–Feb. nur Sa & So) In einem großen Geschenkeladen hinter einem Lebensmittelgeschäft. Hat ein paar lokale Reiseführer und Karten vorrätig.

An- & Weiterreise

Bus Éireann verkehrt bis zu dreimal täglich von Galway via Ballyvaughan sowie rund um den Black Head nach Lisdoonvarna und Doolin.

Nördlicher Burren

Südlich des Countys Galway erstreckt sich weites, flaches Ackerland bis zu den Kalksteinhügeln des Burren, der westlich von Kinvara und Doorus in der Grafschaft Galway beginnt.

Von Oranmore in Galway bis Ballyvaughan ist die Küstenlinie von kleinen Meeresarmen und ins Meer ragenden Halbinseln gesäumt. Einige, darunter New Quay, lohnen einen Abstecher. Schmale Straßen winden sich die felsigen, vom Wind zerzausten Hügel hinauf, die mit alten verwitterten Steinruinen gesprenkelt sind.

Im Landesinnern nahe Bellharbour stößt man auf die weitgehend intakte Corcomroe Abbey und gegenüber liegen in einem ruhigen Seitental verborgen die Ruinen der drei alten Kirchen von **Oughtmama**. Die Galway Bay bildet eine tolle Kulisse für eine außergewöhnliche Landschaft: kahle, in der Sonne schimmernde Steinhügel, Weiler und saftige Wiesen.

Auf der N67 verkehren Busse von und nach Galway. Kurz hinter der Grenze dieser Grafschaft befindet sich Kinvara, ein guter Ausgangspunkt zur Erkundung der Gegend.

New Quay & Flaggy Shore

New Quay (Ceibh Nua) auf der **Finavarra Peninsula** ist eine ruhige, idyllische Zwischenstation in der rauen Felslandschaft des Burren. Das Örtchen liegt 1 km abseits der Hauptstrecke Kinvara–Ballyvaughan (N67). Man erreicht es, indem man am Ballyvelaghan Lough 3 km nördlich von Bellharbour von der N67 abfährt.

Westlich von New Quay erstreckt sich ein besonders schöner Küstenabschnitt, der **Flaggy Shore**, an dem natürliche Kalksteinterrassen bis zum Meer hin abfallen. Die Straße verläuft westlich an der Küste entlang und führt südlich am **Lough Muirí** vorbei, auf dem sich Watvögel und Schwäne tummeln. Außerdem sollen in der Gegend Otter leben. An einer T-Kreuzung hinter dem See zweigt eine kleine Straße rechts ab zu dem verfallenen **Martello-Turm** auf der Landspitze von Finavarra; er stammt noch aus der Zeit, als sich die Iren vor Napoleon schützen mussten.

Die Gegend lädt zu wunderschönen **Wanderungen** ein, auf denen man beobachten kann, wie der Wechsel der Gezeiten die Landschaft verändert.

CORCOMROE ABBEY

1,5 km von Bellharbour entfernt liegt in einer ruhigen, grünen Senke zwischen den grauen Hügeln des Burren das stimmungsvolle, einsame Corcomroe, ein ehemaliges Zisterzienserkloster. Dies ist ein wunderbarer Ort und eines der schönsten Gebäude seiner Art. Die Abtei wurde 1194 von Donal Mór O'Brien gegründet, dessen Enkel Conor na Siudaine O'Brien (1267 verstorben), König von Thomond, in der Gruft an der Nordmauer begraben sein soll. Über einer schlichten Schnitzerei des Herrschers hängt ein Relief mit dem Bildnis eines Bischofs, der einen Krummstab hält. Das erhaltene Gewölbe im Chorraum und in den Querschiffen ist überaus sehenswert, ebenso wie die wunderbaren Schnitzereien überall im Gebäude aus romanischer Zeit. Im 15. Jh. begann der langsame Niedergang des Klosters. Zwischen den Überresten stößt man auf mehrere moderne Gräber.

Schlafen & Essen

Mount Vernon BOUTIQUE-HOTEL €€€

(☎065-707 8126; www.mountvernon.ie; Flaggy Shore; EZ/DZ ab 125/190 €; ⏲April–Okt.; 📶) Bevor er mit der *Lusitania* unterging, wohnte in dem ländlichen georgianischen Anwesen der berühmte irische Impressionist Hugh Lane. Das abgeschiedene Hotel am Meer verfügt über fünf luxuriöse, mit historischen Möbeln eingerichtete Zimmer. Meistens verbringen die Gäste ihre Tage hier mit Wanderungen an der kurvenreichen Küste.

Café Linnalla EISCREME €

(www.linnallaicecream.ie; New Quay; Eiscreme ab 3 €; ⏲Mai–Sept. tgl. 11–19 Uhr, Okt.–April Sa & So 12–17 Uhr) Wenn man ein Stück an der gewundenen, von Algen bedeckten Küste entlangmarschiert ist, gelangt man zu diesem einsamen Café. Die Eiscreme ist ein Gedicht.

★Linnane's Lobster Bar FISCH & MEERESFRÜCHTE €€

(New Quay; Mahlzeiten 9–25 €; ⏲Mai–Sept. tgl. 12.30–20 Uhr, Okt.–April nur Fr–So) Das Markenzeichen dieses Restaurants mit der legerentspannten Atmosphäre sind Meeresfrüchte, die direkt von den mit Fallen übersäten Anlegestellen hinter dem Gebäude in die Kochtöpfe verfrachtet werden. Auch die Austern und der selbst geräucherte Fisch überzeugen auf ganzer Linie. Das Dekor ist schlicht, aber das Essen grandios!

Shoppen

Russell Gallery GALERIE

(☎065-707 8185; www.russellgallery.net; New Quay; ⏲Mo–Sa 10–18 Uhr, So ab 12 Uhr) Die lichtdurchflutete Russel Gallery hat sich auf *raku* (japanische Keramik mit bleihaltiger Glasur) spezialisiert und verkauft Werke irischer Künstler, z. B. der lokalen „Stricklegende" Antoinette Hensey. Sarüber hinaus gibt's hier Bücher über die Region. Der Laden befindet sich 500 m westlich der Linnane's Lobster Bar an einer Straßenkreuzung.

Bell Harbour

Bellharbour (Beulaclugga), 8 km östlich von Ballyvaughan, ist nicht mehr als eine Straßenkreuzung mit einem Pub und einer wachsenden Anzahl von reetgedeckten Feriencottages. Hinter der modernen Church of St. Patrick, 1 km nördlich der Weggabelung von Bellharbour, führt ein schöner Spaziergang über einen alten Feldweg zum nördlich gelegenen Abbey Hill.

Weiter landeinwärts erreicht man die Überreste der Corcomroe Abbey, das Tal und die Kirchen von Oughtmama sowie die Binnenstraße, die mitten ins Herz des Burren führt.

County Galway

251 000 EW. / 3760 KM²

Inhalt ➡

Gut essen

- Aniar (S. 404)
- Oscar's (S. 403)
- Mitchell's (S. 424)
- Moran's Oyster Cottage (S. 429)

Schön übernachten

- House Hotel (S. 401)
- Kilmurvey House (S. 411)
- Delphi Lodge (S. 428)
- Quay House (S. 424)

Auf nach Galway

Wer diese Grafschaft besucht, hat ein Problem: Die gleichnamige Hauptstadt des Countys ist so umwerfend, dass sich manch ein Traveller gar nicht mehr von ihr lösen mag, um die Umgebung zu erkunden. Gleichzeitig können einen auch die wildromantischen Aran Islands und die Connemara-Halbinsel so in ihren Bann ziehen, dass man es einfach nicht schafft, sich die Stadt anzusehen. Und was jetzt? Natürlich sollte man sich beides nicht entgehen lassen!

Galway-Stadt bezaubert mit einer energiegeladenen, fröhlichen, mitreißenden Atmosphäre, charmanten Pubs und traditionellen Musiksessions, während die durch Erosion geformten Aran Islands vor der Küste mit ihrer rauen, einsamen Schönheit punkten. An die Felsen der Inseln schmiegen sich winzige Dörfer, außerdem heißen einen die liebenswerten Einheimischen herzlich willkommen.

Im Westen erstreckt sich die Connemara-Halbinsel, die sich vor ihrer malerischen Konkurrenz im Süden nicht verstecken muss. Hier führen schmale Straßen entlang der Küste zu unerwartet weißen Stränden und faszinierenden alten Ortschaften.

Reisezeit

- Mit ihren erstklassigen Restaurants, den lebhaften Pubs und dem regen Studentenleben ist die Stadt Galway das ganze Jahr über ein lohnenswertes Reiseziel.
- Die anderen Gebiete der Grafschaft besucht man besser während der milderen Monate.
- Im tiefen Winter zeigen sich die Aran Islands von ihrer launischen Seite und sind bei Sturm möglicherweise gar nicht erst zu erreichen.
- Auf der schönen Connemara-Halbinsel schließen im Dezember und Januar sowie teilweise sogar im Februar viele ländliche Unterkünfte.
- Der Juni ist für alle Orte im County ein besonders guter Reisemonat, denn dann sind alle Sehenswürdigkeiten geöffnet, aber noch nicht so viele Besucher hier.

Highlights

1. In **Galway** stimmungsvolle Pubs besuchen und Trad Sessions erleben (S. 404)
2. Auf der Prom in **Galway** umherbummeln, die Stimmung der Bucht auf sich wirken lassen und den Blick auf das County Clare und die Aran Islands genießen (S. 399)
3. In einem Austernrestaurant in **Kilcolgan** (S. 429) essen
4. Die geheimnisvolle, faszinierende Festung **Dún Aengus** (S. 409) auf Inishmór bestaunen
5. Auf **Inisheer** (S. 414) alte heilige Stätten und Quellen erkunden, über ein Schiffswrack klettern und mit Steinen sprechen
6. Das idyllische Dorf **Roundstone** (S. 421) an der Bucht besuchen
7. Am herrlichen **Glassillaun Beach** (S. 427) an der Nordküste der Connemara-Halbinsel relaxen und einen Tauchausflug im klaren Wasser unternehmen

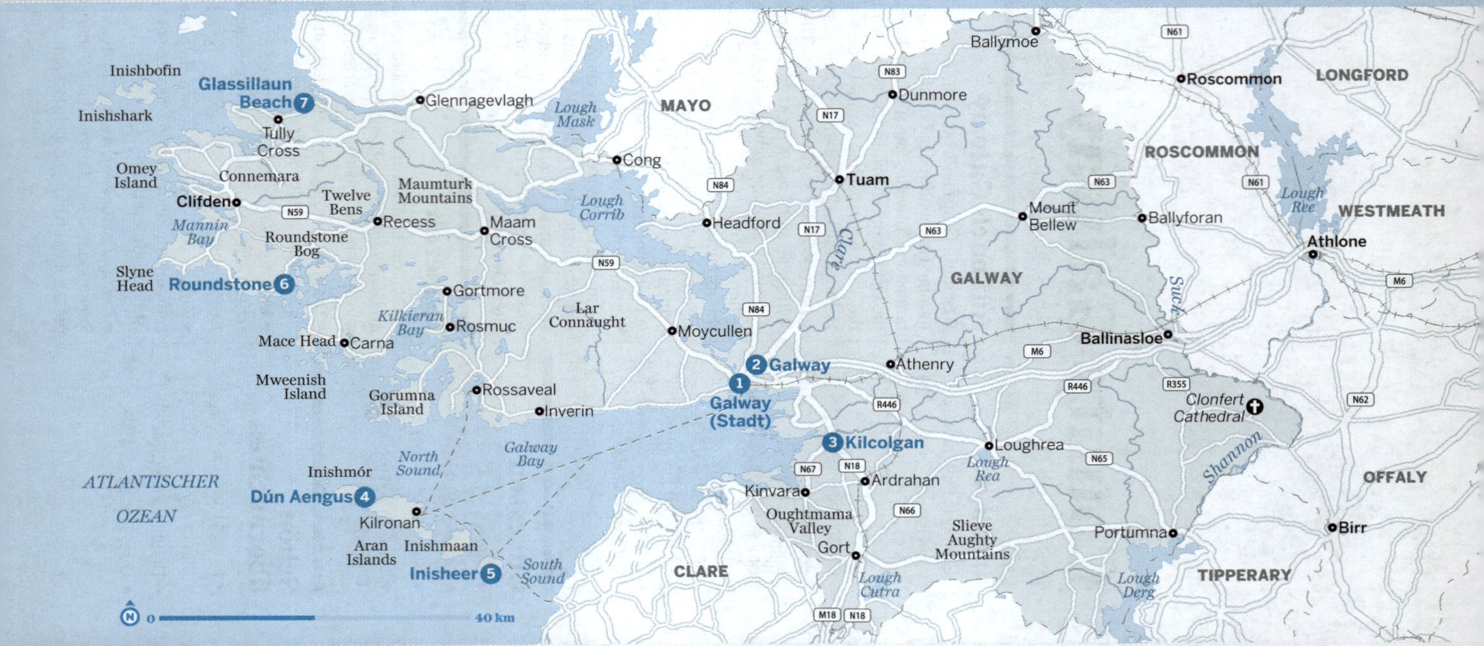

GALWAY (STADT)

75 600 EW.

Galway (Gaillimh) ist alternativ und unkonventionell und für sein tolles Unterhaltungsangebot bekannt. Aus bunt gestrichenen Pubs schallt Livemusik, von den vordersten Plätzen in den Cafés kann man Straßenkünstler beobachten, es gibt jede Menge Wochenendpartys, die aus dem Ruder laufen, und Pärchen, die sich immer enger umschlingen.

Der Ort blickt auf eine lange Geschichte zurück, ist dabei aber gleichzeitig sehr modern, schon allein deshalb, weil Studenten ein Viertel der Einwohner ausmachen. Reste der mittelalterlichen Stadtmauer stehen zwischen Geschäften, in denen Aran-Pullis, Claddagh-Ringe und stapelweise gebrauchte sowie neue Bücher verkauft werden. Brücken überspannen den lachsreichen Carrib und eine lange Promenade führt zum Vorort Salthill an der Bucht von Galway, wo die berühmten Austern herkommen.

Galway wird oft als „irischste" Stadt bezeichnet, zumal man nirgends sonst so viel Irisch in den Straßen, Geschäften und Pubs hört. Auch heute, wo sie schnellen Schrittes in die moderne Zeit eilt, respektiert sie ihre Vergangenheit noch.

Geschichte

Der irische Name Gaillimh leitet sich von dem keltischen Wort *gail* ab, das „Fremder" oder „Außenseiter" bedeutet und in der hiesigen Geschichte eine wesentliche Rolle spielte.

In normannischen Zeiten entwickelte sich das kleine Fischerdorf Claddagh an der Mündung des Corrib zu einer wichtigen Stadt, als Richard de Burgo (auch Burgh oder Burke) es 1232 den hier ansässigen O'Flahertys abtrotzte. Die Schutzwälle gehen etwa auf 1270 zurück.

1396 übertrug Richard II. den 14 *tribes* (Kaufmannsfamilien) die Macht, daher stammt auch Galways Spitzname „City of the Tribes". Jeder Kreisverkehr hier trägt den Namen einer dieser Familien.

Unter den herrschenden königstreuen Kaufmannsfamilien behielt Galway seine Unabhängigkeit. Die Hafenstadt florierte dank des Handels mit Salz, Fisch, Wein sowie Gewürzen aus Spanien und Portugal. Letztendlich besiegelte Galways Loyalität zur englischen Krone jedoch seinen Niedergang. 1651 von Cromwell belagert, fiel der Ort im folgenden Jahr. Die Handelsverbindungen mit Spanien rissen ab und für Galway folgten Jahrhunderte der Stagnation.

Erst Anfang der 1990er-Jahre erwachte die Stadt zu neuem Leben, als immer mehr Touristen herkamen und die Zahl der Studenten zunahm. 1934 wurden die Gassen geteert und die reetgedeckten Hütten von Claddagh niedergewalzt, an deren Stelle neue Gebäude entstanden. Seither hält der Bauboom an.

Sehenswertes & Aktivitäten

★ Spanish Arch HISTORISCHE STÄTTE

Der Spanish Arch, vermutlich eine Erweiterung der mittelalterlichen Stadtmauer, befindet sich östlich der Wolfe Tone Bridge am Fluss. Offenbar diente der Bogen als Eingangstor für Schiffe, die im Stadtzentrum ihre Waren aus Spanien, darunter vor allem Wein und Branntwein, entluden.

Heute kann man hier den Klängen von Bongotrommeln lauschen, außerdem sind die Rasenflächen und das Flussufer an sonnigen Tagen ein beliebter Treffpunkt für Einheimische und Besucher. Viele sehen den Kajakfahrern dabei zu, wie sie die (nicht sonderlich imposanten) Stromschnellen des Corrib „bezwingen".

Auf einer 1651 angefertigten Zeichnung von Galway erkennt man noch deutlich die massive Befestigung, doch nach den Heimsuchungen Cromwells und Wilhelms von Oranien sowie Jahrhunderten der Vernachlässigung ist inzwischen fast nichts mehr davon übrig. Einige Überreste wurden geschickt in das moderne Einkaufszentrum **Eyre Square Centre** (Merchants Rd & Eyre Sq) integriert.

Galway City Museum MUSEUM

(www.galwaycitymuseum.ie; Spanish Pde; ⌚ Di–Sa 10–17 Uhr) GRATIS Gleich neben dem Spanish

DIE HOOKERS VON GALWAY

Wir machen jetzt mal keine blöden Witze darüber, dass *hooker* auch ein umgangssprachliches Wort für Prostituierte ist ... Stattdessen sind damit die legendären hölzernen Segelboote gemeint, die vom 19. bis ins 20. Jh. in der Region genutzt wurden. Bei Hobbykapitänen und Wochenendseglern erfreuen sich die kleinen, robusten und manövrierfähigen Einmaster großer Beliebtheit. Ihre Rümpfe werden mit Pech wasserdicht gemacht und sind dementsprechend schwarz wie die Nacht, während die Segel eine rostrote Farbe haben.

Galway (Stadt)

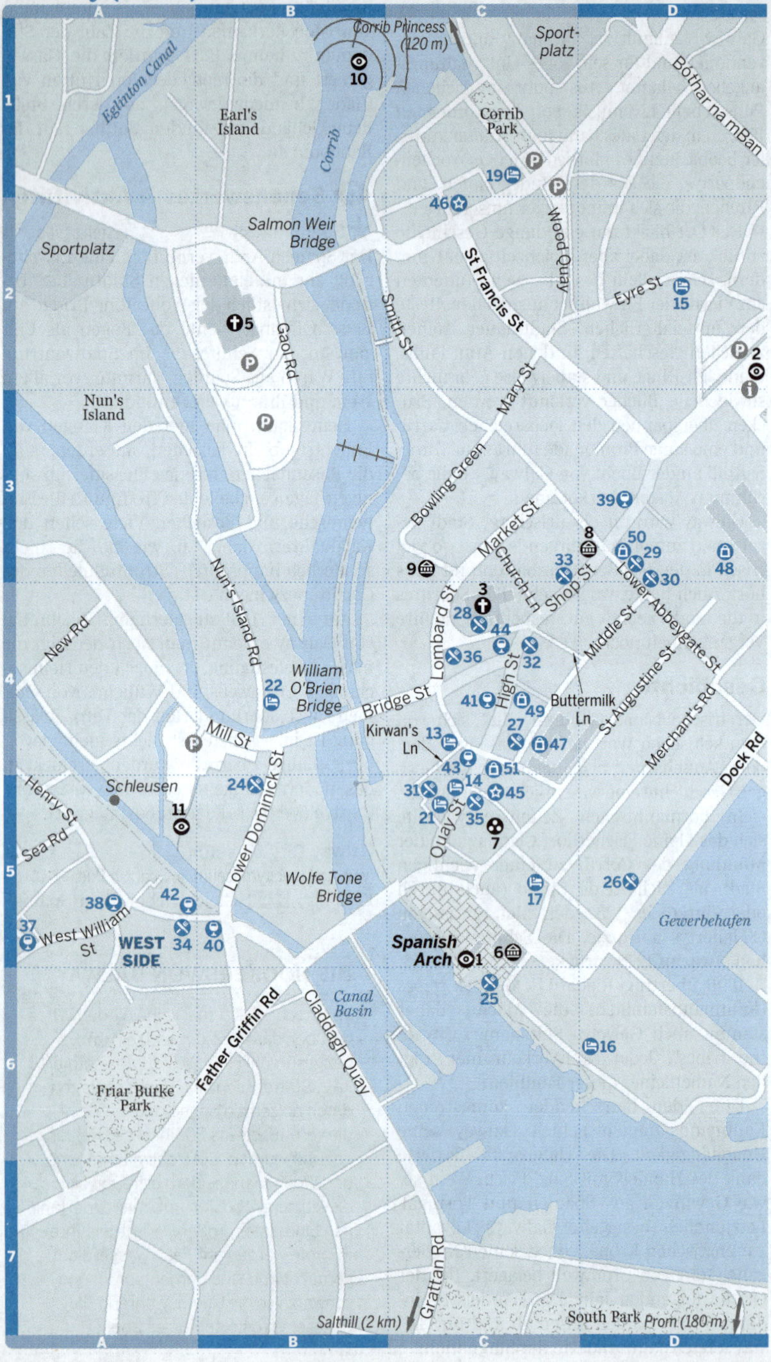

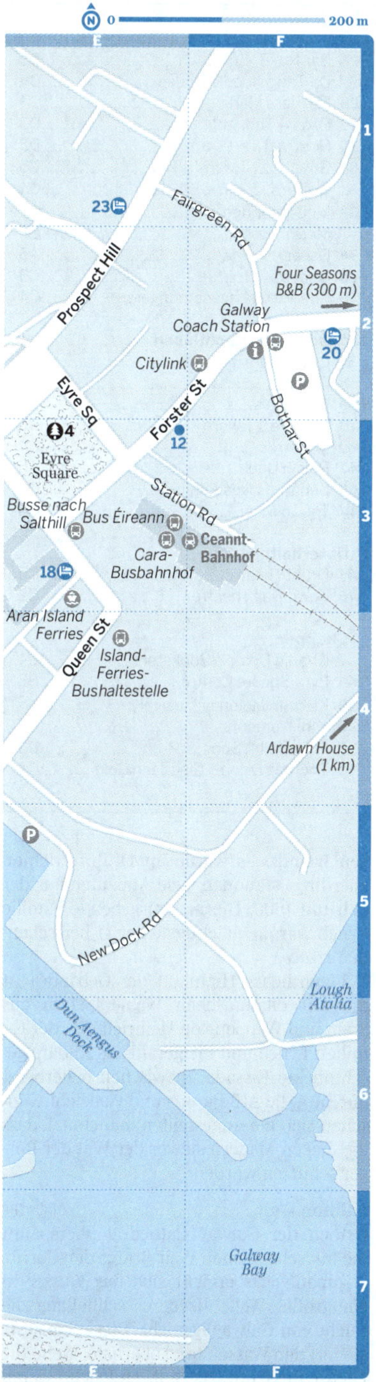

Arch befindet sich in einem modernen Gebäude mit viel Glas das Galway City Museum. Die Ausstellungsstücke geben Einblick in die Stadtgeschichte, darunter interessante Exponate zum Leben im Mittelalter.

Unter den Fotos vom Besuch John F. Kennedys im Jahr 1963 ist eines, auf dem er von Nonnen angeschmachtet wird. Darüber hinaus werden Wechselausstellungen mit Arbeiten einheimischer Künstler gezeigt. Wenn die Dachterrasse geöffnet ist, genießt man einen tollen Blick auf die Bucht. Das Café mit Aussicht auf den Spanish Arch eignet sich perfekt für eine kleine Pause.

Hall of the Red Earl ARCHÄOLOGISCHE STÄTTE

(www.galwaycivictrust.ie; Druid Lane; Mo–Fr 9.30–16.45, Sa 10–13 Uhr) GRATIS Im 13. Jh., als die Burgo-Familie in Galway das Sagen hatte, ließ Richard, der Rote Graf, einen großen Saal als Machtzentrum bauen. Hierher kamen die Einwohner, um Gefallen zu erbitten oder in der Hoffnung zukünftiger Gnade etwas Speichel zu lecken. Nachdem die 14 *tribes* die Macht übernommen hatten, verfiel der Raum und wurde erst 1997 bei einer Erweiterung des Zollhauses wiederentdeckt. Das Zollgebäude steht auf Stelzen über den frei liegenden Fundamenten. Verschiedene Artefakte sowie eine Fülle von faszinierenden Ausstellungen vermitteln eine Vorstellung vom Leben in Galway vor 900 Jahren.

Collegiate Church of St. Nicholas of Myra KIRCHE

(Market St; Eintritt gegen Spende; April-Sept. Mo–Sa 9–17.45, So 13–17 Uhr, Okt.–März Mo–Sa 10–16, So 13–17 Uhr) Irlands größte noch heute genutzte mittelalterliche Pfarrkirche verfügt über eine pyramidenartige Turmspitze. Sie wurde 1320 errichtet und im Verlauf der Jahrhunderte mehrmals umgebaut sowie erweitert. Dennoch blieb einiges von ihrer ursprünglichen Form erhalten.

1477 hat hier angeblich Christoph Kolumbus gebetet. Vermutlich kam die Geschichte seines Besuchs in Anlehnung an die Sagen um den hl. Brendan auf, der im 6. Jh. nach Amerika aufgebrochen sein soll. Die Kirche wurde seit jeher mit der Seefahrt in Verbindung gebracht und nach Nikolaus, dem Schutzheiligen der Seeleute, benannt.

Tagsüber ist sie meistens recht leer und bietet eine willkommene Erholung vom städtischen Trubel.

Eyre Square PARK

Selbst bei schlechtestem Wetter herrscht auf dem wichtigsten Platz der Stadt geschäftiges

Galway (Stadt)

Highlights
1 Spanish Arch C5

Sehenswertes
2 Browne's Doorway D2
3 Collegiate Church of St. Nicholas of Myra C4
4 Eyre Square E3
5 Galway Cathedral B2
6 Galway City Museum C5
7 Hall of the Red Earl C5
8 Lynch's Castle D3
9 Nora Barnacle House C3
10 Salmon Weir B1
11 Wee Little Stone Bridge A5

Aktivitäten, Kurse & Touren
12 Lally Tours E3

Schlafen
13 7 Cross Street C4
14 Barnacle's C5
15 Eyre Square Townhouse D2
16 Heron's Rest D6
17 House Hotel C5
18 Kinlay Hostel E3
19 Salmon Weir Hostel C1
20 Snoozles Tourist Hostel F2
21 Spanish Arch Hotel C5
22 St. Martins B&B B4
23 Western Hotel E1

Essen
24 Aniar B5
25 Ard Bia at Nimmo's C6
26 Bar No. 8 D5
27 Da Tang Noodle House C4
28 Farmers Market C4
29 Food 4 Thought D3
30 Gourmet Tart Co D3
31 Goya's C5
32 Griffin's C4
33 McCambridge's C3
McDonagh's (siehe 21)
34 Oscar's A5
35 Quays C5
36 Sheridans Cheesemongers C4

Ausgehen & Nachtleben
37 Crane Bar A5
38 G Bar A5
39 Garavan's D3
40 Monroe's Tavern B5
41 Murphy's C4
42 Róisín Dubh A5
43 Séhán Ua Neáchtain C4
44 Tig Cóilí C4

Unterhaltung
45 Druid Theatre C5
46 Town Hall Theatre C2

Shoppen
47 Charlie Byrne's Bookstore C4
48 Eyre Square Centre D3
49 Kiernan Moloney Musical Instruments C4
50 P. Powell & Sons D3
51 Thomas Dillon's Claddagh Gold C4

Treiben. Die weitläufige Grünfläche mit Skulpturen und Fußwegen heißt offiziell zwar Kennedy Park in Erinnerung an den Besuch von JFK 1963, die Einheimischen nennen ihn aber Eyre Square.

An der Südwestseite erstreckt sich eine Fußgängerzone mit zahlreichen Sitzgelegenheiten. Fast die ganze Ostseite nimmt das in alter viktorianischer Pracht renovierte Hotel Meyrick ein. Das elegante Gebäude besteht aus grauem Kalkstein. Am oberen Ende des Platzes liegt das **Browne's Doorway** (1627). Dabei handelt es sich um die Überbleibsel eines Wohnhauses, das einer der damals herrschenden Kaufmannsfamilien Galways gehörte. Sein Anblick ruft Assoziationen an einen flächendeckenden Bombenangriff hervor (ausnahmsweise trifft die Engländer aber mal keine Schuld ...).

Lynch's Castle HISTORISCHES GEBÄUDE

(Ecke Shop & Upper Abbeygate Sts) Dieses Anwesen gehört zu den schönsten Stadtburgen Irlands. Es wurde im 14. Jh. errichtet, allerdings stammen viele Anbauten aus der Zeit um 1600. Die namensgebende Familie Lynch war die mächtigste der 14 herrschenden *tribes*.

Eigentliches Highlight des Gebäudes ist die mit dämonischen Wasserspeiern aus Stein und Wappen von Heinrich VII., der Familien Lynch und Fitzgerald aus Kildare geschmückte Fassade. Inzwischen beherbergt die Burg die AIB Bank – und vielleicht wünschen sich die Angestellten manchmal, dass die dicken Mauern sie vor der Wut der Bürger schützen würden.

Salmon Weir STAUWEHR

Östlich der Galway Cathedral überspannt die hübsche Salmon Weir Bridge den Corrib. Stromaufwärts ergießt sich das Wasser in ein großes Wehr, bevor es schließlich die Bucht von Galway erreicht. Diese Staustufe steuert den Wasserstand oberhalb. Wenn die Lachse flussaufwärts zu ihren Laichrevieren ziehen, kann man im klaren Wasser oftmals ganze Schwärme beobachten.

Die Lachs- und Meerforellensaison dauert zwar eigentlich von Februar bis September, viele Fische durchqueren das Wehr aber in den Monaten Mai und Juni.

Galway Cathedral KATHEDRALE

(www.galwaycathedral.org; Gaol Rd; Eintritt gegen Spende; ⌚8–18 Uhr) Über dem Corrib thront die imposante **Galway Cathedral**, 1965 vom Bostoner Kardinal Richard Cushing geweiht. Ihr vollständiger Name – Catholic Cathedral of Our Lady Assumed into Heaven and St. Nicholas – ist eine echte Herausforderung. Die hohen Bogen und das Mittelschiff sind von schlichter Eleganz und warten mit einer ausgezeichneten Akustik auf, die man am besten bei einem **Orgelkonzert** genießen kann. In einer Seitenkapelle ist ein Mosaik von der Widerauferstehung mit einem integrierten Bild des betenden JFK zu sehen. Davon abgesehen wirkt das Gebäude allerdings etwas steril. Über die Öffnungszeiten und das Programm informiert die Website.

Vom Spanish Arch führt ein Weg flussaufwärts über die Salmon Weir Bridge bis zur Kathedrale.

Nora Barnacle House MUSEUM

(☎091-564 743; 8 Bowling Green; Erw./Kind 2,50/2 €; ⌚Öffnungszeiten telefonisch erfragen) Hier lebte Nora Barnacle (1884–1951), bevor sie 1904 in Dublin ihren zukünftigen Ehemann James Joyce traf. Heute werden in dem privat geführten Museum Briefe und Fotos des Paares inmitten geschmackvoll arrangierter Möbel präsentiert. Das 100 Jahre alte Haus sieht genauso alt aus, wie es ist, da hilft auch die düstere graue Farbe nicht mehr. Bis in die 1940er-Jahre gab es im Gebäude nicht mal fließend Wasser, stattdessen benutzte die Familie Barnacle die gemeinschaftliche Pumpe auf der anderen Straßenseite.

Salthill STADTVIERTEL

Besucher flanieren gern über die **Prom**, einen 2,5 km langen Spazierweg am Ufer zwischen Stadtrand und Salthill, der an der Wolfe Tone Bridge beginnt. Dem Brauch ge-

EINE PARTY NACH DER ANDEREN

Galways Veranstaltungskalender ist mit Festivals und Partys (siehe auch S. 346) vollgestopft. Nachtschwärmer sind überall anzutreffen, entsprechend servieren viele Läden bis in die Morgenstunden etwas zu essen. Zu den Highlights gehören folgende Events:

- **Galway Food Festival** (www.galwayfoodfestival.com; ⌚Ende März) Feiert Galways florierende kulinarische Szene.
- **Cúirt International Festival of Literature** (http://www.cuirt.ie; ⌚Apr) Die bekanntesten Autoren treffen sich zu einem der wichtigsten Literaturfestivals Irlands bei Poetry Slams, Theateraufführungen und Lesungen.
- **Galway Film Fleadh** (www.galwayfilmfleadh.com; ⌚Anfang Juli) Im Juli steigt direkt vor dem Arts Festival eines der größten Filmfeste des Landes.
- **Galway Arts Festival** (www.galwayartsfestival.ie; ⌚Mitte Juli) Ein hochkarätiges zweiwöchiges Kulturevent mit Theater, Musik, Kunst und Comedy Mitte Juli.
- **Galway Race Week** (www.galwayraces.com; ⌚Ende Juli o. Anfang August) 3 km östlich des Zentrums bilden die Pferderennen in Ballybrit den Höhepunkt der größten und lautesten aller Veranstaltungen in Galway (Ende Juli oder Anfang August). Donnerstags gibt's eine besonders wilde Party: Gegen Abend zeigen sich die Smokingträger mit schmutzigen Hosenbeinen und den Damen bricht schon mal ein Absatz von ihren Pumps ab.
- **Galway International Oyster Festival** (www.galwayoysterfest.com; ⌚Ende Sept.) Jede Menge Austern werde mit jeder Menge Pints hinuntergespült.

Andere bemerkenswerte Ereignisse in der Region:

- Galway-*hooker*-Bootsrennen (S. 429)
- Clarenbridge Oyster Festival (S. 429)
- *bodhrán*-Workshops (Trommel mit Ziegenhaut-Bespannung) (S. 415)
- *Father-Ted*-Festival (Tedfest) auf den Aran-Inseln (S. 407)

ORIENTIERUNG IN GALWAY

Galways kompaktes Zentrum schmiegt sich an den Corribh, Europas kürzesten Fluss. Dieser wiederum verbindet den Lough Corrib mit dem Meer. Während sich viele Geschäfte und andere Einrichtungen ans Ostufer drängen, sind einige der besten Musikkneipen und Restaurants auf der westlichen Seite des Flusses zu finden. Von der als „West Side" bekannten Gegend führt ein etwa zehnminütiger Fußweg am Wasser entlang zum am Meer gelegenen Vorort Salthill.

mäß muss man der Mauer gegenüber den Sprungbrettern einen Tritt verpassen, bevor man umkehrt.

In und um Salthill locken viele gemütliche Pubs, aus denen man die häufig von Stürmen umtoste Bucht beobachten kann.

Geführte Touren

Wer wenig Zeit mitbringt, aber trotzdem die Connemara-Halbinsel, den Burren (S. 379) und die Cliffs of Moher (S. 379) sehen möchte, nimmt am besten an einer Bustour teil. Darüber hinaus werden in der Stadt Bootsausflüge zum Lough Corrib organisiert. Die Exkursionen können beim Veranstalter oder bei der Touristeninformation gebucht werden.

★ Burren Wild Tours NATURTRIP
(☎ 087 877 9565; www.burrenwalks.com; Abfahrt Galway Coach Station; Erw./Stud. 22/18 €; ⏲ 10–17 Uhr) Saisonale Bustouren zum Burren und den Cliffs of Moher inklusive einer leichten 1½-stündigen Bergwanderung.

Galway Tour Company BUSTOUREN
(☎ 091-566 566; www.galwaytourcompany.com; Touren ab 18 €; ⏲ März–Okt.) Ausflüge zum Burren im County Clare sowie nach Connemara.

Corrib Princess BOOTSTOUR
(☎ 091-592 447; www.corribprincess.ie; Woodquay; Erw./Kind 15/13 €; ⏲ Mai–Sept.) Zwei bis drei 90-minütige Rundfahrten pro Tag auf dem Corrib und dem Lough Corrib, die am Woodquay, direkt hinter der Salmon Weir Bridge, starten.

Historical Walking Tours STADTSPAZIERGANG
(☎ 086 727 4888; Touristeninformation, Forster St; Erw./Kind 8 €/frei; ⏲ April–Sept. Mo, Mi, Fr 17 Uhr & Sa 14 Uhr) Auf den vergnüglichen 80-minütigen Führungen werden einige der versteckten Geheimnisse der Stadt gelüftet.

Lally Tours BUSTOUR
(☎ 091-562 905; www.lallytours.com; Busse: Galway Coach Station, Ticketbüro: Forster St; Touren Erw./Kind 20/12 €) Unterhaltsame, informative Bustour durch Connemara, zum Burren und zu den Cliffs of Moher.

Old Galway City Tour BUSTOUR
(☎ 091-562 905; www.lallytours.com; Galway Tourist Office, Forster St; 24-Std.-Ticket Erw./Kind 10/5 €; ⏲ März–Okt. 10.30–15 Uhr) Hop-on-/Hop-off-Touren durch die Stadt und die Umgebung. Die Busse starten alle 90 Minuten und steuern 15 Haltestellen an.

Schlafen

Viele B&Bs liegen an den großen Zufahrtsstraßen und in Salthill. Um Galway und seine Attraktionen richtig genießen zu können, sucht man sich am besten eine Unterkunft im Zentrum. Wer länger bleiben möchte, findet im *Galway Advertiser* (www.galwayadvertiser.ie) und unter www.daft.ie Mietwohnungen.

Die zahlreichen Feste und die Nähe zu Dublin ziehen das ganze Jahr über Besucher an, insbesondere an den Wochenenden. Hotelzimmer sind oft Monate vorher ausgebucht, deshalb sollte man unbedingt frühzeitig reservieren. Außerdem kann es zum echten Problem werden, sein Auto an Unterkünften ohne Parkplatz abzustellen.

Stadtzentrum

★ Kinlay Hostel HOSTEL €
(☎ 091-565 244; www.kinlayhouse.ie; Merchants Rd; B 17–29 €, DZ 58–70 €; @ 📶) Das Hostel nimmt zwei große hell erleuchtete Stockwerke ein. Freundliche Angestellte, eine gute Ausstattung (u. a. zwei Küchen für Selbstversorger und zwei gemütliche Fernsehzimmer) und seine Lage nahe dem Eyre Square machen das Kinlay zu einer sehr guten Wahl. Von einigen Zimmern genießt man eine Aussicht auf die Bucht.

Salmon Weir Hostel HOSTEL €
(☎ 091-561 133; www.salmonweirhostel.com; 3 St Vincent's Ave; B 14–20 €, DZ 48–60 €; @ 📶) In dem von Gitarrenklang erfüllten Aufenthaltsraum des Hostels trifft sich die Hippiegemeinde. Hier steigen fast allabendlich improvisierte Jamsessions. Das Haus verströmt eine Art WG-Ambiente und hat Gemeinschaftsbäder. Es gibt zwar kein Frühstück, aber kostenlosen Tee und Kaffee.

Snoozles Tourist Hostel HOSTEL €

(☎ 091-530 064; www.snoozleshostelgalway.ie; Forster St; B 10–25 €, Zi. 50–70 €) Alle Schlafsäle und Privatzimmer dieses neuen Hostels verfügen über eigene Bäder. Da es vom Snoozles nur wenige Gehminuten bis zum Bahnhof und Busbahnhof sind, ist es ideal für Leute mit viel Gepäck. Zu den weiteren Pluspunkten zählen eine Terrasse zum Grillen und ein Billardtisch.

Barnacle's HOSTEL €

(☎ 091-568 644; www.barnacles.ie; 10 Quay St; B 20–30 €, DZ 60–75 €; @ 📶) Das gut organisierte Hotel befindet sich in einem mittelalterlichen Gebäude mit modernem Anbau und wartet mit einer zentralen Lage auf. Es besitzt eine große Küche und einen gemütlichen Gemeinschaftsraum mit großem Gaskamin und Spielkonsolen! Morgens gibt's Scones und *soda bread*.

★ **Heron's Rest** B&B €€

(☎ 091-539 574; www.theheronsrest.com; 16A Longwalk; EZ/DZ ab 70/140 €; 📶) Die unglaublich aufmerksamen Gastgeber dieses B&Bs in idealer Lage am Ufer des Corrib stellen sogar Liegestühle bereit, damit die Gäste draußen den Anblick des Flusses so richtig genießen können. Ebenso toll sind die urlaubsfreundlichen Frühstückszeiten von 8 bis 11 Uhr und die Karaffen mit Portwein. Die niedlichen kleinen Zimmer schauen alle aufs Wasser.

Spanish Arch Hotel HOTEL €€

(☎ 091-569 600; www.spanisharchhotel.ie; Quay St; Zi. 70–160 €; 📶) Mittlerweile beherbergt das ehemalige Karmeliterkloster aus dem 16. Jh. ein Boutique-Hotel mit 20 Zimmern. Es befindet sich an einem erstklassigen Standort in der Hauptstraße der Stadt. In der hauseigenen Bar wird oft Livemusik geboten, deshalb sollte man eines der hinteren, etwas kleineren Zimmer nehmen, wenn man abends seine Ruhe haben möchte.

St. Martins B&B B&B €€

(☎ 091-568 286; www.stmartins.ie; 2 Nun's Island Rd; EZ/DZ ab 50/80 €; @ 📶) Ein wunderbar erhaltenes, renoviertes älteres Haus direkt am Kanal mit einem Garten voller Blumen sowie einem Blick auf die William O'Brien Bridge und den Corrib. Die vier Zimmer sind mit allem Komfort ausgestattet und das Frühstück ist deutlich über dem Durchschnitt: Es gibt z. B. frisch gepressten O-Saft. Außerdem ist die Inhaberin Mary Sexton einfach klasse!

7 Cross Street HOTEL €€

(☎ 091-530 100; www.7crossstreet.com; 7 Cross St; Zi. ab 80; 📶) Der perfekte Hotelname, um nach einer feuchtfröhlichen Nacht im Pub wieder nach Hause zu finden. Die zehn Zimmer des 7 Cross Street sind klein, aber gemütlich, poppig dekoriert und nach berühmten Gestalten benannt. Vielleicht verleiht der Merlin Room ja Zauberkräfte!

Eyre Square Townhouse GASTHAUS €€

(☎ 091-568 444; www.eyresquaretownhouse.com; 35 Eyre St; Zi. 60–120 €; 📶) Es stimmt, die elf Zimmer sind eher klein, doch das gilt auch für den Preis in der schlichten, gut geführten Unterkunft in der Nähe des Eyre Square. Gäste ohne Reservierung sind ebenfalls willkommen. Alles hier sieht ein bisschen nach IKEA aus und es gibt moderne Bäder. Die Rezeption ist nicht durchgängig besetzt.

Western Hotel HOTEL €€

(☎ 091-562 834; www.thewestern.ie; 33 Prospect Hill; Zi. 60–150 €; @ 📶) Drei zentral gelegene georgianische Gebäude östlich des Eyre Square mit 38 großen, modernen und komfortablen Zimmern sowie einer Tiefgarage. Wer arbeiten muss, wird sich über die großzügigen Schreibtische freuen. Das Frühstück ist opulent.

★ **House Hotel** HOTEL €€€

(☎ 091-538 900; www.thehousehotel.ie; Spanish Pde; Zi. 100–220 €; 📶) In den netten Gemeinschaftsbereichen dieses durchdesignten Boutique-Hotels kontrastiert moderne Kunst mit traditionellen Details und kräftigen Akzenten. Katzen sind das häufigste Motiv. Die 40 gemütlichen Zimmer verfügen über Betten mit aufwendig gepolsterten Kopfteilen, außerdem sind die Bäder geräumig und sehr komfortabel.

In Zentrumsnähe

Unter den zahlreichen Straßen mit B&Bs sticht vor allem die College Road hervor, in der Dutzende Unterkünfte zu finden sind. Von hier führt ein zehnminütiger Spazier-

NOCH MEHR INFOS?

Ratschläge zur Reiseplanung, Empfehlungen der Autoren, Bewertungen von anderen Travellern und Insidertipps gibt's auf der englischsprachigen Website von Lonely Planet (www.lonelyplanet.com/galway).

EIN PERFEKTER SPAZIERGANG

Von der Lower Dominick Street Bridge führt ein schöner Fußweg am Eglinton Canal entlang nach Nordwesten. Er verläuft an der Rückseite einiger Pubs (hier kann man den draußen rauchenden Gästen zunicken) und steigt dann leicht an. Auf der rechten Seite fließen an einer Stelle zwei Flüsschen in den Kanal. Den kleineren überspannt eine **winzige Steinbrücke**, die einem Koboldmärchen oder John-Ford-Film entsprungen zu sein scheinen. Rundum hört man Wasser rauschen, das in die Schleusen ein Stück weiter oberhalb stürzt. An dieser Stelle wird die Geräuschkulisse der Stadt sprichwörtlich fortgespült, sodass man in Ruhe über das Leben sinnieren kann.

gang entlang der Lough Atalia Road ins Stadtzentrum.

Ballyloughane Caravan & Camping Park CAMPINGPLATZ €
(☎091-755 338; galwcamp@iol.ie; Ballyloughane Beach, Renmore; Stellplatz ab 15 €; ⏲Juni–Aug.) Familienbetriebener, sicherer und sauberer Platz in der Nähe der alten Straße nach Dublin (R338), 5 km östlich des Zentrums. Dank der tollen Lage am Ufer genießt man hier einen tollen Blick auf die Bucht.

★ **Ardawn House** B&B €€
(☎091-568 833; www.ardawnhouse.com; College Rd; EZ/DZ ab 50/80 €; 📶) Eine der nettesten Unterkünfte in der von B&Bs gesäumten College Road. Das traditionelle Gebäude punktet mit eleganten Gästezimmern, einem fürstlichen Frühstücksraum und einem königlichen Frühstück, zu dem jede Menge Konfitüren, Käse, Omeletts und vieles mehr gehören.

Four Seasons B&B B&B €€
(☎091-564 078; www.fourseasonsgalway.com; 23 College Rd; EZ/DZ ab 50/80 €; 📶) „Wenn das Ritz voll ist, gibt's immer noch das Four Seasons." Dieses Four Seasons hat allerdings nur sieben Zimmer, die so günstig sind, dass man sich noch ein paar Pints gönnen kann. Die Pension wird von den Fitzgeralds betrieben und ist eine der besten Unterkünfte in der Straße. Üppiges Frühstück und frisches Obst.

Dun Aoibhinn Guest House GASTHAUS €€
(☎091-583 129; www.dunaoibhinnhouse.com; 12 St Mary's Rd; Zi. 50–100 €; @📶) Das Dun Aoibhinn (duhn-*ey*-wen ausgesprochen) ist ein restauriertes Stadthaus mit original erhaltenen Bleifenstern und Holzböden. Bis zu den Musikpubs nördlich der West Side sind es keine fünf Gehminuten. Die kleinen Zimmer warten mit Antiquitäten und Laptop-Schließfächern auf, zudem findet man in den Kühlschränken alles für ein kontinentales Frühstück.

Essen

Galways Spezialität sind Gerichte wie Fish 'n' Chips, Meeresfrüchtesuppen und perfekt zubereiteter Lachs. Auf vielen Karten stehen Austern aus der städtischen Bucht. Leckeres Essen bekommt man sowohl auf dem Markt – dort bieten Bauern in Gummistiefeln erdverkrustetes Gemüse feil – als auch in modernen Restaurants, wo die irische Küche neu definiert wird.

In der Quay Street, einer Fußgängerzone, liegen zahlreiche Touristenlokale. Ein Einheimischer sagte uns dazu Folgendes: „Früher bekam man auf der Quay Street höchstens einen steinharten Keks und wurde als Nächstes von einem Bus überfahren."

Galways **Farmers Market** (www.galwaymarket.com; Church Lane; ⏲Sa 8–16, So 12–17 Uhr) in den Straßen rund um die St. Nicholas Church ist einer der besten der Region. Er wartet mit Salzigem aus dem Meer, erdverkrusteten „Bodenschätzen" und Milchprodukten aus der Region auf. Außerdem verkaufen hier Kunsthandwerker ihre Produkte.

★ **McCambridge's** CAFÉ, LEBENSMITTELLADEN €
(www.mccambridges.com; 38/39 Shop St; Snacks ab 3 €, Hauptgerichte 7–15 €; ⏲Café Mo–Sa 12–17 Uhr, Lebensmittelladen Mo–Sa 9–18 Uhr) Dieser alteingesessene Lebensmittelladen bietet eine erstklassige Auswahl an fertigen Salaten, warmen Gerichten und exotischeren Dingen. Hier kann man sich das perfekte Picknick zusammenstellen oder seinen Einkauf gleich vor dem Laden an Tischen auf dem Bürgersteig verputzen. Das neue Café ist einfach fantastisch. Auf der häufig wechselnden Karte stehen köstliche moderne irische Gerichte, innovative Sandwiches und samtige Suppen.

★ **Sheridans Cheesemongers** FEINKOST €
(14 Churchyard St; Snacks ab 4; ⏲Laden Mo–Fr 9.30–18, Sa 9–18 Uhr, Café Di–Sa 17–22 Uhr) Im Sheridans Cheesemongers hängt der verfüh-

rerische Duft nach Käse aus der Region und der ganzen Welt in der Luft, es gibt aber auch noch andere Spezialitäten, darunter viele mit mediterraner Note. Das eigentliche Highlight befindet sich jedoch am Ende einer schmalen Treppe: In einem luftigen Raum kann man alle Leckerbissen, die unten verkauft werden, mit einem Glas Wein aus der umfangreichen Karte genießen.

Griffin's CAFÉ, BÄCKEREI €
(www.griffinsbakery.com; Shop St; Hauptgerichte 4–8 €; ⌚ Mo–Sa 8–18 Uhr) Obwohl dieser wunderbare Laden bereits seit 1876 von der Griffin-Familie geführt wird, wirkt er so frisch wie ein Brötchen, das gerade aus dem Backofen kommt. Die kleine Theke ist mit süßen Köstlichkeiten gefüllt, außerdem bietet das Café oben guten Kaffee, Tee, Sandwiches, warme Tagesangebote, leckere Desserts und eine Menge mehr.

Gourmet Tart Co FEINKOST, BÄCKEREI €
(Lower Abbeygate St; Hauptgerichte 5–9 €; ⌚ Mo–Sa 10–17 Uhr) Sowohl die Feinkosttheke als auch die Büfettbar präsentieren eine geradezu umwerfende Lebensmittelparade. Kunden haben die Qual der Wahl zwischen üppigen Salaten, Sandwiches und Törtchen (alles zum Mitnehmen). Ein guter Platz zum Verspeisen des Mittagessens ist beispielsweise die Rasenfläche neben dem Spanish Arch.

Goya's CAFÉ €
(www.goyas.ie; 2 Kirwan's Lane; Hauptgerichte 5–10 €; ⌚ Mo–Sa 9.30–18 Uhr) Als echtes Paradies für Kuchenfans gilt das Goya's, das sich an einem kleinen Platz versteckt, denn hier werden wunderbare Backwaren aller Art serviert. Der gute Kaffee und die süßen Leckereien laden zu einer angenehmen Pause ein. Mittags platzt das Café zumeist aus allen Nähten – dann verführen die Mittagsdesserts einige Kunden sogar zu spontanen Begeisterungsrufen. Die besten Plätze befinden sich draußen.

Food 4 Thought VEGETARISCH €
(Lower Abbeygate St; Hauptgerichte 6–9 €; ⌚ Mo–Sa 8–18, So 11.30–16 Uhr; 📶🌶) Ein esoterisch angehauchter Laden, in dem vegetarische Sandwiches aus Biozutaten, herzhafte Scones und sättigende Speisen wie Cashewnussbraten zubereitet werden. Darüber hinaus gibt's Infos zu Energieworkshops und Yogakursen. Kaffee wird kostenlos nachgeschenkt!

★ **Oscar's** FISCH & MEERESFRÜCHTE €€
(☎ 091-582 180; www.oscarsbistro.ie; Upper Dominick St; Hauptgerichte 13–25 €; ⌚ Mo–Sa 18–21.30 Uhr) Galways bestes Fischrestaurant liegt gleich westlich vom touristischen Zentrum. Die lange, häufig wechselnde Speisekarte enthält eine breite Palette lokaler Spezialitäten von Meeresfrüchten bis zu weißem Fisch (leckerer Bestandteil von Fish'n' Chips). Der Geschmack ist so kräftig wie die hübschen leuchtend roten Akzente drinnen und draußen.

Ard Bia at Nimmo's MODERN IRISCH €€
(www.ardbia.com; Spanish Arch; Hauptgerichte mittags 5–10 €, Hauptgerichte abends 19–24 €; ⌚ Café 10–15.30 Uhr, Restaurant 18–22 Uhr, Weinbar 18–23 Uhr; So geschl.) Ard Bia bedeutet so viel wie „Gehobene Küche". Das unkonventionelle, aber schicke Lokal ist im ehemaligen Zollhaus aus dem 18. Jh. unweit des Spanish Arch untergebracht. Auf der Karte stehen je nach Saison Fisch und Meeresfrüchte sowie Gerichte aus Biozutaten. In dem netten Café bekommt man guten Kuchen und Kaffeespezialitäten.

McDonagh's FISCH & MEERESFRÜCHTE €€
(www.mcdonaghs.net; 22 Quay St; Hauptgerichte zum Mitnehmen ab 6 €, Restaurant Hauptgerichte 15–25 €; ⌚ Café und Außer-Haus-Verkauf Mo–Sa 12–23, So 14–21 Uhr, Restaurant Mo–Sa 17–22 Uhr) Ein Besuch im McDonagh's gehört zu einem Aufenthalt in Galway einfach dazu. Der Laden besteht aus einem Café mit langen Holztischen, einer Theke für Gerichte zum Mitnehmen und einem gehobeneren (und kreativen) Restaurant. Im besten Fish-'n'-Chips-Laden der Stadt gibt's Kabeljau, Platt-, Schell- und Weißfisch sowie Lachs im Backteig, die jeweils mit hausgemachter Tatarsoße serviert werden.

Da Tang Noodle House ASIATISCH €€
(☎ 091-561 443; www.datangnoodlehouse.com; 2 Middle St; Hauptgerichte 8–18 €; ⌚ 12–22 Uhr) In diesem ordentlichen kleinen Nudellokal ist aller ölige, klebrige Süßsauermist, den man je verspeist hat, sofort vergessen, denn die hervorragenden, frischen Gerichte sind unglaublich aromatisch. Auf Wunsch kann man sie sogar in sein Hotelzimmer liefern lassen.

Bar No. 8 PUB €€
(3 Dock Rd; Hauptgerichte 14–20 €; ⌚ Di & Do–So 18–23 Uhr) Bentwood-Stühle und dick gepolsterte Sofas schaffen in der unkonventionellen Bar mit Blick auf den Hafen und Kunstwerken von Förderern der Kneipe ein gemütliches Ambiente. Die hier servierte Pubkost ist so lecker, dass der Laden zweifellos in den Bereich „Essen" gehört.

Quays IRISCH €€
(Quay St; Hauptgerichte 12–25 €; ⏲11–22 Uhr) In dem geräumigen Kneipenrestaurant gibt's mittags fleischlastiges Essen und abends aufwendigere Gerichte. Die kalte Meeresfrüchteplatte vereint alle Kostbarkeiten aus der Galway-Bucht. Das Pub wird von zahlreichen Studenten frequentiert, die mit zunehmendem Pegelstand immer lauter werden.

★ **Aniar** MODERN IRISCH €€€
(☎091-535 947; www.aniarrestaurant.ie; 53 Lower Dominick St; Hauptgerichte ab 30 €; ⏲Di–Sa 18–22 Uhr) Der Küche und den Lebensmittelproduzenten aus Galway und dem Westen Irlands fühlt sich das Aniar zutiefst verpflichtet. Es trägt seinen Michelin-Stern mit Stolz, verzichtet aber auf jeglichen Schnickschnack. Sein legerer frühlingsgrüner Speisebereich lädt dazu ein, etwas aus der Abendkarte zu wählen. Auf der Getränkekarte finden sich überwiegend Weine kleiner Erzeuger.

Ausgehen & Nachtleben

Galways Angebot an Pubs ist in Irland einzigartig. Im Sommer und an den Wochenenden sind alle Kneipen rammelvoll. Besonders samstagabends füllt sich die Stadt mit feierlustigen Leuten aus dem Umland. Was wann und wo los ist, erfährt man im **Galway City Pub Guide** (www.galwaycitypubguide.com).

Zahlreiche Läden bieten mehrmals pro Woche Livemusik, einige sogar jeden Abend.

★ **Séhán Ua Neáchtain** PUB
(17 Upper Cross St) Das kornblumenblaue Neáchtain's („*nock*-tens" ausgesprochen) oder Naughtons wurde im 19. Jh. erbaut und zieht ein sehr gemischtes einheimisches Publikum an. Ringsum stehen Tische, viele davon im Schatten eines großen Baumes. Hier gibt's gutes Mittagessen.

★ **Crane Bar** PUB
(www.thecranebar.com; 2 Sea Rd) Ein stimmungsvolles altes Pub westlich des Corrib. Wer eine improvisierte abendliche *céilidh* erleben möchte, hat hier die besten Chancen. In der Bar oben treten talentierte Bands auf.

Tig Cóilí PUB
(Mainguard St) In der Nähe der High Street wartet das wunderbare Tig Cóili mit zwei Live-*céilidh* (traditionelle Sessions mit Musik und Tanz) pro Tag auf. Das authentische, feuerrot gestrichene Pub ist eine beliebte Anlaufstelle für Musiker, die gepflegt einen heben möchten, bzw. für Leute, die bereits einen im Tee haben und gern Musiker werden möchten.

Róisín Dubh PUB
(www.roisindubh.net; Upper Dominick St) Auf der Dachterrasse dieser Kneipe genießt man einen tollen Ausblick auf Galway. Drinnen geben sich künftige Musikstars die Ehre, darunter jede Menge Bands.

Monroe's Tavern PUB
(www.monroes.ie; Upper Dominick St) In Monroe's Tavern hört man traditionelle Musik, auch Balladen. Zudem handelt es sich um das einzige Pub in der Stadt, in dem nach wie vor regelmäßig typisch irische Tanzveranstaltungen stattfinden. Die klassische, betagte Fassade der Kneipe ist ein beliebtes Fotomotiv.

HOPFIGE ERLÖSUNG

Die atmosphärischen irischen Pubs genießen einen so legendären Ruf, dass viele Besucher Tausende von Kilometern im Flieger zurücklegen, um in einer gemütlichen Ecke ein Guinness zu süffeln. Alles, was nicht Starkbier ist, schmeckt jedoch oft schnell schal. In immer mehr Kneipen wird ein trauriges Arsenal fader Lagerbiere gezapft. Was haben die Iren den Amerikanern bloß angetan, dass sie mit Exportwaren wie Budweiser, Miller Genuine Draft (MGD) und dem grauenhaften Coors Light bestraft werden? Auch aus Holland kommt in dieser Hinsicht nichts Gutes, dessen Marke Heineken die Insel regelrecht überflutet.

In einem Großteil des Landes sieht es düster aus am Hopfen-und-Malz-Horizont (was ist bloß aus dem guten alten Harp geworden?), aber in Galway gibt's eine Alternative zu den langweiligen Lagersorten: **Hooker** (www.galwayhooker.ie). Dieses feine Gebräu ist nach den bekannten Segelbooten aus der Region benannt und erntet nicht nur viel Lob, sondern hat auch zahlreiche Anhänger unter den hiesigen Biertrinkern gewonnen.

Man bekommt es in vielen Pubs in Galway, z. B. im Róisín Dubh, in der Bar No. 8, im Tig Cóilí und in Monroe's Tavern. Die Hooker-Saisonbiere, darunter ein hervorragendes Stout, werden im Séhán Ua Neáchtain serviert.

G Bar SCHWULE & LESBEN

(www.gbargalway.com; 1 West William St) Die riesigen regenbogenfarbenen „G"s am Eingang sind ein Zeichen dafür, dass sich die Bar im lebenslustigen West End nicht verstecken will. Hier herrscht das ganze Jahr über reger Andrang, egal ob nun ein besonderes Event oder Tanz bis in die Morgenstunden ansteht.

Murphy's PUB

(9 High St) Das zeitlose Murphy's ist ganz anders als die vielen Partykneipen im Zentrum. Hier betreiben die Einheimischen noch gepflegte Konversation.

Garavan's PUB

(46 William St) Wer sein Pint an einem Samstagsabend im Sitzen genießen möchte, sollte diese elegante, alteingesessene Kneipe im Stadtzentrum ansteuern.

☆ Unterhaltung

In vielen Pubs gibt's mehrmals pro Woche Livemusik. Im Róisín Dubh treten tolle Bands auf und im Tig Cóilí kommt man in den Genuss von Trad Sessions.

★ Druid Theatre THEATER

(☎ 091-568 660; www.druid.ie; Druid Lane) Das berühmte preisgekrönte Theater ist bekannt für seine experimentellen Stücke irischer Nachwuchsdramatiker und Adaptionen klassischer Werke. Es befindet sich in einem ehemaligen Teelager.

Town Hall Theatre THEATER

(☎ 091-569 777; www.tht.ie; Courthouse Sq) Im Town Hall Theatre werden Broadway- und West-End-Stücke gezeigt, außerdem treten hier bekannte Sänger auf.

Trad on the Prom MUSICAL

(☎ 091-582 860; www.tradontheprom.com; Salthill Hotel; Erw./Kind ab 30/10 €; ⏲ Mai–Sept.) Dieses altbewährte Sommermusical hat sich als richtiger Knüller entpuppt. Es ist ein Fest des irischen Tanzes und Gesangs mit der lokalen Stargeigerin Máirín Fahy an der Spitze. Die Hochglanzproduktion wird an mehreren Abenden pro Woche in einem neuen Veranstaltungszentrum direkt an der Salthill-Promenade präsentiert.

Shoppen

In den schmalen Straßen reihen sich zahllose Geschäfte aneinander, die angesagte Mode, irische Wollartikel, Outdoor-Ausrüstung sowie -bekleidung, Schmuck, Kunst, Bücher und Musik anbieten.

CLADDAGH-RINGE

Das Fischerdorf Claddagh ist längst im Stadtzentrum von Galway aufgegangen, doch die gleichnamigen Ringe haben als zeitlose Erinnerung und Einkommensquelle überlebt.

Großer Beliebtheit erfreuen sie sich vor allem bei Leuten mit irischen Wurzeln (egal ob tatsächlich vorhanden oder nur eingebildet). Zwei ausgestreckte Hände (Freundschaft) umfassen ein Herz (Liebe) mit einer darüber liegenden Krone (Loyalität). Die Ringe entstehen in Handarbeit. Goldschmiede in Galway berechnen 20 € für schlichte Ausführungen, für mit Diamanten geschmückte edlere Versionen muss man dagegen weit mehr als 1000 € hinblättern.

Irlands ältester Juwelierladen, **Thomas Dillon's Claddagh Gold** (www.claddaghring.ie; 1 Quay St; ⏲ 10–18 Uhr), wurde bereits 1750 eröffnet und ist mit historischen Claddagh-Plakaten dekoriert.

★ Charlie Byrne's Bookstore BUCHLADEN

(www.charliebyrne.com; Middle St, Cornstore; ⏲ 9–18, Do & Fr bis 20, So ab 12 Uhr) Große Auswahl an neuen, gebrauchten und preisgesenkten Büchern (viele für 1 €), darunter viele Werke, die man ansonsten kaum noch irgendwo findet.

P. Powell & Sons MUSIK

(William St; ⏲ Mo–Sa 10–17 Uhr) Zinnpfeifen, *bodhráns* und andere Instrumente, Bongos (der Backpackerklassiker schlechthin) und Notenblätter.

Kiernan Moloney Musical Instruments MUSIK

(www.moloneymusic.com; 17 High St, Old Malt Centre; ⏲ Di–Sa 10–17 Uhr) Hier gibt's jede Menge hochwertige Fiedeln und einen Reparaturservice für den Fall, dass die geliebte Harfe eine Macke hat.

ℹ Praktische Informationen

In den (Bus-)Bahnhöfen gibt's keine Schließfächer, aber eine zentrale Gepäckaufbewahrung. Bis man eine Unterkunft gefunden hat, sind Koffer und Rucksack dort sicher aufgehoben.

Cara Cabs (☎ 091-563 939; 17 Eyre Sq; ⏲ 24 Std.) Das Taxibüro bewahrt Gepäck für 5 € pro Tag auf.

Touristeninformation (www.discoverireland.ie; Forster St; ⌚ Ostern–Sept. tgl. 9–17.45 Uhr, Okt.–Ostern So. geschl.) Die Mitarbeiter der großen, effizienten regionalen Touristeninformation helfen einem bei der Zimmersuche und buchen Bustouren.

Touristeninformationsstand (Eyre Sq; ⌚ ganzjährig So 9–13 Uhr, Mitte Mai–Aug. Fr–So 9–18 Uhr) Kostenlose Stadtpläne und Infos über Galway.

An- & Weiterreise

BUS

Mehre private Busunternehmen befinden sich in der modernen **Galway Coach Station** (New Coach Station; Bothar St) unweit der Touristeninformation.

Bus Éireann (www.buseireann.ie; Station Rd, Cara Bus Station) Verbindungen in alle wichtigen Städte in der Republik Irland und Nordirland. Die Busse starten dicht am Eyre Square nahe dem Bahnhof. Nach Dublin (14 €, 3–3¾ Std.) verkehren sie stündlich. Außerdem steuern sie Ziele in der gesamten Region an.

Citylink (www.citylink.ie; Ticketbüro Forster St; ⌚ Büro 9–18 Uhr; 📶) Das Busunternehmen verkehrt von der Galway Coach Station nach Dublin (ab 11 €, 2½ Std., stdl.), zum Dublin Airport (ab 17 €, 2½ Std., stdl.) sowie nach Cork, Limerick und zur Connemara-Halbinsel. Häufige Verbindungen. Tickets gibt's schon ab 10 €.

gobus.ie (www.gobus.ie; Galway Coach Station; 📶) Fährt regelmäßig nach Dublin (2½ Std.) und zum Dublin Airport (3 Std.). Ticketpreise starten bei 11 €.

ZUG

Vom **Bahnhof** (☎ 091-564 222; www.irishrail.ie) beim Eyre Square verkehren täglich bis zu acht komfortable Schnellzüge zur Heuston Station in Dublin (einfache Fahrt ab 34 €, 2¼ Std.) und zurück. Wer in andere Städte will, muss in Athlone (1 Std.) umsteigen. Die Strecke nach Ennis ist landschaftlich sehr reizvoll (19 €, 1¾ Std., 5-mal tgl.).

Unterwegs vor Ort

AUTO

Sämtliche **Parkplätze** in Galway sind kostenpflichtig. Es gibt zahlreiche Parkhäuser und -bereiche.

Die Stadt wächst so schnell, dass die vorhandene Infrastruktur nicht mithalten kann, deshalb nehmen Staus teilweise alarmierende Ausmaße an. Wer einen stressfreien Urlaub haben möchte, sollte die Stoßzeiten meiden.

BUS

Galway lässt sich problemlos zu Fuß erkunden, auch nach Salthill ist es nicht sehr weit. Alternativ nimmt man einen der häufigen Busse am Eyre Square. Salthill (1,80 €, 15 Min.) wird von der Linie 401 bedient.

FAHRRAD

Europa Bicycles (☎ 091-588 830; Hunter's Bldg; ⌚ Mo–Fr 9.30–18 Uhr) Fahrradverleih auf Earl's Island, gegenüber der Galway Cathedral, für 8 bis 15 € pro 24 Stunden.

VOM/ZUM FLUGHAFEN

Bus Éireann verkehrt täglich zwischen dem Shannon Airport und Galway (15 €, 1¾ Std., stdl.). Alle großen Busgesellschaften fahren zum Dublin Airport.

TAXI

Taxis warten am Eyre Square, in der Bridge Street sowie neben dem Busbahnhof und dem Bahnhof.

City Taxis (☎ 091-525 252; www.citytaxisgalway.com) Bieten Fahrten zu den Flughäfen an. Zum Shannon Airport zahlen ein bis vier Personen 89 €.

ARAN ISLANDS

Fast überall entlang der Küste der Counties Galway und Clare erhascht man einen Blick auf die eigenwilligen Aran-Inseln (siehe auch S. 348), die mit ihrer rauen, einsamen Schönheit verzaubern. Tagesausflügler, die nur kurz bleiben können, werden sich trotzdem am Ende des Tages wie betrunken fühlen, während diejenigen, die sich für einen längeren Aufenthalt entscheiden, feststellen, dass die Gegend in vielerlei Hinsicht weiter vom irischen Festland entfernt ist als die 45 Minuten an Bord der Fähre bzw. die zehn Flugminuten. In der Nebensaison zeigt sie sich von ihrer besten – sehr wilden und windgepeitschten – Seite.

Auf den Kalksteininseln setzt sich die Karstlandschaft des Burren in Clare fort. Die dünne Schicht fruchtbaren Bodens ist von Wildblumen und Weidegras übersät und die Wellen klatschen gegen die zerklüfteten Klippen ringsum. Dún Aengus auf Inishmór und Dún Chonchúir auf Inishmaan zählen zu den ältesten archäologischen Stätten Irlands.

Alle drei Aran-Inseln sind von einem Netz aus Steinmauern (insgesamt 1600 km lang) geprägt. Darüber hinaus gibt's einige *clocháns* (Bienenkorbhütten mit Trockenmauern aus frühchristlicher Zeit), die wie steinerne Iglus aussehen.

Die Inseln ähneln sich zwar äußerlich und sind auch etwa gleich weit vom Festland entfernt, doch ihr Charakter ist ganz unterschiedlich:

FATHER TED

Fans der englischen TV-Kultserie *Father Ted* aus den späten 1990er-Jahren erkennen die fiktive Fernsehinsel Craggy Island an der irischen Westküste auf Anhieb wieder, sobald sie das in der Eingangssequenz vorbeischwebende Schiffswrack der *Plassy* (siehe auch S. 348) auf Inisheer sehen. Abgesehen von dieser Szene wurde fast alles andere in einem Londoner Studio aufgenommen; darunter hat man dann noch ein paar Stimmungsbilder aus County Clare, Wicklow und Dublin gemischt. Leider gibt's weder das Pfarrhaus noch Vaughan's Pub auf den Aran Islands – beide befinden sich in der Nähe von Lisdoonvarna und Kilfenora im County Clare.

Nichtsdestotrotz betrachten die Aran-Bewohner *Father Ted* als „ihre" Serie. Inishmór hat sich in dieser Hinsicht ein wenig in den Vordergrund gedrängt (was auf den Nachbarinseln für Verstimmung sorgte); dort steigt jedes Jahr das dreitägige sehr beliebte **Tedfest** (www.tedfest.org; ⏲ Ende Feb./Anfang März).

Mittlerweile wird in Kilfenora im County Clare ein konkurrierendes Ted-Festival ausgerichtet (S. 407).

Inishmór (Árainn, „Große Insel") ist am größten und von Galway aus am leichtesten zu erreichen und wartet mit einer der wichtigsten sowie eindrucksvollsten archäologischen Grabungsstätten des Landes auf. Zudem beherbergt die Insel ein paar lebhafte Pubs und Restaurants, besonders in Kilronan, der einzigen Ortschaft. Im Sommer kommen täglich über 1000 Tagesausflügler hierher.

Inishmaan (Inis Meáin, „Mittlere Insel") wird oft links liegen gelassen, deshalb konnte das karge, steinige Eiland noch am ehesten seine uralten Traditionen bewahren. Es beherbergt ein paar isolierte B&Bs.

Inisheer (Inis Oírr, „Östliche Insel"), die kleinste Insel, ist ganzjährig von Galway und in den Sommermonaten auch von Doolin aus zu erreichen. Sie bietet eine schöne Mischung aus historischen Stätten, interessanten Spaziergängen, traditioneller Kultur und etwas Nachtleben.

Geschichte

Über die Menschen, die während der Eisenzeit auf Inishmór und Inishmaan imposante Steinbauten schufen, ist kaum etwas bekannt. Die Bauwerke werden landläufig als Forts bezeichnet, dienten aber vermutlich als (heidnische) religiöse Stätten. Einer Legende nach sollen sie von den Firbolgs errichtet worden sein, die in prähistorischen Zeiten vom europäischen Festland aus in Irland einfielen.

Man nimmt an, dass die Inselbewohner Landwirtschaft betrieben, was bei der felsigen Bodenstruktur eine echte Herausforderung gewesen sein muss. Die ersten Siedler verbesserten die Bodensubstanz mit Algen und Sand vom Strand. Mit langen *currachs* (Ruderboote aus einem Holzrahmen, der mit geteerter Leinwand bespannt war) fuhren sie zum Fischen aufs Meer hinaus. Noch heute sind die Boote ein Symbol für die Aran Islands.

Frühes Christentum

Bereits sehr früh gelangte der christliche Glaube auf die Inseln: Erste Klosteranlagen wurden im 5. Jh. vom hl. Enda (Éanna) gegründet. Vermutlich war dieser ein irischer Clanchef, der zum Christentum konvertierte. Nachdem er einige Zeit in Rom studiert hatte, suchte er sich einen einsamen Ort und errichtete dort ein Kloster.

Ab dem 14. Jh. wetteiferten die beiden gälischen Familien O'Brien und O'Flaherty um die Herrschaft über die Inseln. Während der Regierungszeit von Elizabeth I. fielen die Eilande an die Engländer und zu Cromwells Zeiten war hier eine Garnison stationiert.

Moderne Isolation

Unter dem wirtschaftlichen Niedergang Galways litten auch die Aran Islands. Trotzdem gelang es den Bewohnern aufgrund der isolierten Lage ihre traditionelle Lebensweise bis weit ins 20. Jh. zu bewahren. Bis in die 1930er-Jahre trugen die Einheimischen ihre Tracht: Frauen einen roten Rock und schwarze Tücher, Männer weite Wollhosen und *crios* (Westen mit bunten Gürteln). Die dicken hellen Aran-Pullover mit aufwendigen Mustern werden von den Leuten hier noch immer selbst gestrickt.

Bis vor wenigen Jahrzehnten hinkten die Inseln weit hinter der modernen europäischen Kultur her und lagen eine Tagesreise vom Festland entfernt im unberechenbaren

DIE ARAN ISLANDS ALS QUELLE DER INSPIRATION

Auf den Aran Islands wurden schon viele Bewohner von der Muse geküsst, z. B. um für Unterhaltung in den langen Zeiten der Isolation zu sorgen oder um den Rest des Landes daran zu erinnern, „dass es uns gibt", wie es ein einheimischer Komponist einmal ausdrückte. Auch Künstler und Schriftsteller vom irischen Festland fühlten sich immer wieder vom elementaren Leben und den Naturgewalten angezogen.

Der Dramatiker J. M. Synge (1871–1909) verbrachte eine Menge Zeit auf den Inseln und lauschte durch die Bodendielen seines Zimmers dem lokalen Dialekt. Sein Stück *Reiter ans Meer* (1907) spielt auf Inishmaan, und in seinem bekannten Drama *Der Held der westlichen Welt* greift er ebenfalls seine Inselerfahrungen auf. Synges wunderbares Buch *Die Aran-Inseln* (1907) wird als typische Darstellung des hiesigen Lebens immer wieder neu aufgelegt.

Anfang der 1930er-Jahre kam der Amerikaner Robert Flaherty auf die Inseln, um den Film *Man of Aran* zu drehen, der einen Einblick in den rauen Alltag der Einwohner bietet. Er überredete viele Einheimische mitzumachen und richtete vor Ort sogar ein komplettes Filmstudio ein. Eines der Cottages, das extra für den Streifen gebaut wurde, beherbergt heute ein B&B (Man of Aran Cottage). Mittlerweile ist der Film ein echter Klassiker und wird regelmäßig in Kilronan und Inishmór gezeigt.

In dem viel beachteten Stück *The Cripple of Inishmann* (1996) von Martin McDonagh geht es um tragische Gestalten und die große Sehnsucht, die Insel 1934 zu verlassen.

Kartograf Tim Robinson verfasste einen wunderbaren zweibändigen Bericht über seine Streifzüge auf den Inseln: *Stones of Aran: Pilgrimage* und *Stones of Aran: Labyrinthe.*

Der Autor Liam O'Flaherty (1896–1984) wurde auf Inishmór geboren und schrieb mehrere aufwühlende Romane wie *Hungersnot (1937)*.

Meer. Flugverbindungen bestehen erst seit 1970, außerdem kann man mittlerweile mit Schnellfähren übersetzen (eine schaukelige Angelegenheit).

Heute gibt's auf allen drei Inseln weiterführende Schulen, aber noch vor 20 Jahren mussten die Oberschüler ein Internat in Galway besuchen, um ihren Abschluss zu machen. Für die Jugendlichen bedeutete das damals gleichzeitig ein abruptes Umschalten vom Irischen aufs Englische. Inzwischen lebt hier niemand mehr von der Landwirtschaft, stattdessen dient der Tourismus als wichtigste Einkommensquelle. Nach wie vor ist die Hauptsprache der Einwohner Irisch, mit Besuchern reden sie jedoch Englisch.

ℹ Praktische Informationen

Obwohl im Hochsommer zahlreiche Traveller auf den Inseln einfallen, ist die touristische Infrastruktur nicht sonderlich stark ausgebaut. Lediglich auf Inishmór gibt's eine ganzjährig geöffnete Touristeninformation und einen Geldautomaten. Mit der Kreditkarte kommt man nicht weit (vorher in den Hotels etc. nachfragen). Während der Nebensaison sind die Öffnungszeiten der Restaurants und Pubs mit Essensangebot oftmals eingeschränkt und manchmal bleiben sie sogar komplett geschlossen.

ℹ An- & Weiterreise

FLUGZEUG

Alle drei Inseln haben Landebahnen. Vom Flughafen in Minna nahe Inverin (Indreabhán), 35 km westlich von Galway, gibt's Verbindungen hierher. **Aer Arann Islands** (☎ 091-593 034; www.aerarannislands.ie) bietet mehrmals täglich und im Sommer stündlich Hin- und Rückflüge zu den Aran Islands (Erw./Kind 45/25 €, ca. 10 Min.). Gruppen ab vier Personen bekommen Rabatt.

Wer sorgfältig plant, kann an einem Tag mehr als nur eine Insel besuchen. Vor dem Kinlay Hostel in Galway fährt ein Bus zum Flughafen ab (einfache Fahrt 3 €).

SCHIFF/FÄHRE

Island Ferries (www.aranislandferries.com; Merchant's Rd, Ticketbüro in Galway; Erw./Kind hin & zurück ab 25/13 €; ⌚ 8–17 Uhr) bietet das ganze Jahr über Verbindungen zu den drei Inseln sowie zwischen Inishmaan und Inisheer an. Im Juli und August (Hochsaison) verkehren mehrere Fähren am Tag. Die Überfahrt kann bis zu einer Stunde dauern und bei hohem Seegang werden Verbindungen schon mal gestrichen. Die Boote starten in Rossaveal, 40 km westlich von Galway (Stadt) an der R336. Der Fahrplan der Busse ab Galway (Erw./Kind 7/4 €) ist auf die Abfahrtszeiten der Fähren abgestimmt; am besten fragt man beim Buchen nach.

Boote zu den Aran-Inseln (hauptsächlich nach Inisheer) verkehren auch ab Doolin.

Inishmór

830 EW.

Viele Traveller besuchen nur Inishmór (Árainn; siehe auch S. 348). Die dortige Hauptattraktion ist Dún Aengus, eine faszinierende steinerne Festung, die in schwindelerregender Höhe auf den Klippen thront. Westlich des Hauptortes Kilronan (Cill Rónáin) erstreckt sich eine trockene Landschaft, die von Steinwällen und Felsbrocken, vereinzelten Häusern und einem kuriosen Muster aus üppig grünem Gras und Kartoffeläckern unterbrochen wird.

Mittlerweile hat der Tourismus überall Einzug gehalten. Eine Armada von Minibussen wartet auf die ankommenden Fähren und Flugzeuge und bietet Rundfahrten zu den Sehenswürdigkeiten. „Wir karren die Urlauber wie am Fließband durch die Gegend", so ein Einheimischer. Glücklicherweise gibt man selbst das Tempo vor.

Inishmór ist 14,5 km lang und maximal 4 km breit. Alle Boote legen in Kilronan an der Südostseite an. Die Hauptverkehrsstraße führt einmal längs über die gesamte Insel. Von ihr zweigen kleinere Straßen und steinige Wege ab.

Sehenswertes

★ Dún Aengus HISTORISCHE STÄTTE

(Dún Aonghasa; www.heritageireland.ie; Erw./Kind 3/1 €; ⌚ April–Okt. 9.45–18 Uhr, Nov.–März 9.30–16 Uhr, Jan.–Feb. Mo & Di geschl.) Über Inishmór wachen drei 2000 Jahre alte Steinforts. Als das bekannteste gilt Dún Aengus. Seine drei erhaltenen Mauern reichen fast bis an die 60 m hohen Klippen. Bemerkenswert sind auch die *chevaux de frise*, dicht an dicht gepackte spitze Steinblöcke, die der Verteidigung dienten und in grauer Vorzeit gewiss die eine oder andere feindliche Armee zurückhielten.

Die faszinierende Stätte wurde so belassen, wie sie war; es gibt z. B. keine Absperrungen und man gelangt bis an den Rand der Klippen (Vorsicht: Absturzgefahr!). Wenn wenig los ist, wird man sich der Magie dieses Ortes nicht entziehen können. Wie viel Kraft es die früheren Bewohner gekostet haben muss, die weitläufige Anlage zu bauen!

Praktische Hintergrundinfos erhält man in einem kleinen Besucherzentrum. Ein etwa 900 m langer Fußweg führt durch die felsige Landschaft mit winterharter Vegetation hinauf zum Fort.

Nördlich von Kilronan

Zwischen Kilronan und Dún Aengus liegt das kleine, kreisrunde Fort **Dún Eochla**, das man auf einem schönen Spaziergang von der Hauptstraße aus erreicht.

Kirchenruinen erinnern an die christliche Vergangenheit der Insel. Die kleine **Teampall Chiaráin** (Church of St. Kieran) mit einem Hochkreuz im Hof befindet sich in der Nähe von Kilronan.

Westlich von Kilmurvey entdeckt man die 2,50 m hohe frühchristliche Steinhütte **Clochán na Carraige** und die **Na Seacht dTeampaill** (Seven Churches), die aus mehreren Kirchenruinen, Klosterbauten sowie Resten eines Hochkreuzes aus dem 8. oder 9. Jh. bestehen. Südlich davon erhebt sich die Ringfestung **Dún Eoghanachta**.

In der geschützten Bucht **Port Chorrúch** an der flachen Nordküste tummeln sich bis zu 50 Kegelrobben. Weiter an der Küste entlang geht's zum sauberen weißen **Kilmurvey Beach**, der mit der Blauen Flagge der EU ausgezeichnet wurde.

Südlich von Kilronan

Die meisten Tagesbesucher sehen sich nur Kilronan und Dún Aengus an und verstopfen die Straßen zwischen den Sehenswürdigkeiten. Wer auf der Insel übernachtet, kann tagsüber mit dem Rad zu Stätten im kaum besuchten Süden fahren und an den langen Sommerabenden, wenn die letzte Fähre fort ist, Dún Aengus besichtigen.

INSELHOPPING

Es gibt auch Transportmöglichkeiten zwischen den Aran Islands, sodass Traveller nach dem Besuch der ersten Insel zu einer zweiten reisen und von dieser schließlich aufs Festland zurückkehren können. Die Fahrpläne sind allerdings auf den Besuch jeweils einer Insel ausgerichtet. Um von einem Eiland zum anderen zu gelangen, muss man deshalb sowohl mit Island Ferries sprechen als auch mit dem Fährunternehmen in Doolin. Zwischen den drei Inseln gibt's mindestens eine Verbindung pro Tag, allerdings teilweise nach Bedarf und nicht nach einem festen Terminplan. Tickets kosten 5 bis 10 €.

Inishmór

Im Südosten stößt man unweit der Cill Éinne Bay auf die frühchristliche **Teampall Bheanáin** (Church of St. Benen). Nahe dem Flugplatz liegen die versunkenen Überreste einer weiteren Kirche. Angeblich befand sich an dieser Stelle das **St. Endas Monastery** (5. Jh.), die noch erhaltenen Strukturen des Klosters stammen allerdings frühestens aus dem 8. Jh.

Das **Dún Dúchathair** (Black Fort) liegt dramatisch auf einem Felsvorsprung. Anschließend lädt der lange und in der Regel menschenleere **Tranmore Beach** östlich des Flughafens zu einer Pause ein.

Aktivitäten

Die Radtour von Kilronan nach Dún Aengus dauert 30 bis 60 Minuten. Außerdem kann man mit dem Fahrrad wunderbar die unzähligen Stätten nördlich und südlich von Kilronan besuchen.

Viele Unterkünfte stellen ihren Gästen kostenlos Räder zur Verfügung oder verleihen welche (einheitlich 10 € pro Tag; Gruppen bekommen Rabatt).

★ Burke's Bicycle Hire FAHRRADVERLEIH
(☎ 087 280 8273; www.bikehirearanislands.com; Kilronan; Fahrradverleih 10 € pro Tag; ⏲ April–Okt.) Patrick Burke ist ein echter Fahrradexperte und kann einem Routen abseits der Touristenpfade zu selten besuchten Ecken der Insel empfehlen.

Aran Cycle Hire FAHRRADVERLEIH
(www.aranislandsbikehire.com; Kilronan; Fahrrad/Elektrofahrrad 10/15 €; ⏲ April–Okt.) Das Geschäft am Pier verfügt über Hunderte robuste Mieträder und bringt diese auf Wunsch zur jeweiligen Unterkunft.

Schlafen

Wenn die letzten Tagesausflügler die Insel im Sommer verlassen haben, kehrt auf der Insel ein wunderbarer Frieden ein. Hotels sollten frühzeitig gebucht werden, vor allem zur

Inishmór

Sehenswertes

Aktivitäten, Kurse & Touren

Schlafen

Essen

Ausgehen & Nachtleben

Unterhaltung

„warmen" Jahreszeit. Die Angestellten in der Touristeninformation können einem dabei helfen. In vielen Unterkünften gibt's hervorragendes Abendessen. Unter dem Abschnitt „Essen & Ausgehen" nennen wir die Häuser, die auch für Nichtgäste geöffnet sind.

★ Kilronan Hostel — HOSTEL €

(☎099-61255; www.kilronanhostel.com; Kilronan; B 15–30 €, 2BZ 42 €; @ 📶) Schon bevor die Fähre am Pier anlegt, sieht man das nur etwa drei Gehminuten entfernte pistaziengrüne Kilronan Hostel über dem Pub Tí Joe Mac's, das über blitzblanke Vier- und Sechsbettzimmern mit insgesamt 40 Betten verfügt. Von der Terrasse genießt man einen schönen Blick auf den Hafen. Die Frühstückseier stammen von den Biohühnern hinterm Haus.

Mainistir House — GASTHAUS €

(☎099-61169; www.aranislandshostel.com; Mainistir; B/EZ/DZ 16/40/50 €; @ 📶) 🍃 In dem ausgefallenen bunten Hostel und Gasthof mit 60 Betten an der Hauptstraße nördlich von Kilronan werden sich flippige und belesene Gäste besonders wohl fühlen. Im Preis ist ein einfaches Frühstück enthalten. Das Abendessen sollte man sich nicht entgehen lassen.

★ Kilmurvey House — B&B €€

(☎099-61218; www.kilmurveyhouse.com; Kilmurvey; EZ/DZ ab 55/90 €; ⏲April–Sept.) Diese stattliche Steinvilla aus dem 18. Jh. wartet mit einer tollen Lage am Pfad zum Dún Aengus sowie zwölf gepflegten Zimmern auf. Gemüse aus dem eigenen Garten und Fisch und Fleisch aus der Region sind die Zutaten für das herzhafte Abendessen (30 €). Ein hübscher Strand ganz in der Nähe lädt zum Schwimmen ein.

Tigh Fitz — GASTHAUS €€

(☎099-61213; www.tighfitz.com; Killeany; EZ/DZ ab 50/80 €; 📶) Das gesellige Gasthaus unweit des Flughafens ist eine schöne Basis, um dem Trubel zu entgehen, der tagsüber in der Hafengegend herrscht. Es besitzt einfache Zimmer und punktet mit einer großartigen Aussicht auf Ebbe und Flut.

Man of Aran Cottage — B&B €€

(☎099-61301; www.manofarancottage.com; Kilmurvey; EZ/DZ ab 55/80 €; ⏲März–Okt.) 🍃 In den 1930er-Jahren wurde das reetgedeckte B&B für den gleichnamigen Film errichtet, aber es ruht sich nicht auf vergangenen Lorbeeren aus. Das Man of Aran Cottage verfügt über ein umwerfend authentisches Dekor aus Stein und Holz. Die Besitzer sind begeisterte Biogärtner. Aus den Erträgen – darunter superleckere Tomaten – werden leckere Mahlzeiten gezaubert (30 €).

Ard Mhuiris — B&B €€

(☎099-61208; www.ardmhuiris.com; Kilronan; EZ/DZ ab 60/80 €) Gepflegt, ruhig und nur fünf Gehminuten vom Stadtzentrum entfernt. Zudem bietet die einladende Bleibe einen tollen Blick aufs Meer. An einem verregneten Tag kann man es sich wunderbar auf seinem Zimmer gemütlich machen.

Pier House Guest House — GASTHAUS €€

(☎099-61417; www.pierhousearan.com; Kilronan; EZ/DZ ab 60/90 €; ⏲März–Okt.; 📶) 100 m von der Anlegestelle der Fähre entfernt thront dieses zweistöckige Gebäude mit zehn hellen, komfortablen Zimmern auf einer kleinen Anhöhe. Ausgezeichnetes Frühstück.

✕ Essen & Ausgehen

Die Auswahl an Angeboten zum Mittagessen ist nicht gerade überwältigend. Immerhin bieten einige der nachfolgend genannten Pubs Essen an. Abends gibt's mehr Alternativen, darunter einige exzellente Restaurants.

★ **Mainistir House** VEGETARISCH €€
(☎099-61169; Mainistir; Büffet 15 €; ⏰Sommer ab 20 Uhr, Winter ab 19 Uhr; ✍) Im Mainistir House kommt man in den Genuss vieler leckerer vegetarischer Speisen aus Bioprodukten. Die Gerichte schmecken nach Sommer, oft wird Pesto verwendet. Vorab reservieren. Von Kilronan ist es ein steiler 20-minütiger Spaziergang hierher, deshalb besorgt man sich am besten eine Mitfahrgelegenheit.

Pier House IRISCH €€€
(Kilronan; Hauptgerichte 20–30 €; ⏰Mai–Aug. 12–21 Uhr) Auf einer großen Terrasse sitzen und den Fährverkehr beobachten, während man sich an einer Fischplatte gütlich tut – das ist eines der Highlights auf den Aran Islands. Wenn es draußen kalt und ungemütlich ist, kann man sich drinnen an der Feuerstelle wärmen. Das beste Lokal, um mittags direkt in Kilronan zu essen.

★ **Joe Watty's Bar** PUB
(www.joewattys.com; Kilronan; Hauptgerichte 8–20 €; ⏰Küche 12.30–21 Uhr) Das beste einheimische Pub bietet im Sommer an den meisten Abenden und ansonsten an den Wochenende Trad Sessions. Zu essen gibt's Bargerichte wie Fish 'n' Chips und Steaks. In den 50 Wochen im Jahr, wo das nötig ist, erwärmen Torffeuer den Laden. Im Sommer sollte man fürs Abendessen reservieren.

American Bar PUB
(Kilronan; Hauptgerichte 8 €; ⏰Küche 12–20 Uhr) Gut gelaunte einheimische Biertrinker bevölkern die zwei großen Räume und freuen sich schon in der Nebensaison auf die Ankunft der Touristen. Das lichtdurchflutete Zimmer zur Rechten beim Betreten der Kneipe ist schöner und hat einen Zugang zur Terrasse. Das Essen haut einen nicht gerade vom Hocker.

Tí Joe Mac's PUB
(Kilronan) Dank der zwanglosen Sessions, der Torffeuer und einer große Terrasse mit Blick auf den Hafen ist das Tí Joe Mac's eines der Lieblingspubs der Einwohner. Auf der Karte stehen nur ein paar simple Sandwiches.

☆ Unterhaltung

Man of Aran Internet Café & Gift Shop KINO
(Kilronan; Film: Erw./Kind 5/3 €; ⏰Juli & Aug. 9–19.30 Uhr, Rest des Jahres 9–17 Uhr; 📶) Dieser multifunktionale Laden an der Hauptkreuzung zeigt auf Wunsch in seinem winzigen Kinosaal mit 24 Sitzen den berühmten Film *Man of Aran*. Er hat auch WLAN (kostenlos, wenn man etwas kauft) und eine schöne kleine Kaffeebar.

Shoppen

In Kilronan verkaufen schicke Läden Pullover im Aran-Stil, deren protzige Labels ihre wahre Herkunft verschleiern (sie sind nie von den Inseln und oft nicht mal aus Irland).

ℹ Praktische Informationen

In den Läden, die Fahrräder verleihen, und der Touristeninformation gibt's kostenlose praktische Karten.

Spar (Kilronan; ⏰Mo–Mi 9–18, Do–Sa 9–19 Uhr, Juni–Aug. auch So 10–17 Uhr) Der einzige Geldautomat der Aran Islands befindet sich in diesem Supermarkt, in dem man auch gutes *soda bread* bekommt.

Touristeninformation (☎099-61263; Kilronan; ⏰Mai & Juni 10–17 Uhr, Juli & Aug. 10–17.45 Uhr, Sept.–April 11–17 Uhr) Nützliches Büro in Kilronan am Ufer westlich des Fähranlegers.

ℹ Unterwegs vor Ort

Ein Shuttlebus vom Flugplatz ins 2 km entfernte Kilronan kostet 5 € hin und zurück (Rückfahrten unbedingt bestätigen lassen, damit man nicht vergessen wird!).

Das ganze Jahr über warten zahlreiche **Minibusse** an der Fähranlegestelle und im Zentrum von Kilronan auf Kundschaft. Alle bieten 2½-stündige Inseltouren (10 €) für spontane Gruppen. Die kommentierte Fahrt zwischen Kilronan und Dún Aengustakes dauert pro Strecke 45 Minuten. Auch private und maßgeschneiderte Ausflüge sind möglich.

Mit einer **Ponykutsche** kann man die Gegend zwischen Kilronan und Dún Aengus auf gemächlichere Weise erkunden. Hin und zurück kostet die Strecke für bis zu vier Personen zwischen 60 und 100 €.

Inishmaan

150 EW.

Das felsige Inishmaan (Inis Meáin; siehe auch S. 348) zieht weniger Besucher an als die beiden Nachbarinseln und hat die niedrigste Einwohnerzahl. Frühchristliche Mönche auf der Suche nach Einsamkeit kamen ebenso hierher wie der Schriftsteller J. M. Synge, der auf Inishmaan vor über 100 Jahren fünf Sommer verbrachte. Bis heute hat sich das Eiland viel von seinem einstigen Charme bewahrt. Dazu gehören friedlich grasende Kühe und Schafe, eindrucksvolle alte Festungen und warmherzige Bewohner, die untereinander nur Irisch sprechen. Viele Kinder verlassen die Insel, wenn sie aufs College gehen, und die wenigsten kehren zurück.

Inishmaans Landschaft mit einer zerklüfteten Küste, imposanten Klippen sowie menschenleeren Stränden und von Steinblöcken übersäten Feldern verschlägt einem die Sprache. Die Insel ist etwa 5 km lang und 3 km breit. An der Straße, die von Ost nach West verläuft, stehen die meisten Gebäude. Da die bodenständigen Einwohner kein Interesse an schnell verdientem Geld haben, ist die touristische Infrastruktur entsprechend dürftig.

Sehenswertes & Aktivitäten

Bei einem **Spaziergang** kann man alle Sehenswürdigkeiten besuchen und sich an der eindrucksvollen steinigen Landschaft und der weiten Aussicht erfreuen.

Das massive, ovale Steinfort **Dún Chonchúir** wurde irgendwann zwischen dem 1. und dem 7. Jh. errichtet. Es bietet einen tollen Blick auf die Kalksteintäler der Insel.

Im **Teach Synge** (099-73036; Eintritt 3 €; nach Vereinbarung), einem reetgedeckten Cottage an der Straße kurz vor dem Aufgang zur Festung, verbrachte der Schriftsteller J. M. Synge die Sommermonate der Jahre 1898 bis 1902 mit Recherchen für sein Buch *Die Aran-Inseln*.

Südlich des Piers stößt man auf die **Cill Cheannannach**, eine schlichte Kirche aus dem 8. oder 9. Jh. Etwas weiter westlich befindet sich das gut erhaltene steinerne Fort **Dún Fearbhaigh**, das in die gleiche Zeit datiert. Die **St. Mary's Church** thront auf einem Hügel und wartet mit großartigen, 1939 gefertigten Buntglasfenstern auf.

Im Osten, 500 m nördlich der Bootsanlegestelle, erstreckt sich der sichere, geschützte Strand **Trá Leitreach**.

Synge's Chair AUSSICHTSPUNKT

Im abgeschiedenen Westteil der Insel liegt Synge's Chair, ein Aussichtspunkt auf einer steil abfallenden Kalksteinklippe. Unten brechen sich die Wellen des Meeresarms Gregory's Sound. Hier tut man es am besten J. M. Synge gleich, sucht sich im Windschatten der Felsen ein geschütztes Plätzchen und bewundert die Umgebung in aller Ruhe. Der Aussichtspunkt befindet sich zwei Gehminuten vom Parkplatz entfernt. In einer Stunde kann man von dieser Stelle aus die kahle Westseite von Inishmaan umrunden.

Auf dem Weg zu Synge's Chair weist ein Schild den Weg zu einem **clochán**, der sich hinter einem Haus und einem Schuppen versteckt.

Schlafen & Essen

Viele B&Bs bieten auch Abendessen an, meist aus lokal angebauten Zutaten. Die Mahlzeiten kosten zwischen 20 und 25 €.

Ard Alainn B&B €

(099-73027; EZ/DZ ohne Bad ab 35/55 €; Mai–Sept.) 2 km vom Pier entfernt stößt man auf einen Traum für Vintagefans. Das ausgeschilderte reetgedeckte Ard Alainn wartet mit einem schönen Blick aufs Meer sowie fünf Zimmern und einem Gemeinschaftsbad auf. Maura Fahertys Frühstück ist so üppig, dass man erst abends wieder Hunger verspürt.

Máire Mulkerrin B&B €

(099-73016; EZ/DZ ab 33/55 €) Hausherrin Máire Mulkerrin ist schon über 80, in Röcke und Tücher gewandet und so etwas wie eine lokale Kultfigur. In ihrem schnuckeligen, gepflegten B&B lebt die Vergangenheit dank alter Familienfotos weiter. Der Küchenofen sorgt für angenehme Wärme. Ab und an dürfen auch mal Gäste in die Küche.

★ **Tig Congaile** B&B €€

(099-73085; www.inismeainbb.com; EZ/DZ ab 50/80 €) Nicht weit vom Fähranleger serviert Vilma Conneely den Gästen frischen Kaffee aus ihrem Herkunftsland Guatemala und fantastische Biogerichte wie Algensuppe. Im Restaurant können auch Nichtgäste speisen (Mittagessen ab 5 €, Abendessen ab 20 €), sie müssen aber vorher buchen. Die schönsten Plätze befinden sich draußen. Alle sieben Zimmer der Pension sind geräumig und punkten mit einer herrlichen Aussicht.

An Dún B&B €€

(099-73047; www.inismeainaccommodation.ie; Zi. 50–90 €; März–Okt.; @) Das moderne B&B gegenüber dem Eingang zum Dún Chonchúir verfügt über fünf komfortable Zimmer. Im Restaurant mit zusätzlichen Plätzen im Freien werden hochgelobte regionale Speisen zubereitet, z. B. mit Seetang gedüngte weiche Kartoffeln, köstlicher Räucherlachs und frischer Fisch aus der Gegend (Hauptgerichte 8–25 €).

★ **Inis Meáin** GASTHAUS €€€

(086 826 6026; www.inismeain.com; Zi. 2 Nächte ab 500 €; April–Sept.;) Auf einer Insel, wo alles aufs Nötigste beschränkt ist, sticht diese schicke Boutique-Bleibe deutlich heraus.

Die fünf hinreißenden Zimmer des Gasthauses wurden aufwendig mit örtlichen Materialien gestaltet und der Ausblick scheint ins Endlose zu gehen. Am besten schnappt man sich ein Fahrrad und erkundet in wunderbarer Einsamkeit die Gegend. Der Preis beinhaltet viele Extras.

Im Restaurant gibt's häufig wechselnde hervorragende Gerichte aus lokalen Zutaten (Abendessen 15–35 €). Nichtgäste sind ebenfalls willkommen, sollten aber vorher reservieren.

Teach Ósta PUB €€
(Hauptgerichte ab 8 €) An Sommerabenden platzt dieses tolle Pub meist aus allen Nähten. Hier wird oft bis in die frühen Morgenstunden gebechert. Gäste können Snacks, Sandwiches, Suppen und Meeresfrüchteplatten bestellen, allerdings nur bis etwa 19 Uhr. Im Winter bleibt die Küche manchmal sogar ganz geschlossen. Wenn es warm genug ist, genießt man von den Tischen draußen eine herrliche Aussicht.

Shoppen

Cniotáil Inis Meáin KLEIDUNG
(☎ 099-73009; www.inismeain.ie) Von dieser Fabrik aus werden feine Strickwaren an exklusive Geschäfte in aller Welt verschickt. Hier gibt's die erstklassigen Pullover direkt vom Erzeuger. Besucher müssen sich telefonisch anmelden.

Praktische Informationen

Ein kleiner **Laden** (☎ Mo–Fr 10–18, Sa 10–14 Uhr) in der Nähe des Pubs dient als Lebensmittelgeschäft, Postamt und Touristeninformation.

Unterwegs vor Ort

Eine ein- bis zweistündige überaus informative **Autotour** der Insel bietet **Brídín Tours** (☎ 099-73993; Touren 15 €). **Leihfahrräder** bekommt man vielleicht am Hafen, wenn nicht, mietet man welche im Laden (10 €).

Inisheer

200 EW.

Inisheer (Inis Oírr; siehe auch S. 348), der kleinsten Insel im Bunde, haftet ein besonderer Zauber an, der in tiefverwurzelter Mythologie, einer hingebungsvollen Pflege der traditionellen Kultur und der unwirklich anmutenden Landschaften begründet ist. Unter den Einheimischen gibt's nur sechs Familiennamen, die meist sehr bezeichnend sind.

Hier mahlen die Mühlen der Zeit sehr langsam, so wurde z. B. erst 1997 eine zuverlässige Stromversorgung eingerichtet. Der fruchtbare Ackerboden ist nur 15 cm tief – für die Bauern kein leichtes Los. Aus diesem Grund wurde der langsame Übergang zu einer auf Tourismus basierenden Wirtschaft begrüßt. Während der Sommermonate sind auf den Wanderwegen zahlreiche Tagesausflügler unterwegs (bis zu 1000 an milden Sommerwochenenden, die vom nur 8 km entfernten Doolin mit dem Boot übersetzen).

Sehenswertes & Aktivitäten

Bei einem Spaziergang auf den Pfaden kommt man an mit Efeu bewachsenen Steinmauern vorbei und macht überall kleine Entdeckungen. Über die Insel führen zwei markierte Wege, die an der Anlegestelle beginnen und entweder zu Fuß, mit dem Rad oder mit einem Fahrer in Angriff genommen werden können. Wer die wichtigsten Stätten per pedes erkunden möchte, sollte dafür etwa vier Stunden einplanen. Am besten nimmt man sich aber etwas mehr Zeit (vielleicht sogar ein paar Tage), um Inisheer richtig kennenzulernen.

★ Tobar Éinne HISTORISCHE STÄTTE
Noch immer pilgern die Einheimischen zur Well of Enda, auch *Turas* genannt. Die unermüdlich plätschernde Quelle liegt in einem abgelegenen steinigen Gebiet im Südwesten. Es ist Brauch, dass man an drei aufeinanderfolgenden Sonntagen herkommt, sieben Steine aufhebt und den kleinen Brunnen siebenmal umrundet, wobei man jedes Mal einen Stein fallen lässt und einen Rosenkranz spricht. Wenn man alles richtig macht, erscheint angeblich ein sonderbarer Aal im Wasser und stattet die Zunge des Glücksuchenden mit bestimmten Kräften aus, z. B. soll man nun im wahrsten Sinne des Wortes Wunden gesundlecken können.

O'Brien's Castle HISTORISCHES GEBÄUDE
Nach 100 m Kletterei erreicht man den höchsten Punkt der Insel, von dem sich eine dramatische Aussicht über die Kleewiesen bis hin zu Strand und Hafen eröffnet. O'Brien's Castle (Caisleán Uí Bhriain), eine Kirche aus dem 15. Jh., wurde auf den Überresten der Ringfestung Dún Formna aus dem 1. Jh. errichtet. In der Nähe erhebt sich ein Signalturm aus dem 18. Jh.

Teampall Chaoimháin HISTORISCHES GEBÄUDE
Die dachlose Kirche des hl. Kevin aus dem 10. Jh., die nach dem in der Nähe begrabe-

nen Schutzpatron Inisheers benannt ist, und ihr kleiner Friedhof liegen auf einer winzigen Anhöhe in der Nähe des Strands. Am Vorabend des St.-Kevins-Festtags am 14. Juni wird hier um 21 Uhr eine Messe im Freien gefeiert. In der Hoffnung auf Heilung verbringen Kranke vor Ort eine Nacht.

Cill Ghobnait KIRCHE

Die winzige Kirche aus dem 8. oder 9. Jh. trägt den Namen der hl. Gobnait, die vor einem Verfolger aus Clare floh und hier Zuflucht suchte.

Plassy HISTORISCHE STÄTTE

1960 erlitt der Frachter *Plassy* bei schlechtem Wetter an dieser Stelle Schiffbruch und wurde hoch in die Felsen geschleudert, dennoch überlebte wie durch ein Wunder die gesamte Besatzung. Im Pub von Tigh Ned werden alle Fotos und Berichte über die Rettungsaktion aufbewahrt. Eine Luftaufnahme des Wracks diente als Einleitungssequenz der englischen Fenrsehserie *Father Ted*.

Áras Éanna KUNST- & KULTURZENTRUM

(☎ 099-75150; www.araseanna.ie; ⏲ Juni–Sept.) Inisheers großes Kunst- & Kulturzentrum befindet sich auf einem offenen Gelände im Norden der Insel. Vom Dorf bis hierher sind es etwa 15 Gehminuten. Im Sommer gibt's ein „Visiting Artist"-Programm und verschiedene kulturellen Veranstaltungen.

Feste & Events

★ **Craiceann Inis Oírr International Bodhrán Summer School** KULTUR

(www.craiceann.com; Konzerte 15 €; ⏲ Ende Juni) Ende Juni dreht sich eine Woche lang alles um traditionelle Trommeln. Auf dem Programm des Festivals, das immer wieder echte Spitzentalente anzieht, stehen *bodhrán*-Meisterklassen, Vorträge und Konzerte. Der irische Begriff *craiceann* bezieht sich auf die Ziegenhaut, mit der die runden Trommeln bespannt sind. In den Pubs finden abendliche Trommelsessions statt.

Schlafen & Essen

Für die Craiceann-Woche im Juni müssen Unterkünfte weit im Voraus gebucht werden. Am Hauptstrand gibt's einen Campingplatz mit Duschen und Toiletten. Die drei Pubs der Insel lohnen einen Besuch. Außerhalb der Fährsaison (März–Oktober) sollte man vorher die Öffnungszeiten erfragen.

WANDERUNG AN INISHEERS KÜSTE

Die Wanderung rund um Inisheer entlang der 12 km langen Küste dauert fünf Stunden. Dabei lernt man die Insel viel besser kennen als bei einem eiligen Besuch der wichtigsten Attraktionen.

Von der Fähranlegestelle geht's auf der engen Straße parallel zum Wasser nach Westen und geradeaus weiter zum kleinen Landungssteg für Fischerboote im Nordwesten. Dann folgt man der Straße mit dem Geröllstrand auf der einen und einem bunten Mosaik aus Feldern samt den allgegenwärtigen Steinmauern auf der anderen Seite. Auf Gezeitentümpel und Kegelrobben, die sich in der Sonne ausruhen, achten!

1 km hinter der spitzwinkligen Kreuzung biegt man an dem Schild links ab. 100 m weiter stößt man auf den Tobar Éinne.

Auf der befestigten Straße, die bald zur holprigen Piste wird, geht's weiter Richtung Südwesten und nach 600 m gen Süden. Über Kalksteine und Grasstreifen gelangt man zu einem Strand und wandert über eine sanft geneigte Felsplattform zum südwestlichen Kap (Ceann na Faochnaí). Anschließend geht's Richtung Osten zum **Leuchtturm** bei Fardurris Point (2 Std. ab dem Pier).

Danach folgt man der Küste nach Nordosten. In der Ferne ist das Wrack der *Plassy* zu sehen. Mauern und Begrenzungen rund um die Felder können dank der Zauntritte ganz einfach überquert werden. Das Gras vor Ort wächst auf ca. 5 cm Mutterboden, der von den Inselbewohnern geschaffen wurde: Diese entfernten per Hand die Steine und schichteten hier jahrzehntelang Seetang übereinander.

Nun verläuft der Pfad nach Norden und wird am Nordende des Lough More zu einer geteerten Straße, die an der Küste und am Flugplatz vorbeiführt.

An der Landebahn kann man einen Abstecher zur Teampall Chaoimháin und zum O'Brien's Castle machen. Alternativ relaxt man am herrlichen geschwungenen **Sandstrand** und erkundet den nahe gelegenen **Cnoc Rathnaí**, einen Grabhügel aus der Bronzezeit (1500 v. Chr.). Er ist bemerkenswert intakt, wenn man bedenkt, dass er bis zum 19. Jh. unter Sand verborgen war.

Brú Radharc Na Mara Hostel HOSTEL €
(☎ 099-75024; www.bruhostelaran.com; B 18–25, Zi. 50; ⏲ März–Okt.; @ 📶) Makellos sauberes Hostel mit Meerblick. Gleich daneben befinden sich ein Pub und der Pier. Es gibt eine große Küche, einen Kamin und Leihfahrräder. Die Besitzer betreiben auch das benachbarte B&B mit einfachen Zimmern.

★ **Fisherman's Cottage & South Aran House** B&B €€
(☎ 099-75073; www.southaran.com; Castle Village; EZ/DZ 50/80, Hauptgerichte abends 12–20 €; April–Okt.; 📶) Lavendel ziert den Eingang dieses B&Bs mit einem Café nur fünf Gehminuten von der Fähranlegestelle entfernt. Die Inhaber sind Slow-Food-Fans und servieren ihren Besuchern lokalen Fisch und Meeresfrüchte sowie Bioprodukte. Auch Nichtgäste können sich tagsüber Kuchen schmecken lassen und hier nach Voranmeldung ebenfalls zu Abend essen. Alle Zimmer sind schlicht, aber stilvoll eingerichtet. Zu den angebotenen Aktivitäten zählen Kajakfahren und Angeln.

Radharc an Chláir B&B €€
(☎ 099-75019; bridpoil@eircom.net; Zi. 45–90 €) Von der modernen Pension in der Nähe von O'Brien's Castle genießt man fantastische Ausblicke auf die Cliffs of Moher und die Galway-Bucht. Da Brid Poil eine ausgezeichnete Köchin (Abendessen 20 €) ist und viele Stammgäste hat, muss man mehrere Wochen im Voraus buchen. Einige Zimmer haben keine eigenen Bäder.

Tigh Ruairí PUB €€
(Strand House; ☎ 099-75020; www.tighruairi.com; Zi. 50–90 €; @) Rory Conneelys stimmungsvolle Bleibe verfügt über 20 Zimmer, viele mit Aussicht aufs Meer, und wartet mit einem hauseigenen gemütlichen Pub auf, in dem lebhafte Musiksessions stattfinden.

Tigh Ned PUB €
(Mahlzeiten 5–10 €) Die 1897 eröffnete Kneipe ist einladend und erfrischend bodenständig. Gäste dürfen sich auf traditionelle Musik und preiswerte Mittagsgerichte freuen. Von den Tischen im Garten blickt man auf den Hafen.

ℹ Praktische Informationen

Im Sommer dient der kleine **Kiosk** (⏲ Juli–Aug. 10–18 Uhr) am Hafen als Touristeninformation. Ebenso wie auf Inishmaan gibt's auch auf Inisheer keinen Geldautomaten. Eine nützliche Internetseite ist www.inisoirr.ie.

ℹ Unterwegs vor Ort

Rothair Inis Oírr (www.rothai-inisoirr.com; ab 10 € pro Tag; ⏲ Mai–Sept.) in der Nähe des Piers hat Leihräder im Angebot und stellt eine gute Karte zur Verfügung. Viele Unterkünfte vermieten ihre Räder auch an Nichtgäste.

Im Sommer werden Rundfahrten in **Ponykutschen** (pro Stunde & Pers. 5–15 e) angeboten. Wer die Insel mit dem Auto entdecken will, sollte **Eanna Seoighe** (☎ 087 284 0767, 099-75040) kontaktieren.

CONNEMARA

Die filigrane Küste dieser Halbinsel ist eine wahre Augenweide, an der man sich kaum sattsehen kann. Hier warten zahlreiche umwerfend schöne Fleckchen auf ihre Entdeckung.

Das irische Wort Connemara (Conamara) bedeutet so viel wie „Inlets of the Sea" (Meereseinbuchtungen) – ein treffender Name, denn die Straßen am Meer führen zu vielen kleinen Buchten mit versteckten Stränden. Außerdem verstecken sich in der Gegend jede Menge bezaubernde Orte.

Das Landesinnere ist ein bunter Flickenteppich aus Moorland, abgeschiedenen Tälern und dunklen Seen. Connemaras Herz bilden die Maumturk Mountains und die grauen Quarzitgipfel der Gebirgskette Twelve Bens mit herrlichen Rad- und Wanderwegen. Die Landschaft ist von einem Netz aus Steinmauern durchzogen. Sie sieht besonders schön aus, wenn Himmel und Wasser in tiefem Azurblau erstrahlen, das kräftige Grün der Hügel zutage tritt und die Blumen gelbe Blüten tragen.

ℹ Praktische Informationen

Das Touristenbüro in Galway informiert ausführlich über die Region. Online erfährt man bei **Connemara Tourism** (www.connemara.ie) und **Go Connemara** (www.goconnemara.com) viel Wissenswertes und findet dort praktische Links.

ℹ Anreise & Unterwegs vor Ort

AUTO

Wer auch die abgelegenen Ecken dieser schönen Gegend besuchen möchte, braucht ein eigenes Auto, allerdings sind die Wege teilweise sehr schmal – Vorsicht vor den Steinmauern!

Ein gewisses Verkehrshindernis bilden umhertrottende Schafe mit dickem, hellem Fell, kohlschwarzen Beinen und einem ebenso gefärbten Kopf, die eine Vorliebe für Straßen zu haben scheinen. Selbst die besten Wege sind wegen des sumpfigen Untergrunds mehr oder weniger uneben.

BUS

In Galway gibt's zahlreiche empfehlenswerte Bustouren. Wer die Möglichkeit hat, sollte sich für die Erkundung der Gegend aber mehr als einen Tag Zeit nehmen.

Bus Éireann (☎ 091-562 000; www.buseireann.ie) Das Unternehmen steuert viele Orte auf der Connemara-Halbinsel an, allerdings recht unregelmäßig. Einige Linien sind lediglich von Mai bis September oder sogar nur im Juli und August unterwegs. Manche Fahrer halten auf Wunsch auch zwischen den einzelnen Zielen.

Citylink (www.citylink.ie) Die Busse dieses Anbieters fahren mehrmals täglich von Galway nach Clifden und halten unterwegs in Moycullen, Oughterard, Maam Cross und Recess. Danach geht's weiter nach Cleggan und Letterfrack. Auf Nachfrage lassen einen die Fahrer oft auch auf freier Strecke aussteigen.

Oughterard & Umgebung

1400 EW.

Oughterard (Uachtar Árd) ist eines der wichtigsten Angelzentren Irlands, ansonsten aber nicht sonderlich interessant. Unmittelbar westlich des Dorfes lockt ein buntes Panorama aus Seen, Bergen und Sumpfland, das nach Westen hin immer spektakulärer wird.

Sehenswertes

Sollte man auf ein paar umherirrende Touristen stoßen, die etwas schleppend sprechen und andere Leute mit *pilgrim* (Pilger) ansprechen, handelt es sich wahrscheinlich um eingefleischte Fans des Kultfilms *Der Sieger*.

★ **Aughnanure Castle** BURG
(www.heritageireland.com; über die N59; Erw./Kind 3/1 €; ⏲ April–Mitte Okt. 9.30–18 Uhr) Diese düster wirkende Festung wurde um 1500 herum erbaut. Sie diente einst als Sitz der kämpferischen O'Flahertys, die nach ihrem Sieg über die Normannen die Gegend jahrhundertelang unter ihrer Kontrolle hatten. Das sechsstöckige Turmhaus auf einem Fels oberhalb vom Lough Corrib wurde aufwendig restauriert. Rund um die Burg sieht man die Überreste einer ungewöhnlichen Befestigungsanlage mit doppelter Mauer, die als zusätzlicher Schutz fungierte. Dort wurde bei Gefahr auch das Vieh untergebracht. Unterhalb der Festung fließt der See durch eine Reihe natürlicher Höhlen.

Das Aughnanure Castle liegt 3 km östlich von Oughterard.

GEFÜHRTE WANDERUNGEN IN CONNEMARA

Buchhandlungen und Touristeninformationen haben viele Wanderkarten für Connemara im Sortiment. Wer mehr über die einzigartige Geologie und Geschichte der Region sowie über die lokale Flora und Fauna erfahren will, sollte einen Führer engagieren.

Connemara Safari (☎ 095-21071; www.walkingconnemara.com; geführte Wanderungen 300–700 €; ⏲ Jun-Sep) bietet drei- bis fünftägige Touren inklusive Mahlzeiten und Übernachtungen an. Die Guides sind nicht nur Experten auf dem Gebiet der Archäologie, sondern kennen sich auch in vielen anderen Themengebieten aus. Manche Ausflüge führen auf verlassene Inseln vor der Küste.

Glengowla Mines INDUSTRIEMUSEUM
(www.glengowlamines.ie; über die N59; Erw./Kind 10/4 €; ⏲ Mitte März–Mitte Nov. 10–18 Uhr) Die Arbeit unter Tage ist eine ziemlich schmutzige Angelegenheit, aber dafür sind die Materialien aus der Mine umso schöner. Zu den Exponaten zählen Silber und glitzernder Quarz. Besucher erfahren einiges über das harte Dasein der Arbeiter und können natürlich ein paar Bodenschätze bewundern. Die Mine stammt aus dem 19. Jh. und befindet sich 3 km westlich von Oughterard.

Brigit's Garden GARTEN
(www.galwaygarden.com; über die N59, Roscahill; Erw./Kind 7/4,50 €; ⏲ Feb.–Okt. 10–17.30 Uhr) Spürt jemand die positiven Schwingungen? Auf halber Strecke zwischen den Dörfern Moycullen und Oughterard erstreckt sich ein esoterisch angehauchter Garten, in dem Yogaunterricht und Nachhilfe in Sachen Mythologie angeboten sowie keltische Festivals ausgerichtet werden. Außerdem gibt's ein vegetarisches Café und viele Pflanzen.

Schlafen & Essen

Canrawer Holiday Hostel HOSTEL €
(☎ 091-552 388; www.oughterardhostel.com; Station Rd; B 17–20 €, DZ ab 46 €; ⏲ Feb.–Okt.; @) Dieses Hostel 1 km vom Ortskern entfernt hat helle, saubere Mehrbett- und Familienzimmer sowie einen tollen Patio mit Blick auf das 1 ha große ländliche Grundstück. Gegen eine kleine Gebühr zeigt einem der Be-

Connemara

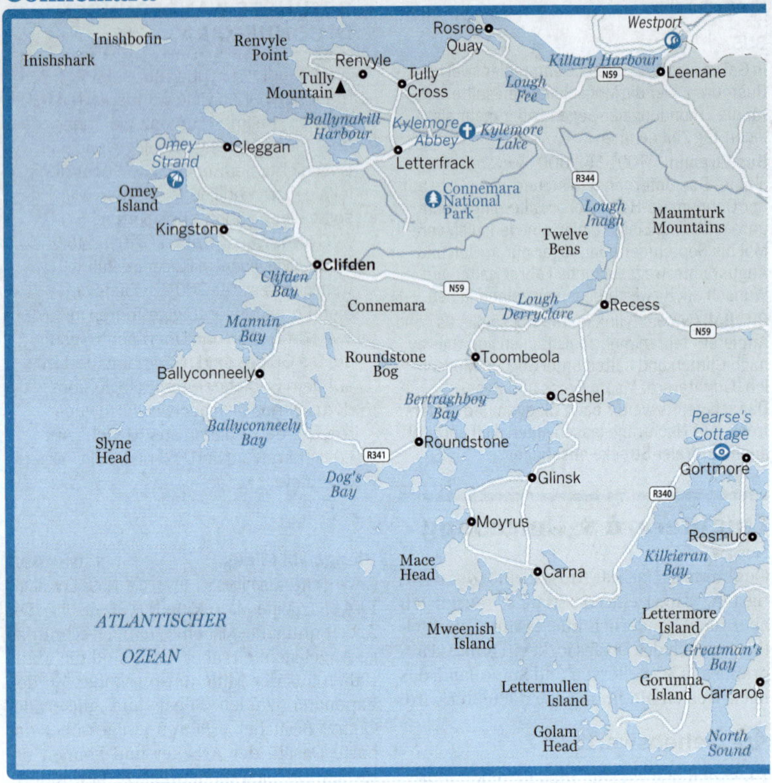

sitzer, wo man am besten die wilden braunen Forellen der Gegend fürs Abendessen angeln kann.

★ Currarevagh House HOTEL €€
(☎ 091-552 312; www.currarevagh.com; Glann Rd; Zi. 90–160 €; ⏲ Mitte März–Okt.; 📶) Hier schlagen romantische Herzen höher: 1846 erhielten die Vorfahren der heutigen Besitzer dieses Herrenhaus aus dem 19. Jh. als Hochzeitsgeschenk. Es steht auf einem riesigen Grundstück am Lough Corrib, das zu Spaziergängen einlädt, und verfügt über zeitlose, mit frischen Blumen geschmückte Räume. Die Mahlzeiten umfassen oft frische Forellen aus der Gegend.

Waterfall Lodge B&B €€
(☎ 091-552 168; www.waterfalllodge.net; über die N59; EZ/DZ ab 50/80 €) Das in unterschiedlichen Rosatönen eingerichtete B&B liegt neben einem Bach in einem baumbestandenen Garten. Es ist schön beleuchtet, voller Antiquitäten (wer möchte, darf das alte Klavier ausprobieren) und zu Fuß nicht weit von Oughterard weg.

ℹ Praktische Informationen

Eine nützliche Website ist www.oughterardtourism.com.

ℹ An- & Weiterreise

Bus Éireann (www.buseireann.ie) und **Citylink** (www.citylink.ie) bieten regelmäßige Busverbindungen von Galway nach Oughterard.

Lough Corrib

Der größte See der Republik schneidet das westliche Galway vom Rest des Landes ab. Er ist mehr als 48 km lang, hat eine Fläche von 200 km^2 und beherbergt 360 Inseln sowie jede Menge Lachse, Meer- und Bachforellen. Sein Fischreichtum hat dem Lough Corrib weltweite Berühmtheit eingebracht.

Als absoluter Höhepunkt der **Angelsaison** gilt der Mai, wenn Millionen Eintagsfliegen ausschwärmen und Fische wie Angler in den Wahnsinn treiben. Die Lachssaison beginnt im Juni.

Infos zum Fischfang und zum Bootsverleih gibt's im **Canrawer House** und in einem hervorragenden Laden namens **Thomas Tuck's Fishing Tackle** (☎091-552 335; Main St, Oughterard; ⌚Mo–Sa 9–18.30 Uhr).

Die größte Insel im Lough Corrib ist das einsame **Inchagoill** mit vielen Relikten aus vergangenen Zeiten. Am meisten beeindruckt der **Lia Luguaedon Mac Menueh** (Stein von Luguaedon, Sohn von Menueh), der eine Grabstätte markiert. Der 75 cm hohe Obelisk steht neben der Saints' Church. Manche behaupten, die lateinische Inschrift sei die zweitälteste christliche in ganz Europa – nach der in den römischen Katakomben. Die **Teampall Phádraig** (St. Patrick's Church) ist eine sehr alte, kleine Kapelle mit einigen späteren Ergänzungen. Als schönste Kirche gilt jedoch die romanisch inspirierte **Teampall na Naoimh** (Saints' Church), die vermutlich aus dem 9. oder 10. Jh. stammt. Ihr Torbogen weist hübsche Schnitzereien auf.

Corrib Cruises (☎092-46029; www.corribcruises.com; Erw./Kind 28/14 €; ⌚Ostern–Okt. Mi–Mo 12 Uhr) bietet Tagesausflüge mit dem Boot von Oughterard nach Inchagoill und zum Ashford Castle in der Nähe von Cong an.

Nördlich des Sees können Besucher im Örtchen Clonbur bei **Joyce Country Sheepdogs** (☎094-954 8853; www.joycecountrysheepdogs.ie; Clonbur; Erw./Kind 7/3 €; ⌚Juni–Sept. Mo–Fr 15 Uhr) erleben, wie Schäferhunde erstaunliche Leistungen vollbringen. Vorab buchen!

Auf der Küstenstraße von Galway zum Mace Head

Die Küstenstraße zwischen Galway und Connemara führt ganz gemächlich durch reizvolle Gegenden und Dörfer. Hinter Spiddal beginnt der beste Abschnitt.

Gegenüber dem beliebten, mit Blauer Flagge ausgezeichneten **Silver Strand** 4,8 km westlich von Galway an der R336 sind die dichten **Barna Woods** Wanderern und Picknickbesuchern vorbehalten. Der Wald beherbergt die letzten wild wachsenden Eichen im Westen Irlands.

Spiddal (An Spidéal), ein erfrischend authentisches Dorf, ist das Tor zur Gaeltacht-Region. Vor dem Ortseingang befinden sich auf der rechten Seite die **Spiddal Craft & Design Studios** (www.ceardlann.com; abseits der R336, Spiddal; ⌚variieren). Hier kann man Holzschnitzern, Lederkünstlern, Bildhauern und Webern bei ihrer Arbeit über die Schulter schauen und sich im hochgelobten Café **Builin Blasta** ein leckeres Stück Kuchen genehmigen.

Das **Cnoc Suain** (☎091-555 703; www.cnocsuain.com; Spiddal), ein restauriertes, strohgedecktes Haus aus der Zeit vor der Großen Hungersnot, gewährt Besucher einen Einblick ins Leben eines Dorfes in den Hügeln Connemaras im 17. Jh. Vor Ort erfährt man viel über die ursprünglichen Tänze, die Lieder, die Sprache und die Lebensweise der damaligen Zeit. Das Gebäude liegt 5 km nördlich von Spiddal inmitten eines großen Stücks sorgfältig erhaltener Landschaft.

Bei **Tigh Hughes** (Spiddal; ⌚traditionelle Sessions Di 21 Uhr) steigen hochkarätige Trad

DER SIEGER

Wenn ein US-amerikanischer Fernsehsender mal wieder hohe Einschaltquoten bei älteren Zuschauern verzeichnen will (und *Vom Winde verweht* erst kürzlich gezeigt wurde), wird *Der Sieger* (Originaltitel: *The Quiet Man*) ausgegraben. Der Klassiker von 1952 mit John Wayne und Maureen O'Hara steht bei vielen Filmkennern auf der Top-10-Liste der romantischen Komödien. Es handelt sich um ein energiegeladenes Porträt vom irischen Alltag auf dem Land samt Alkoholkonsum und Schlägereien.

Um den Film zu verwirklichen, reiste Regisseur John Ford ins Land seiner Vorfahren. Fast alle Szenen wurden in Connemara und dem kleinen Dorf Cong im County Mayo an der Grenze zu Galway gedreht (die Strandszenen wurden in Lettergesh aufgenommen). In dem Streifen ist auch die fotogene **Quiet Man Bridge** 3 km westlich von Oughterard in der Nähe der N59 zu sehen. Die bildhübsche kleine Brücke hieß ursprünglich Leam Bridge und hat sich kaum verändert. Wer genau aufpasst, wird allerdings feststellen, dass ein paar der Nahaufnahmen nicht am Originalschauplatz entstanden sind, sondern vor einer kitschigen Kulisse in Hollywood. Aber hey, so ist das Showbusiness.

Eingefleischte Fans des Films sollten sich Des MacHales *Complete Guide to The Quiet Man* zulegen. Man bekommt das erstklassige Buch in den meisten Touristeninformationen der Gegend.

Sessions. In dem Pub tauchen ganz spontan auch schon mal echte Szenegrößen auf. Die Kneipe steht etwas abseits der Hauptstraße, in der sich zahlreiche Unterkünfte aneinanderreihen. An der kleinen Kreuzung im Ortszentrum biegt man bei der Bank rechts ab, der Eingang befindet sich auf der rechten Seite.

Westlich von Spiddal wird die Landschaft immer spektakulärer, denn hier fallen die von einem Netz aus niedrigen Steinmauern durchzogenen Felder zur zerklüfteten Küste ab. **Carraroe** (An Cheathrú Rua) wartet mit herrlichen Stränden wie dem Coral Strand auf, der ganz aus Muschel- und Korallenteilchen besteht. Es lohnt, die Nebenstraßen zu beiden Seiten der **Greatman's Bay** abzufahren, um sich winzige Buchten und Esel anzusehen.

Die Inseln **Lettermore**, **Gorumna** und **Lettermullen** sind flach und wenig einladend. Ein paar Bauern fristen dort auf winzigen Feldern voller Steinen ihr Dasein. Gute Einnahmen bringt allein die Fischzucht.

An der R340 bei Gortmore stößt man auf das **Patrick Pearse's Cottage** (Teach an Phiarsaigh; www.heritageireland.ie; R340; Erw./Kind 3/1 €; ⏲ Ostern & Juni–Aug. 10–18 Uhr). 1916 führte Pádraig Pearse (1879–1916) gemeinsam mit James Connolly den Osteraufstand an und wurde später von den Briten hingerichtet. In dem kleinen reetgedeckten Haus mit hinreißender Aussicht verfasste er einige Kurzgeschichten und Stücke.

Die malerische R340 führt von dort weiter nach Süden und folgt der **Kilkieran Bay**, einem Naturschutzgebiet. Das verzweigte und komplexe Ökosystem aus Seemarschen, Mooren, schnell fließenden Flüssen sowie Gezeitenbecken lockt mit einer absolut umwerfenden Vielfalt von Tieren und Pflanzen.

Als Nächstes erreicht man **Carna**, ein Fischerdorf mit reizvollen Wanderwegen hinaus nach **Mweenish Island**, Richtung Norden nach Moyrus und weiter zur wilden Landzunge beim **Mace Head**.

Schlafen

Wer Roundstone bis Einbruch der Dunkelheit noch nicht erreicht hat, findet in der Landschaft verstreut nette B&Bs, viele davon mit Blick aufs Wasser.

★ **Cashel House Hotel** HOTEL €€
(☎ 095-31001; www.cashel-house-hotel.com; Cashel; EZ/DZ ab 85/170 €; 📶) Am Ende der Cashel Bay wartet dieses Landhaus mit 32 Zimmern voller Antiquitäten sowie einem 17 ha großen Wald- und Parkgelände auf. Zur Anlage gehören auch ein Stall mit Connemara-Ponys (Reitstunden möglich), ein erstklassiges Restaurant und ein kleiner Privatstrand.

Cloch na Scíth B&B €€
(☎ 091-553 364; www.thatchcottage.com; Kellough, Spiddal; Zi. 45–80 €) Das 100 Jahre alte reetgedeckte Gebäude steht in einem echten Bilderbuchgarten mit Enten und Hühnern. Nancy, die nette Gastgeberin, backt Brot im Eisentopf über dem Torffeuer – so, wie ihre Großmutter es ihr beigebracht hat.

Lough Inagh Valley

Die braune Landschaft des Lough Inagh Valley bezaubert mit ihrer unverfälschten Schlichtheit.

Von der Südseite und ein Stück westlich von Recess führt die R344 ins Tal hinein. Die düsteren Seen Derryclare und Inagh reflektieren unwirkliche Momentaufnahmen der Umgebung. An der Westseite erhebt sich das wenig einladende Massiv **Twelve Bens** und am nördlichen Ende trifft die Straße auf die N59, die sich durch ganz Connemara bis nach Leenane windet.

Außerdem zweigt am Nordende ein Weg rechts von der Straße ab, der in einem weiteren Tal endet.

Schlafen & Essen

Ben Lettery Hostel HOSTEL €

(085 271 3588; www.anoige.ie; N59, Ballinafad; B 15–20 €, DZ 80 €; Check-in 17–22 Uhr, April–Sept.;) Etwa 8 km westlich der Stelle, wo die R344 ins Tal führt (und 13 km östlich von Clifden), stößt man auf dieses renovierte YHA-Hostel. Es verfügt über eine saubere, gemütliche Küche und einen einladenden Aufenthaltsraum und ist die ideale Ausgangsbasis zur Erkundung des Tals. Auf Nachfrage halten hier die Busse von Citylink.

Lough Inagh Lodge LODGE €€

(091-34706; www.loughinaghlodgehotel.ie; über die R344; EZ/DZ ab 100/145 €; Abendessen 40 €;) Die atmosphärische Lodge punktet mit ihrem gediegenen viktorianischen Flair und 13 hübschen Zimmern. Sie liegt etwa 4,5 km nördlich von Recess mitten im traumhaften Tal an einem Hügel und am Wasser und ist über die R344 zu erreichen. Torffeuer in den behaglichen Gemeinschaftsbereichen erinnern daran, dass man sich auf dem Land befindet.

Roundstone

250 EW.

Roundstone (Cloch na Rón), eines der irischen Bilderbuchdörfer, erstreckt sich rund um einen Hafen mit vielen kleinen Booten. Fröhlich bunte Reihenhäuser und einladende Pubs blicken auf die schimmernde Bertraghboy Bay, in der Ebbe und Flut dramatische Formen annehmen. Hier tummeln sich Hummerfischer und traditionelle *currachs* (Boote mit hölzernem Rumpf, der mit geteertem Segeltuch überspannt wird).

Sehenswertes & Aktivitäten

Auf der kurzen **Promenade** genießt man einen schönen Blick zum Wasser sowie zu den erodierten Küstenabschnitten.

Roundstone Musical Instruments MUSIK

(www.bodhran.com; IDA Craft Park; Juli–Sept. 9–19 Uhr, Okt.–Juni Mo–Sa 9.30–18 Uhr) Gleich südlich des Dorfes befindet sich Malachy Kearns' Musikgeschäft. Er ist der einzige hauptberufliche Hersteller traditioneller *bodhráns*. Besucher können ihm bei der Arbeit zusehen und eine Zinnpfeife, eine Harfe oder ein Büchlein voller irischer Balladen erstehen. Zu dem Laden gehören auch ein kleines volkskundliches Museum und ein Café. In den benachbarten **Kunsthandwerksläden** wird alles von feinen Porzellanwaren (unbedingt bei **Roundstone Ceramics** vorbeischauen!) bis hin zu Pullis verkauft.

Mt. Errisberg WANDERN

Der einzige nennenswerte Hügel (298 m) an diesem Teil der Küste ragt am steinernen Pier auf. Innerhalb von zwei Stunden kann man von Roundstone zum Gipfel hinaufwandern; dazu folgt man einfach der schmalen Straße, die am O'Dowd's Pub im Zentrum vorbeiführt. Oben eröffnet sich eine herrliche Aussicht auf die Bucht und die Twelve Bens.

Schlafen & Essen

★ **Wits End B&B** B&B €

(091-35813; www.roundstoneaccommodation.com; Main St; EZ/DZ ab 30/50 €; März–Nov.;) Mitten im Ort befindet sich dieser pink-

GESPROCHENES IRISCH

Eine der wichtigsten Gaeltacht-Regionen (irischsprachige Gebiete) des Landes beginnt bei Spiddal. Sie erstreckt sich Richtung Westen bis nach Cashel und Richtung Norden bis ins County Mayo.

Mittlerweile erlebt die gesprochene irische Sprache eine Renaissance und wohlhabende Dubliner Familien reißen sich um Plätze in Schulen, in denen auf Irisch unterrichtet wird. Dieser Umstand ist diversen Medien aus Connemara und Galway geschuldet. Seit den 1990er-Jahren gibt's z. B. den nationalen irischsprachigen Radiosender Radio na Gaeltachta (www.rte.ie/rnag) und den Fernsehkanal TG4 (www.tg4.ie).

farbene Palast (na gut, es handelt sich eher um ein bescheidenes rosa Haus). Von den Zimmern reicht der Blick über die Straße aufs Meer. Das Wits End ist einfach, aber gemütlich und nur wenige Schritte von den netten Pubs entfernt.

Roundstone House HOTEL €€
(☎091-35864; www.roundstonehousehotel.com; Main St; EZ/DZ ab 45/90 €, Pub Hauptgerichte mittags 10 €, abends 20–30 €; ⏲April–Okt.) Das elegante Gebäude an der Main Street verfügt über 13 gemütliche, gut ausgestattete Zimmer (z. B. mit Teekesseln) und bietet einen Ausblick auf die Bucht. Im Sommer wird im hauseigenen Pub, dem **Vaughan's**, hin und wieder traditionelle Musik gespielt. Auf der Terrasse kann man sich Pints und Meeresfrüchtegerichte zu Gemüte führen.

Island View B&B B&B €€
(☎095-35701; www.islandview.ie; Main St; EZ 35–45 €, DZ 55–70 €; 📶) Im Zentrum von Roundstone wartet dieses superkomfortable B&B mit zahlreichen gediegenen Extras auf. Von den Zimmern fällt der Blick auf die Bucht.

★ **O'Dowd's** FISCH & MEERESFRÜCHTE €€
(☎091-35809; www.odowdsseafoodbar.com; Main St; Hauptgerichte 13–22 €; ⏲Restaurant Juni–Sept. 10–21.30 Uhr, Okt.–Mai 10–21 Uhr) Seit seinem großen Auftritt 1997 im Hollywoodstreifen *Heirat nicht ausgeschlossen* hat das gemütliche alte Pub nichts von seiner Originalität eingebüßt. Im angrenzenden Restaurant kommt man in den Genuss frischer Meeresfrüchte, die gleich gegenüber gefangen werden. Viele Zutaten stammen aus dem eigenen Garten des O'Dowd's. Außerdem gibt's viele irische Biere aus Kleinbrauereien und bis 12 Uhr Frühstück.

Von Roundstone nach Clifden

Die R341 verläuft an der Küste entlang von Roundstone nach Clifden, wo die Strände schneeweiß sind und das Wasser eine türkisgrüne Farbe hat: Wäre es 10 °C wärmer, könnte man glatt denken, man befände sich auf Antigua. 2,5 km hinter Roundstone liegt die Abzweigung zur **Gurteen Bay** (bzw. Gorteen Bay). Nach weiteren 800 m führt eine Straße zur **Dog's Bay**. Zwischen den beiden Buchten erstreckt sich eine Halbinsel, die wie ein Hundeknochen geformt und von malerischen Stränden umgeben ist. Hier kann man problemlos einen Tag damit zubringen, die grasbewachsenen Landzungen zu erkunden und auf dem Sand umherzuspazieren.

Oberhalb der Strände in toller Lage befindet sich der **Gurteen Beach Caravan & Camping Park** (☎091-35882; www.gurteenbay.com; über die R341; Stellplatz ab 20 €, Wohnwagen ab 100 €; ⏲März–Okt.; @), ein friedlicher, gut ausgestatteter Campingplatz.

CONNEMARAS FILMHIT

In Galway, vor allem in Connemara, spielt der erfolgreichste irische Independentfilm aller Zeiten, die dunkle Komödie *The Guard – Ein Ire sieht schwarz* aus dem Jahre 2011. Der Streifen, in dem der immer sehenswerte Brendan Gleesan und der außergewöhnliche Charakterdarsteller Don Cheadle die Hauptrollen besetzen, war in Irland sehr erfolgreich, kam aber auch in Großbritannien und in den USA gut an. Nicht schlecht für einen Film, der mit einem minimalistischen Budget gedreht wurde und überwiegend in der kargen Umgebung der Moore von Connemara spielt.

The Guard, bei dem John Michael McDonagh (der Bruder von Martin McDonagh, Regisseur von *Brügge sehen ... und sterben?*) Regie führte, folgt dem vom Gleeson gespielten Sergeant Gerry Boyle, der den Kampf gegen einige international agierende Drogenschmuggler aufnimmt und sich dabei auch noch mit einem ernsten FBI-Agenten (Cheadle) herumschlagen muss. Boyle wirkt unmotiviert, ungebildet, ungehobelt und überhaupt sehr „un-„, doch gerade das beflügelt diese schwarze, recht anspruchsvolle Komödie, die selbst ernsthafte Themen wie Erlösung berührt.

Wer die kleinen zweispurigen Straßen Connemaras entlangfährt, entdeckt einige der düsteren Schauplätze des Films in Lettermore (Leitir Moir) an der R374 sowie an der einsamen Straße durch das Roundstone Bog. Andere Schlüsselszenen spielen am Blackrock-Sprungturm in Salthill, in der Nähe von Galway (Stadt) und entlang der Küstenstraße (R336) zwischen Barna und Spiddal. Die Schießerei auf dem „Spiddal Pier", in der der Film kulminiert, wurde allerdings auf der anderen Seite des Landes in Wicklow gedreht.

In **Ballyconneely** fährt man von der R341 Richtung Westen ab, um das **Connemara Smokehouse** (www.smokehouse.ie; Bunowen Pier; ⌚Mo–Fr 9–17 Uhr) zu besuchen. Hier erfährt man alles darüber, wie der berühmte Lachs der Region geräuchert wird, und darf ihn auch probieren.

Clifden & Umgebung

2100 EW.

Connemaras „Hauptstadt" Clifden (An Clochán) liegt am Ende der engen Bucht, wo der Owenglin ins Meer fließt. Die Straßen des hübschen Ortes aus viktorianischer Zeit, dessen Form vage einer Harfe ähnelt, laden zu netten Spaziergängen ein, außerdem kann man in der Umgebung Wald- und Küstenwanderungen unternehmen.

Sehenswertes & Aktivitäten

Die Gegend ist für ihre Ponys berühmt und Ausritte am Strand erfreuen sich großer Beliebtheit. Bei der jährlichen **Connemara Pony Show** (www.cpbs.ie; ⌚Mitte Aug.), die Besucher aus ganz Westirland anzieht, erlebt man die Tiere in Bestform.

Ein Spaziergang (15 Min.) führt die Beach Road hinunter zum **Hafen**, wo sich Clifdens Türme im Gezeitenwasser spiegeln.

★ Sky Road WANDERN, RADFAHREN

Die 12 km lange Route verläuft in einem spektakulären Bogen stadtauswärts nach Kingston und wieder zurück nach Clifden, vorbei an wildromantischen, zerklüfteten Küstenstreifen. Die Strecke lässt sich zu Fuß oder per Fahrrad bewältigen; wer wenig Zeit hat, kann aber auch mit dem Auto fahren. Sie startet am Market Square in Clifden und führt von dort direkt Richtung Westen.

Connemara Heritage & History Centre MUSEUM

(www.connemaraheritage.com; N59, Lettershea; Erw./Kind 8/4 €; ⌚April–Okt. 10–18 Uhr; 📶) Bis zu seiner Vertreibung lebte und arbeitete in diesem Haus 7 km östlich von Clifden der Bauer Dan O'Hara. Im New Yorker Exil fristete er sein Leben als Streichholzverkäufer auf der Straße. Die gegenwärtigen Eigentümer haben das Anwesen renoviert und in eine Art Freilichtmuseum mit Vorführungen im Torfstechen, Dachdecken sowie in der Schafschur verwandelt. Man kann in dem Gebäude übernachten und Komfort genießen, der Dan nie vergönnt war.

> ABSTECHER
>
> **DURCH DAS MOOR NACH CLIFDEN**
>
> Abseits der Küste gibt's eine alternative Route von Roundstone nach Clifden, die durch das geschützte **Roundstone Bog** führt. 4 km nördlich von Roundstone zweigt eine alte Straße von der R341 Richtung Westen ab und verspricht eine holprige Fahrt durch eine verwunschene, trostlose Gegend. Manche Einheimische glauben, dass es in dem rostfarbenen Moor spukt, und meiden es deshalb nachts. Davon abgesehen sollte man der Route tatsächlich nur am Tag folgen, da sie in schlechtem Zustand ist. Im Sommer sieht man gelegentlich Arbeiter beim Torfstechen. Bei Ballinaboy trifft die Straße wieder auf die R341.

Station House Museum MUSEUM

(Clifden Station House; abseits der Hulk St; Erw./Kind 2/1; ⌚Mai–Okt. Mo–Sa 10–17, So 12–16 Uhr) Das Museum befindet sich in einer alten Bahnhofshalle, die zu einem schicken neuen Hotel- und Freizeitkomplex gehört. Es widmet sich der Geschichte der örtlichen Ponys sowie verschiedenen historischen Ereignissen.

Mannion's Bikes FAHRRADVERLEIH

(www.clifdenbikes.com; Bridge St; Fahrrad ab 15 € pro Tag; ⌚Mo–Sa 10–18, So 10–12 Uhr) Große Auswahl an Fahrrädern.

Errislannan Manor REITEN

(☎095-21134; www.connemaraponyriding.com; Ballyconneely Rd/R341; Reiten ab 30 € pro Std.) Hier werden Reitunterricht und -ausflüge entlang des Strands sowie in die Hügel mit den berühmten hiesigen Ponys angeboten. Der Stall liegt 3,5 km südlich von Clifden an der R341.

Schlafen

Es gibt im Ortszentrum zahlreiche empfehlenswerte Unterkünfte.

Acton's Eco Beach CAMPINGPLATZ €

(☎095-44036; www.actonsbeachsidecamping.com; Omey Island/Claddaghduff Rd; Stellplatz ab 15 €) 🍃 Dieser umweltfreundliche Campingplatz hat einen eigenen Strand mit weißem Sand und ist ein wirklich schönes Fleckchen, um Urlaub zu machen. Nach dem Shuttleservice fragen.

Clifden Town Hostel HOSTEL €
(☎ 095-21076; www.clifdentownhostel.com; Market St; B 17–22 €, DZ ab 40 €) Fröhliches IHH-Hostel mitten im Stadtzentrum. Das cremefarbene Gebäude verfügt über große Fenster und helle Zimmer mit insgesamt 34 Betten.

★ **Dolphin Beach** B&B €€
(☎ 095-21204; www.dolphinbeachhouse.com; Lower Sky Rd; EZ/DZ ab 90/130 €;) Heute ist der frühere Grundriss dieses Herrenhauses aus dem 19. Jh. kaum mehr auszumachen. In den hellen Gemeinschaftsbereichen und den lässig-schicken Zimmern dominieren klare Linien. Das B&B befindet sich 5 km westlich von Clifden an einem der schönsten Küstenabschnitte Connemaras.

★ **Quay House** HOTEL €€
(☎ 095-21369; www.thequayhouse.com; Beach Rd; EZ/DZ ab 90/150 €; ⏲ Mitte März–Mitte Nov.;) Unten am Hafen, zehn Gehminuten vom Ortszentrum, stößt man auf das 1820 errichtete weitläufige Quay House. In den 14 Zimmern gibt's zahlreiche Antiquitäten, trotzdem wirkt das Ganze nicht spießig, sondern zeitgemäß. Die Unterkunft wird von einem Mitglied der Hotelier-Familie Foyle betrieben und bietet einen Komfort, der in früheren Zeiten, als das Gebäude noch als Kloster diente, unvorstellbar war.

Ben View House B&B €€
(☎ 095-21256; www.benviewhouse.com; Bridge St; EZ/DZ ab 45/70 €;) Holzbalken, polierte Bodendielen und Gastfreundlichkeit verleihen dem 1848 erbauten Stadthaus klassischen Charme. Alle neun Zimmer quellen förmlich über vor Antiquitäten. Im Ben View sind Radfahrer gut aufgehoben: Es hat eine Menge Platz für die Ausrüstung und Schweißgeruch ist absolut kein Problem!

Dun Ri Guesthouse GASTHAUS €€
(☎ 095-21625; www.dunri.ie; Hulk St; Zi. 50–100 €;) Vom Ortskern geht's den Hügel hinab zu einem ruhigen Gasthaus in der Nähe des Reitwegs. Die ansprechende, moderne Pension verfügt über 13 geräumige Zimmer. Das Frühstück ist im Preis inbegriffen und lockt mit einer tollen Auswahl, darunter eine abwechslungsreiche Käseplatte.

Foyles Hotel HOTEL €€
(☎ 095-21801; www.foyleshotel.com; Main St; EZ/DZ ab 60/90 €; ⏲ April–Okt.; @) Clifdens ältestes Hotel, ein Wahrzeichen im Stadtzentrum mit einer dezent blauen, weiß abgesetzten Fassade, befindet sich seit Jahrzehnten im Besitz derselben Familie. Die stattliche Lobby schmücken frische Blumen, der Service ist sehr entgegenkommend, der Kamin glimmt und die 25 Zimmer sind überaus komfortabel.

Essen & Ausgehen

Im Zentrum gibt's jede Menge Pubs und Restaurants. Wie in der gesamten Region stehen vor allem Fisch und Meeresfrüchte auf den Speisekarten.

★ **Connemara Hamper** FEINKOST €
(Lower Market St; Snacks ab 3 €; ⏲ Mo–Sa 10–17.30 Uhr) Die fröhlichen Damen in diesem Geschäft verkaufen Hähnchen-Lauch-Pasteten und andere Köstlichkeiten für ein Picknick. Kunden des Feinkostladens können sich über eine große Palette an fertigen Gerichten und frisches Brot freuen.

Lowry's Bar PUB €
(Market St; Hauptgerichte 6–10 €) Authentisch, traditionell, altmodisch und ohne Schnickschnack, außerdem finden in dem Pub mehrmals pro Woche *céilidh*-Sessions statt. Die Karte umfasst Bodenständiges wie Bratwurst mit Kartoffelpüree. Gute Whiskey-Auswahl.

★ **Mitchell's** FISCH & MEERESFRÜCHTE €€
(☎ 095-21867; Market St; Hauptgerichte mittags 8–12 €, abends 15–25 €; ⏲ März–Okt. 12–22 Uhr) In dem eleganten Lokal gibt's gute Fischsuppe und immer wieder neue, innovative regionale Meeresfrüchtespezialitäten – selbstverständlich stammen die Zutaten aus den umliegenden Gewässern – sowie eine gute Weinkarte. Wer hier zu Abend essen möchte, sollte vorab reservieren. Mittags gehören Sandwiches und einfache Gerichte zum Angebot.

Off the Square FISCH & MEERESFRÜCHTE €€
(www.offthesquarerestaurant.com; Main St; Hauptgerichte 10–20 €; ⏲ 9–22 Uhr) Auf der Karte dieses guten Bistros stehen viele mediterrane Gerichte. Mittags kommen einfache Speisen auf den Tisch, aber abends wird groß aufgefahren. Nicht nur die köstlichen Meeresfrüchte, auch die Steaks stammen aus der Region. Das Frühstück ist ebenfalls sehr lecker.

Mullarky's Pub PUB
(Main St) Das Pub punktet mit einer ausgelassenen, fröhlichen Stimmung. Hier treten häufig Livebands auf.

Shoppen

Clifden Bookshop BUCHLADEN
(Main St; ⏲ Mo–Sa 10–18 Uhr) Gute Auswahl an Titeln und Karten zur Region.

Praktische Informationen

Am Market Sqare gibt's mehrere Banken mit Geldautomaten und einen geräumigen Supermarkt.

Touristeninformation (www.clifdenchamber.ie; Galway Rd/N59; ⏲ Ostern–Juni & Sept. Mo–Sa 10–17 Uhr, Juli & Aug. tgl. 10–17 Uhr) Im Clifden-Station-House-Komplex.

Anreise & Unterwegs vor Ort

Bus Éireann (www.buseireann.ie) und **Citylink** (www.citylink.ie) fahren mehrmals täglich über die N59 nach Galway (ab 13 €, 90 Min.). Unterwegs halten sie in Oughterard.

Claddaghduff & Omey Island

Am zerklüfteten, schroffen Küstenstreifen nördlich von Clifden liegt das kleine ausgeschilderte Dorf **Claddaghduff** (An Cladach Dubh). Wenn man an der katholischen Kirche Richtung Westen abbiegt, gelangt man zum **Omey Strand**. Bei Ebbe kann man durch den Sand nach **Omey Island** spazieren oder fahren. Auf dem Inselchen aus Felsen, Sand- und Grasflächen leben nur 20 Einheimische. Im Sommer finden am Strand Pferderennen statt.

Cleggan

250 EW.

Viele Traveller ignorieren Cleggan (An Cloiggean), ein kleines Fischerdorf 16 km nordwestlich von Clifden, und gehen sofort an Bord der Fähre nach Inishbofin. Ein großer Fehler, denn der Ort ist überaus charmant.

Mit leckeren frischen Meeresfrüchten wie den hervorragenden Krebsscheren in Knoblauch und dem jeweiligen Fang des Tages zieht das beliebte **Oliver's** (☎ 095-44640; www.oliversbar.com; Hauptgerichte 20–25 €; ⏲ Küche 17–21 Uhr) zahlreiche Einwohner an. Die klassische Fassade des Pubs ist so schwarz wie das Guinness, das hier ausgeschenkt wird. Oben befinden sich einfache B&B-Zimmer (ab 60 €).

Die nahe gelegene **Pier Bar** (Dockside) kommt um einiges rauer daher, hat aber draußen unter den Bäumen hübsche Sitzgelegenheiten.

Busse von **Citylink** (www.citylink.ie) fahren dreimal täglich von Clifden nach Cleggan.

Schmale Straßen, die immer wieder zurück zur Hauptstraße führen, folgen westlich von Cleggan der spektakulären Küste. Die großen Felsen, mit denen die weiten Moore gesprenkelt sind, wirken wie Trittsteine für Riesen.

Inishbofin

160 EW.

Tagsüber ist Inishbofin ruhig und verschlafen. Enge Gassen, grüne Wiesen und Sandstrände laden zu Spaziergängen und Radtouren ein. Unterwegs kommt man an Vieh und Seehunden vorbei. Abends geht's hier dagegen ganz schön rund, denn im Pub wacht keine *gardaí* (Polizei) über die Sperrstunde.

Die 6 km lange und 3 km breite, kompakte Insel liegt 9 km vor dem Festland. Am höchsten Punkt ragt sie etwa 86 m aus dem Meer auf. Neben dem Nordstrand erstreckt sich der **Lough Bó Finne**, dem das Eiland seinen Namen verdankt (*bó finne* bedeutet „weiße Kuh").

Sehenswertes & Aktivitäten

664 begab sich der hl. Colman freiwillig hierher ins Exil, nachdem er sich mit der Kirche wegen der Einführung des neuen Kalenders überworfen hatte. Er soll nordöstlich des Hafens ein Kloster errichtet haben, allerdings sind dort heute nur noch die Überreste einer kleinen **Kirche** aus dem 13. Jh. zu sehen. Außerdem diente Inishbofin der berühmten Piratenkönigin Grace O'Malley im 16. Jh. als Stützpunkt. 1652 nahmen Cromwells Truppen das Eiland ein und internierten hier Priester und Geistliche.

Die klaren Gewässer eignen sich wunderbar zum **Tauchen** und die **Strände** sind herrlich unberührt.

★ Wanderpfade WANDERN
(www.inishbofin.com) Faszinierende Wege verlocken zu Erkundungstouren. Es gibt mehrere Pfade, deren Beschreibung man sich von der Webseite der Insel herunterladen kann.

Heritage Museum MUSEUM
(⏲ Öffnungszeiten wechseln) GRATIS Am Pier gewährt ein interessantes Museum einen umfassenden Einblick in die bewegte Inselgeschichte.

Kings Bicycle Hire FAHRRADVERLEIH
(☎ 095-45833; auf dem Pier; Fahrräder ab 15 € pro Tag; ⏲ bei Ankunft der Fähren) Die Insel eignet sich wunderbar zum Radfahren, auch wenn man nicht weit kommt.

Feste & Events

Inishbofin Arts Festival KUNSTFESTIVAL
(www.inishbofin.com; Mitte Mai) Bei diesem Festival wird Inishbofin mit Akkordeon-Workshops, archäologischen Wanderungen, Kunstausstellungen und Konzerten hochkarätiger irischer Bands mal so richtig wachgerüttelt.

Schlafen & Essen

Die Hotels verfügen über gute Restaurants, außerdem gibt's ein tolles Pub.

Inishbofin Island Hostel HOSTEL €
(095-45855; www.inishbofin-hostel.ie; Stellplatz 10 €/Pers., B 15–18 €, DZ 40–50 €; Ostern–Sept.) Das lauschige alte Bauernhaus wartet mit 38 Betten, malerisch gelegenen Zeltplätzen und Gemeinschaftsbereichen samt Panoramafenstern auf. Von hier sind es nur 500 m bis zum Fähranleger.

Doonmore Hotel HOTEL €€
(095-45804; www.doonmorehotel.com; EZ/DZ ab 50/80 €; April–Sept.;) In Hafennähe bietet das Doonmore Hotel bequeme, schlichte Zimmer. Das Mittag- (15 €) bzw. Abendessen (35 €) besteht aus frischem, lokalem Fisch. Für Ausflüge stellen einem die Inhaber gern ein leckeres Picknickpaket zusammen.

Lapwing House B&B €€
(095-45996; www.inishbofin.com; ab 35 €/Pers.;) Das familiengeführte B&B, das nach der regionalen Vogelart, die auf der Insel brütet, benannt ist, hat zwei Zimmer in einem traditionellen Haus. Es liegt zehn Gehminuten vom Hafen entfernt.

Praktische Informationen

In Inishbofins kleinem Postamt befindet sich auch ein Lebensmittelladen. Es gibt keine Geldautomaten, und die meisten Unternehmen und Einrichtungen nehmen nur Bargeld an.
Tourismusverband (095-45861; www.inishbofin.com) Nützliche Infos und detaillierte Online-Wanderführer.

An- & Weiterreise

Island Discovery (095-45894/19; www.inishbofinislanddiscovery.com; Erw./Kind Hin- & Rückfahrt 20/10 €) bietet Fährverbindungen von Cleggan nach Inishbofin (30–45 Min.). In der Nebensaison verkehrt jeden Tag ein Boot, in der Hauptsaison sind es maximal drei. Oft werden die Fähren von Delfinen begleitet. Bei rauer See fallen die Fahrten gelegentlich aus.

Letterfrack & Umgebung

200 EW.

Das im 19. Jh. von Quäkern gegründete Letterfrack (Leitir Fraic) ist eigentlich nur eine Straßenkreuzung mit einigen Pubs und B&Bs. Doch das rundum gelegene Waldgebiet und die nahe Küste locken viele Outdoorfans an. Hier kann man z. B. innerhalb von 40 Minuten den **Tully Mountain** (4 km) hinaufsteigen und oben den tollen Ausblick aufs Meer genießen.

Sehenswertes

★ **Connemara National Park** NATIONALPARK
(www.connemaranationalpark.ie; abseits der N59; Besucherzentrum März–Okt. 9–17.30 Uhr, Nationalpark 24 Std.) GRATIS Gleich südöstlich von Letterfrack erstreckt sich der 2000 ha große Connemara National Park mit abwechslungsreichen Landschaften voller Moore, Berge und Heideland. Das Besucherzentrum liegt abseits eines Parkplatzes 300 m südlich der Kreuzung von Letterfrack.

Innerhalb des Schutzgebietes befinden sich einige der **Twelve Bens**, darunter der Bencullagh, der Benbrack und der Benbaun. Das Herzstück ist das **Gleann Mór** (Big Glen, „Großes Tal"), durch das sich der Fluss Polladirk seinen Weg bahnt. Schöne Wanderwege führen das Tal hinauf und durch die Berge. Kürzere Strecken lassen sich gut auf eigene Faust erkunden. Wem die Bens zu anstrengend sind, der kann den nahe gelegenen **Diamond Hill** bezwingen.

Das **Besucherzentrum** informiert über die Flora, Fauna und Geologie des Parks (beispielsweise über den mottengroßen Weinschwärmer). Außerdem lohnt ein Blick auf die detaillierten Land- und Wanderkarten, bevor man in das Naturschutzgebiet aufbricht. Vor Ort gibt's auch eine Teestube.

Geführte Wanderungen (Juli & Aug. 11 Uhr) durch das raue, morastige Areal beginnen mehrmals pro Woche am Besucherzentrum. Sie dauern zwei bis drei Stunden.

Kylemore Abbey HISTORISCHES GEBÄUDE
(www.kylemoreabbeytourism.ie; abseits der N59; Erw./Kind 12,50 €/frei; April–Sept. 9–18.30 Uhr, Okt.–März 10–16.30 Uhr) Das schön am Seeufer gelegene neogotische Haus aus dem 19. Jh. befindet sich ein paar Kilometer östlich von Letterfrack. Es verfügt über Zinnen und gehörte ursprünglich dem reichen englischen Geschäftsmann Mitchell Henry, der seine Flitterwochen in Connemara verbrachte. Henrys Frau starb bereits in jungen Jahren.

ABSTECHER

DIE NORDKÜSTE VON CONNEMARA

Connemaras Attraktionen reihen sich aneinander wie die Perlen einer Kette, doch die Diamanten befinden sich an der Nordküste. Hier locken umwerfende Strände, das unberechenbare Meer und raue Berge.

Die N59 ist weniger ansprechend als die Nebenstraßen, die auf einer 15 km langen Strecke den unregelmäßigen Windungen der Küste folgen. Los geht's in **Letterfrack**, wo ein schmaler Weg Richtung Nordwesten verläuft. Am besten hält man sich an kleine Nebenstrecken und bleibt so nah am Wasser wie möglich. Dabei sollte man auf Schafe achten, die plötzlich auf dem Weg stehen können! In dieser Gegend scheint das Land nahtlos ins Meer überzugehen, was einfach traumhaft schön aussieht. Wer sich plötzlich in einer Sackgasse am Strand wiederfindet, steigt einfach aus und freut sich!

Übernachtungsmöglichkeiten gibt's in **Renvyle**, z. B. auf dem **Renvyle Beach Caravan & Camping** (☎ 095-43462; www.renvylebeachcaravanpark.com; Renvyle; Zeltstellplatz 10–20 €; ⏲ Ostern-Sept.) mit grasbewachsenen Stellplätzen für Zelte und einem direkten Zugang zum Sandstrand.

Das **Renvyle House Hotel** (☎ 095-43511; www.renvyle.com; Renvyle; Zi. 100–250 €; 📶🏊) ist ein luxuriös umgebautes Landgut mit 68 Zimmern auf 80 ha Land, das einst dem Dichter Oliver St. John Gogarty gehörte.

Weiter östlich entdeckt man an der winzigen Kreuzung von **Tully Cross** ein paar nette Pubs, bevor es weiter an der Küste entlanggeht. Insbesondere an sonnigen Tagen sollte man regelmäßig anhalten, um das wunderbare Farbschauspiel der Landschaft zu bestaunen: das kobaltblaue Meer, den hellblauen Himmel, das smaragdgrüne Gras, die braunen Hügel, die schiefergrauen Steine und die weißen Sandstrände. Die Pferderennszenen am Strand im Film *Der Sieger* wurden in **Lettergesh** gedreht.

Eine Abzweigung führt nach **Rosroe Quay**, wo sich der fantastische halbmondförmige **Glassillaun Beach** erstreckt. **Scuba Dive West** (☎ 095-43922; www.scubadivewest.com) bietet hier empfehlenswerte Kurse und Tauchgänge vor der Küste und den nahe gelegenen Inseln an.

Die letzten 5 km der Route verlaufen am **Lough Fee** entlang. Im Frühjahr ist die Gegend besonders malerisch; dann blüht der Ginster in kräftigem Gelb. Wenn man die N59 erreicht hat, sollte man sich Zeit für eine Pause nehmen, um die unglaubliche Schönheit der Spritztour ein wenig zu verdauen.

Der Eintrittspreis beinhaltet auch den Zutritt zum **ummauerten viktorianischen Garten**. Wer nur am Seeufer entlangschlendern und die Wälder ringsum erkunden möchte, muss für das Vergnügen nichts zahlen. Das Anwesen beherbergt überdies ein Restaurant und ein Geschäft und hat geführte Wanderungen im Angebot.

Mit der Ruhe ist es hier während der Sommermonate vorbei, denn dann fallen täglich Dutzende von Busladungen ein, und jedem Bus folgen durchschnittlich 50 Autos (2500 pro Tag!). Die Kylemore Abbey liegt 4,5 km östlich von Letterfrack.

Schlafen

Letterfrack Lodge HOSTEL €
(☎ 095-41222; www.letterfracklodge.com; Letterfrack; Campingstellplatz ab 12 €, B 18–22 €, DZ 40–60 €; @📶) Das Hostel in der Nähe der Kreuzung verfügt über unterschiedlich große, aber immer geräumige Mehrbettzimmer. Die Doppelzimmer entsprechen den Standards in einem B&B. Mike, der Besitzer, kann einem jede Menge über Wanderrouten und Pubs in der Gegend erzählen.

An- & Weiterreise

Bus Éireann (www.buseireann.ie) und **Citylink** (www.citylink.ie) fahren mindestens einmal täglich von Clifden, 15 km südwestlich der N59, nach Letterfrack.

Leenane & Killary Harbour

Das kleine Örtchen Leenane (oder auch Leenaun) döst an der Küste des dramatischen Killary Harbour vor sich hin. Der mit vielen Muschelbänken gespickte lange, schmale Hafen ist Irlands einziger „Fjord". Er reicht etwa 45 m tief und 16 km breit ins

Land, ist aber laut wissenschaftlichen Studien möglicherweise nicht von Gletschern geformt worden. An seinem Nordende erhebt sich der **Mt. Mweelrea** (819 m).

Leenane schwelgt in seinem cineastischen Ruhm, denn es lieferte die Kulisse für *Das Feld* (1989), einen Film mit Richard Harris. Der Streifen basiert auf John B. Keanes ergreifendem Stück über einen Bauern, der seinem Sohn ein Stück Pachtland vermachen möchte. Seit Martin McDonaghs Stück *The Beauty Queen of Leenane* ist der Ort auch in der Theaterwelt bekannt.

Von hier führt die R335 Richtung Norden ins Doolough Valley im County Mayo.

Auf der lokalen Website (www.leenanevillage.com) erfährt man Wissenswertes über die Gegend.

Sehenswertes

★ Sheep & Wool Centre MUSEUM
(www.sheepandwoolcentre.com; Main St; Erw./Kind 5/3 €; April–Okt. 9.30–18 Uhr) Nach einem Besuch der grasenden Schafe in der Umgebung kann man sich hier gleich unter die Herde mischen. In dem überraschend spannenden kleinen Museum gibt's Vorführungen im Spinnen und Weben, zudem lernt man eine Menge über die Geschichte des Färbens. Der zugehörige Shop verfügt über lokal hergestelltes Kunsthandwerk und topografische Wanderkarten. Das Café lädt zu einer Pause ein.

Aktivitäten

Killary Cruises BOOTSTOUR
(www.killarycruises.com; N59; Erw./Kind 21/10 €; April–Okt.) Ab Nancy's Point, 2 km westlich von Leenane, kann man mit Killary Cruises eine 1½-stündige Rundfahrt im Killary Harbour unternehmen (April–Okt. 4-mal tgl.). Manchmal von Delfinen begleitet, schippert das Boot an einer Muschel- sowie einer Lachsfarm vorbei. Im Sommer werden täglich vier Fahrten angeboten.

Killary Adventure Centre ABENTEUERSPORT
(095-43411; www.killaryadventure.com; abseits der N59; Aktivitäten Erw./Kind ab 46/31 €; 10–17 Uhr) Kanufahrten, Kajaktouren auf dem Meer, Segeln, Klettern, Windsurfen und Tageswanderungen sind nur ein paar der Aktivitäten, die zum Programm des Abenteuerzentrums 3 km westlich von Leenane gehören.

Wanderungen WANDERN
Von Leenane aus kann man tolle Wanderungen unternehmen, z. B. zum 3 km entfernten **Aasleagh Waterfall** (Eas Liath) im Nordosten von Killary Harbour. Außerdem lohnt es sich, der Straße Richtung Westen zu folgen, die 2 km an der Südküste entlangläuft. Wenn sie ins Landesinnere abbiegt, geht's zu Fuß weiter geradeaus auf der alten Straße bis zum winzigen Fischerdorf **Rosroe Quay**.

Schlafen & Essen

In den traditionellen Pubs unweit der Brücke trifft man auf zahlreiche Bauern und Dorfbewohner, die in Ruhe ein Bier oder einen Irish Coffee trinken möchten. Außerdem bekommt man in den mit dunklem Holz vertäfelten Innenräumen am offenen Kamin oder an den Picknicktischen im Freien etwas zu essen.

Sleepzone Connemara HOSTEL €
(095-42929; www.sleepzone.ie; über die N59; Zeltstellplatz ab 12 €, B 16–25 €, Zi. 30–70 €; März–Okt.; @) Das renovierte Gebäude aus dem 19. Jh. wartet mit mehr als 100 Betten in gut gepflegten Schlafsälen und privaten Zimmern auf. Es erfreut sich vor allem bei Wanderern großer Beliebtheit. Zu den Einrichtungen des Hostels zählen eine Bar, eine Terrasse mit Grill, ein Tennisplatz und ein Fahrradverleih. Das Sleepzone Connemara befindet sich 6 km westlich von Leenane und bietet Transportverbindungen zu seinem Schwesternhotel in Galway-Stadt.

★ Delphi Lodge LODGE €€€
(095-42222; www.delphilodge.ie; über die R335; EZ/DZ ab 125/290 €; @) Am liebsten möchte man die traumhafte Aussicht aus diesem Landsitz nachts mit in seine Träume nehmen. Das einsame Anwesen erstreckt sich inmitten einer großartigen Berg- und Seekulisse und verfügt über zwölf schicke Zimmer sowie zahlreiche Gemeinschaftsbereiche, darunter eine Bibliothek und ein Billardzimmer. Die leckeren modern-irischen Mahlzeiten (55 €) bestehen aus lokalen Zutaten und werden gemeinsam mit den anderen Gästen an einem großen Tisch eingenommen. Die Umgebung lädt u. a. zum Wandern und Angeln ein. Die Lodge liegt 13 km westlich von Leenane.

★ Blackberry Café MODERN IRISCH €€
(095-42240; www.blackberryrestaurant.ie; Main St; Hauptgerichte mittags 6–17 €, abends 20–25 €; Ostern–Sept. 10–16 & 18–21 Uhr, April–Mai & Sept. Di geschl.) Räucherlachs aus Connemara, kräftige Fischsuppe, heiß geräucherte Forelle und Rhabarberkuchen sind nur einige der Köstlichkeiten, die tagsüber in diesem wun-

derbaren Café im Zentrum von Leenane kredenzt werden. Das Abendessen ist eine aufwendigere Angelegenheit.

SÜDLICH VON GALWAY (STADT)

Am besten nimmt man sich etwas Zeit, an der stark befahrenen Küstenstraße zwischen der Stadt Galway und dem County Clare, um den frischen Austernduft einzuatmen. Wer die N18 bei Kilcolgan verlässt und Richtung Osten fährt, wird wunderschöne Ortschaften wie Kinvara entdecken, die den persönlichen Reiseplan gehörig durcheinanderbringen können – jedenfalls wenn man einen hat.

Clarinbridge & Kilcolgan

1900 EW.

Am Ende des Sommers zeigen sich Clarinbridge (Droichead an Chláirin) und Kilcolgan (Cill Cholgáin), beide etwa 16 km südlich von Galway gelegen, während des **Clarinbridge Oyster Festival** (www.clarenbridge.com; Mitte Sept.) von ihrer lebendigsten Seite. Die Austern schmecken allerdings von Mai bis August am leckersten.

Im **Paddy Burke's Oyster Inn** (www.paddyburkesgalway.com; abseits der N18, Clarinbridge; Hauptgerichte 10–24 €; Mo–Sa 10–22, So ab 12 Uhr), einem reetgedeckten Gasthaus bei der Brücke an der N18, kann man sich das ganze Jahr über an Muscheln satt essen.

Das **Moran's Oyster Cottage** (www.moransoystercottage.com; The Weir, Kilcolgan; Hauptgerichte 14–24 €; Essen: 12–21.30 Uhr) ist ein reetgedecktes Publokal mit einer Fassade so schlicht wie das Innere einer Austernschale. Von der Terrasse genießt man einen Blick auf die Dunbulcaun Bay, wo die Muscheln gezüchtet werden, die hier später auf dem Teller landen. Das Restaurant 2 km westlich der N18 an einer ruhigen Bucht nahe Kilcolgan ist gut ausgeschildert.

Kinvara

650 EW.

Der kleine steinerne Hafen von Kinvara (auch Kinvarra geschrieben) erstreckt sich am Südostrand der Galway Bay – daher stammt auch der irische Name Cinn Mhara (Head of the Sea – Kopf des Meeres). Das schicke kleine Dorf ist die Art von Ort, wo man Jeans mit Bügelfalten trägt. Es bietet sich als Zwischenstopp zwischen Galway und Clare an.

Weitere Infos bietet die Website www.kinvara.com.

Sehenswertes

Dunguaire Castle HISTORISCHES GEBÄUDE

(www.shannonheritage.com; abseits der N67; Erw./Kind 6/3 €; April–Anfang Okt. 10–16 Uhr) Das schnörkelige Dunguaire Castle wurde um 1520 vom O'Hynes-Clan errichtet. Heute präsentiert es sich dank seiner aufwendigen Restaurierung in ausgezeichnetem Zustand. Wahrscheinlich befand sich an diesem Standort einst eine im 6. Jh. von Guaire Aidhne, König von Connaught, erbaute Festung.

Die am wenigsten authentische Art der Burgerkundung ist die Teilnahme an einem der **mittelalterlichen Bankette** (061-360 788; www.shannonheritage.com; Bankett Erw./Kind 44/22 €; April–Okt. 17.30 & 20.45 Uhr). Showeinlagen begleiten das unpersönliche Essgelage mit zig Teilnehmern.

Feste & Events

Fleadh na gCuach MUSIK

(Anfang Mai) Das Kuckucksfest sollte man sich im Kalender anstreichen. Es findet Ende Mai statt und zieht mehr als 100 teilnehmende traditionelle Musiker an. Zum Programm gehören bis zu 50 Konzerte sowie weitere Veranstaltungen und eine Parade.

Cruinniú na mBáid BOOTSRENNEN

(2. Wochenende im August) Die traditionellen Galway-Hooker-Segelboote liefern sich hier jedes Jahr beim Cruinniú na mBáid (Gathering of the Boats – Treffen der Boote) ein Rennen.

Essen & Ausgehen

Kinvara wartet mit einigen Restaurants auf, die frische Meeresfrüchte kredenzen, und punktet zudem mit atmosphärischen Pubs, darunter das **Fahy's Travellers Inn** (091-637 116; Main St) und das nahe gelegene **Connolly's** (091-637 131; Main St) am Kai.

★ **Keough's** PUB €€

(Main St, Kinvara; Hauptgerichte 7–22 €; Küche 9–21 Uhr;) In dem freundlichen Lokal werden viele Gespräche auf Irisch geführt. Gäste kommen in den Genuss von paniertem frischem Fisch sowie aufwendigerer Speisen. Montags sowie donnerstags gibt's Trad Sessions, während die Samstage dem Tanz vorbehalten sind – ganz so wie in der guten alten Zeit.

An- & Weiterreise

Bus Éireann (www.buseireann.ie) verkehrt bis zu dreimal täglich von Kinvara nach Galway (30 Min.) und zu Orten im County Clare, z. B. Doolin.

ÖSTLICHES GALWAY

Der Lough Corrib trennt das östliche Galway von der atemberaubenden Connemara-Halbinsel sowie von der Westküste. Diese Gegend besitzt einen völlig anderen Charakter: Den Unmengen an Ackerland mangelt es an den geologischen Besonderheiten und der kulturellen Vielfalt, die Galways Westen auszeichnen. Dennoch lohnt es sich, auf dem Weg nach Dublin für einen Abstecher von der M6 abzufahren.

Galway East Tourism (www.galwayeast.com) bietet Infos zur Region.

An- & Weiterreise

Bus Éireann (www.buseireann.ie) verbindet Galway-Stadt mit Athenry, Ballinasloe und Loughrea.

Athenry

3900 EW.

Das nur 16 km östlich von Galway gelegene Athenry verdankt seinen Namen einer nahe gelegenen Furt (auf Irisch *áth*), die den Fluss Clare östlich der Ansiedlung durchquert. Früher grenzten hier drei Königreiche aneinander, worauf die Bezeichnung Áth an Rí (Furt der Könige) hinweist.

In den 1970er-Jahren komponiert Pete St. John das irische Volkslied *The Fields of Athenry*, das sich mit der Großen Hungersnot befasst. Angeblich auf einer Ballade aus den 1880er-Jahren basierend (was St. John jedoch bestreitet), interpretierten es inzwischen etliche Künstler. Mittlerweile gehört der Song zum Repertoire der Fans bei Sportveranstaltungen und wird dabei großzügig angepasst. Beispielsweise hat ihn der Liverpooler Fußballclub in *Fields of Anfield Road* umgedichtet.

Mehr Infos gibt's auf der altmodischen Website der Stadt (www.athenry.net).

Sehenswertes

In dem unterschätzten Ort ist Irlands vollständigstes Ensemble mittelalterlicher Architektur zu finden, darunter das restaurierte normannische **Athenry Castle** (www.heritageireland.ie; Erw./Kind 3/1 €; Ostern–Sept. 10–18 Uhr), die **Medieval Parish Church of St. Mary's**, eine **Dominikanerpriorei** mit exquisiten Steinmetzarbeiten auf den Grabsteinen und ein altes **Marktkreuz**.

Athenry Arts & Heritage Activity Centre MUSEUM

(091-844 661; www.athenryheritagecentre.com; The Square; Eintritt 4–7,50 €; variieren) Das faszinierende Athenry Arts & Heritage Activity Centre untersucht die mittelalterlichen Bauwerke der Stadt und verfügt über eine hervorragende Karte für Spaziergänge. Zudem organisieren die Mitarbeiter Veranstaltungen, bei denen das mittelalterliche Leben nachgestellt wird.

Essen

Old Barracks Pantry CAFÉ €

(www.oldbarracks.ie; Main St; Hauptgerichte 6–20 €; Mo–Sa 9–18, So 12–19, Do–Sa 18.30–21.30 Uhr) Wer vom Herumschlendern erschöpft ist, kann sich in diesem stilvollen Café bei einfachen Gerichten und Gebäck erholen. Das Abendessen ist dagegen eine recht aufwendige Angelegenheit.

Loughrea & Umgebung

5000 EW.

Das nach dem kleinen See am südlichen Ortsrand benannte Loughrea (Baile Locha Riach) ist eine lebhafte Marktstadt etwa 26 km südöstlich von Galway mit den bescheidenen Überresten eines mittelalterlichen **Wallgrabens**. Letzterer verläuft vom See bei Fair Green nahe der Kathedrale bis zum Fluss Loughrea nördlich der Stadt. Seit der Eröffnung der M6 ist der Verkehr hier nicht mehr so chaotisch, deshalb macht auch ein Spaziergang Spaß.

Die 1902 errichtete **St. Brendan's Catholic Cathedral** (Barrack St; Mo–Fr 11.30–13 & 14–17.30 Uhr) besticht durch Buntglasfenster im keltischen Stil, eine beeindruckende Inneneinrichtung sowie Säulen aus poliertem Granit und ist nicht zu verwechseln mit der St. Brendan's Church in der Church Street, die heute als Bibliothek dient.

An der Straße nach Osten Richtung Ballinasloe, 6,5 km von Loughrea entfernt, lädt das **Dartfield Horse Museum & Park** (www.dartfield.com; abseits der R446; Erw./Kind 10/5 €; 9–18 Uhr) nicht nur Pferdefans zu einem Besuch ein. Hier erfährt man alles über die Rolle dieser Tiere in der Geschichte Irlands. Die Kids sind vom Ponyreiten begeistert und die Großen können längere Ausflüge hoch zu Ross buchen.

Gort & Umgebung

2700 EW.

Für Fans von W.B. Yeats lohnt sich auf dem Weg von oder nach Galway ein Abstecher zu zwei mit dem großen Dichter in Verbindung stehenden Sehenswürdigkeiten in Gort an der M/N18.

Sehenswertes

Im Ortszentrum gehen vom **Square**, dem Hauptplatz mit einer ansehnlichen **Christusstatue**, Straßen voller Geschäfte ab. Die meisten Attraktionen liegen gleich außerhalb des Städtchens.

★Thoor Ballylee HISTORISCHES GEBÄUDE
(☎091-537 700; www.thoorballylee.com; Peterswell; Erw./Kind 6/1,50 €; ⌚Mai–Sept. Mo–Sa 9.30–17 Uhr) Von 1921 bis 1929 diente der normannische Turm aus dem 16.Jh. Yeats als Sommersitz und inspirierte ihn außerdem zu seinem bekanntesten Werk *Der Turm*. In dem Gebäude, dessen Lage an einem Fluss tatsächlich inspirierend ist, befindet sich das Mobiliar des Dichters. Yeats schrieb einst: „Der Sand rinnt aus dem oberen Glas. Und wenn das letzte Körnchen hindurch ist, werde ich verloren sein." Dieses Zitat könnte auch auf Besucher zutreffen, deren Uhr abläuft, während sie versuchen, den Turm zu finden.

Von Gort aus geht's ungefähr 3 km auf der N66 nach Loughrea. Unterwegs sollte man nach Wegweisern Ausschau halten, die leider oft missverständlich sind oder sogar ganz fehlen. Am besten fragt man deshalb Einheimische um Rat.

Coole Park PARK
(www.coolepark.ie; über die N18; ⌚April & Sept. Mi–So 10–17 Uhr, Mai–Aug. tgl.) GRATIS Das einstige Zuhause von Lady Augusta Gregory, Mitbegründerin des Abbey Theatre und große Gönnerin von Yeats, wurde 1941 von Bürokraten abgerissen. Eine Ausstellung hält jedoch die Erinnerung an die literarische Vergangenheit lebendig, zudem ist das jetzige Naturreservat ein hübscher Ort für einen Spaziergang. Wer die Augen offenhält, entdeckt den „Autogrammbaum", in den viele illustre Gäste der Lady ihre Initialen geschnitzt haben. Der Park erstreckt sich ca. 3 km nördlich von Gort.

Kiltartan Gregory Museum MUSEUM
(Kiltartan Cross; Erw./Kind 3/1 €; ⌚Juni–Aug. tgl. 11–17 Uhr, Mai & Sept. So 13–17 Uhr) In einer alten Schule nicht weit vom Coole Park entfernt widmet sich dieses Museen dem Leben der literarischen Mäzenin W.B. Yeats', Lady Augusta Gregory.

★Kilmacduagh HISTORISCHE STÄTTE
(über die R460) Zu der weitläufigen Klosteranlage neben einem kleinen See gehören ein gut erhaltener 34 m hoher Rundturm, die Überreste einer kleinen Kirche aus dem 14. Jh. (Teampall Mór MacDuagh) sowie eine Johannes dem Täufer geweihte Kapelle und weitere kleine Bethäuser. Vermutlich wurde die Abtei Anfang des 7. Jhs. vom hl. Colman MacDuagh gegründet. Die Anlage befindet sich 5 km südwestlich von Gort.

An- & Weiterreise

Die M18 aus Ennis endet in Gort. Von hier geht's dann auf der weniger gut instand gehaltenen N18 weiter (2016 soll die Erweiterung der M18 bis zur M6 fertig sein). Immerhin hat die Straße aber den Verkehr aus dem Ortszentrum abgezogen. Fast alle Busse zwischen Galway und Ennis halten in Gort, ebenso wie die Züge, die auf der neuen Bahnstrecke zwischen Ennis und Galway verkehren.

Ballinasloe

6500 EW.

Ballinasloe (Béal Átha na Sluaighe) ist für seine im Oktober stattfindende **Pferdemesse** (www.ballinasloeoctoberfair.com; ⌚Anfang Okt.) berühmt, die auf die Zeit der Hochkönige von Tara zurückgeht. Das Fest verleiht der ganzen Stadt eine charmant-nostalgische Jahrmarktatmosphäre, nicht zuletzt dank der 80 000 Pferdehändler und Schaulustigen. Außerdem fühlt sich davon die in Irland heimische Gemeinde der sogenannten Traveller angezogen und campiert zu dieser Zeit vor Ort in ihren tonnenförmigen traditionellen Wagen.

6 km südwestlich von Ballinasloe stößt man an der N6 auf **Aughrim**, Schauplatz der blutigsten aller jemals auf irischem Boden ausgetragenen Schlachten. Sie endete 1691 mit einem entscheidenden Sieg Wilhelms von Oranien über die katholischen Truppen von Jakob II. Im **Battle of Aughrim Interpretive Centre** (☎0509-73939; Aughrim; Erw./Kind 5/2 €; ⌚Juni–Aug. Di–Sa 10.30–16, So 14–17 Uhr) werden die Ereignisse im Kontext des „Kriegs der zwei Könige" erklärt. Die Umgebung ist von Schlachtfeldern übersät, doch das Dickicht der Wegweiser führt Besucher oft in die Irre, wenn

das Centre (dort gibt's grundlegende Wegbeschreibungen) geschlossen ist.

21 km südöstlich von Ballinasloe gelangt man zur **Clonfert Cathedral** aus dem 12. Jh. Der Legende nach erhebt sie sich am Standort eines früheren Klosters, das der hl. Brendan 563 gegründet haben soll. Angeblich ist der Heilige hier begraben worden. Es ist umstritten, ob Brendan wirklich in einem *currach* die Küsten Amerikas erreichte.

Das sehenswerte sechsbogige romanische Gebäudetor schmücken surrealistisch anmutende Menschenköpfe. Die Kirche liegt an einer Abzweigung der R356 und ist nur per Auto zu erreichen.

Portumna

1600 EW.

In der Südostecke des Countys erstreckt sich das an einem See gelegene Portumna. Bei Freizeitkapitänen und Anglern erfreut sich der Ort großer Beliebtheit.

Das **Portumna Castle** (www.heritageireland.ie; Castle Ave; Erw./Kind 3/1 €; ⏲April–Mitte Sept. 9.30–18 Uhr) und seine **Grünanlagen** samt einem aufwendig gestalteten Biogarten wurden Anfang des 17. Jhs. von Richard de Burgo errichtet. Lohnenswert sind auch die stimmungsvollen Ruinen eines **Klosters** aus dem 15. Jh. in der Nähe des Wassers.

Counties Mayo & Sligo

196 000 EW. / 7234 KM²

Inhalt ➡

Gut essen

- Source (S. 468)
- Pantry & Corkscrew (S. 444)
- Rua (S. 454)
- Shells (S. 472)
- Cottage Coffee Shop (S. 448)

Schön übernachten

- Delphi Lodge (S. 439)
- Talbot's (S. 450)
- St. Anthony's (S. 444)

Auf nach Mayo und Sligo

Trotz ihrer Naturwunder und ihres lässigen Charmes sind die Counties Mayo und Sligo noch immer gut gehütete Geheimtipps. Sie bieten die ganze wilde, romantische Schönheit Irlands – nur ohne die Menschenmengen. Mit seinen kargen Gipfeln, steilen Klippen, heidebewachsenen Mooren und schönen Inseln vor der Küste ist Mayo die rauere Gegend. Hier wird das Leben von den Elementen bestimmt. Sligo kommt dagegen eher ländlich-idyllisch daher. Die üppigen Felder, die fischreichen Seen und die oben abgeflachten Berge inspirierten William Butler Yeats zu einigen der inbrünstigsten irischen Gedichte. Beide Grafschaften locken mit goldenen Sandstränden und legendären Wellen, die Surfer aus der ganzen Welt anziehen. Daneben können sich Besucher über eine erstaunliche Fülle an prähistorischen Stätten, eleganten georgianischen Orten und Fischerdörfern sowie über eine ganz altmodische, warmherzige ländliche Gastfreundschaft freuen.

Reisezeit

- Die wettergegerbten Küsten der beiden Counties sind im Winter teilweise extremem Wind und Regen ausgesetzt. Zu dieser Zeit trauen sich nur die abgehärtetsten Touristen und Surfer her.
- Wer auf der Suche nach der perfekten Welle ist, kommt am besten im Frühling oder im Herbst. Profis bevorzugen die Monate September und Oktober.
- Im Sommer bringen zahlreiche Veranstaltungen Leben in die Region, z. B. mit dem Yeats Festival in Sligo im Juli und August sowie mit verschiedenen kleineren traditionellen Musikevents in anderen Orten. Und meist ist das Wetter mild.

Highlights

1. In den Fußstapfen des hl. Patrick den **Croagh Patrick** (S. 441) erklimmen
2. Sich bei **Easkey** (S. 474), das ganzjährig mit tollen Surfbedingungen lockt, in die Wellen stürzen
3. Die alten Mächte in den herrlich mystischen Ruinen auf dem **Carrowmore Megalithic Cemetery** (S. 470) erspüren
4. Im überirdisch schönen, verlassenen **Doolough Valley** (S. 438) umherwandern

5 Zum verwunschenen **Carrowkeel Megalithic Cemetery** (S. 472) pilgern, um die Panoramaaussicht zu bewundern

6 Auf dem zerklüfteten **Clare Island** (S. 440) nach Spuren von Irlands faszinierender Piratenkönigin Grace O'Malley (Granuaile) suchen

7 Bei den **Céide Fields** (S. 451), dem größten steinzeitlichen Denkmal der Welt, über die Planungskunst der damaligen Bewohner staunen

COUNTY MAYO

Mayos wilde Schönheit und betörende Landschaften erinnern an die Connemara-Halbinsel. Hierher kommen jedoch weit weniger Touristen, daher gibt's zahlreiche Gelegenheiten, kaum erschlossene Gegenden mit dem Auto, dem Fahrrad, zu Fuß oder auf dem Pferderücken zu erkunden. Das Leben in der Grafschaft war niemals leicht – man denke nur an die verheerende Große Hungersnot (1845–1851), die zur Massenauswanderung führte. Aus diesem Grund reichen die Wurzeln vieler Menschen mit irischen Vorfahren, die heute in der ganzen Welt verteilt leben, in das einst so geplagte County zurück.

Da Mayo sehr nah bei Connemara liegt, arbeiten wir uns von Süd nach Nord vor, beginnend mit dem hübschen Dorf Cong an der Grenze nach Galway.

Cong

130 EW.

Cong erstreckt sich auf einem schmalen Landstreifen zwischen dem Lough Corrib und dem Lough Mask und entspricht bis ins Detail den romantischen Vorstellungen eines traditionellen irischen Dorfes. Seit hier 1951 der Film *Der Sieger* gedreht wurde, scheint die Zeit stehen geblieben zu sein. Man hat eine Menge dafür getan, dass Cong noch immer so aussieht wie damals, obwohl vieles das Werk der Kulissenbauer aus Hollywood war.

Die Gegend zieht nach wie vor zahlreiche Touristen an, die hoffen, hier auf den Spuren des berühmten Blockbusters wandeln zu können (auf der anderen Seite der Grenze zum County Galway liegen weitere Filmschauplätze, siehe S. 420). Wenn morgens der erste Bus ankommt, verdoppelt sich die Anzahl der Menschen in den engen Gassen auf einen Schlag, doch die Waldwege zwischen der schönen alten Abtei und dem stattlichen Ashford Castle bieten trotzdem Erholung.

Sehenswertes

Cong Abbey HISTORISCHE STÄTTE
(Eintritt frei; ⌚ Sonnenauf- bis Sonnenuntergang) Mit ihren jahrhundertelang den Elementen ausgesetzten Mauern ist die Augustinerabtei aus dem 12. Jh. ein sinnträchtiges Zeugnis aus der großen Zeit der Kirchen. Eine Reihe schöner Steinmetzarbeiten hat die Zeit überdauert, darunter ein Portal, einige Fenster sowie beeindruckende mittelalterliche Bogen, die im 19. Jh. restauriert wurden.

Turlough Mór O'Connor, Großkönig von Irland und König von Connaught, ließ das Kloster 1120 am ehemaligen Standort einer Kirche aus dem 6. Jh. erbauen. Im Kapitelsaal des Gebäudes versammelte sich einst die Gemeinde, um dort öffentlich ihre Sünden zu beichten.

Von der Abtei führt ein mit bemoosten Bäumen umstandener Pfad zum Fluss hinunter. Hier befindet sich der interessanteste Teil der Anlage, das winzige **Angelhaus der Mönche** aus dem 16. Jh. Es wurde mitten über dem Fluss errichtet und hat ein Loch im Boden, durch das man gefangene Fische hereinziehen konnte.

Ashford Castle HISTORISCHES GEBÄUDE
(☎094-954 6003; www.ashford.ie; Gelände Erw./Kind 5/3,50 €; ⌚ 9 Uhr–Sonnenuntergang) Hinter der Cong Abbey endet das Dorf abrupt an den Wäldern des Ashford Castle. 1228 wurde die Burg als Sitz der Familie de Burgo errichtet. Zwischenzeitlich residierte hier auch der Guinness-Clan – das nach der Familie benannte Bier ist heute wohl jedem ein Begriff. Arthur Guinness baute die Festung zu einem bis heute erhaltenen Jagdschloss um.
Die aufwendig restaurierten Säle bekommt nur zu sehen, wer hier zu Abend isst, doch der 140 ha große Park mit Wäldern, Bächen, schmalen Pfaden und einem Golfplatz steht allen Besuchern offen. Ein Spaziergang durch die Kinlough Woods führt vom Golfplatz zum Ufer des Lough Corrib. Ein weiterer Pfad verläuft am Flussufer entlang zum **Angelhaus der Mönche**.

Quiet Man Museum MUSEUM
(Circular Rd; Eintritt 5 €, Führung 15 €; ⌚ März–Okt. 10–16 Uhr) Das Museum ist im Stil von Sean Thorntons White O' Mornin' Cottage aus dem bekannten Film *Der Sieger* gestaltet. Es zeigt eine interessante regionale Ausstellung archäologischer und historischer Gegenstände von 7000 v. Chr. bis zum 19. Jh. Filmfans sowie alle mit einer postmodernen Faszination für die Vermischung von Realität und Fiktion können an einer 75-minütigen **Führung** (⌚ variieren) teilnehmen.

Aktivitäten

Corrib Cruises BOOTSTOUREN
(www.corribcruises.com; Erw./Kind 20/10 €) Vom Pier am Ashford Castle starten Bootsausflüge auf dem Lough Corrib, darunter eine tägliche historische Rundfahrt (1¼ Std.) um 10.30 Uhr. Von Juni bis September beginnt

immer um 14.45 Uhr eine zweistündige Inseltour nach Inchagoill in der Mitte des Sees mit den Ruinen eines Klosters aus dem 5. Jh. Darüber hinaus gibt's Exkursionen von/nach Oughterard im County Galway.

Ashford Adventure Company KAJAKFAHREN
(☎087-190 3588; www.ashfordadventure.com; Main St; geführte Touren ab 75 €, Leihfahrräder ab 15 € pro Tag; ⏲variieren) Bei den zweistündigen Touren mit Fahrrädern und Kajaks kann man am Ufer des Lough Corrib radeln und auf dem Wasser paddeln.

Falconry School FALKNEREI
(www.falconry.ie; Ashford Castle; ⏲variieren) Das beeindruckende Ashford Castle sorgt für eine passende Kulisse, um die antike Kunst der Falknerei kennenzulernen. Zu den Angeboten der Falconry School gehören Falkenspaziergänge von wahlweise einer Stunde (70 €) oder 90 Minuten (105 €) Länge, bei denen die Teilnehmer viel über die imposanten Harris-Falken und den Umgang mit den Greifvögeln lernen.

Schlafen

Cong Hostel HOSTEL €
(☎094-954 6089; www.quietman-cong.com; Quay Rd, Lisloughrey; Zeltstellplätze 20 €, B/DZ ab 15/70 €; @📶) Dieses gepflegte, gastfreundliche Hostel ist Mitglied der Vereinigungen An Óige und IHH. Es hat einen eigenen Vorführraum für *The Quiet Man (Der Sieger)*, der hier *jeden* Abend gezeigt wird. Zwischen Juni und Mitte September kann man Fahrräder (15 € pro Tag) und Boote (55 €) mieten. Auf dem angrenzenden Campingplatz befindet sich ein Angelverleih.

Hazel Grove B&B €
(☎094-954 6060; www.hazelgrove.net; Drumshiel; EZ/DZ ab 48/60 €; 📶👪) Weniger als 1 km nördlich der Stadt ist der Empfang in dem einfachen B&B in dem modernen Haus einer Familie sehr herzlich.

Ryan's Hotel HOTEL €
(☎094-954 6243; www.ryanshotelcong.ie; Main St; EZ/DZ ab 45/80 €; @📶) Das Gästehaus mit bordeauxroter Fassade direkt im Zentrum von Cong hat zwölf restaurierte Zimmer.

★ **Michaeleen's Manor** B&B €€
(☎094-954 6089; www.congbb.com; Quay Rd, Lisloughrey; EZ/DZ ab 55/65 €; 📶) Margaret und Gerry Collins' großes, modernes Haus ist so etwas wie ein Schrein für *Der Sieger*. Jedes der zwölf sauberen Zimmer trägt den Namen einer der Filmfiguren und ist mit Erinnerungsstücken sowie Zitaten dekoriert. Zudem gibt's eine Sauna, einen Whirlpool im Freien und eine Brunnennachbildung der Brücke aus dem Kinostreifen.

Lisloughrey Lodge HOTEL €€€
(☎094-954 5400; www.lisloughreylodgehotel.ie; The Quay; Zi. ab 140 €; @📶) Das in den 1820er-Jahren von den Besitzern des Ashford Castle errichtete Gästehaus wurde in kessen zeitgenössischen Farben renoviert. Die 50 Zimmer tragen Namen von Weinregionen und Champagnerherstellern. Altmodischen Charme verbreiten die Zimmer im Originalhaus.

Ashford Castle HOTEL €€€
(☎094-954 6003; www.ashford.ie; Zi. ab 380 €; @📶) Eleganz der alten Welt, 83 exquisite Zimmer und ein tadelloser Service erwarten die Gäste von Ashford Castle, das mit Abstand zu den elegantesten Hotels in Irland gehört. Auch wer nicht hier übernachtet, kann zum Abendessen im **George V. Dining Room** (Abendessen ab 70 €) kommen; am besten schick gekleidet, denn hier geht's eher konservativ zu.

Essen & Ausgehen

★ **Hungry Monk** CAFÉ €
(Abbey St; Hauptgerichte 6–14 €; ⏲April–Aug. Mo–Sa 10–18, So 11–17 Uhr, Sept.–Dez. & März Mi–Mo 10–18 Uhr; 📶) Das bunte, einfache Café mit den nicht zueinanderpassenden Möbeln ist der beste Ort für ein Mittagessen. Für die tollen Sandwiches, Suppen und Salate werden regionale Zutaten verwendet. Die köstlichen Kuchen stammen alle aus eigener Herstellung und der Kaffee schmeckt hervorragend.

Fennel Seed IRISCH €€
(☎094-954 6004; Ryan's Hotel, Main St; Barküche 14–21 €, Hauptgerichte 15–25 €; ⏲Mo–Sa abends, So 13–19 Uhr) Michael Crowe und Denis Lenihan waren früher im Ashford Castle angestellt und haben ihr Know-how ins eigene Restaurant mitgenommen – mit großem Erfolg! Ihre rauchig gebackene Pastete, gefüllt mit Forelle, Lachs, Makrele und Schellfisch, sollte man sich nicht entgehen lassen. Im zugehörigen Crowe's Nest Pub gibt's bis 19 Uhr Kneipenkost.

★ **Wilde's at the Lodge** MODERN IRISCH €€€
(☎094-954 5400; www.lisloughreylodgehotel.ie; The Quay, Lisloughrey Lodge; Hauptgerichte 19–29 €; ⏲tgl. 18–22, So 13–15 Uhr) Küchenchef Jonathan Keane und sein Team sammeln selbst die Muscheln, Kräuter und Blumen, die in diesem noblen Restaurant die Gerich-

te dekorieren. Das Fleisch und alle anderen Zutaten sind von lokalen Biobauernhöfen und werden mit innovativem Touch zu frischen und kreativen Gerichten zubereitet. Der Name des Restaurants bezieht sich auf Sir William Wilde (den Vater von Oscar Wilde), dem es am Lough gefiel.

Pat Cohan's PUB
(Abbey St) Ein denkwürdiges Beispiel, wie aus Fiktion Realität wird: Für *Der Sieger* wurde dieser ehemalige Lebensmittelladen zu einem Pub namens Pat Cohan's umfunktioniert. Fast sechs Jahrzehnte später ist der Film ein echter Klassiker – und die Kneipe gibt's inzwischen wirklich.

Praktische Informationen

Touristeninformation (☎ 094-954 6542; www.congtourism.com; Abbey St; ⌚ März–Sept. tgl. 10–13 & 14–17.45 Uhr, Okt. & Nov. Fr & Sa) Im alten Gerichtsgebäude gegenüber der Cong Abbey. Der nächste Geldautomat befindet sich 5 km westlich in Clonbur.

An- & Weiterreise

Bus Éireann (www.buseireann.ie; Main St) Von Montag bis Samstag fahren täglich drei Busse nach Galway (12 €, 1 Std.) und vier nach Westport (11 €, 1 Std.).

Rund um Cong

Rund um Cong erstrecken sich zehn Kalksteinhöhlen, von denen jede ihre eigene Geschichte hat.

Eine der schönsten ist das **Pigeon Hole**, eine tiefe Kalksteinkluft in einem Kiefernwäldchen 1,5 km westlich von Cong. Man erreicht es auf der Straße und über einen Fußweg von der anderen Flussseite aus. Steile, rutschige Stufen führen in die Höhle hinab, in der während des Winters ein unterirdischer Wasserlauf plätschert. Wer Glück hat, entdeckt vielleicht die weiße Forelle von Cong – eigentlich eine Frau, die sich in einen Fisch verwandelte, um bei ihrem ertrunkenen Liebsten zu sein.

Westlich des Dorfes befindet sich das mit Wasser gefüllte tiefe **Captain Webb's Hole**. Vor 200 Jahren soll ein Bösewicht, der wegen seiner deformierten Hände und Füße den Spitznamen Captain Webb trug, zwölf Frauen in die Höhle gelockt, sie ausgezogen und in die Tiefe gestürzt haben. Sein 13. Opfer aber war ein cleveres Mädchen: Es bat Webb sich umzudrehen, während es sich entkleidete, und schubste ihn dann in sein eigenes nasses Grab.

Die verwitterten Überreste des **Cong Stone Circle** aus der frühen Bronzezeit ragen aus einem Feld etwa 1,5 km nordöstlich von Cong empor. Drei weitere Steinkreise liegen direkt dahinter. 3,5 km östlich des Dorfes, nördlich der Cross Road (R346), stößt man auf den überwucherten **Ballymacgibbon Cairn**. Hier soll die legendäre Keltenschlacht von Moytura zwischen den angreifenden Dannan und den sich verteidigenden Fir Bog stattgefunden haben.

Doolough Valley & Umgebung

Die R335 von Leenane im County Galway nach Westport ist eine der landschaftlich schönsten Strecken in Irland. Das einsame Doolough Valley hat kaum Veränderungen durch Häuser, Torfstich oder auch nur Steinmauern erfahren. Hier gehen die steilen Hänge der Berge rund um das Tal in das stahlgraue Wasser des Doo Lough über und Schafe weiden friedlich auf den Hügeln.

1849 war die Strecke aber auch Schauplatz einer Tragödie. Bei Eiseskälte starben dort 400 Menschen, als sie zu Fuß von Lou-

DER ERSTE BOYKOTT

Der Ausdruck „Boykott" entstand bei einer Auseinandersetzung in dem Dörfchen Neale. 1880 zog die Irish Land League Arbeiter von den Ländereien des Großgrundbesitzers Lord Erne ab, um für sie eine faire Pacht und bessere Lebensbedingungen durchzusetzen. Als der Verwalter des Lords, Captain Charles Cunningham Boycott, die streikenden Arbeiter daraufhin verjagte, startete die örtliche Bevölkerung eine Kampagne gegen ihn. Die Bauern weigerten sich nicht nur weiterzuarbeiten, sondern sprachen auch nicht mehr mit Boycott, verweigerten ihm jeglichen Dienst und wollten nicht mehr neben ihm in der Kirche sitzen. Sogar Londoner Zeitungen wurden auf diese Ereignisse aufmerksam, und bald war der Name des Verwalters ein Synonym für organisierte gewaltfreie Proteste. Einige Monate später floh Boycott aus Irland.

isburgh nach Delphi und zurück gingen. Sie hatten gehofft, von einem Großgrundbesitzer Lebensmittel und Hilfe zu bekommen, wurden aber abgewiesen.

Am besten befährt man die Straße an einem trockenen Tag, denn Regenvorhänge können die herrliche Aussicht verderben. Wer genug Zeit hat, wandert auf den Nebenstrecken im Norden und Westen des Tals zu herrlichen, oft menschenleeren Stränden.

Delphi

Geografisch gesehen befindet sich dieser Streifen hügeligen Moorgebiets gerade noch im County Mayo. Die nächste nennenswerte Siedlung ist kilometerweit entfernt, sodass sich die Gegend hier wunderbar zum Relaxen eignet.

Ihren eigentümlichen Namen erhielt die südliche Spitze des Doolough Valley von einem berühmten Bewohner, dem zweiten Marquis von Sligo. Dieser war der Meinung, sie gleiche der Umgebung des griechischen Delphi. Wer die Ähnlichkeit erkennt, hat unserer Meinung nach allerdings eine überdurchschnittlich rege Fantasie. Dennoch ist die Schönheit der kleinen Flüsse bemerkenswert, die vor der Kulisse steiler sonnen- und wolkengesprenkelter Hänge durch die hügelige Landschaft plätschern.

★ **Delphi Lodge** (☎ 095-42222; www.delphilodge.ie; abseits der R335; EZ 125–195 €, DZ 190–280 €; @), ein wundervolles georgianisches Herrenhaus, das der Marquis von Sligo errichten ließ, wirkt vor dem Hintergrund der Berge regelrecht winzig. Das Landhotel mit zwölf Zimmern verfügt über eine schöne Inneneinrichtung, kredenzt großartiges Essen (Abendessen 55 €) und strömt keinerlei überhebliches Ambiente aus. Gäste, die sich einfach nur entspannen möchten, zieht es ebenso hierher wie Angler (halber Tag mit einem Angellehrer 125 €). Zu den weiteren Aktivitäten zählen Yoga, Mountainbiken und Bergwandern.

Louisburgh

420 EW.

Das kleine Dorf Louisburgh, das nördliche Tor zum Doolough Valley, wurde 1795 unter kuriosen Umständen gegründet. Es beruht auf einem simplen Vier-Straßen-System namens „the Cross" und ist sozusagen ein lebendes Denkmal für einen Verwandten des ersten Marquis von Sligo, Lord Altamont (besser bekannt als John Browne), der 1758 in der Schlacht von Louisburgh im kanadischen Nova Scotia den Tod fand.

Sehenswertes & Aktivitäten

Der sichere Sandstrand bei **Carrowmore** gleich östlich vom Dorf lockt mit einer herrlichen Aussicht auf Croagh Patrick. Im Sommer sind Rettungsschwimmer vor Ort. Außerdem gibt's in der Umgebung ein paar tolle Surfstrände, darunter der nahe gelegene **Carrownisky**.

Westlich und südlich von Louisburgh zieht sich ein Netz enger, nicht beschilderter Straßen durch die schroffe Landschaft. An der Küste bemerkt man, dass sich die Fahrt gelohnt hat. Ein besonders schönes Ziel ist **Killadoon** mit einem Panoramablick über den Ozean und langen Sandstränden.

Granuaile Visitor Centre BESUCHERZENTRUM
(☎ 098-66341; Church St; Erw./erm. 4/2 €; ⏲ Juni–Sept. Mo–Sa 11–17 Uhr, Okt.–Mai Mo–Fr 10.30–14 Uhr) Hier bekommt jeder einen kurzen, aber erhellenden Einblick in das Leben und die Epoche von Grace O'Malley (Gráinne Ní Mháille or Granuaile; 1530–1603), der berüchtigten Piratenkönigin von Connaught (s. S. 441).

Surf Mayo SURFEN
(☎ 087-621 2508; www.surfmayo.com; Bridge St; Kurse ab 25 €, Surfboard- & Neoprenanzugverleih 15 € pro Tag; ⏲ variieren) Surfkurse und -camps am Carrownisky Beach und Leihausrüstung, darunter Stehpaddelboards.

Mweelrea Holidays REITEN, WANDERN
(www.mweelreaholidays.com; abseits der R378, Feenone; Reiten ab 25 €; ⏲ variieren) Ausritte durch die spektakuläre Landschaft oder am Strand entlang und geführte Wanderungen.

Schlafen & Essen

Old Head Caravan Park CAMPINGPLATZ €
(☎ 087-648 6885; www.oldheadcaravanpark.ie; Old Head; Stellplatz 20 €; ⏲ Juli & Aug.; 👪) Auf bewaldetem Gelände, 2 km von Louisburgh und einen kurzen Fußweg vom gleichnamigen Strand entfernt.

Ponderosa B&B €
(☎ 098-66440; www.ponderosamayo.com; Tooreen Rd; EZ/DZ ab 45/60 €; ⏲ April–Okt.; 📶) Das sehr saubere (und pinkfarbene) freundliche B&B in einem modernen Bungalow liegt östlich des Ortszentrums.

West View Hotel HOTEL €€
(☎ 098-66140; www.westviewhotel.ie; Chapel St; EZ/DZ ab 60/100 €) Dieses kleine Gasthaus

mit 18 Zimmern mitten im Zentrum wurde stilvoll renoviert. In der Bar gibt's an manchen Abenden traditionelle Livemusik.

Hudson's Pantry FISCH & MEERESFRÜCHTE €€
(☎098-23747; Long St; Hauptgerichte 21–23 €; ⌚Mo–Sa 16.30–21.30 Uhr) Bei den Einheimischen erfreut sich das legere Bistro wegen der vor Ort gefangenen Meeresfrüchte großer Beliebtheit. Der Fang des Tages dominiert die hervorragende Speisekarte, auf der Tapas und komplette Mahlzeiten stehen. Die Einrichtung ist einfach, aber die Küche lockt Gäste von weither an. Vorab reservieren.

An- & Weiterreise

Bus Éireann verkehrt täglich bis zu dreimal zwischen Louisburgh und Westport (8 €).

Clare Island

200 EW.

In der Clew Bay erstrecken sich etwa 365 Inseln. Die größte von ihnen ist Clare Island, 5 km vor der Küste an der Meeresmündung der Bucht gelegen. Vom felsigen **Mt. Knockmore** (461 m) beherrscht, führen auf dem bergigen Eiland Straßen und Wege durch eine abwechslungsreiche Landschaft – ideal zum Wandern und Klettern (keine Angst, hier verläuft man sich nicht). Einige sichere Sandstrände machen Lust aufs Schwimmen. Die Insel ist einer der wenigen Orte, an denen man noch *choughs* (Alpenkrähen) beobachten kann. Die Vögel sehen wie Amseln aus, haben aber rote Schnäbel.

Die Webseite www.clareisland.info bietet Informationen.

Sehenswertes & Aktivitäten

Auf der Insel befinden sich die Überreste der Zisterzienserabtei **Clare Island Abbey** (ca. 1460 erb.) und von **Granuaile's Castle**. Beide Bauwerke werden mit der Piratenkönigin Grace O'Malley in Verbindung gebracht. Der Burgturm diente der Freibeuterin als Festung, allerdings wurde er bei seiner Übernahme durch die Küstenwache 1831 stark verändert. Angeblich liegt Grace in der kleinen Abtei begraben. Dort trägt ein Stein das Motto ihrer Familie: „Invincible on land and sea" („Unbesiegt zu Lande und auf See").

Clare ist ein wunderbarer Ort, um sich von der Welt zurückzuziehen. Das **Clare Island Yoga Retreat Centre** (www.yogaretreats.ie; dreitägige Workshops ab 350 €) hat Yogakurse im Programm. Außerdem gibt's einen guten beschilderten **archäologischen Spaziergang**.

Schlafen & Essen

★ **Go Explore Hostel** HOSTEL €
(☎087-410 8706; www.goexplorehostel.ie; B 18–22 €; 📶) Dieses relativ neue Hostel (von 2012) ist bezaubernd. Es verfügt über große Fenster und eine Terrasse mit Blick aufs Wasser sowie Vintage-Gemeinschaftsbereiche mit einem großen Kamin aus den 1840er-Jahren. Das hauseigene Pub zieht mit seiner guten Küche (Hauptgerichte 8–15 €) und häufiger Livemusik Besucher von der gesamten Insel an.

O'Grady's B&B €€
(☎098-22991; www.ogradysguesthouse.com; EZ/DZ ab 60/80 €) Ein modernes B&B unweit des Piers mit hellen, modernen Zimmern in geschmackvollen, neutralen Farben.

An- & Weiterreise

Am Roonagh Quay, 8 km westlich von Louisburgh, starten im Juli und August etwa zehn Fähren täglich nach Clare Island, das restliche Jahr über sind es nur zwei bis vier. Die Fahrt dauert 30 Minuten (Erw./Kind hin und zurück 15/8 €).

In der Regel kann man am Pier und in den Unterkünften Fahrräder ausleihen (ca. 10 € pro Tag). Es gibt auch Taxis.

Clare Island Ferries (☎087-241 4653, 098-23737; www.clareislandferry.com)

O'Malley Ferries (☎098-25045, 086-887 0814; www.omalleyferries.com)

Inishturk Island

100 EW.

12 km vor der Westküste von Mayo – also noch abgelegener und weiter von den bekannten Touristenpfaden entfernt – erstreckt sich die eindrucksvoll zerklüftete Insel Inishturk. Nur wenige Menschen leben hier und auch Fremde verirren sich kaum in diese Gefilde. Immerhin gibt's auf der Ostseite zwei **Sandstrände**, beeindruckende **Klippen** sowie eine herrliche **Flora und Fauna**. Auch für **Wanderer** hält die Hügellandschaft einiges bereit. Auf Streifzügen über die labyrinthischen Straßen macht man sich am besten mit dem Inselleben vertraut. Informationen liefert Inishturks **Website** (www.inishturkisland.com).

Übernachtungsgäste lockt der landschaftlich wunderschön gelegene Bauernhof **Teach Abhainn** (☎098-45510; EZ/DZ 40/64 €; Abendessen 25 €; ⌚April–Okt.) etwa 1,5 km westlich des Hafens mit fantastischen Ausblicken, Hausmannskost und sechs gemütlichen Zimmern.

DIE PIRATENKÖNIGIN

Grace O'Malleys (Gráinne Ní Mháille oder Granuaile, 1530–1603) Lebensgeschichte liest sich wie eine Abenteuerstory. Diese Dame wurde zweimal Witwe und musste aufgrund von Piraterie ebenso oft ins Gefängnis. In den unruhigen Zeiten des 16. Jhs. war sie weithin gefürchtet.

Ihr unorthodoxes Leben war für Legenden und Mythen wie geschaffen. Hunderte Geschichten bezeugen ihre Tapferkeit, ihr Können sowie ihre unnachgiebige Entschlossenheit bei der Verteidigung ihrer Angehörigen gegen alle Feinde, von rivalisierenden Stammesführern bis zur englischen Armee.

Grace wuchs in einer mächtigen Seefahrerfamilie auf, die den größten Teil der Küste Mayos kontrollierte und internationalen Handel betrieb. Das eigenwillige Mädchen entschied sich schnell, im Familienbetrieb mitzumischen. Laut der Legende fragte es seinen Vater bereits in jungen Jahren, ob es ihn auf einer Reise nach Spanien begleiten könne. Dieser lehnte die Bitte mit der Begründung ab, dass die Seefahrt nichts für Mädchen sei. Ohne zu zögern, schnitt sich Grace ihre Haare ab, zog Jungenkleider an, kehrte zum Schiff zurück und verkündete, sie sei bereit loszusegeln. Ihre Familie gab ihr daraufhin den Spitznamen Gráinne Mhaol (gron-je u-eyl, „kahle Grace"), den sie Zeit ihres Lebens behielt.

Ehefrau & Piratin

Im Alter von 15 Jahren wurde Grace mit Donal O'Flaherty verheiratet, einem missgelaunten örtlichen Stammesführer. Der intelligenten jungen Frau gelang es jedoch schnell, ihren Mann in der Politik und im Handel zu überflügeln. In Galway, einem der größten Häfen der Britischen Inseln, wurden die O'Flahertys mit einem Handelsverbot belegt. Grace umging dies, indem sie Frachtschiffe auf dem Weg zum Hafen aufhielt und für die sichere Durchfahrt eine Bezahlung verlangte. Wenn der Kapitän sich weigerte, plünderte sie das Schiff.

Nach dem Tod ihres Mannes ließ sie sich auf Clare Island nieder, trieb sich für Raubzüge aber weiterhin an den irischen und schottischen Küsten herum. In der Nähe ihrer Heimat war Rockfleet der einzige Teil der Clew Bay, der noch nicht unter ihrer Kontrolle war, deshalb heiratete Grace 1566 Richard an-Iarrain, um sich dessen Burg zu sichern (S. 446). Sobald sie sich dieser bemächtigt hatte, versuchte sie ihren Gatten loszuwerden, aber obwohl die Ehe einige Höhen und Tiefen hatte, blieben sie zusammen, bis Richard 17 Jahre später starb.

In den 1570er-Jahren war die Nachricht von Graces unverfrorener Piraterie bis zu den Engländern vorgedrungen und es gab viele Versuche, sie gefangen zu nehmen. Schließlich wurde sie nach London einbestellt, wo Elizabeth I. sie begnadigte und ihr einen Titel anbot. Grace lehnte ab und sagte, sie sei bereits Königin von Connaught.

1603 starb sie und wurde vermutlich in der Familiengruft auf Clare Island beerdigt.

Fähren von O'Malley Ferries starten am Roonagh Quay in der Nähe von Louisburgh. Sie brauchen 45 Minuten bis nach Inishturk (Erw./Kind hin und zurück 8/5 €).

Croagh Patrick

Der hl. Patrick hätte sich kein besseres Ziel für seine Pilgerreise aussuchen können als diesen konisch geformten Berg (auch „the Reek" genannt). An klaren Tagen wird der anstrengende zweistündige Aufstieg mit einer Aussicht auf die vielen Inseln der Clew Bay belohnt.

Auf dem Croagh Patrick fastete Irlands Schutzheiliger 40 Tage und Nächte lang und vertrieb dabei angeblich giftige Schlangen. Tausende von Pilgern betrachten das Besteigen des 772 m hohen heiligen Bergs am letzten Sonntag im Juli, dem Reek Sunday, als einen Akt der Sühne. Die wahren Büßer kämpfen sich über den Tóchar Phádraig (Patrick's Causeway), eine 40 km lange Strecke, die an der Ballintubber Abbey (s. S. 454) beginnt, und bezwingen den Berg barfuß.

Sehenswertes & Aktivitäten

Der **Hauptwanderweg** führt vom Parkplatz in Murrisk auf den Berg. Für den steilen und streckenweise felsigen Pfad kann man Trekkingstöcke ausleihen (1,50 €). Bei durchschnittlichem Tempo benötigt man hin und zurück drei bis vier Stunden. An sonnigen Wochenenden wird es voll. Auf dem Gipfel befinden sich eine weiß gekalkte **Kirche** aus dem Jahre 1905 und der **Brunnen einer Kapelle** aus dem 9. Jh. Der Ausblick ist fantastisch.

Gegenüber dem Parkplatz liegt das **National Famine Memorial**, bei dessen Anblick es einem eiskalt über den Rücken läuft: Es handelt sich um die Skulptur eines von Skeletten umgebenen Geisterschiffes mit drei Masten, das an die vielen Todesopfer der sogenannten *coffin ships* (Sargschiffe) erinnert, auf denen während der Hungersnot (1845–1851) zahlreiche Menschen ihrer elenden Lage zu entkommen versuchten. Ein Pfad am Denkmal vorbei führt zu den kärglichen Überresten der **Murrisk Abbey**, die 1547 von den O'Malleys errichtet wurde.

An- & Weiterreise

Murrisk liegt 8 km südwestlich von Westport. Am besten erreicht man es über den schönen Rad- und Wanderweg entlang der Bucht, aber es fahren auch täglich Busse.

Westport

5600 EW.

Westport ist ein fotogenes georgianisches Städtchen mit von Bäumen gesäumten Straßen, einer Einkaufsmeile am Fluss und einer tollen Atmosphäre. Selbst im tiefsten Winter geht's hier lebhaft zu. Dank des ausgezeichneten Angebots an Unterkünften, Restaurants und der für ihre Livemusik bekannten Pubs erfreut sich der Ort großer Beliebtheit, hat dem Tourismus aber nicht seine Seele verkauft.

Er ist Mayos Zentrum des Nachtlebens und seine zentrale Lage macht ihn zu einem netten Ausgangspunkt für Erkundungen des Countys.

Sehenswertes

Der malerische Hafen der Stadt, **Westport Quay**, liegt in der Clew Bay, 2 km westlich des Zentrums. Er beherbergt mehrere Läden und Cafés. Als Wahrzeichen der Stadt gilt das **Octogon**, das von einer dorische Säule verschönert wird.

Westport House HISTORISCHES GEBÄUDE
(☎098-27766; www.westporthouse.ie; Quay Rd; Haus Erw./Kind 12/6,50 €, Haus & Piraten-Abenteuerpark 20/16,50 €; ⏲Juli & Aug. 11–18 Uhr, im restlichen Jahr variieren die Öffnungszeiten; 👪) Diese charmante georgianische Villa 3 km westlich des Zentrums wurde 1730 auf den Überresten von Grace O'Malleys Burg aus dem 16. Jh. gebaut. Von der ursprünglichen Einrichtung blieb vieles erhalten, darüber hinaus sind einige der großartigen Zimmer komplett stilecht dekoriert. Rund um das Gebäude erstreckt sich ein wunderbar idyllischer Garten, allerdings leidet der Gesamteindruck unter der Kommerzialisierung. Kinder werden nichtsdestotrotz begeistert sein. Absolutes Highlight ist der **Pirate Adventure Park** mit einem schaukelnden Piratenschiff, einem tollen Spielplatz und einer aufregenden, achterbahnartigen Wasserrutsche.

Clew Bay Heritage Centre MUSEUM
(www.westportheritage.com; Westport Quay; Erw./Kind 3 €/frei; ⏲April–Mai & Okt. 10–14 Uhr, Juni–Sept. Mo–Fr 10–17 Uhr, Juli & Aug. auch So 15–17 Uhr) In diesem steinernen Gebäude aus dem 19. Jh. erfährt man mehr über die Geschichte, die Bräuche und Traditionen von Westport und Clew Bay. Es liegt am Westport Quay, 2 km westlich der Stadt.

Aktivitäten

Die Gegend rund um Westport eignet sich prima zum Radfahren, denn hier locken sowohl sanfte Küstenwege als auch schwierigere Bergstrecken. Der beliebte **Great Western Greenway** (S. 445), ein 42 km langer Fahrradweg zwischen Westport und Achill, beginnt 500 m hinter dem Ortszentrum nahe der N59.

Clew Bay Bike Hire (☎098-24818; www.clewbayoutdoors.ie; Distillery Rd; Leihfahrrad 15 € pro Tag, Preis für den Transfer variiert; ⏲9–18 Uhr) erteilt Auskünfte über Routen in der Gegend und hat Sammelstellen am Greenway in Westport sowie in Newport, Mulranny und Achill Island. Man kann den Ausflug deshalb an jedem dieser Orte beginnen bzw. beenden und sich auch zu Beginn der Wanderung absetzen oder am Ende abholen lassen.

★ **Guided Walks of Historic Westport** WANDERUNGEN
(☎098-26852; Clock, Bridge St; Erw./Kind 6 €/frei; ⏲Juli & Aug. Mi 11 Uhr) Lokale Historiker leiten 90-minütige Rundgänge durch Westport.

Carrowholly Stables REITEN
(www.carrowholly-stables.com; nahe der N59, Carrowholly; Strandausritte Erw./Kind ab 30/25 €) Geführte Ausritte auf Pferden und Ponys am Strand und über Wege mit Blick auf die Clew Bay. Der Reitstall liegt 3 km nördlich

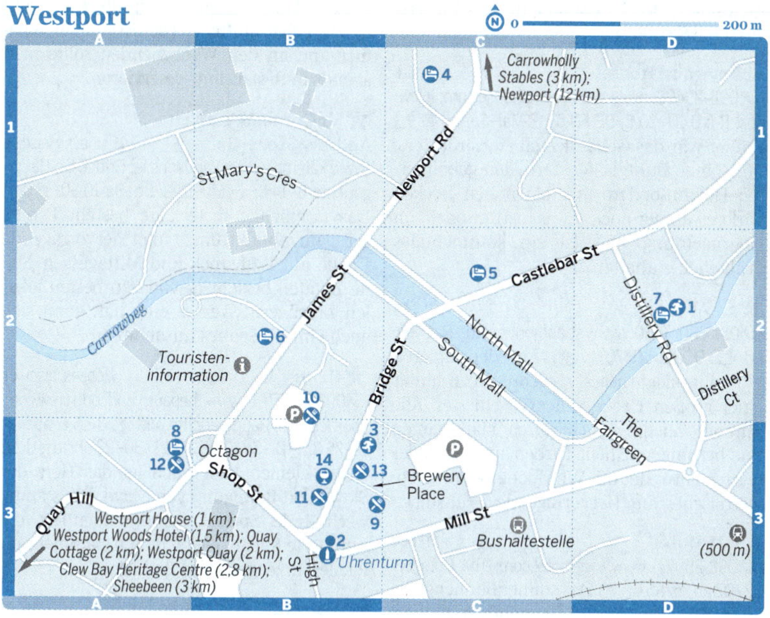

des Stadtzentrums in der Nähe des Westport Golf Club.

Hewetson ANGELN
(Bridge St; Mo–Sa 10–17 Uhr) Ausrüstung, Campingutensilien, wetterfeste Kleidung und Informationen für Angler.

Croagh Patrick Walking Holidays WANDERUNGEN
(www.walkingguideireland.com; Belclare; geführte Touren ab 25 €; April–Okt.) Auf die Wünsche der Teilnehmer abgestimmte Wanderungen in der Umgebung von Westport. Zu den Zielen gehören z. B. die Gedenkstätte vom hl. Patrick und ein Strand. Regelmäßig werden auch längere Wanderungen von bis zu acht Tagen angeboten.

Clewbay Cruises BOOTSTOUR
(087-606 6146; www.clewbaycruises.com; Quay Harbour; Erw./Kind 15/10 €; Mai–Sept.) Bei 90-minütigen Rundfahrten genießt man in der Clew Bay einen herrlichen Blick.

Schlafen

Westport ist Mayos Hauptstadt. Es gibt zwar B&Bs und Hotels im Überfluss, aber im Sommer und bei besonderen Veranstaltungen sind die Zimmer rar. Die Angestellten in der Touristeninformation übernehmen die Buchung gegen eine Gebühr von 4 €.

Westport

Aktivitäten, Kurse & Touren

1	Clew Bay Bike Hire	D2
2	Guided Walks of Historic Westport	B3
3	Hewetson	B3

Schlafen

4	Abbeywood Hostel	C1
5	Castlecourt Hotel	C2
6	Old Mill Holiday Hostel	B2
7	St. Anthony's	D2
8	Wyatt Hotel	A3

Essen

9	An Port Mór	B3
10	Markt	B2
11	McCormack's at The Andrew Stone Gallery	B3
12	Pantry & Corkscrew	A3
13	Sol Rio	B3

Ausgehen & Nachtleben

14	Matt Molloy's	B3

Old Mill Holiday Hostel HOSTEL €
(098-27045; www.oldmillhostel.com; James St; B ab 10 €;) Ein zentrales, zur IHH gehörendes Hostel in einer umgebauten Steinmühle mit 58 Betten, die sich auf Zimmer mit vier bis zehn Betten verteilen. Einladende Ge-

meinschaftsbereiche sorgen für eine lockere, gesellige Stimmung.

Abbeywood Hostel HOSTEL €
(098-25496; www.abbeywoodhouse.com; Newport Rd; B 10–20 €, DZ 60 €; Mai–Sept.;) Früher war das Gebäude Teil eines Klosters. Mit seinen Buntglasfenstern, den gebohnerten Holzfußböden und den hohen Decken wirkt es immer noch etwas institutionell. Im Übernachtungspreis ist ein kontinentales Frühstück enthalten.

★ **St Anthony's** B&B €€
(087-630 1550; www.st-anthonys.com; Distillery Rd; EZ/DZ ab 50/70 €;) Auf der anderen Flussseite liegt dieses vornehme B&B hinter einer großen Hecke voller Vogelnester. Alle Zimmer zeichnen sich durch klare Linien und beruhigende helle Farben aus. Die Bäder warten entweder mit Whirlpools oder mit Powerduschen auf. Hervorragendes Frühstück.

Wyatt Hotel HOTEL €€
(098-25027; www.wyatthotel.com; The Octagon; EZ/DZ ab 75/85 €;) Das sonnenblumengelbe ältere Hotel mitten im Ortszentrum ist eine lokale Institution. Es verfügt über moderne, komfortable Zimmer, die allerdings einen eher formellen Einrichtungsstil aufweisen.

Castlecourt Hotel HOTEL €€
(098-55088; www.castlecourthotel.ie; Castlebar St; Zi. ab 120 €;) In den großen, gemütlichen Zimmern dieses modernen Hotels im Ortszentrum bilden zeitgenössischer Stil und klassische Eleganz eine Einheit. Es gibt ein luxuriöses Spa und einen Felsenpool im Freien.

Westport Woods Hotel HOTEL €€
(098-25811; www.westportwoodshotel.com; Quay Rd; EZ 75–105 €, DZ 100–220 €;) Das hinter der Steinmauer des Westport House versteckte Hotel ist stolz auf seine Umweltfreundlichkeit. Es besitzt geräumige, etwas seelenlose Zimmer, wartet aber für ein Hotel dieser Größe mit einem beeindruckend persönlichen Service auf. Zu den tollen Extras gehören ein kostenloser Kinderclub, ein Fahrradverleih, eine Seilrutsche, ein Kletterseilparcours, eine Kletterwand und ein Strandclub.

Essen

In Westport gibt's jede Menge Restaurants und Cafés, vor allem in der Bridge Street und den davon abgehenden kleinen Seitengassen. Auf dem **Markt** (Parkplatz James St; April–Okt. Do 8.30–14 Uhr) bekommt man zubereitete und frische Lebensmittel aus der Region. Im Sommer und an den Wochenenden sollte man abends in Restaurants reservieren.

★ **McCormack's at The Andrew Stone Gallery** MODERN IRISCH €
(www.katemccormackandsons.ie; Bridge St; Hauptgerichte 6–14 €; Mo–Di & Do–Sa 10.30–17 Uhr) Das familiengeführte Café besteht bereits seit Jahrzehnten und bietet hervorragende Küche mit Frühstück und Mittagessen. Seine Zutaten bezieht es von den besten lokalen Erzeugern. Wer es eilig hat, kann sich auch einfach Scones mitnehmen.

★ **Pantry & Corkscrew** MODERN IRISCH €€
(098-26977; www.thepantryandcorkscrew.com; The Octogon; Hauptgerichte mittags 8–15 €, abends 12–25 €; Di–So 12–15.30 & 17.30–22 Uhr) In dem engen kleinen Laden schlägt das Herz der Slow-Food-Bewegung von Mayo. Die ständig wechselnde Speisekarte dokumentiert die raffinierte Küche. Viele Zutaten stammen von lokalen Erzeugern und Biohöfen.

Sheebeen PUB €€
(098-26528; nahe der R335, Rosbeg; Hauptgerichte 8–25 €; Juni–Aug. Küche 12–21 Uhr, restliche Zeit des Jahres kürzer geöffnet) Das traditionelle Pub serviert eine gute Auswahl an Sandwiches und frischen Meeresfrüchten in erholsamer Lage an der Küste der Clew Bay westlich der Stadt.

Sol Rio MEDITERRAN €€
(098-28944; www.solrio.ie; Bridge St; Hauptgerichte mittags 7–14 €, abends 13–18 €; Café 9–18 Uhr, Restaurant 12–15 & 18–22 Uhr;) Auf der umfangreichen Speisekarte stehen u. a. Pizza und Pasta sowie Biofleisch und Fisch. Sowohl das Café unten als auch das stilvollere Restaurant oben punkten mit sorgsam ausgewählten Zutaten und viel Liebe zum Detail.

Quay Cottage FISCH & MEERESFRÜCHTE €€
(098-50692; www.quaycottage.com; Harbour; Hauptgerichte 18–25 €; Mitte Feb.–Mitte Jan. 17.30–22 Uhr) In diesem Laden an Westports lebhafter Hafenpromenade kommen die Meeresfrüchte direkt vom Fischerboot. An den Dachbalken hängen Hummertöpfe.

An Port Mór MODERN IRISCH €€
(098-26730; www.anportmor.com; 1 Brewery Pl; Hauptgerichte 20–28 €; Di–So 18–22 Uhr) In dem gemütlichen kleinen Restaurant, das sich in einer Gasse nahe der Bridge Street versteckt, geht's stets sehr lebhaft zu. Das An Port Mór hat mehrere lange schma-

NICHT VERSÄUMEN

DER GREAT WESTERN GREENWAY

Der 42 km lange **Great Western Greenway** (www.greenway.ie), ein wunderbarer Wanderweg entlang der alten Westport-Achill-Bahnstrecke, ist ein guter Grund für einen Zwischenstopp in diesem Teil von Mayo. Er führt durch herrliche Gegend und Küstengebiete und besteht aus drei Hauptabschnitten, die alle ohne größere Anstrengung zu bewältigen sind:

➡ **Von Westport bis Newport** 500 m nördlich von Westports Zentrum beginnt an der N59 der 11 km lange Abschnitt durch hübsche, grüne Landschaft. Er endet 2 km vor Newport, ebenfalls an der N59. Dies ist der leichteste Teil des Wanderpfades.

➡ **Von Newport bis Mulranny** Der größten Beliebtheit erfreut sich dieser 18 km lange Abschnitt. Er führt nah an vielen Sehenswürdigkeiten in der Clew Bay vorbei. Der Ausgangspunkt befindet sich unweit der N59 im Norden von Newport und das Ziel liegt direkt in Mulranny.

➡ **Von Mulranny bis Achill** In Mulranny beginnt dieser 13 km lange Abschnitt, der auf Achill Island endet. Er bietet immer wieder einen fantastischen Ausblick über das Wasser.

Am Greenway kann man ganz unkompliziert Fahrräder mieten. **Clew Bay Bike Hire** (www.clewbayoutdoors.ie; Fahrradverleih ab 15 € pro Tag, Transferpreise variieren; ⏲ 9–18 Uhr) hat Stationen in Westport, Newport, Mulranny und Achill. Das Unternehmen unterhält einen höchst praktischen Transferservice, sodass man entweder den ganzen Greenway abfährt oder nur Teile davon und sich unterwegs abholen lässt. In der Hochsaison sollte man diese Dienstleistung im Voraus buchen.

le Räume und kredenzt hervorragende Fleisch- sowie Fisch- und Meeresfrüchtegerichte. Fast alle Prokukte werden von lokalen Erzeugern geliefert.

Ausgehen & Nachtleben

In vielen Pubs gibt's allabendlich Livemusik.

★**Matt Molloy's** PUB
(Bridge St) Matt Molloy, Blechflötenspieler von den Chieftains, eröffnete dieses Pub alter Schule schon vor Jahren, und bis heute steppt hier der Bär. Ab etwa 21 Uhr stehen im Hinterzimmer traditionelle *ceilidh*-Livemusik und Tanz auf dem Programm. Vielleicht gibt ein älterer Stammgast aber auch spontan ein paar Lieder zum Besten.

Praktische Informationen

Touristeninformation (☎ 098-25711; www.westporttourism.com; James St; ⏲ Juli & Aug. 9–17.45 Uhr, März–Juni, Sept & Okt. Mo–Fr 9–17.45, Sa 9–16.45 Uhr) Mayos Haupttouristeninformation bietet viele Infos für Wanderer.

An- & Weiterreise

BUS

Bus Éireann fährt u. a. nach Dublin (19 €, 4½ Std., 2-mal tgl.), Galway (15 €, 2 Std., 3-mal tgl.) und Sligo (20 €, 2½ Std., 1-mal tgl.). Die Busse starten in der Mill Street.

ZUG

Es gibt täglich fünf Verbindungen nach Dublin (35 €, 3½ Std.).

Newport

620 EW.

Newport, ein malerisches Dorf aus dem 18. Jh., erreicht man nach 12 km Fahrt von Westport Richtung Norden. Die Bahnstrecke Westport–Achill ist zwar seit 1936 nicht mehr in Betrieb, doch das markante **Viadukt mit sieben Bogen** aus dem Jahre 1892 zieht nach wie vor zahlreiche Wanderer und Radfahrer an.

Der Bangor Trail (S. 449) endet hier, während der herrliche Great Western Greenway (S. 445) Richtung Westen ins 31 km von der früheren Bahnstrecke entfernte Achill führt.

Die **Blue Bicycle Tea Rooms** (www.bluebicycletearooms.com; Main St; Hauptgerichte ab 4 €; ⏲ Mai–Okt. 10.30–18 Uhr) verströmen den Charme der Alten Welt und laden zu Snacks oder auch zu einer richtigen Pause ein. Es gibt in dem Café Sandwiches, Salate, Suppen, Gebäck und einiges mehr aus lokalen Zutaten.

In Newport halten einmal täglich Busse auf der Strecke zwischen Westport und Achill Island.

Von Newport nach Achill Island

Unterwegs weisen Schilder den Weg zur **Burrishoole Abbey** (abseits der N59; Eintritt frei; ⌚ Sonnenauf- bis Sonnenuntergang), der gespenstischen, windgepeitschten Ruine einer 1486 errichteten Dominikanerabtei, zu der heute ein Friedhof gehört. Sie liegt 2 km westlich von Newport.

Nach weiteren 3,5 km ist das **Rockfleet Castle** (Carrigahowley; an der N59; ⌚ Sonnenauf- bis Sonnenuntergang) ausgeschildert. Der auch als Carrigahowley bekannte Turm aus dem 15. Jh. steht mit der „Piratenkönigin" Grace O'Malley in Verbindung: Diese heiratete ihren zweiten Mann, Richard an-Iarrain (mit dem beeindruckenden Spitznamen „Iron Dick" Burke), um das Bauwerk unter ihre Kontrolle zu bringen. Wie sie von hier einen Angriff der Engländer abwehrte, ist legendär. Das Rockfleet Castle liegt stimmungsvoll in einem morastigen, den Gezeiten unterworfenen Gebiet.

Mulranny erhebt sich am Hang einer schmalen Landzunge über einem breiten **Strand** mit Blauer Flagge. Hier kann man wunderbar nachzählen, ob es in der Clew Bay tatsächlich 365 Inseln gibt.

Atlantic Way

Statt der Hauptstraße (R319) von Mulranny zum Achill Island zu folgen, windet sich der ausgeschilderte Atlantic Way im Uhrzeigersinn um die Curraun Peninsula. Die enge Straße führt an dem kuriosen Befestigungsturm vorbei. Sobald sie die einsame Südspitze der Curraun Peninsula erreicht, ist der Blick über die Clew Bay und das offene Meer einfach umwerfend.

Achill Island

950 EW.

Achill (An Caol), Irlands größtes vorgelagertes Eiland, ist durch eine kurze Brücke mit der Hauptinsel verbunden. Die Zivilisation scheint weit weg zu sein, wenn man die rauen Klippen, felsigen Landspitzen, geschützten Sandstrände, ausgedehnten Hochmoore und Berge betrachtet. Dazu kommt eine abwechslungsreiche Geschichte, da die Insel als Zufluchtsort für irische Rebellen diente.

Im Winter geht's hier eher ungemütlich zu. Tosende Winde und eine peitschende See sind nicht gerade einladend, doch auch um diese Zeit werden Gäste willkommen geheißen. Im Sommer blühen auf Achill Heidekraut, Rhododendren und Wildblumen.

Die meisten Aktivitäten (viele sind es nicht) konzentrieren sich auf das Dorf **Keel**.

Sehenswertes

Hinter der Brücke ist der **Atlantic Drive** ausgeschildert. Er führt an der wilden Südküste der Insel entlang und durch das kleine Fischerdorf **Dooega**.

Slievemore Deserted Village HISTORISCHE STÄTTE

Die Überreste des verlassenen Dorfes am Fuß des Slievemore Mountain werden nach und nach bis auf die Fundamente abgetragen. Sie erinnern daran, wie hart das Leben einst war und wie leicht die Menschen ihre Existenzgrundlage verloren. Als die Hungersnot ausbrach, mussten die Einheimischen ans Meer ziehen, um dort mit Fischen ihren Lebensunterhalt zu verdienen. Das triste Bild wird durch den benachbarten Friedhof verstärkt.

Dooagh HISTORISCHE STÄTTE

Hier legte Don Allum im September 1982 nach 77 Tagen auf See an, nachdem er als Erster den Atlantik in beide Richtungen mit dem 6 m langen Ruderboot *QE3* überquert hatte. **The Pub** (so der tatsächliche Name) gegenüber dem Monument erinnert an diese Leistung.

Keem Bay AUSSICHTSPUNKT

Die 8 km lange Fahrt westlich von Keel bis zum Ende der Straße ist spektakulär: Der Blick reicht weit über das Meer, während die Straße die blanke Felswand zu erklimmen scheint. Wer den Serpentinen hinunter bis in die perfekt geschwungene Bucht folgt, erreicht einen herrlichen **Strand**.

Aktivitäten

Einige der felsigen Buchten auf Achill sind sicher genug zum Schwimmen. Außerhalb der Ferienzeit ist man an den mit Blauer Flagge ausgezeichneten Stränden von **Dooega**, **Keem** und **Dugort** sowie am **Golden Strand** (Dugorts anderer Sandstreifen) häufig mutterseelenallein. **Dooagh** und **Dooniver** laden ebenfalls zum Baden ein.

Keel Beach SURFEN

(Keel) Der Strand von **Keel** wartet mit einer Blauen Flagge auf und zählt zu Irlands besten Surfspots, allerdings treten von seiner Mitte bis zum östlichen Ende (unter den Minaun Cliffs) gefährliche Strömungen auf.

Aus diesem Grund sollte man auf die Schilder achten und auf der westlichen Strandhälfte bleiben. Vor Ort verleihen mehrere Anbieter Surfbretter (15 € pro Tag) und geben Unterricht (40 € pro Tag).

Wanderwege WANDERN

Auf der Insel erstrecken sich mehrere wunderbare Wanderrouten. Der **Mt. Slievemore** (672 m) ist z. B. über einen Weg gleich hinter dem verlassenen Dorf mühelos zu erreichen. Oben angekommen, bietet sich ein fantastischer Ausblick auf die Blacksod Bay. Eine längere Strecke führt auf den **Mt. Croaghaun** (668 m), zum Achill Head und über einige Klippen, die von den Inselbewohnern gern als Europas höchste Felsenriffe bezeichnet werden (obwohl die Slieve-League-Klippen im County Donegal etwas höher sein sollen).

Auf der Website von **Achill Tourism** (www.achilltourism.com) stehen 14 hervorragende Beschreibungen von verschiedenen Wanderrouten zum Download bereit.

Calvey's Equestrian Centre REITEN

(087-988 1093; www.calveysofachill.com; Slievemore; Ausritt am Strand 2 Std. Erw./Kind 60/50 €) Reitunterricht und Ausritte von ein bis vier Stunden Länge auf den breiten Stränden und Bergstraßen.

Achill Bikes FAHRRADVERLEIH

(087-245 7686; www.achillbikes.com; Keel; Fahrradverleih 15 € pro Tag) Leihräder, Informationen sowie Transfer und Abholung auf der Insel.

Feste & Events

Auf Achill finden jedes Jahr mehrere Veranstaltungen statt, darunter Wander-, Mal- und Bootsfeste. Die Termine ändern sich jährlich.

Scoil Acla Festival KULTUR

(www.scoilacla.com) Ende Juli erklingt bei diesem Festival eine Woche lang traditionelle irische Musik, außerdem gehören Workshops für irischen Tanz, Kultur und Musik zum Programm.

Schlafen

Auf Achill reihen sich B&Bs an der Hauptstraße von der Brücke bis nach Keel aneinander. Auch an der Küste gibt's Unterkünfte.

★ **Valley House Hostel** HOSTEL €

(098-47204; www.valley-house.com; The Valley; Zeltstellplatz 5 €, plus 5 € pro Pers., B 16–21 €, DZ 44–60 €;) Das entlegene knarrende alte Landhaus verfügt über 42 Betten und einen verwilderten Garten. J. M. Synge wählte das atmosphärische Gebäude als Schauplatz für das Theaterstück *Der Held der westlichen Welt*. Darin geht's um ein Verbrechen, das hier tatsächlich geschah. *Love & Rage – Liebe & Leidenschaft* (1999), ein Film, der auf dem Stück basiert, wurde teilweise vor Ort gedreht. Zu den weiteren Vorzügen des Hostels gehören Scones zum Frühstück und ein Pub mit Tischen im Patio (essen kann man dort nur von Juni bis August).

Keel Sandybanks Caravan & Camping Park CAMPINGPLATZ €

(098-43211; www.achillcamping.com; Keel; Stellplätze 15–25 €, Wohnwagen 2 Nächte 115 €; April–Mitte Sept.;) Von Keel aus erreicht man diesen Campingplatz über einen bequemen Fußweg. Er bietet einen Blick auf Keel Beach. Wer kein Zelt dabeihat, kann in traditionellen Holzwohnwagen übernachten, die an Pferdekutschen erinnern.

Pure Magic Achill GASTHAUS €€

(085-245 9782; www.puremagic.ie; Slievemore Rd, bei Dugort; EZ/DZ ab 45/70 €) Die lebhafte Unterkunft in der Nähe der Geisterstadt Slievemore ist alles andere als gespenstisch. Bar und Café haben tagsüber und abends geöffnet und man kann sich zum Kitesurfen, Schnorcheln, Radfahren etc. anmelden. Die zehn Zimmer sind nach Orten (z. B. Hawaii) überall auf der Welt benannt, die den Besitzern gefallen.

Lavelles Seaside House B&B €€

(098-45116; www.lavellesseasidehouse.com; Dooega; EZ/DZ ab 45/70 €) Das weiß getünchte B&B in dem ruhigen Fischerdorf Dooega besitzt 14 komfortable Zimmer. Die fünf neueren sind am besten und bieten einen Blick zum Wasser hinunter. Nebenan in **Mickey's Bar** (Hauptgerichte 8–11 €) werden im Sommer gute Fisch- und Meeresfrüchtegerichte serviert.

Bervie B&B €€

(098-43114; www.bervie-guesthouse-achill.com; Keel; EZ 65–85 €, DZ 100–130 €;) In der ehemaligen Station der Küstenwache ist heute ein reizendes B&B mit Ausblick aufs Meer, einem gepflegten Garten und einem direkten Strandzugang untergebracht. Die 14 Zimmer sind hell und gemütlich. Für Regentage steht ein Spielzimmer mit Billardtisch zur Verfügung. Auf Wunsch bekommt man hier auch abends hochgelobte Mahlzeiten.

Achill Island

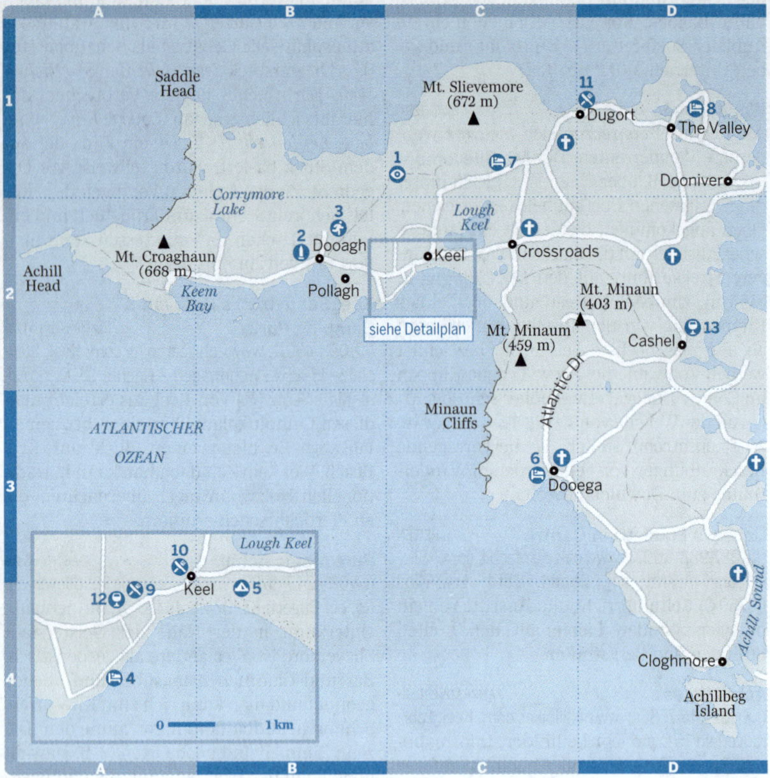

Essen

★ Cottage Coffee Shop CAFÉ €
(Dugort; Hauptgerichte 4–15 €; Juni–Sept. 10–17 Uhr) Der perfekte Ort für eine Pause, während man den Charme des kleinen Küstendorfs Dugort genießt. Es gibt fantastisches Gebäck und eine große Auswahl an Sandwiches und Salaten. Außerdem werden manchmal besondere Gerichte mit Meeresfrüchten serviert, z. B. erstklassiger Krebssalat.

Beehive CAFÉ €
(Keel; Hauptgerichte 4–9 €; April–Okt. 10.30–18 Uhr) In dem Café mit angeschlossenem Kunsthandwerksladen können sich Gäste auf gesunde hausgemachte Suppen, braune Scones, kreative Sandwiches und köstliche selbst gebackene Kuchen freuen. Mittags füllt sich das Beehive.

Calvey's Restaurant IRISCH €€
(098-43158; www.calveysofachill.com; Keel; Hauptgerichte mittags 8–15 €, abends 16–30 €; Ostern–Mitte Sept. 12–15 & 17.30–21 Uhr) Das Restaurant ist einer Biofleischerei angeschlossen und kredenzt dementsprechend sehr gute Fleischgerichte, z. B. hervorragendes Lammkarree mit dem typischen Inselgeschmack. Auf der Karte steht auch eine gute Auswahl an Fisch und Meeresfrüchten, die mit lokal produzierten, saisonalen Zutaten zubereitet werden.

Ausgehen & Unterhaltung

Lynott's PUB
(Cashel; Öffnungszeiten je nach Saison) In dem tollen kleinen, traditionellen Steinpub mit Steinplattenboden und uralten Bänken gibt's weder einen Fernseher noch ein Radio und auch keinen Hauch von Käse-Schinken-Toast, aber dafür reichlich Spaß.

Annexe Inn PUB
(Keel) Während der Sommermonate gibt's in dem gemütlichen kleinen Pub fast jeden Abend traditionelle Livemusik.

Achill Island

Sehenswertes
1 Slievemore Deserted Village C1
2 The Pub B2

Aktivitäten, Kurse & Touren
3 Calvey's Equestrian Centre B2

Schlafen
4 Bervie A4
5 Keel Sandybanks Caravan & Camping Park B4
6 Lavelles Seaside House C3
7 Pure Magic Achill C1
8 Valley House Hostel D1

Essen
9 Beehive A4
10 Calvey's Restaurant A3
11 Cottage Coffee Shop D1

Ausgehen & Nachtleben
12 Annexe Inn A4
13 Lynott's D2

Praktische Informationen

Die meisten Dörfer haben ein Postamt. Geldautomaten findet man in den Supermärkten in Keel und Achill Sound.

Achill Tourism (☎ 098-20705; www.achilltourism.com; Davitt Quarter, Achill Sound; ⏲ Juli & Aug. Mo–Fr 9–18 Uhr, Sept.–Juli 10–16 Uhr) Eine der besten Infoquellen in Mayo.

An- & Weiterreise

Täglich fährt ein Bus von Westport (14 €) nach Achill. Er hält u. a. in Dooagh, Keel, Dugort, Cashel und Achill Sound.

Bangor Erris

300 EW.

Bangor ist der Anfangs- bzw. Endpunkt des 48 km langen **Bangor Trail**, der dieses unscheinbare Dorf mit Newport verbindet. Die außergewöhnliche Wanderung führt durch einige raue und abgeschiedene Landstriche. Sie ist sehr anspruchsvoll und verläuft über lange Strecken durch Moorgebiet.

Jeden Tag fährt ein Bus von Ballina nach Bangor Erris (12 €, 1 Std.).

Ballycroy National Park

Der wunderschöne **Ballycroy National Park** (www.ballycroynationalpark.ie; abseits der N59, Ballycroy; Eintritt frei; ⏲ Besucherzentrum Mitte März–Sept. 10–17.30 Uhr) beherbergt eines der größten Moorgebiete Europas. Mitten durch die unberührten Sümpfe bahnt sich der Owenduff seinen Weg.

In dem Schutzgebiet sind zahlreiche Tier- und Pflanzenarten zu Hause, darunter Wanderfalken, Wachtelkönige und Singschwäne. Ein kurzer **Naturlehrpfad** mit erläuternden Tafeln führt vom Besucherzentrum durch das Moor und bietet eine herrliche Aussicht auf die Berge ringsum. Die Angestellten des hervorragenden Besucherzentrums können auch anspruchsvollere Wanderungen empfehlen, außerdem gibt's eine Ausstellung über den Walfang und das allgegenwärtige purpurfarbene Heidekraut.

Der Nationalpark liegt 18 km südlich von Bangor an der N59.

Mullet Peninsula

Die dünn besiedelte Halbinsel, ein Gaeltacht-Gebiet, in dem Irisch gesprochen wird, ragt

30 km weit in den Atlantik hinein und vermittelt ein stärkeres Gefühl der Abgeschiedenheit als viele andere Inseln. Besucher kommen sich fast ein wenig verloren vor, können sich aber über unberührte Strände an der geschützten Ostküste und einige sakrale Sehenswürdigkeiten freuen. Darüber hinaus sieht man in der Gegend zahlreiche Schafe, die häufig die Straße blockieren. Das geschäftige **Belmullet** (Béal an Mhuirthead) ist das größte Dorf in der Umgebung.

Sehenswertes

Von Belmullet führt die R313 nach Süden um die Spitze der Halbinsel bis nach Aghleam sowie zum blau beflaggten Strand der **Elly Bay**, ein Ort wie geschaffen zum Beobachten von Vögeln und Delfinen und ein toller Surfspot. Weiter südlich passiert die Straße den wunderschönen **Mullaghroe Beach**.

Bei **Blacksod** (An Fód Dubh) stößt man auf die Überreste einer alten **Kirche**. Ein wenig oberhalb liegt die erste von mehreren Stätten, die mit der hl. Dervla verbunden sind. „Deirbhile's Twist" ist ein Steinkreis aus heutiger Zeit, der an antike Monumente erinnert (er gehört zum North Mayo Sculpture Trail, s. S. 453). In der Nähe weisen Straßenschilder den Weg zum **Deirbhile's Well**, wo sich wahrscheinlich das Wunder mit den Augen der Heiligen abgespielt hat. Anschließend folgt man der kurzen kurvigen Straße hinunter zum nahen Friedhof und zum Strand. Hier erheben sich die Überreste der bezaubernden **St. Deirbhile's Church** aus dem 11. Jh. Vermutlich wurde Deirbhile dort begraben.

In Bellmullet sollte man unbedingt einen Blick in das Veranstaltungsprogramm des zweisprachigen Kulturzentrums **Ára Inis Gluiare** (www.arasinisgluaire.ie; Church Rd; ⌚ je nach Veranstaltung) werfen. Es bietet oft interessante Ausstellungen und Aufführungen.

DIE LEGENDE DER HL. DEIRBHILE

Um das Jahr 600, so die Legende, entschied sich ein junges Mädchen namens Deirbhile, ein frommes Leben zu führen. Allerdings stand diesem Entschluss ein Soldat im Weg, der in es verliebt war. Als sich Deirbhile eines Tages mit ihrem Verehrer auf der heutigen Mullet Peninsula traf, fragte sie ihn, was er am meisten an ihr liebe. Er antwortete: „Deine Augen." Daraufhin riss Deirbhile sich die Augen aus dem Kopf und warf sie zu Boden. Es wird wohl niemanden überraschen, dass der geschockte Soldat postwendend die Flucht ergriff.

Doch dann passierte ein Wunder: Dort, wo Deirbhiles Augen auf die Erde gefallen waren, entsprang eine Quelle. Das Mädchen wusch sich das Gesicht mit dem Wasser und bekam seine Augen zurück. Heute wird in seiner Heimat in der Nähe von Blacksod auf der Mullet Peninsula am 15. August der **Festtag der hl. Deirbhile** gefeiert.

Schlafen & Essen

★ **Talbot's** HOTEL €€
(☎ 097-20484; www.thetalbothotel.ie; Barrack St, Belmullet; EZ/DZ ab 80/130 €; 📶) Das für die entlegene Gegend überraschend stilvolle Talbot's besitzt 21 sehr komfortable Zimmer mit zahlreichen technischen Raffinessen und einer schicken Einrichtung. Im hauseigenen Pub **An Chéibh** (The Anchor; Hauptgerichte 8–25 €) gibt's zwei Torfkamine, eine gute Bierauswahl und hervorragende Kneipenkost. Wir empfehlen die Fisch- und Meeresfrüchte- sowie die Tagesgerichte.

Leim Siar B&B €€
(☎ 097-85004; www.leimsiar.com; Blacksod; EZ/DZ 50/76 €) Vom Blacksod-Leuchtturm sind es nur wenige Schritte bis zu diesem freundlichen Zweckbau. Das Leim Siar bietet gleichzeitig modernen Komfort und das Gefühl, am Ende der Welt zu sein. Es verfügt über helle Zimmer, serviert auf Wunsch auch abends Mahlzeiten und verleiht Fahrräder an seine Gäste.

Praktische Informationen

Alle wichtigen Einrichtungen wie Bank, Geldautomat und Post befinden sich in Belmullet.

Erris Tourist Information (☎ 097-81500; www.visiterris.ie; Main St, Belmullet; ⌚ Mai–Sept. Mo–Sa 9–17 Uhr, Okt.–April Mo–Fr 9–16 Uhr)

An- & Weiterreise

Bus Éireann verkehrt einmal täglich von Ballina nach Belmullet (15 €, 1¾ Std.) und weiter nach Blacksod.

Pollatomish

150 EW.

Das hübsche abgelegene Dorf Pollatomish, manchmal auch Pullathomas geschrieben, schmiegt sich verschlafen in eine ruhige

PROTEST GEGEN EINE PIPELINE

In den vergangenen Jahren hat der idyllische und entlegene Nordwestteil Mayos landesweit für Schlagzeilen gesorgt. Es geht um den geplanten Bau einer Hochdruck-Rohgasleitung, die zwischen dem Corrib-Gasfeld vor der Küste und einer Aufbereitungsanlage in Bellanaboy verlaufen soll. Ortsansässige und Umweltaktivisten fürchten Gesundheits- und Sicherheitsrisiken sowie Umweltschäden und kämpfen nun schon seit über zehn Jahren gegen das Projekt. Es kam zu Verhaftungen und Demonstrationen, dennoch gab die irische Regierung 2011 ihre Zustimmung für das Vorhaben. Weitere Proteste und gerichtliche Klagen halfen nichts und 2013 war der Bau des 9 km langen Abschnitts durch Nord-Mayo (bei Pollatomish trifft die Leitung auf die Küste) schon weit fortgeschritten.

Das riesige Projekt schreitet zwar voran und ganze Kipplasterkonvois bewegen sich wie bei einer Polonaise durch die engen Straßen, aber die Abneigung der Bewohner ist ungebrochen. „Shell Out!" ist nur eine der vielen Parolen auf zahlreichen Schildern in der Region.

Detaillierte Infos zu diesem kontroversen Thema findet man unter www.shelltosea.com und www.corribgaspipeline.ie.

Bucht 16 km östlich von Belmullet. Es ist auf der Straße nach Ballycastle (R314) ausgeschildert.

Wer hierherkommt, bleibt oftmals länger als ursprünglich geplant, um noch mehr Zeit an dem schönen **Sandstrand** zu verbringen oder bis zum **Benwee Head** zu wandern, der mit einer herrlichen Aussicht aufwartet.

Das **Kilcommon Lodge Hostel** (☎ 097-84621; www.kilcommonlodge.net; Pollatomish; B/DZ ab 16/40 €; Abendessen 16 €; @ 📶) wird von Ciarán geführt, einem Outdoor-Enthusiasten, der Surfkurse, geführte Wanderungen und Klettertouren organisiert. Die Unterkunft hat einen schönen Garten.

Ballycastle & Umgebung

250 EW.

Das herrlich gelegene Ballycastle (Baile an Chaisil) besteht aus einer einzigen abschüssigen Straße. Hauptattraktion der Ortschaft (abgesehen von der atemberaubenden Küstenlandschaft) sind Megalithgräber, die man hier in so großer Zahl fast nirgendwo sonst in Europa findet.

Sehenswertes

★ **Céide Fields** ARCHÄOLOGISCHE STÄTTE
(☎ 096-43325; www.heritageireland.ie; abseits der R314; Erw./Kind 4/2 €; ⏲ Besucherzentrum Juni–Sept. 10–18 Uhr, Ostern–Mai & Okt. 10–17 Uhr, letzte Führung 1 Std. vor Schließung) Wie ein Spruch besagt, beschäftigt sich Archäologie im Grunde nur mit einem Haufen kleiner Mäuerchen. Selten sorgt jedoch etwas für so viel Aufregung unter Experten wie die Mauern dieser kargen Stätte 8 km nordwestlich von Ballycastle.

In den 1930er-Jahren fiel einem Einheimischen namens Patrick Caulfield beim Torfstechen ein Haufen Steine unter dem Sediment auf. 40 Jahre später begann sein Sohn Seamus die Gegend genauer zu erforschen und entdeckte ein steinzeitliches Denkmal, das heute als größtes der Welt gilt. Bisher wurden etwa ½ Mio. Tonnen Steine gefunden: mit Steinmauern umgebene Felder, Häuser und Megalithgräber, allesamt die Überreste einer 5000 Jahre alten Bauernsiedlung. Das **Besucherzentrum** in einer Glaspyramide mit Blick über die Ausgrabungsstätte vermittelt ein faszinierendes Bild der damaligen Zeit. Es empfiehlt sich, an einer Führung teilzunehmen, denn sonst sieht die Anlage eben doch eher wie ein Haufen kleiner Mäuerchen aus.

Ballinglen Art Foundation GALERIE
(www.ballinglenartsfoundation.org; R314; ⏲ variieren) Künstler, die sich von der sensationellen Landschaft der Umgebung inspirieren lassen, können darauf hoffen, von dieser Stiftung gefördert zu werden. Die Ballinglen Art Foundation unterstützt jedes Jahr zahlreiche Talente und stellt die Arbeiten im eindrucksvollen **Ballinglen Centre** östlich des Ortszentrums aus.

Schlafen & Essen

Stella Maris HOTEL €€€
(☎ 096-43322; www.stellamarisireland.com; Ballycastle; Zi. 150–240 €; ⏲ Ostern–Okt.; 📶) 2,5 km westlich von Ballycastle thront dieses Gebäude an einem einsamen Küstenstreifen.

ABSTECHER

AUSFLUG NACH KILLALA

Ein spektakulärer kurzer Abstecher von der Hauptstraße (R314) nach Killala führt zunächst über die Küstenstraße in nördlicher Richtung aus Ballycastle heraus zum **Downpatrick Head**. Dieser Küstenabschnitt gehört zu den landschaftlich spannendsten in Mayo und löst bei vielen grenzenlose Begeisterung aus. Der schmale Weg zur Landspitze verläuft bis an die Küste.

Danach geht's weiter nach Osten und Süden mit der Lackan Bay zur Linken, bis man wieder auf die R314 kommt. Wer die Strecke in umgekehrter Richtung fahren möchte, nimmt 4 km nordwestlich hinter Killala die Abzweigung nach Kilcummin.

Ursprünglich war es eine Station der Küstenwache, später ein Nonnenkloster. Heute wartet es mit Zimmern voller antiker und stilvoll-moderner Möbel auf. Der Ausblick ist fantastisch.

★ Mary's Cottage Kitchen CAFÉ €
(Lower Main St, Ballycastle; Gerichte ab 3 €; ⌚Mo–Fr 10–15, Sa bis 14 Uhr) Aus der heimeligen Backstube wabert stets der Duft heißer Schokolade. Im Sommer locken Tische im Garten. Die Öffnungszeiten wechseln häufiger.

Killala & Umgebung

580 EW.

Killala ist ein hübsches Örtchen und vor allem wegen der nahe gelegenen gleichnamigen Bucht bekannt.

Angeblich wurde Killala vom hl. Patrick gegründet. Die Church of Ireland soll an der Stelle stehen, wo sich einst die erste christliche Kirche befand. Noch heute überragt der 25 m hohe **Rundturm** den Ort.

Sehenswertes

★ Lackan Bay STRAND
Der goldene Sandstrand der Lackan Bay ist herrlich lang, sodass hier jeder Besucher ein ungestörtes Plätzchen für sich findet. Zudem eignet er sich wunderbar zum Surfen. Man fährt auf der R314 hinter Killala ca. 4 km Richtung Nordwesten und biegt dann an dem Schild nach Kilcummin ab.

Rathfran Abbey HISTORISCHES GEBÄUDE
Nur das Krächzen der Krähen und das Pfeifen des Küstenwindes stören die Ruhe in dem einsamen 1274 errichteten Dominikanerkloster, das 1590 von den Engländern niedergebrannt wurde.

Wer die Überreste des Gebäudes sehen möchte, verlässt Killala auf der R314 Richtung Norden, überquert nach 5 km den Fluss Cloonaghmore und biegt rechts ab. 2 km weiter geht's an der Kreuzung erneut rechts ab.

Rosserk Abbey HISTORISCHES GEBÄUDE
Die Franziskanerabtei stammt aus der Mitte des 15. Jhs. und steht mit den Fundamenten fast im Wasser des Rosserk, eines Nebenflusses des Moy. Im Altarraum befindet sich ein auffälliges steinernes Taufbecken, das mit einem kunstvoll gestalteten Rundturm und Engeln verziert ist.

Das Kloster liegt 4 km südlich von Killala abseits der R314. Es ist im Ort ausgeschildert: Einfach den Wegweisern 5 km über kleine Landstraßen folgen.

An- & Weiterreise

An Wochentagen verkehren zwischen Ballina und Killala (5 €, 20 Min.) drei Busse.

Ballina

10 400 EW.

Mayos zweitgrößte Stadt ist für ihre reichhaltigen Lachsbestände bekannt. In der Fischfangsaison ziehen oft Scharen grün gekleideter Leute in Watthosen und mit Stangen in der Hand zum Fluss Moy, der direkt durch die Ortsmitte führt.

Auch wegen des beeindruckenden neuen Museums bietet sich Ballina für einen kurzen Zwischenstopp an.

Sehenswertes

Jackie Clarke Collection MUSEUM
(www.clarkecollection.ie; Pearse St; ⌚April–Sept. Di–Sa 10–17 Uhr, Führungen 11.30 & 14.30 Uhr) GRATIS Jackie Clarke begann 1939 im Alter von zwölf Jahren Kunst zu sammeln und trug im späteren Leben eine außergewöhnliche Sammlung von 100 000 Objekten aus 400 Jahren irischer Geschichte zusammen, die voller Überraschungen steckt. Das 2013 eröffnete Musem ist in einem Bankgebäude von 1881 untergebracht und hat einen schönen Garten mit Café.

Aktivitäten

In der Touristeninformation erhält man eine Liste mit den besten Fischgründen vor Ort sowie mit den Ansprechpartnern für einen Angelschein. Die Saison dauert von Februar bis September, aber die besten Monate für Lachs sind Juni, Juli und August. Informationen, Ausrüstung und Lizenzen gibt's auch im **Ridge Pool Tackle Shop** (Cathedral Rd; ⌚ Mo–Sa 9–18 Uhr). Dort wird außerdem Unterricht im Fliegenfischen angeboten.

Feste & Events

Ballina Salmon Festival KULTUR
(www.ballinasalmonfestival.ie; ⌚ Juli) Auf dem einwöchigen Festprogramm stehen Umzüge, Tänze und künstlerische Vorführungen.

Schlafen

Red River Lodge B&B €
(☎ 096-22841; www.redriverlodgebnb.com; The Quay; EZ/DZ ab 35/60 €; 📶) Das moderne B&B bietet einen Blick auf die Mündung des Moy und verfügt über helle Zimmer mit großen Fenstern, weißer Bettwäsche sowie seidigen Bettüberwürfen. Es liegt 5 km nördlich von Ballina abseits der N59.

Mount Falcon Country House Hotel LUXUSHOTEL €€€
(☎ 096-74472; www.mountfalcon.com; Foxford Rd; Zi. ab 140–250 €; 📶 🏊) 5 km südlich von Ballina versteckt sich dieses hübsche Herrenhaus aus den 1870er-Jahren auf einem 40 ha großen Gelände zwischen dem Lough Conn und dem Moy. Viele Zimmer der entzückenden Bleibe erinnern an glanzvolle Zeiten, doch im modernen Anbau gibt's auch zeitgenössisch eingerichtete Räume. Wer angeln möchte, kann das im hauseigenen exklusiven Bereich tun!

Essen

★ **Clarke's Seafood Delicatessen** FISCH & MEERESFRÜCHTE €
(www.clarkes.ie; O'Rahilly St; Speisen ab 5 €; ⌚ Mo–Sa 9–18 Uhr) Auch Nichtangler bekommen im Clarke's hausgeräucherten Lachs in vielen verschiedenen Varianten, ebenso wie alle möglichen kreativen Fischgerichte zum Mitnehmen für ein Picknick.

Gaughan's IRISCH €
(O'Rahilly St; Hauptgerichte 5–16 €; ⌚ Mo–Sa 10–17 Uhr) Mit seinen einfachen hausgemachten Gerichten und nostalgischen Desserts zieht das beliebte Lokal jede Menge Gäste an. Auch die Meeresfrüchte schmecken hervorragend, doch am besten ist der authentische Charme dieses ehemaligen Pubs.

Praktische Informationen

Touristeninformation (☎ 096-70848; Cathedral Rd; ⌚ April–Okt. Mo–Sa 10–17.30 Uhr) Liegt vom Ortszentrum aus am anderen Ufer des Moy.

An- & Weiterreise

BUS

Vom Busbahnhof in der Kevin Barry Street verkehrt Bus Éireann u. a. nach Westport (14 €, 1 Std., 2–4-mal tgl.) und Sligo (16 €, 1½ Std., 1-mal tgl.).

ZUG

Der Bahnhof liegt in der Station Road an der südlichen Fortsetzung der Kevin Barry Street. Ballina befindet sich an einer Nebenstrecke der Hauptroute von Westport nach Dublin, deshalb muss man im Manulla-Junction-Bahnhof umsteigen. Täglich fahren drei Züge nach Dublin (15 €, 3½ Std.).

Castlebar & Umgebung

10 900 EW.

Mayos Verwaltungssitz ist ein vom Verkehr verstopftes Einzelhandels- und Dienstleistungszentrum, aber glücklicherweise liegen alle interessanten Sehenswürdigkeiten außerhalb der Innenstadt.

Zu einem Platz in der Geschichte Irlands kam Castlebar 1798, als hier General Humberts zahlenmäßig unterlegene Armee aus

NICHT VERSÄUMEN

NORTH MAYO SCULPTURE TRAIL

Bedeutende Künstler aus acht verschiedenen Ländern wurden beauftragt, einen Wanderweg mit 14 dauerhaft im Freien aufgestellten Skulpturen zu gestalten. Die Figuren sollen das nördliche Mayo mit seiner Schönheit und Wildheit widerspiegeln und verteilen sich entlang der 90 km langen Route, die der R314 von Ballina bis nach Blacksod folgt.

Wer mehr über die Kunstwerke erfahren möchte, kann sich das 60-seitige Buch *North Mayo Sculpture Trail* zulegen, das in Touristeninformationen und Buchläden verkauft wird. Dort gibt's auch kostenlose Karten und kleine Broschüren.

ABSTECHER

FOXFORD WOOLLEN MILL

Die von den wohltätigen Sisters of Charity 1892 gegründete **Foxford Woollen Mill** (www.foxfordwoolenmills.ie; Foxford; Führungen gratis; ⌚Laden Mo–Sa 10–18, So 12–18 Uhr, Führungen Mo–Do 10–17 Uhr, Fr 10–13 Uhr) sollte nach der Hungersnot das Elend lindern und Foxfords Einwohnern zu dringend benötigter Arbeit und einem Einkommen verhelfen. Das Projekt war ein riesiger Erfolg und die hochwertigen Teppiche und Decken erlangten internationale Bekanntheit. 1987 wurde die Mühle geschlossen, doch einheimische Geschäftsleute konnten das Unternehmen retten. Heute sind hier noch 15 Angestellte tätig, in den 1960er-Jahren waren es 220. Während der Arbeitszeit werden Führungen angeboten, außerdem gibt's einen großen Laden. Neben Pullovern und Schals (unter 30 €) wird auch viel importierte Ware verkauft. Die hochgelobten Foxford-Blazer aus Wolltweed, der in der Mühle hergestellt wird, stammen beispielsweise aus Portugal.

Foxford liegt auf halbem Weg zwischen Ballina und Castlebar an der Kreuzung der N26 und N58.

französischen Revolutionären und irischen Bauern einen unerwarteten Sieg errang. Der schmachvolle Rückzug der britischen Kavallerie wird seitdem spöttisch als Castlebar Races bezeichnet.

Sehenswertes

★ National Museum of Country Life MUSEUM
(www.museum.ie; abseits der N5, Turlough Park; Eintritt frei; ⌚ Di–Sa 10–17, So 14–17 Uhr) Dieses weitläufige und sich ständig vergrößernde Museum mit einem schönen Café und einem Laden widmet sich den ländlichen Traditionen und Handwerkskünsten – eine Hommage an das couragierte irische Volk. Der Zweckbau 8 km nordöstlich von Castlebar ist eine Zweigstelle des National Museum of Ireland. Er befindet sich in der üppigen Anlage des Turlough Manor aus dem 19. Jh. mit Blick auf einen See. Das Themenspektrum reicht von der Bedeutung der Kartoffel bis zum Bootsbau und von Kräuterkuren bis zu traditioneller Kleidung. Im Fokus steht der Zeitraum von 1850 bis 1950.

Turlough Round Tower HISTORISCHES GEBÄUDE
(Nahe der N5) Beim Anblick des Rundturms aus dem 9. Jh. mit einem einzigen, hoch oben angebrachten Fenster denkt man sofort an Rapunzel. Das Gebäude thront nordöstlich des National Museum of Country Life auf einem Hügel neben einer Kirchenruine aus dem 18. Jh. und einem Friedhof.

Ballintubber Abbey HISTORISCHES GEBÄUDE
(www.ballintubberabbey.ie; Ballintubber; Eintritt frei; ⌚tgl. 9–24 Uhr) GRATIS Im Volksmund heißt sie „Die Abtei, die nicht sterben will", denn sie ist die einzige von einem irischen König gegründete Kirche Irlands, die heute noch genutzt wird. 1216 wurde sie neben dem früheren Standort eines anderen Gotteshauses errichtet, das einst von dem emsigen hl. Patrick erbaut wurde, nachdem dieser vom Croagh Patrick heruntergeklettert war.

Die Ballintubber Abbey ist von den Normannen niedergebrannt, von Jakob I. beschlagnahmt und von Heinrich VIII. unterdrückt worden. Das Dach des Kirchenschiffs wurde im Jahre 1653 von Cromwells Soldaten in Brand gesteckt und bis 1965 nicht restauriert.

Auf der N84 geht's südwärts und nach etwa 13 km an der Emo-Tankstelle Richtung Westen. Von dort sind es noch rund 2 km bis zur Abtei.

Schlafen & Essen

Im Ortszentrum gibt's einfache B&Bs.

Breaffy House Hotel HOTEL €€
(☎094-902 2033; www.breaffyhousehotel.com; nahe der N60; Zi. ab 80 €; @ ✈ 👪) Das imposante Landhaus aus dem 19. Jh. liegt 3 km südöstlich von Castlebar auf einem riesigen Grundstück. Es wurde umfassend modernisiert, hat aber seinen traditionellen Charme bewahrt und verfügt über verschieden eingerichtete komfortable Zimmer (die besten sind im Haupthaus untergebracht). Außerdem wartet es mit zahlreichen Aktivitäten für Kinder auf.

★ Rua MODERN IRISCH €€
(www.caferua.com; Spencer St, Castlebar; Hauptgerichte 7–14 €, Abendessen 40 €; ⌚ Mo–Sa 9–18 Uhr, April–Okt. Fr 9–21 Uhr; 👪) In dem Feinkostladen unten und dem lebhaften Café oben lo-

cken hochwertige Bioprodukte wie Käse aus Carrowholly, Räucherlachs aus Ballina und verführerisch zubereitete Delikatessen. Die nicht zueinanderpassenden, aber kunstvoll arrangierten Möbel und die leuchtenden Tischdecken sorgen im Café für künstlerisches Flair. Alles, was man für ein Picknick im nahen Park braucht, ist im Geschäft erhältlich. Wir empfehlen die saisonabhängigen Abendessen.

An- & Weiterreise

BUS

Busse halten am Stephen Garvey Way. Bus Éireann bietet Verbindungen nach Westport (6 €, 20 Min., 7–11-mal tgl.) und Sligo (18 €, 2½ Std., 1-mal tgl.).

ZUG

Castlebar liegt an der Strecke zwischen Dublin (15 €, 3 Std.) und Westport (8 €, 20 Min.). In beide Richtungen fahren täglich drei Züge. Der Bahnhof befindet sich etwas außerhalb der Stadt an der N84 Richtung Ballinrobe.

Knock

850 EW.

Knock war nicht viel mehr als ein heruntergewirtschaftetes Dorf, bis es eine göttliche Erscheinung im Jahre 1879 in einen der heiligsten Orte der katholischen Welt verwandelte. Der Knock Marian Shrine, eine bedeutende Pilgerstätte, ist groß und recht modern und hat eher einen spirituellen als physischen Reiz. Gleich gegenüber befindet sich die **Touristeninformation** (☎094-938 8193; www.knock-shrine.ie; ⌚9–18 Uhr) mit geduldigen, hilfsbereiten Mitarbeitern. Vor Ort gibt's außerdem etliche Souvenirstände.

Sehenswertes

Knock Marian Shrine HISTORISCHE STÄTTE

(⌚Kapelle 9–21 Uhr) Diese sakrale Stätte im Ortskern besteht aus mehreren Kirchen und einem Museum. Dem Gründungsmythos zufolge hatten am Abend des 21. August 1879 zwei junge Frauen aus Knock eine Erscheinung: Während es draußen in Strömen regnete, sahen sie Maria, Josef, Johannes und ein Opferlamm auf dem Altar ihrer Gemeindekirche, alle bestrahlt von einem weißen Licht am Südgiebel. Schon bald liefen 13 weitere Dorfbewohner herbei. Gemeinsam betrachteten sie fast zwei Stunden lang die himmlische Erscheinung, bis es allmählich dunkel wurde. Eine Untersuchung der Kirche bestätigte das Gesehene als Wunder, in der Folge kam es zu einer ganzen Flut von mysteriösen Ereignissen, die alle vom Vatikan für echt erklärt wurden. Dabei handelte es sich in erster Linie um erstaunliche Heilungen von Kranken und Behinderten, die diesen Ort aufgesucht hatten.

Noch heute beten Anhänger sämtlicher christlichen Glaubensrichtungen und sogar anderer Religionen in der modernen **Kapelle** mit einer in schneeweißen Marmor gemeißelten Darstellung der Erscheinung. Ein **Steinsegment** aus der ursprünglichen (und schon seit Langem zerstörten) Kirche an der Außenwand (rechts, wenn man auf die Szene der Erscheinung schaut) ist vom vielen Anfassen und Küssen der Gläubigen schon ganz blank gerubbelt. In der Nähe steht die in den 1970er-Jahren erbaute, mit spitzen Zacken gekrönte **Basilica of Our Lady, Queen of Ireland**, in der über 10 000 Menschen Platz finden.

Das durch einen weitläufigen Platz von der Basilika getrennte kleine **Museum** (⌚094-938 8100; Erw./Kind 4/3 €; tgl. 10–18 Uhr) erzählt die Geschichte von den ersten Zeugen, Wunderheilungen und wiederholten Untersuchungen der Kirche bis zum Besuch von Papst Johannes Paul II. 1979 anlässlich des 100-jährigen Jubiläums der Erscheinung.

An- & Weiterreise

BUS

Von Montag bis Samstag gibt's täglich zwei Verbindungen nach Westport (10,50 €, 1 Std., 2-mal tgl.) und Galway (17 €, 4½ Std.). Sonntags verkehrt nur ein Bus.

FLUGZEUG

Der **Ireland West Airport Knock** (NOC; ⌚094-936 8100; www.irelandwestairport.com) 15 km nördlich der Stadt verzeichnet immer mehr Starts und Landungen. Aer Lingus fliegt nach London-Gatwick und Birmingham. Ryanair bedient Ziele in Großbritannien und einige Ferienzentren am Mittelmeer. Bei Abflug wird eine Gebühr von 10 € erhoben. Die Website des Flughafens führt die Busverbindungen nach Westport und Galway auf.

COUNTY SLIGO

Sligo bietet neben seiner üppig grünen Landschaft erstaunlich viel Poesie, Folklore und Mythen und ist deshalb genau das Richtige für Irlandfans. Dies war die Region, die William Butler Yeats (1865–1939) am stärksten inspirierte. Die irische Mythologie faszi-

Sligo (Stadt)

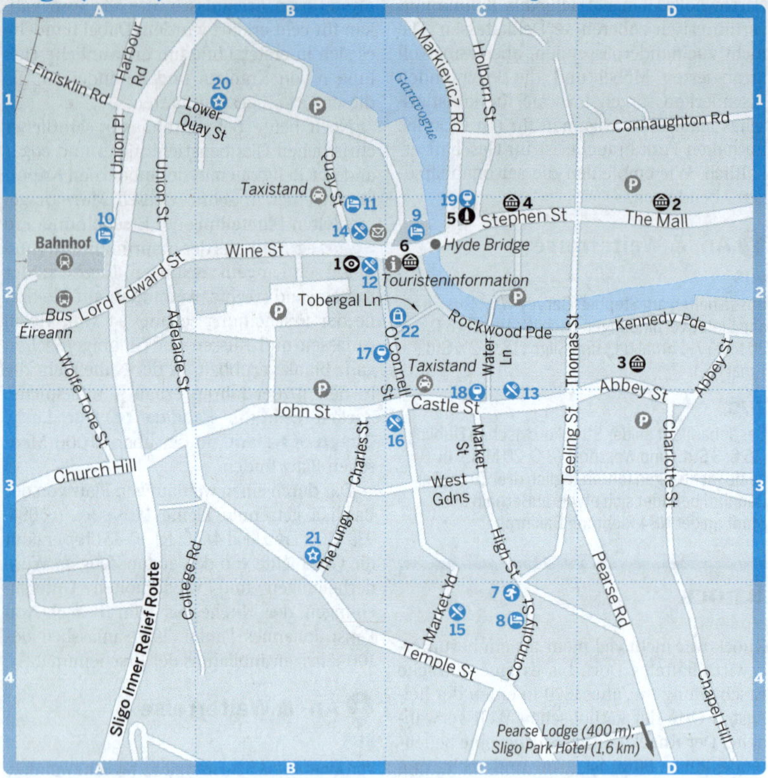

nierte den Schriftsteller immer wieder. Er begeisterte sich für Orte wie den prähistorischen Carrowmore Megalithic Cemetery und Innisfree Island. Doch Sligo zeigt sich nicht nur von seiner beschaulichen Seite: Die gleichnamige Hauptstadt des Countys ist weltoffen und lebhaft, zudem locken die hiesigen Wellen eine internationale Surfergemeinde an die Küste.

Sligo (Stadt)

17 600 EW.

Mit einladenden Schaufenstern gesäumte Fußgängerzonen, Steinbrücken über den Garavogue, Pubs, aus denen der Lärm von *céilidh*-Sessions bis auf die Straße dringt, und als Kontrast dazu hier und dort moderne Kunst und hohe Glastürme – das ist Sligo. Die Stadt dient darüber hinaus als guter, unkomplizierter Ausgangspunkt für Erkundungen im Land von Yeats.

Sehenswertes & Aktivitäten

Sligo Abbey HISTORISCHES GEBÄUDE
(www.heritageireland.ie; Abbey St; Erw./Kind 3/1 €; Ostern–Anfang Okt. 10–18 Uhr) Ursprünglich wurde die schöne Abtei um 1252 errichtet, allerdings brannte sie im 15. Jh. ab und wurde später neu aufgebaut. Einflussreiche Freunde retteten sie vor den schlimmsten Übergriffen in der elisabethanischen Zeit und brachten den geschnitzten Altar in Sicherheit, der als Einziges die Reformation überdauern sollte. Die Eingänge auf der Rückseite sind ungewöhnlich niedrig, was an den Massengräbern aus den Jahren der Hungersnot und des Kriegs liegt, die den Boden stark angehoben haben.

Model KUNSTMUSEUM
(www.themodel.ie; The Mall; Eintritt variabel; Di–Sa 10–17.30, So 12–17 Uhr) Dieses Museum gehört zu den führenden zeitgenössischen Kunstzentren des Landes. Es wartet mit einer beeindruckenden Sammlung moderner irischer

Sligo (Stadt)

Sehenswertes

Aktivitäten, Kurse & Touren

Schlafen

Essen

Ausgehen & Nachtleben

Unterhaltung

Shoppen

Werke auf, darunter Arbeiten von Jack B. Yeats (der Bruder von W. B. Yeats und einer der bedeutendsten irischen Künstler) sowie Louis le Brocquy. Außerdem hat es Platz für Sonderausstellungen, einen Raum für Aufführungen und ein Künstlerstudio. Auf dem Veranstaltungsprogramm stehen experimentelles Theater, Musik und Filme. Das Museumscafé bietet sich für eine Pause an.

Sligo County Museum MUSEUM

(Stephen St; Eintritt frei; ⏲ Mai–Sept. Di–Sa 9.30–12.30 & 14–16.45 Uhr, Okt.–April Di–Sa 9.30–12.30 Uhr) Die Hauptattraktion des Regionalmuseums ist der W.-B.-Yeats-Raum. Zu den hier präsentierten Exponaten gehören Fotos, Briefe und Zeitungsausschnitte sowie Zeichnungen von Jack B. Yeats.

Yeats Memorial Building MUSEUM

(www.yeats-sligo.com; Wine St; Erw./Kind 2 €/frei; ⏲ Mo–Fr 10–17 Uhr) In schöner Lage zeigt die **W. B. Yeats Exhibition** in einer ehemaligen Bank von 1895 Erinnerungsstücke aus dem Leben des Künstlers und faszinierende Skizzen und Entwürfe. An den Tischen draußen vor dem Café genießt man einen schönen Blick auf den Fluss.

W.-B.-Yeats-Statue DENKMAL

(nahe der Hyde Bridge) Vor der Ulster Bank, einem Gebäude, das Yeats bewunderte, steht dieses 1989 errichtete viel diskutierte Denkmal. Es bleibt jedem Betrachter selbst überlassen, ob man dem hier beliebten Spruch *„the wank at the bank"* (der Wichser an der Bank) zustimmt.

Chain Driven Cycles FAHRRADVERLEIH

(☎071-912 9008; www.chaindrivencycles.com; 23 High St; 20 € pro Tag; ⏲ Mo–Sa 10–18 Uhr) Hier kann man Mountain-, Elektro- und Stadträder leihen. Helme sind im Preis inbegriffen.

Feste & Events

In der Hauptsaison wird in Sligo fast jedes Wochenende irgendein Fest gefeiert.

Tread Softly KULTUR

(www.yeats-sligo.com) Yeats wird Ende Juli zwei Wochen lang im Rahmen von Sligos „Season of Yeats" mit einer ganzen Reihe von Events (z. B. Führungen und Aufführungen) als lokale Ikone gefeiert.

Sligo Live KULTUR

(www.sligolive.ie) Das fünftägige Musikfestival Ende Oktober ist Sligos größtes kulturelles Event.

Schlafen

In der Pearse Road reihen sich zahlreiche B&Bs aneinander.

Railway Hostel HOSTEL €

(☎087-690 5539; 1 Union Pl; B/EZ/DZ ab 16/25/40 €; 📶) Das freundliche Hostel in einem historischen Gebäude in Bahnhofsnähe überzeugt durch erfreulich günstige Preise. Es hat Gemeinschaftsbäder. Wer nach 21 Uhr eincheckt, muss eine Zusatzgebühr zahlen.

An Crúiscin Lan GÄSTEHAUS €€

(☎071-916 2857; www.bandbsligo.ie; Connolly St; EZ/DZ ab 45/70 €; 📶) Die zentrale Lage ist ein gutes Verkaufsargument für dieses einfache, aber gastfreundliche Haus. Einige der zehn Zimmer teilen sich Gemeinschaftsbäder.

Sligo City Hotel HOTEL €€

(☎071-914 4000; www.sligocityhotel.com; Quay St; Zi. ab 60 €; 📶) Besser könnte das vor Kurzem renovierte vierstöckige Hotel nicht liegen. Alle 60 Zimmer weisen eine einheitliche einfa-

Fortsetzung auf S. 468

1. W.-B.-Yeats-Statue aus dem Jahre 1990 von Rowan Gillespie, Sligo (Stadt) **2.** Sonnenuntergang am Moy **3.** Strandhill-Küste **4.** Wasserfall, Lough Glencar

2

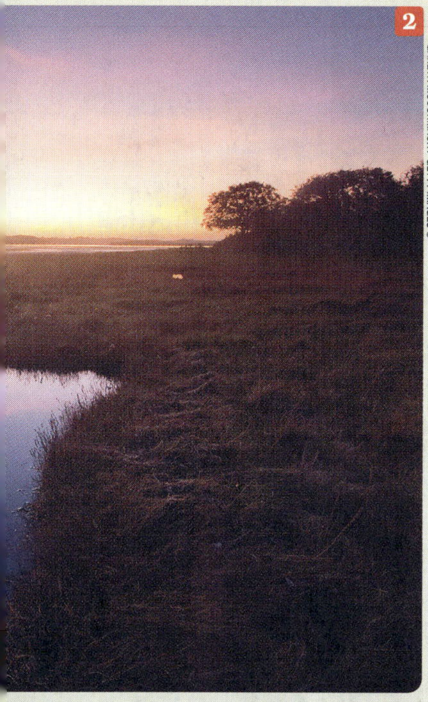

GARETH MCCORMACK / GETTY IMAGES ©

4

Yeats auf der Spur

Bereits in jungen Jahren wurde der Nobelpreisträger, Dichter und Stückeschreiber William Butler Yeats (1865–1939) von den üppig grünen, sanft geschwungenen Hügeln, den alten Denkmälern und dem Alltag auf dem Land im County Sligo (S. 455) inspiriert. Einen Großteil seines Lebens verbrachte er im Ausland, kehrte aber regelmäßig nach Irland zurück, weil er die glitzernden Seen, den Anblick des Benbulben und die idyllischen Weiden so liebte. Aus diesem Grund bat er schließlich darum, im „Land des Herzens" begraben zu werden.

Sligo ist reich gesegnet mit prähistorischen Stätten, außerdem haben hier Mythen und Folklore Tradition. All dies beeinflusste Yeats' Arbeit. Wer mag, kann in den Fußspuren des Schriftstellers wandeln und seine Lieblingsorte besuchen, beispielsweise den Wasserfall in Glencar, der in *Das gestohlene Kind* erwähnt wird, oder auch Innisfree Island und Dooney Rock.

Jedes Jahr wird Yeats drei Wochen lang mit dem Yeats International Festival in Sligo gefeiert. Persönliche Gegenstände des Autors, Fotos, Briefe, Manuskriptentwürfe u. Ä. sind im Sligo County Museum und Yeats Memorial Building ausgestellt.

Jack B. Yeats, Williams Bruder, ist einer der bedeutendsten modernen Künstler Irlands. Bei seinen Arbeiten spielt die bukolische Idylle Sligos ebenfalls eine wichtige Rolle. Er widmete sich vor allem der Landschaftsmalerei.

1

GARETH MCCORMACK / GETTY IMAGES ©

2

4

DESIGN PICS / THE IRISH IMAGE COLLECTION / GETTY IMAGES ©

1. Blue Stack Mountains (S. 494)
Diese schroffen Hügel im Süden Donegals sind windumtost und locken mit einem wunderschönen Ausblick.

2. Fanad Head (S. 507)
Der Leuchtturm auf der Spitze des Fanad Head ist der malerische Endpunkt einer atemberaubenden Spritztour.

3. Pferde
Herrlich idyllische Gegenden laden die Besucher dieser Grafschaft dazu ein, die kurvigen Straßen zu erkunden.

4. Horn Head (S. 500)
Der Mukish Mountain im County Donegal vom Horn Head aus gesehen.

3

OLIVER STREWE / GETTY IMAGES ©

Der Shannon-Erne-Kanal

Die beiden größten Flüsse des Landes, der Shannon und der Erne, schlängeln sich durch herrlich grüne Felder, Auen und Weiden der Midlands. Sie prägen das Landschaftsbild, versorgen die Böden mit Feuchtigkeit und werden im Sommer von Familien, Anglern sowie Bootsfahrern frequentiert.

Im 19. Jh. wurden sie miteinander verbunden, allerdings war der Kanal ein wirtschaftlicher Misserfolg. Erst 1994 fuhren dort wieder Schiffe, als im Rahmen eines Sanierungsprojekts eine symbolische Verbindung zwischen Nordirland und der Republik Irland geschaffen wurde.

Der Shannon-Erne-Kanal ist ein 750 km langes Netzwerk aus Flüssen, Seen und künstlichen Wasserläufen. Er erstreckt sich über die komplette Länge des Shannon und führt durch den Nordwesten des County Cavan bis zum Südufer des Upper Lough Erne. Auf dem Kanal zu reisen ist ein traumhaftes Erlebnis. An ihm liegen elegante Hotels, Gourmet-Restaurants und traditionelle Pubs, die eine ungeahnt weltoffene Atmosphäre schaffen.

TOP-ORTE FÜR LANDGÄNGE

➡ **Carrick-on-Shannon** (S. 536) Hübsche Stadt mit florierender Musik- und Kunstszene.

➡ **Glasson** (S. 542) Das Dorf ist vor allem für seine erstklassigen Restaurants bekannt.

➡ **Athlone** (S. 540) Wichtiges Zentrum in den Midlands mit lebendiger Atmosphäre.

➡ **Clonmacnoise** (S. 527) Faszinierende Klosterruine aus dem 6. Jh.

➡ **Shannonbridge** (S. 527) Verschlafenes Dorf mit einem genialen traditionellen Pub.

➡ **Banagher** (S. 526) Zentrum des Hausboottourismus und Befestigungsanlagen am Fluss.

1

HOLGER LEUE / GETTY IMAGES ©

1. Kreuz, Clonmacnoise **2.** Angler, Shannon-Erne-Kanal
3. Athlone Castle am Ufer des Shannon

3

HOLGER LEUE / GETTY IMAGES ©

SIMON GREENWOOD / GETTY IMAGES ©

Brú na Bóinne

Los geht's am Besucherzentrum 1, das eine großartige Ausstellung mit einem kurzen themenbezogenen Film bietet. Von hier bringt ein Shuttlebus Besucher nach Newgrange 2, wo sich hinter einem Schwellenstein 3 der Hauptgang 4 und die Grabkammer 5 verbergen. Wer nicht das Glück hat, als Losgewinner die Wintersonnenwende erleben zu dürfen, kann sich mit einer Simulation trösten. Um anschließend Knowth 6 zu besichtigen, muss man zum Besucherzentrum zurück und dort in einen anderen Bus steigen. Alternativ fährt man direkt nach Dowth 7, wobei die Anlage nur von außen zu bewundern ist. Infotafeln erläutern den Komplex.

DEA / G. DAGLI ORTI / GETTY IMAGES ©

Innerer Gang von Newgrange

Der Gang wird von 43 Orthostaten (aufrecht stehende Steinblöcke) mit einer durchschnittlichen Höhe von 1,50 m gesäumt. 22 befinden sich auf der linken (westlichen), 21 auf der rechten (östlichen) Seite.

PHIL CREAN A / ALAMY ©

Knowth

Der Knowth-Komplex (S. 552) umfasst rund ein Drittel der Megalithkunst Westeuropas, darunter mehr als 200 verzierte Steine. Neben typischen Motiven wie Spiralen, Rauten und konzentrischen Kreisen sind auch seltene sichelförmige Figuren zu sehen.

MIKE COPELAND / GETTY IMAGES ©

Schwellenstein am Eingang zu Newgrange

Newgrange (S. 550) wird von 97 Schwellensteinen gesäumt, von denen 24 noch unter der Erde liegen. Sie sind der Reihe nach nummeriert, beginnend bei K1, dem Stein mit wunderschönen Schnitzereien am Eingang.

Top-Tipp

Die beste Zeit für einen Besuch ist frühmorgens an einem Werktag im Sommer, wenn weniger Touristen und keine Schulgruppen vor Ort sind.

WISSENSWERTES

Die Wintersonnenwende (S. 550) erleben maximal 60 Personen, die per Los ausgewählt werden. 2012 gab es 29 570 Lotterieteilnehmer.

ARCHAEO IMAGES / ALAMY ©

Dowth
Wie in Newgrange ist auch das Ganggrab von Dowth (S. 552) so ausgerichtet, dass während der Wintersonnenwende Licht eindringt. Der Krater oben ist das Ergebnis unbeholfener Ausgrabungsversuche 1847.

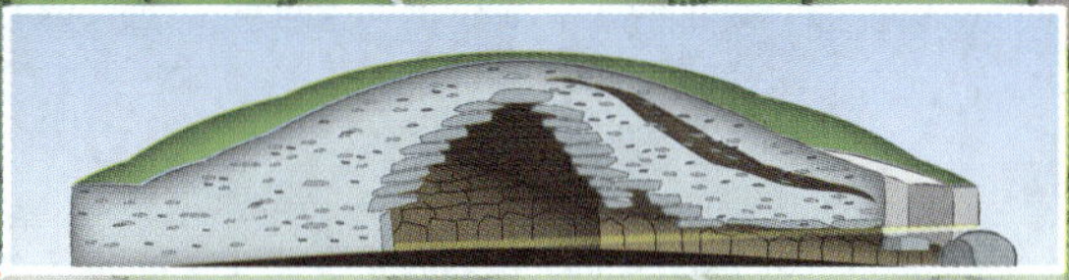

Grabkammer von Newgrange
Das Dach, ein Kragsteingewölbe, ist unbeschädigt und zählt zu den schönsten seiner Art in Europa.

BRÚ NA BÓINNE VISITOR CENTRE

Brú na Bóinne Visitor Centre
Zunächst wurde das 1997 eröffnete moderne Besucherzentrum (S. 551) als unpassend kritisiert, dann jedoch dafür gelobt, wie gut es sich in die Landschaft einfügt.

1

DESIGN PICS / PETER MCCABE / GETTY IMAGES ©

2

4

SCENICIRELAND.COM / CHRISTOPHER HILL PHOTOGRAPHIC / ALAMY ©

1. Küste von Clogherhead (S. 568)
Diese malerische ländliche Gegend zieht jede Menge Angler an.

2. Brú na Bóinne (S. 550)
Der neolithische „Boyne Palace" beherbergt Irlands beeindruckendstes steinzeitliches Ganggrab.

3. Muirdach's Cross, Monasterboice (S. 569)
Vermutlich wurde die Klosteranlage Monasterboice, heute eine atmosphärische Ruinenstätte, im 5. oder 6. Jh. gegründet.

4. Trim Castle (S. 558)
Die bemerkenswert gut erhaltene Burg verfügt über einen 25 m hohen Bergfried und eine 450 m lange Außenmauer.

MICHAEL JENNER / GETTY IMAGES ©

Fortsetzung von S. 457

che Farbgestaltung auf. Wegen seiner Hilfsbereitschaft ist der Hotelmanager sehr beliebt.

Pearse Lodge B&B €€
(☎071-916 1090; www.pearselodge.com; Pearse Rd; EZ/DZ ab 50/74 €; @📶) Mary und Kieron, die gastfreundlichen Besitzer des B&Bs 700 m südwestlich des Zentrums, vermieten sechs stilvolle Zimmer. Auf der Frühstückskarte stehen Räucherlachs, Arme Ritter mit Bananen und hausgemachtes Müsli. Vom lichtdurchfluteten Wohnzimmer blickt man auf einen Garten.

Sligo Park Hotel HOTEL €€
(☎071-919 0400; www.sligoparkhotel.com; Pearse Rd/R287; Zi. ab 70 €; 📶🏊) 3 km vom Stadtzentrum entfernt liegt dieses große, ruhige Hotel in einem gepflegten Garten mit zahlreichen Bäumen. Die hübschen, geschmackvoll eingerichteten Zimmer sind hell und modern.

Glass House HOTEL €€
(☎071-919 4300; www.theglasshouse.ie; Swan Point; Zi. 70–150 €; @) Dank seiner spitzen, zum Himmel weisenden Glasfassade kann man das futuristisch anmutende Gebäude im Stadtzentrum gar nicht übersehen. Vom Essbereich des Hotels genießt man einen schönen Blick auf den Fluss. Die Zimmer sind in psychedelischen Farben gestylt und haben Breitbandkabelanschluss, aber erstaunlicherweise kein WLAN.

Essen

Sligo wartet mit einigen kreativen Restaurants auf, die sich auf die Verwendung lokaler Produkte verstehen. Pubs wie das Hargadons sind ebenfalls sehr empfehlenswert.

★**Fabio's** EISCREME €
(Wine St; Portionen ab 2 €; ⏲Mo–Sa 11–18 Uhr) Fabio wird als lokaler Held gehandelt, denn er macht angeblich das beste italienische Eis und Sorbet in ganz Irlands. Für die ständig wechselnden Sorten verwendet er vorwiegend Zutaten aus der Region. Auch der Kaffee ist gut.

★**Lyons Café** CAFÉ €
(☎071-914 2969; Quay St; Hauptgerichte 7–12 €; ⏲Mo–Sa 9–18 Uhr) Sligos Vorzeigekaufhaus Lyons wurde 1878 eröffnet und 1923 um ein Café im ersten Stock mit originalen Buntglasfenstern und knarrenden Holzfußböden erweitert. Der ungezwungene Laden ruht sich aber nicht auf seinen Lorbeeren aus, sondern bietet eine kreative Speisekarte mit frischen Produkten der Saison. Viele der Gerichte stehen in dem Kochbuch, das hier verkauft wird.

Kate's Kitchen CAFÉ €
(www.kateskitchen.ie; Castle St; Hauptgerichte ab 6 €; ⏲9–18 Uhr) In diesem hübschen modernen Café mit Laden werden nur die besten lokalen Lebensmittel verkauft. Man bekommt alles, was für ein erstklassiges Picknick nötig ist. Außerdem gibt's eine große Auswahl an Mittagsgerichten.

★**Source** IRISCH €€
(☎071-914 7605; www.sourcesligo.ie; 1 John St; Hauptgerichte 11–23 €; ⏲Restaurant Mo–Sa 9.30–21 Uhr, Weinbar Mi–Sa 15 Uhr bis spät; 📶) Das gehobene Restaurant setzt auf lokale Lieferanten und Lebensmittel. Künstlerische Fotos der besten Fischlieferanten, Bauern und Käseproduzenten schmücken die Wände des lebhaften Restaurants im Erdgeschoss, das über eine offene Küche verfügt. In der Bar im ersten Stock gibt's edle Tropfen vom französischen Weingut des Besitzers und Tapas im irischen Stil. Ganz oben ist eine Kochschule untergebracht.

Montmartre FRANZÖSISCH €€
(☎071-916 9901; www.montmartrerestaurant.ie; 1 Market Yard; Hauptgerichte 15–25 €; ⏲Di–Sa 17–23 Uhr) Dieses hervorragende französische Lokal in einer ruhigen Nebenstraße beim Markt ist unprätentiös, einfach eingerichtet und bietet Spezialitätenmenüs zu einem guten Preis-Leistungs-Verhältnis. Auf der Karte stehen Meeresfrüchtegerichte, doch auch Fleischesser und Vegetarier werden hier fündig. Vorab reservieren!

Ausgehen

Sligo trumpft mit einigen der besten Locations im Nordwesten Irlands und vielen spontanen Musiksessions auf.

★**Hargadons** PUB
(www.hargadons.com; 4/5 O'Connell St; ⏲Küche Mo–Sa 12–21 Uhr) Am liebsten möchte man dieses 1864 eröffnete, traditionell eingerichtete Pub gar nicht mehr verlassen. Der schiefe Steinfußboden, das Torffeuer, die uralten Schilder, die behaglichen Ecken und die Regale voller uralter Flaschen verleihen dem Hargadons einen wunderbaren Charme. Darüber hinaus genießt die preisgünstige, hochwertige Küche (Hauptgerichte 8–12 €) einen guten Ruf. Hier werden lokale Zutaten

NICHT VERSÄUMEN

MICHAEL QUIRKE: DER HOLZSCHNITZER AUS DER WINE STREET

Die unauffällige Werkstadt des Holzschnitzers und Geschichtenerzählers **Michael Quirke** (Wine St, Sligo-Stadt; ⌚ variieren) ist vom Geruch gefällter Hölzer und abgesägter Buchenstümpfe erfüllt. Quirke übt sein Handwerk bereits seit 1968 aus.

Viele seiner Werke sind wie die eines Yeats aus der heutigen Zeit von der irischen Mythologie inspiriert, über die er begeistert und kompetent zu erzählen weiß. Während seiner Arbeit plaudert Quirke gerne mit Kunden und neugierigen Besuchern, die manchmal stundenlang in seinem Laden bleiben. „Die irische Mythologie ist im Unterschied zur griechischen noch immer lebendig und ändert sich fortlaufend", sagt er. „Sie ist nicht in Stein gemeißelt – das macht sie so interessant."

Beim Erzählen holt er oft eine Karte der Grafschaft heraus und zeigt einem die Orte, über die er gerade spricht, z. B. sein geliebtes Carrowmore. So regt er seine Besucher zu einer eigenen Reise durch seine Heimat an. Ein Einheimischer brachte es mit folgendem Satz auf den Punkt: „Quirke ist ein echter Schatz."

wie Austern mit kontinentalem Flair kombiniert. Samstagabends gibt's Livemusik.

Thomas Connolly PUB
(Holborn St) Zahlreiche verblichene Fotos und Zeitungsausschnitte sowie alte Spiegel und Geschäftsbücher zieren die Wände des altmodischen Pubs. Die Kneipe hat die perfekte Atmosphäre, um an einem Pint zu nippen und über Gott und die Welt zu reden.

Shoot the Crows PUB
(Castle St) In diesem dunklen, etwas schmuddeligen alten Pub fühlen sich Lebenskünstler pudelwohl. Selbst wenn es so voll ist, dass man sich kaum noch rühren kann, bleibt die Stimmung entspannt. Oft kommt es spontan zu Gesangseinlagen und *céilidh*-Sessions.

☆ Unterhaltung

Hawk's Well Theatre THEATER
(www.hawkswell.com; Temple St) Konzerte, Tanzdarbietungen und Theaterstücke.

Factory Performance Space THEATER
(www.blueraincoat.com; Lower Quay St) Das einstige Schweineschlachthaus dient als Sitz der innovativen professionellen Theatergruppe Blue Raincoat, die hier u. a. eigene Produktionen zeigt.

Shoppen

★ **Liber Bookshop** BÜCHER
(35 O'Connell St; ⌚ 9–18 Uhr) Seit über 80 Jahren wird dieser fantastische Buchladen von derselben Familie betrieben. Neben den Werken von Yeats gibt's Empfehlungen zu den besten lokalen Autoren.

ℹ Praktische Informationen

Post (Wine St)

Touristeninformation (Ecke O'Connell & Wine Sts; ⌚ Mo–Fr 10–17, Sa bis 16 Uhr, Juli & Aug. auch So 10–14 Uhr) Bietet Infos über den gesamten Nordwesten Irlands. Sehr interessant ist die Broschüre zu Wanderungen in Sligo.

ℹ An- & Weiterreise

BUS

Bus Éireann (☎ 071-916 0066; www.buseireann.ie; Lord Edward St) fährt vom unterhalb des Bahnhofs in der Lord Edward Street gelegenen Busbahnhof nach Ballina (16 €, 1½ Std., 1-mal tgl.), Westport (20 €, 2 Std., 1-mal tgl.) und Donegal-Stadt (14 €, 1 Std., 7-mal tgl.). Nahverkehrsbusse bedienen auch die Strecken nach Strandhill und Rosses Point.

ZUG

Züge nach Dublin (22 €, 3 Std., 7-mal tgl.) verkehren über Boyle, Carrick-on-Shannon und Mullingar.

ℹ Unterwegs vor Ort

Taxistände findet man in der Quay Street und in der Grattan Street.

Rund um Sligo (Stadt)

Rosses Point

830 EW.

Der malerische Badeort lockt mit Grasdünen, die sich rund um goldenen Strand erstrecken. In der Ferne ragt Sligos bekanntestes Wahrzeichen, der Benbulben (525 m) auf. Vor der Küste weist der sonderbare und kecke **Metal Man** (Standbild eines Seemanns aus Eisen) den Weg in den Hafen. Von Weitem sieht man die autofreien Inseln Coney Island (S. 471) und **Oyster Island**.

Rosses Point hat zwei herrliche **Strände** und einen der anspruchsvollsten Golfplätze Irlands, den **County Sligo Golf Course** (www.countysligogolfclub.ie; Greenfee 45–95 €; ⌚April–Okt.). Dank seiner toller Lage am Atlantik und im Schatten des Benbulben ist dies vermutlich außerdem der malerischste Platz des Landes. Dementsprechend zieht er Sportler aus aller Welt an.

Am besten versucht man, einen Tisch auf der Terrasse des **Waterfront** (☎ 071-917 7122; www.waterfrontrestaurant.ie; Main St; Hauptgerichte mittags 4–8 €, abends 20–28 €; ⌚Mo–Sa 12–21.30, So ab 17 Uhr) zu erwischen. Das frühere Pub ist inzwischen ein stilvolles Restaurant. Mittags steht hier einfache Küche auf dem Programm, aber abends kommt man in den Genuss hervorragender lokaler Fisch- und Meeresfrüchtespezialitäten. Außerdem werden tagsüber in der Bäckerei Snacks verkauft. Freitagabends gibt's Livemusik.

Bei einem Besuch in **Harry's Bar** (rechter Hand, wenn man in den Ort fährt) kann man den historischen Brunnen, das Aquarium und maritimen Schnickschnack bewundern.

Rosses Point liegt 8 km nordwestlich von Sligo an der R291. Zwischen den beiden Orten verkehren regelmäßig Busse.

Carrowmore Megalithic Cemetery

Carrowmore (www.heritageireland.ie; Erw./Kind 3/1 €; ⌚Ostern–Anfang Okt. 10–18 Uhr, letzter Einlass um 17 Uhr), einer der größten steinzeitli-

WILLIAM BUTLER YEATS & DIE IRISCHE MYTHOLOGIE

W. B. Yeats (siehe auch S. 459) erzählte gern, er habe 1889 im Alter von 24 „die meisten, wenn nicht alle irischen Volksmärchen gelesen". Vermutlich stimmt das, denn seine Werke, egal ob Lyrik, Prosa oder Theaterstücke, sind eine Hommage an die keltischen Mythen und Legenden. Zudem passt Yeats' Liebe zum County Sligo ins Bild: Dies ist die Heimat antiker keltischer Stätten wie dem bemerkenswerten Carrowmore, das althergebrachte Geheimnisse und Wahrheiten birgt, von denen viele noch auf ihre Entdeckung warten.

Der Schriftsteller glaubte fest daran, dass sich die Iren von der Dominanz der Engländer befreien und sich ihre eigene, rein irische Identität erschaffen könnten, indem sie die antiken keltischen Mythen zelebrieren, die noch bis heute im ganzen Land nacherzählt werden. Ein Meilenstein dafür war das Buch *Fairy and Folk Tales of the Irish Peasantry*, an dem Yeats 1888 mitarbeitete. Vier Jahre später verfasste er die *Irish Fairy Tales* für Kinder. In beiden Büchern hielt er zahlreiche der bekanntesten irischen Mythen, Charaktere und Sagen fest, die heute zum Volksgut zählen, darunter:

➡ **Feen** Da Yeats sehr an Okkultes glaubte, fiel es ihm leicht, seine Ansichten mit dem bei den Menschen vom Land weitverbreiteten Glauben an das Feenvolk zu vereinbaren. Er schrieb den winzigen Wesen alle möglichen Eigenschaften zu (wobei sie fast immer schelmisch sind) und teilte sie grob in gut und böse auf. In *The Land of Heart's Desire* schrieb er:

> Feen, kommt und entführt mich aus dieser stumpfsinnigen Welt,
> Dann würde ich mit euch auf dem Wind reiten,
> Über die brandende Flut laufen,
> Und wie eine Flamme auf den Bergen tanzen.

➡ **Leprechauns** Diese einzigartigen Mitglieder der viel größeren Feenfamilie bezeichnete Yeats als „schlampige, krumme, höhnische und bösartige Phantome" und als „großartige pragmatisch veranlagte Witzbolde". Anders als die grün gekleideten heutigen Erscheinungen, die man in Geschenkshops findet, tragen die Leprechauns von Yeats rote Jacken und sind unendlich geizig.

➡ **Geisterfrauen** Typischerweise handelt es sich hierbei um Frauen unterschiedlichen Alters, die süß oder alt und schrullig sein können. Sie tauchen weinend auf, bevor jemand stirbt. Lange Zeit waren sie gefürchtet, aber Yeats betrachtete sie wohlwollender und schrieb: „Wer mit einer Todesfee plaudert, wird feststellen, dass sie gutherzig ist."

Yeats ließ sich meist von keltischen Mythen inspirieren und schrieb auch eine Menge über die alten irischen Götter, z. B. Aengus, den irischen Gott der Liebe, und Cuchulain, einen großen irischen Krieger in der Art des Herkules. In dem Gedicht *Cuchulain Comforted* verbindet er den Mythos mit einer typischen irischen Eigenschaft und formulierte: „Nun sollen wir singen und wir singen so gut wie wir können."

chen Friedhöfe Europas, hat allmählich den Ruf, den er verdient. Besucher von Sligo sollten diese Attraktion keinesfalls verpassen.

Etwa 60 Monumente, darunter Steinkreise, Ganggräber und Dolmen, schmücken die sanft geschwungenen Hügel der geheimnisvollen Stätte, die vermutlich 700 Jahre älter ist als Newgrange im County Meath. Zwar wurden zahlreiche Steine im Laufe der Jahrhunderte zerstört, aber bei den fortschreitenden Ausgrabungsarbeiten stoßen die Archäologen auf dem öffentlichen und dem benachbarten privaten Gelände immer wieder auf weitere Gräber.

Ständig kommen weitere spektakuläre Details ans Tageslicht, die etwas über die Bedeutung von Carrowmore aussagen. Beispielsweise ist höchst bedeutsam, wie die vielen Elemente zu den Hügeln und Bergen der Umgebung ausgerichtet sind. Die Fundplätze sind nummeriert und es stellte sich heraus, dass die Stätte **51** immer am 31. Oktober (Halloween) direkt von der Sonne beschienen wird. Eine Menge Leute behaupten, hier starke Kräfte zu spüren. Dementsprechend trifft man vor Ort mit hoher Wahrscheinlichkeit ein paar spirituelle Pilger.

Ursprünglich waren die sorgsam aufgestapelten Dolmen mit Steinen und Erde bedeckt, daher ist es nicht ganz einfach, sich auszumalen, wie das 2,5 km breite Gelände einmal ausgesehen haben mag. Um Besuchern einen Einblick in die damals benutzten Materialien und Methoden zu geben, wurde ein großes zentrales Steingrab rekonstruiert. Die Mitarbeiter des **Infozentrums** erzählen einem gern mehr darüber und geben außerdem zu den aktuellen Entdeckungen Auskunft.

Man erreicht den Friedhof, indem man von Sligo auf der N4 5 km Richtung Norden fährt (auf die Schilder achten).

Knocknarea Cairn

Ein weiteres beeindruckendes Steingrab liegt 2 km nordwestlich von Carrowmore auf dem **Knocknarea**. Angeblich handelt es sich um das Grab der legendären Königin Maeve (oder Königin Mab, wie sie in walisischen und englischen Erzählungen heißt). Allerdings sind die 40 000 t Steine nie genauer untersucht worden, obwohl spekuliert wird, dass sich darunter eine ähnlich spektakuläre Grabkammer wie in Newgrange (S. 550) befinden könnte.

Viele Menschen sind der Meinung, das Gestein sei mit Absicht wie eine riesige Brustwarze geformt, was noch deutlicher zu sehen ist, wenn man man die gesamte Stätte von Carrowmore aus vor der Horizontlinie betrachtet. Leute, die an eine tiefere Bedeutung solcher Plätze glauben, sagen, man könne unschwer die Form einer liegenden Frau oder Göttin erkennen.

Der Steinhaufen auf dem Kalksteinplateau (328 m) scheint einem ständig über die Schulter zu schauen, wenn man es wagt, ihm zu nahe zu treten. Zu ihm führt ein 45-minütiger Fußweg. Oben angekommen, wird man mit einer atemberaubenden Aussicht auf den Benbulben, Rosses Point und den Atlantik belohnt.

Der Parkplatz befindet sich nahe der R292. Von Carrowmore folgt man der Straße Richtung Westen, biegt an einer Kirche rechts ab und folgt dann der Beschilderung.

Strandhill

1600 EW.

Die großartigen Wellen des Atlantiks, die sich vor Strandhill auftürmen, machen den langen rotgoldenen Strand der Ortschaft zu einem Mekka für Surfer.

Sehenswertes & Aktivitäten

Zum Schwimmen ist die Brandung zwar zu stark, aber sowohl nach Norden als auch nach Süden lassen sich herrlich erfrischende **Wanderungen** am Strand und in den Dünen unternehmen. Dabei genießt man einen tollen Blick auf die beeindruckenden Wellen.

Coney Island INSEL

Bei Ebbe (und nur dann!) ist ein Spaziergang an der Küste entlang und zurück gen Osten Richtung Sligo nach Coney Island möglich. Das New Yorker Coney Island soll seinen Namen übrigens einem Mann aus Rosses Point verdanken. Angeblich wurde der **„Wunschbrunnen“** der Insel vom hl. Patrick gegraben. Der fleißige Mann muss wirklich ständig auf Achse gewesen sein ... Um hier nicht festzusitzen, sollte man sich über die aktuellen Zeiten von Ebbe und Flut informieren.

Perfect Day Surf School SURFEN

(☎ 087-202 9399; www.perfectdaysurfing.com; Shore Rd; Erw./Kind Kurse ab 30/20 €; ⏲ April–Okt.) Leihausrüstung, Surfunterricht und Stand-up-Paddleboard-Kurse.

Strandhill Surf School SURFEN

(www.strandhillsurf.eu; Beach Front; Erw./Kind Kurse ab 30/20 €; ⏲ April–Okt.) Ausrüstungsverleih und Kurse. Die Live-Surfkameras auf der Website sind faszinierend.

Voya Seaweed Baths SPA
(☎071-916 8686; www.voyaseaweedbaths.com; Shore Rd, Strandhill; Bäder ab 25 €; ⊙10–20 Uhr) Statt Algen nur am Strand zu riechen, kann man sich in diesem Bad direkt am Strand gleich ganz in sie versenken. Auf Nachfrage ist es auch möglich, sein Bad mit jemandem zu teilen.

Schlafen

Unterkünfte gibt's unten an der Küste, direkt am Geschehen, oder oben auf dem Hügel entlang der R292, eventuell mit einem schönen Ausblick.

Ocean Wave Lodge B&B €
(☎071-916 8115; www.oceanwavelodge.com; Top Rd/R292; B/EZ/DZ ab 20/40/50 €; 📶) Das große moderne Haus in den Hügeln über dem Strand hat minimalistisch gestaltete, aber komfortable Zimmer. Frühstück ist im Preis inbegriffen, außerdem können Gäste die Selbstversorgerküche und den großen Aufenthaltsbereich nutzen.

Strandhill Lodge & Hostel LODGE €
(☎071-916 8313; www.strandhillaccommodation.com; Shore Rd; B/EZ/DZ ab 18/35/50 €; @📶) An dem offenen Kaminfeuer im Gemeinschaftsraum des 34-Betten-Hostels in Strandnähe hängen jede Menge Surfer rum. Die kleinen komfortablen Zimmer im zugehörigen Nachbarhaus ähneln denen eines B&Bs. Es gibt Pauschalen für Unterkunft und Surfen.

Strandhill Lodge & Suites PENSION €€
(☎071-912 2122; www.strandhilllodgeandsuites.com; Top Rd/R292; EZ/DZ ab 60/90 €; 📶) Diese hervorragende Pension verfügt über helle, geräumige Zimmer mit Kingsizebetten, stylish-neutraler Einrichtung und hochwertigem Design. Die Zimmer sind unterschiedlich groß, aber die meisten bieten einen herrlichen Blick zum Meer und Terrassen oder Balkone.

Essen & Ausgehen

★ **Shells** CAFÉ €
(www.shellscafe.com; Shore Rd; Hauptgerichte ab 5 €; ⊙9.30–18.30 Uhr; 👪) Auf der Terrasse des lebhaften kleinen Cafés direkt am Strand kann man sich von den Wellen begeistern lassen. Die Blumen auf den Tischen und die Kräuter im Essen stammen aus dem Garten des Besitzers. Das Gebäck ist hervorragend. Es gibt ein wunderbares Frühstück und mittags Salate, Fischsuppe, Burger sowie tolle Fish 'n' Chips.

★ **Trá Bán** FISCH & MEERESFRÜCHTE €€
(☎071-912 8402; www.trabansligo.ie; Shore Rd, Strand Bar; Hauptgerichte 16–24 €; ⊙ Di–So 17–21.30 Uhr; 👪) In dem zu Recht beliebten Restaurant im ersten Stock stehen ausgezeichnete Pasta, Steaks und Meeresfrüchte auf der Karte. Die köstliche Krebsvorspeise ist der reinste Genuss. Das Trá Bán verströmt eine entspannte Atmosphäre und wird gern von einheimischen Familien besucht, die etwas zu feiern haben. Unbedingt reservieren.

Venue PUB
(Top Rd/R292; Hauptgerichte 10–24 €) Hier kommt man in den Genuss gehobener Kneipenkost. Donnerstags, freitags und samstags wird im vorderen Bereich des weiß getünchten alten Pubs ganzjährig Livemusik geboten.

An- & Weiterreise

Strandhill liegt 8 km westlich von Sligo in der Nähe der R292. Von Sligo fahren regelmäßig Busse hierher.

Südlich von Sligo (Stadt)

Riverstown

Der attraktive **Sligo Folk Park** (☎071-916 5001; www.sligofolkpark.com; Millview House; Erw./Kind 6/4 €; ⊙Mai–Sept. 10–17 Uhr) umfasst ein restauriertes Landhaus aus dem 19. Jh. sowie einfache strohgedeckte Gebäude, landwirtschaftliche Geräte und andere historische Überbleibsel. Ein Fasan macht sich beim Herumspazieren lautstark bemerkbar.

Historischen Charme, wenn auch sehr noblen, bietet das **Coopershill House** (☎071-916 5108; www.coopershill.com; Riverstown; EZ/DZ ab 145/220 €; ⊙April–Okt.; @), ein idyllischer georgianischer Rückzugsort auf einem Gelände voller Wildblumen, Vögel und Wild. Viele der acht Gästezimmer sind mit originalen antiken Möbeln und Ölgemälden ausgestattet. Seit seiner Errichtung 1774 ist das Anwesen im Besitz derselben Familie. Das Trinkwasser stammt aus einer eigenen Quelle.

Riverstown liegt 2 km östlich der N4 in Drumfin.

Carrowkeel Megalithic Cemetery

Wer von den Bricklieve Mountains aus aufs Land hinunterschaut, wird sich wahrscheinlich nicht wundern, dass diese Bergkuppe in prähistorischer Zeit als heilig galt. Die windumtoste einsame Stätte ist zugleich furchteinflößend und erhebend. Hier gibt's nur ein paar Schafe (man fährt durch ein Schafgatter) und ansonsten unberührte und spektakuläre Natur. Zum Friedhof, der in die späte Steinzeit datiert wird (3000–2000 v. Chr.), gehören 14 Hügelgräber, Dolmen und verstreute Überreste anderer Ruhestätten.

Allein der weite Blick über Süd-Sligo vom Parkplatz aus lohnt die Anfahrt. Zur ersten antiken Stätte, Cairn G, sind es 1 km Fußweg. Die Öffnung im Dach über dem Eingang ist so ausgerichtet, dass zur Sommersonnenwende bei Sonnenuntergang Licht in die innere Kammer fällt. Mit der einzigen anderen bekannten Dachöffnung in Irland kann nur Newgrange im County Meath aufwarten. Die Hügel ringsum sind voller sichtbarer Zeugnisse des frühzeitlichen Lebens, darunter 140 Steinkreise. Dabei handelt es sich um die Überreste der Fundamente eines großen Dorfes, in dem vermutlich die Erbauer der Gräber wohnten.

Carrowkeel liegt näher an Boyle als an Sligo. Von der R295 im Westen oder der N4 im Osten sind es ca. 5 km. Einfach der Beschilderung folgen.

Ballymote & Umgebung

1600 EW.

Dieser hübsche kleine Ort lohnt einen Abstecher, und sei es nur, um das riesige **Ballymote Castle** zu besichtigen, das für jeden Sandburgenbauer ein tolles Modell abgäbe. Von der im 14. Jh. errichteten Burg mit den eindrucksvollen Rundtürmen marschierte Red Hugh O'Donnell 1601 in die Schlacht von Kinsale und damit in sein Verderben. Das Gebäude befindet sich gegenüber dem Bahnhof in der Tubbercurry Road (R296) in Ballymote.

Adler kreisen in dem von freiwilligen Helfern betriebenen Forschungszentrum **Eagles Flying** (www.eaglesflying.com; Erw./Kind 10/6 €; ⌚10.30–12.30 & 14.30–16.30 Uhr, Vorführungen April–Okt. 11 & 15 Uhr). Während der Vorführungen beantworten Wissenschaftler Fragen zu den Raubvögeln. Außerdem gibt's einen Streichelzoo mit Enten, Eseln und weiteren Tieren. Das Zentrum liegt 3,5 km nordwestlich des Städtchens in der Nähe des Temple House.

Einer der besten Orte in Irland für Produkte rund ums Thema Musik ist das Dorf Gurteen (auch Gorteen). Das **Coleman Irish Music Centre** (www.colemanirishmusic.com; ⌚Mo–Sa 10–17 Uhr) 12 km südlich von Ballymote an der R293 bietet eine Ausstellung über multimediale Musik, Workshops und Vorführungen. Im Laden auf dem Gelände kann man seine Musiksammlung ergänzen sowie Instrumente und Noten kaufen.

Umgeben von 400 ha Wald blickt das **Temple House** (☎071-918 3329; www.templehouse.ie; Ballymote; EZ/DZ ab 90/140 €, Abendessen 45 €; ⌚April–Nov.; 📶) über die Ruinen einer Tempelritterburg aus dem 13. Jh. und einen kristallklaren See, der sich mit einem Ruderboot erkunden lässt. Seit Beginn des 17. Jhs. ist das georgianische Landgut im Besitz derselben Familie. Das Bauwerk verfügt über sechs verschlissen-schicke, mit Antiquitäten eingerichtete Gästezimmer mit modernen Bädern und wartet zudem mit staubigen

WANDERN IN SLIGO

In Irland mangelt es nicht an Wanderwegen, das gilt vor allem für das County Sligo. Eine der zahlreichen Routen ist der 78 km lange markierte **Sligo Way** (www.irishtrails.ie), der u. a. in die Ox Mountains sowie zum Lough Easkey und zum Lough Gill führt.

Es gibt jede Menge Einrichtungen und Organisationen für Wanderer, z. B.:

- **Sligo Walks** (www.sligowalks.ie) Hervorragende Website mit etlichen Wanderungen, Karten und Bewertungen.
- **Sligo Mountaineering Club** (www.sligomountaineeringclub.org) Eine gute Infoquelle für die Besteigung des Benbulben, mit sinnvollen Details zu Fragen der Sicherheit.
- **Muddy Boots Trekking** (☎087-642 9131; franmountainleader@gmail.com) Organisiert Wanderungen auf den Benbulben und zu anderen Orten.
- **Sea Trails** (☎087-240 5071; www.seatrails.ie) Sehr empfehlenswert. Bietet interessante Wanderungen an, die sich auf historische Stätten und die Schönheit der Natur an sowie nahe der Küste konzentrieren.
- **Sligo Walking Guide** Die nützliche kostenlose Broschüre mit zahlreichen Routen ist in den Touristeninformationen erhältlich.

naturwissenschaftlichen Sammlungen und Jagdtrophäen auf. Es wird ein gemeinsames Abendessen angeboten. Der Weg zum Haus ist 500 m südlich des kleinen Dorfes Ballinacarrow (auch Ballynacarrow geschrieben) in der Nähe der N17 ausgeschildert.

Aughris Head

Ein 5 km langer **Wanderweg** folgt den Klippen um den entlegenen Aughris Head, in dessen Bucht oft **Delfine** und **Seehunde** zu sehen sind. Vogelfreunde sollten unterwegs nach Dreizehenmöwen, Eissturmvögeln, Lummen, Krähenscharben, Sturmschwalben und Brachvögeln Ausschau halten.

In geschützter Lage am Meer gleich beim Klippenwanderweg versteckt sich die **Beach Bar** (www.thebeachbarsligo.com; Aughris Head; Hauptgerichte 10–20 €; ⌚im Sommer Küche tgl. 13–20 Uhr, im Winter nur am Wochenende) in einem strohgedeckten Cottage aus dem 17. Jh. Das Lokal wartet mit traditioneller Musik und Leckereien wie cremiger Muschelsuppe und pochiertem Lachs auf. Den Inhabern gehört auch das benachbarte **Aughris House** (☎071-917 6465; Aughris Head; Stellplatz Zelt/Wohnmobil ab 10/20 €, EZ/DZ ab 30/60 €; 📶), ein B&B mit sieben komfortablen Zimmern und einem angrenzenden Campingplatz.

Easkey

Easkey zählt zu Europas besten ganzjährigen Surfspots. Trotzdem drehen sich die Gespräche in den Pubs mit Namen wie Lobster Pot und Fisherman's Weir in erster Linie um Hurling und die Preise für Fisch und Meeresfrüchte. Die Straße zum **Strand** ist nicht einmal ausgeschildert (nach der Kindertagesstätte im Osten des Orts abbiegen). Darüber hinaus gibt's kaum touristische Einrichtungen. Viele Surfer campen (kostenlos) am Meer rund um die **Burgruine**.

Wenn man sich mit dem Brett in die Wellen stürzen möchte, ist das **Easkey Surfing & Information Centre** (Irish Surfing Association; ☎096-49428; www.isa surf.ie) eine gute Adresse.

Busse fahren ein- bis viermal täglich von Sligo über Easkey (13 €, 1 Std.) nach Ballina.

Enniscrone

14 km südlich erstreckt sich in Enniscrone der großartige 5 km lange **Hollow Beach**. Im Dorf bietet die **Seventh Wave Surf School** (☎087-971 6389; www.surfsligo.com; Strand, Enniscrone; Erw./Kind Kurse ab 30/25 €; ⌚April–Okt.) Surfkurse an und verleiht Boards. Enniscrone ist außerdem für seine traditionellen Meeresalgenbäder bekannt, die zu den besten und schönsten des Landes zählen. Am stimmungsvollsten sind die **Kilcullen's Seaweed Baths** (☎091-36238; www.kilcullenseaweedbaths.com; Enniscrone; Bäder ab 25 €; ⌚ Mai–Sept. tgl. 10–20 Uhr, Okt.–April Do–Mo).

Wegen der wundervollen Sonnenuntergänge an der Küste sollte man eine Übernachtung in Betracht ziehen, z. B. in der **Seasons Lodge** (☎096-37122; www.seasons lodge.ie; Enniscrone; EZ/DZ ab 65/110 €; 📶), einem Zweckbau mit hellen, geräumigen Zimmern. Zahlreiche tolle Extras machen den Aufenthalt lohnenswert.

Das **Waterfront House** (☎096-37120; www.waterfronthouse.ie; Cliff Rd; EZ/DZ ab 60/90 €; @) thront auf einer Anhöhe mit Blick auf den breiten Strand und die Wellen. Alle Zimmer sind ganz in Rot gehalten. Die Bar und das Restaurant wirken sehr viel einladender.

Busse nach Sligo (14 €, 1½ Std.) verkehren ein- bis viermal täglich.

Lough Gill

Für Yeats war der spiegelblanke „Lake of Brightness" (Heller See) ein großartiger Ort der Inspiration.

Der Lough Gill liegt südöstlich von Sligo (Stadt) im Schatten der beiden herrlichen Wälder **Hazelwood** und **Slish Wood**. Diese locken mit Rundwanderwegen, zudem genießt man von Letzterem einen Ausblick nach Innisfree Island.

Am Parke's Castle (s. S. 539) im nahen County Leitrim starten **Bootstouren** zum See.

ℹ An- & Weiterreise

Der See befindet sich unmittelbar im Osten von Sligo (Stadt). Ob man fährt oder reitet – die R286 entlang der Nordküste bietet den schönsten Blick. Bis Dooney Rock ist die Südroute an der R287 weniger interessant.

Dooney Rock

7 km südwestlich von Sligo (Stadt) an der R287 erhebt sich dieser riesige zerklüftete Kalksteinhügel über das Südufer des Sees. Yeats machte ihn durch sein Gedicht *Der Geiger von Dooney* unsterblich. Auf dem Gipfel eröffnet sich ein wunderbarer Ausblick.

Innisfree Island

Leider ist das winzige, verlockend nah am Südostufer des Sees gelegene Inselchen nicht für Besucher zugänglich. Seine friedliche Ausstrahlung inspirierte Yeats zu seinem berühmten Gedicht *Die Seeinsel von Innisfree:*

„Ich werde mich jetzt erheben und nach Innisfree gehen,
Dort eine kleine Hütte bauen, aus Lehm und Geflecht gemacht;
Neun Reihen Bohnen werde ich dort haben, einen Korb für die Honigbiene,
Und allein werde ich dort leben in bienenlauter Lichtung."

Zum besten Aussichtspunkt der Insel führt eine kleine Straße, die an der Kreuzung von R287 und R290 beginnt. Man folgt ihrem kurvigen Verlauf 4,2 km bis zu einem kleinen Parkplatz am Wasser.

Nördlich von Sligo (Stadt)

Atmosphärische Küstenstraßen und einsame Bergpfade ziehen sich durch das Herz des Yeats-Landes.

Benbulben

Von überall sichtbar erhebt sich der Benbulben (525 m; oft auch Ben Bulben geschrieben) wie eine behäbige grün-graue Eminenz. Er ähnelt einem Tisch mit einem gefalteten Tuch: Das Kalksteinplateau ist ungewöhnlich flach und seine fast senkrecht abfallenden Seiten sind von Rinnsalen durchzogen. Wenn man sich nicht auskennt, kann das Wandern hier gefährlich werden (siehe S. 473).

Drumcliff

Die Schönheit des Plateaus ließ auch W. B. Yeats nicht unbeeindruckt. Vor seinem Tod in Menton, Frankreich, im Jahre 1939 äußerte er die Bitte: „Wenn ich hier sterbe, begrabt mich oben auf dem Berg, und nach ungefähr einem Jahr grabt mich wieder aus und bringt mich unbemerkt nach Sligo." Seine Wünsche wurden erst 1948 erfüllt, als sein Leichnam auf dem Friedhof von Drumcliff beigesetzt wurde, wo sein Urgroßvater Gemeindepfarrer gewesen war.

Yeats' Grab (abseits der N15; ⌚ Sonnenauf- bis Sonnenuntergang) liegt am Eingang der protestantischen Kirche. Die jung verstorbene Frau des Autors, Georgie Hyde-Lee, wurde neben ihm beerdigt. Als Yeats sie heiratete, war er 52, fast 30 Jahre älter als sie. Seine Grabinschrift stammt aus dem Gedicht *Am Fuße des Ben Bulben:*

„Wirf einen kalten Blick
Auf Leben, auf Tod.
Reiter, reite vorbei!"

Neben der Kirche gibt's ein kleines **Café mit einem Kunsthandwerksladen** (Hauptgerichte ab 4 €; ⌚ 9–17 Uhr) und einer guten Auswahl an Büchern. Mittags zieht es zahlreiche Einheimische an. In der Nähe befindet sich eine hübsche kleine **Kunstgalerie**.

Genau diese Stelle wählte der hl. Colmcille im 6. Jh. für ein Kloster aus. Noch heute sieht man an der nahe gelegenen Hauptstraße die Ruinen eines **Rundturms**, der 1396 vom Blitz getroffen wurde. Im Kirchhof steht ein außergewöhnliches **Hochkreuz** aus dem 11. Jh. mit fein eingemeißelten Bibelszenen, z. B. von Adam und Eva und Daniel in der Löwengrube.

Schlafen & Essen

Yeats Lodge B&B €€
(☎ 071-917 3787; www.yeatslodge.com; Drumcliff; EZ/DZ ab 50/70 €; 📶) Dank der freundlichen Besitzer, der großen, modernen Zimmer und der friedlichen Atmosphäre trifft man mit dem B&B nur 300 m von der N15 entfernt eine gute Wahl. Die Yeats Lodge verfügt über eine geschmackvolle rustikale Einrichtung und bietet einen Blick auf den Benbulben.

Benbulben Farmhouse LODGE €€
(☎ 071-917 3956; www.benbulbenfarmhouse.com; Barnaribbon; EZ/DZ 45/70 €) Im Schatten des Benbulben und weit von der N15 entfernt befindet sich diese ruhige, erholsame, ländliche Unterkunft. Das recht moderne Bauernhaus verfügt über Zimmer mit Sitzecken und Waldblick und liegt 3 km nordöstlich von Drumcliff.

Yeats Tavern MODERN IRISCH €€
(☎ 071-916 3117; www.yeatstavernrestaurant.com; N15, Drumcliff; Hauptgerichte 14–26 €; ⌚ Küche Mo–Sa 9.30–21.30, So 12–21 Uhr) Das elegante, zeitgenössische Publokal 300 m nördlich von Yeats' Grab punktet mit leckerem Bier, Irish Coffee sowie Meeresfrüchten, darunter Muscheln aus der Drumcliff Bay und Venusmuscheln aus Lissadell. Mittags gibt's sehr beliebte Bratenspezialitäten.

An- & Weiterreise

Von Sligo fahren Busse nach Drumcliff (5 €, 10 Min., 7–8-mal tgl.). Sie halten an der Post.

ABSTECHER

INISHMURRAY ISLAND

Die 1948 verlassene Insel zu besuchen ist gar nicht so einfach. Auf dem Eiland befinden sich frühchristliche Relikte und faszinierende heidnische Objekte. Es gibt dort drei gut erhaltene Kirchen, Bienenkorbhütten und Freiluftaltäre. Das alte Kloster, das Anfang des 6. Jhs. vom hl. Molaise gegründet wurde, ist von einer dicken ovalen Mauer umgeben.

Von den Mönchen wurden nicht nur die religiösen, sondern auch die heidnischen Relikte zusammengetragen, darunter eine Sammlung von Fluchsteinen: Wer jemanden verwünschen wollte, lief die Stationen des Kreuzgangs in umgekehrter Richtung ab und drehte dabei die Steine um. Männer und Frauen wurden in getrennten Grabstätten beerdigt, denn man war davon überzeugt, dass ein Körper, den man an der falschen Stelle begraben hatte, sich im Laufe der Nacht selbst umbetten würde.

Weiteres ist unter www.inishmurray.com zu erfahren.

Inishmurray liegt nur 6 km vom Festland entfernt, allerdings gibt's keinen regelmäßigen Fährverkehr. Mangels einer Anlegestelle hängt die Überfahrt zudem vom Wetter ab. Der enthusiastische Historiker Joe McGowan bietet Ausflüge an Bord der **MV Excalibur** (☎071-914 2738; www.sligoheritage.com; Mullaghmore; 35 € pro Pers.; ⏲April–Sept.). Auch **Inishmurray Island Trips** (☎087-254 0190; www.inishmurrayislandtrips.com; Mullaghmore; Ausflug ab 35 € pro Pers.; ⏲April–Sept.) hat Touren im Programm.

Lough Glencar

Dieser malerische See in den Counties Sligo und Leitrim eignet sich nicht nur hervorragend zum **Angeln**, sondern lockt auch mit einem herrlichen **Wasserfall**. Yeats würdigte die Kaskade in *Das geraubte Kind*. Am besten lässt sich die Umgebung zu Fuß erkunden. Ein Wanderweg führt nach Osten und dann über den steilen Weg im Norden des Tals.

Von Drumcliff sind es nicht einmal 5 km bis zum Westufer des Sees.

Raghly

Weite offene Flächen und eine wellengepeitschte Küste aus zerklüfteten Felsen erwarten einen auf der lohnenswerten Fahrt von der Abzweigung im Norden von Drumcliff ans Meer.

Das **Ardtarmon House** (☎071-916 3156; www.ardtarmon.com; Raghly Rd; EZ/DZ ab 50/80 €, Hütten ab 100 €; ⏲Ende Dez.–Anfang Jan. geschl.) in unvergleichlicher Lage 10,5 km westlich der N15 wird bereits in fünfter Generation von einer Familie betrieben. Zu der Unterkunft gehören vier große Zimmer im Herrenhaus und fünf Cottages für Selbstverpfleger in umgewandelten Hofgebäuden. Nach einem 450 m langen Spaziergang durch den mit Wildblumen bewachsenen Garten erreicht man den Strand. Auf Bestellung gibt's Abendessen (30 €) mit hausgemachten Produkten.

Grange & Streedagh Beach

Im Dorf Grange weisen Schilder den Weg zum Streedagh Beach, einem sichelförmigen Strand, an dem etwa 1100 Seeleute starben, als hier drei Schiffe der Spanischen Armada havarierten. Der Blick reicht vom Strand zu den Slieve-League-Klippen im County Donegal. Einheimische kommen regelmäßig zum Schwimmen hierher, sogar im Winter.

Geführte Ausritte durch die grasbewachsene Landschaft oder am Trawalua Beach bietet **Island View Riding Stables** (☎071-916 6156; www.islandviewridingstables.com; abseits der N15, Moneygold; Erw./Kind 25/18 € pro Std.), einer von mehreren Reitställen in der Gegend.

Die Busse von Sligo nach Grange (5 €, 10 Min., 7–8-mal tgl.) halten am Rooney's, einem Zeitungskiosk.

Mullaghmore

Dank seines geschwungenen Strands mit dunkel-goldenem Sand und seinem flachen Wasser ist das hübsche Fischerdorf Mullaghmore bei Familien ein beliebtes Ziel.

Sehenswertes & Aktivitäten

Am besten nimmt man sich etwas Zeit und fährt mit dem Rad um den Mullaghmore Head herum, an dessen Spitze breite Felsvorsprünge in die Brandung des Atlantiks ragen. Die Strecke führt am **Classiebawn Castle** (keine Besichtigung möglich) vorbei, einem neogotischen, mit Türmchen versehenen Prachtbau, der 1856 für Lord Palmerston errichtet wurde und später als Zuhause des vom Schicksal gestraften Lord Mountbatten diente. Letzterer starb in der Nähe, als die IRA 1979 sein Boot in die Luft jagte.

Der Mullaghmore Head erlangt zunehmende Bekanntheit als hervorragender **Surfspot**: Wogen von bis zu 17 m Höhe erlauben Abenteuer im Hawaiistil. Hier finden regelmäßig Wettbewerbe im Big-Wave-Surfen mit Tow-in (dabei werden die Surfer ins Wasser gezogen) statt. Auch wer nicht auf den Monsterwellen reitet, kann sich bei einer **Küstenwanderung** an dem wilden Anblick erfreuen.

Mullaghmores klares Wasser, Felsnasen und Buchten eignen sich wunderbar zum Tauchen. **Offshore Watersports** (✆ 087-610 0111, 071-919 4769; www.offshore.ie; The Pier; Tauchexkursionen mit Leihausrüstung ab 45 €) veranstaltet Tauchgänge und verleiht die nötige Ausrüstung.

Schlafen

Pier Head Hotel HOTEL €€

(✆ 071-916 6171; www.pierheadhotel.ie; Mullaghmore; EZ/DZ ab 50/80 €; ⏲ Ende Dez. geschl.; 📶) In diesem Hotel am Hafen bekommt man mit etwas Glück ein Zimmer mit herrlichem Ausblick. Alle Räume sind sauber und frisch, zudem gibt's einen kleinen Fitnessraum, eine Panorama-Dachterrasse mit Whirlpool und ordentliches Essen in der hauseigenen Bar (Hauptgerichte 10–21 €).

Creevykeel Goort Cairn

Das prähistorische **Creevykeel Goort Cairn** (abseits der N15; ⏲ Sonnenauf- bis Sonnenuntergang) nördlich von Cliffony hat die Form einer Hummerschere und enthält mehrere Grabkammern. Ursprünglich stammt die Anlage aus der Zeit um 2500 v. Chr., doch später wurden weitere Kammern errichtet. In dem ovalen offenen Vorhof können sich zumindest kleinere Besucher unter dem von einem Stein geschützten Eingang hindurchquetschen und das Zentrum der Anlage in Augenschein nehmen.

Gleniff Horseshoe Valley

Von Creevykeel führt eine enge Straße südöstlich in das weite Gleniff Horseshoe Valley. Die Gegend rund um die extrem kargen Dartry Mountains lädt zu netten Streifzügen ein. Eine holprige Piste, der **Gleniff Horseshoe**, windet sich in einer 10 km langen Schleife durch das Tal. Sie passiert wild gurgelnde Flüsse sowie die Überreste einer alten **Mühle**. Hier kann man sich Yeats ganz nah fühlen.

Der Abstecher ist mit dem Fahrrad oder dem Auto möglich. Außerdem kann man unterwegs Ausflüge auf Wanderpfaden in die Berge unternehmen. Bei Sligo Walks (S. 473) gibt's online Kartenmaterial.

Am Fuße des Tals stößt man auf das **Benwiskin Centre** (✆ 071-917 6721; www.benwiskincentre.com; Ballintrillick; B/EZ/DZ 15/30/50 €; 📶), ein gutes Hostel mit Schlafsälen und Zimmern.

County Donegal

161 150 EW. / 3001 KM²

Inhalt ➡

Gut essen

➡ Castle Murray (S. 488)
➡ Mill Restaurant (S. 502)
➡ Cove (S. 502)
➡ Olde Glen Bar & Restaurant (S. 506)

Schön übernachten

➡ Frewin House (S. 507)
➡ Lough Eske Castle (S. 484)
➡ Carnaween House (S. 494)
➡ Corcreggan Mill (S. 501)

Auf nach Donegal

„Hier oben ist alles anders", sagt man – und das stimmt. Donegal gilt als echter Wildfang und stach auch dann schon unter den Counties heraus, bevor ihm Geschichte und Politik eine isolierte Stellung verschafften. Es ist voller Extreme, manchmal trostlos, rau, von Wind und Wetter gebeutelt, dann wieder unberührt und prächtig mit nackten Bergen und herrlichen Stränden, die in der Sonne glänzen. Das zerklüftete Inland mit den abgeschiedenen Bergpässen und schimmernden Seen kommt fast ebenso malerisch daher wie die lange, verschlungene Küstenlinie, die steile Klippen, windgepeitschte Halbinseln und riesige Flächen goldenen Sandes in sich vereint. Obwohl die Landschaft problemlos mit der Schönheit von Connemara oder Kerry mithalten kann, lockt sie nur wenige Touristen an. Die Einwohner legen viel Wert auf ihr Anderssein und ihre Unabhängigkeit; so ist z. B. ein Drittel dieser Region offizielles Gaeltacht-Gebiet, in dem Irisch gesprochen wird.

Reisezeit

➡ In Donegal muss man jederzeit mit ungestümem Wetter rechnen. Bei Wind und prasselndem Regen friert man im Winter bitterlich, außerdem können ganz unvermittelt Stürme auftreten.

➡ Während der Sommermonate ist das Wetter kaum beständiger, aber immerhin brechen die Wolken regelmäßig auf und lassen strahlenden Sonnenschein zum Vorschein kommen, der das düstere Blaugrau der Landschaft blitzartig wieder in ein leuchtendes Grün verwandelt. In dieser Zeit finden überall im County traditionelle Musik-, Geschichtenerzähler- und Tanzfestivals statt. Nun erwachen die Hotels und Restaurants am Strand aus ihrer Winterstarre und man trifft jede Menge Surfer.

An- & Weiterreise

Vom **Donegal Airport** (www.donegalairport.ie) bestehen täglich zwei Verbindungen nach Dublin (50 Min.) und zurück. Viermal pro Woche geht's nach Glasgow Prestwick (50 Min.).

Der Flughafen liegt etwa 3 km nordwestlich von Annagry an der Nordwestküste und wird nicht von öffentlichen Verkehrsmitteln angesteuert. Es gibt am Terminal mehrere Autovermietungen.

Kurz hinter der Grenze nach Nordirland befindet sich der **City of Derry Airport** (www.cityofderryairport.com).

Unterwegs vor Ort

Donegal ist nicht ans Bahnnetz angeschlossen. Wer keinen Wagen hat, ist auf Busse angewiesen. Die Fahrpläne ändern sich jahreszeitenbedingt; aktuelle Infos findet man online.

Bus Éireann (☎ in Letterkenny 074-912 1309) Bedient vor allem Ziele im Südwesten. Die Hauptrouten sind die 480 (Sligo–Budoran–Donegal-Stadt–Letterkenny–Derry), die 492 (Donegal-Stadt–Killybegs–Ardara–Glenties–Dungloe) und die 490 (Killybegs–Kilcar–Glencolumbcille).

Feda O'Donnell (☎ in Annagry 047-954 8114; www.feda.ie) Bietet Verbindungen in den Nordwesten der Grafschaft. Von Galway und Sligo geht's nach Bundoran, Donegal-Stadt, Letterkenny, Dunfanaghy und Gweedore. Die letzte Station ist Crolly.

Lough Swilly (☎ in Derry 028-7126 2017, in Letterkenny 074-912 2863; www.loughswillybusco.com) Ist hauptsächlich auf der Inishowen Peninsula unterwegs. Busse fahren von Derry nach Letterkenny, Buncrana und Moville und weiter nach Carndonagh und Clonmany.

Autofahrer werden feststellen, dass Ausschilderungen in Gaeltacht-Gebieten nur irische Namen enthalten, deshalb nennen wir in diesem Reiseführer neben den englischen auch die irischen Bezeichnungen (jeweils in Klammern dahinter).

DONEGAL (STADT)

2339 EW.

Mit den Blue Stack Mountains im Hintergrund, einer schönen Burg, freundlichen Einwohnern sowie guten Restaurants und Hotels ist das hübsche Städtchen an der Mündung der Donegal Bay ein hervorragender Ausgangspunkt zur Erkundung der unberührten Küstenlinie. Es erstreckt sich an beiden Seiten des Flusses Eske und diente einst als Treffpunkt des berühmten O'Donnells-Clan, der den Nordwesten vom 15. bis ins 17. Jh. beherrschte. Obwohl Donegal den Namen der Grafschaft trägt, handelt es sich hierbei weder um die größte Stadt (das ist Letterkenny) noch um das Verwaltungszentrum (das ist das noch kleinere Lifford).

Sehenswertes & Aktivitäten

★ Donegal Castle HISTORISCHES GEBÄUDE
(www.heritageireland.ie; Castle St; Erw./Kind 4/2 €; ⌚ Ostern–Mitte Sept. tgl. 10–18 Uhr, Mitte Sept.–Ostern Do–Mo 9.30–16.30 Uhr) Das Donegal Castle, ein beeindruckendes Monument sowohl irischer als auch englischer Macht, thront über einer malerischen Biegung des Eske. 1474 von den O'Donnells erbaut, war die Burg bis 1607 Sitz dieser Familie. Dann allerdings beschlossen die Engländer, endgültig mit den lästigen irischen Clanführern aufzuräumen. Rory O'Donnell gab sich jedoch nicht so leicht geschlagen und brannte seine Festung nieder, bevor er sich nach Frankreich absetzte. Der Sieg über die Clanfürsten bereitete den Weg für die „Plantation of Ulster" (die Ansiedlung Tausender schottischer und englischer Protestanten) und führte letztlich zu der Spaltung, unter der Irland noch heute leidet.

1623 wurde die Burg von Basel Brooke wieder aufgebaut und um das benachbarte dreigeschossige Haus erweitert. Dank weiterer Restaurationsarbeiten in den 1990er-Jahren ist sie inzwischen ein stimmungsvoller Ort voller mit französischen Tapeten und persischen Teppichen eingerichteter Räume. Führungen finden stündlich statt.

Diamond Obelisk DENKMAL
1474 gründeten Red Hugh O'Donnell und seine Frau Nuala O'Brien ein Franziskanerkloster an der Küste südlich der Stadt. 1601 wurde das Gebäude von Rory O'Donnell während der Belagerung einer englischen Garnison versehentlich gesprengt, deshalb sind heute nur noch wenige Überreste zu sehen. Vier Mönche befürchteten, dass die Ankunft der Engländer das Ende der keltischen Kultur bedeute, und verfassten eine Chronik der keltischen Geschichte und Mythologie. Diese beginnt 40 Jahre vor der Sintflut und endet 1618. Noch heute ist *The Annals of the Four Masters* eine der wichtigsten Quellen der frühen irischen Geschichte. Der Obelisk (1937) auf dem Diamond-Platz erinnert an das in der Dubliner National Library ausgestellte Werk.

Highlights

1 Den Sonnenuntergang vom **Slieve League** (S. 489), den höchsten Küstenklippen Europas, beobachten

2 Im wunderschönen Glenveagh National Park das extravagante **Glenveagh Castle** (S. 504) besuchen

3 Über den windgepeitschten Strand von **Tramore** (S. 501) bei Dunfanaghy spazieren

4 Ein Pint in **Molly's Bar** (S. 502) in Dunfanaghy trinken

5 Den Ausblick im spektakulären **Poisoned Glen** (S. 497) genießen

6 Am weißen Sandstrand von **Rossnowlagh** (S. 485) surfen lernen

7 Halbedelsteine an den Stränden des **Malin Head** (S. 502) sammeln

8 Den Gipfel des **Errigal Mountain** (S. 497), des höchsten Berges von Donegal, erklimmen

9 Internationale Kunst im **Glebe House & Gallery** (S. 505) am Lough Gartan bestaunen

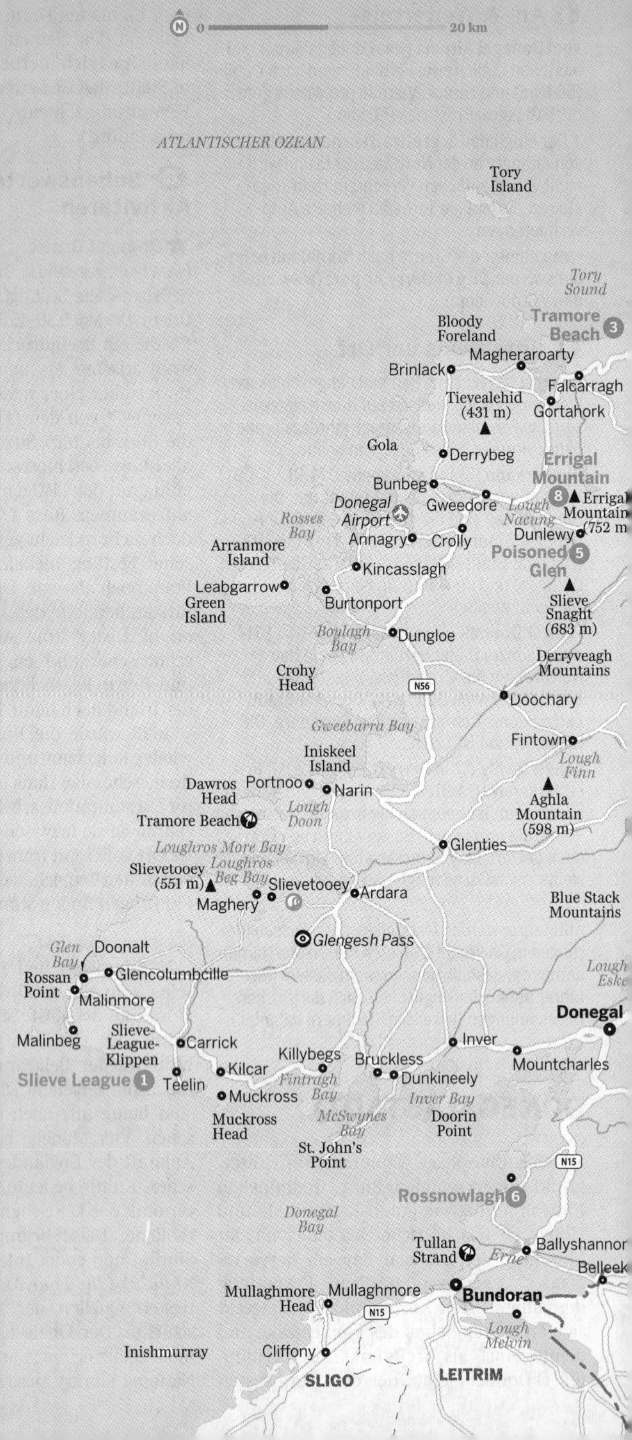

Inishtrahull Sound
Malin Head 7
Ballyhillin
Glengad Head
Pollan Bay
Tullagh Bay
Culdaff Bay
Dunmore Head
Malin
Culdaff
Tremore Bay
Kinnagoe Bay
Fanad Head
Dunaff Head
Dunaff
Ballyliffin
Clonmany
Lenan Head
Urris Hills
Carndonagh
Inishowen Head
Gleneely
Shrove
Slieve Snaght (615 m)
Horn Head
Rosguill Peninsula
Sheep Haven Bay
Downings
Portsalon
Dunree
Glentogher
Greencastle
Inishowen Peninsula
Moville
Rosnakill
4 Dunfanaghy
Carrigart
Knockalla Fort
Redcastle
Port-na-Blagh
Ards Forest Park
Crana
Kerrykeel
Buncrana
Quigley's Point
Lough Foyle
Fanad Peninsula
Muckish Mountain (670 m)
Creeslough
Fahan
Milford
Rathmullan
City of Derry Airport
Muff
Limavady
Inch Island
Inch
Burnfoot
Culmore Bay
Bridge End
Burt
2 Glenveagh Castle
Rathmelton
Kilmacrennan
A2
Glenveagh National Park
N56
Derry
Lough Gartan
9 Glebe House & Gallery
N13
Church Hill
LONDONDERRY
Letterkenny
Foyle
Dungiven
Newmills
E16-6
A5
DONEGAL
N13
Raphoe
Finn
Deele
Finn Valley
Lifford
Strabane
Castlefin
Stranorlar
Ballybofey
N15
Newtownstewart
TYRONE
A5
Lough Derg
Omagh
N32
Pettigo
A5
Lower Lough Erne
Ballygawley
A2
Augher
FERMANAGH
A4
MONAGHAN

Donegal Bay Waterbus BOOTSTOUR
(www.donegalbaywaterbus.com; Donegal Pier; Erw./Kind 15/5 €; Ostern–Okt.) Wer die Highlights der Donegal Bay sehen möchte, nimmt am besten an einem der Ausflüge mit diesem „Wasserbus“ teil. Die 1¼-stündige Tour auf dem 20 m langen Boot führt zu tollen Attraktionen, die von historischen Stätten bis zu Buchten voller Robben reichen. Unterwegs kann man u. a. eine Inselvilla und eine Burgruine bewundern. Es gibt bis zu drei Touren täglich.

Schlafen

Gute B&Bs und Mittelklassehotels findet man überall in der Stadt. Die luxuriösesten Unterkünfte liegen am Lough Eske.

Donegal Town Independent Hostel HOSTEL €
(074-972 2805; www.donegaltownhostel.com; Killybegs Rd, Doonan; B/DZ 17/42 €; @) Alle Zimmer in der IHH-Bleibe, die von einem energiegeladenen Paar geführt wird, sind mit skurrilen Wandmalereien von Technicolorlandschaften bis zu Nachthimmeln geschmückt, die im Dunkeln leuchten. Von einigen Räumen genießt man einen Blick aufs Wasser. Das Hostel befindet sich 1,2 km nordwestlich der Stadt an der Killybegs Road (N 56).

Ard na Breatha B&B €€
(074-972 2288; www.ardnabreatha.com; Drumrooske Middle; DZ/FZ 118/139 €; Feb.–Okt.;) In erhöhter Lage 1,5 km nördlich der Stadt wartet diese wunderbare Boutique-Pension auf einem Bauernhof mit geschmackvollen Zimmern samt Pinienmöbeln und schmiedeeisernen Betten sowie einer Bar und einem Restaurant (Drei-Gänge-Menü am Abend 39 €) auf. Als Zutaten werden Bioprodukte aus dem eigenen Anbau oder von den Nachbarhöfen verwendet. Das Abendessen gibt's mindestens freitags bis sonntags (vorab reservieren).

Cove Lodge B&B €€
(074-972 2302; www.thecovelodgebandb.com; Drumgowan; EZ/DZ 50/80 €;) Ein ruhiges B&B mit rustikalem Charme und zarten Blumenmustern an den Wänden der vier ebenerdigen Zimmer. In der Unterkunft 5 km südlich der Stadt in der Nähe der R267 lernt man das irische Landleben mit all seiner Wärme und Herzlichkeit kennen.

Mill Park Hotel HOTEL €€
(074-972 2880; www.millparkhotel.com; The Mullins; EZ/DZ ab 94/118 €; @) Dieses moderne Hotel verfügt über stilvolle Zimmer und rustikale, zeitgemäße Gemeinschaftsräume. Es ist eine gute, aber etwas charakterlose Option, der die kleinen, feinen Details fehlen.

Central Hotel HOTEL €€
(074-972 1027; www.centralhoteldonegal.com; The Diamond; EZ/DZ ab 55/90 €;) Nette, aber in die Jahre gekommene Zimmer, Livemusik in der Bar sowie ein Freizeitzentrum mit Pool und Fitnessbereich.

Essen

Aroma CAFÉ €
(www.donegalcraftvillage.com; Ballyshannon Rd, Donegal Craft Village; Gerichte 5 13 €; Mo–Sa 9.30–17.30 Uhr) In einer abgelegenen Ecke des Donegals Craft Village bietet das beliebte kleine Café exzellenten Kaffee, köstlichen Kuchen und wechselnde Tagesgerichte (an der Tafel angeschrieben) aus regionalen Zutaten, darunter Suppen, Salate und gehaltvolle warme Speisen. Bei schönem Wetter kann man draußen sitzen.

Blueberry Tearoom CAFÉ €
(Castle St; Hauptgerichte 9–12 €; Mo–Sa 9–19 Uhr;) Ein gemütliches, bei den Einheimischen beliebtes Café, in dem einfache Gerichte wie Suppe, Toasts, Quiches, Paninis und saftige Kuchen in großen Portionen auf den Tisch kommen.

TOP FIVE: REIZVOLLE STRECKEN

Landschaftlich reizvoll ist praktisch jede Strecke in dem schroffen County, doch die folgenden hauen einen regelrecht aus den Socken:

- Küstenschnellstraße von Dunfanaghy nach Gweedore
- 161-km-Rundfahrt um die abgelegene Inishowen Peninsula
- Schwindelnde Höhenwege am Horn Head
- Rundtour durch den überwältigenden Glenveagh National Park
- Haarnadelkurven am Glengesh Pass

Olde Castle Bar FISCH & MEERESFRÜCHTE €€
(☎074-972 1262; www.oldecastlebar.com; Castle St; Hauptgerichte 9–24 €; ⏲Bar 12–20 Uhr; 👪) Die altmodische Bar in der Nähe des Diamond-Platzes serviert gehobene Pubklassiker wie Wildpastete, Austern aus der Donegal Bay, Irish Stew, Meeresfrüchteplatten sowie Schinken mit Kohl. In dem am Wochenende geöffneten Restaurant gibt's hervorragende Meeresfrüchte und Steaks und ein zweigängiges Menü für „Frühesser" (18–20 Uhr) für 20 €.

Harbour Restaurant FISCH & MEERESFRÜCHTE €€
(☎074-972 1702; www.theharbour.ie; Quay St; Hauptgerichte 13–26 €; ⏲Di–Sa 17–21.30, So 15–21 Uhr) Freundliches, schnörkelloses Lokal mit einer langen Speisekarte, maritimer Dekoration, schmucklosen Steinwänden und plüschigen Möbeln. Es ist berühmt für seine Fischgerichte und seine Pizza, serviert aber auch viele andere Köstlichkeiten.

La Bella Donna ITALIENISCH €€
(☎074-972 5790; www.labelladonnarestaurant.com; Bridge St; Hauptgerichte 11–26 €; ⏲Di–Sa Abendessen; 👪) Pizzas, Pastagerichte und brutzelnde Steaks in reichhaltigen Soßen locken zahlreiche Gäste in das lebhafte, moderne Restaurant. Am Wochenende geht's besonders hoch her, deshalb sollte man vorab reservieren.

Ausgehen & Nachtleben

Reel Inn PUB
(Bridge St) Nach wie vor ist das in einer ehemaligen Schule untergebrachte Pub Donegals geselligster Ort. Der Besitzer spielt irisches Akkordeon und fast jeden Abend stoßen seine Freunde für eine traditionelle Session dazu.

McCafferty's PUB
(The Diamond) In dieser wunderbar behaglichen Kneipe kann man sich ans Feuer setzen und das wahrscheinlich beste Guinness der Stadt genießen.

Shoppen

Donegal Craft Village KUNSTHANDWERK
(www.donegalcraftvillage.com; Ballyshannon Rd; ⏲April–Sept. Mo–Sa 10–17 Uhr, Okt. Di–Sa) Gummignome oder Guinness-T-Shirts sucht man hier vergeblich, stattdessen werden in den Kunsthandwerksateliers hochwertige Tonwaren, Kristallglas, Metallarbeiten, handgewebte Stoffe, Schmuck und vieles mehr verkauft. Das Donegal Craft Village ist etwa 1,5 km südlich der Stadt an der R267 ausgeschildert.

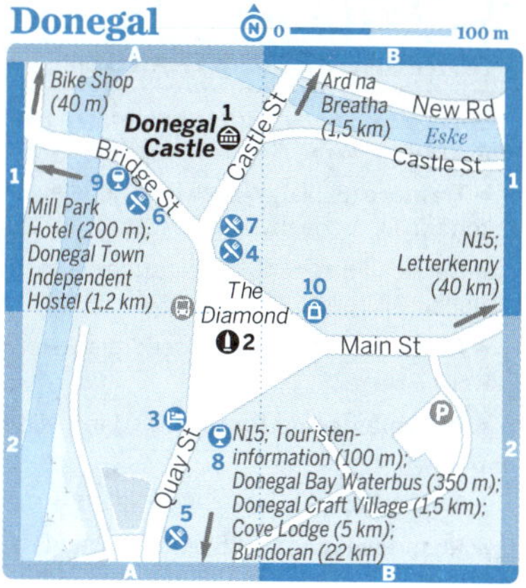

Donegal

Highlights
1 Donegal Castle A1

Sehenswertes
2 Diamond Obelisk A2

Schlafen
3 Central Hotel A2

Essen
4 Blueberry Tearoom A1
5 Harbour Restaurant A2
6 La Bella Donna A1
7 Olde Castle Bar A1

Ausgehen & Nachtleben
8 McCafferty's A2
9 Reel Inn A1

Shoppen
10 Magee's B1

Magee's KLEIDUNG
(www.magee1866.com; The Diamond; ⏲Mo–Sa 10–18, So 14–18 Uhr) Ein Raum dieses kleinen Kaufhauses ist Kleidungsstücken aus Tweed vorbehalten, der hier seit 1866 produziert wird.

Praktische Informationen

Blueberry Cybercafé (Castle St; 4 € pro Std.; ⏲Mo–Sa 9–19 Uhr) Das Internetcafé liegt über dem Blueberry Tearoom. An dem Schalter im Erdgeschoss kann man sich anmelden.

Touristeninformation (☎074-972 1148; donegal@failteireland.ie; Quay St; ⏲Juni–Aug.

NICHT VERSÄUMEN

DONEGAL BESTE STRÄNDE

Donegals wilde zerklüftete Küste ist mit breiten unberührten Stränden und lauschigen Buchten übersät. Unsere Favoriten:

- **Tramore** (S. 501) Wer an dem abgelegenen Küstenabschnitt durch die Dünen westlich von Dunfanaghy wandert, stößt auf diesen unberührten Strand.
- **Carrick Finn** (S. 495) Ein zauberhafter unbebauter Sandstreifen in der Nähe des Donegal Airport.
- **Portnoo** (S. 493) Hinter der dreiecksförmigen geschützten Bucht erstrecken sich wellige Hügel.
- **Ballymastocker Bay** (S. 508) Ein idyllischer Sandstreifen mit türkisfarbenem Wasser.
- **Culdaff** (S. 513) Der lange goldene Strand wird gern von Familien besucht.
- **Rossnowlagh** (S. 485) An dem wunderschönen weißen Sandstrand kann man gut surfen lernen.

Mo–Sa 9–17.30, So 11–15 Uhr, Sept.–Mai Mo–Sa 9–17 Uhr) Im „Discover Ireland"-Gebäude am Flussufer.

An- & Weiterreise

Bus Éireann (☎ 074-913 1008; www.buseireann.ie) Verbindungen nach Sligo (14,50 €, 1 Std., 6-mal tgl.), Galway (20 €, 4 Std., 4-mal tgl.), Killybegs (8,50 €, 35 Min., 3-mal tgl.), Derry (17 €, 1½ Std., Mo–Sa 7-mal, So 6-mal) und Dublin (21 €, 4½ Std., 9-mal tgl.). Die Haltestelle befindet sich auf der Westseite des Diamond-Platzes.

Feda O'Donnell (☎ 074-954 8114; www.fedaodonnell.com) Verkehrt über Bundoran und Sligo (12 €) nach Galway (20 €, 4 Std., 2-mal tgl., Fr & Sa 3-mal). Den Abfahrtsort erfährt man übers Telefon. Auf dem Weg nach Norden wird Halt in Dungloe, Gweedore und Dunfanaghy gemacht (jeweils 10 €).

Unterwegs vor Ort

Bike Shop (☎ 074-972 2515; Waterloo Pl; 10 € pro Tag; variieren) Verleiht Räder und informiert über schöne Fahrradrouten in der Umgebung.

RUND UM DONEGAL (STADT)

Lough Eske

Der friedliche Lough Eske (See der Fische) wird fast komplett von den Blue Stack Mountains umrahmt und ist ein idyllischer Ort zum Wandern, Radfahren und Angeln (Mai–Sept.). Im Angelzentrum am Ufer bekommt man Lizenzen und kann Boote mieten.

Zum See fahren keine öffentlichen Verkehrsmittel.

Schlafen & Essen

Arches Country House B&B €€
(☎ 074-972 2029; www.archescountryhse.com; Lough Eske; EZ/DZ 50/70 €; WLAN) Der einladende, ruhig gelegene Bungalow ist nur fünf Autominuten von Donegal entfernt, blickt direkt auf den See und verfügt über modern eingerichtete Zimmer mit ländlichem Charme. Darüber hinaus ist die Inhaberin Noreen eine äußerst liebenswürdige Gastgeberin und weiß so gut wie alles über die Region.

★ **Lough Eske Castle** HOTEL €€€
(☎ 074-972 5100; www.solisloougheskecastle.com; Lough Eske; DZ ab 245 €; Nov.–März So–Mi geschl.; @ WLAN Pool) 1939 wurde diese imposante Burg aus dem 19. Jh. von einem Feuer zerstört, später aber penibel genau wieder aufgebaut und restauriert. Heutzutage ist sie der Inbegriff des eleganten Landlebens. Die minimalistischen Zimmer, das herrlich dekadente Spa und das tolle Restaurant sind komplett neu und modern eingerichtet und strahlen ein klassisch luxuriöses Flair aus.

Harvey's Point Country Hotel HOTEL €€€
(☎ 074-972 2208; www.harveyspoint.com; Harvey's Point; EZ/DZ ab 149/198 €; Nov.–Weihnachten & Anfang Jan.–März So–Mi geschl.; @ WLAN) Ganz offensichtlich ist das Personal des privat geführten, eleganten Refugiums am Rande des Lough Eske stolz auf sein Hotel, das spürt man sowohl beim freundlichen Portier als auch bei den Köchen des hervorragenden

französischen Restaurants. Die Zimmer sind groß bis riesig und in Herbstfarben gehalten.

Rossnowlagh

50 EW.

Rossnowlaghs spektakulärer 3 km langer Strand wurde mit einer Blauen Flagge ausgezeichnet und ist ein breites sandiges Paradies. Er zieht das ganze Jahr über Familien und Wanderer an. Außerdem kann man auf den sanften Wellen großartig (Kite-)Surfen lernen oder seine Kenntnisse verbessern. Im Oktober findet hier der **Rossnowlagh Intercounty Surf Contest** statt, Irlands größter Wettbewerb dieser Art und das geselligste Surfevent des Jahres.

Sehenswertes & Aktivitäten

Franciscan Friary KLOSTER
(www.franciscans.ie; Mo–Sa 10–20 Uhr) GRATIS In einem Wald am Südende des Strands versteckt sich dieses moderne Franziskanerkloster. Das öffentlich zugängliche Gebäude befindet sich in einem wunderschönen friedlichen Gartenkomplex und beherbergt ein kleines Museum. Darüber hinaus beginnt hier der ausgeschilderte Way of the Cross, ein toller Wanderweg, der sich an Rhododendronbüschen vorbei einen Hügel hinaufschlängelt und einen spektakulären Ausblick bietet.

Fin McCool Surf School SURFEN
(071-985 9020; www.finmccoolsurfschool.com; Beach Rd; Leihausrüstung 29 € für 3 Std., 2 Std. Unterricht inkl. Ausrüstung 35 €; Ostern–Okt. tgl. 10–19 Uhr, Mitte März–Ostern & Nov.–Weihnachten Sa & So 10–19 Uhr) Die freundliche Surfschule erteilt Unterricht, verleiht Ausrüstung und vermietet Zimmer. Sie steht unter der Leitung des Surfschiedsrichters der Pro Tour Neil Britton, der dabei von seiner riesigen Familie unterstützt wird. Viele seiner Verwandten sind international erfolgreiche Surfer. Die Drei- und Vierbettzimmer kosten 20 € pro Nacht, während ein Doppelzimmer mit 50 € zu Buche schlägt.

INSIDERWISSEN

NEIL BRITTON: SURFER

Als die Hotelbesitzerin Mrs. Britton in den 1960er-Jahren ein paar Besuchern ein Surfbrett abkaufte, dachte sie, das sei eine interessante Abwechslung für ihre Gäste. Stattdessen wurde die Sportart bald für ihre ganze Familie zur Obsession. Ihr Enkel, Neil Britton, war einer der Pioniere des „Tow-in Surfing“ in Irland, eine Technik, bei der man auf sehr großen Wellen surft, und wurde bei der International Pro Surfing Tour von 1997 bis 2004 als Schiedsrichter eingesetzt. Er hat schon überall in der Welt gesurft und gilt in Irland als eine Art Legende.

Neils sportliche Karriere begann vor 20 Jahren am Rossnowlagh Beach im County Donegal. Inzwischen hat er eine eigene Surfschule eröffnet, die Fin McCool Surf School and Lodge, die auf eben diesen Strand blickt.

„Irland ist ein Surferparadies“, sagt Neil. „Dank der Lage am Rand des Atlantiks und der einzigartigen Geologie der langen Küstenlinie gibt's Strände für Anfänger, Hochleistungsbreaks für Erfahrene und massive Big-Wave-Spots für die ganz Mutigen – oder Verrückten!“

Für ihn liegen die absoluten Hotspots im Nordwesten. „Einer meiner Lieblingsplätze ist Mullaghmore in Sligo, einer der besten Strände des Landes mit den größten Wellen. Sie sind allerdings nur etwas für Könner, denn sie brechen an einem flachen Riff und werden zu riesigen Tubes.“

Obwohl man dem Freizeitsport das ganze Jahr über nachgehen kann, empfiehlt Neil die Herbst- und Wintermonate. „Surfen in Irland ist für Ambitionierte manchmal frustrierend, und obwohl die Wellen nur selten fehlen, können die Wetterbedingungen zu den gefürchteten auflandigen Winden führen, die teilweise wochenlang anhalten. Wer jedoch ein wenig auf Entdeckungsreise geht, wird problemlos eine geschützte Bucht mit besseren Bedingungen finden.“

Magic Seaweed (www.magicseaweed.com) bietet Wetterprognosen und berichtet über gute Wellen im ganzen Land. Für Anfänger ist die Website eine unschätzbare Hilfe. Eine Liste aller zugelassenen Surfschulen findet man auf der Homepage der **Irish Surfing Association** (www.isasurf.ie).

Schlafen & Essen

Smugglers Creek B&B €€
(071-985 2367; www.smugglerscreekinn.com; Cliff Rd; EZ/DZ ab 45/70 €, Hauptgerichte 13–25 €; April–Sept. tgl., Okt.–März Do–So;) Kombination aus Pub, Restaurant und Pension in den Hügeln hoch über der Bucht. Dank der ausgezeichneten Küche und der herrlichen Aussicht erfreut sich das Smugglers Creek großer Beliebtheit. Zimmer 4 wartet mit dem besten Blick auf und verfügt über einen Balkon. An den Sommerwochenenden gibt's im Pub Livemusik.

Sandhouse Hotel HOTEL €€€
(071-985 1777; www.sandhouse-hotel.ie; Beach Rd; DZ ab 134 €; Feb.–Nov.; @) Im 19. Jh. war das Strandhotel eine extravagante Fischerlodge, die nach ihrer Modernisierung leider viel Charme eingebüßt hat. Der Ausblick ist aber nach wie vor spektakulär und die Zimmer sind komfortabel.

Gaslight Inn IRISCH €€
(071-985 1141; www.gaslight-rossnowlagh.com; Hauptgerichte 11–25 €) Das Restaurant thront auf einer Klippe und bietet einen tollen Blick über die Bucht. Auf der langen Speisekarte steht gut zubereitete Hausmannskost. Die Inhaber betreiben auch das Gästehaus **Ard na Mara** (071-985 1141; www.ardnamara-rossnowlagh.com; EZ/DZ 60/90 €) mit hübschen sonnigen Zimmern.

An- & Weiterreise

Rossnowlagh liegt 17 km südwestlich der Stadt Donegal und ist nicht mit öffentlichen Verkehrsmitteln zu erreichen.

Bundoran

2140 EW.

Donegals bekanntestes Seebad lebt von Spielhallen, Fahrgeschäften und Fast-Food-Buden, lockt aber auch mit Surfmöglichkeiten und zieht sowohl junge Familien als auch Rentner und Sonnenanbeter an. Außerhalb des Sommers ebbt der Trubel ab, dann kann es hier sehr ruhig werden.

Aktivitäten

Surfen

Vor Ort gibt's zwei Hotspots: „The Peak", eine imposante Riffwelle direkt vor dem Städtchen, die nur etwas für erfahrene Surfer ist, und die nicht ganz so eindrucksvolle Beachbreak nördlich des Zentrums am Tullan Strand. Im Juni werden in Bundoran die **Sea Sessions** (www.seasessions.com) veranstaltet, was drei Tage lang surfen, skaten, feiern und jede Menge Musik bedeutet.

Alle drei Surfschulen der Stadt bieten Leihausrüstung (20 € pro Tag) an und betreiben einfache Unterkünfte. Ein dreistündiger Kurs kostet rund 35 €, ein Bett im Schlafsaal schlägt mit 20 € und ein Doppelzimmer mit 50 € zu Buche. Man kann auch Kombiangebote buchen.

Bundoran Surf Co SURFEN
(071-984 1968; www.bundoransurfco.com; Main St) Surfstunden, Kitesurfen, Powerkiting.

Donegal Adventure Centre SURFEN
(071-984 2418; www.donegaladventurecentre.net; Bayview Ave) Spricht vor allem Jugendliche an und hat zusätzlich Kajak- bzw. Schluchtentouren im Programm.

Turf n Surf SURFEN
(071-984 1091; www.turfnsurf.ie; Bayview Tce) Surfkurse, Bergwanderungen und Kajakfahrten auf dem Meer.

Noch mehr Wassersport

Waterworld SCHWIMMEN
(www.waterworldbundoran.com; Erw./Kind unter 8 J. 12/9,50 €; Juni–Aug. tgl. 10–19 Uhr, Mitte April–Mai & Sept. Sa & So 12–18 Uhr) Am Strand von Bundoran sollte man wegen der starken Strömung aufs Schwimmen verzichten und besser das am Meer gelegene Waterworld mit Wellenbädern und Wasserrutschen besuchen.

Aquamara WELLNESS
(071-984 1173; Bad ab 23 €; Juni–Aug. tgl. ab 11 Uhr, Mitte April–Mai & Sept. Sa & So) Wer sich ein wenig verwöhnen lassen möchte, kann dieses Meeresalgenbad auf dem Gelände des Waterworld ansteuern.

Schlafen

Bundoran hat eine großartige Auswahl an Hostels und ein Überangebot an seelenlosen Mittelklassehotels. In den Unterkünften der Surfschulen sind auch Nichtsurfer willkommen.

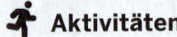

Homefield Rock Hostel HOSTEL €
(071-982 9357; www.homefieldbackpackers.com; Bayview Ave; B/DZ 20/50 €; April–Nov., Dez–März nur mit Reservierung; @) Früher diente das inzwischen rund 260 Jahre alte Gebäude als Feriendomizil des Viscount von Enniskillen und als Kloster, inzwischen beher-

bergt es aber ein Hostel mit 60 Betten. Die Einrichtung, zu der ein Klavier und alte Platten an den Wänden gehören, steht ganz im Zeichen des Rock.

Killavil House B&B €€

(☎ 071-984 1556; www.killavilhouse.com; Finner Rd; DZ/FZ 76/114 €; 👪) Ein großes modernes Haus am Ende der Ortschaft (Richtung Ballyshannon) mit schick aufgemachten Zimmern voller polierter Holzmöbel und meist gleich mehreren Betten – prima für Familien. Im Garten befinden sich Sitzgelegenheiten für warme Sommerabende und bis zum Tullan Strand sind es nur fünf Gehminuten.

Essen & Ausgehen

Bundoran ist nicht unbedingt für seine Gastronomie berühmt, wartet aber trotzdem mit ein paar tollen Restaurants auf.

Waves CAFÉ €

(www.surfworld.ie/waves; Main St; Hauptgerichte 4–8 €; ⏲ 8–18 Uhr; 📶 👪) In dem coolen Café tummeln sich einheimische Familien und Surfertypen mit ausgeblichenen Haaren. Auf den Sofas liegen allerlei Surfmagazine, die man bei einem großen Frühstück, Bagels, Kuchen, Smoothies oder einer Portion Eis durchblättern kann.

Maddens Bridge Bar PUB €€

(☎ 071-984 2050; www.maddensbridgebar.com; Main St; Hauptgerichte 10–20 €) Noch ein Surfertreff mit dazu passendem Dekor. Die Karte umfasst die typischen Pubgerichte, u. a. tolle hausgemachte Burger. Donnerstags wird traditionelle Musik gespielt (im Sommer häufiger) und der *craic*-(Spaß-)Faktor ist fantastisch.

La Sabbia ITALIENISCH €€

(☎ 071-984 2253; www.lasabbiarestaurant.com; Bayview Ave; Hauptgerichte 13–25 €; ⏲ Juni–Sept. tgl. abends, Okt.–Mai Do–So; 👪) Das farbenfrohe Cottage ist mit auffälligen modernen Kunstwerken dekoriert, verfügt über eine Terrasse und zieht eine lebhafte, gut gelaunte Kundschaft an. Gäste werden vom Chefkoch mit Speisen aus dessen Heimatstadt Mailand verwöhnt, darunter leckere Risottos, knusprige Pizzas und Nudelgerichte wie Ravioli mit Steinpilzen.

Praktische Informationen

Das Ortszentrum liegt an der langen Main Street direkt hinter dem Strand. Hier befinden sich mehrere Banken und eine Postfiliale.

Touristeninformation (☎ 071-984 1350; info@discoverbundoran.com; The Bridge, Main St; ⏲ Mo–Fr 9–15.30 Uhr, April–Sept. Sa & So unterschiedl. Öffnungszeiten) Ein gläserner Kiosk gegenüber dem Holyrood Hotel.

Anreise & Unterwegs vor Ort

Bus Éireann hält in der Main Street vor der Phoenix Tavern und vor der Celtic Bar. Nach Sligo (10,50 €, 30 Min.) besteht eine direkte Verbindung (Mo–Sa 9-mal tgl., So 7-mal), von dort geht's weiter nach Donegal (9,10 €, 30 Min.). Außerdem fahren Busse nach Galway (20 €, 3½ Std., Mo–Sa 3-mal tgl., So 2-mal tgl.).

Räder können im **Bike Stop** (☎ 085 248 83 17; East End; 10/15/60 € pro halber Tag/Tag/Woche; ⏲ Mo–Sa 8.30–18, So 12–16 Uhr) geliehen werden.

SÜDWESTLICHES DONEGAL

Mountcharles

500 EW.

Die Schönheit der Landschaft nimmt zu, wenn man die westliche Küste erreicht, und steigert sich, je weiter man nach Norden fährt. Außer in ein paar Pubs und Cafés hat man im Winter kaum Möglichkeiten, etwas zu essen, deshalb sollte man sich in Donegal oder Killybegs mit Proviant eindecken.

Das an einem Hügel gelegene Mountcharles ist die erste Siedlung an der Küstenstraße (N56) westlich der Stadt Donegal. 2 km südlich erstreckt sich ein sicherer **Sandstrand**. Die grüne **Pumpe** am höchsten Punkt des Dorfes bildete einst die Kulisse für Geschichten über Feen, Geister, historische Schlachten und mythologische Begegnungen. An dieser Stelle übte der hier geborene Séamus MacManus, Dichter und *seanachaí* (Geschichtenerzähler), in den 1940er- bzw. 1950er-Jahren seine Kunst aus.

Rund 2 km südwestlich von Mountcharles verstecken sich die modernen **Salthill Gardens** (☎ 074-973 5387; www.donegalgardens.com; Eintritt 5 €; ⏲ Mai–Sept. Mo–Do & So 14–18 Uhr, Mai–Juli auch Sa) hinter jahrhundertealten Steinmauern. In der Grünanlage gedeihen winterharte Pflanzen, Rosen, Lilien und Klematis.

Der Donegal-Killybegs-Bus hält montags bis samstags sechsmal täglich in Mountcharles, sonntags zweimal täglich.

Killybegs

1280 EW.

In Irlands größtem Fischereihafen liegen riesige Kutter vor Anker und der Gestank nach Fisch und das Geschrei von Seemöwen hängen in der Luft. Früher besaß Killybegs durchaus Charme, doch die Rezession hat den Ort hart getroffen: Immer mehr Geschäfte schließen und viele Häuser entlang der Straßen stehen leer.

Sehenswertes & Aktivitäten

Killybegs International Carpet Making & Fishing Centre MUSEUM
(www.visitkillybegs.com; Fintra Rd; Erw./Kind 5/4 €; ganzjährig Mo–Fr 9.30–17.30 Uhr, Juli & Aug. auch Sa & So 12.30–16.30 Uhr) Dieses Museum bietet einen guten Überblick über die Ortsgeschichte. Es ist in der Fabrik von Donegal Carpets untergebracht, deren Teppiche u. a. das Weiße Haus und den Buckingham Palace schmücken. Es gibt einen handbetriebenen Webstuhl (weltweit der größte seiner Art), einen tollen Steuerhaussimulator, mit dem Besucher einen Fischkutter in den Hafen einfahren können, ein gutes Café und einen Kunsthandwerksladen.

Fintragh Bay STRAND
Der beste Strand in der Gegend erstreckt sich in der abgeschiedenen Fintragh Bay, ca. 3 km westlich der Ortschaft.

Killybegs Angling Charters ANGELN
(087 220 0982; www.killybegsangling.com; Blackrock Pier) Wer mit einem Fischerboot Seelachs, Lenge sowie Glatt- und Steinbutte fangen will, sollte Brian McGilloway kontaktieren, der seit 30 Jahren Angeltrips aufs Meer anbietet, z. B. abendliches Makrelenfischen (30 € pro Pers.). Ein Mietboot kostet 450 € pro Tag, die Ausrüstung ist ab 10 € pro Person zu haben.

Tour Donegal GEFÜHRTE TOUREN
(086 050 0026; www.tourdonegal.com) Der Archäologe und Reiseführer Derek Vial gibt auf seinen Führungen einen Einblick in die Geschichte der Region. Er veranstaltet Trips zu Steinzeitgräbern, Festungen aus der Eisenzeit, den Slieve-League-Klippen, abgelegenen Stränden und versteckten Fischerdörfern. Für die Ausflüge verlangt er 30 € pro Stunde und ein bis zwei Personen (bei größeren Gruppen kommen pro Person 5 € dazu).

Schlafen & Essen

Ritz HOSTEL €
(074-973 1309; www.theritz-killybegs.com; Chapel Brae; B/DZ/Fam.-Zi. 20/50/60 €; @) Obwohl der Name ironisch gemeint ist, wartet das toll geführte IHO-Hostel (38 Betten) mit Einrichtungen auf, die dem Ritz nahekommen, darunter eine riesige Küche mit freistehendem Arbeitsbereich und Geschirrspüler, farbenfrohe Zimmer mit eigenem Bad und Fernseher sowie eine Wäscherei. Das kontinentale Frühstück ist inklusive.

Drumbeagh House B&B €€
(074-973 1307; www.killybegsbnb.biz.ly; Conlin Rd; DZ 70 €; @) Ein großartiges B&B mit herzlichen Besitzern, die ihren Gästen gerne alles über die Region erzählen. Die gemütlichen Zimmer sind geschmackvoll in neutralen Farben eingerichtet. Zum Frühstück gibt's geräucherten Lachs aus der Region, der schon alleine für sich die Reise lohnt.

Tara Hotel HOTEL €€€
(074-974 1700; www.tarahotel.ie; Main St; EZ/DZ ab 65/120 €;) Das freundliche, moderne Hotel mit Hafenblick verfügt über komfor-

ABSTECHER

CASTLE MURRAY

Der Name lässt etwas anderes vermuten, doch das **Castle Murray** (074-973 7022; www.castlemurray.com; St. John's Point; EZ/DZ 75/140 €;) ist keine Burg, sondern ein Boutique-Hotel mit Blick auf die Ruinen des McSwyne's Castle (15. Jh.). In dem weitläufigen modernen Strandhaus sind zehn individuell gestaltete, nach *townlands* (Bauerngemeinden) benannte Gästezimmer untergebracht, wobei das Hotel vor allem für sein hervorragendes französisches Restaurant bekannt ist. Ein viergängiges Abendessen kostet 47 €. Am besten startet man mit der Spezialität des Hauses, Garnelen und Seeteufel in Knoblauchbutter, als Hauptspeise empfehlen sich z. B. sautierte Jakobsmuscheln mit Kokosmilchcurry und als Nachtisch kann man Leckereien wie Limettensoufflé mit Ginsorbet genießen. Das Castle Murray liegt 1,5 km südlich von Dunkineely an der N56 zwischen Mountcharles und Killybegs in einer Nebenstraße zum St. John's Point.

table, minimalistische Zimmer, eine gute Bar sowie ein kleines Fitnesszentrum mit Jacuzzi, Sauna und Dampfbad.

Mrs. B.'s Coffee House CAFÉ €
(Upper Main St; Hauptgerichte 4–8 €; ⌚Mo–Sa 9–17 Uhr; 📶👪) Mrs. B.'s ist ein helles, einladendes Café mit gemütlichen Sofas und Werken lokaler Künstler an den Wänden. Die hausgemachten Speisen bestehen aus lokalen Zutaten. Es gibt herzhaftes Frühstück, Sandwiches und Panini sowie (donnerstags bis samstags) köstliche Fischsuppe *(chowder)*.

Kitty Kelly's IRISCH €€
(☎074-973 1925; www.kittykellys.com; Kilcar Rd; Hauptgerichte abends 15–20 €; ⌚tgl. Abendessen, Mai–Sept. Sa & So 13–16.30 Uhr) In dem 200 Jahre alten Bauernhaus fühlt man sich, als würde man an einer Dinnerparty im kleinen Kreis teilnehmen. Traditionelle irische Leibspeisen wie Eintopf (*stew*) und sahnige Nachtische (*trifle*) werden hier gekonnt veredelt. Das Kitty Kelly's liegt an der Küstenstraße 5 km westlich von Killybegs und ist dank der Fassade in Rosa und Grün nicht zu übersehen. Die Öffnungszeiten ändern sich je nach Saison. Unbedingt reservieren.

Praktische Informationen

Westlich von Killybegs gibt's keine Banken und Geldautomaten.

Killybegs Information Centre (☎074-973 2346; www.killybegs.ie; Quay St; ⌚Mo–Do 9.30–17.30, Fr 9.30–17 Uhr) In einer Hütte unweit des Hafens.

An- & Weiterreise

Montags bis samstags fahren täglich sechs Busse nach Donegal (8,50 €, 30 Min.), sonntags nur zwei. Die Linie 490 steuert Kilcar (4,30 €, 20 Min.) und Glencolumbcille (8,50 €, 45 Min.) montags bis samstags dreimal pro Tag und sonntags einmal an.

Kilcar, Carrick & Umgebung

260 EW.

Kilcar (Cill Chártha) und sein attraktiveres Nachbardorf Carrick (An Charraig) sind gute Ausgangspunkte, um die atemberaubende Küstenlandschaft im Südwesten Donegals zu erkunden, das gilt vor allem für die Slieve-League-Klippen.

Die Landschaft eignet sich wunderbar zum Wandern, besonders wenn man bergige Strecken wie den Kilcar Way mag. Mehr über diese Route erfährt man bei **Áislann Chill Chartha** (☎074-973 8376; Main St, Kilcar; ⌚Mo–Fr 9–22, Sa 10–18 Uhr), einem Gemeindezentrum mit angeschlossener Touristeninformation. Direkt außerhalb von Kilcar erstreckt sich ein kleiner Sandstrand.

Auskünfte zur Umgebung bietet auch das hervorragende **Slieve League Cliffs Centre** (☎074-973 9077; www.slieveleaguecliffs.ie; Teelin, Carrick; ⌚Ostern–Sept. tgl. 10.30–17.30 Uhr, Feb.–Ostern, Okt. & Nov. Fr–Di; 📶), das mit einem Café sowie einer Galerie für Kunsthandwerk aufwartet und ein- oder dreitägige Archäologie- und Wanderkurse im Programm hat. Von Carrick kommend folgt man der schmalen Straße Richtung Teelin-Pier und biegt am Pub „Rusty Bar" rechts ab.

Sehenswertes & Aktivitäten

Slieve League MEERESKLIPPEN
Auch wenn die Cliffs of Moher mehr Besucher anziehen, sind die spektakulären Slieve-League-Felsen mit ihren 600 m höher und wahrscheinlich sogar die höchsten Klippen Europas, sie fallen allerdings nicht ganz so steil zum Meer hin ab. Blickt man nach unten, sieht man zwei Felsen, die aus ganz offensichtlichen Gründen *„school desk"* (Schülerpult) und *„chair"* (Stuhl) genannt werden.

Die Straße hinter dem Slieve League Cliffs Centre führt zum unteren Parkplatz neben einem Tor. Pkws dürfen es passieren und zum 1,5 km entfernten, oft belegten oberen Parkplatz gleich neben dem Aussichtspunkt weiterfahren. Besonders schön sind die Klippen bei Sonnenuntergang, wenn die Wellen tief unten an die Felsen branden und der Ozean die letzten Sonnenstrahlen reflektiert.

Vom oberen Parkplatz führt ein ziemlich unwegsamer Pfad hinauf bis zum **One Man's Pass**. Von dem schmalen Grat gelangt man zum Gipfel der Felsen (595 m; hin & zurück 10 km). Achtung: Häufig setzen urplötzlich Regen und Nebel ein.

Es gibt aber noch einen anderen Weg: Von Carrick kommend nimmt man den **Pilgrim Path**, der an der Nebenstraße rechter Hand vor der Abzweigung zu den Slieve-League-Klippen ausgeschildert ist. Zurück geht's über den One Man's Pass und die Straße, die zum Aussichtspunkt führt (insgesamt 12 km; 4–6 Std.).

Studio Donegal WEBEREI
(www.studiodonegal.ie; Glebe Mill, Kilcar; ⌚Mo–Fr 9–17.30, Mai–Okt. auch Sa 9.30–17 Uhr) GRATIS Obwohl in den 1960ern auf maschinelle Webe-

rei umgestellt wurde, läuft die Produktion handgesponnener und -gewebter Tweeds hier schon seit mehr als 100 Jahren. Oft dürfen Besucher den Angestellten im oberen Stockwerk bei der Arbeit zuschauen. Im Laden stehen Jacken, Hüte, Überdecken und mehr zum Verkauf.

Nuala Star Teelin BOOTSTOUREN
(☎074-973 9365; www.sliabhleagueboattrips.com; ⌚April–Okt.) Vom Meer aus betrachtet, wirken die Sleave-League-Klippen fast noch eindrucksvoller. Besichtigungstouren mit dem Boot werden von Nuala Star Teelin organisiert. Sie kosten je nach Anzahl der Teilnehmer 20 bis 25 € pro Person, Kinder zahlen weniger. Je nach Wetterlage starten die Ausflüge alle zwei Stunden am Teelin-Pier. Weitere Aktivitäten: Hochseeangeln und Tauchausflüge.

Schlafen & Essen

Derrylahan Hostel HOSTEL €
(☎074-973 8079; homepage.eircom.net/~derrylahan; Derrylahan, Kilcar; Zeltstellplatz 8 € pro Pers., B/DZ 18/50 €; @📶) Das rustikale, gut geführte IHH-Hostel befindet sich auf einem Bauernhof und hat komfortable Zimmer mit eigenen Bädern, einen Schlafsaal mit Doppelstockbetten für 20 Personen sowie viele hübsche Zeltplätze. Wer vorab reserviert, kann Fahrräder leihen (20 €). Die Unterkunft liegt an der Küstenstraße 3 km westlich von Kilcar. Abholung möglich.

Inishduff House B&B €€
(☎074-973 8542; www.inishduffhouse.com; Largy, Kilcar; EZ/DZ 50/85 €; 📶) In der Hauptstraße rund 5 km östlich von Kilcar lockt das moderne, herzliche B&B mit großen, komfortablen Zimmern und einem wundervollen Meerblick.

Blue Haven HOTEL €€
(☎074-973 8090; www.bluehaven.ie; Largy, Kilcar; Hauptgerichte 14–25 €; ⌚mittags & abends) Das moderne Restaurant verfügt über eine lange Speisekarte mit klassischen Gerichten. Der Ausblick auf die Bucht durch die riesigen Fenster ist berauschend. Eine beliebte Adresse für ein sonntägliches Mittagessen mit Meerblick.

An- & Weiterreise

Bus Éireann fährt montags bis samstags dreimal täglich und sonntags einmal von Donegal nach Kilcar (9,80 €) sowie von Kilcar nach Carrick (2,90 €) und Glencolumbcille (5,50 €).

Glencolumbcille & Umgebung

255 EW.

„There's nothing feckin' here!" („Hier gibt's verdammt noch mal nichts!") warnen die liebenswert unverblümten Einheimischen Touristen, die Glencolumbcille (Gleann Cholm Cille) erkunden wollen. Viele Besucher sind da jedoch ganz anderer Meinung, sobald sie die drei Pubs, die Strände, die schönen Wanderpfade und das kleine Heimatmuseum entdeckt haben.

Wenn man sich Glencolumbcille vom Glengesh Pass her nähert, verstärkt sich der Eindruck von der weltfernen Lage des traumhaft schönen Hafens. Der Weg führt scheinbar endlos an Hügeln und Mooren vorbei, ehe das Meer auftaucht, gefolgt von dem engen grünen Tal und dem kleinen Gaeltacht-Dorf.

Bereits seit 3000 v. Chr. ist der Ort besiedelt, davon zeugen viele steinzeitliche Funde in der Umgebung. Angeblich hat hier der hl. Colmcille (Columba) im 6. Jh. ein Kloster gegründet (daher der Name, der „Kirche des Tals von Columba" bedeutet). Er christianisierte die steinzeitlichen stehenden Steine, indem er ein Kreuz hineinmeißelte. Am Columba's Feast Day (9. Juni) wandern die Gläubigen Schlag Mitternacht um die Steine und die Ruine der Cholm Cille's Chapel. Die Prozession ist als An Turas Cholm Chille bekannt (das gälische Wort *turas* bedeutet „Pilgerschaft" oder „Reise"). Danach findet um 3 Uhr eine Messe in der Dorfkirche statt.

Sehenswertes

Father McDyer's Folk Village MUSEUM
(www.glenfolkvillage.com; Doonalt; Erw./Kind 4,50/2,50 €; ⌚Ostern–Sept. Mo–Sa 10–18, So 12–18 Uhr) 1967 gründete der vorausschauende Pater James McDyer das Folk Village, um die Traditionen für die Nachwelt zu erhalten. Es ist in Cottages untergebracht, die im Stil des 18. und 19. Jhs. nachgebaut und mit einer authentischen Einrichtung ausgestattet wurden. Im *shebeen* (illegaler Trinkort) bekommt man ungewöhnliche lokale Weine, die aus Zutaten wie Seetang und Fuchsien hergestellt werden, sowie Marmeladen und Whiskey-Trüffel. Das Museum liegt 3 km westlich des Dorfes am Strand.

Strände STRÄNDE
Gleich westlich von Glencolumbcille erstrecken sich in **Doonalt** zwei tolle Sandstrände. Zugang besteht vom Parkplatz gegen-

über dem Heimatmuseum. 6 km hinter dem Folk Village, am Ende der Straße, liegt **Malinbeg**, eine geschützte Bucht zwischen niedrigen Klippen. Hier gelangt man über 60 Stufen zu einem weiteren herrlichen kleinen Strand hinunter.

Aktivitäten

Die St. Columba's Church aus dem 19. Jh. dient als Ausgangspunkt für verschiedene Wanderungen, darunter die 5,5 km lange Pilgerroute **An Turas Cholm Cille** (www.glencolmcille.ie/turas.htm), die zu mehreren prähistorischen, oft mit frühchristlichen Symbolen versehenen Steinplatten und zu einer alten dem hl. Colmcille geweihten Kapelle führt. Viele Platten befinden sich auf Privatgrundstücken, aber die Besitzer lassen Wanderer von Juni bis August immer sonntags passieren. Manche Steine sind auch ganzjährig zugänglich.

Zwei ausgeschilderte Rundwanderwege laden zu Ausflügen in die wildromantische Landschaft jenseits der Ortschaft ein. Der **Tower Loop** (10 km; 2–3 Std.) verläuft gen Norden zu einem Funkturm, der auf traumhaften Küstenklippen thront. Über den anstrengenderen **Drum Loop** (13 km; 3–4 Std.) geht's in die Hügel nordöstlich von Glencolumbcille.

Kurse

Oideas Gael SPRACHKURSE
(www.oideas-gael.com; Mitte März–Okt.) 1 km westlich vom Ortszentrum bietet die Foras Cultúir Uladh (Kulturstiftung Ulster) Erwachsenenkurse für die irische Sprache und Kultur inklusive Tanz, Malerei und Musikinstrumenten sowie Wandertouren durch die hügelige Umgebung an. Die Preise für dreitägige Kurse beginnen bei 100 €, einwöchige Kurse liegen bei etwa 200 €. Auf Wunsch vermitteln die Angestellten Pensionszimmer oder Ferienwohnungen (ca. 80 € für 3 Nächte).

Schlafen & Essen

In der Gegend gibt's mehrere tolle Budgetunterkünfte, beim Essen beschränkt sich die Auswahl aber auf ein Café im Folk Village und ein weiteres neben dem Oideas Gael (Letzteres stand bei unserem Besuch allerdings zum Verkauf).

Dooey Hostel HOSTEL €
(074-973 0130; Dooey; Stellplätze 9 € pro Pers., B/DZ 15/30 €) Das in den Hang gebaute atmosphärische IHO-Hostel verfügt über eine einfache, saubere, behagliche Ausstattung. Wer hier übernachten möchte und mit dem Auto anreist, biegt gleich hinter der Glenhead Tavern links ab; von dort sind es noch 1,5 km. Wanderer können den Pfad hinterm Folk Village nehmen. Keine Kreditkartenzahlung.

Malinbeg Hostel HOSTEL €
(074-973 0006; www.malinbeghostel.com; Malinbeg; B/EZ/DZ 14/20/30 €; Dez.–Mitte Jan. geschl.) Für das moderne Hostel an einem entlegenen Küstenstrich sprechen die sauberen Zimmer (z. T. mit Privatbad), die Nähe zum Strand und der Lebensmittelladen gleich gegenüber.

Glencolumbcille Lodge HOSTEL €
(074-973 0302; www.ionadsuil.ie; DZ 50 €;) Das Hostel mit Blick auf idyllische Schafweiden hat schon bessere Tage gesehen, die Doppel- und Zweibettzimmer mit privaten Bädern sind aber absolut in Ordnung und es gibt eine sehr große Gemeinschaftsküche. Die hilfsbereiten Besitzer wohnen nicht in der Lodge, deshalb muss man vor der Fahrt hierher anrufen, besonders in der Nebensaison.

Shoppen

Glencolmcille Woollen Mill KLEIDUNG
(www.rossanknitwear.ie; Malinmore; März–Okt. 10–20 Uhr, Nov.–Feb. bis 17.50 Uhr) Hier kann man sich mit Tweedjacken, -mützen und -krawatten sowie Schals aus Schafwolle eindecken und manchmal auch den Webern bei der Arbeit zusehen. Der Laden liegt 5 km südwestlich von Glencolumbcille in Malinmore.

An- & Weiterreise

Die Bus-Éireann-Linie 490 verkehrt montags bis samstags dreimal täglich und sonntags einmal nach/von Killybegs (8,50 €, 45 Min.) Es gibt keine Direktverbindung von Glencolumbcille nach Ardara, deshalb muss man nach Killybegs fahren und von dort aus Richtung Norden reisen.

Maghery & der Glengesh Pass

640 EW.

Eine abgeschiedene 25 km lange einspurige Straße führt von Glencolumbcille über den Glengesh Pass (Glean Géis, was so viel wie „Tal der Schwäne" bedeutet) nach Ardara. Dies ist eine der malerischsten Autorouten Donegals. Geradezu wasserfallartig ergießen sich die Haarnadelkurven bis zum Kopf des Tals und die Kulisse mutet beinahe alpin an.

Das winzige, idyllisch an der Nordküste der Halbinsel gelegene Maghery befindet sich 9 km westlich von Ardara. Wer den Strand Richtung Westen entlangspaziert, gelangt zu einem Felsvorsprung mit zahlreichen Höhlen. Während Cromwells zerstörenden Feldzugs im 17. Jh. versteckten sich hier 100 Dorfbewohner, doch es wurden bis auf einen alle gefunden und getötet. 1,5 km östlich von Maghery stößt man auf den wunderschönen **Assarancagh Waterfall**.

Ardara

570 EW.

Ardara (arda-*rah*) bietet Zugang zu den Serpentinen am Glengesh Pass und ist das Herz der Tweed- und Strickwarenproduktion der Grafschaft. Hier lernt man das traditionelle Kunsthandwerk der Region kennen und kann den Webern bei der Arbeit zuschauen. Wer mit dem Wagen anreist, sollte den Schildern zum „Town Car Park" folgen und dann am Fluss entlang ins dicht bebaute Dorfzentrum zurücklaufen.

Ende April oder Anfang Mai erwacht der Ort beim **Cup of Tae Festival** (www.cupoftaefestival.com) zum Leben. Zu diesem Anlass treten traditionelle Musiker, Tänzer und Geschichtenerzähler auf, außerdem geben sich die für die Region typischen Geigenspieler die Ehre. Die Veranstaltung ist nach John Gallagher, einem lokalen Musiker, benannt, und aufgrund ihrer Überschaubarkeit sehr angenehm.

Sehenswertes

Ardara Heritage Centre MUSEUM
(074-954 1704; Main St; Erw./Kind 3/1,20 €; Ostern–Sept. Mo–Sa 10–18, So 14–18 Uhr) Das Heimatmuseum im alten Gerichtshof präsentiert die Geschichte des Donegaler Tweeds vom Schafscheren bis zum Färbe- und Webprozess. Es ist immer jemand vor Ort, der Besuchern zeigt, wie ein Webstuhl funktioniert, und einem die Nähtechnik traditioneller Kleidung erklärt.

Schlafen & Essen

Gort na Móna B&B €€
(074-953 7777; www.gortnamonabandb.com; Donegal Rd, Cronkeerin; EZ/DZ 50/70 €;) In dem riesigen, aber gemütlichen B&B fühlt man sich wie zu Hause. Das Gort na Móna verfügt über richtig gute Matratzen, Pinienholzmöbel sowie seidenweiche Bettwäsche und punktet mit Bergblick, Selbstgebackenem zum Frühstück und einem unberührten Strand gleich um die Ecke! Es liegt 2 km südöstlich von Ardara an der alten Straße nach Donegal.

Bayview Country House B&B €€
(074-954 1145; www.bayviewcountryhouse.com; Portnoo Rd; EZ/DZ 45/74 €; April–Mitte Okt.;) Von dem zweckmäßigen B&B gleich nördlich des Dorfes genießt man einen tollen Blick auf die Bucht. Die Pension hat geräumige Zimmer mit schöner Blumenbettwäsche und makellosen Bädern. Es gibt einen Holzfeuerkamin, hausgemachte Brote und Scones, und die Gäste werden herzlich empfangen.

Green Gate B&B €€
(074-954 1546; www.thegreengate.eu; Ardvally; EZ/DZ 70/110 €; März–Nov.) Wer zum Green Gate 3 km südöstlich von Ardara will, nimmt die alte Straße nach Donegal und biegt direkt wieder rechts ab in eine schmale Hügelstraße. Das B&B gehört zu der Sorte Unterkunft, die man entweder liebt oder hasst (es gibt keinen Fernseher und kein Internet und rauchen ist erlaubt). Die traditionellen reetgedeckten Cottages sind rustikal, warten jedoch mit einer umwerfenden Aussicht auf. Der Besitzer ist ein exzentrischer, aber charmanter Franzose. Unbedingt telefonisch reservieren! Keine Kreditkartenzahlung möglich.

Sheila's Coffee and Cream CAFÉ €
(Main St; Hauptgerichte 4–10 €; Mo–Sa 9–17.50 Uhr;) Ein kleines, bei Einheimischen beliebtes Café im Kulturzentrum mit einer guten Auswahl warmer Gerichte wie Quiche und Lasagne und köstlichen Desserts. Außerdem bekommt man hier selbst gebackenes Brot.

Nancy's Bar IRISCH €
(Front St; Hauptgerichte 7–13 €) In dem altmodischen Pub-Restaurant, das bereits seit sieben Generationen im Besitz ein und derselben Familie ist, hat man manchmal das Gefühl, als säße man in Nancys Wohnzimmer. Zu den Spezialitäten gehören Fischgerichte und *chowder*, eine Suppe aus Meeresfrüchten mit herzhaftem Weizenbrot, außerdem trifft man in der Kneipe immer nette Leute.

Ausgehen & Nachtleben

Viele Pubs in Ardara veranstalten regelmäßig Trad Sessions. Wer die Hauptstraße entlangspaziert, hört die Musik schon aus den Läden schallen.

Corner House PUB
(The Diamond) Von Juni bis September kommt man hier jeden Abend (ansonsten immer freitags und samstags) in den Genuss toller irischer Musiksessions. Manchmal fängt jemand spontan zu singen an, und wenn die Stimmung gut ist, stimmen alle mit ein.

Shoppen

Schilder im Ortszentrum von Ardara weisen Besuchern den Weg zu den Strickwarenherstellern.

Eddie Doherty KLEIDUNG
(www.handwoventweed.com; Front St) Hinter Doherty's Bar & Lounge sitzt Eddie Doherty an seinem traditionellen Webstuhl.

John Molloy KLEIDUNG
(www.johnmolloy.com; Killybegs Rd) In diesem Laden und in dem Fabrikoutlet in Glencolumbcille bekommt man hand- und maschinengefertigte Wollwaren.

Kennedy's KLEIDUNG
(Front St) Das Kennedy's ist schon seit mehr als hundert Jahren im Geschäft und maßgeblich an Ardaras Ruf als „Pullovermekka" beteiligt.

Triona Design KLEIDUNG
(www.trionadesign.com; Main St) Handgewebter Tweed aus Donegal und hochwertige Strickwaren aus Merinowolle.

Praktische Informationen

Am Diamond-Platz befindet sich eine Filiale der Ulster Bank mit einem Geldautomaten. Das Postamt liegt nicht weit von hier in der Main Street.

Touristeninformation (☎074-954 1704; www.ardara.ie; Main St; ⏲Ostern–Sept. Mo–Sa 10–18, So 14–18 Uhr)

Anreise & Unterwegs vor Ort

Die Bus Éireann-Linie 492 aus Donegal (9,10 €, 25 Min.) hält am Heritage Centre in Ardara und fährt dann weiter nach Glenties (3,90 €, 10 Min.). Sie verkehrt von Montag bis Samstag viermal täglich und sonntags zweimal.

Don Byrne (☎074-954 1658; www.donbyrnebikes.com; West End; ⏲Di–Sa 10–18 Uhr) verleiht Fahrräder für 15/60 € pro Tag/Woche.

Loughrea Peninsula

Die Zwillingsorte **Narin** und **Portnoo** liegen am westlichen Ende eines wunderschönen blau beflaggten Strandes, dessen sandige Spitze nach **Iniskeel Island** zeigt. Bei Ebbe erreicht man die Insel zu Fuß. Der hl. Connell, ein Cousin des hl. Colmcille (Columba), gründete hier im 6. Jh. ein Kloster. Daneben gibt's aber noch weitere frühmittelalterlich-christliche Relikte, darunter zwei Kirchenruinen und ein paar verzierte Grabsteine. Über andere archäologische Stätten informieren die Angestellten im **Dolmen Ecocentre** (☎074-954 5010; www.dolmencentre.com; Kilclooney; ⏲Mo–Fr 9–17 Uhr).

Im Südwesten der von grasbewachsenen Dünen umrahmten Halbinsel erstreckt sich der wunderschöne **Tramore Beach**. 1588 lief dort ein Teil der Spanischen Armada auf Grund. Die Überlebenden ließen sich zeitweise auf O'Boyle's Island im Kiltoorish Lake nieder und marschierten dann nach Killybegs, wo sie mit der *Girona* wieder in See stachen. Allerdings erlitt dieses Schiff noch

ABSTECHER

DAS „SCHWARZE SCHWEIN"

Als 1895 die erste hustende Dampflok in Donegal eintraf, gaben die Einheimischen der monströsen Maschine den Namen Black Pig (Schwarzes Schwein). Die Züge brachten mehr Leben in die isolierten Gemeinden des Countys und sorgten für die dringend benötigte Verbindung zum Rest des Landes. Zur Blütezeit der irischen Eisenbahn durchzogen über 300 km Schmalspurgleise das Land, aber nach dem Zweiten Weltkrieg ließ der Bedarf nach. Im Juni 1947 wurden die Verbindungen für Passagiere gestrichen und 1952 stellte man schließlich auch den Güterzugverkehr ein.

Die einzige verbliebene Eisenbahn ist die **Fintown Railway** (www.antraen.com; Fintown; Erw./Kind 8/5 €; ⏲Juni–Sept. Mo–Sa 11–17, So 13–17 Uhr). Der liebevoll wieder in den Originalzustand gebrachte rot-weiße Dieseltriebwagen aus den 1940er-Jahren legt ein 5 km langes wiederhergestelltes Teilstück einer früheren Strecke entlang des malerischen Lough Finn zurück. Für die Hin- und Rückfahrt (kommentiert) benötigt er etwa 40 Minuten.

Fintown liegt 20 km nordöstlich von Glenties an der R250.

im selben Jahr ein ähnliches Schicksal in Nordirland. Mehr als 1000 Seeleute verloren dabei ihr Leben.

Eine unerwartet tolle Unterkunft für diese Gegend ist das ★**Carnaween House** (☎074-954 5122; www.carnaweenhouse.com; Narin; EZ/DZ 60/120 €; 📶) mit leuchtend weißen, minimalistisch eingerichteten Zimmern im luxuriösen Strandhausstil. Einige Gegenstände wie Lampen und Decken sorgen für sanfte Farbakzente. Das Dekor ist kühl und gemütlich zugleich. Im **Restaurant** (Hauptgerichte 12–22 €; ⏲ Juli & Aug. Do–Di abends, So 12–21 Uhr, Sept.–Mai Fr & Sa abends, März–Juni & Sept. & Okt. mittags) wird eine exzellente Auswahl an Meeresfrüchten und klassischen irischen Gerichten mit kreativ-modernem Touch geboten. Am besten reserviert man vorab und kommt früh her, um sich einen Platz am Vorderfenster zu schnappen und den Sonnenuntergang zu genießen.

Glenties

800 EW.

Das stolze Örtchen Glenties (Na Gleannta) thront am Fuße von zwei Tälern, hinter denen die Blue Stack Mountains aufragen. Hier kann man in herrlicher Landschaft **angeln** und **wandern**. Zudem ist das Dorf mit dem Dramatiker Brian Friel verbunden, dessen Stück (und späterer Film) *Tanz in die Freiheit* in Glenties spielt.

Gästen wird im **Brennan's B&B** (☎074-955 1235; www.brennansbnb.com; Main St; EZ/DZ 45/70 €; 📶) ein herzlicher Empfang bereitet. Sie haben die Wahl zwischen drei gemütlichen Zimmern.

Zweimal täglich hält die Bus-Eireann-Linie 492 aus Donegal in Glenties (9,10 €, 1 Std.) und fährt dann weiter nach Dungloe (5,50 €, 45 Min.).

NORDWESTLICHES DONEGAL

In Irland gibt's kaum eine Region, die es mit der wilden Schönheit des Nordwesten Donegals aufnehmen kann. Das felsige Gaeltacht-Gebiet zwischen Dungloe und Crolly mit seinen glitzernden Seen, gräulich-pinken Granitkuppen und goldenen Atlantikstränden wird Rosses (Na Rossa) genannt. Weiter nördlich, zwischen Bunbeg und Gortahork, ist die Landschaft nicht ganz so idyllisch, denn dort sind überall Ferienhäuser aus dem Boden geschossen. Arranmore und Tory, vorgelagerte Inseln, gelten als faszinierende Ziele für alle, die eine traditionelle Lebensweise kennenlernen möchten.

Dungloe

1100 EW.

Dungloe (An Clochán Liath), Hauptknotenpunkt der Rosses, ist eine geschäftige kleine Stadt mit zahlreichen Einrichtungen für Touristen. Ende der 1960er-Jahre wurde der Ort in dem berühmten Popsong *Mary from Dungloe* verewigt, was heute noch mit dem zehntägigen **Mary from Dungloe Festival** (☎074-952 1254; www.maryfromdungloe.com) Ende Juli bis Anfang August gefeiert wird.

Einen noch höheren Bekanntheitsgrad genießt der Sänger Daniel O'Donnell, der aus Dungloe stammt. Ihm ist das **Daniel O'Donnell Visitor Centre** (www.danielodonnellvisitorcentre.com; Main St; Eintritt 5 €; ⏲ Mo–Sa 10–18, So 11–18 Uhr) gewidmet.

Wer Lachse und Forellen angeln möchte, kann dies im Fluss Dungloe und im Lough Dungloe tun. Ausrüstung und Lizenzen bekommt man bei **Bonner's** (Main St).

Übernachtungsgästen sei das **Radharc an Oileain** (☎074-952 1093; www.dungloebedandbreakfast.com; Quay Rd; EZ/DZ 45/70 €; ⏲ April–Nov.; @) empfohlen, ein wunderschönes familiengeführtes B&B mit Blick auf die Bucht.

Die kleine **Touristeninformation** (☎074-952 1297; www.dungloe.info; Chapel Rd; ⏲ Juni–Sept. 9.30–17.30 Uhr) befindet sich im Gemeindezentrum Ionad Teampall Chróine, das in einer alten Kirche untergebracht ist.

Aus Donegal fährt dreimal täglich (bzw. sonntags zweimal) die Bus-Éireann-Linie 492 via Killybegs, Ardara und Glenties nach Dungloe (9,80 €, 1½ Std.).

Busse von **Doherty's Travel** (☎074-952 1105; www.dohertyscoaches.com) verkehren einmal täglich bis auf sonntags zwischen Letterkenny und den Rosses. Unterwegs halten sie in Dungloe, Burtonport, Kincasslagh, Annagry und Crolly (10 €, 1¼ Std. bis Dungloe, 2¼ Std. bis Crolly).

Burtonport & Kincasslagh

345 EW.

Das winzige, nicht besonders aufregende Burtonport (Ailt an Chorráin) dient als Ausgangspunkt für Ausflüge auf die Insel Arranmore und hat im Laufe der Jahre eine ganze Menge verrückte Typen angelockt. In den 1970er-Jahren war hier die Atlantis-Kommune zu finden, deren bevorzugte Therapieform ihr damals den Spitznamen „the Screamers" einbrachte. Später verzog sich die Gruppe in den kolumbianischen Urwald. Bald darauf kamen die Silver Sisters nach Burtonport, um ihren viktorianischen Lebensstil inklusive historischer Kleidung auszuleben.

Für Angel- oder Tauchtouren wendet man sich an **Inishfree Charters** (☎074-955 1533; The Pier, Burtonport). Das Büro ist in den Hütten neben dem Pier.

Wer die Küstenstraße von Burtonport aus nach Norden nimmt, erreicht das malerische Örtchen Kincasslagh (Cionn Caslach), wo alte Cottages auf Felsnasen balancieren. In **Carrick Finn** erstreckt sich ein Strand mit blauer Flagge. Er ist trotz seiner Nähe zum Donegal Airport wunderbar unberührt. Im Hintergrund erheben sich die Berge.

Wer vor Ort übernachten möchte, sollte das gemütliche **Limekiln House** (☎074-954 8521; www.limekilnhouse.com; Carrick Finn, Kincasslagh; DZ mit/ohne Bad 70/60 €) ansteuern, das mit komfortablen Zimmern und hausgemachten Gerichten aufwartet. Die herzliche Unterkunft liegt ganz am Ende der Nebenstraße, die am Donegal Airport vorbei nach Norden führt.

Den riesigen Fiberglashummer an der Wand des **Lobster Pot** (☎074-954 2012; www.lobsterpot.ie; Main St, Burtonport; Bargerichte 10–22 €, Hauptgerichte abends 15–25 €; ⏲Bargerichte 12–18, Abendessen ab 18 Uhr) kann man beim besten Willen nicht übersehen. In dem mit Fußballshirts dekorierten Pub-Restaurant gibt's eine große Auswahl an Meeresfrüchten. Wenn auf dem riesigen Fernseher wichtige Spiele übertragen werden, ist das Lokal gerammelt voll.

Arranmore Island

520 EW.

Die winzige Insel Arranmore (Árainn Mhór) mit ihren sauberen Sandstränden erstreckt sich 5 km von der Küste entfernt inmitten von dramatischen Klippen und ausgewaschenen Meereshöhlen. Sie ist nur 9 km lang und 5 km breit und schon seit der frühen Eisenzeit (800 v. Chr.) besiedelt. Auf der Südostseite erhebt sich eine prähistorische Festung. Der Westen und der Norden sind wild und zerklüftet und nur wenige Häuser stören die Einsamkeit. Wer eine Wanderung rund um das Eiland unternehmen möchte, kann dem **Arranmore Way** (Slí Árainn Mhór; 14 km; 3–4 Std.) folgen. Von der Südwestspitze blickt man auf das Vogelschutzgebiet **Green Island**, das nicht öffentlich zugänglich ist. Hier hausen Wachtelkönige, Schnepfen und viele Seevögel. Auf Arranmore wird hauptsächlich Irisch gesprochen, die Bewohner können sich jedoch fast alle auch auf Englisch verständigen.

Sämtliche Pubs der Insel locken mit behaglichen Torffeuern und traditionellen Musiksessions und sind teilweise sogar rund um die Uhr geöffnet.

Arranmore lässt sich gut im Rahmen eines Tagesausflugs besuchen, doch es besteht auch die Möglichkeit, in einem der Hotels oder familiengeführten B&Bs unterzukommen. Das **Claire's** (☎074-952 0042; www.clairesbandb.wordpress.com; Leabgarrow; EZ/DZ €40/60; 📶) am Fährhafen zählt zu den besten Optionen. Es hat einfache, aber hübsche Zimmer.

Eine gute Adresse für Informationen und Internetzugang ist das **An Chultúrlann** (Arranmore Holiday Village, Fallagowan; ⏲Juni–Aug. tgl. 9.30–17 Uhr) 1 km südlich des Fähranlegers, das ein Café beherbergt.

ℹ Anreise & Unterwegs vor Ort

Arranmore Ferry (☎074-952 0532; www.arranmoreferry.com; hin & zurück Erw./Kind/Auto & Fahrer 15/7/30 €) verbindet Burtonport das ganze Jahr über mit Leabgarrow (20 Min.), dem größten Ort auf der Insel. Im Sommer verkehren die Fähren des Unternehmens bis zu neunmal täglich.

Darüber hinaus wird die Route von **Arranmore Fast Ferry** (☎087 317 1810; www.arranmorefastferry.com; hin & zurück 15 € pro Pers.) bedient. Der Anbieter verfügt über eine schnelle Passagierfähre (5 Min., 2- bis 3-mal tgl.).

Wer auf der Insel seine Füße schonen möchte, kann ein **Taxi** (☎086 331 7885) nehmen.

Gweedore & Umgebung

4270 EW.

Das Gaeltacht-Gebiet Gweedore (Gaoth Dobhair), ein loser Verbund kleiner Ortschaften zwischen der N56 und der Küste, ist die am dichtesten besiedelte ländliche Region Europas, der größte irischsprachige Bezirk des Landes, ein Zentrum traditioneller Musik und Kultur und die Wiege diverser keltischer Bands und Musiker wie Altan, Enya und Clannad.

Besucher können hier in gemütlichen Pubs einkehren, in denen auf der Geige und (Blech-)Flöte gespielt wird. Am besten erkundigt man sich in der Unterkunft oder den Touristeninformationen, was auf dem Programm steht. Besonders bekannt ist Leo's

ABSTECHER

LEO'S TAVERN

Man weiß nie im Voraus, wer für eine der legendären *singalongs* (Musiksessions) in **Leo's Tavern** (☎074-954 8143; www.leostavern.com; Meenaleck, Crolly; Hauptgerichte 12–20 €; ⏲ Essen Mai–Sept. Mo–Fr 17–20.30, Sa & So 13–21 Uhr, Okt.–April kürzere Öffnungszeiten; 📶) auftaucht. Der Laden gehört Leo und Baba Brennan, den Eltern von Enya und deren Geschwistern Moya, Ciaran und Pól (sie bildeten den Kern der Gruppe Clannad). Heute wird er vom jüngsten Sohn Bartley geführt. An den Wänden des Pubs hängen zahlreiche Goldene, Silberne und Platinschallplatten sowie andere Devotionalien der erfolgreichen Kids. Im Sommer gibt's jeden Abend Livemusik, und auch im Winter finden regelmäßig Konzerte statt (am besten vorab telefonisch klären). Das zugehörige Restaurant ist einer der besten Plätze der Gegend für ehrliche irische Kneipenkost. Wer hier essen möchte, folgt der R259 von Crolly aus 1 km Richtung Flughafen und hält dort Ausschau nach den Schildern zum Leo's.

Tavern (S. 496), aber auch die Konzerte (immer montags bis freitags) in der Bar des **Teaċ Hiudái Beag** (☎074-953 1016; www.tradcentre.com/hiudaibeag; Bunbeg) sind legendär.

Trotz der rauen, windgepeitschten Landschaft reihen sich an vielen Küstenabschnitten Ferienhäuser aneinander und die „Dörfer" Derrybeg (Doirí Beaga) sowie Bunbeg (Bun Beag) an der R257 sind gewissermaßen zusammengewachsen. Die Zeichen der Zivilisation setzen sich im Norden bis zu der spektakulären Landspitze **Bloody Foreland** fort; der Name ist der blutroten Farbe der Felsen bei Sonnenuntergang geschuldet.

Mit dem Fahrrad lässt sich das Areal hervorragend erkunden. Auf schmalen Sackgassen gelangt man zu abgeschiedenen Buchten und Stränden. Abseits der Küste wird die trostlose, aber dennoch spektakulär schöne Gegend nur von kleinen fischreichen Seen unterbrochen. Auf der landschaftlich interessanten N56, die östlich aus Gweedore herausführt, kann man einen reizvollen Ausflug mit dem Auto unternehmen.

Schlafen & Essen

Bunbeg Lodge B&B €€
(☎087 416 7372; www.bunbeglodge.ie; EZ/DZ 40/70 €; 👪) Eine hervorragende Pension, die von der Familie Flanagan geführt wird und über geräumige, moderne Zimmer mit tiefblau-goldener Tapete, weißer Bettwäsche sowie funkelnden Bädern verfügt. Nach dem herzhaften Frühstück sollte man sich mit den Gastgebern unterhalten, die viel Interessantes über die Gegend zu berichten wissen.

Bunbeg House B&B €€
(Teach na Céidhe; ☎074-953 1305; www.bunbeghouse.com; EZ/DZ ab 50/80 €; ⏲ B&B Ostern–Okt., Café-Bar Juni–Aug.) Die Landschaft rund um die umgebaute Getreidemühle erinnert an die Cinque Terre in Italien. Das B&B hat eine schöne Lage mit Blick auf den Hafen von Bunbeg – man hört es, wenn die nebeneinander vertäuten Holzboote aneinanderstoßen. Auch Nichtgäste können sich hier im Sommer hausgemachte Fischsuppe, Fishermen's Pie oder Krebsfleischsandwiches zu Gemüte führen oder mit einem Pint auf der Barterrasse die Sonne genießen

ℹ Praktische Informationen

Banken und einen Geldautomaten findet man in der Hauptstraße in Bunbeg. In Derrybeg gibt's eine Postfiliale.

ℹ An- & Weiterreise

Das Busunternehmen **Feda O'Donnell** (☎074-954 8114; www.feda.ie) verkehrt zweimal täglich (Fr & Sa 3-mal) von Gweedore nach Letterkenny (7 €, 1½ Std.), Donegal (10 €, 2¼ Std.), Sligo (12 €, 3¼ Std.) und Galway (20 €, 5½ Std.).

Dunlewey & Umgebung

700 EW.

Das winzige Örtchen Dunlewy (Dún Lúiche) kann man ganz leicht verpassen. Kaum zu übersehen sind dagegen die wunderschöne Landschaft und der Quarzitkegel des Errigal Mountain, dessen zerklüfteter Gipfel das Umland dominiert. Am besten plant man genügend Zeit für einen ausgedehnten Spaziergang ein, denn die Gegend ist herrlich malerisch.

Aktivitäten

Dunlewey Lakeside Centre AKTIVITÄTEN
(Ionad Cois Locha; ☎074-953 1699; www.dunleweycentre.com; Dunlewey; Cottage- oder Bootstour

Erw./Kind/Fam.-Zi. 6/4/14 €, Kombiticket 10/7/15 €; ⌚ Ostern–Okt. Mo–Sa 10.30–18, So 11–18 Uhr; 👪) Dieses Zentrum ist eine kuriose Mischung aus Kunsthandwerksladen, Museum, Restaurant, Aktivitätenzentrum sowie Theater- und Konzertbühne und eine gute Anlaufstelle, wenn man mit der Familie unterwegs ist. Erwachsene werden fasziniert sein von der 30-minütigen Tour durch das strohgedeckte Cottage des Webers Manus Ferry (er starb 1975), der durch seine Tweedstoffe weltweit berühmt wurde, während die meisten Kinder voll auf den Streichelzoo abfahren. Doch der eigentliche Höhepunkt ist die unterhaltsame Bootstour mit einem Geschichtenerzähler, der einiges über lokale Geschehnisse, Geologie und gruselige Folklore zu erzählen weiß. Im Juli und August finden dienstags traditionelle Musikvorführungen statt (8 €) und manchmal gibt's auch an Sonntagnachmittagen Konzerte.

Poisoned Glen WANDERN

Der Legende zufolge erhielt der riesige Felsen des Poisoned Glen seinen Namen, als Balor, der einäugige König von Tory, hier von seinem im Exil lebenden Enkel Lughaidh ermordet wurde. Dabei soll das Gift aus seinem Auge den Felsen gespalten und die Schlucht vergiftet haben. Tatsächlich entstand der Name weit weniger dramatisch – nämlich durch den Fehler eines Kartografen: Die Einheimischen nannten die Schlucht An Gleann Neamhe (Himmlische Schlucht), doch als der englische Kartograf die Gegend vermaß, notierte er versehentlich An Gleann Neimhe (Vergiftete Schlucht).

2 km östlich des Dunlewey-Lakeside-Centre-Abzweigs führt eine Nebenstraße durch das Dorf Dunlewey an einer Kirchenruine vorbei zu ein paar Parkplätzen an einer Haarnadelkurve. Dort kann man einem unwegsamen Pfad in die felsige Landschaft der Schlucht folgen (hin & zurück 4 km). Vorsicht vor der Grünen Lady, einem Geist, der hier herumspukt!

Schlafen

Errigal Hostel HOSTEL €

(☎ 074-953 1180; www.anoige.ie; Dunlewey; B/DZ 19/50 €; ⌚ März–Okt.; 📶 👪) Das neue An-Óige-Hostel am Fuße des Mt. Errigal verfügt über 60 Betten und hochmoderne Einrichtungen wie eine Selbstversorgerküche aus Edelstahl, einen großen Wäscheraum für schmutzige Wanderklamotten, helle Gemeinschaftsbereiche, tadellose Schlafsäle und Privatzimmer. Einer der Beiträge zum Umweltschutz ist das Heizen mit Holzpellets. Nebenan befindet sich eine Tankstelle, in der auch Lebensmittel verkauft werden.

Glen Heights B&B €€

(☎ 074-956 0844; www.glenheightsbb.com; Dunlewey; EZ/DZ 50/70 €; ⌚ Ostern–Okt.) Weil man den Blick kaum von der atemberaubenden Aussicht aus dem Wintergarten auf den Dunlewey Lake und den Poisoned Glen lösen kann, wird das Frühstück schon mal kalt. Die Zimmer der Pension sind schlicht, aber gemütlich und die Bäder blitzsauber. Darüber hinaus versprühen die Besitzer den typischen Donegaler Charme.

Tory Island

150 EW.

Unmittelbar den peitschenden Seewinden ausgesetzt und von Gischt umnebelt, hat die 11 km vom Festland entfernte Felseninsel Tory (Oileán Thóraí) einiges auszuhalten.

NICHT VERSÄUMEN

ERRIGAL MOUNTAIN

Der gräulich-pinke Quarzitgipfel des Errigal Mountain (752 m) ist die auffälligste Landmarke im Nordwesten Donegals. Von einigen Seiten mutet der Berg konisch an, von anderen wie eine gezackte Haifischflosse, die sich durch das Heidekraut schiebt. Sein Name leitet sich vom gälischen Wort *earagail* (Oratorium) ab, denn die Form erinnert an eine Priesterkanzel.

Der pyramidenförmige Gipfel schreit geradezu danach, bezwungen zu werden, auch wenn der Weg anstrengend ist. Wer die Herausforderung annimmt, sollte die Wettervorhersage verfolgen. An windigen, verregneten Tagen kann der Aufstieg gefährlich sein: Dann verschwindet der Berg in dichtem Nebel und die Sichtweite ist gering.

2 km östlich des Dorfes Dunlewey liegt an der R251 ein Parkplatz (hin & zurück 4,5 km; 3 Std.). Dort beginnt die einfachste Route auf den Gipfel, allerdings ist der Pfad steil und stark erodiert. Detaillierte Infos erhält man im Dunlewey Lakeside Centre (S. 496).

Nichts schützt sie vor dem wilden Atlantik und ihre Bewohner müssen hart im Nehmen sein. Trotz dieser Widrigkeiten ist der Landstrich bereits seit 4500 Jahren besiedelt. Kaum verwunderlich, dass Tory als einer der letzten Orte in Irland gilt, wo die irische Kultur wirklich noch gelebt wird und kein bloßes Lippenbekenntnis ist. Man spricht einen eigenen irischen Dialekt und hat sogar einen „König" ernannt, der als Sprecher der Gemeinde agiert und Besucher auf der Insel willkommen heißt. Im Laufe der Jahrhunderte erwarben sich die Insulaner einen Ruf für Schwarzbrennerei und Schmuggel von *poitín* (Torfwhiskey). Am bekanntesten ist Tory jedoch wegen seiner „naiven" Künstler (s. S. 498), deren Gemälde weltweit begehrt sind.

Nachdem 1974 ein acht Wochen dauernder Sturm gnadenlos über die Insel gefegt war, plante die Regierung ihre Räumung, doch Pater Diarmuid Ó Peícín eilte zu Hilfe: Er stellte sich an die Spitze einer internationalen Kampagne, die Geld sammelte, einen regelmäßigen Fährdienst organisierte und für einen Stromanschluss und vieles mehr sorgte. Inzwischen stellt der Niedergang der Fischerei die eisern ausharrenden Einwohner vor neue Probleme.

Die Insel besitzt einen Kiesstrand und zwei Dörfer: **West Town** (An Baile Thiar) mit den meisten Einrichtungen und **East Town** (An Baile Thoir).

Sehenswertes & Aktivitäten

In West Town stehen Cottages neben frühkirchlichen Schätzen. Hier soll der hl. Colmcille (Columba) im 6. Jh. ein Kloster gegründet haben, dessen Überreste noch an manchen Stellen zu sehen sind. Dazu gehört das T-förmige **Tau Cross**, das auf frühe Kontakte zwischen Seefahrern und koptischen Christen aus Ägypten hinweist. Es begrüßt die Fährpassagiere bei ihrer Ankunft. Ganz in der Nähe stößt man auf einen fast 16 m breiten **Rundturm** mit einem abgerundeten Eingang hoch über der Erde.

An Slí Thoraí (Tory Way) ist ein markierter Rundweg (die Wandertafel befindet sich 50 m vom Fähranleger entfernt). Er führt zum Leuchtturm am Westende und dann zurück zum Ostende der Insel, wo zerklüftete Quarzitklippen und Felsnadeln wie der spektakuläre **Tor Mór**, ein 400 m langes „Felsenschwert" mit steinernen „Zinnen", aufragen.

Zudem ist die Insel ein Paradies für **Vogelbeobachter**. Auf ihr leben über 100 Seevogelarten, z. B. Wachtelkönige und Kolonien von Papageientauchern (um die 1400 Tiere).

Schlafen & Essen

Um das Beste aus seinem Besuch zu machen, sollte man eine Übernachtung einplanen und die Insel erkunden, sobald die Tagesausflügler abgereist sind. Unterkünfte müssen im Voraus gebucht werden, vor allem im Hochsommer.

Tory Island Hostel HOSTEL €
(☎087 298 7407; www.toryhostel.com; West Town; 25 € pro Pers.) Wenn man von der Fähranlegestelle links abbiegt, erreicht man nach 300 m eine Kombination aus B&B und Hostel mit einladenden Zimmern. Die sauberen Räume sind in hellen Farben gestrichen und die Gäste werden in legendärer Tory-Manier begrüßt.

Hotel Tory HOTEL €€
(☎074-913 5920; West Town; EZ/DZ 60/80 €; ⊙Ostern–Okt.) Das einzige Hotel der Insel ist rustikal und verfügt über 14 einfache, aber komfortable Zimmer. Abends lockt die Bar mit Musik, Tanz und einer tollen Atmosphäre.

NAIVE KUNST AUF TORY ISLAND

Die eigenwillige Malschule von Tory Island entstand, als der englische Künstler Derrick Hill hier in den 1950er-Jahren viel Zeit verbrachte. Dabei schauten ihm viele Einheimische neugierig über die Schulter und angeblich sagte einer von ihnen zu Hill: „Das kann ich auch." Dieser selbstbewusste Bewohner hieß James Dixon, ein Autodidakt, der für seine Bilder Bootslack verwendete. Die Farbe trug er mit selbst gemachten Pinseln aus Eselhaar auf. Hill war beeindruckt von der Qualität der Arbeiten Dixons und freundete sich mit ihm an. Auch andere Einwohner ließen sich zu einzigartigen volkstümlichen und expressiven Inselporträts inspirieren. Einer von ihnen, Patsy Dan Rodgers, ist inzwischen zum Rí Thoraí (König von Tory) gewählt worden. Die Werke der Künstler wurden in Chicago, New York, Belfast, London und Paris ausgestellt und erzielen bei Auktionen hohe Preise. Sie sind häufig in der **Dixon Gallery** (West Town) auf der Insel oder im Glebe House & Gallery (S. 505) auf dem Festland zu sehen.

Caife an Chreagain IRISCH €€

(West Town; Hauptgerichte 10–15 €; ⌚ Ostern–Sept. 10–22.30 Uhr) Wer von der Seeluft hungrig geworden ist, sollte sich zu Marys nettem Lokal aufmachen. Außerhalb der Sommermonate hängen die Öffnungszeiten vom Wetter ab und sind eventuell auf die Fähren abgestimmt.

Unterhaltung

Club Sóisialta Thórai GEMEINDEZENTRUM

(Tory Social Club; West Town) Das Gesellschaftsleben der Insel konzentriert sich auf dieses fröhliche Pub, die einzige Ausgehmöglichkeit neben der Bar im Hotel Tory. Die Öffnungszeiten variieren. Ab 20 Uhr geht's langsam los, aber so richtig in Gang kommt die Stimmung erst viel später.

Praktische Informationen

Mehr über die Gegend erfährt man bei **Tory Island Co-op** (Comharchumann Thoraí Teo; ☎ 074-913 5502; www.oileanthorai.com; ⌚ Mo–Fr 9–17 Uhr) unweit der Anlegestelle am Spielplatz und im neuen Kunsthandwerksladen an der Spitze des Piers.

Anreise & Unterwegs vor Ort

Unbedingt Regenkleidung für die Überfahrt anziehen, denn dabei kann es wild zugehen. **Donegal Coastal Cruises** (Turasmara Teo; ☎ 074-953 1320; www.toryislandferry.com) steuert die Insel (hin & zurück Erw./Kind/Student 26/13/20 €) zwischen April und September von Bunbeg (1½ Std., 1-mal tgl.) und Magheraroarty (35 Min., 2-mal tgl.) aus an. Im Juli und August werden zusätzliche Überfahrten angeboten, von Oktober bis März weniger. Die Abfahrtszeiten hängen vom Wetter und den Gezeiten ab. Bei Gewitter und Sturm kommt es häufig vor, dass Besucher auf Tory festsitzen.

Magheraroarty (Machaire Uí Robhartaigh) liegt 4 km nordwestlich von Gortahork an der R257; auf dem Wegweiser steht „Coastal Route/Bloody Foreland". Bunbeg befindet sich im südwestlichen Teil des Gweedore-Bezirks.

Bei **Rothair ar Cíos** (☎ 074-916 5614; West Town) kann man Fahrräder leihen.

Falcarragh & Gortahork

850 EW.

Dunfanaghy hat zwar die bessere touristische Infrastruktur, doch im kleinen Falcarragh (An Fál Carrach) und im benachbarten Gortahork (Gort an Choirce) lernt man den Alltag in einer Gaeltacht-Region kennen.

Sehenswertes & Aktivitäten

Rauf aufs Fahrrad bzw. hinein in die Wanderschuhe – so kann man die weit verzweigten Straßen und historischen *townlands* (Bauerngemeinden; kleinste administrative Flächeneinheit in Irland) südlich von Falcarragh inklusive der alten Kirche und des Friedhofs auf dem alten Erdwall von **Ballintemple** am besten erkunden.

Zwischen Gortahork und Dunfanaghy dominiert der große graue **Muckish Mountain** (670 m) die Szenerie. Der leichteste Weg hinauf beginnt südöstlich von Falcarragh am höchsten Punkt der R256 durch den Muckish Gap. Oben genießt man eine großartige Aussicht zum Mailin Head und nach Tory Island.

Schlafen & Essen

Óstán Loch Altan HOTEL €€

(☎ 074-913 5267; www.ostanlochaltan.com; Gortahork; EZ/DZ 50/100 €, Bargerichte 10–20 €, Restaurant Hauptgerichte 20–30 €; 📶) Das große cremefarbene Hotel in der Main Street ist eine von nur wenigen Unterkünften in der Gegend, die das ganze Jahr über Gäste annehmen. Manche der 39 Zimmer in neutralen Farben und mit Satin-Quiltdecken bieten einen Meerblick. In der Bar gibt's von 12 bis 21 Uhr ausgezeichnet zubereitete Gerichte, außerdem ist das Restaurant von Juni bis September mittags und abends geöffnet.

Cuan Na Mara B&B €€

(☎ 074-913 5327; www.cuan-na-mara.com; Ballyness, Falcarragh; EZ/DZ 51/66 €; ⌚ Juni–Sept.; 📶) Dieser Bungalow mit Blick auf die Ballyness Bay und Tory Island verfügt über vier gemütliche Gästezimmer. Um das 2 km vom Zentrum Falcarraghs entfernte B&B zu erreichen, nimmt man die Abzweigung mit der Ausschilderung „Trá".

Maggie Dan's ITALIENISCH €

(☎ 074-916 5022; An Phanc, Gortahork; Pizzas 9–12 €; ⌚ abends) Gegenüber dem Market Square bringt diese hervorragende Pizzeria mit gelegentlichen Theateraufführungen einen Hauch von Boheme aufs Land.

Ausgehen & Unterhaltung

Teach Ruairí PUB

(www.donegalpub.com; Baltoney, Gortahork) In dem herrlich authentischen Pub, dessen Fassade mit roten Wagenrädern und Fensterläden geschmückt ist, wird regelmäßig Livemusik (unplugged) geboten. Das Teach Ruairí liegt 2 km südlich von Gortahork an einer Nebenstraße gleich östlich des River Glenna (auf dem Schild steht „An Bhealtaine“). Unter der Woche kann man hier abends und an Wochenenden den ganzen Tag über gutes Kneipenessen bestellen.

Lóistín Na Seamróige PUB
(Shamrock Lodge; Main St, Falcarragh) Margaret, die Besitzerin des Pubs, ist in diesem Haus aufgewachsen. Ihre Kneipe zieht jede Menge Einwohner an, besonders freitagvormittags, wenn direkt vor der Haustür ein Markt stattfindet, sowie an den traditionellen Musikabenden im Juli und August.

Praktische Informationen

In der Bank of Ireland am Ostende der Main Street gibt's einen Geldautomaten. Die Post liegt am Westende der Hauptstraße von Falcarragh.

Falcarragh Visitors Centre (An tSean Bheairic; 074-918 0655; www.falcarraghvisitorcentre.com; Mo–Fr 10–17, Sa 11–17 Uhr) Eine Polizeikaserne aus dem 19. Jh. beherbergt die Touristeninformation und ein Café.

An- & Weiterreise

Feda O'Donnell (074-954 8114; www.feda.ie) Busse dieses Unternehmens fahren von Crolly zur Main Street in Falcarragh (7 €, Mo–Sa 2-mal tgl., Fr & So 3-mal tgl.) sowie nach Letterkenny (7 €, 1 Std.) und Galway (20 €, 5¼ Std.).

John McGinley (074-913 5201; www.johnmcginley.com) Bietet täglich zwei bis vier Busverbindungen von Annagry nach Letterkenny (6 €, 1 Std.) und Dublin (22 €, 5 Std.) mit Halt in Gortahork und Falcarragh an.

Dunfanaghy & Umgebung

Die Häuser dieser hübschen kleinen Ortschaft im Herzen einer der abwechslungsreichsten und schönsten Ecken von Donegal drängen sich am südlichen Abschnitt einer sandigen Bucht. Unterhalb des Muckish Mountain erstrecken sich Moore, Weideland, Meeresklippen, Sandstrände sowie ein Wald und ein See, die nur darauf warten, zu Fuß oder mit dem Rad erkundet zu werden.

Dunfanaghy und die benachbarten Dörfer **Port-na-Blagh** und **Marblehill** warten mit einer erstaunlich großen Auswahl an Unterkünften und einigen der besten Restaurants im Nordwesten des Countys auf.

Sehenswertes

Horn Head AUSSICHTSPUNKT
Diese hoch aufragende Landzunge gehört zu den spektakulärsten Küstenabschnitten Donegals. Ihre heidebedeckten Quarzitklippen sind mehr als 180 m hoch. Die schmale Straße aus Dunfanaghy endet an einem kleinen Parkplatz. Von dort aus läuft man 150 m zu einem Aussichtspunkt aus dem Zweiten Weltkrieg bzw. 1,5 km bis zum eigentlichen Horn Head.

An schönen Tagen reicht der Blick bis Tory, Inishbofin, Inishdooey, zu den winzigen Inishbeg-Inseln im Westen, zur Sheep Haven Bay und zur Halbinsel Rosguill im Osten, zum Malin Head im Nordosten und sogar bis zur schottischen Küste. Vorsicht bei schlechtem Wetter, dann kann der Weg rutschig sein.

Ards Forest Park NATURSCHUTZGEBIET
(www.coillteoutdoors.ie; Parken 5 €; April–Sept. 10–21, Okt.–März bis 16.30 Uhr) In dem Naturschutzgebiet an der nördlichen Küste der Ards Peninsula erstrecken sich viele markierte Wanderwege von 2 bis 13 km Länge, die u. a. zu sauberen Stränden führen. Hier wachsen verschiedene einheimische Baumarten wie Eschen, Birken und Eichen. Mit etwas Glück entdeckt man Füchse, Igel und Otter. 1930 wurde der südliche Teil der Halbinsel von Kapuzinermönchen besetzt; das Klostergelände ist für Besucher geöffnet. Der Park liegt 5 km südöstlich von Dunfanaghy abseits der N56. Am Eingang hängen die Öffnungszeiten aus.

Dunfanaghy Workhouse HISTORISCHES GEBÄUDE
(www.dunfanaghyworkhouse.ie; Main St, Dunfanaghy; Erw./Kind 4,50/3 €; Juli & Aug. 9.30–17.30 Uhr, März–Juni & Sept. Mo–Sa 9.30–16 Uhr) Das auffällige Steingebäude am Westrand des Ortes diente als örtliches Arbeitshaus und sollte die Armen in Lohn und Brot halten. Männer, Frauen, Kinder und Kranke mussten voneinander getrennt wohnen, zudem war ihr Leben eine einzige Schufterei. Als die Hungersnot ausbrach, wurde das Gebäude bald von zahlreichen Menschen bevölkert. Zwei Jahre nach der Eröffnung 1845 lebten dort 600 Personen – doppelt so viele wie ursprünglich geplant.

Heute beherbergt das Haus ein Heritage Centre, das die bewegende Geschichte von Hannah Herrity (1836–1926) erzählt. Darüber hinaus finden hier Sonderausstellungen und Workshops statt.

Strände STRÄNDE
Der breite, einsame **Killahoey Beach** erstreckt sich bis ins Zentrum von Dunfanaghy. Am **Marble Hill Strand**, ca. 5 km östlich

des Ortes in Port-na-Blagh, reihen sich Wohnwagen aneinander. Im Sommer ist der Sandstreifen oft überfüllt. Um zu Dunfanaghys schönstem Strand zu gelangen, **Tramore**, muss man durch die Grasdünen westlich des Dorfes spazieren.

Aktivitäten

McSwyne's Gun Coastal Loop WANDERN
Bei der Brücke an der Straße von Dunfanaghy Richtung Horn Head (Parkplatz) überquert man den Zaunübertritt neben dem Tor linker Hand und folgt einem grasbewachsenen Pfad 2,5 km durch die Dünen bis zum traumhaften Tramore Beach. Vom Nordende des Strands führt ein Küstenweg Richtung Norden zur Pollaguill Bay. Unterwegs passiert man **McSwyne's Gun**, ein natürliches Blowhole in den Klippen (Vorsicht bei starkem Wind!). In der Pollaguill Bay geht's landeinwärts durch das Tal zu einer kleinen Straße. Dort hält man sich rechts, um zum Ausgangspunkt zurückzukehren (9 km, 3 Std.; den blauen Pfeilen folgen).

Dunfanaghy Golf Club GOLF
(074-913 6335; www.dunfanaghygolfclub.com; Greenfee wochentags/an Wochenenden 25/30 €) Dieser Golfclub hat einen fantastischen 18-Loch-Platz direkt am Wasser. Er liegt am Dorfrand an der Straße nach Port-na-Blagh.

Dunfanaghy Stables REITEN
(074-910 0980; www.dunfanaghystables.com; Main St, Dunfanaghy; Erw./Kind 30/25 € pro Std.) Hier werden Strandausritte und Ausflüge in die herrliche Umgebung organisiert. Die Öffnungszeiten wechseln je nach Saison.

Richard Bowyer ANGELN
(086 400 1499; www.hornheadseasafaris.com; Ausflug (2½ Std.) 18 € pro Pers.; Ostern–Sept.) Die Gegend rund um den Horn Head ist für ihre exzellenten Möglichkeiten zum Hochseefischen bekannt. Richard Bowyer organisiert Angeltrips, die am kleinen Pier in Port-na-Blagh beginnen.

Jaws Watersports WASSERSPORT
(086 173 5109; www.jawswatersports.ie; The Square, Dunfanaghy) Surfunterricht (40 €), Surfausrüstung (halber Tag 20 €), Kajaks (halber Tag ab 25 €) und geführte Kajaktouren (35 €).

Narosa Life WASSERSPORT
(086 883 1090; www.narosalife.com; The Square, Dunfanaghy) Zweistündiger Surfunterricht in Gruppen (Erw./Kind 35/25 €) und Einzelunterricht (90 €, nur im Juli und August), Leihausrüstung (halber Tag 25 €), Yoga- und Fitnesskurse sowie geführte Wanderungen zum Muckish Mountain und Horn Head.

Schlafen

★ **Corcreggan Mill** HOSTEL, CAMPINGPLATZ €
(074-913 6409; www.corcreggan.com; Dunfanaghy; Stellplatz 20 €, Wohnmobil 25 €, B/DZ/3BZ 20/80/90 €; @) In der gemütlichen Mühle, die von Brendan Rohan mit viel Liebe zum Detail renoviert wurde – er trägt übrigens gern Kilts –, sind makellos saubere Schlafsäle und Privatzimmer untergebracht. Das Abendessen besteht aus Zutaten, die aus dem hauseigenen Garten stammen (Irish Stew: 8 €). Ein einfaches kontinentales Frühstück ist im Preis inbegriffen, ein „richtiges" irisches Frühstück kostet 7 €. Die Unterkunft befindet sich 2,5 km südwestlich der Stadt an der N56.

Whins B&B €€
(074-913 6481; www.thewhins.com; Dunfanaghy; EZ/DZ 52/74 €;) Bunte, individuell dekorierte Zimmer mit Patchworkdecken, Qualitätsmöbeln und toller Atmosphäre. Das Frühstück wird im Obergeschoss in einem Raum mit Blick zum Horn Head serviert. Die Pension liegt etwa 750 m östlich des Dorfzentrums gegenüber dem Golfplatz.

Arnold's Hotel HOTEL €€
(074-913 6208; www.arnoldshotel.com; Main St, Dunfanaghy; EZ/DZ 80/109 €; April–Okt.;) Seit 1922 bietet das familiengeführte Hotel komfortable, aber unpersönlich eingerichtete Zimmer an. Letzteres machen die freundlichen Angestellten mit ihren Ausflugsvorschlägen, der hilfsbereiten Art und dem herzlichen Empfang wieder wett. In der Bar Whiskey Fly bekommt man typisch irische Kneipenkost (Hauptgerichte 10–25 €).

Essen

Muck 'n' Muffins CAFÉ €
(www.mucknmuffins.com; The Square, Dunfanaghy; Hauptgerichte 4–10 €; Mo–Sa 9.30–17, So 10.30–17, Juli & Aug. bis 18 Uhr;) Ein Getreidelagerhaus aus dem 19. Jh. am Wasser beherbergt dieses Café mit Kunsthandwerkladen. Selbst an verregneten Wintertagen kommen die Einheimischen in Scharen, um sich an gesunden Sandwiches, Brötchen, Fajitas, Quiches, warmen Tagesgerichten, verführerischen Kuchen und natürlich Muffins gütlich zu tun.

★ Cove IRISCH €€

(☎ 074-913 6300; Rockhill, Port-na-Blagh; Hauptgerichte abends 17–25 €; ⊙ So mittags, Di–So abends, Jan.–Mitte März geschl.) Von außen sieht das Cove vielleicht nicht sehr ansprechend aus, doch die Besitzer, Siobhan Sweeney und Peter Byrne, sind Perfektionisten, die in ihrem mit Kunstwerken geschmückten Speisesaal und auf den Tellern nichts dem Zufall überlassen. Ihre von Meeresfrüchten dominierte Küche ist innovativ und scheinbar einfach, aber mit subtilen asiatischen Einflüssen. Nach dem Essen kann man sich in die elegante Lounge oben zurückziehen. Das Restaurant liegt an der Hauptstraße in Port-na-Blagh. Vorab reservieren.

★ Mill Restaurant & Guesthouse IRISCH €€€

(☎ 074-913 6985; www.themillrestaurant.com; Figart, Dunfanaghy; 4-Gänge-Abendessen 41 €; ⊙ Mitte März–Mitte Dez. Di–So abends) Die wunderschöne ländliche Umgebung und die erstklassigen Kompositionen der Speisen sprechen für dieses Lokal südlich der Stadt an der N56. Es befindet sich in einer ehemaligen Flachsmühle, in der einst der renommierte Aquarellmaler Frank Eggington lebte. Außerdem gibt's hier sechs luxuriöse Gästezimmer (EZ/DZ 60/96 €). Vorab buchen.

Ausgehen & Nachtleben

★ Molly's Bar PUB

(Main St) In das kirschrote, herrlich altmodische Pub sollte man auf jeden Fall einmal reinschauen. Die Palette der regelmäßig stattfinden Sessions reicht von traditioneller Musik bis zu Jazz, Blues und mehr. Darüber hinaus kann man sich auf diverse Veranstaltungen wie Quizabende freuen.

Praktische Informationen

Es gibt eine **Postfiliale** (Main St) mit Wechselstube, aber keinen Geldautomat.

An- & Weiterreise

Feda O'Donnell (☎ 074-954 8114; www.feda.ie) Das Busunternehmen verkehrt montags bis samstags zweimal sowie freitags und sonntags dreimal täglich zwischen Crolly (7 €, 40 Min.) und Galway (20 €, 5 Std.) mit Halt am Dunfanaghy Square in Dunfanaghy.

John McGinley (☎ 074-913 5201; www.johnmcginley.com) Auf dem Weg nach Letterkenny (5 €, 1 Std.) und Dublin (22 €, 5 Std.) wird zwei- bis viermal täglich in Dunfanaghy Halt gemacht.

Lough Swilly (☎ 028-7126 2017; www.loughswillybusco.com) Der Bus von Derry nach Dungloe (umsteigen in Letterkenny) hält montags bis freitags einmal täglich in Dunfanaghy (10 €, 2–3 Std.).

IM ZENTRUM DES COUNTYS DONEGAL

Letterkenny

15 400 EW.

Von den Exzessen zur Zeit des keltischen Tigers hat sich Letterkenny bis heute nicht erholt. Aufgrund gedankenloser Bauprojekte stößt man in den Straßen auf zahlreiche gesichtslose Einkaufszentren, und Verkehrsstaus sind an der Tagesordnung. Insgesamt ist Donegals größte Stadt keine Schönheit. Studenten und junge Akademiker sorgen jedoch für Stimmung und es gibt eine gute Auswahl an Restaurants und Unterkünften. Letterkenny bietet nur wenige Attraktionen, aber wer mit öffentlichen Verkehrsmitteln reist, wird einen Besuch dieses Ortes kaum vermeiden können.

Sehenswertes

Main Street STRASSE

Auf halber Strecke die lange, gewundene Hauptstraße hinunter stößt man auf einen niedlichen kleinen **Marktplatz**. Dies ist die hübscheste Ecke der Stadt. Am oberen Ende stehen einige georgianische Häuser aus roten Ziegelsteinen. Eines davon nutzte Maud Gonne, Schauspielerin, Revolutionärin und Geliebte von W. B. Yeats, als Feriendomizil.

Donegal County Museum MUSEUM

(☎ 074-912 4613; High Rd; ⊙ Mo–Fr 10–16.30, Sa 13–16.30 Uhr) GRATIS Letterkennys Arbeitshaus, im 19. Jh. als Zuflucht der Armen vor der Hungersnot gebaut, beherbergt heute das Donegal County Museum. Im Erdgeschoss werden Sonderausstellungen gezeigt, während man im Obergeschoss die Dauerausstellung mit 8000 Sammlungsstücken – teilweise sogar aus prähistorischer Zeit – bewundern kann.

Feste & Events

Earagail Arts Festival KUNST & KULTUR

(www.eaf.ie; ⊙ Juni–Juli) Theatervorführungen, Konzerte und Ausstellungen locken Fans von Kunst und Kultur zu diesem einmonatigen Festival. Veranstaltungen finden in Letterkenny, auf der Inishowen Peninsula und in West-Donegal statt.

Schlafen

Apple Hostel HOSTEL €

(☎074-911 3291; www.letterkennyhostel.com; Covehill, Port Rd; B/DZ ab 14/34 €;) Dieses brandneue Hostel liegt unweit des Zentrums in der Straße rechts vom An Grianán Theatre. Der hübsch gestrichene moderne Bungalow wartet mit ebensolchen Unterkünften auf: Es gibt einen Schlafsaal mit acht Betten sowie Doppel- und Familienzimmer mit privaten Bädern. Die Rezeption ist nicht ständig besetzt, deshalb sollte man vor seiner Anreise anrufen und reservieren.

Castle Grove HOTEL €€

(☎074-915 1118; www.castlegrove.com; EZ/DZ ab 99/110 €;) Das wunderbare georgianische Herrenhaus befindet sich auf einem riesigen Grundstück mit kurz gestutztem Rasen, das sich bis zur Bucht erstreckt. In dem nach Blumen duftenden Gebäude sind 15 elegante, geschmackvoll mit Antiquitäten eingerichtete, aber etwas abgenutzte Zimmer untergebracht. Bei den Einheimischen erfreut sich das preisgekrönte Restaurant großer Beliebtheit. Wer hier etwas essen oder eine Nacht verbringen möchte, folgt von Letterkenny der Straße nach Rathmelton 5 km und biegt vor dem Hotel Silver Tassie rechts ab.

Station House HOTEL €€

(☎074-912 3100; www.stationhouseletterkenny.com; Lower Main St; EZ/DZ 79/99 €; @) Ein großes, modernes Hotel im Stadtzentrum mit 81 minimalistisch ausgestatteten Zimmern samt roter Bettwäsche, gedämpfter Beleuchtung und verglasten Bädern. Alles ist sehr gepflegt und die Angestellten sind unglaublich hilfsbereit. In der Café-Bar wird eine gute Auswahl klassischer Gerichte serviert.

Essen

Yellow Pepper IRISCH, MEDITERRAN €€

(☎074-912 4133; www.yellowpepperrestaurant.com; 36 Lower Main St; Hauptgerichte 11–19 €; ⏲12–22 Uhr;) In der früheren Textilfabrik aus dem 19. Jh. befindet sich heute ein gemütliches, bei den Einheimischen beliebtes Restaurant. Die Steinmauern, gusseisernen Säulen und polierten Hartholzböden verleihen dem Lokal ein besonderes Flair. Es gibt vor allem Fischgerichte, aber auch eine tolle Auswahl für Fleischliebhaber und Vegetarier, z. B. ein leckeres Mittagessen (10 € für vier Tapas). Vorab reservieren.

Lemon Tree IRISCH €€

(☎074-912 5788; www.thelemontreerestaurant.com; 39 Lower Main St; Hauptgerichte 15–25 €; ⏲tgl. 17–21.30, So auch 13–14.30 Uhr) Von außen wirkt das Lemon Tree nicht besonders hip, aber wer das Essen probiert, wird begeistert sein. Weiße Tischdecken, helle Wände und die bemalte Holzverkleidung verleihen dem Speiseraum ein fröhliches, geselliges Flair. Auf der innovativen Karte stehen frische Meeresfrüchte, Geflügel und Fleisch. Der Küchenchef bereitet die klassischen irischen Landgerichte mit einer französischen Note zu. „Frühesser" zahlen für das Abendmenü 20 € (außer Sa tgl. 17–18.45 Uhr).

Ausgehen & Nachtleben

McGinley's PUB

(Main St) Letterkennys bester Ort für Livemusik. Mittwochabends finden in dem altmodischen Pub mit offenem Kaminfeuer traditionelle Sessions statt und von Donnerstag bis Samstag treten Livebands auf. Unten feiern die Älteren, oben geht's etwas lebhafter zu.

Cottage Bar PUB

(49 Upper Main St) Achtung, Kopf einziehen, denn an der Decke dieser Kneipe hängt allerlei Schnickschnack. Am Wochenende feiern hier vor allem junge Studenten, aber unter der Woche kann man auch mal ein ruhiges Pint genießen.

Unterhaltung

An Grianán Theatre THEATER

(☎074-912 0777; www.angrianan.com; Port Rd) Das Stadttheater ist das bedeutendste Kunstzentrum im Nordwesten. Auf dem Spielplan stehen irische und internationale Stücke sowie Comedy und Musik. Vor Ort gibt's ein gutes Café mit einer netten Bar.

Regional Cultural Centre THEATER

(☎074-912 9186; www.regionalculturalcentre.com; Port Rd) Letterkennys Kulturzentrum befindet sich in einem beeindruckenden Gebäude aus Glas und Aluminium und wartet mit Konzerten, Theater- und Filmvorführungen sowie Kunst- und Multimediaausstellungen auf.

Voodoo CLUB, BAR

(www.voodooandink.ie; 21 Lower Main St) Diese riesige Lounge und Sportbar ist das Herz des städtischen Nachtlebens und eine beliebte Konzertbühne. Veranstaltungen werden auf der Website und auf der Facebook-Seite angekündigt.

Praktische Informationen

In der langen Main Street findet man mehrere Banken und eine Postfiliale. Infos über die Stadt und die Region gibt's unter www.letterkenny.ie.

LK Online (Station Roundabout; 1/3 € für 15/60 Min.; ⌚ Mo–Fr 10.30–22.30, Sa 12–21, So 12–18 Uhr) Internetcafé gegenüber dem Busbahnhof.

Touristeninformation (☎ 074-912 1160; www.discoverireland.ie; Neil Blaney Rd; ⌚ Juni–Aug. Mo–Sa 9–17.30, Sept.–Mai Mo–Fr 9.15–17 Uhr) Großes, gut geführtes Tourismusbüro 1 km südöstlich von Letterkenny an der Straße aus Derry.

An- & Weiterreise

Letterkenny ist ein wichtiger Verkehrsknotenpunkt im Nordwesten. Der Busbahnhof liegt am Kreisel der Kreuzung Ramelton Road und Port Road.

Bus Éireann (☎ 074-912 1309; www.buseireann.ie) Die Expresslinie 32 verkehrt neunmal täglich via Omagh (12,40 €, 1 Std.) und Monaghan (17,50 €, 1¾ Std.) nach Dublin (20,50 €, 4 Std.). Die Derry-Galway-Linie 64 hält viermal täglich in Letterkenny, Donegal (10,90 €, 45 Min.), Bundoran (15 €, 1¼ Std.), Sligo (15 €, 2 Std.) und Galway (20 €, 5 Std.).

John McGinley (☎ 074-913 5201; www.johnmcginley.com) Fahrt zwei- bis fünfmal täglich zwischen Annagry und Dublin (22 €, 3¾ Std.) über Letterkenny und Monaghan.

Lough Swilly (☎ 074-912 2863; www.loughswillybusco.com) Montags bis freitags bestehen täglich sieben und samstags vier Busverbindungen von Derry nach Letterkenny (7,30 €, 35 Min.).

Feda O'Donnell (☎ 074-954 8114; www.feda.ie) Fährt zweimal täglich von Crolly (7 €, 1½ Std.) über Letterkenny, Donegal, Bundoran und Sligo nach Galway (20 €, 4 Std.). Die Busse halten in der Straße vor dem Busbahnhof.

Unterwegs vor Ort

Bei **Letterkenny Taxis** (☎ 074-912 7400; www.letterkennytaxis.com) kann man telefonisch einen Wagen bestellen. Außerdem befinden sich in der Main Street gegenüber dem Platz und gegenüber dem Busbahnhof Taxistände.

Glenveagh National Park

Seen schimmern wie Morgentau in dem von Hügeln umgebenen Tal des **Glenveagh National Park** (Páirc Náisiúnta Ghleann Bheatha; www.glenveaghnationalpark.ie) GRATIS. Das 16 500 km² große Schutzgebiet, in dem sich Streifen grün-goldener Heide mit Eichen- und Birkenwäldchen abwechseln, gilt als Paradies für Wanderer. Zu den vielen Tierarten hier gehört der Steinadler, der im 19. Jh. ausgerottet war, im Jahre 2000 jedoch wieder angesiedelt werden konnte.

Leider wurde für die Entstehung des Parks ein hoher Preis gezahlt. Ursprünglich war das Land von 244 Pächtern bestellt worden, die Grundbesitzer John George Adair im Winter 1861 gewaltsam vertrieb – angeblich wegen einer Verschwörung. Tatsächlich hat ihre Anwesenheit wohl die Verwirklichung seiner Visionen für das Tal gestört. Der Bau des spektakulären Glenveagh Castle (1870–1873) war der krönende Abschluss der Verwirklichung von Adairs Plänen. Seiner Frau Adelia ist es zu verdanken, dass es hier ein Rudel Rotwild und Rhododendren gibt.

Mit Adairs Tod war die Geschichte aber noch lange nicht zu Ende. 1922 wurde die Burg kurzzeitig von der IRA (Irish Republican Army) besetzt. 1929 erwarb sie Kingsley Porter, ein Kunstprofessor der Harvard University, der 1933 unter mysteriösen Umständen verschwand (er soll ertrunken sein, doch später wurde er angeblich in Paris gesehen). Sechs Jahre später erstand Porters ehemaliger Student Henry McIlhenny das Anwesen. Von ihm sagte Andy Warhol einmal, er sei „der einzige Mensch in Philadelphia mit Ausstrahlung". 1975 verkaufte McIlhenny schließlich das gesamte Grundstück an die irische Regierung.

Im **Glenveagh Visitor Centre** (☎ 074-913 7090; ⌚ März–Okt. 9–18 Uhr, Nov.–Feb. bis 17 Uhr) wird ein 20-minütiger Film zur Ökologie des Parks und über Adair gezeigt. Warme Snacks und Mahlzeiten bekommt man im **Café** (⌚ Ostern & Juni–Sept.). An der Rezeption kann man Mückenschutzmittel kaufen, das hier im Sommer genauso unentbehrlich ist wie Wanderschuhe und Regenkleidung im Winter. Im Schutzgebiet darf man nicht zelten.

Sehenswertes & Aktivitäten

Glenveagh Castle BURG

(Erw./Kind 5/2 €) Die herrlich protzige Burg ist ein Nachbau des Balmoral Castle in Schottland. Henry McIlhenny war ein leidenschaftlicher Jäger und drückte dem Bauwerk seinen Stempel auf, indem er fast jeden Raum mit einem Hirschgemälde oder ausgestopften Tieren ausstatten ließ.

Eine Besichtigung der Festung ist nur im Rahmen einer 30-minütigen Führung möglich. Dabei könnte man fast glauben, McIlhenny sei nur mal kurz weggegangen. Am beeindruckendsten sind das mit Schottenmustern und Geweihen dekorierte Musikzimmer und der in knalligem Rosa gehaltene Raum, in dem Greta Garbo bei ihren Besuchen wohnte (beide befinden sich im Rundturm).

Die spektakuläre exotische **Grünanlage** wartet mit mehreren Terrassen, einem italienischen Garten, einem ummauerten Küchengarten und dem sogenannten Belgian Way auf, der von hier stationierten belgischen Soldaten im Ersten Weltkrieg angelegt wurde. Der kultivierte Charme der Anlage steht in reizvollem Gegensatz zur wilden Schönheit der umliegenden Landschaft.

45 Minuten vor Schließung beginnt die letzte Führung. Rund um das Glenveagh Visitor Centre sind Autos verboten. Entweder legt man die reizvolle 3,6 km lange Strecke zur Burg zu Fuß oder mit dem Rad zurück oder nimmt den Shuttlebus (hin & zurück 3 €, alle 15 Min.).

Naturpfade WANDERN

Im Park erstrecken sich zahlreiche Wanderwege entlang der Seen sowie durch Wälder und Hochmoore, zudem gibt's einen Aussichtspunkt ein kurzes Stück hinter der Burg. Im Besucherzentrum erhält man kostenlose Landkarten und Routenvorschläge. Zwischen April und September kann man alle zwei Wochen sonntags an exzellenten **Wanderungen mit Rangern** (☎ 076-100 2537; Erw./Kind 10 €/frei) teilnehmen, die im Voraus gebucht werden müssen.

Lough Gartan

Der hl. Colmcille (oder Columba), geb. im 6. Jh., stammt aus der Nähe des glasklaren Lough Gartan, 17 km nordwestlich von Letterkenny. Interessierte können sich hier ein paar Relikte ansehen, die mit dem Schutzherren der irischen Klöster in Verbindung gebracht werden. Die Umgebung lädt zu herrlichen Touren ein, es gibt allerdings keine öffentlichen Verkehrsmittel.

Sehenswertes & Aktivitäten

Colmcille Heritage Centre HISTORISCHE STÄTTE

(www.colmcilleheritagecentre.ie; Church Hill; Erw./erm. 3/2 €; Ostern & Mai–Sept. Mo–Sa 10.30–17, So 13.30–17 Uhr) Das große Museum am Ufer des Lough Gartan ist sozusagen die „Hall of Fame" des hl. Colmcille. Zu den Ausstellungsstücken gehört ein Display zur Herstellung illuminierter Handschriften. Bei Colmcilles Geburt soll seine Mutter, die sich gerade auf der Flucht vor den Heiden befand, stark geblutet haben. Angeblich hat ihr Blut den Lehm am Seeufer weiß gefärbt, der seitdem als Glücksbringer gilt. Auf freundliche Nachfrage holen die Mitarbeiter vielleicht eine kleine Probe davon unter der Theke hervor.

Wer das Colmcille Heritage Centre besuchen möchte, verlässt Letterkenny über die R250 Richtung Glenties und Ardara, biegt nach einigen Kilometern rechts auf die R251 und direkt hinter dem Dorf Church Hill nach links ab. Wer auf der N56 aus Kilmacrennan anreist, wechselt Richtung Westen auf die R255 und folgt der Beschilderung.

St. Colmcille's Abbey & Birthplace HISTORISCHE STÄTTE

(Lough Gartan; 24 Std.) GRATIS Die Ruine des Klosters aus dem 10. Jh. schmiegt sich an einen Hang nördlich des Lough Gartan, ca. 3 km vom Colmcille Heritage Centre entfernt. Gleich nebenan steht eine Kapelle aus dem 16. Jh. mit einem Friedhof des O'Donnell-Clans. 1 km weiter südlich, nahe dem Südosteingang (dieser darf nur von Wanderern und Radfahrern genutzt werden) zum Glenveagh National Park, befindet sich der Geburtsort des Heiligen, zu erkennen an einem gewaltigen keltischen Kreuz, das 1911 aufgestellt wurde. Daneben liegt ein interessantes mit grün oxidierten Kupfermünzen bestreutes prähistorisches Grab, der Flagstone of Loneliness (Stein der Einsamkeit). Angeblich hat Colmcille hier geschlafen.

Glebe House & Gallery KUNSTMUSEUM

(www.heritageireland.ie; Church Hill; Erw./Kind 3/1 €; Ostern & Juli–Aug. tgl. 11–18.30 Uhr, Juni & Sept. Sa–Do) 1953 kaufte der englische Maler Derrick Hill dieses historische Gebäude, um es als Domizil auf dem Festland in der Nähe seiner geliebten Insel Tory zu nutzen. Zuvor hatte es bereits als Pfarrhaus und dann als Hotel gedient. Das 1828 errichtete Haus ist üppig dekoriert und verrät das Faible seines Besitzers für alles Exotische, doch sein wahrer Wert liegt in der erstaunlichen Kunstsammlung. Neben Gemälden von Hill selbst und Bildern der Künstler von Tory Island (S. 498) hängen hier Werke von Picasso, Landseer, Hokusai, Jack B. Yeats und Kokoschka. Die Führung dauert etwa 45 Minuten. Der Garten ist ebenfalls sehr sehenswert.

NORDÖSTLICHES DONEGAL

Rosguill Peninsula

Am besten lässt sich die raue Schönheit Rosguills per Auto, Fahrrad oder sogar zu Fuß auf dem 15 km langen **Atlantic Drive** erleben, einem gut ausgezeichneten Rundweg, der Nebenstraßen folgt. Die Route ist linker Hand ausgeschildert, wenn man von Süden in das ausgedehnte Dorf **Carrigart** (Carraig Airt) hineinfährt/-spaziert. Wer es schafft, die Unmengen von Ferienhäusern und fest installierten Wohnmobile auszublenden, wird sich über den fantastischen Blick aufs Meer freuen.

Der hübsche, abgeschiedene Strand von **Trá na Rossan** im nördlichen Teil der Halbinsel ist ein wunderbares Ausflugsziel. Im Gegensatz dazu platzt der Sandstreifen von **Downings** (häufig Downies geschrieben) aus allen Nähten.

Aktivitäten

Rosapenna Golf Resort GOLF

(☎ 074-915 5000; www.rosapenna.ie; Downings; Greenfee 80 €) Die Umgebung des renommierten Golfclubs, der 1891 von Old Tom Morris aus St. Andrew entworfen und 1906 von Harry Vardon umgestaltet wurde, ist ebenso grandios wie der Platz selbst. Er stellt selbst für Spieler mit niedrigem Handicap eine echte Herausforderung dar.

Mevagh Dive Centre TAUCHEN

(☎ 074-915 4708; www.mevaghdiving.com; Carrigart) In Donegals einzigem Tauchzentrum kann man Kurse belegen, Ausrüstung und Boote leihen und ein Zimmer im hauseigenen B&B buchen (DZ 70 €). Das Paketangebot mit einer Übernachtung in der Pension und zweistündigem Schnuppertauchgang im Pool kostet 160 € für zwei Erwachsene, die sich ein Zimmer teilen.

Schlafen & Essen

Trá na Rosann Hostel HOSTEL €

(☎ 074-915 5374; www.anoige.ie; Downings; B 16 €; ⌚ Ende Mai–Aug.) Das denkmalgeschützte Jagdhaus wurde von Sir Edwin Lutyens entworfen. Die stimmungsvolle Unterkunft punktet mit einer fantastischen Aussicht und einer bewegten Geschichte. Bis zum herrlichen Strand Trá na Rosann sind es nur 15 Gehminuten. Ein Nachteil der friedlichen Umgebung ist die abgeschiedene Lage 8 km nördlich von Downings, denn die Gegend wird leider nicht von öffentlichen Verkehrsmitteln bedient. Zwischen 10 und 17 Uhr ist die Rezeption nicht besetzt.

★ **Olde Glen Bar & Restaurant** PUB €€

(☎ 074-915 5130; Glen, Carrigart; Hauptgerichte 15–25 €; ⌚ Ende Mai–Mitte Sept. Di–Sa abends) Ein echtes Schmuckstück! Das traditionelle Pub wartet mit einem unebenen echten Steinfußboden aus dem 17. Jh. und sensationellem Bier auf. In dem kleinen, bei den Einwohnern überaus beliebten Landhauslokal gleich hinter der Kneipe werden hervorragende Tagesgerichte serviert. Reservierungen sind nicht möglich, deshalb sollte man um 17.30 Uhr da sein, damit man um 18.00 Uhr einen Tisch hat, bzw. um 19 Uhr für einen Tisch um 20 Uhr. Am Ende des Abends fühlt sich hier jeder wie ein Stammgast. Das Olde Glen ist auch in der Nebensaison fast jedes Wochenende geöffnet (am besten ruft man aber vorher an).

Fanad Peninsula

Donegals zweitnördlichster Punkt, die Landzunge Fanad Head, ragt östlich von Rosguill in den Atlantik. Im Westen der Halbinsel liegt die Mulroy Bay und im Osten befindet sich der Lough Swilly mit seinen hohen Klippen und Sandstränden. Viele Touristen bevorzugen die Ostseite mit ihrem herrlichen Strand und dem ausgezeichneten Golfplatz bei Portsalon sowie die ruhigen Orte Rathmelton und Rathmullan. Es gibt nur sehr wenige Unterkünfte, deshalb muss man im Sommer vorab reservieren.

Rathmelton

1100 EW.

Wenn man sich der Halbinsel von Derry oder Letterkenny her nähert, passiert man als Erstes Rathmelton, einen Bilderbuchort mit Straßenzügen voll hübscher georgianischer Häuser und Lagergebäuden aus Feldsteinen am Fluss Lennon.

Abgesehen von einem Spaziergang durch die bunten, malerischen Straßen kann man nicht viel unternehmen, doch die Überreste der **Tullyaughnish Church** auf dem Hügel lohnen einen Besuch. An der Ostmauer sind romanische Steinmetzarbeiten zu sehen, die von einer noch älteren Kirche auf der nahe gelegenen Insel Aughnish am Lennon stammen. Wer von Letterkenny her anreist, biegt am Fluss rechts ab und folgt ihm etwa 400 m.

Schlafen & Essen

Ardeen House B&B €€
(☎ 074-915 1243; www.ardeenhouse.com; Aughnish Rd; EZ/DZ 55/90 €) Im Ardeen House, einem zauberhaften B&B am Fluss, wird man mit hausgemachten Scones begrüßt und fühlt sich gleich wie zu Hause. Die Zimmer sind wunderbar dekoriert und das Frühstück ist ein echtes Fest. Viele Gäste kommen immer wieder hierher. Die Unterkunft befindet sich am Ostrand der Stadt, südlich des Flusses gleich hinter dem Rathaus.

★ **Frewin House** B&B €€€
(☎ 074-915 1246; www.frewinhouse.com; Rectory Rd; DZ 110–150 €, Cottages 550 € pro Woche, Abendessen 45–50 €; ⊙ Weihnachten geschl.) Für Romantiker ist dieses schicke viktorianische Pfarrgebäude auf einem abgelegenen Anwesen genau das Richtige. Wie man es von einem charmanten historischen Bauwerk erwartet, verfügt es über Zimmer voller Charakter mit antiken Möbeln, alten Büchern und offenen Kaminen und überzeugt mit seinem eleganten, aber dennoch modernen Stil. Im Gemeinschaftsbereich wird ein Candlelight-Abendessen serviert und die Gärten warten geradezu auf Spaziergänger, die mit einem Buch und Sonnenschirm umherflanieren.

Bridge Bar IRISCH €€€
(☎ 074-915 1119; Bridgend; Hauptgerichte 20–26 €; ⊙ Mi–Sa abends) Ein nettes altmodisches, typisch irisches Landpub. Im gemütlichen Restaurant (1. OG) werden u. a. leckere Fischgerichte mit Lachs oder Stockfisch sowie saftige Steaks mit Brandysoße aufgetischt.

An- & Weiterreise

Die Busse von **Lough Swilly** (☎ 074-912 2863; www.loughswillybusco.com) verkehren montags bis freitags einmal täglich und samstags zweimal täglich von Rathmelton nach Letterkenny (3 €, 30 Min.).

Rathmullan

520 EW.

Rathmullans reizvoller kleiner Hafen strahlt eine solche Friedfertigkeit aus, dass man sich die unruhigen Zeiten zwischen dem 16. und 18. Jh. kaum mehr vorstellen kann. 1587 wurde hier Hugh O'Donnell, der 15-jährige Erbe des mächtigen O'Donnell-Clans, unter einem Vorwand auf ein Schiff gelockt und als Gefangener nach Dublin gebracht. Erst vier Jahre später, an Heiligabend, konnte er fliehen. Nach mehreren erfolglosen Racheversuchen starb er mit nur 30 Jahren in Spanien. 1607 hatten Hugh O'Neill, Earl of Tyrone, und Rory O'Donnell, Earl of Tyrconnell, es satt, gegen die Engländer zu kämpfen, und verließen Irland von Rathmullan aus mit einem Schiff. Ihre als „Flight of the Earls" in die Geschichte eingegangene Flucht bedeutete praktisch das Ende des gälischen Irlands und der Herrschaft der irischen Clans. Sämtliche Güter der Familien wurden konfisziert, um britischen Siedlern im Rahmen der „Plantation of Ulster" Land zuzuteilen. Darüber hinaus wurde in diesem Ort Wolfe Tone, Anführer des Aufstands von 1798, gefangen genommen.

Während der Flucht der Earls war eine englische Garnison im **Rathmullan Castle** (16. Jh.) stationiert. Noch heute ist das Gebäude neben dem Hafen eine recht bedrohliche Erscheinung. Einst beherbergte es ein Heritage Centre, das jedoch schon vor einer Weile geschlossen wurde (auch wenn die Schilder am Eingang etwas anderes denken lassen).

Schlafen

Glenalla Lodge B&B
(☎ 074-915 8750; www.glenallalodge.com; Ray; EZ/DZ 40/70 €) 8 km nördlich von Rathmullan an der R247 befindet sich dieses B&B. Die vier großen Zimmer im modernen rustikalen Stil sind mit geschmackvollen Holzmöbeln und frischer Bettwäsche eingerichtet und der Inhaber kann seinen Gästen eine Menge über die Region erzählen.

An- & Weiterreise

Der **Lough-Swilly-Bus** (☎ 074-912 2863; www.loughswillybusco.com) von Letterkenny nach Kerrykeel hält montags bis samstags einmal täglich in Rathmullan (4,90 €, 45 Min.).

Im Sommer verkehrt eine Autofähre (S. 510) zwischen Rathmullan und Buncrana.

Portsalon & Fanad Head

Auf der Straße entlang der Klippen zwischen Rathmullan und Portsalon fühlt man sich ein wenig wie auf einer Achterbahn. Unterwegs passiert man das **Knockalla Fort** (frühes 19. Jh.), eine von sechs Festungen, die gebaut wurden, um im Falle des Falles einer französischen Invasion trotzen zu können. Die genaue Geschichte dazu wird im Fort Dunree (S. 510) auf der anderen Seite des Sees erzählt.

Einst ernannte die britische Zeitung *Observer* den mit der Blauen Flagge ausgezeichneten Strand der **Ballymastocker Bay** zum zweitschönsten der Welt. Hier kann man gefahrlos schwimmen, dementsprechend ist der Sandstreifen die Hauptattraktion des winzigen Portsalon (Port an tSalainn). Golfspieler dagegen begeistern sich für den herrlich gelegenen **Portsalon Golf Club** (☎074-915 9459; www.portsalongolfclub.com; Greenfee unter der Woche/an den Wochenenden 40/50 €).

8 km von Portsalon entfernt thront auf der markanten Spitze des **Fanad Head** ein Leuchtturm. Das Beste an ihm ist die malerische Anfahrt.

Inishowen Peninsula

Auf Inishowen (Inis Eoghain bzw. Insel von Eoghain; Eoghain ist jener Clanführer, der dem County Tyrone seinen Namen gab) befindet sich der nördlichste Punkt Irlands, der Malin Head. Die Halbinsel ist abgelegen, ziemlich zerklüftet und menschenleer und wartet mit zahlreichen vorgeschichtlichen Relikten, Burgruinen sowie traditionellen strohgedeckten Cottages auf, die dankenswerterweise noch nicht zu Vorratsschuppen degradiert wurden.

Das offene Meer und die großen Mündungsgebiete von Inishowen ziehen mehr als 200 Vogelarten an, darunter endemische Arten, aber auch Zugvögel aus Island, Grönland und Nordamerika. Mit unregelmäßigen atlantischen Winden verschlägt es gelegentlich auch seltene und exotische Vögel hierher. Wer sich für sie interessiert, sollte sich das Buch *Finding Birds in Ireland* von Eric Dempsey und Michael O'Clery besorgen oder die Website www.birdsireland.com besuchen.

Informationen über alles andere findet man unter www.visitinishowen.com.

Inishowen Peninsula

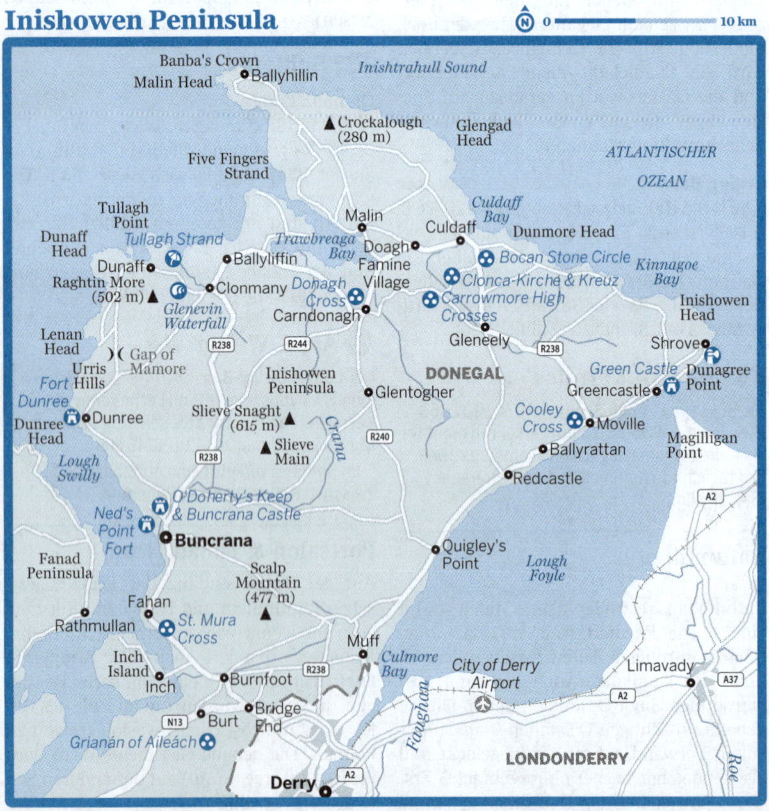

SCHATZSUCHE

Entlang der Küste von Inishowen können Strandgutsammler mehr als nur Muscheln finden. Besonders bekannt ist die Region für ihre **erhöhten Strände**. Durch nacheiszeitliche Erdverschiebungen sind diese Terrassen oberhalb der Wasserlinie „gestrandet" und mit Halbedelsteinen wie Karneol, Agat und Jaspis übersät. Als gute Sammelspots gelten die Sandstreifen an der Nordküste von Malin Head, in der Nähe von Banba's Crown und Ballyhillin.

Die Steine sind einzigartige Souvenirs, die – kunstvoll poliert und in Anhänger, Armreifen, Ohrringe, Broschen, Kerzenhalter sowie viele andere schöne Dinge verwandelt – bei **Malin Pebbles** (www.malinpebbles.com) in Greencastle, der Werkstatt der Goldschmiedin und Kunsthandwerkerin Petra Watzka, verkauft werden.

Buncrana

3400 EW.

Buncrana liegt auf der sanfteren Seite der Halbinsel und ist ein geschäftiges, hübsches Städtchen mit vielen Pubs und einem 5 km langen Sandstrand am Ufer des Lough Swilly. Hier gibt's alle Dienstleistungsunternehmen, die man braucht, bevor man weiter in den wilden Norden reist.

John Newton, der Komponist von *Amazing Grace*, wurde 1748 zu seinem legendären Lied inspiriert, als sein Schiff, die *Greyhound*, während eines schweren Sturms in den ruhigen Gewässern des Lough Swilly ankerte. Nach ihrer Nahtoderfahrung wurden der Kapitän und seine Crew herzlich in Buncrana empfangen, und Newtons spirituelle Reise vom Sklavenhändler zum öffentlichen Gegner des Menschenhandels nahm hier ihren Anfang. Später unterstützte er William Wilberforce in seinem Kampf gegen die Sklaverei. Mehr darüber erfährt man unter www.amazinggrace.ie.

Sehenswertes

Ein markierter **Wanderweg** führt von dem Park nördlich der Touristeninformation am Ufer entlang Richtung Norden zu den Hauptsehenswürdigkeiten. Am Nordende der Promenade gelangt man über die sechsbogige **Castle Bridge** aus dem frühen 18. Jh. zu **O'Doherty's Keep**. 1430 wurde das Turmhaus von lokalen Clanführern errichtet, später von den Engländern niedergebrannt und für deren eigene Zwecke schließlich wieder aufgebaut.

In der Nähe des Turms stößt man auf das villenähnliche **Buncrana Castle**. John Vaughan ließ die Burg 1718 bauen und auch die Brücke entstand in seinem Auftrag. Wolfe Tone wurde hier nach der erfolglosen französischen Invasion 1798 inhaftiert. Wenn man an O'Doherty's Keep links abbiegt und 500 m an der Küste entlangspaziert, erreicht man **Ned's Point Fort**, das 1812 von den Briten errichtet wurde und heute von Graffitikünstlern in Beschlag genommen wird.

Schlafen & Essen

Tullyarvan Mill HOSTEL €
(☎ 074-936 1613; www.tullyarvanmill.com; Carndonagh Rd; B/DZ/Fam.-Zi. ab 15/40/60 €; WLAN) Das hervorragende Hostel ist in einem geschmackvollen, modernen, an die historische Tullyarvan Mill angeschlossenen Gebäude untergebracht. Es liegt in einem großen Garten am Fluss und veranstaltet regelmäßig Kulturevents und Ausstellungen. Um herzukommen, nimmt man die R238 nördlich aus der Stadt und biegt an den Schildern Richtung Dunree links ab.

Westbrook House B&B €€
(☎ 074-936 1067; www.westbrookhouse.ie; Westbrook Rd; EZ/DZ 40/70 €; WLAN) Dieses hübsche georgianische Haus verfügt über einen wunderschönen Garten und versprüht jede Menge altmodische Gastfreundlichkeit und Charme. Kerzenleuchter, Antikmöbel und geschliffene Gläser verleihen dem B&B Eleganz und die kleinen Schmuckgegenstände und sanften Blumenmuster machen es zu einer viel geliebten Bleibe.

Caldra B&B €€
(☎ 074-936 3703; www.caldrabandb.com; Lisnakelly; EZ/DZ 50/80 €; WLAN, familienfreundlich) Eine tolle Unterkunft für Familien! Das große, moderne B&B hat vier geräumige, ruhige Zimmer sowie Gemeinschaftsbereiche mit beeindruckenden Kaminen und vergoldeten Spiegeln. Vom Garten und Hof aus blickt man auf den Lough Swilly und die Berge.

ABSTECHER

GRIANÁN OF AILEÁCH

Diese **Steinfestung** (Eintritt frei; 24 Std.) sieht wie ein Amphitheater aus und erstreckt sich wie ein Heiligenschein um die Kuppe des Grianán Hill. An klaren Tagen können Besucher eine atemberaubende Aussicht auf die umliegenden Seen bis nach Derry genießen. Leider erinnert die Miniarena mit ihren 4 m dicken Mauern an einen Zirkus, sobald wieder eine Busladung Touristen angekarrt wird.

Vermutlich hat der Originalbau schon 2000 Jahre auf dem Buckel und der Standort diente wohl bereits in vorkeltischer Zeit als Tempel für den Gott Dagda. Vom 5. bis 12. Jh. residierten hier die O'Neills, bis das Steinfort von Murtogh O'Brien, König von Munster, zerstört wurde. Was heute davon zu sehen ist, wurde zum größten Teil zwischen 1874 und 1878 wieder aufgebaut.

Die Ringfestung liegt 18 km südlich von Buncrana bei Burt; die Abzweigung von der N13 ist ausgeschildert. Am Fuß des Hügels stößt man auf die kreisrunde **Burt Church**, die 1967 von dem Architekten Liam McCormack errichtet wurde und Grianán of Aileách ähneln soll.

★ **Beach House** FISCH & MEERESFRÜCHTE €€
(074-936 1050; www.thebeachhouse.ie; The Pier, Swilly Rd; Hauptgerichte mittags 11–13 €, 3-Gänge-Abendessen 30 €; Juni–Aug. mittags & abends, Sept.–Mai Do–So abends, Sa & So mittags;) Dieses passend benannte Lokal mit Panoramafenstern und Blick auf den See strahlt eine elegante Schlichtheit aus. Auf der Karte stehen einfache Gerichte von ausgezeichneter Qualität, darunter *„surf and turf"* (Fisch und Fleisch) mit Filetsteak, Krabbenscheren, Kaisergranat und cremiger Fischsuppe.

Ausgehen & Nachtleben

Atlantic Bar PUB
(Upper Main St) Buncranas ältestes und stimmungsvollstes Pub wurde 1792 eröffnet. Es besitzt eine auffällige Fassade in Senfgelb und Schwarz.

O'Flaherty's PUB
(Main St) Netter zentraler Treffpunkt für Einheimische und Touristen. Jeden Mittwochabend wird hier traditionelle Livemusik geboten.

Praktische Informationen

Touristeninformation (074-936 2600; www.visitinishowen.com; Railway Rd; Ostern–Aug. Mo–Sa 9.30–17.30 Uhr, Sept.–Ostern bis 17 Uhr;) 1 km südlich des Zentrums. Kostenloses WLAN.

An- & Weiterreise

Lough Foyle Ferry (074-938 1901; www.foyleferry.com) Die Autofähre zwischen Buncrana und Rathmullan verkehrt von Juni bis September: im Juli und August achtmal täglich und im Juni und September ebenfalls achtmal, dann allerdings ausschließlich an Wochenendtagen. Eine einfache Fahrt kostet 15/3,50/2,50 € pro Auto/Erwachsener/Kind.

Lough Swilly (028-7126 2017; www.loughswillybusco.com) Busse machen sich montags bis freitags jeweils achtmal, samstags siebenmal und sonntags viermal auf den Weg nach Derry (6,50 €, 1½ Std.). Montags bis samstags gibt's täglich eine Verbindung via Clonmany (4,90 €, 25 Min.) und Ballyliffin (6 €, 30 Min.) nach Carndonagh (6 €, 45 Min.).

Von Buncrana nach Clonmany

Es gibt zwei Strecken von Buncrana nach Clonmany: die landschaftlich schöne Küstenstraße über Dunree Head und die Schlucht von Mamore und die kürzere Route durch das Hinterland (R238). Der **Gap of Mamore** (262 m), ein steiler, enger Pass, führt durch die Urris Hills. An der Nordseite befindet sich eine heilige Quelle namens **St. Columba's Well**.

Der gewundene Fjord des Lough Swilly gehört zu den großartigen natürlichen Häfen Irlands und spielte bei zahlreichen historischen Auseinandersetzungen eine tragende Rolle, angefangen bei den Invasionen der Wikinger bis zur Flucht der Earls, dem Aufstand von 1798 und dem Ersten Weltkrieg.

Das **Fort Dunree** (www.dunree.pro.ie; Dunree Head; Erw./Kind 6/4 €; Juni–Sept. Mo–Sa 10.30–18, So 13–18 Uhr, Okt.–Mai Mo–Fr 10.30–16.30, Sa & So 13–18 Uhr) ist das am besten erhaltene und spektakulärste der sechs Festungen, die die Briten nach der Rebellion der United Irishmen (die „Vereinten Iren" wurden von den

Franzosen unterstützt) 1798 am Ufer des Sees erbauten. Damals erreichte die Angst vor einem französischen Eroberungsfeldzug ihren Höhepunkt. Im späten 19. Jh. rüsteten sie riesige Kanonen nach und im Ersten Weltkrieg kamen hier Atlantik-Konvois an. Außerdem diente der See als Ankerplatz für die Flotte der Königlichen Marine. Interessanterweise blieb die Festung auch nach der Teilung Irlands 1922 in britischer Hand und ist erst seit 1938 Teil der Republik.

Das Originalgebäude von 1813 beherbergt inzwischen ein faszinierendes Militärmuseum, überdies sind auf der Landzunge ringsum noch allerlei Zeugnisse aus den beiden Weltkriegen zu sehen. Wer mag, kann eine Wanderung auf den markierten Pfaden unternehmen. In den Klippen tummeln sich Alpenkrähen, Dohlen und Eissturmvögel.

Clonmany & Ballyliffin

700 EW.

In den beiden idyllischen Dörfern und ihrer Umgebung lässt sich genug erleben, um dort ein oder zwei Tage zu verweilen. Clonmany verströmt eine geschäftige Atmosphäre und wartet mit vielen Pubs auf, Ballyliffin wirkt ein bisschen gediegener und beherbergt mehr Hotels und Restaurants. Beide Orte haben eine Post, aber keine Banken.

Sehenswertes & Aktivitäten

Doagh Famine Village MUSEUM

(☎074-938 1901; www.doaghfaminevillage.com; Doagh Island; Erw./Kind 7/5 €; ⊙Ostern–Ende Sept. 10–17 Uhr) Nach einem Spaziergang entlang der Dünen nördlich von Ballyliffin erreicht man Doagh Island (heute keine Insel mehr). Dort befinden sich die kleine Ruine des Carrickabraghey Castle (16. Jh.) und das liebevoll zusammengewürfelte Doagh Famine Village, ein nachgebautes Örtchen aus strohgedeckten Cottages. Dieses beliebte Ziel von Busreisegruppen ist vollgestopft mit unterhaltsamen „Häppchen" über einen im Verschwinden begriffenen Lebensstil. Es stimmt aber auch nachdenklich, da Parallelen zu Hungergebieten in der heutigen Welt gezogen werden. Die Führung vorab telefonisch buchen.

Strände STRÄNDE

1 km nördlich von Ballyliffin (Baile Lifin) erstreckt sich der traumhafte sandige **Pollan Strand**, der wegen seiner starken Brandung leider zu gefährlich zum Schwimmen ist. 2 km nordwestlich von Clonmany, am **Tullagh Strand**, kann man zwar ins Wasser, allerdings ist die Strömung mitunter ebenfalls sehr stark, deshalb sollte man vor allem bei beginnender Ebbe auf das Badevergnügen verzichten.

Ballyliffin Golf Club GOLF

(☎074-937 6119; www.ballyliffingolfclub.com; Greenfee 50–90 €) Diese Anlage verfügt über zwei Turnierplätze und gilt als eine der besten in Donegal. Die Landschaft ist so hinreißend schön, dass sie selbst den konzentriertesten Spieler ablenken kann. Vom überdurchschnittlich guten Restaurant **Links** (Hauptgerichte mittags & abends 10–20 €) genießt man einen guten Blick aufs Wasser.

Schlafen & Essen

★**Glen House** B&B €€

(☎074-937 6745; www.glenhouse.ie; Straid, Clonmany; EZ/DZ ab 55/70 €; 📶👪) Trotz der hübschen Umgebung und der luxuriösen Aus-

ABSEITS DER ÜBLICHEN PFADE

WANDERUNG: URRIS HILLS

Die Urris Hills sind eine zerklüftete Hügelkette aus Quarzit und eine Verlängerung der Knockalla Mountains auf der Fanad Peninsula im Südwesten. Sie gewähren einen unvergleichlichen Blick auf die Küste von Inishowen, die Berge Muckish und Errigal sowie die Hügel im Glenveagh National Park. Seit Kurzem gibt's ein Netzwerk aus gut markierten Wanderwegen zwischen 2 und 11 km Länge. Als Ausgangspunkte dienen die Butler's Bridge und der Parkplatz am Nordende des Mamore Gap. In der Touristeninformation von Buncrana (S. 510) erhält man die Broschüre *Urris Walks*.

Am Glen House beginnt ein einfacher 800 m langer Weg, über den man zum 10 m hohen **Glenevin Waterfall** gelangt. Hier stehen Bänke und Picknicktische bereit. Von Clonmay folgt man der ausgeschilderten Straße Richtung Tullagh Bay, überquert den Fluss und biegt an der Kreuzung rechts ab. Nach 1 km stößt man auf die Butler's Bridge und den Parkplatz für Besucher des Wasserfalls.

stattung ist diese wunderbare Bleibe weder so überheblich noch so teuer wie die meisten anderen Landhaushotels. Die Begrüßung könnte nicht freundlicher sein, die Zimmer sind ein Vorbild an zurückhaltender Eleganz und die Umgebung ist unglaublich friedlich. Der Wanderweg zum Glenevin Waterfall beginnt neben dem **Rose Tea Room** (⏲ Juli & Aug. tgl. 10–18 Uhr, März–Juni & Sept.–Okt. Sa & So) mit Holzveranda.

Ballyliffin Lodge & Spa HOTEL €€€
(☎ 074-937 8200; www.ballyliffinlodge.com; Ballyliffin; EZ/DZ ab 90/150 €;) Das elegante Hotel hat 40 geräumige in Herbstfarben dekorierte Zimmer mit schweren Vorhängen und überall verstreuten Kissen. Die Superior Rooms warten mit einem grandiosen Meerblick auf. Zu den Einrichtungen der Anlage gehören ein modernes Spa, ein Golfplatz und ein legeres Lokal, **Jack's Bar** (Hauptgerichte 12–24 €).

An- & Weiterreise

Lough-Swilly-Busse (☎ 074-912 2863; www.loughswillybusco.com) verkehren montags bis samstags einmal täglich zwischen Clonmany und Carndonagh (2,80 €, 20 Min.).

Carndonagh

1900 EW.

In Carndonagh (Cardomhnach), einem geschäftigen Ort, der auf drei Seiten von Hügeln umrahmt wird, erledigen die hiesigen Bauern ihre Besorgungen. Das Dorf ist nicht besonders aufregend, aber ganz praktisch, um mehr über die Gegend zu erfahren und Proviant einzukaufen.

Sehenswertes

An die Vergangenheit der Ortschaft als wichtiges kirchliches Zentrum erinnern mehrere frühchristliche Steinmonumente. Das wunderbare **Donagh Cross** aus dem 7. Jh. steht unter einem schützenden Dach bei der Anglikanischen Kirche am Ortsende Richtung Ballyliffin. Es ist mit einer reizenden, etwas gedrungenen Jesusfigur geschmückt, die ihre Betrachter mit großen Augen schelmisch anlächelt. Das Kreuz wird von zwei kleinen Säulen flankiert; eine zeigt vermutlich Goliath mit Schwert und Schild, die andere David mit seiner Harfe. Auf dem Friedhof erhebt sich eine Säule mit Ringelblumenrelief und ganz in der Nähe entdeckt man eine Kreuzigungsszene.

Praktische Informationen

An dem Diamond-Platz befinden sich Banken und ein Geldautomat. Die Postfiliale ist im Einkaufszentrum zwischen der Bridge Street und dem Donagh Cross untergebracht.

Touristeninformation von Inishowen (☎ 074-937 4933; www.visitinishowen.com; Malin Rd; ⏲ Mo–Fr 9.30–17 Uhr, Juni–Aug. auch Sa 11–15 Uhr) Im Public Services Centre neben dem Kreisverkehr nördlich des Diamond-Platzes. Die Angestellten sind sehr hilfsbereit.

An- & Weiterreise

Lough-Swilly-Busse (☎ 074-912 2863; www.loughswillybusco.com) fahren montags bis samstags einmal täglich von Buncrana nach Carndonagh (6 €, 45 Min.).

Malin Head

Selbst wer schon den südlichsten und westlichsten Punkt von Irland gesehen hat, wird vom nördlichsten Ausläufer der Insel, dem Malin Head, beeindruckt sein. Seeleuten und irischen Hobbymeteorologen ist der Name ein Begriff, da er täglich in den BBC-Radionachrichten erwähnt wird. Die Wetterstation befindet sich in Bulbinbeg, 2 km östlich der Landspitze, wohingegen die Funkmasten und Antennenanlagen in der Nähe zur **Malin Head Coastguard Station** gehören, die Such- und Rettungsaktionen zu Wasser koordiniert.

An der Nordspitze, **Banba's Crown**, thront ein klobiger **Turm** oben auf den Klippen. Er wurde 1805 von der britischen Admiralität errichtet und diente später als Signalturm der Firma Lloyd. Die Betonbaracken nutzte das irische Heer im Zweiten Weltkrieg als Wachtposten. Westlich des Parkplatzes führt ein Weg zum **Hell's Hole**, einer Felsenschlucht mit starker Brandung. Richtung Osten verläuft ein etwas längerer Weg zum **Wee House of Malin**, einer Einsiedlerhöhle in den Klippen.

Die **Aussicht** nach Westen umfasst von links nach rechts die Inishowen Hills, Dunaff Head, den tief liegenden Fanad Head samt Leuchtturm, die „Zwillingshörner" des Horn Head und die beiden Hügel von Tory Island. Außerdem erspäht man weit in der Ferne (links vom Leuchtturm) die Berge Muckish und Errigal. Im Osten erstrecken sich erhöhte Strandterrassen und vor der Küste erhebt sich ein weiterer Leuchtturm auf der abgeschiedenen Insel Inishtrahull.

Malin, ein hübsches Dorf, liegt 14 km südöstlich von Malin Head in der Trawbreaga

Bay. Die Häuser verteilen sich rund um einen gepflegten, dreieckigen Anger. Ausreichend Bargeld mitbringen, denn es gibt in der Ortschaft keine Geldautomaten.

Schlafen & Essen

Sandrock Holiday Hostel HOSTEL €
(074-937 0289; www.sandrockhostel.com; Port Ronan Pier, Malin Head; B 12 €, Bettwäsche 1,50 €;) Von dem IHH-Hostel, das sich über einer felsigen Bucht im Westen der Landzunge befindet, genießt man eine atemberaubende Aussicht. Manchmal verkaufen die Fischer ihren Fang hier direkt vom Boot. Die Unterkunft wartet mit 20 Betten in zwei gemütlichen Schlafsälen sowie mit Musikinstrumenten und einer Waschmaschine auf. Leihfahrräder (10 € pro Tag) werden auch an Nichtgäste vermietet, allerdings müssen diese eine Kaution hinterlegen.

Village B&B B&B €€
(074-937 0763; www.malinvillagebandb.com; The Green; EZ/DZ 45/70 €) Ein herrliches B&B mit gemütlichen Zimmern – einige davon traditionell mit Antikmöbeln und Brokat-Sesseln eingerichtet, andere moderner mit weißer Bettwäsche und schönen Blumenmustern – direkt an der Dorfwiese. Es gibt ein herzhaftes Frühstück, aber den Gästen stehen auch eine Küche und ein Hauswirtschaftsraum zur Verfügung, sodass man sein Essen auf Wunsch selbst zubereiten bzw. seine Wäsche erledigen kann.

Malin Hotel HOTEL €€
(074-937 0606; www.malinhotel.ie; The Green; EZ/DZ ab 90/100 €;) Vom Anger aus sieht man zuerst das alte Pub, doch dahinter versteckt sich ein modernes Hotel. Designertapeten zieren die hübsch eingerichteten Zimmer. Im Publokal kommen gute typisch irische Gerichte auf den Tisch.

Ausgehen & Nachtleben

McClean's PUB
(Malin) In dem wunderbaren Pub aus der guten alten Zeit herrscht eine tolle Stimmung, außerdem gibt's oft Livemusik. Man erkennt die Kneipe an den Benzinpumpen vor dem Haus. Das McClean's liegt rechter Hand, wenn man aus Carndonagh anreist.

Anreise & Unterwegs vor Ort

Am besten fährt man über die R238/242 von Carndonagh nach Malin Head statt von Culdaff aus über die Ostseite.

Lough Swilly (074-912 2863; www.loughswillybusco.com) Montags bis samstags verkehrt täglich ein Bus zwischen Buncrana und Carndonagh (8 €, 50 Min.).

Northwest Busways (074-938 2619) Bietet montags bis samstags täglich eine Busverbindung von Carndonagh nach Malin Head.

Culdaff & Umgebung

155 EW.

Rund um den abgelegenen Urlaubsort Culdaff an der Nordküste von Inishowen gibt's sehr viel mehr Schafe als Menschen.

Die Tiere wandern auch durch die Ruinen der **Clonca-Kirche**. Im Inneren des verfallenen Bauwerks steht ein mit eingemeißeltem Schwert und Wurfstock verzierter Grabstein. Vermutlich stammt der behauene Türsturz von einem früheren Gotteshaus. Draußen zeigen die Reste des **Kreuzes** an der Ostseite die wundersame Vermehrung des Brotes. Wer der R238 von Culdaff Richtung Moville folgt, biegt nach 1,2 km an der Bocan Church rechts ab. Die Kirche befindet sich 1,7 km links hinter einigen Farmgebäuden.

Der **Strand** von Culdaff wartet mit einer Blauen Flagge auf und eignet sich wunderbar zum Schwimmen sowie Windsurfen. Angeln und Tauchen kann man besonders gut am Bunagee Pier.

Himbeerrotes Wahrzeichen des Dorfes ist **McGrory's of Culdaff** (074-937 9104; www.mcgrorys.ie; EZ/DZ ab 60/90 €, Bargerichte 10–21 €, Hauptgerichte Restaurant 15–25 €; Barküche 12.30–20 Uhr, Di–So Abendessen, So Mittagessen) mit 17 schicken, modern eingerichteten Zimmern. Unten in Mac's Backroom wird Livemusik mit internationalen Singer-Songwritern und traditioneller Musik geboten. Die klassische irische Küche im McGrory's gilt als beste weit und breit.

Greencastle

530 EW.

In dem belebten kleinen Fischerhafen von Greencastle recken Robben ihre glatten Köpfe hoffnungsvoll aus dem Wasser. Das im 14. Jh. errichtete **Northburgh Castle** diente als Nachschubstation für das englische Heer in Schottland und wurde deshalb in den 1320er-Jahren von Robert Bruce angegriffen. Sein weinberankter Torso ist noch erhalten – der dunkelgrüne Stein hat der Ortschaft ihren Namen eingetragen. Ringsum befinden sich verfallene Gebäude und neue Apartments. Neben der Ruine erhebt sich ein Martello-Turm aus dem 19. Jh., das Gegenstück zu dem Turm am Magilligan Point auf der anderen Seite des Lough Foyle.

Das **Inishowen Maritime Museum & Planetarium** (www.inishowenmaritime.com; Erw./Kind Museum 5/3 €, Museum & Planetarium 10/6 €; ⌚ ganzjährig Mo–Fr 9.15–17.30 Uhr, Ostern–Okt. auch Sa 9.15–17.30 & So 12–17 Uhr) in einer ehemaligen Station der Küstenwache am Hafen beherbergt eine exzentrische Sammlung von Artefakten. Die faszinierendsten Exponate stammen aus den im Lough Foyle versunkenen Schiffen. Ein Paar tadellos erhaltener Boxershorts, die Meeresarchäologen aus einem im Zweiten Weltkrieg abgestürzten Bomber bargen, nimmt einen Ehrenplatz ein. Der Untergang der Spanischen Armada und die Abreise irischer Auswanderer von hier sind zwei weitere interessante Themen des Museums. Achtung: Manchmal lassen Kinder vor dem Museum selbst gebaute Raketen starten!

★ **Kealy's Seafood Bar** (☎ 074-938 1010; The Harbour; Hauptgerichte mittags 9–15 €, abends 15–50 €; ⌚ ganzjährig Mi–So 12.30–21 Uhr, Ostern & Juli–Aug. tgl.) bringt den frischen Fang direkt vom Meer auf den Teller, und so fühlt man sich fast, als ob man ihn den Robben vor der Nase weggeschnappt hätte. Die schlichte Einrichtung aus poliertem Holz im maritimen Stil verrät nichts von den vielen kulinarischen Preisen, die das Restaurant bereits gewonnen hat. Hier zu essen ist ein Vergnügen, egal ob man sich für eine bescheidene Fischsuppe oder extravaganten Hummer entscheidet. In der Nebensaison sollte man vorab telefonisch die Öffnungszeiten erfragen.

WANDERUNG: INISHOWEN HEAD

Die R241 führt hinter Greencastle noch 4 km weiter bis Shrove. Dort befindet sich ein Parkplatz neben einem kleinen Sandstrand und den früheren Zwillingstürmen des 1837 errichteten **Shrove Lighthouse** (von dem einen Turm ist allerdings nicht mehr viel übrig). Auf einer Infotafel ist ein markierter Weg zum **Inishowen Head** eingezeichnet (8,5 km; 2–3 Std.). Nach Osten gewährt der Aussichtspunkt aus dem Zweiten Weltkrieg einen tollen Blick über die Küste bis zu den Hügeln von Antrim, Rathlin Island und sogar Islay und dem Mull of Kintyre in Schottland. Die kleine Bucht **Portkille** ein kurzes Stück weiter nördlich soll der letzte Ort auf irischem Boden sein, den der hl. Colmcille (Columba) betrat, bevor er 563 nach Iona reiste. Eine Bronzetafel neben dem Pfad liefert Infos über die Stätte.

ℹ An- & Weiterreise

Von April bis September betreibt Lough Foyle Ferry (S. 510) eine Autofähre von Greencastle nach Magilligan, dank der man sich den 78 km langen Umweg auf dem Landweg via Derry erspart. Eine einfache Fahrt (10 Min.) kostet 12/3/1,50 € pro Auto/Erw./Kind. In Greencastle startet das Schiff immer zur vollen Stunde, in Magilligan jeweils um Viertel nach. Die erste Fahrt in Greencastle erfolgt um 9 Uhr, die letzte um 18 Uhr (im Juli und August um 20 Uhr). Online sind die genauen Zeiten aufgelistet.

Busse von **Lough Swilly** (☎ 074-912 2863; www.loughswillybusco.com) verkehren montags bis freitags je zweimal und samstags einmal täglich zwischen Derry und Greencastle (8,70 €, 1 Std.).

Moville & Umgebung

1450 EW.

Moville, eigentlich nur ein Netz aus eng verzweigten Straßen oberhalb eines Bootsanlegers, ist ein sauberes Örtchen mit zahlreichen alten, liebevoll gepflegten Gebäuden. Unter der Woche wirkt es recht verschlafen, doch an Ferienwochenenden wird es von Touristen regelrecht überschwemmt. Im 19. und frühen 20. Jh. war Moville ein betriebsamer Hafenort. Tausende Auswanderer nach Amerika stachen hier in See.

Sehenswertes & Aktivitäten

Der **Coastal Walkway** von Moville nach Greencastle führt an einem Küstenabschnitt entlang, wo einst Dampfer vor Anker lagen. Vogelbeobachter kommen hier ebenso auf ihre Kosten wie Angler, die am Pier sitzen und auf einen fetten Fang hoffen: Im Wasser tummeln sich Makrelen, Meeräschen und Köhler, eine Seelachsart.

Feste & Events

Im Sommer gibt's ein paar Veranstaltungen mit dem Schwerpunkt auf Musik, darunter das **DylanFest on the Lough (Stuck Inside of Moville)** und das **BeatlesFest on the**

Lough (beide im Juli oder August; verschiedene Veranstaltungsorte in Moville und Greencastle). Genaueres erfährt man unter www.craicon.com.

Schlafen & Essen

Moville Holiday Hostel HOSTEL €
(☎ 074-938 2378; www.movilleholidayhostel.com; Malin Rd; Zeltstellplatz 10 €, B/DZ 15/40 € pro Pers.) Ein unbefestigter Privatweg führt gleich nördlich des Dorfes von der R238 nach Carndonagh zu einem Wäldchen und diesem versteckten Hostel mit 20 Betten. Das verwinkelte ehemalige Bauernhaus aus dem 18. Jh. liegt neben einem Fluss und wartet auch mit ein paar tollen Zeltplätzen auf. Der Besitzer ist ein wahrer Quell an Infos zur reichen Historie und Folklore der Gegend. Nur Barzahlung.

Washington House B&B €€
(☎ 074-938 5574; www.washingtonhousebandb.com; Ballyrattan; EZ/DZ ab 50/80 €; ⏲ Mitte April–Sept.) Die fünf großen Zimmer der modernen Villa 5 km südwestlich von Moville verfügen über Queen- oder Kingsizebetten und funkelnde Bäder. Von der Terrasse genießt man einen wundervollen Blick auf den Lough Foyle. Die Unterkunft liegt an einer Nebenstraße der R238.

Praktische Informationen

Entlang der Main Street findet man mehrere Banken mit Geldautomaten und eine Postfiliale.

An- & Weiterreise

Lough Swilly (☎ 074-912 2863; www.loughswillybusco.com) bietet montags bis freitags täglich zwei und samstags eine Busverbindungen von Derry nach Moville (7,30 €, 45 Min.).

Die Midlands

378 106 EW. / 10 782 KM²

Inhalt ➡

Die besten B&Bs

- ➡ Sandymount House (S. 518)
- ➡ Charlotte's Way (S. 526)
- ➡ Bastion B&B (S. 541)
- ➡ Ardmore House (S. 525)
- ➡ Lough Key House (S. 534)

Die schönsten Gärten

- ➡ Birr Castle Demesne (S. 522)
- ➡ Emo Court (S. 521)
- ➡ Heywood Gardens (S. 518)
- ➡ Belvedere House, Gardens & Park (S. 543)

Auf in die Midlands

Die wenigsten Traveller, die zum ersten Mal in Irland sind, besuchen die Midlands, wo es erfrischenderweise kaum Touristenbusse und Souvenirstände gibt, dafür aber idyllische Landschaften, stolze Herrenhäuser, archäologische Stätten und verschlafene Orte, deren Bewohner sich sehr über Urlauber freuen. Auch wenn die Region nicht mit den beeindruckenden Naturlandschaften und eleganten Städten der Küste aufwarten kann, macht es viel Spaß, über die gewundenen Straßen durch das Hinterland zu fahren. Dabei entdeckt man immer wieder Dorfläden, die gleichzeitig als Pub, Tankstelle und Postamt fungieren und heute noch so aussehen wie schon Jahrzehnte zuvor.

Prägend für die Gegend ist auch der Fluss Shannon, der von zahlreichen Freizeitkapitänen und Anglern bevölkert wird. An seinen Ufern schießen elegante Hotels und Gourmetrestaurants wie Pilze aus dem Boden und verleihen der Reise durch die malerische Umgebung eine überraschend kosmopolitische Note. Wenn man das irische Landleben wirklich kennenlernen will, sind die Midlands das perfekte Ziel.

Reisezeit

- ➡ Der späte Frühling, wenn die Felder, Hecken und Bäume in vielen verschiedenen Grüntönen erstrahlen, eignet sich wunderbar, um Irlands unglaublich grüne Landschaft zu entdecken.
- ➡ Feierlustige werden sich im Sommer am wohlsten fühlen, denn dann finden in der ganzen Region Messen, Volksfeste, Festivals und besondere Events statt.
- ➡ Für eine Bootsfahrt auf dem Shannon bietet sich die Zeit von Juli bis Ende September an: Nun sind die Tage länger, das Wetter ist besser und die Pubs und Restaurants am Ufer ziehen zahlreiche fröhliche Gäste an.
- ➡ Musikfans mit vielseitigem Geschmack sollten sich das Electric-Picnic-Festival in der Nähe von Portlaoise nicht entgehen lassen.

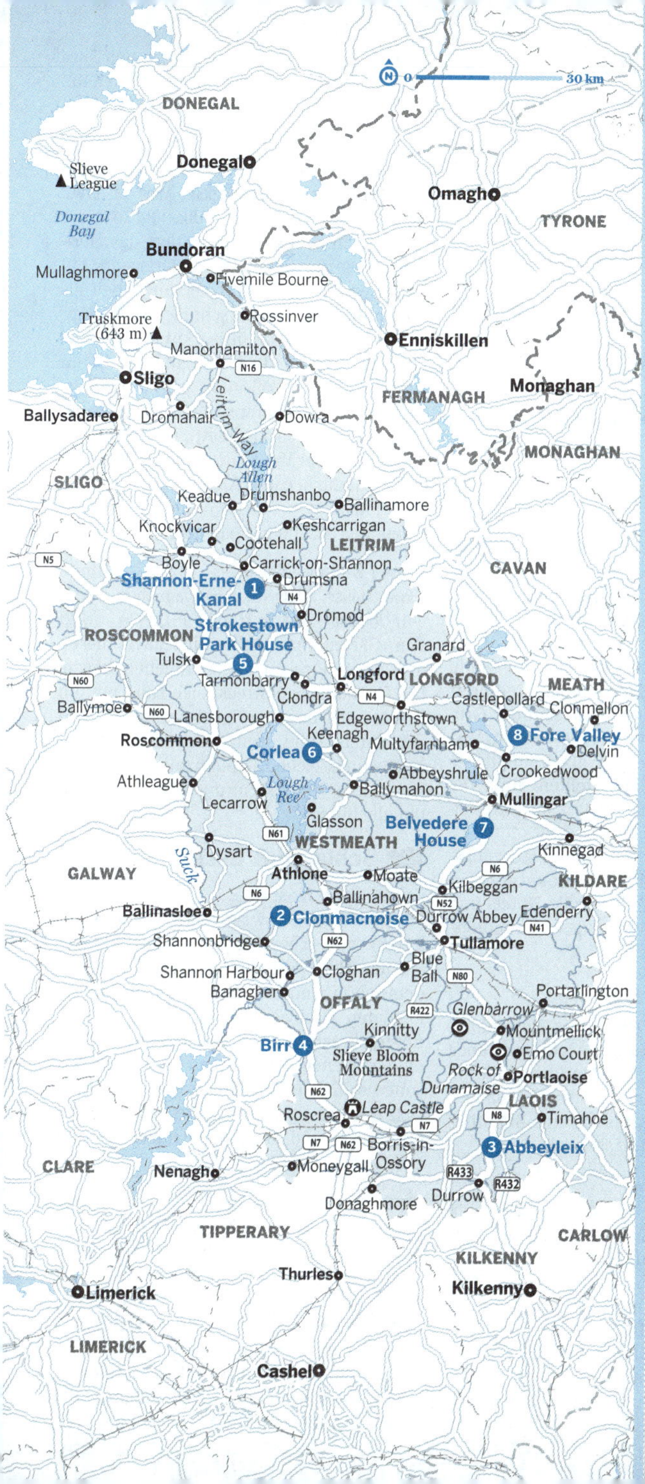

Highlights

1. Entspannte Ausflüge in der hügeligen Umgebung des **Shannon-Erne-Kanals** (S. 543) in Carrick-on-Shannon unternehmen

2. Über das verlorene Land der Heiligen und Gelehrten in **Clonmacnoise** (S. 527), Irlands schönster Klosterstätte, nachsinnen

3. In **Abbeyleix** (S. 518) das Morrissey's, eines der stimmungsvollsten Pubs Irlands, besuchen

4. Durch die Alleen im eleganten **Birr** (S. 522) spazieren und das Burggelände erkunden

5. Im erschütternden Famine Museum im **Strokestown Park House** (S. 531) mehr über die schlimmste Katastrophe in Irland erfahren

6. Bei **Corlea** (S. 540) in den Sümpfen von Longford einen antiken Bohlenweg aus der Eisenzeit entdecken

7. Durch die Flure und Gärten des wunderbaren **Belvedere House** (S. 543) streifen und über seine düstere Geschichte staunen

8. Im smaragdgrünen **Fore Valley** (S. 545) eindrucksvolle christliche Ruinen und dazu passende magische Landschaften bewundern

COUNTY LAOIS

Laois (*liesch* ausgesprochen) liegt fernab der Hauptstraßen und wird von Travellern, die in den Süden und Westen eilen, oft übersehen. Ein dichtes Netz von Flüssen und Wanderwegen umschließt die historischen Orte des Countys und die dramatischen Slieve Bloom Mountains.

Wissenswertes über die Gegend erfährt man unter www.laoistourism.ie, außerdem kann man die hervorragende Broschüre *Laois Heritage Trail* herunterladen, die mehr über die Geschichte der Orte in der Grafschaft verrät.

Abbeyleix

1827 EW.

Abbeyleix (ebbie-*lieks*), ein schönes, historisches Städtchen mit einem georgianischen Markthaus, eleganten Terrassenhäusern und einer breiten, begrünten Hauptstraße, ist rund um ein Zisterzienserkloster aus dem 12. Jh. entstanden. Wegen häufiger Überschwemmungen riss es der lokale Grundbesitzer Viscount de Vesci im 18. Jh. ab und ließ den heutigen auf dem Reißbrett geplanten Ort errichten. Während der Großen Hungersnot erwies sich de Vesci im Vergleich zu vielen anderen als freundlicher Grundbesitzer, deshalb stellten ihm die Pächter auf dem Marktplatz zum Dank einen Brunnenobelisk auf.

Die Ortschaft ist ein guter Ausgangspunkt für die Erkundung des Countys Laois. Darüber hinaus gibt's hier tolle Hotels und Restaurants sowie eines der stimmungsvollsten Pubs Irlands.

Sehenswertes

Leider ist de Vescis prächtiges Herrenhaus für Besucher geschlossen. Es lohnt sich aber, stattdessen das elegante Marktgebäude im Ortszentrum anzusehen. Es wurde 1836 errichtet und beherbergt heute eine Bibiothek sowie einen Ausstellungsbereich.

★ Heywood Gardens GÄRTEN

(www.heritageireland.ie; Mai–Aug. 8.30–21 Uhr, April & Sept. 8.30–19 Uhr, Okt.–März 8.30–17.30 Uhr;) GRATIS Diese schöne Grünanlage mit Seen und Waldgebieten im Südosten der Stadt wurde von Edwin Lutyens und Gertrude Jekyll gestaltet und 1912 eröffnet. Ihr Herzstück ist ein abgesenkter Bereich, in dem kreisförmige Terrassen zu einem ovalen Wasserbecken mit einem prächtigen Springbrunnen führen.

Die Heywood Gardens befinden sich 7 km südöstlich von Abbeyleix abseits der R432 nach Ballinakill auf dem Gelände der Heywood Community School.

Heritage House MUSEUM

(www.heritagehousemuseum.com; Main St; Erw./Kind 3/2,50 €; Mo–Fr 9–17 Uhr;) In einer ehemaligen Schule dokumentiert das Heritage House die Geschichte der Ortschaft. Ein Raum widmet sich ihrer Vergangenheit als Teppichhersteller. Einst schmückten die hier produzierten Stücke im türkischen Stil die Flure der *Titanic*. In einem anderen Raum wird die Mulhall Collection gezeigt, eine faszinierende Sammlung von Erinnerungsstücken der Familie Morrissey, die von 1775 bis 2004 einen berühmten Laden und ein Pub in der Stadt betrieb. Außerdem gibt's hier eine Filiale der Touristeninformation und einen angrenzenden Spielplatz.

Abbey Sensory Gardens GÄRTEN

(Dove House, Main St; ganzjährig Mo–Fr 9–17 Uhr, Juni–Sept. Sa & So 14–18 Uhr;) GRATIS Wer Gärten mag, sollte sich auch diesen herrlichen Flecken nicht entgehen lassen. Die Grünanlage erstreckt sich rund um ein Kloster aus dem 19. Jh., das der hl. Brigid geweiht ist, und stimuliert mit seiner abwechslungsreichen Bepflanzung, Windspielen, einem Summstein und duftenden Blüten alle Sinne.

Schlafen & Essen

Farran Farm Hostel HOSTEL €

(057-873 4032; www.farmhostel.com; Ballacolla; B 20 €) Dieses abgelegene skurrile 45-Betten-Hostel, 6 km westlich von Abbeyleix, ist in dem schön renovierten mit Kalkstein ausgekleideten Dachgeschoss eines Bauernhofes untergebracht. In den Zimmern (jeweils mit einem eigenen Bad) können bis zu fünf Personen schlafen. Vor der Anreise sollte man sich telefonisch nach der Wegbeschreibung erkundigen und kann zudem nachfragen, ob eine Verpflegung möglich ist.

★ Sandymount House B&B €€

(057-873 1063; www.abbeyleix.info; Oldtown; EZ/DZ 45/80 €;) In dem entzückenden alten Gebäude 2 km von Abbeyleix an der R433 nach Rathdowney lebte einst der Gutsverwalter von de Vesci. Das Haus wurde toll restauriert und erstrahlt heute in modernem Stil mit historischen Anklängen. Sein beeindruckendes Treppenhaus, die Marmorkamine und die malerischen Gärten verleihen ihm eleganten Charme. Die geräumigen Zimmer sind gut ausgestattet und verfügen über individuell gestaltete Bäder mit guten Duschen.

Preston House PENSION €€
(☎057-873 1432; www.prestonhouse.ie; Main St; Zi. 90 €, DZ inkl. HP 210 €; 📶) Neue Besitzer haben dem charmanten Hotel und Restaurant in einer klassischen georgianischen Stadtvilla wieder Leben eingehaucht. Die prächtigen Zimmer sind mit eleganten dunklen Möbeln im antiken Stil und großen, komfortablen Betten eingerichtet. Das Frühstück wird in der in matten Grüntönen dekorierten Teestube mit Kamin serviert. Im Restaurant gibt's gehobene Küche in lockerem Ambiente.

Bramleys CAFÉ €
(www.bramleys.ie; Main St; Gerichte 5–9,50 €; ⏲Di–Sa 10–17 Uhr; 👪) Mit Suppen, Salaten, warmen Gerichten und köstlichen Desserts lockt das Café, das von den Inhabern des Castle Durrow geführt wird und in einem Laden für gehobene Inneneinrichtung untergebracht ist, jede Menge Gäste an. Das Gemüse in den Gerichten stammt aus dem Burggarten. Auf den Tischen liegen Zeitungen und Zeitschriften aus und an sonnigen Tagen kann man sich auf einige hübsche Sitzplätze im Außenbereich freuen.

McEvoy's INTERNATIONAL €€
(www.macsabbeyleix.ie; Main St; Hauptgerichte 10–22 €; ⏲Mi–Sa 17–22, So 13–21 Uhr; 📶) Auch dieses stilvolle Restaurant wird von den Besitzern des nahen Castle Durrow betrieben. Auf der Karte stehen internationale Speisen wie Chicken Wings nach Art von Louisiana, Thai-Currys und ausgezeichnete Grillteller. Für die hervorragend zubereiteten Gerichte werden lokale Produkte verwendet.

Ausgehen & Nachtleben

★**Morrissey's** PUB
(Main St) Vom obligatorischen Fernseher mal abgesehen, hat das außergewöhnliche Pub seiner Modernisierung bis heute widerstanden. Auf den Regalen über den Kirchenbänken und Kugelbauchöfen stehen antike Keksdosen, Gläser mit Naschwerk, Teebehälter und zahlreiche Kuriositäten. Das Morrissey's wurde 1775 als Lebensmittelladen eröffnet und rühmt sich, die älteste Kneipe Irlands zu sein. Am schiefen Tresen kann man wunderbar ein Pint schlürfen und die tolle Atmosphäre genießen.

UNTERWEGS IN LAOIS

Die Verwaltungssitz des Countys, Portlaoise, ist ein nützlicher Verkehrsknotenpunkt. Von hier fahren **Irish-Rail-Züge** (www.irishrail.ie) nach Dublin (ab 23 €, 1 Std., 14-mal tgl.), Cork (ab 44 €, 2 Std., 7-mal tgl.) und Limerick (ab 29,40 €, 1½ Std., 9-mal tgl.).

Bus Éireann (www.buseireann.ie) bedient drei Hauptstrecken und verkehrt von Portlaoise über Abbeyleix, Cashel und Cahir nach Cork (13,80 €, 3 Std., 6-mal tgl.), via Kildare (Stadt) nach Dublin (9 €, 1½ Std., 12-mal tgl.) sowie auf der N7 über Mountrath, Borris-in-Ossory und Roscrea nach Limerick (9,90 €, 2¼ Std., 12-mal tgl.).

An- & Weiterreise

Besucher benötigen einen eigenen fahrbaren Untersatz, denn Abbeyleix wird nicht mehr von öffentlichen Verkehrsmitteln bedient.

Durrow

843 EW.

Durrow ist ein hübsches Dorf mit ordentlichen Häuserreihen, Pubs und Cafés, die von gepflegten Grünanlagen umgeben sind. Im Westen des Ortes führt ein imposantes Tor zum wunderbaren **Castle Durrow** (☎057-873 6555; www.castledurrow.com; Zi. ab 150 €, DZ inkl. HP 195 €; 📶), einem der besten Landhotels in Irland. Hier gibt's ein paar freundliche Hauskatzen und einen komfortablen Aufenthaltsraum mit einem Kamin sowie edlen alten Ledersofas. Die Bandbreite der Zimmer reicht von opulenten Suiten mit Himmelbetten und schweren Brokatstoffen bis zu intimen Räumen im orientalischen Stil. Auch wenn man nicht in der Burg übernachtet, sollte man sich einen Kaffee auf der Terrasse mit Blick auf das weitläufige Grundstück gönnen. Im wunderbaren **Restaurant** (4-Gänge-Menü 35 €; ⏲Mi–So 19–21 Uhr) wird mit Zutaten aus dem hoteleigenen Bioküchengarten gekocht. Wir empfehlen, Halbpension zu buchen.

Durrow ist ausgeschildert und liegt 10 km südlich von Abbeyleix.

Slieve Bloom Mountains

Bester Grund für einen Abstecher nach Laois sind die Slieve Bloom Mountains. Unvermittelt ragen sie aus einer weiten Ebene

ABSTECHER

DAS ARMENHAUS IN DONAGHMORE

In Donaghmore, einem kleinen Bauerndorf, befindet sich ein düsteres Vermächtnis der Hungersnot. 1853 wurde hier das **Donaghmore Workhouse** (☎086-829 6685; www.donaghmoremuseum.com; Erw./Kind 5/3 €; ⌚ganzjährig Mo–Fr 11–17 Uhr, Juni–Sept. auch Sa & So 14–17 Uhr) als letzte Zuflucht für die Armen eröffnet. Weil man nicht wollte, dass zu viele Leute kamen, wurde das Gebäude allerdings absichtlich vernachlässigt. Es war überfüllt, Familien mussten in getrennten Räumen schlafen, die Mahlzeiten (jeweils eine Schale Haferschleim) durften nur schweigend eingenommen werden, die Toiletten waren primitiv und es gab nur eine begrenzte Anzahl an Betten. Mit dem Leben in dem Haus ging also auch ein Verlust der Würde einher. Die furchtbare Zeit wird in dem kleinen Museum auf bewegende Weise dokumentiert. Es liegt 20 km westlich von Durrow und ist ausgeschildert.

auf, kommen allerdings weniger spektakulär daher als andere Gebirgszüge des Landes. Dafür begegnet man hier aber kaum Touristen. Wenn man die einsamen Deckenmoore der Berggipfel, das Heideland, die Kiefernwälder und die abgeschiedenen Täler durchwandert, fühlt man sich wirklich fernab von allem.

Aktivitäten

Für einen netten Spaziergang eignet sich **Glenbarrow** südwestlich von Rosenallis, wo ein interessanter Pfad am **Glendine Park** in der Nähe des Glendine Gap vorbei und zum **Cut Mountain Pass** führt.

Eine größere Herausforderung ist der **Slieve Bloom Way**, eine 84 km lange, ausgeschilderte Rundroute durch die Berge, die zahlreiche Sehenswürdigkeiten einschließt. Als bester Startpunkt dient der Parkplatz in Glenbarrow, 5 km von Rosenallis entfernt. Von dort verläuft der Pfad auf Feuerschneisen im Wald und über alte Straßen durch die Berge. Höchster Punkt auf der Strecke ist der Glendine Gap (460 m).

Slieve Bloom Walking Club WANDERN
(☎086 278 9147; www.slievebloom.ie; 5 €/Pers.; ⌚ganzjährig am Wochenende) Wer nicht allein losziehen möchte, kann bei diesem renommierten Veranstalter an einer geführten Wanderung teilnehmen. Auf der Website, die sich gut für eine erste Planung eignet, findet man Infos zu verschiedenen Routen.

Schlafen

Roundwood House PENSION €€
(☎057-873 2120; www.roundwoodhouse.com; Slieve Blooms Rd; Hauptgebäude EZ/DZ 85/120 €, B&B DZ 140 €, Cottage/Schmiede 3 Nächte 180/250 €; ⌚Feb.–Dez.; 📶👪) Die wunderschöne palladianische Villa aus dem 17. Jh. liegt in einem abgeschiedenen Wald und punktet mit elegant dekorierten, supergemütlichen Zimmern. Kinder werden die Außenanlage und die freundlichen Hunde lieben. Beim gemeinsamen Fünf-Gänge-Abendessen (50 € pro Pers.) kann man sich mit den liebenswürdigen Hausbesitzern unterhalten und die leckeren Gerichte genießen. Am besten fragt man nach einen Zimmer im Haupthaus, wo die Atmosphäre besonders stimmungsvoll ist. Es gibt auch ein Cottage und eine Schmiede (in der früher die Pferde beschlagen wurden), in denen jeweils ein Mindestaufenthalt von drei Nächten gilt.

Ballyfin House LUXUSHOTEL €€€
(☎057-875 5866; www.ballyfin.com; DZ ab 950 €; @📶🏊) Opulentes Anwesen im Regency-Stil mit luxuriösem Interieur. Die aufwendige achtjährige Restaurierung des Ballyfin House hat länger gedauert als die ursprüngliche Errichtung. Irlands exklusivste Unterkunft wartet mit flämischen Teppichen aus dem 17. Jh., einem Bad mit römischen Sarkophagen, Geheimgängen und einem „Flüsterzimmer" auf. Außerdem lockt sie mit dem Versprechen, den Gästen jeden Wunsch zu erfüllen.

An- & Weiterreise

In den Slieve Bloom Mountains gibt's keine öffentlichen Verkehrsmittel, aber einige Busse halten in den nahe gelegenen Orten Mountrath und Rosenallis.

Mountmellick

2880 EW.

Dieser stille georgianische Ort am Fluss Owenass war im 19. Jh. für seine Leinenherstellung berühmt und verdankt seine Geschichte zum Großteil den hier lebenden Quäkern.

Am Marktplatz beginnt ein rund 4 km langer ausgeschilderter **Kulturpfad**, der zu den wichtigsten Sehenswürdigkeiten führt. Im **Mountmellick Museum** (www.mountmellick-development.com; Irishtown; Erw./Kind 5/2 €; ⌚Mo–Fr 9–13 & 14–17 Uhr) bekommt man Einblicke in die Vergangenheit des Städtchens als Industriestandort und in das Leben der Quäker, außerdem kann man feine Mountmellick-Stickereien besichtigen. Die Einwohner stellen nach wie vor Leinenstoffe und Flickendecken her und verkaufen sie hier.

Mountmellick liegt 10 km nördlich von Portlaoise an der N80.

Portarlington

7092 EW.

Portarlington entstand unter dem Einfluss französischer Hugenotten und deutscher Siedler. An der French Street und Patrick Street entdeckt man einige schöne, aber etwas vernachlässigte Gebäude aus dem 18. Jh. Die 1851 errichtete **St. Paul's Church** (⌚7–19 Uhr) befindet sich am früheren Standort einer französischen Kirche (17. Jh.). In einer Ecke des Hofs kann man einige Hugenottengräber besichtigen.

4 km östlich der Stadt liegen die mit Efeu bewachsenen Ruinen des **Lea Castle** aus dem 13. Jh. am Ufer des Barrow. Die Burg besteht aus einem einigermaßen intakten Bergfried mit Turm und zwei Außenmauern sowie einem Pförtnerhaus mit Zwillingstürmen. Zugang zum Gebäude besteht über einen Bauernhof 500 m nördlich von der Hauptstraße nach Monasterevin (R420).

Emo Court

1790 entwarf James Gandon, Architekt des Dubliner Custom House, den von einer grünen Kuppel gekrönten **Emo Court** (www.heritageireland.ie; Emo; Erw./Kind 3/1 €, Gelände Eintritt frei; ⌚Ostern–Sept. 10–18 Uhr, letzter Einlass 17 Uhr, Anlage ganzjährig tagsüber geöffnet). Ursprünglich war das imposante Gebäude der Landsitz des ersten Earl von Portarlington. Nachdem es dann viele Jahre als jesuitisches Novizenheim gedient hatte, wurde das Haus mit der kunstvollen Mittelrotunde sorgfältig restauriert.

Auf dem großen Grundstück verteilen sich 1000 verschiedene Baum- und Straucharten, darunter riesige Mammutbäume, und zahlreiche griechische Statuen. Im Park kann man schön picknicken oder sich eine kleine Erfrischung im Café genehmigen und danach einen reizvollen Waldspaziergang zum Emo Lake unternehmen.

Emo liegt 13 km nordöstlich von Portlaoise an der R422, 2 km westlich der M7.

Rock of Dunamaise

Der markante **Rock of Dunamaise** (⌚tagsüber) GRATIS, ein beeindruckender, zerklüfteter Kalksteinfelsen, ragt steil aus der flachen Ebene empor. Er bot den frühen Siedlern eine ausgezeichnete Verteidigungsposition und einen wundervollen Blick auf die hübsche Landschaft. Die ersten Befestigungen auf dem Felsen entstanden in der Bronzezeit. Erstmals erwähnt wurde der Rock of Dunamaise auf einer Karte von Ptolemäus im Jahre 140 n. Chr.

Im Laufe der Jahrhunderte suchten ihn mehrere Besetzungswellen durch die Wikinger, Normannen, Iren und Engländer heim. Die Ruinen, die man hier heute sieht, stammen von einer Burg aus dem 13. Jh. Diese wurde im 15. Jh. umfassend neu gestaltet und 1650 von Cromwells Handlangern endgültig zerstört.

Um sich das frühere Bauwerk vorzustellen, braucht man zwar eine Menge Fantasie, aber dafür ist die Aussicht vom Gipfel bei klarem Wetter atemberaubend. Mit etwas Glück sieht man den Timahoe-Rundturm im Süden sowie die Slieve Blooms im Westen und die Wicklow Mountains im Osten.

Der Felsen liegt 6 km östlich von Portlaoise an der Straße nach Stradbally (N80).

ABSTECHER

ELECTRIC PICNIC

Irlands Pendant zu Glastonbury, allerdings in etwas kleinerem Maßstab, ist das ungewöhnlich aufgemachte **Electric Picnic** (www.electric picnic.ie; 3-Tages-Karte 240 €; ⌚Anfang Sept.), ein dreitägiges Open-Air-Festival. Im Laufe der Jahre hat es Größen wie Björk, Bob Geldof, Sinead O'Connor, Massive Attack und die Sex Pistols angezogen. Neben Musik gibt's hier eine Body-&-Soul-Arena, Comedybühnen, Kinofilme und eine geräuschlose Disco. Die Tickets sind meistens schon Monate im Voraus ausverkauft. Als Veranstaltungsort dient das Gelände der Stradbally Hall 10 km südöstlich von Portlaoise.

Timahoe

1527 EW.

Das winzige Timahoe ist charmant, wenn auch nicht viel mehr als eine Ansammlung von Häusern um einen dreieckigen Rasenplatz. Auf der anderen Seite eines plätschernden Bachs erhebt sich ein 30 m hoher **Rundturm** aus dem 12. Jh., der einem Märchen entsprungen sein könnte. Er hat ein romanisches Eingangstor mit ungewöhnlichen Reliefs und ist Teil einer antiken Stätte, zu der auch die Ruinen einer Kirche aus dem 15. Jh. gehören. Der ganze Ort scheint verzaubert, zumal sich kaum ein Tourist hierher verirrt.

Timahoe liegt 13 km südöstlich von Portlaoise an der R426.

COUNTY OFFALY

Abgesehen von der prachtvollen Klosterstätte Clonmacnoise taucht das grüne, gewässerreiche County mit den zahlreichen weiten Torfmoorflächen nur selten auf dem Reiseplan von Travellern auf, dabei hätte es viel größere Aufmerksamkeit verdient. Das geschichtsreiche Offaly wartet mit jeder Menge Burgen und dem stimmungsvollen Örtchen Birr auf, und seine großen Moore werden international für ihre Tier- sowie Pflanzenvielfalt geschätzt. Darüber hinaus bieten der Shannon und der Grand Canal erstklassige Angel- und Wassersportmöglichkeiten.

Weitere Informationen findet man unter www.offaly.ie, www.offalytourism.com und www.discoverireland.ie/offaly.

Birr

5822 EW.

Das quirlige Birr ist eine der reizvollsten Städte in den Midlands. Unterhalb der prächtigen alten Burg reihen sich elegante georgianische Häuser mit pastellfarbenen Fassaden aneinander, außerdem wartet der Ort mit einigen hervorragenden Unterkünften und einem schwungvollen Nachtleben samt Livemusik auf. Trotz dieser Attraktionen liegt er abseits vom Rummel, deshalb kann man seine Vorzüge genießen, ohne sich durch Touristenmassen drängeln zu müssen.

Sehenswertes

In Birr stößt man auf zahlreiche erstklassige **georgianische Häuser**. Einige der schönsten befinden sich in der baumgesäumten **Oxmantown Mall** und in der **John's Mall**.

In der Touristeninformation gibt's eine kostenlose Broschüre mit Einzelheiten zu den wichtigsten Sehenswürdigkeiten, darunter der megalithische **Seffin Stone** (er soll die antike Kennzeichnung für Umbilicus Hiberniae – Nabel von Irland – sein und markierte jahrhundertelang das Zentrum des Landes) und **St. Brendan's Old Churchyard**, an dessen Standort der hl. Brendan im 6. Jh. angeblich seine Siedlung errichtet hat.

★ Birr Castle Demesne BURG

(www.birrcastle.com; Park Erw./Kind 9/5 €, Park & Burg Erw./Kind 18/10 €; ⌚ Mitte März–Okt. 9–18 Uhr, Nov.–Mitte März 12–16 Uhr; 👪) Für die Besichtigung der Attraktionen und der Gärten dieser Festung sollte man mindestens einen halben Tag einplanen. Die 1620 errichtete und Anfang des 19. Jhs. teilweise baulich veränderte Burg dient als privater Wohnsitz, doch in den Monaten Mai, Juli und August können Besucher die Haupträume besichtigen.

Das etwa 50 ha große Grundstück ist für seinen prächtigen **Park** bekannt, der sich rund um einen hübschen See erstreckt und mit Wasserfällen, Blumenwiesen und einer von einer 90 Jahre alten Glyzinie bewachsenen Pergola aufwartet. In der Grünanlage gedeihen mehr als 1000 Pflanzenarten. Besucher sollten sich den romantischen Kreuzgang aus Weißbuchen sowie eine der größten Buchsbaumhecken der Welt (sie schaffte es sogar ins *Guiness Buch der Rekorde*) nicht entgehen lassen. Die Buchsbaumhecke wurde in den 1780er-Jahren angepflanzt und reicht inzwischen stolze 12 m hoch.

Aus der Parson-Familie gingen viele bahnbrechende Wissenschaftler hervor, deren Arbeiten im historischen **Wissenschaftszentrum** dokumentiert sind. Zur Ausstellung gehört auch ein riesiges **Teleskop**, das William Parsons 1845 gebaut hat. Der „Leviathan von Parsonstown“ blieb 75 Jahre lang das größte Teleskop der Welt und faszinierte eine Vielzahl von Forschern und Astronomen. Er ermöglichte zahlreiche Entdeckungen, darunter die Spiralform der Milchstraße. Nach dem Tod von Williams Sohn wurde das Teleskop vernachlässigt und fiel irgendwann auseinander. Vor Kurzem ist es es vollständig restauriert worden und kann nun in all seiner Pracht im Park besichtigt werden.

GRAND CANAL & ROYAL CANAL

Nach vielen Debatten über den Bau eines Wasserweges, der Dublin mit dem Shannon verbinden sollte, begannen 1757 die Arbeiten am Grand Canal. Das Projekt erlebte viele Probleme und riesige Verzögerungen. Darüber hinaus heckten kommerzielle Rivalen den Plan aus, einen konkurrierenden Kanal zu errichten, und so entstand der Royal Canal. Beide Wasserstraßen revolutionierten im frühen 19. Jh. die Verkehrswirtschaft Irlands, doch ihre Glanzzeit war nur von kurzer Dauer, weil sie bald von Eisenbahnstrecken ersetzt wurden.

Heute locken die Kanäle zahlreiche Segler und Angler an, aber ihre Ufer sind auch ein wunderbares Territorium zum Wandern und Radfahren. Außerdem führen sie durch viele malerische Dörfer. Seitdem der letzte Abschnitt des Royal Canal restauriert worden ist, kann man eine Dreieckstour von Dublin am Royal Canal oder am Grand Canal entlang zum Shannon und zurück unternehmen.

Waterways Ireland (www.waterwaysireland.org) und die **Inland Waterways Association of Ireland** (www.iwai.ie) bieten umfassende Infos über die beiden Wasserstraßen.

Grand Canal

Der 131 km lange Grand Canal bahnt sich seinen Weg von Dublin durch Tullamore und mündet bei Shannonbridge in den Shannon. Er fließt durch nahezu unbewohnte Landschaften und passiert Sümpfe, hübsche Dörfer sowie 43 schöne von Hand erbaute Schleusen. In der Nähe des Dorfes Sallins im County Kildare überquert er die Liffey auf dem siebenbogigen **Leinster Aqueduct**. Im nahe gelegenen Robertstown beginnt ein 45 km langer Abzweig des Kanals, der beim malerischen Örtchen Athy in den Barrow mündet.

Royal Canal

Der 145 km lange Royal Canal folgt der nördlichen Grenze des Countys Kildare und fließt nahe Leixlip über ein massives **Aquädukt**, bevor er in Clondra, County Longford, auf den Shannon trifft. Er ist ein beliebtes Ausflugsziel der Bewohner des Pendlergürtels im Norden Kildares. Sowohl der Kanal als auch die Treidelpfade sind bis Shannon befahr- bzw. begehbar.

Hausboote

Mehrere Anbieter vermieten kleine Boote mit zwei bzw. sechs Schlafkojen. Sie kosten pro Woche 850 bzw. 1595 €.

Barrowline Cruisers (www.barrowline.ie; Vicarstown, County Laois)

Canalways (www.canalways.ie; Rathangan, County Kildare)

William Parsons Frau, Mary Ross, war eine leidenschaftliche Fotografin, und ihre Dunkelkammer soll eine der weltweit ersten dieser Art gewesen sein. Leider blieb sie nicht erhalten, doch 2013 wurde ein exakter Nachbau des Raums eröffnet. Neu sind auch der Kinderspielplatz mit Spielhaus, Hobbit-Hütten und Trampolinen und das ausgezeichnete Castle Courtyard Café, das für seine Gerichte regionale Produkte verwendet.

Aktivitäten

Ein üppig grüner **Uferweg** verläuft Richtung Osten von der Oxmantown Bridge am Fluss Camcor entlang bis zur Elmgrove Bridge.

Birr Outdoor Education Centre ABENTEUERSPORT
(www.birroec.ie; Roscrea Rd; 👪) Bergwanderungen, Klettertouren und Abseiling in den nahe gelegenen Slieve Blooms sowie Segel- und Kajakfahrten auf Flüssen in der Umgebung.

Birr Equestrian Centre REITEN
(www.birrequestrian.ie; Kingsborough House; Ausritte 25 €/Std.; 👪) 3 km außerhalb von Birr an der Straße nach Clareen bietet dieses Reitzentrum einstündige Ausflüge in die ländliche Umgebung sowie halbtägige Ausritte in den Slieve Bloom Mountains (70 €) an.

Birr Golf Club GOLF
(☎057-912 0082; The Glenns; Greenfee ab 15 €) Freundlicher Golfclub. Der Platz auf natür-

ABSTECHER

GEISTERSCHLOSS

Ursprünglich wachte Irlands am meisten verwunschenes Spukschloss, das **Leap Castle** (☎086 771 1034; www.leapcastle.net; Eintritt 6 €; ⏲nach Voranmeldung), über eine wichtige Route zwischen Munster und Leinster. Die Burg war Schauplatz vieler grausiger Taten und besitzt gruselige feuchte Verliese sowie eine „Bloody Chapel", die für ihre unheimlichen Erscheinungen bekannt ist.

Trotz andauernder Renovierungsarbeiten kann das Schloss besichtigt werden. Es befindet sich 12 km südöstlich von Birr zwischen Kinnitty und Roscrea (in Tipperary) abseits der R421.

lich bewaldetem Gelände verfügt über viele anspruchsvolle Hügel und Mulden.

Feste & Events

Birr Vintage Week & Arts Festival KULTUR
(www.birrvintageweek.com; ⏲Anfang Aug.) Birr feiert seine reiche Geschichte mit Straßenumzügen, Theater, Musik, Ausstellungen, Workshops, geführten Wanderungen und einem traditionellen Volksfest.

Schlafen

Maltings Guesthouse B&B €€
(☎057-912 1345; www.themaltingsbirr.com; Castle St; EZ/DZ 35/70 €;) Bevor es zu einem B&B umgebaut wurde, war in dem alten Malzlagerhaus aus dem Jahre 1810 eine Guinness-Brauerei untergebracht. Das Maltings Guesthouse punktet mit einer traumhaften Lage direkt an der Burg und am Fluss Camcor. Die großen Zimmer sind mit Kiefernmöbeln und in beruhigenden Lila- sowie Grüntönen eingerichtet, doch das Beste ist, dass sie ebenso wie der hinreißende Frühstücksraum aufs Wasser schauen.

Brendan House B&B €€
(☎057-912 1818; www.tinjugstudio.com; Brendan St; Studio für 2 Pers. ab 15 € pro Pers., EZ/DZ 50/80 €;) In dem georgianischen Stadthaus, das bis an den Rand mit Nippes, Büchern, Teppichläufern, Kunst und Antiquitäten vollgepackt ist, müssen sich die Gäste der drei Zimmer zwar ein Bad teilen, doch die Himmelbetten, der historische Charme, das fantastische Frühstück und der künstlerische Stil des Gebäudes machen dieses Manko mühelos wett. Die Inhaber organisieren geführte Bergtouren, Burgbesichtigungen sowie ganzheitliche Behandlungen. Es gibt auch ein Künstleratelier für Selbstversorger, in dem jede Menge Kunstmaterialien lagern, das aber zwei (schmale) Betten, eine kleine Küche und ein eigenes Bad enthält. Keine Fernseher.

Dooley's Hotel HOTEL €€
(☎057-912 0032; www.doolyshotel.com; Emmet Sq; EZ/DZ ab 45/70 €; @) Ursprünglich diente das 1740 errichtete Hotel als Herberge für Reisende mit der Postkutsche. Die Einrichtung im georgianischen Stil und die netten jungen Angestellten sorgen für eine anheimelnde Atmosphäre. Außerdem gibt's ein solides Restaurant und mehrere Bars. Die großen Zimmer haben moderne Tapeten und blitzsaubere Bäder mit bräunlichen Fliesen. Weniger ansprechend sind die etwas abgewetzten Teppiche.

Emmet House B&B €€
(☎057-916 9885; www.emmethouse.com; Emmet Sq; EZ/DZ/3BZ 50/80/100 €;) Beim Emmet Square am Eingang zur Stadt wartet dieses stattliche historische Bauwerk auf Gäste. Die einfachen Zimmer verfügen über eine elegante Einrichtung in Cremetönen und mit dunklem Holz. In einem Raum steht sogar ein Himmelbett (beim Buchen danach fragen).

Essen

Emma's Café & Deli CAFÉ, FEINKOST €
(31 Main St; Mahlzeiten 5–8 €; ⏲Mo–Fr 9–18, So 12.30–18 Uhr;) Meistens ist das Emma's mit Familien und Einkäufern gefüllt. Es bietet eine vielfältige Auswahl an Ciabattas, Panini, Wraps, Salaten und Kuchen sowie Tageszeitungen und Bücher und Spiele für Kinder. Außerdem gibt's hier viele verlockende Delikatessen für ein Picknick.

Riverbank MODERN IRISCH €€
(☎057-912 1528; Riverstown; Hauptgerichte 12–22 €, Sonntagslunch 20 €; ⏲Di–So 12.30–21.30 Uhr;) Das stilvolle Restaurant liegt neben der Brücke am Ufer des Little Brosna River und ist an der ockerfarbenen Fassade zu erkennen. Zum Sonntagslunch zieht es ganze Heerscharen von Gästen an. Angesichts einer Auswahl von sechs Vorspeisen und sieben Hauptgerichten (darunter ein vegetarisches) kann man über den Preis nicht meckern. Ansonsten um-

fasst die Speisekarte typische traditionelle Spezialitäten sowie einiges Außergewöhnliches, etwa warmen Salat mit gebratenem Kängurufleisch und einem Dressing aus süßem Chili und rosa Pfeffer. Das Riverbank befindet sich 1,5 km südwestlich von Birr an der N52.

Sizzler Tandoori INDISCH €€
(Market Sq; Hauptgerichte 8–12 €; Mi–Sa 17–23.30, So 12–16 Uhr;) In dem empfehlenswerten indischen Lokal bekommt man alle typischen Gerichte, darunter Biryanis, Kormas und südindische Currys sowie eine breite Palette an vegetarischen Speisen. Unpassenderweise gibt's für Kids Chicken Nuggets und dergleichen. Safrangelbe Farben sorgen für ein schönes Ambiente.

Thatch IRISCH, INTERNATIONAL €€€
(057-912 0682; www.thethatchcrinkill.com; Crinkill; Hauptgerichte 22–29 €; Mo–Do 16–22, Fr & Sa 10 Uhr–spät;) In dem 200 Jahre alten reetgedeckten Pub 2 km südöstlich von Birr kann man gemütlich ein Pint schlürfen oder eine Mahlzeit zu sich nehmen. Das herzhafte Essen schmeckt überdurchschnittlich gut und hat bereits mehrere Preise gewonnen. Neben traditionellem Braten sind auch asiatisch inspirierte und vegetarische Gerichte im Angebot. Die Inneneinrichtung ist hinreißend: drei Bars mit Ziegelwänden und offenen Kaminen und ein moderner Speisesaal aus hellem Holz.

Ausgehen & Nachtleben

Chestnut PUB
(www.thechestnut.ie; Green St; Mo–Do 20 Uhr–spät, Fr ab 17, Sa & So ab 15 Uhr) Das netteste Pub im Zentrum wurde 1823 errichtet, aber ästhetisch ansprechend modernisiert: Die Einrichtung verbindet dunkles Mobiliar mit dem Stil eines kontinentalen Cafés. Auf der Speisekarte stehen Sandwiches und an den Wochenende erklingt hier Livemusik.

Craughwell's PUB
(Castle St; Mo–Sa 19–23.30, So 13–23 Uhr) Am ersten Freitag im Monat finden im Craughwell's traditionelle Sessions statt. Samstags singt das Publikum übrigens ganz gern mal spontan mit.

Melba's Nite Club CLUB
(Emmet Sq; Fr–So 23 Uhr–open end) Im Untergeschoss des Dooly's Hotel legen die DJs für die lebhaften einheimischen Gäste Chill-out, House und Tribal Music auf.

Unterhaltung

Birr Theatre & Arts Centre KULTURZENTRUM
(www.birrtheatre.com; Oxmantown Hall) Lebendiges Kulturzentrum mit Filmen, Konzerten und Theateraufführungen.

Praktische Informationen

Mid-Ireland Tourism (057-912 0923; www.midirelandtourism.ie; Brendan St; Mo–Fr 9.30–13 & 14–17.30 Uhr) Hilfreich, wenn die Touristeninformation geschlossen ist.

Touristeninformation (057-912 0110; Civic Offices, Wilmer Rd; Mitte Mai–Mitte Sept. Mo–Sa 9.30–13 & 14–17.30 Uhr) Gute Infos über die Stadt und die Umgebung.

An- & Weiterreise

Bus Éireann fährt über Tullamore nach Dublin (18 €, 3½ Std., 1-mal tgl.) und nach Athlone (11,40 €, 1 Std., Mo–Sa 4-mal tgl., So 2-mal tgl.).

Kinnitty

360 EW.

Dieses malerische, verträumte Dorf eignet sich als guter Ausgangspunkt zur Erkundung der Slieve Bloom Mountains im Osten. Landschaftlich reizvolle Straßen führen durch die Berge nach Mountrath und Mountmellick, beide im Conty Laois.

Sehenswertes

Besonders sehenswert ist die bizarre 10 m hohe **Steinpyramide** auf dem Friedhof hinter der Church of Ireland. Richard Bernard ließ die maßstabsgetreue Nachbildung der ägyptischen Cheopspyramide in den 1830er-Jahren für die Familiengruft anfertigen.

Der Schaft des **Kinnitty High Cross** aus dem 9. Jh. wurde im 19. Jh. zum Kinnitty Castle verschleppt und steht heute auf der Hotelterrasse. Adam und Eva und die Kreuzigung sind auf beiden Seiten gut zu erkennen.

Schlafen

★ **Ardmore House** B&B €€
(057-913 7009; www.kinnitty.com; The Walk; EZ/DZ ab 55/82 €;) Das entzückende viktorianische Bauwerk voller altertümlichem Charme verfügt über stimmungsvolle, mit Messingbetten, zarten Blumenmustern und antiken Möbeln ausgestattete Zimmer und bietet einen tollen Ausblick auf die nahe gelegenen Berge. Die mit Torf beheizten Kamine und selbst gebackenes Schwarzbrot

runden die gemütliche, rustikale Atmosphäre perfekt ab. Außerdem organisieren die Inhaber Wanderungen in die Slieve Bloom Mountains. Das B&B liegt etwas abseits der R440, ca. 200 m östlich von Kinnitty.

Kinnitty Castle LUXUSHOTEL €€
(☎057-913 7318; www.kinnittycastlehotel.com; EZ/DZ ab 50/100 €;) Bei dem neogotischen Kinnitty Castle aus dem 19. Jh. handelt es sich um eines der berühmtesten irischen Herrenhäuser. Die Burg erhebt sich auf einem riesigen Grundstück. Sie ist stark von der Wirtschaftkrise betroffen und gehört mittlerweile den Banken, die sie verwalten und weiterhin als Luxushotel und Veranstaltungsort für Hochzeiten betreiben. Entsprechend stimmungsvoll sind die Zimmer und die Dungeon Bar (Verliesbar). Angeblich spuken in dem Gebäude 3 km südöstlich des Dorfes in der Nähe der R440 sogar Geister herum.

Banagher & Umgebung

1655 EW.

In den Sommermonaten, wenn der geschäftige Jachthafen von Bootsfahrern überflutet wird, erwacht das verschlafene Banagher zum Leben. Am berühmtesten ist der Ort wohl dafür, dass Charlotte Brontë hier einst ihre Flitterwochen verbrachte.

Sehenswertes

An einer Furt über dem Shannon gelegen, war Banagher in stürmischen Zeiten von enormer strategischer Bedeutung. Zu den bescheidenen Befestigungsanlagen an der Brücke gehören das in den 1650er-Jahren errichtete und während der Napoleonischen Kriege umgebaute kleine **Cromwell's Castle**, das **Fort Eliza** (von dem noch eine fünfseitige Geschützbatterie, das Wachhaus, Wassergraben und verbliebene Mauern zu sehen sind), eine **Militärkaserne** ohne Dach und ein **Martello-Turm**.

Die **St. Paul's Church** am oberen Ende der Main Street besitzt ein prächtiges Buntglasfenster, das ursprünglich für Westminster Abbey vorgesehen war.

Aktivitäten

Bootfahren

Banaghers Marina ist ideal, um einen Kreuzer für eine Fahrt auf dem Shannon oder dem Royal Canal zu mieten. Die Preise für ein Boot mit 3/12 Schlafkojen beginnen bei etwa 878/3376 €. Näheres erfährt man bei **Carrick Craft** (www.cruise-ireland.com) oder bei **Silverline Cruisers** (www.silverlinecruisers.com). Darüber hinaus gibt's am Jachthafen einen Kanuverleih.

Wandern

3 km südlich von Banagher in Lusmagh (abseits der R439) kann man eine gemütliche Wanderung zur malerischen **Victoria Lock** unternehmen, wo sich der Shannon in zwei Arme teilt. Wenn man diese Schleuse überquert und am Westufer des Flusses gen Norden geht, gelangt man nach 2 km zur **Meelick Church**. Die Kirche stammt aus dem 15. Jh. und ist eines der ältesten bis heute genutzten Gotteshäuser in Irland.

Schlafen & Essen

★**Charlotte's Way** B&B €€
(☎057-915 3864; www.charlottesway.com; The Hill; EZ/DZ 40/70 €;) In dem geschmackvoll restaurierten ehemaligen Pfarrhaus, das mit antiken Möbeln, alten Drucken und Antiquitäten eingerichtet ist, gibt's fünf preiswerte Quartiere, darunter ein Flitterwochenzimmer samt Whirlpool. Charlotte Brontë kam während ihrer Hochzeitsreise oft als Gast vorbei. Nach ihrem Tod lebte ihr Mann Arthur hier als Rektor. Zum Frühstück werden frische Eier von den hauseigenen Hühnern gereicht und im hübschen Garten grasen zwei winzige Fallabella-Pferde (eine der kleinsten Pferderassen der Welt).

Dún Cromáin B&B €
(☎057-915 3966; www.duncromain.com; Crank Rd; EZ/DZ 35/60 €;) Die großen Zimmer sind von weitläufigem Rasen umgeben und in Pastellfarben, mit hellem Holz sowie weißer Wäsche eingerichtet. Der gemütliche Frühstücksraum dient gleichzeitig als Aufenthaltsraum und ist mit einem Kamin ausgestattet. Das B&B bietet Extras wie einen Babysitterservice, Kühlschränke und die Möglichkeit, Kleidung zu trocknen (in dieser Gegend sehr nützlich).

Flynns Bar & Restaurant IRISCH €€
(Main St; Hauptgerichte 9–20 €; ⏲10.30–23.30 Uhr) Bei Einheimischen erfreut sich die mit Holz verkleidete Bar dank ihrer sättigenden Grillgerichte, Steaks und Pasta großer Beliebtheit. Die Portionen sind riesig!

Ausgehen & Nachtleben

JJ Houghs PUB
(Main St; ⏲17 Uhr–spätabends) Neben dem Fluss gilt das Houghs als Banaghers Haupt-

ABSTECHER

SHANNON HARBOUR & UMGEBUNG

1 km östlich von der Stelle, wo der Grand Canal auf den Shannon trifft, erstreckt sich das verschlafene **Shannon Harbour**. Es wurde zur Versorgung der Wasserwege angelegt und war einst ein blühendes Handelszentrum mit über 1000 Einwohnern. Im Hafen legten Frachter und Passagierschiffe ab, oftmals mit armen Einheimischen an Bord, die nach Nordamerika oder Australien auswandern wollten.

Mittlerweile sind die Wasserstraßen wieder voller Boote, zudem verlaufen hier Spazierwege in alle Richtungen. Aus diesem Grund ist Shannon Harbour ein reizvolles Ziel für Wanderer, Angler, Bootsfahrer und Vogelbeobachter.

Das Dorf liegt 10 km nordöstlich von Banagher an der R356. Ganz in der Nähe erhebt sich das **Clonony Castle** (☎ 086 068 1404; www.clononycastle.ie; Eintritt gegen Spende; ⏱ nach Voranmeldung Mai–Dez.), ein befestigtes Turmhaus mit einer zinnenbewehrten Mauer. Dass die zweite Frau von Heinrich VIII., Anne Boleyn, hier geboren sein soll, stimmt nicht, wahr ist aber, dass ihre Cousinen Elizabeth und Mary Boleyn neben den Überresten des Gebäudes begraben wurden. Mittlerweile ist die Restaurierung der ersten beiden beendet und der amerikanische Besitzer heißt Besucher nach vorheriger Anmeldung herzlich willkommen.

attraktion. Das 250 Jahre alte weinumrankte Pub ist vor allem für seine Musik bekannt. Im Sommer gibt's fast jeden Abend Livemusik, im Winter nur an den Wochenenden. Wenn gerade keine Konzerte stattfinden, kann man die vielen Erinnerungsstücke an den Wänden bewundern oder im Biergarten die Sterne zählen.

An- & Weiterreise

Kearns Transport (www.kearnstransport.com) bietet eine tägliche Verbindung von Banagher nach Birr (3 €, 15 Min.), Tullamore (3,75 €, 45 Min.) und Dublin (10 €, 2¾ Std.).

Shannonbridge

650 EW.

Das idyllische Shannonbridge wurde nach einer schmalen Brücke mit 16 Bogen aus dem 18. Jh. benannt. Auf der anderen Seite des Flusses beginnt das County Roscommon. In dem kleinen verschlafenen Nest gibt's lediglich eine Hauptstraße und drei Pubs.

Am Westufer erstrecken sich die unübersehbaren, massiven **Befestigungsanlagen** aus dem 19. Jh. Dort waren schwere Geschütze postiert, die Napoleons Truppen aufhalten sollten, hätte er die Frechheit besessen, einzumarschieren.

Schlafen & Essen

Rachra House B&B €
(☎ 090-967 4249; Main St; EZ/DZ 45/60 €) Das makellos saubere B&B in der Hauptstraße des Dorfes hat attraktive Zimmer mit gemütlichen Teppichen, bestickten Bettüberwürfen und eigenen Bädern samt Parkett und himmelblauen Fliesen.

Old Fort Restaurant MODERN IRISCH €€
(☎ 090-967 4973; www.theoldfortrestaurant.com; Hauptgerichte 21,50–29,50 €, festes Menü 20 €; ⏱ Mi–Sa 17–21.30, So 12.30–14.30 Uhr) Bietet eine anspruchsvolle Version der traditionellen Küche im angemessen prächtigen Ambiente eines alten Brückenkopfes.

Ausgehen & Nachtleben

★ **Killeens Village Tavern** PUB
(Main St) In dem traditionellen Pub und Geschäft werden Gäste herzlich empfangen. Die Decke der für ihre Trad Sessions bekannten Kneipe ist mit alten Visitenkarten dankbarer Besucher gepflastert. Im Sommer finden dreimal pro Woche Konzerte statt, in den anderen Monaten nur am Wochenende. Wer Hunger hat, kommt in den Genuss authentisch-irischer Pubkost.

Clonmacnoise

Clonmacnoise, eine der wichtigsten historischen Klostersiedlungen Irlands, verfügt über eine herrliche Lage mit Blick auf den Shannon. Zu der von einer Mauer umgebenen Stätte gehören mehrere erstaunlich gut erhaltene frühe Kirchen, Hochkreuze, Rundtürme und Gräber. Das umliegende Marschland, **Shannon Callows** genannt, dient als Lebensraum für zahlreiche Wildpflanzen. Darüber hinaus ist es einer der letzten Zu-

Clonmacnoise

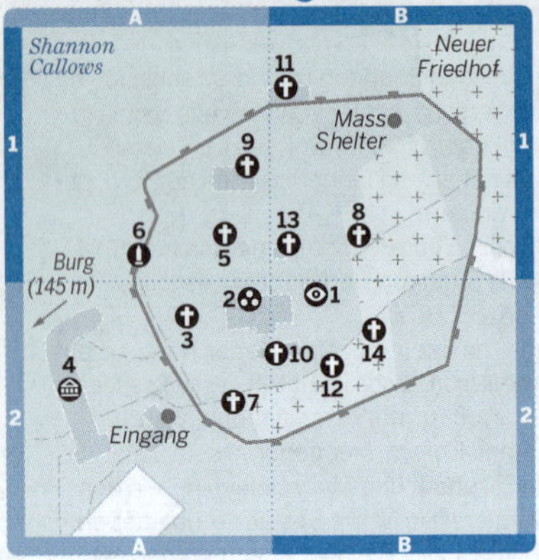

Clonmacnoise

Sehenswertes

1 Bullaun ... B2
2 Kathedrale ... A2
3 Cross of the Scriptures (King Flann's Cross) ... A2
4 Museum ... A2
5 North Cross ... A1
6 O'Rourke's Tower ... A1
7 South Cross ... A2
8 Temple Ciaran ... B1
9 Temple Conner ... A1
10 Temple Doolin ... B2
11 Temple Finghin & Rundturm ... B1
12 Temple Hurpan ... B2
13 Temple Kelly ... B1
14 Temple Melaghlin ... B2

fluchtsorte für den vom Aussterben bedrohten Wachtelkönig, ein pastellfarbener Verwandter des Blesshuhns.

Geschichte

Als der hl. Ciarán hier 548 ein Kloster gründete, befand sich an dieser Stelle der wichtigste Scheideweg des Landes, die Kreuzung des von Norden nach Süden fließenden Shannon mit der Ost-West verlaufenden Esker Riada (Straße der Könige).

Ciarán starb nur sieben Monate nach der Errichtung der ersten Kirche, doch über die Jahre wurde Clonmacnoise zu einer beispiellosen Bastion irischen Glaubens, irischer Literatur und Kunst und scharte eine große Laienbevölkerung um sich. Zwischen dem 7. und 12. Jh. kamen Mönche aus ganz Europa hierher, um zu studieren und zu beten. Ihnen verdankt Irland den Ruf als „Land der Heiligen und Gelehrten".

Ein großer Teil der Ruinen stammt aus dem 10. bis 12. Jh. Vermutlich lebten die Mönche in kleinen Hütten rund um das Kloster. Die Stätte wurde mehrmals von den Wikingern und Iren niedergebrannt und geplündert. Nach dem 12. Jh. begann sie zu verfallen, im 15. Jh. diente sie bloß noch einem verarmten Bischof als Wohnsitz und 1552 zerstörten sie englische Truppen aus Athlone, die keinen Stein auf dem anderen ließen.

Zu den Schätzen, die all diese Attacken überstanden, zählen der Krummstab der Äbte von Clonmacnoise, heute im Dubliner Nationalmuseum ausgestellt, und das *Leabhar na hUidhre* (Das Buch der Dunklen Kuh) aus dem 12. Jh. Das Buch ist gegenwärtig ebenfalls in Dublin, in der Royal Irish Academy, zu sehen.

Sehenswertes

Museum MUSEUM

(www.heritageireland.ie; Mitte Mai–Mitte Sept. 9–19 Uhr, Mitte Sept.–Mitte Mai 10–17.30 Uhr, letzter Einlass 45 Min. vor Schließung) Drei kegelförmige Hütten am Eingang, die die Bauweise früherer Klosterbehausungen widerspiegeln, beherbergen das Museum der Stätte. Hier gibt's eine 20-minütige audiovisuelle Show, die eine großartige Einführung ist.

Die Ausstellung umfasst originale Hochkreuze – an den Fundorten stehen heute Nachbildungen – und verschiedene Artefakte, die bei Ausgrabungen entdeckt wurden, darunter Silberfibeln, Gläser und ein Ogham-Stein. Außerdem kann man hier die größte europäische Sammlung frühchristlicher Grabplatten besichtigen. Viele tragen gut lesbare Inschriften, die mit *oroit do* oder *ar* (ein Gebet für) beginnen.

Beim Abstieg zu einem der schönsten Kreuze Irlands, dem **Cross of the Scriptures (King Flann's Cross)**, entsteht eine gewisse Dramatik. Das Stück ist unverwechselbar und sehr markant mit einzigartigen nach oben weisenden Armen und reich verzierten Tafeln, auf denen die Kreuzigung, das Jüngste Gericht, die Gefangennahme Jesu und das Grab Christi zu sehen sind.

Vom **North Cross** aus dem Jahre 800 ist nur der Schaft erhalten. Er ist mit Löwen, verschlungenen Spiralen und einer Figur geschmückt, die wahrscheinlich den keltischen Gott Cernunnos darstellt. Das reich verzierte **South Cross** weist abstrakte

Schnitzereien (Wirbel, Spiralen und Mäander), die Kreuzigung sowie ein paar umherspringende Kreaturen auf.

Kathedrale RUINE

Clonmacnoises größtes Bauwerk wurde 909 errichtet, über die Jahrhunderte jedoch maßgeblich verändert und umgestaltet. Interessantestes Merkmal der Kathedrale ist die aufwendige gotische Eingangstür aus dem 15. Jh. mit Reliefbildern der Heiligen Franziskus, Patrick und Dominik. Selbst ein Flüstern wandert hier von einer Seite der Tür zur anderen – vielleicht konnten so die Aussätzigen zur Beichte gehen, ohne die Priester anzustecken.

Angeblich wurden die letzten Hochkönige von Tara, Turlough Mór O'Connor (gest. 1156) und sein Sohn Ruairí, oder Rory (gest. 1198), in der Nähe des Altars beigesetzt.

Tempel KIRCHE

Kleine Kirchen nennt man nach dem irischen Wort *teampall* (Kirche) auch *temple*. Der überdachte **Temple Conner** wird bis zum letzten Sonntag im Sommer von Gemeindemitgliedern der Church of Ireland besucht. Auf dem Weg dorthin kommt man an den dürftigen Fundamenten des **Temple Kelly** (1167) und des **Temple Ciaran** vorbei, wo der hl. Ciarán, Begründer der Stätte, beerdigt worden sein soll.

Der Fußboden im Temple Ciaran liegt tiefer als draußen, weil die ansässigen Bauern jahrhundertelang Lehm aus der Kirche als Glücksbringer zum Schutz ihrer Ernten und Tiere mitnahmen. Inzwischen ist der Boden mit Platten bedeckt, doch im Frühjahr wird immer noch Lehm von draußen abgetragen.

An der südwestlichen Ecke des Tempels steht ein uralter *bullaun* (Schleifstein), der wahrscheinlich zur Herstellung von Medizin für das Klosterkrankenhaus diente. Heute hilft das darin gesammelte Regenwasser angeblich gegen Warzen.

Wer sich weiter in der Gegend umsieht, stößt auch noch auf den **Temple Melaghlin** (12. Jh.) mit schönen Fenstern sowie auf die Zwillingsbauten des **Temple Hurpan** und des **Temple Doolin**.

Rundtürme HISTORISCHES GEBÄUDE

Vom 20 m hohen **O'Rourke's Tower** genießt man einen herrlichen Blick auf den Shannon. Ein Blitz zerstörte die Spitze des Gebäudes, trotzdem wurde es noch 400 Jahre genutzt.

An der nördlichen Begrenzung befindet sich der **Temple Finghin** mit seinem Rundturm. Er stammt aus dem Jahre 1160 und verfügt über einige schöne romanische Reliefs. Das Turmdach mit Fischgrätenmuster ist das einzige nie veränderte in Irland.

Noch mehr Ruinen HISTORISCHES GEBÄUDE

Außerhalb der Einfriedung, etwa 500 m östlich über den modernen Friedhof, ragt die abgeschiedene **Nun's Church** auf. Sie besitzt wunderbare romanische Bogen mit feinen Reliefs. Eines davon gilt als älteste *sheela-na-gig* (geschnitzte Frau mit übergroß dargestellter Vulva) Irlands und zeigt eine akrobatische Pose mit den Füßen hinter den Ohren.

Auf der Westseite der Anlage, in der Nähe des Parkplatzes, befindet sich eine Motte (Aufschüttung) mit den seltsam geformten Überresten einer **Burg** aus dem 13. Jh. Diese wurde von John de Grey, dem Bischof von Norwich, errichtet, um über den Shannon zu wachen.

Schlafen & Essen

Kajon House B&B €€

(☎090-967 4191; www.kajonhouse.ie; Creevagh; EZ/DZ 50/70 €; ⊙März–Okt.;) Wenn man vor Ort übernachten möchte, ist das Kajon House die beste Option. Es liegt nur 1,5 km von den Ruinen entfernt an der ausgeschilderten Straße nach Tullamore. Das freundliche B&B hat gemütliche Zimmer sowie einen geräumigen Hof mit Picknicktisch und bietet zudem Abendessen. Zum Frühstück gibt's u. a. leckere Pfannkuchen.

Shoppen

Core Craft Centre KUNST & KUNSTHANDWERK

(www.corecrafteddesign.com; Old School House, Ballinahown; ⊙Mo–Fr 10–18, Sa 11–18 Uhr) Auf dem Weg nach Clonmacnoise lohnt ein Zwischenstopp in Ballinahown an der N62. Hier wird modernes Kunsthandwerk verkauft, darunter Skupturen von Mooreichen und Keramik.

Praktische Informationen

In Clonmacnoise befindet sich auch eine **Touristeninformation** (☎090-967 4134; ⊙Mitte März–Okt. 10–17.45 Uhr). Für den Besuch der Anlage sollte man sich mehrere Stunden Zeit nehmen.

An- & Weiterreise

Clonmacnoise liegt 7 km nordöstlich von Shannonbridge an der R444.

SCHIFF/FÄHRE

Von Athlone (S. 540) im County Westmeath werden Fluss- und Busausflüge nach Clonmacnoise angeboten.

Silver Line (www.silverlinecruisers.com; Erw./Kind 12/8 €; ⌚ Juli & Aug. Mi & So 14 Uhr) Veranstaltet Bootstouren von Shannonbridge nach Clonmacnoise.

TAXI

Ein Taxi von Athlone hierher kostet inklusive einer Stunde Wartezeit zwischen 50 und 70 €.

Tullamore

11 575 EW.

Tullamore, der geschäftige Hauptort des Countys Offaly, liegt am Grand Canal. Es ist vor allem für den Tullamore-Dew-Whiskey bekannt, obwohl dieser schon seit Langem im County Tipperary hergestellt wird.

Sehenswertes

Charleville Castle BURG

(☎ 057-932 3040; www.charlevillecastle.ie; Führung 24 €/Pers., mind. 3 Erw.; ⌚ Führungen Juni–Aug. 13–17 Uhr, Sept.–April nach Voranmeldung) Aufgrund seiner Turmspitzen, Ecktürme, Efeuranken und knarzenden Bäume kommt der massive Bau etwas unheimlich daher – ja, spuken soll es hier auch! Dies war der Familiensitz der Burys, die Francis Johnston, einen berühmten Architekten, 1798 mit der Errichtung beauftragten. Das Innere der Burg und die Decken sind spektakulär, außerdem befindet sich hier eine der eindrucksvollsten neogotischen Galerien Irlands. Die Küche wurde von der Bauweise her einer Landkirche nachempfunden.

Eine Besichtigung ist nur im Rahmen einer Führung (35 Min.) möglich. Der Eingang liegt an der N52, südlich von Tullamore.

Tullamore Dew Heritage Centre MUSEUM

(www.tullamore-dew.org; Bury Quay; Erw./Stud. 8/6 €; ⌚ Mo–Sa 9–18, So 11.30–17 Uhr) Das am Kanal in einem 1897 errichteten Lagerhaus untergebrachte Museum präsentiert die spannende regionale Geschichte. Die interessante Ausstellung zeigt, welche Bedeutung der Grand Canal für Tullamores Entwicklung hatte. Ganz nebenbei wirbt das Heritage Centre auch gleich für den wohl bekömmlichsten irischen Whiskey, von dem man am Ende des Rundgangs drei Schlückchen probieren kann. Da es in der Stadt keine Touristeninformation gibt, nimmt das Museum diese Aufgabe in bescheidenem Umfang wahr. Snacks sind ebenfalls erhältlich.

Schlafen & Essen

Annaharvey Farm B&B €€

(☎ 057-934 3544; www.annaharveyfarm.ie; Aharney; EZ/DZ ab 35/70 €; 👪) Auf dem ruhig gelegenen Pferdehof wird man von den Inhabern herzlich empfangen und lernt das irische Landleben kennen. Alle Zimmer sind geschmackvoll und modern eingerichtet. Darüber hinaus kann man direkt vor der Tür

INSIDERWISSEN

MEADHBH LARKIN, GEISTERJÄGER

Meadhbh Larkin ist Locationmanagerin bei **Ghost Hunters** (www.irishghosthunters.com), das sich mit paranormaler Forschung beschäftigt. Sie sucht nach Orten mit übersinnlichen Erscheinungen, nimmt zu diesen Kontakt auf und analysiert das Ganze.

Welches County in Irland wird Ihrer Meinung nach am meisten von Geistern bedrängt? Warum? Das muss Offaly sein, denn hier stehen einige der am stärksten von Geistern heimgesuchten Burgen Irlands. Ich finde, auch die Landschaft trägt zur gespenstischen Atmosphäre bei – Offaly ist sehr flach und morastig und viele Moore liegen nachts im Nebel.

Und die verwunschenste Burg? Sowohl Leap Castle (S. 524) als auch Charleville Castle (S. 530) gelten als extrem verwunschen. Im Leap Castle sind über 20 Geister zu Hause – von denen zweier kleiner Mädchen bis zu einem Wesen, das als *elemental* bekannt ist und dem ich vor Kurzem bei einem Besuch auf Leap in Form des scheußlichen Geruchs von faulen Eiern begegnet bin.

Ihr Rat für Skeptiker? Skeptisch und unvoreingenommen bleiben, aber alles in Frage stellen. Wenn man etwas erlebt, wofür es keine logische Erklärung gibt, sollte man ein paranormales Ereignis in Betracht ziehen.

ABSTECHER

LOUGH BOORA

Im 20. Jh. wurde ein Großteil der einst ausgedehnten Torfmoore im County Offaly für die Stromversorgung abgebaut. Eines dieser Gebiete, der **Lough Boora** (www.loughboora parklands.com), steht heute im Mittelpunkt eines Naturschutzprojektes. 5 km westlich von Blue Ball an der R357 gelegen, lockt der See mit insgesamt 50 km langen Wanderwegen, auf denen sich ausgezeichnet Vögel beobachten lassen. Außerdem gibt's hier seltene Pflanzen, eine mesolithische Stätte und eine Reihe beeindruckender **Umweltskulpturen** (www.sculptureintheparklands.com) zu entdecken. Fahrräder können vor Ort ausgeliehen werden (20 € pro Tag).

reiten. Der Hof liegt 6 km südöstlich von Tullamore an der R420.

Sea Dew B&B €€
(057-935 2054; www.seadewguesthouse.com; Clonminch Rd; EZ/DZ ab 45/70 €;) Vom Ortszentrum sind es nur fünf Gehminuten bis zu dieser zweckmäßigen, gastfreundlichen Pension mit zwölf großen, gemütlichen Zimmern und einem wunderbaren Frühstücksraum. Im üppigen Garten befinden sich eine schöne Außenterrasse und ein Spielplatz für Kinder.

Sirocco's ITALIENISCH €€
(057-935 2839; www.siroccos.net; Patrick St; Hauptgerichte 12–25 €; Mo–Sa 17–23, Do & Fr 12–15, So 13–22 Uhr;) Die italienisch-irischen Besitzer dieses beliebten Bistros verwöhnen Unentschlossene mit frischer Pasta und Pizzas. Fleisch-, Geflügel- und Fischgerichte sind ebenfalls im Angebot. Reservierung empfohlen.

An- & Weiterreise

BUS

Bus Éireann verkehrt über Portlaoise, Carlow und Kilkenny nach Dublin (16,15 €, 2½ Std., Mo–Fr 5-mal, Sa & So 3-mal) und Waterford (22 €, 3¼ Std., 2-mal tgl.).

ZUG

Irish Rail (www.irishrail.ie) fährt Richtung Osten nach Dublin (ab 15 €, 1¼ Std., 12-mal tgl.) und Richtung Westen nach Galway (ab 15 €, 1½ Std, 8-mal tgl.) sowie nach Westport und Sligo.

Durrow Abbey

Im 6. Jh. gründete der hl. Colmcille (auch als Columba bekannt) die Durrow Abbey, die vor allem für das illustrierte *Book of Durrow* berühmt ist. Es stammt aus dem 7. Jh. und ist bis heute erhalten – eine bemerkenswerte Leistung, wenn man bedenkt, dass es auf einem Bauernhof entdeckt wurde, wo es in der Viehtränke lag, um Krankheiten zu heilen. Inzwischen kann man es im Dubliner Trinity College bewundern.

Die Stätte umfasst fünf frühchristliche Grabsteine und ein herrliches **Hochkreuz** aus dem 10. Jh., dessen komplexe Hochreliefs Isaaks Opfer, das Jüngste Gericht und die Kreuzigung Christi darstellen.

Der nördliche Weg an dem Kloster vorbei führt zum **St. Colmcille's Well**, eine heilige Quelle, die durch ein kleines *cairn* (Steingrab) markiert ist.

Die Abtei liegt 7 km nördlich von Tullamore am Ende einer langen Straße westlich der N52.

COUNTY ROSCOMMON

Das mysteriöse County ist ein mythenumwobenes Mekka für Geschichtsfans: Roscommon wartet mit über 5000 Megalithgräbern, Ringwällen sowie Grabhügeln auf und beherbergt einige exzellente Museen. Dazu kommen noch gut erhaltene Herrenhäuser und wundervolle Klosterruinen. Umso verwunderlicher ist es, dass die Region kaum Besucher anlockt. Neben vielen romantischen Flecken bietet Roscommon auch eine herrliche, mit Seen übersäte und von den Flüssen Shannon und Suck durchzogene Hügellandschaft, die ein Paradies für Angler ist.

Strokestown & Umgebung

814 EW.

Strokestowns Hauptstraße ist eine prachtvolle, von Bäumen gesäumte Chaussee. Sie zeugt von den hochtrabenden Bestrebungen eines Landeigentümers aus der Gegend, denn dieser wollte die breiteste Straße in ganz Europa bauen. Heute ist sie die auffälligste Attraktion in dem verschlafenen Örtchen, das man in erster Linie für sein historisches Gut und das Famine Museum kennt.

Beim **International Poetry Festival** (www.strokestownpoetry.org) am Bank-Holiday-Wochenende im Mai geht's hier allerdings sehr lebhaft zu.

Sehenswertes

★Strokestown Park House & Famine Museum HISTORISCHES GEBÄUDE
(www.strokestownpark.ie; Eintritt Haus oder Museum oder Gartenanlage 9 €, Haus, Museum & Gartenanlage 13 €; 10.30–17.30 Uhr, Führungen 12, 14.30 & 16.30 Uhr;) Am Ende der Hauptstraße führen drei gotische Torbogen zum Strokestown Park House.

Das ursprünglich 12 000 ha große Anwesen wurde Nicholas Mahon von König Karl II. für seine Unterstützung im englischen Bürgerkrieg überschrieben. Nicholas' Enkel Thomas beauftragte im frühen 18. Jh. Richard Cassels mit dem Bau eines Landhauses im palladianischen Stil. Im Laufe der Jahrhunderte verkam das Gut und der Stern der Familie sank. Als es schließlich 1979 verkauft wurde, war der Grundbesitz auf 120 ha zusammengeschmolzen. Immerhin ist die Ausstattung noch intakt.

Im Rahmen einer 45-minütigen **Führung** besichtigt man u. a. eine Küche mit Galerie und den Originalherden von 1740, ein Schulzimmer mit einem Übungsbuch aus dem Jahre 1934, in dem ein Diktat in Schönschrift steht (dem der Rotstift der Gouvernante ordentlich zugesetzt hat), und ein Kinderzimmer mit vielen Spielsachen aus dem 19. Jh. sowie lustigen Zerrspiegeln.

Im **ummauerten Garten** wächst die längste Staudenrabatte Irlands und Großbritanniens mit sommerlichem Blütenflor in allen Regenbogenfarben. Außerdem gibt's hier Gartenkunst, einen Lilienteich und das älteste Glasgewächshaus Irlands, das 1780 errichtet wurde.

In denkbar größtem Gegensatz zu Haus und Garten steht das bewegende Strokestown Famine Museum mit zehn Räumen, in denen die verheerende Hungersnot der 1840er-Jahre dokumentiert wird. Die langen Texttafeln bieten eine Unmenge an Informationen. Noch weiter in die Geschichte eintauchen können Besucher an den recht neuen Computerkonsolen. Das Museum gewährt einen tiefen Einblick in die Vergangenheit und beschreibt die Ignoranz sowie Brutalität derer, die eigentlich hätten helfen können.

Der in Strokestown ansässige Gutsbesitzer Major Denis Mahon setzte hungernde Bauern, die ihre Pacht nicht zahlen konnten, skrupellos vor die Tür und ließ sie mit Schiffen aus Irland abtransportieren. Etwa die Hälfte der 1000 Emigranten kam auf den überladenen *coffin ships* (Sargschiffe) ums Leben, weitere 200 starben während der Quarantäne in Quebec (dies war die billigste Route). Da verwundert es kaum, dass drei seiner Pächter Mahon 1847 umbrachten; zwei von ihnen wurden in Roscommon öffentlich erhängt.

Das Museum richtet die Aufmerksamkeit auch auf den Hunger in der heutigen Welt. Im Café werden warme und kalte Snacks serviert.

Cruachan Aí Visitor Centre HISTORISCHE STÄTTE
(www.rathcroghan.ie; Tulsk; Erw./Kind 5/3 €; Mo–Sa 9–17 Uhr;) Wer sich für keltische Mythologie interessiert, wird von der Gegend rund um das Dorf Tulsk begeistert sein, denn hier verteilen sich 60 Nationaldenkmäler, darunter Menhire, Stein- und Hügelgräber sowie Befestigungen. Dieser Ort war der bedeutendste keltische Königssitz Europas.

In den letzten 3000 Jahren blieben die Landschaft und ihre heiligen Stätten nahezu unberührt. Bisher hat man erst eine leise Ahnung von der Bedeutung der Region, da noch nicht alle Ausgrabungen abgeschlossen sind. Trotzdem steht bereits fest, dass die Stätte größer und älter ist als Tara im County Meath, und dass sie einst als Hauptsitz der irischen Machthaber diente. Jetzt soll sie vielleicht auf die Welterbeliste der UNESCO aufgenommen werden.

Im Besucherzentrum gibt's Grafiken, Fotos, Infotafeln und Karten, mit denen die Bedeutung der Stätte erklärt wird. Die Angestellten informieren einen außerdem über die aktuelle Zugänglichkeit der in Privatbesitz befindlichen Kultstätten. Eine zehnminütige audiovisuelle Präsentation, die 2013 hinzukam, beinhaltet eine Einführung zur Oweynagat Cave und einen Zeichentrickfilm, der die Geschichte des Táin Bó Cúailnge (Rinderraub von Cooley) erzählt und alle Altersgruppen ansprechen dürfte.

Einer Legende zufolge hatte Königin Maeve (Medbh) ihren Palast in Cruachan. Die nahe gelegene **Oweynagat Cave** (Katzenhöhle), die als der Eingang zum keltischen Jenseits (Anderswelt) galt, befindet sich ebenfalls in der Nähe. Da sie auf Privatland liegt, muss ein Führer die Mutigen begleiten, die sie betreten wollen. Dies kann im Besucherzentrum arrangiert werden und kostet 20 € pro Person.

Tulsk liegt 10 km westlich von Strokestown an der N5. Bus Éireann bietet Verbindungen von Dublin nach Westport mit einem Halt am Infozentrum der Stätte.

Boyle & Umgebung

2588 EW.

Boyle, ein ruhiges Örtchen am Fuße der malerischen Curlew Mountains, lohnt dank seiner Sehenswürdigkeiten einen Zwischenstopp. Zu den Attraktionen gehören die Boyle Abbey, ein 4000 Jahre alter Dolmen, das King House Interpretive Centre und ein reizvoller Waldpark.

Besucher, die Ende Juli anreisen, sollten sich das lebhafte **Boyle Arts Festival** (www.boylearts.com) mit zahlreichen Veranstaltungen (Musik, Theater, Geschichtenerzählen, Ausstellungen zeitgenössischer Kunst) nicht entgehen lassen.

Geschichte

Boyles Geschichte ist gleichzeitig die Geschichte der Familie King. 1603 erhielt der aus Staffordshire in England stammende John King ein Lehen in Roscommon mit der Auflage, die Iren fortan Gehorsam und Unterwürfigkeit zu lehren. In den nächsten 150 Jahren vermehrten seine Nachkommen durch vorteilhafte Eheschließungen und kaltblütige Eroberungen ihren Ruhm und ihr Vermögen und die Kings zählten zu den reichsten Grundbesitzerfamilien Irlands. Rund um das wachsende Anwesen wurde auch Boyle immer größer.

1780 zog der Clan vom 1730 errichteten King House in das noch weitläufigere Rockingham House im heutigen Lough Key Forest Park um, das 1957 durch einen Brand zerstört wurde.

Sehenswertes

King House Interpretive Centre HISTORISCHES GEBÄUDE
(www.kinghouse.ie; Main St; Erw./Kind 5/2 €; ⏲April–Sept. Di–Sa 11–16 Uhr, Markt Sa 10–14 Uhr; 👪) Nachdem die Kings ins Rockingham House umgezogen waren, diente das imposante georgianische King House als Kaserne für die raubeinigen Connaught Rangers. 1987 erwarb es das County und baute es für rund 3,8 Mio. € zum King House Interpretive Centre um.

Skurrile Modelle aus allen Epochen erzählen die turbulente Geschichte der Könige von Connaught sowie der Ortschaft Boyle und lassen die Familie King wieder auferstehen. Dabei wird auch die Unterdrückung Untergebener während der verschiedenen Hungersnöte nicht verschwiegen. Kinder können Kopien alter Kleidung, Reithosen und Lederschuhe anprobieren, mit einem Federkiel schreiben, eine Regimentstrommel ertönen lassen und aus speziell geformten Steinblöcken ein Deckengewölbe konstruieren.

Im ummauerten Innenhof befindet sich ein großes Souvenirgeschäft, in dem regionales Kunsthandwerk verkauft wird. Samstags findet hier ein **Biomarkt** statt.

Boyle Abbey HISTORISCHES GEBÄUDE
(www.heritageireland.ie; Eintritt 3 €; ⏲Ostern–Ende Sept. 10–18 Uhr) Die sorgfältig renovierte (und dem Vernehmen nach von Geistern heimgesuchte) Boyle Abbey wartet mit einer malerischen Lage am Fluss Boyle auf. Sie wurde 1161 von Mönchen aus Mellifont im County Louth gegründet und demonstriert den Übergang vom romanischen zum gotischen Stil. Dies zeigt sich am deutlichsten im Hauptschiff, wo sich Bogen beider Stilrichtungen gegenüberstehen. Ungewöhnlich für die Architektur der Zisterzienser sind die mit Figuren und Tierreliefs geschmückten Kapitelle im Westteil, und noch erstaunlicher die heidnischen *sheela-na-gigs* (Fruchtbarkeitssymbole). Nach der Säkularisierung der Klöster wurde das Gebäude von der Armee beschlagnahmt. Der steinerne Kamin am Südende (einst das Refektorium) stammt aus dieser Epoche.

Auf Nachfrage werden 40-minütige Führungen arrangiert.

Lough Key Forest Park PARK, HISTORISCHE STÄTTE
(www.loughkey.ie; Eintritt zum Wald frei, Parkplatz 4 €, Lough Key Experience Erw./Kind 7,50/5 €; Boda Borg 15 €; Abenteuerspielplatz Tageskarte 5 €; ⏲April–Aug. 10–18 Uhr, Sept.–März Fr–So 10–17 Uhr; 👪) Seit Langem ist der Lough Key Forest Park wegen seiner malerischen Ruinen beliebt, darunter eine Abtei aus dem 12. Jh. auf Trinity Island und eine Burg aus dem 19. Jh. auf Castle Island. Familien begeistern sich vor allem für den Wunschsessel, den Sumpfgarten, die Elfenbrücke und den Aussichtsturm. Wanderer freuen sich über zahlreiche markierte Pfade.

Einst war der 350 ha große Park Teil des Rockingham-Anwesens, das die Familie King vom 17. Jh. bis 1957 besaß. In jenem

Jahr wurde das von John Nash entworfene Gebäude durch einen Brand zerstört. Nur ein paar Ställe, Nebengebäude und Tunnel (diese sollten die Dienerschaft vor den erlauchten Blicken der Herrschaft verbergen) blieben erhalten.

Im Park befinden sich ein informatives **Besucherzentrum** und die **Lough Key Experience**, ein 250 m langer, 9 m über dem Boden verlaufender Baumwipfelpfad mit einer weiten Aussicht über den See. Weitere Attraktionen sind die **Boda Borg Challenge** mit mehreren Räumen, in denen es verschiedene Freizeitangebote und Puzzles (ideal für Regentage) gibt, sowie ein **Abenteuerspielplatz**.

Im Juli und August bietet der Veranstalter **Lough Key Boats** (www.loughkeyboats.com) stündlich Bootstouren (Erw./Kind 12/6 €), einen Ruderbootverleih und Tipps zum Angeln (hier wurden schon Hechte mit Rekordgewicht gefangen).

Der Lough Key liegt 4 km östlich von Boyle an der N4. Bus Éireann hält auf der Route zwischen Sligo und Dublin regelmäßig in Boyle und am Park.

Arigna Mining Experience KOHLEBERGWERK
(www.arignaminingexperience.ie; Erw./Kind 10/6 €; 10–17 Uhr;) Irlands ersten und letzten Kohlebergwerks (ca. 1600–1990) wird mit der Arigna Mining Experience in den Bergen oberhalb von Lough Allen gedacht. Besonders spannend ist die 40-minütige Tour, die 400 m in die Tiefe der Kohleflöze führt. Sie wird von ehemaligen Bergleuten geleitet, die die harten und gefährlichen Arbeitsbedingungen selbst erfahren haben. Festes Schuhwerk tragen, denn der Boden kann kalt und matschig sein!

Drumanone Dolmen HISTORISCHE STÄTTE
GRATIS Dieser beeindruckende Portaldolmen, einer der größten seiner Art in Irland, ist 4,50 m breit und 3,30 m hoch und wurde vor mindestens 4000 Jahren errichtet. Er ist nicht ganz leicht zu finden: Man folgt zunächst der Patrick Street und dann der R294 etwa 5 km stadtauswärts. Hinter einer Eisenbahnbrücke steht ein Schild zum Dolmen. Vorsicht: Hier muss man die viel befahrene Bahnstrecke überqueren!

Douglas Hyde Interpretive Centre MUSEUM
(087 782 3751; dogara@roscommoncoco.ie; Frenchpark; Mai–Sept. nach Terminvereinbarung) GRATIS Das Leben des aus Roscommon stammenden Dr. Douglas Hyde (1860–1949) – Dichter, Autor und erster Präsident Irlands – wird im Douglas Hyde Interpretive Centre gewürdigt. Neben seiner politischen Tätigkeit war Hyde 1893 einer der Gründer der Gaelic League. Er sammelte ein Leben lang irische Lyrik und Folklore, die ansonsten vielleicht für immer verloren wären.

Das Zentrum befindet sich 12 km südwestlich von Boyle in Frenchpark.

Aktivitäten

Der 118 km lange **Arigna Miners Way & Historical Trail** vom nördlichen Roscommon über das östliche Sligo und mitten durch Leitrim besteht aus mehreren gut markierten Pfaden und Bergpässen, die die Bergarbeiter auf ihrem Weg zur Arbeit nahmen. Eine Broschüre mit Karten erhält man in den örtlichen Touristeninformationen.

Schlafen

In Boyle gibt's ein paar tolle B&Bs.

★ **Lough Key House** B&B €€
(071-966 2161; www.loughkeyhouse.com; Rockingham; EZ/DZ ab 50/85 €;) Dieses schön restaurierte georgianische Landhaus ist eine stimmungsvolle Unterkunft mit sechs Gästezimmern. Alle Räume sind individuell mit stilvollen alten Möbeln eingerichtet. Zwei verfügen über prächtige Himmelbetten, einige haben Bäder mit alten frei stehenden Wannen und in einem gibt's sogar einen Whirlpool. Der Aufenthaltsraum unten verbindet Antiquitäten mit Eleganz, Behaglichkeit und einem offenen Kamin. Die Frühstückseier stammen von den Hühnern der Inhaber. Gäste können hier Räder ausleihen, außerdem wird man in der Stadt abgeholt, wenn man mit dem Bus anreist.

Das Lough Key House liegt 5 km östlich von Boyle an der N4.

Forest Park House B&B €€
(071-966 2227; www.bed-and-breakfast-boyle.com; Rockingham; EZ/DZ 45/80 €;) Gleich am Eingang zum Lough Key Forest Park stößt man auf diesen Zweckbau, dessen moderne, lichtdurchflutete Zimmer mit Kiefernmöbeln und frischer weißer Bettwäsche ausgestattet sind. Edle cremefarbene Fliesen und folkloristische Läufer (stammen hauptsächlich aus der Türkei) machen das luftige, mediterrane Ambiente komplett.

Cesh Corran B&B €€
(071-966 2265; www.marycooney.com; Abbey Tce; EZ/DZ 55/80 €;) Das makellos geführte Haus mit Blick auf die Klosterruinen hat helle, einfache Zimmer und bereitet seinen

Gästen ein herzliches Willkommen. Es gibt einen Garten, gesundes Frühstück und einen separaten Kühlschrank, in dem Angler Köder aufbewahren können.

Essen & Ausgehen

Boyle bietet die übliche Palette an China- und Fast-Food-Restaurants, ansonsten aber nicht viel. Carrick-on-Shannon (im nahe gelegenen County Leitrim) wartet mit einer größeren kulinarischen Auswahl auf.

Stone House Café CAFÉ €
(Bridge St; Snacks 6–8 €; Mo–Sa 10–18 Uhr) Einst wohnte in diesem hinreißenden Steingebäude am Fluss der Pförtner des Frybrook House. Im Café bekommt man verschiedene Suppen, Sandwiches, Panini und Kuchen und kann beim Essen dem Rauschen des Flusses lauschen.

Clarke's IRISCH €€
(St. Patrick St; Hauptgerichte 13–24 Uhr; Mo–Sa 12.30–15 & 17.30–21, So 17.30–23 Uhr) Dunkles Holz und himbeerrote Wände schaffen ein warmes, gemütliches Ambiente, in dem man authentische Hausmannskost genießen kann. Zu den Spezialitäten des Hauses gehören das irische Filetsteak und das tägliche Fischgericht. An den Wochenenden gibt's Livemusik.

Wynne's Bar PUB
(Main St; 19 Uhr–spät;) In der gemütlichen historischen Bar im Stadtzentrum erklingt an den Wochenenden Livemusik.

Praktische Informationen

Úna Bhán Tourism Cooperative (071-966 3033; www.unabhan.net; Main St; Mai–Aug. tgl. 9–18 Uhr, Sept.–April 9–17 Uhr) Eine lokale Kooperative auf dem Gelände des King House Interpretive Centre mit allgemeinen touristischen Infos zur Boyle-Region.

An- & Weiterreise

BUS

Bus Éireann (www.buseireann.ie) verbindet Dublin (17,10 €, 3½ Std.) mit Sligo (11,40 €, 45 Min.) und hält unterwegs in Boyle. Montags bis samstags fahren täglich sechs Busse, sonntags fünf.

ZUG

Irish Rail (www.irishrail.ie) verkehrt achtmal täglich nach Sligo (ab 12,70 €, ½ Std.) und Dublin (ab 15 €, 2½ Std.) via Mullingar. Der Bahnhof befindet sich in der Elphin Street.

> **BAHNPREISE**
>
> Wer seine Tickets für Züge in ganz Irland online (www.irishrail.ie) kauft, spart Geld. Im Internet sind die Fahrkarten erheblich günstiger als am Schalter.

Roscommon (Stadt)

5020 EW.

Das quirlige Wirtschaftszentrum des Countys hat kaum Touristenattraktionen, aber einen schmucken kleinen Stadtkern und einige bedeutende Kloster- und Burgruinen, die einen kurzen Besuch lohnen.

Sehenswertes

Das ehemalige Gerichtsgebäude auf dem Hauptplatz beherbergt inzwischen eine Filiale der Bank of Ireland. Gegenüber sieht man noch die Fassade des **alten Gefängnisses**. Einheimische erzählen gerne die grausige Geschichte der hier gehängten Lady Betty.

Roscommon Castle RUINE
(Sonnenauf- bis Sonnenuntergang) Die beeindruckenden Ruinen der normannischen Burg stehen einsam auf einem Feld nördlich der Stadt, hübsch eingerahmt von einer reizvollen Wiesenlandschaft und einem kleinen See, der zum Neustadtpark gehört. 1269 erbaut, wurde die Festung fast unmittelbar nach ihrer Fertigstellung von irischen Kriegern zerstört. So turbulent ging es weiter, bis sie 1652 von Cromwell endgültig eingenommen wurde.

Roscommon County Museum MUSEUM
(The Square; Eintritt 2 €; Juni–Mitte Sept. Mo–Fr 10–15 Uhr) Das in einer ehemaligen Presbyterianerkirche untergebrachte Museum zeigt einige interessante Exponate, darunter auch eine Steinplatte mit Inschrift aus dem 9. Jh., die aus dem Kloster des hl. Coman stammt, und eine mittelalterliche *sheela-na-gig*. Vermutlich soll das ungewohnte Fensterdekor mit Davidstern die Heilige Dreifaltigkeit repräsentieren.

Dominican Priory HISTORISCHES GEBÄUDE
(Sonnenauf- bis Sonnenuntergang) Am Südrand der Stadt, abseits der Circular Road, verstecken sich die Überreste dieses Klosters aus dem 14. Jh. fast komplett hinter einer Grundschule. Ausgefallene Reliefs aus dem 15. Jh. zeigen acht *gallóglí* (Söldner), die sieben Schwerter und eine Axt schwingen.

Aktivitäten

In der Touristeninformation bekommt man eine Broschüre und eine Karte zum **Suck Valley Way**, einen 75 km langen Wanderweg am Suck entlang.

Schlafen & Essen

Gleeson's B&B €€
(☎090-662 6954; www.gleesonstownhouse.com; The Square; EZ/DZ ab 50/70 €; @ 📶) In dem denkmalgeschützten Stadthaus aus dem 19. Jh. wird man herzlich empfangen. Das Gebäude steht etwas zurückversetzt vom Square in einem von bunten Lichtern beleuchteten Hof. Alle Zimmer sind individuell eingerichtet; dabei reicht die Bandbreite von Blumentapeten über Kiefernholzmöbel bis zu knallgelben Wänden. Außerdem beherbergt das Gleeson's ein gutes Café und ein Restaurant.

Gleeson's Artisan Food & Wine Shop FEINKOST €
(☎090-662 6954; The Square; Sandwiches 4,95 €; ⏲Mo–Sa 10–18 Uhr) Selbst der standhafteste Diäthalter dürfte es schwer finden, der verlockenden Auswahl an Delikatessen und Backwaren, darunter Walnuss- und Rübensirupbrot, Kartoffelkuchen mit Schinken und zusammenstellbare Sandwiches zu widerstehen. Eine tolle Leckerei zum Mitnehmen ist der cremige Bio-Cheddarkäse Mossfield mit Knoblauch und Schnittlauch.

Ausgehen & Nachtleben

George's PUB
(The Square; ⏲Mo–Do 10.30–23.30, Fr & Sa bis 0.30 Uhr; 📶) Das bei einem munteren jungen Publikum beliebte Pub bietet das komplette Kontrastprogramm zur traditionellen irischen Kneipe. Es ist sehr aufgeräumt und wartet mit einer Jukebox auf, bei der fünf Songs 2 € kosten.

Praktische Informationen

Touristeninformation (☎090-662 6342; www.visitroscommon.com; The Square; ⏲Juni–Aug. Mo–Sa 10–13 & 14–17 Uhr) Hier erhält man einen Stadtplan und Wanderkarten.

An- & Weiterreise

BUS

Bus Éireann (www.buseireann.ie) betreibt einen Expressbus zwischen Westport (15,75 €, 2¼ Std.) und Dublin (19 €, 3 Std.) über Athlone, der dreimal täglich (Sonntag zweimal) in Roscommon hält.

ZUG

Der Bahnhof liegt in Abbeytown südlich des Stadtzentrums. Züge von **Irish Rail** (www.irishrail.ie) steuern ihn viermal täglich auf der Fahrt zwischen Dublin (ab 22 €, 2 Std.) und Westport (ab 15 €, 1½ Std.) an.

COUNTY LEITRIM

Die Vorzüge des bescheidenen Countys sind ein gut gehütetes Geheimnis, was den Einheimischen ganz recht zu sein scheint: Sie schätzen die wilde Landschaft und den authentischen ländlichen Charme und hegen eine Abneigung gegen jeden, der die Ursprünglichkeit der Gegend zerstören will.

Im 19. Jh. wurde Leitrim von der Hungersnot heimgesucht, später hatte es dann mit Massenemigration und Arbeitslosigkeit zu kämpfen. Heute ist die Gegend ein beliebter Rückzugsort für Künstler, Schriftsteller und Musiker und ein echtes Paradies für Bootsfahrer.

Der Lough Allen teilt Leitrim praktisch in zwei Teile. Größte Attraktion in der Region ist der gewaltige Fluss Shannon. Carrick-on-Shannon, die Hauptstadt der Grafschaft, eignet sich wunderbar als Ausgangspunkt, um Leitrim zu erkunden – sei es zu Wasser oder zu Land.

Carrick-on-Shannon

3980 EW.

Carrick-on-Shannon, ein charmantes Städtchen, wartet mit einer hübschen Lage direkt am Fluss auf. Seit der Fertigstellung des Shannon-Erne-Kanals (siehe auch S. 462) geht's hier im Jachthafen hoch her. Bei Wochenendausflüglern erfreut sich der Ort großer Beliebtheit. Er verfügt über eine gute Unterkunftsauswahl und blickt mit Stolz auf seine wunderbare Musik- und Kunstszene.

Im 17. und 18. Jh. war Carrick eine protestantische Enklave. Die eleganten Gebäude rund um die Stadt zeugen noch vom einstigen Reichtum der Bürger.

Sehenswertes

Auf der St. George's Terrace befinden sich einige außergewöhnliche Bauten aus dem frühen 19. Jh., darunter **Hatley Manor**, Sitz der Familie George, und das alte **Gerichtsgebäude**. In der Nähe liegt der restaurierte **Market Yard** mit mehreren Geschäften, auf dem donnerstags von 10 bis 14 Uhr ein Bauernmarkt stattfindet.

Costello Chapel KIRCHE

(Bridge St; ⌚Ostern–Sept. 10–16.30 Uhr) Europas kleinste Kapelle ist nur 3,60 m breit und 5 m lang. Sie wurde 1877 von Edward Costello im Gedenken an seine früh verstorbene Frau Mary errichtet. Heute ruht das Paar wieder vereint in der Kapelle. Das Innere des Gebäudes besteht aus grauem Kalkstein mit einem einzigen bunten Glasfenster. Zu beiden Seiten der Tür liegen die einbalsamierten Leichen in Bleisärgen. Falls die Tür versperrt sein sollte, kann man sich den Schlüssel im St. George's Heritage Centre holen.

St. George's Heritage Centre MUSEUM

(St. Mary's Close; Eintritt 3 €, Führungen 5 €; ⌚Mi–Sa 11–16 Uhr) Das in einer restaurierten Kirche untergebrachte Museum präsentiert in einem interessanten Video die Geschichte und Landschaft Leitrims von den alten gälischen Traditionen bis zu den Zeiten der Siedler. Im Rahmen der „Workhouse Attic"-Führung besichtigt man das alte Armenhaus aus der Zeit der Hungersnot – eine düstere Erinnerung an die harte Vergangenheit – und den Famine Garden of Rememberance. Beide liegen nur einen kurzen Spaziergang vom Centre entfernt.

Aktivitäten

Bootsverleih

Carrick ist der beste Ort am Shannon-Erne-Kanal, um ein Boot zu mieten. Die 16 Kanalschleusen funktionieren vollautomatisch, zudem benötigt man keine Lizenz und erhält vor dem Auslaufen ausführliche Anweisungen zur Bedienung des Bootes. Die Preise für ein Boot mit zwei Kojen betragen in der Hauptsaison mindestens 1000 € pro Woche. Mehr Informationen dazu gibt's bei **Carrick Craft** (www.carrickcraft.com) und **Emerald Star** (www.emeraldstar.ie).

Bootstouren

Einstündige Rundfahrten auf dem Shannon kann man auf der **Moon River** (www.moonriver.net; The Quay), einem Schiff mit 110 Sitzplätzen, unternehmen. Zwischen Mitte März und Oktober werden täglich mindestens zwei Touren (15 €) angeboten, im Juli und August maximal vier. Genaueres steht auf den Infotafeln am Kai.

Angeln

Carrick-on-Shannon Angling Club ANGELN

(☎071-962 0313; Ashleigh House, Dublin Rd) Die beste Adresse für Angelinfos.

Bootsrennen

Carrick Rowing Club BOOTFAHREN

(www.carrickrowingclub.com) Veranstaltet am ersten Sonntag im August eine sehr beliebte Regatta.

Schlafen

In sowie rund um Carrick gibt's eine sehr gute Auswahl an Unterkünften.

Shannon View House B&B €€

(☎071-962 0594; Shannon View; EZ/DZ 35/70 €; 📶) Einer der Pluspunkte dieses B&Bs ist seine Lage gleich auf der anderen Seite der Brücke, denn sie beschert den Gästen in mehreren Zimmern (am besten ist die Nummer 3) einen friedlichen Blick auf den Shannon. Die Räume sind mit Kiefernholz vertäfelt und in Pastellfarben sowie mit geschmackvoller Kunst dekoriert. Außerdem punktet die Pension mit einem gemütlichen Aufenthaltsraum im Erdgeschoss, der über einen offenen Kamin und viel Lesematerial verfügt.

Caldra House B&B €€

(☎071-962 3040; www.caldrahouse.ie; Caldragh; EZ/DZ 45/78 €; @) Das efeubewachsene georgianische Haus beherbergt vier mit Antiquitäten und zarten Blumenmustern ausgestattete Zimmer. Es liegt sehr ruhig in einem großen Garten 3 km außerhalb von Carrick. Um das B&B zu erreichen, folgt man der R280 in Richtung Norden aus der Stadt heraus, biegt nach 2 km links und an der T-Kreuzung rechts ab.

Bush Hotel HOTEL €€

(☎071-967 1000; www.bushhotel.com; Main St; Zi. ab 90 €; @📶👪) 🍃 Irlands erstes Hotel, dem das EU-Umweltzeichen Ecolabel (www.ecolabel.eu) verliehen wurde – hauptsächlich für die Nutzung regionaler Zutaten in der Küche – ist ein Familienbetrieb mit einer traditionellen, häuslichen Atmosphäre in den öffentlichen Bereichen, darunter eine Bar, ein Bistro und ein Restaurant. Die Zimmer wirken mit ihren schicken modernen Möbeln, dem plüschigen Teppichboden und den Schreibtischen moderner und businessmäßiger. Frühstück ist im Preis inbegriffen.

Kilronan Castle LUXUSHOTEL €€€

(☎071-961 8000; www.kilronancastle.ie; Ballyfarnon, Co Roscommon; Zi. ab 160 €; 📶🏊) Diese imposante Burg mit Blick auf den Lough Meelagh 10 km nordwestlich von Carrick wurde in ein luxuriöses Spahotel verwandelt.

Essen

★ Lena's Tea Room
CAFÉ €

(www.lenastearoom.ie; Main St; Snacks 4–10 €; ⌚ Di–Sa 10–17 Uhr;) Charmantes, in gedämpften Farben dekoriertes Café im Stil der 1920er-Jahre mit ganz unterschiedlichen Möbeln, etwa bequemen Sofas. Auf der Karte stehen frisch gebackene Kuchen, Scones und Brote sowie Suppen, köstliche Törtchen und Gourmetsandwiches. Zum Nachmittagstee gehören verschiedene Blatttee-sorten, chinesisches Porzellan und leckere Backwaren. Dazu ertönt melodramatische und entspannende Musik.

★ The Cottage
IRISCH €€

(☎ 071-962 5933; http://cottagerestaurant.ie; Jamestown; Hauptgerichte 16–26 €; ⌚ Mi–So 16–22, So auch 12–16 Uhr) In puncto Qualität der Küche ist das bescheiden aussehende Lokal in einem kleinen weiß getünchten Cottage mit Blick auf ein Wehr ganz vorne mit dabei. Auf der Speisekarte steht eine kleine, aber verlockende Auswahl an Gerichten mit Gemüse aus dem hauseigenen Foliengewächshaus, Fleisch von lokalen Erzeugern und handgemachter Käse. Die asiatischen Wurzeln des Küchenchefs und Besitzers offenbaren sich in Leckereien wie gegrillter Rinderlende mit Süßkartoffeln, Kümmel, Lamm-Samosas und Korianderjoghurt. Der 5 km weite Abstecher in den Südosten von Carrick nach Jamestown in der Nähe der N4 lohnt sich also!

Victoria Hall Restaurant
ASIATISCH €€

(☎ 071-962 0320; www.victoriahall.ie; Victoria Hall, Quay Rd; Hauptgerichte mittags 10–12 €, abends 17–24 €; ⌚ 12.30–22 Uhr;) Bei den Einheimischen erfreut sich das elegante historische Lokal großer Beliebtheit. Vor Kurzem wurde es umfassend renoviert und trumpft nun mit einer stilvollen minimalistischen Inneneinrichtung sowie einem schönen Essbereich im ersten Stock auf. In der offenen Küche werden exzellente asiatische und europäische Gerichte wie Bentos (17 €) und *boxty*-Wraps (traditioneller Kartoffelpfannkuchen) mit Füllung im Thai-Stil (13,50 €) zubereitet.

Oarsman
INTERNATIONAL €€

(☎ 071-962 1733; www.theoarsman.com; Bridge St; Hauptgerichte mittags 6–13 €, abends 19–25 €; ⌚ Di–Sa 12–15, Do–Sa 19–22 Uhr) Im entspannten Oarsman, das wie ein Pub aussieht, genießt man hochwertige Küche aus lokalem und biologischem Anbau, z. B. traditionelle irische und asiatisch inspirierte Gerichte mit modernem Touch. Zwischen dem Mittag- und Abendessen kann man sich mit ein paar kleinen Happen und Barsnacks sättigen. Samstagabends gibt's Livemusik.

Vittos
ITALIENISCH €€

(www.vittosrestaurant.com; Market Yard; Hauptgerichte 14–25 €; ⌚ Di–Fr 17.30–21, Sa 13–22 Uhr;) Das familienfreundliche Restaurant ist in einer Fachwerkscheune untergebracht und punktet mit zahlreichen klassisch italienischen Gerichten, darunter tolle Pasta und Pizzas. Der Service und die Atmosphäre sind freundlich und einladend.

Ausgehen & Nachtleben

★ Anderson's Thatch Pub
PUB

(www.andersonspub.com; Elphin Rd; ⌚ 18–23 Uhr) Mittwochs, freitags und samstags wartet das traditionelle strohgedeckte Pub aus dem Jahre 1734 mit tollen musikalischen Sessions auf. Außerdem verfügt es über ein uriges Ambiente und ländlichen Charme. Man erreicht es, indem man der R368 vom Stadtzentrum aus 4 km Richtung Süden folgt.

Flynn's Corner House
PUB

(Ecke Main & Bridge Sts; ⌚ 17–23 Uhr) Neben reichlich Guinness bietet dieses authentische Pub, in dem die Zeit stehen geblieben zu sein scheint, jeden Freitagabend Livemusik. Nichts wie hin, bevor es noch modernisiert wird!

Cryan's
PUB

(Bridge St; ⌚ 18 Uhr–open end) Traditionelles kleines Pub ohne Schnörkel. Hier finden wunderbare Sessions statt; donnerstags, samstags und sonntags erklingen z. B. Bluegrass und traditionelle Musik.

Unterhaltung

Dock Arts Centre
THEATER

(www.thedock.ie; St George's Tce; ⌚ Mo–Sa 10–18 Uhr) Auf dem Programm des Kulturzentrums im früheren Gerichtsgebäude aus dem 19. Jh. stehen Performances, Ausstellungen und Workshops. Außerdem befindet sich hier das **Leitrim Design House** (www.leitrimdesignhouse.ie; ⌚ Mo–Fr 10–18, Sa bis 17 Uhr), in dem Arbeiten regionaler Künstler, Designer sowie Kunsthandwerker ausgestellt werden.

Praktische Informationen

Touristeninformation (☎ 071-962 3274; www.leitrimtourism.com; The Quay, Old Barrel Store;

⌚Ostern–Sept. 9.30–17 Uhr) Hier bekommt man eine Broschüre, die einen Spaziergang zu den Sehenswürdigkeiten Carricks beschreibt.

An- & Weiterreise

BUS

Bus Éireann (www.buseireann.ie) bietet montags bis samstags täglich sechs und sonntags fünf Verbindungen von bzw. nach Dublin (17,10 €, 3 Std.) und Sligo (11,40 €, 1 Std.).

ZUG

Acht Züge von **Irish Rail** (www.irishrail.ie) fahren täglich nach Dublin (ab 29,50 €, 2¼ Std.) und Sligo (ab 16 €, 55 Min.).

Nord-Leitrim

Nördlich und westlich von Carrick-on-Shannon kommt Leitrims Landschaft erst richtig zur Geltung: Zerklüftete Hügel, stahlgraue Seen und isolierte Cottages versprühen einen einzigartigen ländlichen Charme. In diesem scheinbar vergessenen Teil des Landes gibt's eine Reihe lohnenswerter Attraktionen. Alle Sehenswürdigkeiten sind auf einem Tagesausflug von Sligo aus problemlos erreichbar.

Sehenswertes & Aktivitäten

Eine Info für all jene, die diese Region am liebsten zu Fuß erkunden möchten: Der **Leitrim Way** (48 km) beginnt in Drumshanbo und endet in Manorhamilton.

Parke's Castle BURG
(www.heritageireland.ie; Fivemile Bourne; Erw./Kind 3/1 €; ⌚Mitte April–Sept. 10–18 Uhr; 👪) Seine friedliche Umgebung mit den Schwänen auf dem Lough Gill und einem alten, von Gras überwucherten Graben täuscht darüber hinweg, dass diese Burg einst von einem verhassten englischen Gutsbesitzer erbaut wurde.

Der restaurierte dreistöckige Bau nimmt eine der fünf Seiten des *bawn* (ummauerter Hof außerhalb des Hauptgebäudes) ein, an dessen Ecken jeweils ein runder Mauerturm thront. Nachdem man das 20-minütige Video gesehen hat, kann man sich einem geführten Rundgang durch die Innenräume anschließen.

Vor Ort wird außerdem eine 1½-stündige Bootstour an Bord der **Rose of Innisfree** (☎071-916 4266; www.roseofinnisfree.com; Erw./Kind 15/7,50 €; ⌚Ostern–Okt. 11, 12.30, 13.30, 15.30 & 16.30 Uhr) angeboten. Dabei werden Gedichte von Yeats mit musikalischer Begleitung vorgetragen. Das Unternehmen bietet auch eine Busverbindung von Sligo zur Burg an. Auskünfte zu Abfahrtszeiten und Anlegestellen erhält man auf telefonische Nachfrage.

Parke's Castle liegt 11 km östlich der Stadt Sligo an der R286.

Ard Nahoo GESUNDHEITSFARM
(☎071-913 4939; www.ardnahoo.com; Mullagh, Dromahair; 4-Bett-Hütten 300/500 € pro Wochenende/Woche) 🍃 In dem rustikalen Ökozentrum mit Selbstverpflegerlodges kann man seinen Geist und seine Seele läutern und zu seinen Wurzeln zurückfinden. Hier gibt's Yoga- und Entgiftungstherapien, Kurse in alternativer Lebensweise bzw. natürlicher Gesundheitspflege und ein Heilbad. Die Einrichtung ist einfach, aber trotzdem komfortabel.

Rossinver Organic Centre BIOZENTRUM
(www.theorganiccentre.ie; Rossinver; Erw./Kind 5 €/frei; ⌚Feb.–Nov. 10–17 Uhr; 👪) 🍃 Das Rossinver Organic Centre lockt mit allem, was gut und gesund ist. Auf einem schönen Gelände im Norden Leitrims unterstützt es biologischen Gartenbau und eine verantwortungsvolle Lebensweise. Besucher können durch die Grünanlage spazieren und verschiedene Kurse belegen, beispielsweise in Biopermakultur oder im Sammeln von Wildkräutern.

COUNTY LONGFORD

Longford, eine landwirtschaftlich geprägte Region, wartet mit friedlichen Hügellandschaften und idyllischen grünen Weiden auf. Es hat nur wenige Touristenattraktionen, ist dafür aber ein Paradies für Angler, die am Lough Ree und in Lanesborough reiche Beute finden.

Während der Hungersnot litt das County unter einer massenhaften Auswanderungswelle, von der es sich bis heute nicht vollständig erholt hat. Viele Einwohner flohen nach Argentinien; einer ihrer Nachfahren, Edel Miro O'Farrell, wurde dort 1914 sogar Präsident.

Die gleichnamige Hauptstadt der Grafschaft ist nicht sonderlich aufregend, verfügt aber über zahlreiche Restaurants und eine freundliche **Touristeninformation** (☎043-334 2577; www.longfordtourism.ie; Market Sq; ⌚Mai–Sept. Mo–Sa 10–17.30 Uhr).

Hauptattraktion des Countys ist der prächtige **Corlea Trackway** (www.heritageireland.ie; Keenagh; ⌚Mitte April–Sept. 10–18 Uhr) GRATIS, eine 148 v. Chr. erbaute Moorstraße aus der Eisenzeit. Ein 18 m langes Teilstück des historischen Bohlenweges wird in einer feucht gehaltenen Halle im Besucherzentrum ausgestellt. Besucher können an einem 45-minütigen Rundgang teilnehmen, der durch die einzigartige Flora und Fauna des Moores führt und über die Entdeckung des Pfades sowie die Anstrengungen informiert, ihn für die Nachwelt zu erhalten. Im windigen Moorgebiet empfiehlt sich wetterfeste Kleidung. Die Anlage erstreckt sich 15 km südlich von Longford an der Straße nach Ballymahon (R397).

Darüber hinaus befindet sich in Longford einer der drei größten Portaldolmen Irlands. Der **Aughnacliffe-Dolmen** hat einen etwas wacklig aufliegenden Deckstein und soll etwa 5000 Jahre alt sein. Aughnacliffe liegt 18 km nördlich der County-Hauptstadt in der Nähe der R198.

Bus Éireann (www.buseireann.ie) verkehrt montags bis freitags sechsmal und sonntags fünfmal täglich von Longford-Stadt nach Dublin (13 €, 2 Std.) und Sligo (12 €, 1½ Std.).

Irish Rail (www.irishrail.ie) bietet fast stündlich Zugverbindungen nach Dublin (ab 22 €, 1 Std. 40 Min.).

COUNTY WESTMEATH

Westmeath ist von Seen und Viehweiden geprägt und lockt mit zahlreichen Attraktionen, darunter eine Whiskeybrennerei, das fantastische Fore Valley und Irlands ältestes Pub in Athlone, der selbstbewussten Hauptstadt des Countys. Die Gewässer der Grafschaft ziehen jede Menge Touristen an, deshalb sind hier in den letzten Jahren viele Gourmetrestaurants und gute Unterkünfte entstanden.

Athlone

14 350 EW.

Die blühende Stadt am Ufer des Shannon ist nicht nur ein Touristenmagnet für Bootsfahrer, sondern auch einer der dynamischsten Orte des Landes.

Der Shannon teilt Athlone in zwei Teile. Viele Unternehmen und Einrichtungen haben sich am Ostufer des Flusses niedergelassen, während am Westufer im Schatten der Burg verwinkelte Gässchen, farbenfrohe Häuser, historische Kneipen, Antiquitätenläden, Buchbinder und erstklassige Restaurants zu finden sind.

Sehenswertes & Aktivitäten

★ **Athlone Castle** BURG
(www.athloneartandheritage.ie; Erw./Kind 8/4 €; ⌚Di–Sa 11–17, So 12–17 Uhr; 👪) Die uralte Flussfurt in Athlone war eine bedeutende Wegkreuzung auf dem Shannon und jahrhundertelang Gegenstand von Auseinandersetzungen. 1210 hatten die Normannen die Oberhand und errichteten hier eine Burg. 1690 widersetzte sich die jakobitische Stadt einer Belagerung durch die Protestanten, fiel aber ein Jahr später nach einem Beschuss mit 12 000 Kanonenkugeln an die Truppen Wilhelm von Oraniens. Kurz darauf und in den folgenden Jahrhunderten wurden immer wieder grundlegende Umbauten an der Festung vorgenommen.

Seit Februar 2013 gibt's vor Ort ein großartiges neues Besucherzentrum mit interaktiven Ausstellungen und audiovisuellen Präsentationen, die Athlones bewegte Geschichte zum Leben erwecken. Die acht Bereiche widmen sich jeweils einem speziellen Aspekt im Wandel der Zeiten. Absolutes Highlight ist der vierte Bereich mit der kreisrunden Siege Experience, in der furchteinflößende Schreie ertönen – besonders Kinder werden begeistert sein.

Dún na Sí Heritage Centre GESCHICHTSPARK
(☎090-648 1183; Knockdomney; Erw./Kind 3,50/1,50 €; ⌚Mo–Do 9.30-16.30, Fr bis 15.30 Uhr; 👪) Auf dem Gelände dieses Volksparks 16 km östlich von Athlone in der Nähe der M6 bei Moate verteilen sich eine nachgebildete Rundburg, ein Dolmenportal, ein Kalkofen, ein Felshügel, ein Bauernhof und eine Schmiede. Zur Anlage gehört auch ein Zentrum für Ahnenforschung. Jeweils am ersten Freitag des Monats wird eine *céilidh* (traditionelle Musik- und Tanzsession) veranstaltet. Im Sommer gibt's jeden Freitag um 21 Uhr Trad Sessions mit Musik, Gesang, Tanz und Geschichten.

Luan Gallery GALERIE
(wwwathloneartandheritage.ie/luan-gallery; Grace Rd; ⌚Di–Sa 11–17, So 12–17 Uhr) GRATIS Im November 2012 wurde diese hervorragende Galerie für moderne Kunst gegenüber der Burg eröffnet. Sie zeigt regelmäßig Ausstellungen mit den Arbeiten irischer und internationaler Künstler von Weltrang.

Geführte Touren

Midland Tours BUSTOUREN
(www.midlandtours.com; Ballinahown; Touren 20 €) Verschiedene halbtägige Touren nach Clonmacnoise, ins Fore Valley, zum Birr Castle, zum Tullamore Heritage Centre, zur Locke's Distillery sowie zum Strokestown Park House und zum Famine Museum.

Viking Tours BOOTSTOUREN
(☎086 262 1136; www.vikingtoursireland.ie; 7 St Mary's Pl; Erw./Kind 10/5 €; ⊙Mai–Sept.;) Rundfahrten an Bord eines rekonstruierten Wikingerlangboots samt kostümierter Besatzung. Jeder Teilnehmer erhält einen Helm, ein Schwert und ein Schild. Die Tour führt nach Norden zum Lough Ree oder Richtung Süden nach Clonmacnoise mit einem 90-minütigen Aufenthalt bei den Ruinen.

Schlafen

Im Stadtzentrum gibt's mehrere Hotels bekannter Ketten, aber die beiden nachfolgend genannten Unterkünfte haben mehr Flair.

★ **Bastion B&B** B&B €€
(☎090-649 4954; www.thebastion.net; 2 Bastion St; EZ/DZ ab 40/60 €, Studio ab 50 €;) Es ist kaum möglich, das über einem Yogastudio gelegene knallbunte B&B zu übersehen. Funkig geht's auch in den weißen Innenräumen weiter, die mit vielfältigen Kunstwerken, Kakteensammlungen und indischen Wandbehängen geschmückt sind. Die sieben Zimmer (fünf davon mit eigenem Bad) wirken frisch und sauber und verfügen über dunkle Holzböden sowie flauschige Handtücher. Wer es sich leisten kann, sollte das geräumige Loft buchen. Im künstlerisch gestalteten Frühstücksraum startet man mit Getreideflocken, Obst, frischem Brot und einer Käseplatte gesund in den Tag.

Coosan Cottage Eco Guesthouse PENSION €€
(☎090-647 3468; www.ecoguesthouse.com; Coosan Point Rd; EZ/DZ 50/80 €) Von ihren Besitzern wurde die wunderschöne Pension mit zehn Gästezimmern wunderbar liebevoll gestaltet. Sie verbindet traditionellen Stil mit modernen Elementen. Dreifach verglaste Fenster, ein Holzpelletofen und eine Wärmenutzungsanlage sind nur einige wenige der vielen umweltfreundlichen Details. Besucher werden die friedliche Umgebung und das großartige Frühstück in guter Erinnerung behalten. Die Unterkunft befindet sich etwa 2,5 km außerhalb vom Stadtzentrum.

Essen

Athlone hat sich als kulinarische Hauptstadt der Midlands etabliert. In den Nebenstraßen am Westufer des Shannon verstecken sich echte Gourmetperlen.

Planet Life CAFÉ €
(www.planetlife.eu; 1 Bastion St; Snacks 4–8 €; ⊙Mo–Sa 9.30–17.30 Uhr;) Das Ökocafé serviert Snacks wie Fladenbrot mit leckeren Füllungen, z. B. mit Hummus und Falafeln oder Feta und sonnengetrockneten Tomaten. Darüber hinaus bekommt man hier hausgemachte Suppen und Backwaren.

★ **Left Bank Bistro** INTERNATIONAL €€
(☎090-649 4446; www.leftbankbistro.com; Fry Pl; Hauptgerichte mittags 9–15 €, abends 18–25 €; ⊙Di–Sa 10.30–22 Uhr;) Eine frische, weiße Inneneinrichtung, Regale voller Delikatessen und ein tolles Menü mit mediterranem und asiatischem Touch aus erstklassigen irischen Zutaten: Das extravagante Bistro stellt Feinschmecker zufrieden. Mittags gibt's dampfende Pasta, große Salate und mächtige Sandwiches, abends leckere gegrillte Fleisch- und Fischgerichte sowie ausgefallene Desserts.

★ **Kin Khao** THAILÄNDISCH €€
(☎090-649 8805; www.kinkhaothai.ie; Abbey Lane; Hauptgerichte 17–19 €; ⊙Mi–Fr 12.30–14.30, Mo–Sa 17.30–22.30, So 13.30–22.30 Uhr) Irlands vielleicht bestes Thai-Restaurant ist für sein großes Angebot an authentischen Spezialitäten berühmt. Alle Köche und das Personal stammen aus Thailand (abgesehen von dem Halbthailänder und seiner Frau, die das Restaurant leiten). Wer sich den vielen treuen Kin-Khao-Fans anschließen will, sollte rechtzeitig reservieren.

Olive Grove FUSIONSKÜCHE €€
(☎090-647 6946; www.theolivegrove.ie; Custume Pier; Hauptgerichte mittags 8–12 €, abends 15–21 €; ⊙12–22 Uhr) Das stilvolle Design und die kreativen Speisen dieses schicken Lokals am Fluss erhalten begeisterte Kritiken. Die Gerichte hier sind gut, kommen aber teilweise etwas übertrieben daher, das gilt z. B. für die Jakobsmuscheln mit Blutwurstkugeln samt knusprigem Schinken und einer Creme aus geräuchertem Knoblauch. Es gibt auch Tische draußen am Ufer.

Ausgehen & Nachtleben

★ **Sean's Bar** PUB
(13 Main St) Angeblich wurde Irlands ältestes Pub schon um 900 gegründet. Ein offener

Kamin, unebene Böden (damit das Wasser bei Überflutung wieder abläuft), Sägemehl, ein Piano und im Laufe der Jahre angesammelte Kuriositäten unterstreichen diese Behauptung. Im Biergarten am Fluss lockt abends während der Sommermonate Livemusik. Besonders hoch her geht's sonntags ab etwa 17.30 Uhr.

☆ Unterhaltung

Dean Crowe Theatre THEATER
(www.deancrowetheatre.com; Chapel St) Neu ausgestatteter Theaterraum mit exzellenter Akustik und einem vielfältigen Programm.

Praktische Informationen

Die Website www.athlone.ie ist eine gute Infoquelle.

Touristeninformation (090-649 4630; Church St, Civic Centre; Mai–Sept. Mo–Fr 9.30–13 & 14–17.15 Uhr) Im Wachhaus des Athlone Castle.

Anreise & Unterwegs vor Ort

Der Busbahnhof und der Bahnhof liegen in der Southern Station Road nebeneinander.

BUS

Bus Éireann (www.buseireann.ie) bietet alle 30 Minuten Verbindungen nach Dublin (10,80 €, 2 Std.) und Galway (12 €, 1½ Std.). Außerdem fahren täglich zwei Busse nach Westport (16 €, 3 Std.).

ZUG

Züge von **Irish Rail** (www.irishrail.ie) starten stündlich nach Dublin (ab 15 €, 1¾ Std.) und viermal täglich nach Westport (15 €, 2 Std.).

Lough Ree & Umgebung

Einst lebten auf vielen der mindestens 50 Inselchen im **Lough Ree** zahlreiche Mönche, deren kirchliche Schätze räuberische Wikinger anlockten. Heutige Besucher sind friedfertiger und vergnügen sich hauptsächlich mit Segeln, Forellenangeln oder der Vogelbeobachtung. Hier brüten zahlreiche Zugvögel, darunter Schwäne sowie Brach- und Watvögel.

Der Dichter, Schriftsteller und Dramatiker Oliver Goldsmith (1728–1774), Verfasser von *Der Pfarrer von Wakefield*, ist eng mit der Landschaft am Ostufer des Sees verbunden. In seinen Werken beschreibt er sehr treffend das sogenannte **Goldsmith Country**.

Das wunderbar legere **Glasson Village Restaurant** (090-648 5001; www.glassonvillagerestaurant.ie; Glasson, County Westmeath; Hauptgerichte 20–30 €; Di–Fr 17.30–21, Sa 18.30–21, So 13–15.30 Uhr;) serviert ausgezeichnete Speisen, darunter ein relativ günstiges dreigängiges Menü für 27 €. Ganz in der Nähe befindet sich die exklusive **Wineport Lodge** (090-643 9010; www.wineport.ie; Glasson, County Westmeath; Hauptgerichte 24–33 €; Mo–Fr 17.30–22, So 14–16 Uhr), die für die besten modern-irischen Gerichte berühmt ist und eine tolle Unterkunft direkt am See betreibt. Ein weiteres beliebtes Gastropub, das **Fatted Calf** (090-648 5208; www.thefattedcalf.ie; Pearsonsbrook; Hauptgerichte 14–22 €; Di–Sa 12.30–16 & 17–21, So bis 19.30 Uhr;), liegt ein wenig außerhalb der Ortschaft und genießt wegen seiner anspruchsvollen Spezialitäten auf der Grundlage saisonaler, regionaler Zutaten einen guten Ruf.

Golfer können sich zum **Glasson Golf Course** (090-648 51200; www.glassoncountryhouse.ie; Glasson; Greenfee Mo–Fr 35 €, Sa & So 40 €) aufmachen, der zum Komplex des Glasson Country House Hotel & Golf Club gehört und 2011 zum „IGTOA Golf Resort of the Year" gekrönt wurde. Christy O'Connor, der legendäre irische Golfspieler und Ryder-Cup-Teilnehmer, hat den Platz 1993 entworfen.

Kilbeggan & Umgebung

Das kleine Kilbeggan wartet gleich mit zwei Berühmtheiten auf: dem Whiskeymuseum in einer ehemaligen Brennerei und Irlands einziger Jagdrennbahn.

Sehenswertes & Aktivitäten

Kilbeggan Distillery Experience BRENNEREI
(057-933 2134; www.kilbeggandistillery.com; Kilbeggan; Eintritt 8 €; April–Okt. 9–18 Uhr, Nov.–März 10–16 Uhr) Wer sich für Industriegeschichte und/oder Whiskey interessiert, darf die Kilbeggan Distillery Experience nicht verpassen. Die 1757 gegründete Brennerei soll die weltweit älteste lizenzierte Einrichtung ihrer Art gewesen sein und nahm als Boutique-Whiskeybrennerei unlängst wieder den Betrieb auf. Heute noch kann man die schwerfällige Technologie bewundern, die Werkstatt des Küfers und die Lagerhalle besichtigen und dem Knarren des Mühlrads lauschen. Die eigenständig durchgeführten Rundgänge dauern 50 Minuten und enden mit einer Verkostung.

ABSEITS DER ÜBLICHEN PFADE

WEG MIT DEM REISEFÜHRER

Am Shannon sowie am Royal Canal und am Grand Canal stößt man auf eine Reihe von friedlichen Orten, die einen Besuch lohnen. Nur wenige werden von Touristen besucht, haben aber eine interessante Geschichte vorzuweisen, bieten malerische Ausblicke und warten mit tollen Pubs auf.

In Leitrim kann man sich **Ballinamore**, ein lebhaftes Dorf am Shannon-Erne-Kanal, und **Drumshanbo**, ein hübsches traditionelles Städtchen mit einem Besucherzentrum, das audiovisuelle Präsentationen und informative Ausstellungen zeigt, ansehen. Das attraktive **Keadue** ganz in der Nähe ist Schauplatz des O'Carolan International Harp Festival (www.ocarolanharpfestival.ie). Weiter südlich liegt **Keshcarrigan** mit einem eingestürzten Dolmen. Hier werden am St. Patrick's Day ungewöhnliche Feste veranstaltet. Weiter westlich erreicht man am Fluss Boyle **Cootehall** mit einem hervorragenden Restaurant und einem großartigen historischen Pub. Ganz in der Nähe erstreckt sich **Knockvicar**. Am belebten Jachthafen der Ortschaft befindet sich ein erstklassiges Lokal mit Blick auf den Fluss. Wer weiter nach Süden fährt, kommt ins malerische traditionelle Dorf **Drumsna** und ins Angelparadies **Dromod**. Auch das lebhafte **Tarmonbarry** ist einen Abstecher wert. Hier gibt's mehrere interessante Restaurants und Pubs sowie ein stilvolles Hotel. Wenige Kilometer entfernt gelangt man nach **Clondra**, wo der Shannon auf den Royal Canal trifft und sich fabelhafte Wanderwege erstrecken. **Keenagh**, ein Stück weiter am Kanal entlang, ist eine verschlafene, aber idyllische Kleinstadt. Ein letzter Halt lohnt in **Abbeyshrule** an den Ruinen einer Zisterzienserabtei und einem interessanten Viadukt.

☆ Unterhaltung

Kilbeggan Races PFERDERENNEN

(www.kilbegganraces.com; ⌚Mai–Sept. etwa vierzehntägig) Wettfans aus dem ganzen Land treffen sich bei den Kilbeggan Races. An den Rennabenden verwandelt sich die Ortschaft in ein quirliges Pferdesportzentrum, und mit der wachsenden Erregung der Rennen nimmt auch der *craic* (Spaß) in den Pubs zu.

Mullingar & Umgebung

20 103 EW.

Mullingar ist eine geschäftige, wohlhabende Provinzstadt, in deren Umgebung einiges geboten wird. Neben fischreichen Seen gibt's hier ein fantastisches Anwesen mit etwas anrüchiger Vergangenheit zu sehen.

James Joyce besuchte den Ort in seiner Jugend und erwähnt ihn in seinen Werken *Ulysses* und *Finnegans Wake*. Durch Mullingar verlaufen restaurierte Abschnitte des Royal Canal.

Sehenswertes

★ Belvedere House, Gardens & Park HISTORISCHES GEBÄUDE

(www.belvedere-house.ie; Erw./Kind 8,75/4,75 €; ⌚Haus & Grünanlage Mai–Aug. 9.30–20 Uhr, Sept.–April 9.30–16.30 Uhr; 👪) Keinesfalls verpassen sollte man das imposante Belvedere House, ein riesiges Jagdhaus aus dem 18. Jh. inmitten von einer 65 ha großen Gartenlandschaft mit Blick auf den Lough Ennell. Hier beschuldigte der erste Graf, Lord Belfield, seine Frau und seinen jüngeren Bruder Arthur des Ehebruchs. Fortan wurde seine Gattin 30 Jahre unter Hausarrest gehalten, während Arthur sein restliches Leben in einem Londoner Gefängnis verbrachte. Der Graf selbst lebte derweil in Saus und Braus. Nach Belfields Tod beteuerte seine Ehefrau noch immer ihre Unschuld.

Darüber hinaus entzweite sich der Lord auch mit seinem zweiten Bruder George, der ein eigenes Anwesen ganz in der Nähe hatte. Daraufhin ließ Belfield Irlands wohl verrücktestes Bauwerk, die bereits als Ruine konzipierte **Jealous Wall**, als Blickschutz vor Georges Haus aufstellen.

In den Obergeschossen des von Richard Cassels entworfenen Belvedere House sind elegante Rokokostuckaturen zu sehen, während die Gartenanlage mit viktorianischen Gewächshäusern, ummauerten Gärten und schönen Uferabschnitten an sonnigen Tagen zum Wandern einlädt. Ein luftiger neuer Anbau beherbergt ein stilvolles Restaurant und Café sowie einen ansprechenden Souvenir- und Geschenkeladen. Außerdem gibt's auf dem Gelände einen großen Spielplatz.

Das Anwesen befindet sich etwa 5,5 km südlich von Mullingar an der N52 in Richtung Tullamore.

Cathedral of Christ the King KATHEDRALE
(www.mullingarparish.com; ⌚7.30–20 Uhr) GRATIS Mullingars auffälligste Sehenswürdigkeit ist diese große Kathedrale, die kurz vor dem Zweiten Weltkrieg gebaut wurde. Sie birgt große Mosaiken von der hl. Anne und dem hl. Patrick, geschaffen vom russischen Künstler Boris Anrep, sowie ein kleines sakrales Museum über der Sakristei.

Aktivitäten

Angler gehen in den Seen um Mullingar gern auf **Forellenfang**. Die Saison beginnt am 1. März oder 1. Mai (abhängig vom See) und endet am 12. Oktober. Mehr darüber erfährt man in der Touristeninformation oder bei **Inland Fisheries Ireland** (www.fisheriesireland.ie).

Wer reiten möchte, kann das **Mullingar Equestrian Centre** (www.mullingarequestrian.com; Athlone Rd; ⌚März–Okt.) besuchen.

Am **Lilliput Adventure Centre** (www.lilliputadventure.com; Jonathan Swift Park) beginnen Kajaktouren auf dem Lough Ennell. Das Zentrum organisiert auch Aktivitäten an Land, z. B. Schluchtenwanderungen und Kurse im Abseiling.

Schlafen & Essen

Im Zentrum gibt's nur wenige B&Bs, aber dafür wird man an den Straßen Richtung Dublin und Sligo fündig.

Greville Arms Hotel HOTEL €€
(☎044 934 8564; www.grevillearmshotel ie; Pearse St; EZ/DZ 50/80 €; 📶) Das 1824 errichtete historische Nobelhotel ist angenehm altmodisch, genau wie die meisten Gäste. Es glänzt mit vergoldeten Spiegeln, Statuen, dunklen Ölgemälden und Kronleuchtern und die ganze Atmosphäre erinnert an vergangene Zeiten. Die Bar Ulysses wurde zu Ehren von James Joyce benannt, der hier anscheinend regelmäßig zu Gast war. Als lebensgroße Wachsfigur ist er noch heute anwesend. Zu den weiteren liebenswerten Extras gehören ein kleines Museum und ein Biergarten. Die Räume sind zwar nicht sehr bemerkenswert, aber geräumig und komfortabel.

Novara House B&B €€
(☎044-933 5209; www.novarahouse.com; Dublin Rd; EZ/DZ ab 50/80 €; 📶) Fünf Gehminuten vom Stadtzentrum entfernt bietet dieser freundliche, moderne Bungalow einfache, aber makellose Zimmer mit Kiefernmöbeln und neutralen Farben. Die liebenswerten Inhaber, hausgemachte Scones und leckerer Tee machen den Aufenthalt unvergesslich.

Oscar's MEDITERRAN €€
(☎044-934 4909; www.oscarsmullingar.com; 21 Oliver Plunkett St; Hauptgerichte 15–25 €; ⌚Mo–Sa 18–21.30, So 12.30–14.15 & 18–20.30 Uhr) Hier herrscht das ganze Jahr über reger Andrang. In lebhafter Atmosphäre kommt gesunde Hausmannskost auf den Tisch. Die hellen Farben, eine Speisekarte mit mediterranen Gerichten (Pasta, Pizza und französisch inspirierte Fleisch- sowie Geflügelgerichte) und die gute Weinauswahl ziehen vor allem abends zahlreiche Gäste an.

Ausgehen & Nachtleben

Viele Pubs locken mit traditioneller irischer Livemusik. Mehr darüber erfährt man in der Touristeninformation.

Yukon Bar PUB
(11 Dominick St; ⌚17–23 Uhr) Ein quirliges Pub, das für seinen Wahrsager bekannt ist und regelmäßig mit Livemusik aufwartet. Je nach Wochentag wird Soul, Blues oder Rock gespielt.

Unterhaltung

Mullingar Arts Centre THEATER
(www.mullingarartscentre.ie; Lower Mount St, County Hall) Auf dem Programm des Kunst- und Kulturzentrums stehen Konzerte, Theater und Kunstausstellungen. Im Sommer gibt's jedes Wochenende familienfreundliche Trad Sessions.

Praktische Informationen

Touristeninformation (☎044-934 8650; Market Sq; ⌚Mo–Sa 9.30–13 & 14–17 Uhr)

An- & Weiterreise

BUS

Bus Éireann (www.buseireann.ie) verkehrt nach Dublin (12,90 €, 1½ Std., Mo–Fr 6-mal, So 5-mal) und Athlone (12 €, 1 Std., Mo–Sa 2-mal, So 1-mal).

ZUG

Irish Rail (www.irishrail.ie) bietet elf direkte Verbindungen nach Dublin (ab 15 €, 1 Std., Mo–Fr 11-mal, Sa 7-mal, So 5-mal tgl.).

Nördlich von Mullingar

Die Gegend nördlich von Mullingar ist für ihre Seen berühmt, besonders für den **Lough Derravaragh**. Das 8 km lange Gewässer wird mit der Sage der Kinder von Lír in Verbindung gebracht, die von ihren bösen Stiefmüttern in Schwäne verwandelt worden sein sollen. Jeden Winter, wenn Tausende der schneeweißen Vögel aus Russland und Sibirien hier einen Zwischenstopp einlegen, werden die Bewohner an diese Legende erinnert.

Neben der Seen- und Hügellandschaft wartet die Umgebung des unscheinbaren Örtchens Castlepollard sowie des verschlafenen Crookedwood mit zahlreichen historischen Sehenswürdigkeiten auf.

Sehenswertes

Fore Valley HISTORISCHE STÄTTE

Das smaragdgrüne Tal am Ufer des Lough Lene lässt sich ausgezeichnet zu Fuß oder per Fahrrad erkunden. 630 n. Chr. gründete der hl. Fechin ein Kloster direkt außerhalb des Dorfes Fore. Von der frühen Ansiedlung ist nichts erhalten, doch drei später errichtete Bauten stehen in Verbindung mit den „sieben Wundern“, die sich hier ereignet haben sollen. Das Fore Valley strahlt eine überaus stimmungsvolle Atmosphäre aus. Selbst im tiefsten Winter beeindruckt der Anblick der lieblichen Landschaft.

Die **St. Fechin's Church** mit einer Kanzel aus dem frühen 13. Jh. und einem Taufbecken ist das älteste der drei Gebäude. Über dem monumentalen Eingang befindet sich ein gewaltiger steinerner Türsturz mit einem eingemeißelten griechischen Kreuz. Der durch ein Gebet bewegte Stein soll 2,5 t wiegen und vom hl. Fechin allein durch die Kraft seines Glaubens in seine jetzige Position befördert worden sein.

Von der Kirche führt ein Pfad zur reizvollen kleinen, in einem Felsen gelegenen **Einsiedlerzelle** aus dem 15. Jh. Den Schlüssel erhält man in der Dorfkneipe The Seven Wonders.

Auf der anderen Straßenseite am Parkplatz stößt man auf **St. Fechin's Well** mit dem Wasser, das niemals kocht. Zyniker sollten sich besser nicht dazu hinreißen lassen, diese Behauptung nachzuprüfen: Es heißt nämlich, dass die Familie desjenigen, der es versucht, der ewigen Verdammnis anheimfällt. In der Nähe sieht man einen Ableger des Baumes, der niemals brennt. Die in ihn gedrückten Münzen sind allerdings ein Ausdruck moderneren Aberglaubens.

Etwas weiter entfernt verteilen sich die weitläufigen Überreste eines **Benediktinerklosters**, des **Monastery of the Quaking Scraw**, das im 13. Jh. wundersamerweise auf dem einstigen Moorboden errichtet worden war. Im folgenden Jahrhundert wurde das Bauwerk zu einer befestigten Burg erweitert, daher die Schießscharten und Vierecktürme. Vorsicht: Der Westturm ist stark einsturzgefährdet!

Als die beiden letzten Wunder gelten die Mühle ohne Graben und das bergauf fließende Wasser. Der hl. Fechin soll das Wasser aufwärts in Richtung Mühle bewegt haben, indem er seinen Bischofsstab 1,5 km entfernt beim Lough Lene an einen Stein schlug.

Der **Fore Abbey Coffee Shop** (☎044-966 1780; foreabbeycoffeeshop@gmail.com; ⏲Juni–Aug. tgl. 10–18 Uhr, Okt.–Juni Sa & So 10–18 Uhr) am Ortsrand von Fore dient auch als Touristeninformation. Hier kommt man in den Genuss köstlicher hausgebackener Kuchen, außerdem werden vor Ort ein 20-minütiger Film über die Wunder gezeigt und Führungen angeboten. Letztere muss man allerdings vorab buchen.

★ **Tullynally Castle Gardens** GÄRTEN

(☎044-966 1159; www.tullynallycastle.com; Castlepollard; Gartenanlage Erw./Kind 6/3 €; ⏲April–Sept. Do–So 11–18 Uhr; 👪) Das imposante neogotische Tullynally Castle ist der Familiensitz der Pakenhams und für Besucher nicht zugänglich. Dafür hat man aber die Möglichkeit, die herrliche 12 ha große Parkanlage zu durchstreifen. Künstliche Seen, ein chinesischer und ein tibetanischer Garten sowie eine Reihe wunderschöner 200-jähriger Eiben zählen zu den Highlights. Im Burghof befindet sich eine Teestube. Das Tullynally Castle liegt 2 km nordwestlich von Castlepollard.

Multyfarnham Franciscan Friary KIRCHE

(⏲Sonnenaufgang–Sonnenuntergang) In der Kirche aus dem 19. Jh. sind noch Reste des ursprünglichen Klosters aus dem 15. Jh. erhalten, das sich einst an diesem Standort erhob. Draußen am Fluss sieht man ungewöhnliche Stationen des Kreuzwegs. Das Gebäude befindet sich 3 km westlich von Crookedwood.

St. Munna's Church KIRCHE

Das befestigte Bauwerk aus dem 15. Jh. wurde in herrlicher Lage am ehemaligen Standort einer im 7. Jh. vom hl. Munna gegründeten Kirche errichtet und liegt 2 km östlich von Crookedwood. Es hat ein als Tonnengewölbe konstruiertes Dach und zinnenbewehrte Festungsmauern. Über einem Fenster an der Nordseite ist eine verwittertes *sheela-na-gig* (Steinrelief einer weiblichen Figur) zu sehen.

Schlafen & Essen

Mornington House B&B €€

(☎044-937 2191; www.mornington.ie; Multyfarnham; EZ/DZ ab 85/130 €; ⏲April–Okt.;) Wer den Luxus längst vergangener Zeiten mag, kann in diesem bezaubernden viktorianischen Haus übernachten. Antike Möbel, knisternde Holzfeuer, bequeme Messingbetten und zarte Blumenmuster verleihen den Zimmern eine behagliche Atmosphäre. Abendessen (45 €) muss vorab bestellt werden. Das Obst und Gemüse stammt aus dem ummauerten Garten.

Hotel Castlepollard HOTEL €€

(☎044-966 1194; www.hotelcastlepollard.ie; Castlepollard; EZ/DZ 58/80 €;) Das gemütliche Landhotel mit Blick auf den schönen dreieckigen Dorfanger verfügt über gepflegte Zimmer mit Standardeinrichtung und ein empfehlenswertes Restaurant (Hauptgerichte ab 14 €). In der Hotelbar gibt's jedes Wochenende Livemusik.

An- & Weiterreise

Castlepollard liegt 20 km nördlich von Mullingar an der R394. **Bus Éireann** (www.buseireann.ie) verkehrt donnerstags um 13.30 Uhr von Mullingar nach Crookedwood (20 Min.) und Castlepollard (30 Min.) – abgesehen von dieser einen Verbindung ist man auf sich allein gestellt.

Counties Meath, Louth, Cavan & Monaghan

440 700 EW. / 6387 KM²

Inhalt ➡

Die besten Burgen

- Slane Castle (S. 554)
- Trim Castle (S. 558)
- Dunsany Castle (S. 557)
- Ross Castle (S. 576)
- Castle Leslie (S. 579)

Schön übernachten

- D Hotel (S. 566)
- McKevitt's Village Hotel (S. 572)
- Newgrange Lodge (S. 552)
- Hilton Park (S. 580)
- Farnham Estate (S. 574)

Auf nach Meath, Louth, Cavan & Monaghan

Die fruchtbaren Felder der Counties Meath und Louth sind die Wiege der irischen Zivilisation. Heute wohnen hier viele Pendler, die in Dublin arbeiten, doch die mystischen Grabstätten Brú na Bóinne und Loughcrew (beide älter als die ägyptischen Pyramiden) sowie Tara, das Tor zum Jenseits und Sitz der Hochkönige von Irland, zeugen von der historischen Bedeutung der Grafschaften. Nach der Ankunft des hl. Patrick errichteten die Gläubigen Klöster, Hochkreuze und Rundtürme als Aufbewahrungsorte für kostbare Manuskripte. Heute erzählen prächtige Ruinen Geschichten aus der Zeit, als Irland noch als Land der Heiligen und Gelehrten bekannt war.

Herrlich idyllisch sind auch die smaragdgrünen Hügel und Seen voller Fische. In den wenig besuchten Counties warten jede Menge Unternehmungen an der frischen Luft: Man kann z. B. Bootsfahrten auf dem Shannon-Erne-Kanal unternehmen, durch wildromantische Landschaften wandern und den umwerfenden Blick auf die Cuilcagh Mountains genießen.

Reisezeit

- Die Zeit von November bis März eignet sich nicht zum Sightseeing, da viele historische Stätten nur begrenzt geöffnet oder ganz geschlossen sind.
- Überraschenderweise ist der April der trockenste Monat des Jahres. Wanderer können sich über jede Menge blühende Narzissen und Wildblumen und über wenig Niederschlag freuen.
- Im Sommer herrscht in Drogheda Partystimmung: Das Arts Festival findet im Mai statt, das Samba Festival steigt im Juni und – Feinschmecker aufgepasst! – im August, wenn Carlingford das berühmte Oyster Festival ausrichtet, steht das Food Festival auf dem Programm.

Highlights

1. Die prähistorischen Kultstätten von **Brú na Bóinne** (S. 550) erkunden
2. Im mittelalterlichen **Carlingford** (S. 570) den Blick aufs Meer genießen, Austern schlürfen und tolle Konzerte besuchen
3. Die Ruinen und die mächtige Burg im unscheinbaren **Trim** (S. 558) besichtigen
4. Sich in den ruhigen Straßen von **Inniskeen** (S. 581) auf die Spuren des Dichters und Schriftstellers Patrick Kavanagh begeben
5. Den Menschenmassen entgehen und die Hügelgräber von **Loughcrew Cairns** (S. 562) bestaunen
6. Geheimnisvolle Erdarbeiten, Ganggräber und den „Schicksalsstein" in **Tara** (S. 555) entdecken
7. Kunst, Architektur und nette Pubs in **Drogheda** (S. 563) erleben
8. Auf den Seen des **Countys Cavan** (S. 573) Angeltouren unternehmen

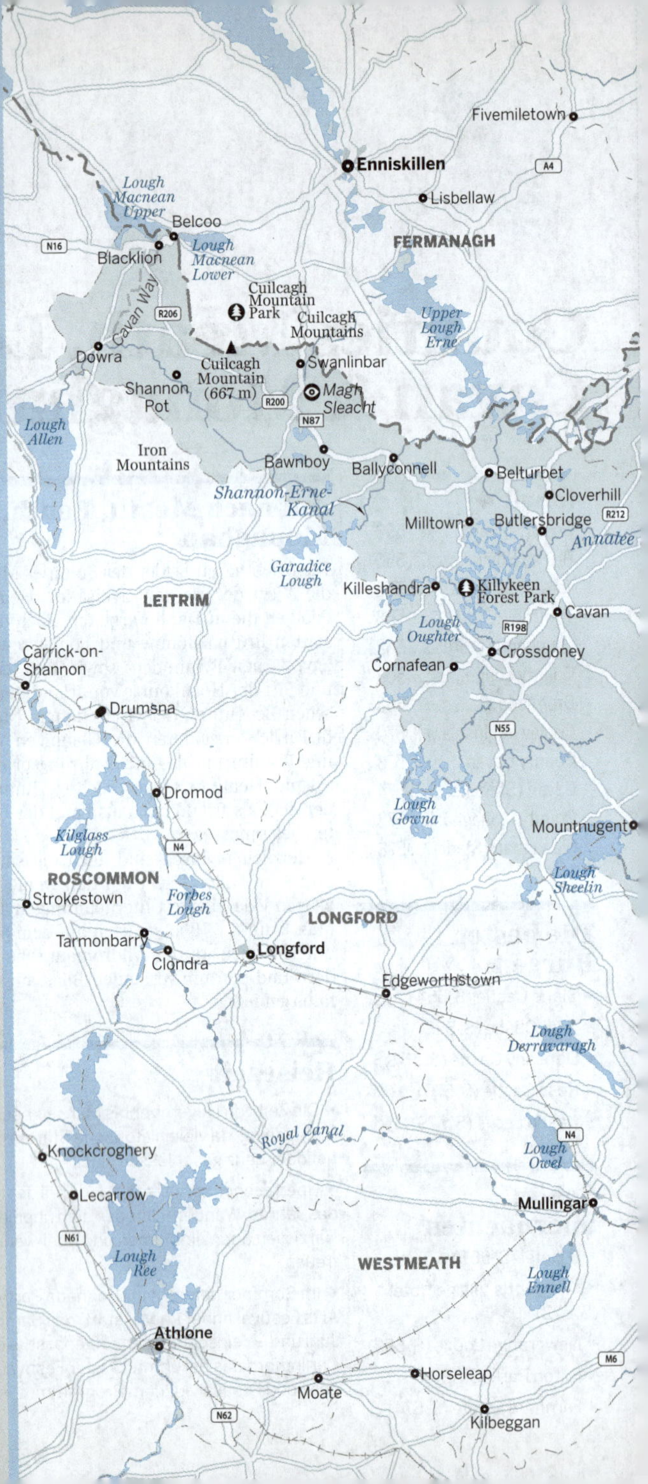

Augher
Aughnacloy
TYRONE
0
20 km
Dromore
Ulster Canal
Newry Canal
Banbridge
Emyvale
Armagh
Loughbrickland
Glaslough
Castle Leslie
N2
Markethill
DOWN
ARMAGH
Monaghan
Rossmore Forest Park
Ulster Canal
N54
Newry
Clones
MONAGHAN
Newbliss
Mourne Mountains
Ballybay
Scotshouse
Meigh
Warrenpoint
Castleblayney
Flagstaff Viewpoint
Rostrevor
Forkhill
Crossmaglen
Omeath
R173
Cootehill
Lough Egish
N1
Slieve Foye (587 m)
Carlingford Lough
Annagh
Shantonagh
N53
2 Carlingford
8 County Cavan
Lough Sillan
Inniskeen 4
Dundalk
Cooley Peninsula
Shercock
Carrickmacross
Ballagan Point
Glyde
Dundalk Bay
CAVAN
Bailieborough
Dún an Rí Forest Park
Kingscourt
M1
Castlebellingham
N2
Annagassan
Dee
Ardee
Dee
Dunany Point
Ballyjamesduff
LOUTH
Dunleer
R166
Virginia
Beaulieu House, Gardens & Car Museum
Clogher Head
Lough Ramor
Clogherhead
N3
Monasterboice
Oldcastle
Termonfeckin
R154
Old Mellifont Abbey
Stätte der Schlacht um Boyne
Baltray
Irische See
R195
5 Loughcrew Cairns
Loughcrew Gardens
Kells
Brú na Bóinne
7 Drogheda
Mornington
White Lake
Crossakeel
Slane
Teltown
Dunmoe Castle
Loughcrew Hills
Boyne
1
Donore
N1
Newgrange
Laytown
MEATH
N52
Ardmulchan House
Sonairte National Ecology Centre
Navan
Lough Lene
Duleek
N51
Athlumney Castle
Dunderry
Athboy
N2
M1
Bective Abbey
Tara
Balbriggan
Delvin
Rathcairn
6
Skyrne
N1
Newtown
Hill of Tara
N3
3 Trim
Kilmessan
DUBLIN
Deel
Dunsany Castle
Dunshaughlin
Ratoath
Laracor
Ashbourne
N4
M1
Fairyhouse Racecourse
Swords
Coralstown
Summerhill
Royal Canal
Kinnegad
Black Bull
Dublin Airport
Boyne
M4
Dunboyne
M50
N1
OFFALY
KILDARE
M4
Dublin
M7

COUNTY MEATH

Bereits 8000 v.Chr. lockte das fruchtbare Land des Countys, eine Hinterlassenschaft der letzten Eiszeit, erste Siedler an. Diese folgten dem Verlauf des Flusses Boyne und verwandelten dabei die Wälder in Ackerland. Meath ist eine der fünf Provinzen im alten Irland und war jahrhundertelang das Zentrum der irischen Politik.

Dank des guten Ackerbodens und jeder Menge Wasser dient die Region heute als wichtiges landwirtschaftliches Anbaugebiet. Ihre Nähe zu Dublin ließ sie während des Booms (als „keltischer Tiger" bezeichnet) ab Mitte der 1990er-Jahre unkontrolliert wachsen. Mittlerweile beherbergen die größeren Städte seelenlose Hochhaussiedlungen und zu Stoßzeiten ist das Verkehrsaufkommen hoch.

Auf Besucher warten jedoch zahlreiche Attraktionen, von denen viele an Meaths faszinierende Geschichte erinnern. Entsprechende Infos siehe unter www.meath.ie/tourism.

Brú na Bóinne

Die gewaltige neolithische Totenstadt Brú na Bóinne (Boyne Palace; siehe auch S. 464) gehört zu den außergewöhnlichsten Stätten Europas. 1000 Jahre älter als Stonehenge, legt sie ein mächtiges und beredtes Zeugnis darüber ab, zu welch erstaunlichen Leistungen die prähistorischen Menschen fähig waren.

Sie wurde für die sterblichen Überreste der Oberschicht gebaut und ihre Gräber waren bis zur Errichtung der anglonormannischen Burgen 4000 Jahre später die größten künstlichen Bauwerke im ganzen Land. Rund um Brú na Bóinne befinden sich mehrere solcher Stätten; die wichtigsten sind Newgrange, Knowth und Dowth.
Im Laufe der Jahrhunderte verfielen die Gräber und wurden von Bäumen und Gras überwuchert und geplündert, z.B. von Wikingern und viktorianischen Schatzjägern, die ihre Initialen in die großen Steine von Newgrange ritzten. Die Umgebung ist gespickt mit zahllosen weiteren alten *tumuli* (Grabhügel) und Menhiren.

Sehenswertes

★ Newgrange HISTORISCHE STÄTTE

(www.newgrange.com; Erw./Stud. inkl. Besucherzentrum 6/3 €; Nov.–Jan. 9–17 Uhr, Feb.–April 9.30–17.30 Uhr, Mai 9–18.30 Uhr, Juni–Sept. 9–19 Uhr, Okt. 9.30–17.30 Uhr) Selbst von Weitem erkennt man, dass Newgrange etwas Besonderes ist. Die weißen, gerundeten, von einem Grashügel überwucherten Steinwälle sehen irgendwie überirdisch aus und auch die Größe von 80 m Durchmesser und 13 m Höhe beeindruckt. Doch erst im Inneren wird es richtig interessant: Hier befindet sich Irlands besterhaltenes steinzeitliches Ganggrab, eine der bemerkenswertesten prähistorischen Stätten Europas. Es stammt etwa aus der Zeit 3200 v.Chr. und ist somit 600 Jahre älter als die Pyramiden.

Niemand kennt seinen ursprünglichen Zweck. Vielleicht war es eine königliche Grabstätte oder auch ein rituelles Zentrum. Aufgrund seiner präzisen Ausrichtung auf den Stand der Sonne zur **Wintersonnenwende** könnte es ebenso als Kalender fungiert haben.

Der Name Newgrange leitet sich von „New Granary" (Neuer Kornspeicher) ab. Tatsächlich diente das Grab einst als Speicher für Getreide. Bei den Einheimischen erfreut sich jedoch eine andere Theorie der größten Beliebtheit. Sie glauben, dass der Name auf das irische „Cave of Gráinne" zurückgeht und sich auf eine bekannte keltische Sage bezieht. Die Geschichte von *The Pursuit of Diarmuid and Gráinne* erzählt von der verbotenen Liebe zwischen Gráinne, der Frau von Fionn McCumhaill (oder Finn McCool), Anführer der Fianna, und einem

WINTERSONNENWENDE IN NEWGRANGE

Zur Wintersonnenwende (meist zwischen dem 18. und 23. Dezember) dringen die Strahlen der aufgehenden Sonne um 8.20 Uhr durch die Öffnung über dem Eingang. Langsam kriechen sie durch den langen Gang bis zur Grabkammer und erleuchten sie für 17 Minuten. Zweifellos ist die Teilnahme an diesem Ereignis eine ergreifende, wenn nicht gar mystische Erfahrung. Wer die Chance dazu haben möchte, muss an der kostenlosen Verlosung Ende September bzw. Anfang Oktober teilnehmen. Das Formular kann im Brú na Bóinne Visitor Centre oder online ausgefüllt werden (www.heritageireland.ie). Für alle, die nicht gezogen werden, gibt's zum Trost eine simulierte Wintersonnenwende bei der Führung durch das Grab.

EIN BESUCH IN BRÚ NA BÓINNE

Um die Gräber zu schützen und die mystische Atmosphäre der Umgebung zu erhalten, beginnen alle Besichtigungen beim **Brú na Bóinne Visitor Centre** (041-988 0300; www.heritageireland.ie; Donore; Erw./Stud. Besucherzentrum 3/2 €; Besucherzentrum & Newgrange 6/3 €; Besucherzentrum & Knowth 5/3 €; Besucherzentrum, Newgrange & Knowth 11/6 €; Nov.–Jan. 9–17 Uhr, Feb.–April 9.30–17.30 Uhr, Mai 9–18.30 Uhr, Juni–Sept. 9–19 Uhr, Okt. 9.30–17.30 Uhr), von wo aus ein Bus zu den Stätten fährt. Das Infozentrum, dessen Spiralendesign Newgrange nachempfunden ist, beherbergt interaktive Ausstellungen zur irischen Frühgeschichte und den Ganggräbern, eine exzellente Cafeteria sowie einen tollen Buch- und Andenkenladen. Außerdem erfährt man hier mehr über die Attraktionen in der Region. Im verglasten Obergeschoss kann man den Blick über Newgrange schweifen lassen.

Für Brú na Bóinne sollte viel Zeit eingeplant werden. Der Besuch im Visitor Centre dauert etwa eine Stunde, für Newgrange oder Knowth braucht man mindestens zwei Stunden. Dowth ist für Touristen nicht zugänglich. Wer sich alle drei Stätten nacheinander anschauen möchte, benötigt auf jeden Fall einen halben Tag.

Im Sommer, besonders an den Wochenenden und während der Ferien, ist hier die Hölle los. Die Tageskapazität liegt bei 750 Personen, doch mitunter kommen bis zu 2000 Menschen her! Wer Pech hat, muss also damit rechnen, wieder weggeschickt zu werden. Tickets können nur direkt vor Ort und nicht vorab gekauft werden, deshalb sollte man die Besichtigung frühmorgens oder unter der Woche planen und Wartezeiten einkalkulieren.

Achtung: Wenn man zuerst nach Newgrange oder Knowth möchte, wird man zwangsläufig zum Besucherzentrum geschickt, wo die offiziellen Führungen beginnen. Es ist nicht ratsam, die 4 km lange Strecke vom Visitor Centre zu Fuß zurückzulegen, denn auf der engen Straße gibt's kaum Platz, um dem Bus auszuweichen.

Das Brú na Bóinne Visitor Centre ist von allen Richtungen gut ausgeschildert. Bei der Besichtigung hält man sich vornehmlich im Freien auf, von daher sollte man regenfeste Kleidung dabeihaben.

seiner treuesten Gefolgsleute, Diarmuid. Als Diarmuid tödlich verwundet wird, versucht der Gott Aengus vergeblich, ihn zu retten, und bringt ihn nach Newgrange. Die verzweifelte Gráinne folgt ihrem Geliebten in die Höhle und bleibt dort noch lange nach seinem Tod. Diese verdächtig nach der Artussage klingende Geschichte (man setze Diarmuid und Gráinne mit Lancelot und Guinevere gleich) entspringt zweifellos dem Reich der Fantasie, trotzdem ist es eine ziemlich gute Story. Newgrange spielt in der keltischen Mythologie auch noch eine andere Rolle, nämlich als der Ort, wo der Held Cúchulainn gezeugt wurde.

Im Laufe der Zeit verfiel die Stätte ebenso wie Dowth und Knowth und eine Weile nutzte man sie sogar als Steinbruch. 1962 und 1975 wurde die Anlage restauriert.

Ein herrlich behauener Schwellenstein mit doppelten und dreifachen Spiralen bewacht den Haupteingang zum Grab. Die Frontseite wurde so umgestaltet, dass Besucher nicht drüberklettern müssen, um hineinzugelangen. Über dem Eingang fällt durch einen Schlitz Licht in den Innenraum. Ein weiterer schön verzierter Schwellenstein befindet sich genau auf der gegenüberliegenden Seite des Hügels. Einige Fachleute meinen, dass früher ein Steinkreis von etwa 100 m Durchmesser den Hügel einschloss, aber nur zwölf dieser Steine sind übrig geblieben, Überreste von ein paar anderen finden sich unter der Erde.

Zusammengehalten wird das Gebilde von 97 Steinblöcken. Elf davon sind mit ähnlichen Motiven geschmückt wie der Stein vom Haupteingang, großflächige Verzierungen weisen allerdings nur drei auf.

Der weiße Quarzit stammt aus dem 70 km weiter südlich gelegenen Wicklow. Da es in jener Zeit weder Pferde noch Räder gab, wurde er über das Meer und dann den Boyne hinauftransportiert. In dem Hügel stecken mehr als 200 000 t Erde und Stein.

Ein enger, etwa 19 m langer Gang, gesäumt von 43 aufrecht stehenden, teils verzierten Steinen, führt in die Grabkammer mit drei Nischen und großen Steinbecken für die Asche menschlicher Knochen. Bei den menschlichen Überresten müssen auch Grabbeigaben wie Perlenketten und Anhänger aufbewahrt worden sein, die vermutlich schon lange vor der Ankunft der Archäologen gestohlen wurden.

Massive Steine stützen das Dach der Kammer, ein 6 m hohes Kragsteingewölbe. Ein komplexes Dränagesystem verhindert bereits seit 4000 Jahren, dass hier Wasser eindringt.

★Knowth HISTORISCHE STÄTTE
(Erw./Stud. inkl. Besucherzentrum 5/3 €; ⏲Nov.–Jan. 9–17 Uhr, Feb.–April 9.30–17.30 Uhr, Mai 9–18.30 Uhr, Juni–Sept. 9–19 Uhr, Okt. 9.30–17.30 Uhr) Nordwestlich von Newgrange erhebt sich der Grabhügel von Knowth. Er wurde etwa zur selben Zeit erbaut und übertrifft seinen bekannteren Nachbarn an Größe und archäologischer Bedeutung. So entdeckte man in der seit 1962 erforschten Stätte z. B. die größte Sammlung von Ganggrabkunst in Westeuropa.

Auch der Gang zur Hauptkammer ist mit 34 m deutlich länger als der von Newgrange. Auf der anderen Seite des Hügels stießen die Wissenschaftler 1968 auf einen 40 m langen Gang. Im Hügel befinden sich außerdem die Überreste von weiteren sechs frühchristlichen unterirdischen Kammern. Rund um den Hügel verteilen sich 300 verzierte Steine sowie 17 Nebengräber.

Nach ihrer Fertigstellung wurde die Anlage jahrtausendelang genutzt: in der frühen Bronzezeit (um 1800 v. Chr.) von den Menschen der Becherkulturen – so genannt, weil sie ihre Toten mit Trinkgefäßen beerdigten – und in der Eisenzeit (um 500 v. Chr.) von den Kelten. Aus beiden Epochen fand man Überreste von Bronze- und Eisenarbeiten. Um 800 oder 900 n. Chr. wurde die Anlage zu einer *ráth* (Ringfestung aus Erde) umgebaut und diente dem überaus mächtigen O'Neill-Clan als Fort. 965 war sie der Sitz von Cormac MacMaelmithic, der später neun Jahre lang als irischer Hochkönig herrschen sollte. Im 12. Jh. errichteten die Normannen auf einem Hügel eine Palisadenfestung mit Bergfried. Um 1400 wurde die Anlage dann endgültig aufgegeben.

Weil die Ausgrabungen noch mindestens zehn Jahre in Anspruch nehmen werden, kann man bei seinem Besuch vielleicht ein paar Archäologen bei ihrer Arbeit über die Schulter schauen.

Dowth HISTORISCHE STÄTTE
Der runde Hügel von Dowth ist mit seinen 63 m etwas kleiner im Durchmesser als Newgrange, aber mit 14 m etwas höher. Er litt stark unter den zahlreichen Straßenbauern, Schatzjägern und Hobbyarchäologen, die im 19. Jh. sein Inneres aushöhlten. Eine Zeit lang befand sich auf der Kuppe sogar eine Teestube. Aus Sicherheitsgründen ist sie nicht für Besucher zugänglich, aber man kann den Hügel von der Straße zwischen Newgrange und Drogheda aus sehen. Ambitionierte Ausgrabungen begannen 1998 und werden noch mehrere Jahre andauern.

Es gibt zwei Eintrittsgänge, die zu versiegelten getrennten Kammern führen. An jeder Seite befindet sich ein 24 m langes frühchristliches Erdgrab, das mit dem Westgang verbunden ist. Dieser 8 m lange Durchbruch führt zu einem kleinen kreuzförmigen Raum, in dem eine Nische als Zugang zu weiteren Kammern dient. Ein derartiges Konzept ist nur von Dowth bekannt. Im Südwesten liegt der Eingang zu einem kürzeren Gang mit einer weiteren Kammer.

Nördlich des Hügels genießt man einen Blick auf die Ruinen des **Dowth Castle** und des **Dowth House**.

☞ Geführte Touren

Brú na Bóinne ist eine der Hauptattraktionen Irlands. Es gibt ein großes Angebot an Touren hierher, die zumeist in Dublin starten.

Mary Gibbons Tours GEFÜHRTE TOUR
(☎086 355 1355; www.newgrangetours.com; Tour 35/30 € pro Erw./Stud.) Von mehreren Dubliner Hotels geht's montags bis freitags um 9.30 Uhr sowie samstags und sonntags um 7.50 Uhr ins Boyne Valley inklusive einer Besichtigung von Newgrange und Tara. Kompetente Führer beschreiben spannend das keltische und präkeltische Leben in Irland. Der Preis für den Ausflug wird bar im Bus bezahlt; Kreditkartenzahlung ist nicht möglich.

Over the Top Tours GEFÜHRTE TOUREN
(☎01-860 0404; www.overthetoptours.com; Tour 28/25 € pro Erw./Stud.) Veranstaltet die Tagestour „Celtic Experience" mit Schwerpunkt auf dem Boyne Valley und die faszinierende „Mystery Tour".

Schlafen & Essen

★Newgrange Lodge HOSTEL, HOTEL €
(☎041-988 2478; www.newgrangelodge.com; B/EZ/DZ ab 16/45/55 €; @📶👪) Östlich des Besucherzentrums bietet dieser Bauernhof eine Auswahl an günstigen Zimmern von Schlafsälen mit vier bis zehn Betten bis zu Doppelzimmern mit Hotelstandard und eigenen Bädern. Die Rezeption ist 24 Stunden

besetzt und es gibt eine Küche für Selbstversorger, zwei Außenpatios sowie einen einladenden Speiseraum mit Lounge, Kamin, Brettspielen und Büchern. Ein kontinentales Frühstück inklusive leckerer hausgemachter Scones ist inbegriffen.

An- & Weiterreise

Bus Éireann bietet Verbindungen zwischen dem Brú na Bóinne Visitor Centre und dem Busbahnhof von Drogheda (einfache Fahrt/hin & zurück 4/7 €, 20 Min., Mo–Sa 2-mal tgl.) mit Weiterfahrt nach Dublin.

Die Schlacht um Boyne

Stätte der Schlacht um Boyne HISTORISCHE STÄTTE

(www.battleoftheboyne.ie; Erw./Kind 4/2 €; Mai–Sept. 10–18 Uhr, März & April 9.30–17.30 Uhr, Okt.–Feb. 9–17 Uhr;) Über 60 000 Soldaten der beiden Heere von Jakob II. und Wilhelm III. kämpften 1690 auf dem Ackerland im Grenzgebiet der Counties Meath und Louth. Wilhelm siegte und Jakob floh nach Frankreich.

Heute gehört das Schlachtfeld zur Oldbridge Estate Farm. Im Besucherzentrum wird eine kurze Vorführung zur Schlacht gezeigt, außerdem gibt's originale und nachgebildete Waffen der damaligen Zeit sowie ein Lasermodell des Kampfplatzes zu sehen. Man kann sehr leicht auf eigene Faust durch die Parklandschaft und über das Feld streifen. Im Sommer wird die Schlacht von kostümierten Schauspielern nachgestellt.

Die Stätte befindet sich 3 km nördlich von Donore und ist an der N51 ausgeschildert. Von Drogheda aus muss man der Rathmullan Road 3,5 km am Fluss entlang nach Westen folgen.

Laytown

Laytown wurde als Schauplatz des einzigen offiziellen Strandpferderennens Europas berühmt. Ansonsten ist es ein verschlafenes Küstendorf.

Sehenswertes & Aktivitäten

Sonairte ÖKOLOGIEZENTRUM

(041-982 7572; www.sonairte.ie; the Ninch, Laytown; Erw./Kind 3/1 €; Mi–So 10.30–17 Uhr;) Etwas außerhalb von Laytown an der Straße nach Julianstown stößt man auf das National Ecology Centre Sonairte. Das Ökozentrum will das Umweltbewusstsein fördern und informiert über nachhaltige Lebensweisen sowie biologischen Gartenbau. Besucher können sich einer geführten Tour durch die ummauerte Anlage und eine 200-jährige Obstplantage anschließen, dem Naturpfad oder der Flusspromenade folgen oder an Kursen zu verschiedenen Themen teilnehmen, die von der Imkerei über das Kräutersammeln bis zum biologischen Gärtnern reichen. Auf dem Gelände gibt's einen Laden und ein Biocafé, außerdem findet hier sonntags von 12 bis 16 Uhr ein **Bauernmarkt** statt. Bis zu Laytowns Bahnhof sind es vom Ortszentrum aus nur etwa fünf Gehminuten.

Feste & Events

Laytown Races PFERDERENNEN

(www.laytownstrandraces.ie) Die Laytown Races werden bereits seit 140 Jahren veranstaltet: Zu diesem Anlass verwandelt sich Laytowns 3 km langer goldener Sandstrand für einen Tag in eine Pferderennbahn, die eine bunte Mischung aus Einheimischen, Prominenten und Fans anzieht.

An- & Weiterreise

Züge von **Irish Rail** (Iarnród Éireann; www.irishrail.ie) verkehren alle halbe Stunde zwischen Dublin und Laytown (12,50 €, 50 Min.).

HERITAGE CARD

Wer mehrere archäologische und historische Stätten besuchen möchte, für den lohnt sich eventuell die **Heritage Card** (Erw. 21 €, Stud. & Kind 8 €). Sie ist ein Jahr lang gültig und am Ticketschalter des Schlachtfeldes von Boyne sowie bei anderen teilnehmenden Sehenswürdigkeiten im ganzen Land erhältlich. Weitere Infos siehe unter www.heritageireland.ie.

Slane

1349 EW.

Das winzige Slane ist leicht zu übersehen. Es erstreckt sich einen steilen Hang hinunter bis zum Fluss Boyne, der unter einer schmalen Brücke hindurchfließt. Das Örtchen entwickelte sich rund um eine große Burg, nach der es auch benannt ist, und verfügt über schöne Steinhäuser sowie Cottages aus dem 18. Jh. An der größten Kreuzung stehen sich vier identische Gebäude gegenüber. Einwohner behaupten, dass sie einst für vier Schwestern gebaut wurden, die einander hassten und sich von ihren Häusern aus gegenseitig beobachteten.

Slane liegt nur 6 km westlich von Brú na Bóinne.

Sehenswertes

★ Slane Castle BURG

(☎ 041-982 4080; www.slanecastle.ie; Führung Erw./Stud. 7/5 €, Whiskey-Verköstigungstour inkl. Burgführung 17 €, mind. 12 Pers.; ⏲ Führungen Juni–Aug. So–Do 12–17 Uhr) Der Privatsitz von Henry Conyngham, Earl of Mountcharles, ist vor allem als Veranstaltungsort für **Open-Air-Konzerte** großer Rockgrößen bekannt. 2013 traten hier Bon Jovi und Eminem auf, zuvor gaben sich schon U2, die Rolling Stones, Madonna und Oasis die Ehre.

Francis Johnson baute das 1785 von James Wyatt im neogotischen Stil errichtete Gebäude für die Besuche von Georg IV. bei Lady Conyngham um. Angeblich war sie die Geliebte des Königs, und es heißt, die Straße von Dublin nach Slane sei extra eben und gerade angelegt worden, um die Anreise ihres Liebhabers zu beschleunigen. 1991 wurde die Burg durch ein Feuer zerstört, woraufhin sich herausstellte, dass der Earl unterversichert war. Eine große Sammelaktion, zu der auch besagte Sommerkonzerte beitrugen, ermöglichte eine sorgfältige Restaurierung.

Teilnehmer **geführter Touren** können u. a. den 1821 fertiggestellten neogotischen Ballsaal und den Kings Room besichtigen, in dem der König wohnte, wenn er seine Mätresse besuchte.

Darüber hinaus wird hier der Slane Castle Irish Whiskey aus der nahe gelegenen Cooley Distillery verkauft. Ursprünglich wurde er eigens für die Conyngham-Familie gebrannt. Wer sich für die Verkostung dieser und anderer irischer Whiskeysorten interessiert, sollte eine **Whiskeytour** buchen. Bei unserem Besuch errichten die Besitzer gerade vor Ort eine eigene Destillerie für irischen Whiskey. Über den aktuellen Stand informiert die Website.

Die Burg ist 1 km westlich des Stadtzentrums ausgeschildert.

Hill of Slane HISTORISCHE STÄTTE

1 km nördlich des Ortes befindet sich der Hill of Slane, ein unscheinbarer Hügel, dem erst die keltisch-christliche Mythologie zu einer gewissen Bedeutung verholfen hat. Der Legende nach soll der hl. Patrick hier 433 ein Osterfeuer entzündet haben, um im ganzen Land das Christentum zu verkünden. Laoghaire, Irlands heidnischer Hochkönig, war darüber erzürnt, denn schließlich hatte er ausdrücklich befohlen, dass in Sichtweite des Hügels von Tara kein Feuer brennen dürfe. Er wurde jedoch von seinen vorausschauenden Druiden zurückgehalten: Diese erklärten ihm, dass „der Mann, der das Feuer entzündet hat, Könige und Fürsten überdauern wird“. Daraufhin suchte Laoghaire Patrick auf, allerdings begegnete sein gesamtes Gefolge, mit Ausnahme eines Mannes namens Erc, dem Heiligen mit Verachtung.

Ab jetzt ist die Story tatsächlich etwas weit hergeholt: Während des Treffens tötete Patrick einen Wächter des Königs und löste ein Erdbeben aus, um die übrigen Männer zu bezwingen. Nach dieser herkulischen Anstrengung beruhigte sich Patrick ein wenig und pflückte ein Kleeblatt, um mithilfe der drei Blätter die Heilige Dreifaltigkeit zu erklären: die Einheit von Vater, Sohn und Heiligem Geist in einem Gott. Laoghaire war davon nicht überzeugt, ließ den Heiligen aber seine missionarische Arbeit fortführen. Patricks Erfolgserlebnis an diesem Tag, abgesehen davon, dass er am Leben blieb, ein Erdbeben auslöste und Irland eines seiner Nationalsymbole schenkte, bescherte ihm der gute Erc. Er ließ sich taufen und wurde später der erste Bischof von Slane. Bis heute entzündet der Gemeindepfarrer hier am Ostersamstag ein Feuer.

Ursprünglich stand auf dem Hügel eine dem hl. Erc geweihte Kirche, danach folgten ein Rundturm und ein Kloster, von denen nur noch Reste übrig geblieben sind. Außerdem befinden sich hier die Ruinen einer Kirche und eines Turms, im 16. Jh. Teil eines Franziskanerklosters. An klaren Tagen lohnt es sich, die faszinierenden alten Steintreppen zu erklimmen, um die wunderbare Aussicht auf den Hill of Tara und das Boyne Valley sowie ganze sieben Counties zu genießen.

Ledwidge Museum MUSEUM

(☎ 041-982 4544; www.francisledwidge.com; Janesville; Erw./Kind 3/1 €; ⏲ Juli–Sept. 10–17 Uhr, Feb.–Juni & Okt.–Dez. bis 15.30 Uhr; 👪) Das Geburtshaus des Dichters Francis Ledwidge (1891–1917), ein altmodisches Cottage, beherbergt ein einfaches, aber bewegendes Museum. Ledwidge fiel auf dem Schlachtfeld von Ypern, nachdem er Gallipoli und Serbien überlebt hatte. Als fanatischer politischer Aktivist setzte er alles daran, einen

Zweig der Gaelic League auch in seiner Region zu etablieren – doch vergebens. Daraufhin verlieh er seiner Enttäuschung in Versen Ausdruck.

Das Museum vermittelt einen Einblick in Ledwidges Leben und Werk, zudem gilt das Cottage als anschauliches Beispiel für den Alltag der Farmarbeiter im 19. Jh. Es liegt etwa 1,5 km östlich von Slane an der N51 nach Drogheda.

Schlafen & Essen

Slane Farm Hostel HOSTEL €
(☎041-982 4390; www.slanefarmhostel.ie; Navan Rd, Harlinstown House; Zeltstellplatz pro Erw./Kind 10 €/frei, B/EZ/DZ/Cottage für Selbstversorger 20/30/55/75 €;) Die vom Marquis von Conyngham im 18. Jh. errichteten ehemaligen Stallungen 2,5 km westlich von Slane sind zu einem erstklassigen an einen Milchbauernhof angeschlossenen Hostel umgebaut worden. Es gibt ein Spielzimmer, ein Gemüsebeet und eine Gemeinschaftsküche, und die Gäste können Eier aus Freilandhaltung verspeisen. Die Fahrradnutzung ist kostenlos.

★ **George's Patisserie** BÄCKEREI €
(www.georgespatisserie.com; Chapel St; Di–Sa 9–18 Uhr) Zum Angebot dieser Bäckerei mit Café gehören köstliche Scones, Kuchen, Spezialitäten wie kleine Apfelstreuseltartes, großartiges Brot, Suppen und leichte Snacks. Ein Buch muss man übrigens nicht mitbringen, denn die Wände sind mit alten Zeitungen gepflastert, darunter hauptsächlich die *Antique Trade Gazette*.

Old Post Office BISTRO €€
(☎041-982 4090; Main St; Hauptgerichte 10–28 €; Mo–Sa 9–22, So 10–18.30 Uhr) In der geschmackvoll renovierten alten Postfiliale ist inzwischen ein Restaurant untergebracht, das ehrliche Hausmannskost serviert. Der Inhaber betreibt auch vier kleine B&B-Zimmer (ab 70 €) in Erdtönen mit Parkettboden. Leser haben allerdings die weichen Betten bemängelt.

Ausgehen & Nachtleben

Boyles PUB
(www.boylesofslane.com; Main St;) Andrew Cassidy, Musiker und Besitzer des Pubs mit der knallroten Fassade, stellt erstklassige Livegigs und traditionelle Sessions auf die Beine. Auf der Website gibt's eine Liste mit aktuellen Veranstaltungen und Terminen.

Praktische Informationen

Wissenswertes zu Slane erfährt man unter www.slanetourism.com.

An- & Weiterreise

Bus Éireann fährt drei- bis siebenmal täglich nach Drogheda (4,75 €, 35 Min.), Dublin (14 €, 1 Std.) und Navan (4 €, 20 Min.).

Navan & Umgebung

28 559 EW.

Der Verwaltungssitz von Meath ist nicht besonders aufregend. Wer hier dennoch einen Stopp einlegt, findet in der Trimgate Street Restaurants und Kneipen.

Darüber hinaus erstrecken sich rund um Navan mehrere hübsche **Wanderwege** wie der Treidelpfad, der am alten Boyne-Kanal (vielleicht erspäht man dort einen Otter) entlang Richtung Slane und Drogheda führt. Am Südufer kann man 7 km bis nach Stackallen und zur Boyne-Brücke spazieren, vorbei an dem imposanten Backsteingebäude **Ardmulchan House** (nicht öffentlich zugänglich) und den Überresten des **Dunmoe Castle** aus dem 16. Jh. (auf der anderen Flussseite)

Tara

Irlands Allerheiligstes, der **Hill of Tara**, ist eine Region, die im Herzen der irischen Geschichte, Legende und Folklore einen wichtigen Platz einnimmt. Er war die Heimat der mystischen Druiden, früherer Priesterherrscher, die ihre spezielle Art des keltischen Heidenzaubers unter den prüfenden Blicken der allmächtigen Göttin Maeve (Medbh) praktizierten. Später fungierte Tara als zeremonielle Hauptstadt der 142 Hochkönige, deren Herrschaft erst mit der Verbreitung des Christentums im 5. Jh. ein Ende nahm. Überdies gilt der Ort als eine der wichtigsten prähistorischen Stätten Europas. Hier befinden sich ein Ganggrab aus der Steinzeit und bis zu 5000 Jahre alte Grabhügel.

Obwohl außer Höckern und Erdwällen nicht mehr viel erhalten ist, hat der Hügel eine große historische und traditionelle Bedeutung.

Geschichte

Für die Kelten war Tara der heilige Wohnsitz der Götter und das Tor ins Jenseits. Das Ganggrab galt als letzte Ruhestätte des mythischen Elfenvolkes Tuatha dé Danann. Tatsächlich existierte dieses Volk, nur handelte es sich dabei nicht um Elfen und Kobolde, sondern um Menschen, die während der Steinzeit auf die Insel kamen.

Mit der Entstehung der politischen Landschaft unter den Kelten schwand die Macht der Druiden. Kriegerische Stammesfürsten verliehen sich Königstitel und übernahmen die Herrschaft. Noch gab es kein vereintes Irland, stattdessen kontrollierten unzählige *rí tuaithe* (regionale Könige) kleinere Gebiete. Doch der König von Tara wurde immer als Hochkönig angesehen, obwohl seine tatsächliche Macht kaum über die Provinz hinausreichte.

Im Kalender von Tara spielte das dreitägige Ernte-*feis* (Fest) eine wichtige Rolle. Es fand am Samhain, einem Vorläufer des modernen Halloween, statt. Während der Feier, einem Ess- und Trinkgelage, hörte sich der König Beschwerden an, erließ Gesetze und beendete Fehden.

Als im 5. Jh. die ersten Christen kamen, nahmen sie sofort Kurs auf Tara. Dies markierte den Anfang vom Ende der heidnisch-keltischen Kultur. Nach und nach verließen die Hochkönige den Ort, auch wenn die Könige von Leinster noch bis ins 11. Jh. von hier aus herrschten.

Im August 1843 versammelten sich in Tara 750 000 Iren (die größte im Land je zusammengekommene Menschenmenge), die alle wegen Daniel O'Connell herbeiströmten: Der Führer der Opposition gegen den Zusammenschluss mit Großbritannien hielt hier nämlich eine seiner mitreißenden Ansprachen.

Sehenswertes

Rath of the Synods — HISTORISCHE STÄTTE

Die Namen der Grabhügel und anderer Erhebungen in Tara stammen aus alten Sagen. Mythologie und Religion vermischen sich hier mit historischen Fakten. Zum Teil ruht das Grundstück der protestantischen Kirche und des Friedhofs auf Überresten des Rath of the Synods, einer dreifach umwallten Festung, in der einige frühe Treffen (Synoden) des hl. Patrick stattgefunden haben sollen. Ausgrabungen lassen darauf schließen, dass die Stätte zwischen 200 und 400 n. Chr. für Begräbnisse, Rituale und als Wohnsitz genutzt wurde. Ursprünglich gehörten zur Ringfestung wohl auch Holzhäuser, die von hölzernen Palisaden umgeben waren.

Ausgrabungen förderten römisches Glas, Tonscherben und Siegel zutage, die Verbindungen mit dem Römischen Reich belegen, obwohl die Römer ihre Macht niemals bis nach Irland ausgeweitet hatten.

Royal Enclosure — HISTORISCHE STÄTTE

Bei der Royal Enclosure südlich der Kirche handelt es sich um eine große, ovale Ringfestung aus der Eisenzeit mit einem Durchmesser von 315 m. Sie ist von einem Wall und einem Graben umgeben, der aus dem massiven Fels unter der Erde herausgestemmt wurde. Auf dem Gelände befinden sich zudem noch einige kleinere Stätten.

Der **Mound of the Hostages**, ein kleiner Hügel in der Nordecke der Einfriedung, ist Taras ältester bekannter Teil, für die Öffentlichkeit allerdings nicht zugänglich. Er erwies sich als wahre Schatzkammer voller Artefakte, darunter alte Bernsteinperlen und Fayencen (glasierte Keramiken) aus dem Mittelmeerraum. Vor Ort wurden mehr als 35 Gräber der Bronzezeit entdeckt, ebenso zahlreiche eingeäscherte Überbleibsel aus der Steinzeit.

Innerhalb der Einfriedung befinden sich zwei weitere Erdbauten: der **Royal Seat** und das **Cormac's House**. Obwohl sie sich sehr ähneln, ist Ersteres eine Ringfestung mit einem Haus in der Mitte und Letzteres ein Grabhügel an der Seite der runden Wallaufschüttung. Von den beiden Stätten hat man den besten Blick auf das Boyne- und das Blackwater-Tal.

Oben auf Cormac's House ragt der wie ein Phallus geformte **Stone of Destiny** auf, der sich ursprünglich beim Mound of the Hostages befand. Er steht für die Vereinigung der Götter des Himmels und der Erde. Angeblich soll er der Krönungsstein der Hochkönige gewesen sein, doch andere Quellen lassen vermuten, dass dies der Stone of Scone war, der nach Edinburgh in Schottland gebracht und dort für die Krönungszeremonie britischer Könige verwendet wurde. Dazu musste sich der Königsanwärter auf den Stein stellen, und wenn dieser dann dreimal brüllte, wurde er gekrönt. Neben dem Stein ruhen in einem Massengrab 37 Männer, die hier 1798 bei einem Gefecht ums Leben kamen.

Enclosure of King Laoghaire — HISTORISCHE STÄTTE

Südlich der Royal Enclosure stößt man auf diese große, leider nicht sehr gut erhaltene Ringfestung. Angeblich ist darin der König, ein Zeitgenosse des hl. Patrick, aufrecht stehend und in voller Rüstung bestattet worden.

Banquet Hall HISTORISCHE STÄTTE

Nördlich des Kirchhofs befindet sich Taras ungewöhnlichstes Bauwerk, ein rechteckiger, in Nord-Süd-Richtung angelegter Erdbau (230 m lang, 27 m breit). Der Legende nach war er groß genug, um bei Festen Tausende von Gästen zu beherbergen.

Über den Zweck der Anlage gehen die Meinungen auseinander. Aufgrund ihres Standortes könnte sie ein abgesenkter Eingang nach Tara gewesen sein, der direkt in die Royal Enclosure führte. Neuere Untersuchungen förderten Gräber innerhalb der Anlage zutage, daher kann es auch sein, dass es sich bei den Wällen um die Begräbnisstätten einiger Könige von Tara handelt.

Gráinne's Fort HISTORISCHE STÄTTE

Gráinne, die Tochter von König Cormac, dem angesehensten aller Hochkönige, war mit McCumhaill (Finn McCool) verlobt, brannte aber an ihrem Hochzeitstag mit Diarmuid O'Duibhne durch, einem der königlichen Krieger, was sie zur Hauptperson des Epos *The Pursuit of Diarmuid and Gráinne* werden ließ. Gráinne's Fort (Ráth Gráinne) und die nördlichen sowie südlichen **Sloping Trenches** nordwestlich davon sind Grabhügel.

Essen

McGuires Coffee Shop CAFÉ €

(Gerichte 6–9 €; 9.30–17.30 Uhr;) Wer nach der ganzen Herumkletterei auf dem Hügel Appetit bekommen hat, kann in dem Restaurant/Café/Souvenirladen am Fuße des Hill of Tara leckere Gerichte wie Ziegenkäsesalat oder Pasta mit Räucherlachs sowie hausgemachte süße Köstlichkeiten wie Apfel- oder Zimtpfannkuchen bestellen.

Shoppen

Old Tara Book Shop BÜCHER

(Di, Do, Sa & So 10–17 Uhr) Unten am Hügel betreibt Michael Slavin diesen winzigen, leicht chaotischen Secondhandbuchladen. Er ist der Autor der informativen Broschüre *The Tara Walk* (3 €) und des umfangreicheren Bandes *The Book of Tara* (29 €).

Praktische Informationen

Tara kann kostenlos besichtigt werden und ist durchgehend geöffnet. Am Eingang befinden sich einige Erklärungstafeln. Leider lassen viele Leute ihre Hunde auf dem Hügel frei herumlaufen, deshalb muss man aufpassen, wohin man tritt!

Tara Visitor Centre (046-902 5903; www.heritageireland.ie; Erw./Kind 3/1 €; Ende Mai–Mitte Sept. 10–18 Uhr) In einer ehemaligen protestantischen Kirche (mit einem Fenster der bekannten, mittlerweile verstorbenen Buntglaskünstlerin Evie Hone) ist jetzt ein Besucherzentrum untergebracht, in dem ein 20-minütiger Film über die Stätte gezeigt wird.

An- & Weiterreise

Tara liegt 10 km südöstlich von Navan an einer Abzweigung der Straße zwischen Dublin und Cavan (R147) und ist gut ausgeschildert.

Bus Éireann (www.buseireann.ie) fährt von Dublin aus etwa 1 km entfernt an der Stätte vorbei (9,10 €, 40 Min., Mo–Sa stdl., So 4-mal). Auf Nachfrage lässt einen der Fahrer am Tara Cross aussteigen, wo man links von der Hauptstraße abbiegen muss, um zum Tara Hill zu gelangen.

Dunsany Castle

Wie die oberen Zehntausend leben, sieht man im **Dunsany Castle** (046-902 5198; www.dunsany.com; Dunsany; Erw./Kind/unter 9 J. 20/10 €/frei; nach vorheriger Anmeldung). Die im 12. Jh. errichtete Burg dient als Residenz der Lords of Dunsany und ist eines der ältesten kontinuierlich bewohnten Gebäude Irlands. Im 18. und 19. Jh. wurde sie stark verändert.

Inzwischen beherbergt sie eine eindrucksvolle private Kunstsammlung und viele andere Schätze, die im Zusammenhang mit wichtigen Persönlichkeiten der irischen Geschichte stehen, z. B. mit Oliver Plunkett und Patrick Sarsfield, dem Anführer der irischen Jakobiten bei der Belagerung von Limerick 1691. Die Führung durch das Gebäude dauert fast zwei Stunden und bietet einen faszinierenden Einblick in seine Geschichte und die seiner Bewohner. Da es in erster Linie ein Familienheim bleibt und immer wieder an verschiedenen Stellen restauriert werden muss, ist es nur unregelmäßig geöffnet. Darüber hinaus sind die einzelnen Räume meist nur zu unterschiedlichen Zeiten zugänglich. Genaueres darüber erfährt man telefonisch.

Vor Ort werden Produkte der **Dunsany Home Collection**, darunter lokal hergestellte Tischdecken und Accessoires sowie verschiedene Produkte von Lord Dunsany (Edward Carlos Plunkett), verkauft. Der international angesehene Designer und Künstler war für seine abstrakt-geometrischen Werke und Porträts bekannt. Er starb im Mai 2011.

Die Burg befindet sich etwa 5 km südlich von Tara an der Straße von Dunshaughlin nach Kilmessan.

Trim

8268 EW.

Im Mittelalter war das ruhige, von einer Burg und stimmungsvollen Ruinen umgebene Trim eine bedeutende Siedlung mit fünf Stadttoren, rege genutzten Straßen und sieben (!) nahe gelegenen Klöstern.

Heute kann man sich das zwar kaum mehr vorstellen, aber der Ort war tatsächlich so wichtig, dass Elizabeth I. darüber nachdachte, hier das Trinity College errichten zu lassen. Der gebürtige Dubliner Arthur Wellesley, Herzog von Wellington, der in Talbot Castle und in der St. Mary's Abbey studierte, ging in Trim zur Schule.

Noch heute zeigt sich die reiche Geschichte der Stadt an zahllosen Ruinen und Straßenzügen voller alter Arbeitercottages.

Sehenswertes

★Trim Castle BURG

(King John's Castle; www.heritageireland.ie; Erw./Kind inkl. Führung 4/2 €; ⌚Ostern–Sept. 10–18 Uhr, Okt. & Nov. bis 17.30 Uhr, Feb.–Ostern Sa & So 10–17 Uhr;) Irlands größte anglonormannische Festungsanlage ist erstaunlich gut erhalten und zeugt von Trims Bedeutung im Mittelalter. Hugh de Lacy ließ hier 1173 eine Burg errichten, die allerdings bereits ein Jahr später von Rory O'Connor, angeblich Irlands letztem Hochkönig, zerstört wurde. Das heutige Gebäude, dessen Bau um 1200 begann, blieb seither beinahe unverändert.

Zur Zeit der Anglonormannen hatte die Festung eine strategische Bedeutung am Westrand des Pale, der von den Anglonormannen beherrschten Region. Jenseits von Trim begann das Gebiet, wo irische Stammesführer und Lords gegen ihre normannischen Rivalen um Macht und Land kämpften. Im 16. Jh. verfiel das Gebäude allmählich und 1649, als Cromwells Truppen die Stadt eroberten, wurde es stark beschädigt.

Ein massiver, 25 m hoher, auf einem normannischen Erdwall gelegener Steinturm dominiert den grasbewachsenen, 2 ha großen Innenhof. Er verfügt über drei Stockwerke; das unterste ist von einer Mauer durchteilt. Gleich außerhalb des Bauwerks befinden sich Reste einer früheren Mauer.

Zur 450 m langen, recht gut erhaltenen Außenmauer aus dem Jahre 1250 gehören acht Türme, ein Torhaus sowie einige Ausfalltore, durch die man die Anlage verlassen und sich gegen Angreifer verteidigen konnte. Der schönste Abschnitt der Mauer läuft vom Boyne durch das Dublin Gate zur Castle Street.

Bei der unterhaltsamen und informativen Führung müssen Teilnehmer schmale steile Stufen bewältigen, deswegen ist der Rundgang nicht für kleine Kinder und Besucher mit eingeschränkter Mobilität geeignet. Man kann die Anlage aber auch auf eigene Faust erkunden.

★St. Patrick's Cathedral Church KATHEDRALE

(Lornan St; ⌚variieren) GRATIS Den Turm der Kirche sieht man schon von Weitem. Einige Teile des Gebäudes datieren ins 15. Jh., der Status einer Kathedrale wurde ihm jedoch erst 1955 verliehen. Man beachte die wunderschönen Buntglasfenster, von denen eines den auf dem Hill of Tara betenden hl. Patrick zeigt.

Talbot Castle & St. Mary's Abbey RUINEN

Gegenüber der Burg, am anderen Ufer des Boyne, liegen die Überreste der **St. Mary's Abbey**. Das ursprünglich im 12. Jh. errichtete Gebäude musste nach einem Brand 1368 neu aufgebaut werden.

1415 ließ Sir John Talbot, Vizekönig von Irland, einen Teil des Augustinerklosters zu einem schönen Herrenhaus, **Talbot Castle**, umgestalten. An der Nordwand ist das hauseigene Wappen zu sehen. Talbot zog nach Frankreich in den Krieg, wo ihn Jeanne d'Arc 1429 bei Orléans besiegte. Er wurde gefangen genommen und wieder freigelassen und setzte seinen Kampf gegen die Franzosen bis 1453 fort. Man nannte ihn die „Geißel Frankreichs" und Shakespeare erwähnte ihn sogar in Heinrich VI.: „Ist dieser Talbot auswärts so gefürchtet/Dass man die Kinder stillt mit seinem Namen?"

1649 marschierten Cromwells Soldaten in Trim ein, zündeten die verehrte Statue an und zerstörten den verbliebenen Teil der Abtei. Im frühen 18. Jh. war das Talbot Castle im Besitz von Esther „Stella" Johnson, der Geliebten von Jonathan Swift. Der Schriftsteller kaufte es ihr später ab und bewohnte das Anwesen für ein Jahr. Von etwa 1700 bis zu seinem Tod 1745 war Swift Pfarrer in Laracor, etwa 3 km südöstlich von Trim. Ab 1713 bekleidete er zudem den weitaus bedeutenderen Posten des Dekans der Dubliner St. Patrick's Cathedral.

Nordwestlich des Klosters ragt ein 40 m hoher Glockenturm namens **Yellow Steeple** auf. Er wurde 1368 errichtet, aber von Cromwells Soldaten beschädigt. Sein Name

Trim

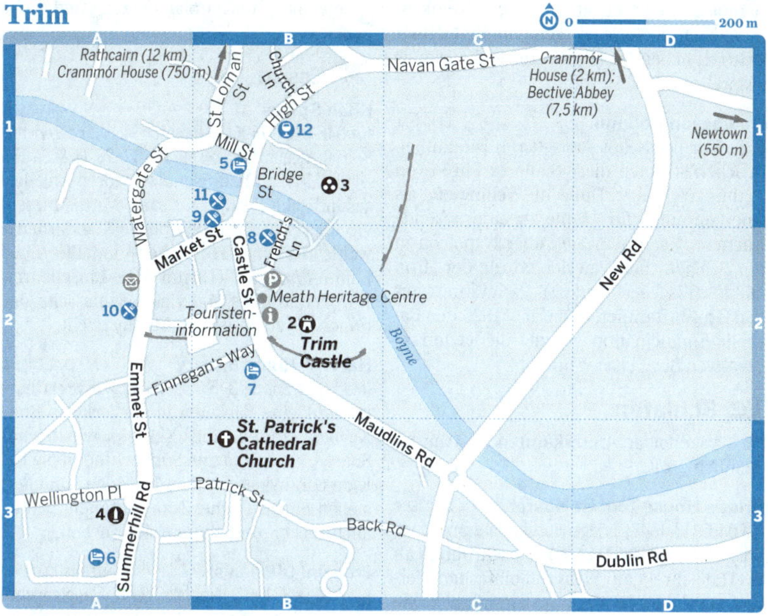

bezieht sich auf die Farbe seiner Steine bei Sonnenuntergang.

Östlich der Ruinen sieht man einen Teil der Stadtmauer aus dem 14. Jh. mit dem **Sheep Gate**, dem einzigen erhaltenen von ursprünglich fünf Stadttoren. Früher war es nachts zwischen 21 und 4 Uhr geschlossen. Zudem musste hier Straßenzoll bezahlt werden, wenn man Schafe auf dem Markt verkaufen wollte.

Newtown RUINEN

1,5 km östlich von Trim befinden sich an der Lackanash Road mehrere Ruinen, darunter die Überreste der **Parish Church of Newtown Clonbun**. Innerhalb dieser liegt das Grabmal von Sir Luke Dillon und seiner Frau Lady Jane Bathe aus dem späten 16. Jh. Dillon war Oberrichter des Schatzkammergerichts unter der Regierung von Elizabeth I. In der Gegend nennt man die beiden Figuren des Gedenksteins nur „Jealous Man and Woman" (Eifersüchtiger Mann und Frau), vielleicht wegen des Schwertes zwischen ihnen. Wenn es regnet, sammelt sich hier Wasser an, das angeblich Warzen heilt.

Zu den weiteren Ruinen zählen die **Cathedral of Sts. Peter & Paul** und die **Newtown Abbey** aus dem 18. Jh. Erstere wurde 1206 geweiht und 200 Jahre später niedergebrannt. 1839 stürzten Teile ihrer Mauern bei einem Sturm ein. Die Überreste werfen ein tolles Echo zum **Echo Gate** auf der anderen Flussseite hinüber.

Südöstlich der Ruinen und jenseits des Flusses stößt man auf die **Crutched Friary** mit den Resten eines Burg- und eines Wachtturms sowie anderer Gebäude, in denen ein Hospital untergebracht war. Ritter des Jo-

Trim

Highlights
1 St. Patrick's Cathedral Church B3
2 Trim Castle B2

Sehenswertes
3 Talbot Castle & St. Mary's Abbey B1
4 Wellington Column A3

Schlafen
5 Bridge House Tourist Hostel B1
6 Castle Arch Hotel A3
7 Trim Castle Hotel B2

Essen
8 Franzini O'Brien's B2
9 Harvest Home Bakery B1
10 Khan Spices A2
11 Wau Asian B1

Ausgehen & Nachtleben
12 James Griffin B1
Sally Rogers .... (siehe 11)

hanniterordens errichteten das Krankenhaus nach den Kreuzzügen. Die **St. Peter's Bridge** neben dem Kloster soll Irlands zweitälteste Brücke sein.

Wellington Column DENKMAL
(Ecke Summerhill Rd & Wellington Pl) Die Einheimischen stifteten diese Säule zu Ehren von Arthur Wellesley, Duke of Wellington, als Anerkennung für seine beeindruckende Karriere. Nach dem Sieg über Napoleon in der Schlacht bei Waterloo wurde der „Iron Duke" (Eiserner Herzog) Premierminister von Großbritannien und erließ 1829 den Catholic Emancipation Act, der die letzten repressiven Strafgesetze aufhob.

Schlafen

Das Angebot an Unterkünften in Trim ist ziemlich groß.

Bridge House Tourist Hostel HOSTEL €
(046-943 1848; bridgehousehostel@gmail.com; Bridge St; B/DZ 20/50 €;) Ein schrulliges altes Haus direkt am Fluss mit einfachen Vierbett- und ein paar Doppelzimmern sowie einer Küche für Selbstversorger. Vorab die Ankunftszeit durchgeben.

Trim Castle Hotel HOTEL €€
(046-948 3000; www.trimcastlehotel.com; Castle St; DZ ab 90 €; @) In dem hübschen modernen Hotel werden gerne Hochzeiten gefeiert – 2012 beispielsweise waren es über 150. Durch die weitläufige mit Marmorboden versehene Lobby geht's zu stilvollen Zimmern, die große Sonnenterrasse bietet einen Blick auf die Burg und das fleischlastige All-you-can-eat-Restaurant zieht am Wochenende jede Menge Gäste an. Exzellente Onlineangebote.

Crannmór House B&B €€
(046-943 1635; www.crannmor.com; Dunderry Rd; DZ 75 €;) Hügeliges Ackerland und Weiden umgeben das weinberankte alte gastfreundliche Haus 2 km von Trim entfernt an der Straße nach Dunderry mit hellen Zimmern. Wenn man in der Gegend angeln möchte, sollte man sich an den Besitzer wenden, einen erfahrenen *ghillie* (Angelführer).

Castle Arch Hotel HOTEL €€
(046-943 1516; www.castlearchhotel.com; Summerhill Rd; DZ ab 80 €; @) Die 22 Zimmer dieser modernen Bleibe überzeugen durch ihr schickes Design und ihre schweren Vorhänge im antiken Stil. Auf der Website gibt's Pakete inklusive Golfplatznutzung und Halbpension.

Essen

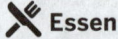

Khan Spices INDISCH €
(046-943 7696; Emmett St; Hauptgerichte 8–10 €, Menüs 15 €; Mo–Do 17–23, Fr & Sa 17–24 Uhr;) Einheimische schwören auf dieses indische Restaurant samt Mitnahmeservice. Serviert wird die übliche Standardauswahl, die von Hühnchen-Vindalho über Lamm-*dhansak* (Lamm mit Linsencurry, Kürbis und Reis) und viele vegetarische Optionen bis zu günstigen Menüs reicht.

Harvest Home Bakery BÄCKEREI, CAFÉ €
(Market St; Snacks 3–5 €; Mo–Fr 9–18 Uhr) Charmante kleine Bäckerei, in der leckeres Brot, Kuchen, Torten und Kekse sowie leichte Snacks, hausgemachte Suppen und üppig belegte Sandwiches verkauft werden. Draußen stehen einige Tische. Zum Sortiment gehört auch zucker- und glutenfreier Kuchen.

Franzini O'Brien's INTERNATIONAL €€
(046-943 1002; French's Lane; Hauptgerichte 14–25 €; Mo–Sa 17–22, So 13–17 Uhr;) In dem beliebten, entspannten Lokal werden Pasta mit Meeresfrüchten, Teriyaki-Hühnchen mit Nudeln und viele weitere leckere Gerichte zubereitet.

Wau Asian ASIATISCH €€
(046-948 3873; Bridge St; Hauptgerichte 12–19 €; Mo–Do 17–23.30, Fr & Sa bis 0.30, So 13–23 Uhr;) Die Portionen könnten größer sein, dafür sind die asiatischen Spezialitäten aber authentisch und gut gewürzt. Zur Auswahl gehören chinesische, malaysische, indonesische und thailändische Speisen. Nach dem Essen kann man noch im Sally Rogers, einem Pub unter dem Wau Asian, vorbeischauen.

Ausgehen & Nachtleben

James Griffin PUB
(www.jamesgriffinpub.ie; High St; Mo–Fr 16 Uhr–open end, Sa & So ab 12 Uhr;) Dieses preisgekrönte historische Pub geht auf das Jahr 1904 zurück. Es punktet mit traditioneller Musik, Livebands, Sportübertragungen sowie erstklassigen DJs am Wochenende und wirkt dank der altmodischen Kneipenatmosphäre äußerst einladend.

Sally Rogers PUB
(Bridge St; 19 Uhr–open end) In dem Pub unter dem Wau Asian kann man auf der geräumigen Terrasse am Fluss wunderbar etwas

trinken. Am Wochenende platzt der Laden aus allen Nähten.

Praktische Informationen

Post (Ecke Emmet St & Market St)

Touristeninformation (046-943 7227; www.meathtourism.ie; Castle St; Mo–Fr 9.30–17.30, Sa & So 12–17 Uhr) Hier gibt's ein Café, ein Ahnenforschungszentrum und eine praktische Karte für Touristen.

Anreise & Unterwegs vor Ort

Bus Éireann verkehrt mindestens einmal pro Stunde zwischen Dublin und Trim (11,50 €, 70 Min.).

Rund um Trim

In dieser Gegend verteilen sich einige reizvolle anglonormannische Hinterlassenschaften wie die **Bective Abbey**. Der erste Zisterzienserableger der prächtigen Mellifont Abbey in Louth wurde 1147 gegründet und in den Folgejahren stark verändert. Heute sieht man nur noch die Überreste der Anbauten aus dem 13. und 15. Jh.: den Kapitelsaal, die Kirche sowie den Wandel- und den Kreuzgang. Nach der Auflösung der Klöster 1543 wurde die Abtei als Festung genutzt und der Turm errichtet. Bective liegt 7,5 km nordöstlich von Trim auf dem Weg nach Navan.

12 km nordwestlich der Stadt erstreckt sich an der Straße nach Athboy **Rathcairn**, Irlands kleinstes Gaeltacht-Gebiet (irischsprachiger Bezirk). Die Einwohner stammen von einer gälischsprachigen Gruppe in Connemara ab, die hier im Zuge eines sozialen Experiments in den 1930er-Jahren angesiedelt wurde.

Kells

5888 EW.

Berühmtheit erlangte Kells durch die großartige illustrierte Handschrift, die den Namen des Städtchens trägt. Wer sie sehen möchte, muss im Dubliner Trinity College Schlange stehen. Obwohl das großartige Werk nicht in Kells geschaffen wurde, bewahrte man es vom Ende des 9. Jhs. bis 1541 im hiesigen Kloster, einer der führenden Institutionen des Landes, auf.

Das Straucheln des keltischen Tigers hat dem Ort stark zugesetzt. So musste beispielsweise das Heritage Centre geschlossen werden. Die Überreste der einst großartigen Klosteranlage mit interessanten Hochkreuzen und einem 1000 Jahre alten Rundturm sind auf jeden Fall sehenswert.

Sehenswertes

Market Cross DENKMAL

(Headfort Pl) Bis 1996 stand das Marktkreuz jahrhundertelang unbeschädigt in der Cross Street im Herzen der Stadt. Es wurde nicht nur von Gläubigen verehrt, sondern diente im Aufstand von 1798 auch als Galgen. Die Briten hängten die Rebellen am Querbalken auf – einen an jeder Seite, damit das Kreuz nicht umstürzte.

Rundturm & Hochkreuze HISTORISCHE STÄTTE

Die protestantische **St.-Columba-Kirche** (Gelände Mo–Sa 10–13 & 14–17 Uhr, Kirche Juni–Aug.) westlich des Ortszentrums verfügt über einen 30 m hohen Rundturm aus dem 10. Jh. Dieser geht mindestens auf das Jahr 1076 zurück, als der Hochkönig von Tara hier getötet wurde.

Im Kirchhof stehen vier unterschiedlich gut erhaltene Hochkreuze aus dem 9. Jh. Das **West Cross** am hinteren Ende des Areals ist nur noch ein Stumpf, geschmückt mit Szenen der Taufe Jesu, des Sündenfalls und dem Urteil Salomos auf der Ostseite sowie der Arche Noah auf der Westseite. Vom **North Cross** blieb einzig der schüsselförmige Grundstein zurück.

Das am besten erhaltene Kreuz, das **Cross of Patrick and Columba** in der Nähe des Turms, trägt auf der östlichen Sockelseite die kaum noch lesbare Inschrift *Patrici et Columbae Crux*.

Unvollendet blieb das zweite erhaltene Kreuz, das **East Cross** mit einem Kreuzigungsrelief und einer Gruppe von vier Figuren auf dem rechten Arm.

St. Colmcille's House HISTORISCHE STÄTTE

(Church Lane; Juni–Sept. Sa & So 10–17 Uhr) Wenn man den Kirchhof in Richtung Church Street verlässt, erblickt man links oben auf dem Hügel, zwischen den Häusern auf der rechten Seite der Church Lane, das St. Colmcille's House. Das etwas plumpe, massive Gebäude ist ein Überbleibsel der alten Klostersiedlung. Sein Name führt leicht in die Irre, denn es wurde im 10. Jh. errichtet, während der hl. Colmcille (bzw. Columba) im 6. Jh. gelebt hat. Wissenschaftler vermuten, dass es als klösterliche Schreibstube diente, in der Mönche Handschriften illuminierten.

Außerhalb der Sommermonate ist die Stätte geschlossen, man kann jedoch bei der Touristeninformation nach dem Schlüssel fragen oder **Mrs. Carpenter** (☎046-924 1778; 1 Lower Church View) anrufen und um Einlass bitten.

Schlafen & Essen

Headfort Arms Hotel HOTEL €€
(☎046-924 0063; www.headfortarms.ie; John St; EZ/DZ ab 69/89 €; @) Das familiengeführte Hotel im Ortszentrum verfügt über 45 komfortable, klassisch eingerichtete Zimmer und moderne Extras wie Safes für Laptops. Am stimmungsvollsten sind die Räume im charmanten Altbau. Darüber hinaus gibt's ein nettes kleines Spa. Im hauseigenen Bistro namens **Vanilla Pod** (Hauptgerichte 17–25 €; tgl. 17.30–22, So 12–15 Uhr) gibt's ausgefallene Kreationen wie Lammkarree mit Pistazien-Kräuter-Kruste an gedämpftem Gemüse und Pastinaken-Johannisbeeren-Jus.

Teltown House B&B B&B €€
(☎046-902 3239; www.teltownhouse.webs.com; Teltown; DZ 90 €;) Dieses liebevoll restaurierte alte Bauernhaus aus dem 17. Jh. steckt voller Charakter und Geschichte. Es hat historisch eingerichtete Zimmer, außerdem werden Gäste hier überaus herzlich empfangen. Vor 2000 Jahren hielt man vor Ort Irlands eigene „Olympischen Spiele" ab, und weitere 2000 Jahre zurück meißelte jemand kunstvolle Kreismuster in den Felsen neben der Pension. Das Teltown liegt auf halber Strecke zwischen Kells und Navan.

Praktische Informationen

Touristeninformation (☎046-924 7840; Headfort Pl; Mo–Fr 9.30–13 & 14–17 Uhr) Zeigt einen 13-minütigen Film über den Ort (kostenlos).

An- & Weiterreise

Bus Éireann fährt von Kells über Navan nach Dublin (13,50 €, 90 Min., stdl.) und bietet Verbindungen nach Cavan (12,50 €, 45 Min., stdl.).

Loughcrew Cairns

Wenn man bedenkt, welcher Wirbel um Brú na Bóinne gemacht wird, verblüfft es, dass die steinzeitlichen Ganggräber an den Loughcrew Hills so wenig Beachtung finden. Die rund 30 Grabstätten sind allerdings nicht leicht zu erreichen. Wer die Anstrengung auf sich nimmt, kann diesen besinnlichen, anrührenden Ort dafür ganz in Ruhe genießen.

Ebenso wie die Gräber Brú na Bóinne entstanden auch die Loughcrew Cairns um 3000 v. Chr., allerdings wurden sie im Gegensatz zu ihren bekannteren und besser erforschten Nachbarn mindestens bis 750 v. Chr. genutzt.

Die Anlage befindet sich westlich von Kells an der R154 nahe Oldcastle.

Sehenswertes

Carnbane East

Der Carnbane East wartet mit einer ganzen Reihe von Gräbern auf. Das **Cairn T** (Juni–Aug. 10–18 Uhr) GRATIS ist mit seinen 35 m Durchmesser das größte und besteht aus zahlreichen gemeißelten Steinen. Einer der Schwellensteine im Außenbereich wird **Hag's Chair** genannt; ihn zieren Löcher, Kreise und andere Muster. Um in den Grabgang zu gelangen, benötigt man einen Schlüssel und eine Taschenlampe. Vom Parkplatz aus braucht man etwa eine halbe Stunde auf den Carnbane East hinauf.

Während der Sommermonate wird der Zugang zum Cairn T von **Heritage Ireland** (www.heritageireland.ie) kontrolliert. Das Unternehmen vermittelt Guides, doch auch die Einheimischen kennen sich ganz gut aus, sodass man jederzeit einen ortskundigen Führer anheuern kann, der einem nicht nur diese Stätte näherbringt, sondern auch einige andere Gräber zeigt. Infos dazu gibt's in der Touristeninformation in Kells. Wer die Gegend auf eigene Faust erkunden möchte, holt sich stattdessen einfach den Schlüssel im Café in den Loughcrew Gardens (siehe unten) ab.

Carnbane West

Vom Parkplatz aus gelangt man in etwa einer Stunde zum Carnbane West mit den Gräbern D und L, beide mit 60 m Durchmesser. Sie sind in einem schlechten Zustand, aber man kann den Grabgang und die Kammer des Cairn L trotzdem betreten und sich die zahlreichen verzierten Steine sowie das Steinbecken ansehen, das zur Aufbewahrung von menschlicher Asche diente.

Die Stätte wird von **Heritage Ireland** (www.heritageireland.ie) verwaltet. Den Schlüssel bekommen nur Personen mit echtem Interesse.

Loughcrew Gardens

Die mit viel Liebe gestalteten **Loughcrew Gardens** (☎049-854 1060; www.loughcrew.com; Erw./Kind 6/3 €; Abenteuerzentrum 32/27 € pro halber Tag; ⌚März–Okt. 12.30–17 Uhr; 📶👪) umfassen 2,5 ha Wiesen, Terrassen, Blumenrabatten, eine Lindenallee, einen Eibenweg, einen Kanal und die „groteske Grotte" mit verschlungenen Säulen, Fresken und Fantasieskulpturen. Außerdem gibt's hier einen mittelalterlichen Wassergraben, einen Wohnturm, die St.-Oliver-Plunkett-Familienkapelle und ein Café in einer Holzhütte mit WLAN. Kürzlich wurde die Anlage noch um ein Abenteuerzentrum (Reservierung erforderlich) mit Hindernisparcours, einem Bogenschießstand und einer Kletterwand erweitert.

Die Loughcrew Gardens liegen nordwestlich von Kells an der R154 in der Nähe von Oldcastle.

Geführte Touren

Beyond the Blarney GEFÜHRTE TOUREN
(☎087 151 1511; www.beyondtheblarney.ie) Neben Tagesausflügen organisiert der professionelle Anbieter in Oldcastle auch Workshops (ab 60 €).

COUNTY LOUTH

Dank der Nähe zu Dublin gelangte das Wee County (so der Spitzname) in den Zeiten des Wirtschaftsbooms zu enormem Wohlstand. Dadurch entstanden hier immer mehr Freizeitangebote, Restaurants und ein reges Nachtleben – sowie lange Staus wegen der Pendler.

Im 5. und 6. Jh. war Louth Irlands kirchliches Zentrum. Reiche religiöse Gemeinschaften lebten im Kloster von Monasterboice und in der Zisterzienserabtei bei Mellifort. Nach ihrer Ankunft im 12. Jh. gründeten die normannischen Eroberer Dundalk und die zwei Orte beidseitig des Boyne, die sich 1412 zum heutigen Drogheda zusammenschlossen.

Inzwischen ist Drogheda Louths attraktivste Stadt und ein idealer Ausgangspunkt für einen Besuch im nahe gelegenen Brú na Bóinne. Darüber hinaus erstreckt sich ganz in der Nähe die malerische Cooley Peninsula mit ihrer bergigen Landschaft und dem hübschen mittelalterlichen Dorf Carlingford.

Louth lässt sich wunderbar im Rahmen eines Tagesausflugs von Dublin aus erkunden. Es lohnt aber auch, etwas mehr Zeit in dem County zu verbringen.

Drogheda

38 578 EW.

Die historische Festungsstadt am Boyne liegt gerade mal 48 km nördlich von Dublin. Einige hübsche alte Gebäude, eine stattliche Kathedrale und ein ausgezeichnetes Museum sprechen Kulturliebhaber an, außerdem bietet Drogheda atmosphärische Pubs, schicke Restaurants, enge Straßen, ein gutes Nahverkehrssystem und zahlreiche Übernachtungsmöglichkeiten.

Bereits 910 galt die Flussbiegung in dem fruchtbaren Tal als so attraktiv, dass die Dänen hier eine befestigte Siedlung gründeten. Im 12. Jh. fügten die Normannen eine Brücke hinzu und bauten die an beiden Seiten des

ALS CROMWELL IN DROGHEDA EINFIEL

Für die Iren war der erste englische Demokrat und Schutzherr Oliver Cromwell (1599–1658) ein echter Albtraum. Er hasste die Iren und hielt sie für verräterische Ungläubige und ein schmutziges Volk von Papisten, das im Bürgerkrieg auf der Seite von Karl I. gestanden hatte. Nachdem „God's own Englishmen" (der Engländer Gottes) im August 1649 mit 12 000 Mann in Dublin gelandet war, zog er sofort weiter nach Drogheda, eine strategische Festungsstadt und Hochburg der Royalisten.

Als Cromwell vor den Stadtmauern eintraf, wurde er von der 2300 Mann starken Armee Sir Arthur Astons erwartet, der damit prahlte, dass jeder, der Drogheda besiegen würde, auch die Hölle einnehmen könne. Weil Aston nicht kapitulieren wollte, rückte Cromwell mit schwerer Artillerie an und durchbrach nach zwei Tagen die Stadtmauer.

Um andere Orte abzuschrecken, erteilte Cromwell den Verteidigern eine brutale Lektion. Stundenlang wurden Menschen massakriert, 3000 an der Zahl, zum Großteil Royalisten, aber auch Priester, Frauen und Kinder. Aston knüppelte man mit seinem eigenen Holzbein zu Tode. Von den Überlebenden gerieten viele in Gefangenschaft und wurden als Sklaven in die Karibik verkauft.

Cromwell verteidigte seine Aktion als Gottes gerechte Strafe für die Katholiken, doch er beeilte sich kundzutun, dass er nie die Tötung von Zivilisten befohlen habe.

Drogheda

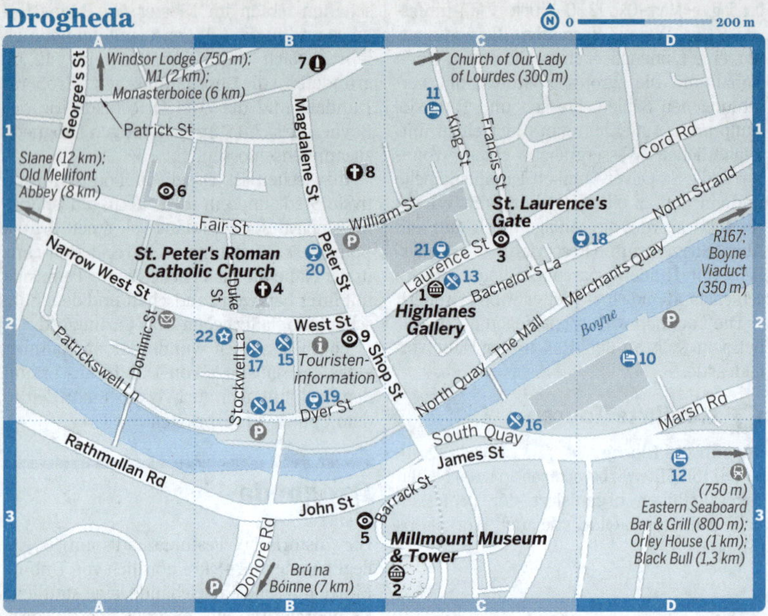

Flusses entstandenen Orte aus. Im 15. Jh. hatte sich Drogheda zu einer der vier größten befestigten Städte von Irland gemausert.

Das 17. Jh. brachte jedoch Zerstörung: 1649 sollte der Ort Schauplatz von Cromwells berüchtigtem Massaker werden, und 1690 verschlimmerte sich die Lage sogar noch, als die Stadt bei der Schlacht am Boyne auf das falsche Pferd setzte und sich am Tag nach der Niederlage Jakobs II. ergeben musste.

Während des Wirtschaftswachstums zu Zeiten des keltischen Tigers war Drogheda für viele Menschen, die in Dublin arbeiteten, eine preiswerte Wohnalternative zur Hauptstadt. Nun entstanden am Flussufer zahlreiche Neubauten. Auch heute noch ist der lebendige, multikulturelle Ort ein wichtiges regionales Zentrum.

Sehenswertes

★ Millmount Museum & Martello-Turm MUSEUM

(☎041-983 3097; www.millmount.net; Erw./Kind Museum 3,50/2,50 €, Turm 3/2 €, Museum & Turm 5,50/3 €; ⏲Mo–Sa 9.30–17.30, So 14–17 Uhr; 👪) Von der Stadt aus gesehen erhebt sich auf der anderen Flussseite in einer dorfähnlichen Enklave inmitten des öden Vorortes Millmount ein künstlicher Hügel. Möglicherweise handelt es sich um einen prähistorischen Grabhügel ähnlich dem von Newgrange, allerdings wurde an dieser Stelle nie gegraben.

Auf dem Hügel, der mit seinem Blick über die Brücke zum Kommandoposten geradezu prädestiniert war, errichteten die Normannen eine Festung. Dieser folgten eine Burg und 1808 ein **Martello-Turm**, der im Bürgerkrieg von 1922 eine dramatische Rolle spielte. Damals war er Droghedas Hauptverteidigungsanlage und wurde heftig von den Truppen des Freistaates beschossen. Der restaurierte Turm bietet eine tolle Aussicht über die Stadt.

In einem Teil der Kasernen ist das **Millmount Museum** untergebracht. Zu den Exponaten zählen drei herrliche Gildenbanner aus dem späten 18. Jh., vielleicht die letzten im ganzen Land. Ein Raum widmet sich Cromwells brutaler Belagerung von Drogheda und der Schlacht am Boyne. Das hübsch gepflasterte Erdgeschoss steckt voller Gerätschaften und Küchenutensilien aus längst vergangenen Zeiten. Gleich gegenüber wartet das Governor's House mit Sonderausstellungen auf, zudem lockt das schicke neue Restaurant The Tower.

Das aus dem 13. Jh. stammende **Butter Gate** nordwestlich von Millmount zieren ein auffälliger Turm und ein Bogengang.

Drogheda

Highlights
1 Highlanes Gallery C2
2 Millmount Museum & Martello-Turm..C3
3 St. Laurence's Gate C2
4 St. Peter's Roman Catholic Church B2

Sehenswertes
5 Butter Gate B3
6 Gerichtsgebäude A1
7 Magdalene Tower B1
8 St. Peter's Church of Ireland B1
9 Tholsel B2

Schlafen
10 D Hotel D2
11 Scholars Townhouse Hotel C1
12 Spoon and the Stars D3

Essen
13 Andersons C2
14 D'vine B2
15 Kierans Deli B2
16 Kitchen C3
17 Stockwell Artisan Foods Café B2

Ausgehen & Nachtleben
18 C Ní Cairbre D2
19 Cagney's B2
20 Clarke & Sons B2
21 Peter Matthews C2

Unterhaltung
22 Drogheda Arts Centre B2

★ St. Peter's Roman Catholic Church — KIRCHE

(West St) Im nördlichen Querschiff der Kirche wird in einem Schaukasten aus Glas und Messing die Hauptattraktion des Gotteshauses, der geschrumpfte **Kopf des hl. Oliver Plunkett** (1629–81), aufbewahrt. Dieser wurde bei der Hinrichtung des Märtyrers 1681 vom Rumpf abgetrennt. Eigentlich besteht das Gebäude aus zwei Kirchen: Die erste wurde 1791 von Francis Johnston im klassischen Stil gestaltet, die neuere aus dem späten 19. Jh. weist neogotische Merkmale auf.

★ St. Laurence's Gate — HISTORISCHE STÄTTE

An der östlichen Verlängerung der Hauptstraße befindet sich der am besten erhaltene Teil der Stadtmauer, das St. Laurence's Gate aus dem 13. Jh. Ursprünglich war die Mauer 3 km lang.

★ Highlanes Gallery — KUNSTMUSEUM

(www.highlanes.ie; Laurence St; Spende statt Eintrittsgeld; ⌚ Mo–Sa 10.30–17 Uhr) Das umgebaute Kloster aus dem 19. Jh. zeigt eine Dauerausstellung für zeitgenössische Kunst, außerdem finden hier regelmäßig Wechselausstellungen statt. Im angeschlossenen Laden wird qualitativ hochwertiges Kunsthandwerk aus Louth verkauft. Zu den weiteren Einrichtungen gehören ein schickes Café und eine Lebensmittelabteilung.

Noch mehr Bauwerke — HISTORISCHE STÄTTEN

Im Stadtzentrum erhebt sich das 1770 errichtete **Tholsel** (Ecke West St & Shop St). Das frühere Rathaus besteht aus Kalkstein und beherbergt die Touristeninformation.

Richtung Nordwesten gelangt man zu dem restaurierten ehemaligen **Gerichtsgebäude** (Fair St) aus dem 19. Jh. Hier werden das Schwert und das Zepter aufbewahrt, die Wilhelm von Oranien den Stadtoberen nach der Schlacht am Boyne überreichte.

Im Norden stößt man auf die **St. Peter's Church of Ireland** (William St), nicht zu verwechseln mit der St. Peter's Roman Catholic Church. Als Cromwells Männer den Kirchturm in Brand setzten, kamen 100 Menschen ums Leben, die in dem Gotteshaus Zuflucht gesucht hatten. Heute sieht man hier bereits den zweiten Nachbau des Originals.

Über die Magdalene Street kommt man von der Kirche zum **Magdalene Tower** (14. Jh.), dem Glockenturm eines 1224 gegründeten Dominikanerklosters. Begleitet von einem großen Heer nahm dort der englische König Richard II. 1395 in einer Zeremonie die Unterwerfung der gälischen Stammesfürsten entgegen. Doch der Frieden dauerte nur einige Monate, denn Richards Rückkehr nach Irland führte 1399 zu seiner Absetzung.

Von hier aus geht's weiter den Berg hinauf bis zur hübschen **Church of Our Lady of Lourdes** jüngeren Datums in der Nähe der Hardmans Gardens.

Zum Schluss kann man noch das 1855 errichtete **Boyne Viaduct** östlich des Zentrums bewundern, über das eine Bahnstrecke verläuft. Jeder der 18 herrlichen Steinbogen hat eine Spannweite von 20 m. Eine Baugesellschaft ging an der Errichtung der Pfeiler bankrott.

Feste & Events

Drogheda Arts Festival — KUNST

(www.droghedaartsfestival.ie) Am ersten Wochenende im Mai werden Theater, Musik, Filme, Gedichte, bildende Kunst und Workshops (z. B. Seidenmalerei) geboten.

Drogheda Samba Festival MUSIK
(www.droghedasamba.com) Am letzten Juniwochenende ist Drogheda von lateinamerikanischen und afrikanischen Klängen erfüllt.

Drogheda Food Festival ESSEN
(www.drogheda.ie) Zu den Highlights des Gourmetfestivals, das Ende August bis September stattfindet, gehören ein riesiger Bauernmarkt und ein „Bierpfad".

Schlafen

Es gibt in Drogheda eine ganze Reihe qualitativ hochwertiger Unterkünfte.

Spoon and the Stars HOSTEL, HOTEL €
(☎086 405 8465; www.spoonandthestars.com; 13 Dublin Rd; B/DZ 18/65 €; 📶) 2013 eröffneten die erfahrenen Traveller Rory und Hannah diese gepflegte Budgetunterkunft. Zur Auswahl stehen ein Doppelzimmer mit Privatbad und Küchenzeile sowie Schlafräume mit acht bis zehn Betten, darunter einer für Frauen. Zur Anlage gehören ein Fernsehraum sowie ein luftiger Hof mit Garten und Grill. Gäste können kostenlos Fahrräder mieten.

★ **D Hotel** HOTEL €€
(☎041-987 7700; www.thedhotel.com; Marsh Rd, Scotch Hall; DZ ab 70 €; @📶👪) Droghedas beste Bleibe besticht mit lichtdurchfluteten Zimmern voller Designermöbel und coolem Zubehör, einer stilvollen Bar, einem Restaurant, einem kleinen Fitnessstudio und einer tollen Aussicht auf die Stadt. In dem Hotel werden häufig Junggesellenabschiede gefeiert, deshalb muss man sich an den Wochenenden auf ohrenbetäubende Musik einstellen. Ende 2013 öffnete direkt daneben ein Kinokomplex seine Pforten.

Orley House B&B €€
(☎041-983 6019; www.orleyhouse.com; Dublin Rd, Bryanstown; DZ 70 €; @📶👪) Das tadellos saubere B&B rund 2 km vor der Stadt ist ab der Hauptstraße, der Dublin Road, ausgeschildert. Hier kommt man in den Genuss großer gemütlicher Zimmer, guter Matratzen, eines herzlichen Empfangs und einer professionellen Leitung. Im sonnendurchfluteten Wintergarten wird ein herzhaftes Frühstück serviert.

Scholars Townhouse Hotel HOTEL €€
(☎041-983 5410; www.scholarshotel.com; King St; DZ ab 89 €; 📶) Kürzlich wurde das 1867 errichtete ehemalige Kloster von einer Familie in ein Hotel und Restaurant umgestaltet. Die Zimmer sind recht klein, aber die Gäste dürfen sich auf gute Duschen, WLAN sowie eine großartige Bar mit Lokal freuen. Dank der zentralen Lage kann man von hier aus wunderbar die Stadt erkunden. Das Frühstück ist im Preis inbegriffen.

Windsor Lodge PENSION €€
(☎041-984 1966; www.barwindsorlodge.com; The Court, North Rd; EZ/DZ 40/70 €; 📶👪) Ein großes zweckmäßiges B&B mit modernen, geräumigen Zimmern im ländlichen Stil samt renovierten Bädern. Es gibt einen hübschen Wintergarten, eine große Lounge und einen gemütlichen Sitzbereich im Freien. Frühstück ist inbegriffen.

Essen

Andersons CAFÉ €
(www.andersons.ie; Laurence St, Highlanes Gallery; Hauptgerichte 6–10 €; ⏲Mo–Sa 10.30–17 Uhr; 📶👪) Das Café in der Highlanes Gallery verfügt über ein Zwischengeschoss und trumpft mit einer erlesenen Auswahl an Bruschettas, Bagels und Gourmetsandwiches (z. B. mit Garnelen oder geräuchertem Lachs auf Mehrkornbrot) auf. Außerdem stehen auf der Karte herzhafte Tartes, Tagesangebote und klassische Desserts wie heißes Apple Crumble und Bakewell Tart.

Stockwell Artisan Foods Café CAFÉ €
(www.stockwellartisanfoods.ie; 1 Stockwell Lane; Hauptgerichte 7–9 €; ⏲Mo–Sa 9–16 Uhr) Nackte Holzböden, behagliche Speiseräume, Tageszeitungen und klobige Möbel sorgen für ein heimeliges Ambiente. Auf den Tisch kommen gesunde Vollwertkostwraps, Salate, Suppen und warme Gerichte.

Kierans Deli FEINKOST €
(www.kieransdeli.com; 15 West St; ⏲Mo–Sa 9–17.30 Uhr) In diesem Laden gibt's alles, was man für ein exquisites Picknick braucht, und eine Theke mit warmen Gerichten zum Mitnehmen für die Mittagspause.

★ **Kitchen** MEDITERRAN €€
(☎041-983 4630; www.kitchenrestaurant.ie; 2 South Quay; Hauptgerichte 15–20 €; ⏲Mi–Sa 11–22, So 12–21 Uhr; 📶👪) 🍃 Seinen Namen verdankt das in sanftem Beige und Graugrün gehaltene Lokal der glänzenden offenen Küche. Hier werden, wenn möglich, regionale Bioprodukte verarbeitet. Der Küchenchef ist ein weit gereister Londoner, was sich an weltgewandten Zutaten wie gebratenem Halloumi aus Zypern und spanischem Serrano-Schinken zeigt. Weitere Pluspunkte verteilen wir für das hausgemachte Brot und die ausgezeichnete Weinauswahl (glasweise serviert).

Black Bull IRISCH €€

(Dublin Rd; Hauptgerichte 8–12 €; 12.30–22 Uhr;) Dass sich das beliebte Pub in der betriebsamen Dublin Road befindet, stört die Stammklientel nicht. Die Gäste schätzen die Atmosphäre, die niedrige Decke, die vanillefarbenen Wände und die kerzenbeleuchteten Ecken. Im modernen Anbau ist ein geräumiges Restaurant untergebracht, das einfache solide Kost wie Fajitas, Steaks, Pasta und Exotischeres wie Thai-Curry kredenzt.

D'vine MEDITERRAN €€

(Dyer St; Hauptgerichte 14–22 €; Mi–Mo 12 Uhr–open end) Ein gemütlicher Sitzbereich drinnen, ein sonniger Hof und eine große Auswahl an edlen Tropfen sind die Markenzeichen des Weinlokals mit Bistro. Die Köche zaubern tolle mediterrane Platten, belegte Schnitten, Fisch- und Fleischgerichte auf den Tisch, z. B. gebratenen Wolfsbarsch aus der Pfanne und geschmorte Lammkeulen. Sonntags um 20 Uhr steht Livemusik auf dem Programm.

Eastern Seaboard Bar & Grill IRISCH €€

(www.easternseaboard.ie; 1 Bryanstown Centre, Dublin Rd; Hauptgerichte 10,50–33 €; 12–22 Uhr;) Die Lage des stylischen, modernen Lokals in einem Industriepark nahe dem Bahnhof ist nicht gerade umwerfend, aber der Laden platzt meist dennoch aus allen Nähten. Das Essen ist außergewöhnlich: Wie wär's z. B. mit Schweinebäckchenterrine und Apfel-Kraut-Salat, geräucherter Makrelenpastete oder Kaffeegelee und Vanilleeis? Außerdem bekommt man hier leckeres deutsches Bier vom Fass.

Ausgehen & Nachtleben

In Drogheda gibt's Dutzende Bars und Pubs. Das Veranstaltungsprogramm findet man unter www.drogheda.ie.

C Ní Cairbre PUB

(Carberry's; North Strand; 17–23 Uhr) Das winzige Pub aus dem Jahre 1880 ist quasi ein Nationalheiligtum und konnte sich auch unter der neuen Leitung sein wunderbar altmodisches Flair bewahren. Alte Zeitungsausschnitte und verblasste Kunstwerke schmücken fast alle Wände. Traditionelle Musik wird vor allem dienstagabends und sonntagnachmittags geboten.

Peter Matthews PUB

(McPhail's; 9 Laurence St; 17 Uhr–open end) Eine der beliebtesten Livemusikkneipen (donnerstags bis sonntags) in Drogheda ist das McPhail's (so wird das Pub genannt, egal was auf dem Schild steht). Es lockt viele junge Leute an und bringt alles von Heavy-Metal-Coverbands bis zu Folklore. Vorne befindet sich eine traditionelle Bar und hinten versteckt sich ein netter Biergarten.

Clarke & Sons PUB

(Peter St; Mo–Do 14–23.30, Fr 14–0.30, Sa & So 12–0.30 Uhr) Ganz offensichtlich stammt dieser herrliche alte Laden aus einer anderen Zeit. Der nie restaurierte Raum wartet mit einer Holzeinrichtung auf und die bleiverglasten Türen tragen noch die Aufschrift „Open Bar". Das Clarke wird von vielen Bohemiens frequentiert und ist schwulen- bzw. lesbenfreundlich.

Cagney's BAR

(3 Dyer St; Mo–Fr 10.30–23.30, Sa & So 10.30–0.30 Uhr) Mit ihrer Terrasse samt dunkelgrauen Möbeln, der Zigarrenbar und dem gedämpften Licht verströmt die Anfang 2013 eröffnete Bar sanfte Raffinesse. Zudem bietet sie eine exzellente Auswahl an Weinen (glasweise serviert).

Unterhaltung

Drogheda Arts Centre KUNST

(041-983 3946; www.droichead.com; Narrow West St) Auf dem Programm des lebhaften Kulturzentrums stehen Theaterstücke, Comedy, Filme und Kunst sowie viele Workshops (z. B. Aktmalerei).

Praktische Informationen

Post (West St) In der Nähe des Westcourt Hotel.

Touristeninformation (041-987 2843; www.drogheda.ie; 1 West St; Mo–Fr 9.30–17.30 Uhr, Ostern–Sept. auch Sa 10–17 Uhr;)

An- & Weiterreise

BUS

Bus Éireann verkehrt regelmäßig zwischen Drogheda und Dublin (7 €, 1 Std., 1–4-mal stdl.). Viel befahren ist auch die Strecke zwischen Drogheda und Dundalk (5,75 €, 30 Min., stdl.).

Matthews (042-937 8188; http://matthews.ie) bietet stündliche (oder noch häufigere) Verbindungen nach Dublin (9 €) und Dundalk (9 €).

ZUG

Der **Bahnhof** (041-983 8749; www.irishrail.ie) befindet sich in der Nähe der Straße nach Dublin. Von hier aus fahren Züge nach Dublin (13,50 €, 45 Min.) und nach Belfast (27,50 €, 1½ Std.). Neben zahlreichen langsameren Zügen

ABSTECHER

AUF DER KÜSTENSTRASSE VON DROGHEDA NACH DUNDALK

Viele Besucher nehmen die M1 in den Norden. Wer sich dagegen Zeit lassen und etwas mehr vom ländlichen Irland sehen möchte, der sollte die R166 von Drogheda an der Küste entlangfahren.

Bis 1656 war das malerische Dorf **Termonfeckin** Sitz des Primas von Armagh. Die **Burg** (10–18 Uhr) GRATIS aus dem 15. Jh. ist zwar winzig, lohnt aber einen kurzen Besuch.

2 km weiter nördlich gelangt man in den geschäftigen Fischerei- und Urlaubsort **Clogherhead** mit seinem flachen blau beflaggten Strand bei Lurganboy. Am besten beachtet man die Wohnwagenparks einfach nicht und konzentriert sich stattdessen auf den hübschen Blick zu den Cooley und Mourne Mountains.

Nach weiteren 14 km in nördlicher Richtung bietet sich das Örtchen **Annagassan** für eine Picknickpause an. Bei **Coastguard Seafoods** (086 855 8609; Harbour Rd; nach vorheriger Anmeldung) bereitet der Fischer Terry Butterly den besten eichengeräucherten Lachs Irlands zu, verkauft aber auch lebende Hummer und Meeresfrüchte zu sensationellen Preisen. Hier kann jeder einfach vorbeischauen, aber um eine Enttäuschung zu vermeiden, ruft man besser vorher an. Wer leckeres Brot zum Lachs genießen möchte, sollte **O'Neills Bakery** (042-937 2253; www.oneillsbakery.ie; 7–13 Uhr) im Dorfkern ansteuern. Die verwinkelte Bäckerei besteht schon seit fünf Generationen, ist mit riesigen Öfen ausgestattet (einer hat mehr als 100 Jahre auf dem Buckel) und erfreut Kunden mit noch warmem Brot, Brötchen sowie Kuchen. Auf den ersten Blick sieht der Laden aus, als sei er geschlossen, aber man muss bloß an die Seitentür klopfen, dann wird einem geöffnet.

In **Castlebellingham** endet der 33 km lange Abstecher. Das malerische Dorf entwickelte sich um ein mit Zinnen versehenes Herrenhaus aus dem 18. Jh., das heute ein Luxushotel beherbergt. Wer sich stärken möchte, trifft mit den charmanten **Foley's Tea Rooms** (Main St, Castlebellingham; 9–15 Uhr;) eine gute Wahl. In zwei reetgedeckten Cottages aus dem 18. Jh. werden hausgemachter Kuchen und leckere Snacks serviert, zudem bekommt man im angeschlossenen Laden faszinierende Kuriositäten und Sammlerstücke.

Von hier geht's auf der R132 weiter zum 12 km nördlich gelegenen Dundalk. Alternativ folgt man der M1.

verkehren montags bis samstags sechs Schnellzüge pro Strecke, sonntags fünf.

Unterwegs vor Ort

Drogheda lässt sich mühelos zu Fuß erkunden. Mit dem Fahrrad erreicht man zahlreiche interessante Orte in der Umgebung.

Quay Cycles (041-983 4526; www.quaycycles.com; 11A North Quay; ab 14 € pro Tag; Mai–Okt.) Fahrradverleih.

Rund um Drogheda

Wer die historischen Stätten und Attraktionen rings um Drogheda besichtigen will, braucht einen fahrbaren Untersatz.

Beaulieu House, Gardens & Car Museum HISTORISCHE STÄTTE
(041-983 8557; www.beaulieu.ie; Eintritt Haus 8 €, Gärten 6 €, Museum 6 €; Mai–Mitte Sept. Mo–Fr 11–17 Uhr, Juli & Aug. auch Sa & So 13–17 Uhr) Bevor Andrea Palladio und der allgegenwärtige georgianische Stil die irische Architektur im frühen 18. Jh. beeinflussten, wurde die angloniederländische Baukunst bevorzugt, die schlichter, aber ebenso hübsch war. Das **Beaulieu House** ist dafür ein besonders schönes Beispiel. Es wurde zwischen 1660 und 1666 errichtet und befindet sich auf Ländereien, die Cromwell von Oliver Plunketts Familie beschlagnahmt und dem Marschall der Irlandarmee, Sir Henry Tichbourne, übereignet hatte. Tichbournes Nachkommen wohnen übrigens heute noch in dem roten Ziegelgebäude mit dem auffällig steilen Dach und den hohen Schornsteinen.

Auch im Innern ist das Haus beeindruckend. Es beherbergt eine exzellente Kunstsammlung, die von weniger bekannten holländischen Meistern bis zu Werken moderner irischer Maler reicht. Außerdem gibt's hier einen herrlichen gepflegten Garten und ein Museum für Renn- und Rallyeautos.

Das Anwesen liegt 5 km nordöstlich von Drogheda an der Straße nach Baltray.

Old Mellifont Abbey RUINE

(☎041-982 6459; www.heritageireland.ie; Tullyallen; Erw./Stud. 3/1 €; ⏲Besucherzentrum Ostern–Sept. 10–18 Uhr) Zur anglonormannischen Blütezeit war diese Abtei das erste und bedeutendste Zisterzienserkloster des Landes. Es lohnt sich zwar, die Ruinen zu besuchen, allerdings lassen sie nichts mehr von der einstigen Pracht der Anlage erahnen.

In der Mitte des 12. Jhs. hatten sich die irischen Mönchsorden ganz offensichtlich ein bisschen zu sehr an das gute Leben gewöhnt und waren bis zu einem gewissen Grad bestechlich geworden. 1142 ließ der verärgerte Malachy, Bischof von Down, eine Gruppe regeltreuer Brüder aus dem französischen Clairvaux kommen, um in der abgelegenen Gegend ein Kloster zu bauen und auf den einheimischen Klerus einzuwirken. Allerdings vertrugen sich die einheimischen Mönche – wenig überraschend – nicht mit ihren französischen Gästen, sodass diese bald wieder abreisten. Ungeachtet dessen wurde der Bau von Mellifont fortgesetzt, und bereits zehn Jahre später gab es neun weitere Zisterzienserklöster. Mellifont diente als Mutterhaus für 21 kleinere Klöster, in denen insgesamt 400 Mönche lebten.

Als auffälligstes Gebäude und eines der schönsten Beispiele der irischen Zisterzienserarchitektur gilt das Lavabo, ein achteckiges Waschhaus der Mönche aus dem 13. Jh.

Nach der Auflösung der Klöster wurde an dieser Stelle 1556 ein befestigtes Herrenhaus im Tudorstil errichtet.

Im Besucherzentrum erfährt man alles Wissenswerte über das Klosterleben. Die Ruinen sind jederzeit zugänglich und locken mit schönen Picknickmöglichkeiten an einem Bach etwa 1,5 km abseits der R168, der Hauptstrecke zwischen Drogheda und Collon.

Monasterboice HISTORISCHE STÄTTE

(⏲Sonnenaufgang–Sonnenuntergang) GRATIS Krächzende Raben verleihen **Monasterboice**, einer faszinierenden Klosteranlage mit einem Friedhof, zwei Kirchenruinen, einem der schönsten und höchsten Rundtürme Irlands sowie zwei der interessantesten Hochkreuze, eine leicht gruselige Atmosphäre.

Die Klostersiedlung befindet sich am Ende einer baumbestandenen Zufahrt inmitten von Ackerland und wurde im 5. oder im 6. Jh. vom hl. Buithe, einem Anhänger des hl. Patrick, gegründet, wobei dic Stätte vermutlich schon in vorchristlicher Zeit von Bedeutung war. Der Name Buithe entwickelte sich irgendwie zu Boyne – daher der Name des Flusses. 968 nahmen Wikinger die Siedlung ein, allerdings hatten sie nicht mit Donal, dem Hochkönig von Tara, gerechnet, der sie davonjagte und dabei mindestens 300 Krieger tötete.

Die Hochkreuze von Monasterboice gelten als herausragende Beispiele keltischer Kunst. Sie hatten eine didaktische Funktion, denn sie brachten die Bibel auch den Ungebildeten nahe und waren ursprünglich wohl bunt bemalt, mittlerweile sind jedoch sämtliche Farbspuren verschwunden.

Das **Muirdach's Cross** in der Nähe des Eingangs erhielt seinen Namen nach einem Abt aus dem 10. Jh. Seine Westseite bezieht sich auf das Neue Testament. Von unten nach oben sieht man die Gefangennahme Jesu, den zweifelnden Thomas, Jesus, der Petrus den Himmelsschlüssel überreicht, die Kreuzigung und Moses im Gebet mit Aaron und Hur.

Beim Rundturm ragt das **West Cross** auf, mit 6,50 m eines der höchsten Hochkreuze in Irland. Es ist stärker verwittert, vor allem an der Basis. Nur noch etwa ein Dutzend der 50 Felder sind erhalten. Auf der Ostseite erkennt man David, der einen Löwen und einen Bären tötet.

Ein drittes, einfacheres Kreuz in der Nordostecke soll von Cromwells Heer zerstört worden sein. Mit dem Rundturm im Hintergrund ist es in der Abenddämmerung ein tolles Fotomotiv.

DIEBSTÄHLE AUF PARKPLÄTZEN

Leider gibt's Leserberichte über Diebstähle von Gegenständen aus Autos, die unbeaufsichtigt im Parkplatz bei Monasterboice und anderen historischen Stätten abgestellt wurden. Aus diesem Grund sollte man Wertsachen nicht offen im Wagen lassen. Wer zerbrochenes Glas am Boden entdeckt, muss besonders vorsichtig sein, vor allem wenn es sich um einen Mietwagen handelt.

In einer Ecke der Anlage steht der über 30 m hohe **Rundturm** ohne Dach. Aufzeichnungen lassen vermuten, dass er 1097 ausbrannte. Leider gingen dabei viele wertvolle Handschriften und andere Schätze verloren. Das Gebäude ist nicht öffentlich zugänglich.

Um die Touristenmassen zu umgehen, sollte man möglichst am frühen Morgen oder späten Abend herkommen. Monasterboice liegt abseits der Autobahn M1, ca. 8 km nördlich von Drogheda.

Dundalk

37 816 EW.

Dundalk ist eine Industriestadt und eher weniger auf Touristen eingestellt. Dennoch wartet es mit einigen interessanten Sehenswürdigkeiten auf.

Im Mittelalter lag der Ort am Nordrand des von den Engländern kontrollierten Pale. Nach einer weiteren Teilung im Jahre 1921 wurde er zur Grenzstadt.

Sehenswertes

County Museum Dundalk MUSEUM
(www.dundalkmuseum.ie; Jocelyn St; Erw./Kind 3/1,25 €; Di–Sa 10–17 Uhr;) Auf den einzelnen Stockwerken des sehenswerten Museums widmet man sich der frühen Stadtgeschichte, der Archäologie und der Normannenzeit. Eine Abteilung beschäftigt sich mit dem Wachstum der Industrie in der Region von den 1750er- bis in die 1960er- Jahre, wobei das kultige „Bubble Car" von Heinkel selbstverständlich nicht fehlen darf. Zu den kurioseren Exponaten zählt der Rasierspiegel von Oliver Cromwell.

St. Patrick's Cathedral KATHEDRALE
GRATIS Vorbild für das reich verzierte Gebäude aus dem 19. Jh. war die King's College Chapel in Cambridge, England.

Courthouse BEMERKENSWERTES GEBÄUDE
(Ecke Crowe St & Clanbrassil St) Das Gerichtsgebäude im neogotischen Stil besitzt große dorische Säulen. Auf dem Vorplatz thront die steinerne Maid of Éireann, ein Denkmal des Aufstands von 1798.

Essen

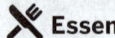

★ McAteers the Food House CAFÉ, RESTAURANT €€
(www.mcateersthefoodhouse.com; 14 Clanbrassil St; Hauptgerichte 10–17 €; Mo–Fr 9–18 Uhr;) Im McAteers dreht sich alles um Bioprodukte aus der Region. Wem angesichts der verführerischen Waren das Wasser im Mund zusammenläuft, dem wird das zugehörige Café-Restaurant wie das Paradies erscheinen. Dort gibt's Pfannkuchen mit Speck und Eiern aus Freilandhaltung, Sandwiches mit geräuchertem Lachs aus Annagassan sowie substanziellere Mahlzeiten wie erstklassiges irisches Rinderfilet.

Unterhaltung

Spirit Store LIVEMUSIK
(www.spiritstore.ie; George's Quay; Do–So) Oben befindet sich eine typische Hafenbar voll Charakter und Charaktere und unten ist ein Konzertraum auf dem neuesten Stand der Technik mit großartigem Soundsystem untergebracht, das sowohl die Gäste als auch tourende Musiker zu schätzen wissen.

Praktische Informationen

Touristeninformation (www.discoverireland/eastcoast; Jocelyn St; Di–Fr 9.30–13 & 14–17.15 Uhr) Am Market Square.

Anreise & Unterwegs vor Ort

Bus Éireann fährt fast stündlich nach Dublin (8,50 €, 1½ Std.). Der Busbahnhof liegt ganz in der Nähe des Gerichtsgebäudes.

Von der **Clarke Train Station** (042-933 5521; www.irishrail.ie; Carrickmacross Rd) verkehren sowohl langsame als auch schnelle Züge nach Dublin (20 €, 1 Std., Mo–Sa 7-mal, So 5-mal) und Belfast (15 €, 1 Std., Mo–Sa 8-mal, So 5-mal).

Cooley Peninsula

Die atemberaubend schöne entlegene Halbinsel wartet mit bewaldeten Hängen sowie sonnigen, lebhaft schattierten Hügeln auf, die sich aus dem dunklen Wasser des Carlingford Lough erheben. Darüber hinaus locken hier einsame Steinstrände, zu denen malerische Landstraßen führen, und ein herrlicher Ausblick bis zu Nordirlands Mourne Mountains.

Das mittelalterliche Dorf Carlingford ist die ideale Ausgangsbasis, um die Gegend zu erkunden. Von dort aus kann man an der Küste entlang durch das hübsche Omeath nach Newry in Nordirland fahren.

Carlingford

1045 EW.

Allem Anschein nach hat das quirlige Carlingford nichts davon mitbekommen, dass der Wirtschaftsboom Geschichte ist. Zwischen mittelalterlichen Ruinen und weiß getünchten Häusern drängen sich erstklassige Pubs, schicke Restaurants und edle Boutiquen. Zudem zelebriert man hier ausgelassene Festivals und genießt das hübsche Bergpanorama sowie den Blick über den Carlingford Lough nach Nordirland.

Carlingford ist einer der schönsten Orte an der Küste und zieht vor allem während der Sommerwochenenden viele Touristen an, deshalb sollte man seine Unterkunft weit im Voraus buchen.

Sehenswertes

Holy Trinity Heritage Centre KULTURELLES GEBÄUDE

(☎042-937 3454; www.carlingfordheritagecentre.com; Churchyard Lane; ⌚Mo–Fr 9.30–13 & 14–17 Uhr) GRATIS Auf einem Wandbild des Heimatmuseums, das in der ehemaligen Holy Trinity Church untergebracht ist, bekommt man einen Eindruck davon, wie das Dorf zu seiner Blütezeit ausgesehen hat. Ein kurzes Video erzählt seine Geschichte und von den Anstrengungen, dem Ort neues Leben einzuhauchen.

King John's Castle RUINE

Carlingford wurde von den Wikingern gegründet und unter den Engländern im Mittelalter zu einem befestigten Ort mit einer Burg ausgebaut. Im 11. und 12. Jh. thronte das Fort auf einer Anhöhe und überwachte den Zugang zum See. Das Tor auf der Westseite war so eng, dass jeweils nur ein Reiter hindurchkam. 1210 verbrachte King John hier einige Tage auf dem Weg zur Schlacht in Antrim.

In der Touristeninformation erhält man Infos zu kostenlosen Schlossführungen während der Heritage Week.

Noch mehr Sehenswürdigkeiten HISTORISCHE STÄTTEN

In der Nähe der Touristeninformation befindet sich das **Taafe's Castle**, ein eindrucksvolles Turmhaus aus dem 16. Jh., das früher am Ufer stand, bis man das Land davor benötigte, um eine kurzlebige Bahnstrecke zu errichten. Heute dient es dem angrenzenden Pub als Lager.

Carlingford ist Geburtsort von Thomas D'Arcy McGee (1825–1868), einem der Gründerväter Kanadas. Gegenüber dem Taafe's Castle erinnert eine **Büste** an ihn.

Das **Mint**, ein Münzamt in unmittelbarer Umgebung des Platzes, ist etwa genauso alt und weist an den Fenstern einige interessante keltische Steinmetzarbeiten auf. Obwohl man annimmt, dass Eduard IV. Carlingford 1467 das Münzrecht verlieh, wurden hier nie Geldstücke geprägt. Nicht weit davon entfernt erhebt sich das **Tholsel**, das einzige erhaltene Stadttor.

Westlich des Ortszentrums stößt man auf die Überreste eines **Dominikanerklosters**. Es wurde um 1305 erbaut und später von Austerfischern als Lagerhaus benutzt.

Aktivitäten

In der Touristeninformation und unter www.carlingford.ie erfährt man alles zu Angelausflügen in der Gegend.

Táin Way WANDERN

Carlingford ist der Startpunkt des 40 km langen Táin Trail, der durch die Cooley Mountains einmal um die Halbinsel herumführt. Die Route verläuft über befestigte Straßen sowie Wiesen- und Waldwege. Wer mehr darüber wissen will, sollte die Touristeninformation aufsuchen.

Cooley Birdwatching Trail VOGELBEOBACHTUNG

Ein Großteil der Halbinsel steht unter Naturschutz. Wer dem Cooley Birdwatching Trail folgt, entdeckt verschiedene Vogelarten wie Schnepfen, Mittelsäger, Bussarde, Meisen und Finken. Die Mitarbeiter in der Touristeninformation können einem mehr über den Pfad erzählen.

Carlingford Adventure Centre ABENTEUERSPORT

(☎042-937 3100; www.carlingfordadventure.com; Tholsel St; 👪) Organisiert eine Reihe von Aktivitäten wie Segeln, Kajakfahren, Windsurfen, Klettern, Bogenschießen und das exotische „Body Zorbing" – dabei rollt man in einem riesigen Plastikball den Hügel hinunter. Unterkünfte gehören ebenfalls zum Angebot.

Feste & Events

In den warmen Monaten steigt in Carlingford fast jedes Wochenende irgendeine Veranstaltung. Die Bandbreite reicht dabei von Sommerschulen über mittelalterliche Festivals bis zu kulinarischen Festen.

Carlingford Oyster Festival ESSEN

(www.carlingford.ie; ⌚Mitte Aug.) Mitte August rücken die berühmten Austern des Ortes in den Mittelpunkt. Neben einer Austernschatzjagd und einem Angelwettbewerb stehen Musik, Lebensmittelmärkte und eine Regatta auf dem Carlingford Lough auf dem Programm.

LEPRECHAUNS, EINE GESCHÜTZTE SPEZIES

Die Berge rund um Carlingford sind als das letzte Revier der irischen Leprechauns bekannt. Tatsächlich glauben in der Gegend viele an die kleinen Gestalten, u. a. der verstorbene P. J. O'Hare. Der ehemalige Wirt entdeckte 1989 auf dem Foy Mountain Mantel und Hut eines solchen Naturgeistes sowie einige winzige Knochen und vier Goldmünzen.

19 Jahre später und nach einer engagierten Lobbykampagne des selbst ernannten „Leprechaun-Flüsterers" Kevin Woods, der bis heute angeblich drei dieser mythischen Wesen gesehen hat, erließ die EU eine äußerst unkonventionelle Richtlinie, die die Schaffung eines Schutzgebietes vor Ort für die Leprechauns vorsah. Laut Woods handelt es sich dabei um den letzten Lebensraum der irischen Naturgeister und jedes Jahr im April startet in Carlingford eine feierliche **Leprechaun-Jagd**. Die Gegend versprüht tatsächlich einen gewissen Zauber, auch wenn man keines der Wesen entdeckt. Weitere Infos liefert www.thelastleprechaunsofireland.com.

Heritage Week KULTUR
(www.heritageweek.ie; Ende Aug.) Das einwöchige Fest umfasst Konzerte, Diskussionen, geführte Spaziergänge durch den Ort und Familienaktivitäten.

Schlafen

★ **McKevitt's Village Hotel** HOTEL €€
(042-937 3116; www.mckevittshotel.com; Market Sq; EZ/DZ ab 85/120 €;) In den Aufenthaltsbereichen dieses hübschen zentralen Hotels wird altmodischer Komfort mit zeitgenössischer Kunst von der Betreiberfamilie kombiniert. Die Zimmer sind geräumig und in gedämpften Erdtönen mit gelegentlichen Farbklecksen gestaltet. Kürzlich wurden die Bäder mit begehbaren Duschen und Hochglanzfliesen versehen. Das Frühstück (inklusive Räucherhering) ist im Preis inbegriffen.

Belvedere House B&B €€
(042-938 3828; www.belvederehouse.ie; Newry St; DZ ab 80 €;) Alle Zimmer des netten B&Bs sind modern und wirken durch antike Kiefernholzmöbel, die dezente Beleuchtung sowie eine schöne Farbgebung sehr gemütlich. Die Gäste haben Zugang zu den Freizeiteinrichtungen des örtlichen Four-Seasons-Hotels. Unten im Bay Tree Restaurant wird das Frühstück serviert.

★ **Ghan House** PENSION €€€
(042-937 3682; www.ghanhouse.com; Main Rd; DZ ab 130 €; @) Das georgianische Haus aus dem 18. Jh. verfügt über einen üppigen Blumengarten und zwölf exquisit ausgestattete Zimmer, die mit Antiquitäten und Originalkunstwerken aufwarten. Besonders viel altmodischen Charme haben die vier Räume im Hauptgebäude. Weitere Pluspunkte gibt's für das erstklassige Restaurant und die **Kochschule** (Kurse ab 75 €), die mit einem tollen Veranstaltungsprogramm beeindruckt und zahlreiche bekannte Gastköche anzieht.

Essen & Ausgehen

Food for Thought FEINKOST, CAFÉ €
(Dundalk St; Gerichte 4,50–12 €; Mo–Sa 9–18, So 10–19 Uhr) Bunte Marmeladen- und Chutney-Gläser zieren die Wände des Ladencafés. Kroketten, Quiche und Fischküchlein sind nur ein paar der Leckerbissen, die man gleich vor Ort verzehren oder mitnehmen kann. Tolle Tagesangebote.

★ **PJ O'Hares** PUB €€
(www.pjoharescarlingford.com; Newry St; Hauptgerichte 9,50–19,50 €) Das PJ O'Hares wurde drei Jahre in Folge von der Restaurant Association of Ireland zum besten Gastropub in Louth gewählt. Zu den Hauptgerichten zählen Rindfleisch-Guinness-Pasteten und feine Vorspeisenhäppchen wie Krebsscheren in Knoblauchbutter, scharfe Chicken Wings sowie – natürlich – Carlingford-Austern. Darüber hinaus lockt die Kneipe mit regelmäßiger Livemusik (unser Favorit ist das einheimische Duo The Nooks). Je nach Jahreszeit kann man im atmosphärischen Biergarten oder am gemütlichen Kamin Platz nehmen.

Kingfisher Bistro FUSIONSKÜCHE €€
(042-937 3716; www.kingfisherbistro.com; Dundalk St; Hauptgerichte 17–26 €; Mo–Fr 18.30–21, Sa 18–22, So 12.30–15 Uhr) In einer schön restaurierten Scheune wird moderne irische Küche mit internationalem Touch serviert. Die Auswahl an Gerichten ist klein, aber fein. Wir empfehlen Schwein mit thailändischen Gewürzen und Klebreis an sauren scharfen Zwiebeln, gebratene Entenbrust oder Cajun-Hühnchen mit Sour Cream – alles total lecker.

Bay Tree MODERN IRISCH €€
(☎042-938 3828; www.belvederehouse.ie; Newry St; Hauptgerichte 18–24 €; ⌚tgl. 17.30–22, So 12–15 Uhr) Das nette Restaurant im Belvedere House B&B bietet einfache Gerichte mit Stil an, für die nur Zutaten aus der Region verwendet werden.

Oystercatcher Bistro INTERNATIONAL €€
(☎042-937 3989; www.theoystercatcher.com; Market Sq; Hauptgerichte 18–23 €; ⌚18–22 Uhr) Weiße Tischdecken prägen das Dekor dieses Bistros, zu dessen Spezialitäten Capalana (Meeresfrüchte und Fleisch nach nordafrikanischer Art) und Wildschweineintopf zählen.

Ghan House MODERN IRISCH €€€
(☎042-937 3682; www.ghanhouse.com; Main Rd; Hauptgerichte 24–32 €; ⌚Mo–Sa 18–21.30, So 13–15 Uhr) In dem für seine traditionelle Küche bekannten Restaurant bekommen Gäste des Ghan House Rabatt. Brote, Eiscreme und Soßen sind hausgemacht, außerdem stammen die Gewürze und das Gemüse aus dem eigenen Garten. Zweimal im Jahr werden hier georgianische Banketts inklusive Schwertkämpfen veranstaltet.

ℹ Praktische Informationen

Touristeninformation (☎042-937 3033; www.carlingford.ie; ⌚10–17 Uhr) Im früheren Bahnhofsgebäude am Wasser.

ABSTECHER

FLAGSTAFF VIEWPOINT

Wer über die Cooley Peninsula von Carlingford nach Newry in Nordirland reist, kann einen Abstecher von 3 km unternehmen, um einen herrlichen Ausblick auf den Carlingford Lough zu genießen, der von zerklüfteten, bewaldeten Bergen, grünen Feldern und dem glitzernden Meer eingerahmt wird.

Der Flagstaff Viewpoint liegt kurz hinter der Grenze zum County Armagh. Man erreicht ihn, indem man von der Richtung Nordwesten führenden Küstenstraße (R173) den Schildern folgt und linker Hand in die Ferryhill Road abbiegt. Dann geht's nach rechts zum Parkplatz am Aussichtspunkt hinauf. Der schnellste Weg von hier nach Newry führt dieselbe Strecke wieder zurück auf die R173.

ℹ Anreise & Unterwegs vor Ort

Bus Éireann (☎042-933 4075; www.buseireann.ie) bietet Verbindungen nach Drogheda (14,25 €) und Dublin (18 €).

Die Cooley Peninsula ist wie gemacht fürs Fahrradfahren. Leihräder bekommt man bei **On Your Bike** (☎087 239 7467; 20/60 € pro Tag/Woche). Auf Wunsch werden diese zur Unterkunft oder Touristeninformation geliefert.

COUNTY CAVAN

Cavan ist ein Paradies für Ruderer, Angler, Wanderer, Radfahrer und Künstler. Im „Lake Country" gibt's angeblich stolze 365 Seen – für jeden Tag des Jahres einen. Zwischen den eiskalten grauen Gewässern erstreckt sich eine sanfte Landschaft aus Strömen, Sümpfen und Drumlins (gestaffelte Hügel, die durch schrumpfende Gletscher entstehen). Außerdem führen spektakuläre Wanderwege durch den Cuilcagh Mountain Park, wo der 300 km lange Shannon entspringt. Am besten genießt man den ruhigen ländlichen Charme des Countys vom Wasser aus, z. B. an den ruhigen Ufern des Shannon-Erne-Kanals.

Magh Sleacht, eine Hochebene in der Nähe des Grenzortes Ballyconnell, war noch im 5. Jh. ein bedeutendes Druidenzentrum, als der hl. Patrick begann die heidnischen Iren zum christlichen Glauben zu bekehren. Es gibt hier immer noch zahlreiche Gräber, aufrecht stehende Steine und Steinkreise aus jener Zeit zu sehen. Der gälische O'Reilly-Clan regierte bis ins 16. Jh., dann wurde er von den Engländern besiegt. Als Teil der Ulster Plantation wurde Cavan unter englischen und schottischen Siedlern aufgeteilt. Nach dem Unabhängigkeitskrieg 1922 wurden die Ulster-Grafschaften Cavan, Monaghan und Donegal dem Süden zugeteilt.

Aufgrund der zahlreichen Seen sind die Straßen des Countys schmal und kurvig und bilden ein verwobenes Netz. Beim Erkunden der Gegend sollte man sich Zeit lassen, denn nach jeder Biegung kann sich unverhofft ein toller Blick eröffnen!

Aktivitäten

Die südlichen und westlichen Grenzen der Grafschaft warten mit besonders guten Bedingungen für Angler auf. Hauptsächlich werden Wildbestände geangelt, aber im Lough Sheelin gibt's auch Zuchtforellen. Fast alle Seen sind gut ausgeschildert und meistens werden auch die jeweils darin vorkommenden Fischarten angegeben.

WANDERUNG: DER CAVAN WAY

Höhepunkt für viele Wanderer in der Region ist der 26 km lange Cavan Way, der durch die Cuilcagh Mountains führt und die Dörfer Blacklion sowie Dowra miteinander verbindet. Von Blacklion windet er sich Richtung Süden durch ein von den Iren als „Burren" bezeichnetes Gebiet. Hier befindet sich eine der letzten Bastionen des Druidentums, die antike Begräbnistätte Magh Sleacht mit ihren zahlreichen prähistorischen Monumenten (Steinhaufen, Ringfestungen und Gräbern). Der Weg verläuft weiter zur Quelle des Shannon, Irlands längstem Fluss, und über die Straße nach Dowra, wo man den Black Pigs Dyke passiert. Der alte Damm teilte das Land einst in zwei Teile.

Ab Blacklion geht's zunächst durch die Berge, während man von Shannon Pot bis Dowra größtenteils auf Straßen unterwegs ist. Den höchsten Punkt der Wanderung markiert das Giant's Grave (260 m). Für die Wanderung benötigt man die Karte Ordinance Survey Nr. 26 und den Kartenführer *Cavan Way*. Beide bekommt man in Blacklion und Dowra. Detaillierte Infos zur Strecke (inklusive Karten als PDFs zum Herunterladen) erhält man unter www.cavantourism.com. Die Wege sind manchmal matschig, deshalb sollte man Ersatzsocken mitnehmen.

In Blacklion kann man auch dem Ulster Way folgen oder in Dowra den Leitrim Way nehmen, der Manorhamilton und Drumshanbo verbindet.

Wissenswertes zum Thema erfährt man in der Touristeninformation (S. 575) in Cavan-Stadt oder bei **Inland Fisheries Ireland** (☎ 071-985 1435; www.fisheriesireland.ie).

Darüber hinaus haben die Touristeninformationen Angelführer auf Lager.

Cavan (Stadt)

10 205 EW.

Das solide Städtchen beherbergt einige hübsche georgianische Häuser und einen berühmten Kristallglas-Showroom.

Sehenswertes

Cavan Crystal Showroom KRISTALL

(www.cavancrystaldesign.com; Dublin Rd; ⏲ Mo–Sa 10–18, So 12–17 Uhr) In diesem Ausstellungsraum 2 km südöstlich des Stadtzentrums an der N3 kann man das berühmte Kristallglas bewundern und Kunsthandwerk aus der Region kaufen.

Bell Tower HISTORISCHE STÄTTE

Von dem Franziskanerkloster aus dem 13. Jh., um das sich die Stadt entwickelt hat, ist heute lediglich noch ein alter Glockenturm zu sehen. Dieser steht auf dem Friedhof in der Abbey Street neben dem Grab des Rebellenführers Owen Roe O'Neill aus dem 17. Jh.

Schlafen & Essen

In der Touristeninformation bekommt man Hilfe bei der Suche nach einer Unterkunft. Wer gern asiatisch isst, findet vor Ort eine große Auswahl entsprechender Restaurants.

★ **Farnham Estate** HOTEL €€€

(☎ 049-437 7700; www.farnhamestate.ie; DZ ab 199 €; @ 📶 🏊) Das weitläufige Anwesen aus dem 16. Jh. liegt 3 km westlich von Cavan in einem nebligen Wald an der R198 und gehört zur Hotelkette Radisson. Es verfügt über luxuriöse, stimmungsvolle Zimmer mit modernen und antiken Einrichtungselementen, ein Restaurant mit Gartenblick, einen Pool mit großem Innen- und Außenbecken, ein schickes Spa und einen erstklassigen Golfplatz, der auch Nichtgästen zur Verfügung steht (Gebühr 40 €).

Hard Boiled Café INTERNATIONAL €

(Dublin Rd; Hauptgerichte 8–12 €; ⏲ Mo–Sa 9–18, So 9.30–17 Uhr; 👪) Im Hard Boiled Café, das an ein amerikanisches Diner erinnert und nicht gerade zu einem romantischen Abendessen einlädt, kommen Burger, Steaks, Boston-Bagels und mexikanische Klassiker wie Fajitas und Burritos auf den Tisch. Das englisch-irische Frühstück steht als größtes kommerziell erhältliches Frühstück seiner Art im Guinness-Buch der Rekorde. Wer es schafft, die dekadente Überdosis an Cholesterin mit zehn Eiern und fünf White Puddings innerhalb von 30 Minuten zu verdrücken, muss nichts bezahlen.

McMahons Café Bar CAFÉ €

(79 Main St; Gerichte 6–12 €; ⏲ Mo–Fr 10.30 Uhr–open end, Sa 11 Uhr–open end, So ab 15 Uhr; 📶) Tagsüber präsentiert sich das McMahons mit seinem modernen Großstadtflair als flippiges Cafés und serviert frisch gepresste Säfte, belegte Bagels, Baguettes sowie Pani-

ni. Abends lockt es mit dampfenden Pizzas und leckeren Cocktails (super Auswahl!) Gäste an, außerdem treten in der höhlenartigen Bar Livebands und angesagte DJs auf.

Chapter One CAFÉ €
(www.chapteronecafe.ie; Unit One, Convent Bldg, Main St; Gerichte 5–8,50 €; Mo–Sa 9–18 Uhr;) In dem Internetcafé mit angeschlossenem Restaurant unweit des Dunnes-Kaufhauses kann man sich beim Surfen mit einem Cappuccino stärken. Mittags lassen sich hier zahlreiche Einheimische belegte Bagels, Suppen, Nachos, Salate und spezielle Angebote wie Quesadillas schmecken.

Cavan Farmers Market MARKT €
(Town Hall St; Fr 10–13 Uhr) Auf dem Parkplatz in der Town Hall Street.

Praktische Informationen

Touristeninformation (049-433 1942; www.cavantourism.com; Farnham St; Mo–Fr 9.45–13.30 & 14–17 Uhr) Über der Bücherei.

Anreise & Unterwegs vor Ort

Am kleinen **Busbahnhof** (049-433 1353; www.buseireann.ie; Farnham St) der Stadt starten jeden Tag zehn Busse nach Dublin (14,25 €, 2 Std.) und vier nach Donegal (18,75 €, 2 Std.). Darüber hinaus gibt's Verbindungen in zahlreiche kleinere Orte des Countys.

Rund um Cavan (Stadt)

Lough Oughter & Killykeen Forest Park

Der **Lough Oughter**, der auf der Karte wie ein verspritzter Wasserfleck aussieht, wird nicht nur von vielen Anglern angesteuert, sondern ist auch ein Paradies für Naturfreunde und Wanderer. Man erreicht den See am besten über den **Killykeen Forest Park** (049-433 2541; www.coillteoutdoors.ie; Eintritt frei; 9–21 Uhr), 12 km nordwestlich von Cavan. Dort führen mehrere Wanderwege zwischen 1,5 und 5,8 km Länge durch die Wälder und am Ufer entlang. Unterwegs entdeckt man vielleicht Hermeline, Dachse, Füchse, Grauhörnchen, Igel und viele Vögel.

Die meisten der niedrigen, zugewachsenen Inseln im See waren *crannógs* (künstlich angelegte und befestigte Inseln). Auf der bekanntesten befindet sich das **Clough Oughter Castle**, ein Rundturm aus dem 13. Jh. Bevor Cromwells Männer das Gebäude 1653 zerstörten, diente es als abgelegenes Gefängnis und später als Sitz des Rebellenführers Owen Roe O'Neill. Obwohl die Ruine unerreichbar im Wasser liegt, lohnt sich aufgrund der tollen Aussicht ein Spaziergang über die Waldpfade.

Butlersbridge

Wer von Cavan aus auf der N3 gen Norden fährt, erreicht nach 7 km das Butlersbridge am Fluss Annalee, das sich ideal für ein Picknick am Fluss eignet.

Alternativ kehrt man im **Derragarra Inn** (Hauptgerichte 9 €; Mo–Mi 11.30–20, Do–Sa 11.30–21, So 12.30–21 Uhr) ein. Das efeubewachsene Pub mit viel Holz im Inneren und Terrasse liegt am Fluss und bietet einen Blick auf die hübsche St. Aidan Church. Auf der Speisekarte stehen getoastete Sandwiches, hausgemachte Suppen und Gehaltvolleres wie Rinderfilet und irischer Eintopf.

Cloverhill

4 km nördlich von Butlersbridge stößt man an der N54 auf das nette kleine Örtchen Cloverhill, das vor allem für das preisgekrönte **Olde Post Inn** (047-55555; www.theoldepostinn.com; Fünf-Gänge-Abendessen 55 €, DZ 100 €; Di–Sa 19–22 & 12–15, So 19.30–21.30 Uhr) bekannt ist. Der preisgekrönte lokale Koch Gearoid Lynch bereitet hier moderne Gerichte mit traditionellen Grundzutaten wie Spanferkel, Lachs, Taube und Lamm zu. Die sechs unterschiedlich großen Gästezimmer im früheren Domizil des Postmeisters sind luxuriös mit edlen Teppichen und Stoffen ausgestattet.

Belturbet

1407 EW.

Mit seiner schönen Lage am Shannon-Erne-Kanal erfreut sich dieser charmante, altmodische Ort 16 km nordwestlich von Cavan insbesondere bei Anglern großer Beliebtheit. Außerdem ist er eine gute Ausgangsbasis für Boots- und Radtouren.

Sehenswertes & Aktivitäten

Belturbet Railway Station HISTORISCHES GEBÄUDE
(049-952 2074; Railway Rd; April–Sept.) GRATIS Das wunderschön restaurierte Bahnhofsgebäude beherbergt ein Besucherzentrum, das sich der Geschichte des regionalen Eisenbahnverkehrs widmet, sowie ein Geschäft, in dem neben Kunsthandwerk auch ein paar hausgemachte Delikatessen verkauft werden. Der Bahnhof war zwischen

1885 und 1959 in Betrieb und dämmerte in den folgenden 40 Jahren vor sich hin. Weil die Öffnungszeiten variieren, sollte man vor einem Besuch anrufen.

Corleggy KÄSE
(☎049-952 2930; www.corleggycheeses.com; Corleggy Farmhouse; Käsereikurs inkl. Mittagessen 50 €; ⏲Mai–Sept.) Pasteurisierter Hartziegenkäse ist eine echte Rarität. Diese preisgekrönte Käserei zeichnet sich vor allem durch kurze Produktionsabläufe aus. Corleggy stellt außerdem leckeren würzigen Rohmilchkäse aus Kuh- und Schafsmilch her. Für die eintägigen Kurse der Meisterkäserin Silke Cropp muss man sich vorab anmelden.

Emerald Star FLUSSKREUZFAHRT
(☎049-952 2933; www.emeraldstar.ie; 1352 € pro Woche; ⏲April–Okt.) Verlässlicher Anbieter, der einwöchige Flussfahrten veranstaltet.

Schlafen & Ausgehen

Church View Guesthouse PENSION €€
(☎049-952 2358; www.churchviewguesthouse.com; 8 Church St; EZ/DZ 35/70 €;) Dank ihres kühlen Lagerraums und der Nähe zu den Seen erfreut sich diese kirschfarbene Pension bei Anglern großer Beliebtheit. Sie ist die gemütlichste Unterkunft in Belturbet. Im Voraus buchen!

Ausgehen

Widow's Bar PUB
(Main St) Das bodenständige Pub im Ortszentrum mit gemütlichem Innenraum samt freigelegtem Backstein und einem Biergarten im hinteren Bereich ist für stimmungsvolle traditionelle Musik am Samstag- und Sonntagabend bekannt.

Anreise & Unterwegs vor Ort

Bus Éireann (☎049-433 1353; www.buseireann.ie) bietet Verbindungen zwischen Dublin und Donegal und hält unterwegs in Belturbet (vor dem Postamt).

Südliches Cavan

Ballyjamesduff & Umgebung

2568 EW.

Einst war das verschlafene Marktstädtchen der Sitz des Earl of Fife, James Duff, einem der ersten Großgrundbesitzer. Sein Nachkomme Sir James Duff befehligte die englischen Truppen während der Zerschlagung der Rebellion im Jahre 1798.

Heute ist Ballyjamesduff vor allem für das in einem ausgezeichnet erhaltenen ehemaligen Kloster untergebrachte **Cavan County Museum** (☎049-854 4070; www.cavanmuseum.ie; Virginia Rd; Erw./Kind 3/1,50 €; ⏲Di–Sa 10–17 Uhr, Juli–Sept. auch So 14–18 Uhr) bekannt. Zu den Highlights der imposanten Ausstellung gehören Trachten und folkloristische Gegenstände aus dem 18., 19. und 20. Jh. Auch die Relikte aus der Stein-, Bronze- und Eisenzeit sowie dem Mittelalter sollte man sich ansehen, darunter der keltische Killycluggin-Stein, der dreigesichtige Corleck-Kopf und das tausend Jahre alte Boot, das beim Lough Errill gefunden wurde. Zudem gibt's eine Ausstellung über die Große Hungersnot zu sehen.

Eine weitere Attraktion der Gegend ist der für seinen Forellenreichtum bekannte **Lough Sheelin**. Die besten Monate für Angler sind der Mai und der Juni, wohingegen man zum Reiten, Wandern oder Bootfahren das ganze Jahr über herkommen kann.

Das **Ross Castle** (☎086 824 2200; www.ross-castle.com; Mountnugent; DZ 120 €) befindet sich 9 km südlich von Ballyjamesduff in Mountnugent. Cromwell zerstörte Teile der 1590 errichteten Burg, doch die Nugent-Familie ließ das Gebäude restaurieren. Heute beherbergt es ein atmosphärisches B&B. Achtung: Je höher man den Turm hinaufsteigt, desto steiler und schmaler werden die Stufen! In einem der Zimmer fehlt die Badtür (das Bad wurde in einen Alkoven hineingequetscht) und dann spukt es hier auch noch (die Tochter des früheren Baumeisters lässt Lichter brennen und dreht Hähne auf und zu – sagen jedenfalls die Besitzer). Wer sich von diesen Dingen nicht abschrecken lässt, darf sich auf ein unvergessliches Erlebnis freuen. Vor der Anreise sollte man anrufen, um die Ankunftszeit zu bestätigen.

Bus Éireann verkehrt montags bis samstags ab Kells hierher.

Östliches Cavan

Viele Siedlungen im Osten der Grafschaft wie das hübsche **Virginia** wurden im 17. Jh. als Herrensitze angelegt. Wenn man in der Gegend ist, lohnt auch ein Abstecher nach **Kingscourt**, wo man die **St. Mary's Catholic Church** mit ihren wunderbaren bunten Glasfenstern der berühmten mittlerweile verstorbenen Dubliner Buntglaskünstlerin Evie Hone aus den 1940er-Jahren besichtigen kann.

Nordwestlich von Kingscourt erstreckt sich der 225 ha große **Dún an Rí Forest Park** (☎042-966 7320; www.coillteoutdoors.ie; Autos 5 €;

⌚9–21 Uhr). In dem Schutzgebiet gibt's markierte Waldwanderwege (alle weniger als 4 km lang), Picknickplätze und einen Wunschbrunnen. Mit etwas Glück entdeckt man am Flussufer einen Nerz oder Fischotter.

Am Rand des Waldes erhebt sich das **Cabra Castle** (☎042-966 7030; www.cabracastle.com; EZ/DZ/Cottage ab 95/150/110 €;) aus dem 19. Jh., ein Luxushotel mit antikem Mobiliar. Die Zimmer befinden sich fast alle im Hofbereich, aber zum Angebot gehören auch ein paar Cottages für Selbstversorger. Die Lobby und ein paar Zimmer warten mit WLAN auf. Das Anwesen liegt 3 km außerhalb von Kingscourt an der Straße nach Carrickmacross.

Nordwestliches Cavan

Vor der imposanten Kulisse des Cuilcagh Mountain erstrecken sich im abgelegenen Nordwesten wunderschöne Landschaften. Das öffentliche Verkehrssystem ist allerdings begrenzt, deswegen braucht man für die Erkundung der Gegend einen fahrbaren Untersatz.

Ballyconnell

1061 EW.

Dieses hübsche Dorf direkt am Kanalufer ist ein beliebtes Anglerzentrum. Im Sommer füllt es sich mit Besuchern, die auf dem Shannon-Erne-Kanal unterwegs sind.

Schlafen

Sandville House HOSTEL €

(☎049-952 6297; http://homepage.eircom.net/~sandville; B/DZ ab 20/40 €) Cavans einziges Hostel, das einfache, aber fröhliche Sandville House, ist in einem umgebauten Bauernhaus untergebracht. Es verfügt über Zimmer mit zwei bis zehn Betten, einen Meditationsraum und eine Küche für Selbstversorger. Die Unterkunft liegt 3,5 km südöstlich des Dorfes und ist an der N87 ausgeschildert. Hier finden oft private Veranstaltungen statt, deshalb muss man vorab buchen. Auf Nachfrage halten die Busse zwischen Dublin und Donegal am Slieve Russell Hotel, wo die Gäste abgeholt werden, wenn sie vorher darum bitten.

Slieve Russell Hotel LUXUSHOTEL €€€

(☎049-952 6444; www.slieverussell.ie; Cranaghan; DZ ab 120 €;) Wer Luxus und Entspannung sucht, findet im Slieve Russell Hotel 2 km südöstlich der Stadt Marmorsäulen, Springbrunnen, Restaurants, Bars, einen 18-Loch- und einen Neun-Loch-Golfplatz. Hier kann man Unterricht bei PGA-Golfprofis nehmen (45 € pro Std.), außerdem gibt's ein Spa, das mit Wellnessbehandlungen, einem Floatingbecken, einer Kräutersauna und einer Salzgrotte aufwartet. Frühstück ist im Preis inbegriffen.

Blacklion & Umgebung

174 EW.

In dem vom Cavan Way durchzogenen Landstrich zwischen Blacklion und Dowra verstecken sich einige eindrucksvolle prähistorische Monumente, darunter die Überreste einer *cashel* (ringförmige Befestigungsanlage) und mehrerer Schwitzhütten, die größtenteils aus dem 19. Jh. stammen.

Feinschmecker kommen hierher, um eines der besten Lokale des Landes zu testen, das **MacNean House & Restaurant** (☎071-985 3022; www.macneanrestaurant.com; Main St;

JAMPA LING BUDDHIST CENTRE

Wer auf der Suche nach Erleuchtung ist oder einfach nur ein bisschen relaxen möchte, sollte das **Jampa Ling Buddhist Centre** (☎049-952 3448; www.jampaling.org; Owendoon House, Bawnboy; B/EZ Selbstversorger 18/23 €, inkl. Mahlzeiten 32/39 €), ansteuern, das inmitten einer herrlich unberührten Landschaft liegt. Der Name „Jampa Ling" bedeutet „Ort der Unendlichen Liebevollen Freundlichkeit". Hier kann man Kurse und Workshops (25–40 €, pro Wochenende 215 €) zum Thema tibetanisch-buddhistische Lehren, Gärtnern, Tai Chi, Yoga sowie Heil- und Küchenkräuter belegen. Man muss zwar nicht daran teilnehmen, um hier übernachten zu dürfen, aber wenn Kurse stattfinden, ist das Zentrum oft ausgebucht. Die superleckeren Mahlzeiten sind in den Tageslehrgängen und für Übernachtungsgäste im Preis inbegriffen und rein vegetarisch.

Um zum Zentrum zu kommen, folgt man den Wegweisern von Ballyconnell nach Bawnboy, wo man bei der Tankstelle links abbiegen muss und für die nächsten 3 km auf der kleinen Straße bleibt. Wer den See und mehrere Kurven passiert hat, erblickt 250 m weiter das steinerne Eingangstor des Zentrums auf der rechten Seite.

Menüs abends 72–85 €, mit zu den Gängen passenden Weinen 125 €, So Mittagessen 39 €, DZ 140–200 €; ⏲ Mi–Sa 18–23, So 12.30–22 Uhr;). Wer in dem preisgekrönten Restaurant von Fernsehkoch Neven Maguire etwas essen möchte, sollte möglichst frühzeitig reservieren, da es manchmal monatelang ausgebucht ist. Maguire wuchs in diesem wunderschönen Haus auf und bereitet aus lokalen Produkten fantastische Gerichte zu, darunter aufwendige Kreationen wie Zackenbarsch mit Steinpilztortellini und Babylauch oder Entenbrust mit Quinoa, Grünkohl, Preiselbeeren und roter Paprika. Das vegetarische Menü kostet 55 €. Die Gästezimmer (DZ 140–200 €) sind hübsch eingerichtet und hell.

Busse halten auf dem Weg von Westport nach Belfast vor der Maguire's-Kneipe.

Cuilcagh Mountain Park

Die Grenze zwischen der Republik und Nordirland verläuft auf dem Kamm des Mount Cuilcagh, dem markanten Gipfel im gleichnamigen Park. Dies ist der erste grenzüberschreitende Geopark der Welt. Seine unteren Hänge bestehen aus unter Schutz stehenden Torfmooren, die oberen aus spektakulären Felswänden. Das Besucherzentrum und die größte Attraktion der Gegend, die Marble Arch Caves (S. 696), liegen von Blacklion aus kurz hinter der Grenze im County Fermanagh.

COUNTY MONAGHAN

Monaghans friedliche, sanft an- und absteigende Landschaft ist von Seen und kleinen runden Hügeln geprägt, die an Bläschen auf schlecht verklebten Tapeten erinnern. Diese als Drumlins bezeichneten Höcker sind Ablagerungen geschmolzener Gletscher aus der letzten Eiszeit. Die eiskalten grauen Seen des Countys ziehen zahlreiche Angler an, aber ansonsten kommen nur wenige Besucher in die Gegend, die sich gerade deshalb für ruhige Streifzüge anbietet.

Im Gegensatz zum Rest der Region hat Monaghan von der Ulster Plantation nicht viel mitbekommen. Nach den Cromwell-Kriegen waren die lokalen Clanchefs allerdings gezwungen, ihr Land zu einem Bruchteil des tatsächlichen Werts zu verkaufen. Oft wurde es aber auch einfach von Cromwells Soldaten beschlagnahmt.

Im frühen 19. Jh. gewann die Herstellung von Spitzenhandarbeiten Bedeutung für die regionale Wirtschaft, schuf Arbeitsplätze und ermöglichte Frauen ein Einkommen. Clones und Carrickmacross waren die beiden Zentren dieser Industrie. In beiden Orten kann man die hübschen Handarbeiten bis heute bewundern.

Monaghan (Stadt)

6221 EW.

Monaghan mag zwar die Hauptstadt des Countys sein, ist jedoch vom Tourismus völlig unberührt. Mit ihren eleganten Kalksteinbauten aus dem 18. und 19. Jh. laden die hübschen Straßen zu einem gemütlichen Spaziergang ein.

Sehenswertes & Aktivitäten

Monaghan County Museum MUSEUM
(www.monaghan.ie; 1–2 Hill St; ⏲ Mo–Fr 11–17, Sa 12–17 Uhr) GRATIS Als Highlight des ausgezeichneten Museums mit über 70 000 Ausstellungsobjekten von der Steinzeit bis heute gilt das **Cross of Clogher**, ein Altarkreuz aus Eichenholz, das in dekorative Bronzeplatten eingefasst ist. Zu den weiteren eindrucksvollen Funden gehören die beiden Kessel von Lisdrumturk und Altartate, mittelalterliche *crannóg*-Artefakte sowie furchterregende Schlagringe und Knüppel, die an die Nähe des Städtchens zu Nordirland erinnern.

Noch mehr Sehenswürdigkeiten HISTORISCHE STÄTTEN
Auf dem Church Square steht ein massiger Obelisk, das **Dawson Monument** (1857). Es erinnert an Colonel Dawsons bedauerlichen Tod im Krimkrieg. Die gotische **St. Patrick's Church** und das stattliche dorische **Gerichtsgebäude** (1829) wachen über das Denkmal. Am auffälligsten ist aber das **Rossmore Memorial** (1875) weiter westlich, ein viktorianischer Trinkbrunnen auf dem Diamond Square. Außerdem gibt's in Monaghan mehrere Gebäude mit sanft abgerundeten Kanten, eine architektonische Besonderheit in Irland.

Direkt außerhalb des Ortszentrums an der Straße nach Dublin erhebt sich ein weiteres Relikt aus viktorianischer Zeit, die pseudo-mittelalterliche **St. Macartan's Catholic Cathedral** (1861) mit einem 77 m hohen nadelspitzen Turm.

Venture Sports ANGELN
(☎ 047-81495; venturesports@eircom.net; 71 Glaslough St) Die Gegend bietet hervorragende Angelmöglichkeiten. Bei Venture Sports be-

ABSTECHER

CASTLE LESLIE

Das **Castle Leslie** (☎047-88100; www.castleleslie.com; Glaslough; DZ ab 160 €; 📶), Stammhaus des exzentrischen Leslie-Clans, ist ein beeindruckender viktorianischer Gebäudekomplex. Die Familie, deren Wurzeln angeblich bis zum Hunnenkönig Attila reichen, erwarb die Burg 1665, dessen verrückte Vergangenheit es sowohl für Übernachtungsgäste als auch für alle anderen zu einem unterhaltsamen Abstecher macht.

Jedes der 20 Zimmer im Haupthaus hat eine eigene Geschichte. Der Red Room, einst von W. B. Yeats bewohnt, ist mit dem ersten modernen Bad Irlands ausgestattet, und vom stattlichen neogotischen Himmelbett in Uncle Norman's Room wird behauptet, es schwebe gelegentlich frei im Raum. In der Hunting Lodge befinden sich weitere 30 Zimmer, deren Gestaltungsspektrum vom üppig-traditionellen bis zum eher minimalistisch-zeitgenössischen Stil reicht. In den gemeinschaftlich genutzten Bereichen gibt's WLAN-Empfang, zudem kann man sich im viktorianischen Spa verwöhnen lassen und im großartigen Reitzentrum einen Ausflug hoch zu Ross (ab 35 € pro Std.) buchen.

Etwas zu essen bekommt man in der geräumigen **Snaffles Brasserie** (Hauptgerichte 21,50–29,50 €), die gehobene Speisen aus lokalen Zutaten serviert, und in der gemütlichen **Conor's Bar** (Hauptgerichte 13–24,50 €), die auf leckere Barsnacks und reichhaltigere traditionelle Küche spezialisiert ist.

Die Burg liegt 11 km nordöstlich von Monaghan bei Glaslough an der R185.

kommt man Lizenzen und die nötige Ausrüstung sowie jede Menge Tipps.

Feste & Events

Féile Oriel Music MUSIKFESTIVAL
(www.feileoriel.com) Traditionelles Musikfestival am ersten Maiwochenende.

Harvest Blues Festival MUSIKFESTIVAL
(www.harvestblues.com) Erstklassiges Bluesfestival mit irischen und internationalen Musikern Anfang September.

Schlafen & Essen

Wer Wert auf Luxus legt, sollte sich zum Castle Leslie 11 km nordöstlich der Stadt aufmachen.

Ashleigh House B&B €€
(☎047-81227; www.ashleighhousemonaghan.com; 37 Dublin St; DZ 70 €; 📶) Mitten im Ortszentrum bietet dieses B&B zehn leicht verwohnte Zimmer zu einem guten Preis. Alle verfügen über private Bäder und sind mit ländlich anmutenden Textilien dekoriert, außerdem gibt's einen kleinen Garten.

Andy's Bar & Restaurant BISTRO €€
(☎047-82277; www.andysmonaghan.com; 12 Market St; Restaurant Hauptgerichte 16–26 €, Bar Hauptgerichte 8–12 €; ⏲Di–Fr 16–22, Sa ab 17, So ab 13.30 Uhr; 🖉) Auf der Karte der beliebten alteingesessenen viktorianischen Bar mit einem Restaurant alter Schule stehen frittierter Irish Brie, Krabbencocktails und Baiserkuchen sowie Filetsteaks mit panierten Kartoffelcroutons. Auch für Vegetarier ist gesorgt.

Squealing Pig PUB €€
(www.thesquealingpig.ie; The Diamond; Pub Hauptgerichte 8–10 €, Restaurant Hauptgerichte 15–20 €; ⏲Restaurant Fr–So 17–21.45, So 12.30–15 Uhr) Das einladende Pub tanzt auf vielen Hochzeiten: Unten werden günstige altmodische Gerichte wie Kiewer Kotelett serviert, während sich die Gäste oben zwischen Antiquitäten und modernen Möbeln gehobene Gerichte wie Chateaubriand, Entenconfit und leckere Wurstplatten für mehrere Personen zu Gemüte führen.

Ausgehen & Nachtleben

Sherry's PUB
(24 Dublin St) In dem alten Pub fühlt man sich wie in einem Wohnzimmer aus den 1950er-Jahren. Fliesenboden, Kosmetiktischchen und Nippessachen sind bestimmt seit Jahrzehnten nicht mehr angefasst worden.

McKenna's Bar PUB
(62 Dublin Rd; ⏲Mo–Sa 18 Uhr–open end; 📶) Das historische Pub ist in der ganzen Region für seine Jamsessions bekannt, vor allem für Blues. Mit ihren Tischen aus dunklen Holzfässern und dem freigelegten Mauerwerk verströmt die Bar im Obergeschoss dafür die ideale Atmosphäre.

Unterhaltung

Market House KULTURZENTRUM
(☎047-38162; www.monaghan.ie; Market St) In der restaurierten Markthalle aus dem 18. Jh.

werden Ausstellungen und Konzerte veranstaltet und Theaterstücke aufgeführt.

Praktische Informationen

Touristeninformation (☎ 047-73718, 047-81122; www.monaghantourism.com; Clones Rd; ⌚ Mo–Fr 10–17 Uhr)

Anreise & Unterwegs vor Ort

Vom **Busbahnhof** (☎ 047-82377; www.buseireann.ie; North Rd) werden viele Ziele angesteuert, z. B. Dublin (14,25 €, 2 Std., 10-mal tgl.). Darüber hinaus gibt's jeden Tag zahlreiche Verbindungen nach Carrickmacross.

Rossmore Forest Park

Wer sich die Überreste des Familiensitzes der Rossmores aus dem 19. Jh. ansehen möchte, darunter eine Freitreppe, ein paar Stützpfeiler und ein Friedhof für Haustiere, muss den **Rossmore Forest Park** (☎ 047-433 1046; www.coillteoutdoors.ie; Autos 5 €; ⌚ 9–21 Uhr) besuchen, der im Sommer mit farbenprächtigen Rhododendren und Azaleen aufwartet. Neben Waldwegen und schönen Picknickstellen locken hier mehrere riesige Mammutbäume, eine herrliche Eibenallee und Grabstätten aus der Eisenzeit. Der Waldpark liegt etwa 3 km südwestlich von Monaghan an der Straße nach Newbliss (R189).

Clones & Umgebung

1517 EW.

Einst diente Clones als Sitz eines bedeutenden Klosters aus dem 6. Jh., das später als Augustinerabtei genutzt wurde. Dementsprechend sind die wichtigsten Sehenswürdigkeiten des Ortes kirchlich. Auf dem Diamond-Platz steht z. B. ein schön erhaltenes **Hochkreuz** mit Darstellungen biblischer Geschichten wie der von Daniel in der Löwengrube.

Sehenswert sind auch die Ruinen der vom hl. Tiernach begründeten **Abtei** und des 22 m hohen **Rundturms** aus dem frühen 9. Jh. auf dem südlich der Stadt gelegenen Friedhof. Ganz in der Nähe befindet sich ein massiger **Sarkophag**, ebenfalls aus dem 9. Jh., mit verwitterten Tierkopfreliefs. Wahrscheinlich handelt es sich hierbei um Tiernachs Grab.

In jüngerer Zeit erlangte Clones für seine handgearbeitete Spitze Bekanntheit. Mehr darüber erfährt man in den **Ulster Canal Stores** (☎ 047-52125; www.cloneslace.com; Cara St; ⌚ Mo–Fr 9–17 Uhr).

Das ★ **Hilton Park** (☎ 047-56007; www.hiltonpark.ie; DZ 196–270 €, Torhaus 495 € pro Woche; ⌚ April–Sept.), ein faszinierendes Landhaus, ist seit 1734 in Familienbesitz und bietet einen umwerfenden Blick auf das 240 ha große Grundstück. Es verfügt über sechs geräumige, lichtdurchflutete Zimmer, die mit antiken Möbeln, freistehenden Badewannen und Himmel- oder Baldachinbetten ausgestattet sind, und überzeugt zudem mit seiner erstklassigen Küche: Viele Zutaten stammen aus den hauseigenen Biogärten (Abendessen 55 €, nach vorheriger Absprache). Im Übernachtungspreis sind ein frühes Abendessen nach der Ankunft und das Frühstück inbegriffen. Zum Programm gehören auch literarische Wochenenden und Kochkurse.

Bus Éireann (☎ 047-82377; www.buseireann.ie) verkehrt zwischen Clones und Monaghan (5,75 €, 30 Min., Mo–Sa 5-mal, So 1-mal) mit Anschluss nach Carrickmacross, Slane und Dublin.

Ulsterbus (☎ 048-9066 6630; www.translink.co.uk/Ulsterbus) bietet eine direkte Verbindung zwischen Clones und Belfast (13,20 €, 2¼ Std., Mo–Fr 1-mal).

Carrickmacross & Umgebung

1973 EW.

Carrickmacross wurde zuerst von Engländern und Schotten besiedelt, die an der breiten Hauptstraße einige elegante georgianische Häuser mit wunderschönen farbenfrohen Fassaden hinterließen. Der Ort ist berühmt für seine feinen Spitzenarbeiten. Diese werden weltweit exportiert, seitdem die Produktion 1871 durch die Nonnen von St. Louis wiederbelebt wurde. Im Städtchen kann man wunderbar umherstreifen, außerdem ist es ein großartiger Ausgangspunkt für Angler.

Sehenswertes & Aktivitäten

★ Carrickmacross Lace Gallery MUSEUM

(☎ 042-966 2506; www.carrickmacrosslace.ie; Market Sq; ⌚ Mo–Fr 10–16, Sa bis 17.30 Uhr) In den ehemaligen Viehhöfen der Stadt führt eine lokale Kooperative dieses winzige, faszinierende Museum. Besucher haben hier die Möglichkeit, bei der Herstellung von Spitze zuzusehen und hübsche Designs zu bestaunen. Anders als bei der Häkelware von Clones werden die Muster mit dickem Faden in engen Stichen auf Organzastoff aufgestickt, zusätzlich wird das Ganze mit verschiedenen Zierstichen versehen. Carrickmacross hat sogar Verbindungen zum britischen Königshaus: Die Spitzenmuster zierten die Ärmel des Hochzeitskleides von Prinzessin Diana und die Technik kam auch bei der Brautrobe von Kate Middleton zum Einsatz, die im April 2011 Prinz William ehelichte.

Die Schneider von Carrickmacross nehmen Auftragsarbeiten entgegen, darüber hinaus stehen kleine exquisite Stücke wie Kühlschrankmagneten, Lesezeichen und Ähnliches für nur rund 10 € zum Verkauf. Das Museum plant einen Umzug in geräumigere Örtlichkeiten, bleibt aber in dem jetzigen Gebäudekomplex.

St. Joseph's Catholic Church KIRCHE
(O'Neill St) Handwerkskunst ist auch in dieser Kirche zu bewundern. Zehn Fenster wurden von Harry Clarke, Irlands berühmtestem Buntglaskünstler, gestaltet.

Eastern Regional Fisheries ANGELN
Rund um Carrickmacross gibt's viele tolle Angelmöglichkeiten. Gute Anlaufstellen sind der Lough Capragh, der Lough Spring, der Lough Monalty und der Lough Fea. Weitere Infos und Kontaktadressen für Guides, Bootsverleih und Ausrüstung findet man unter www.monaghantourism.com.

Schlafen & Essen

Carrickmacross beherbergt etwa 20 Pubs, was bedeutet, dass nur etwa 100 Einwohner auf eine Kneipe kommen! Man wird also keinen Hunger leiden müssen – und Durst noch viel weniger.

Shirley Arms HOTEL €€
(042-967 3100; www.shirleyarmshotel.ie; Main St; DZ ab 110 €;) Hinter der warmen Steinfassade des zentral gelegenen Shirley Arms verbirgt sich ein hübsches Hotel mit geräumigen Zimmern und anständigem Essen. Weißes Leinen, Nussholzparkett und schicke Bäder sorgen für modernes, wenn auch wenig originelles Flair in den Zimmern. In der offenen Bar mit Lounge wird vor informeller Kulisse exzellente Kneipenkost (Hauptgerichte 12–15 €) serviert.

Fiddlers Elbow BAR, RESTAURANT €
(www.fiddlers.ie; Main St; Hauptgerichte 8–10 €; Mo–Do 11–22 Uhr, Fr–So open end) Die kleeblattgrüne Front des Fiddlers Elbow passt zu den farbenfrohen Fassaden in der Umgebung. Das Gebäude beherbergt eine Bar, ein Restaurant sowie einen **Nachtclub** (www.vanitynightclub.ie) im Obergeschoss. Wer Hunger hat, wird hier mit einem breit gefächerten kulinarischen Angebot verwöhnt, das von Ziegenkäsetörtchen über Hühnchen-Koriander-Curry bis zu Apfel-Zimt-Crumble reicht. Darüber hinaus ist die Atmosphäre angenehm lebhaft und gesellig.

Praktische Informationen

Carrickmacross hat keine Touristeninformation, aber eine gute Website (www.carrickmacross.ie).

An- & Weiterreise

Bus Éireann (01-836 6111; www.buseireann.ie) fährt fünfmal täglich nach Dublin (12,15 €, 1¾ Std.).

Inniskeen

292 EW.

In Inniskeen (Inis Caoin), 10 km nordöstlich von Carrickmacross, wurde der Dichter Patrick Kavanagh (1904–1967) geboren.

Dessen umfangreiches Epos *The Great Hunger* (1942) räumte auf mit den früheren Klischees in der angloirischen Dichtung und entzauberte die arme irische Landbevölkerung als hungergeplagt, innerlich gebrochen und sexuell unbefriedigt. Der Text von Kavanaghs bekanntestem Gedicht *On Raglan Road* (1946) über eine unerfüllte Liebe passte auf das traditionelle irische Lied *The Dawning of the Day*, das schon von Van Morrison, Mark Knopfler, Billy Bragg und Sinead O'Connor sowie vielen anderen zum Besten gegeben wurde.

Das **Patrick Kavanagh Centre** (042-937 8560; www.patrickkavanaghcountry.com; Erw./Stud./Kind unter 12 J. 5/3 €/frei; Di–Fr 11–16.30 Uhr) ist in der alten Kirche untergebracht, wo Kavanagh getauft wurde. Besucher werden hier sicher von der Begeisterung der Mitarbeiter für sein Leben und Werk angesteckt. Zu den regelmäßigen Veranstaltungen im Literaturzentrum gehört auch das **Writers' Weekend** Ende Juli/Anfang August.

Informationen über **literarische Rundgänge** rund um das Dorf gibt's auf der Website des Zentrums. Zu den Sehenswürdigkeiten im Dorf und in der malerischen Umgebung gelangt man zu Fuß oder mit einem fahrbaren Untersatz (insgesamt 5,6 km).

Inniskeen liegt ebenso wie Carrickmacross auf der von Bus Éireann bedienten Strecke zwischen Cavan nach Dundalk. Montags bis samstags halten dort jeden Tag vier Busse.

Belfast

280 900 EW. / 115 KM²

Inhalt ➡

Gut essen

- ➡ Barking Dog (S. 614)
- ➡ Shu (S. 615)
- ➡ Mourne Seafood Bar (S. 613)
- ➡ Molly's Yard (S. 615)
- ➡ Deane's Restaurant (S. 613)

Schön übernachten

- ➡ Tara Lodge (S. 611)
- ➡ Old Rectory (S. 611)
- ➡ Malmaison Hotel (S. 610)
- ➡ Ten Square (S. 610)
- ➡ Vagabonds (S. 611)

Auf nach Belfast

Einst mit Beirut, Bagdad und Bosnien im Viererpack der gefährlichen „B"s genannt, die Traveller meiden sollten, hat Belfast eine bemerkenswerte Wandlung vollzogen. Anstelle von Bomben und Straßenschlachten glänzt die schicke Partystadt inzwischen mit trendbewussten Einwohnern und Spitzenhotels. Seit der Eröffnung von Titanic Belfast 2012 und dem 50. Geburtstag des Belfast Festival at Queen's (das zweitgrößte Kunstfestival im Vereinigten Königreich) sind die Besucherzahlen um mehr als 40 % gestiegen.

Die Rezession hat viele Bauprojekte verlangsamt, doch die alten Werften am Lagan weichen unverändert luxuriösen Apartmenthäusern und es entstehen immer mehr neue Touristenattraktionen – 2012 beispielsweise wurde das alte Crumlin Road Gaol der Öffentlichkeit zugänglich gemacht, die SS *Nomadic* folgte 2013 und das Kriegsschiff HMS *Caroline* aus dem Ersten Weltkrieg soll zu einem schwimmenden Museum umfunktioniert werden. Daneben hat Belfast zahlreiche viktorianische Bauwerke, eine glamouröse Ufermeile mit viel moderner Kunst und swingende Pubs zu bieten.

Reisezeit

- ➡ Besonders schön ist es hier im April, wenn in den Parks die Blumen aus dem Boden sprießen und das Titanic Belfast Festival gefeiert wird.
- ➡ Der August verspricht gutes Wetter für Wanderungen und Radtouren, außerdem werden in West-Belfast irische Musik- und Tanzfeste veranstaltet.
- ➡ Ab Oktober kann es kühl werden, aber das Festival at Queen's, Großbritanniens größtes Kunstfest nach dem in Edinburgh, heizt Besuchern kräftig ein.

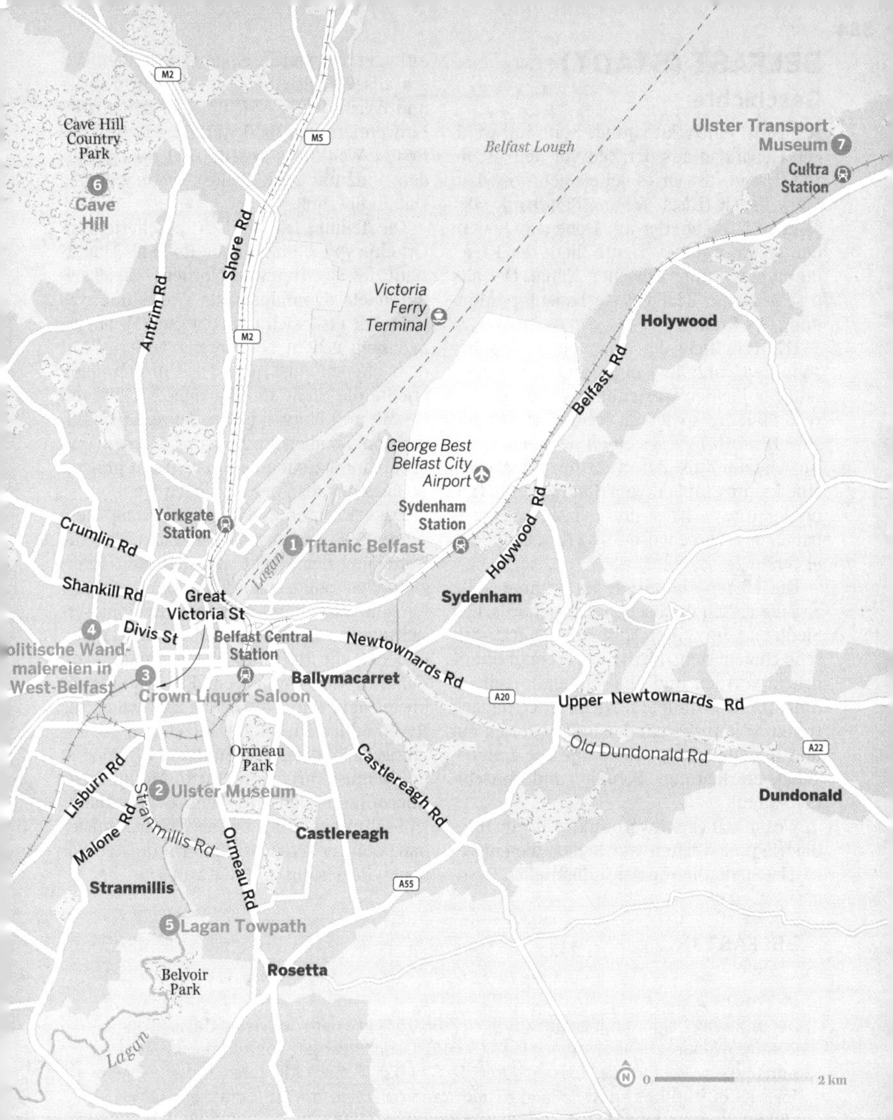

Highlights

1 In der neuen **Titanic-Belfast-Ausstellung** (S. 602) erfährt man alles über den berühmtesten Ozeandampfer der Welt

2 Prähistorische Schätze, eine ägyptische Mumie und Gold der gesunkenen Armada warten im **Ulster Museum** (S. 603) auf ihre Entdeckung

3 Ein paar Guinness in Belfasts schönen viktorianischen Pubs trinken, z. B. im **Crown Liquor Saloon** (S. 588)

4 Mit dem Taxi eine Tour zu den aufrüttelnden **politischen Wandmalereien** (S. 598) in West-Belfast unternehmen

5 Ein Fahrrad mieten und auf dem **Lagan Towpath** (S. 601) ins einstige Leinenzentrum Lisburn fahren

6 Auf dem **Cave Hill** (S. 607) den wunderbaren Panoramablick über die Stadt genießen

7 Den weltberühmten DeLorean DMC im **Ulster Transport Museum** (S. 606) aus der Nähe bestaunen

BELFAST (STADT)

Geschichte

Belfast ist eine relativ junge Stadt mit wenigen Gebäuden aus der Zeit vor dem 19. Jh. Der Name des Ortes leitet sich von dem Fluss Farset (irisch *feirste,* Sandbank oder sandige Furt) ab, der am Donegall Quay in den Lagan mündet. Heute fließt der Farset durch einen unterirdischen Kanal. Der alte irische Name Béal Feirste bedeutet „Mündung des Farset".

1177 errichtete der Normannenherrscher John de Courcy hier eine Burg. Zusammen mit der kleinen Ansiedlung wurde sie bereits 20 Jahre später im Kampf wieder zerstört. Erst 1611 gab es einen nennenswerten Aufschwung, als Baron Arthur Chichester eine Festung im heutigen Stadtzentrum (nahe dem Castle Place und der Castle Street) bauen ließ. Diese wurde 1708 durch ein Feuer zerstört.

Die Ulster Plantation im frühen 17. Jh. zog die ersten englischen und schottischen Siedler an. Im späten 17. Jh. folgten französische Hugenotten, die in ihrer Heimat unterdrückt wurden und eine blühende Leinenindustrie begründeten. Nicht lange danach trafen weitere Engländer und Schotten ein und brachten Industriezweige wie Seilerei, Tabakverarbeitung, Schiffs- und Maschinenbau mit.

Wegen seines Schwerpunktes auf Textilindustrie und Werften war Belfast die einzige irische Stadt, die von der industriellen Revolution erfasst wurde. Nüchterne Reihenhäuser aus Ziegelsteinen wurden für Fabrik- und Werftarbeiter errichtet. Aus den 20 000 Einwohnern von 1800 waren zu Beginn des Ersten Weltkriegs bereits 400 000 geworden – damit hatte Belfast schon beinahe Dublin überholt.

Die Teilung Irlands 1920 bescherte dem Ort eine vollkommen neue Rolle als Hauptstadt des abgetrennten Nordens. Gleichzeitig endete das industrielle Wachstum, was sich aber erst nach dem Zweiten Weltkrieg in einem echten Niedergang äußerte. Mit dem offenen Ausbruch der Unruhen 1969 erlebte die Stadt ständig neue Wellen von Gewalt und Blutvergießen. Schreckliche Bilder von Bomben und Terror, Morden und brutal durchgreifender Staatsmacht prägten Belfasts Image in der restlichen Welt.

Das Karfreitagsabkommen aus dem Jahre 1998 diente als Grundlage für eine Aufteilung der Macht zwischen den divergierenden politischen Fraktionen in einer fortschrittlichen nordirischen Regionalversammlung (Northern Ireland Assembly) und ließ die Hoffnungen auf eine bessere Zukunft wieder wachsen. Ein historischer Meilenstein wurde am 8. Mai 2007 gelegt, als Reverend Ian Paisley, der hitzköpfige protestantische Prediger und Führer der Democratic Unionist Party, und Martin McGuinness, Abgeordneter von Sinn Féin sowie früherer IRA-Führer, in Stormont als Erster Minister bzw. Stellvertretender Erster Minister der neuen Regierung vereidigt wurden.

BELFAST IN ...

... einem Tag

Der erste Tag beginnt mit einem kräftigen Frühstück in einem der vielen Cafés in der Botanic Avenue, z. B. im Maggie May's (S. 614). Dann folgen ein Spaziergang ins Zentrum und eine kostenlose Führung durch die City Hall (S. 585). Mit einem der schwarzen Taxis (S. 609) geht's anschließend zu den Wandmalereien in West-Belfast und für ein Mittagessen zur John Hewitt Bar & Restaurant (S. 614). Frisch gestärkt überquert man den Fluss und verbringt den restlichen Nachmittag in der Titanic-Belfast-Ausstellung (S. 602). Eine schöne Art, den Tag ausklingen zu lassen, ist ein Abendessen in Deane's Restaurant (S. 613) oder im Ginger (S. 613).

... zwei Tagen

Am zweiten Tag besichtigt man zunächst die Queen's University (S. 604), bestaunt die faszinierenden Exponate im Ulster Museum (S. 603) und erkundet die Botanic Gardens (S. 604). Am Nachmittag steht eine Führung im historischen Crumlin Road Gaol (S. 600) oder ein Ausflug zum Cave Hill (S. 607) auf dem Programm. Fürs Abendessen sind das Shu (S. 615) oder das Barking Dog (S. 614) zu empfehlen. Danach unternimmt man eine Kneipentour durch die traditionsreichen Pubs wie den Crown Liquor Saloon (S. 616), Kelly's Cellars (S. 616) oder das Duke of York (S. 617).

BELFAST FÜR KINDER

Das W5 (S. 603) ist die größte Kinderattraktion der Stadt. Wenn die Kids erst einmal angefangen haben, alles auszuprobieren, kann man sie nur schwer von den anschaulichen Experimentierbereichen loseisen. Der Odyssey Complex lockt mit weiteren Highlights, darunter Videospiele, eine Bowling-Anlage und ein IMAX-Kino. Großer Beliebtheit erfreuen sich auch der Belfast Zoo (S. 608) und das Ulster Museum (S. 603), das viele Ausstellungen ausrichtet und über ein tolles Veranstaltungsprogramm verfügt.

Spaß im Freien garantieren die Botanic Gardens (S. 604) und der Abenteuerspielplatz im Cave Hill Country Park (S. 607). Lustig geht's auch beim **Pirates Adventure Golf** (Karte S. 606; www.piratesadventuregolf.com; 111A Dundonald Rd, Dundonald Touring Caravan Park; Erw./Kind 6/4 £; ⏲ 11–21 Uhr) zu. Der Platz hat 36 Löcher sowie Wasserfälle und Springbrunnen und wartet mit einem riesigen Piratenschiff auf.

Süßigkeiten stehen wahrscheinlich nicht ganz oben auf der elterlichen Einkaufsliste, doch bei **Aunt Sandra's Candy Factory** (Karte S. 606; www.auntsandras.com; 60 Castlereagh Rd; Führung Erw./Kind 4/3 £; ⏲ Mo–Fr 9.30–17, Sa 10–16.30 Uhr) ist vielleicht eine Ausnahme erlaubt. Der im Stil der 1950er-Jahre eingerichtete Laden begeistert mit leckeren hausgemachten Karamellbonbons, Schokolade, Toffee-Äpfeln und anderen traditionellen Leckereien. Zudem lohnt sich eine Führung durch die Fabrik.

Das Ulster Folk Museum & Transport Museum (S. 606) und die Ark Open Farm (S. 633) liegen zwar außerhalb der Stadt, können aber im Rahmen eines Tagesausflugs besucht werden. Beide sind bei Kindern enorm beliebt.

Das kostenlose alle zwei Monate erscheinende Infoheft *About Belfast*, das man im Belfast Welcome Centre erhält, listet unter der Rubrik „Family Fun" diverse Veranstaltungen und Attraktionen speziell für Familien auf. Wer gegen Ende Mai in die Stadt kommt, sollte sich das **Belfast Children's Festival** (www.belfastchildrensfestival.com) mit verschiedenen kulturellen und pädagogischen Veranstaltungen nicht entgehen lassen.

Seit 1998 profitiert Belfast von Investitionen, die besonders seitens der EU reichlich fließen. Große Teile der Stadt wurden oder werden im Moment erneuert, und auch der Tourismus boomt. Dennoch hat die Wirtschaftskrise Belfast schwer getroffen. Erst stiegen die Immobilienpreise kometenartig an, dann sanken sie erdrutschartig: Die Hauspreise fielen um 40 % ihres Höchststandes im Jahre 2007. Bauprojekte wurden eingefroren und viele Büro- sowie Apartmentkomplexe stehen heute leer.

Sehenswertes

Stadtzentrum

★City Hall HISTORISCHES GEBÄUDE
(Karte S. 586 f.; www. belfastcity.gov.uk/cityhall; Donegall Sq; ⏲ Führungen Mo–Fr 11, 14 & 15, Sa 14 & 15 Uhr) GRATIS Im 19. Jh. veränderte die Industrielle Revolution die ganze Stadt. Der wirtschaftliche Aufstieg spiegelt sich in der extravaganten City Hall wider. Aus weißem Portlandstein dem klassischen Renaissancestil nachempfunden, wurde das Rathaus 1906 fertiggestellt und mit Geldern aus Profiten der Gaswerke finanziert.

Vor dem Gebäude befindet sich eine Statue der mürrisch dreinblickenden **Queen Victoria**. Die Bronzefiguren zu ihrer Seite stehen für die Textilindustrie und den Schiffbau und das Kind im Hintergrund für Bildung. In der nordöstlichen Ecke des Geländes sieht man eine Statue von **Sir Edward Harland**. Der aus Yorkshire stammende Schiffsbauingenieur gründete die Werft Harland & Wolff und regierte Belfast als Bürgermeister von 1885 bis 1886. Südlich davon erinnert ein **Denkmal an die Opfer der Titanic**.

Zu den Höhepunkten der 45-minütigen kostenlosen **Führung** durch das Rathaus gehören die prächtig mit italienischem Marmor und bunten Glasfenstern verzierte Eingangshalle und Rotunde. Besucher können sogar auf dem Thron des Amtsinhabers im Rathaussaal Platz nehmen. Ebenso interessant sind die eigenartigen Porträts einstiger Bürgermeister. Da jeder Lord Mayor seinen Maler selbst auswählen durfte, ist eine interessante Sammlung ganz unterschiedlicher Stilrichtungen entstanden.

Im **Bobbin Coffee Shop** (⏲ Mo–Fr 9.30–16.30, Sa 10–16 Uhr) in der südöstlichen Ecke der City Hall wird eine Fotoausstellung gezeigt. Hier hängen die Konterfeis berühmter

Belfast Zentrum

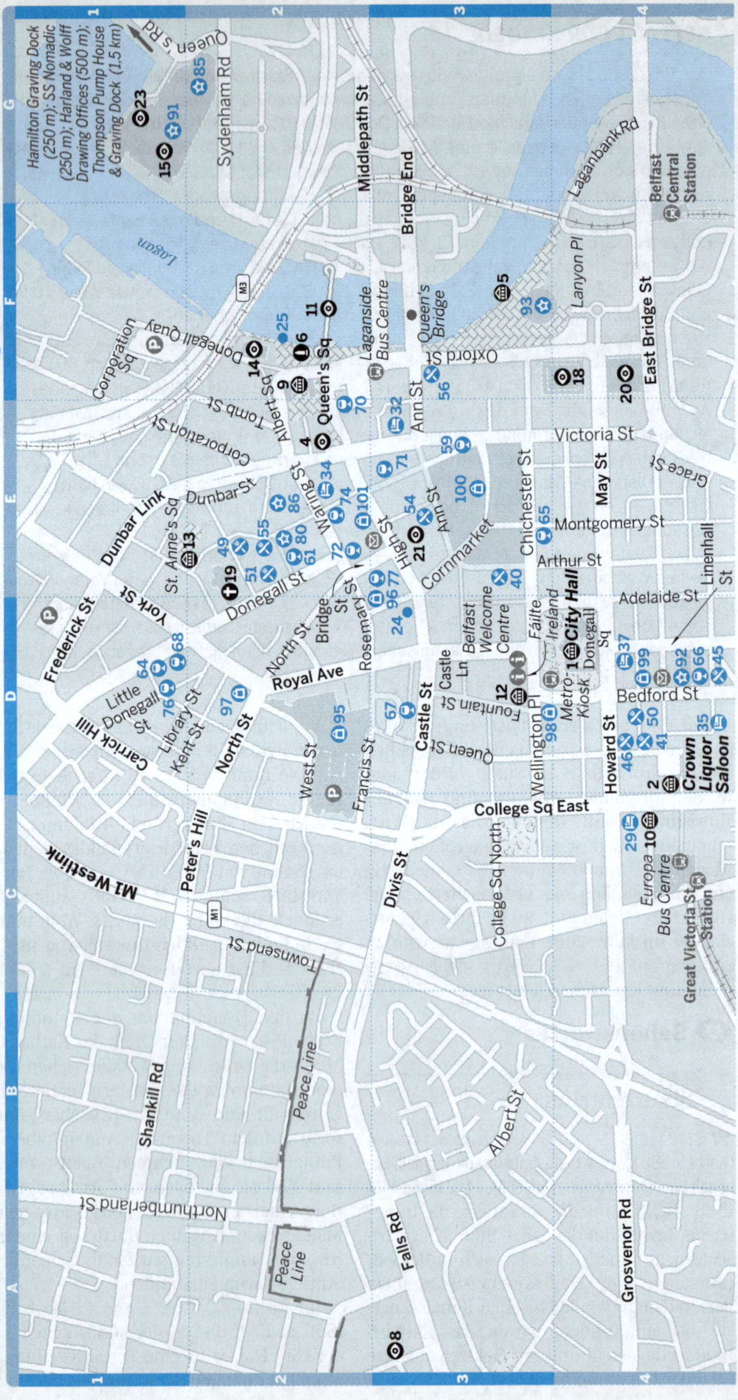

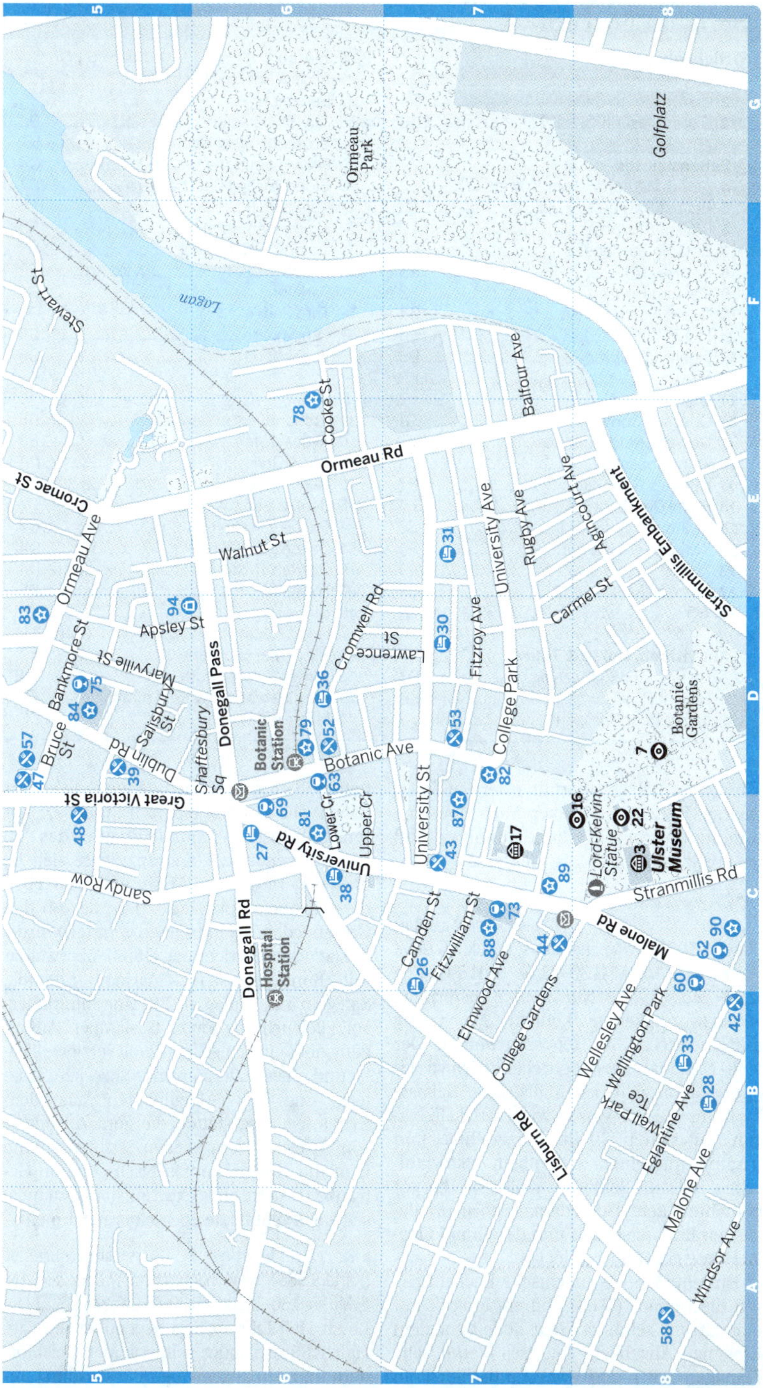

Lagan
Ormeau Park
Golfplatz
Stewart St
Cromac St
Ormeau Ave
Ormeau Rd
Cooke St
Balfour Ave
Walnut St
Apsley St
Bankmore St
Maryville St
Salisbury St
Bruce St
Dublin Rd
Shaftesbury Sq
Great Victoria St
Donegall Pass
Botanic Station
Botanic Ave
Cromwell Rd
Lawrence St
Fitzroy Ave
University Ave
Rugby Ave
Agincourt Ave
Carmel St
Stranmillis Embankment
College Park
University St
Lower Cr
Upper Cr
University Rd
Sandy Row
Donegall Rd
Hospital Station
Camden St
Fitzwilliam St
Elmwood Ave
College Gardens
Lord-Kelvin-Statue
Ulster Museum
Botanic Gardens
Stranmillis Rd
Malone Rd
Wellesley Ave
Wellington Park
Well Park Tce
Eglantine Ave
Malone Ave
Windsor Ave
Lisburn Rd

Belfast Zentrum

Highlights

1	City Hall	D4
2	Crown Liquor Saloon	D4
3	Ulster Museum	C8

Sehenswertes

4	Albert Memorial Clock Tower	E2
5	Belfast Barge	F3
6	Bigfish-Skulptur	F2
7	Botanic Gardens	D8
8	Conway Mill	A3
9	Custom House	F2
10	Grand Opera House	C4
11	Lagan Weir	F2
12	Linen Hall Library	D3
13	MAC	E2
14	Obel	F2
15	Odyssey Complex	G1
	Oh Yeah Music Centre	(siehe 86)
16	Palm House	C8
17	Queen's University	C7
18	Royal Courts of Justice	F4
19	St. Anne's Cathedral	E2
20	St. George's Market	F4
21	The Entries	E3
22	Tropical Ravine	C8
23	W5	G1

Aktivitäten, Kurse & Touren

24	Belfast City Sightseeing	D3
	Belfast Pub Tours	(siehe 2)
25	Lagan Boat Company	F2

Schlafen

26	Arnie's Backpackers	C7
27	Benedicts	C6
28	City Backpacker	B8
	Crescent Town House	(siehe 63)
29	Fitzwilliam Hotel	C4
30	Global Village Backpackers	D7
31	Kate's B&B	E7
32	Malmaison Hotel	E3
33	Malone Lodge Hotel	B8
34	Merchant Hotel	E2
35	Park Inn	D4
36	Tara Lodge	D6
37	Ten Square	D4
38	Vagabonds	C6

Essen

39	Archana	D5
40	Avoca Café	E3
41	Bar & Grill	D4
42	Barking Dog	B8
43	Beatrice Kennedy	C7
44	Deane's at Queen's	C7
45	Deane's Deli Bistro	D4
46	Deane's Restaurant	D4
47	Ginger	D5
48	Gingeroot	C5
	Great Room	(siehe 34)
49	Hill Street Brasserie	E2
50	James Street South	D4
51	John Hewitt Bar & Restaurant	E2
52	Maggie May's	D6

Einwohner Belfasts, darunter der Fußballer George Best, der Musiker Van Morrison, Rundfunksprecherin Gloria Hunniford und Irlands Präsidentin Mary McAleese.

★ Crown Liquor Saloon
HISTORISCHES GEBÄUDE

(Karte S. 586 f.; www.nationaltrust.org.uk; 46 Great Victoria St; Mo–Mi 11.30–23, Do–Sa 11.30–24, So 12.30–22 Uhr) GRATIS Nur wenige historische Sehenswürdigkeiten können gleichzeitig mit einem Glas Bier genossen werden. Der vom National Trust betriebene Crown Liquor Saloon zählt jedenfalls dazu. Belfasts berühmteste Bar wurde von Patrick Flanagan im späten 19. Jh. eingerichtet und trumpft mit einem prächtigen viktorianischen Stil auf. Seinerzeit sollte sie die gut betuchte Klientel der damals noch privilegierten Bahnreisenden und des Grand Opera House gegenüber anlocken.

Farbenprächtige italienische Kacheln zieren die Fassade (1885) und ein Mosaik mit einer Krone schmückt den Boden vor dem Eingang. Angeblich soll der katholische Flanagan mit seiner protestantischen Frau heftig über die Namensgebung diskutiert haben. Die Dame setzte sich durch: Zu Ehren der britischen Monarchie wurde das Pub „Krone" genannt. Flanagan rächte sich jedoch auf raffinierte Weise, indem er eben diese Krone so platzierte, dass sie von den Gästen jeden Tag mit Füßen getreten wurde.

Die Inneneinrichtung (1898) überwältigt mit Buntglasfenstern, Marmor, Keramik, Spiegeln und Mahagoni. Für eine stimmungsvolle Beleuchtung sorgen Gaslampen. Außerdem gibt's eine lange, kunstvoll verzierte Theke und eine Reihe hölzerner Sitzecken. Letztere sind mit Metallplatten aus dem Krimkrieg ausgestattet, die zum Anzünden von Streichhölzern dienen. Früher konnte man mit Klingelknöpfen Nachschub an Getränken ordern, ohne extra aufstehen zu müssen – das geht heute aber leider nicht mehr.

Linen Hall Library
HISTORISCHES GEBÄUDE

(Karte S. 586 f.; www.linenhall.com; 17 Donegall Sq N; Mo–Fr 9.30–17.30, Sa 9.30–16 Uhr;) GRATIS Die Linen Hall Library liegt gegenüber der City Hall. 1788 gegründet, sollte sie „den Geist fördern und den allgemeinen Wissensdurst an-

53 Molly's Yard D7
54 Morning Star E3
Mourne Seafood Bar .... (siehe 67)
55 Nick's Warehouse E2
56 OX F3
57 Rhubarb Fresh Food Café D5
58 Shu A8

Ausgehen & Nachtleben
59 Bittle's Bar E3
60 Botanic Inn C8
Crown Liquor Saloon .... (siehe 2)
61 Duke of York E2
62 Eglantine C8
63 Fly D6
64 Fox's Den D1
65 Garrick Bar E3
66 Harlem Café D4
John Hewitt Bar & Restaurant ... (siehe 51)
67 Kelly's Cellars D3
68 Kremlin D1
69 Lavery's C6
70 McHugh's Bar and Restaurant E2
71 Muriel's Bar E3
72 Northern Whig E2
73 QUB Student Union C7
74 Spaniard E2
75 Stiff Kitten D5
76 Union Street D1
77 White's Tavern E3

Unterhaltung
78 An Droichead E6
79 Belfast Empire D6
80 Black Box E2
81 Crescent Arts Centre C6
Grand Opera House .... (siehe 10)
82 Harty Room D7
83 Limelight D5
MAC .... (siehe 13)
84 Movie House D5
85 Odyssey Arena G2
Odyssey Arena .... (siehe 85)
86 Oh Yeah Music Centre E2
87 Queen's Film Theatre C7
88 Shine C7
89 Sir William Whitla Hall C7
90 Sonic Arts Research Centre C8
91 Storm Cinemas G1
92 Ulster Hall D4
93 Waterfront Hall F3

Shoppen
94 Archives Antique Centre D5
95 Castle Court Centre D2
96 Fresh Garbage D3
97 Good Vibrations D2
98 Matchetts Music D3
99 Steensons D4
100 Victoria Square E3
101 Wicker Man E2

regen". 100 Jahre später zog die Bibliothek aus der White Linen Hall (beherbergt heute das Rathaus) in das derzeitige Gebäude um. Der erste Bibliothekar, Thomas Russell, war Gründungsmitglied der United Irishmen und eng mit Wolfe Tone befreundet – was daran erinnert, dass die Unabhängigkeitsbewegung ursprünglich von Belfast ausging. Russell wurde 1803 nach Robert Emmets fehlgeschlagener Revolte gehängt.

Das Gebäude birgt etwa 260 000 Bücher, von denen mehr als die Hälfte Teil einer bedeutenden Sammlung irischer und regionaler Werke ist. In der politischen Abteilung gibt's so ziemlich alles, was seit 1966 über nordirische Politik geschrieben wurde. Zur Bücherei gehört auch ein kleines **Café** (Mo–Fr 10–16, Sa 10–15.30 Uhr). Der Besuchereingang befindet sich in der Fountain Street, vom Haupteingang aus um die Ecke.

Grand Opera House HISTORISCHES GEBÄUDE
(Karte S. 586 f.; www.goh.co.uk; Great Victoria St) Das Grand Opera House, eine der wichtigsten Attraktionen der Stadt aus viktorianischer Zeit, wurde 1895 eröffnet und in den 1970er-Jahren renoviert. 1991 und 1993 nahm das Gebäude durch Bombenanschläge der IRA schweren Schaden. Man sagt, die Terrororganisation habe hier zugeschlagen, damit die während des Nordirlandkonflikts im benachbarten Hotel Europa einquartierten Journalisten die Bar zur Berichterstattung nicht einmal verlassen mussten.

Das Innere der Oper wurde originalgetreu mit viktorianischem Pomp, geschwungenen Holz- sowie Stuckornamenten, Vergoldungen und geschnitzten Elefantenköpfen zum Abschirmen der Logen restauriert.

The Entries HISTORISCHE STÄTTE
(Karte S. 586 f.) Einst waren die als the Entries bekannten engen Gassen zwischen der High Street und der Ann Street blühende Handels- und Wohnstraßen. Allein in der **Pottinger's Entry** reihten sich 1822 ganze 34 Häuser aneinander.

Die **Joy's Entry** wurde nach Francis Joy benannt, der 1737 den *Belfast News Letter* (die erste Tageszeitung der Britischen Inseln erscheint übrigens noch heute) gründete. Ei-

Fortsetzung auf S. 598

1

STEPHEN SAKS / GETTY IMAGES ©

RIEGER BERTRAND / HEMIS.FR / GETTY IMAGES ©

PATRICK HORTON / GETTY IMAGES ©

1. Belfast Castle (S. 608)
)ie im schottisch-herrschaftlichen Stil rbaute eindrucksvolle Burg thront über ler gleichnamigen Stadt.

2. Palm House (S. 604)
Besucher der Botanic Gardens erwartet dieses Meisterstück aus Gusseisen und gekrümmtem Glas.

3. Crown Liquor Saloon (S. 588)
Das farbenprächtige Äußere und die kunstvolle Inneneinrichtung der historischen Bar überzeugen auf ganzer Linie.

1

2

PAUL LINDSAY / ALAMY ©

Counties Down & Armagh: Wander- & Tierwelt

Der Strangford Lough und die Mourne Mountains sind ein beliebtes Wochenendausflugsziel für die Einwohner von Belfast. Die Küste und das raue Hochland beherbergen zahlreiche Tierarten, außerdem kann man hier anspruchsvolle Wanderungen unternehmen.

Mourne Mountains

Diese wohlgeformten Granitberge (S. 641) erstrecken sich in der Nähe des Ferienortes Newcastle bis zum Meer. Sie sind eines der besten Wander- und Kletterparadiese im Norden Irlands.

Castle Espie Wildfowl & Wetlands Centre

Das Wasservogel- & Feuchtgebietzentrum (S. 634) umfasst nicht nur Auen, die Gänsen und Zugvögeln einen Lebensraum bieten, sondern auch eine eigene „Sammlung" von Enten- und Gänsearten aus aller Welt.

Mourne Wall

Eine 35 km lange Mauer aus Granitstein (erb. 1904–1922; S. 641) in den Mourne Mountains, die über 15 der höchsten Gipfel hinwegführt. Sie diente als Begrenzung des Wasserschutzgebietes mit dem Silent Valley Reservoir.

Strangford Lough

Vogelfreunde aufgepasst: Im Herbst trudeln Scharen von hellbäuchigen Ringelgänsen – 75 % der Population weltweit! – am Strangford Lough (S. 634) ein, wo etwa 30 000 Gänse überwintern.

1. Mourne Mountains **2.** Vogelwelt beim Castle Espie **3.** Wandern entlang der Mourne Wall

3

GARETH MCCORMACK / GETTY IMAGES ©

Counties Londonderry & Antrim: Die Causeway Coast

Die Nordküste von Antrim zwischen Ballycastle bis Portrush wird Causeway Coast (S. 670) genannt und ist einer der schönsten Abschnitte des Landes!

Giant's Causeway

Dieses geologische Schmuckstück (S. 673) an der Antrim Coast besteht aus zahllosen sechseckigen Basaltsäulen. Die spektakuläre Gesteinsformation wurde von der UNESCO zur Welterbestätte ernannt und gilt als Hauptattraktion Nordirlands.

Causeway Coast

Neben einer traumhaften Landschaft punktet die Causeway Coast mit hübschen Dörfern wie Ballintoy und Portbradden, den Festungsruinen Dunluce und Dunseverick und der Gelegenheit, in der Bushmills Distillery irischen Whiskey zu kosten.

Carrick-a-Rede Rope Bridge

Früher wurde die berühmte Carrick-a-Rede-Seilbrücke (S. 675) von einheimischen Lachsfischern genutzt, heute dient sie vor allem als Mutprobe für Besucher der Causeway Coast. Sie schwingt 30 m über den Felsen und dem Meer.

Antrim Coast

Antrim (S. 671) ist bekannt für seine zerklüftete Küstenlandschaft, wartet aber auch mit ein paar tollen Stränden wie dem familienfreundlichen Sandstreifen von Ballycastle (S. 676) und der schwerer zu erreichenden, aber dafür umso friedlicheren White Park Bay (S. 675) auf.

1. Seilbrücke, Carrick-a-Rede **2.** Strand von Ballintoy, Causeway Coast **3.** Trittsteine, Antrim Coast

1

DESIGN PICS / PETER ZOELLER / GETTY IMAGES ©

2

4

VIBE IMAGES / ALAMY ©

GARETH MCCORMACK / GETTY IMAGES ©

1. Caldragh-Friedhof (S. 694)
Eine rätselhafte steinerne Janusfigur mit den zwei Gesichtern starrt über diesen frühchristlichen Friedhof.

2. Lower Lough Erne (S. 693)
Das abendliche Panorama von den Cliffs of Magho ist spektakulär.

3. Bootstour auf dem Lough Erne (S. 695)
Auf einem Kajütboot kann jeder zum Kapitän werden.

4. Boa Island (S. 694)
Das wunderschöne Boa ist nur eine von 90 Inseln im Lower Lough Erne.

3

HOLGER LEUE / GETTY IMAGES ©

DIE WANDMALEREIEN VON BELFAST

Belfasts Tradition der politisch motivierten Malereien an Hauswänden ist schon 100 Jahre alt. 1908 brachten Unionisten aus Protest gegen die Home-Rule-Politik Konterfeis von King Billy (Wilhelm III., protestantischer Sieger der Schlacht am Boyne 1690 über den katholischen König Jakob II.) an. Durch den Nordirlandkonflikt wurde die Tradition in den späten 1970er-Jahren neu belebt. Die Bilder markierten nun Territorien, vermittelten politische Inhalte, verewigten historische Ereignisse und verherrlichten terroristische Aktivitäten. Taxitouren (S. 609) klappern viele der älteren Wandmalereien ab. Die Fahrer/Guides liefern den Kontext dazu und erklären die verschiedenen Symbole.

Wandmalereien der Republikaner

1981 behandelten die ersten republikanischen Malereien den Hungerstreik republikanischer Gefangener im Maze-Gefängnis, die forderten, als politische Gefangene anerkannt zu werden. Dutzende unterstützten die Streikenden. Später erweiterten die Republikaner die Bilder um politische Aussagen, irische Legenden und historische Ereignisse. Nach dem Karfreitagsabkommen von 1998 forderten die Maler eine Reform der Polizei und den Schutz der Nationalisten vor konfessionsbedingten Angriffen.

Geläufige Motive sind ein sich aus den Flammen erhebender Phoenix (gilt als Symbol für Irlands Wiedergeburt aus den Flammen des Osteraufstandes 1916), das Bild des Hungerstreikenden Bobby Sands sowie Figuren und Szenen der irischen Mythologie. Zu den bekanntesten Slogans gehören folgende: *„Free Ireland“*, *„Éirí Amach na Cásca 1916“* (Irisch für „Osteraufstand 1916“) und *„Tiocfaidh Ár Lá“* („Unsere Zeit wird kommen“).

Die Bilder der Republikaner findet man hauptsächlich in der Falls Road, der Beechmount Avenue, der Donegall Road, der Shaw's Road sowie im Ballymurphy-Bezirk in West-Belfast, in der New Lodge Road in Nord-Belfast und der Ormeau Road in Süd-Belfast.

Wandmalereien der Loyalisten

Während die Republikaner oft sehr künstlerisch und symbolreich arbeiteten, zeigten sich die Loyalisten gewöhnlich militaristischer und provokanter im Ton. Ihr Schlachtruf *„No Surrender“* („Niemals aufgeben“) ist allgegenwärtig, begleitet von roten, blauen und wei-

Fortsetzung von S. 589

ner seiner Enkel, Henry Joy McCracken, wurde 1798 hingerichtet, da er den Aufstand der United Irishmen unterstützt hatte. Die Gruppe war 1791 von Wolfe Tone in Peggy Barclay's Tavern im **Crown Entry** gegründet worden und traf sich im Kelly's Cellars (S. 616).

Belfast ältestes Pub, die White's Tavern (S. 616), befindet sich in der **Wine Cellar Entry** und ist ein beliebter Mittagstreffpunkt.

Cathedral Quarter

Das Cathedral Quarter erstreckt sich nördlich des Stadtzentrums rund um die St. Anne's Cathedral und wird von der Donegall Street, der Waring Street, der Dunbar Street sowie der York Street eingegrenzt. In dem Künstlerviertel prägen restaurierte Lagerhäuser aus roten Ziegelsteinen, Gassen mit Kopfsteinpflaster, Ateliers, Designbüros, stilvolle Bars und Restaurants das Bild. Hier findet auch das Cathedral Quarter Arts Festival (S. 610) statt.

St. Anne's Cathedral KIRCHE

(Karte S. 586 f.; www.belfastcathedral.org; Donegall St; Spenden willkommen; Mo–Sa 8–16, So 8–11 & 12.30–16 Uhr) GRATIS Mit dem Bau der eindrucksvollen Kirche im iberoromanischen Stil wurde bereits 1899 begonnen, aber wirklich fertig war die St. Anne's Cathedral erst 1981. Beim Betreten des Gebäudes fällt sogleich das Labyrinthmuster des schwarzweißen Marmorbodens ins Auge. Während die schwarze Linie im Nichts endet, führt die weiße zur Errettung ins Paradies. Die zehn Säulen des Langschiffs weisen Reliefs mit verschiedenen Szenen aus dem Leben in Belfast auf. Sehenswert ist z. B. die Freimaurersäule im Zentrum auf der rechten (südlichen) Seite. Im südlichen Seitenschiff befindet sich die **Grabstätte** des **unionistischen Helden Sir Edward Carson** (1854–1935). Das atemberaubende Mosaik *The Creation* in der Taufkapelle besteht aus 150 000 Buntglasstücken. Zusammen mit einem weiteren Mosaik über dem Westportal wurde es in siebenjähriger Arbeit von den Schwestern Gertrude und Margaret Martin geschaffen.

ßen Bordsteinen, paramilitärischen Abzeichen und King Billy, oft auf einem Schimmel sitzend dargestellt.

Darüber hinaus sieht man oftmals die Rote Hand von Ulster, manchmal als geballte Faust (Symbol der Ulster Freedom Fighters, UFF), sowie Reminiszenzen an den Ersten Weltkrieg, als 1916 an der Somme auch viele nordirische Soldaten fielen. Diese Demonstration nordirischer Loyalität gegenüber der britischen Krone ist als Gegengewicht zu den republikanischen Darstellungen des Osteraufstandes zu verstehen. Ein geläufiges Motto fragt: „*Quis Separabit?*" („Wer sollte uns teilen?"), der Spruch der Ulster Defence Association (UDA). Offensiver wird behauptet: „*We will maintain our faith and our nationality.*" („Wir behalten unseren Glauben und unsere Nationalität.").

Aktuelle Motive

In den letzten Jahren wurden die Wandgemälde heiß diskutiert. Manche sehen in ihnen eine hässliche Erinnerung an die von Gewalt geprägte Vergangenheit, andere einen lebendigen Ausdruck der Geschichte Nordirlands. Zweifellos üben die Bilder eine starke Anziehung auf Touristen aus, doch viele Einwohner möchten die aggressivsten militaristischen Motive durch populärere ersetzen, beispielsweise durch Berühmtheiten und Lokalmatadoren wie den Fußballspieler George Best und den Schriftsteller C. S. Lewis *(Narnia)*.

Immer wieder stößt man auch auf ausgefallene oder sogar lustige Darstellungen, wie die Frage an der Weggabelung am Ende der Balfour Avenue von der Ormeau Road weg: „*How can quantum gravity help explain the origin of the universe?*" („Wie kann die Quantenphysik den Ursprung des Universums erklären?") Sie war 2001 Teil einer Installation mit den zehn von Wissenschaftlern ausgewählten wichtigsten ungelösten Fragen der Physik. Vielleicht hat sie so lange überlebt, weil man darauf immer noch keine Antwort gefunden hat und das Bild zudem eine Parallele zum immer noch nicht gelösten Problem der irischen Teilung symbolisieren könnte.

Genaueres zu den Wandgemälden erklären das dreibändige Buch *Drawing Support* von Bill Rolston, *The Peoples' Gallery* der Bogside Artists und die Website der **Mural Directory** (www.cain.ulst.ac.uk/murals).

MAC MUSEUM

(Metropolitan Arts Centre; Karte S. 586 f.; themaclive.com; 10 Exchange St W; ⌚10–19 Uhr; 📶) GRATIS In dem brandneuen Kunstzentrum mit drei Galerien werden ständig wechselnde hervorragende Kunst-, Fotografie- und Bildhauerei-Ausstellungen mit Werken irischer und internationaler Künstler präsentiert. Das optisch ansprechende Bauwerk mit Blick auf den neoklassizistischen St. Anne's Square beherbergt zudem einen öffentlich zugänglichen „Schriftstellerraum", ein Café und zwei Theater (S. 619).

Oh Yeah Music Centre MUSEUM

(Karte S. 586 f.; www.ohyeahbelfast.com; 15–21 Gordon St; ⌚Mo–Fr 11–16, Sa 12–17 Uhr) GRATIS In dem von einer wohltätigen Organisation betriebenen und in einem ehemaligen Whiskey-Lagerhaus untergebrachten Oh Yeah Music Centre gibt's Übungsräume für junge Musiker und ein Museum zur Musikgeschichte Nordirlands von volkstümlichen Liedern bis zu modernen Songs, beispielsweise von Snow Patrol. Zu den Ausstellungsstücken gehören Platten in Form eines Kleeblatts, Poster von historischen Auftritten, Eintrittskarten sowie Kleidungsstücke, die berühmte Bands auf der Bühne getragen und dann gespendet haben.

Laganside & Lanyon Place

Das ehrgeizige **Laganside-Projekt** (www.laganside.com) soll das Stadtzentrum beleben und sanieren. In den 1990er-Jahren wurden hier die Waterfront Hall, der Riverside Tower der British Telecom und das Belfast Hilton errichtet. Später kam der Lanyon-Quay-Bürokomplex in der Nähe der Waterfront Hall hinzu, außerdem wurden mehrere denkmalgeschützte Gebäude restauriert, darunter die McHugh's Bar am Queen's Square, die malerischen viktorianischen Lagerhäuser in der Victoria Street (sie beherbergen heute das Hotel Malmaison) und der Albert Memorial Clock Tower. Darüber hinaus verteilen sich am Ufer 30 öffentliche Kunstwerke: Wer mehr darüber erfahren will, sollte

ABSTECHER

CRUMLIN ROAD GAOL

Seit seiner Inbetriebnahme 1846 hat das berühmt-berüchtigte **Crumlin Road Gaol** (Karte S. 606; ☎ 9074 1500; www.crumlinroadgaol.com; 53–55 Crumlin Rd; Erw./Kind 7,50/5,50 £; ⏲ 10–17.30 Uhr) eine Reihe schillernder Persönlichkeiten „beherbergt", darunter Éamon de Valera und Reverend Ian Paisley, die Frauenrechtlerin Dorothy Evans und Lenny Murphy, Anführer der Bande Shankill Butchers. „The Crum", so die geläufige Abkürzung, wurde von Charles Lanyon, dem Architekten der Queen's University und vieler anderer Wahrzeichen der Stadt, nach dem Vorbild des Londoner Pentonville-Gefängnisses entworfen. Zwischen 1854 und 1961 fanden hier 17 Hinrichtungen statt.

Die Führung beginnt in dem Tunnel unter der Crumlin Road, der 1850 gebaut wurde. Durch ihn wurden Gefangene vom Gerichtsgebäude auf der anderen Straßenseite ins Gefängnis gebracht. Wenn man den Gängen und beengten Zellen des C-Flügels folgt, gelangt man in die wirklich gruselige Hinrichtungskammer. Dort wirkt das unbekümmerte Geplapper des Guides ziemlich fehl am Platz! Wieder draußen an der frischen Luft ist die Erleichterung groß.

Am besten bucht man die Tour vorab auf der Website. Fußgänger haben auf der Crumlin Road Zugang zum Gefängnis. Wer mit dem Auto da ist, kann auf dem Parkplatz an der Nordseite der Cliftonpark Avenue parken.

im Belfast Welcome Center nach einer Broschüre zum **Laganside Art Trail** fragen.

Die letzte Stufe des Projekts war die Fertigstellung des höchsten Gebäudes der Stadt, des 28-stöckigen **Obel** (Karte S. 586 f.) am Donegall Quay. Die Zeiten sind hart, davon zeugt die Tatsache, dass das Unternehmen, dem der Obel gehört, 2012 bankrott ging. Einige Blocks weiter südlich befindet sich das neue, 320 Mio. £ teure Einkaufszentrum **Victoria Square** mit einer riesigen Glaskuppel und einer luftigen Aussichtsplattform.

Albert Memorial Clock Tower
ORIENTIERUNGSPUNKT

(Karte S. 586 f.; Queen's Sq) Wie Pisa wartet auch Belfast mit einem schiefen Turm auf. Das Gebäude am Ende der High Street wurde 1867 zu Ehren von Königin Viktorias früh verstorbenem geliebtem Gemahl errichtet. Es neigt sich zwar nicht so weit wie sein berühmtes Gegenstück, doch eine deutliche Schräglage zur Südseite hin ist nicht zu bestreiten. Bei seiner Restaurierung wurden die Fundamente stabilisiert, außerdem erstrahlt das Mauerwerk aus Scrabo-Sandstein wieder in makellosem Weiß.

Lagan Weir
STAUWEHR

(Karte S. 586 f.) 1994 wurde das Stauwehr im Rahmen der ersten Phase des Laganside-Projekts errichtet. Jahre der Vernachlässigung und des industriellen Abstieges hatten den Lagan, einst die Belfaster Lebensader, zu einem offenen Abwasserkanal verkommen lassen. In der Folge lagerten sich an den Ufern stinkende, unansehnliche Schlammbänke ab. Neben dem Wehrbau wurde der Fluss ausgebaggert und mit Sauerstoff gereinigt. Dadurch verbesserte sich die Wasserqualität erheblich und so wandern heute wieder Lachse, Aale sowie Seeforellen flussaufwärts zum Laichen. Über die Fußgängerbrücke gelangt man zum Odyssey Complex und Titanic Quarter.

Gleich nördlich ragt der **Bigfish** (Karte S. 586 f.) von 1999 auf, das markanteste der vielen modernen Kunstwerke am Flussufer zwischen dem Clarendon Dock und der Ormeau Bridge. Der riesige Keramiklachs steht für die Regenerierung des Lagan und besteht aus zahlreichen großen Kacheln, auf denen Bilder und Texte zur Stadtgeschichte zu sehen sind.

Ein fünfminütiger Fußweg nach Süden führt vom Lagan Weir zum Lanyon Place, dem Aushängeschild des Laganside-Projekts. Hier befindet sich die Waterfront Hall (S. 619), ein Mehrzweckbau mit 2235 Sitzplätzen. Auf der anderen Seite der Oxford Street erblickt man die neoklassizistischen **Royal Courts of Justice** (Karte S. 586 f.; Lanyon Pl) aus dem Jahre 1933, die 1990 von der IRA bombardiert wurden.

Belfast Barge
MUSEUM

(Karte S. 586 f.; www.laganlegacy.com; Lanyon Quay; Erw./Kind 4/3 £; ⏲ 10–16 Uhr) In einer verankerten Barke auf dem Lagan erzählt dieses Museum Belfasts Seefahrts- und Industriegeschichte anhand alter Fotografien, Originalskizzen und -dokumenten, Schiffsmodellen und Ausstellungsstücken sowie Video- und Sprachaufzeichnungen von Interviews mit pensionierten Ingenieuren, Ausstattern und Werftarbeitern.

St. George's Market MARKT
(Karte S. 586 f.; Ecke Oxford St & May St; ⏲Fr 6–14, Sa 9–15, So 10–16 Uhr) GRATIS Gleich südlich der Royal Courts of Justice stößt man auf den eleganten überdachten viktorianischen St. George's Market. 1896 für den Handel mit Obst, Butter, Eiern und Geflügel erbaut, ist dies die älteste ununterbrochen genutzte Markthalle des Landes. In dem 1999 restaurierten Gebäude werden jeden Freitag Blumen, Obst, Gemüse, Fleisch und Fisch sowie allgemeine Haushalts- und Secondhandwaren angeboten. Samstags lockt hier ein **Viktualien- & Kunsthandwerksmarkt**; oft gibt's auch Livemusik. Auf dem **Sonntagsmarkt** kann man Lebensmittel, Antiquitäten und Kunsthandwerk aus der Gegend kaufen. Anfang Dezember findet in der Halle ein zweitägiger Weihnachtsmarkt statt.

Ein kostenloser Shuttlebus fährt während der Öffnungszeiten alle 20 Minuten vom Markt zum Donegall Square und zur Adelaide Street.

Custom House HISTORISCHES GEBÄUDE
(Karte S. 586 f.; Custom House Sq) Gegenüber dem westlichen Ende des Lagan Weir erhebt sich das elegante Custom House von Charles Lanyon im italienischen Stil, das zwischen 1854 und 1857 errichtet wurde. In dem hier untergebrachten Postamt arbeitete einst der Schriftsteller Anthony Trollope. Zum Flussufer hin sind auf dem Giebel Skulpturen von Britannia, Neptun und Merkur zu sehen. Das **Treppenportal** ist Belfasts Gegenstück zur Londoner Speakers' Corner. Daran erinnert eine Bronzefigur, die zu einer unsichtbaren Menschenmenge spricht.

Titanic Quarter

Die ehemaligen Schiffsbauwerften – Entstehungsort der RMS *Titanic* – erstrecken sich am Ostufer des Flusses Lagan, überragt von zwei großen gelben Kränen mit den Spitznamen **Samson und Goliath**. Gegenwärtig sind hier Sanierungs- und Restaurierungsmaßnahmen im Gange, die voraussichtlich 1 Mrd. £ kosten werden. Im Rahmen des Projekts, das den Namen **Titanic Quarter** (www.titanicquarter.com) trägt, will man die heruntergekommenen Docklands in den nächsten 15 bis 20 Jahren grundlegend aufmöbeln.

Die Queens Road führt vom Odyssey Complex Richtung Nordosten in das Herz des Titanic Quarter, ein gewaltiges Sanierungsgebiet, das teils Industriebrache, teils Großbaustelle und teils Hightech-Gewerbepark ist. Zwar erinnert kaum noch etwas an die Zeit, als hier die *Titanic* gebaut wurde, doch immerhin sind die wenigen Überreste restauriert worden, außerdem lockt das Viertel mit der modernen neuen Attraktion Titanic Belfast. **Infotafeln** in der Queen's Road weisen auf besondere Sehenswürdigkeiten und interessante Bereiche hin.

SPAZIERGANG: LAGAN TOWPATH

Als Teil des Laganside-Sanierungsprojekts wurde auch der Treidelpfad am Westufer des Lagan ausgebessert. Wer will, kann dem gewundenen Flusslauf 20 km vom Stadtzentrum bis nach Lisburn entweder zu Fuß oder mit dem Fahrrad folgen und beispielsweise das Café in Lisburns **Island Arts Centre** (www.islandartscentre.com) besuchen.

Ein kürzerer Spaziergang auf dem Treidelpfad (10 km) beginnt an der **Shaw's Bridge** am südlichen Rand Belfasts und führt zurück zum Stadtzentrum. Um zur Brücke zu kommen, nimmt man die Buslinie 8A oder 8B vom Donegall Square East, fährt zur Haltestelle direkt vor dem Malone-Kreisverkehr, wo die Malone Road in die Upper Malone Road übergeht, und biegt am Kreisverkehr links ab (dem Schild zum „Outer Ring A55" nach).

Nachdem man die Brücke erreicht hat, geht's nach links und auf dem Treidelpfad am linken Flussufer entlang – die Route ist mit roten „9"-Wegweisern markiert. Unterwegs passiert man ein restauriertes Schleusenwärterhäuschen und ein am Kanal gelegenes Café an der Schleuse 3. Der schönste Teil der Strecke führt an den **Lagan Meadows** (Karte S. 606) vorbei – die bewaldete Flussschleife bietet sich für ein gemütliches Picknick an. Wenn man von dort noch ein Stückchen weitergeht, erreicht man das Cutters Wharf (S. 615), ebenfalls eine tolle Adresse für die Mittagspause. Von dem Grillrestaurant aus geht's zum Lagan Weir (S. 600) im Stadtzentrum. Alternativ spaziert man zur Shaw's Bridge zurück und nimmt dort den Bus, um zum Ausgangspunkt zu gelangen.

★Titanic Belfast AUSSTELLUNG

(Karte S. 606; www.titanicbelfast.com; Queen's Rd; Erw./Kind 14,75/7,25 £; ⌚April–Sept. 9–19, Okt.–März 10–17 Uhr) Den vorderen Teil der Helling, auf dem die *Titanic* gebaut wurde, nimmt jetzt das auffällige, kantige Titanic-Belfast-Gebäude ein. In dem Multimediakomplex werden die Stadtgeschichte und der Bau des berühmtesten Ozeankreuzers der Welt beleuchtet. Seit der Eröffnung im April 2012 (zum 100. Jahrestag der Schiffskatastrophe) hat sich die Ausstellung schnell zur beliebtesten Touristenattraktion Nordirlands gemausert und damit den Giant's Causeway abgelöst.

Clever gestaltete Exponate, denen historische Fotos Leben einhauchen, Projektionen und Musik zeichnen Belfasts Aufstieg zur industriellen Powermaschine zu Beginn des 20. Jhs. nach. Anschließend wird man mit Hightechmitteln durch eine Nachbildung der städtischen Schiffswerften geführt – ein visuelles, auditives und sogar olfaktorisches Erlebnis! Besucher erfahren jedes Detail über den Bauprozess der *Titanic*. Eine Computersimulation „fliegt" vom Kiel bis zur Brücke, zudem gibt's Nachbauten der Kabinen. Besonders anrührend sind die wenigen flimmernden Bilder des einzigen Filmmaterials, das die *Titanic* in fertiggestelltem Zustand zeigt.

SS Nomadic HISTORISCHES SCHIFF

(Karte S. 606; www.nomadicbelfast.com; Queen's Rd; Erw./Kind 38,50/5£; ⌚April–Sept. 10–18 Uhr, Okt.–März 10–17 Uhr) Am Hamilton Graving Dock nordöstlich des Odyssey Complex liegt heute die SS *Nomadic* vor Anker. Das Schiff ist das einzige noch existierende Fahrzeug der Reederei White Star Line, zu deren Flotte auch die *Titanic* gehörte. 2006 wurde es vor der Abwrackwerft gerettet und nach Belfast gebracht. Früher beförderte das kleine Dampfschiff Passagiere mit Tickets für die erste oder zweite Klasse zwischen dem Hafen von Cherbourg und den riesigen Ozeandampfern von Olympic Class (die zu groß für den französischen Hafen waren). Am 10. April 1912 brachte es 142 Menschen mit Erste-Klasse-Fahrkarten zur *Titanic*. Inzwischen vollständig restauriert, beherbergt die *Nomadic* nun eine Ausstellung zu ihrer eigenen Geschichte und ihrer Rolle in der Geschichte der *Titanic*.

Harland & Wolff Drawing Offices HISTORISCHES GEBÄUDE

(Karte S. 606; Queen's Rd; ⌚nur mit Führung) Folgt man von der *Nomadic* aus der Straße, gelangt man zu den ursprünglichen Konstruktionsbüros von Harland & Wolff, wo die ersten Entwürfe für die *Titanic* entstanden. Das Innere kann nur im Rahmen einer Führung besichtigt werden, z. B. mit dem Anbieter Titanic Tours (S. 608). Hinter dem Gebäude, am Standort der neuen Attraktion Titanic Belfast (am besten auf einer Flussfahrt vom Wasser aus erkennbar), liegen die beiden massiven **Hellings**, auf denen die *Titanic* sowie ihr Schwesternschiff *Olympic* gebaut und vom Stapel gelassen wurden.

Thompson Pump House & Graving Dock HISTORISCHE STÄTTE

(Karte S. 606; www.titanicsdock.com; Queens Rd; ⌚Sa–Do 10–16.30, Fr 9.30–16.30 Uhr; Wi-Fi) GRATIS Ganz am Ende der Queens Road stößt man

RMS TITANIC

Das vermutlich bekannteste Schiff aller Zeiten, die RMS *Titanic*, wurde im Auftrag der britischen Reederei White Star Line in der Belfaster Werft Harland & Wolff gebaut. Als sie 1909 auf Kiel gelegt wurde, war Belfast das Zentrum der Schiffbauindustrie und die *Titanic* wurde von White Star als der größte und luxuriöseste Ozeankreuzer der Welt angepriesen und galt zudem als unsinkbar.

Am 31. Mai 1911 lief sie an Helling 3 von H&W vom Stapel und wurde knapp ein Jahr lang im nahe gelegenen Thompson Graving Dock eingerichtet, bevor sie am 2. April 1912 für ihre Jungfernfahrt auslief. Bei einem der schwersten Schiffsunglücke aller Zeiten kollidierte sie am 14. April 1912 mit einem Eisberg im Nordatlantik und sank in den frühen Morgenstunden des nächsten Tages. Von den 2228 Passagieren und Besatzungsmitgliedern überlebten nur 705 Menschen; in den Rettungsbooten war nur Platz für 1178 Personen.

Die Website **Titanic Stories** (www.the-titanic.com) liefert eine Vielzahl an Informationen zum Schiff und seinen Passagieren sowie eine Liste aller *Titanic*-Museen und Gedenkstätten weltweit.

DIE ROTE HAND VON ULSTER

Einer Legende zufolge soll der Anführer einer Armee – vielleicht waren es die O'Neills, vielleicht aber auch die O'Donnells – bei Erreichen der Küste seine Truppe angefeuert haben, indem er versprach, die Provinz Ulster solle demjenigen gehören, dessen rechte Hand als erste das Land berühre. Ein besonders gewiefter Bursche schnitt sich seine eigene Rechte ab, schleuderte sie ans Ufer und forderte das Gebiet für sich ein. Später übernahm der O'Neill-Clan die rote Hand in sein Wappen und mit den Jahren wurde sie schließlich zum Symbol der ganzen Provinz.

Die „Rote Hand von Ulster" begegnet einem vielerorts: als Teil der nordirischen Flagge und des Ulster-Wappens, über dem Eingang zur Linen Hall Library am Donegall Square sowie als rotes Blumenarrangement in der Gartenanlage des Mount Stewart House im County Down. Außerdem ist die Hand das Zeichen loyalistischer Terroristen auf vielen politischen Wandgemälden und als geballte rote Faust auch das Symbol der Ulster Freedom Fighters (UFF).

auf das eindrucksvollste Monument aus der Zeit der großen Ozeandampfer: das riesige **Thompson Graving Dock**, in dem die *Titanic* ausgestattet wurde. Bei seiner enormen Größe erhält man eine Vorstellung von dem Schiff, das hier gerade so hineingepasst hat.

Neben dem Dock befindet sich das **Thompson Pump House** mit einer Ausstellung zum Schiffsbau in Belfast und einem Café. Wer an einer **Führung** (Erw./Kind 6/4£; ⌚11–15 Uhr stdl.) teilnimmt, bekommt ein Video mit Originalfilmaufnahmen von den Werften zu sehen und besucht das Pumpenhaus sowie das Trockendock.

Von der dem Pumpenhaus gegenüberliegenden Seite des Docks erhaschen Interessierte einen Blick auf die **HMS Caroline**, den letzten britischen Kreuzer der Royal Navy aus dem Ersten Weltkrieg. Er wurde 1914 gebaut und soll bis 2016 in ein schwimmendes Museum umgebaut werden.

Odyssey Complex ORIENTIERUNGSPUNKT
(Karte S. 586 f.; Sydenham Rd) Hinter diesem Namen verbirgt sich ein riesiges Sport- und Unterhaltungszentrum am östlichen Flussufer gegenüber dem Clarendon Dock. Der Komplex beherbergt u. a. ein interaktives Wissenschaftszentrum (W5) und eine Sportarena (die Heimat der Eishockeymannschaft Belfast Giants) mit 10 000 Sitzen, ein Multiplexkino mit einer IMAX-Leinwand, eine Halle für Videospiele sowie Dutzende Restaurants, Cafés und Bars.

Das Stadtzentrum liegt von hier nur rund fünf Gehminuten entfernt am anderen Ufer des Lagan Weir. Die Metrobuslinie 26 steuert den Komplex auf der Strecke vom Wellington Place nach Holywood an (5 Min., Mo–Fr stdl.).

W5 WISSENSCHAFTSZENTRUM
(Karte S. 586 f.; www.w5online.co.uk; Sydenham Rd, Odyssey Complex; Erw./Kind 7,90/5.90 £, 2 Erw. & 2 Kinder 23,50 £; ⌚Mo–Fr 10–17, Sa 10–18, So 12–18 Uhr, letzter Einlass 1 Std. vor der Schließung; 👪) Das auch *„whowhatwherewhenwhy"* genannte W5 ist eine interaktive Wissenschaftsausstellung für Kinder jeden Alters. Hier kann man z. B. eigene Melodien komponieren (indem man die „Luftharfe" mit einem Schläger aus Schaumgummi trifft), versuchen, einen Lügendetektor zu überlisten, Wolkenringe und Tornados erzeugen sowie eigene Roboter und Rennautos entwerfen und herstellen.

Süd-Belfast (Queen's Quarter)

Die Golden Mile – ein 1,5 km langer Abschnitt zwischen der Great Victoria Street und dem Shaftesbury Square – erstreckt sich von der Innenstadt bis zum Universitätsviertel, dem Queen's Quarter, und war früher der Mittelpunkt des Nachtlebens. Seit der Wiederbelebung des Stadtzentrums ist sie nicht mehr so gefragt, wartet aber immer noch mit guten Pubs und Lokalen auf. Mittlerweile sind viele der einstigen Szenelocations in die Lisburn Road umgezogen, in der sich angesagte Boutiquen, Cafés und Weinbars niedergelassen haben.

Die Metrobusse 8A, 8B und 8C fahren vom Donegall Square East über den Bradbury Place und die University Road zur Queen's University.

★**Ulster Museum** MUSEUM
(Karte S. 586 f.; www.nmni.com/um; Stranmillis Rd; ⌚Di–So 10–17 Uhr; 👪) GRATIS Das nach großen Umbauarbeiten wiedereröffnete Ulster Mu-

seum ist eine der sehenswertesten Attraktionen in Nordirland. Hier kann man sich stundenlang aufhalten. Wer nur wenig Zeit hat, sollte sich nicht den Armada Room, die 2500 Jahre alte ägyptische Mumie Takabuti, die Bannscheibe und den Schnappschuss eines uralten Meeresgrunds entgehen lassen.

Nach einem kurzen Abriss des **Nordirlandkonflikts** im Erdgeschoss geht's weiter zum ersten Obergeschoss mit seiner **History Zone**. Dort werden im **Armada Room** Schmuck und andere Gegenstände präsentiert, die aus dem 1588 untergegangenen Wrack *Girona* und aus anderen versunkenen Schiffen der Spanischen Armada geborgen wurden. Zu den weiteren Schätzen gehören ein mit Rubinen besetzter goldener Salamander aus dem 16. Jh., Bronzekanonen, und persönliche Gegenstände der Offiziere sowie der Besatzung, darunter Dinge wie Pfeifen, Kämme und Knöpfe.

Auf dieser Etage befindet sich auch die **Early Peoples Gallery** mit spektakulären Funden aus der Stein- und Bronzezeit und Hintergrundinformationen zu den vielen archäologischen Ausgrabungsstätten in Nordirland. Alle Exponate werden hervorragend präsentiert. Der **Malone Hoard**, 16 polierte neolithische Steinäxte, die nur wenige Kilometer vom Museum entfernt entdeckt wurden, wirkt fast wie eine moderne Plastik, und die **Bannscheibe** ist ein herausragendes Beispiel keltischer Kunst aus der Eisenzeit.

Herzstück des **Egyptian Room** ist die Mumie der Prinzessin Takabuti. Der 1835 in Belfast ausgewickelte einbalsamierte Leichnam war die erste Mumie, die außerhalb Ägyptens ausgestellt wurde. Wegen ihres ausgebleichten Haares wird sie heute von Einheimischen als „älteste künstliche Blondine von Belfast" bezeichnet.

In der **Nature Zone** im zweiten Stock dreht sich alles um geologische Zeiträume, Evolution und Naturkunde. Zahlreiche interaktive Ausstellungsstücke bieten Kindern ein bis zwei Stunden Beschäftigung. Zu den Highlights zählen der **Schnappschuss eines uralten Meeresgrunds**, ein 200 Millionen Jahre altes versteinertes Stück Meeresboden mit fossilen Ammonitschalen und versteinertem Treibholz, die **Sea Around Us Gallery** sowie Tierpräparate, darunter eine mexikanische Rotknie-Vogelspinne und der heute ausgestorbene Beutelwolf.

Die oberen Etagen sind **irischer und europäischer Kunst** gewidmet, etwa den Arbeiten des in Belfast geborenen Sir John Lavery (1856–1941), eines der gefragtesten und teuersten Porträtmalers im viktorianischen London. Sehenswert ist auch Edward McGuires 1974 angefertigtes Porträt des Dichters Seamus Heaney.

Queen's University HISTORISCHES GEBÄUDE

(Karte S. 586 f.; University Rd; Führungen pro Pers. 5 £) Charles Lanyons **Queen's College** (1849) im Tudorstil aus roten Ziegeln und honigfarbenem Sandstein erinnert irgendwie an „Oxbridge" (die Unis von Oxford und Cambridge). Tatsächlich basiert der Entwurf des Mittelturms auf dem Founder's Tower im Magdalen College von Oxford aus dem 15. Jh. Nordirlands renommierteste Universität wurde 1845 von Queen Victoria gegründet, und zwar als eines von drei Queen's Colleges; die beiden anderen (umbenannten Häuser) befinden sich in Cork und Galway. Sie sollten eine weltliche Alternative zum anglikanischen Trinity College in Dublin bieten. 1908 wurde das College zur Queen's University von Belfast ernannt, die heute aus über 250 Gebäuden besteht. Die Hochschule hat etwa 25 000 Studenten und genießt vor allem dank ihrer medizinischen, juristischen und technischen Fakultät einen ausgezeichneten Ruf.

Direkt hinter dem Haupteingang lockt das kleine **Queen's Welcome Centre** (www.queenseventus.com; University Rd; ⏲ Mo–Sa 9.30–16.30, So 10–13 Uhr) GRATIS mit Ausstellungen und Souvenirshop. **Führungen** müssen vorab gebucht werden. Alternativ nutzt man die Broschüre und unternimmt den Rundgang auf eigene Faust.

Botanic Gardens GÄRTEN

(Karte S. 586 f.; Stranmillis Rd; ⏲ 7.30 Uhr–Sonnenuntergang) Belfasts grüne Oase liegt ein kurzes Stück von der Queen's University entfernt. Direkt hinter dem Eingang an der Stranmillis Road thront die Statue des in Belfast geborenen William Thomson, **Lord Kelvin**, einem der Mitgründer der modernen Physik und Erfinder der Kelvin-Skala zur Temperaturmessung bis zum absoluten Nullpunkt bei Minus 273 °C (= 0 °K).

Das Herz der Grünanlage bildet Charles Lanyons elegantes zwischen 1839 und 1852 errichtetes **Palm House** (Karte S. 586 f.; ⏲ April–Sept. 10–12 & 13–17 Uhr, Okt.–März bis 16 Uhr) GRATIS mit seiner beeindruckenden Vogelkäfigkuppel, einem Meisterstück aus Gusseisen und gekrümmtem Glas. Die **Tropical Ravine** (Karte S. 586 f.; ⏲ April–Sept. 10–12 & 13–16.45 Uhr, Okt.–März bis 15.45 Uhr) GRATIS, ein imposantes Gewächshaus aus roten Ziegeln, wurde von Gartenkurator Charles McKimm entworfen und 1889 fertiggestellt. Im Inneren des Gebäudes kann man von einem erhöhten Fußweg aus ein künstliches Tal bewundern, in dem tropische Farne, Orchideen, Lilien und Bananenstauden wachsen.

West-Belfast (Gaeltacht Quarter)

Nordwestlich des Donegall Square führt die Divis Street über den Westlink Motorway zur Falls Road und weiter nach West-Belfast (Gaeltacht Quarter). Obwohl das Viertel als Kampfschauplatz in drei Jahrzehnten Bürgerkrieg und Unruhen schwer gebeutelt wurde, zählt es zu den größten Anziehungspunkten in Nordirland. Noch immer ist die jüngere Geschichte überall spürbar, trotzdem sind die Einwohner optimistisch und voller Hoffnung auf eine bessere Zukunft.

Als echtes Highlight gelten die kraftvollen Wandmalereien, die sowohl den Nordirlandkonflikt als auch aktuelle politische Ereignisse darstellen.

West-Belfast entstand rund um die Flachsmühlen, die im späten 19. Jh. den Grundstein für den Wohlstand der Stadt legten. In den günstigen Wohnungen des Viertels lebten vor allem Arbeiter. Bereits zu viktorianischen Zeiten fand eine Trennung nach religiöser Überzeugung statt. Der Ausbruch des Nordirlandkonflikts verhärtete nach 1968 die religiöse Kluft. Seit 1970 trennt eine Mauer, die ausgerechnet „Peace Line" genannt wird, den loyalistisch-protestantischen Shankill-Bezirk vom republikanisch-katholischen Falls-Bezirk.

Trotz ihres früheren Rufs ist die Gegend für heutige Besucher sicher. Wer sich das Viertel ansehen möchte, bucht am besten eine **black-taxi-Tour** zu den spektakulärsten Wandmalereien an der „Friedenslinie" (hier kann man eine Botschaft hinterlassen) und zu anderen bedeutenden Orten. Viele Taxifahrer erzählen einem gern mehr über West-Belfast.

Es spricht nichts dagegen, die Umgebung auf eigene Faust zu erkunden, egal ob zu Fuß oder mit den schwarzen Sammeltaxis in der Falls Road und der Shankill Road. Alternativ nimmt man einen der Busse der Linien 10A bis 10F von der Queen Street zur Falls Road. Die Linien 11A bis 11D verkehren vom Wellington Place zur Shankill Road.

Im Belfast Welcome Centre bekommt man kostenlose Broschüren mit Spazierrouten durch den Falls- und den Shankill-Bezirk.

Falls Road

Auch wenn die Spuren der Vergangenheit unübersehbar sind, strahlt die Falls Road heute viel Leben, Farbe und Optimismus aus. Die Anwohner sind freundlich und aufgeschlossen und Gemeinschaftsprojekte wie die Conway Mill sowie das Kulturzentrum Cultúrlann und die *black-taxi*-Touren ziehen immer mehr Touristen an.

Cultúrlann McAdam Ó Fiaich KULTURZENTRUM

(Karte S. 606; www.culturlann.ie; 216 Falls Rd; ⌚Mo–Do 9–21, Fr & Sa 9–18, So 11–16 Uhr; 📶) GRATIS Das in einer ehemaligen presbyterianischen Kirche untergebrachte Kulturzentrum ist der soziale Dreh- und Angelpunkt der Gemeinde von West-Belfast. Hier gibt's einen Infoschalter für Touristen, einen Laden mit Büchern über Irland und die Sprache, Kunsthandwerk und CDs mit irischer Musik, ein gutes Cafélokal namens Caifé Feirste, ein Kunstmuseum sowie ein Podium für Musik, Literatur und Theaterveranstaltungen.

Conway Mill KUNSTZENTRUM

(Karte S. 586 f.; www.conwaymill.org; 5–7 Conway St; ⌚Mo–Fr 10–17, Sa 10–14 Uhr) Die restaurierte Flachsmühle aus dem 19. Jh. beherbergt 20 Künstlerateliers, eine Ausstellung zur Geschichte der Mühle, ein Bildungszentrum und einen Arbeitsraum für lokale Unternehmen. Außerdem befindet sich hier das **Irish Republican History Museum** (⌚Di–Sa 10–14 Uhr) mit Artefakten, Zeitungsartikeln, Fotos und Archivdokumenten rund um die Aktivitäten der Republikaner von 1798 bis zum Nordirlandkonflikt.

Shankill Road

Obwohl das protestantische Shankill (vom irischen *sean chill,* alte Kirche) von den Medien weniger beachtet wird als die Falls Road, wartet der Bezirk ebenfalls mit vielen sehenswerten Wandmalereien auf und auch die Einwohner sind sehr freundlich. Offenbar tun sich die loyalistischen Stadtteile jedoch schwerer als die Republikaner, ihre Seite der Geschichte zu vermitteln.

Wer sich zu Fuß zur Shankill Road aufmachen möchte, geht am besten von der City Hall über den Donegall Place und die Royal Avenue, biegt dann links in die North Street ab und überquert den zweispurigen Westlink Motorway.

Rund um das Stadtzentrum

Außerhalb des Stadtzentrums

Ulster Folk Museum & Transport Museum

MUSEUM

(Karte S. 606; www.nmni.com/uftm; Cultra, Holywood; Erw./Kind 7,50/4,50 £, Kombiticket für beide Museen 9/5 £; ⌚März–Sept. Di–So 10–17 Uhr, Okt.–Feb. Di–Fr 10–16 & Sa & So 11–16 Uhr) Eines der besten Museen Nordirlands (eigentlich sind es zwei in einem) liegt nördlich von Holywood an beiden Seiten der A2 nach Bangor.

Busse nach Bangor halten ganz in der Nähe, außerdem erreicht man in nur zehn Gehminuten die Cultra Station, die Züge auf dem Weg zwischen dem Hauptbahnhof in Belfast und Bangor ansteuern.

➡ **Ulster Folk Museum**

(Karte S. 606) In dem Volkskundemuseum können Besucher ein rekonstruiertes Dorf mit Bauernhäusern, Schmieden, Kirchen und Mühlen bestaunen und einen Eindruck vom irischen Leben in den vergangenen Jahrhunderten gewinnen. Stellvertretend für das Industriezeitalter wurden Reihenhäuser des 19. Jhs. mit roten Ziegelsteinen aus Belfast und Dromore hergebracht. Im Sommer führen Mitarbeiter in historischen Kostümen z. B. das Decken eines Reetdachs und das Pflügen vor.

➡ **Ulster Transport Museum**

(Karte S. 606) Das Ulster Transport Museum präsentiert Dampflokomotiven, Waggons, Motorräder, Straßenbahnen, Busse und Autos. Als Highlight der Autosammlung gilt der Prototyp des **DeLorean DMC**, 1981 in Belfast aus rostfreiem Stahl hergestellt. Wirtschaftlich gesehen war der Wagen, der durch den Film *Zurück in die Zukunft* weltweit berühmt wurde, ein absolutes Desaster.

Der größte Besuchermagnet ist die neue **Titanica-Ausstellung** (eröffnet 2012). Zu den Exponaten gehören originale Entwurfzeichnungen für die *Titanic* und ihr Schwesterschiff, die *Olympic*, sowie Fotos der bei-

Rund um das Stadtzentrum

den Konstruktionen. Der Geschichte des Untergangs der *Titanic* wird mit Originalgegenständen Leben eingehaucht, z. B. mit Broschüren der White Star Line, Tickets für die Überfahrt und Fundstücken aus dem Wrack.

Stormont BEMERKENSWERTES GEBÄUDE

(Karte S. 606; Parliament Buildings; www.niassembly.gov.uk; Upper Newtonards Rd; Gelände 7.30 Uhr–Sonnenuntergang) GRATIS Die blendend weiße neoklassizistische Fassade der **Parliament Buildings** gehört zu einem der berühmtesten Bauwerke in der Stadt. In Nordirland hat „Stormont" denselben Symbolwert als Sitz der Macht wie beispielsweise Westminster in Großbritannien und Washington in den USA. 40 Jahre lang – vom Bau 1932 bis zur Übernahme der kompletten Regierungsverantwortung 1972 – war dies der Sitz des nordirischen Parlaments. Am 8. Mai 2007 rückte Stormont wieder ins politische Bewusstsein, als die erbitterten Feinde Ian Paisley und Martin McGuinness hier freundlich lächelnd als First Minister und dessen Stellvertreter vereidigt wurden.

Der Komplex ragt erhaben am Ende einer 1,5 km langen, sanft ansteigenden Straße auf. Davor grüßt provokant die Statue des Erzunionisten **Sir Edward Carson**. Das nahe gelegene **Stormont Castle** aus dem 19. Jh. dient ebenso wie Hillsborough im County Down als offizielle Residenz des Secretary of State for Northern Ireland (Staatsminister für Nordirland). Im Juli und August werden kostenlose **Führungen** durch die Parlamentsgebäude angeboten (Mo–Fr 10–15 Uhr stdl.). Ansonsten muss man sich mit der Videotour auf der Webseite begnügen. Die weitläufigen Außenanlagen stehen das ganze Jahr über offen.

Stormont befindet sich 8 km östlich des Stadtzentrums. Vom Donegall Square West kommt man mit der Buslinie 20A dorthin.

Cave Hill Country Park PARK

(Karte S. 606; Antrim Rd; 7.30 Uhr–Sonnenuntergang) Man sollte es sich nicht nehmen lassen, die Gegend einmal von oben zu betrachten. Vom Cave Hill (368 m) am nördlichen Stadtrand genießt man einen Blick über ganz Belfast, die Docks und die sich immer weiter in die Landschaft ausbreitenden Vororte an den Ufern des Belfast Lough. Die rundlichen Kuppeln der Mourne Mountains liegen weit im Süden und an klaren Tagen ist sogar Schottland am fernen Horizont zu erkennen.

Ursprünglich trug der Hügel den Namen Ben Madigan, nach Matudhain, einem Ulster-König aus dem 9. Jh. Das von Süden aus markante Profil wird von den Einheimischen seit 200 Jahren als „Napoleons Nose" bezeichnet. Angeblich gleicht es der kaiserlichen Nase, doch dafür muss man schon viel Fantasie haben. Auf dem Gipfel befinden sich die Reste des eisenzeitlichen **McArt's Fort**. 1795 blickten hier die United Irishmen, unter ihnen auch Wolfe Tone, auf die Stadt hinab und gelobten für die irische Unabhängigkeit zu kämpfen. Der Weg vom Zoo bzw. Parkhaus am Belfast Castle zum Gipfel führt an den Höhlen vorbei, die dem Hügel seinen heutigen Namen gaben.

Der Cave Hill Country Park erstreckt sich über die östlichen Abhänge. In der Grünanlage gibt's mehrere markierte Spazierwege und einen Abenteuerspielplatz für Kinder zwischen drei und 14 Jahren. Die Busse 1A bis 1G fahren von der Royal Ave zum Belfast Castle oder zum Belfast Zoo.

Belfast Castle BURG
(Karte S. 606; www.belfastcastle.co.uk; Antrim Rd; ⌚Mo 9–18, Di–Sa 9–22, So 9–17.30 Uhr) GRATIS 1870 wurde das Belfast Castle für den dritten Marquess of Donegall im schottischen Baronial-Stil errichtet, der durch Queen Victorias Balmoral Castle populär geworden war. Das pompöse Bauwerk beherrscht die südöstliche Flanke von Cave Hill und ist seit 1934 im Besitz der Stadt.

Aufwendige Renovierungsarbeiten zwischen 1978 und 1988 ersetzten die ursprüngliche Einrichtung durch eine gemütliche, aber dennoch moderne Ausstattung. Heute werden hier gern Hochzeitsempfänge ausgerichtet. Im Obergeschoss präsentiert das **Cave Hill Visitor Centre** Exponate zu Folklore, Geschichte, Archäologie und Naturgeschichte des Parks. Unten befinden sich das Cellar Restaurant und ein kleiner **Antiquitätenladen**.

Einer Legende nach soll es den Burgbewohnern nur gut gehen, wenn hier eine weiße Katze lebt. Damit wird wohl auf die Katzenporträts angespielt, die in den schönen Gartenanlagen in Form eines Mosaiks, Gemäldes, einer Skulptur und als Gartenmöbel auftauchen – man kann seine Kinder übrigens sehr gut damit beschäftigen, alle neun Porträts zu suchen.

Belfast Zoo ZOO
(Karte S. 606; www.belfastzoo.co.uk; Antrim Rd; Erw./Kind 10,50/5,25 £, unter 4 J., Sen. & Besucher mit Behinderung frei; ⌚April–Sept. Mo–Fr 10–18, Sa–So bis 19 Uhr, Okt.–März 10–16 Uhr) Die geräumigen Gehege dieses Zoos, einer der hübschesten Tierparks in Großbritannien und Irland, liegen in einem wunderschönen, leicht abschüssigen Areal. Besonders spannend sind die Becken der Seelöwen und Pinguine mit Unterwasserfenstern. Zu den selteneren hier präsentierten Tierarten gehören Malaienbären, Rote Pandas und Tamarine. Als die größten Publikumslieblinge aber gelten die schnuckeligen Erdmännchen, eine ganze Kolonie von Kattas und die Rothschildgiraffen.

Geführte Touren

Das Belfast Welcome Centre informiert über alle organisierten Touren. Wer einen Guide engagieren möchte, wendet sich ebenfalls an das Besucherzentrum oder an die **Northern Ireland Tourist Guide Association** (www.bluebadgeireland.com; halb-/ganztägige Touren 80/150 £).

Belfast iTours (belfastitours.com) bietet zehn Videotouren durch die Stadt an, die man auf sein Smartphone oder seinen MP4-Player herunterladen kann. Alternativ leiht man einen MP4-Player mit der nötigen Software im Belfast Welcome Centre (9 £ für 24 Std.).

Lagan Boat Company BOOTSTOUR
(Karte S. 586 f.; ☎9033 0844; www.laganboatcompany.com; Erw./Kind 10/8 £; ⌚April–Sept. tgl. 12.30, 14 & 15.30 Uhr, Okt. tgl. 12.30 & 14 Uhr, Nov.–März Sa & So 12.30 & 14 Uhr) Auf der ausgezeichneten **Titanic Tour** können Besucher die heruntergekommenen Docklands flussabwärts unterhalb des Lagan Weir sowie das riesige Trockendock erkunden, wo die *Titanic* und die *Olympic* mit nur 20 cm Spielraum untergebracht waren. Das Ausflugsboot legt am Donegall Quay bei der *Bigfish*-Skulptur ab.

Titanic Tours FÜHRUNG
(☎07852 716655; www.titanictours-belfast.co.uk; Erw./Kind 30/15 £; ⌚nach Vereinbarung) Die Urenkelin eines Besatzungsmitglieds der *Titanic* leitet diese luxuriöse dreistündige Tour für zwei bis fünf Personen. Es werden mehrere Orte besucht, die mit dem Schiff in Zusammenhang stehen. Inklusive Abholung und Rücktransport von der bzw. zur Unterkunft.

Belfast Bike Tours RADTOUR
(☎07812 114235; www.belfastbiketours.com; 15 £ pro Pers.; ⌚April–Sept. Mo, Mi, Fr & Sa 10.30 & 14 Uhr, Okt.–März nur Sa) Die 2½-stündigen geführten Touren starten vor der Queen's University und führen in einem schönen Bogen durch das Lagan Valley zum Giant's Ring und wieder zurück. Leihfahrräder für den Ausflug werden gestellt. Vorab anmelden.

Belfast Pub Tours PUBTOUR
(Karte S. 586 f.; ☎028-9268 3665; www.belfastpubtours.com; 8 £ pro Pers.; ⌚Mai–Okt Do 19 & Sa 16 Uhr) Zweistündige Tour (ohne Getränke) durch sechs traditionelle Pubs. Treffpunkt sind die Crown Dining Rooms über dem Crown Liquor Saloon in der Great Victoria Street.

Belfast City Sightseeing BUSTOUR
(Karte S. 586 f.; ☎9032 1321; www.belfastcitysightseeing.com; Erw./Kind 12,50/6 £; ⌚10–16 Uhr alle 15–30 Min.) Während der 1¼-stündigen Tour im offenen Bus werden folgende Sehenswür-

digkeiten angesteuert: die City Hall, die Albert Clock, das Titanic Quarter, die Botanic Gardens, die Falls Road und Shankill in West-Belfast mit den Wandmalereien. Am Castle Place geht's los. Hop-on-Hop-off-Tickets sind 48 Stunden gültig.

Rundfahrten mit dem Taxi

Black-taxi-Touren durch West-Belfast mit seinen beeindruckenden Wandmalereien – von Einheimischen *„bombs and bullets"*-(Bomben-und-Kugel-) oder *„doom and gloom"*-(Untergangsstimmungs-)Touren genannt – werden mittlerweile von zahlreichen Taxiunternehmern angeboten. Qualität und Infogehalt variieren, doch generell ist dies eine gute Möglichkeit, Belfasts Attraktionen auf unterhaltsame und persönliche Art kennenzulernen, und das auf die individuellen Interessen abgestimmt. Darüber hinaus kann man historische Taxitouren im Stadtzentrum buchen. Eine 60-minütige Rundfahrt kostet um die 30 £ für ein bis zwei Personen (Gesamtpreis) sowie 10 £ für drei bis sechs Passagiere (pro Person). Wer vorher anruft, wird überall im Stadtzentrum abgeholt.

Empfehlenswerte Anbieter:

Harpers Taxi Tours (☎ 07711 757178; www.harperstaxitours.co.nr)

Official Black Taxi Tours (☎ 9064 2264; www.belfasttours.com)

Original Belfast Black Taxi Tours (☎ 07751 565359; www.originalbelfasttours.com)

Feste & Events

Das **Belfast City Council** (www.belfastcity.gov.uk/events) organisiert das ganze Jahr über vielfältige Events, die von der Parade beim St. Patrick's Day bis zur Lord Mayor's Show reichen. Auf der Website und im **Belfast Welcome Centre** (visit-belfast.com/whats-on) erfährt man die genauen Termine.

Féile an Earraigh MUSIK
(www.feilebelfast.com; ⌚ Feb., März) Das viertägige Festival rund um traditionelle irische und keltische Musik zieht Künstler aus ganz Irland, Europa und Amerika an.

St. Patrick's Day KULTUR
(www.belfastcity.gov.uk/events; ⌚ 17. März) Zu Ehren von Irlands Nationalheiligem finden viele lokale Festivals und am 17. März eine große Karnevalsparade durch das Stadtzentrum statt.

Belfast Film Festival FILM
(www.belfastfilmfestival.org; ⌚ Anfang April) Anfang April werden zwei Wochen lang irische und internationale Filme gezeigt.

Titanic Belfast Festival KULTUR
(⌚ Ende Mai) Mit Sonderausstellungen, Führungen, Vorträgen und Filmen feiern die Einwohner eine Woche lang das berühmteste Schiff der Welt und ihre Stadt, in der es gebaut wurde. Die genauen Termine stehen auf der Webseite belfastcity.gov.uk/events.

Festival of Fools STRASSENTHEATER
(www.foolsfestival.com; ⌚ Ende April/Anfang Mai) Hauptveranstaltungsorte des fünftägigen Straßenfests sind das Cathedral Quarter und das Stadtzentrum. Im Juli und August geht der Spaß dann jeden Sonntagnachmittag weiter.

Belfast Marathon SPORT
(www.belfastcitymarathon.com; ⌚ 1. Mo im Mai) Läufer aus aller Welt kommen am ersten Montag im Mai zum Belfast Marathon in die Stadt. Amateure können sich auf einen Volks- und einen Spaßlauf freuen.

DER 12. JULI

Der nordirische Feiertag am 12. Juli ist der Jahrestag des Siegs der Protestanten in der Schlacht am Boyne 1690. Zu diesem Anlass werden Freudenfeuer, Blaskapellen und Paraden der Oranierorden geboten. In Belfast findet der größte Umzug statt.

Leider waren die Straßenparaden schon häufig Anlass gewalttätiger Auseinandersetzungen, doch in den letzten Jahren wurde gemeinschaftlich darauf hingearbeitet, das Fest als familienfreundliches, kulturelles Ereignis zu bewerben. Es hat sogar einen neuen Namen bekommen: **Orangefest** (Details dazu gibt's im Belfast Welcome Centre).

Trotzdem finden nach wie vor viele Menschen, dass die Umzüge Unruhe stifen und Konfrontationen begünstigen. Da die Teilnehmer eine Menge trinken, besteht tatsächlich die Gefahr, dass die Stimmung kippt. Der Abschnitt im Stadtzentrum rund um die Royal Avenue und den Donegall Square ist gewöhnlich sicher, doch Besucher sollten auf der Hut sein und die Ratschläge der Einheimischen beachten.

Cathedral Quarter Arts Festival KUNST
(www.cqaf.com; ⏲Anfang Mai) Anfang Mai gibt's im sowie rund um das Cathedral Quarter zehn Tage lang Theater, Musik, Lyrik, Straßenunterhaltung und Kunstausstellungen.

Belfast Maritime Festival MARITIMES FEST
(visit-belfast.com/whats-on; ⏲Ende Mai–Anfang Juni) Dreitägiges Fest am Queen's Quay und am Clarendon Dock mit Segelschiffen, Straßenkünstlern, viel leckerem Essen und Livemusik.

Belfast Book Festival LITERATUR
(www.belfastbookfestival.com; ⏲Juni) Eine bunte Woche mit allem rund ums Buch, von Filmen über Lesungen bis zu Seminaren und Begegnungen mit den Autoren. Verschiedene Veranstaltungsorte in der gesamten Stadt.

Belfast Pride SCHWULE & LESBEN
(www.belfastpride.com; ⏲Juli) Irlands größtes einwöchiges Fest für Schwule, Lesben, Bisexuelle und Transsexuelle findet Ende Juli statt. Höhepunkt ist eine riesige Parade durchs Stadtzentrum.

Féile An Phobail KULTUR
(www.feilebelfast.com; ⏲Anfang Aug.) Das angeblich größte Bürgerfest des Landes versetzt West-Belfast Anfang August für zehn Tage in Aufregung. Zu den Attraktionen gehören eine Karnevalsparade, Straßenpartys, Theatervorführungen, Konzerte sowie historische Führungen durch die Innenstadt und auf den Milltown Cemetery.

Belfast Festival at Queen's KUNST
(www.belfastfestival.com; ⏲Ende Okt.) Das zweitgrößte Kunstfestival in Großbritannien wird zwei Wochen lang rund um die Queen's University gefeiert.

Weihnachtsfeierlichkeiten KULTUR
(www.belfastcity.gov.uk/events; ⏲Ende Nov.–31. Dez.) In der stille(re)n Zeit des Jahres kann man sich auf einen Weihnachtsmarkt, Weihnachtsliedersänger, Laternenumzüge und einen Straßenkarneval freuen.

Schlafen

Von einfachen Touristenherbergen bis zu exklusiven Boutique-Hotels bietet Belfast für jeden Besucher etwas. Außerdem kommen jedes Jahr neue Häuser hinzu. Traditionelle B&Bs in Süd-Belfast und Businesshotels im Stadtzentrum werden durch eine bunte Vielfalt an schicken Hotel-Restaurant-Nachtclub-Komplexen und stilvollen Bleiben in renovierten historischen Gebäuden ergänzt.

Zahlreiche Unterkünfte in unteren und mittleren Preislagen befinden sich südlich des Zentrums im Universitätsviertel rund um die Botanic Avenue, die University Road und die Malone Road. In dieser Gegend, nur 20 Gehminuten von der City Hall entfernt, gibt's jede Menge preiswerte Restaurants und Pubs.

Im Sommer und zu Zeiten beliebter Veranstaltungen bucht man sein Zimmer am besten vorab. Das Belfast Welcome Centre tätigt Reservierungen gegen eine Gebühr von 2 £. Auch über die Website von Lonely Planet (http://hotels.lonelyplanet.com) kann man Unterkünfte reservieren.

Stadtzentrum

Park Inn HOTEL ££
(Karte S. 586 f.; ☎9067 7710; www.parkinn.co.uk/hotel-belfast; 4 Clarence St W; Zi. ab 98 £; 📶♿) Das neue Hotel überzeugt mit seiner hübschen Einrichtung und knalligen Farbtupfern. Es liegt nur fünf Minuten von der City Hall entfernt und in der Nähe von etlichen guten Pubs und Restaurants. Außerdem verfügt es über drei rollstuhlgerechte Räume sowie Familienzimmer (vorher telefonisch anfragen). Das Preis-Leistungs-Verhältnis ist hervorragend.

★ **Malmaison Hotel** HOTEL £££
(Karte S. 586 f.; ☎0844 693 0650; www.malmaison-belfast.com; 34–38 Victoria St; Zi. ab 123 £, Suite ab 269 £; @📶) Dieses Tophotel ist in zwei wunderschön renovierten Lagerhäusern im italienischen Stil untergebracht. Ursprünglich residierten dort in den 1850er-Jahren zwei rivalisierende Firmen. Gäste können in Luxus schwelgen, der von großen Betten und tiefen Ledersofas bis zu riesigen Bädern reicht. Die dekadente Einrichtung kommt in Schwarz-, Rot-, Schoko- und Cremetönen daher. Darüber hinaus wartet die protzige Rockstar Samson Suite mit einem gigantischen Nachtlager (fast 3 m lang), einer übergroßen Badewanne und einem mit lilafarbenem Tuch bespannten Billardtisch auf!

★ **Ten Square** HOTEL £££
(Karte S. 586 f.; ☎9024 1001; www.tensquare.co.uk; 10 Donegall Sq S; Zi. ab 115 £; @📶) Seit seiner aufwendigen Feng-Shui-Renovierung begeistert das ehemalige Bankgebäude südlich der City Hall als exklusives, im Shanghai-Stil eingerichtetes Boutique-Hotel mit einem freundlichen, aufmerksamen Service. *Cos-*

mopolitan, Conde Nast Traveller und sonstige Hochglanzmagazine geraten bei dem dunkel lackierten Holz und den niedrigen futonartigen Betten regelrecht in Verzückung. Hier haben schon illustre Gäste wie Bono und Brad Pitt übernachtet.

Fitzwilliam Hotel HOTEL £££
(Karte S. 586 f.; ☎ 028-9044 2080; www.fitzwilliamhotelbelfast.com; 1–3 Great Victoria St; Zi. ab 115 £; @ ᯤ) Mit seinen Designerstoffen und der dezenten Beleuchtung wirkt das superzentral gelegene Hotel ausgesprochen stilvoll. In den Zimmern gibt's schöne Leinenbetttücher, flauschige Bademäntel und tolle Duschen. Das Personal ist sehr hilfsbereit. Zum Hotel gehört auch ein hervorragendes Restaurant, in dem der Sternekoch Kevin Thornton aus Dublin das Sagen hat.

Merchant Hotel HOTEL £££
(Karte S. 586 f.; ☎ 9023 4888; www.themerchanthotel.com; 35–39 Waring St; Zi./Suite ab 180/300 £; @ ᯤ) Belfasts beeindruckendstes viktorianisches Gebäude, die ehemalige Zentrale der Ulster Bank, ist ein extravagantes Hotel mit einer fabelhaften Mischung aus zeitgemäßem Styling und altmodischer Eleganz.

Süd-Belfast

Mit den Buslinien 7A und 7B von der Howard Street erreicht man die Gegend rund um die Botanic Avenue, während die 8A bzw. 8B zur University Road und zur Malone Road fahren. Die 9A und die 9B steuern die Straßen rund um die Lisburn Road an. Beide Linien starten am Donegall Square East sowie an der Great Victoria Street schräg gegenüber dem Europa BusCentre.

★ Vagabonds HOSTEL £
(Karte S. 586 f.; ☎ 9023 3017; www.vagabondsbelfast.com; 9 University Rd; B 13–16 £, 2BZ oder DZ 40 £; @ ᯤ) Wer im Vagabonds, einem der besten Hostels der Stadt, unterkommt, darf sich auf bequeme Stockbetten, abschließbare Gepäckfächer, eigene Duschen, eine entspannte Atmosphäre sowie eine günstige Lage zur Queen's University und zum Stadtzentrum freuen. Die Unterkunft wird von erfahrenen Travellern geführt.

City Backpacker HOSTEL £
(Karte S. 586 f.; ☎ 9066 0030; www.ibackpacker.co.uk; 53–55 Malone Ave; B/DZ 14/40 £; @ ᯤ) Ein weiteres tolles Hostel. In dem dreistöckigen Reihenhaus an einer ruhigen Vorstadtstraße kann es ein wenig eng werden, wenn viel los ist. In der Nebensaison hat man dagegen oft eines der hübsch im IKEA-Stil eingerichteten Zimmer für sich allein.

Arnie's Backpackers HOSTEL £
(Karte S. 586 f.; ☎ 9024 2867; www.arniesbackpackers.co.uk; 63 Fitzwilliam St; B 14–16 £, 2BZ oder DZ 44 £; @ ᯤ) Die alteingesessene und altmodische Bleibe in einer ruhigen Reihenhausstraße im Universitätsviertel wartet nicht gerade mit übermäßig viel Platz auf, ist aber dank der Kamine und eines freundlichen Publikums ein einladender Ort.

Global Village Backpackers HOSTEL £
(Karte S. 586 f.; ☎ 9031 3533; globalvillagebelfast.com; 87 University St; B 14–16 £, DZ 44 £; @ ᯤ) Ein relativ neues Hostel in einem Reihenhaus in der Nähe der Queen's University mit Biergarten, Grill und Spielezimmer.

★ Tara Lodge B&B ££
(Karte S. 586 f.; ☎ 9059 0900; www.taralodge.com; 36 Cromwell Rd; EZ/DZ ab 79/89 £; @ ᯤ) Diese Pension bietet einen höheren Standard als die übrigen B&Bs in Süd-Belfast. Mit ihrer schicken minimalistischen Inneneinrichtung und den zuvorkommenden und effizienten Angestellten, einem erstklassigen Frühstücksangebot (z. B. Porridge mit Bushmills-Whiskey) sowie 24 freundlichen, hellen Zimmern wirkt sie fast wie ein Boutique-Hotel. Sie befindet sich in einer ruhigen Seitenstraße unweit der lebhaften Botanic Avenue.

★ Old Rectory B&B ££
(Karte S. 606; ☎ 9066 7882; www.anoldrectory.co.uk; 148 Malone Rd; EZ/DZ 55/86 £; @ ᯤ) Das schöne ehemalige viktorianische Pfarrhaus aus rotem Ziegelstein mit viel original erhaltenem Buntglas besitzt fünf geräumige Zimmer und einen gemütlichen Salon mit Ledersofa. Zum Frühstück gibt's u. a. Wildschweinwürstchen, Rührei mit Räucherlachs sowie Pfannengemüse und frisch gepressten Orangensaft. Vom Zentrum aus sind es mit dem Bus zehn Minuten hierher. Die leicht versteckte Zufahrt liegt auf der linken Seite direkt hinter dem Deramore Park South. Kreditkarten werden nicht akzeptiert.

All Seasons B&B B&B ££
(Karte S. 606; ☎ 9068 2814; www.allseasonsbelfast.com; 356 Lisburn Rd; EZ/DZ/4BZ 35/50/55 £; ᯤ) Obwohl sich die rote Backsteinvilla nicht im Zentrum befindet, überzeugt sie mit ihrer Lage in der hippen Lismore Road zwischen der Cranmore Avenue und den Cranmore

Gardens, 150 m hinter der Polizeistation. Sie verfügt über helle, farbenfrohe Zimmer, moderne Bäder, einen geschmackvollen kleinen Frühstücksraum und einen bequemen Aufenthaltsraum. Vom Stadtzentrum kommt man mit den Buslinien 9A und 9B hierher. Ein Taxi kostet etwa 7 £.

Malone Lodge Hotel HOTEL ££
(Karte S. 586 f.; ☎ 9038 8060; www.malonelodgehotelbelfast.com; 60 Eglantine Ave; EZ/DZ/Apt. ab 79/95/175 £;) Für die großen, exklusiv ausgestatteten Zimmer mit stilvoll dezentem Dekor (manche sind in einem separaten Gebäude untergebracht), das gute Essen sowie das hilfsbereite, freundliche Personal hat das Hotel bereits eine Menge Lob bekommen. Es bietet auch Fünfsterneapartments mit ein oder zwei Schlafzimmern für Selbstversorger an und ist das Herzstück einer baumbestandenen viktorianischen Reihenhausstraße.

Benedicts HOTEL ££
(Karte S. 586 f.; ☎ 9059 1999; www.benedictshotel.co.uk; 7–21 Bradbury Pl; EZ/DZ ab 65/75 £; @) Das moderne, stilvolle Hotel in der Mitte der Golden Mile, dem Zentrum des Nachtlebens in Süd-Belfast, beherbergt mit ägyptischer Baumwollbettwäsche und Federbetten ausgestattete Zimmer und eine riesige gotisch inspirierte Restaurant-Bar, in der auch Frühstück serviert wird. Achtung: Ruhe kehrt hier erst ab 1 Uhr ein.

Crescent Town House HOTEL ££
(Karte S. 586 f.; ☎ 9032 3349; www.crescenttownhouse.com; 13 Lower Cres; EZ/DZ ab 60/70 £; @) Geschmackvolles Boutique-Hotel in guter Lage am Rand der städtischen Partymeile. Das elegante viktorianische Stadthaus wartet mit toll designten Zimmern im Ralph-Lauren-Stil auf. Zur Ausstattung gehören jede Menge Seidenstoffe sowie luxuriöse Bäder mit Molton-Brown-Kosmetik und begehbaren Duschen.

Kate's B&B B&B ££
(Karte S. 586 f.; ☎ 9028 2091; katesbb127@hotmail.com; 127 University St; 25 £ pro Pers.;) Das gemütliche B&B bezaubert mit bunten Blumenkästen, hübschen Esszimmern, allem möglichen Kleinkram und einigen anschmiegsamen Katzen. Die Räume sind einfach, aber zweckmäßig eingerichtet und die Duschen etwas eng, aber bei diesem Preis darf man sich eigentlich nicht beschweren. In wenigen Gehminuten erreicht man die Botanic Avenue.

Außerhalb des Stadtzentrums

Farset International HOSTEL £
(Karte S. 606; ☎ 9089 9833; www.farsetinternational.co.uk; 446 Springfield Rd; EZ/DZ/4BZ ab 30/40/50 £;) Eine charmante, von der Stadtverwaltung unterhaltene Bleibe in West-Belfast auf einem Grundstück an einem kleinen See. Alle 38 Zimmer haben eigene Bäder und Fernseher. Das warme/kontinentale Frühstück kostet 7/4,50 £ extra. Abends kann man nach vorheriger Anmeldung im Restaurant essen oder alternativ die Küche im Haus benutzen.

Dundonald Touring Caravan Park CAMPINGPLATZ £
(Karte S. 606; ☎ 9080 9129; www.theicebowl.com; 111 Old Dundonald Rd; Stellplatz pro Zelt/Wohnwagen ab 15/23 £; ⏲ März–Okt.) 7 km östlich des Stadtzentrums erstreckt sich der Belfast am nächsten gelegene Campingplatz. Er verfügt über 22 Stellplätze und befindet sich in einem Park neben der Dundonald Icebowl südlich der A20 nach Newtownards.

Essen

In den letzten Jahren hat sich die gastronomische Szene der Stadt durch eine wahre Flut von neuen Lokalen, die es mit Europas besten Restaurants aufnehmen können, völlig verändert.

Stadtzentrum

Nach 19 Uhr wird das Haupteinkaufsviertel nördlich des Donegall Square zu einem stillen Labyrinth von heruntergelassenen Gittern und verlassenen Straßen. Tagsüber können sich die vielen Pubs, Cafés und Restaurants dagegen kaum vor Kundschaft retten. In den Abendstunden ist südlich des Donegall Square bis zum Shaftesbury Square am meisten los.

Rhubarb Fresh Food Café CAFÉ £
(Karte S. 586 f.; www.rhubarb-belfast.co.uk; 2 Little Victoria St; Hauptgerichte mittags 6–9 £, abends 13–18 £; ⏲ Di–Mi 9–16, Do–Sa 9–23 Uhr) In dem ruhig gelegenen Café gibt's geschmackvolles, frisch zubereitetes Essen, das einen Tick über dem Durchschnitt liegt. Die Auswahl reicht von Frühstücksangeboten wie Arme Ritter, Omelette und *Ulster fry* bis zu warmen Mittagsgerichten à la Fish 'n' Chips. Abends darf man sich auf etwas gehobenere Speisen wie Boeuf Bourguignon und langsam gegarten Schweinebauch freuen. Alkoholische Getränke muss man selbst mitbringen.

Archana INDISCH £

(Karte S. 586 f.; www.archana.co.uk; 53 Dublin Rd; Hauptgerichte 7–15 £; ⌚12–14 & 17–24 Uhr) Schlichter, gemütlicher Laden, der mit einer großen Auswahl an vegetarischen Gerichten lockt. Wer richtig Hunger hat, bestellt am besten die *thali* (Platte mit drei Currys; mit/ohne Fleisch 15/12 £).

Morning Star PUB £

(Karte S. 586 f.; www.themorningstarbar.com; 17 Pottinger's Entry; Hauptgerichte 9–22 £; ⌚Essen Mo–Sa 11.45–21 Uhr;) Wartet mit einem tollen All-you-can-eat-Mittagsbüfett (6 £; 12–16 Uhr) auf.

★ **OX** IRISCH ££

(Karte S. 586 f.; ☎9031 4121; oxbelfast.com; 1 Oxford St; Hauptgerichte mittags 10 £, abends 15–20 £; ⌚Di–Sa mittags & abends) Das Ox hat hohe Decken, die Wände bestehen aus cremefarben gestrichenen Ziegeln und das goldfarbene Holzinventar schafft ein Feeling wie im Theater, wobei die offene Küche hinten entsprechend als Bühne dient. Dort führen Köche aus der Michelin-Schule die Regie. Das Ergebnis ist das so ziemlich exquisiteste (und dafür sehr preisgünstige) Essen in ganz Belfast. Das Restaurant wird von lokalen Betrieben beliefert und der Schwerpunkt liegt auf irischem Rindfleisch, nach ökologischen Maßstäben gefangenem Fisch und Meeresfrüchten sowie Obst und Gemüse der Saison.

★ **Ginger** BISTRO ££

(Karte S. 586 f.; ☎9024 4421; www.gingerbistro.com; 7–8 Hope St; Hauptgerichte 13–23 £; ⌚Di–Sa mittags, Mo–Sa abends;) An diesem unscheinbaren Lokal läuft man leicht vorbei und verpasst damit einiges: Das gemütliche, kleine Bistro kredenzt nämlich Gerichte weitab des Üblichen. Der mit flammend rotem Haar gesegnete Chef (daher der Name) versteht sich auf seine Fertigkeiten. Aus erstklassigen irischen Zutaten zaubert er exquisite Gerichte wie Jakobsmuscheln mit frischer Blutwurst und Chorizo-Butter. Zum Mittagessen und vor dem Theaterbesuch (Mo–Fr 17–18.45 Uhr) gibt's Hauptgerichte für 9 bis 14 £.

★ **Mourne Seafood Bar** FISCH & MEERESFRÜCHTE ££

(Karte S. 586 f.; ☎9024 8544; www.mourneseafood.com; 34–36 Bank St; Hauptgerichte 8–20 £; ⌚Mo–Do 12–21.30, Fr & Sa 12–16 & 17–22.30, So 13–18 Uhr) In der Mourne Seafood Bar können sich die Gäste über eine relaxte Pub-Atmosphäre, rote Ziegelsteine, dunkles Holz und von der Decke baumelnde Öllampen freuen. Das Restaurant versteckt sich hinter einem Fischhändler, der die superfrischen Zutaten für die leckeren Gerichte liefert, darunter Austern (au naturel oder à la Rockefeller), Jakobsmuscheln, Hummer, Langusten, Knurrhahn und Zackenbarsch. Weil das Lokal stets aus allen Nähten platzt (insbesondere am Sonntag), reserviert man am besten schon vorab einen Tisch.

★ **Deane's Restaurant** FRANZÖSISCH, IRISCH ££

(Karte S. 586 f.; ☎9033 1134; www.michaeldeane.co.uk; 34–40 Howard St; Hauptgerichte mittags 10 £, abends 17–25 £; ⌚Mo–Sa mittags & abends) Obwohl es 2011 seinen Michelin-Stern verloren hat, ist das Flaggschiff von Küchenchef Michael Deanes Restaurantkette noch immer eines der Top-Restaurants in Nordirland. Für die einfachen Gerichte der Saison werden nur beste irische und britische Produkte wie Rindfleisch, Wild, Lamm, Fisch und Meeresfrüchte verarbeitet. Vor dem Theaterbesuch (17.30–19 Uhr) kommt man in den Genuss zwei- bzw. dreigängiger Menüs für 15 bzw. 20 £.

James Street South FRANZÖSISCH, IRISCH ££

(Karte S. 586 f.; ☎9043 4310; www.jamesstreetsouth.co.uk; 21 James St S; 2-/3-Gänge-Mittagessen 16/19 £, Hauptgerichte abends 17–22 £; ⌚Mo–Sa mittags & abends) Das köstliche Essen wird in einem bestechend schönen Speisesaal mit einer großformatigen impressionistischen Landschaft des irischen Künstlers Clement McAleer serviert. Auf der Karte stehen z. B. irische Jakobsmuscheln mit Krebs-Beignet, Spargel und Trüffeln. Der Service ist entspannt und dabei hochprofessionell.

Bar & Grill STEAKHAUS ££

(Karte S. 586 f.; ☎9560 0700; www.belfastbargrill.co.uk; 21 James St S; Hauptgerichte 10–22 £; ⌚12–21.30 Uhr) Im Schwesterrestaurant des James Street South herrscht eine entspanntere Atmosphäre, aber die Qualität des Essens ist gleich hoch. Es gibt Steaks, Burger und Lammkoteletts, die auf einem Josper-Grill (Holzkohle- und normaler Ofen in einem) gegart werden. Darüber hinaus kann man Pastagerichte, Risottos und Tagesangebote wie das fantastische Wild-Pie mit Champions und Rotwein-Gravy ordern. An den Wochenenden wird ein leckerer Brunch aufgetischt.

Gingeroot INDISCH ££

(Karte S. 586 f.; www.gingeroot.com; 73–75 Great Victoria St; Hauptgerichte 8–12 £; ⌚Mo–Sa mittags, tgl. abends) Das moderne, helle Restaurant serviert frische indische Köstlichkeiten, z. B. *jeera*-Hühnchen (mit Kümmel). Mit 6,50 £ sind die Zwei-Gänge-Mittagsmenüs sehr günstig (Mo–Sa 12–15 Uhr).

Deane's Deli Bistro BISTRO ££
(Karte S. 586 f.; www.michaeldeane.co.uk; 44 Bedford St; Hauptgerichte 11–16 £; ⏲ Mo–Fr mittags, Mo–Sa abends) Auf der Karte des wunderbar entspannten Bistros stehen Gourmetburger und exquisite Fish 'n' Chips.

Avoca Café CAFÉ ££
(Karte S. 586 f.; 41 Arthur St; Hauptgerichte 9–14 £; ⏲ Mo–Fr 9.30–17, Sa 9–17, So 12.30–17 Uhr) Gesunde Brötchen, Wraps, Salate und Sandwiches (alles auch zum Mitnehmen) und warme Mittagsgerichte wie leckeres gegrilltes Hühnchen mit mediterranem Gemüse.

Great Room FRANZÖSISCH £££
(Karte S. 586 f.; ☎ 9023 4888; www.themerchanthotel.com; 35–39 Waring St, Merchant Hotel; Hauptgerichte 20–29 £; ⏲ 7–23 Uhr) Das große, elegante Lokal in der ehemaligen Schalterhalle der Ulster-Bank-Zentrale wartet mit vergoldetem Stuck, rotem Plüsch, Cherubinen aus weißem Marmor und einem gigantischen Kristallkronleuchter unter einer Glaskuppel auf. Die dekadenten, deliziösen Speisen passen perfekt zum Interieur. Ob Gänseleberpastete oder Trüffel – die französische Note ist unverkennbar. Von Montag bis Donnerstag gibt's zwischen 18.30 und 22 Uhr ein dreigängiges Menü (27 £, zwischen 17.30 und 18.30 Uhr 23 £).

Cathedral Quarter & Umgebung

John Hewitt Bar & Restaurant PUB £
(Karte S. 586 f.; www.thejohnhewitt.com; 51 Donegall St; Hauptgerichte 7–9 £; ⏲ Küche Mo–Sa 12–15 Uhr) In diesem nach dem Belfaster Dichter und Sozialisten benannten modernen Pub herrscht eine traditionelle Atmosphäre und die Küche genießt zu Recht einen exzellenten Ruf. Auf der wöchentlich wechselnden Karte stehen Gerichte wie Schweinefleischwürste mit schwarzem Pfeffer, gebuttertem Kartoffelpüree und Rotweinsoße oder dicke Bohnen mit frittiertem Gemüse. Die Bar ist ein großartiger Ort für einen Drink.

Hill Street Brasserie FUSIONSKÜCHE ££
(Karte S. 586 f.; ☎ 9058 6868; www.hillstbrasserie.com; 38 Hill St; Hauptgerichte mittags 6 £, abends 11–18 £; ⏲ Di–So mittags, Mi–So abends) Die kleine Brasserie kann es durchaus mit den Designstudios und Galerien in den Straßen rundum aufnehmen, denn sie trumpft mit einer hippen Einrichtung, schönen Holz- und Schieferböden und einem oliv-auberginenfarbenen Interieur auf. Von Donnerstag bis Samstag kann man sich an Express-Lunch-Menüs satt essen, darunter hausgemachte Burger, Fisch im Bierteigmantel mit Pommes frites und vegetarische Gerichte.

Nick's Warehouse BISTRO ££
(Karte S. 586 f.; www.nickswarehouse.co.uk; 35–39 Hill St; Hauptgerichte 11–23 £; ⏲ Küche Di–Sa 12–15 & 18–22 Uhr) Bei seiner Eröffnung 1989 galt das Nick's als echter Pionier im Cathedral Quarter. Das geräumige Restaurant aus roten Ziegelsteinen mit einer Weinbar und viel hellem Holz zieht zahlreiche Gäste an. Die Speisekarte ändert sich je nach Saison und umfasst zahlreiche Gerichte, die aus regionalen Zutaten bestehen. Auch die Weinkarte überzeugt.

Süd-Belfast

Maggie May's CAFÉ £
(Karte S. 586 f.; 50 Botanic Ave; Hauptgerichte 3–7 £; ⏲ Mo–Sa 8–22.30, So 10–22.30 Uhr) In dem klassischen kleinen Café mit den gemütlichen Sitznischen und farbenprächtigen Wandgemälden des alten Belfast fühlt man sich fast wie zu Hause. Zur Mittagszeit finden sich vor allem verkaterte Studenten ein, die riesige Spätfrühstücksteller verschlingen, denn man kann den ganzen Tag über Tee, Toast, Eierkuchen mit Ahornsirup sowie vieles mehr bestellen. Außerdem werden mittags Suppen, Sandwiches, Steak-and-Guinness-Pies, Daimriegel und klebrig-süße Toffees serviert. Alkoholische Getränke muss man selbst mitbringen.

Café Fish FISH & CHIPS £
(Karte S. 606; 340 Lisburn Rd; Hauptgerichte 6–8 £; ⏲ Di–Sa 11.30–22, So 13–22 Uhr; 👪) Dieser Laden wird regelmäßig als Belfasts Nummer eins in Sachen Fish 'n' Chips beworben und kommt dabei ohne viel Schnickschnack aus. Zu dem wunderbar knusprigen Schellfisch werden schön matschige Erbsen, dicke Fritten und eine Scheibe Brot mit Butter gereicht. In Eile? Auf der anderen Straßenseite gibt's das Ganze zum Mitnehmen.

★ **Barking Dog** BISTRO ££
(Karte S. 586 f.; ☎ 9066 1885; www.barkingdogbelfast.com; 33–35 Malone Rd; Hauptgerichte 9–17 £; ⏲ Mo–Sa mittags & abends, So 12–21 Uhr) Massives Hartholz, unverputzte Ziegelwände, Kerzenlicht und eine außergewöhnliche Ein-

richtung prägen die Atmosphäre dieses hübsch restaurierten Bauernhauses. Für Komfort und Genuss sorgt auch die Karte voll einfacher, aber sensationell guter Speisen wie dem Vorzeigeburger aus hauchzartem Rinderbeinfleisch, umwickelt mit karamellisierten Zwiebeln und dazu Sahnemeerrettich. Auch der Service ist erstklassig.

★ Shu FRANZÖSISCH, IRISCH ££

(Karte S. 586 f.; ☎ 9038 1655; www.shu-restaurant.com; 253 Lisburn Rd; Hauptgerichte 12–23 £; ⌚ Mo–Sa mittags & abends) Wer schon immer wissen wollte, wo sich das Vorbild für die ganzen Möchtegern-Designer-Restaurants mit dunklem Holz und braunem Leder befindet, kann seine Suche beenden: Der Pionier derartiger Adressen ist das Shu, das seit 2000 den Ton in der eleganten Lisburn Road angibt und nach wie vor regelmäßig Preise abräumt. Auf der französisch inspirierten Karte steht u. a. ein zweigängiges Mittagsmenü für 13,25 £.

★ Molly's Yard IRISCH ££

(Karte S. 586 f.; ☎ 9032 2600; www.mollysyard.co.uk; 1 College Green Mews; Bistro Hauptgerichte 8–11 £, Restaurant 14–22 £; ⌚ Bistro 12–18, Restaurant Mo–Sa 18–21 Uhr) Ein schrulliges Restaurant in einem ehemaligen viktorianischen Stall. Unten befindet sich eine gemütliche Bistro-Bar mit Tischen im Hof und oben lockt ein rustikaler, luftiger Speiseraum (ab 18 Uhr geöffnet). Das Menü ändert sich je nach Saison und umfasst ein halbes Dutzend Vorspeisen sowie Hauptgerichte. Außerdem serviert das Molly's ein paar eigene Biere, die in der Hilden Brewery gebraut werden.

Beatrice Kennedy IRISCH ££

(Karte S. 586 f.; ☎ 9020 2290; 44 University Rd; Hauptgerichte 16–20 £; ⌚ Di–Sa abends, So mittags & abends;) Biogemüse und Fleisch aus der Region sind die Grundzutaten in dem äußerst beliebten Restaurant im Queen's Quarter (hierhin führen die Studenten ihre Eltern zum Essen aus, wenn diese zu Besuch kommen). Der Speiseraum besticht durch viktorianische Eleganz. In der Küche werden traditionelle irische Fisch- und Meeresfrüchte- sowie Lamm- und Rindfleischgerichte mit moderner Note zubereitet. Es gibt eine zusätzliche vegetarische Karte (eventuell muss man danach fragen) und ein günstiges frühes Abendessen mit zwei Gängen (17–19 Uhr, 15 £).

Deane's at Queen's BISTRO ££

(Karte S. 586 f.; www.michaeldeane.co.uk; 1 College Gardens; Hauptgerichte 11–18 £; ⌚ Mo–Sa mittags & abends, So mittags) Michael Deane, seines Zeichens der bekannteste Küchenchef Belfasts, kredenzt in seinem entspannten Lokal exquisite, aber bezahlbare Pubkost, darunter Tintenfisch in Salz und Chili, knuspriger Schweinebauch mit Sellerie und Meerrettich sowie Fischküchlein aus geräuchertem Schellfisch mit Lauch und einer Frühlingszwiebel-Velouté. Das Ambiente erinnert an die Cafeteria einer skandinavischen Designerfirma (früher war dies der Mitarbeiterclub der Queen's University).

Außerhalb des Stadtzentrums

Bia CAFÉ £

(Karte S. 606; www.culturlann.ie; 216 Falls Rd, Cultúrlann McAdam Ó Fiaich, West-Belfast; Hauptgerichte 5–8 £; ⌚ Mo 9–18, Di–Sa bis 20, So 10–18 Uhr;) Bei der Erkundung von West-Belfast lohnt ein Zwischenstopp im Bia (das gälische Wort für „Essen“). Im Café des irischen Kulturzentrums Cultúrlann McAdam Ó Fiaich kommt altbewährte Hausmannskost auf den Tisch, z. B. Eintöpfe, Suppen, Pizzas, Kuchen, Scones und frisches Gebäck.

Cutters Wharf GRILL ££

(Karte S. 606; www.cutterswharf.co.uk; 4 Lockview Rd, Stranmillis; Hauptgerichte 8–22 £; ⌚ Küche 12–21 Uhr;) Eines der wenigen Bar-Restaurants der Stadt, die unmittelbar am Fluss liegen. Auf der Terrasse kann man einen Drink und Bargerichte unter freiem Himmel genießen und im schicken Restaurant oben Steak, Burger sowie Fisch- und Meeresfruchtegerichte schlemmen.

Ausgehen & Nachtleben

Belfasts Kneipen sind lebhaft und friedlich. Die traditionellen Pubs haben es mittlerweile schwer, sich gegen die wachsende Konkurrenz der Designerbars zu behaupten.

Meistens sind die Läden montags bis samstags von 11 oder 11.30 Uhr bis Mitternacht oder 1 Uhr geöffnet, sonntags von 12.30 bis 23 oder 24 Uhr. Manche Pubs bleiben auch am Sonntag geschlossen oder machen erst um 16 oder 18 Uhr auf.

Obwohl sich die Lage gebessert hat, ist es mitunter noch immer schwierig, an den Türstehern vorbeizukommen. Freundliches, gut ausgebildetes Personal scheint leider eine Seltenheit zu sein. Einige schicke Bars haben eine Kleiderordnung, das heißt im Klartext: keine Turnschuhe, keine Jeans, keine Baseballmützen, damit die Sicherheitskameras die Gesichter gut aufnehmen können, und definitiv keine Fußballfarben. Manche verbieten sogar ausdrücklich politische Tätowierungen.

Fast alle Clubs sind von 21 bis 3 Uhr geöffnet, letzter Einlass ist um 1 Uhr. Bei Partygängern unter 21 sind die Türsteher gelegentlich sehr kritisch.

Stadtzentrum

★ Crown Liquor Saloon PUB

(Karte S. 586 f.; www.crownbar.com; 46 Great Victoria St) Belfasts berühmteste Bar verfügt über eine wunderbare viktorianische Inneneinrichtung. Trotz der sich hier massenhaft tummelnden Touristen (s. S. 588) kommen mittags und am frühen Abend zahlreiche Einwohner vorbei.

★ Harlem Café CAFÉ-BAR

(Karte S. 586 f.; www.harlembelfast.com; 34–36 Bedford St; 📶) Im Harlem, das mit einer coolen Stimmung und einer eigenwilligen Einrichtung aus verschiedensten Kunstobjekten, gerahmten Fotos von New York und Glastischen voller Muscheln und Seesterne aufwartet, kann man es sich prima mit der Sonntagszeitung gemütlich machen oder nach dem Stadtbummel ein Glas Wein trinken. Das Speisenangebot reicht von Frühstück über Brunch bis zu einem Abendessen vor dem Theaterbesuch.

Garrick Bar PUB

(Karte S. 586 f.; www.thegarrickbar.com; 29 Chichester St; 📶) Eine dunkle Holzvertäfelung, Fliesenböden, ein Barbereich mit Säulen und alte Öllampen aus Messing sorgen in dem 1870 eröffneten Pub für eine schöne traditionelle Atmosphäre. Die Gäste sitzen in gemütlichen Nischen mit lederbezogenen Bänken und ein echtes Kohlenfeuer erwärmt jeden Raum. Im vorderen Bereich wird mittwochs um 21.30 Uhr und freitags um 17 Uhr traditionelle Livemusik gespielt.

White's Tavern PUB

(Karte S. 586 f.; www.whitestavern.co.uk; 1–4 Wine Cellar Entry) Das White's wurde 1630 gebaut und 1790 erneuert und beansprucht aus diesem Grund den Titel der ältesten Taverne der Stadt für sich (im Gegensatz zu Pubs boten Tavernen sowohl Verköstigung als auch Unterkunft an). Während unten die traditionelle irische Bar mit Torffeuer und traditioneller Livemusik von Freitag bis Sonntag aufwartet, wirkt das mit alten Sesseln und Sofas eingerichtete Obergeschoss wie Omas Wohnzimmer. Am Wochenende sorgen DJs und Coverbands für Stimmung.

TOP FIVE: TRADITIONELLE PUBS

- Bittle's Bar (S. 616)
- Crown Liquor Saloon (S. 616)
- Duke of York (S. 617)
- Kelly's Cellars (S. 616)
- White's Tavern (S. 616)

Kelly's Cellars PUB

(Karte S. 586 f.; 1 Bank St) Belfasts ältestes Pub wurde 1720 eröffnet und diente als Treffpunkt von Henry Joy McCracken sowie den United Irishmen, als diese 1798 ihren Aufstand planten. Angeblich versteckte sich McCracken hinter der Theke vor britischen Soldaten, die ihn festnehmen wollten. Die altmodische Kneipe wirkt ebenso wie einige Stammgäste etwas grobschlächtig, zieht aber ein bunt gemischtes Belfaster Publikum an und ist ein guter Tipp für spontane Trad Sessions.

Bittle's Bar PUB

(Karte S. 586 f.; 103 Victoria St) Stets gut besucht und sehr traditionell: Das Bittle's befindet sich in einem dreieckigen roten, mit vergoldeten Kleeblättern verzierten Backsteinbau aus dem 19. Jh. Im keilförmigen Inneren schmücken Gemälde berühmter irischer Literaten die Wände, die von einem einheimischen Künstler namens Joe O'Kane angefertigt wurden. Der ganze Stolz des Pubs ist ein großes Bild an der Rückwand: Darauf stehen Yeats, Joyce, Behan und Beckett mit Guinnessgläsern an der Theke, während Wilde ihnen gegenüber Bier zapft.

Stiff Kitten CLUB

(Karte S. 586 f.; www.thestiffkitten.com; Dublin Rd, Bankmore Sq) Wer sich nicht so recht mit dem studentischen Publikum des Shine anfreunden kann, ist in dieser neuen Bar mit Club gut aufgehoben. Das Stiff Kitten wird vom gleichen Management wie das Shine geführt und bietet ebenfalls gute Musik, strahlt jedoch mehr Glamour aus – wie es einem 25+-Publikum wohl gefällt.

Cathedral Quarter & Umgebung

★ John Hewitt Bar & Restaurant PUB

(Karte S. 586 f.; www.thejohnhewitt.com; 51 Donegall St) Die nach dem Belfaster Dichter und Sozialisten benannte Kneipe gehört zu den wenigen Läden ohne Fernseher und Spielautomaten. Für Geräusche sorgen einzig die Gäste. Neben Guinness werden Hilden Real Ales aus dem nahe gelegenen Lisburn sowie Hoegaarden und Erdinger Weißbier ausgeschenkt. An den meisten Abenden finden hier ab etwa 21 Uhr Folk-, Jazz- und Bluegrass-Sessions statt.

★ Muriel's Bar BAR
(Karte S. 586 f.; 12–14 Church Lane) Die Einrichtung der lauschigen und einladenden kleinen Bar im Retroschick besteht aus alten Sofas und Sesseln, schweren Stoffen in Oliv- und Dunkelrottönen, Spiegeln mit goldenem Rahmen sowie einem gusseisernen Kamin. Gin war das Lieblingsgetränk der früheren Besitzerin (es lohnt sich übrigens, danach zu fragen, wer Muriel eigentlich war), deshalb ist die Auswahl an exotischen Marken, mit denen man sein Tonic mischen kann, groß. Auch die Speisekarte überzeugt.

Northern Whig BAR
(Karte S. 586 f.; www.thenorthernwhig.com; 2 Bridge St) Eine ehemalige georgianische Druckerei beherbergt diese moderne, schicke Bar. Ihr Innenraum wird von drei riesigen Statuen des sozialistischen Realismus, die Anfang der 1990er-Jahren aus Prag gerettet wurden, eingenommen. Nachmittags kann man sich in den bequemen Sofas und Sesseln herrlich entspannen. Freitags und samstags wird es hier ab 17 Uhr wesentlich lauter, wenn das feierwütige Volk beginnt, seine Wodka-Tonics und Alkopops hinunterzukippen.

Duke of York PUB
(Karte S. 586 f.; 11 Commercial Ct) Versteckt in einer Gasse mitten im ehemaligen Zeitungsviertel liegt das heimelige, traditionelle Duke. Einst trafen sich hier Drucker und Journalisten, die auch heute noch manchmal vorbeischauen. Der Sinn-Féin-Führer Gerry Adams jobbte 1971 zu seinen Studienzeiten hinter dem Tresen.

Spaniard BAR
(Karte S. 586 f.; www.thespaniardbar.com; 3 Skipper St) Stil ist im Spaniard ein Fremdwort. Die enge Bar wurde so vollgestopft, als wäre sie einfach irgendwo in eine Wohnung gezwängt worden. Dennoch strahlt jedes einzelne der abgenutzten Sofas mehr Atmosphäre aus als so manch durchgestylte Hochglanzbar. Der Laden punktet mit einer freundlichen Bedienung, gutem Bier, einem bunt gemischten Publikum und Musik in einer Lautstärke, die Unterhaltungen zulässt – was will man mehr?

McHugh's Bar and Restaurant PUB
(Karte S. 586 f.; www.mchughsbar.com; 29–31 Queen's Sq) Restauriertes traditionelles Pub mit alten Sitzecken und Bänken aus Holz. Das hervorragende Guinness wird in Pint-Gläsern serviert, außerdem gibt's von 12 bis 22 Uhr schlichte Speisen wie Steaks, Meeresfrüchte und Pfannengerichte.

Süd-Belfast

Eglantine PUB
(Karte S. 586 f.; www.egbar.co.uk; 32 Malone Rd;) Das „Eg" ist eine lokale Institution und gilt als beste Studentenkneipe der Stadt. Hier serviert man gutes Bier und Essen und an den meisten Abenden stehen DJs hinter dem Mischpult. Während am Mittwoch der elektrische Rodeostier, Spaßboxen, Sumo-Ringen und andere Vergnügungen Massen anziehen, dreht sich dienstags alles um das große Unterhaltungs- und Musikquiz.

Botanic Inn PUB
(Karte S. 586 f.; www.thebotanicinn.com; 23–27 Malone Rd;) Zusammen mit dem „Eg" und dem „Welly Park" (Wellington Park) bildete das „Bot" früher die zweite Säule des berüchtigten Studentenpub-Dreiecks in der Malone Road. Das renovierte Wellington Park strahlt heute zwar eher die Anonymität einer Flughafenlounge aus, doch das „Bot" ist immer noch eine wilde Adresse. Mittwochs bis samstags kann man oben im Top of the Bot Club tanzen – dafür stehen die Leute bis auf die Straße Schlange. Montags und mittwochs gibt's in der Back Bar akustische Livemusik. Zudem werden Sportereignisse auf einer Großleinwand übertragen.

Lavery's BAR
(Karte S. 586 f.; www.laverysbelfast.com; 14 Bradbury Pl) Schon seit 1918 wird das Lavery's von derselben Familie geführt. Auf mehreren brechend vollen Ebenen tummeln sich Trinkfreudige aller Altersgruppen, darunter Studenten, Touristen, Biker und Geschäftsleute. Montags und dienstags heizen einheimische Musiker dem Publikum in der Public Bar mit Live-Akustikmusik ein, während mittwochs bis samstags Retro-Disco-Musik gespielt wird. In der künstlerischen Back Bar gibt eine Jukebox den Ton an.

QUB Student Union CLUB
(Karte S. 586 f.; www.qubsu-ents.com; Queen's Students Union, University Rd;) Die Student Union betreibt mehrere Bars und Clubs, in denen Musikveranstaltungen, Clubnächte und Liveauftritte angeboten werden. Das **Shine**

BELFAST FÜR SCHWULE & LESBEN

Belfasts Schwulen- und Lesbenszene konzentriert sich auf das Cathedral Quarter. Über aktuelle Veranstaltungen kann man sich unter www.gaybelfast.net informieren. Zusätzlich zu den hier aufgelisteten Clubs sind auch die Muriel's Bar, das John Hewitt und das Spaniard empfehlenswerte Locations.

Kremlin (Karte S. 586 f.; www.kremlin-belfast.com; 96 Donegall St; ⌚ Di & Do 22–2, Fr & Sa 21–2 Uhr) Mit seinem sowjetischen Kitsch zieht das Kremlin – Herz und Seele der nordirischen Homosexuellenszene – vor allem Schwule an. Eine Leninstatue weist Besuchern den Weg in die Tsar-Bar, von wo aus die Long Bar zum zentralen Clubbing-Bereich, dem „Roten Platz", führt. Das Event „Revolution" am Samstag gilt als Aushängeschild des Clubs; dann mischen DJs bis zwei Uhr morgens Dance, House, Pop und kommerzielle Musik.

Union Street (Karte S. 586 f.; www.unionstreetpub.com; 8–14 Union St; 📶) Die stilvolle moderne Bar im Retrolook wartet mit einer Einrichtung aus vielen unverputzten Ziegelsteinen und dunklem Holz sowie kuriosen Waschbecken in der Toilette auf. Sie spricht mit ihrem allabendlichen Kabarett, Karaoke und gutem Essen sowohl homo- als auch heterosexuelle Gäste an.

Fox's Den (Karte S. 586 f.; 108 Donegall St) Über der Front Page Bar befindet sich diese intime kleine Bar, in der eine entspannte Atmosphäre herrscht. Die Klientel ist eine Spur älter als in den anderen beiden Läden. Donnerstagsabends steht die Quiz Night auf dem Programm, freitags wird die Karaokemaschine angeschmissen.

(Karte S. 586 f.; www.shine.net, Eintritt 22 £, ⌚ 1. Sa im Monat) ist einer der besten Nachtclubs in Belfast. Haus- und Gast-DJ's heizen im QUB mit härteren Tanzrhythmen ein als in den meisten anderen Läden.

Fly CLUB

(Karte S. 586 f.; theflybelfast.co.uk; 5–6 Lower Crescent) 2012 wurde dieser beliebte Club über der Fly Bar eröffnet. Ein besonderes Extra ist der riesige LED-Bildschirm, der vom Boden bis zur Decke reicht. Wer lokale und internationale DJs sehen möchte, sollte montags, freitags oder samstags herkommen.

☆ Unterhaltung

Alle zwei Monate bringt das Belfast Welcome Centre die kostenlose monatliche Broschüre *About Belfast* heraus, die alle Veranstaltungen, Pubs, Clubs und Restaurants auflistet. Die Donnerstagausgabe des *Belfast Telegraph* hat eine eigene Unterhaltungsrubrik mit Clubevents, Tanzvorführungen und Kinoprogramm. Freitags bieten die *Irish News* Ähnliches unter der Überschrift „Scene".

Aktuelle Infos zu Livemusik und Clubnächten bekommt man u. a. im Plattenladen Good Vibrations (S. 621) und im **Oh Yeah Music Centre** (Karte S. 586 f.; www.belfastmusic.org; 15–21 Gordon St; ⌚ Mo–Fr 12–15, Sa 12–17 Uhr). Weitere Adressen:

ArtsListings (www.culturenorthernireland.org) Das Gratismagazin erscheint monatlich und hält Kunstinteressierte in Nordirland auf dem Laufenden.

Belfast Music (www.belfastmusic.org) Listet Gigs auf.

Big List (www.thebiglist.co.uk) Das kostenlose Wochenblatt kommt mittwochs raus und informiert über Pubs, Clubs sowie Musikveranstaltungen in ganz Nordirland. Der Schwerpunkt liegt aber auf Belfast.

Livemusik

Einige Pubs haben regelmäßig traditionelle Musiksessions im Programm, darunter das Botanic Inn, die Garrick Bar, die White's Tavern, das John Hewitt und das Kelly's Cellars.

Fans von Jazz und Blues schauen am besten im John Hewitt, im McHugh's, im Crescent Arts Centre oder in der Black Box (S. 619) vorbei.

Belfast Empire LIVEMUSIK

(Karte S. 586 f.; www.thebelfastempire.com; 42 Botanic Ave; Livemusik 5–20 £) Die umgebaute spätviktorianische Kirche bietet auf drei Etagen Unterhaltung und ist für ihre legendären Livekonzerte bekannt. Donnerstags präsentieren sich die besten lokalen und britischen Talente, während der Samstag bekannten Bands sowie Tribute-Gruppen vorbehalten ist.

Limelight LIVEMUSIK
(Karte S. 586 f.; www.limelightbelfast.com; 17–19 Ormeau Ave) Eine Mischung aus Pub und Club und eine der ersten Adressen für Liverock und -indie. Hier sind schon Bands wie Oasis oder Franz Ferdinand, die Manic Street Preachers und die Kaiser Chiefs aufgetreten. Zu den weiteren Highlights gehören die alternative Clubnacht **Helter Skelter** (Eintritt 5 £; ⌚ Sa ab 22 Uhr) und die **Tuesdays at the Limelight** (3 £; ⌚ Di ab 22 Uhr), Belfasts größte Studentennacht.

Ulster Hall KONZERTE
(Karte S. 586 f.; www.ulsterhall.co.uk; Bedford St) Die 1862 errichtete Ulster Hall ist ein beliebter Veranstaltungsort für alle möglichen Events von Rockkonzerten über Orgelmusik zur Mittagszeit bis zu Boxkämpfen und Aufführungen des **Ulster Orchestra** (www.ulsterorchestra.com).

School of Music KLASSIK
(www.music.qub.ac.uk) Jeden Donnerstag zur Mittagszeit veranstaltet die School of Music der Queen's University kostenlose Konzerte. Abendveranstaltungen finden im schönen **Harty Room** (Karte S. 586 f.; School of Music, University Sq) mit dem Hammerbalkengewölbe und am **Sonic Arts Research Centre** (Karte S. 586 f.; Cloreen Park) sowie gelegentlich auch in der geräumigeren **Sir William Whitla Hall** (Karte S. 586 f.; University Rd) statt. Das Programm *Current Events* kann auf der Website runtergeladen werden.

Waterfront Hall KONZERTE
(Karte S. 586 f.; www.waterfront.co.uk; 2 Lanyon Pl) Mit ihren 2235 Plätzen ist die eindrucksvolle Waterfront Hall Belfasts größter Konzertsaal. Hier gastieren lokale, nationale und internationale Gäste und die Bandbreite reicht von beliebten Popstars bis zu Sinfonieorchestern.

Odyssey Arena KONZERTE
(Karte S. 586 f.; www.odysseyarena.com; 2 Queen's Quay) Das Heimatstadion der Belfast Giants, der hiesigen Eishockeymannschaft, dient auch als Veranstaltungsort für große Events wie Rock- und Popkonzerte sowie Bühnenshows.

King's Hall KONZERTE
(Karte S. 606; www.kingshall.co.uk; Lisburn Rd) In Nordirlands größtem Ausstellungs- und Konferenzzentrum finden Musikshows, Messen und Sportveranstaltungen statt. Man erreicht die King's Hall mit allen Bussen entlang der Lisburn Road oder nimmt einen Zug bis zur Balmoral Station.

Comedy

Belfast hat keinen festen Comedyclub, regelmäßige Themenabende werden aber im Belfast Empire (S. 618), in der Black Box und in der QUB Student Union (S. 617) abgehalten.

Oper & Theater

Lyric Theatre THEATER
(Karte S. 606; www.lyrictheatre.co.uk; 55 Ridgeway St) Das 2011 eröffnete umwerfende moderne Theater wurde auf dem Grundriss des alten Lyric Theatre errichtet, in dem Hollywoodstar Liam Neeson zum ersten Mal auf der Bühne stand (heute ist er der Schirmherr).

MAC KUNSTZENTRUM
(Metropolitan Arts Centre; Karte S. 586 f.; themaclive.com; St Anne's Sq) Neuer Designbau im Cathedral Quarter mit zwei Theatern. Es gibt auch Stücke für Kinder.

Black Box KUNSTZENTRUM
(Karte S. 586 f.; www.blackboxbelfast.com; 18–22 Hill St) Die Black Box beschreibt sich selbst als Ort für „Livemusik, Theater, Literatur, Comedy, Film, Bildende Kunst, Live Art, Zirkus, Kabarett und alles, was dazwischen liegt". Sie befindet sich im Herzen des Cathedral Quarter.

Crescent Arts Centre KUNSTZENTRUM
(Karte S. 586 f.; www.crescentarts.org; 2–4 University Rd) Konzerte, Theateraufführungen, Workshops, Lesungen und Tanzkurse. Außerdem finden hier das Belfast Book Festival

NICHT VERSÄUMEN

IRISCHE KULTUR ERLEBEN

Das **An Droichead** (Karte S. 586 f.; www.androichead.com; 20 Cooke St, The Bridge; Tickets 5–15 £) ist ein Zentrum für irische Sprache, Musik und Kultur in South Belfast. Es bietet Irischkurse sowie Workshops in traditionellem Tanz und *ceilidh* an, richtet Kunstausstellungen aus und veranstaltet Konzerte, vor allem für Fans traditionell irischer Klänge. Neben bekannten Künstlern aus dem ganzen Land treten hier auch örtliche Nachwuchstalente auf. Auf der Website erfährt man mehr über das aktuelle Programm, außerdem liegen im Belfast Welcome Centre Flyer aus.

(S. 610) und das Tanzfestival **CityDance** (www.citydancebelfast.com; ⌚ Nov.) statt.

Grand Opera House OPER
(Karte S. 586 f.; www.goh.co.uk; 2–4 Great Victoria St; ⌚ Theaterkasse Mo–Fr 8.30–21, Sa bis 18 Uhr) Dieser großartige traditionsreiche Opernsaal dient als Veranstaltungsort für Opern, Musicals und Comedyshows. Die Theaterkasse liegt auf der anderen Straßenseite an der Ecke Howard Street.

Kinos

Queen's Film Theatre KINO
(Karte S. 586 f.; www.queensfilmtheatre.com; 20 University Sq) Programmkino mit zwei Sälen unweit der Universität. Einer der Hauptveranstaltungsorte des Belfast Film Festival.

Movie House KINO
(Karte S. 586 f.; www.moviehouse.co.uk; 14 Dublin Rd) Multiplexkino im Zentrum mit zehn Sälen.

Storm Cinemas KINO
(Karte S. 586 f.; www.odysseycinemas.co.uk; Odyssey Pavilion) Belfasts größtes Multiplexkino mit zwölf Sälen und Stadionsitzen gehört zum Odyssey Complex.

Sport

Rugby, Fußball, Gaelic Football und Hockey werden im Winter gespielt, Kricket und Hurling im Sommer.

Windsor Park FUSSBALL
(Karte S. 606; abseits der Lisburn Rd) Südlich des Zentrums befindet sich der Austragungsort internationaler Fußballspiele. Das in die Jahre gekommen Stadion soll 2014 für 29 Mio. £ renoviert werden. Mehr Infos siehe unter www.irishfa.com.

Casement Park GAELIC FOOTBALL
(Karte S. 606; www.antrimgaa.net; Andersonstown Rd) In dem Stadion in West-Belfast werden Gaelic-Football- und Hurlingspiele ausgetragen.

Odyssey Arena EISHOCKEY
(Karte S. 586 f.; www.belfastgiants.com; 2 Queen's Quay) Das Eishockeyteam der Belfast Giants ist ein Publikumsmagnet in dieser Arena im Odyssey Complex. Die Saison dauert von September bis März. Außerdem finden hier Hallensportarten wie Tennis und Leichtathletik statt.

Shoppen

Die gängigen Warenhausketten und Kaufhäuser liegen in einem kompakten Einkaufsviertel nördlich der City Hall mit der **Royal Avenue** im Zentrum. Zu den größten Shopping Malls zählen das **Victoria Square** (Karte S. 586 f.; www.victoriasquare.com; zw. Ann St & Chichester St; ⌚ Mo & Di 9.30–18, Mi–Fr 9.30–21, Sa 9–18, So 13–18 Uhr) und das **Castle Court Centre** (Karte S. 586 f.; www.castlecourt-uk.com; Royal Ave; ⌚ Mo–Mi & Fr & Sa 9–18, Do 9–21, So 13–18 Uhr). Donnerstags haben die Geschäfte bis 20 oder 21 Uhr geöffnet.

Ebenfalls gut zum Shoppen sind die **Lisburn Road** und die **Bloomfield Avenue**. Letztere geht von der Newtonards Road (Ost-Belfast) ab und wartet mit einer überraschenden Menge an Geschäften für Designermode (ca. ein Dutzend) auf.

Wer typisch nordirische Waren kaufen möchte, sollte nach elegantem Belleek-Porzellan und alten und neuen irischen Leinenprodukten Ausschau halten. Irisches Kunsthandwerk und traditionelle irische Musik bekommt man z. B. im Cultúrlann McAdam Ó Fiaich (S. 605).

Wicker Man SCHMUCK, SOUVENIRS
(Karte S. 586 f.; www.thewickerman.co.uk; 44–46 High St; ⌚ Mo–Mi & Fr 9–17.30, Do 9–21, Sa 9–17.30, So 13–17.30 Uhr) Dieser Laden bietet eine ausgezeichnete, zeitgemäße Auswahl an irischem Kunsthandwerk, Geschenken, Silberschmuck, Glas und Strickwaren.

Fresh Garbage KLEIDUNG, SCHMUCK
(Karte S. 586 f.; 24 Rosemary St; ⌚ Mo–Mi, Fr & Sa 10.30–17.30, Do 10.30–20 Uhr) Dank der Gothic-Symbole an der Tür kann man das Fresh Garbage nicht verfehlen. Es ist schon seit über 20 Jahren eine Kultadresse für Hippie- und Goth-Klamotten sowie für keltischen Schmuck.

Steensons SCHMUCK
(Karte S. 586 f.; www.thesteensons.com; Bedford St, Bedford House; ⌚ Mo–Sa 10–17.30, Do 10–20 Uhr) Wer auf der Suche nach handgefertigtem Schmuck ist, wird hier sicher fündig. Steensons wartet mit modernen Silber-, Gold- und Platinprodukten aus einer Goldschmiede in Glenarm, County Antrim, auf.

Archives Antique Centre ANTIQUITÄTEN
(Karte S. 586 f.; www.archivesantiquecentre.co.uk; 88 Donegall Pass; ⌚ Mo–Sa 10.30–17.30 Uhr) Eine echte Schatzkammer für Sammlerstücke und Kuriositäten. Auf drei Stockwerken werden irisches Silber, Messing, Pub-Andenken, Militaria, Bücher und Lampenzubehör verkauft.

Matchetts Music MUSIK
(Karte S. 586 f.; www.matchettsmusic.com; 6 Wellington Pl; ⌚ Mo–Sa 9–17.30 Uhr) Bei Matchetts

ABSTECHER

LISBURN ROAD

Belfasts schickste Einkaufsmeile ist die hippe Lisburn Road (www.thelisburnroad.com), die sich vom Shaftesbury Square mehr als 3 km Richtung Südwesten erstreckt. Von der Eglantine Avenue bis zur Balmoral Avenue buhlen Fassaden aus roten Ziegelsteinen oder im (nachgemachten) Tudorstil um die Aufmerksamkeit. Hier, mitten in den wohlhabenden, baumbestandenen Vororten von Süd-Belfast, haben sich Modeboutiquen, Innenarchitekten, Kunstgalerien, Antiquitäten- und Feinkostläden, Cafés, Weinbars und feine Restaurants niedergelassen.

Music bekommt man alles von Akustikinstrumenten wie Gitarren und Mandolinen bis zu Flöten und *bodhráns* (mit Ziegenfell bespannte Rahmentrommeln) sowie Noten und traditionelle Liederbücher.

Good Vibrations MUSIK
(Karte S. 586 f.; 89–93 North St, Bigg Life Arts Centre) Der Besitzer des besten Plattenladens in Belfast ist Terry Hooley, ein Musikproduzent, der unter dem Label Good Vibrations 1978 *Teenage Kicks* von den Undertones herausbrachte. Hier kann man auch Konzerttickets kaufen und sich über Musikveranstaltungen informieren.

ℹ Praktische Informationen

GEFAHREN & ÄRGERNISSE

Selbst in den unruhigsten Zeiten des Nordirlandkonflikts war Belfast für Touristen nie wirklich gefährlich. Heute ist das Risiko, Opfer eines Verbrechens zu werden, geringer als in London. Nach Einbruch der Dunkelheit meidet man aber am besten sogenannte *interface areas* in der Nähe der Friedenslinie im Westen der Stadt sowie in der Crumlin Road und in Short Strand (gleich östlich der Queen's Bridge). Im Zweifelsfall sollte man lieber vorher im Hotel bzw. Hostel nachfragen.

Regimekritische republikanische Gruppen verüben weiterhin gewalttätige Angriffe auf polizeiliche und militärische Ziele, die Unterstützung der breiten Öffentlichkeit ist aber gleich null. Sicherheitswarnungen haben in der Regel keine Auswirkung auf Besucher (außer dass Straßen gesperrt werden), dennoch sollte man sich der möglichen Gefahr bewusst sein. Auf Twitter kann man die Arbeit der Polizei in Nordirland (PSNI; @policeserviceni) verfolgen und sich bei einer Warnung direkt informieren lassen.

Ein ärgerlicher Nebeneffekt des Nordirlandkonflikts besteht darin, dass es in keinem der Zug- und Busbahnhöfe Gepäckaufbewahrungen gibt. Zudem sind die Sicherheitskräfte präsenter als in anderen Teilen Großbritanniens und Irlands. Gepanzerte Polizeilandrover, verbarrikadierte Polizeistationen sowie Läden und Pubs mit Sicherheitstüren (meist außerhalb des Stadtzentrums), die nur auf Klingeln öffnen, gehören zum Stadtbild.

Wer unbedingt Polizeistationen, Armeeposten oder andere militärische oder paramilitärische Einrichtungen fotografieren möchte, sollte sicherheitshalber zuvor eine Genehmigung einholen. In den protestantischen und katholischen Hochburgen in West-Belfast darf man Personen erst fotografieren, wenn sie dazu ihre Erlaubnis gegeben haben. Wird diese verweigert, ist das zu akzeptieren. Das Fotografieren von Wandgemälden stellt hingegen kein Problem dar.

GEPÄCKAUFBEWAHRUNG

Aufgrund von Sicherheitsbedenken gibt's weder in den Flughäfen noch in den Bahnhöfen und Busbahnhöfen Gepäckaufbewahrungen. Tagsüber kann man seine Sachen aber in vielen Hotels und Herbergen abgeben. Auch das Belfast Welcome Centre bietet diesen Service an (4,50 £ pro Gepäckstück).

INTERNETZUGANG

Belfast Computer Repairs (5 Great Northern Mall, Great Victoria St; 1 £ pro 15 Min.; ⌚ Mo–Fr 8.30–20, Sa 10–20, So 11–20 Uhr) Internetcafé.

Belfast Welcome Centre (visit-belfast.com; 8–9 Donegall Sq N; 1 £ pro 20 Min.; ⌚ ganzjährig Mo–Sa 9–17.30 Uhr, So 11–16 Uhr, Juni–Sept. Mo–Sa 9–19 Uhr)

Ground@Waterstones (44-46 Fountain St; 1 £ pro 20 Min.; ⌚ Mo–Mi, Fr & Sa 9–18, Do bis 21, So 13–17.30 Uhr) Im Café des Buchladens stehen drei PCs bereit. Außerdem kann man kostenlos das WLAN nutzen: Das Passwort bekommt man an der Theke.

Linen Hall Library (Ecke Fountain St & Donegall Sq; 1,50 £ für 30 Min.; ⌚ Mo–Fr 9.30–17.30, Sa 9.30–16.30 Uhr; 📶) Ein Computer pro Etage. Vor der Nutzung muss man sich bei der Rezeption anmelden. Dort gibt's auch das Passwort für den kabellosen Internetzugang (3 £ für bis zu 3 Std.).

MEDIZINISCHE VERSORGUNG

Unfall- und Notfalldienste:

City Hospital (☎ 9032 9241; 51 Lisburn Rd)

Mater Hospital (☎ 9074 1211; 45–51 Crumlin Rd) In der Nähe der Kreuzung von Antrim Road und Clifton Street.

Royal Victoria Hospital (☎ 9024 0503; 274 Grosvenor Rd) Westlich vom Stadtzentrum.

Ulster Hospital (☎ 9048 4511; Upper Newtownards Rd, Dundonald) Nahe Stormont.

NOTFALL

Die nationale Notrufnummer (für Polizei, Feuerwehr und Rettungswagen) ist die ☎ 999.

Rape Crisis & Sexual Abuse Centre (☎ 9032 9002; ⌚ Mo–Fr 10–24 Uhr) Für Vergewaltigungsopfer.

Victim Support (☎ 9024 3133; www.victimsupportni.co.uk) Victim Support ist eine unabhängige gemeinnützige Organisation, die Gewaltopfern hilft.

POST

Post Hauptpost (Karte S. 586 f.; 12–16 Bridge St; ⌚ Mo–Sa 9–17.30 Uhr); Bedford St (Karte S. 586 f.; 16–22 Bedford St; ⌚ Mo–Fr 8–17.30, Sa 8–13 Uhr); Botanic Gardens (Karte S. 586 f.; Ecke University Rd & College Gardens; ⌚ Mo–Sa 8–21, So 10–18 Uhr); Shaftesbury Sq (Karte S. 586 f.; 1–5 Botanic Ave; ⌚ Mo–Fr 9–17.30, Sa 9–13 Uhr)

TOURISTENINFORMATION

Belfast Welcome Centre (Karte S. 586 f.; ☎ 9024 6609; visit-belfast.com; 8–9 Donegall Sq N; ⌚ ganzjährig Mo–Sa 9–17.30 & So 11–16 Uhr, Juni–Sept. Mo–Sa 9–19 Uhr; 📶) Bietet Infos über Nordirland und bucht Unterkünfte in Irland sowie Großbritannien. Gepäckaufbewahrung (nicht über Nacht), Geldwechsel und Internetzugang.

Cultúrlann McAdam Ó Fiaich (Karte S. 606; ☎ 9096 4188; 216 Falls Rd; ⌚ Mo–Fr 9.30–17.30 Uhr) Das Kulturzentrum in West-Belfast ist auch eine gute Anlaufstelle für Touristen.

Fáilte Ireland (Irish Tourist Board; Karte S. 586 f.; ☎ 9031 2345; 8–9 Donegall Sq N) Im Belfast Welcome Centre. Hier kann man Unterkünfte in der Republik reservieren.

Infoschalter George Best Belfast City Airport (☎ 9093 5372; ⌚ Mo–Sa 8–19, So bis 17 Uhr) Belfast International Airport (☎ 9448 4677; ⌚ Mo–Sa 7.30–19, So 8–17 Uhr)

ℹ An- & Weiterreise

BUS

In den beiden Busbahnhöfen der Stadt gibt's **Infoschalter** (⌚ Mo–Fr 7.45–18.30, Sa 8–18 Uhr), an denen man regionale Fahrpläne bekommt. Auch **Translink** (☎ 9066 6630; www.translink.co.uk) informiert über Abfahrtzeiten und Tarife.

National Express (☎ 08717 818 178; www.nationalexpress.com) Bietet täglich eine Verbindung zwischen Belfast und London (einfache Fahrt 47 £, 15 Std.) inklusive der Überfahrt nach Cairnryan via Dumfries, Carlisle, Preston, Manchester und Birmingham an. Fahrkarten werden im Europa BusCentre verkauft.

WEITERFAHRT AB BELFAST

Busse

ZIEL	PREIS	DAUER (STD.)	HÄUFIGKEIT
Armagh	9 £	1¼	Mo–Fr stdl., Sa 6-mal, So 4-mal
Ballycastle	11,50 £	2	Mo–Fr 3-mal, 2-mal
Bangor	3,70 £	¾	Mo–Sa alle 30 Min., So 8-mal
Derry	11,50 £	1¾	Mo–Sa alle 30 Min., So 11-mal
Downpatrick	5,80 £	1	Mo–Sa mind. alle 60 Min., So 6-mal
Dublin	14,15 £	3	stdl.
Enniskillen	11,50 £	2¼	Mo–Sa stdl., So 2-mal
Newcastle	7,80 £	1¼	Mo–Sa stdl., So 8-mal

Züge

ZIEL	PREIS	DAUER (STD.)	HÄUFIGKEIT
Bangor	5,40 £	½	Mo–Sa alle 30 Min., So stdl.
Dublin	30 £	8	Mo–Sa 8-mal, So 5-mal
Larne Harbour	6,90 £	1	stdl.
Newry	11 £	¾	Mo–Sa 8-mal, So 5-mal
Portrush	11,50 £	1¾	Mo–Sa 7- oder 8-mal, So 4-mal

SPARTICKETS

Smartlink Travel Card

Wer häufig die Stadtbusse benutzen wird, sollte sich am Metro-Kiosk, im Belfast Welcome Centre oder im Europa bzw. Laganside Bus Centre eine **Smartlink Travel Card** besorgen. Die Grundgebühr beträgt 1,50 £ plus 10,50 £ für zehn Fahrten und man kann die Karte immer wieder neu aufladen. Außerdem gibt's eine Wochenkarte, die zu unbegrenzten Fahrten berechtigt und mit 16 £ zu Buche schlägt. Beim Einsteigen legt man die Karte einfach auf den Fahrkartenautomaten, der automatisch ein Ticket druckt.

Visitor Pass

Mit dem Belfast Visitor Pass (1/2/3 Tage 6,30/10,50/14 £) kann man die Busse und Züge in bzw. rund um die Stadt nutzen. Das Ticket wird in Flughäfen, großen Bahnhöfen und Busbahnhöfen, am Metro-Kiosk auf dem Donegall Square und im Belfast Welcome Centre verkauft.

Scottish Citylink (✆ 0871 266 3333; www.citylink.co.uk) Vier Busverbindungen täglich von Glasgow nach Belfast (32 £, 6 Std.), ebenfalls mit der Cairnryan-Fähre.

Europa Bus Centre (Karte S. 586 f.; ✆ 9066 6630; Great Victoria St, Great Northern Mall) Der Hauptbusbahnhof liegt hinter dem Europa Hotel und neben der Great Victoria Station. Er ist über die Great Northern Mall neben dem Hotel zu erreichen. Hier starten Busse nach Derry, Dublin und zu weiteren Orten im westlichen und südlichen Nordirland.

Laganside Bus Centre (Karte S. 586 f.; ✆ 9066 6630; Oxford St) Der kleinere der beiden Busbahnhöfe in Belfast befindet sich in der Nähe des Flusses und bedient in erster Linie Ziele im County Antrim, im östlichen County Down und im östlichen County Tyrone.

FLUGZEUG

Belfast International Airport (BFS; www.belfastairport.com) 30 km nordwestlich der Stadt landen z. B. Flieger aus Galway, Großbritannien und Europa.

George Best Belfast City Airport (BHD; Karte S. 606; www.belfastcityairport.com; Airport Rd) Der Flughafen 6 km nordöstlich des Stadtzentrums wird vor allem von Großbritannien aus angesteuert.

SCHIFF/FÄHRE

Steam Packet Company (Karte S. 606; ✆ 08722 992 992; www.steam-packet.com) Am Albert Quay 2 km nördlich des Stadtzentrums laufen die Autofähren zwischen Belfast und Douglas auf der Isle of Man (2–3-mal wöchentlich, nur April–Sept.) aus.

Stena Line (Karte S. 606; ✆ 08447 707070; www.stenaline.co.uk) Die Autofähren zwischen Belfast und Liverpool in England sowie Cairnryan in Schottland legen am Victoria Terminal 5 km nördlich des Stadtzentrums an. Dorthin gelangt man, indem man die M2 Richtung Norden nimmt und bei der Kreuzung 1 rechts abbiegt.

Weitere Autofähren aus bzw. nach Schottland und England starten und enden in Larne, 37 km nördlich von Belfast.

ZUG

Translink informiert über Bahntarife und Fahrpläne. Im **NIR Travel Shop** (✆ 9023 0671; Great Victoria St Station; ⏲ Mo–Fr 9–17, Sa 9–12.30 Uhr) kann man Zugtickets, Fähren und Ferienpauschalangebote buchen.

Belfast Central Station (East Bridge St) Vom Bahnhof östlich des Stadtzentrums geht's nach Dublin und in viele nordirische Städte. Traveller, die an der Central Station ankommen, können ihr Ticket auch für eine einmalige Busfahrt in die Stadt nutzen.

Great Victoria St Station (Great Victoria St, Great Northern Mall) Vom Bahnhof neben dem Europa Bus Centre bestehen Verbindungen nach Portadown, Lisburn, Bangor, Larne Harbour und Derry.

ℹ Unterwegs vor Ort

Belfast wartet mit einem erstklassigen öffentlichen Verkehrssystem auf. Busse verbinden beide Flughäfen mit den Bahn- und Busbahnhöfen.

AUTO & MOTORRAD

Autos können in Belfast eher hinderlich als nützlich sein, da es in der Innenstadt nur eingeschränkte Parkmöglichkeiten gibt. Auf Straßenparkplätzen muss man montags bis samstags zwischen 8 und 18 Uhr einen Parkschein lösen. Wer sein Auto länger abstellen möchte, steuert am besten eines der vielen mehrstöckigen Parkhäuser rund ums Stadtzentrum an.

Die wichtigsten Autovermietungen:

Avis (www.avis.co.uk); City (✆ 0844 544 6036; 69–71 Great Victoria St); Belfast International

Airport (☎ 0844 544 6012); George Best Belfast City Airport (☎ 0844 544 6028)

Budget (www.budget-ireland.co.uk) City (☎ 9023 0700; 96–102 Great Victoria St); Belfast International Airport (☎ 9442 3332); George Best Belfast City Airport (☎ 9045 1111)

Dooley Car Rentals (☎ Republik Irland 062 53103, Vereinigtes Königreich 0800 282189; www.dooleycarrentals.com; Airport Rd, Belfast International Airport, Aldergrove) Die Agentur operiert im ganzen Land und gilt als äußerst zuverlässig sowie preiswert: Für einen Kleinwagen zahlt man etwa 200 £ pro Woche und kann damit ohne zusätzliche Kosten auch in die Republik fahren. Hinzu kommen die Kosten für eine volle Tankladung. Gibt man den Wagen fast leer wieder ab, ist dieser Anbieter immer noch günstiger als die großen Konkurrenzunternehmen.

Europcar (www.europcar.co.uk) City (☎ 0871 384 3428; 90–92 Grosvenor Rd) Belfast International Airport (S. 623) George Best Belfast City Airport (☎ 0871 384 3425)

Hertz (www.hertz.co.uk) Belfast International Airport (☎ 9442 2533); George Best Belfast City Airport (☎ 9073 2451)

BUS

Für Belfasts Busliniennetz ist das Unternehmen **Metro** (☎ 9066 6630; www.translink.co.uk) zuständig. Viele Stadtbusse starten von den verschiedenen Haltestellen rund um den Donegall Square, bei der City Hall und entlang der Queen Street. Im **Metro-Kiosk** (Karte S. 586 f.; ⌚ Mo–Fr 8–17.30 Uhr) an der Nordwestecke des Platzes erhält man kostenlose Übersichtskarten und kann Tickets kaufen.

Beim Busfahrer bekommt man je nach Strecke Tickets (inklusive Wechselgeld) für 1,40 bis 2,20 £ sowie **Metro Day Tickets** (3,70 £) für die unbegrenzte Busnutzung im Innenstadtbereich (Mo–Sa ganztägig). Mit günstigeren Tickets darf man montags bis samstags ab 10 Uhr sowie den ganzen Sonntag über fahren (3,20 £).

Inzwischen werden immer mehr Niederflurbusse eingesetzt, die auch Rollstuhlfahrern einen problemlosen Einstieg ermöglichen.

VON/ZU DEN FÄHRHÄFEN

Zu den Terminals der Unternehmen Stena Line und Steam Packet Company fahren keine öffentlichen Verkehrsmittel. Züge zum Fährhafen in Larne Harbour starten an der Great Victoria Street Station.

FAHRRAD

Die Route 9 des National Cycle Network verläuft mitten durch Belfast und führt über weite Strecken am westlichen Ufer des Lagan sowie an der Nordseite des Belfast Lough entlang.

VON/ZU DEN FLUGHÄFEN

Belfast International Airport Der Airport Express 300 fährt alle zehn bis 15 Minuten zwischen 7 und 20 Uhr, alle 30 Minuten von 20 bis 23 Uhr und während der Nacht stündlich zum Europa Bus Centre (einfach/hin & zurück 7,50/10,50 £, 30 Min.) Die Rückfahrkarte gilt einen Monat lang. Ein Taxi kostet etwa 30 £.

George Best Belfast City Airport Zwischen 6 und 22 Uhr startet der Airport Express 600 alle 15 bis 20 Minuten zum Europa BusCentre (einfach/hin & zurück 2,40/3,60 £, 15 Min.). Das Rückfahrticket behält einen Monat seine Gültigkeit. Für ein Taxi ins Stadtzentrum muss man 10 £ zahlen.

TAXI

Fona Cab (☎ 9033 3333; www.fonacab.com)

Value Cabs (☎ 9080 9080; www.valuecabs.co.uk)

RUND UM BELFAST

Die südwestlichen Vororte erstrecken sich bis zum 12 km entfernten **Lisburn** (Lios na gCearrbhach), das ebenso wie Belfast dank seiner florierenden Leinenindustrie im 18. und 19. Jh. zu Wohlstand kam. Mehr darüber erfährt man im hervorragenden **Irish Linen Centre & Lisburn Museum** (Market Sq; ⌚ Mo–Sa 9.30–17 Uhr) GRATIS, das in dem schönen Market House aus dem 17. Jh. untergebracht ist.

Während im Erdgeschoss Exponate zur Kultur und historischen Entwicklung der Gegend gezeigt werden, zeichnet oben die prämierte Ausstellung „Flax to Fabric“ (Vom Flachs zum Stoff) die spannende Geschichte der Leinenindustrie in Nordirland nach. Vor dem Ersten Weltkrieg war Ulster mit etwa 75 000 Beschäftigten die weltweit größte leinenproduzierende Region.

Audiovisuelle und interaktive Elemente vermitteln ein anschauliches Bild. So kann man z. B. den Angestellten an Jacquard-Webstühlen zuschauen und sich selbst am Flachsspinnen versuchen.

Das **Lisburn Tourist Information Centre** (☎ 9266 0038; Lisburn Sq; ⌚ Mo–Sa 9.30–17 Uhr) liegt am Hauptplatz der Stadt. Nach Lisburn fahren die Buslinien 523, 530 und 532 von der Upper Queen Street in Belfast (2,60 £, 40 Min., Mo–Fr alle 30 Min., Sa & So stdl.). Züge (3,60 £, 30 Min., Mo–Sa mind. alle 30 Min., So stdl.) verkehren von der Belfast Central Station und der Great Victoria Street Station.

Counties Down & Armagh

652 000 EW. / 3702 KM²

Inhalt ➡

Gut essen

- Vanilla (S. 640)
- Niki's Kitchen Café (S. 639)
- Restaurant 23 (S. 643)
- Uluru Bistro (S. 649)
- Mourne Seafood Bar (S. 641)

Schön übernachten

- Anna's House B&B (S. 634)
- Fortwilliam Country House (S. 630)
- Dufferin Coaching Inn (S. 635)
- Briers Country House (S. 639)
- River Mill (S. 636)

Auf nach Down & Armagh

Wenn man vom Gipfel des Scrabo Hill bei Newtownards über das Land blickt, liegen die Schätze der Grafschaft Down wie Juwelen vor einem ausgebreitet. Richtung Süden erstreckt sich der glitzernde Strangford Lough mit kleinen Inseln. An einem Ufer entdeckt man das Castle Espie und das alte Kloster von Nendrum inmitten einer Wattlandschaft voller Vögel und am anderen die malerische Halbinsel Ards.

An klaren Tagen sind in der Ferne die Mourne Mountains zu sehen, deren samtige Hänge ins Meer abtauchen. Ganz in der Nähe befinden sich Downpatrick und Lecale, die alten Lieblingsorte des irischen Nationalheiligen.

Armagh, Downs ländliches Nachbarcounty, wartet im Süden mit niedrigen Hügeln und im Norden mit üppigen Obstgärten und Erdbeerfeldern auf. Mittendrin versteckt sich Irlands hübsche Kirchenhauptstadt Armagh. Wer im beschaulichen südlichen Hinterland eine Wanderung unternimmt, kann die Grenze zur Republik überqueren, ohne es zu merken.

Reisezeit

- Im Mai stehen die Apfelbäume in den Obstgärten des Countys Armagh in voller Blüte. Dieses Ereignis wird in der ersten Hälfte des Monats mit der Apple Blossom Fair gefeiert.
- Im Sommer ist das Wetter zum Wandern und Radfahren am besten und im August findet in den Mourne Mountains das International Walking Festival statt.
- Wer Vögel beobachten möchte, kann die Gegend sowohl im Frühjahr als auch im Herbst besuchen, wobei sich die Anreise im Oktober besonders lohnt, weil nun Zehntausende Ringelgänse zum Überwintern ins Castle-Espie-Schutzgebiet am Strangford Lough kommen.

Highlights

1 In den **Mourne Mountains** (S. 641) alten Schmugglerpfaden folgen

2 Eines oder mehrere der hervorragenden Restaurants in **Hillsborough** (S. 629), **Warrenpoint** (S. 643) und **Bangor** (S. 627) besuchen

3 Die großzügige Architektur und die herrlichen Parkanlagen des **Mount Stewart House** (S. 632) bewundern

4 Am **Castle Espie** (S. 634) große Scharen Gänse, Enten und Sumpfvögel beobachten

5 Auf Nebenstraßen durch **Süd-Armagh** (S. 644) fahren

6 In und um **Downpatrick** (S. 635) auf den Spuren des hl. Patrick wandeln

7 Die Regeln des *road bowling* in der **Stadt Armagh** (S. 645) kennenlernen

COUNTY DOWN

Bangor

55 000 EW.

In dem viktorianischen Seebad leben viele Pendler. Im späten 19. Jh. wurde die Bahnlinie zwischen Belfast und Bangor eingerichtet, um die nordirische Hauptstadt mit dem blühenden Badeort zu verbinden. Dank der Eröffnung einer riesigen Marina und der andauernden Neugestaltung des Meeresufers wurde Bangor immer wohlhabender und gilt heute als eine der besten Adressen in der Region. Die Tradition eines kitschigen britischen Seebades wird nach wie vor im Pickie Family Fun Park am Leben erhalten.

Bis 2015 beherbergt ein einstmals ziemlich heruntergekommenes Gelände an der Küste das **Project 24** (www.project24ni.com). Etliche Künstler haben hier mitten in einem Gemeinschaftsgarten in hell angestrichenen Schiffscontainern ihre Ateliers. Besucher können den Künstlern bei der Arbeit zusehen.

Busbahnhof und Bahnhof liegen beide in der Abbey Street am oberen Ende der Main Street. Am unteren Ende befinden sich die Marina und eine ganze Reihe B&Bs, die sich östlich sowie westlich der Queen's Parade und Seacliff Road aneinanderreihen. Die Main Street und die High Street vereinen sich am Hafen in der Bridge Street.

Sehenswertes & Aktivitäten

North Down Museum MUSEUM
(www.northdownmuseum.com; Castle Park Ave; Di–Sa 10–16.30, So 14–16.30 Uhr, Juli & Aug. auch Mo 10–16.30 Uhr) GRATIS Neben zahlreichen anderen historischen Exponaten zeigt das Museum in den umgebauten Ställen, Lagerräumen und der Wäscherei des Bangor Castle ein Faksimile des *Antiphonary of Bangor*. Dieses kleine Gebetsbuch stammt aus dem 7. Jh. und ist Irlands älteste erhaltene Handschrift (das Original wird in der Bibliotheca Ambrosiana in Mailand aufbewahrt). Eine weitere interessante Abteilung beschäftigt sich mit dem Leben von William Percy French (1854–1920), einem berühmten Unterhaltungskünstler und Liedermacher. (In Bangor ist auch die Percy French Society – www.percyfrench.org – zu finden). Das Museum liegt im Castle Park westlich des Bahnhofs und des Busbahnhofs.

Pickie Family Fun Park VERGNÜGUNGSPARK
(www.pickiefunpark.com; Marine Gardens; pro Fahrt 1,50–4,50 £; Ostern–Sept. 9–19.30 Uhr, Juli & Aug. 9–21 Uhr, Okt.–Ostern 9–16 Uhr; WLAN) Abgesehen von der Uferpromenade ist dieser altmodische, für seine Schwanentretboote berühmte Unterhaltungspark Bangors Hauptattraktion. Er hat auch einen Abenteuerspielplatz, eine Gokartbahn und einen Bummelzug.

Blue Aquarius BOOTSTOUREN
(☎07510 006000; www.bangorboat.com; Erw./Kind ab 6/3 £, Angeltouren Erw./Kind inkl. Ausrüstung und Köder 17/12 £; Abfahrt Juli & Aug. tgl. 14 Uhr, April–Juni & Sept. nur Sa & So) Die *Blue Aquarius* schippert vom Ponton an der Marina neben dem Pickie Family Fun Park in die Bangor Bay. Im Juli und August werden auch **Angeltouren** für Familien angeboten: Abfahrt ist täglich um 9.30 und 19 Uhr am Eisenhower Pier (vom Land aus gesehen an der rechten Hafenseite).

Schlafen

Cairn Bay Lodge B&B ££
(☎9146 7636; www.cairnbaylodge.com; 278 Seacliff Rd; EZ/DZ 45/80 £; WLAN) 1 km östlich des Stadtzentrums blickt dieses nette B&B in einer Villa am Meer über die Ballyholme Bay. Edwardianische Eleganz zeigt sich in der Holzvertäfelung der Lounge und des Speiseraumes, während die drei Zimmer mit Privatbädern punkten und eine Mischung aus antikem Charme sowie modernem Geist ausstrahlen. Außerdem gibt's hier einen tollen Garten und ein Gourmetfrühstück.

Clandeboye Lodge Hotel HOTEL ££
(☎9185 2500; www.clandeboyelodge.com; 10 Estate Rd, Clandeboye; EZ/DZ ab 70/90 £; @ WLAN) Das am südwestlichen Stadtrand gelegene und kürzlich umgestaltete lässig-luxuriöse Hotel hat etwas von einer modernen Backsteinkirche. Es besitzt einen schönen Garten und lockt mit großen Zimmern, glänzenden Bä-

TOP FIVE: ROMANTISCHE ZUFLUCHTSORTE IN NORDIRLAND

- Bushmills Inn Hotel (S. 673)
- Galgorm Resort & Spa (S. 682)
- Malmaison Hotel (S. 610)
- Westville Hotel (S. 688)
- Old Inn (S. 629)

dern samt Granitfliesen, flauschigen Bademänteln, Sekt und Schokolade, Kaminfeuer (im Winter) und einer Terrasse für Drinks (im Sommer).

Ennislare House B&B ££
(☎9127 0858; www.ennislarehouse.com; 7–9 Princetown Rd; EZ/DZ 35/65 £; 📶) 300 m nördlich des Bahnhofs bietet das in einem hübschen viktorianischen Gebäude untergebrachte B&B helle große Zimmer mit modischem Dekor. Der Besitzer liest seinen Gästen quasi jeden Wunsch von den Augen ab.

Essen & Ausgehen

Red Berry Coffee House CAFÉ £
(2-4 Main St; Hauptgerichte 3–6 £; ⏲ Mo–Sa 9–22, So 13–21 Uhr; 📶) Das relaxte Fairtrade-Café serviert bis 11.30 Uhr ein üppiges Frühstück, z. B. Pfannkuchen mit Schinken und Ahornsirup. Tagsüber kann man Sandwiches und Salate bestellen.

★ **Boat House** FRANZÖSISCH, IRISCH ££
(☎9146 9253; www.theboathouseni.co.uk; 1a Seacliff Rd; Zwei-/Drei-Gänge-Mittagsmenü 20/25 £, Hauptgerichte abends 16–23 £; ⏲ Mi–Sa mittags & abends, So 13–20 Uhr) Dieses gemütliche Lokal aus Stein und Ziegeln verfügt über eine Designereinrichtung und befindet sich im früheren Büro des Hafenmeisters gegenüber der Touristeninformation. Auf der Speisekarte stehen lokale Meeresfrüchte, Lamm und mit einem leicht gallischen Touch zubereitetes Wild.

Ava Grill STEAKHAUS ££
(☎9146 5490; www.theava.co.uk; 132 Main St; Hauptgerichte 8–18 £; ⏲ mittags & abends; 📶 👪) Bei Einheimischen erfreut sich das familiengeführte Ava mit den Steinwänden und einer entspannten Lounge-Atmosphäre enormer Beliebtheit. Zur Einrichtung gehören große Weinregale, Sofas, Sessel und gemütliche Nischen. Der Schwerpunkt liegt auf herzhaften Gerichten, darunter Pilze mit Knoblauch, Rindersteak aus der Hochrippe, Brathähnchen und Caesar Salad.

DIE GOLDKÜSTE

In der Küstenregion, die sich von Belfast östlich nach Bangor und darüber hinaus erstreckt, leben zahlreiche Pendler. Weil hier eher die Gutbetuchten wohnen, wird die Gegend gerne „Gold Coast" genannt. Der malerische **North Down Coastal Path** führt an der Küste entlang vom Bahnhof in Holywood zur Marina in Bangor (15 km) und weiter ostwärts bis zum Orlock Point.

Coyle's Bistro BISTRO ££
(☎9127 0362; 44 High St; Hauptgerichte 15–20 £; ⏲ Di–Sa 17–21, So 17–20 Uhr) Obwohl sich das Bistro über einer lauten Bar befindet, ist es ruhig und behaglich, dafür sorgen u. a. die Holzvertäfelung, Spiegelwände und das gedämpfte Licht. Die Bandbreite der abwechslungsreichen Speisen reicht von in Rotwein geschmorter Ochsenbacke bis zu marokkanischem Lammeintopf. Das Zwei-Gänge-Menü (nur von 17 bis 19 Uhr erhältlich) inklusive einer Flasche Wein für zwei Personen kostet 30 £.

Jenny Watts PUB
(41 High St) Das traditionelle Pub mit Biergarten hinter dem Haus zieht ein bunt gemischtes Publikum an. An drei Abenden der Woche gibt's Livemusik, am Freitag und Samstag Disco im Obergeschoss sowie am Sonntag zum Mittag- und Abendessen Jazz und Blues. Die Kneipengerichte schmecken lecker und zu den Essenszeiten sind auch Kinder gern gesehene Gäste.

Praktische Informationen

Touristeninformation (☎9127 0069; www.northdowntourism.com; 34 Quay St; ⏲ Mai–Aug. Mo, Di, Do & Fr 9–17, Mi & Sa 10–17 Uhr, Sept.–April kürzer geöffnet & So geschl.) In einem 1637 errichteten Turm, der als befestigte Zollstation diente.

An- & Weiterreise

BUS

Die Linien 1 und 2 von Ulsterbus fahren vom Belfast Laganside BusCentre nach Bangor (3,70 £, 50 Min., Mo–Sa alle 30 Min., So 8-mal), wo man in die Linie 3 nach Donaghadee (2.90 £, 25 Min., Mo–Sa stdl., So 4-mal) umsteigen kann.

ZUG

Auch von der Great Victoria Station und der Central Station in Belfast gibt's Verbindungen nach Bangor (5,40 £, 30 Min., Mo–Sa alle 30 Min., So stdl.).

Im Zentrum des Countys Down

Südlich von Belfast erstreckt sich jede Menge Weideland. Lediglich das raue Moor von Slieve Croob südwestlich von Ballynahinch

ABSTECHER

CRAWFORDSBURN

3 km westlich von Bangor liegt das nette Museumsdorf Crawfordsburn an der B20. Früher diente das malerische **Old Inn** (☎9185 1300; www.theoldinn.com; 15 Main St; Zi. ab 115 £; @ 📶) als Raststation für Kutschen auf dem Weg von Belfast nach Donaghadee (ehemaliger Hauptfährhafen für Großbritannien). Hier stiegen viele Berühmtheiten ab, darunter der junge russische Zar Peter der Große, der berühmte Straßenräuber Dick Turpin, der ehemalige US-Präsident George Bush senior und eine lange Reihe Literaten von Swift über Tennyson, Thackeray, Dickens und Trollope bis C. S. Lewis. Die 1614 eröffnete Bleibe nimmt für sich in Anspruch, Irlands ältestes Hotel zu sein. Das schilfgedeckte Cottage wurde im 18. Jh. um Anbauten ergänzt und beherbergt heute die Bar. Ein Kamin, niedrige Decken und die Holzvertäfelung schaffen eine gemütliche Atmosphäre, zudem befindet sich hinter dem Haus eine einladende Gartenterrasse. Die Zimmer sind mit Tapeten im Arts-and-Crafts-Stil und Mahagonimöbeln ausgestattet. Das nobel eingerichtete **Lewis Restaurant** (☎9185 1300; Hauptgerichte 17–25 £, So Vier-Gänge-Mittagsmenü 23 £; ⏲abends tgl., So mittags) gilt als eines der besten irischen Lokale.

sorgt in der flachen Gegend für Abwechslung. Das nette Dorf Hillsborough liegt an der A1 zwischen Belfast und Newry.

Hillsborough

3400 EW.

In Hillsborough (Cromghlinn) befindet sich die offizielle Residenz des Staatssekretärs für Nordirland. Das Hillsborough Castle dient als standesgemäßer Ort, um Staatsoberhäupter zu empfangen (darunter die ehemaligen US-Präsidenten George W. Bush und Bill Clinton), außerdem bettet hier die Queen ihr gekröntes Haupt, wenn sie in der Gegend weilt.

Das elegante Dorf wurde in den 1640er-Jahren von Colonel Arthur Hill, dem vierten Marquis von Downshire, gegründet. Hill ließ eine Festung errichten, um irische Aufständische zu unterwerfen. Rund um den Hauptplatz und entlang der Main Street reihen sich georgianische Bauten aneinander.

Sehenswertes

Hillsborough Castle HISTORISCHES GEBÄUDE
(www.gov.uk/hillsborough-castle; Main St; Führungen Erw./Kind/Familie 7/4/18 £, nur Burggelände 3,50 £; ⏲ April–Sept. Sa 10.30–16, So 12–16 Uhr) Das zweistöckige Herrenhaus ist das Highlight des Örtchens. Es wurde 1797 im spätgeorgianischen Stil für Wills Hill, den ersten Marquis von Downshire, gebaut und in den 1830er- und 1840er-Jahren erheblich umgestaltet. Bei der Führung sieht man den Empfangssaal, die Speisesäle und den Lady Grey Room, wo sich der britische Premierminister Tony Blair und US-Präsident George W. Bush 2003 über den Irak berieten.

Hillsborough Courthouse HISTORISCHES GEBÄUDE
(The Square; ⏲Mo–Sa 9.30–17.30 Uhr) GRATIS In diesem schönen alten georgianischen Bauwerk veranschaulicht eine Ausstellung die Aktivitäten des Gerichts im 18. und 19. Jh.

St. Malachy's Parish Church KIRCHE
(Main St; ⏲Mo–Sa 9–17.30 Uhr) GRATIS Dies ist eine der schönsten irischen Kirchen aus dem 18. Jh. Sie besitzt Zwillingstürme am Ende der Seitenschiffe und eine elegante Turmspitze auf der Westseite. Eine Allee führt von der Arthur-Hill-Statue zu dem am Ende der Main Street gelegenen Gotteshaus.

Hillsborough Fort HISTORISCHES GEBÄUDE
(Main St; ⏲ April–Sept. Di–Sa 10–19, So 14–19 Uhr, Okt.–März bis 16 Uhr) GRATIS Nicht weit von der St. Malachy's Parish Church entfernt ließ Arthur Hill 1650 eine Artilleriefestung errichten, die 1758 zu einem Turmhaus im neogotischen Stil umgebaut wurde.

Feste & Events

Oyster Festival KULINARISCH
(www.hillsboroughoysterfestival.com) Jedes Jahr Ende August/Anfang September kommen 10 000 Menschen – und 6000 Austern aus der Dundrum Bay – nach Hillsborough, wo das dreitägige Oyster Festival gefeiert wird. Zu diesem Anlass gibt's nicht nur Spezialitäten aus der Region, Getränke und viel Spaß, sondern auch einen internationalen Austern-Esswettbewerb.

Schlafen & Essen

Dank seiner ausgezeichneten Restaurants ist Hillsborough so etwas wie ein kulinarischer Hotspot. Weil sich die Lokale großer Beliebtheit erfreuen, sollte man an Wochenenden am besten vorab reservieren.

★ **Fortwilliam Country House** B&B ££

(☎ 9268 2255; www.fortwilliamcountryhouse.com; 210 Ballynahinch Rd; EZ/DZ 50/70 £; @ 📶) Dieses B&B verfügt über vier luxuriös ausgestattete Zimmer, darunter ein eleganter viktorianischer Raum mit rosafarbenen Tapeten, einem riesigen Mahagonischrank und Gartenblick. Die Gastfreundlichkeit der Inhaber scheint grenzenlos zu sein. Zum Frühstück kommt man in den Genuss frischer Eier von den hauseigenen Hühnern, außerdem duftet es köstlich nach selbst gebackenem Weißbrot. Vorab buchen!

★ **Plough Inn** BISTRO ££

(☎ 9268 2985; www.theploughhillsborough.co.uk; 3 The Square; Hauptgerichte mittags 9–11 £, abends 10–20 £; ⏲ Mo–Sa mittags & abends, So 12–20 Uhr) In dem gediegenen 1758 eröffneten Pub mit den dunklen Holzvertäfelungen, Nischen und Ecken werden ausgezeichnete Mittagsgerichte serviert, z. B. Tempura aus Fasan und Wildente, Sesam, Ingwer und asiatischem Kraut. Hinten im Restaurant steht Gourmetküche auf dem Programm. Unverputzte Wände, niedrige Decken und ein Kaminfeuer schaffen einen gemütlichen Rahmen für die Speisen von Holztaube bis Lammkarree.

Hillside Bar & Restaurant FRANZÖSISCH, IRISCH ££

(☎ 9268 2765; www.hillsidehillsborough.co.uk; 21 Main St; Hauptgerichte mittags 9–14 £, abends 14–23 £; ⏲ mittags & abends) Das gemütliche Pub wartet mit gutem Bier auf. Im Winter kann man Glühwein am Kamin trinken und sich im Sommer einen Platz im netten Hofbiergarten suchen. Sonntagabends wird Livejazz geboten. Die Küche serviert Gastropubgerichte und zwischen 17 und 18.30 Uhr gibt's ein Zwei-Gänge-Menü für 12,50 £.

ℹ Praktische Informationen

Touristeninformation (☎ 9268 9717; www.visitlisburn.com; The Square; ⏲ Mo–Sa 9–17 Uhr) Im zentral gelegenen georgianischen Gerichtshaus.

ℹ An- & Weiterreise

Der Goldline-Express-Bus 238 hält auf dem Weg vom Europa BusCentre in Belfast nach Newry auch in Hillsborough (3,70 £, 25 Min., Mo–Sa mindestens stdl., So 8-mal).

Ards Peninsula

Die tief gelegene Ards Peninsula (An Aird) umschließt den Strangford Lough wie ein Finger, der gegen die Lecale Peninsula und die Portaferry Narrows tippt. Mit ihren ausgedehnten Weizen- und Gerstenfeldern gehört die Nordhälfte der Halbinsel zu den fruchtbarsten Regionen Irlands, während die Südhälfte eher von kleinen Äckern, weißen Cottages und gewundenen Straßen geprägt ist. An der Ostküste erstrecken sich schöne Sandstrände.

Donaghadee

6500 EW.

Bis 1874 war Donaghadee (Domhnach Daoi) der wichtigste Fährhafen für Schottland, dann wurde die 34 km lange Route nach Portpatrick durch die Stranraer-Larne-Strecke ersetzt. Heute wohnen in dem hübschen Hafenstädtchen vor allem Pendler nach Belfast.

Der Ort beherbergt Irlands angeblich ältestes Pub, das 1611 eröffnete **Grace Neill's**. Prominentester Gast im 17. Jh. war der russische Zar Peter der Große, der hier während seiner Europareise zum Mittagessen einkehrte. Im frühen 19. Jh. nannte der englische Dichter John Keats die Kneipe „nett und sauber", beschwerte sich aber darüber, von den Einheimischen wegen seines exotischen Aufzugs ausgelacht und beschimpft worden zu sein.

Von Juli bis August fahren Boote von **MV The Brothers** (☎ 9188 3403; www.nelsonsboats.co.uk; Erw./Kind 5/3 £; ⏲ je nach Wetter Abfahrt tgl. ab 14 Uhr) nach Copeland Island. Die Insel wird seit Anfang des 20. Jhs. von Meeresvögeln bevölkert. Darüber hinaus gehören **Angeltouren** zum Angebot (10 £ pro Pers., Abfahrten jeweils um 10 und um 19 Uhr); Ausrüstung und Köder werden gestellt.

🛏 Schlafen & Essen

Pier 36 B&B ££

(☎ 9188 4466; www.pier36.co.uk; 36 The Parade; EZ/DZ ab 50/70 £, Restaurant Hauptgerichte 11–19 £; ⏲ Restaurant 12–21 Uhr) Ein tolles Pub mit komfortablen Pensionszimmern im Obergeschoss. Das Restaurant hat rote Backsteinmauern, Terrakottafliesen (im hinteren Bereich) und einen gelben Rayburn-Ofen, in dem Brot und Braten gebacken werden. Außerdem gibt's hier Suppen, Eintöpfe, Würstchen und *champ* (nordirisches Kartoffelpüree mit Frühlingszwiebeln), Muscheln, Fisch und Meeresfrüchte, Steaks sowie eine gute Auswahl an vegetarischen Gerichten.

★ Grace Neill's IRISCH ££

(☎ 9188 4595; www.graceneills.com; 33 High St; Zwei-Gänge-Mittagsmenü 11 £, Hauptgerichte abends 10–19 £; ⏲ Mo–Fr mittags & abends, Sa 12–21.30, So 12.30–20 Uhr) Hinter dem ältesten irischen Pub versteckt sich eines der besten modernen Bistros Nordirlands. Seine meergrünen, kakifarbenen und roten Backsteinwände sind mit künstlerischen Fotos des alten Donaghadee dekoriert. Auf der Speisekarte stehen hochwertige Leckereien, die von Schellfisch und Pommes frites über Steak-and-Guinness-Pie bis zu geschmorter Lammschulter mit butterweichen Quetschkartoffeln reichen.

Portaferry

3300 EW.

Portaferry (Port an Pheire), ein rund um ein mittelalterliches Turmhaus gewachsenes Örtchen, wartet mit einer tollen Lage auf und bietet einen Blick über die Meerenge auf Strangford, wo ein ganz ähnliches Turmgebäude steht. Am Ufer des Lough Strangford befindet sich eine renommierte meeresbiologische Station, in der Wissenschaftler die Flora und Fauna des Sees untersuchen. Hobbyforscher können das Exploris-Aquarium besuchen.

Sehenswertes & Aktivitäten

Exploris AQUARIUM

(www.exploris.org.uk; Castle St; Erw./Kind 7,50/5 £; ⏲ April–Aug. Mo–Fr 10–18, Sa 11–18, So 12–18 Uhr, Sept.–Mai kürzer geöffnet) Das ausgezeichnete Aquarium ist auf dem neuesten Stand der Forschung. Es informiert über das Meeresleben im Strangford Lough und in der Irischen See. Im Streichelbecken dürfen Besucher Rochen, Seesterne, Seeanemonen und andere Meereslebewesen berühren. Zum Exploris gehört auch eine Robbenaufzuchtstation, in der verwaiste, kranke oder verletzte Tiere gepflegt werden, bis sie wieder fit für die Wildnis sind.

Portaferry Castle BURG

(Castle St; ⏲ Ostern–Aug. Mo–Sa 10–17, So 14–18 Uhr) GRATIS In dem kleinen Turmhaus aus dem 16. Jh. neben der Touristeninformation sowie in dem Turmhaus in Strangford wurde früher der Schiffsverkehr durch die Meerenge kontrolliert.

Wanderungen WANDERN

Wer den **Windmill Hill** mit seiner Mühle erklimmt, blickt von dort über die Narrows bis nach Strangford. Die Wikinger nannten die Meerenge Strangfjöthr (mächtiger Fjord), da dort beim Gezeitenwechsel (4-mal tgl.) pro Minute 400 000 m³ Wasser mit acht Knoten hindurchströmen. Einen guten Eindruck von der Gewalt der Strömung bekommt man, wenn man die Fähre bei Flut abdriften sieht.

2008 geriet Portaferry in die Schlagzeilen, als die **SeaGen** – die erste gewerbsmäßige Tideenergie-Turbine, gebaut in der Schiffswerft Harland & Wolff in Belfast – in den Narrows installiert wurde. Der Generator ist weithin sichtbar: Wie ein stämmiger, rotschwarzer Leuchtturm hockt er südlich der Stadt im Kanal. Sein Funktionsbereich befindet sich unter Wasser, wo sich zwei gigantische Turbinenschaufeln in den Tideströmungen drehen und 18 bis 20 Stunden am Tag etwa 1,2 Megawatt Strom erzeugen.

Am Ufer führen schöne Spazierwege 2,5 km nordwärts nach Ballyhenry Island (bei Ebbe zugänglich) und südlich zum 6 km entfernten Naturschutzgebiet beim **Ballyquintin Point**, wo man wunderbar Vögel und Robben beobachten bzw. die herrliche Sicht auf die Mourne Mountains genießen kann.

Des Rogers BOOTSTOUREN

(☎ 4272 8297; desmondrogers@netscapeonline.co.uk; halber/ganzer Tag ca. 75/150 £) Von Mai bis Oktober bietet Des Rogers Angel- und Vogelbeobachtungsausflüge sowie Vergnügungsfahrten auf dem See an. Vorab reservieren.

John Murray BOOTSTOUREN

(☎ 4272 8414; halber/ganzer Tag ca. 75/150 £) John Murray organisiert von Ostern bis Oktober Angeltrips, Vogelbeobachtungstouren und Ausflugsfahrten. Vorab buchen.

Schlafen & Essen

Adair's B&B B&B £

(☎ 4272 8412; 22 The Square; EZ/2BZ 24/46 £; 👪) Mrs. Adairs freundliche Pension befindet sich in einem unscheinbaren Haus am Hauptplatz (ohne Schild; es ist die Nr. 22). Hier gibt's drei große Zimmer: ein Einzelzimmer mit Gemeinschaftsbad sowie ein Doppel- und ein Familienzimmer (beide jeweils mit einem Privatbad, max. 4 Pers.).

Barholm HOSTEL, B&B £

(☎ 4272 9967; www.barholmportaferry.co.uk; 11 The Strand; B/Zi./DZ ab 16/21/50 £) Diese viktorianische Villa liegt gegenüber der Fähranlegestelle direkt am Wasser und empfängt das ganze Jahr über Gäste, die sich über Einrichtungen wie eine geräumige Küche, eine Waschküche und einen großen hellen Frühstücksraum, der auch als Teesalon dient, freuen können. Weil das Barholm bei Gruppen sehr beliebt ist, sollte man vorab buchen.

Portaferry Hotel HOTEL ££
(☎ 4272 8231; www.portaferryhotel.com; 10 The Strand; EZ/DZ ab 75/85 £, Drei-Gänge-Menü abends 26 £; @ 🚸) Einige Reihenhäuser aus dem 18. Jh. wurden zu diesem netten Hotel mit Zimmern im georgianischen Stil umgebaut. Die mit Meerblick (10 £ extra) sind am schönsten. Im hauseigenen familienfreundlichen Restaurant werden französisch angehauchte Gerichte serviert.

ℹ Praktische Informationen

Touristeninformation (☎ 4272 9882; tourism-portaferry@ards-council.gov.uk; Castle St; ⏲ Ostern–Aug. Mo–Sa 10–17, So 14–18 Uhr) In einem restaurierten Stall unweit des Turmhauses.

ℹ An- & Weiterreise

Die **Autofähre** (einfache Fahrt Auto & Fahrer 6,50 £, Motorradfahrer 4 £, Autopassagiere & Fußgänger 1,10 £) zwischen Portaferry und Strangford verkehrt montags bis freitags zwischen 7.30 und 22.30 Uhr, samstags von 8 bis 23 Uhr und sonntags von 9.30 bis 22.30 Uhr (jeweils alle 30 Min.). Die Überfahrt dauert etwa zehn Minuten.

Ulsterbus bietet Verbindungen mit den Linien 9 und 10 von Belfast via Newtownards, Mount Stewart House und Greyabbey nach Portaferry (6,50 £, 1½ Std., Mo–Sa 6-mal tgl., So 2-mal). In Newtownards starten weitere Busse. Achtung: Einige fahren über Carrowdore und halten nicht am Mount Stewart House und in Greyabbey.

Greyabbey

1000 EW.

Das Dorf Greyabbey beherbergt die herrlichen Ruinen der Zisterzienserabtei **Grey Abbey** (Church Rd; Eintritt frei; ⏲ Ostern–Sep. tgl. 10–17 Uhr, Okt.–Ostern nur So 12–16 Uhr), 1193 von Affreca, Frau des Normannenfürsten John de Courcy (Erbauer des Carrickfergus Castle), gegründet. Damit wollte Affreca Gott dafür danken, dass er sie auf ihrer stürmischen Überfahrt von der Isle of Man beschützt hatte. Ein kleines Besucherzentrum dokumentiert das Leben der Zisterzienser in Bildern und auf Infotafeln.

Die Abteikirche, Irlands erster gotischer Sakralbau, wurde bis ins 18. Jh. genutzt. An ihrer Ostseite befindet sich ein Grabmal mit einer Schnitzerei, die vermutlich Affreca darstellt. Das Bildnis im nördlichen Seitenschiff könnte ihren Mann zeigen. Ganz in der Nähe stößt man zudem auf das im 18. Jh. errichtete Rosemount House, dessen Rasenflächen mit schattigen Bäumen und hübschen Blumen zum Picknick einladen.

Im zentral gelegenen **Hoops Courtyard** abseits der Main Street gibt's 18 kleine Antiquitätenläden. Die Geschäftszeiten variieren, doch an Mittwoch-, Freitag- und Samstagnachmittagen stehen alle offen.

Der **Hoops Coffee Shop** (Hoops Courtyard, Main St; Hauptgerichte 4–6 £; ⏲ Juli & Aug. tgl. 10–17 Uhr, Sept.–Juni Di–Sa), eine traditionelle Teestube, serviert gute Mittagsgerichte und köstliche Sahnetees. Bei schönem Wetter kann man sich draußen im Hof einen Platz suchen.

Mount Stewart House

Das fantastische **Mount Stewart House** (www.nationaltrust.org.uk; Erw./Kind 7,30/3,65 £; ⏲ Haus Mitte März–Okt. 12–17, Garten Mitte März–Okt. 10–18 Uhr) aus dem 18. Jh. gilt als einer der prächtigsten Herrensitze Nordirlands und verfügt über eine hübsche **Gartenanlage**. Er wurde für den Marquis von Londonderry errichtet und ist üppig mit Stuckaturen, Marmorskulpturen sowie wertvollen Kunstwerken ausgestattet. Bis 2015 wird das Haus umfassend restauriert, bleibt aber für die Öffentlichkeit zugänglich.

Lady Mairi Vane-Tempest-Stewart (1920–2009), Tochter des siebten Marquis, stiftete Mount Stewart 1977 dem National Trust, bewohnte aber bis zu ihrem Tod im November 2009 einen Teil des Gebäudes und empfing dort Gäste. Durch Annabel (geb. 1934), Tochter des achten Marquis, ist die Familie mit den Goldsmiths verwandt, nach denen ein berühmter Nachtclub in London benannt wurde. Zu den Schätzen des Hauses gehören Stühle, auf denen beim Wiener Kongress 1815 die Abgeordneten saßen (die Stickereien wurden zwischen 1918 und 1922 hinzugefügt). Außerdem hängt hier das Porträt des Rennpferdes Hambletonian von George Stubbs, eines der bedeutendsten irischen Gemälde.

Anfang des 20. Jhs. wurden die wunderschönen Gärten von Lady Edith, der Frau des siebten Marquis, zur Unterhaltung ihrer Kinder mit Skulpturen ausgestattet. Die Dodo-Terrasse vor dem Haus ist mit seltsamen Figuren aus Geschichte (Dinosaurier und Dodos) und Mythologie (Greife und Meerjungfrauen) sowie Riesenfröschen und

LORD CASTLEREAGH

Auf dem Mount-Stewart-Anwesen verbrachte Robert Stewart, Lord Castlereagh (1769–1822), seine Kindheit. Er ging als einer der besten britischen Außenminister in die Geschichte ein, war aber zu Lebzeiten äußerst unbeliebt, weil er als Fürsprecher eines äußerst repressiven Regimes galt. Liberale Reformer griffen ihn in der Presse scharf an, darunter auch Daniel O'Connell, der ihn als Vaterlandsmörder bezeichnete, sowie die Dichter Percy Bysshe Shelley und Lord Byron. Letzterer schrieb sogar ein Epitaph für den Lord, das an Schärfe kaum zu überbieten war:

„Nie wird die Nachwelt ein erhebenderes Bildnis seh'n als dies:
Hier liegen die Gebeine von Lord Castlereagh.
Halt inne, Reisender, und piss!"

Als Chief Secretary für Irland in der Regierung von William Pitt war Castlereagh verantwortlich für die Niederschlagung des Aufstands 1798 und den Act of Union von 1801. Während der Napoleonischen Kriege hatte er den Posten als Außenminister inne und vertrat sein Land 1815 auf dem Wiener Kongress. (Die 22 Stühle, auf denen die europäischen Führer während des Kongresses saßen, sind im Mount Stewart House zu sehen.) Letztlich brachte ihm der politische Erfolg jedoch kein Glück: Schon während seiner Amtszeit litt Castlereagh unter Verfolgungswahn und Depressionen und schnitt sich schließlich mit einem Brieföffner die Kehle durch.

Schnabeltieren bevölkert. Hoch über dem Lough thront der **Temple of the Winds** (Mitte März–Okt. So 14–17 Uhr) aus dem 18. Jh., ein Nachbau im klassischen griechischen Stil.

Das Anwesen liegt 3 km nordwestlich von Greyabbey und 8 km südöstlich von Newtownards an der A20. Am Eingangstor halten Busse, die von Belfast und Newtownards nach Portaferry fahren. Das Erdgeschoss und große Teile der Gärten sind für Rollstuhlfahrer zugänglich. Eine Stunde vor Schließung ist der letzte Einlass.

Newtownards & Umgebung

27 800 EW.

Im 17. Jh. entstand dieser Ort am ehemaligen Standort des Movilla-Klosters aus dem 6. Jh. Heute ist Newtownards (Baile Nua nah Arda) eine geschäftige, aber nicht weiter aufregende Stadt. Die **Touristeninformation** (9182 6846; www.visitstrangfordlough.co.uk; 31 Regent St; Mo–Fr 9.15–17, Sa 9.30–17 Uhr) befindet sich neben dem Busbahnhof.

Sehenswertes

Scrabo Country Park — PARK

Newtownards wird vom weithin sichtbaren **Scrabo Hill** 2 km südwestlich der Stadt überragt. Früher erstreckten sich hier ausgedehnte prähistorische Erdwälle, die für den Bau des 41 m hohen **1857 Memorial Tower** (Juni–Mitte Sept. 10–17 Uhr, März–Mai, Ende Sept. & Okt. Sa & So 12–16 Uhr, Nov.–Feb. nur So) GRATIS abgetragen wurden. Im Inneren des zu Ehren des dritten Marquis von Londonderry errichteten Gebäudes informiert eine interessante Audioshow über die Geschichte des Turms. 122 Stufen führen auf die Aussichtsplattform, von der man an klaren Tagen Schottland, Isle of Man und sogar den Snowdon in Wales erblickt. Der stillgelegte Sandsteinbruch in der Nähe lieferte das Material für viele berühmte Bauwerke, darunter der Albert Memoral Clock Tower in Belfast.

Somme Heritage Centre — MUSEUM

(www.irishsoldier.org; 233 Bangor Rd; Erw./Kind 5/4 £; Juli & Aug. Mo–Fr 11–17, Sa & So 12–17 Uhr, April–Juni & Sept. Mo–Do 10–16, Sa 12–16 Uhr, Okt.–März kürzer geöffnet) Das auf düstere Weise faszinierende Museum veranschaulicht die Schrecken des Somme-Feldzugs von 1916 aus der Sicht der Soldaten der zehnten (irischen), 16. (irischen) und 30. (Ulster-)Division. In einer Hightechshow werden Kurzfilme vorgeführt und Rekonstruktionen der Schützengräben gezeigt. Das Heritage Centre versteht sich als Mahnmal für die Opfer des Kriegs und erinnert an die Suffragettenbewegung sowie die Rolle der Frauen im Ersten Weltkrieg. Es liegt 3 km nördlich von Newtownards an der A21 Richtung Bangor und wird alle halbe Stunde von der Buslinie 6 zwischen Bangor und Newtownards angesteuert.

Ark Open Farm — BAUERNHOF

(www.thearkopenfarm.co.uk; 296 Bangor Rd; Erw./Kind/Familie 5,20/4,40/19 £; April–Okt. Mo–Sa 10–18, So 14–17 Uhr, Nov.–März tgl. 10–17 Uhr)

Dank seiner seltenen Schafarten und Rinder sowie des Federviehs, der Lamas und Esel ist der Bauernhof ein echter Familienmagnet. Hier dürfen die Kids Lämmer, Ferkel und Entenküken streicheln und füttern.

Strangford Lough

Der Strangford Lough (Loch Cuan; www.strangfordlough.org; siehe auch S. 593) ist fast völlig von Land umschlossen; nur eine 700 m breite Meerenge bei Portaferry, die Narrows, verbindet ihn mit der Irischen See. An seinem Westufer erheben sich zahlreiche bucklige Drumlins, halb versunkene eiszeitliche Geschiebelehminseln. An der Ostküste wurden die Hügel dagegen von der Kraft der Wellen aufgebrochen und zu flachen Gezeitenriffen abgetragen, *pladdies* genannt.

Im See leben große Kolonien von Kegelrobben, besonders an der Südspitze der Ards Peninsula, wo sich die Meerenge zur Irischen See hin öffnet. Zahlreiche Vogelarten bevölkern Meer und Watt, darunter Ringelgänse aus der kanadischen Arktis, die hier überwintern, Eiderenten und Watvögel. Austern aus dem Strangford Lough gelten als besondere Delikatesse.

Sehenswertes

Castle Espie Wildfowl & Wetlands Centre TIERSCHUTZGEBIET
(siehe auch S. 593; www.wwt.org.uk; Ballydrain Rd, Comber; Erw./Kind 7,30/3,60 £; März–Okt. 10–17 Uhr, Nov.–Feb. 10–16.30 Uhr) Dieser Rückzugsort für Gänse (hier verbringen ca. 30 000 hellbäuchige Ringelgänse – 75 % der weltweiten Population – den Winter), Enten und Schwäne ist ein Paradies für angehende Naturforscher und Familien, die bei Vogelfütterungen zusehen und im Teich baden können.

Darüber hinaus gibt's in dem Schutzgebiet ein tolles **Besucherzentrum**, das über nachhaltige Entwicklung informiert, sowie zahlreiche Verstecke, um Wat- und Wasservögel zu beobachten. Am besten besucht man das Reservat im Mai oder Juni, wenn die Gänse-, Enten- und Schwanenküken schlüpfen, oder im Oktober, wenn die Ringelgänse in großen Scharen aus dem arktischen Kanada kommen.

Das Castle Espie Wildfowl & Wetlands Centre liegt 2 km südöstlich von Comber in der Nähe der Downpatrick Road (A22).

Nendrum Monastic Site HISTORISCHE STÄTTE
(Lisbane; Stätte 24 Std., Besucherzentrum Juni–Sept. tgl. 10–17 Uhr, April–Mai Di–So 10–17 Uhr, Okt.–März nur So 12–16 Uhr) GRATIS Im 5. Jh. wurde die keltische Klostersiedlung von Nendrum unter Leitung des hl. Mochaoi (oder Mahee) erbaut. Sie ist weitaus älter als das normannische Kloster in Greyabbey am anderen Ufer und ganz anders. Ihre Überreste lassen den ursprünglichen Grundriss noch deutlich erkennen. Fundamente von mehreren Kirchen, einem **Rundturm**, bienenkorbartigen Zellen und weiteren Gebäuden blieben erhalten. Außerdem stehen hier in herrlicher Insellage noch Reste von drei konzentrischen **Steinwällen** und dem Mönchsfriedhof. Besonders interessant ist eine steinerne Sonnenuhr, die unter Verwendung von Originalteilen rekonstruiert wurde. Die kleine Straße von der Westküste des Lough nach Mahee Island führt über einen Damm nach Reagh Island und anschließend über eine Brücke, die von der Turmruine des Mahee Castle aus dem 15. Jh. bewacht wird.

In dem kleinen **Besucherzentrum** wird ein ausgezeichnetes Video gezeigt, das Nendrum mit der Grey Abbey vergleicht. Darüber hinaus gibt's eine interessante, auch für Kinder geeignete Dokumentation über Zeitvorstellungen und Zeitmessung.

Die historische Stätte liegt 5 km südlich von Comber an der A20 und ist ab Lisbane ausgeschildert.

Schlafen & Essen

★ **Anna's House B&B** B&B ££
(9754 1566; www.annashouse.com; 35 Lisbarnett Rd, Tullynagee, Lisbane; EZ/DZ ab 60/90 £;) Westlich von Lisbane wartet das Anna's, ein großes umweltfreundliches Landhaus, mit einem tollen Garten und einem hübschen Glasanbau auf, von dem man direkt auf einen See blickt. Jeder Gast wird herzlich empfangen, die Essenszutaten stammen fast vollständig aus biologischem Anbau und es gibt selbst gebackenes Brot. Beim Frühstück hat man die Qual der Wahl, denn die Bandbreite reicht von Räucherhering über Lachsomelett bis zu frischem Obstsalat. Spezielle Diäten werden gern berücksichtigt.

Old Schoolhouse Inn B&B ££
(9754 1182; www.theoldschoolhouseinn.com; Ballydrain Rd, Comber; EZ/DZ 55/80 £;) Südlich des Castle-Espie-Schutzgebietes steht an der Straße nach Nendrum das markante Old Schoolhouse mit sieben luxuriösen, modernen Zimmern, die nach ehemaligen US-Präsidenten benannt sind. Das frühere Klassenzimmer, heute in dunklem Bordeauxrot und mit alten Musikinstrumenten dekoriert, be-

herbergt nun ein preisgekröntes **Restaurant** (Hauptgerichte 16–23 £; ⏲ Mo–Sa mittags & abends, So 12.30–21.30 Uhr), in dem französische Landhausgerichte aus lokalen Zutaten auf den Tisch kommen.

Old Post Office Tearoom CAFÉ £
(191 Killinchy Rd, Lisbane; Hauptgerichte 4–7 £; ⏲ Mo–Sa 9.30–17 Uhr) Das strohgedeckte Cottage, in dem früher das Postamt untergebracht war, wurde in eine hübsche Teestube mit einem Kunstmuseum verwandelt. Cremefarbener Putz, Kiefernholzmöbel und ein Holzofen sorgen für Gemütlichkeit. Der Kaffee und die hausgemachten Scones sind wirklich lecker. Mittags gehören Lasagne und frischer Salat zum Angebot.

Killyleagh

2200 EW.

Das ehemalige Fischerdorf Killyleagh (Cill O Laoch) beherbergt die eindrucksvolle **Burg** (nicht öffentlich zugänglich) der Familie Hamilton. Ursprünglich ließ John de Courcy im 12. Jh. vor Ort eine normannische Motte mit Einfriedung errichten, allerdings sieht man heute nur noch die Rekonstruktion von 1850 im schottischen Baronial-Stil. An der Außenseite des Torhauses erinnert eine Tafel an den Naturkundler Sir Hans Sloane, der 1660 in Killyleagh geboren wurde. Seine Sammlung bildete den Grundstock für das British Museum, außerdem trägt der Sloane Square in London seinen Namen. In der Pfarrkirche befinden sich die Gräber der Blackwoods (Marquis von Dufferin), die im 18. Jh. in die Familie Hamilton einheirateten.

Im September steigt in Killyleagh das **Magnus Barelegs Viking Festival** (www.magnusvikings.com) mit Festumzügen, Kunstmärkten, Livemusik und einem Wikingerbootsrennen auf dem nahe gelegenen Strangford Lough.

Schlafen & Essen

★ **Dufferin Coaching Inn** B&B ££
(☎ 4482 1134; www.dufferincoachinginn.com; 35 High St; EZ/DZ 65/90 £; 📶) Einst war in der bequemen Lounge der hübschen georgianischen Pension die örtliche Bank untergebracht. Heute kann man hier am Kohlenofen kostenlose Sonntagszeitungen lesen und die Bibliothek im ehemaligen Büro des Filialleiters durchstöbern. Die sieben stilvollen Zimmer sind gut ausgestattet, einige warten sogar mit Himmelbetten auf. Im kleinsten Doppelzimmer versteckt sich das Bad diskret hinter einem Vorhang. Zum ausgezeichneten Frühstücksangebot gehören frisch gepresster Orangensaft, guter Kaffee und Rührei mit Räucherlachs.

★ **Dufferin Arms** PUB ££
(www.dufferinarms.co.uk; 35 High St; Hauptgerichte 8–15 £; ⏲ Mo–Mi mittags & abends, Do 12–20.30, Fr & Sa 12–22, So 12–19.30 Uhr) In dem gemütlichen altmodischen Pub mit der größeren Stables Bar im Keller gibt's handfeste Kneipenkost. Etwas intimer geht's im Restaurant mit der offenen Küche und Kerzenlicht zu. Freitags und samstag treten hier ab 21 Uhr Bands auf, zudem finden samstagnachmittags Folk- und Bluegrass-Sessions statt..

ℹ An- & Weiterreise

Die Linie 11 von Ulsterbus fährt von Belfast via Comber nach Killyleagh (5 £, 1 Std., Mo–Fr 10-mal, Sa 5-mal, So 2-mal) und die Linie 14 verkehrt zwischen Killyleagh und Downpatrick (2,90 £, 20 Min., Mo–Fr 10-mal, Sa 5-mal).

Downpatrick

10 300 EW.

Die Mission des hl. Patrick, überall in Irland das Christentum zu verbreiten, begann und endete in Downpatrick. An den irischen Nationalheiligen erinnern zahlreiche Stellen in der Gegend. In Saul führte er den ersten Menschen zum Glauben und in der Down Cathedral wurde er begraben. Am 17. März, dem St. Patrick's Day, wimmelt es in der Stadt nur so von Pilgern und Feierlustigen.

Doch es gab Downpatrick, heute das Verwaltungszentrum der Grafschaft, schon lange vor Ankunft des Heiligen. Patrick errichtete seine erste Kirche innerhalb der *dún* (Festung) von Rath Celtchair, einer noch heute sichtbaren Erhebung südwestlich der Kathedrale. Zunächst war die Stelle unter dem Namen Dún Pádraig (Patricks Festung) bekannt, der schließlich im 17. Jh. zu Downpatrick anglisiert wurde.

1176 soll der Normanne John de Courcy die sterblichen Überreste der beiden Heiligen Colmcille und Brigid hierhergebracht haben, wo sie einer lokalen Legende zufolge bei den Gebeinen des hl. Patrick ruhen: „In Down, three saints one grave do fill, Patrick, Brigid and Colmcille". Später erlebte Downpatrick einen Niedergang, bis im 17. und 18. Jh. die Familie Southwell der Altstadt ihre heutige Form gab. Die schönsten Beispiele georgianischer Architektur finden sich entlang der English Street und der Mall, die zur Kathedrale führt. Dagegen wirkt der Rest des Ortes etwas schmuddelig und leicht verwahrlost. Achtung: Das Stadtzentrum ist verkehrstechnisch ein Nadelöhr.

Sehenswertes

In Downpatricks hübschester Straße, der **Mall**, reihen sich hübsche Gebäude aus dem 18. Jh. aneinander, darunter die **Soundwell School** von 1733 und das **Gerichtsgebäude** mit einem schön verzierten Giebel.

Saint Patrick Centre AUSSTELLUNG
(www.saintpatrickcentre.com; 53a Market St; Erw./Kind 5,50/3 £; ⏲ Mo–Sa 9–17 Uhr, Juli–Aug. auch So 13–17 Uhr, St. Patrick's Day 9–19 Uhr) Anhand von Audio- und Videopräsentationen veranschaulicht eine Multimediaausstellung namens **Ego Patricius** das Leben und Wirken des irischen Schutzheiligen. Zu den Besuchern gehören viele Schulklassen. An mehreren Stellen wird aus der lateinischen *Confessio* zitiert, die um 450 entstand und mit den Worten „Ego Patricius" („Ich bin Patrick") beginnt. Der Rundgang endet mit einem spektakulären Film, der seine Zuschauer auf einen atemberaubenden Hubschrauberflug über Irland mitnimmt.

Down Cathedral KATHEDRALE
(www.downcathedral.org; The Mall; ⏲ Mo–Sa 9.30–16 Uhr) GRATIS Einer Legende zufolge starb der hl. Patrick in Saul. Engel forderten seine Anhänger auf, den Leichnam auf einen von ungezähmten Ochsen gezogenen Karren zu legen. Wo die Tiere anhalten würden, sollte der Heilige beerdigt werden. Angeblich blieben sie bei einer Kirche auf dem Hügel von Down stehen, dem späteren Standort der zur Church of Ireland gehörenden Down Cathedral.

Das Gebäude ist ein Sammelsurium von Baustilen aus 1600 Jahren. Wikinger tilgten alle Spuren früherer Bauten, außerdem zerstörten 1316 schottische Plünderer die normannische Kathedrale und das dazugehörige Kloster. Aus dem Bauschutt errichtete man im 15. Jh. eine neue Kirche, die 1512 fertiggestellt, aber bereits 1541 nach Auflösung der Klöster dem Erdboden gleichgemacht wurde. Das heutige Bauwerk stammt im Wesentlichen aus dem 18. und 19. Jh. Sein Inneres wurde in den 1980er-Jahren völlig neu gestaltet.

Auf dem Friedhof südlich der Kathedrale befindet sich ein Grabmal aus Mourne-Granit mit der Inschrift „Patrick". 1900 ließ es der Belfast Naturalists' Field Club aufstellen, um die Lage vom **Grab des hl. Patrick** zu kennzeichnen.

Um vom Saint Patrick Centre zur Down Cathedral zu kommen, folgt man dem Pfad links vom Zentrum hügelaufwärts durch die Grünanlage.

Down County Museum MUSEUM
(www.downcountymuseum.com; The Mall; ⏲ Mo–Fr 10–17, Sa & So 12–17 Uhr) GRATIS Von der Kathedrale geht's bergab zum Down County Museum, das im ehemaligen Stadtgefängnis aus dem 18. Jh. untergebracht ist. In einem Zellenblock werden Modelle einstiger Gefangener und Infoschilder zu ihrem tristen Dasein gezeigt, zudem informieren Schautafeln über die Eroberung von Down durch die Normannen. Das größte Exponat befindet sich im Freien: Ein kurzer, ausgeschilderter Weg führt zum **Mound of Down**, einem tollen Beispiel für eine normannische Motte mit Schutzwall.

Schlafen & Essen

★ **River Mill** B&B ££
(☎ 4484 1988; www.river-mill.com; 43 Ballyclander Rd; DZ 70 £; 📶) Das hübsch restaurierte Mühlenhaus aus dem 18. Jh. versteckt sich 6 km südöstlich von Downpatrick unweit der Straße nach Ardglass auf dem Land. Hinter der traditionellen Steinfassade verbirgt sich ein entzückendes, minimalistisches, modernes Interieur, mit Lounges auf zwei Ebenen und zwei geräumigen Zimmern samt Bädern, Holzfußböden, weißen Wänden und einfachen Holzmöbeln. Der hilfsbereite Gastgeber kann Massage- und Reiki-Anwendungen in dem alternativen Therapiezentrum nebenan vermitteln.

Denvir's Hotel & Pub B&B ££
(☎ 4461 2012; www.denvirshotel.com; 14 English St; EZ/DZ 40/70 £; 📶) Vor Kurzem wurde die 1642 errichtete Kutschenstation stilvoll restauriert. Sie beherbergt sechs eigenwillig gestaltete Zimmer mit geschliffenen Holzdielen, georgianischen Fenstern und historischen Kaminen. In der gemütlichen Bar und im rustikalen **Restaurant** (Hauptgerichte 7–11 £; ⏲ 12–20 Uhr) mit einer riesigen Feuerstelle aus dem 17. Jh. gibt's gutes Essen.

Praktische Informationen

Touristeninformation (☎ 4461 2233; www.visitdownpatrick.com; 53a Market St; ⏲ Juli & Aug. Mo–Sa 9.30–18, So 14–18 Uhr, Sept.–Juni Mo–Sa 10–17 Uhr) Im St. Patrick Centre nördlich des Busbahnhofs.

An- & Weiterreise

Downpatrick befindet sich 32 km südöstlich von Belfast und wird von den Buslinien 15, 15A sowie 515 angesteuert, die am Europa BusCentre in Belfast starten (5,80 £, 1 Std., Mo–Sa mind. stdl., So 6-mal). Außerdem fährt der Goldline-Express-Bus 215 hierher (50 Min., Mo–Sa stdl.).

Der Goldline-Express-Bus 240 verkehrt von Downpatrick über Dundrum, Newcastle, Castlewellan und Hilltown nach Newry (9 £, 1¼ Std., Mo–Sa 6-mal, So 2-mal).

Rund um Downpatrick

Einer beliebten Überlieferung nach soll der hl. Patrick von irischen Piraten aus Großbritannien entführt worden sein und sechs Jahre als Sklave Schafe gehütet haben (möglicherweise auf Slemish). In der Gefangenschaft wuchs sein Glaube und er betete täglich, bis ihm schließlich die Flucht zurück zu seiner Familie gelang. Nach seiner theologischen Ausbildung kehrte Patrick nach Irland zurück, um dort das Christentum zu verbreiten. Angeblich ging er am Ufer des Strangford Lough in der Nähe von Saul nordöstlich von Downpatrick an Land. Seine erste Predigt hielt er in einem nahe gelegenen Stall. Nach 30 Jahren Missionstätigkeit zog er sich nach Saul zurück.

Saul

Bei seiner Ankunft 432 gewann Patrick hier seinen ersten Anhänger: Díchú, der örtliche Häuptling, schenkte dem Heiligen einen Schafstall (gälisch *sabhal*, ausgesprochen „ßohl") für seine Predigten, der vermutlich westlich des Dorfes lag. Heute befindet sich an dieser Stelle der Nachbau einer **Kirche mit Rundturm** aus dem 10. Jh., der 1932 zum 1500. Jahrestag von Patricks Ankunft errichtet wurde.

Östlich der Ortschaft erhebt sich der kleine **Slieve Patrick** (120 m) mit einem Kreuzweg zur Hügelkuppe und einer 10 m hohen Statue des Heiligen, ebenfalls aus dem Jahre 1932. Am St. Patrick's Day strömen zahllose Pilger auf den Hügel.

Saul liegt 3 km nordöstlich von Downpatrick abseits der A2 Richtung Strangford.

Struell Wells

Diese Quellen, denen man heilende Kräfte zuschreibt, werden ebenfalls mit dem hl. Patrick in Verbindung gebracht. Es heißt, er habe hier als Bußübung fast eine ganze Nacht nackt und Psalmen singend in der **Drinking Well** verharrt.

Während die Stätte selbst seit Jahrhunderten verehrt wird, sind die Gebäude erst nach 1600 entstanden. Die gut erhaltenen **Badehäuser** aus dem 17. Jh. sehen so aus, als würden sie eher krank als gesund machen. Zwischen den Bauten und der verfallenen Kapelle liegt die **Eye Well**, deren Wasser angeblich Augenleiden heilen soll.

Die Quellen befinden sich in einem malerischen Tal 2 km östlich von Downpatrick. Man erreicht sie, indem man die B1 Richtung Ardglass nimmt und hinter dem Krankenhaus links abbiegt.

Lecale Peninsula

Im Norden, Süden und Osten ist die östlich von Downpatrick gelegene Lecale Peninsula vom offenen Meer bzw. Strangford Lough umgeben, während sie im Westen von den Feuchtgebieten der Flüsse Quoile und Blackstaff begrenzt wird. Ihr irischer Name Leath Chathail (gesprochen ley-ke-*hel*) bedeutet „Land von Cathal" (ein Fürst im 8. Jh.).

Die flache Halbinsel wartet mit fruchtbarem Ackerland, Fischerhäfen, Klippen und Sandstränden auf und gilt darüber hinaus als eine Art Wallfahrtsort für Fans von Van Morrison: Coney Island, in seinem gleichnamigen Song verewigt, erstreckt sich zwischen Ardglass und Killough im Süden von Lecale.

Strangford

550 EW.

Das malerische Fischerdorf Strangford (Baile Loch Cuan) wird vom **Strangford Castle** (Castle St) beherrscht, einem Turmhaus aus dem 16. Jh., dessen Gegenstück auf der anderen Seite der Narrows in Portaferry steht. Leider ist das Gebäude nicht öffentlich zugänglich. Am Ende der Castle Street führt ein Fußweg, der sogenannte **Squeeze Gut**, auf den Hügel hinter dem Ort, von dem man eine schöne Aussicht auf den See genießt. Anschließend geht's in einem Bogen über die baumbestandene Dufferin Avenue (1,5 km) nach Strangford zurück oder am Ufer entlang weiter bis zum Castle Ward Estate (4,5 km).

Strangford Sea Safari (☎ 4372 3933; www.strangford-seasafari.com; Strangford Harbour; Erw./Kind ab 18/15 £) bietet einige aufregende Schnellboottouren in die quirligen Gezeitenströme der Narrows, die u. a. Besuche des Gezeitenkraftwerks SeaGen, des Angus-Rock-Leuchtturms und der örtlichen Seehundkolonien umfassen.

Strangford liegt 16 km nordöstlich von Downpatrick.

Schlafen & Essen

★ Cuan B&B ££

(☎ 4488 1222; www.thecuan.com; The Square; EZ/DZ 65/95 £; 📶) Die grüne Fassade der Pension gleich um die Ecke zur Fähranlegestelle ist kaum zu übersehen. Peter und Caroline, die Inhaber, bereiten ihren Gästen einen herzlichen Empfang. Im gemütlichen holzvertäfelten **Restaurant** (Hauptgerichte 11–16 £; ⌚Küche Mo–Do 12–21, Fr & Sa 12–21.30, So 12–20.30 Uhr) kommen Riesenportionen lokaler Meeresfrüchte sowie Lamm- und Rindfleischgerichte auf den Tisch. Das B&B verfügt über neun komfortable Zimmer.

Castle Ward Estate

Das **Castle Ward House** blickt auf die Bucht westlich von Strangford und wirkt ein bisschen wie eine gespaltene Persönlichkeit. Es wurde in den 1760er-Jahren für Lord und Lady Bangor (Bernard Ward und seine Frau Anne), ein ziemlich seltsames Paar, errichtet. Die architektonischen Vorstellungen der beiden waren so verschieden, dass dabei ein überaus exzentrischer Landsitz herauskam – und anschließend die Scheidung. Während Bernard einen neoklassizistischen Stil favorisierte (an der Fassade und dem Treppenaufgang zu erkennen), bevorzugte Anne eindeutig eine Variante der Neogotik (Rückseite des Gebäudes), die im unglaublichen Fächergewölbe ihres „gotischen" Boudoirs ihren Höhepunkt fand. Von 12 bis 16 Uhr gibt's stündlich **Führungen**, die im Eintrittspreis enthalten sind.

Heute gehört das Haus zum **Castle Ward Estate** (www.nationaltrust.org.uk; Park Rd; Erw./Kind 7,30/3,65 £; ⌚Hausbesichtigung 4/2 £; ⌚Haus Ostern–Okt. 12–17 Uhr, Gelände April–Sept. 10–20 Uhr, Okt.–März bis 16 Uhr), das vom National Trust verwaltet wird. Auf dem Anwesen befinden sich ein viktorianisches Wäschereimuseum, das Strangford Lough Wildlife Centre, das Old Castle Ward (ein schönes Turmhaus aus dem 16. Jh.) und das Castle Audley (ein Turmhaus aus dem 15. Jh.). Darüber hinaus erstrecken sich in der Gegend zahlreiche Wander- und Radwege.

Newcastle

7500 EW.

Das viktorianische Seestädtchen Newcastle (An Caisleán Nua) hat ein millionenschweres Facelifting bekommen. Besonders viel Geld wurde in eine über 1 km lange schicke **Uferpromenade** mit modernen Skulpturen sowie in eine elegante Fußgängerbrücke über den Fluss Shimna gesteckt. Darüber hinaus lockt der Ort mit einem 5 km langen goldgelben Sandstrand am Fuße der Mourne Mountains. Die Einwohner hoffen, dass er dadurch das Image eines angestaubten Seebades verliert und sich zu einem Zentrum für Outdooraktivitäten entwickelt.

Newcastle ist ein traditioneller Ausgangspunkt für die Erkundungen der Mourne Mountains, egal ob zu Fuß, per Auto oder mit dem Bus. Golfspieler aus der ganzen Welt zieht es zum Royal County Down Golf Course, von der Zeitschrift *Planet Golf* zum besten Platz der Welt außerhalb der USA gekürt.

Wer mit dem Auto reist, sollte beachten, dass hier an Sommerwochenenden sehr viel los sein kann.

Sehenswertes & Aktivitäten

Früher wurde der kleine Hafen am Südende der Stadt von Schiffen angesteuert, die Mourne-Granit aus den Steinbrüchen vom Slieve Donard transportierten. Newcastles Hauptattraktion ist der **Strand**, der sich 5 km Richtung Nordosten bis zum Naturschutzgebiet erstreckt.

Murlough National Nature Reserve TIERSCHUTZGEBIET

(Parken Mai–Sept. 3,50 £; ⌚24 Std) GRATIS Fußpfade und -stege führen durch grasbewachsene Dünen und bieten einen Blick auf die Mournes.

Royal County Down Golf Course GOLF

(www.royalcountydown.org; Golfplatzgebühr Mai–Okt. 165–180 £, Nov.–April weniger) Im Norden der Stadt lockt dieser anspruchsvolle Meisterschaftsgolfplatz – Austragungsort des Walker Cup 2007 und des Palmer Cup 2012 – mit blinden Abschlagstellen sowie mörderischen Roughs. Er wird regelmäßig unter die weltweiten Top Ten der Golfplätze gewählt. Für Gäste ist er montags, dienstags, donnerstags, freitags und sonntags geöffnet.

Granite Trail WANDERN

(www.walkni.com/walks/333/granite-trail) An der Straße gegenüber dem Hafen beginnt der 5 km lange Granite Trail, ein markierter Fußweg entlang einer ehemaligen Seilbahn, die alle Granitblöcke zum Hafen beförderte. Die 200 Höhenmeter zu überwinden lohnt sich auch wegen der schönen Aussicht von oben.

Rock Pool SCHWIMMEN
(South Promenade; Erw./Kind 2/1,50 £; ⌚Juli & Aug. Mo–Fr 10–17, Sa 11–17.30, So 14–17 Uhr) Dieses nette Meerwasserschwimmbad aus den 1930er-Jahren liegt am Südende der Promenade.

Soak SPA
(www.soakseaweedbaths.co.uk; 5a South Promenade; 1 Std. 25 £; ⌚Sept.–Juni Do–Mo 11.30–20 Uhr) Wenn es draußen zu kalt zum Schwimmen ist, bleibt immer noch ein heißes Algenbad im Soak.

Schlafen

Tollymore Forest Park CAMPINGPLATZ £
(☎4372 2428; 176 Tullybranigan Rd; Stellplatz Zelt & Wohnwagen 16,50–19 £) Viele Campingplätze in Newcastle sind nur für Wohnmobile gedacht. Der nächstgelegene Platz, auf dem man auch zelten kann, befindet sich 3 km nordwestlich des Ortszentrums im malerischen Tollymore Forest Park in den Ausläufern der Mourne Mountains. Wer zu Fuß herkommen möchte (über die Bryansford Avenue und die Bryansford Road), braucht für die Strecke etwa 45 Minuten.

★**Briers Country House** B&B ££
(☎4372 4347; www.thebriers.co.uk; 39 Middle Tollymore Rd; EZ/DZ ab 43/65 £) In ländlicher Umgebung 1,5 km nordwestlich des Stadtzentrums stößt man auf dieses friedvolle Bauernhaus mit Blick auf die Mournes, das an der Straße zwischen Newcastle und Bryansford ausgeschildert ist. Das üppige Frühstück wird auf Wunsch auch in vegetarischer Form serviert. Vom Speisesaal genießt man eine tolle Aussicht auf den Garten. Abendessen gibt's nur nach Vorbestellung.

Beach House B&B ££
(☎4372 2345; beachhouse22@tiscali.co.uk; 22 Downs Rd; EZ/DZ 50/90 £; 📶) Beim Frühstück in dem eleganten viktorianischen B&B mit drei Zimmern (zwei mit eigenem Bad) und einem Balkon für alle Gäste blickt man direkt auf das Meer.

Harbour House Inn B&B ££
(☎4372 3445; www.harbourhouseinn.co.uk; 4 South Promenade; EZ/DZ ab 50/70 £; 👪) Ein familienfreundliches Pub mit einem Restaurant und vier einfachen, aber komfortablen und sauberen Zimmern im oberen Stockwerk. Das Harbour House Inn liegt direkt am alten Hafen, 2 km vom Busbahnhof entfernt, und ist ein guter Ausgangspunkt für eine Wanderung zum Gipfel des Slieve Donard (siehe unten).

Slieve Donard Resort & Spa HOTEL £££
(☎4372 1066; www.hastingshotels.com; Downs Rd; EZ/DZ ab 100/140 £; 📶🏊) Der 1897 errichtete viktorianische Ziegelbau mit Blick auf den Strand beherbergt ein luxuriöses Wellnessbad und mehrere Restaurants. Hier steigen die Golflegenden Tom Watson, Tiger Woods und Rory McIlroy ab, wenn sie in der Stadt sind.

Essen

★**Niki's Kitchen Café** CAFÉ £
(☎4372 6777; www.nikiskitchencafe.co.uk; 107 Central Promenade; Hauptgerichte 5–10 £; ⌚tgl. 8–17, Mi–So 17–21 Uhr; 📶👪) Die vielen Menschen, die an der Theke anstehen, zeugen vom Er-

WANDERUNG: SLIEVE DONARD

Der Slieve Donard, mit 853 m Nordirlands höchster Hügel, überragt Newcastle wie ein schlafender Riese. Man kann von verschiedenen Punkten in und um den Ort auf den Gipfel stürmen, allerdings ist der Aufstieg steil und man sollte sich unbedingt mit Wanderschuhen, Regenkleidung, Karte und Kompass ausrüsten.

An schönen Tagen reicht die Sicht bis zu den Hügeln von Donegal, den Wicklow Mountains, zur schottischen Küste, zur Isle of Man und sogar bis zu den Snowdonia Hills in Wales. Zwei *cairns* (Steinhaufen über Hügelgräbern) unweit des Gipfels wurden lange für Einsiedlerzellen des hl. Donard gehalten, der sich zur Zeit des frühen Christentums zum Beten hierher zurückgezogen haben soll.

Die kürzeste Route verläuft von Newcastle entlang des Flusses Glen auf den Slieve Donard. Am Parkplatz des Donard Park 1 km südlich der Bushaltestelle am Stadtrand geht's los. Zunächst biegt man am äußersten Ende des Parkplatzes rechts ab und passiert das Tor, danach wandert man mit dem Fluss zur Linken durch den Wald. Ein Kiesweg führt durch das Flusstal hinauf zum Sattel zwischen dem Slieve Donard und dem Slieve Commedagh. Hier biegt man links ab und folgt der Mourne Wall bis zum Gipfel. Zurück geht's über denselben Weg (hin & zurück 9 km, mind. 3 Std.).

folg des attraktiven neuen Lokals, dessen Speisekarte auf gehobene Varianten der klassischen Caféküche setzt. Es gibt z.B. Fisch- und Meeresfrüchtesuppe, Fischkuchen, Rinderburger und vegetarische Quiche, mit grob gewürfelten Pommes frites, die als Beilage in einem kleinen Drahtkorb serviert werden. Zum Inventar gehören Hochstühle, eine Kinderkarte und Sofas, auf denen man es sich bei einem Cappuccino gemütlich machen kann.

Maud's CAFÉ £
(106 Main St; Hauptgerichte 5–7 £; ⌚9–21.30 Uhr; 👪) In dem hellen modernen Café mit Panoramafenstern, die einen weiten Blick über den Fluss zu den Mournes bieten, bekommt man Frühstück, guten Kaffee, Scones, Rosinenbrötchen, Crepes, Pizzas und Pasta sowie Kindergerichte.

Sea Salt BISTRO, FEINKOST £
(51 Central Promenade; Hauptgerichte 5–8 £; ⌚Mo–Fr 10–17, Sa & So 9–17, Fr & Sa 19–21 Uhr) Im Sea Salt, Feinkostladen und Bistro in einem, werden zahlreiche Leckereien vom Cappuccino bis zur Fischsuppe mit Weizenbrot serviert. Auf der Abendkarte stehen spanische Tapas und Menüs aus aller Welt.

★ **Vanilla** IRISCH ££
(☎4372 2268; www.vanillarestaurant.co.uk; 67 Main St; Hauptgerichte mittags 7–11 £, abends 15–25 £; ⌚tgl. 12–15.30, So–Do 17–20.30, Fr & Sa 18–21.30 Uhr; 👪) Darren Ireland, der Besitzer dieses cool gestylten Bistros, stammt gebürtig aus Newcastle und hat mit seinem Lokal Schwung und Enthusiasmus in die lokale Gastroszene gebracht. Die Speisekarte ist ganz der irischen Küche gewidmet und umfasst z. B. Lammhaxe mit Wirsing und Sellerie in Sahne sowie Puy-Linsen. Sonntags bis Donnerstags gibt's für frühe Gäste von 17 bis 20 Uhr Zwei- oder Drei-Gänge-Menüs für 15 bzw. 19 £.

Praktische Informationen

Überall an der Promenade gibt's kostenloses öffentliches WLAN.

Touristeninformation (☎4372 2222; newcastle.tic@downdc.gov.uk; 10–14 Central Promenade; ⌚Juli & Aug. Mo–Sa 9.30–19, So 13–19 Uhr, Sept.–Juni Mo–Sa 10–17, So 14–17 Uhr; 📶) Gute Bücher und Karten über die Gegend sowie traditionelles und modernes Kunsthandwerk.

Anreise & Unterwegs vor Ort

Die Linie 20 von Ulsterbus verkehrt via Dundrum zum Europa BusCentre in Belfast (7,80 £, 1¼ Std., Mo–Sa mind. stdl., So 8-mal), während die Linie 37 von Newcastle an der Küste entlang nach Annalong und Kilkeel (4,20 £, 35 Min., Mo–Sa stdl., So 8-mal) fährt.

Der Goldline-Express-Bus 240 folgt der Inlandroute von Newry über Hilltown nach Newcastle (6,50 £, 50 Min., Mo–Sa 6-mal tgl., So 2-mal) und steuert anschließend Downpatrick an. Alternativ nimmt man den Bus über die Küstenstraße nach Newry und steigt in Kilkeel um.

Rund um Newcastle

Tollymore Forest Park

Der landschaftlich schöne **Waldpark** (Bryansford; Auto/Fußgänger 4,50/2 £; ⌚10 Uhr–Sonnenuntergang), 3 km westlich von Newcastle, lädt zu Wanderungen und Radtouren am Fluss Shimna sowie an den Nordhängen der Mournes ein. Er beherbergt zahlreiche viktorianische Zierbauten wie die **Clanbrassil Barn** – eine Scheune, die eher wie eine Kirche aussieht – sowie Grotten, Höhlen, Brücken und Trittsteine. Ein elektronischer Kiosk am Parkplatz informiert über Flora, Fauna und Geschichte des Parks.

Castlewellan

Ein weniger raues Outdoorerlebnis bietet der **Castlewellan Forest Park** (Main St, Castlewellan; Auto/Fußgänger 4,50/2 £; ⌚10 Uhr–Sonnenuntergang) mit Spazierpfaden rund um das Burggelände, einem Labyrinth und Möglichkeiten zum **Forellenangeln** (Dreitageskarte 9 £) in einem hübschen See. Zudem gibt's hier seit Kurzem ein Netzwerk aufregender **Mountainbikewege**; detaillierte Infos darüber findet man unter www.mountainbikeni.com. Leihräder bekommt man bei **Ross Cycles** (☎4377 8029; 44 Clarkhill Rd, Castlewellan; ⌚Mo–Sa 9.30–18, So 14–17 Uhr) für ca. 15/80 £ pro Tag/Woche.

Ende Juni oder Anfang Juli steht das Dorf Castlewellan im Mittelpunkt des **Celtic Fusion Festival** (www.celticfusion.co.uk) mit keltischer Musik, Kunst, Theater und Tanz. Auch in anderen Orten der Grafschaft werden zu diesem Anlass Veranstaltungen organisiert, z. B. in Newcastle und Downpatrick.

Dundrum

Im puncto Schönheit steht das Carrickfergus Castle, die beeindruckendste normannische Festung Nordirlands, an erster Stelle, aber gleich dahinter folgt das 1177 ebenfalls von John de Courcy errichtete **Dundrum Castle** (Ostern–Okt. tgl. 10–17 Uhr, Nov.–Ostern nur So 12–16 Uhr) GRATIS. Die Burg thront hoch über der Dundrum Bay, die für ihre Austern und Muscheln berühmt ist.

Erstere kann man in der **Mourne Seafood Bar** (4375 1377; www.mourneseafood.com; 10 Main St; Hauptgerichte 11–17 £; Do 17–21.30, Fr–So 12.30–21.30 Uhr) einem freundlichen, zwanglosen Fischlokal in einem viktorianischen Haus mit Holzvertäfelung kosten. Die Wände des Restaurants schmücken lokal gefertigte Kunstwerke. Neben Austern auf fünf verschiedene Arten werden Suppe aus Meeresfrüchten, Krabben, Langusten und täglich wechselnde Fischgerichte serviert. Alle Zutaten stammen aus der Region.

Dundrum liegt 5 km nördlich von Newcastle. Busse der Linie 17 verkehren zwischen Newcastle und Downpatrick und halten unterwegs in Dundrum (2,70 £, 12 Min., Mo–Fr 8-mal tgl., Sa 4-mal, So 2-mal).

Mourne Mountains

Wenn man von Belfast Richtung Süden nach Newcastle fährt, beherrscht das Granitmassiv der Mourne Mountains (siehe auch S. 593) den Horizont. Dies ist eine der herrlichsten Ecken Nordirlands, eine atmosphärische Landschaft mit grauem Granit, gelbem Ginster und weiß getünchten Cottages. Die unteren Berghänge überzieht ein adrettes Netz von Steinmauern, die aus riesigen Granitblöcken aufgeschichtet wurden.

Bekanntheit erlangten die Hügel 1896 durch ein Lied des irischen Komponisten William Percy French. Dessen Refrain *„Where the Mountains of Mourne sweep down to the sea"* fängt die Verschmelzung von Meer, Himmel und Berghängen perfekt ein.

Geschichte

Der sichelförmige Streifen flachen Landes auf der Südseite der Bergkette ist auch als Kingdom of Mourne bekannt. Jahrhundertelang war er nur sehr schwer zugänglich (die Hauptroute verlief nördlich der Berge), deshalb entwickelte sich hier eine ganz eigene Landschaft und Kultur. Bis zum Bau der Küstenstraße im frühen 19. Jh. kam man nur zu Fuß oder über das Meer hierher.

Im 18. Jh. erwies sich der Schmuggel als einträgliches Geschäft. Nachts legten in der Gegend Boote an, die französische Spirituosen an Bord hatten. Lastpferde trugen die Fässer über die Hügel zur Straße und umgingen auf diese Weise die Zöllner in Newcastle. Der Brandy Pad, ein ehemaliger Schmugglerpfad von Bloody Bridge nach Tollymore, ist heute ein beliebter Wanderweg.

Sehenswertes

Silent Valley Reservoir SEE

(Auto/Motorrad 4,50/2 £, plus pro Erw./Kind 1,60/0,60 £; April–Okt. 10–18.30 Uhr, Nov.–März 10–16 Uhr) Mitten in den Mournes erstreckt sich das schöne Silent Valley Reservoir, in dem seit 1933 der Kilkeel aufgestaut wird. Vor Ort gibt's markierte Wanderwege, einen Coffee Shop und eine interessante Ausstellung über den Dammbau. Vom Parkplatz fährt ein Shuttlebus die 4 km durch das Tal zum Staudamm. Im Juli und August verkehrt er täglich, im Mai, Juni und September nur an Wochenenden.

Mourne Wall STEINMAUER

Die Feldsteinmauer (siehe auch S. 593) wurde von 1904 bis 1922 errichtet, um Vieh aus dem Einzugsgebiet der Flüsse Kilkeel und Annalong fernzuhalten, die man für Belfasts Wasserversorgung aufstauen wollte. (Aufgrund ungünstiger geologischer Verhältnisse konnte der Annalong nicht gestaut werden und wird deshalb durch einen 3,6 km langen Tunnel unter dem Slieve Binnian in das Silent Valley Reservoir geleitet.) Die spektakuläre Mourne Wall ist 2 m hoch, 1 m dick und 35 km lang und windet sich über die Kuppen von 15 Bergen, darunter der Slieve Donard (853 m). Man kann der Mauer ihrer ganzen Länge nach oder auch abschnittsweise (z. B. beim Aufstieg auf den Slieve Donard) folgen.

Aktivitäten

Die Mournes bieten hervorragende Möglichkeiten zum **Bergwandern** und **Klettern**. Zu den besten Wanderführern für die Gegend gehören *The Mournes: Walks* von Paddy Dillon und *A Rock-Climbing Guide to the Mourne Mountains* von Robert Bankhead. Praktisch ist außerdem die Karte der Ordnance Survey, entweder im Maßstab 1:50 000 Discoverer Series (Blatt 29: *The Mournes*) oder 1:25 000 Activity Series (*The Mournes*). Beide Versionen werden in der Touristeninformation in Newcastle verkauft.

Life Adventure Centre OUTDOORAKTIVITÄTEN

(4377 0714; www.onegreatadventure.com; Grange Courtyard, Castlewellan Forest Park) Wer gern Bergwanderungen unternimmt, klettert, Kanu fährt oder sonstige Outdooraktivitäten mag, sollte dieses Abenteuerzentrum ansteuern, das eintägige Kurse für Einzelpersonen, Paare und Familien (60–100 £ pro Pers.) sowie schwierigere Sonntagnachmittagstouren im Programm hat. Außerdem kann man hier Kanus mieten (30/45 £ pro halber/ganzer Tag).

Hotrock KLETTERN
(☎4372 5354; www.tollymore.com; Tollymore National Outdoor Centre; Erw./Kind 5/2,50 £; ⌚Di–Do 10–22, Fr–Mo 10–17 Uhr) Kletterwand an der B180, 2 km westlich vom Eingangstor des Tollymore Forest Park. Spezielle Schuhe und Gurte sind für eine Leihgebühr von 3,50 £ zu haben.

Gasp Action Sports ABENTEUERSPORT
(☎07739 210119; www.gaspactionsports.com; Tullyree Rd, Bryansford; ⌚Juli & Aug. Di–So 10–18 Uhr, April–Juni & Sept.–Nov. 11–18 Uhr) Eine dreistündige Anfängertour in diesem Abenteuerzentrum inklusive Board, Sicherheitsausrüstung und Unterweisung kostet 20 £. Der Veranstalter ist in der Nähe der B180, etwa 3 km westlich des Dorfes Bryansford, zu finden.

Mount Pleasant REITEN
(☎4377 8651; www.mountpleasantcentre.com; Bannonstown Rd, Castlewellan; pro Std. 12–15 £) Entspanntere Outdooraktivitäten für Anfänger und Erfahrene bietet dieser Reiter- und Ponyhof. Zum Angebot gehören verschiedene Touren durch den Park, kürzere Ausritte (auch am Strand entlang) und Ponytrekking.

Feste & Events

In den Mournes werden verschiedene Wanderfeste veranstaltet, darunter das **Mourne International Walking Festival** (www.mournewalking.co.uk) Ende Juni und das **Down District Walking Festival** Anfang August.

Schlafen & Essen

Meelmore Lodge HOSTEL £
(☎4372 6657; www.meelmorelodge.com; 52 Trassey Rd, Bryansford; Zeltstellplatz pro Erw./Kind 6/3 £, B/2BZ/5BZ 15/40/70 £) Das beste Hostel in den Mourne Mountains verfügt über eine gemütliche Lounge, eine Küche, ein paar Zimmer, einen Zeltplatz und ein gutes Café. Es liegt an den nördlichen Berghängen, 5 km westlich von Bryansford entfernt, sodass man direkt loswandern kann.

Mourne Lodge HOSTEL £
(☎4176 5859; www.themournelodge.com; Bog Rd, Atticall; B/2BZ ab 18/45 £; @ 📶) Dieses kürzlich renovierte zweckmäßige Hostel punktet mit hellen, einladenden Zimmern und einem Hof zum Grillen. Neben einer Küche für Selbstverpfleger gibt's auch ein Restaurant, das Frühstück und Abendessen serviert. Die Mourne Lodge ist im Dorf Atticall 6 km nördlich von Kilkeel, in der Nähe der B27 nach Hilltown und 3 km westlich des Eingangs zum Silent Valley, zu finden.

An- & Weiterreise

Im Juli und August kann man mit der Ulsterbus-Linie 405, dem sogenannten **Mourne Rambler**, ab Newcastle sechsmal täglich eine Rundtour mit einem Dutzend Zwischenstopps in den Mournes unternehmen, darunter Bryansford (8 Min.), Meelmore (17 Min.), Silent Valley (40 Min.), Carrick Little (45 Min.) und Bloody Bridge (1 Std.). Die erste Abfahrt erfolgt um 9.30 Uhr, die letzte um 17 Uhr. Eine einfache Fahrt kostet höchstens 4,20 £.

Bus 34A verkehrt ebenfalls nur im Juli und August von Newcastle bis zum Parkplatz des Silent Valley (45 Min., 2-mal tgl.) über Donard Park (5 Min.) und Bloody Bridge (10 Min.).

Mournes Coast Road

Auf der Fahrt über die landschaftlich reizvolle Küstenstraße A2 von Newcastle nach Newry zeigt sich Down von seiner besten Seite. Annalong, Kilkeel und Rostrevor eignen sich gut als Ausgangspunkte für Abstecher in die Berge.

Rostrevor

Rostrevor Caislean Ruairi) ist ein hübsches viktorianisches Seebad. Ende Juli strömen Folk-Musiker in Scharen zum hiesigen **Fiddler's Green International Festival** (www.fiddlersgreenfestival.co.uk).

Der Ort ist für seine zahlreichen Pubs bekannt, in denen regelmäßig Livesessions stattfinden. Dienstagabends ab 22 Uhr gibt's Musik im **Corner House** (1 Bridge St). Im **Old Killowen Inn** (10 Bridge St), das einen hübschen Biergarten hat, stehen spontane Auftritte auf dem Programm. Gutes Essen bekommt man im **Kilbroney** (31 Church St).

Im Osten erstreckt sich der **Kilbroney Forest Park** (Shore Rd; ⌚Juni–Aug. 9–22 Uhr, Sept.–Mai 9–17 Uhr) GRATIS. Vom Parkplatz am oberen Ende der Waldstraße führt ein Spazierweg (10 Min.) zum **Cloughmore Stone**, einem 30 t schweren Granitblock mit Inschriften aus viktorianischer Zeit. Der Park wartet mit einigen der besten bergab führenden **Mountainbikerouten** in ganz Nordirland auf. Leihräder und einen Transfer zum Ausgangspunkt bietet **East Coast Adventure** (☎ 4175 3535; eastcoastadventure.com).

Warrenpoint

7000 EW.

Die Schönheit der Küste bei Warrenpoint (An Pointe), einem viktorianischen Badeort am Carlingford Lough, leidet aufgrund des großen Industriehafens am westlichen Stadtrand. Dennoch sind die breiten Straßen, der Marktplatz und die renovierte Promonade angenehm und die Übernachtungs- sowie Einkehrmöglichkeiten besser als in Newry oder Rostrevor. Zudem wartet das Städtchen mit ein paar exzellenten Restaurants auf.

Rund 2 km nordwestlich von Warrenpoint erhebt sich das **Narrow Water Castle** (Juli & Aug. 10–18 Uhr) GRATIS, ein hübsches elisabethanisches Turmhaus, das 1568 zur Kontrolle der Flussmündung des Newry errichtet wurde.

Schlafen & Essen

Whistledown Hotel BOUTIQUE-HOTEL ££
(☎ 4175 4174; www.thewhistledownhotel.com; 6 Seaview; EZ/DZ ab 70/100 £;) Kleines Boutique-Hotel in herrlicher Lage am Wasser. Die 20 Zimmer sind mit scharlachrotem und pistazienfarbigem Samt ausgekleidet und haben große Flachbildfernseher sowie Bäder mit farbenfrohen Designerfliesen und Dreifachduschköpfen. Wer Wert auf Ruhe legt, sollte sich vergewissern, dass gerade keine Feier stattfindet, da hier gern Hochzeiten gefeiert werden.

★ **Restaurant 23** IRISCH ££
(☎ 4175 3222; www.restaurant23warrenpoint.com; 13 Seaview; Hauptgerichte 12–19 £; Mo–Sa mittags & abends, So 12.30–21 Uhr;) Dank der Kunstfertigkeit des Fernsehkochs Raymond McArdle wartet das innovative Restaurant im Balmoral Hotel an der Uferpromenade von Warrenpoint mit einem Michelin-Stern auf. McArdles frische und witzige Art, irische Produkte in Szene zu setzen, trug dazu bei, dass der Laden in dieser Ecke des Countys ein Ziel für Feinschmecker geworden ist. Montags bis freitags gehört ein Drei-Gänge-Menü für 15 £ zum Angebot.

Bennett's FISCH & MEERESFRÜCHTE ££
(☎ 4175 2314; www.bennettsseafood.com; 21 Church St; Hauptgerichte 11–18 £; mittags & abends) Im Bennett's, einer festen Größe in Warrenpoints gehobener Gastronomieszene, darf man entspannten und freundlichen Service sowie frischen Fisch und Meeresfrüchte erwarten, die von verschiedenen irischen Häfen geliefert und mit mediterranen und asiatischen Gewürzen verfeinert werden. Mitte der Woche gibt's ein Drei-Gänge-Menü für 14 £.

Praktische Informationen

Touristeninformation (☎ 4175 2256; www.visitnewryandmourne.com; Church St; Mo–Fr 9–13 & 14–17 Uhr, Juni–Sept. auch Sa & So) Im Rathaus.

An- & Weiterreise

Die Buslinie 39 verbindet Newry und Warrenpoint (2,90 £, 20 Min., Mo–Sa mind. stdl., So 10-mal). Einige Busse fahren bis nach Kilkeel (1 Std.) weiter.

Newry

22 975 EW.

Lange Zeit war Newry eine Grenzstadt, die am Landweg von Dublin nach Ulster über den „Gap of the North“, den Pass zwischen dem Slieve Gullion und den Carlingford Hills, wachte. Hauptstraße und Bahnschienen folgen der Route noch heute. Der Name des Ortes leitet sich von einer Eibe (An tIúr) ab, die der hl. Patrick gepflanzt haben soll.

Nach der Eröffnung des Newry Canal 1742, der eine Verbindung zum Fluss Bann bei Portadown herstellte, wurde die Stadt ein geschäftiger Handelshafen. Hier verschiffte man Kohle aus Coalisland am Lough Neagh sowie Leinen und Butter aus der Umgebung.

Heute ist Newry ein bedeutendes Einkaufszentrum mit einem großen Markt an Donnerstagen und Samstagen. Am Wochenende wird es von shoppingfreudigen Besuchern aus dem Süden überflutet, die den Euro-Wechselkurs ausnutzen, um hinter der Grenze ein paar Schnäppchen zu machen.

Sehenswertes

Newry & Mourne Museum MUSEUM
(www.bagenalscastle.com; Castle St, Bagenal's Castle; Mo–Sa 10–16.30, So 13.30–17 Uhr) GRATIS Das Museum im Bagenal's Castle, dem ältesten erhaltenen Gebäude der Stadt, zeigt Ausstellungen zum Newry Canal sowie zur Archäologie, Kultur und Folklore der Gegend. Die völlig unter neueren Gebäuden verschwundene und erst vor Kurzem wiederentdeckte Burg aus dem 16. Jh. wurde im Auftrag von Nicholas Bagenal, Großmar-

schall der englischen Armee in Irland, errichtet. In dem Gebäude ist auch die Touristeninformation untergebracht.

Schlafen

Marymount B&B ££
(☎3026 1099; www.marymount.freeservers.com; 15 Windsor Ave; EZ/DZ 35/60 £;) Zehn Gehminuten vom Ortszentrum entfernt stößt man auf diesen modernen Bungalow in ruhiger Lage an einem Hügel abseits der A1 nach Belfast. Das Marymount hat drei Gästezimmer im Landhausstil und einen hübschen Frühstücksraum, der sich zum Garten hin öffnet. Die Besitzer sind herzlich und überaus hilfsbereit.

Canal Court Hotel HOTEL £££
(☎3025 1234; www.canalcourthotel.com; Merchants Quay; EZ/DZ ab 80/125 £; @) Dieses riesige gelbe Gebäude gegenüber dem Busbahnhof kann man gar nicht verfehlen. Es handelt sich zwar um ein modernes Hotel, doch mit seinen Ledersofas in der weiten, holzvertäfelten Lobby bietet es eine gewollt altmodische Atmosphäre. Das Restaurant ist im Chintz-Stil eingerichtet.

Essen & Ausgehen

Grounded CAFÉ £
(2a Monaghan St; Hauptgerichte 3–8 £; ⏲Mo–Fr 7–24, Sa & So 8–23 Uhr;) Bei Einheimischen erfreut sich das großartige kleine Café immenser Beliebtheit. Es serviert nicht nur den besten Kaffee der Stadt, sondern auch gutes Frühstück, Snacks wie Pastrami-Bagels, leichte Gerichte wie Caesar Salads, Scones und Kuchen. Leider ist es oft schwer, hier einen Platz zu ergattern.

Brass Monkey PUB ££
(☎3026 3176; 1-4 Sandy St; Hauptgerichte 9–16 £; ⏲Mo–Do Küche 12–20.30, Fr & Sa 12–21, So 17–21 Uhr) Newrys beliebtestes Pub ist mit viel Messing, Ziegeln und Holzdekor ausgestattet und wartet mit guter Kneipenkost wie Lasagne, Burgern, Fischgerichten, Meeresfrüchten und Steaks auf. Am Wochenende gehört zwischen 9 und 12 Uhr ein komplettes warmes irisches Frühstück (5 £) zum Angebot.

Praktische Informationen

Touristeninformation (☎3031 3170; www.visitnewryandmourne.com; Castle St, Bagenal's Castle; ⏲Mo–Fr 9–17 Uhr, April–Sept. auch Sa 10–16 Uhr, Okt.–März 13–14 Uhr geschl.)

An- & Weiterreise

BUS

Das Newry BusCentre befindet sich gegenüber dem Canal Court Hotel an der Mall. Von hier fährt der Goldline Express 238 via Hillsborough und Banbridge zum Europa BusCentre in Belfast (9 £, 1¼ Std., Mo–Sa mind. stdl., So 8-mal).

Außerdem geht's mit der Linie 44 nach Armagh (5,80 £, 1¼ Std., Mo–Sa 2-mal tgl.). Bus 39 verkehrt nach Warrenpoint (2,90 £, 20 Min., Mo–Sa mind. stdl., So 10-mal) und Rostrevor (30 Min.).

ZUG

Der Bahnhof liegt 2,5 km nordwestlich des Stadtzentrums an der A25. Bus 341 (für Bahnreisende ein kostenloser Service) pendelt zwischen Bahnhof und Busbahnhof. Newry befindet sich an der Enterprise-Bahnstrecke zwischen Dublin (20 £, 1¼ Std., 8-mal tgl.) und Belfast (11 £, 50 Min., 8-mal tgl.).

COUNTY ARMAGH

Süd-Armagh

Ländlich und unerschütterlich republikanisch – so präsentiert sich **Süd-Armagh** (www.south-armagh.com), das von seinen Bewohnern „God's Country" genannt wird. Bei den britischen Soldaten, die hier in den 1970er-Jahren stationiert waren, hatte die Gegend allerdings einen unheilvolleren Spitznamen: „Bandit Country". Da die Republik Irland nur wenige Kilometer entfernt liegt, war das Gebiet ein bevorzugter Schauplatz von Angriffen und Bombenanschlägen der IRA. Mehr als 30 Jahre patrouillierten britische Soldaten durch die Straßen der Dörfer und das Dröhnen der Hubschrauber gehörte zum Alltag.

Hier zeigt sich der Friedensprozess deutlicher als im restlichen Nordirland. 2007 wurden im Rahmen des „Normalisierungsprozesses" der britischen Regierung das Militär abgezogen, die Wachttürme auf den Hügeln demontiert (ihre frühere Lage wird heute trotzig durch die irische Trikolore markiert) und die riesigen Kasernen in Bessbrook Mill und Crossmaglen geschlossen.

Inzwischen ist Süd-Armagh für seine historischen Stätten, die hübsche Landschaft und traditionelle Musik bekannt. Das Netz aus kleinen Landstraßen eignet sich für Radtouren und die sanften Hügel am Ring of Gullion sind ein ideales Wandergebiet.

Bessbrook

3150 EW.

Mitte des 19. Jhs. gründete der Quäker und Leinenfabrikant John Grubb Richardson Bessbrook (An Sruthán) als „Modelldorf" für die Arbeiter seiner Flachsspinnerei. Hübsche Reihenhauszeilen säumen die beiden Hauptplätze Charlemont und College, beide mit Grünflächen in der Mitte. Außerdem gibt's hier ein Rathaus, eine Schule, ein Badehaus und eine Apotheke. Angeblich diente Bessbrook als Vorbild für Bournville bei Birmingham in England, ein weiteres Modelldorf, das die Familie Cadbury für ihre Schokoladenfabrik errichtete.

Im Ortszentrum befindet sich die gewaltige **Bessbrook Mill**. Von 1970 bis 2007 diente sie der britischen Armee als Militärbasis. Während dieser Zeit soll auf ihrem Hubschrauberlandeplatz der höchste Flugbetrieb in ganz Europa geherrscht haben. 2013 bekamen Bauträger die Genehmigung, die Mühle zu einer Wohnanlage umzubauen.

Südlich von Bessbrook stößt man auf das **Derrymore House** (www.nationaltrust.org.uk; Garten frei, Haus Erw./Kind 2/1£; ⌚ Garten Sonnenauf- bis Sonnenuntergang), ein elegantes strohgedecktes Cottage, das Isaac Corry – 30 Jahre lang irischer Parlamentsabgeordneter für Newry – 1776 errichten ließ. 1800 wurde hier im Salon der Act of Union entworfen. Das Haus ist zwar nur ein paar Tage im Jahr geöffnet (die Termine stehen auf der Website), aber den umliegenden Park kann man täglich besichtigen. Er wurde von John Sutherland (1745–1826) angelegt, einem der bekanntesten Schüler des englischen Landschaftsarchitekten Capability Brown. Malerische Wege eröffnen einen schönen Ausblick auf den Ring of Gullion.

Bessbrook liegt etwa 5 km nordwestlich von Newry. Die Buslinie 41 fährt von Newry in den Ort (15 Min., Mo–Sa stdl.), während die Busse 42 (nach Crossmaglen) und 44 (nach Armagh) direkt am Eingang des Derrymore House an der A25 Richtung Camlough halten.

Ring of Gullion

Der mystische **Ring of Gullion** (www.ringofgullion.org) ist tief im keltischen Sagenschatz verwurzelt, in dessen Mittelpunkt der Slieve Gullion (Sliabh gCuilinn) steht. Hier erhielt der Keltenkrieger Cúchulainn angeblich seinen Namen, nachdem er den *cú* (Hund) des Schmieds Culainn getötet hatte. Der „Ring" zieht sich als zerklüftete Hügelkette von Newry bis zum 15 km südwestlich gelegenen Forkhill und umschließt den Slieve Gullion. Seine konzentrische Struktur ist sehr ungewöhnlich.

Sehenswertes

Slieve Gullion Forest Park WALD

(⌚ 8 Uhr–Sonnenuntergang) GRATIS Die 13 km lange Fahrt durch den reizvollen Slieve Gullion Forest Park eröffnet einen wunderbaren Ausblick auf die Berge. Vom Rastplatz am oberen Ende der Straße kann man zum Gipfel des Slieve Gullion (576 m), der höchsten Erhebung im County Armagh, wandern. Oben liegen zwei bronzezeitliche *cairns* (Steingräber) und ein kleiner See (Rundweg 1,5 km). Der Eingang zum Park befindet sich 10 km südwestlich von Newry an der B113 nach Forkhill.

Kirchen von Killevy HISTORISCHE STÄTTEN

(⌚ 24hr) Von Buchen umgeben verteilen sich diese verfallenen miteinander verbundenen Kirchen auf dem Gelände eines Nonnenklosters aus dem 5. Jh., das von der hl. Moninna gegründet wurde. Die östliche Kirche stammt aus dem 15. Jh. und teilt sich eine Giebelwand mit der westlichen Kirche aus dem 12. Jh. Möglicherweise ist das Westtor mit seinem massiven Türsturz und Granitpfosten noch 200 Jahre älter. Auf der Seite des Friedhofs führt ein Fußweg zu einem weißen Kreuz hinauf, das **Moninnas heilige Quelle** markiert.

Die Ruinen liegen 6 km südlich von Camlough an einer Nebenstraße nach Meigh. An einer Kreuzung sind Richtung Westen die Kirchen, Richtung Osten der Aussichtspunkt Bernish Rock ausgeschildert.

Armagh (Stadt)

14 600 EW.

Seit dem 5. Jh. gilt das kleine Armagh (Ard Macha) als wichtiges religiöses Zentrum. Noch heute ist es Irlands kirchliche Hauptstadt und Sitz der anglikanischen sowie römisch-katholischen Erzbischöfe von Armagh, die zugleich die höchsten Ämter im ganzen Land bekleiden. Die zwei Kathedralen – beide nach dem hl. Patrick benannt – stehen sich auf zwei Hügeln gegenüber.

Trotz einiger schöner georgianischer Gebäude wirkt die Stadt aufgrund ihrer Baulücken und des Ödlandes stellenweise etwas trist und heruntergekommen. Vernagelte Fenster verstärken diesen Eindruck. Dank der faszinierenden Armagh Public Library und des nahe gelegenen Navan Fort lohnt sich ein Abstecher aber trotzdem.

Geschichte

Als der hl. Patrick in Irland mit der Verbreitung des Christentums begann, wählte er als Ausgangspunkt eine Stätte unweit des Emain Macha (Navan Fort), dem Zentrum des heidnischen Ulster. 445 errichtete er Irlands erste steinerne Kirche auf einer nahen Anhöhe (dort befindet sich heute die Kathedrale der Church of Ireland) und bestimmte später, dass Armagh den ersten Rang unter allen irischen Kirchen einnehmen sollte.

Im 8. Jh. gehörte der Ort bereits zu den berühmtesten europäischen Zentren der Geistlichkeit, Gelehrsamkeit und des Kunsthandwerks. Er wurde in drei *trians* (Distrikte) mit englischen, schottischen und irischen Straßen eingeteilt. Doch sein Ruhm war auch sein Verderben: Wikinger plünderten die Stadt zwischen 831 und 1013 ganze zehn Male!

Im 18. Jh. erlangte Armagh durch den Leinenhandel neuen Wohlstand. Während dieser Zeit entstanden hier eine Royal School, eine Sternwarte, eine renommierte öffentliche Bibliothek und schöne georgianische Bauten.

Die Stadt ist mit mehreren wichtigen historischen Persönlichkeiten verbunden. James Ussher (1580–1655), Erzbischof von Armagh, war ein eifriger Gelehrter, dessen bekannteste Leistung darin besteht, dass er den Tag der Schöpfung auf den 23. Oktober 4004 v. Chr. festlegte, indem er die Generationen der Bibel zusammenzählte. Bis ins späte 19. Jh. wurde dieses Datum als Tatsache hingenommen. Usshers umfangreiche Bibliothek bildet heute den Kernbestand der berühmten Bibliothek des Dubliner Trinity College. Jonathan Swift (1667–1745), Dekan der St. Patrick's Cathedral und Autor von *Gullivers Reisen,* war regelmäßig zu Gast in Armagh. Außerdem wurde hier der Architekt Francis Johnston (1760–1829) geboren, der viele der schönsten georgianischen Fassaden Dublins entworfen hat.

Sehenswertes

Armagh Public Library MUSEUM

(http://armaghpubliclibrary.arm.ac.uk; 43 Abbey St; Mo–Fr 10–13 & 14–16 Uhr) GRATIS Die griechische Inschrift über dem Haupteingang der Armagh Public Library, 1771 durch Erzbischof Robinson gegründet, bedeutet „Apotheke der Seele". Beim Eintreten könnte man schwören, der Erzbischof sei eben erst hinausgegangen und habe seine persönliche Sammlung von Büchern, Karten und Stichen aus dem 17. und 18. Jh. zurückgelassen, damit man darin schmökern kann.

Zu den wertvollsten Stücken der Bibliothek gehört die Erstausgabe von *Gullivers Reisen,* die 1726 erschien und persönliche Anmerkungen von Swift enthält. 1999 wurde das Buch bei einem bewaffneten Überfall gestohlen, aber 20 Monate später unbeschädigt in Dublin wiedergefunden.

Weitere Kostbarkeiten sind Sir Walter Raleighs *History of the World* aus dem Jahre 1614, die *Claims of the Innocents* (Gnadengesuche an Oliver Cromwell) sowie eine umfangreiche Sammlung Stiche von Hogarth und anderen.

Ein Teil der Sammlung wird in der nahen **Registry** (5 Vicar's Hill; Erw./Kind 2/1 £; Di–Sa 10–13 & 14–16 Uhr) aufbewahrt. In dem Lager für Dokumente der Church of Ireland kann man sich antike Münzen, frühe christliche Artefakte und weitere Kuriositäten aus dem Archiv der Bibliothek ansehen.

The Mall PARK

Noch im 18. Jh. diente The Mall, eine lange Raute aus säuberlich gestutztem Gras östlich des Stadtzentrums, als Austragungsort für Pferderennen sowie Hahnen- und Stierkämpfe. Dann jedoch entschied Erzbischof Robinson, dass solch vulgäres Treiben nicht zu einer Gelehrtenstadt passe. Als Ersatz ließ er einen eleganten georgianischen Park anlegen, der bis heute der schönste Teil von Armagh ist.

Am Nordrand der Grünanlage befindet sich das **Armagh Courthouse**. Das Gerichtsgebäude wurde durch eine Bombe der IRA zerstört und 1993 wiederaufgebaut. Den ursprünglichen Bau von 1809 entwarf der aus dem Ort stammende Francis Johnston, später einer der berühmtesten Architekten Irlands. Direkt gegenüber erhebt sich das abschreckende **Armagh Gaol**. Das Gefängnis entstand 1780 nach einem Konzept von Thomas Cooley und wurde bis 1988 genutzt. Derzeit wird es zu einem Hotel, einem Einkaufszentrum und Apartments umgebaut.

Entlang der östlichen Parkseite reihen sich hübsche georgianische Häuser aneinander, außerdem erstreckt sich hier der **Charlemont Place**, der ebenfalls von Francis Johnston entworfen wurde.

Armagh County Museum MUSEUM

(www.nmni.com/acm; The Mall East; Mo–Fr 10–17 Uhr, Sa 10–13 & 14–17 Uhr) GRATIS Im Stadtmuseum werden prähistorische Äxte, Fundstücke aus Mooren, Strohpuppen sowie Militäruniformen und -ausrüstungen gezeigt. Nicht verpassen sollte man den gusseisernen Schädel, der früher den Galgen von Armagh zierte.

St. Patrick's Church of Ireland Cathedral KATHEDRALE
(☎ 3752 3142; www.stpatricks-cathedral.org; Cathedral Close; Eintritt gegen Spende; ⌚ April–Okt. 9–17 Uhr, Nov.–März 9–16 Uhr) Armaghs anglikanische Kathedrale befindet sich am einsti-

Armagh (Stadt)

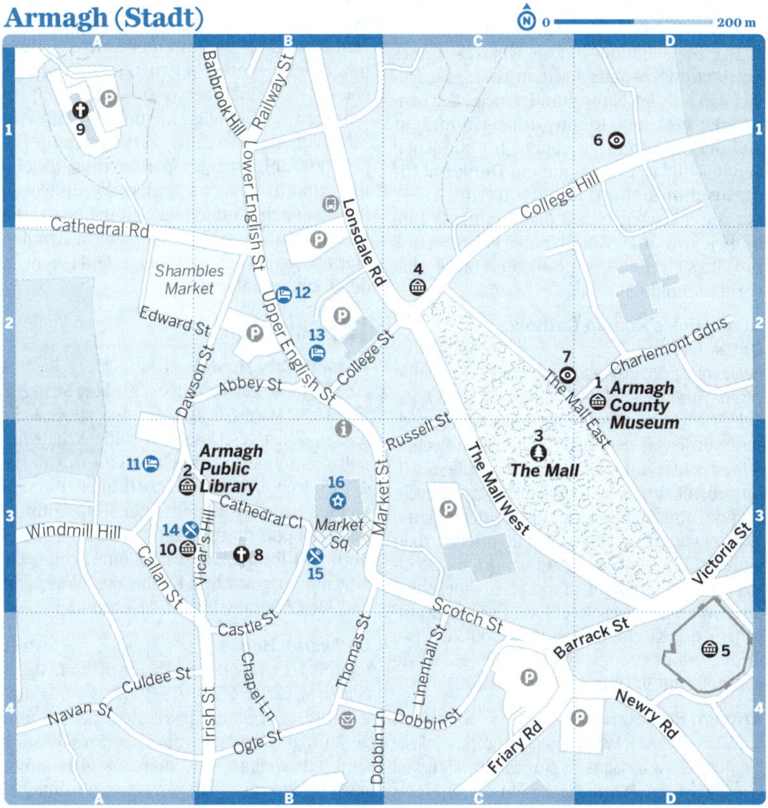

Armagh (Stadt)

Highlights
1 Armagh County Museum D2
2 Armagh Public Library A3
3 The Mall C3

Sehenswertes
4 Armagh Courthouse C2
5 Armagh Gaol D4
6 Armagh Planetarium D1
7 Charlemont Place C2
8 St. Patrick's Church of Ireland Cathedral B3
9 St. Patrick's Roman Catholic Cathedral A1
10 The Registry A3

Schlafen
11 Armagh City Hostel A3
12 Charlemont Arms Hotel B2
13 De Averell House B2

Essen
14 One Eighty Two A3
15 Uluru Bistro B3

Unterhaltung
16 Market Place Theatre & Arts Centre B3

gen Standort der originalen Steinkirche des hl. Patrick. Ihr Grundriss stammt aus dem 13. Jh., doch das Bauwerk selbst ist eine neogotische Rekonstruktion von 1834 bis 1840. Eine Steinplatte an der Außenmauer des nördlichen Querschiffs markiert das **Grab von Brian Ború**, einem Hochkönig, der in der letzten großen Schlacht gegen die Wikinger 1014 bei Dublin fiel.

In dem Gebäude sind die Überreste eines **keltischen Kreuzes** aus dem 11. Jh., das früher ganz in der Nähe stand, sowie das **Tandragee Idol**, eine merkwürdige Granitfigur aus der Eisenzeit, zu sehen. Im südlichen Seitenschiff stößt man auf ein **Denkmal für Erzbischof Richard Robinson** (1709–1794), der die Sternwarte und die öffentliche Bibliothek gründete. Wer an einer Führung (3 £ pro Pers.) teilnehmen möchte, muss sich vorher anmelden.

St. Patrick's Roman Catholic Cathedral KATHEDRALE

(www.armagharchdiocese.org; Cathedral Rd; Eintritt gegen Spende; ⌚Mo–Fr 9–18, Sa 9–20, So 8–18.30 Uhr) Die römisch-katholische Kathedrale wurde von 1838 bis 1873 im neogotischen Stil errichtet und verfügt über große Zwillingstürme. Innen wirkt sie fast byzantinisch: Wände und Decke sind bis in den letzten Winkel von Mosaiken in leuchtenden Farben bedeckt. 1981 wurde der Altarraum modernisiert, der mit seinem markanten Tabernakel und Kruzifix nicht so recht zum sonstigen Interieur der Kirche passen will. Gottesdienste finden montags bis freitags um 10 sowie sonntags um 9, 11 und 17.30 Uhr statt.

Armagh Planetarium PLANETARIUM

(☎3752 3689; www.armaghplanet.com; College Hill; Ausstellungsgelände 2 £ pro Pers., Vorführungen Erw./Kind 6/5 £; ⌚ganzjährig Mo–Sa 10–17 Uhr, Juli & Aug. auch So 10–17 Uhr) Das Armagh Observatory wurde 1790 von Erzbischof Robinson gegründet. Bis heute ist es Irlands führendes astronomisches Forschungsinstitut. Das benachbarte Armagh Planetarium wendet sich hauptsächlich an Kinder und Jugendliche. Eine interaktive Ausstellung informiert über die Erforschung des Weltalls und das digitale Theater zeigt in spektakulären halbstündigen Shows Projektionen an der Kuppeldecke zu verschiedenen Themen (Termine siehe Website).

Feste & Events

Apple Blossom Fair ESSEN

(www.armagh.co.uk) Am ersten Maisamstag wird im Loughgall Manor Estate, 10 km nordöstlich von Armagh, die Apple Blossom Fair gefeiert. Zu diesem Anlass gibt's Touren zu Obstgärten, Bauernmärkte, Kochvorführungen und Stände, zu deren Angebot alle möglichen Produkte aus Äpfeln gehören.

Road Bowling SPORT

(www.irishroadbowling.ie) Mit etwas Glück erleben Besucher ein *road-bowling*-Match mit. Heute wird das traditionelle irische Spiel hauptsächlich noch in Armagh und Cork gespielt. Die Teilnehmer werfen auf wenig befahrenen Landstraßen kleine 800 g schwere Metallkugeln. Gewinner ist derjenige, der es mit möglichst wenigen Würfen bis zur Ziellinie schafft. Meistens finden die Spiele an Sonntagnachmittagen im Sommer statt. Die Ulster Finals werden Ende Juni in Armagh ausgetragen. Mehr darüber erfährt man in der Touristeninformation.

Schlafen

Armagh City Hostel HOSTEL £

(☎3751 1800; www.hini.org.uk; 39 Abbey St; B/2BZ 18/38 £; ⌚März–Okt. tgl., Nov.–Feb. nur Fr & Sa, 23. Dez.–2. Jan. geschlossen; 📶) Eigentlich ähnelt das moderne, zweckmäßige Hostel bei der Church of Ireland Cathedral eher einem kleinen Hotel. Es verfügt über sechs komfortable Doppelzimmer mit Bädern, Fernsehern und Teekesseln, zwölf kleine Schlafsäle, eine gut ausgestattete Küche, eine Waschküche, eine Lounge und ein Lesezimmer.

De Averell House B&B ££

(☎3751 1213; www.deaverellhouse.co.uk; 47 Upper English St; EZ/DZ/5BZ 45/75/100 £; 📶) Das umgebaute georgianische Stadthaus hat fünf geräumige Zimmer (die zur Straßenseite sind etwas laut; mit dem Doppelzimmer nach hinten raus trifft man dagegen eine gute Wahl) und eine Ferienwohnung. Der Besitzer ist sehr hilfsbereit und freundlich.

Charlemont Arms Hotel HOTEL ££

(☎3752 2028; www.charlemontarmshotel.com; 57–65 Lower English St; EZ/DZ ab 49/79 £; 📶) Die Unterkunft aus dem 19. Jh. wurde im Stil dieser Zeit geschmackvoll renoviert. Sie beherbergt einen eichenholzgetäfelten Speiseraum, viktorianische Kamine und ein Kellerrestaurant mit Steinfliesenboden sowie elegante, modern eingerichtete Zimmer.

Hillview Lodge B&B ££

(☎3752 2000; www.hillviewlodge.com; 33 Newtownhamilton Rd; EZ/DZ 39/58 £; 📶) 1,5 km südlich von Armagh überzeugt diese gastfreundliche, familienbetriebene Pension mit sechs hübschen Zimmern für Selbstverpfleger und einem schönen Blick auf die Landschaft. Wer seinen Golfabschlag verbessern möchte, kann das auf der Übungsfläche nebenan tun.

Essen

One Eighty Two CAFÉ £
(☎ 3752 5523; www.oneeightyrestaurant.co.uk; 4 Vicar's Hill; Hauptgerichte 5–7 £; ⏲ Di–Sa 10–16 Uhr) Die charmante georgianische Teestube im Chintzstil ermöglicht jungen Menschen mit besonderem Förderbedarf eine Ausbildung. Hier kann man großartig essen. Es gibt Suppen, Salate, warme Gerichte und eine separate Frühstückskarte. Mittags sollte man reservieren.

★ **Uluru Bistro** FUSIONSKÜCHE ££
(☎ 3751 8051; www.ulurubistro.co.uk; 16-18 Market St; Hauptgerichte mittags 7–8 £, abends 15–24 £; ⏲ Di–Sa 12–15, Di–So 17–22.30 Uhr) Der australische Wirt bringt etwas Flair vom anderen Ende der Welt nach Armagh. Auf der Karte findet sich eine bunte Mischung internationaler Speisen, z. B. Tempura-Garnelen mit Salz und Chilis und auf Holzkohle gegrillte marinierte Kängurumedaillons mit süßen Kartoffelecken, aber auch irische Steaks, Meeresfrüchte und Wildgerichte.

Unterhaltung

Market Place Theatre & Arts Centre THEATER
(www.marketplacearmagh.com; Market St; ⏲ Kasse Mo–Sa 9.30–16.30 Uhr) Armaghs wichtigstes Kulturzentrum beherbergt ein Theater mit 400 Plätzen, Ausstellungen und das Footlights Bar & Bistro mit Livemusik an Samstagabenden.

Praktische Informationen

Touristeninformation (☎ 3752 1800; www.armagh.co.uk; 40 Upper English St; ⏲ Mo–Sa 9–17, So 14–17 Uhr, Juli & Aug. So ab 12 Uhr)

An- & Weiterreise

Der Goldline-Express-Bus 251 fährt vom Europa BusCentre in Belfast nach Armagh (9 £, 1–1½ Std., Mo–Fr stdl., Sa 6-mal, So 4-mal).
Die Buslinie 44 verkehrt zwischen Armagh und Newry (5,80 £, 1¼ Std., Mo–Fr 2-mal tgl., Sa 3-mal).

Die Linie 36 von Bus Éireann bedient die Strecke von Dublin nach Armagh (17 €, 3 Std., Mo–Fr stdl., Sa 5-mal, So 4-mal).

Rund um Armagh (Stadt)

Navan Fort

Hoch auf einem Drumlin, 3 km westlich von Armagh, erhebt sich das Navan Fort (Emain Macha), Ulsters bedeutendste archäologische Stätte. Vermutlich handelt es sich um eine prähistorische Provinzhauptstadt und rituelle Stätte, die Tara in der Grafschaft Meath ebenbürtig ist. Sie steht mit den Sagen von Cúchulainn in Verbindung und wird als Hauptstadt von Ulster sowie Sitz der legendären Knights of the Red Branch betrachtet.

Von etwa 1150 v. Chr. bis zur Verbreitung des Christentums war dies ein bedeutender Ort. Auf Handelsbeziehungen nach Nordaf-

ABSTECHER

OXFORD ISLAND

Im Oxford Island National Nature Reserve am Südrand des Lough Neagh werden verschiedene Biotope geschützt, darunter Waldland, Blumenwiesen, Schilfzonen und flache Seeufer. Es gibt hier zahlreiche Wander- und Radwege sowie Infotafeln und Vogelbeobachtungsplätze.

Das **Lough Neagh Discovery Centre** (www.oxfordisland.com; Oxford Island, Lurgan; ⏲ Mo–Sa 10–13 & 14–16 Uhr, April–Sept. auch So 14–17 Uhr) GRATIS liegt in der Mitte eines von Wasservögeln bevölkerten Schilfteichs und informiert über den See. Darüber hinaus beherbergt es ein Museum und ein stilvolles kleines Café mit Blick aufs Ufer.

An der benachbarten Kinnego Marina starten einstündige **Bootsausflüge** (☎ 38 32 7573; Erw./Kind 5/3 £; ⏲ April–Okt. Sa & So 13.30–17 Uhr) mit der *Master McGra* (12 Plätze) hierher.

Oxford Island befindet sich nördlich von Lurgan. Ab der M1-Ausfahrt 10 ist der Weg ausgeschildert.

rika deutet der Fund eines Berberaffenschädels hin. Der größte kreisförmige **Erdwall** misst 240 m im Durchmesser und umschließt eine kleinere kreisförmige Struktur sowie einen eisenzeitlichen **Grabhügel**. Bis heute gibt die Kreisstruktur den Archäologen Rätsel auf. Vielleicht handelt es sich um eine Art Tempel, dessen Dach von konzentrischen Reihen hölzerner Pfosten getragen wurde und der innen mit einem riesigen Steinhaufen gefüllt war. Noch merkwürdiger ist, dass dieses Gebilde kurz nach seiner Errichtung um 95 v. Chr. in Brand gesteckt wurde – möglicherweise zu rituellen Zwecken.

Im benachbarten **Navan Centre** (www.navan.com; 81 Killylea Rd, Armagh; Erw./Kind 6/4 £; ⏲ April–Sept. 10–18.30 Uhr, Okt.–März 10–16 Uhr, letzter Einlass 90 Min. vor Schließung, im Winter 1 Std. vorher) kann man sich über das Fort und den geschichtlichen Kontext informieren und darüber hinaus den Nachbau einer eisenzeitlichen Siedlung besichtigen.

Von Armagh aus erreicht man die Stätte in 45 Gehminuten. Alternativ nimmt man die Buslinie 73 zum Dorf Navan (10 Min., Mo–Fr 10-mal tgl.).

Lough Neagh

Der Lough Neagh (ausgesprochen „ney"), Großbritanniens und Irlands größter Süßwassersee (32 km lang und 16 km breit), ist relativ flach und nirgendwo tiefer als 9 m. Er bietet nicht nur Wasservögeln einen wichtigen Lebensraum, sondern auch der Irischen Maräne, einer ausschließlich in Irland vorkommenden Fischart, und der Forellenart Dollaghan, die man nur im Lough Neagh findet. Weil der See über den Fluss Bann mit dem Meer verbunden ist, galt er schon in prähistorischen Zeiten als wichtige Wasserstraße. In der Aalfischerei sind noch heute etwa 200 Menschen beschäftigt.

Als wichtigste Ausgangspunkte für die Erkundung des Sees gelten das Städtchen Antrim am Ostufer, Oxford Island im Süden sowie Ballyronan und Ardboe im Westen. Der **Loughshore Trail** (www.loughshoretrail.com), ein 180 km langer Radwanderweg, führt um den Lough Neagh herum. Fast alle Abschnitte verlaufen über ruhige Nebenstraßen etwas abseits des Ufers. Westlich von Oxford Island und südlich der Stadt Antrim genießt man den schönsten Ausblick über das Wasser.

Counties Londonderry & Antrim

532 000 EW. / 4918 KM²

Inhalt ➡

Gut essen

- Lime Tree (S. 667)
- 55 Degrees North (S. 672)
- Brown's Restaurant (S. 662)
- Burger Club (S. 669)
- Bushmills Inn (S. 673)

Schön übernachten

- Merchant's House (S. 661)
- Downhill Hostel (S. 668)
- Galgorm Resort & Spa (S. 682)
- Whitepark House (S. 682)
- Villa Farmhouse (S. 680)

Auf nach Londonderry & Antrim

Die nordirische Küste ist von Carrickfergus bis Coleraine ein Traum für Geologen. Hier hat der Ozean schwarzen Basalt und weiße Kreide freigeschwemmt, die einen Großteil des Untergrunds des Countys Antrim bilden, außerdem sind die Felsen zu einer atemberaubenden Szenerie aus Klippen, Höhlen, Säulen und Spitzen ausgeformt. Zu den größten Attraktionen der Region gehören der Giant's Causeway und die ganz in der Nähe liegende noch beeindruckendere Carrick-a-Rede Rope Bridge.

Viele Touristen besuchen auch die im Westen der Grafschaft Derry gelegene gleichnamige historische Stadt in einer breiten Schleife des Flusses Foyle. Als einziger irischer Ort besitzt Derry eine vollständig erhaltene Stadtmauer, deren Umrundung als eines der Highlights jeder Nordirlandreise gilt. Darüber hinaus lockt es mit ergreifenden Wandmalereien in der Bogside sowie einer quirligen Musik- und Pubszene.

Reisezeit

- Für Wanderungen an der Causeway Coast ist der Mai am besten geeignet. Zu dieser Zeit umgeht man den sommerlichen Andrang am Giant's Causeway und kann das bunte Blumenmeer wunderbar zu Fuß erkunden.
- Wenn die Nistsaison der Meeresvögel im Juni und Juli ihren Höhepunkt erreicht, lohnt es sich besonders, das Kebble National Nature Reserve auf Rathlin Island zu besuchen. Jetzt herrscht auch das beste Wetter, um an den hiesigen Stränden zu relaxen.
- Am letzten Montag und Dienstag im August findet in Ballycastle die traditionelle Ould Lammas Fair statt.

Highlights

1 Eine lange Wanderung entlang der spektakulären Causeway Coast von Carrick-a-Rede bis zum **Giant's Causeway** (S. 673) unternehmen

2 In **Derry** (S. 654) die beeindruckende alte Stadtmauer und modernen Wandmalereien bewundern und sich von der Musik mitreißen lassen

3 Beim Gang über die schmale, schwankende **Carrick-a-Rede Rope Bridge** (S. 678) seine Nerven auf die Probe stellen

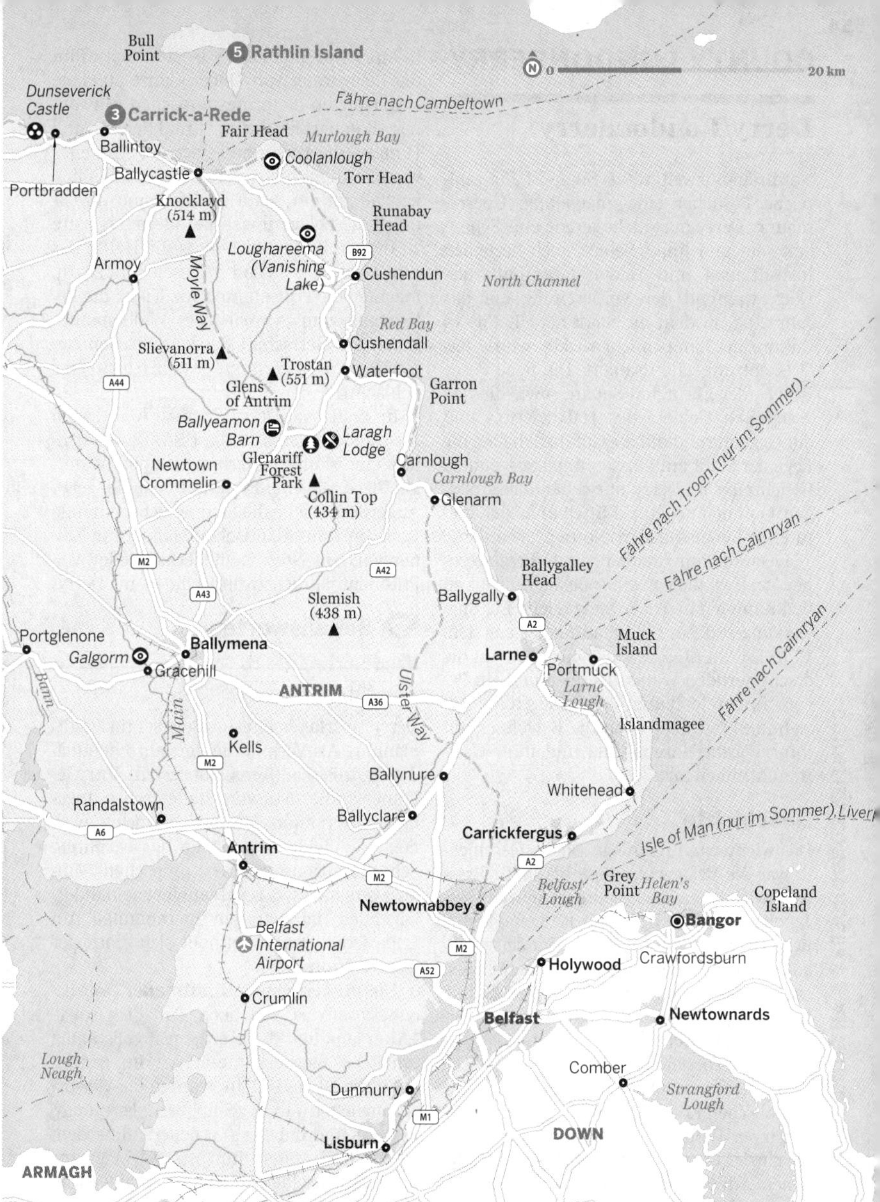

4 An den Stränden rund um **Portrush** (S. 671) surfen oder bodyboarden

5 Am abgelegenen westlichen Ende von **Rathlin Island** (S. 678) Meeresvögel und Robben beobachten

6 In der **Old Bushmills Distillery** (S. 673) alles über die Whiskeyherstellung erfahren

7 Vom fotogenen **Mussenden Temple** (S. 668) in Downhill den atemberaubenden Blick auf die Küste genießen

COUNTY LONDONDERRY

Derry/Londonderry

83 700 EW.

Nordirlands zweitgrößte Stadt ist für zahlreiche Besucher eine angenehme Überraschung. Derry mag nicht gerade eine Schönheit sein und hinkt Belfast auch bezüglich Investitionen und Entwicklung hinterher. Doch während der Vorbereitung auf das Jahr 2013, in dem die Stadt als UK City of Culture ins Rampenlicht rückte, wurde das Ortszentrum schön saniert. Die neue Peace Bridge, der Ebrington Square sowie die neu gestalteten Gebiete des Hafenviertels und der Gegend rund um die Guildhall haben die Lage der Stadt am Fluss optimal ausgenutzt. Gleichzeitig ist Derry mit seinem zielstrebigen Optimismus zum Mittelpunkt der kulturellen Renaissance im Norden geworden.

Es wurde durch eine bewegte Vergangenheit geprägt, die von einer Belagerung bis zu den Kämpfen in der Bogside reicht. Ein Spaziergang rund um die Stadtmauer aus dem 17. Jh. ist ein Muss, ebenso ein Blick auf die erschütternden Wandmalereien und ein Besuch in den lebhaften Pubs. Die größte Anziehungskraft aber üben die Bewohner mit ihrer Wärme, ihrem Witz und ihrer Gastfreundlichkeit aus.

Geschichte

Das wichtigste Ereignis in Derrys Geschichte war die Belagerung 1688 bis 1689, deren Nachwirkungen noch heute zu spüren sind. Jakob I. gewährte der Stadt 1613 eine königliche Charta und forderte die Handelsgilden auf, den Ort zu befestigen. Außerdem ließen sich in der Gegend von Coleraine (schon bald unter dem Namen County Londonderry) protestantische Siedler nieder.

Indessen bescherte England die Glorreiche Revolution von 1688 nach Vertreibung des katholischen Königs Jakob II. Irland den Niederländer Wilhelm von Oranien. Derry war die einzige Garnison, die nicht von der königlichen Armee eingenommen wurde. So begannen im Dezember 1688 katholische Truppen unter dem Earl of Antrim vom östlichen Flussufer aus den Ort zu belagern. Die Ankömmlinge schickten Abgesandte, um Bedingungen für die Übergabe der Stadt auszuhandeln, bereiteten aber gleichzeitig mit Fähren über den Fluss einen Angriff vor. 13 Lehrjungen beobachteten dies, verriegelten die Stadttore und riefen: *„There'll be no surrender!"* („Wir werden niemals aufgeben!")

Am 7. Dezember 1688 begann daraufhin die Belagerung von Derry. Ganze 105 Tage lang trotzten die protestantischen Einwohner Bombardierungen, Krankheiten und Hunger (die Versorgungslage der Angreifer war allerdings nicht viel besser). Schließlich kam ihnen ein Schiff zu Hilfe und durchbrach die Belagerungslinie, allerdings hatte zu diesem Zeitpunkt bereits die Hälfte der Einwohner ihr Leben gelassen. Im 20. Jh. machten die Protestanten von Ulster die Belagerung zum Symbol ihres Widerstandes gegen die Herrschaft der katholischen Republik. *„No surrender!"* ist bis heute ihr Schlachtruf.

Im 19. Jh. war Derry einer der wichtigsten Auswandererhäfen in die USA. Daran erinnert eine Skulpturengruppe auf dem Waterloo Place, die eine Emigrantenfamilie zeigt. Außerdem spielte die Stadt eine bedeutende Rolle im transatlantischen Handel mit Leinenhemden. Noch heute erhält jeder US-Präsident jährlich zwölf Hemden aus Derry.

Sehenswertes

Altstadt

Derry ist Irlands ältestes Beispiel für Stadtplanung. Als Vorbild diente wahrscheinlich die französische Renaissancestadt Vitry-le-François, die 1545 vom italienischen Ingenieur Hieronimo Marino entworfen worden war. Beide Orte haben das berühmte Schachbrettmuster eines römischen Militärlagers mit zwei rechtwinklig zueinanderliegenden Hauptstraßen übernommen. Am Ende jeder Straße befindet sich eines der vier Stadttore.

Die 1619 errichtete **Stadtmauer** (www.derryswalls.com) ist 8 m hoch, 9 m dick sowie 1,5 km lang und das einzige fast vollständig erhaltene Bauwerk dieser Art im ganzen Land. Im 18. und 19. Jh. wurden die vier ursprünglichen Tore (Shipquay, Ferryquay, Bishop's und Butcher's) erneuert, außerdem kamen drei weitere hinzu (New, Magazine und Castle). Seinen Spitznamen Maiden City (Jungfräuliche Stadt) verdankt Derry der Tatsache, dass die Mauer nie von Feinden bezwungen werden konnte.

Sie wurde im Auftrag der Honourable The Irish Society erbaut, einer 1613 von Jakob I. und den Londoner Gilden ins Leben gerufenen Organisation. Heute setzt das Unternehmen seinen Schwerpunkt auf karitative Tätigkeiten und ist noch immer Eigentümer der Mauer.

★ Tower Museum MUSEUM

(www.derrycity.gov.uk/Museums; Union Hall Pl; Erw./Kind 4,20/2,65 £; ganzjährig Di–Sa 10–17 Uhr, Juli & Aug. auch So 11–15 Uhr) Das preisgekrönte Tower Museum ist direkt hinter dem Magazine Gate in dem Nachbau eines Turmhauses aus dem 16. Jh. untergebracht. Zuerst begibt man sich am besten in den fünften Stock und genießt den wundervollen Ausblick. Danach geht's nach unten zur ausgezeichneten **Armada-Shipwreck-Ausstellung**. Hier wird die Geschichte der *Trinidad Valenciera*, einem Schiff der Spanischen Armada, nacherzählt. 1588 in der Kinnagoe Bay in Donegal gesunken, wurde es 1971 vom Derry Sub-Aqua Club entdeckt und von Meeresarchäologen geborgen. Zur Sammlung gehören Bronzegewehre, Zinngeschirr und persönliche Gegenstände, darunter ein Holzkamm, ein Oliventopf, eine Schuhsohle sowie eine 2,5 t schwere Kanone mit dem Wappen Philipps II. von Spanien, das ihn als König von England zeigt.

Die zweite Ausstellung widmet sich der Stadtgeschichte. Gut durchdachte Exponate und einige audiovisuelle Elemente von der Klostergründung durch den hl. Colmcille (Columba) im 6. Jh. bis zur Schlacht in der Bogside Ende der 1960er-Jahre sind in der Ausstellung **Story of Derry** zu sehen. Für den Museumsbesuch sollte man zwei Stunden einplanen.

★ St. Columb's Cathedral KATHEDRALE

(www.stcolumbscathedral.org; London St; Eintritt frei, Spenden erwünscht; ganzjährig Mo–Sa 9–17 Uhr) Aus dem gleichen graugrünen Schiefer wie die Stadtmauer wurde zwischen 1628 und 1633 die St. Columb's Cathedral erbaut. Sie war die erste nachreformatorische Kirche, die man in Großbritannien und Irland errichtet hatte, und ist heute Derrys ältestes Gebäude. In der **Vorhalle** (unter dem Kirchturm am Eingang von St. Columb's Court) sieht man noch den original erhaltenen Grundstein aus dem Jahre 1633, der die Fertigstellung des Gebäudes dokumentiert. Auf ihm stehen folgende Worte:

If stones could speake
Then London's prayse
Should sounde who
Built this church and
Cittie from the grounde

(„Wenn Steine sprechen könnten, dann sollten sie London preisen, das diese Kirche und die Stadt erbaute.")

Der kleinere Stein trägt die Inschrift: *„In Templo Verus Deus Est Vereo Colendus"* (Der wahre Gott ist in seinem Tempel und soll wahrhaftig angebetet werden). Er stammt aus dem ursprünglichen Bauwerk von 1164 und ist dem hl. Colmcille gewidmet.

In der Vorhalle befindet sich außerdem eine Kanonenkugel, die während der Belagerung von 1688 bis 1689 in den Kirchhof geschossen wurde. In ihrem Hohlraum waren die Kapitulationsbedingungen versteckt. Das benachbarte **Kapitelhaus** zeigt u. a. Gemälde, alte Fotos und vier gewaltige Schlösser, mit denen die Stadttore im 17. Jh. verriegelt wurden.

Das solide Rechteck des **Kirchenschiffs** im Planter's-Gothic-Stil teilt mit vielen anderen irischen Gotteshäusern die kühle Strenge: dicke Wände, kleine Fenster, sichtbares Gebälk (von 1823). Letzteres ruht auf Kragsteinen, die nach den Konterfeis ehemaliger Bischöfe und Dekane geformt sind. Im 18. Jh. wurde der Thron des Bischofs am hinteren Ende aus Mahagoni gefertigt. Er weist Verzierungen im chinesischen Chippendale-Stil auf.

Die **Kanzel** und das bunte Glasfenster mit einer Darstellung von Christi Himmelfahrt stammen aus dem Jahr 1887. Bei der großen Belagerung wurden die Flaggen zu beiden Seiten des Fensters von den Franzosen erbeutet. Während die gelbe Seide bereits mehrmals erneuert wurde, sind die Stangen und goldenen Drahtverzierungen Originale.

Centre for Contemporary Art GALERIE

(cca-derry-londonderry.org; 10–12 Artillery St; Di–Sa 12–18 Uhr) GRATIS Die Ende 2012 eröffnete CCA wurde gegründet, um aufstrebenden nordirischen Talenten eine Plattform zu geben und Ausstellungen mit Werken der besten modernen Künstler aus der ganzen Welt zu zeigen.

Außerhalb der Stadtmauer

★ Guildhall BEMERKENSWERTES GEBÄUDE

(www.derrycity.gov.uk/Guildhall; Guildhall Sq; tgl. 10–17.30 Uhr) GRATIS Gleich außerhalb der Stadtmauer gegenüber dem Tower Museum befindet sich die neogotische Guildhall. Ursprünglich 1890 errichtet, baute man sie 1908 nach einem Brand neu auf. Als Sitz der alten Londonderry Corporation, die maßgeblich an der Diskriminierungspolitik gegen Katholiken bezüglich Wohnungs- und Arbeitsvergabe beteiligt war, wurde sie zum Hassobjekt der Nationalisten. 1972 bombardierte die IRA das Gebäude zweimal. Zwi-

Derry/Londonderry

Derry/Londonderry

Highlights
1 Guildhall B5
2 Harbour Museum B4
3 St. Columb's Cathedral B6
4 Tower Museum B5

Sehenswertes
5 Bloody Sunday Memorial A5
6 Centre for Contemporary Art B6
7 Ebrington Square D4
8 Free Derry Corner A5
9 Hands Across the Divide B7
10 Hunger Strikers' Memorial A5
11 Museum of Free Derry A5
12 Peace Bridge C4
13 People's Gallery Murals A5

Aktivitäten, Kurse & Touren
14 Blue Boat Tours B2
15 City Tours B6

Schlafen
16 Abbey B&B A4
17 Derry City Independent Hostel A4
18 Derry Palace Hostel A3
19 Merchant's House A3
20 Saddler's House A4
21 Sunbeam House A7

Essen
22 Brown's in Town B4
23 Brown's Restaurant D6
24 Café del Mondo B5
Encore Brasserie (siehe 32)
Primrose Café (siehe 15)

Ausgehen & Nachtleben
25 Badgers Bar B5
26 Earth Nite Club B1
27 Peadar O'Donnell's B5

Unterhaltung
28 Cultúrlann Uí Chanáin A4
29 Gweedore Bar B5
30 Magee College B1
31 Mason's Bar B5
32 Millennium Forum B5
33 Nerve Centre B5
34 Playhouse B6
35 Sandino's Café C5

Shoppen
An Cló Ceart (siehe 28)
36 Austins B5
37 Cool Discs Music C5
38 Cowley Cooper Fine Art B5
39 Craft Village B5
40 Donegal Shop B5
41 Foyleside Shopping Centre C6
42 Whatnot B6

schen 2000 und 2005 tagte hier die Untersuchungskommission zum Bloody Sunday.

Besonders schön sind die **Buntglasfenster**, ein Geschenk der London Livery Companies, und der Uhrenturm, dem der Big Ben in London Modell stand. Seit einer umfassenden Restaurierung in den Jahren 2012 und 2013 beherbergt die Guildhall auch eine historische Ausstellung zur Plantation of Ulster und einen Touristeninformationsstand.

Peace Bridge BRÜCKE

Das sichtbarste Zeugnis der Sanierungsmaßnahmen, die hier im Zuge der Vorbereitung auf das Jahr 2013 als City of Culture stattfanden, ist die großartige Peace Bridge über den Foyle, die in einem symbolischen Händedruck die Altstadt am Westufer mit dem Ebrington Square auf der Ostseite verbindet. Fußgängern und Radfahrern bietet sie eine praktische Abkürzung vom Bahnhof zur Gegend rund um die Guildhall.

Ebrington Square PLATZ

Im 19. Jh. erhob sich an diesem Standort noch ein Fort, das später als Stützpunkt der britischen Armee diente. Doch im Zuge der Baumaßnahmen in den vergangenen Jahren wurden die Ebrington Barracks in einen öffentlichen Raum verwandelt. Der frühere Paradeplatz ist heute ein Veranstaltungsort und Ausstellungsgelände. 2013 fand hier die Verleihung des berühmten Turner-Preises statt.

★ Harbour Museum MUSEUM

(Harbour Sq; Mo–Fr 10–13 & 14–17 Uhr) GRATIS Dieses kleine, altmodische Museum zeigt mehrere Schiffsmodelle, den Nachbau eines *currach* (ein frühchristliches Segelboot, wie es der hl. Colmcille bei seiner Überfahrt nach Iona benutzt haben muss) und eine vollbusige Galionsfigur der Minnehaha. Es ist im ehemaligen Harbour Commissioner's Building gleich neben der Guildhall untergebracht.

Hands Across the Divide DENKMAL

Wer die Stadt über die Craigavon Bridge betritt, erblickt als Erstes dieses beeindruckende Denkmal. Die Bronzeskulptur zweier Männer, die sich aufeinander zubewegen, steht für den Geist der Versöhnung und für eine hoffnungsvolle Zukunft. Sie wurde 1992, 20 Jahre nach dem Bloody Sunday, enthüllt.

Bogside

Dieser Bezirk westlich der Altstadt entstand im 19. und frühen 20. Jh. als vornehmlich katholisches Arbeiterviertel. In den 1960er-Jahren waren die eng gedrängten kleinen Reihenhäuser zu einem Armengetto mit dramatisch hoher Erwerbslosigkeit verkommen. Nun wurde die Bogside mehr und mehr zu einem Zentrum der Bürgerrechtsbewegung und der nationalistischen Unzufriedenheit.

Im August 1969 entsandte die britische Regierung als Antwort auf den dreitägigen Straßenkampf der örtlichen Jugendlichen gegen die Royal Ulster Constabulary (RUC) – den sogenannten „Battle of the Bogside" – Truppen nach Nordirland. Daraufhin erklärten die 33 000 Einwohner der Bogside und der benachbarten Brandywell-Distrikte ihre Unabhängigkeit und verbarrikadierten die Straßen, um die Sicherheitskräfte fernzuhalten. Außerdem stellte die IRA freiwillige Straßenpatrouillen zur Verfügung. Für Polizisten und Armee war das „Freie Derry" also absolut tabu, doch im Januar 1972 wurde die Gegend um die Rossville Street zum tragischen Schauplatz. Am 31. Juli 1972 setzte die Operation Motorman dem Treiben ein Ende; damals rückten Tausende britische Truppen und Panzerwagen nach Bogside vor und besetzten es.

Seither hat man das Viertel von Grund auf saniert und neu gestaltet: Alte Häuser und Wohnungen wurden abgerissen und durch moderne ersetzt. Heute leben hier nur noch etwa 8000 Menschen. Alles, was von der alten Bogside übrig blieb, ist die **Free Derry Corner** (Kreuzung Fahan St/Rossville St), wo noch immer an der Seitenwand eines Hauses der berühmte Slogan *„You Are Now Entering Free Derry"* steht. In der Nähe befinden sich das H-förmige **Hunger Strikers' Memorial** (Rossville St) und etwas weiter nördlich an der Rossville Street das **Bloody Sunday Memorial**. Der schlichte Granitobelisk gedenkt der 14 Zivilisten, die am 30. Januar 1972 von der britischen Armee erschossen wurden.

People's Gallery Murals WANDMALEREIEN

(Rossville St) Zwölf Wandmalereien zieren die Stirnseite der Häuser entlang der Rossville Street nahe der Free Derry Corner. Sie wurden von Tom Kelly, Will Kelly und Kevin Hasson geschaffen, die als „Bogside Artists" bekannt sind und den größten Teil ihres Lebens in diesem Viertel verbrachten.

Die Bilder entstanden zumeist zwischen 1997 und 2001 und erinnern an die wichtigsten Vorfälle während des Nordirlandkonflikts, besonders an den Kampf in der Bogside, den Bloody Sunday, die Operation Motorman (den Versuch der britischen Armee im Juli 1972, von der IRA kontrollierte Gebiete in Belfast und Derry zurückzuerobern) und den Hungerstreik 1981. Zu den eindruckvollsten Gemälden gehören die großen, einfarbigen Motive, die Zeitungsbildern ähneln. *Operation Motorman* zeigt einen britischen Soldaten, der eine Haustür mit einem Hammer einschlägt, und *Bloody Sunday* eine Gruppe Männer unter Führung des lokalen Priesters Father Daly, die Jackie Duddys Leiche (der erste Todesfall jenes Tages) wegtragen. *The Petrol Bomber* porträtiert einen Jungen mit Gasmaske und einer Benzinbombe in der Hand.

Das wohl ergreifendste Bild ist jedoch *Death of Innocence*: Darauf ist das lächelnde 14-jährige Schulmädchen Annette McGavigan, 100. Opfer des Nordirlandkonflikts, zu sehen, das vor den wüsten Trümmern eines ausgebombten Hauses steht; die Dachbalken oben rechts bilden ein Kruzifix. Annette starb im Gefecht zwischen der IRA und der britischen Armee am 6. September 1971 und ist ein Symbol für alle Kinder, die während der Unruhen ums Leben kamen. Auf der linken Seite des Gemäldes schwört ein mit dem Lauf nach unten deutendes, in der Mitte durchgebrochenes Gewehr der Gewalt ab, zudem macht ein Schmetterling Hoffnung auf einen Neuanfang.

Das letzte Wandgemälde der Serie ist das 2004 vollendete *Peace Mural*. Eine Taube (das Symbol für Frieden und Derrys Schutzpatron Columba) schwingt sich aus einer Vergangenheit voller Blut und Traurigkeit in eine optimistische, friedliche Zukunft auf.

Wer sich für die Motive interessiert, kann die Website der Künstler www.cain.ulst.ac.uk/bogsideartists besuchen und das Buch *The People's Gallery* (bekommt man auf der Internetseite) kaufen.

Museum of Free Derry MUSEUM

(www.museumoffreederry.org; 55–61 Glenfada Park; Erw./Kind 3/2 £; ⌚Mo–Fr 9.30–16.30 Uhr, April–Sept. auch Sa 13–16 Uhr, Juli–Sept. auch So 13–16 Uhr) Das Museum an der Rossville Street dokumentiert die Geschichte der Bogside, der Bürgerrechtsbewegung und der Ereignisse um den Bloody Sunday mit Fotos, Zei-

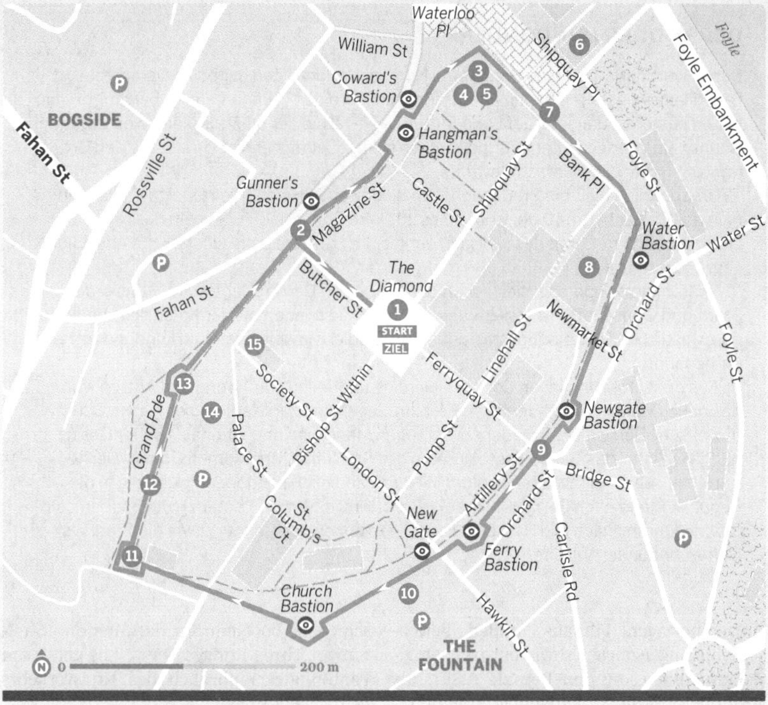

Spaziergang **Auf der Stadtmauer**

START THE DIAMOND
ZIEL THE DIAMOND
LÄNGE 2 KM
DAUER 30–40 MIN.

Vom Hauptplatz, dem Diamond, mit dem 1 **Kriegerdenkmal** geht's durch die Butcher Street zum 2 **Butcher's Gate** und von dort die Treppen zur Stadtmauer hinauf.

Anschließend schlendert man zum 3 **Magazine Gate**, das nach dem nahe gelegenen Pulvermagazin benannt ist. Innerhalb der Mauer erhebt sich der moderne 4 **O'Doherty's Tower** mit dem exzellenten 5 **Tower Museum** (S. 655), außerhalb steht die neogotische 6 **Guildhall** (S. 655).

Einst floss der Foyle an der nordöstlichen Mauer vorbei, in deren Mitte sich noch das 7 **Shipquay Gate** befindet. Bald darauf führt die Mauer nach Südwesten und steigt neben dem modernen 8 **Millennium Forum** (S. 665) steil an. Den höchsten Punkt markiert das 9 **Ferryquay Gate**, das die Lehrlinge zu Beginn der Belagerung von 1688 bis 1689 verbarrikadierten.

Von dem Mauerstück dahinter sieht man das 10 **Fountain-Wohnviertel**, die letzte nennenswerte protestantische Gemeinde am Westufer des Foyle. Anschließend geht's zur 11 **Double Bastion** an der Südwestecke der Mauer mit der „Roaring Meg", der berühmtesten während der Belagerung eingesetzten Kanone, und zur 12 **Grand Parade**, von der man einen tollen Blick auf die Bogside genießt. Die Wandgemälde an den Häusern wurde von den Bogside Artists gestaltet.

Eine leere Säulenplatte auf der 13 **Royal Bastion** kennzeichnet den früheren Standort des Reverend-George-Walker-Denkmals, Stadtkommandant während der Belagerung. Das 27 m hohe Monument wurde 1826 aufgestellt und 1973 von der IRA in die Luft gesprengt. Hinter der Royal Bastion ragt die 14 **Augustinerkapelle** der Church of Ireland auf, die 1872 am ehemaligen Standort eines vom hl. Colmcille im 6. Jh. gegründeten Klosters errichtet wurde. Ein Stück weiter stößt man auf die 15 **Apprentice Boys' Memorial Hall**, die mit einem Maschendrahtzaun vor Farbbomben geschützt wird.

DERRY ODER LONDONDERRY?

Derry/Londonderry – eine Stadt, zwei Namen. Nationalisten halten an Derry fest und Fanatiker verunstalten häufig auf Straßenschildern den „London"-Teil. Überzeugte Unionisten bestehen dagegen auf Londonderry – weiterhin der offizielle Name von Stadt und County. Doch ungeachtet ihrer politischen Überzeugung nennen viele Leute den Ort umgangssprachlich einfach Derry.

Ursprünglich hieß die Stadt nach dem heidnischen Helden Doíre Calgaigh (Eichenhain des Calgach). Im 10. Jh. wurde dies zu Doíre Colmcille (Eichenhain des Columba) christianisiert: zu Ehren des Heiligen, der hier im 6. Jh. die erste klösterliche Ansiedlung gegründet hatte.

Später kürzte und anglisierte man den Namen zu Derrie oder Derry. 1613 wurden Stadt und Grafschaft in Anerkennung der Rolle, die London bei der Kolonisierung des nordwestlichen Ulster mit protestantischen Siedlern gespielt hatte, in Londonderry umbenannt.

Aus dem ursprünglichen County Coleraine und Teilen von Tyrone und Antrim wurde das neue County Londonderry gebildet. Im Gegensatz zur Stadt gab es nie ein County, das offiziell Derry hieß. Trotzdem bevorzugen Menschen mit nationalistischer Gesinnung, darunter das Gaelic-Football-Team der Grafschaft, den Namen County Derry.

Heute weisen die Straßenschilder in Nordirland nach Londonderry und die in der Republik Irland nach Derry (Doíre auf Irisch). Einige Werbebroschüren der Tourismusindustrie führen gleich alle Namen auf und bezeichnen das County sowie die Stadt als Derry-Londonderry-Doíre.

tungsreportagen, Filmausschnitten, Berichten von Augenzeugen sowie ein paar Originalaufnahmen, die den Bogside Artists als Inspiration für ihre Wandgemälde dienten.

Geführte Touren

Bogside Artists Tours SPAZIERGANG
(☎07514 052481; www.bogsideartists.com; 6 £ pro Person) Die Führungen zu den berühmten Wandbildern werden von den Künstlern selbst geleitet. Sie können telefonisch oder über die Website im Voraus gebucht werden.

City Tours FÜHRUNGEN
(☎7127 1996; www.irishtourguides.com; Carlisle Stores, 11 Carlisle Rd; Erw./Kind 4/2 £) Einstündige Rundgänge, die täglich um 10, 12 und 14 Uhr von den Carlisle Stores aus starten. Auf dem Programm stehen auch Führungen in die Bogside und zu den Wandgemälden.

Tours'n'Trails SPAZIERGANG
(☎7136 7000; www.toursntrails.co.uk; Erw./Kind 6/4 £) Die 90-minütigen Führungen in der Altstadt beginnen an der Touristeninformation, und zwar von April bis Oktober montags bis samstags um 11 und 15 Uhr. Im Preis ist der Eintritt für die St. Columb's Cathedral enthalten.

Blue Boat Tours BOOTSTOUREN
(☎07882 233911; www.blueboattours.com; Foyle Marina; ⏲Mai–Sept. Mo–Sa) Veranstaltet verschiedene Bootsfahrten, darunter die 45-minütige „Three Bridges Tour". Los geht's am Ponton gleich nördlich des Kreisverkehrs beim Queen's Quay.

Feste & Events

City of Derry Jazz Festival MUSIK
(www.cityofderryjazzfestival.com; ⏲Anfang Mai) Vier Tage Jazz an diversen Veranstaltungsorten.

Gasyard Wall Féile IRISCHE KULTUR
(www.facebook.com/gasyardwallfeile; ⏲Aug.) Großes Kulturfest mit Musik, Straßenkünstlern, Karneval, Theater und Veranstaltungen auf Irisch.

City of Derry Guitar Festival MUSIK
(www.cityofderryguitarfestival.com; ⏲Ende Aug.) Auf dem Gelände des Magee College (University of Ulster) finden Aufführungen und Meisterklassen von Gitarrengrößen aller Stilrichtungen (Klassik, Akustik, Elektro, Flamenco, Bass) statt.

Halloween Carnival KARNEVAL
(www.derrycity.gov.uk/halloween; ⏲27.–31. Okt.) Zu Irlands größter Straßenparty verkleidet sich die gesamte Bevölkerung und tanzt durch die Stadt.

Foyle Film Festival KINO
(www.foylefilmfestival.org; ⏲Nov.) Das größte Filmfestival im Norden dauert eine Woche.

Schlafen

Zu Festivalzeiten bucht man seine Unterkunft am besten im Voraus.

Derry City Independent Hostel HOSTEL £
(☎7128 0542; www.derry-hostel.co.uk; 44 Great James St; B/DZ/4BZ ab 13/40/60 £; @ 📶) Erfahrene Backpacker führen dieses kleine, freundliche Hostel, das mit Souvenirs ihrer Weltreisen geschmückt und in einem georgianischen Stadthaus nordwestlich vom Busbahnhof untergebracht ist. Um die Ecke gibt's ein zweites Haus namens Dolce Vita mit stilvoll eingerichteten Doppel-, Zweibett- und Vierbettzimmern (alle mit Gemeinschaftsbädern).

Derry Palace Hostel HOSTEL £
(☎7130 9051; www.paddyspalace.com; 1 Woodleigh Tce, Asylum Rd; B/2BZ ab 13/45 £; @ 📶) Das freundliche Hostel gehört zur irlandweit vertretenen Paddy's-Palace-Kette und wartet mit einer zentralen Lage, komfortablen Zimmern sowie einem herrlich sonnigen Garten auf. Im Haus herrschen eine gelöste Stimmung und eine tolle Partyatmosphäre. Die Angestellten organisieren auch Kneipentouren mit traditioneller Musik.

★ **Merchant's House** B&B ££
(☎7126 9691; www.thesaddlershouse.com; 16 Queen St; EZ/DZ 55/80 £; @ 📶) Dieses historische Stadthaus im georgianischen Stil ist eine Perle unter den B&Bs. Es besitzt elegante Wohn- und Esszimmer mit Marmorkaminen und antiken Möbeln. Die Zimmer sind mit Fernsehern, Wasserkochern und Bademänteln ausgestattet, wobei nur eines über ein eigenes Bad verfügt. Zum Frühstück steht hausgemachte Marmelade auf dem Tisch. Die Zimmerschlüssel bekommt man im Saddler's House.

Saddler's House B&B ££
(☎7126 9691; www.thesaddlershouse.com; 36 Great James St; EZ/DZ 55/75 £; @ 📶) Fünf Minuten von der Stadtmauer entfernt bietet das nette B&B in einem reizenden viktorianischen Stadthaus sieben Räume mit Privatbädern. Das ausgezeichnete Frühstück wird in der Familienküche serviert.

Laburnum Lodge B&B ££
(☎7135 4221; www.laburnumlodge.com; 9 Rockfield, Madam's Bank Rd; EZ/DZ 40/55 £; @ 📶) Einige unserer Leser empfehlen diese Villa in einer ruhigen Straße am nördlichen Stadtrand. Sie waren besonders vom herzlichen Empfang, den geräumigen Zimmern und dem üppigen Frühstück beeindruckt. Um hierherzukommen, nimmt man am großen Kreisverkehr gleich westlich der Foyle Bridge die Buncrana Road; die Rockfield ist die erste Querstraße auf der rechten Seite. Bei Bedarf werden Gäste vom (Bus-)Bahnhof abgeholt.

Sunbeam House B&B ££
(☎7126 3606; sunbeamhouse@hotmail.com; 147 Sunbeam Tce, Bishop St; EZ/DZ 44/65 £; 📶 👪) Das geschmackvolle rote Ziegelhaus liegt nur fünf Gehminuten südwestlich der Stadtmauern. Die vier witzig eingerichteten Zimmer fallen zwar etwas klein aus, aber das machen die Gastfreundschaft und das wunderbare Frühstück wieder wett.

Abbey B&B B&B ££
(☎7127 9000; www.abbeyaccommodation.com; 4 Abbey St; EZ/DZ/FZ 60/70/105 £; @ 📶) Hier überzeugen die einladende Atmosphäre und sechs geschmackvoll eingerichtete Zimmer. Die familiengeführte Unterkunft liegt nur etwas außerhalb der Stadtmauern am Rand der Bogside. In den Familienzimmern stehen vier Betten zur Verfügung.

Arkle House B&B ££
(☎7127 1157; www.derryhotel.co.uk; 2 Coshquin Rd; EZ/DZ 55/65 £; @ 📶) Ein prächtiges viktorianisches Haus 2 km nordwestlich des Stadtzentrums inmitten privater Gärten. Es verfügt über fünf große luxuriöse Schlafzimmer und eine private Küche, die von Gästen mitbenutzt werden darf.

Da Vinci's Hotel HOTEL £££
(☎7127 9111; www.davincishotel.com; 15 Culmore Rd; Zi./Suite ab 90/150 £; @ 📶) Das gepflegte Boutique-Hotel am Westufer des Foyle zieht das VIPs, Geschäftsleute und Politiker an. Es liegt 1,5 km nördlich des Stadtzentrums und punktet mit stilvollen Zimmern, einer schicken Cocktailbar sowie einem Restaurant.

Essen

Primrose Café CAFÉ £
(15 Carlisle Rd; Hauptgerichte 4–6 £; ⏲Mo–Sa 8–17 Uhr; 👪) Der jüngste Neuzugang in der Cafészene der Stadt kredenzt toll zubereitete Klassiker von Pfannkuchen mit Ahornsirup bis zu Irish Stew. Beim Sonntagsbrunch reicht die Palette von Eiern Benedict bis zum kompletten *Ulster fry*. Hinter dem Haus befindet sich zwar noch eine Terrasse, dennoch kann es schwer sein, freie Plätze zu finden.

DIE BOGSIDE ARTISTS

Die berühmten Wandgemälde der People's Gallery wurden von den Bogside Artists (den Brüdern Will und Tom Kelly sowie deren Freund Kevin Hasson) geschaffen. Tom und Kevin waren zehn und elf Jahre alt, als der Nordirlandkonflikt 1969 ausbrach, und Will in seinen frühen Zwanzigern.

Wie war das, in so einer unruhigen Zeit in Derry aufzuwachsen?

Kevin: „In der einen Minute kennt keiner uns oder Derry geschweige denn Nordirland. In der nächsten sind wir in allen Nachrichten. Jeden Abend konnte man die täglichen Kämpfe im Wohnzimmer im Fernsehen anschauen. Als Kinder lebten wir natürlich in einer Fantasiewelt. Für uns waren die Soldaten Außerirdische von einem anderen Planeten. Genau so malten wir sie dann auch auf unserem Bloody-Sunday-Bild zum Tod von Jackie Duddy. So empfanden wir das, ohne jegliche historischen oder sonstigen Zusammenhänge. Alles in allem könnte man unsere Kindheit in Derry als intensiv und bittersüß bezeichnen."

Will: „Wir fühlten, dass unser Schicksal uns rief, und waren ziemlich vom Marxismus eingelullt. Mit den Auseinandersetzungen in Paris und der Schwarzen Bürgerrechtsbewegung in Amerika glaubten wir, Teil einer Weltrevolution der Arbeiterklasse zu sein. Eine neue Weltordnung brach an, und wir standen ganz vorn. Schon als ganz junger Mann wurde ich mit der Frage nach dem Sinn und Ziel des Lebens konfrontiert, während ich sonst vielleicht nur einen sicheren Job oder die Gründung einer Familie im Kopf gehabt hätte. Persönliche Bedürfnisse mussten warten, jetzt zählte nur die direkte Bedrohung unserer Familien. Im Rückblick muss ich sagen, dass das ganze Experiment irgendwie unwirklich war. Während der Hungerstreiks von 1980 bis 1981 wurde es dann surrealistisch."

Welche Künstler schätzt ihr selbst?

Will: „Die alten Meister wie Raffael, Mantegna, die Tiepolos und Michelangelo kann man mit Straßenkunst nicht vergleichen. Diego Rivera kehrte 20 Jahre *nach* der Revolution aus

★ Brown's Restaurant IRISCH ££
(☎7134 5180; brownsrestaurant.com; 1 Bond's Hill, Waterside; 3-Gänge-Mittagsmenü 16,50 £, Hauptgerichte abends 17–23 £; ⏲Di–Fr 12–15, Di–Sa 17–21.30 Uhr; 👪) 🍃 Von außen sieht das Brown's nicht gerade vielversprechend aus, aber drinnen präsentiert es sich als elegantes kleines Paradies mit brandyfarbenen Sitzbänken, verschnörkelten Metalllampen und alten Schwarz-Weiß-Drucken an den Wänden. Die häufig wechselnde Karte wird Feinschmecker begeistern, denn die Küche bringt frische regionale Produkte kreativ zum Einsatz.

Brown's in Town IRISCH ££
(☎7136 2889; brownsrestaurant.com; 21–23 Strand Rd; ⏲Di–Fr 12–14.30, Di–Sa 17.30–20 Uhr) Dieses neue Restaurant hat ein unübersehbares Art-déco-Flair, das eine wohltuende Note von Glamour und Eleganz in die Gastroszene des Stadtzentrums einbringt. Das Drei-Gänge-Abendmenü für frühe Gäste (20 £, Di–Do bis 19.30 Uhr, Fr & Sa bis 19 Uhr) ist ein echtes Schnäppchen.

Café del Mondo CAFÉ, IRISCH ££
(☎7136 6877; www.cafedelmondo.org; Craft Village, Shipquay St; Hauptgerichte Café 6–7 £, Abendessen 13–22 £; ⏲Café Mo–Sa 9–18, So 12–17 Uhr, Restaurant Di–Sa 18–23.30 Uhr; 📶✎) 🍃 Das Künstlercafé serviert tollen Fair-Trade-Kaffee sowie herzhafte hausgemachte Suppen, Brote und warme Mittagsgerichte, die aus lokalen Produkten zubereitet werden. Abends (am besten reservieren) gibt's eine Extrakarte mit Steak-, Wild-, Fisch- und Meeresfrüchtegerichten sowie einigen vegetarischen Speisen.

Encore Brasserie INTERNATIONAL ££
(☎7137 2492; Millennium Forum, Newmarket St; Hauptgerichte mittags 6–10 £, abends 18 £; ⏲Mo–Sa 12–18 Uhr, Di–Sa abends; 👪) Neben einem zuvorkommenden Service wartet die schicke kleine Brasserie in der Lobby des größten Veranstaltungssaals der Stadt mit Dauerbrennern wie Caesar Salad mit Hühnchen und Lachs mit Kräuterkruste auf.

🍷 Ausgehen & Nachtleben

Egal was man sonst noch in Derry vorhat – einen Abend in den quirligen Pubs sollte man sich auf keinen Fall entgehen lassen, wenn auch eher wegen des geselligen Beisammenseins als wegen des Biers, denn das schmeckt nicht so berauschend. In den Kneipen, die oft bis 1 Uhr geöffnet haben, herrscht

Paris zurück, deshalb sind wir nicht so beeindruckt von seinem Werk wie diejenigen, die ihn als Freiheitskämpfer hochstilisieren. Er bildete die Geschichte Mexikos nicht so ab, wie sie war. Was er malte, war eine marxistische *Interpretation* dieser Geschichte. Nicht, dass wir uns mit Rivera vergleichen wollten. Er hat viel mehr geschaffen als wir. Wir erinnern uns aber an eine Besucherin, die gerade aus Mexiko zurückkam und unsere Wandgemälde besser fand als seine. Das muss man sich mal vorstellen."

Welche Wandgemälde in der Bogside sind euch am wichtigsten?
Tom: „*Death of Innocence* ist für mich herausragend – einerseits wegen der künstlerischen Dichte, andererseits als Antikriegs- und Friedensmotiv. Immerhin wurde es gemalt, lange bevor sich irgendjemand den Frieden auch nur im Traum vorstellen konnte."
Kevin: „Mir bedeutet unser *Peace Mural* am meisten, denn wir haben schon zehn Jahre, bevor wir es realisieren konnten, darüber nachgedacht. Außerdem haben katholische und protestantische Kids zusammen daran gearbeitet. Die Taube ist nicht einfach irgendein Klischee, sondern Symbol für unseren Stadtheiligen Columba, dessen lateinischer Name Columbanus „Taube" bedeutet."
Will: „Alle Bilder sind für uns wie unsere Kinder. Es ist unfair, einzelne zu bevorzugen oder herauszustellen. Um bei dem Vergleich zu bleiben, könnte man aber vielleicht sagen, dass unser Erstgeborener, *The Petrol Bomber*, etwas ganz Besonderes hat."

Was bedeutet es für euch, dass Derry die UK City of Culture 2013 war?
„Wie passen da die Bogside Artists rein? Gar nicht. Nicht, dass wir nicht gefragt wurden, mitzumachen. Aber wir können unsere kreative Freiheit nicht für Geld oder irgendetwas anderes verschachern. Stattdessen werden wir satirische Wandbilder malen, um dadurch unsere Standpunkte deutlich zu machen. Das Beste von den Bogside Artists wird noch kommen."

eine tolle Atmosphäre. Oft liegen mehrere in Stolperreichweite. Allein in der Waterloo Street sind es beispielsweise sechs Läden.

★ Peadar O'Donnell's PUB
(www.peadars.com; 63 Waterloo St) In der Stammkneipe für Backpacker gibt's jeden Abend gute traditionelle Musik, am Wochenende häufig auch schon nachmittags. Das Interieur ist einem typisch irischen Gemischtwarenladen nachempfunden: mit vollgeladenen Regalen, Krämerwagen auf dem Ladentisch und allem möglichen Krimskrams, der jedem Museum gut zu Gesicht stehen würde.

Badgers Bar PUB
(16–18 Orchard St) Stilvolles viktorianisches Pub mit poliertem Messing und buntem Glas, holzvertäfelten Ecken und Nischen. Mittags landen hier viele Shopper, um sich an der leckeren Pubkost zu stärken. Abends kann man bei gedämpfter Atmosphäre ganz entspannt einen Drink zu sich nehmen.

Earth Nite Club CLUB
(125–135 Strand Rd; ⌚ Di, Do & Sa) Derrys größter Nachtclub- und Barkomplex befindet sich in der Nähe der Uni. Dienstags wird eine Studentennacht veranstaltet, donnerstags legen hiesige DJs auf und samstags locken elegante Partys. Bei Facebook ist der Laden unter dem Namen „Earth Nite Club Derry" angemeldet.

☆ Unterhaltung

Livemusik

Sandino's Café LIVEMUSIK
(www.sandinos.com; 1 Water St; ⌚ Mo–Sa 11.30–1, So 13–24 Uhr) An den Wänden hängen Poster von Ché und die palästinensische Flagge, zudem wird in dem Café ausschließlich Fair-Trade-Kaffee serviert. Das Sandino's zeichnet sich durch eine lockere, liberale, in jedem Fall aber linke Atmosphäre aus. Freitagabends spielen Livebands, samstags stehen DJ-Sessions auf dem Programm. Sonntags kommen ab 17 Uhr Fans irischer Musik auf ihre Kosten, bevor es um 21 Uhr mit DJs oder Livejazz und Soul weitergeht. Darüber hinaus werden regelmäßige Themenabende abgehalten.

Mason's Bar LIVEMUSIK
(www.facebook.com/masonsbarderry; 10 Magazine St) Derry hat die Undertones hervorgebracht und bietet nach wie vor frische, wilde Live-

SUNDAY, BLOODY SUNDAY

Als tragische Wiederholung des Bloody Sunday von Dublin im November 1920, als britische Sicherheitskräfte 14 Zuschauer eines Gaelic-Football-Matches im Croke Park erschossen, wurde Derrys Blutiger Sonntag zum symbolischen Höhepunkt der Konflikte.

Am Sonntag, dem 30. Januar 1972, organisierte die nordirische Gesellschaft für Bürgerrechte einen friedlichen Marsch durch die Stadt, um gegen die im Jahr zuvor von den Briten eingeführten Inhaftierungen ohne vorherigen Gerichtsbeschluss zu demonstrieren. Etwa 15 000 Menschen waren von Creggan durch die Bogside zur Guildhall unterwegs. An der Kreuzung William Street/Rossville Street trafen sie auf Barrikaden der britischen Armee. Der Zug bog gerade durch die Rossville Street zur Free Derry Corner ab, als ein paar Jugendliche damit begannen, Steine zu werfen und die Soldaten wüst zu beschimpfen.

Was dann geschah, wurde nie vollständig geklärt. Vermutlich eröffneten die Soldaten vom Ersten Bataillon des Fallschirmspringerregiments das Feuer auf die unbewaffneten Demonstranten. 14 Menschen starben, einigen wurde in den Rücken geschossen. Sechs der Opfer waren erst 17 Jahre alt. Weitere 14 Demonstranten wurden verletzt, zwölf davon durch Schüsse. Derrys Katholiken, die die britischen Truppen anfangs noch als neutrale Ordnungshüter gegen protestantische Gewalt und Verfolgung begrüßt hatten, sahen sie nun als feindliche Besatzungsmacht. In der Folge erhielten die Reihen der Provisional Irish Republican Army (IRA) erheblichen Zulauf.

Die 1972 zur Untersuchung der Vorfälle eingesetzte **Widgery Commission** konnte die Schuldigen nicht ausfindig machen. Keiner der Soldaten, die auf Zivilisten geschossen hatten, oder irgendeiner der verantwortlichen Offiziere wurde belangt. Stattdessen verschwanden Akten, außerdem wurden Waffen zerstört.

Schließlich führte die brodelnde Unzufriedenheit der Öffentlichkeit zu intensiven Nachforschungen durch die **Bloody Sunday Inquiry** unter Leitung von Lord Saville. Von März 2000 bis Dezember 2004 verhörte die Kommission 900 Zeugen und nahm 2500 Aussagen auf. Das alles soll die britischen Steuerzahler 400 Mio. £ gekostet haben. Der Abschlussbericht (erhältlich unter www.official-documents.gov.uk) wurde im Juni 2010 veröffentlicht.

Lord Saville kam zu dem Schluss, dass „die Schüsse von Soldaten des Ersten Bataillons des Fallschirmspringerregiments am Bloody Sunday zum Tod von 13 Menschen und einer ähnlichen Zahl von Verletzten geführt hatten, von denen nicht einer eine tödliche Bedrohung oder die Gefahr einer ernsthaften Verletzung dargestellt hatte. Was am Bloody Sunday geschah, stärkte die Provisional IRA, verstärkte die nationalistischen Ressentiments und die Feindseligkeit gegenüber der Armee und verschärfte den gewaltsamen Konflikt in den folgenden Jahren. Der Bloody Sunday war eine Tragödie für die Hinterbliebenen und die Verwundeten und eine Katastrophe für die Menschen in Nordirland."

Nach der Veröffentlichung des Berichts entschuldigte sich Premierminister David Cameron öffentlich im Namen der britischen Regierung und nannte die Tötungen „ungerechtfertigt und unvertretbar". Im Juli 2010 verkündete der Police Service of Northern Ireland (PSNI), dass er eine Mordermittlung zu den Todesfällen aufnehmen würde, die bis zu vier Jahre andauern könne.

Die Ereignisse des Bloody Sunday inspirierten die Rockband U2 zu ihrem politischsten Song: *Sunday Bloody Sunday* (1983). In der Bogside erinnern das Museum of Free Derry (S. 658), die People's Gallery (S. 658) und das Bloody Sunday Memorial (S. 658) an die Geschehnisse.

musik. Bei den Sessions am Freitag geht's im Mason's mit den neuesten Newcomern der Stadt so richtig ab, dienstags finden Studentenabende statt, donnerstags und freitags sind Livemusiker oder DJs zu Gast und samstags stehen Coverbands auf dem Programm.

Gweedore Bar LIVEMUSIK

(www.peadars.com; 59–61 Waterloo St) An den meisten Abenden lockt die Gweedore Bar mit coolen Rockbands. In der DJ-Bar im oberen Stockwerk gibt's samstags regelmäßig Discoabende.

Nerve Centre
KULTURZENTRUM

(www.nerve-centre.org.uk; 7–8 Magazine St) Das Zentrum für Multimediakunst wurde 1990 eröffnet, um junge irische Musik- und Filmtalente zu fördern. Im Haus sind ein Performancebereich (hier wird an Wochenenden Livemusik gespielt), ein Theater, ein Programmkino, eine Bar und ein Café untergebracht.

Konzerte & Theater

Playhouse
THEATER

(www.derryplayhouse.co.uk; 5–7 Artillery St; ⏲Ticketschalter Mo–Fr 10–17 Uhr, Context Gallery Di–Sa 11–17.30 Uhr) Zum Programm des städtischen Kulturzentrums, das sich in einem wunderschönen restaurierten ehemaligen Schulgebäude mit einem preisgekrönten modernen Anbau befindet, gehören Konzerte, Tanzvorführungen und Theaterstücke mit einheimischen und internationalen Künstlern.

Cultúrlann Uí Chanáin
KULTURZENTRUM

(www.culturlann-doire.ie; 37 Great James St) Das Kulturzentrum widmet sich der irischen Sprache und organisiert Veranstaltungen mit traditioneller irischer Musik, Poesie und Tanz.

Waterside Theatre
THEATER

(www.watersidetheatre.com; Glendermott Rd) In dem ehemaligen Fabrikgebäude 500 m östlich des Flusses Foyle gibt's Theater, Tanz, Kabarett, Kindertheater und Livemusik.

Millennium Forum
THEATER

(www.millenniumforum.co.uk; Newmarket St) Irlands größter Theatersaal lockt mit hochkarätigen Tanz-, Konzert-, Opern- und Musicalaufführungen.

Magee College
THEATER

(www.culture.ulster.ac.uk; Northland Rd, Magee College, University of Ulster) Das ganze Jahr über finden im College diverse Kunstveranstaltungen, Klassikkonzerte und Theateraufführungen statt.

Shoppen

An Cló Ceart
BÜCHER & KUNSTHANDWERK

(37 Great James St) Der im Uí-Chanáin-Kulturzentrum untergebrachte Laden wartet mit einer guten Auswahl an irischen Büchern, CDs mit traditioneller Musik, Keramik, Drucken und Schmuck auf.

Donegal Shop
KUNSTHANDWERK

(8 Shipquay St) Renommierte Adresse für Kunsthandwerk. Hier bekommt man irische Strickwaren, keltischen Schmuck, Tweedstoffe aus Donegal, irisches Leinen und sonstige Souvenirs.

Cowley Cooper Fine Art
KUNST

(6 Shipquay St) Auf der Suche nach zeitgenössischer irischer Kunst? Diese Galerie verkauft hauptsächlich Werke örtlicher Künstler und veranstaltet mehrmals jährlich Ausstellungen.

Craft Village
KUNSTHANDWERK

(www.derrycraftvillage.com; abseits der Shipquay St) In den netten Läden dieses Kunsthandwerksdorfes werden Kristall aus Derry, handgewebte Stoffe, Keramik und Schmuck angeboten. Eingänge befinden sich in der Shipquay Street, der Magazine Street und beim Tower Museum.

Whatnot
ANTIQUITÄTEN

(22 Bishop St Within) Dieses interessante kleine Antiquitätengeschäft ist bis unter die Decke vollgestopft mit Schmuck, Militaria, Nippes und Sammlerstücken jeder Art.

Cool Discs Music
MUSIK

(www.cooldiscsmusic.com; Foyle St, 6/7 Lesley House) Einer der besten unabhängigen Musikläden im Land mit einer großen Auswahl an alter und neuer irischer Musik.

Austins
KAUFHAUS

(2 The Diamond) Das 1830 eröffnete Austins ist das älteste nicht zu einer Kette gehörende Kaufhaus der Welt. Es überzeugt vor allem mit der Fülle an Leinenwaren, die auf Wunsch auch ins Heimatland der Kunden geschickt werden.

Foyleside Shopping Centre
EINKAUFSZENTRUM

(Orchard St; ⏲Mo & Di 9–18, Mi–Fr 9–21, Sa 9–19, So 13–18 Uhr) Gleich außerhalb der Stadtmauer lockt das vierstöckige Einkaufszentrum mit einer Marks-&-Spencer-Filiale, einem Eason-Buchladen und weiteren edlen Geschäften.

Praktische Informationen

Derry Tourist Information Centre (☎7126 7284; www.derryvisitor.com; 44 Foyle St; ⏲Mo–Sa 9–18, So 11–18 Uhr; 📶) Hier bekommt man Infos über ganz Nordirland und die Republik, kann Bücher und Karten kaufen, Unterkünfte in ganz Irland reservieren und Geld wechseln. Kostenloses WLAN.

An- & Weiterreise

BUS

Der **Busbahnhof** (☎7126 2261; Foyle St) liegt unmittelbar nordöstlich der Altstadt.

Maiden City Flyer (bus 212) Häufig verkehrender schneller Bus zwischen Derry und

TOP FIVE: AUSSICHTSPUNKTE IN NORDIRLAND

- Binevenagh Lake
- Fair Head
- Cuilcagh Mountain
- Scrabo Hill
- Slieve Donard

Belfast (11,50 £, 1¾ Std., Mo–Sa alle 30 Min., So 11-mal tgl.) mit Halt in Dungiven.

Ulsterbus Mit dem Goldline Express 274 kommt man von Derry nach Dublin (18,35 £, 4 Std., tgl. alle 2 Std.). Außerdem geht's mit Bus 273 nach Omagh (7,80 £, 1¼ Std., Mo–Sa stdl., So 6-mal). Die Linie 234 fährt nach Limavady und Coleraine (7,80 £, 1 Std., Mo–Sa 5-mal tgl., So 2-mal) und an Wochentagen abends weiter bis nach Portstewart und Portrush.

Airporter (☎ 7126 9996; www.airporter.co.uk; 1 Bay Rd, Culmore Rd) Die Direktbusse von Derry zu den Flughäfen Belfast International (einfach/hin & zurück 18,50/29,50 £, 1½ Std.) und George Best Belfast City (18,50/29,50 £, 2Std.) starten von Montag bis Freitag alle 90 Minuten, samstags und sonntags alle zwei Stunden. Der Bus zum City of Derry Airport (5/8 £, 20 Min.) verkehrt abgestimmt auf die Flüge zwei- bis viermal täglich. Alle Linien fahren am Airporter-Büro ab, das 1,5 km nördlich vom Stadtzentrum neben dem Da Vinci's Hotel liegt.

Bus Éireann (☎ in Donegal 353-74 912 1309) Bus 64 bedient die Strecke Derry–Galway (20 £, 5¼ Std., 3-mal tgl., So 2-mal) via Letterkenny, Donegal und Sligo. Vier weitere Busse verkehren täglich bis nach Sligo.

Lough Swilly Bus Company (☎ 7126 2017; Busbahnhof, Foyle St) Verbindungen nach Buncrana, Carndonagh, Dungloe, Letterkenny (5 £, 30–45 Min., Mo–Fr 8-mal tgl., Sa 5-mal) sowie Greencastle (1 Std., Mo–Fr 2-mal tgl., Sa 1-mal tgl.) im County Donegal. Darüber hinaus startet samstags ein Bus über Carndonagh zum Malin Head (6 £, 1¼ Std.).

FLUGZEUG

City of Derry Airport (☎ 7181 0784; www.cityofderryairport.com) Der Flughafen liegt 13 km östlich von Derry an der A2 Richtung Limavady. Von hier bestehen täglich Direktverbindungen nach London Stansted, Liverpool, Birmingham und Glasgow Prestwick (Ryanair).

ZUG

Derrys Bahnhof (in nordirischen Fahrplänen als Londonderry bezeichnet) befindet sich am Ostufer des Foyle und wird von einem kostenlosen Shuttlebus angesteuert, der am Busbahnhof abfährt. Hier starten zahlreiche Züge nach Belfast (11,50 £, 2¼Std., Mo–Sa 7–8-mal tgl., So 4-mal) und Coleraine (9 £, 45 Min., 7-mal tgl.) mit Anschlussverbindung nach Portrush (11,50 £, 1¼ Std.).

ℹ Unterwegs vor Ort

Die Buslinie 143A nach Limavady hält auch am City of Derry Airport (3,40 £,30 Min., Mo–Fr 7-mal tgl., Sa 3-mal, So 1-mal). Wer ein Taxi zum Flughafen nimmt, zahlt 15 £. Die Wagen von **Derry Taxi Association** (☎ 7126 0247) und **Foyle Delta Cabs** (☎ 7127 9999) fahren vom Zentrum aus überallhin.

Von der Foyle Street außerhalb des Busbahnhofs verkehren viele Regionalbusse in Derrys Vororte und die nahe gelegenen Dörfer. Ein Tagesticket mit unbegrenzter Nutzung dieser Linien kostet 1,90 £.

Im Derry Tourist Information Centre kann man Fahrräder ausleihen. Die **Foyle-Valley-Radstrecke** verläuft durch Derry und führt am Westufer des Flusses entlang.

Limavady & Umgebung

12 000 EW.

Jane Ross (1810–1879) wurde 1851 von einem Volkslied verzaubert, das ein blinder Fiedler unter ihrem Fenster in Limavady spielte. Sie schrieb die Melodie auf, die erst als *O'Cahan's Lament*, später als *Londonderry Air* bekannt wurde und schließlich unter dem Namen **Danny Boy** die Welt eroberte. Wahrscheinlich ist es das berühmteste irische Lied überhaupt.

1612 übertrug Jakob I. die Ortschaft Limavady an Sir Thomas Phillips, der die Plantation (Ansiedlung von Briten) im County Londonderry durchsetzte. Zuvor war der vorherige Clanchef, Sir Donnell Ballagh O'Cahan, der Rebellion für schuldig befunden worden. Der ursprüngliche irische Name der Stadt, Léim an Mhadaidh, bedeutet „Sprung des Hundes" und bezieht sich auf einen von O'Cahans Hunden, der über eine Schlucht am Fluss Roe sprang, um sein Herrchen vor einem feindlichen Überraschungsangriff zu warnen.

Sehenswertes & Aktivitäten

Heute ist Limavady ein friedlicher, wohlhabender Ort, der – abgesehen von dem **blauen Schild** an der Wand in der Main Street 51 gegenüber dem Alexander Arms Hotel, das an Jane Ross' Wohnhaus erinnert – für Touristen nur wenig zu bieten hat. Im Frühsommer findet hier ein **Jazz-&-Blues-Festival** (www.limavadyjazzandblues.com; ⌚ Juni) statt.

Roe Valley Country Park PARK

Der reizende Park 3 km südlich von Limavady wartet an beiden Seiten des Roe mit 5 km langen Uferwegen auf. Die Gegend ist eng mit den O'Cahans verbunden, die das Tal bis zur Plantation beherrschten. Siedler erkannten im 17. Jh. die guten Anbaumöglichkeiten für Flachs im feuchten Flusstal und machten die Region zu einem bedeutenden Zentrum für die Leinenherstellung.

Das **Dogleap Centre** (41 Dogleap Rd, Roe Valley Country Park; ⌚ Juni–Aug. 10–17 Uhr, Ostern–Mai & Sept. Sa & So 12–17 Uhr) GRATIS dient zugleich als Besucherzentrum und Teestube. Nebenan wurde 1896 Ulsters erstes **Wasserkraftwerk** errichtet, das auf Anfrage im Besucherzentrum besichtigt werden kann. Das nahe gelegene **Green Lane Museum** (⌚ Juni–Aug. Sa & So 13–17 Uhr) GRATIS zeigt alte Fotos und Geräte zur Leinenherstellung. Zur Mühle, in der früher Flachs gestampft wurde, sind es 20 Gehminuten. Der Weg führt an zwei Wachttürmen am Fluss vorbei, von denen früher der auf Feldern zum Bleichen ausgelegte Flachs bewacht wurde.

Angler (www.roeangling.com) kommen in Limavady auf ihre Kosten, da sich im Fluss Roe Forellen und Lachse tummeln. Tageslizenzen für 20 £ werden bei **SJ Mitchell & Co** (☎ 7772 2128; Central Car Park, Limavady) im Dogleap Centre und im Alexander Arms Hotel (siehe unten) verkauft. Die Saison dauert von der dritten Maiwoche bis zum 20. Oktober.

Wegweiser zum Park stehen an der B192 zwischen Limavady und Dungiven. Bus 146 von Limavady nach Dungiven hält an der Abzweigung; von dort sind es noch 3 km bis zum Ziel.

Schlafen & Essen

Alexander Arms Hotel B&B ££

(☎ 7776 2660; 34 Main St; EZ/DZ ab 30/50 £) Ein 1875 eröffnetes B&B mit Pub in zentraler Lage. Der freundliche Familienbetrieb bietet Zimmer (nur eines hat ein eigenes Bad) mit Frühstück sowie Bar- und Restaurantgerichte.

Hunter's Bakery & Oven Door Café CAFÉ £

(5 Market St; Hauptgerichte 4–7 £; ⌚ Mo–Sa 9–17.30 Uhr) Für den kleinen Hunger zwischendurch ist das Café hinten in der anheimelnden Bäckerei genau das Richtige, denn hier werden guter Kaffee, Kuchen und Snacks serviert. Der nette, auf eine schöne Art altmodische Laden zieht ein bunt gemischtes Publikum an.

★ **Lime Tree** IRISCH ££

(☎ 7776 4300; www.limetreerest.com; 60 Catherine St; Hauptgerichte 15–24 £; ⌚ Do–Fr mittags, Di–Sa abends; 📶) Das entspannte Lime Tree ist in Dunkelrot und Beige gehalten und wird dezent mit Teelichtern beleuchtet. Limavadys bestes Restaurant tischt hauptsächlich regionale Spezialitäten wie Meeresfrüchte Thermidor mit Fisch aus Donegal oder Filetsteak aus der preisgekrönten Metzgerei Hunter's auf. Auch vegetarische Gelüste werden befriedigt. Außerdem gibt's von Dienstag bis Freitag vor 19 Uhr ein preiswertes Menü (zwei/drei Gänge 16/19 £) für frühe Gäste.

Praktische Informationen

Touristeninformation (☎ 7776 0650; 24 Main St; ⌚ Mo–Fr 9.30–17, Sa 10–14 Uhr) Im Roe Valley Arts Centre.

An- & Weiterreise

Bus 143A verkehrt im Stundentakt zwischen Derry und Limavady (5 £, So 4-mal). Es gibt zwar keine Direktverbindung nach Belfast, aber man kann in Coleraine umsteigen.

Die Küste von Londonderry

Magilligan Point

Die imposante dreieckige Landspitze, die fast komplett die Mündung des Lough Foyle verschließt, wird größtenteils von einem militärischen Schießübungsplatz eingenommen, außerdem befindet sich hier ein einst berüchtigtes Gefängnis. Einen Besuch lohnen der ausgedehnte **Magilligan Strand** im Westen und der 9 km lange **Benone Strand** im Nordosten. Letzterer eignet sich bestens zum Buggykiting und Strandsegeln. Am Magilligan Point bewacht ein **Martello-Turm** die Zufahrt zum Lough Foyle. Er wurde 1812 während der Napoleonischen Kriege zur Abwehr einer möglichen französischen Invasion errichtet.

Der **Benone Tourist Complex** (☎ 7775 0555; limavady.campstead.com; 59 Benone Ave; Stellplatz 18,50 £ pro Zelt; Juli & Aug. ⌚ 9–21 Uhr, April–Juni & Sept. 9 Uhr–Sonnenuntergang, Okt.–März 9–16 Uhr) neben dem Benone Strand verfügt über ein beheiztes Freibad, ein Planschbecken, Tennisplätze und einen Putting Green. Alle Einrichtungen sind auch für Nichtgäste geöffnet. Zwischen Mai und September dürfen keine Hunde an den Strand.

Die **Lough Foyle Ferry** (www.loughfoyleferry.com; einfache Fahrt Auto/Erw./Kind 10/2,50/1,25 £) pendelt das ganze Jahr über zwischen dem Magilligan Point und Greencastle im County Donegal. Sie legt stündlich ab und braucht für die Fahrt zehn Minuten. In Greencastle geht's immer zur vollen Stunde los und in Magilligan um 15 nach. Zwischen Juni und August besteht die letzte Verbindung um 21.15 Uhr, im Mai um 20.15 Uhr, im April und September um 19.15 Uhr und von Oktober bis März um 18.15 Uhr.

Downhill

1774 ließ sich der exzentrische Bischof von Derry und vierte Earl of Bristol, Frederick Augustus Hervey, an der Küste westlich von Castlerock einen prachtvollen Landsitz namens Downhill errichten. Das Haus brannte 1851 ab und wurde 1876 wiederaufgebaut, nach dem Zweiten Weltkrieg jedoch endgültig aufgegeben. Heute stehen die Ruinen etwas verloren auf den Klippen.

Das 160 ha große Anwesen ist Teil des **Downhill Estate** (www.nationaltrust.org.uk; Erw./Kind 4,70/2,35 £, Parkplatz 4 £; ⌚ Tempel & Anlage April–Sept. 10–17 Uhr, Gelände ganzjährig Sonnenauf- bis Sonnenuntergang), das vom National Trust (Organisation für Denkmalpflege und Naturschutz) betreut wird. Die wunderschönen Gärten unterhalb der Ruine sind ein Werk der gefeierten Landschaftsarchitektin Jan Eccles, die mit 60 Jahren zur Verwalterin von Downhill ernannt wurde und hier 30 Jahre lang arbeitete. 1997 verstarb sie im Alter von 94.

Als Hauptattraktion gilt der kleine **Mussenden Temple**, in dem der Bischof seine Bibliothek oder seine Geliebte (darüber gehen die Meinungen auseinander) untergebracht hatte. Bis ins hohe Alter hatte er eine Affäre mit der Mätresse Friedrich Wilhelms II. von Preußen. Der Haupteingang befindet sich bei den Parkplätzen am **Lion's Gate** und am **Bishop's Gate** an der Küstenstraße.

1 km westlich des Tempels zweigt an der Hauptstraße gegenüber dem Downhill Hostel die landschaftlich reizvolle **Bishop's Road** ab. Sie führt durch eine Schlucht steil bergan und über Hügel nach Limavady. Vom **Gortmore-Picknickplatz** und den Klippen am **Binevenagh Lake** genießt man eine grandiose Aussicht über den Lough Foyle bis ins County Donegal und zu den Sperrin Mountains.

Das prächtig restaurierte ★**Downhill Hostel** (☎7084 9077; www.downhillhostel.com; 12 Mussenden Rd; B/DZ 14/55 £, FZ ab 45 £ plus 5 £ pro Kind; @📶👪) aus dem späten 19. Jh. versteckt sich zwischen den Klippen und verfügt über komfortable Schlafsäle mit sieben Betten, Doppel- und Familienzimmer sowie einen großen Aufenthaltsraum mit einem offenen Kamin und einem Ausblick aufs Meer. Bei guten Windverhältnissen können Surfer hier Neoprenanzüge und Boards leihen. In der benachbarten Töpferei hat man die Möglichkeit, selbst Teller, Tassen und Schalen zu bemalen. Da es in Downhill keine Läden gibt, sollte man sich vorher gut mit Proviant eindecken.

Bus 134 zwischen Limavady und Coleraine (20 Min., Mo–Fr 9-mal tgl., Sa 6-mal) hält ebenso wie die Linie 234 zwischen Derry und Coleraine in Downhill.

Portstewart

7800 EW.

Schon zu viktorianischen Zeiten beschrieb der englische Schriftsteller William Thackeray Portstewart als „geruhsam und ordentlich". Seitdem versucht der Golf- und Badeort seine kultivierte und exklusive Atmosphäre zu bewahren und sich von dem nur 6 km östlich gelegenen, sehr viel lauteren Portrush abzuheben. Außerdem leben hier viele Studenten der University of Ulster von Coleraine.

Zu den Hauptattraktionen der Stadt gehören der tolle Strand und mehrere Golfplätze mit Weltklasseformat. Dementsprechend werden in Portstewart die höchsten Immobilienpreise im gesamten Norden erhoben. Viele Menschen träumen von einem Ferienhaus im Ort selbst oder in der Nähe. Seit die Wirtschaftskrise 2008 auch in Portstewart zugeschlagen hat, wird die bauliche Entwicklung jedoch zunehmend kritisch beäugt. Mittlerweile sieht man hier nämlich jede Menge nur zur Hälfte fertiggestellte oder zum Verkauf angebotene Häuser.

Sehenswertes & Aktivitäten

Portstewarts **Promenade** wird von der schlossähnlichen Fassade eines dominikanischen Internats dominiert. Fast scheint dieses Gebäude das vergnügte Treiben am Strand wie eine katholische Sittenwächterin zu beobachten.

Man erreicht den breiten, etwa 2,5 m langen **Portstewart Strand** entweder nach einem 20-minütigen Fußmarsch auf einem Küstenweg vom Zentrum aus oder mit dem Bus über die Strand Road. Auf dem festen Sand können bis zu 1000 Autos parken (ganzjährig geöffnet, Ostern–Okt. 4,50 £ pro Fahrzeug).

In entgegengesetzer Richtung führt der **Port Path**, ein 10 km langer Küstenpfad, der zugleich Teil des Causeway Coast Way ist, vom Strand zu den White Rocks 3 km östlich von Portrush.

Rund um Portstewart erstrecken sich im Umkreis weniger Kilometer drei der besten Golfplätze Nordirlands:

Royal Portrush Golf Club GOLF
(www.royalportrushgolfclub.com; Greenfee unter der Woche/am Wochenende 145/165 £) Der einzige Golfclub des Landes, der Austragungsplatz der Open Championship ist, liegt am östlichen Rand von Portrush, 8 km nordöstlich von Portstewart.

Portstewart Golf Club GOLF
(www.portstewartgc.co.uk; Greenfee unter der Woche/am Wochenende 90/110 £) Meisterschafts-Linksplatz, auf dem schon viele Profiwettbewerbe ausgetragen wurden. Westlich von Portstewart, an der Straße zum Portstewart Strand.

Castlerock Golf Club GOLF
(www.castlerockgc.co.uk; Greenfee unter der Woche/am Wochenende 75/90 £) Klassischer Linksplatz inmitten riesiger Sanddünen. Im Dorf Castlerock, 17 km westlich von Portstewart.

Feste & Events

North West 200 Motorcycle Race SPORT
(www.northwest200.org; Mitte Mai) Das North West 200 wird auf einem Rundkurs zwischen Portrush, Portstewart und Coleraine ausgetragen. Dabei sind die Startlinien am östlichen Stadtrand auf die Hauptstraße gemalt. Es ist eines der letzten klassischen Motorradrennen in Europa, das auf gesperrten öffentlichen Straßen stattfindet, und gleichzeitig das größte Outdoorsportereignis im ganzen Land. Jedes Jahr lockt die Veranstaltung bis zu 150 000 Schaulustige an. Wer sich eher nicht für diese Sportart interessiert, sucht Mitte Mai also am besten das Weite.

Schlafen

Ohne frühe Vorabbuchung ist zum North-West-200-Rennen weit und breit kein Zimmer zu bekommen!

Causeway Coast Independent Hostel HOSTEL £
(7083 3789; rick@causewaycoasthostel.fsnet.co.uk; 4 Victoria Tce; B/EZ/2BZ ab 14/26/36 £;) Das nette Reihenhaus direkt nordöstlich des Hafens hat geräumige Vier-, Sechs- und Achtbettzimmer sowie ein Doppelzimmer und funktionstüchtige Duschen. Außerdem wartet es mit einer Gäste- sowie einer Waschküche und im Winter mit einem einladenden Kaminfeuer auf.

York HOTEL ££
(7083 3594; www.theyorkportstewart.co.uk; 2 Station Rd; EZ/DZ 79/115 £;) Die schicke Unterkunft mischt Portstewarts ansonsten eher biedere Hotelszene ein bisschen auf. Sie verfügt über in Schokoladen-, Creme- und Cappuccinofarben dekorierte Designerzimmer, rote Ledersessel, geräumige Bäder samt Duschen mit Regenbrausen und ein üppiges, im verglasten Speisesaal serviertes Frühstück mit tollem Blick auf die Küste.

Cromore Halt Inn GASTHAUS ££
(7083 6888; www.cromorehalt.co.uk; 158 Station Rd; EZ/DZ 89/99 £;) 1 km östlich des Hafens, an der Ecke Station Road/Mill Road, punktet das Cromore Halt Inn mit zwölf modernen, praktisch eingerichteten Zimmern im Motelstil, freundlichen, hilfsbereiten Angestellten und einem guten Restaurant.

Cul-Erg B&B B&B ££
(7083 6610; www.culerg.co.uk; 9 Hillside, Atlantic Circle; EZ/DZ 55/80 £;) Herzlich, einladend und schön ruhig geht's in diesem familiengeführten B&B in einer Sackgasse zu. Das moderne, blumengeschmückte Reihenhaus ist nur wenige Gehminuten von der Promenade entfernt. Von den hinteren Zimmern genießt man einen tollen Meerblick.

Essen & Ausgehen

★ **Burger Club** BURGER £
(7083 2302; www.burgerclubni.com; 81 The Promenade; Hauptgerichte 5–9 £; 12–22 Uhr;) Es ist zwar Fast Food, aber kein gewöhnliches: Das Essen hier wird frisch mit regionalen Zutaten zubereitet und schön präsentiert. Neben klassischen Rindfleischburgern stehen auch Lamm- und Fischburger, *pulled pork* (auseinandergezupftes Schweinefleisch)

und Falafelwraps mit dicken oder dünnen Pommes frites und wunderbar knusprigen Zwiebelringen auf der Karte.

Morelli's CAFÉ £
(www.morellisofportstewart.co.uk; 53 The Promenade; Hauptgerichte 4–9 £; ⏲9–23 Uhr, Essen bis 20 Uhr, im Winter kürzer geöffnet;) Von italienischen Einwanderern gegründet, verwöhnt das Morelli's seine Gäste bereits seit 1911 mit erstklassiger Eiscreme. Außerdem kommen üppige Frühstücksangebote, Pastagerichte, Pizzas, Sandwiches, Omeletts, Fish 'n' Chips sowie guter Kaffee und Kuchen auf den Tisch. Das wunderbare Café wartet mit einem tollen Ausblick über die Bucht zum Mussenden Temple, zum Benone Strand und nach Donegal auf.

Anchor Bar & Skippers Restaurant PUB
(www.theanchorbar.co.uk; 87–89 The Promenade) Portstewarts quirligstes Pub zieht zahlreiche Guinnesstrinker und Studenten der University of Ulster an. Es ist bis 1 Uhr geöffnet, serviert handfeste Kneipenkost und lockt freitags sowie samstags mit Livemusik. Im Skippers Restaurant (Essen wird von 12–21 Uhr serviert) gibt's Pubkost wie Fischsuppe, Hähnchen Piri Piri und Vegetarisches aus dem Wok.

WANDERUNG: CAUSEWAY COAST WAY

Der 53 km lange **Causeway Coast Way** (www.walkni.com) führt von Portstewart nach Ballycastle. Sein malerischster Abschnitt – 16,5 km zwischen Carrick-a-Rede und dem Giant's Causeway – ist einer der schönsten irischen Küstenwege überhaupt und innerhalb eines Tages gut zu schaffen.

Cafés und Toiletten gibt's in Larrybane, in Ballintoy Harbour und am Giant's Causeway, Bushaltestellen in Larrybane, im Dorf Ballintoy, beim Whitepark Bay Youth Hostel, beim Dunseverick Castle und am Giant's Causeway. Teilweise verläuft der Pfad schmal und rutschig auf den ungesicherten Felsen. Bei Wind und Regen kann er gefährlich sein, bei Flut ist er manchmal beiderseits von White Park Bay unbegehbar. Tidenzeiten sollte man vorab in der Touristeninformation erfragen.

Als Startpunkt dient der Larrybane-Parkplatz für Besucher von **Carrick-a-Rede**. Oben auf den Klippen mit Blick auf Sheep Island beginnend, führt der Weg landeinwärts zur Kirche von Ballintoy. Dort biegt man rechts ab und folgt der Straße zum Hafen. Danach geht's an der Küste entlang, vorbei an konischen Felssäulen im Meer und um einen Kalkfelsen herum zum 2 km langen Sandstrand der **White Park Bay**.

Hier kommt man am besten bei Ebbe voran, wenn der Sand fest ist. Am Ende der Bucht (bei dem Haus mit dem gelben Giebel handelt es sich um das Whitepark Bay Youth Hostel) klettert man 250 m über die Felsen am Fuß einer hohen Kalksteinklippe (teilweise rutschig) bis nach **Portbradden**. Falls der Abschnitt bei Flut blockiert sein sollte, kann man einen Umweg zur Jugendherberge hoch nehmen und auf der Straße bis nach Portbradden wandern.

Hinter dem Örtchen wird der weiße Kalkstein von schwarzem Basalt abgelöst. Nun windet sich der Pfad durch einen natürlichen Felstunnel und durch felsige Einbuchtungen. In der Ferne sind die hohen Klippen des Benbane Head zu sehen. Am winzigen Hafen von Dunseverick folgt man einer Nebenstraße 200 m, bis bei einem Wegweiser rechts Stufen nach unten führen. Anschließend geht's über Uferwiesen, um eine Landspitze herum und am Wasserfall über die Fußgängerbrücke bis zum Parkplatz des **Dunseverick Castle**.

Ab hier steigt der teilweise sehr schmale Klippenpfad ständig an und führt an **einer alten Lachsfischerei** (einer verrosteten Hütte weiter unten am Strand) vorbei. Am höchsten und nördlichsten Punkt der Wanderung am **Benbane Head** markiert eine Holzbank den Aussichtspunkt Hamilton's Seat. William Hamilton war ein Pfarrer und Amateurgeologe aus Derry, der im 18. Jh. eine der ersten geologischen Beschreibungen des Causeway verfasste. Den Panoramablick auf die 100 m hohen Felsnadeln und Säulen Richtung Westen sollte man ausgiebig genießen. Man erreicht den Causeway über die **Shepherd's Steps** (ausgeschildert), etwa 1 km vom Besucherzentrum und dem Ende des Wanderwegs entfernt. Die Gesamtstrecke beträgt 16,5 km (5–6 Std.).

An- & Weiterreise

Bus 140 verkehrt zwischen Coleraine und Portstewart (2,60 £, 20–30 Min., etwa alle 30 Min., So seltener).

COUNTY ANTRIM

Anreise & Unterwegs vor Ort

In der viel besuchten Küstenregion von Antrim und am Giant's Causeway bietet **Translink** (☎ 9066 6630; www.translink.co.uk) mehrere Busverbindungen speziell für Touristen an. Im Juli und August gibt's das Translink-Ticket für den **Bus Rambler** (Erw./Kind 9/4,50 £), das einen ganzen Tag (ab 9.30 Uhr) in allen Bussen in Nordirland gilt.

Von April bis September fährt der **Antrim Coaster** (Linie 252/256) von Coleraine nach Belfast (11,50 £, 4 Std., Mo–Sa 2-mal tgl.). Er hält unterwegs in Portstewart, Portrush sowie Bushmills, am Giant's Causeway, in Ballycastle, bei den Glens of Antrim und in Larne. In Belfast startet er jeweils um 9.05 und um 15 Uhr und in Coleraine um 9.35 sowie um 15.50 Uhr. Von Juli bis September verkehrt er auch sonntags.

Von Juni bis Mitte September verbindet der **Causeway Rambler** (Bus 402) die Bushmills-Brennerei via Giant's Causeway, White Park Bay und Ballintoy mit Carrick-a-Rede (6,25 £, 25 Min., 7-mal tgl.). Mit dem Busticket kann man für einen Tag unbegrenzt Fahrten in beide Richtungen unternehmen, zudem ist es für den **Open Topper** von Coleraine zum Giant's Causeway gültig.

Portrush

6300 EW.

Im Hochsommer platzt der beliebte Badeort Portrush (Port Rois) aus allen Nähten. Viele Attraktionen konzentrieren sich auf traditionelle Familienunterhaltung. Die Stadt ist eines der schönsten irischen Surferparadiese und wartet mit dem heißesten Nachtclub des gesamten Nordens auf.

Sehenswertes & Aktivitäten

Curran Strand STRAND

Das Beste an Portrush ist dieser sandige, 3 km lange Strand östlich der Stadt, der sich bis zu den malerischen Kreideklippen der White Rocks erstreckt. Im Sommer starten hier regelmäßig Boote zu **Rundfahrten** oder **Angeltrips**.

Coastal Zone AQUARIUM

(8 Bath Rd; ⏲ Osterwoche & Juni–Aug. tgl. 10–17 Uhr, Mai & Sept. nur Sa & So; 👪) GRATIS Die Coastal Zone lockt mit einer interessanten Meeresausstellung, einem Streichelbecken und einer Fossilienschatzsuche.

Troggs Surf Shop SURFEN

(www.troggssurfshop.co.uk; 88 Main St; ⏲ 10–18 Uhr) Portrush ist der Hotspot der nordirischen Surferszene. Die **Portrush Open** im März sind fester Bestandteil des Veranstaltungskalenders der Irish Surfing Association, außerdem wurde hier 2007 zum ersten Mal ein Wettbewerb der UK Pro Surf Tour ausgetragen. Von April bis November verleiht der hilfsbereite Troggs Surf Shop Body- und Surfboards (5/10 £ pro Tag) sowie Neoprenanzüge (7 £ pro Tag), dazu gibt's Tipps und Beratung. Zwei Stunden Unterricht einschließlich Ausrüstung kosten etwa 25 £ pro Person.

Schlafen

Im Sommer sind viele Zimmer belegt, deshalb sollte man besser vorab reservieren.

Portrush Holiday Hostel HOSTEL £

(☎ 7082 1288; www.portrushholidayhostel.co.uk; 24 Princess St; B/DZ ab 15/34 £; @ 📶) Nur einen kurzen Fußweg von Strand und Hafen entfernt stößt man auf das beliebte, in einem viktorianischen Terrassenhaus untergebrachte Hostel. Die Angestellten der gemütlichen Bleibe sind freundlich und hilfsbereit. Es gibt eine Waschmaschine, einen Grillplatz und einen sicheren Abstellraum für Fahrräder.

★ **Clarmont** B&B ££

(☎ 7082 2397; www.clarmontguesthouse.com; 10 Landsdowne Cres; DZ 80 £; 👪) Unser Favorit an der Landsdowne Crescent. Das vor Kurzem renovierte Clarmont punktet mit polierten Holzböden, alten Kaminen und einer Einrichtung aus viktorianischen sowie modernen Elementen. Nach einem der Erkerzimmer mit Meerblick und Spa fragen!

Albany Lodge Guest House B&B ££

(☎ 7082 3492; www.albanylodgeni.co.uk; 2 Eglinton St; EZ/DZ ab 50/80 £; @ 📶) Die elegante vierstöckige viktorianische Villa in der Nähe des Strands verfügt über große, einladende, in warmen Farben gehaltene und mit Holzmöbeln ausgestattete Zimmer, außerdem sind die Besitzer freundlich und unaufdringlich. Für die Suite mit Himmelbett im Obergeschoss lohnt es sich, ein paar Pfund mehr hinzublättern: Auf dem Sofa liegend kann man in der herrlichen Küstenaussicht regelrecht versinken.

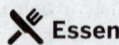

Essen

Café 55 CAFÉ £

(1 Causeway St; Hauptgerichte mittags 5 £, abends 10–13 £; Mo–Do 9–16 Uhr, Fr & Sa 9–15.30 & 17 Uhr–spät) Neben alkoholischen Getränken wird in diesem Laden hinter dem 55 Degrees North auch guter Kaffee serviert. Zum Frühstück (10–11.30 Uhr) gibt's auf der Terrasse Bagels und Pfannkuchen. Später wartet das Café mit Tagesgerichten wie Fischpastete auf und lockt im Sommer mit Abendmenüs.

★ 55 Degrees North INTERNATIONAL ££

(7082 2811; www.55-north.com; 1 Causeway St; Hauptgerichte 10–20 £; 12.30–14.30 & 17–21 Uhr;) Eines der elegantesten Restaurants an der Nordküste. Beim Essen bieten die riesigen Fenster einen spektakulären Rundblick auf Sand und Meer und die ausgezeichnete Küche konzentriert sich auf unaufdringliche Gerichte mit markantem und unverfälschtem Geschmack. Für frühe Gäste gibt's von 17 bis 18.45 Uhr ein Abendmenü (drei Gänge 10–12 £).

Unterhaltung

Kelly's Complex CLUB

(www.kellysportrush.co.uk; 1 Bushmills Rd; Mi & Sa) Nordirlands beste Adresse für Abendveranstaltungen ist nach wie vor angesagt und zieht sogar Leute aus Belfast und Dublin an. In der weltweiten Top-100-Liste der Clubs des DJ Mag besetzte es auf Platz 48! Von außen wirkt das Gebäude flach und nicht gerade riesig, doch drinnen gibt's fünf Bars und drei Tanzebenen. Bereits seit 1996 lockt der Kelly's Complex mit dem Lush!, einer der besten Clubnights in ganz Irland. Er liegt östlich von Portrush an der A2 neben dem Golf Links Holiday Park.

Anreise & Unterwegs vor Ort

Von Portrushs Busbahnhof unweit des Dunluce Centre fährt die Buslinie 140 etwa alle 30 Minuten nach Coleraine (20 Min.) und Portstewart (2,60 £, 20–30 Min.).

Der Bahnhof befindet sich südlich vom Hafen. Hier starten Züge nach Coleraine (2,20 £, 12 Min., Mo–Sa stdl., So 10-mal), wo es Anschlüsse nach Belfast oder Derry gibt.

Die Taxiunternehmen **Andy Brown's** (7082 2223) und **North West Taxis** (7082 4446) liegen in der Nähe des Rathauses. Eine Fahrt zu Kelly's Complex kostet rund 8 £, zum Giant's Causeway zahlt man 15 £.

Dunluce Castle

Die Causeway Coast zwischen Portrush und Portballintrae wird von den Ruinen des **Dunluce Castle** (87 Dunluce Rd; Erw./Kind 5/3 £; April–Sept. 10–18 Uhr, im Winter kürzer geöffnet, letzter Einlass 30 Min. vor Schließung) dominiert, das auf einem Basaltfelsen thront. Im 16. und 17. Jh. diente es als Sitz der Familie MacDonnell (ab 1620 Grafen von Antrim), die innerhalb der Ummauerung ein Gebäude im Renaissancestil errichten ließ. 1639 stürzte ein Teil der Burg mit der Küche ins Meer – samt sieben bedauernswerten Bediensteten und dem Abendessen.

Eine schmale Brücke führt von dem auf dem Festland gelegenen Innenhof über eine atemberaubende Schlucht zum Hauptgebäude. Darunter windet sich ein Pfad vom Pförtnerhaus zur Mermaid's Cave im Basaltfelsen.

Dunluce liegt 5 km östlich von Portrush, auf dem Küstenweg braucht man zu Fuß eine Stunde. Alle Buslinien entlang der Küste halten am Dunluce Castle.

Bushmills

1350 EW.

Bushmills war lange eine Art Mekka für Liebhaber irischer Whiskeysorten. Dank der guten Jugendherberge und der aufgenommenen Bahnverbindung zum Giant's Causeway ist es außerdem ein praktischer Zwischenstopp für Wanderer an der Causeway Coast.

Sehenswertes & Aktivitäten

Giant's Causeway & Bushmills Railway HISTORISCHE EISENBAHN

(www.freewebs.com/giantscausewayrailway; Erw./Kind hin & zurück 7,50/5,50 £) Die Giant's Causeway & Bushmill's Railway nutzt die Trasse einer Straßenbahn, die im 19. Jh. Touristen von Bushmills bis zum 3 km entfernten Besucherzentrum am Giant's Causeway beförderte. Die Schmalspurbahn mit einer Diesel- und zwei Dampfloks stammt von einer privaten Linie am Ufer des Lough Neagh. Zwischen 11 und 17.30 Uhr starten die Züge stündlich und halten jeweils zur vollen Stunde am Causeway sowie zur halben in Bushmills. Im Juli und August verkehren sie täglich, von Ostern bis Juni sowie im September und Oktober nur an Wochenenden.

Old Bushmills Distillery BRENNEREI
(www.bushmills.com; Distillery Rd; Führung Erw./Kind 7/3,50 £; ⌚Juli–Okt. Mo–Sa 9.15–17 Uhr, Nov.–Juni Mo–Sa 10–17 Uhr, ganzjährig So 12–17 Uhr) Ihre Lizenz erhielt die älteste legal betriebene Brennerei der Welt 1608 von Jakob I. Der Whiskey wird mit irischer Gerste und Wasser aus dem St. Columb's Rill, einem Nebenfluss des Bush, gebrannt und in Eichenfässern gelagert. Beim Altern sinkt der Alkoholgehalt um bis zu 2 % pro Jahr – den durch Verdunstung verlorenen Anteil bezeichnet man recht blumig als *„angels' share"*. Beim Abfüllen verdünnt man den Whiskey auf eine Trinkstärke von 40 %. Nach Besichtigung der Brennerei bekommt jeder ein Glas gratis (oder alternativ Softdrinks), und vier glückliche Besucher werden zu einer Whiskeyprobe eingeladen, bei der Bushmills mit anderen Marken verglichen wird.

Schlafen & Essen

Mill Rest Youth Hostel HOSTEL £
(☎2073 1222; www.hini.org.uk; 49 Main St; B/2BZ 18,50/41 £; ⌚geschlossen Juli–Aug. 11–14 Uhr., März–Juni, Sept. & Okt. 11–17 Uhr; @ 👪) Das moderne, zweckmäßige Hostel am Hauptplatz des Ortes verfügt über mehrere Vier- bis Sechsbettzimmer sowie ein Doppelzimmer mit eigenem Bad. Zu den weiteren Einrichtungen gehören eine Gemeinschaftsküche, ein Restaurant, eine Waschküche und ein Fahrradschuppen. Von März bis Oktober ist das Haus täglich geöffnet, von November bis Februar nur freitag- und samstagabends.

Ballyness Caravan Park CAMPINGPLATZ ££
(☎2073 2393; www.ballynesscaravanpark.com; 40 Castlecatt Rd; Wohnwagenstellplatz 24 £; ⌚Mitte März–Okt.; @ 📶) Umweltfreundlicher Platz für Wohnwagen (keine Zelte!) 1 km vom Ortszentrum entfernt an der B66.

Bushmills Inn HOTEL £££
(☎2073 3000; www.bushmillsinn.com; 9 Dunluce Rd; EZ/DZ ab 158/178 £, Suite 298 £; @ 📶) In dieser alten Kutscherherberge mit einem Torffeuer, Gaslampen und einem runden Turm samt Geheimbibliothek ist eines der stimmungsvollsten Hotels des Landes untergebracht. Im alten Teil des Gebäudes gibt's keine Zimmer mehr, stattdessen befinden sich die luxuriösen Unterkünfte im benachbarten modernen Mill-House-Komplex.

Copper Kettle CAFÉ £
(61 Main St; Hauptgerichte 3–6 £; ⌚Mo–Sa 8.30–17, So ab 10 Uhr) Bis 11.30 Uhr bekommt man in der ländlichen Teestube warmes Frühstück, danach stehen täglich wechselnde Mittagsgerichte, Tee, Kaffee, Kuchen und Scones auf der Karte.

★ **Bushmills Inn** IRISCH ££
(9 Dunluce Rd; Hauptgerichte mittags 11–15 £, abends Hauptgerichte 16–24 £; ⌚Mo–Sa 12–21.30, So 12.30–21 Uhr; 📶) In dem ausgezeichneten Restaurant des Bushmills Inn Hotel, das in ehemaligen Stallungen aus dem 17. Jh. untergebracht ist, werden frische Ulster-Produkte aufgetischt. Das Angebot reicht von Sandwiches bis zu üppigen Abendmenüs à la carte.

Giant's Causeway

Schon beim ersten Anblick versteht jeder sofort, weshalb unsere Vorfahren dachten, dass der Giant's Causeway (siehe auch S. 594) künstlichen Ursprungs sein müsste, denn die riesige, sanft zum Meer abfallende Fläche mit zahlreichen dicht gepackten sechseckigen Steinsäulen sieht wirklich aus wie von Riesenhand geschaffen.

Die spektakulären Formationen – gleichzeitig nordirischer Naturpark und Welterbestätte der UNESCO – gehören sicher zu den eindrucksvollsten Landschaften in ganz Irland, sind allerdings oft völlig überlaufen: Jedes Jahr strömen etwa 750 000 Menschen herbei. Aus diesem Grund sollte man den Giant's Causeway möglichst an Werktagen oder in der Nebensaison erkunden. Beste Zeit für ein Foto ist im Frühjahr und Herbst bei Sonnenuntergang.

Die Felsen selbst sind ohne Eintritt zugänglich, doch Besucher müssen für einen Parkplatz und die beeindruckende **Giant's Causeway Visitor Experience** (☎2073 1855; www.giantscausewaycentre.com; Erw./Kind 8,50/4,25 £; ⌚Juli & Aug. 9–21 Uhr, April–Juni & Sept. 9–19 Uhr, Feb.–März & Okt. 9–18 Uhr, Nov.–Jan. 9–17 Uhr; 📶) zahlen. Wer zu Fuß, mit dem Fahrrad oder mit dem Bus anreist, spart 1,50 £. Das umweltfreundliche Besucherzentrum, das in den Berg gebaut und mit hohen schwarzen Basaltplatten verkleidet ist, beherbergt eine Ausstellung über die Geologie der Region, einen Infoschalter, ein Restaurant und ein Geschäft.

Der 1 km lange Fußweg vom Parkplatz des Besucherzentrums ist leicht zu bewältigen. Minibusse, die auch Rollstuhlfahrer mitneh-

DIE ENTSTEHUNG DES CAUSEWAY

Der Sage nach türmte der irische Riese Finn McCool die Steine des Causeway auf, damit er das Meer überqueren und mit seinem schottischen Widersacher Benandonner, einem anderen Riesen, kämpfen konnte. Benandonner folgte Finn quer über den Causeway, bekam es aber mit der Angst zu tun und floh kurzerhand zurück nach Schottland. Dabei ging der Causeway in die Brüche. Übrig blieben nur die beiden Enden: Giant's Causeway in Irland und die ähnlichen Felsformationen der Insel Staffa in Schottland.

Etwas nüchterner hört sich die wissenschaftliche Erklärung an. Die Formation des Causeway bildete sich vor 60 Mio. Jahren, als sich eine dicke Schicht Basaltlava über ein Kalkbett ergoss. Beim langsamen Abkühlen von außen nach innen zog sich die Lavamasse zusammen und es entstanden Schrumpfungsrisse in dem für Basalt typischen sechseckigen Muster – ähnlich wie Schlamm, der in einem verlandenden See austrocknet und polygone Rissgitter bildet. Diese Risse setzten sich weiter ins Innere fort, bis die Lava erkaltet und erstarrt war. Durch Erosion wurde der Basalt langsam abgetragen und einzelne Teile brachen an den Kontraktionsrissen ab, dabei kamen vorwiegend sechseckige Säulen zum Vorschein.

men, starten etwa alle 15 Minuten (Erw./Kind 2/1 £ hin & zurück). Von Juni bis August werden Führungen durch die Gegend angeboten (Erw./Kind 3,50/2,25 £).

Sehenswertes & Aktivitäten

Vom Parkplatz führt ein kurzer Fußweg in zehn bis 15 Minuten über die Teerstraße (für Rollstühle geeignet) zum Giant's Causeway. Viel interessanter ist es aber, den Pfad auf den nordöstlichen Klippen zum 2 km entfernten Landzipfel **Chimney Tops** zu nehmen und dort einen atemberaubenden Blick auf die Steinsäulen und die westliche Küstenlinie mit Inishowen und Malin Head zu genießen.

Der Vorsprung mit spitzen Felsnadeln wurde 1588 von Schiffen der Spanischen Armada bombardiert, die ihn irrtümlich für das Dunluce Castle hielten. Direkt vor der Landspitze liegt das Wrack der spanischen Galeone *Girona*. Der Rückweg in Richtung Parkplatz verläuft etwa nach der Hälfte abwärts über die ausgeschilderten **Shepherd's Steps** und einen niedriger gelegenen Pfad zu den Steinsäulen (ganze Runde 1½ Std.).

Alternativ dazu kann man auch zuerst den Giant's Causeway besuchen und dann den Küstenpfad bis zum **Amphitheatre-Aussichtspunkt** in Port Reostan nehmen. Auf dem Weg kommt man an imposanten Felsenformationen wie der **Organ** (eine Reihe aufrechter Basaltsäulen, die an Orgelpfeifen erinnern) vorbei. Der steile Rückweg führt über die Shepherd's Steps.

Wer mag, wandert oben auf den Klippen gen Osten bis nach Dunseverick weiter.

Schlafen

Causeway Hotel HOTEL ££
(☎2073 1226; www.giants-causeway-hotel.com; 40 Causeway Rd; EZ/DZ 79/99 £; Wi-Fi) So eine Lage kann nichts überbieten: Das Hotel, das dem National Trust gehört, liegt nur einen Katzensprung vom Causeway entfernt und ist eine tolle Basis, um die Küste morgens oder am späten Nachmittag ohne die Menschenmengen zu erkunden. Am besten fragt man nach einem der Zimmer am Westende mit eigenen Terrassen, von denen man den Sonnenuntergang über dem Meer beobachten kann.

An- & Weiterreise

Neben dem **Antrim Coaster** und dem **Causeway Rambler** hält auch die Buslinie 172 auf der Strecke von Ballycastle (4,20 £, 30 Min., Mo–Fr 7-mal tgl., Sa & So 4-mal) nach Coleraine und Bushmills das ganze Jahr über am Giant's Causeway.

Von Mitte Mai bis August fährt der Goldline-Express-Bus 221 vom Europa BusCentre in Belfast über Ballymena und Bushmills direkt zum Giant's Causeway (11,50 £, 1½ Std., 1-mal tgl.).

Im Juli und Augst verkehrt der **Open Topper** 177 zwischen Coleraine und dem Giant's Causeway (6 £, 1¼ Std., 4-mal tgl.) und hält unterwegs in Portstewart, Portrush und Bushmills. Das Ticket berechtigt dazu, beliebig oft aus- und wieder einzusteigen und ist zudem für den Causeway Rambler gültig.

Von Coleraine kann man mit dem Zug weiter nach Belfast (11 £, 2 Std., Mo–Sa 7- o. 8-mal tgl., So 4-mal) und Derry (9 £, 45 Min., Mo–Sa 7- o. 8-mal tgl., So 4-mal) fahren.

Vom Giant's Causeway nach Ballycastle

Zwischen dem Giant's Causeway und Ballycastle erstreckt sich ein malerischer Küstenstreifen mit schwarzen Basaltklippen, weißen Kreidefelsen, Felseninseln, romantischen kleinen Häfen und breiten Sandstränden. Am besten erkundet man ihn zu Fuß auf dem 16,5 km langen markierten **Causeway Coast Way**, der vom Parkplatz in Carrick-a-Rede zum Giant's Causeway führt. Doch auch mit Bus und Auto sind die malerischsten Stellen zu erreichen.

8 km östlich vom Giant's Causeway thronen die mageren Überreste des **Dunseverick Castle** aus dem 16. Jh. auf einer grasbewachsenen Klippe. 1,5 km entfernt befindet sich das Feriendorf **Portbradden** mit einem halben Dutzend Häuser und der blau-weißen winzigen **St. Gobban's Church**, angeblich Irlands kleinste Kirche. Von hier sieht man schon die spektakuläre **White Park Bay** mit einem langen Sandstrand, die man über die nächste Abfahrt der A2 erreicht.

Ein paar Kilometer weiter stößt man auf **Ballintoy** (Baile an Tuaighe), ein hübsches Dorf, das sich über einen Hügel bis hinunter zum malerischen Hafen zieht. Im restaurierten Kalkofen am Hafen wurde einst aus Kreide von den Klippen und Kohle aus Ballymoney Kalk gebrannt.

Carrick-a-Rede Rope Bridge BRÜCKE
(www.nationaltrust.org.uk; Ballintoy; Erw./Kind 5,60/2,90 £; ⏲Juni–Aug. 10–19 Uhr, März–Mai, Sept. & Okt. 10–18 Uhr) Die größte Attraktion an diesem Küstenabschnitt ist die bekannte – für Leute mit Höhenangst allerdings eher berüchtigte – Carrick-a-Rede Rope Bridge (siehe auch S. 594). 30 m über dem tobenden Wasser überspannt die schwankende Konstruktion die 20 m von den Klippen zu der kleinen Insel Carrick-a-Rede.

Auf dem Eiland wird seit Jahrhunderten Lachsfischerei betrieben. Die Fischer hängen ihre Netze an der Landspitze ins Wasser, wo die Lachse auf dem Weg zu ihren heimatlichen Flüssen entlangkommen. Schon seit 200 Jahren ziehen sie die Seilbrücke in jedem Frühjahr wieder neu über den Abgrund (natürlich wurde die Konstruktion inzwischen erneuert).

Die Carrick-a-Rede Rope Bridge ist zwar vollkommen sicher, für Menschen mit Höhenangst allerdings nicht zu empfehlen. Bei Sturm wird sie geschlossen. Von der Insel genießt man einen schönen Blick auf Rathlin Island und den Fair Head im Osten. Am Parkplatz gibt's ein kleines vom National Trust betriebenes Infozentrum und ein Café.

Schlafen & Essen

Whitepark Bay Hostel HOSTEL £
(☎2073 1745; www.hini.org.uk; 157 White Park Rd, Ballintoy; B/2BZ 18/42 £; ⏲April–Okt.; @) Das neue, moderne Hostel am Westrand von White Park Bay hat viele Vierbett-, aber auch einige Doppelzimmer mit Fernsehern, die alle mit eigenen Bädern ausgestattet sind. Vom Aufenthaltsraum eröffnet sich eine schöne Aussicht. Bis zum Strand sind es nur wenige Gehminuten durch die Dünen.

DAS WRACK DER GIRONA

In der kleinen Port na Spaniagh (Bucht der Spanier) 1 km nordöstlich des Giant's Causeway schlug im Oktober 1588 die *Girona*, ein Schiff der Spanischen Armada, im Sturm an den Felsen leck.

Sie war der berühmten Schlacht mit Sir Walter Raleighs Flotte im Englischen Kanal erfolgreich entkommen, wurde jedoch des schlechten Wetters wegen wie viele andere flüchtende spanische Galeonen Richtung Norden nach Schottland und Irland abgetrieben. Ursprünglich für 500 Mann Besatzung gebaut, war sie mit 1300 Menschen an Bord (darunter viele Überlebende von anderen gesunkenen Schiffen sowie ein Teil des spanischen Hochadels) völlig überladen. Kaum ein Dutzend Menschen überlebte.

Somhairle Buidhe (Sorley Boy) MacDonnell (1505–1590), Befehlshaber des nahe gelegenen Dunluce Castle, rettete Gold und Kanonen aus dem Wrack. Mit dem Erlös modernisierte und vergrößerte er die Burg. Einige Kanonen sind noch an der Burgmauer landeinwärts zu sehen. Erst 1968 wurde die *Girona* von einem Team Unterwasserarchäologen genauer untersucht. Sie barg einen unglaublichen Schatz an Gold, Silber und Edelsteinen, aber auch Alltagsgegenstände der Seeleute, die heute im Ulster Museum (S. 603) in Belfast zu bewundern sind.

Causeway Coast Way

Sheep Island View Hostel HOSTEL ££
(☎2076 9391; www.sheepislandview.com; 42A Main St; Zeltstellplatz/B/DZ 6/15/40 £; @📶) Dieses ausgezeichnete unabhängige Hostel verfügt über Schlafsäle, Zeltplätze, einfache Übernachtungsmöglichkeiten in der Campingscheune, eine Küche und eine Waschküche. In der Nähe gibt's einen Dorfladen. Vom Giant's Causeway, von Bushmills und von Ballycastle wird man kostenlos abgeholt. Das Haus liegt an der Küstenstraße in der Nähe der Abzweigung nach Ballintoy Harbour und ist eine tolle Bleibe für Wanderer, die zwischen Bushmills und Ballycastle unterwegs sind.

★ **Whitepark House** B&B £££
(☎2073 1482; www.whiteparkhouse.com; 150 White Park Rd, Ballintoy; EZ/DZ 80/120 £; 📶) Ein hübsch restauriertes, gemütliches Haus aus dem 18. Jh. an der White Park Bay mit drei Zimmern (nach einem mit Meerblick fragen), alten Möbeln und einem Torffeuer. Das B&B ist mit asiatischen Kunstwerken – Reisemitbringseln der herzlichen Besitzer – dekoriert.

Roark's Kitchen CAFÉ £
(Ballintoy Harbour; Hauptgerichte 4–6 £; ⏲Juni–Aug. 11–19 Uhr, Mai & Sept. nur Sa & So) In der netten Teestube am Kai von Ballintoy bekommt man verschiedene Teesorten, Kaffee, Eis, hausgemachten Apfelkuchen und Mittagsgerichte wie Irish Stew oder Schinken-Hühnchen-Pie.

ℹ An- & Weiterreise

Bus 172 verkehrt zwischen Ballycastle, Bushmills und Coleraine (Mo–Fr 7-mal tgl., Sa & So 4-mal,) und hält am Giant's Causeway, bei Ballintoy sowie vor Carrick-a-Rede.

Ballycastle

4000 EW.

Ballycastle (Baile an Chaisil), ein reizvoller Hafen- und Ferienort, liegt am östlichen Ende der Causeway Coast. Hier kann man einen entspannten Tag am Strand verbringen oder einen Ausflug mit der Fähre nach Rathlin Island unternehmen, ansonsten ist aber nicht viel los.

Sehenswertes & Aktivitäten

An der familienfreundlichen **Promenade** lockt ein riesiger Sandkasten mit Blick auf die Marina Kinder an. Eine Fußgängerbrücke führt über die Mündung des Flusses Glenshesk zu einem schönen **Strand**.

Marconi Memorial DENKMAL
Beim Parkplatz am Hafen stößt man auf das Marconi Memorial, eine Gedenktafel am Fuß einer Felsnadel zur Erinnerung an den Tag, an dem Guglielmo Marconis Helfer 1898 von Ballycastle aus per Funk Rathlin Island erreichten. Mit diesem Experiment wollten sie dem Unternehmen Lloyds in London Einsatzmöglichkeiten der drahtlosen Nachrichtenübertragung demonstrieren. Ihr Ziel war es, London oder Liverpool vorab über die sichere Ankunft ihrer Transatlantikschiffe zu informieren, sobald diese den Kanal nördlich von Rathlin passierten.

Aquasports BOOTSTOUREN
(www.aquasports.biz) Bietet vom Hafen aus verschiedene Ausflüge mit dem Schnellboot an, darunter Naturerkundungstrips, eine Fahrt entlang der Küste zum Giant's Cause-

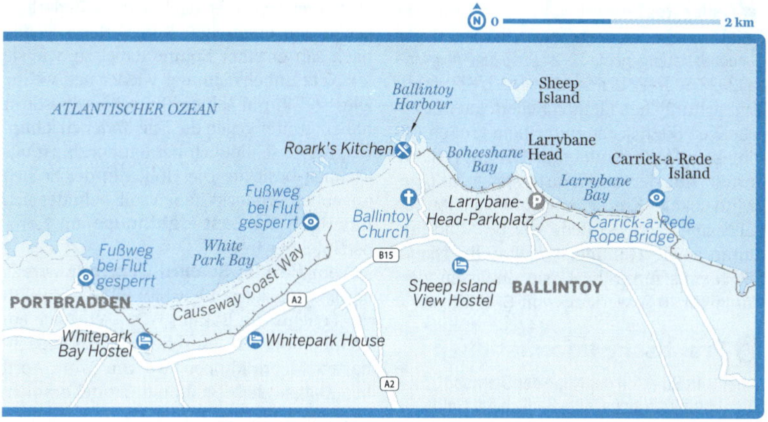

way und eine Rundtour um Rathlin Island (ab etwa 25 £ pro Person).

Feste & Events

Ould Lammas Fair KULTUR

(letzter Mo & Di im Aug.) Ballycastles Ould Lammas Fair wird bereits seit 1606 veranstaltet. Zu diesem Anlass fallen Tausende Besucher über die Marktstände her, um zwei Spezialitäten zu kosten: *„yellowman"*, ein hartes Toffee, und *„dulse"*, getrocknete essbare Algen.

Schlafen

Ballycastle Backpackers HOSTEL £

(2076 3612; www.ballycastlebackpackers.net; 4 North St; B/2BZ ab 15/40 £;) Das einladende Hostel in einem Reihenhaus am Hafen verfügt über ein Sechsbett- sowie ein Familien- und mehrere Doppelzimmer (auch mit getrennten Betten). Im Garten gibt's ein nettes Ferienhaus mit zwei Doppelzimmern und einem Privatbad (25 £ pro Person und Nacht; können auch wochenweise gemietet werden).

Watertop Open Farm CAMPINGPLATZ £

(2076 2576; www.watertopfarm.co.uk; 188 Cushendall Rd; Zeltstellplatz 5 £ pro Person, Wohnwagenstellplatz ab 22 £; Ostern–Okt.) Kinderfreundliche Übernachtungsmöglichkeit auf einer echten Farm 10 km östlich von Ballycastle an der Straße nach Cushendun. Hier kann man auf Ponys reiten, Schafe scheren und den Hof besichtigen.

An Caislean Guesthouse B&B ££

(2076 2845; www.ancaislean.co.uk; 42 Quay Rd; EZ/DZ/FZ 40/80/110 £;) Unser Favorit unter mehreren B&Bs in der Quay Road. Ursprünglich handelte es sich beim An Caislean um zwei eigenständige Gästehäuser, die nun miteinander verbunden sind. Die Pension wartet mit einer luxuriösen Lounge, einem eigenen Teeladen und einer herzlichen, familiären Atmosphäre auf, außerdem sind die Zimmer geräumig und gemütlich (nur die Holzdielen knarren ganz schön). Der Strand ist nur ein paar Gehminuten entfernt. In einem benachbarten Gebäude stehen auch Hostelzimmer zur Verfügung, die ab 15 £ pro Person kosten.

Crockatinney Guest House B&B ££

(2076 8801; www.crockatinneyguesthouse.com; 80 Whitepark Rd; EZ/DZ/FZ 50/60/90 £;) Dieses große, speziell gefertigte Gästehaus punktet mit seiner tollen Lage an der Küstenstraße 3 km westlich von Ballycastle und bietet einen Panoramablick auf Rathlin Island, den Fair Head sowie die schottische Küste. Alle sechs Zimmer sind stilvoll gestaltet und haben eigene Bäder. Im Obergeschoss genießt man die schönste Aussicht. Das Erdgeschoss ist speziell für Gäste mit eingeschränkter Mobilität eingerichtet.

Essen

Thyme & Co CAFÉ £

(www.thymeandco.co.uk; 5 Quay Rd; Hauptgerichte 6 £; Di–Fr 8–16.30, Sa 9.30–16.30, So 10.30–15.30 Uhr;) Ein nettes Café mit einer Speisekarte voller hausgemachter Gerichte, die mit so vielen lokalen Produkten wie möglich zubereitet werden: Im Angebot sind z. B. üppige Salate, Shepherd's Pie, Lachs und Rührei sowie selbst gebackene Scones und großartiger Kaffee.

★ Cellar Restaurant IRISCH ££
(2076 3037; www.cellarballycastle.com; 11 The Diamond; Hauptgerichte 12–24 £; Juni–Aug. Mo–Sa 12–22, So 17–22 Uhr, Sept.–Mai tgl. 17–22 Uhr) In dem urtümlichen kleinen Kellerlokal mit kuscheligen Sitznischen und einem großen Kamin kann man wunderbar Ulster-Produkte kosten. Auf der Speisekarte stehen u. a. gegrillte lokale Krebse mit Knoblauchbutter, Lachs aus Carrick-a-Rede, irisches Rind und Lamm sowie Hummer von Rathlin Island. Die Menüs für frühe Gäste umfassen zwei Gänge für 10 £ (werktags von 17–19 Uhr).

Praktische Informationen

In der Ann Street in der Nähe der Diamond Street befinden sich einige Banken mit Geldautomaten.

Ballycastle Visitor Centre (2076 2024; tourism@moyle-council.org; 14 Bayview Rd; Mo–Fr 9.30–17.30, Sa 10–16 Uhr, Juni–Aug. auch So 13–16 Uhr) An der Straße, die zur Fähre zur Rathlin Island führt.

An- & Weiterreise

Der Busbahnhof liegt an der Station Road direkt östlich vom Hauptplatz. Hier startet der Ulsterbus Express 217 nach Ballymena, wo man in den Goldline Express 218 oder 219 nach Belfast (10 £, 2 Std., Mo–Fr 3-mal tgl., Sa 2-mal) umsteigen kann.

Bus 172 fährt an der Küste entlang via Ballintoy, Giant's Causeway und Bushmills nach Coleraine (6,50 £, 1 Std., Mo–Fr 7-mal tgl., Sa & So 4-mal).

Kintyre Express (01586-555895; kintyreexpress.com; einfach/hin & zurück 35/60 £) Schnellboot, das von Ballycastle nach Campbeltown in Schottland fährt. Die 1½-stündige Überfahrt erfolgt von Mai bis August einmal täglich, im April und September von Freitag bis Montag und von Oktober bis März nur freitags und montags.

Rathlin Island

110 EW.

Im Frühjahr und Sommer wird das zerklüftete **Rathlin Island** (Reachlainn; www.rathlincommunity.org) 6 km vor der Küste von Ballycastle von Tausenden brütenden Seevögeln und Hunderten Robben bewohnt. Die L-förmige Insel ist nur 6,5 km lang und 4 km breit und bekannt für ihre Küstenlandschaft sowie die Vogelwelt im **Kebble National Nature Reserve** am Westzipfel.

Robert the Bruce, ein schottischer Held, war der bedeutendste Besucher. 1306 versteckte er sich hier nach seiner Niederlage gegen den englischen König. Der Legende nach sah er einer Spinne dabei zu, wie sie ihr Netz unbeirrt immer wieder neu webte. Dies soll ihn in seinem Entschluss bestärkt haben, weiter gegen die Engländer zu kämpfen, die er schließlich bei Bannockburn tatsächlich besiegte. Die Höhle, in der er sich angeblich versteckt haben soll, befindet sich unterhalb des **East Lighthouse** am Nordostzipfel der Insel.

Vom **Rathlin Seabird Centre** (www.rspb.org.uk; April–Aug. 10–16 Uhr) GRATIS der RSPB am Leuchtturm Rathlin West bietet sich ein atemberaubender Ausblick auf die benachbarten Meeresklippen, wo von Mitte April bis August dicht gedrängt Trottellummen, Dreizehenmöwen, Tordalken und Papageientaucher brüten. Im Sommer verkehrt ein Minibus zwischen dem Hafen und dem Leuchtturm. Es gibt öffentliche Toiletten und die Möglichkeit, Ferngläser zu mieten. Wer keine Zeit hat, das Kebble-Schutzgebiet zu besuchen, sollte wenigstens vom Ballyconagan Nature Reserve des National Trust zum **Old Coastguard Lookout** spazieren. Von dort kann man auf die Felsklippen und hinüber zu den schottischen Inseln Islay und Jura schauen.

Im **Boathouse Visitor Centre** (April–Sept. 9.30–17 Uhr) GRATIS südlich des Hafens informieren die Angestellten Touristen über die Geschichte, Kultur, Tier- und Pflanzenwelt sowie die Ökologie der Insel. Sie haben auch wertvolle Wandertipps auf Lager. **Paul Quinn** (07745 566924, 7032 7960; www.rathlinwalkingtours.com; 4–12 £ pro Person) bietet geführte Trekkingtouren durch die Gegend an.

Schlafen & Essen

Auf der Insel gibt's ein ganz nettes Pub, ein Restaurant, zwei Geschäfte und ein paar Unterkünfte (unbedingt vorab reservieren). Auf dem Feld neben **McCuaig's Bar** (2076 3974) unmittelbar östlich des Hafens kann man kostenlos zelten, muss aber vorher in der Bar um Erlaubnis fragen. Am Hafen befinden sich eine Pommesbude und ein Café.

Kinramer Camping Barn HOSTEL £
(2076 3948; Kinramer; B 10 £) Das schlichte Hostel auf einem Biobauernhof liegt 5 km (zu Fuß 1 Std.) westlich des Hafens. Gäste müssen ihre Verpflegung und ihr Bettzeug selbst mitbringen und im Voraus buchen (Gruppen können hier nur von April bis August übernachten). Manchmal hält einer der Minibusse an der Unterkunft.

Soerneog View Hostel HOSTEL £
(☎ 2076 3954; www.rathlin-island.co.uk; Ouig; 15 £ pro Person; ⏲ April–Sept.) Zehn Minuten südlich des Hafens verfügt das hostelähnliche Privathaus über drei Doppelzimmer, zwei davon mit getrennten Betten.

Manor House B&B ££
(☎ 2076 3964; www.rathlinmanorhouse.co.uk; Church Quarter; EZ/DZ 35/70 £) An der Nordseite des Hafens bietet das restaurierte und vom National Trust verwaltete Herrenhaus aus dem 18. Jh. zwölf Zimmer. Es ist die größte und komfortabelste Bleibe auf der Insel. Alle Zimmer haben Meerblick, ein leichtes Abendessen gibt's nach Voranmeldung. Bei unserem Besuch war das Restaurant des Manor House geschlossen (es könnte wieder öffnen, sobald ein neuer Verwalter eingestellt ist). Vor Ort befindet sich außerdem ein Lebensmittelgeschäft.

Coolnagrock B&B B&B ££
(☎ 2076 3983; Coolnagrock; EZ/DZ ab 35/60 £; ⏲ Dez. geschl.; 👪) Eine viel gelobte Pension im Osten der Insel mit einem Blick übers Meer nach Kintyre. Auf Nachfrage holt einen der Besitzer von der 15 Minuten entfernten Fähranlegestelle ab.

ℹ Anreise & Unterwegs vor Ort

In Ballycastle legt täglich eine **Fähre** (☎ 2076 9299; www.rathlinballycastleferry.com; Erw./Kind/Fahrrad hin & zurück 12/6/3 £) nach Rathlin Island ab. Im Frühjahr und Sommer bucht man das Ticket am besten vorab. Von April bis September gibt's täglich acht bis neun Überfahrten, die Hälfte davon per Speed-Katamaran (20 Min.), die andere Hälfte mit einer langsameren Autofähre (45 Min.). Im Winter ist das Angebot eingeschränkt.

Abgesehen von den Inselbewohnern dürfen ansonsten nur Fahrer mit eingeschränkter Mobilität Autos mit auf die Insel nehmen, auf der kein Punkt mehr als 6 km (1½ Std. zu Fuß) von der Fähranlegestelle entfernt ist. Am Soerneog View Hostel kann man Fahrräder ausleihen (10 £ pro Tag). Von April bis August betreibt **McGinn's** (☎ 2076 3451; 5 £ pro Pers.) einen Shuttleservice zwischen der Fähre und dem Kebble Nature Reserve und bietet Minibustouren an.

Glens of Antrim

Der Nordosten Antrims ist eine Hochebene aus schwarzem Basalt über Lagen weißer Kreideplatten. An der Küste zwischen Cushendun und Glenarm haben sich während der Eiszeit einige malerische Gletschertäler einen Weg durch das Plateau gebahnt, die als Glens of Antrim bekannt sind.

Zwei markierte Wanderwege durchqueren die Region: Der **Ulster Way** verläuft dicht am Meer und passiert alle Küstendörfer, während der 32 km lange **Moyle Way** durch das Hinterland über das Hochplateau vom Glenariff Forest Park nach Ballycastle führt.

Torr Head Scenic Road

Wenige Kilometer östlich von Ballycastle biegt eine kleinere ausgeschilderte Panoramastraße von der A2 Richtung Norden nach Cushendun ab. Sie ist nichts für ängstliche Fahrer: Eng und in gefährlichen Kurven windet sie sich die steilen Abhänge über dem Meer entlang. Seitenstraßen führen zu den interessantesten Sehenswürdigkeiten: zum Fair Head, zur Murlough Bay und zum Torr Head. An klaren Tagen reicht die herrliche Aussicht übers Meer bis Schottland, vom Mull of Kintyre bis zu den Hügeln von Arran.

Die erste Abzweigung endet am Parkplatz des National Trust in Coolanlough, Ausgangspunkt für eine Wanderung zum **Fair Head**. Die zweite fällt steil ab zur **Murlough Bay**. Vom Parkplatz am Ende der Straße geht's am Ufer weiter zu den Überresten einiger Bergarbeiterhäuschen (10 Min.). Einst wurden an den Klippen Kreide und Kohle abgebaut und in einem Kalkofen südlich des Parkplatzes zu ungelöschtem Kalk gebrannt.

Der dritte Weg führt an den Ruinen einiger Häuser der Küstenwache vorbei zur felsigen Landspitze von **Torr Head**. Oben thront die Station der Küstenwache aus dem 19. Jh., die in den 1920er-Jahren wieder aufgegeben wurde. Hier kommen sich Irland und Schottland am nächsten – der Mull of Kintyre liegt nämlich nur 19 km entfernt auf der anderen Seite des North Channel. Im späten Frühjahr und Sommer wird hier ähnlich wie in Carrick-a-Rede Lachsfischerei mit einem an der Landspitze befestigten Netz betrieben. Das alte Eishaus neben der Zufahrtstraße benutzte man früher zum Lagern der Fische.

Cushendun

350 EW.

Das nette Küstendorf ist für seine einzigartigen Cottages im kornischen Stil bekannt, die inzwischen dem National Trust gehören. Sie wurden 1912 und 1925 auf Anordnung des Großgrundbesitzers Lord Cushendun vom

WANDERUNG: FAIR HEAD

Vom National-Trust-Parkplatz am Fair Head ist ein markierter Weg Richtung Norden ausgeschildert. Er führt an einem kleinen See mit winzigen Inseln, darunter eine *crannóg* (künstliche Insel), vorbei. Nach 1,5 km erreicht man den Gipfel der imposanten 180 m hohen **Basaltklippen** des Fair Head. Der Panoramablick reicht von der westlich gelegenen Rathlin Island zur Linken bis zur schottischen Insel Islay zur Rechten; es folgen die drei Bergspitzen des Jura, die dunkle Landmasse des Mull of Kintyre und die kleine Insel Sanda. Im Osten erstreckt sich der gedrungene Kegel der Ailsa Craig und weit in der Ferne sieht man die Küste von Ayrshire.

Nun wendet man sich nach rechts und geht auf dem schlecht erkennbaren Pfad 1,5 km Richtung Süden über die Klippen. Der Weg passiert einen spektakulären Einschnitt, den ein Felsblock namens **Grey Man's Path** überbrückt, bis zum oberen Parkplatz an der Murlough Bay Road. Von dort verläuft ein weiterer ebenfalls kaum erkennbarer Weg mit gelben Markierungen 1 km nach Westen zurück nach Coolanlough (Gesamtstrecke 5 km, 2 Std.).

Architekten Clough Williams-Ellis entworfen, der auch für den Bau von Portmeirion in Nordwales verantwortlich war. In dem Örtchen gibt's einen schönen **Sandstrand**, mehrere kurze **Küstenwege** (auf der Infotafel am Parkplatz markiert) sowie eindrucksvolle **Höhlen** in die überhängenden Klippen südlich des Dorfes. Wer sie sehen will, muss dem Pfad folgen, der um die Feriensiedlung südlich der Flussmündung verläuft.

6 km nördlich des Dorfes an der A2 nach Ballycastle stößt man auf eine weitere Sehenswürdigkeit, den **Loughareema**, auch als Vanishing Lake (Verschwindender See) bekannt. Drei Rinnsale fließen hinein, aber keines kommt heraus. Nach heftigen Regengüssen dehnt sich der See zu imposanter Größe (400 m lang, 6 m tief) aus, doch nach und nach versickert das Wasser durch Spalten im Kalkstein und zurück bleibt nur ein trockenes Bett.

Schlafen & Essen

Es gibt in Cushendun ein Pub namens Mary McBride's, die Öffnungszeiten der Küche sind allerdings unregelmäßig. Wer sichergehen will, dass er ein Abendessen bekommt, muss sich nach Cushendall aufmachen.

★ Villa Farmhouse B&B ££

(☎ 2176 1252; www.thevillafarmhouse.com; 185 Torr Rd; EZ/DZ ab 35/60 £; @) Dieses bezaubernde weiß getünchte Bauernhaus schmiegt sich an einen Berghang, 1 km nördlich von Cushendun. Es lockt mit einem tollen Ausblick über das Meer und der warmen Atmosphäre eines Familienwohnhauses, das mit den Fotos der Kinder und Enkel geschmückt ist. Der Besitzer, ein erstklassiger Koch, serviert das wohl beste Rührei in ganz Nordirland, deshalb gehört das Frühstück zu einem der Highlights eines Aufenthalts hier.

Cloneymore House B&B ££

(☎ 2176 1443; ann.cloneymore@btinternet.com; 103 Knocknacarry Rd; EZ/DZ 40/50 £;) 500 m südwestlich von Cushendun bietet das traditionelle, familienfreundliche B&B an der B92 drei perfekt ausgestattete, geräumige Zimmer, die nach irischen und schottischen Inseln benannt sind: „Aran" ist am größten. Es gibt eine Rampe für Rollstühle und einen Treppenlift, außerdem sind alle Räume für Besucher mit eingeschränkter Beweglichkeit geeignet.

An- & Weiterreise

Bus 150 verkehrt von Ballymena über Glenariff Forest Park und Cushendall nach Cushendun (6,50 £, 1 Std., Mo–Fr 6-mal tgl., Sa 4-mal). Ballymena ist mit Zügen von Belfast und Derry aus zu erreichen.

Von April bis September verbindet der **Antrim Coaster** (Bus 252/256) Belfast und Larne mit Cushendun (10 £, 2¼ Std., 2-mal tgl.).

Cushendall

1250 EW.

Der abgeflachte Gipfel des Lurigethan überragt Cushendall, ein häufig von Verkehrsstaus heimgesuchtes Ferienörtchen am Fuß des Glenballyeamon. Weil der kleine Strand voller Kieselsteine ist, fährt man besser nach Waterfoot und Cushendun.

Sehenswertes

Curfew Tower HISTORISCHES GEBÄUDE

Im Zentrum erhebt sich der ungewöhnliche 1817 errichtete Curfew Tower aus rotem

Sandstein. Er imitiert einen Bau, den der Landbesitzer in China gesehen hatte. Ursprünglich diente der Turm als Gefängnis für „Müßiggänger" und „Aufrührer".

Layd Old Church KIRCHE

Vom Parkplatz am Strand (den Schildern zum Golfclub folgen) führt ein Küstenweg 1 km nach Norden zu den malerischen Ruinen der Layd Old Church. Dort blickt man auf die Insel Ailsa Craig, auch „Paddy's Milestone" genannt, und die schottische Küste. Vom frühen 14. Jh. bis 1790 wurde das von Franziskanern gegründete Gotteshaus als Gemeindekirche genutzt. Auf dem Friedhof befinden sich mehrere imposante Grabmäler der MacDonnells und am Eingang steht ein antikes, verwittertes Kreuz ohne Arme und mit einer nachträglichen Inschrift aus dem 19. Jh.

Schlafen & Essen

Village B&B B&B ££

(☎ 2177 2366; www.thevillagebandb.com; 18 Mill St; EZ/DZ/FZ 35/60/90 £; ⏲ April–Sept.; 📶 👪) Zentral gelegenes B&B mit drei makellosen Zimmern und Privatbädern, das seine Gäste mit einem üppigen, herzhaften Frühstück verwöhnt. Direkt gegenüber kann man im McCollams, dem besten Pub in Cushendall, traditionelle Musik hören.

Cullentra House B&B ££

(☎ 2177 1762; www.cullentrahouseireland.com; 16 Cloughs Rd; EZ/DZ ab 35/50 £; 📶) Der moderne Bungalow hoch über dem Ort am Ende der Cloughs Road bietet einen tolle Sicht auf die Küste und verfügt über drei bequeme, geräumige Zimmer. Darüber hinaus wartet die nette Pension mit einem ausgiebigen Frühstück inklusive hausgemachtem Weizenbrot auf.

Harry's Restaurant BISTRO ££

(☎ 2177 2022; harryscushendall.com; 10 Mill St; Hauptgerichte Tageskarte 8–13 £, Abendkarte 10–19 £; ⏲ 12–21 Uhr; 📶) In dem gemütlichen Bistro gibt's von 12 bis 18 Uhr typisches Pubessen wie Kabeljau im Teigmantel mit Erbsenmus, Burger oder Caesar Salad. Abends locken Gerichte à la carte von Steak bis Hummer.

ℹ Praktische Informationen

Touristeninformation (☎ 2177 1180; 24 Mill St; ⏲ Juni–Sept. Mo–Fr 10–13 & 14–17, Sa 10–14 Uhr, Okt.–Mai Di–Sa 10–13 Uhr) Wird von der Glens of Antrim Historical Society betrieben und hat auch Internetzugang.

ℹ An- & Weiterreise

Bus 162 fährt von Larne nach Cushendall (6,50 £, 1 Std., Mo–Fr 3-mal tgl.) und hält unterwegs in Glenarm. Außerdem verkehren regelmäßig Züge und Busse zwischen Belfast und Larne. Die Linie 150 bedient die Strecke nach Cushendun und zum Glenariff Forest Park.

Glenariff

2 km südlich von Cushendall liegt das Dorf **Waterfoot** mit Antrims schönstem Sandstrand, der sich über 2 km erstreckt. Von hier verläuft die A43 (Ballymena Road) landeinwärts durch das malerische Glenariff. Der Schriftsteller Thackeray rief beim Anblick des Tals aus, dies sei eine „Schweiz im Miniaturformat". Vor Ort fragt man sich allerdings, ob er die echte Schweiz wohl jemals gesehen hat.

Am Talende erstreckt sich der **Glenariff Forest Park** (Auto/Motorrad/Fußgänger 4,50/2,30/1,50 £; ⏲ 10 Uhr–Sonnenuntergang). Als Hauptattraktion gilt der 800 m vom Besucherzentrum entfernte **Ess-na-Larach Waterfall**. Er ist auch von der Laragh Lodge 600 m flussabwärts zu Fuß erreichbar. Durch den Park führen mehrere schöne Spazierwege, darunter eine 10 km lange Rundstrecke.

Wanderer können im **Ballyeamon Barn** (☎ 2175 8451; www.ballyeamonbarn.com; 127 Ballyeamon Rd; B 14 £; @ 📶) übernachten. Das Hostel befindet sich 8 km südwestlich von Cushendall an der B14 (1 km nördlich der Kreuzung mit der A43) ganz in der Nähe des Moyle Way, etwa einen 1,5 km langen Fußmarsch vom Haupteingang zum Waldpark entfernt. Es wird von Liz Weir, einer professionellen Geschichtenerzählerin, geleitet. Hier finden regelmäßig Sessions mit traditioneller irischer Musik, Poesie, Tanz und Geschichtenerzählen statt.

An einer Abzweigung der A43, 3 km nordöstlich des Hauptparkeingangs, stößt man auf die **Laragh Lodge** (☎ 2175 8221; 120 Glen Rd; Hauptgerichte 10–16 £, So 4-Gänge-Mittagessen 16 £; ⏲ März–Okt. tgl. 11–21 Uhr, Nov.–Feb. nur Fr–So) mit einer Bar und einem Restaurant. Sie ist in einem viktorianischen Haus aus dem Jahre 1890 untergebracht und wurde kürzlich renoviert. Von den Dachsparren baumelt allerlei Krimskrams. Hier gibt's rustikale Pubkost wie Rinder-Guiness-Pastete, Fish 'n' Chips, Wurst mit Kartoffelpüree und vegetarische Gerichte. Sonntagmittags wird traditionell Braten serviert.

Den Glenariff Forest Park erreicht man von Cushendun (4 £, 30 Min., Mo–Fr 6-mal

ABSTECHER

GALGORM

6 km westlich von Ballymena stößt man auf das **Galgorm Resort & Spa** (☎ 2588 1001; www.galgorm.com; 136 Fenaghy Rd, Galgorm; DZ/FZ ab 110/140 £; @ 📶 👪), ein herrschaftliches Haus aus dem 19. Jh. in wunderschöner Umgebung am Fluss Main. Es wurde kürzlich von den Eigentümern des Belfaster Boutique-Hotels Ten Square übernommen, komplett umgestaltet und erweitert und zählt nun zu Irlands exklusivsten Landhotels.

In **Gillie's Bar** (Hauptgerichte mittags 10–15 £, abends 11–27 £; ⏲ Küche 12–22 Uhr), den einstigen Stallungen des Landguts, verbreiten raues Mauerwerk, riesige Holzbalken, das offene Feuer und bequeme Sofas eine rustikale Atmosphäre. Das Gebäude wurde zudem um eine spektakuläre neue Scheune mit hohem Dach und einen riesigen Kamin in der Mitte ergänzt. Sphingen bewachen den monumentalen Treppenaufgang. Eine atemberaubende Umrahmung für ein tolles Essen!

tgl., Sa 4-mal) und Ballymena (4 £, 30 Min.) aus mit dem Ulsterbus 150.

Glenarm

600 EW.

Glenarm (Gleann Arma), das älteste Dorf in der Gegend, dient bereits seit 1750 als Familiensitz der MacDonnells. Gegenwärtig lebt der 14. Earl of Antrim auf **Glenarm Castle** (www.glenarmcastle.com). Das private Anwesen versteckt sich hinter einer imposanten Mauer, die von der Brücke entlang der Hauptstraße nach Norden verläuft. Die Burg ist nur an zwei Tagen im Juli geöffnet, wenn hier die Highland Games veranstaltet werden, aber dafür kann man den reizvollen **Walled Garden** (Erw./Kind 5/2,50 £; ⏲ Mai–Sept. Mo–Sa 10–17 & So 11–17 Uhr) besuchen, der im Mai mit dem jährlichen **Tulpenfestival** eröffnet wird.

Die **Touristeninformation** (☎ 2884 1087; www.glenarmtourism.org; 2 The Bridge; ⏲ Mo–Fr 9.30–17, So 14–18 Uhr; @) befindet sich neben der Brücke an der Hauptstraße. Für die Internetnutzung zahlt man 2 £ pro 30 Minuten.

Ein Spaziergang führt südlich des Flusses von der Hauptstraße in den alten Ortskern mit seinen gepflegten georgianischen Häusern. Wo sich die Straße zur Altmore Street erweitert, liegt rechts das **Barbican Gate** (1682), der Eingang zur Grünanlage des Glenarm Castle. Auf der linken Seite darf man den Künstlern von **Steensons** (www.thesteensons.com; Toberwine St; ⏲ Mo–Sa 9–17 Uhr), einem Schmuckatelier mit Besucherzentrum, bei der Arbeit zusehen.

Links geht's steil bergauf durch die Vennel Street, dann gleich nach dem letzten Haus nochmals links auf den Layde Path. Der Pfad führt zu einem **Aussichtspunkt** mit tollem Blick über Dorf und Küste.

Larne

17 600 EW.

Larne (Lutharna) ist ein bedeutender Hafen für Fähren von bzw. nach Schottland und damit einer der wichtigsten Grenzorte Nordirlands. Mit seinen Betonbrücken und riesigen Schornsteinen des Ballylumford-Kraftwerks gewinnt es allerdings keinen Schönheitspreis. Abgesehen von der recht nützlichen Touristeninformation besteht kein Grund, sich hier länger aufzuhalten.

Der Bahnhof Larne Harbor befindet sich im Fährterminal. Von dort ist das Stadtzentrum per Bus oder in 15 Gehminuten zu erreichen: Zunächst biegt man rechts in die Fleet Street ein, dann geht's nochmals nach rechts in die Curran Road und anschließend links in die Circular Road. Am großen Verkehrskreisel liegt der Hauptbahnhof Larne Town links, die Touristeninformation ist rechts und der Busbahnhof befindet sich geradeaus unter der Straßenbrücke.

ℹ Praktische Informationen

Touristeninformation (☎ 2826 0088; larnetourism@btconnect.com; Narrow Gauge Rd; ⏲ Ostern–Sept. Mo–Sa 9–17 Uhr, Okt.–Ostern Mo–Fr) Freundlicher Service, umfangreiche Informationen über ganz Nordirland und eine Ausstellung zur lokalen Geschichte und Flora und Fauna.

ℹ An- & Weiterreise

Bus 256 fährt vom Stadtzentrum direkt nach Belfast (4,90 £, 1 Std., Mo–Fr. stdl., Sa 6-mal, nur Juli–Sept. So 2-mal).

Richtung Norden zu den Glens of Antrim verkehren die Linie 162 und der **Antrim Coaster**.

Fähren von **P&O Irish Sea** (www.poirishsea.com) bedienen die Strecke von Larne nach Schottland und England.

Larne hat zwei Bahnhöfe, **Larne Town** und **Larne Harbour**. Vom Ersteren starten mindestens stündlich Züge zur Belfast Central Station (6,90 £, 1 Std.). Die Verbindungen vom Hafenbahnhof sind auf die Ankunftszeiten der Fähren abgestimmt.

Carrickfergus

28 000 EW.

Auf dem Felsvorsprung von Carrickfergus (Carraig Fhearghais) thront Nordirlands beeindruckendste mittelalterliche Burganlage über der Zufahrt zum Belfast Lough. Gegenüber, im historischen Ortskern, stehen interessante Häuser aus dem 18. Jh. und ein Teil der Stadtmauer aus dem 17. Jh.

Sehenswertes

Carrickfergus Castle BURG

(Marine Hwy; Erw./Kind 5/3 £; Ostern–Sept. 10–18 Uhr, Okt.–Ostern 10–16 Uhr) Gleich nach seiner Invasion in Ulster ließ John de Courcy 1777 den Hauptturm von Irlands einziger normannischer Burg, dem Carrickfergus Castle, errichten. Die massiven Mauern des äußeren Hofes wurden 1242 fertiggestellt und im 16. Jh. um Schießscharten aus rotem Ziegelwerk ergänzt. Im Turm ist ein **Museum** untergebracht. Überall verteilte lebensgroße Figuren lassen die Geschichte der Festung lebendig werden.

Von hier schweift der Blick zum Hafen, wo **Wilhelm von Oranien** am 14. Juni 1690 auf seinem Weg zur Schlacht am Boyne landete. Eine blaue Gedenktafel an der alten Hafenmauer markiert die Stelle, wo er an Land ging; seine Bronzestatue steht ganz in der Nähe am Strand.

Carrickfergus Museum MUSEUM

(11 Antrim St; Mo–Fr 10–17, Sa 10–16 Uhr, Okt.–März Mo–Fr 10–17 Uhr) GRATIS Hinter den Glasfronten der Heritage Plaza auf der Antrim Street befindet sich das Carrickfergus Museum mit Exponaten zur Stadtgeschichte und einem Café.

Andrew Jackson Centre HISTORISCHE STÄTTE

(Boneybefore) GRATIS Die Eltern des siebten US-Präsidenten Andrew Jackson verließen Carrickfergus (und somit auch Irland) in der zweiten Hälfte des 18. Jhs. Ihr Haus wurde 1860 abgerissen, doch 2 km nördlich des Carrickfergus Castle gibt's einen Nachbau des reetgedeckten Cottage mit einem Lehmboden und einer offenen Feuerstelle. Die Ausstellung zeigt die Lebensumstände der Jacksons in Ulster und die Verbindungen dieser Region in die USA.

Nebenan liegt das **US Rangers Centre**. Es erinnert an die ersten US-Rangers, die im Zweiten Weltkrieg vor ihrem Einsatz auf dem europäischen Festland in Carrickfergus ausgebildet wurden.

Das Zentrum ist nur nach Absprache geöffnet, deshalb muss man sich vorher an die Touristeninformation wenden.

Schlafen & Essen

Keep Guesthouse B&B ££

(9336 7007; www.thekeepguesthousecarrickfergus.co.uk; 93 Irish Quarter S; EZ/DZ ab 35/50 £;) Das zentrumsnah gelegene B&B gegenüber dem Jachthafen an der Hauptstraße verfügt über vier attraktive, modern gestaltete Zimmer mit originaler Kunst an den Wänden. Am schönsten ist das geräumige Familienzimmer im ersten Stock.

Dobbin's Inn Hotel HOTEL ££

(9335 1905; www.dobbinsinnhotel.co.uk; 6-8 High St; s EZ/DZ/FZ ab 45/55/80 £; @) Ein freundliches, zwangloses Hotel in der Altstadt mit 15 kleinen, gut ausgestatteten Zimmern samt knarrenden Bodendielen – in einem soll es sogar spuken! Das Haus ist über 300 Jahre alt, was man an dem Versteck für verfolgte Katholiken und dem original erhaltenen Kamin aus dem 16. Jh. sehen kann.

Sozo CAFÉ £

(9332 6060; 2 North St; Hauptgerichte 4–10 £; Mo–Do 8–17, Fr & Sa bis 21 Uhr;) Bei den Einheimischen erfreut sich das unprätentiöse kleine Café mit dem freundlichen Service unglaublich großer Beliebtheit. Auf der Karte stehen neben einfacher, frisch zubereiteter Hausmannskost, die von Sandwiches und

WANDERUNG: SLEMISH

Die Skyline östlich von Ballymena wird vom markanten Felshügel des **Slemish** (438 m) dominiert. Wie bei vielen anderen Plätzen in Nordirland gibt's auch bei diesem Berg eine Verbindung zum Nationalheiligen, denn der hl. Patrick soll hier in seiner Jugend Ziegen gehütet haben. Am St. Patrick's Day pilgern Tausende Gläubige auf den Gipfel. Das restliche Jahr über ist der steile und bei Regen auch rutschige Aufstieg aber angenehm und nicht so überfüllt. Oben wird man mit einem tollen Ausblick belohnt. Die Wanderung dauert vom Parkplatz aus etwa eine Stunde.

Salaten bis zu Lasagne und Knoblauchbrot reicht, auch Steaks und asiatische Gerichte. Wer abends essen möchte, reserviert am besten einen Tisch, weil das Sozo so winzig ist.

Windrose INTERNATIONAL ££
(☎9335 1164; www.thewindrose.co.uk; Rodgers Quay; Hauptgerichte 8–15 £; ⌚Küche 12–21 Uhr) In dem schicken, modernen Bar-Bistro mit elegantem Restaurant im Obergeschoss (Hauptgerichte 12–19 £, nur abends geöffnet) wird eine gute Auswahl an Speisen von Fisherman's Pie und Muscheln bis zu Steaks und Pfannengerichten geboten. Von der an sonnigen Nachmittagen sehr warmen Terrasse blickt man auf den Wald von Masten im Jachthafen.

Praktische Informationen

Touristeninformation (☎9335 8049; www.carrickfergus.org/tourism; 11 Antrim St, Heritage Plaza; ⌚ganzjährig Mo–Fr 10–17, Sa 10–16 Uhr, April–Sept. Mo–Fr bis 18 Uhr; 📶)

An- & Weiterreise

Einmal pro Stunde verkehren Züge zwischen Carrickfergus und Belfast (4,10 £, 30 Min.).

Das Hinterland

Westlich der Hochmoorebene, dem Abschluss der Glens of Antrim, fallen die Hügel ab zum landwirtschaftlich geprägten Flachland rund um den Lough Neagh und dem weiten Tal des **Bann-Flusses**. Die Region wird kaum von Touristen besucht, weil diese lieber die Küstenstraße nehmen oder auf dem Weg von Belfast nach Derry ohne Zwischenstopp durchfahren, doch wer Zeit hat, findet auch hier Interessantes.

Antrim (Stadt)

19 800 EW.

Antrim liegt am Fluss Sixmilewater ganz in der Nähe einer schönen Bucht des Lough Neagh. Während des Aufstandes von 1798 tobte in der High Street eine Schlacht gegen die United Irishmen.

Die **Touristeninformation** (☎9442 8331; www.antrim.gov.uk; Market Sq; ⌚ganzjährig Mo–Fr 9–17 Uhr, Mai–Sept. auch Sa 10–13 Uhr) ist im wunderschön restaurierten **Old Courthouse** (1762), einem Meisterstück georgianischer Architektur, untergebracht. Hier bekommt man eine kostenlose Broschüre für historische Rundgänge.

Hinter dem Gerichtsgebäude befinden sich das **Barbican Gate** (1818) und einige Überreste der alten Burgmauern. Durch das Tor und die Unterführung geht's zu den **Antrim Castle Gardens** (⌚9.30–19 Uhr oder Sonnenuntergang) GRATIS. Die Burg brannte vor vielen Jahren ab, doch der Park ist eines der wenigen noch erhaltenen Beispiele für Gartenkunst aus dem 17. Jh.

Antrims **Rundturm** (Steeple Rd) aus dem 10. Jh. steht am nordöstlichen Stadtrand, ist 28 m hoch und eines der schönsten Beispiele für irische Klostertürme. Ein Besuch des Geländes ist kostenfrei, aber der Turm selbst ist für die Öffentlichkeit geschlossen.

Ein Fuß- und Radweg führt von den Castle Gardens am Fluss entlang Richtung Westen zum **Antrim Lough Shore Park**, wo sich der imposante Lough Neagh in voller Größe zeigt. Am Ufer gibt's Picknicktische und Wanderwege.

Die alte Barkasse **Maid of Antrim** (☎2582 2159; www.loughneaghcruises.co.uk; Erw./Kind 8/5 £) wurde 1963 auf dem Scotland's River Clyde gebaut. Von Ostern bis Oktober werden sonntagnachmittags Fahrten angeboten, die am Jachthafen von Antrim neben dem Lough Shore Park starten.

Der Goldline-Express-Bus 219 von Belfast nach Ballymena hält auch in Antrim (6,50 £, 40 Min., Mo–Fr stdl., Sa 7-mal). Außerdem verkehren Züge zwischen Belfast, Antrim (5,50 £, 25 Min., Mo–Sa 10-mal tgl., So 5-mal) und Derry.

Counties Fermanagh & Tyrone

230 000 EW. / 4846 KM²

Inhalt ➡

Gut essen

- Dollakis (S. 689)
- Deli on the Green (S. 700)
- Terrace Restaurant (S. 689)
- Cedars Bistro (S. 693)
- Philly's Phinest (S. 698)

Schön übernachten

- Westville Hotel (S. 688)
- Cedars Guesthouse (S. 693)
- Tullylagan Country House (S. 700)
- Kilmore Quay Club (S. 692)
- Mullaghmore House (S. 698)

Auf nach Fermanagh & Tyrone

Eis und Wasser haben die noch immer ursprüngliche Landschaft von Fermanagh geformt. Raue Hügel erheben sich über halb im Wasser stehenden Drumlins (beim Rückzug von Gletschern entstandene runde Hügel) und glitzernden Schilfseen. Schon der Blick auf die Karte genügt, um festzustellen, dass die Grafschaft zu etwa einem Drittel von Wasser bedeckt ist. Einwohner witzeln gern darüber: Sechs Monate im Jahr lägen die Seen in Fermanagh, die anderen sechs Monate befände sich Fermanagh in den Seen. Dementsprechend gilt die Region als Paradies für Angler und Kanufahrer.

Das County Tyrone ist die Heimat des O'Neill-Clans und verdankt seinen Namen Tír Eoghain (Land von Owen) einem legendären Stammesfürsten. Es wird von der tweedartig gemusterten Moorlandschaft der Sperrin Mountains dominiert, an deren Südflanken prähistorische Stätten liegen. Seine Hauptattraktion ist der Ulster American Folk Park, ein Freilichtmuseum, das an die historischen Verbindungen zwischen Ulster und den USA erinnert.

Reisezeit

- Im Mai beginnt die Periode der Eintagsfliegen und damit die beste Zeit zum Forellenfischen auf dem Lough Erne. Der Juni ist der ideale Monat für Bootstouren auf den Seen.
- Ideale Bedingungen für eine Wanderung in den Sperrin Mountains herrschen im Juli. Am Cairn Sunday, dem letzten Julisonntag, kann man an einer Massenwanderung zum Gipfel des Mullaghcarn oberhalb von Gortin teilnehmen.
- Den Abschied vom Sommer versüßt das jährliche Appalachian & Bluegrass Music Festival im Ulster American Folk Park.

Highlights

1 Durch die bizarre Moorlandschaft am Gipfel des **Cuilcagh Mountain** (S. 692) wandern

2 Steinfiguren auf **White Island** (S. 693) und **Boa Island** (S. 694) bestaunen

3 Erkundungstouren in den **Marble Arch Caves** (S. 696) unternehmen

4 Abenteuerliche Kanuausflüge auf dem **Lough Erne** (S. 691) wagen

5 Einblicke in die historischen Verbindungen zwischen Irland und den USA im **Ulster American Folk Park** (S. 698) gewinnen

6 Sich im eleganten Landhaus **Florence Court** (S. 696) ein Bild vom süßen Leben der irischen Adligen machen

7 Die keltische Klostersiedlung auf **Devenish Island** (S. 693) erkunden und auf den uralten Rundturm steigen

Derry
ANTRIM
Foyle
Ulster Way
Dungiven
LONDONDERRY
A6
Claudy
A5
Dunnamanagh
Maghera
Lifford
Strabane
Sperrin Mountains
A6
Sperrin
Cranagh
Plumbridge
A5
B47
B48
Gortin Lakes
Gortin
Beaghmore Stone Circles
Davagh Forest Park
B162
Newtownstewart
Gortin Glen Forest Park
An Creagán Visitor Centre
Wellbrook Beetling Mill
Ulster American Folk Park
5
Mullaghcarn (542 m)
Cookstown
Coagh
Creggan
Kildress
Ardboe High Cross
A505
TYRONE
Omagh
Camowen
Pomeroy
A45
B43
A29
Drumragh
Coalisland
Castlecaulfield
Dungannon
Dromore
A5
Fintona
A4
Linen Green
M1
Ballygawley
Grant Ancestral Homestead
Moy
N2
Benburb
Augher
A4
Aughnacloy
A28
Tempo
Fivemiletown
Caledon
Armagh
Emyvale
A4
A28
Lisbellaw
FERMANAGH
B514
Monaghan
ARMAGH
Lisnaskea
A34
N2
Share Holiday Village
B127
Newtownbutler
MONAGHAN
Crom Estate
A509
Castleblayney
N2
0
20 km

COUNTY FERMANAGH

Enniskillen

13 600 EW.

Oscar Wilde und Samuel Beckett wurden hier zwar beide nicht geboren, waren aber Schüler an der hiesigen Portora Royal School, Wilde von 1864 bis 1871 und Beckett von 1919 bis 1923. Dort lernte Beckett Französisch, jene Sprache, in der er später schrieb. Während der Unruhen erlangte die Stadt traurige Berühmtheit, denn am 11. November 1987, dem Poppy Day (Volkstrauertag), tötete eine IRA-Bombe elf Menschen während eines Gottesdienstes am Kriegerdenkmal.

Das attraktive Enniskillen (Inis Ceithleann, Ceithleanns Insel – nach einer legendären Kriegerin benannt) liegt inmitten des Wasserstraßennetzes, das den Upper und den Lower Lough Erne miteinander verbindet, und verfügt über eine lange, hügelige Hauptstraße. Seine schöne Lage, die zahlreichen Freizeitboote im Sommer und seine lebhaften Pubs sowie Restaurants machen es zu einem idealen Ausgangsort für Touren zum Upper und Lower Lough Erne, zum Florence Court und zu den Marble Arch Caves.

Die Hauptstraße zwischen den beiden Brücken wechselt ihren Namen insgesamt ein halbes Dutzend Mal. Genau im Stadtzentrum ragt der Uhrenturm auf. In der Wellington Road, die südlich parallel zur Hauptstraße verläuft, befinden sich der Busbahnhof, die Touristeninformation und Parkplätze. Während der Rushhour kommen Fußgänger meist schneller voran, denn an der westlichen Brücke sind Staus um diese Zeit fast sicher.

Sehenswertes & Aktivitäten

Enniskillen Castle MUSEUM

(www.enniskillencastle.co.uk; Castle Barracks; Erw./Kind 4/3 £; ganzjährig Mo 14–17 & Di–Fr 10–17 Uhr, Mai–Sept. auch Sa 14–17 Uhr, Juli & Aug. auch So 14–17 Uhr) Noch heute bewacht die von Hugh Maguire, dem Anführer des mächtigen Maguire-Clans, im 16. Jh. errichtete Festung den westlichen Teil der Hauptinsel von Enniskillen. Über den vorbeifahrenden Kajütbooten erhebt sich das **Watergate** mit seinen beiden Türmen. Auf dem Burggelände zeigt das **Fermanagh County Museum** Ausstellungsstücke zur Geschichte, Archäologie, Geografie und Fauna der Region. Darüber hinaus kann man im Bergfried aus dem 15. Jh. die Sammlung des **Royal Inniskilling Fusiliers Regimental Museum** bestaunen, die aus Waffen, Uniformen und Orden, darunter acht Viktoriakreuze aus dem Ersten Weltkrieg, besteht. Sie ist jenem Regiment gewidmet, das hier 1689 aufgestellt wurde, um das Heer Wilhelms I. zu unterstützen.

Kingfisher Trail RADFAHREN

(www.cycleni.com) Dieser ausgeschilderte Fernradweg beginnt in Enniskillen und verläuft über Nebenstraßen durch die Grafschaften Fermanagh, Leitrim, Cavan und Monaghan. Seine Gesamtlänge beträgt 370 km. Wem das zu weit ist, kann stattdessen die kürzere, 115 km lange Rundfahrt unternehmen. Sie führt von Enniskillen über Kesh, Belleek, Garrison, Belcoo und Florencecourt zurück zum Ausgangspunkt und ist eine leichte Zweitagestour mit einer Übernachtungsmöglichkeit in Belleek. Streckenkarten bekommt man in der Touristeninformation. Leider gibt's in Enniskillen keine Fahrradvermietungen; der nächste Verleih befindet sich im Castle Archdale Country Park.

Geführte Touren

Erne Tours BOOTSTOUREN

(6632 2882; www.ernetoursltd.com; The Brook, Round „O" Quay; Erw./Kind 10/6 £, Bootsfahrt mit Abendessen 25/15 £; Juli & Aug 4-mal tgl., Juni 2-mal tgl., Mai, Sept. & Okt. Di, Sa & So 2-mal tgl.) Erne Tours veranstaltet 1¾-stündige Wasserbusrundfahrten mit der MV *Kestrel* (56 Passagiere) über den Lower Lough Erne inklusive Zwischenstopp auf Devenish Island (April bis September). Am Round „O" Quay westlich des Stadtzentrums an der A46 nach Belleek geht's los. Samstags kann man auch an der **Abendtour** (Mai bis September) teilnehmen, zu der ein Drei-Gänge-Menü im Killyhevlin Hotel gehört. Die Abfahrt erfolgt am Anlegesteg des Hotels.

Schlafen

★ **Westville Hotel** HOTEL ££

(6632 0333; www.westvillehotel.co.uk; 14-20 Tempo Rd; EZ/DZ ab 75/90 £;) Mit Designerstoffen, coolen Farbkombinationen, gutem Essen und freundlichen Angestellten bringt das Westville einen Hauch von Stil in Enniskillens eher biedere Unterkunftsszene. Die Familiensuite (ab 155 €) mit zwei Zimmern für vier Personen bietet ein tolles Preis-Leistungs-Verhältnis.

Greenwood Lodge B&B ££

(6632 5636; www.greenwoodlodge.co.uk; 17 Killyvilly Ct, Tempo Rd; EZ/DZ 40/55 £) In dieser modernen, geräumigen Villa tun die Besitzer alles für das Wohlbefinden ihrer Gäste. Jedes der drei gemütlichen Zimmer hat ein eigenes Bad, außerdem wird das Frühstück frisch zubereitet und es gibt einen Abstellplatz für Fahrräder. Die Pension befindet sich in einer Nebenstraße 3 km nordöstlich der Stadt abseits der B80.

Belmore Court & Motel HOTEL ££
(☎ 6632 6633; www.motel.co.uk; Tempo Rd; EZ/DZ ab 80/95 £, Apt. ab 100 £;) Eine freundliche Bleibe mit mehreren original erhaltenen Terrassenhäusern und einem modernen Anbau. Im alten Teil des Hotels sind Selbstversorger-Miniapartments für Familien untergebracht und im neuen stilvolle, große „Superior"-Zimmer.

Rossole Guesthouse B&B ££
(☎ 6632 3462; rossoleguesthouse.com; 85 Sligo Rd; EZ/DZ ab 35/55 £;) Das moderne Haus im georgianischen Stil mit hellem Wintergarten und Blick auf einen kleinen See begeistert besonders Angler, die sich ihrem Hobby direkt vor der Haustür widmen können. Für Gäste steht im Garten ein Ruderboot bereit. Die Pension liegt etwa 1 km südwestlich des Stadtzentrums an der A4 nach Sligo.

Mountview Guesthouse B&B ££
(☎ 6632 3147; www.mountviewguests.com; 61 Irvinestown Rd; EZ/DZ ab 50/75 £;) Diese große, von Efeu umrankte viktorianische Villa auf einem bewaldeten Grundstück 800 m (10 Gehminuten) nördlich des Stadtzentrums verströmt das Flair eines Landguts. Sie verfügt über Zimmer mit eigenen Bädern, eine luxuriöse Lounge und eine herrliche Aussicht auf den Race Course Lough.

Killyhevlin Hotel HOTEL £££
(☎ 6632 3481; www.killyhevlin.com; Killyhevlin; EZ/DZ 110/160 £; @) Enniskillens beste Unterkunft liegt etwa 1,5 km südlich der Stadt in idyllischer Umgebung mit Aussicht auf den Upper Lough Erne. Viele der 43 eleganten Zimmer bieten einen fantastischen Ausblick auf die schöne Gartenlandschaft am See.

Essen

★ **Dollakis** MEDITERRAN ££
(☎ 6634 2616; www.dollakis.co.uk; 2 Cross St; Hauptgerichte mittags 7–9 £, abends 14–20 £; ⏲ Di–Sa 10–22 Uhr) Tagsüber werden in dem schicken kleinen Café leckere Mittagsgerichte (12–16 Uhr), Kuchen und Snacks serviert. Ab 18 Uhr verwandelt sich das Dollakis in ein griechisches Mittelmeerrestaurant. Dann stehen auf der Karte Speisen wie Seebrassen mit Zitrone und Kräutern, Hühnchen-Souvlaki und vegetarische Moussaka..

★ **Terrace Restaurant** IRISCH ££
(☎ 6632 0333; Westville Hotel, 14-20 Tempo Rd; Hauptgerichte 16–20 £; ⏲ abends) Das Lokal im Westville Hotel wartet mit einem stilvollen Speisesaal und einer raffinierten Küche auf. Kerzenlicht schafft ein romantisches Flair.

Uno Restaurant & Cocktail Bar IRISCH ££
(☎ 6634 2622; 17 Belmore St; Hauptgerichte 12–19 £; ⏲ Mo–Sa 16.30 Uhr–open end, So 16.30–21 Uhr) Mit seinen massiven Holztischen und bemalten Holzvertäfelungen wird das Restaurant ziemlich retromäßig. Hier gibt's Rind, Lamm und Meeresfrüchte aus der Region sowie feste Menüs (zwei Gänge für 22 £, drei Gänge für 25 £). Die langweilige Cocktailbar sollte man links liegen lassen.

Ausgehen & Nachtleben

★ **Blake's of the Hollow** PUB
(William Blake; 6 Church St) In dem viktorianischen Pub bekommt man das beste Guinness in ganz Ulster. Seit der Eröffnung 1887 hat sich die Ausstattung kaum verändert: Zu ihr gehören ein Marmortresen, vier große Sherryfässer, antike silberne Leuchter, ein offener Kamin und die alte Holzvertäfelung mit der Patina von einem Jahrhundert Zigarettenrauch. Freitags ab 21 Uhr werden die Gäste mit traditioneller Musik unterhalten.

Crowe's Nest BAR
(12 High St) Eine lebhafte Bar mit Wintergarten und Hinterhof für sonnige Sommernachmittage. Im hinteren Bereich gibt's jeden Abend ab 21 Uhr Livemusik und samstagnachmittags traditionelle Sessions.

Unterhaltung

Ardhowen Theatre THEATER
(www.ardhowentheatre.com; Dublin Rd; ⏲ Kartenverkauf Mo–Fr 9.30–16.30 Uhr, vor Aufführungen bis

TOP FIVE: TRADITIONELLE PUBS IN NORDIRLAND

- Bittle's Bar (S. 616)
- Blake's of the Hollow (S. 689)
- Grace Neill's (S. 630)
- Dufferin Arms (S. 635)
- Peadar O'Donnell's (S. 663)

Enniskillen

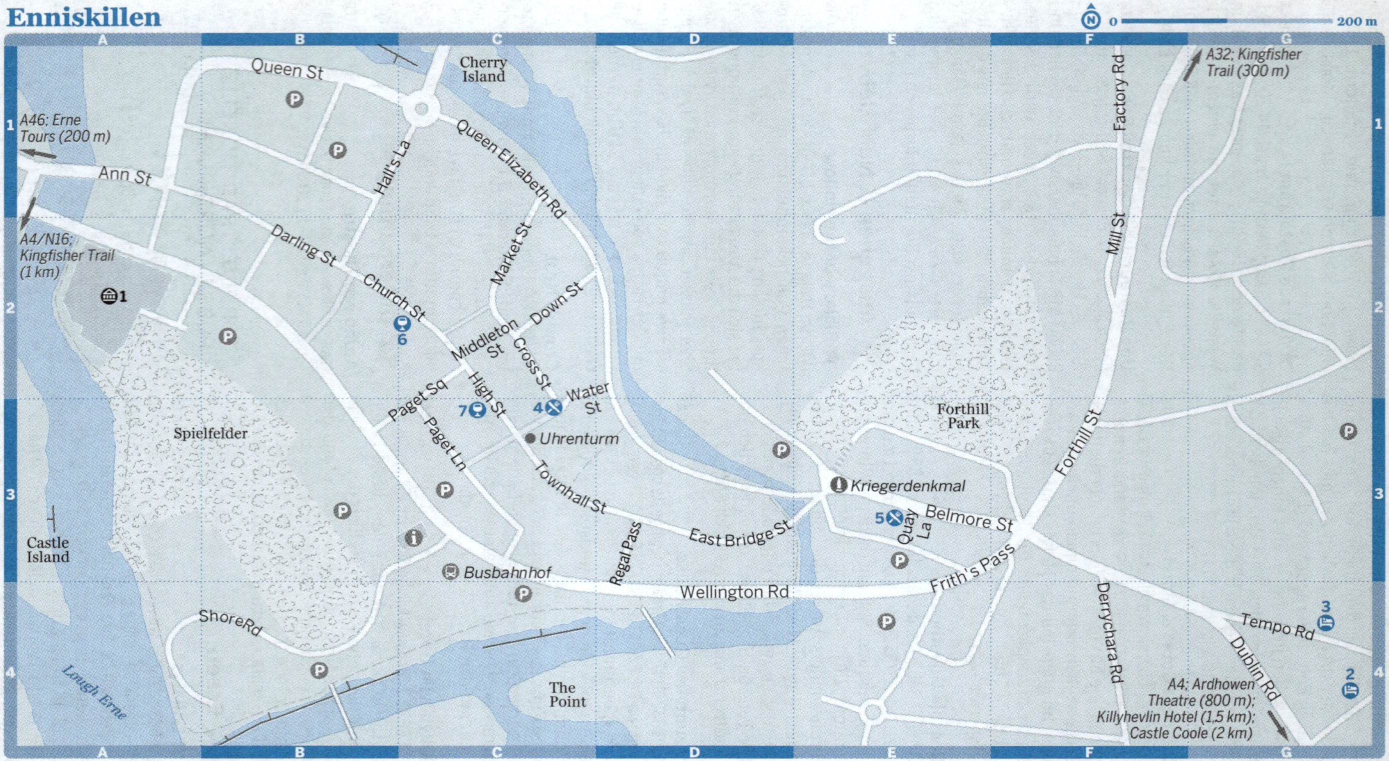
0
200 m
A
B
C
D
E
F
G
1
2
3
4
Queen St
Cherry Island
A46: Erne Tours (200 m)
Ann St
Hall's La
Queen Elizabeth Rd
A4/N16; Kingfisher Trail (1 km)
Darling St
Church St
Market St
Down St
Middleton St
Cross St
Water St
Paget Sq
High St
Paget Ln
Uhrenturm
Spielfelder
Townhall St
Regal Pass
East Bridge St
Kriegerdenkmal
Belmore St
Quay La
Forthill Park
Forthill St
Mill St
Factory Rd
A32; Kingfisher Trail (300 m)
Castle Island
Busbahnhof
Wellington Rd
Frith's Pass
ShoreRd
Lough Erne
The Point
Derrychara Rd
Tempo Rd
Dublin Rd
A4; Ardhowen Theatre (800 m); Killyhevlin Hotel (1,5 km); Castle Coole (2 km)
1
2
3
4
5
6
7

Enniskillen

Sehenswertes
1 Enniskillen Castle ... A2

Schlafen
2 Belmore Court & Motel ... G4
3 Westville Hotel ... G4

Essen
4 Dollakis ... C3
Terrace Restaurant ... (siehe 3)
5 Uno Restaurant & Cocktail Bar ... E3

Ausgehen & Nachtleben
6 Blake's of the Hollow ... C2
7 Crowe's Nest ... C3

19 Uhr, Sa 11–13, 14–17 & 18–19 Uhr) Auf dem Programm des Ardhowen stehen Konzerte, professionelle und Laientheaterstücke sowie -musicals, Pantomimeshows und Filme. Das imposante Gebäude verfügt über eine auffällige Glasfassade und liegt 2 km südöstlich vom Stadtzentrum in der Nähe der A4 an einem See.

Praktische Informationen

Touristeninformation (☎ 6632 3110; www.fermanagh.gov.uk; Wellington Rd; ⊙ ganzjährig Mo–Fr 9–17.30 Uhr, Ostern–Sept. auch Sa 10–18, So 11–17 Uhr, Okt. Sa & So 10–14 Uhr; @) 100 m südlich des Stadtzentrums. Internet kostet 1 £ pro 20 Minuten.

An- & Weiterreise

Ulsterbus und Bus Éireann bieten Verbindungen von/nach Belfast (11,50 £, 2¼ Std., Mo–Sa stdl., So 2-mal tgl.), Omagh (8 £, 1 Std., Mo–Sa 1-mal tgl.), Dublin (19 £, 2½ Std., Mo–Sa 4-mal tgl., So 1-mal tgl.), Sligo (13 £, 1½ Std., Mo–Sa 5-mal tgl., So 2-mal tgl.) und Donegal (11,50 £, 1 Std., Mo–Sa 5-mal tgl., So 2-mal tgl.).

Bus 99 fährt im Juli und August von Enniskillen via Belleek (45 Min.) nach Bundoran (6,50 £, 1¼ Std., Mo–Fr 4-mal tgl., Sa 3-mal, So 1-mal). Die Linie 64 verkehrt ganzjährig nach Bundoran (Do 2-mal, So 1-mal).

Rund um Enniskillen

Sehenswertes

Castle Coole HISTORISCHES GEBÄUDE
(www.nationaltrust.org.uk; Dublin Rd; Haus Erw./Kind 5/2 £, Gelände 2,50/1,25 £; ⊙ Haus Juli & Aug. tgl. 11–17 Uhr, Juni Fr–Mi, Mitte März–Mai & Sept. Sa, So & Feiertage 11–17 Uhr, Park März–Okt. 10–19 Uhr, Nov.–Feb. 10–16 Uhr) Als Georg IV. Irland 1821 besuchte, ließ der zweite Earl of Belmore im Castle Coole extra ein Schlafzimmer für den König herrichten. Doch der bedeutende Gast tauchte gar nicht erst auf und verbrachte seine Zeit stattdessen mit seiner Geliebten. In dem mit roter Seide ausstaffierten Zimmer hängen Gemälde, die *The Rake's Progress* (die beleidigte Reaktion des Earl auf das Nichterscheinen des Königs) darstellen. Der Raum gilt als eines der Highlights der einstündigen Führung.

Das von James Wyatt entworfene palladianische Herrenhaus wurde zwischen 1789 und 1795 für Armar Lowry-Corry, den ersten Earl of Belmore, erbaut und ist vermutlich das beste Beispiel neoklassizistischer Architektur im Irland des späten 18. Jhs. Es besteht aus silbrig-weißem Portlandstein, der unter großen Mühen und Kosten von Südengland herbeigeschafft werden musste: Zunächst wurde das Material mit dem Schiff nach Ballyshannon gebracht, dann weiter über Land zum Lough Erne befördert und schließlich per Boot nach Enniskillen transportiert. Die letzten 3 km bis zum Anwesen mussten mit Ochsenkarren zurückgelegt werden.

In dem 600 ha großen **Park** erstreckt sich ein See, auf dem die einzige Grauganskolonie im Vereinigten Königreich lebt und dort sogar überwintert. Es wird erzählt, die Earls of Belmore würden Castle Coole verlieren, sollten die Graugänse die Gegend jemals verlassen.

Das Anwesen befindet sich 2,5 km südöstlich von Enniskillen an der A4 nach Dublin. Wer von der Stadt zu Fuß herspazieren will, braucht etwa 30 Minuten. Im Ortszentrum biegt man bei den Dunnes Stores links auf die Tempo Road ab und folgt dann der Castlecoole Road.

Sheelin Irish Lace Museum MUSEUM
(www.irishlacemuseum.com; Bellanaleck; Erw./Kind 2,50 £/frei; ⊙ April–Okt. Mo–Sa 10–18 Uhr) 6 km südwestlich von Enniskillen zeigt dieses Museum eine Sammlung wunderschöner irischer Spitzen aus der Zeit zwischen 1850 und 1900. Vor und nach der Hungersnot war die Stoffproduktion ein bedeutender Industriezweig in der Region. Im County gab es vor dem Ersten Weltkrieg mindestens zehn Schulen, in denen man die Kunst der Spitzenherstellung erlernen konnte.

Upper Lough Erne

Der 80 km lange Lough Erne besteht aus zwei Teilen: dem Upper Lough südlich von Enniskillen und dem Lower Lough nördlich

ULSTER WAY

Der Ulster Way führt durch sechs nordirische Grafschaften und durch Donegal. Wer sich die gesamte 900 km lange Wanderstrecke vornehmen möchte, sollte dafür vier bis fünf Wochen einplanen. Der größte Teil der Route besteht jedoch nicht aus Trekkingpfaden, sondern aus Nebenstraßen. Daran übt der Northern Ireland Tourist Board (NITB) Kritik. Die Organisation will den Ulster Way „überarbeiten" und in verschiedene Anschnitte einteilen – nämlich in reizvolle Wege sowie in Verbindungsstrecken, die mit öffentlichen Verkehrsmitteln zurückgelegt werden können. Mehr Infos darüber findet man auf der **WalkNI-Website** (www.walkni.com).

Der **Cuilcagh Mountain** (www.cuilcaghmountainpark.com) und der **Causeway Coast Way** (www.causewaycoastway.com) gehören zu den kurzen Abschnitten des Ulster Way, die sich für Tagesausflüge eignen.

davon. Sie sind durch den Fluss Erne miteinander verbunden, der im County Cavan entspringt und westlich von Ballyshannon in die Donegal Bay mündet.

Eigentlich ist der Upper Lough Erne weniger ein See als vielmehr ein Wasserlabyrinth mit mehr als 150 Inseln, Landzungen, Schilfbuchten und mäandernden Staugewässern. In der Gegend stößt man auf die unterschiedlichsten Vogelarten, darunter Schwärme von Singschwänen und Schellenten, die vor Ort überwintern. Im Frühjahr brüten hier Haubentaucher, außerdem lebt in einem 400 Jahre alten Eichenwäldchen auf der Insel Inishfendra südlich des Crom Estate Irlands größte Graureiherkolonie.

Hauptort am See ist **Lisnaskea** mit Geschäften, Pubs, Geldautomaten und einer Postfiliale.

Unterwegs vor Ort

Die Linie 95 von Ulsterbus fährt von Enniskillen am Ostufer des Upper Lough Erne entlang nach Lisnaskea (3,70 €, 30 Min., Mo–Fr 5-mal tgl., Sa 3-mal, Juli & Aug. zusätzlich So 1-mal), während die 58 am Westufer entlang erst Derrylin (3 €, 40 Min., Mo–Fr 5-mal tgl., Sa 2-mal) und danach Belturbet im County Cavan ansteuert.

Sehenswertes & Aktivitäten

Crom Estate TIERSCHUTZGEBIET

(Newtownbutler; Erw./Kind 3,50/1,50 £; Gelände Juni–Aug. 10–19 Uhr, Mitte März–Mai & Sept.–Nov. bis 18 Uhr; Besucherzentrum Ostern–Sept. tgl. 11–17 Uhr, Okt. nur Sa & So) Inmitten des größten natürlichen Waldes Nordirlands liegt das vom National Trust verwaltete wunderbare Crom Estate, in dem Baummarder, seltene Fledermäuse und zahlreiche Vogelarten hausen.

Ein Spaziergang führt vom Besucherzentrum zur Ruine des alten **Crom Castle** mit seinem **ummauerten Garten**, dem stillgelegten Bowlingplatz und knorrigen Eiben. Außerdem beeindruckt der Ausblick zu einer kleinen Insel im von Schilf bestandenen See. Wer Lust auf eine Rundfahrt hat, kann ein Boot mieten (6 £ pro Std.).

Darüber hinaus werden auf der Website des **National Trust** (www.ntni.org.uk) Stellen genannt, die sich zum Beobachten von Fledermäusen und anderen Wildtieren eignen.

Das Schutzgebiet erstreckt sich am Ostufer des Upper Lough 5 km westlich von Newtownbutler.

Inishcruiser BOOTSTOUR

(www.sharevillage.org/inishcruiser; Erw./Kind/Familie 10/6/28 £; Ostern–Sept. So & Feiertage 14.30 Uhr) Die 1½- bis zweistündigen Fahrten über den See starten am Share Holiday Village 5 km südwestlich von Lisnaskea.

Schlafen & Essen

★ **Kilmore Quay Club** B&B ££

(6772 4369; www.kilmorequayclub.com; Kilmore Quay, Lisnaskea; EZ/DZ ab 59/79 £) Dank der abgeschiedenen Lage am See kann man sich in den sieben luxuriösen Gästezimmern dieses B&Bs wunderbar erholen. Zudem befindet sich hier das noble strohgedeckte **Watermill Restaurant** (Abendessen mit 3 Gängen ab 25 £; mittags & abends), das mit tollen französisch beeinflussten Gerichten aufwartet.

Kissin Crust CAFÉ £

(125 Main St, Lisnaskea; Hauptgerichte 3–6 £; Mo–Sa 8.30–17 Uhr) In dem beliebten Café werden Gäste mit hausgemachtem Apfelkuchen, Zitronenbaisertorte, Quiche und Scones verwöhnt. Mittags gehören Suppen, frisch zubereitete Sandwiches und ein warmes Tagesgericht zum Angebot.

Lower Lough Erne

Im Gegensatz zum Upper Lough Erne hat der Lower Lough Erne eine relativ offene Wasserfläche. Seine 90 Inseln erstrecken sich vor allem am Südende. Zu frühchristlicher Zeit, als Landreisen noch beschwerlich waren, bildete der Lough Erne eine Station auf der Reiseroute zwischen Donegals Küste und Leitrim im Landesinneren. Am Ufer verteilen sich daher mehrere religiöse und historische Stätten. Außerdem war der See im Mittelalter Teil einer wichtigen Pilgerstrecke nach Station Island im Lough Derg, County Donegal.

Unterwegs vor Ort

Die Ulsterbus-Linie 194 fährt von Enniskillen an der Ostseite des Sees entlang über Irvinestown (Mo–Sa 3–5-mal tgl.) nach Pettigo. Unterwegs hält sie am Castle Archdale Country Park (35 Min.) und in Kesh (1 Std.). Die Bus-Eireann-Linie 30 von Dublin nach Donegal bedient auch die Strecke von Enniskillen nach Belleek (6,50 £, 35 Min., 7-mal tgl.).

Devenish Island

Devenish Island (Daimh Inis – Ochseninsel) ist die größte von mehreren „heiligen Inseln" im Lough Erne. Hier befinden sich die Überreste eines im 6. Jh. vom hl. Molaise gegründeten **Augustinerklosters**, darunter ein fast vollständig erhaltener **Rundturm** aus dem 12. Jh., die Ruinen der St. Molaise Church und der St. Mary's Abbey, ein ungewöhnliches Hochkreuz aus dem 15. Jh. sowie zahlreiche faszinierende alte Grabsteine. Über vier Leitern gelangt man auf den Turm. Unterwegs kann man durch fünf kleine Maueröffnungen spähen und so eine etwas beengte Aussicht genießen.

Eine **Schnellbootfähre** (☎07702 052873; Erw./Kind hin & zurück 3/2 £; ⏲Juli & Aug. 10, 13, 15 & 17 Uhr, Sept. Do–Mo) setzt auf die Insel über. Von Enniskillen aus erreicht man sie über die A32 Richtung Irvinestown. Nach 5 km steht auf der linken Seite, direkt hinter einer Tankstelle und vor der Kreuzung der B82 und der A32, ein Wegweiser. Am Fuße eines Hügels am See geht's links zur Anlegestelle ab.

Ein Besuch von Devenish Island ist auch im Rahmen einer Bootstour mit Erne Tours (S. 688) ab Enniskillen möglich.

Castle Archdale Country Park

Dieser **Park** (Lisnarick; ⏲ Ostern–Sept. 9–19 Uhr, Juli & Aug. bis 21 Uhr) GRATIS gehört zum Archdale Manor aus dem 18. Jh. und lockt mit einem schönen Spazier- bzw. Radweg, der durch den Wald und am Ufer entlangführt. Im Zweiten Weltkrieg diente die Bucht mit ihren vielen Inseln als Basis der Catalina- Wasserflugzeuge. Einen historischen Einblick in die Zeit des hier stationierten alliierten Flottenkonvois gewährt das Besucherzentrum.

Wer sich sportlich betätigen möchte, kann Fahrräder mieten (pro Std./halber/ganzer Tag 4/8/12 £), reiten (Ponytrekking 15 £ pro Std., Kurzritte für Anfänger 5 £ pro 15 Min.), Boote (halber/ganzer Tag 60/85 £) chartern und Angelausrüstung (5 £ pro Tag inkl. Köder) ausleihen.

Der Castle Archdale Country Park erstreckt sich 16 km nordwestlich von Enniskillen an der B82 unweit von Lisnarick.

Schlafen & Essen

Castle Archdale Caravan Park CAMPINGPLATZ £
(☎6862 1333; www.castlearchdale.com; Castle Archdale Country Park; Zeltstellplatz 20–30 £, Wohnwagenstellplatz 25–30 £; ⏲Ostern–Okt.; 👪) Ein Platz unter Bäumen mit zahlreichen Dauerstellplätzen und guten Einrichtungen, darunter ein Geschäft, eine Waschküche, ein Spielplatz und ein Restaurant.

★ **Cedars Guesthouse** B&B ££
(☎6862 1493; www.cedarsguesthouse.com; Drummal, Castle Archdale; EZ/DZ ab 45/70 £; 📶) In einem ehemaligen Pfarrhaus südlich vom Parkeingang untergebracht, strahlt die friedliche Pension mit rosafarbenen Tagesdecken und antikem Mobiliar den Charme und die Atmosphäre eines viktorianischen Landhauses aus. Zehn kuschelige Zimmer warten auf Übernachtungsgäste.

★ **Cedars Bistro** IRISCH ££
(☎6862 1493; Hauptgerichte 11–18 £; ⏲Mi–Sa 18–21, So 12.30–15 & 17–21 Uhr) Gleich neben dem Cedars Guesthouse bestricht dieses Bistro mit einem einladenden offenen Kamin, seiner Kiefernholzausstattung, Kerzenlicht und Reminiszenzen ans Mittelalter. Die herzhaften Speisen reichen von *Linguine mit Meeresfrüchten* bis hin zu Pie aus Fleisch und Guinness mit Erbsen und Kartoffelpüree.

White Island

White Island in der Bucht nördlich des Castle Archdale Country Park gilt als schönste Klosterstätte des Lough Erne. An der Ostspitze der Insel stößt man auf die Ruine einer **Kirche** (12. Jh.) mit einem herrlichen romanischen Tor an der Südseite. Innen lehnen acht **keltische Steinfiguren** an der Wand, die wie kleine Kopien der bekannten Statuen auf der Osterinsel aussehen und vermutlich aus dem 9. Jh. stammen. Ihre Anordnung ist jedoch neueren Datums. Die meisten Figuren wurden erst im 19. Jh. bei der Freilegung der Kirchenmauern entdeckt, weil die Maurer im Mittelalter sie einfach als Baumaterial genutzt hatten. Die linke Figur stellt eine **sheela-na-gig** (weibliche Figur mit vergrößerten Genitalien) dar. Aller Wahrscheinlichkeit nach geht sie auf die Entstehungszeit des Sakralbaus zurück, denn man kennt diese Abbildung auch aus anderen irischen Kirchen und Burgen. Ganz rechts in der Figurenreihe schaut den Besucher ein finster dreinblickendes Steingesicht ähnlich einer Totenmaske an. Dazwischen tummeln sich Statuen von Heiligen, Sängern oder Jesus. Alle acht Hauptfiguren in der Mitte wurden vom gleichen Künstler geschaffen. Sowohl das Alter als auch die Bedeutung der Figuren sind umstritten. Eine Theorie geht davon aus, dass die beiden mittleren, gleich hohen Paare früher als Säulen für eine Kanzel dienten und dass sie entweder Heilige oder Aspekte des Leben Christi repräsentieren.

Zu jeder vollen Stunde – außer um 13 Uhr – setzt eine **Fähre** (4 £ pro Pers.; ⏲ Juli & Aug. 11–18 Uhr, April–Juni & Sept. Sa & So 11–17 Uhr) von der Anlegestelle im Castle Archdale Country Park zur Insel über. Tickets werden beim Castle Archdale Boat Hire verkauft. Die Überfahrt dauert 15 Minuten. Danach bleibt eine halbe Stunde, um die Umgebung zu erkunden.

Boa Island

Boa Island am Nordende des Lower Lough Erne ist auf beiden Seiten mit dem Festland verbunden, denn die A47 durchschneidet die Insel in ihrer ganzen Länge. Auf dem verwilderten, schaurigen, mit Moos, Sträuchern und Hecken bewachsenen Caldragh-Friedhof am Westende thront der berühmte **Janus Stone**, eine etwa 2000 Jahre alte heidnische Janusfigur mit zwei voneinander abgewendeten grotesken menschlichen Köpfen. Daneben steht die kleinere einäugige Gestalt des **Lusty Man**. Sie wurde von der Nachbarinsel Lusty More hergebracht. Ursprung und Bedeutung konnten bisher nicht geklärt werden.

Der Friedhof ist durch ein leicht zu übersehendes verrostetes Schild 1,5 km von der Westbrücke der Insel ausgeschildert.

Schlafen & Essen

Lusty Beg Island B&B £££
(☎ 6863 3300; www.lustybegisland.com; Boa Island, Kesh; EZ/DZ ab 80/120 £; @ ≋) Auf dieser Privatinsel, die man mit der Fähre von der Anlegestelle in der Mitte von Boa Island erreicht (das Boot legt bei Bedarf zwischen 8.30 und 23 Uhr ab), befinden sich mehrere Chalets für Selbstversorger mit vier bis sechs Betten (Juli & Aug. 560–855 £ pro Woche) sowie eine rustikale Unterkunft, das Courtyard Motel, mit 40 B&B-Zimmern. Wer sich sportlich betätigen möchte, kann auf dem Tennisplatz trainieren, Wanderungen auf dem Naturpfad unternehmen oder Kanu fahren.

Im urigen **Island Restaurant** (☎ 6863 1342; Abendessen mit 3 Gängen 26 £; ⏲ Juli & Aug. 13–21 Uhr) gibt's Leckereien wie Burger, Lasagne und Rindfleisch. Tische müssen vorab reserviert werden. In dem Blockhaus an der Anlegestelle ist ein Telefon angebracht, um damit die Fähre herbeizurufen.

Belleek

550 EW.

Belleeks (Beal Leice) Dorfstraße mit den farbenfrohen, blumengeschmückten Häusern zu beiden Seiten steigt von der Brücke aus an. Hier fließt der Erne aus dem Lower Lough Richtung Meer nach Ballyshannon. Die Straße dieses Örtchens, das direkt an der Grenze liegt, verläuft südlich der Brücke 200 m lang durch die Republik, bis sie sich wieder auf nordirischen Boden begibt. Wen wundert's also, dass hier sowohl britische Pfund als auch Euros als Zahlungsmittel akzeptiert werden?

Das imposante georgianische Gebäude gleich neben der Brücke beherbergt die weltberühmte **Belleek Pottery** (www.belleek.ie; Main St;Führung Erw./Kind 4 £/frei; ⏲ Juli–Sept. Mo–Fr 9–18, Sa 10–18, So 12–17.30 Uhr, Okt.–Juni kürzere Öffnungszeiten, Jan. & Feb. Sa & So geschl.). Die Porzellanmanufaktur wurde 1857 gegründet und sollte nach der Großen Hungersnot Arbeitsplätze in der Region schaffen. Seitdem wird dort feinstes Parian-Porzellan hergestellt, darunter die bekannten zierlichen Körbchen. Im Besucherzentrum sind ein kleines Museum, ein Ausstellungsraum und ein Restaurant untergebracht, außerdem werden unter der Woche von 9.30

bis 12.15 Uhr sowie von 13.45 bis 16 Uhr (freitags bis 15 Uhr) alle 30 Minuten **Führungen** durch die Produktionsräume angeboten.

Essen & Ausgehen

Thatch Coffee Shop CAFÉ £

(20 Main St; Hauptgerichte 3–7 £; ⏲Mo–Sa 9–17 Uhr) Wahrscheinlich ist dieses nette kleine reetgedeckte Cottage aus den letzten Tagen des 18. Jhs. Belleeks ältestes Gebäude. Neben Kaffee kann man sich hier köstliche Toasts mit Räucherlachs sowie leckere hausgemachte Kuchen und Scones schmecken lassen.

Black Cat Cove PUB

(28 Main St; ⏲12–21 Uhr) Mit seinen antiken Möbeln, einem offenen Kamin und leckeren Kneipengerichten (Hauptgerichte 7–10 £) sorgt das Black Cat Cove für Gemütlichkeit. An den meisten Abenden im Sommer und im Winter an Wochenenden gibt's Livemusik.

Lough Navar Forest Park

Dieser **Waldpark** (⏲10 Uhr–Sonnenuntergang) GRATIS liegt am Westende des Lower Lough Erne. Am Südufer erheben sich die **Cliffs of Magho**, eine 250 m hohe und 9 km lange Kalksteinfelswand. Eine 11 km lange, reizvolle Strecke durch den Park führt zum dortigen Aussichtspunkt. Das Panorama von den Klippen ist eines der schönsten in ganz Irland, besonders bei Sonnenuntergang: Dann blickt man über den schimmernden See und den Fluss bis zu den Blue Stack Mountains sowie zum funkelnden Meer an der Donegal Bay und zu den Slieve-League-Klippen.

Es ist auch möglich, den Aussichtspunkt über einen steilen Weg zu erreichen, der am Parkplatz des Lough Navar Forest an der A46, 13 km östlich von Belleek, beginnt.

Auf der Glennasheevar Road zwischen Garrison und Derrygonnelly, 20 km südöstlich von Belleek, befindet sich der Eingang zum Waldpark (die B52 in Richtung Garrison nehmen und nach 2,5 km links abbiegen).

Aktivitäten

Angeln

Fermanaghs Seen sind sowohl für das Angeln von Süßwasserfischen als auch für das Sportfischen bekannt. Im Lough Erne dauert die Forellensaison von Anfang März bis Ende September. Lachse können zwischen Juni und Ende September geangelt werden. In der zweiten Maiwoche beginnt die einmonatige Saison des Eintagsfliegenfischens. Wer sein Glück mit Süßwasserfischen versuchen möchte, muss keine Sperrzeiten beachten.

Angler brauchen einen Angelschein *(licence)* des Department of Culture, Arts and Leisure und eine Genehmigung *(permit)* des Besitzers (siehe auch unter www.nidirect.gov.uk/angling). Beide erhält man in der Touristeninformation und bei **Home, Field & Stream** (☎6632 2114; hfs-online.com; 18 Church St) in Enniskillen sowie an der Marina beim Castle Archdale Country Park, wo man sich auch mit allem benötigten Zubehör ausstatten kann. Die beiden Dokumente kosten zusammen 9/25,50 £ für 3/14 Tage.

Das **Belleek Angling Centre** im Thatch Coffee Shop verkauft die passende Ausrüstung und vermietet Boote. Unterweisung im Fliegenfischen erteilt **Colin Chartres** (☎07884 472121; www.erneangling.com).

Enniskillens Touristeninformation gibt einen kostenlosen Angelführer für Fermanagh und das südliche Tyrone mit ausführlichen Infos zu Seen, Flüssen, Fischarten, Saison sowie zu den Genehmigungen heraus.

Bootsverleih

Viele Unternehmen vermieten Boote in Enniskillen, Killadeas und im Castle Archdale Country Park. Die Preise für ein Ruderboot mit Außenbordmotor liegen bei 10 bis 15 £ pro Stunde und 60/90 £ pro halben/ganzen Tag. In der Touristeninformation in Enniskillen bekommt man auf Nachfrage eine aktuelle Liste mit Anbietern und Preisen.

HAUSBOOTFERIEN AUF DEM LOUGH ERNE

Auf dem Lough Erne kann man das Steuerrad auch mal selbst in die Hand nehmen. Dazu braucht man weder einschlägige Erfahrungen noch eine spezielle Qualifikation. Mehrere Anbieter in Fermanagh vermieten Kajütboote. Vor der Fahrt werden die Ausflügler in einem Crashkurs mit dem schwimmenden Untersatz und den Grundbegriffen der Navigation vertraut gemacht. Während der Hauptsaison zwischen Juli und August ist ein Hausboot mit zwei Kojen pro Woche ab etwa 850 £ (4 Kojen 1500 £, 8 Kojen 1900 £) zu haben. In der Nebensaison kann man etwa 10 bis 30 % vom Preis abziehen. Unter www.fermanaghlakelands.com gibt's Details zu Ferien und Agenturen für Hausbootvermietung.

Kanufahren

Der **Lough Erne Canoe Trail** (www.canoeni.com) bietet Kanufans auf einer 50 km langen Strecke über den See und den Fluss zwischen Belleek und Belturbet zahlreiche Attraktionen. Achtung: Auf dem offenen Wasser des Lower Lough können sich bei stärkerem Wind unvermittelt hohe Wellen bilden, deshalb sollten sich nur Erfahrene weiter hinauswagen. Anfänger und Familien sind in den geschützten Seitenarmen des Upper Lough besser aufgehoben.

Die Touristeninformation in Enniskillen verkauft eine Karte (1,50 £) mit Startpunkten, Campingplätzen sowie anderen Einrichtungen entlang des Trails und verfügt über eine Liste mit Kanuverleihstellen.

Wassersport

Ultimate Watersports WASSERSPORT
(www.ultimatewatersports.co.uk) An der Castle-Archdale-Marina und auf Lusty Beg Island erhält man bei Ultimate Watersports eine Leihausrüstung sowie eine Unterweisung in Wasserski, Wakeboarding, Jetskiing und Speedbootfahren.

Westlich des Lough Erne

Sehenswertes

Florence Court HISTORISCHES GEBÄUDE
(www.nationaltrust.org.uk; Swanlinbar Rd; Haus Erw./Kind 4,50/2 £, Gelände 4,50/2 £; ⏲ Haus Juli & Aug. tgl. 11–17 Uhr, Mai & Juni Mi–Mo, Sept. Sa–Do, April & Okt. Sa & So, Gelände März–Okt. 10–19 Uhr, Nov.–Febr. 10–16 Uhr) Zweifellos lag für den ersten Earl of Belmore die entscheidende Antriebskraft für den späteren Bau des Castle Coole bei Enniskillen in der Konkurrenz zu seinem adeligen Nachbarn William Willoughby Cole, dem ersten Earl of Enniskillen. Dieser hatte in den 1770er-Jahren den Anbau der grandiosen palladianischen Flügel an das barocke Landhaus Florence Court angeordnet. Cole benannte das Anwesen nach seiner aus Cornwall stammenden Großmutter Florence Wrey.

Das Gebäude, nicht zu verwechseln mit dem nahe gelegenen Dorf Florencecourt, erhebt sich auf einem schönen bewaldeten Grundstück am Fuße des Cuilcagh Mountain. Sein meisterhafter Stuck im Rokokostil und die antiken irischen Möbel machten es berühmt. 1955 wurde das Haus durch einen Brand schwer beschädigt. Dank der sorgfältigen Restaurierung sieht man während der einstündigen Führung kaum noch etwas von den Schäden. Die Stuckverzierungen an der Decke im Esszimmer sind original erhalten.

Zur **Außenanlage** gehören ein ummauerter Garten und eine legendenumwobene Eibe südöstlich des Hauses in der Nähe des Cottage Wood. Angeblich stammen alle irischen Eiben von diesem einen Baum ab.

Florence Court befindet sich 12 km südwestlich von Enniskillen. Um das Anwesen zu erreichen, folgt man der A4 Richtung Sligo und biegt dann links auf die A32 Richtung Swanlinbar ab. Die Ulsterbus-Linie 192 von Enniskillen nach Swanlinbar (Montag bis Samstag 2-mal tgl.) hält am Creamery Cross, etwa 2 km vom Landsitz entfernt.

Marble Arch Caves HÖHLE
(☎6634 8855; www.marblearchcaves.net; Marlbank Scenic Loop; Erw./Kind 8,75/5,75 £; ⏲ Juli & Aug. 10–17 Uhr, Ostern–Juni & Sept. 10–16.30 Uhr) Auf einer Karstebene im Süden des Lower Lough Erne schufen immense Erosionskräfte, allen voran der Regen, ein Labyrinth aus Höhlen, unterirdischen Seen und Flüssen. Am gewaltigsten sind die **Marble Arch Caves**. Als Erster erkundete sie 1895 der französische Forscher Edouard Martel. Seit 1985 sind sie auch endlich für Besucher geöffnet.

Die 1¼-stündige spektakuläre Führung durch die Höhlen beginnt mit einer kurzen Bootstour auf dem torfigen, schaumigen unterirdischen Fluss Cladagh zum **Junction Jetty**. Hier treffen sich unter der Erde drei Flüsse. Von dieser Stelle geht's zu Fuß weiter an der Grand Gallery und der Pool Chamber vorbei. Ein künstlicher Tunnel verläuft zur **New Chamber**. Die Route folgt nun dem Fluss Owenbrean über den **Moses Walk**, einen hüfthoch im Fluss versunkenen Mauerweg, bis zur **Calcite Cradle**. Die „Kalksteinwiege" besticht durch ihre eindrucksvollen Tropfsteinformationen. Da der Andrang an den Höhlen groß ist, empfiehlt es sich, die Führung vorab zu buchen, erst recht bei Gruppen ab vier Personen. Die Marble Arch Caves sind nach einem natürlichen **Kalksteinbogen** über den Cladagh benannt, den man über einen ausgeschilderten Fußweg vom Besucherzentrum aus erreicht.

In den 1990er-Jahren wurden sie überflutet. Ursache waren offensichtlich Steinbrucharbeiten in einem der Abbaugebiete an den Ausläufern des Cuilcagh Mountain, dessen Flüsse in den Höhlen verschwinden. Die Überflutung gab den Anstoß zur Gründung des **Cuilcagh Mountain Park** (www.cuilcaghmountainpark.com), dessen Ziel die Erhaltung der Moorlandschaft ist. 2001 wurde das Gebiet zum UNESCO-Geopark erklärt. Über

ABSEITS DER ÜBLICHEN PFADE

WANDERUNG: ÜBER DEN LEGNABROCKY TRAIL AUF DEN CUILCAGH MOUNTAIN

Der Cuilcagh (ausgesprochen *kall*-key) Mountain ist mit seinen 666 m die höchste Erhebung von Fermanagh und Cavan. Sein Gipfel liegt genau auf der Grenze zwischen Nordirland und der Republik.

Geologisch gesehen setzt sich der Berg wie eine Torte aus vielen Schichten zusammen. Die Basis besteht aus Kalkstein mit Höhlen im Inneren, die Seiten aus Schiefer und Sandstein sind mit Moorland bedeckt. Steile, zerklüftete Abhänge umrahmen das Hochplateau aus Grit. Das Gebiet gehört zum **Marble Arch Caves European Geopark** (www.europeangeoparks.org).

Zwischen Torfmoos, Wollgras und Heide versteckt sich klebriger Sonnentau, eine fleischfressende Pflanze. Die Felswände werfen das Krächzen der Rabenvögel und die Schreie der Wanderfalken zurück. Das Gipfelplateau wirkt wie aus einer anderen Welt. Hier brütet der Goldregenpfeifer und vor Ort gedeihen seltene Pflanzen wie der Alpenbärlapp.

Der Rundweg um den Gipfel ist 15 km lang, nimmt fünf bis sechs Stunden in Anspruch und beginnt auf dem ersten Abschnitt mit einer leichten Schotterpiste. Für die weiteren Etappen auf sumpfigem Grund entlang des Steilabhangs sind gute Schuhe unerlässlich. Als Startpunkt dient der Parkplatz des Cuilcagh Mountain Park 300 m westlich des Besucherzentrums der Marble Arch Caves (Planquadratangabe 121335; Karte: Ordnance Survey 1:50 000 *Discovery series map*, Blatt 26). Am Parkplatz liegt rechter Hand der **Monastir-Schacht**, ein tiefer, von Kalksteinklippen umringter Einschnitt. Dort versickert der Fluss Aghinrawn auf seinem Weg ins unterirdische Flusssystem. Achtung: Die OS-Karte bezeichnet den Fluss fälschlicherweise als Owenbrean.

Nun klettert man mithilfe des Zauntritts neben dem Tor über die Mauer und folgt dem **Legnabrocky Trail**, einem gewundenen, holprigen Pfad, der über grüne Kalksteinfelder führt. Durch den Sumpf geht's weiter auf einem schwimmenden Bett aus Kies und Schilfmatten. Seitliche Abstecher auf den Holzplanken geben Einblicke in die Moorlandschaft. Nach 4,5 km zurückgelegter Gesamtstrecke endet der Kiesweg an einem Tor. Von hier aus folgt man mehreren Markierungen (Holzpfosten) über den federnden Moorboden (keinesfalls vom Pfad abweichen, da man in den tiefen Sumpfschichten leicht stecken bleibt), bis es steil bergauf zum Gipfel geht. Unterwegs genießt man eine tolle Aussicht nach Westen zu den Felsen des kleinen Lough Atona. Den letzten Kilometer übers Plateau muss man alleine bewältigen, da es ab dieser Stelle keine Markierungen mehr gibt. Am besten steuert man das deutlich sichtbare *cairn*, ein neolithisches Steingrab 100 m südlich des Gipfels, an. Bei schlechter Sicht benötigt man eine Karte und einen Kompass.

In der Nähe des *cairn* befinden sich zwei runde Fundamente prähistorischer Behausungen. An klaren Tagen reicht der Blick von den Blue Stack Mountains in Donegal bis zum Croagh Patrick und vom Atlantischen Ozean bis zur Irischen See. Man kommt zurück zum Parkplatz, indem man den gleichen Weg wieder zurückwandert.

seine Geologie und Ökologie kann man sich im Besucherzentrum informieren.

Die Höhlen erstrecken sich 16 km südwestlich von Enniskillen und 4 km von Florence Court (das entspricht einem einstündigen Spaziergang) und sind über die A4 Richtung Sligo sowie die A32 erreichbar.

Lough Melvin & Lough McNean

Der Lough Melvin und der Lough Macnean liegen an der B52 zwischen Belcoo und Belleek und damit an der Grenze zur Republik Irland. Ersterer ist für seine guten Fischgründe (Lachse und Forellen) bekannt. In dem See leben zwei ungewöhnliche, nur hier vorkommende Forellenarten: der Sonaghan mit auffälligen schwarzen Flecken und der purpurrot gescheckte Gillaroo. Auch Bachforellen und Saiblinge sind in reicher Zahl vorhanden.

COUNTY TYRONE

Omagh

20 000 EW.

Omagh befindet sich an der Verbindung der Flüsse Camowen und Drumragh zum Strule. In der lebendigen Marktstadt gibt's ein paar historische georgianische Gebäude. Details dazu stehen in der Broschüre Town Trail, die man in der Touristeninformation erhält.

Leider wird Omagh (An Óghmagh) wohl noch lange mit jener Autobombe in Verbindung gebracht werden, die 1998 29 Menschen tötete und 200 verletzte. Der von der Real IRA gelegte Sprengsatz gilt als schlimmste Einzelaktion der 30 Jahre währenden Unruhen in Nordirland. In einem Gedenkgarten in der Drumragh Avenue, 200 m östlich des Busbahnhofs, wird an die Opfer erinnert.

Schlafen & Essen

★ Mullaghmore House B&B ££
(☎8224 2314; www.mullaghmorehouse.com; Old Mountfield Rd; EZ/DZ 42/78 £; @📶) 1,5 km nordöstlich des Stadtzentrums bietet diese wunderschön restaurierte georgianische Villa den Luxus eines Landhauses, und das zu relativ erschwinglichen Preisen. Extras wie eine Bibliothek mit Mahagonivertäfelung, ein Billardraum und ein Dampfbad mit Marmorfliesen tragen einiges zum Flair bei. Gusseiserne Kamine und antikes Mobiliar geben den Zimmern eine elegante Note. Darüber hinaus veranstalten die Besitzer Kurse für Möbelrestauration und traditionelles Kunsthandwerk.

★ Philly's Phinest FAST FOOD £
(Bridge St; Hauptgerichte 3–5 £; 📶) Bei einheimischen Studenten erfreut sich der winzige Imbiss großer Beliebtheit, denn das Essen hier gehört zum Besten der Stadt. Wir empfehlen das günstige, sättigende Philly Cheese Steak (gebratenes Steak, Zwiebeln und Käse in einem weichen Brötchen).

Weir Café CAFÉ £
(Strule Arts Centre, Bridge St; 📶👪) Leckerer Kaffee und Kuchen, bequeme Sofas, viele Bücher und riesige Panoramafenster.

Praktische Informationen

Die **Touristeninformation** (☎8224 7831; info@omagh.gov.uk; Strule Arts Centre, Bridge St; ⏱Mo–Sa 10–17.30 Uhr) ist im Kunstzentrum auf der vom Busbahnhof aus gegenüberliegenden Flussseite untergebracht.

An- & Weiterreise

Omaghs Busbahnhof liegt in der Mountjoy Road nördlich des Stadtzentrums und ist über die Bridge Street zu erreichen. Der Goldline-Express-Bus 273 fährt von Belfast über Dungannon hierher (11,50 £, 1¾ Std., Mo–Sa stdl., So 6-mal) und steuert anschließend Derry (7,80 £, 1¼ Std.) an. Bus 94 verkehrt nach Enniskillen (7,80 £, 1 Std., Mo–Fr 6–7-mal tgl., Sa 3-mal, So 1-mal), wo Anschlussmöglichkeiten nach Donegal, Bundoran und Sligo bestehen. Die Strecke von Derry nach Omagh (7,80 £, 1 Std., alle 2 Std.) und via Monaghan weiter nach Dublin (18,35 £, 3 Std.) wird vom Goldline Express 274 bedient.

Rund um Omagh

Sehenswertes

★ Ulster American Folk Park VOLKSZENTRUM
(www.nmni.com/uafp; Mellon Rd; Erw./Kind 7,50/4,50 £; ⏱März–Sept. Di–So 10–17 Uhr, Okt.–Feb. Di–Fr 10–16, Sa & So 11–16 Uhr) Im 18. und 19. Jh. verließen Tausende Iren (allein im 18. Jh. waren es 200 000) Ulster Richtung Amerika, um sich jenseits des Atlantiks ein neues Leben aufzubauen. Ihre Geschichte wird in einem der besten irischen Museen erzählt.

Die **Exhibition Hall** dokumentiert die engen Beziehungen zwischen Ulster und den USA, denn die amerikanische Unabhängigkeitserklärung wurde auch von mehreren Männern aus Ulster unterzeichnet. Besucher können sogar eine echte Wildwestkutsche bestaunen. Der unbestritten interessanteste Teil ist jedoch das **Freilichtmuseum** der Alten und der Neuen Welt, die durch die Attrappe eines Auswandererschiffs miteinander verbunden sind. Hier wurden originale Gebäude aus verschiedenen Orten in der Region rekonstruiert, darunter eine Schmiede, das reetgedeckte Cottage eines Webers, ein presbyterianisches Gemeindehaus und eine Schule. Im „amerikanischen" Bereich stehen ein originales steinernes Siedlerhaus aus dem 18. Jh. und eine Blockhütte, die beide aus Pennsylvania stammen.

Guides und Handwerker in Kostümen erklären die Kunst des Spinnens, Webens und der Kerzenherstellung. Außerdem finden regelmäßig Veranstaltungen statt, z. B. werden Schlachten des amerikanischen Bürgerkriegs nachgespielt, im Mai gibt's ein Festival mit Schwerpunkt auf traditioneller irischer Musik, im Juli Feierlichkeiten zum amerikanischen Unabhängigkeitstag und Ende August/im September das Appalachian & Bluegrass Music Festival. Besucher sollten mindestens einen halben Tag für die Besichtigung einplanen.

Der Park liegt 8 km nordwestlich von Omagh an der A5. Auf Anfrage hält der Goldline 273, der von Belfast nach Derry (Mo–Sa stdl., So 6-mal) fährt und auf dem Weg auch Omagh ansteuert, an seinem Eingang. Letzter Einlass ist 1½ Stunden vor Schließung.

Sperrin Mountains

Als 1609 Repräsentanten der Londoner Zünfte Ulster bereisten, setzte der Lord Deputy von Irland alles daran, dass sie die Sperrin Mountains (www.sperrinstourism.com) nicht zu Gesicht bekamen. Er befürchtete, die Besucher würden beim Anblick dieser trostlosen, sumpfigen Hügel ihre Idee aufgeben, Siedler in das Gebiet zu schicken. Tatsächlich sehen die Sperrins bei Regen recht trist aus, bieten aber an sonnigen Frühlingstagen, wenn sich die rostbraunen Sümpfe und der gelbe Stechginster gegen den strahlend blauen Himmel abheben, tolle Wandermöglichkeiten – und das nicht zuletzt deshalb, weil die Gegend mit Tausenden von Menhiren und prähistorischen Gräbern übersät ist.

Unterwegs vor Ort

Die Ulsterbus-Linie 403, der *Sperrin Rambler*, verkehrt montags bis samstags zweimal täglich zwischen Omagh und Magherafelt. Unterwegs hält er in Gortin, Plumbridge, Cranagh und Draperstown (im County Derry).

Gortin

Das Dorf Gortin liegt 15 km nördlich von Omagh am Fuße des Mullaghcarn (542 m), der südlichsten Erhebung der Sperrins. Zwei Sendemasten auf der Kuppe verschandeln die Aussicht. Am **Cairn Sunday**, dem letzten Julisonntag, treffen sich Hunderte Wanderer, um nach altem Brauch gemeinsam den Hügel zu besteigen. Rund um Gortin laden Pfade zum Spazierengehen ein. Auf einer Panoramastraße gelangt man zu den **Gortin Lakes** und genießt unterwegs einen herrlichen Blick zum Hauptkamm der Sperrins im Norden.

Creggan

Etwa auf halbem Weg an der A505 zwischen Omagh und Cookstown (20 km östlich von Omagh) befindet sich das **An Creagán Visitor Centre** (www.an-creagan.com; Creggan; ⌚April–Sept. 11–18.30 Uhr, Okt.–März 11–16.30 Uhr) GRATIS mit einer Ausstellung über die Ökologie der Moore und die Archäologie der Region. Unweit des Besucherzentrums beginnen informative Naturpfade. Im Umkreis von 8 km verteilen sich 44 prähistorische Stätten, darunter die **Beaghmore Stone Circles**. Letztere sind nicht besonders groß (alle kleiner als 1 m), doch das machen sie durch ihre Komplexität wieder wett. Einer der sieben Steinkreise ist mit kleineren Steinen gefüllt und erhielt deshalb den Spitznamen *„dragon's teeth"* (Drachenzähne).

ABSEITS DER ÜBLICHEN PFADE

DAVAGH FOREST PARK MTB TRAILS

Im 2013 neu eröffneten Davagh Forest Park gibt's einige der besten Mountainbikerouten des Landes. Die Bandbreite reicht von familienfreundlichen grünen und blauen Wegen entlang eines bewaldeten Flusses bis zu einer 16 km langen roten Strecke zum Gipfel des Beleevenamore Mountain über schwierige Felsplatten und steile Abhänge.

Der Ausgangspunkt befindet sich an einer Nebenstraße 10 km nordwestlich von Cookstown und ist an der A505 von Cookstown nach Omagh auf Höhe Dunnamore ausgeschildert. Details siehe unter www.mountainbikeni.com.

Außerdem gibt's in der Umgebung etwa ein Dutzend Steinreihen und *cairns* (Grabhügel). Die Steinkreise liegen etwa 8 km östlich von Creggan und 4 km nördlich der A505 (auf die Hinweisschilder achten).

Ost-Tyrone

Die Marktstädtchen Cookstown und Dungannon sind die größten Orte im östlichen Teil des Countys. Die wichtigsten Attraktionen findet man aber in der Umgebung.

Sehenswertes

Ardboe High Cross CHRISTLICHE STÄTTE

In der aus dem 6. Jh. stammenden Klosterstätte am Ufer des Lough Neagh stehen einige der besterhaltenen und am schönsten verzierten keltischen Steinkreuze Irlands. Allein das **Ardboe High Cross** aus dem 10. Jh. ist stattliche 5,50 m hoch und mit 22 Reliefs verziert, die biblische Szenen zeigen. Auf der Westseite des Kreuzes (zur Straße hin) sieht man Episoden aus dem Neuen Testament, darunter die Anbetung der Heiligen Drei Könige und Jesu Einzug in Jerusalem. Die stärker verwitterte Ostseite (Seeseite) stellt Szenen aus dem Alten Testament dar.

Ardboe liegt 16 km östlich von Cookstown. Wer die Klosterstätte besuchen möchte, fährt auf der B73 durch Coagh, ignoriert den weißen Wegweiser nach Ardboe und biegt erst beim braunen Hinweisschild zum Ardboe High Cross ab.

Wellbrook Beetling Mill HISTORISCHES GEBBÄUDE

(www.nationaltrust.org.uk; 20 Wellbrook Rd, Corkhill; Erw./Kind 4/2 £; ⌚Juli & Aug. Do–Sa 14–17 Uhr, Mitte

März–Juni & Sept. Sa, So & Feiertage 14–17 Uhr) Zum *beetling* (Schlagen), der letzten Stufe der traditionellen Leinenproduktion, gehört das Klopfen der Stoffbahnen mit Holzhämmern *(beetles)*. Auf diese Weise wird ein feiner Glanz erzeugt. Die Wellbrook Beetling Mill aus dem 18. Jh. ist noch immer mit der originalen Mechanik ausgerüstet. Guides in historischen Kostümen entführen Besucher in alte Zeiten und demonstrieren den Herstellungsprozess. Die Mühle liegt an einem schönen Abschnitt des Flusses Ballinderry 7 km westlich von Cookstown (die Abzweigung von der A505 Richtung Omagh nehmen).

Grant Ancestral Homestead HISTORISCHE STÄTTE
(Dergina, Ballygawley; tgl. 9–17 Uhr) GRATIS
Ulysses Simpson Grant (1822–1885) führte die Unionisten im amerikanischen Bürgerkrieg zum Sieg und regierte das Land später zwei Amtsperioden lang von 1869 bis 1877 als 18. US-Präsident. Grants Großvater mütterlicherseits, John Simpson, war 1760 von Tyrone nach Pennsylvania ausgewandert. Seine Farm in Dergina wurde im Stil eines typischen nordirischen Kleinbauernhofs so restauriert, wie sie wohl zu Zeiten von Grants Präsidentschaft ausgesehen hatte.

Die Ausstattung des Grant Ancestral Homestead ist zwar nicht sehr authentisch, aber immerhin sind noch der originale Lageplan des Bauernhauses und einige Geräte erhalten. Es gibt eine Ausstellung über den amerikanischen Bürgerkrieg, ein Picknickgelände und einen Spielplatz.

Das Gebäude liegt 20 km westlich von Dungannon und ist südlich der A4 ausgeschildert. Den Bauernhof und das Häuschen kann man kostenlos besuchen. Führungen müssen telefonisch über das Ranfurly House Visitor Centre (siehe rechts) in Dungannon organisiert werden.

Schlafen & Essen

★ Tullylagan Country House HOTEL ££
(8676 5100; www.tullylaganhotel.com; 40b Tullylagan Rd, Cookstown; EZ/DZ ab 69/99 £;) Ein von herrlichen Gärten am Flussufer umgebenes Hotel mit der Atmosphäre eines viktorianischen Landsitzes. Die Sofas des efeuumrankten Hauses haben schon reichlich Patina, die Zimmer verfügen über polierte Holzböden und an den Wänden hängen goldgerahmte Spiegel. Alle Bäder warten mit Marmorlook und glänzenden altmodischen Armaturen auf. Das hauseigene **Kitchen Restaurant** (40b Tullylagan Rd, Cookstown; Hauptgerichte 13–23 £; tgl. mittags, Mo–Sa abends) serviert Fisch, Wild- und Rindfleisch aus der Region mit mediterraner Note.

Grange Lodge B&B ££
(8778 4212; www.grangelodgecountryhouse.com; 7 Grange Rd, Dungannon; EZ/DZ ab 65/84 £;) Die Pension mit fünf Zimmern liegt wie ein kleines Juwel inmitten eines 8 ha großen Geländes. Einzelne Bereiche des mit Antiquitäten möblierten Hauses stammen aus dem Jahre 1698, doch der größte Teil des Gebäudes ist georgianisch mit viktorianischen Anbauten. Die Besitzerin wurde für ihre Kochkünste ausgezeichnet und veranstaltet Kochkurse. Ein Vier-Gänge-Dinner kostet 40 £, ist täglich außer sonntags verfügbar und sollte mindestens 48 Stunden im Voraus bestellt werden. Man erreicht die Grange Lodge, indem man dem Wegweiser von der A29 etwa 5 km südöstlich von Dungannon Richtung Moy folgt.

★ Deli on the Green CAFÉ, BISTRO ££
(8775 1775; www.delionthegreen.com; 2 Linen Green, Moygashel; Hauptgerichte mittags 8–10 £, abends 13–22 £; Café Mo–Sa 8.30–17 Uhr, Mo–Sa mittags, Do–Sa abends) Nach der Shoppingtour im Linen Green kann man sich in diesem eleganten kleinen Café-Bistro stärken. Die Auswahl ist reich: Es gibt ein Sandwich- und Salatbüfett, saftige selbst gemachte Steakburger und Caesar Salad mit Hühnchen. Auf der Frühstückskarte stehen u. a. Pfannkuchen mit Schinken und Ahornsirup. Am Abend reicht das Angebot von gebratenem Seehechtfilet mit Fenchelpüree bis hin zu Rib-Eye-Steaks mit dicken Knoblauchpommes.

Shopping

Linen Green Designer Village MODE, GESCHENKE
(www.thelinengreen.co.uk; Moygashel; Mo–Sa 9.30–17.30 Uhr) Zu dem in der ehemaligen Moygashel Linen Mill untergebrachten Komplex gehören Designershops und Fabrikläden. Im Besucherzentrum kann man eine Ausstellung über die Geschichte der örtlichen Leinenindustrie besichtigen. Schnäppchenjäger werden auf der Suche nach Kleidung, Schuhen, Accessoires und anderen Leinenwaren sicher fündig. Zum Mittagessen empfiehlt sich das Deli on the Green.

Praktische Informationen

Ranfurly House Visitor Centre (8772 8600; www.dungannon.info; 26 Market Sq, Dungannon; April–Dez. tgl. 9–17 Uhr, Jan.–März So geschl.;) Touristeninformation für das County Tyrone. Das Café wartet mit kostenlosem WLAN auf.

Irland verstehen

Irland aktuell

Die Zeiten sind hart und Austerität – ein Sammelbegriff für die unerbittliche Politik des Sparens und der Steuererhöhungen, die Irland seit einigen Jahren prägt – ist weder ein abstraktes Konzept noch ein vorübergehendes Ärgernis. Die Iren kennen schwere Zeiten und haben große Anstrengungen unternommen, um mit der gegenwärtigen Situation klarzukommen, doch der Kampf geht weiter.

Top-Romane

Dubliners (James Joyce, 1914) Eine hervorragende, anrührende Kurzgeschichtensammlung.

Gescheckte Menschen (Hugo Hamilton, 2003) Großartiger autobiografischer Roman über eine Kindheit in einem von zwei Kulturen geprägten Elternhaus.

Paddy Clarke Ha Ha Ha (Roddy Doyle, 1993) Wunderbares Porträt eines zehnjährigen Jungen.

Das Familientreffen (Anne Enright, 2007) Eindringliche Schilderung von Alkoholismus und häuslicher Gewalt in einer irischen Familie.

Top-Filme

Bloody Sunday (Paul Greengrass, 2002) Film über die Ereignisse in Derry 1972.

Die Toten (John Huston, 1987) In seinem letzten Film bringt Huston James Joyces Roman über das Leben auf die Leinwand.

Die unbarmherzigen Schwestern (Peter Mullan, 2002) Die Darstellung der brutalen Misshandlung junger Mädchen in den berüchtigten Klosterschulen geht unter die Haut.

Garage (Lenny Abrahamson, 2007) Tragikomische Geschichte eines einsamen Tankwarts auf der Suche nach Freundschaft und Liebe.

Der Preis des Rettungsschirms

Seit der berüchtigten Bankenbürgschaft im Oktober 2008 – damals übernahm eine panische Regierung die Bürgschaft für *sämtliche* Schulden (insgesamt 440 Mrd. €) der sechs größten Banken des Landes – durchlebt Irland eine tiefgreifende Wirtschaftskrise. Nach Auslaufen der Bürgschaft 2010 ersuchte die Regierung die EU, die Europäische Finanzstabilisierungsfazilität (EFSF) und den Internationalen Währungsfonds (IWF), die sogenannte Troika, um einen Kredit von rund 85 Mrd. €. Die Summe muss komplett zurückgezahlt werden und die Vorgaben der Troika, die alle drei Monate die Fortschritte überprüft, verlangen eine rigorose Sparpolitik. Immerhin scheinen die ganzen Maßnahmen nun Früchte zu tragen, denn im Dezember 2013 konnte Irland den EU-Rettungsschirm endlich wieder verlassen.

Wahlrhetorik

2011 kam es zum Regierungswechsel. Das Bündnis aus Fianna Fáil und Green Party, das für die Wirtschaftskrise verantwortlich gemacht wurde, löste eine neue Koalition aus der Mitte-Rechts-Partei Fine Gael und der linksgerichteten Labour Party ab. Anfängliche vorsichtige Hoffnungen wurden schnell im Keim erstickt, denn die Wahlversprechen über die Schaffung von Jobs und die „Verwandlung Irlands in die beste kleine Wirtschaftsmacht der Welt" erwiesen sich als reine Rhetorik. Die Arbeitslosenquote hat sich bei rund 14 % eingependelt, wobei jegliche Verbesserung der inflationären Emigration zugeschrieben wird: Zwischen April 2012 und 2013 verließen 56 000 Menschen das Land, 6 % mehr als im Vorjahr; 57 % davon waren irische Staatsbürger.

Schwere Zeiten

Die irische Bevölkerung leidet unter einer steigenden Arbeitslosenquote – 2013 war sie mit fast 14 % so hoch wie seit 20 Jahren nicht mehr – und einer Auswanderungswelle, die das Land jeden Monat 3000 Einwohner kostet, die höchste Zahl seit der Hungersnot. Normalbürger sind nicht mehr in der Lage, ihre Kredite für Immobilien zu bezahlen, die teils über die Hälfte ihres Werts verloren haben. 2013 konnte eine von fünf Hypotheken nicht mehr bedient werden.

„Mehr durch weniger" heißt nun das Motto, sei es beim Verdienen des Lebensunterhalts, beim Abzahlen von Schulden oder beim Führen eines Geschäfts, das unter einer schwindenden Kundschaft leidet. Die meisten Iren arbeiten so hart wie nie zuvor, und das für weniger Geld: Lohnkürzungen sind der Preis für das Privileg eines Arbeitsplatzes.

Stoischer Pragmatismus

Beobachter im In- und Ausland fragen sich, warum dem Unmut gegenüber gierigen Bankern und rückgratlosen Politikern nicht auf der Straße Ausdruck verliehen wird. Die Iren sind wütend, folgen aber abgesehen von wenigen Ausnahmen nicht dem Beispiel ihrer Leidensgenossen in Griechenland, Spanien oder Zypern. Sie mögen mit ihnen sympathisieren und ihren Widerstand bewundern, doch die von einer Art stoischem Pragmatismus geprägte Gesellschaft ist der Überzeugung, dass Proteste nichts an der gegenwärtigen Lage ändern. Allerdings ist dieser Stoizismus für viele nur Fassade: Es gibt Anhaltspunkte dafür, dass psychische Probleme stark angestiegen sind und Angstzustände, Depressionen sowie Suizide zu einem Problem für die irische Gesellschaft werden.

Hoffen auf die Zukunft

Manche Iren trösten sich damit, dass das Land an schwere Zeiten gewöhnt ist. Etwas hat sich jedoch geändert, besonders bei der Generation, die niemals Not oder Rezession erleben musste: Sie wuchs mit den zügellosen Ambitionen des keltischen Tigers (Zeit des Wirtschaftsbooms in den 1990er-Jahren) auf, geprägt von dem Glauben, dass alles möglich ist, wenn man nur will. Anstatt ihre ehrgeizigen Ziele zu begraben, wandern viele voller Optimismus aus. Wer bleibt, muss angesichts der schwierigen Lage um neue Chancen kämpfen. Während frühere Generationen schwere Zeiten als Los des Schicksal angenommen haben, gibt sich diese angesichts der Überzeugung, etwas Besseres verdient zu haben, nicht damit zufrieden.

FLÄCHE: **70 273/13 843 KM²**
(REPUBLIK/NORDIRLAND)

EINWOHNER: **4,72/1,81 MIO.**
(REPUBLIK/NORDIRLAND)

BIP: **191,5 MRD. €/29,1 MRD £**
(REPUBLIK/NORDIRLAND)

ARBEITSLOSIGKEIT:
13,7/7,5 % (REPUBLIK/NORDIRLAND)

INFLATION: **0,72 %/2,8 %**
(REPUBLIK/NORDIRLAND)

Gäbe es nur 100 Iren, wären ...

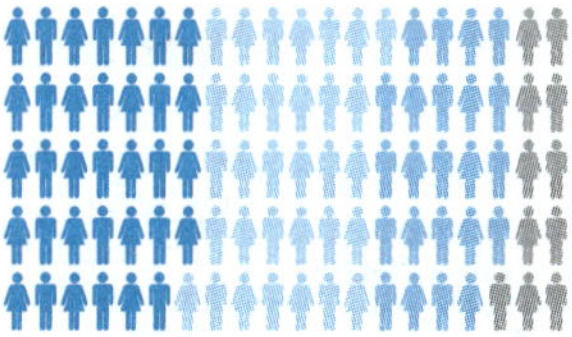

34 24 Jahre alt oder jünger
32 zwischen 25 und 44 Jahre alt
23 zwischen 45 und 64 Jahre alt
11 65 Jahre alt oder älter

Religiöse Gruppen

(% der Bevölkerung)

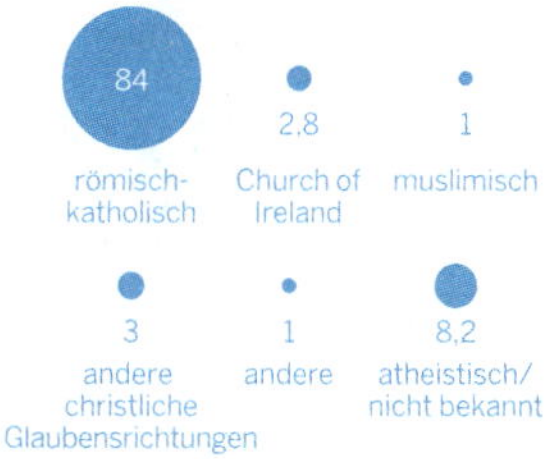

Einwohner pro km²

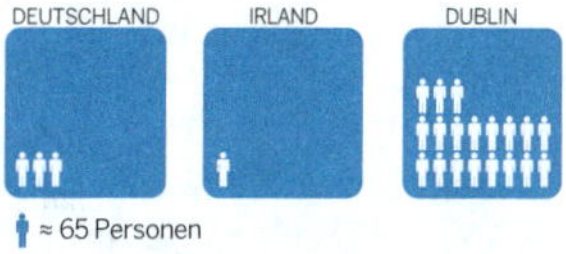

Geschichte

Von den vorkeltischen Völkern bis zu den Celtic Cubs war Irlands Geschichte eine Suche nach Identität, die vielleicht etwas zielgerichteter verlaufen wäre, wenn sich nicht so viele fremde Siedler – keltische Stämme, plündernde Wikinger, normannische Invasoren und die Engländer – für die kleine Insel interessiert hätten. Irlands spannungsreiches Verhältnis mit seinen nächsten Nachbarn prägte einen Großteil der letzten tausend Jahre und auch die irische Identität spiegelt sich darin. Was dabei herauskommt, hat allerdings wesentlich verschwommenere Konturen, als man erwarten würde.

Die wichtigsten Fakten zu den Kelten bietet die Website www.ibiblio.org/gaelic/celts.html.

Wer sind eigentlich diese Iren?

Um Irland zu besiedeln, brauchten die verschiedenen keltischen Stämme 500 Jahre. Im 8. Jh. v. Chr. kamen die ersten Stämme und im 3. Jh. v. Chr. der letzte, bekannt als Gaels (Gälen, das bedeutete so viel wie „Fremder" oder „Ausländer"). Die Gälen unterteilten das Land in fünf Provinzen – Leinster, Meath, Connaught, Ulster und Munster (Meath wurde später ein Teil von Leinster) –, die wiederum in Territorien gegliedert waren und von hundert Unterkönigen sowie Stammesführern regiert wurden. Alle schworen dem Hochkönig mit Sitz in Tara, County Meath.

Die Kelten legten den Grundstein für das, was wir heute als „irische Kultur" bezeichnen. Sie schufen ein ausgeklügeltes Rechtssystem, die Brehon Laws, die bis ins frühe 17. Jh. gültig waren. Keltische Muster mit ihren verschnörkelten, ineinander verschlungenen Formen, zu sehen auf fast 2000 Jahre alten Artefakten, gelten als Inbegriff irischen Designs. Einige hervorragende Beispiele aus dem Schatz von Broighter können im Dubliner National Museum besichtigt werden. Ebenfalls sehenswert ist der Turoe Stone im County Galway.

In göttlicher Mission

Zwar wird immer nur der hl. Patrick erwähnt, doch christianisiert wurde Irland zwischen dem 3. und 5. Jh. von zahlreichen Missionaren. Diese bekehrten die heidnischen Stämme, indem sie einheimische Rituale des Druidentums in die neuen christlichen Lehren einfließen ließen. So entstand ein interessanter „Hybrid", bekannt als keltisches oder Inselchristentum.

ZEITACHSE	10 000–8000 v. Chr.	4500 v. Chr.	700–300 v. Chr.
	Nach dem Ende der letzten Eiszeit kommen die ersten Menschen auf die Insel, indem sie eine Landbrücke von Schottland aus überqueren. Sie hinterlassen kaum archäologische Spuren.	Neolithische Siedler erreichen Irland auf dem Seeweg. Sie bringen Rinder, Schafe und Nutzpflanzen mit – die Anfänge einer auf Landwirtschaft basierenden Ökonomie.	Die Bronzezeit geht, die Eisenzeit kommt und mit ihr die Kelten und deren Sprache. Sie dominieren das Land ein Jahrtausend lang kulturell und politisch. Zeugnisse ihrer Herrschaft sind allgegenwärtig.

Die christlichen Gelehrten Irlands genossen hohes Ansehen und studierten römische bzw. griechische Philosophie und Theologie in Klöstern, z. B. in den Orten Clonmacnoise im County Offaly, Glendalough im County Wicklow und Lismore im County Waterford. In diesem goldenen Zeitalter florierte die Kunst. Buchmalerei, Metallverarbeitung und Bildhauerei hatten auf der Insel der „Heiligen und Gelehrten" Hochkonjunktur. Aus dieser Epoche stammen Schätze wie das *Book of Kells*, reich verzierte Schmuckstücke und zahllose Steinkreuze mit gemeißelten Ornamenten.

The Course of Irish History, das umfangreiche Werk zweier Professoren des Trinity College, T. W. Moody und F. X. Martin, deckt einen Großteil der irischen Geschichte ab.

Vergewaltigen, brandschatzen & plündern: Ein Tag im Leben eines Wikingers

Als Nächstes versuchten die Wikinger ihr Glück in Irland. Die ersten kamen 795 v. Chr. und plünderten die reichen Klöster. Um sich zu verteidigen errichteten die Mönche Rundtürme, die als Wachtposten und Zufluchtsort dienten, wenn wieder einmal eine Horde der räuberischen Krieger im Anmarsch war. Beispiele für diese Bauwerke findet man noch an den Seen von Glendalough.

Obwohl sich die Mönche nach Kräften verteidigten, gewannen die Wikinger die Oberhand: Zum einen verfügten sie über bessere Waffen, zum

DER HL. PATRICK

Überall auf der Welt wird am 17. März des Schutzheiligen von Irland gedacht. Zu diesem Anlass trinken Menschen jedweden ethnischen Hintergrunds Guinness und tragen grüne Kleidung. Hinter der Legende verbirgt sich ein realer Mensch mit einer großen Mission, denn der hl. Patrick (389–461) machte Irland mit dem Christentum bekannt.

Tatsächlich war der Nationalheilige gar kein Ire, sondern stammte aus dem heutigen Wales, dass zur Zeit seiner Geburt noch von den Römern beherrscht wurde.

Patrick gelangte zunächst unfreiwillig auf die Insel: Im Alter von 16 Jahren wurde er von irischen Plünderern verschleppt. Auf der anderen Seite des Kanals musste er als Sklave arbeiten und fand während dieser Zeit den Weg zu Gott. Irgendwann konnte Patrick seinen Entführern entfliehen und kehrte nach Britannien zurück. Allerdings schwor er, sich die Bekehrung der Iren zum Christentum zur Lebensaufgabe zu machen. Einige Jahre später wurde er zum Bischof von Irland ernannt und überquerte den Kanal in dieser Funktion ein zweites Mal.

Als seinen Sitz erwählte er Armagh. An der Stelle, wo einst Patricks Kirche stand, erhebt sich heute die St. Patrick's Church of Ireland Cathedral. Innerhalb kurzer Zeit hatte der Bischof zahlreiche Bauern und Adelige bekehrt: Nach nur 30 Jahren waren die meisten Iren getauft und das Land in katholische Diözesen sowie Pfarrbezirke untergliedert. Darüber hinaus gründete Patrick zahlreiche Klöster, die jahrhundertelang als Zentren der Bildung und Gelehrsamkeit dienten.

431–432 n. Chr.
Papst Coelestin I. schickt Bischof Palladius nach Irland, um sich derer anzunehmen, die „bereits an Christus glauben". Ein Jahr darauf folgt ihm der hl. Patrick, um die Missionierung fortzuführen.

550–800
Blütezeit erster irischer Klöster. Bedeutende Gelehrte verbreiten ihr Wissen in ganz Europa und läuten das „Goldene Zeitalter" in Irland ein.

795–841
Die Wikinger plündern und vergewaltigen. Als ihre Zerstörungswut gesättigt ist, gründen sie im ganzen Land Siedlungen. Eine davon, Dublin, ist schon bald ein bedeutendes Wirtschaftszentrum.

1014
Am Karfreitag stehen sich in der Schlacht von Clontarf Anhänger des Hochkönigs Brian Ború und Krieger des Königs von Leinster, Máelmorda mac Murchada, gegenüber.

anderen verbündeten sich Teile der einheimischen Bevölkerung mit den Brandschatzern im Austausch gegen Profit oder Schutz. Im 10. Jh. hatten sich die Nordmänner in Irland etabliert und Städte wie Wicklow, Waterford, Wexford sowie ihre Hauptstadt Dyfflin, das spätere Dublin, gegründet. 1014 siegte Brian Ború, König von Munster, in der Schlacht von Clontarf über die Wikinger, wurde dabei aber getötet. Ähnlich wie die Kelten vor ihnen, gaben die Wikinger ihre Plünderungszüge auf, wurden sesshaft und integrierten sich. Sie heirateten in die keltischen Stämme ein und bereicherten den irischen Genpool um Attribute wie rotes Haar und Sommersprossen.

Die schönsten Klöster

Cashel *County Tipperary*

Clonmacnoise *County Offaly*

Glendalough *County Wicklow*

Die Engländer kommen!

Die 800-jährige Herrschaft der Engländer in Irland begann mit der normannischen Invasion von 1169. Eigentlich folgten die Briten eher einer Einladung, denn die Barone, angeführt von Richard Fitz Gilbert de Clare, dem Grafen von Pembroke (1130–1176; alias Strongbow), waren gebeten worden, dem König von Leinster bei einer territorialen Auseinandersetzung zu Hilfe zu kommen. Zwei Jahre später landete Heinrich II. von England mit einer großen Armee und einer Bulle des Papstes Adrian IV. in Irland, um die rebellischen christlichen Missionare zur Räson zu rufen.

Ungeachtet der königlichen Allmacht teilten die anglonormannischen Barone Irland unter sich auf und festigten in den folgenden 300 Jahren ihre feudalen Machtpositionen. Und noch einmal kamen die Auswirkungen einer Assimilation zum Tragen, denn die Anglonormannen und ihre Lehnsmannen wurden, wie es so schön heißt, *Hiberniores Hibernis ipsis* – irischer als die Iren selbst. Sie überzogen das Land mit Burgen, doch ihr eigentliches Erbe sind Städte wie das herrliche Kilkenny, das sich bis heute sein mittelalterliches Flair bewahrt hat. Zwar mochten die Anglonormannen dem englischen König die Treue geschworen haben, in Wirklichkeit waren sie aber nur sich selbst verpflichtet: Gegen Ende des 15. Jhs. beschränkte sich der direkte Einfluss der englischen Krone auf einen schmalen Gürtel rund um Dublin, der als Pale bekannt ist.

Der Ausspruch *beyond the Pale* (unzumutbar) wurde geprägt, als die Anglonormannen den Pale, das befestigte Siedlungsgebiet rund um Dublin, kontrollierten. Sie betrachteten das übrige Irland als unzivilisiert.

Von Scheidung, Aufständen & Enteignung

Als Heinrich VIII. sich wegen seiner Scheidung von Katharina von Aragon 1534 mit dem Papst überwarf und zum Oberhaupt der Kirche von England erhob, schrien die Anglonormannen Zeter und Mordio und einige griffen gar zu den Waffen gegen die Krone. Da Heinrich befürchtete, ein irischer Aufstand könne Spanien und Frankreich dienlich sein, ließ er die Männer niederschlagen, das Land der Rebellen konfiszieren und alle irischen Klöster schließen. Dann erklärte er sich selbst zum König von Irland.

1169

Mit MacMurroughs Hilfe nehmen die von Heinrich II. ausgesandten walisischen und normannischen Barone die Städte Waterford und Wexford ein: der Beginn der 800 Jahre währenden Herrschaft der Briten.

GEORGE MUNDAY / GETTY IMAGES ©

➡ *Fuascailt*, Eamonn O'Doherty

1171

Heinrich II. marschiert in Irland ein und zwingt die cambronormannischen Adeligen sowie einige gälisch-irische Könige dazu, ihn als höchsten Souverän anzuerkennen.

1350–1530

Anglonormannische Adelige etablieren von England unabhängige Machtzentren. In den folgenden zwei Jahrhunderten schwindet der Einfluss der englischen Krone. Zuletzt kontrolliert sie nur noch den Pale.

Elisabeth I. (1533–1603) kam 1558 auf den Thron und hatte dieselbe kompromisslose Haltung Irland gegenüber wie ihr Vater. Ulster war ihr der größte Dorn im Auge, denn die Einwohner kämpften unter dem Kommando von Hugh O'Neill, Earl of Tyrone, verbissen gegen ihre Herrschaft an. 1603 wurden sie jedoch schließlich besiegt. O'Neill errang dabei so etwas wie einen Pyrrhussieg, weil er erst dann kapitulierte, als er von Elisabeths Tod erfuhr. Gemeinsam mit den Grafen, die ihn unterstützten, verließ er Irland. Dieses Ereignis ging als „Flight of the Earls" in die Geschichte ein. Ulster überließen sie den Engländern und ihrer Politik der Plantations, bei der das Land der Geflohenen konfisziert und an Getreue der Krone neu verteilt wurde. Es kam zwar überall zu Enteignungen, doch nirgendwo waren sie so umfangreich wie in Ulster.

A History of Ulster von Jonathan Bardon zeichnet die nordirische Geschichte nach.

Blutiger Glaube

Als 1642 der Englische Bürgerkrieg ausbrach, stellten sich die irischen und anglonormannischen Katholiken hinter Karl I., also gegen die protestantischen Parlamentarier. Sie hofften, dass ein Sieg des Königs der katholischen Kirche in Irland zu neuer Macht verhelfen würde. Nachdem Oliver Cromwell und seine puritanischen Anhänger 1649 die Royalisten besiegt und Karl geköpft hatten, nahm Cromwell die untreuen Iren ins Visier. Seine neunmonatige Kampagne war brutal und erfolgreich (besonders schlimm traf es Drogheda); außerdem wurde noch mehr Land konfisziert. Cromwells berühmte Äußerung, die Iren sollten zur Hölle fahren oder nach Connaught, wirkt angesichts der Schönheit der Provinz merkwürdig, allerdings gab es dort kaum Ackerland. Auch die Rechte der Katholiken wurden noch mehr beschnitten.

In *Cromwell: An Honourable Enemy* vertritt Tom Reilly den Standpunkt, dass die Darstellung von Cromwells zerstörerischer Kampagne gegen Irland möglicherweise grob übertrieben ist. Mit seiner Meinung steht er ziemlich alleine da, doch er bietet mit diesem Buch mal eine andere Sichtweise (und ja, Reilly ist Ire).

Der Boyne & die Strafgesetze

Seinen nächsten großen Rückschlag erlebte das katholische Land 1690. Wieder hatten die Iren auf das falsche Pferd gesetzt; diesmal, indem sie Jakob II. unterstützten. Nach der Glorious Revolution hatte dieser als König abdanken und seine Krone dem holländischen Protestanten Wilhelm von Oranien (Wilhelm III.) überlassen müssen, der mit Jakobs Tochter Mary verheiratet war. Nachdem Jakob erfolglos 105 Tage lang Derry belagert hatte – aus dieser Zeit stammt der Ruf der Loyalisten „*No Surrender!*" („Niemals aufgeben!") –, stellte er sich im Juli Wilhelms Armeen am Ufer des Boyne im County Louth zur Schlacht und wurde vernichtend geschlagen.

Die letzte Schmach erlebten die Katholiken 1695 mit dem Erlass der Penal Laws (Strafgesetze). Den Gesetzen zufolge durften sie keinen Grund und Boden besitzen, ihnen blieb der Zugang zu einflussreichen Positionen verwehrt und es wurde alles verboten, was mit irischer Kultur, Musik oder Bildung zu tun hatte. So wollten die Protestanten den

1366

Die englische Krone verbietet Ehen zwischen Anglonormannen und Iren, die irische Sprache und die Ausübung irischer Bräuche, damit sich die Anglonormannen nicht zu stark integrieren – allerdings erfolglos.

1536–1541

Heinrich VIII. ordnet die Schließung der Klöster und die Enteignung von kirchlichem Eigentum an. 1541 lässt er sich vom irischen Parlament zum König von Irland erklären.

1594

Hugh O'Neill, Earl von Tyrone, bestellt in England Blei für die Reparatur seines Schlossdachs, lässt daraus aber Munition schmieden. So löst er den Neunjährigen Krieg aus.

1601

Zwischen Elizabeths Truppen und den Rebellen unter Hugh O'Neill wird die Schlacht von Kinsale ausgetragen. O'Neill kapituliert und der irische Revolutionsgeist ist gebrochen.

katholischen Glauben auslöschen. Viele Katholiken feierten die Messe nun im Verborgenen, einige wohlhabende Iren traten aber auch zum protestantischen Glauben über, um ihren Besitz zu sichern und ihre Berufe weiter ausüben zu können. Ländereien mussten an protestantische Siedler abgetreten werden. Von da an lebten die meisten Katholiken als Pächter unter katastrophalen Lebensbedingungen. Ende des 18. Jhs. waren nur noch ca. 5 % des Landes in katholischem Besitz!

In *For the Cause of Liberty: A Thousand Years of Ireland's Heroes* entwirft Terry Golway ein anschauliches Bild des irischen Nationalismus.

Was lange währt …

Die bedeutendste Welle des Widerstandes gegen die von den Strafgesetzen verursachten Ungerechtigkeiten kam gegen Ende des 18. Jhs. aus einer unerwarteten Ecke. Einige liberale Protestanten, die den Ideen der Aufklärung anhingen und von der Französischen Revolution sowie den Unabhängigkeitskämpfen in den neu entstandenen USA inspiriert wurden, begehrten offen gegen die britische Herrschaft auf. Zu den bekanntesten Männern unter ihnen zählte Theobald Wolfe Tone (1763–1798), ein junger Anwalt aus Dublin. Er führte eine Gruppe an, die sich United Irishmen nannte und Reformen anstoßen sowie die Macht der Engländer in Irland einschränken wollte (protestantische Loyalisten gründeten daraufhin die Protestant Orange Society, später bekannt als Orange Order (Oranierorden), um sich für den möglichen Konflikt zu rüsten). Wolfe Tone ersuchte Frankreich um Hilfe für seinen Aufstand, aber die Franzosen scheiterten bei dem Versuch, 1796 eine Armee nach Irland zu entsenden. Die Organisation musste sich dem Vergeltungsschlag allein stellen und fand in der Schlacht von Vinegar Hill 1798 ihr blutiges Ende. Drei Jahre später versuchten die Briten, der Rebellion in Irland mit dem Act of Union ein Ende zu setzen, doch der nationalistische Geist war bereits erwacht.

Hunger & heldenhafte Anführer

Das 19. Jh. war von wiederholten Versuchen geprägt, den Engländern ein Stück Eigenständigkeit abzuringen. Auf der einen Seite standen die radikalen Republikaner, die den Einsatz von Gewalt befürworteten, um eine weltliche, auf Gleichheit beruhende Republik zu gründen. Sie versuchten es 1848 und 1867, scheiterten aber. Auf der anderen Seite gab es den gemäßigten Flügel, der die Regierung durch gewaltfreie und gesetzeskonforme Aktionen zu Kompromissen zwingen wollte.

Ireland Since the Famine von F. S. L. Lyons ist ein Standardwerk für alle, die sich für die neuere irische Geschichte interessieren.

Der Große Befreier

Fast drei Jahrzehnte lang dominierte der aus Kerry stammende Daniel O'Connell (1775–1847) das Lager der Gemäßigten. Er setzte sich unermüdlich für die Sache der katholischen Emanzipation ein. 1828 wurde er ins Britische Parlament gewählt, doch da er Katholik war, konnte er sein Amt als Abgeordneter nicht antreten: Um einen möglichen Auf-

1607
O'Neill und 90 weitere Anführer aus Ulster flüchten mit einem Segelboot nach Europa. Daraufhin übernehmen die Engländer das Ruder in Ulster und starten ihre Besiedlungspolitik.

1649–1653
Cromwell hinterlässt eine Spur der Verwüstung als Antwort auf die Unterstützung Karls I. durch die Iren während des Bürgerkriegs. Unzählige Katholiken werden niedergemetzelt und 2 Mio. ha Land konfisziert.

1688–1690
Nach der Absetzung Jakobs II. liefern sich dessen Truppen einen Kampf mit Wilhelms protestantischer Armee, die siegreich aus der Schlacht am Boyne (12. Juli 1690) hervorgeht.

1695
Die Penal Laws untersagen Katholiken, Pferde zu besitzen, Andersgläubige zu heiraten und Grundstücke zu kaufen bzw. zu erben. Beim Kirchenbau darf ausschließlich Holz verwendet werden.

DIE GROSSE HUNGERSNOT

Insgesamt 3 Mio. Menschen starben infolge der Großen Hungersnot (1845–1851) oder sahen sich gezwungen, das Land zu verlassen. Das Ausmaß dieser Tragödie hätte sich in Grenzen halten können – wäre da nicht die Selbstsucht der Gutsherren gewesen. Die Kartoffel diente als Hauptnahrungsmittel der rasch wachsenden und verarmten Bevölkerung Irlands. Als die Ernte von Mehltau vernichtet wurde, schossen die Preise in die Höhe. Aufgrund der Penal Laws litten die Bauern bereits unter hohen Pachten und mussten nun noch zusätzliches Geld für ihr Essen aufbringen. So gerieten zahlreiche Pächter mit ihren Mietzahlungen in Rückstand. Von Seiten der Grundbesitzer gab es allerdings nur wenig bis gar kein Entgegenkommen. Viele Menschen mussten ihre Häuser verlassen und in Armenhäusern Zuflucht suchen, in denen schreckliche Bedingungen herrschten.

Ausgerechnet zu dieser Zeit gab es reiche Weizenernten und Milchprodukte en masse – das Land hätte genug Getreide gehabt, um die gesamte Bevölkerung zu ernähren, außerdem soll es damals mehr Vieh ins Ausland verkauft haben, als Menschen auf der Insel lebten. Doch weil Irland gezwungen wurde, seine landwirtschaftlichen Produkte nach Britannien oder Übersee zu exportieren, verhungerten Millionen Menschen.

Den Poor Laws (Armengesetze) zufolge waren die Grundbesitzer für ihre zahlungsunfähigen Pächter verantwortlich, deshalb schoben sie die Bauern einfach ab, indem sie ihnen die Reise nach Amerika bezahlten. Zahlreiche Iren gingen an Bord der berüchtigten „*coffin ships*" („Sargschiffe"), wenige verließen sie lebend. Darauf startete der britische Premierminister Sir Robert Peel gut gemeinte, aber völlig unzureichende Versuche, die Notleidenden zu entlasten. Immerhin gab es einige wenige Grundbesitzer, die sich nach Kräften um ihre Pächter bemühten.

Im Verlauf der nächsten 100 Jahre strömten die Menschen massenweise ins Ausland, vor allem in die USA, wodurch die Bevölkerungszahl in Irland stetig sank. Ein Großteil der Emigranten blickte noch lange mit Verbitterung auf diesen Teil der irischen Geschichte zurück.

stand im Keim zu ersticken, sah sich die Regierung gezwungen, 1829 den Act of Catholic Emancipation zu erlassen, der wohlhabenden Katholiken das Wahlrecht einräumte und ihnen erlaubte, als Abgeordnete ins Parlament einzuziehen.

O'Connell kämpfte weiter für die irische Selbstbestimmung und wurde als einflussreicher Sprecher bekannt, nicht nur für Irland, sondern gegen jede Art von Ungerechtigkeit inklusive der Sklaverei: Der Anführer der Bewegung zur Abschaffung der Sklaverei, Frederick Douglass, zählte zu seinen größten Bewunderern (auf seinem Irlandbesuch 2011 betonte Präsident Obama nachdrücklich deren Freundschaft). Die Iren verehrten O'Connell, der als „the Liberator" („der Befreier") bekannt war, und strömten für seine Ansprachen zu Zehntausenden herbei. Seine Weigerung, das Gesetz zu übertreten, trieb O'Connell allerdings in den Ruin:

The Great Hunger von Cecil Woodham-Smith ist der Klassiker zum Thema Hungersnot (1845–1851).

1795

Mit Besorgnis nimmt eine Gruppe von Protestanten die Versuche der Society of United Irishmen zur Kenntnis, gleiche Rechte für Protestanten und Katholiken zu erwirken, und gründet den Oranierorden.

1798

Die Verfolgung und Ermordung potenzieller Rebellen zieht einen Aufstand nach sich, der von den United Irishmen unter Wolfe Tone angeführt wird. Tone wird festgenommen und begeht Selbstmord.

1801

Der Act of Union tritt in Kraft und vereint Irland und Britannien. Infolge einer Bestechungskampagne löst sich das irische Parlament auf. 100 Ex-Abgeordnete nehmen die Arbeit im Londoner Unterhaus auf.

1828–1829

Daniel O'Connell erringt einen Parlamentssitz, darf aufgrund seines Glaubens jedoch nicht als Abgeordneter tätig werden. Daraufhin wird ein Gesetz erlassen, das Katholiken mehr Rechte einräumt.

Als die Regierung eine seiner Kundgebungen verbot, gab er klein bei, vorgeblich um Gewalt und Blutvergießen zu vermeiden. Irland befand sich jedoch mitten in der Großen Hungersnot und empfand O'Connells Unvermögen, sich gegen die Briten zur Wehr zu setzen, als Kapitulation. Schließlich kam er für eine Weile ins Gefängnis und starb 1847 als gebrochener Mann.

Wer sich für die bewegte jüngere Geschichte des Landes interessiert, sollte die Website http://larkspirit.com besuchen.

Irlands ungekrönter König

Ein weiterer großer Staatsmann des 19. Jhs., Charles Stewart Parnell (1846–1891), war wie O'Connell ein einflussreicher Redner, doch sein Hauptaugenmerk richtete er auf die Landreform, besonders auf die Verringerung der Pacht und die Verbesserung der Arbeitsbedingungen (abgekürzt als „Three Fs" bezeichnet: *fair rent, free sale and fixity of tenure,* fairer Pachtzins, freier Verkauf und feste Pachtverträge). Parnell unterstützte die Aktivitäten der Land League, die ihre Landsleute zum *boycotting* ermunterte (der Name geht auf den britischen Gutsverwalter Charles Boycott zurück): Lehnsherren und Gutsverwalter, die sich den Zielen der Land League entgegenstellten, wurden von den Iren wie Aussätzige behandelt. 1881 errangen die Einwohner mit der Durchsetzung des Land Act, der viele Forderungen der League erfüllte, einen wichtigen Sieg.

Darüber hinaus kämpfte Parnell für eine eingeschränkte Form der Selbstverwaltung. Doch trotz der Unterstützung durch den Vorsitzenden der Liberalen, William Gladstone, lehnte das Parlament die 1886 und 1892 vorgelegten Gesetzesentwürfe zur Home Rule einstimmig ab. Wie O'Connell vor ihm, erlebte Parnell eine dramatische Niederlage: 1890 wurde er in eine Scheidung verwickelt, die das puritanische Irland als Skandal empfand. Der „ungekrönte König von Irland" musste abdanken und starb weniger als ein Jahr später.

In *The Irish in America* erzählt Michael Coffey von den Erlebnissen irischer Auswanderer, die wegen der Hungersnot ihr Heimatland verließen.

Noch eine Rebellion

In der zweiten Hälfte des 20. Jhs. gewann Irlands Kampf für mehr Unabhängigkeit neuen Schwung. Die Radikalen, schon immer eine Randerscheinung der nationalistischen Bestrebungen Irlands, setzten sich neu in Szene, z. T. als Reaktion auf die sich zuspitzende Lage in Ulster. Massenproteste gegen jede Form der irischen Unabhängigkeit hatten zur Bildung der Ulster Volunteer Force (UVF) geführt, einer Bürgerwehr der Loyalisten mit 100 000 Mitgliedern. Diese schworen, sich jedem Versuch zu widersetzen, die Home Rule in Irland zu etablieren. Die Nationalisten reagierten mit der Gründung der Irish Volunteer Force (IVF); eine Kraftprobe schien unausweichlich.

1914 wurde die Home Rule schließlich bewilligt, doch wegen des Ausbruchs des Ersten Weltkriegs vorerst nicht umgesetzt. Für einen Großteil der Iren war diese Verschiebung enttäuschend, aber nicht unvernünftig,

1845–1851

Mehltau vernichtet die Kartoffelernte und eine Hungersnot bricht aus, aber die britische Regierung unternimmt nichts. 500 000 bis 1 Mio. Menschen verhungern und fast 2 Mio. Iren verlassen das Land.

OLIVER STREWE / GETTY IMAGES ©

Kartoffeln, County Cork

1879–1882

Die Land League ist die treibende Kraft im „Krieg um Land": Zahlreiche Pächter widersetzen sich den Grundbesitzern und setzen den Land Act (1881) durch.

und die meisten Mitglieder der Freiwilligenarmee beteiligten sich am Kampf gegen die Deutschen.

Der Osteraufstand

Allerdings gab es auch Iren, die sich nicht zum Kriegsdienst meldeten. Zwei kleine Gruppen – einerseits Mitglieder der Irish Volunteers unter Pádraig Pearse, andererseits die Irish Citizens' Army unter James Connolly – starteten einen Überraschungsangriff. Eine Truppe von Volunteer-Anhängern rückte am Ostermontag 1916 in Dublin ein und besetzte eine Reihe von Schlüsselpositionen in der Stadt. Zum Hauptquartier wurde das General Post Office (Hauptpostamt) auf der O'Connell Street ernannt. Von dessen Stufen verkündete Pearse, dass Irland von nun an eine Republik sei und seine Mitstreiter die Übergangsregierung bilden würden. Doch schon nach wenigen Tagen mussten sich die Aufständischen den überlegenen britischen Streitkräften geschlagen geben. Bei der Bevölkerung fanden die Rebellen keinen Rückhalt: Auf ihrem Weg ins Gefängnis mussten sie sogar vor verärgerten Stadtbewohnern beschützt werden.

Wahrscheinlich wäre das Ganze schnell in Vergessenheit geraten, hätten die Engländer nicht den Fehler begangen, aus den Aufständischen Märtyrer zu machen. Sie verhängten 77-mal die Todesstrafe. 15 Männer wurden hingerichtet, unter ihnen der verwundete Connolly. Dies veränderte die Stimmung in der Bevölkerung grundlegend und brachte den Republikanern massenhafte Unterstützung.

Neil Jordans Film *Michael Collins* mit Liam Neeson in der Hauptrolle erzählt vom Osteraufstand, der Gründung der Republik und der Ermordung des Revolutionärs.

Krieg mit Großbritannien

Nach Ende des Ersten Weltkriegs war die Home Rule nicht mehr genug: Sie räumte den Iren zu spät zu wenige Rechte ein. Bei den Wahlen 1918 gewannen die Republikaner mit Sinn Féin die große Mehrheit der Sitze. Die frisch gewählten Abgeordneten (viele waren 1916 am Osteraufstand beteiligt) erklärten Irland zu einer unabhängigen Nation und bildeten das erste Dáil Éireann (Irische Versammlung oder Unterhaus), als dessen Sitz das Dubliner Mansion House diente. Éamon de Valera (1882–1975) wurde als Regierungschef gewählt. Aus den Irish Volunteers ging die Irish Republican Army (IRA) hervor, und das Dáil räumte deren Mitgliedern das Recht ein, britische Truppen in Irland zu bekämpfen.

Wie es mit Kriegen so ist, nahm der Unabhängigkeitskampf ein recht klägliches Ende. Er dauerte 2½ Jahre und kostete offiziell 1200 Menschenleben. Es war ein brutaler Krieg, denn die IRA kämpfte mit Guerillataktiken gegen die Briten, in deren Reihen sich zahlreiche Kriegsveteranen – nach der Farbe ihrer Uniformen (kaki wie bei der Armee und schwarz wie bei der Polizei) Black and Tans genannt – befanden. Diese waren durch die Erlebnisse in den Schützengräben derart traumatisiert, dass ihre Gewaltbereitschaft kaum Grenzen kannte.

1884

Im Hayes Hotel in Thurles, County Tipperary, wird die Gaelic Athletic Association (GAA) gegründet. Ihr Ziel ist die Förderung gälischer Sportarten (wie Hurling und Gaelic Football) und Kultur.

1890er-Jahre

Die Gälische Renaissance, angeführt vom Dichter W. B. Yeats, fördert das Interesse an der irischen Sprache und Kultur, darunter Folklore, Sport, Musik und Kunst.

1916

Osteraufstand: Eine Gruppe von Republikanern stürmt das General Post Office in Dublin und ruft die Irische Republik aus, muss sich aber kurz darauf den britischen Truppen geschlagen geben.

1919–1921

Im Januar 1919 beginnt der Irische Unabhängigkeitskrieg, auch bekannt als Black and Tan War, was sich auf die schwarzen und kakifarbenen Uniformen der paramilitärischen britischen Gruppe bezieht.

So etwas wie Freiheit

Dem Waffenstillstand im Juli 1921 folgten intensive Verhandlungen zwischen beiden Seiten. Der daraus resultierende Vertrag, der am 6. Dezember 1921 unterzeichnet wurde, schuf den Freien Staat Irland, bestehend aus 26 von 32 irischen Grafschaften. Die restlichen sechs Counties – alle in Ulster – blieben Teil des Vereinigten Königreichs. Doch der Vertrag war alles andere als perfekt: Er zementierte die geografische Teilung des Landes, was den Konflikt 50 Jahre später zum Explodieren bringen sollte, und spaltete die Nationalisten in solche, die den Vertrag für ein nötiges Sprungbrett in die volle Unabhängigkeit hielten, und solche, die ihn als Kapitulation vor den Briten und Verrat an den republikanischen Idealen verstanden. Diese Spaltung sollte den Verlauf der politischen Entwicklung Irlands praktisch das ganze restliche Jahrhundert über bestimmen.

Bürgerkrieg

Nach heftigen Debatten wurde der Vertrag ratifiziert. Die Wahl im Juni 1922 fiel zugunsten der Vertragsbefürworter aus. Daraufhin schlossen sich seine Gegner unter Führung von de Valera zusammen, der, obwohl Präsident des Dáil, nicht Mitglied des Teams gewesen war, das den Vertrag ausgehandelt hatte (dies machte ihn in den Augen seiner Kritiker und Gegner höchst anfechtbar, sollten die Verhandlungen scheitern). Zudem hatte sich de Valera gegen einige Bestimmungen des Vertrags ausgesprochen, etwa gegen den Treueschwur für den englischen König.

Nur zwei Wochen nach den Wahlen brach der Bürgerkrieg aus, in dem sich Menschen gegenüberstanden, die ein Jahr zuvor noch Seite an Seite gekämpft hatten. Besonders tragisch in diesem äußerst bitteren Konflikt war der Tod von Michael Collins (1890–1922), dem führenden Kopf der IRA-Kampagne im Unabhängigkeitskrieg und Verhandlungsführer des Angloirischen Vertrags. Er geriet in seinem Heimat-County Cork in einen Hinterhalt und wurde erschossen. Collins hatte die Bitterkeit, die der Vertrag hervorrufen würde, vorausgesehen. Bei der Unterzeichnung soll er gesagt haben: „Ich sage Ihnen, ich habe mein eigenes Todesurteil unterzeichnet."

Brendan O'Briens beliebtes Werk *Pocket History of the IRA* fasst die komplexe Geschichte der Gruppe auf nur rund 150 Seiten zusammen – eine gute Einführung in das Thema.

Entstehung einer Republik

Der Bürgerkrieg endete 1923 mit einem Sieg der Vertragsbefürworter, die den neuen Staat bis 1932 regierten. De Valera – geschlagen, aber nicht besiegt – gründete 1926 die neue Partei Fianna Fáil (Krieger von Irland), die bei den Wahlen von 1932 die Mehrheit errang und bis 1948 an der Macht bleiben sollte. 1937 verabschiedete er eine neue Verfassung, die ein Ende mit dem Treueeid auf die englische Krone machte, die besondere Bedeutung der katholischen Kirche unterstrich und den Anspruch auf die sechs Grafschaften in Nordirland betonte. 1948 verließ Irland offiziell den

1921

1200 Menschen verlieren im Unabhängigkeitskrieg ihr Leben. Dem Waffenstillstand vom 11. Juli 1921 folgen Friedensgespräche. Am 6. Dezember unterzeichnet die irische Delegation den Angloirischen Vertrag.

1921–1922

26 Counties werden unabhängig, die sechs größtenteils protestantischen Grafschaften von Ulster dürfen wählen, wohin sie gehören wollen. 1922 wird der irische Freistaat ausgerufen.

1922–1923

Vertragsgegner greifen unter Éamon de Valera zu den Waffen und bekämpfen ihre ehemaligen Kameraden, die von Michael Collins angeführt werden. Ein kurzer, brutaler Bürgerkrieg bricht aus, Collins stirbt.

LONELY PLANET / GETTY IMAGES ©

➡ Éamon de Valeras Grab

Commonwealth und wurde eine Republik. Doch wie die Ironie des Schicksals es wollte, war es die Partei Fine Gael, wie sich die Vertragsbefürworter nun nannten, die sie ausrufen sollte – Fianna Fáil hatte im selben Jahr überraschend die Wahlen verloren. Nach 800 Jahren erlangte Irland (zumindest ein wesentlicher Teil davon) endlich seine Unabhängigkeit.

Von Krisen geschüttelt und als Tiger wiedergeboren

Éamon de Valera, fraglos eine der wichtigsten irischen Persönlichkeiten, hatte einen immensen Beitrag zur Unabhängigkeit geleistet. Gegen Ende der 1950er-Jahre galten seine einst visionären Vorstellungen jedoch als verknöchert, festgefahren und mit der irischen Realität einer maroden Wirtschaft immer weniger in Einklang zu bringen. Horrende Arbeitslosenzahlen und Auswanderungswellen waren die offensichtlichsten Auswirkungen seiner unzulänglichen Politik. De Valeras Nachfolger als Taoiseach (Premierminister der Republik), Sean Lemass, begann seine Amtszeit 1959 mit den Worten „die Flut hebt alle Boote an". Dank seiner Maßnahmen hatte sich Mitte der 1960er-Jahre die Zahl der Emigranten halbiert, zudem florierte die Wirtschaft. Einen ähnlichen Wohlstand erreichte das Land 30 Jahre später zur Zeit des keltischen Tigers.

In seinem Roman *Troubles* (1970) beschreibt J. G. Farrell die Vorgeschichte des angloirischen Kriegs und seine Auswirkungen auf die Zivilbevölkerung auf bewegende, eindrucksvolle Weise.

Partner in Europa

1972 traten die Republik und Nordirland der Europäischen Wirtschaftsgemeinschaft (EWG) bei, was dem Land einen weiteren positiven Impuls bescherte – der gemeinsamen Agrarpolitik zum Dank, die Preise für landwirtschaftliche Produkte festlegte und eine bestimmte Abnahmequote garantierte. Dann kam die Ölkrise 1973, die Irland erneut in die Rezession und eine weitere Auswanderungswelle stürzte. Ihren Höhepunkt erreichte die Emigration Mitte der 1980er-Jahre.

Vom keltischen Tiger …

Anfang der 1990er-Jahre trugen europäische Gelder zum Wirtschaftsaufschwung bei. Riesige Summen wurden in das Bildungswesen sowie in die Infrastruktur investiert, während die Politik der niedrigen Körperschaftssteuer gemeinsam mit attraktiven Fördergeldern Irland zu einem beliebten Standort für Hightechunternehmen machte, die sich auf dem europäischen Markt etablieren wollten. In weniger als einem Jahrzehnt mauserte sich das Land von einem der ärmsten Staaten Europas zu einem der reichsten. Die Arbeitslosenquote fiel von 18 auf 3,5 %, der Durchschnittslohn eines Industriearbeiters kletterte europaweit auf den ersten Rang und das rasante Wachstum des Bruttoinlandsprodukts machte das Land zum europäischen Erfolgsmodell, das in der ganzen Welt beneidet wurde. Zu dieser Zeit erhielt Irland den Namen „keltischer Tiger".

1932
De Valeras Partei Fianna Fáil gewinnt die Mehrheit im Parlament und macht sich daran, die Beziehungen zwischen dem Freistaat und Britannien zu unterminieren.

1948
Die Fianna Fáil muss sich bei den Wahlen 1948 der Koalition aus Fine Gael und der republikanischen Clann an Poblachta geschlagen geben. Die neue Regierung erklärt den Freistaat Irland zur Republik.

1969
Protestmärsche der nordirischen Bürgerrechtsvereinigung werden von Loyalisten und der Polizei gestört. Es kommt zu Ausschreitungen und zur Schlacht in der Bogside – der Beginn des Nordirlandkonflikts.

1972
Die Republik und Nordirland treten der EWG bei. Am Blutsonntag sterben 13 Zivilisten durch die Hand britischer Truppen. Westminster entlässt das nordirische Parlament und übernimmt die Kontrolle.

AMERIKANISCHE VERBINDUNGEN

Heute haben über 40 Mio. Amerikaner irische Vorfahren – ein Erbe mehrerer Emigrationswellen, die von Ereignissen wie der Großen Hungersnot der 1840er- und der Wirtschaftkrise der 1930er-Jahre ausgelöst wurden. Viele Berühmtheiten der amerikanischen Geschichte von Davy Crockett bis zu John Steinbeck und 18 von 44 US-Präsidenten sind irischer Abstammung. Dazu gehört auch Barack Obama, in dessen Familie mütterlicherseits ein Auswanderer namens Falmouth Kearney aus Moneygall, County Offaly, zu finden ist.

Hier eine Liste von Orten, die mit ehemaligen US-Präsidenten in Verbindung stehen oder sich den Erfahrungen irischer USA-Auswanderer widmen:

- Andrew Jackson Centre (S. 683), County Antrim
- Dunbrody Famine Ship (S. 183), County Wexford
- Grant Ancestral Homestead (S. 700), County Tyrone
- Kennedy Homestead (S. 183), County Wexford
- Cobh, The Queenstown Story (S. 238), County Cork
- Ulster American Folk Park (S. 698), County Tyrone

… zur in Not geratenen Katze

Ab 2002 trieb ein gigantischer Bauboom die irische Wirtschaft an, der jegliches Maß eines gesunden Wachstums sprengte. Der außer Kontrolle geratene internationale Derivatemarkt überflutete die irischen Banken mit billigem Geld, die es freizügig verliehen.

Es folgten die Pleite von Lehman Brothers und die Kreditkrise. Fast alle irischen Geldinstitute standen mit dem Rücken zur Wand, wurden aber in letzter Minute gerettet. Bevor Irland Atem holen konnte, hatten der Internationale Währungsfonds (IMF) und die Europäische Union die Zügel seiner mittelfristigen wirtschaftlichen Zukunft in die Hand genommen. Irland blickte erneut den Dämonen der Vergangenheit in die Augen: einer hohen Arbeitslosigkeit, eingeschränkten Möglichkeiten und einer massiven Auswanderung.

Im Norden sieht's (gar nicht so) düster aus

Seit dem 8. Mai 2007 wird Nordirland relativ harmonisch von einer eigenen Regierung geleitet, der momentan Premierminister Peter Robinson von der Democratic Unionist Party (DUP) und der stellvertretende Premierminister Martin McGuinness von Sinn Féin (SF) vorstehen. Selbst wer Irlands Politik in den letzten vier Jahrzehnten nur mit geringem Interesse verfolgt hat, weiß, dass die friedliche Zusammenarbeit eines loya-

1973–1974

Im Abkommen von Sunningdale wird ein neues nordirisches Parlament gegründet. Die Unionisten lehnen das Abkommen ab und legen durch einen Generalstreik die Provinz lahm – das Ende des Parlaments.

1981

Zehn republikanische Gefangene hungern sich zu Tode. Als Erster stirbt Bobby Sands, der kurz zuvor als Abgeordneter ins Parlament gewählt worden war. 100 000 Trauergäste wohnen seiner Beerdigung bei.

1993

In der Downing Street Declaration erklärt Britannien, dass es „keine egoistischen, strategischen oder wirtschaftlichen Interessen" in Nordirland verfolgt.

Mitte der 1990er-Jahre

Die Körperschaftssteuer ist gering, die Regierung fährt einen Sparkurs, die EU leistet Transferzahlungen und Arbeitskräfte sind günstig. Irland wird eines der wohlhabendsten Länder Europas

listischen Heißsporns wie Robinson – dessen Karriere auf seiner lautstark geäußerten Feindseligkeit gegenüber jeder Form von irischem Nationalismus fußt – mit einem ehemaligen IRA-Befehlshaber wie McGuinness im selben Kabinett als kleines politisches Wunder gilt.

Tatsächlich ist es das Ergebnis eines mühevollen Dialog- und Verhandlungsprozesses. Dieser bemühte sich, den Gordischen Knoten aus historischer Verbitterung, Misstrauen, Gewalt und tief sitzenden Vorurteilen zu lösen, der mit der Besiedlungspolitik im Irland des 16. Jhs. begonnen hatte.

Geteiltes Irland

Nach Abschluss des angloirischen Vertrags wurde am 22. Juni 1922 ein neues nordirisches Parlament gebildet und James Craig der erste Premierminister. Seine Ulster Unionist Party (UUP) lenkte die Geschicke des neuen Staates bis 1972. Die katholische Minderheit (40 % der Bevölkerung) hatte so gut wie keinen Einfluss und keine politische Stimme. Stattdessen begünstigte das Parlament die Unionisten mit wirtschaftlichen Fördermitteln, zog sie bei der Zuweisung von Wohnraum vor und manipulierte selbst die Einteilung der Wahlbezirke: In Derry etwa wurden diese so verändert, dass mit Sicherheit ein protestantischer Gemeinderat zustande kam, obwohl zwei Drittel der Stadtbevölkerung Katholiken waren! Die überwiegend protestantische nordirische Polizei, die Royal Ulster Constabulary (RUC), und ihre paramilitärische Einheit, die B-Specials, unterbanden jegliches Abweichlertum und gaben sich nicht die geringste Mühe, ihre Voreingenommenheit zu verbergen. Im Grunde herrschte in Nordirland ein Apartheidsystem.

1870, nach dem Ende der Großen Hungersnot, hatten so viele Menschen das Land verlassen, dass mehr als ein Drittel der in Irland geborenen Iren im Ausland lebte.

We shall overcome

In den 1950er-Jahren mussten die Unionisten ihre erste Feuerprobe bestehen. Damals nahm die IRA ihre Grenzkampagne wieder auf, nachdem sie die Waffen längere Zeit hatte ruhen lassen. Doch die Unionisten wurden dieser Bedrohung schnell Herr und inhaftierten die Anführer der Initiative. Ein Jahrzehnt später sahen sie sich einem weitaus hartnäckigeren Gegner gegenüber, der 1967 gegründeten Bürgerrechtsbewegung, die stark von der US-amerikanischen Civil Rights Association beeinflusst war. Sie wollte dem himmelschreienden Sektierertum in Derry ein Ende bereiten. Im Oktober 1968 wurde ein hauptsächlich katholischer Protestmarsch in Derry von der RUC gewaltsam aufgelöst (Gerüchten zufolge hatte die IRA den Demonstranten ihren „Schutz" zugesagt). Auch wenn es damals noch keiner wusste – dies sollte der Beginn des Nordirlandkonflikts sein.

Im Januar 1969 organisierte eine weitere Bürgerrechtsbewegung namens People's Democracy einen Marsch von Belfast nach Derry. Als sich die Teilnehmer ihrem Ziel näherten, wurden sie von einer Gruppe Protestanten angegriffen. Anfangs hielt sich die Polizei zurück, doch dann

1994
Gerry Adams, Anführer von Sinn Féin, proklamiert am 31. August das „Ende der Gewalt" von Seiten der IRA. Im Oktober ziehen die vereinten loyalistischen, paramilitärischen Gruppen nach.

1998
Nach Verhandlungen wird am 10. April das Karfreitagsabkommen geschlossen. Von nun an hat die neue nordirische Versammlung die vollständige gesetzgebende und ausführende Gewalt inne.

1998
Eine Bombe der „Real IRA" detoniert in Omagh. 29 Menschen sterben, 200 werden verletzt. Es ist der schlimmste Anschlag des Nordirlandkonflikts, aber ein Vergeltungsschlag kann vereitelt werden.

2005
Die IRA befiehlt ihren Einheiten nur noch dann aktiv zu werden, wenn es der „Entwicklung politischer und demokratischer Programme durch ausschließlich friedliche Methoden" zuträglich ist.

stürmte sie den vorwiegend katholischen Bezirk Bogside. Es folgten weitere Märsche, Proteste und gewaltsame Auseinandersetzungen. Viele Republikaner sind der Auffassung, die Polizei habe die Situation verschlimmert. Im August marschierten britische Truppen in Derry und Belfast ein, um Recht und Ordnung wiederherzustellen. Zunächst begrüßte man die Ankunft der Armee in einigen katholischen Vierteln, allerdings wurde schnell klar, dass sie nichts weiter als ein Instrument der protestantischen Majorität war. Der nun folgende Zulauf der IRA ist auf die übertriebene Gewaltbereitschaft der britischen Soldaten zurückzuführen. Insbesondere nach dem Bloody Sunday am 30. Januar 1972 rekrutierte die IRA zahlreiche neue Mitglieder – an diesem Tag starben in Derry 13 Zivilisten durch die Hand britischer Truppen.

Der Nordirlandkonflikt

Nach dem Bloody Sunday erklärte die IRA Großbritannien mehr oder weniger den Krieg. Während die Gruppe weiterhin Anschläge in Nordirland verübte, ging sie nun auch dazu über, das britische Festland zu bombardieren und Unschuldige anzugreifen, was ihr den Abscheu von Bürgern und Parteien auf beiden Seiten der konfessionellen Grenze eintrug. Unterdessen starteten loyalistische Paramilitärs eine Mordserie auf Katholiken. Höhepunkt der Krise war der Hungerstreik republikanischer Gefangener im Norden 1981, die ihre Anerkennung als politische Häftlinge forderten. Zehn Inhaftierte hungerten sich zu Tode, darunter der Abgeordnete Bobby Sands.

Zahlreiche Filme thematisieren die Ereignisse zu Zeiten des Nordirlandkonflikts, darunter *Bloody Sunday* (2002), *Der Boxer* (1997; mit Daniel Day-Lewis) und *Im Namen des Vaters* (1994; ebenfalls mit Day-Lewis).

Ein weiteres Problem stellten die zahlreichen Splittergruppen mit ihren unterschiedlichen Programmen dar. Die IRA zerfiel in „offizielle" und „vorläufige" Gruppierungen, die einen Nährboden für noch extremere republikanische Organisationen wie die Irish National Liberation Army (INLA) lieferten. Auf protestantischer Seite entstanden als Reaktion darauf zahllose loyalistische und paramilitärische Gruppen. Jeder Gewaltakt wurde wiederum mit Vergeltungsschlägen beantwortet.

Annäherung an den Frieden

Anfang der 1990er-Jahre war den Republikanern klar, dass der bewaffnete Kampf einer politischen Bankrotterklärung gleichkam. Die Gesellschaft in Nordirland hatte sich verändert – viele Ungerechtigkeiten, die den Konflikt in den späten 1960er-Jahren ausgelöst hatten, waren längst beseitigt, und die meisten Bürger wünschten sich verzweifelt ein Ende der feindlichen Auseinandersetzungen. Eine Reihe von Verhandlungen zwischen Unionisten, Nationalisten sowie der britischen und irischen Regierung – teilweise von George Mitchell, Bill Clintons Sonderbeauftragtem für Nordirland vermittelt – ebneten schließlich den Weg zum historischen Karfreitagsabkommen von 1998.

2007

Nach fünfjähriger Pause, in der Gespräche zwischen Unionisten und Republikanern im Sande verlaufen waren, nimmt die Northern Ireland Assembly ihre Arbeit wieder auf.

2008

Nach dem Zusammenbruch von Lehman Brothers ist das irische Bankensystem praktisch pleite. Als das Ausmaß der Krise bekannt wird, befindet sich Irland am Rand einer wirtschaftlichen Katastrophe.

2010

Irland bekommt vom Internationalen Währungsfonds und der EU ein 85 Mrd. Euro schweres Rettungspaket, das die Bankenkrise mildert, dem Land aber enge finanzielle Fesseln anlegt.

2011

Elizabeth II. besucht als erste britische Königin die Republik Irland. Der Besuch wird als überwältigendes Zeugnis der engen Verbindung zwischen beiden Ländern gepriesen.

Das Abkommen sah die Übertragung der Macht von Westminster, wo die Legislative seit 1972 angesiedelt war, auf eine neue nordirische Versammlung vor. Allerdings verlangsamten Machtgerangel, Meinungsverschiedenheiten, Sektierertum sowie ausgesprochene Halsstarrigkeit auf beiden Seiten den Arbeitsverlauf und das Parlament wurde viermal aufgehoben, zuletzt von Oktober 2002 bis Mai 2007.

Während dieser Zeit wurde der Ton in der nordirischen Politik schärfer, was zuletzt dazu führte, dass die moderatere UUP den Platz für die Democratic Unionist Party (DUP) unter Führung von Ian Paisley räumen musste. Auf der Seite der Nationalisten vollzog sich mit dem Auftreten des politischen Arms der IRA, Sinn Féin, ein ähnlicher Prozess. Angeführt wurde er von zwei Männern, Gerry Adams und Martin McGuinness.

Ein neues Nordirland

Sehr darauf erpicht, in keiner Weise klein beigeben zu müssen, hielten die DUP und Sinn Féin stur an ihrem jeweiligen Kurs fest. Hauptstreitpunkte waren die Entwaffnung der IRA und die Bildung einer neuen Polizei, welche die RUC ablösen sollte. Paisley und die Unionisten stellten immer höhere Forderungen an den Entwaffnungsprozess (sie verlangten Fotobeweise oder unionistische Augenzeugen) und strebten nicht weniger als eine offene sowie vollständige Auflösung der IRA an. Sinn Féin unterdessen lehnte es ab, der Polizeibehörde beizutreten, die die Aktivitäten des Police Service of Northern Ireland (PSNI) überwachte. Damit bekundete sie ihre nach wie vor fehlende Bereitschaft, mit den Sicherheitskräften zu kooperieren.

Schließlich jedoch legte die IRA alle Waffen nieder und Sinn Féin erklärte sich endlich zur Kooperation mit der Polizei bereit. Die DUP zeigte sich gegenüber ihren ehemaligen republikanischen Feinden nachgiebiger und beide Seiten nahmen die Regierungsgeschäfte in einer Provinz auf, deren dringende Bedürfnisse lange Zeit durch die Diktatur des Sektierertums vernachlässigt worden waren. Den Beweis, dass Nordirland zu einer gewissen Normalität zurückgefunden hatte, lieferten die Wahlen 2011, aus denen die DUP und Sinn Féin als stärkste Parteien hervorgingen, was ihnen das Mandat zur Weiterarbeit verlieh.

Alte Feindschaft lässt sich allerdings schwer beilegen. Der Mord an dem jungen PSNI-Beamten Ronan Kerr im April 2011 war eine bittere Erinnerung an die blutige Geschichte der Provinz. Doch selbst in dieser Tragödie konnte man erkennen, dass sich etwas Grundsätzliches verändert hatte: Kerr war katholisches Mitglied einer Polizeieinheit, die große Anstrengungen unternommen hatte, ihre traditionell pro-protestantische Ausrichtung abzulegen, außerdem wurde seine Ermordung von beiden Seiten gleichermaßen heftig verurteilt. Noch eindrucksvoller war, dass Premierminister Peter Robinson auf der Beerdigung erschien und damit erstmals eine katholische Totenmesse besuchte.

Bücher zum Nordirlandkonflikt

Lost Lives (David McKittrick)

Ten Men Dead (David Beresford)

The Faithful Tribe: An Intimate Portrait of the Loyal Institutions (Ruth Dudley Edwards)

Die irische Lebensart

Die Iren haben zu Recht den Ruf, sehr umgänglich zu sein. Allerdings verbirgt sich hinter dem Bild des redegewandten Smalltalkmeisters ein tieferes, komplexeres Wesen voller Widersprüche. Diesen Gegensatz fasst ein Zitat treffend zusammen, das dem Dichter William Butler Yeats zugeschrieben wird: „Als Ire hatte er einen beißenden Sinn für Dramatisches, was ihn in kurzen Zeiten des Glücks aufrechterhielt."

Die irische Mentalität

Die Iren sind offen und warmherzig und unterhalten sich gern, egal ob mit Freunden oder mit Fremden. Außerdem gelten sie als humorvoll, verstricken sich aber auch mal in hitzige Debatten und überzeugen mit scharfsinnigen Argumenten. *Slagging* (sticheln) gilt hier als wahre Kunst. Mitunter mag das Gefrotzel zwar grob klingen, aber es entpuppt sich schnell als Basis der irischen Freundschaft. Es heißt, dass sich die Art und Enge einer solchen daran zeigt, wie sehr man mit sich scherzen lässt, statt nur inhaltsleere Komplimente zu machen.

Laut der Volkszählung 2011 ist die durchschnittliche Anzahl der Kinder pro Familie auf 1,38 gefallen – der niedrigste Wert in der irischen Geschichte.

Hinter der geschwätzigen Geselligkeit und zurückhaltenden Genügsamkeit verbirgt sich jedoch ein Geheimnis: Den Iren mangelt es nämlich schlicht und ergreifend an Selbstbewusstsein. Aus diesem Grund sind sie Nettigkeiten gegenüber auch meist misstrauisch und glauben einem nicht, wenn man etwas Freundliches über sie sagt. Falsche Bescheidenheit zu zeigen betreiben sie fast wie einen Sport.

Der steigende Wohlstand in den letzten 20 Jahren und die damit einhergehenden einschneidenden Veränderungen impften den Einwohnern neue Selbstsicherheit und die Überzeugung ein, dass ihnen die Welt offen steht. Heute haben die Iren, insbesondere die unter 30-Jährigen, kein Problem mehr damit, ihre Stärken und Erfolge zu zeigen. Der älteren Generation hingegen wurde vermittelt, Selbstlob sei ungehörig und überheblich.

Jack und Emily standen 2012 auf der Liste der beliebtesten Kindernamen ganz oben.

Irland muss sich nun den neuen wirtschaftlichen Gegebenheiten nach der Finanzkrise stellen, was interessante Unterschiede im Umgang mit der Situation zutage fördert: Die ältere Generation, die in einer Zeit aufwuchs, als Arbeitslosigkeit, Auswanderung und so gut wie keine Perspektiven zum Alltag gehörten, kennt all das noch und hat sich trotz materieller Schwierigkeiten einigermaßen mit den Umständen arrangiert. Die jüngere Generation, die an Wohlstand und Selbstverwirklichung gewöhnt war, nimmt die staatlichen Sparmaßnahmen als harte, vorübergehende Maßnahme, jedoch nicht als schicksalsgegeben hin. Dies ist das Vermächtnis des keltischen Tigers, der Veränderungen der traditionellen Einstellungen und sozialen Gepflogenheiten mit sich brachte.

Volksdroge Alkohol

Die Iren haben einen Hang zum Trinken und sind im internationalen Vergleich führend in Sachen Alkoholkonsum. Obwohl die verheerenden Folgen für die (vor allem junge) Gesellschaft immer deutlicher werden, besuchen die Einwohner nach wie vor sehr gerne Pubs. Man muss nur mal samstagabends durch irgendein Dorf spazieren, um das Ganze hautnah mitzuerleben.

Manch ein Experte sieht die zunehmende Trinkerei als Folge des ungewohnten finanziellen Wohlstands, aber Statistiken verdeutlichen, dass die Iren quasi schon immer einen ungesunden Hang zum „sich die Kante geben" hatten, auch wenn die Akzeptanz der öffentlichen Trunkenheit ein neueres Phänomen ist. Ältere ermahnen junge Generationen z. B. unaufhörlich, man habe *sie* nie in der Öffentlichkeit herumtorkeln sehen.

2011 kamen in Irland auf eine Zahl von 100 Frauen 98,1 Männer. 2006 waren es noch 100,1.

Lebensstil

Obwohl die Iren als notorische Nörgler gelten – sie meckern über ihre Arbeit, das Wetter, die Regierung und über die „bescheuerten Idioten" in den Dokusoaps –, würden sie mit der Pistole auf der Brust dann aber wohl doch zugeben, dass sie im besten Land der Welt leben. Klar, es liegt so manches im Argen, aber wo ist das denn anders?!

Das traditionelle Irland (Großfamilien mit einer engen Bindung an Kirche und Gemeinde) schwindet zusehends mit der rasanten Urbanisierung des Landes, die das einstige soziale Netz, das in Zeiten der Armut gut funktionierte, immer mehr zerstört. In diesem Punkt unterscheidet sich das moderne Irland nicht wirklich von anderen europäischen Staaten. Heute muss man schon auf Inseln oder in abgelegene Dörfer fahren, um noch die alten Gesellschaftsstrukturen zu erleben.

Schwulenfreundliches Irland

Nach einer langen Kampagne unter der Führung des Joyce-Schülers und Aktivisten für Schwulenrechte David Norris ist die Homosexualität 1993 entkriminalisiert worden. In den folgenden 20 Jahren wurde die Einstellung der Iren gegenüber Homosexuellen wesentlich toleranter, besonders in den Städten. Während früher das kleinste Indiz für Homosexualität zu offener Verachtung führte, tritt die LGBT-Gemeinschaft heute offen und stolz auf. In allen großen Städten gibt's einschlägige Bars und die Dublin Pride zählt zu den größten und ausgelassensten Festen des Jahres. Im Gegensatz dazu sind die ländlichen Gemeinden noch immer sehr konservativ. Junge homosexuelle Männer und Frauen müssen zumeist in größere Städte umziehen, wenn sie mitsamt ihrer Sexualität akzeptiert werden möchten.

2010 verabschiedete die Regierung den Civil Partnership Act, der gleichgeschlechtlichen Paaren eheähnliche Rechte und Pflichten einräumt. Zwar heißen viele Iren das Gesetz gut, doch es gibt auch Kritiker, vor allem weil es homosexuelle Paare in puncto Adoption oder Steuergesetzgebung nicht ganz mit verheirateten Paaren gleichstellt.

Multikulturelle Einflüsse

Lange Zeit war Irland recht homogen, aber dann erforderten Tausende von Zuwanderern aus aller Welt (der Ausländeranteil liegt bei 17 %) Toleranz und Integration. Im Großen und Ganzen hat das gut geklappt, doch einmal an der Oberfläche gekratzt, kommt schnell eine gewisse Fremdenfeindlichkeit zum Vorschein.

Inzwischen leben in Irland mehr Polen als Briten, die zuvor den größten Anteil an Ausländern stellten.

Die taumelnde Wirtschaft intensivierte diese Spannungen, und die Ansicht „irische Jobs den Iren" wird mit zunehmender Vehemenz und Autorität vertreten, auch wenn dies die Meinung einer kleinen Minderheit bleibt. Ungeachtet dessen nahm die Zahl der Einwanderer aus Osteuropa dramatisch ab, da sich diese in ihrer Heimat bessere Chancen ausrechnen.

Religion

Etwa 3,8 Mio (84,2 %) Einwohner der Irischen Republik sind Katholiken, 2,8 % Protestanten und 0,5 % Muslime. Der Rest setzt sich aus anderen

Einer Umfrage nach glauben 70 % der Iren an Gott und 22 % an irgendeine Art von Geist bzw. Lebenskraft. Nur 4 % bezeichnen sich als Atheisten.

Glaubensgemeinschaften und Atheisten zusammen. Im Norden leben 53 % Protestanten und 44 % Katholiken (3 % gehören anderen Religionsgemeinschaften oder gar keiner an). Viele irische Protestanten sind Mitglieder der Church of Ireland, einer Schwesterkirche der Church of England, sowie der presbyterianischen und der methodistischen Kirche.

Der Katholizismus ist zwar nach wie vor bestimmend für die kulturelle Identität, trotzdem haben sich zahlreiche Iren (insbesondere der jüngeren Generation) von der Kirche distanziert, deren Lehren sich nicht mehr mit den großen sozialen Themen der heutigen Zeit wie Scheidung, Verhütung, Abtreibung, Homosexualität und eheähnlichen Gemeinschaften vereinbaren lassen. Wut und Empörung verursachten auch die Rolle der Kirche in dem Skandal um den Kindesmissbrauch von Priestern und ihre skrupellosen Versuche, die Verantwortung abzuwälzen. Vor allem ältere Gläubige fühlten sich verraten und stellten ihr lebenslängliches Engagement in ihren örtlichen Gemeinden in Frage.

Fernsehen & Radio

Es gibt in Irland vier TV-Sender. Drei werden von dem staatlichen Sender Raidió Teilifís Éireann (RTE) betrieben, der vierte ist ein kommerzieller Privatsender. RTE bringt sehr gute Sportsendungen, Nachrichten und Berichte zu aktuellen Themen. Das seichte Programm des privaten Senders TV3 beinhaltet jede Menge drittklassige US-Serien gepaart mit stumpfsinnigen Reality-TV- und Celebrity-Shows. Der irischsprachige Sender TG4 zeigt Filme und Theaterstücke, meist *as gaeilge* (auf Irisch mit englischen Untertiteln). Zusätzlich empfangen die meisten irischen Haushalte über Satellit oder Kabel die Hauptsender des englischen Fernsehens: BBC, ITV und Channel 4; in Nordirland sind sie die wichtigsten Sender.

Die Iren hören viel Radio – bis zu 85 % schalten es jeden Tag ein. Die Mehrheit ist RTE treu, Irlands führendem Anbieter mit drei Sendern: Radio 1 (88.2–90 FM; Nachrichten und Diskussionsbeiträge), Radio 2 (90.4–92.2 FM; Lifestyle und Musik) und Lyric FM (96–99 FM; klassische Musik). Dem Telekommunikationszaren Denis O'Brien gehören zahlreiche Radiosender, darunter der Talksender Newstalk (106–108FM; Nachrichten, Aktuelles und Lifestyle) und Today FM (100–102FM; Musik, Gespräche und Nachrichten). Dann gibt's noch 25 lokale Sender, die regionale Themen und Geschmäcker bedienen, darunter das Radioprogramm des nordwestlichen Hochlandes, das in Donegal, Sligo, Tyrone und Fermanagh gehört wird. Mit 84 % Marktanteil handelt es sich um Europas erfolgreichsten lokalen Sender. In Nordirland hat die BBC das Monopol. Zusätzlich zu den vier Hauptsendern berichtet BBC Radio Ulster über Lokales.

Musik

Irlands literarisches Erbe mag Kritikern ein wissendes Nicken entlocken, doch es ist die Musik, die einem noch lange im Gedächtnis haften bleibt. Die Einwohner kreieren Lieder für jede Gelegenheit und jede Stimmung, egal ob sie für Feste oder für Beerdigungen bestimmt sind. Hier entsteht die gleiche Popmusik wie anderswo auch, doch dank der traditionellen Formen ist Livemusik in Irland etwas ganz Besonderes.

Traditionelle Musik & Folk

Im Gegensatz zu zahlreichen anderen europäischen Ländern, wo traditionelle Musikformen vom allgegenwärtigen Pop verdrängt wurden, ist die irische Musik (hierzulande *traditional music* oder kurz *trad* genannt) bis heute lebendig. Sie hat viele ihrer traditionellen Aspekte beibehalten und gleichzeitig andere Genres beeinflusst. Dies trifft vor allem auf den amerikanischen Country & Western zu – eine Fusion des Blues aus dem Mississippidelta und traditioneller irischer Lieder, die kombiniert mit anderen Einflüssen wie dem Gospel wiederum die Wurzel des Rock'n' Roll bildete. Heute wird irische Musik ganz zeitgemäß von Bands in Pubs gespielt und nur noch selten wie früher bei traditionellen *céilidh*-Tanzabenden. Durch den neuen Wohlstand wissen die Iren ihre eigene Kultur wieder zu schätzen und jagen weniger internationalen Trends hinterher. Darüber hinaus wartet das Land mit dem Bühnenspektakel *Riverdance* auf, das irische Tänze zum weltweiten Phänomen machte. Vom musikalischen Wert sind Kenner des *trad*-Stils allerdings weniger überzeugt.

Der Moderator der amerikanischen *Late Show*, David Letterman, beschrieb die *uillean pipe* (irischer Dudelsack) einmal als „an einem Stock befestigtes Sofa".

Früher – und zwar bereits seit keltischer Zeit – diente Musik als reine Tanzbegleitung. Die unzähligen Melodien sind allerdings nicht annähernd so alt, viele haben erst ein paar Jahrhunderte auf dem Buckel. Da ein Großteil der irischen Stücke per Gehör überliefert wurde, gibt's zahlreiche Varianten einer einzigen Melodie. Der blinde Wanderharfenist Turlough O'Carolan (1680–1738) komponierte über 200 Lieder – es lässt sich kaum erahnen, wie viele Variationen daraus entstanden.

Die volkstümlichen Dubliners machten mit Ronnie Drews (1934–2008) unverkennbarer Stimme und derben Trinkliedern, die jedermann

DAS A & O DER TRADITIONELLEN MUSIK

Trotz gegenteiliger Annahme und obwohl sie ein nationales Symbol ist, spielt die Harfe in der traditionellen Musik keine große Rolle. Verbreiteter ist die mit Ziegenfell bespannte irische Rahmentrommel *bodhrán* (*bau*-roan), die allerdings nur ein kümmerliches Symbol abgäbe. Für einen weiteren typischen Klang sorgt der irische Dudelsack *(uillean pipe)*, der mit einem Blasebalg unter dem Ellbogen bespielt wird, aber in einem Pub wird man ihn wahrscheinlich eher selten hören. Die Geige erfreut sich nicht nur in Irland großer Beliebtheit, gehört aber zu den wichtigsten Instrumenten der irischen Musik, ebenso wie die *tin whistle* (Blechflöte), das Akkordeon und die Bouzouki (eine Variante der Mandoline). Irische Musik lässt sich in fünf Kategorien unterteilen: Jigs, Reels, Hornpipe, Polka und Slow Airs. Die alte Form des unbegleiteten Gesangs von traditionellen Balladen und Melodien wird *sean-nós* genannt.

zum Mitsingen brachten, Karriere. Weitere populäre Gruppen sind die Fureys (vier Brüder und der Gitarrist Davey Arthur) sowie die Wolfe Tones mit ihren leidenschaftlich vorgetragenen irischen Rebellensongs.

Seit den 1970er-Jahren versuchten viele Gruppen, traditionelle und progressivere Stilrichtungen zu mischen, mal mit mehr, mal mit weniger Erfolg. Den Durchbruch schaffte die Band Moving Hearts, deren Leader Christy Moore als größter irischer Folk-Musiker aller Zeiten gilt.

Traditionelle Playlist

The Quiet Glen (Tommy Peoples)

Paddy Keenan (Paddy Keenan)

Compendium: The Best of Patrick Street (Various)

The Chieftains 6: Bonaparte's Retreat (The Chieftains)

Old Hag You Have Killed Me (The Bothy Band)

Rock & Pop

Seit den 1960er-Jahren brachte das Land zahlreiche große Rockmusiker hervor, darunter Van Morrison, Thin Lizzy, die keltische Rockband Horslips, die Punkrocker The Undertones und die Belfaster Band Stiff Little Fingers (SLF), Irlands Antwort auf The Clash. Natürlich darf man auch The Boomtown Rats mit Frontmann Bob Geldof nicht vergessen.

Außerdem gibt's jede Menge weltweit bekannte irische Popstars wie Sinead O'Connor, deren Debütalbum *The Lion and the Cobra* ihr 1987 eine Grammy-Nominierung bescherte. Das Folgealbum *I Do Not Want What I Haven't Got* (1990) mit einer Version des Hits *Nothing Compares 2 U* von Prince zählt noch heute zu den Höhepunkten der Geschichte der Popmusik. Auch in den USA erfreut sich die Sängerin bis zu ihrem denkwürdigen Auftritt bei Saturday Night Live 1992 großer Beliebtheit – damals zerriss sie ein Bild von Papst Johannes Paul II, was zu heftiger Kritik führte.

Weit weniger umstritten und deutlich erfolgreicher waren The Cranberries mit Frontfrau Dolores O'Riordan, die 1989 in Limerick zusammenfanden. Nachdem schon ihr erstes Album *Everybody Else is Doing It, So Why Can't We* (1993) auf Platz eins der UK-Charts kletterte, machte sie ihr zweites Album *No Need to Argue* (1994) zu Weltstars. Die Singleauskopplung *Zombie* des Mehrfach-Platin-Albums schaffte es bis an die Spitze der US-Charts.

Alle Namen verblassen jedoch im Glanz der 1976 gegründeten Gruppe U2. Nach 13 Studioalben, 22 Grammys und 150 Millionen verkauften Alben muss die Band niemandem mehr etwas beweisen. Doch hier zeigt sich wieder Irlands eigenartige Beziehung zum Erfolg, denn die heftigste Kritik kommt aus dem eigenen Land und richtet sich vor allem gegen Bono. Der Tenor: Hör auf zu beten und bleib bei der Musik! Die Kritik wurde schärfer, als U2 aus Steuergründen die Vermarktung ihres Imperiums in die Niederlande verlegte. Nichtsdestotrotz war ihre 360°-Tournee von 2009 bis 2011 die bestbesuchte und erfolgreichste Tour in der Geschichte der Rockmusik. U2 macht also offensichtlich nicht alles falsch.

Die aktuelle Musikszene

Die aktuelle Musikszene ist aufgrund der Unbeständigkeit der Szene vielseitiger denn je. Lukrative Plattenverträge sind Mangelware, deshalb müssen sich neue Künstler durch Gigs, Mundpropaganda und Onlinemedien einen Ruf erarbeiten.

Es gibt in Irland so viele Bands, dass wir hier nicht alle aufführen können. Die gute Nachricht: Dafür finden ständig Gigs statt.

STERNSTUNDE VON U2

Wer noch einen Beweis braucht, dass Bono richtig gut singen kann, muss sich nur die Liveversion von *Miss Sarajevo* anhören. Sie wurde 2005 in Mailand aufgenommen und ist auf der Maxi-Single *All Because of You* zu finden. Luciano Pavarotti war nicht dabei, um seinen Part zu singen, wie er es bei der Studioversion getan hatte (auf dem 1995 erschienenen Album *Original Soundtracks 1* von U2 und Brian Eno). Also gibt sich Bono die Ehre – auf Italienisch, und mit einer Kraft und Intensität, die einem Tränen in die Augen treibt. *Grazie, maestro.*

DIE BESTEN IRISCHEN ROCKALBEN

- *The Joshua Street* (U2)
- *The End of History* (Fionn Regan)
- *Loveless* (My Bloody Valentine)
- *Live & Dangerous* (Thin Lizzy)
- *I Do Not Want What I Haven't Got* (Sinead O'Connor)
- *St Dominic's Preview* (Van Morrison)
- *Keep on Keepin' On* (The Riptide Movement)
- *Inflammable Material* (Stiff Little Fingers)
- *The Book of Invasion* (Horslips)
- *Becoming a Jackal* (Villagers)

Eine der am ungeduldigsten erwarteten Neuerscheinungen war *Absolute Zero,* das Debütalbum von Little Green Cars, einer Gruppe mit eingängigen Melodien aus Rock, Folk, Roots und Americana. Stevie Applebys bebender Gesang gibt den Ton an, der Rest der Band trägt tolle Harmonien bei. Die Musik ist der von Bon Iver nicht unähnlich. 2012 brachte die in Wexford geborene Folksängerin Wallis ihr drittes Album heraus, *Wallis Bird.* Darauf hört man genau, warum sie die „irische Fiona Apple" und „junge Janis Joplin" genannt wird (wobei sie älter ist als Janis Joplin bei ihrem Tod war). Eine Mischung aus Electronica und Alternative Rock bietet Richie Egan. Seine Band Jape veröffentlichte 2011 *Oceans of Frequency* und staubte damit seinen zweiten Choice Music Prize ab, Irlands angesehensten Rockpreis. Den ersten erhielt Jape 2008 für das Album Ritual. Egans Songs haben etwas Hypnotisches, was an der brillanten Basslinie oder den von Brian Eno beeinflussten Melodien bei Liedern wie *You Make the Love* liegen mag.

Ein weiterer Electro-Pop-Act, den man im Auge behalten sollte, ist Two-Door Cinema Club, eine dreiköpfige Band aus dem nordirischen Bangor. Ihr Debütalbum *Tourist History* (2010) zeichnet sich durch eine wundervolle Mischung aus leicht linksgerichteten Liedern aus, zu denen man gut tanzen kann. 2012 erschien das Folgealbum *Beacon*: Die Melodien waren knackiger, glatter und für unseren Geschmack ein bisschen zu poppig.

Schnörkellosen Rock (eine Mischung aus Doors und AC/DC mit einer Prise Lynyrd Skynyrd) liefert *Keep On Keepin' On* (2012) von Riptide Movement. Größer Ohrwurm ist *Hot Tramp,* einer unserer Lieblingssongs der letzten Jahre. Die Stadionrocker von Script sind Irlands Antwort auf Keane, allerdings nicht so ausgefallen: Die Gruppe ist melodisch und der Sound riesig, wenn auch etwas langweilig. Trotzdem hat Script 4 Mio. Alben verkauft (vor allem von dem 2012 erschienen *#3*).

Das Magazin Hot Press (www.hotpress.com) erscheint alle zwei Wochen. Es enthält Interviews mit internationalen Musikern und Hitlisten.

Müssten wir uns für eine Gruppe entscheiden, wären das die Villagers, eine Indie-Folk-Band um Frontmann Conor O'Brien, der alle Songs schreibt und die meisten Instrumente spielt (im Studio). Es bestehen deutliche Parallelen zwischen O'Brien und Conor Obersts Bright Eyes oder Nick Cave. Die Texte werden getragen von erstaunlich schönen Melodien, aus denen man die Melancholie verlorener Liebe und verpasster Gelegenheiten heraushört. O'Briens Debütalbum *Becoming a Jackal* (2010) war das Album des besagten Jahres, und mit *Awayland* (2013) hat er gezeigt, dass er noch sehr viel mehr zu bieten hat.

Besonders lebendig ist die vielfältige Livemusikszene. Die Bandbreite reicht vom spontanen Auftritt im hinteren Teil eines Pubs bis zum Megagig in einem Stadion mit 80 000 Plätzen. Doch vor allem das irische Publikum macht die Konzerte zum ganz besonderen Erlebnis. Es geht intensiv mit und verleiht dem Ganzen so eine zusätzliche Qualität.

Literatur

Von all den landestypischen und kulturellen Eigenarten ist es wohl ihre Art, zu sprechen und zu schreiben, die die Iren am stärksten auszeichnet. Ihre Liebe zur Sprache und die lange mündliche Tradition haben das Land zu einem reichen Erbe weltberühmter Schriftsteller und Geschichtenerzähler verholfen. Dabei wurde den Einwohnern die Sprache ursprünglich von Eindringlingen aufgedrängt. Doch die Iren reagierten auf diese kulturelle Piraterie mit einer eigenen meisterhaften Mixtur: einem Englisch, angereichert und gewürzt mit charakteristisch irischen Rhythmen, Aussprachemustern und grammatischen Eigenheiten.

Der mythische Sagenkreis

Bevor es irgendeine Form moderner Literatur gab, entstand der Ulster-(Ulaid-)Zyklus, Irlands Version des homerischen Epos, der zwischen dem 8. und 12. Jh. nach mündlichen Überlieferungen niedergeschrieben wurde. Im Mittelpunkt steht die Sage *Táin Bó Cúailnge* (Rinderraub von Cooley). Sie erzählt vom Kampf zwischen Königin Medb von Connacht und Cú Chulainn, der wichtigsten Heldengestalt der irischen Mythologie. Bis heute taucht Cú Chulainn in den Werken irischer Schriftsteller auf, darunter sowohl Samuel Beckett als auch Frank McCourt.

Einer der erfolgreichsten irischen Schriftsteller ist Eoin Colfer, Autor der Romanserie *Artemis Fowl*. Die acht Fantasyromane erzählen die Abenteuer von Artemis Fowl II. auf seinem Weg vom kriminellen Antihelden zum Retter der Elfen.

Moderne Literatur

Tausend Jahre nach Entstehung des mythischen Sagenkreises sowie ein paar Generationen nach Jonathan Swift (1667–1745) und seinem Meisterwerk *Gullivers Reisen* brachte die irische Literatur Berühmtheiten wie den Dramatiker Oscar Wilde (1854–1900), Bram Stoker (1847–1912), den Schöpfer von *Dracula* – manch einer denkt übrigens, dass der Name des Grafen auf das irische *droch fhola* (böses Blut) zurückgeht – und den bewunderten Literaturgiganten James Joyce (1882–1941) hervor.

Die meisten Werke schrieb Joyce, nachdem er seine Heimat verlassen und sich in Paris – damals *die* Experimentierstätte für Künstler schlechthin – niedergelassen hatte. Auch Samuel Beckett (1906–1989), der mit Sprache und Stil überaus ideenreich und gestaltungsfreudig umging, zog es in die französische Metropole. Beckett befasste sich vor allem mit fundamentalen Fragen über die menschliche Existenz und die Natur des Ichs. Bekannt wurde er mit *Warten auf Godot*.

DIE GÄLISCHE RENAISSANCE

Während die Home Rule (autonome Selbstverwaltung) debattiert und aufgeschoben wurde, fand in Irlands Kunst- und Literaturszene so etwas wie eine Revolution statt. Der Dichter William Butler Yeats (1865–1939) und seine Entourage (darunter Lady Gregory, Douglas Hyde, John Millington Synge und George Russell) engagierten sich für ein Revival der angloirischen Literatur. Sie gruben alte keltische Sagen wieder aus und schrieben mit frischer Begeisterung über das romantische Irland der legendären Schlachten und Kriegsköniginnen. Ihre Werke zeichneten eine attraktivere Version der Geschichte eines Landes, das jahrhundertelang unter Invasionen und Entbehrungen gelitten hatte.

LITERARISCHE ERFOLGE

➜ **Die Asche meiner Mutter** (1996) Dieses wunderbare Buch brachte Frank McCourt den Pulitzer-Preis ein. Seine autobiografische Geschichte berichtet schonungslos von der Kindheit des jungen McCourt im verarmten Limerick während der Weltwirtschaftskrise in den 1930er-Jahren.

➜ **Unter Frauen** (1990) John McGaherns schlichtes, knappes Prosastück erzählt vom Leben einer westirischen Familie nach dem Ende des Unabhängigkeitskriegs.

➜ **Im Dunkeln lesen** (1996) Seamus Deane, ausgezeichnet mit dem Guardian Fiction Prize, schildert den Kampf eines Jungen, der sich während der Belfaster Unruhen auf die Spuren seiner Vergangenheit begibt.

➜ **Die See** (2005) In diesem Roman, für den John Banville den Booker Prize gewann, verarbeitet er die Themen Sterblichkeit, Tod, Trauer, Erinnerungen und Kindheit.

➜ **Manche, sagt man, sind verdammt** (1969) James Plunketts Erzählung, die als Meisterstück der irischen Literatur im 20. Jh. gilt, spielt zur Zeit des Dublin Lockout.

➜ **Der Schlächterbursche** (1992) Patrick McCabes brillant-gruselige Tragikomödie erzählt von einem Waisenjungen aus Monaghan, der dem Wahnsinn verfällt. Der Roman wurde erfolgreich von Neil Jordan verfilmt.

Im 20. Jh. schafften Dutzende irischer Autoren den Durchbruch, darunter der Dramatiker und Romanautor Brendan Behan (1923–1964). In seinen besten Werken wie *Borstal Boy, Der Spaßvogel* und *Die Geisel* verwob Behan Tragisches mit Witz und Episoden aus seinem eigenen exzessiven Leben. Nach einem ausschweifenden Leben starb er leider früh an den Folgen seiner Alkoholsucht.

Der aus Belfast stammende C. S. Lewis (1898–1963) starb ein Jahr vor Brendan Behan. Sein bekanntestes Werk sind die *Chroniken von Narnia,* eine Reihe allegorischer Kindergeschichten, von denen bisher drei verfilmt wurden. Darüber hinaus gibt's einige Schriftsteller aus dem Norden, die sich dem Nordirlandkonflikt gewidmet haben. Dazu gehört Bernard McLavertys *Cal* (ebenfalls verfilmt) und sein jüngeres Werk *Die Schule der Anatomie,* zwei gleichermaßen hervorragende Romane.

Gegenwartsliteratur

„Ich liebe James Joyce. Nie was von ihm gelesen, aber er ist ein wahres Genie." Klar, den Großen ist man immer treu, doch wenn man den gemeinen Iren nach seinem Lieblingsautoren fragt, wird er höchstwahrscheinlich einen nennen, der noch lebt, beispielsweise den 1958 geborenen Roddy Doyle, dessen unglaublich erfolgreiches Barrytown-Quartett – *Die Commitments, The Snapper, Fish & Chips* und *Paddy Clarke Ha Ha Ha* – komplett verfilmt wurde. Doyles jüngstes Buch, *The Guts* (2013), ist von den Fans mit Spannung erwartet worden, denn es brachte die Rückkehr von Jimmy Rabbitte, des denkwürdigen Helden von *Die Commitments:* älter, weiser und gegen eine Krankheit kämpfend.

Sebastian Barry (*1955) begann seine Karriere als Dichter mit dem Werk *The Water Colorist* (1983) und machte sich auch einen Namen als Dramatiker. Seine größten Erfolge erzielte er aber als Romanautor. Bisher war er zweimal für den Booker Prize nominiert: 2005 für sein Werk *A Long Way Down,* ein Drama im Ersten Weltkrieg, und 2008 für das wunderbare *Ein verborgenes Leben* über die hundertjährige Insassin einer psychiatrischen Anstalt, die beschließt, ihre Autobiografie zu schreiben. Sein Roman *Mein fernes, fremdes Land* (2011) ist eine spannende Geschichte der Tragödien und Verluste. Erzählt wird sie von Lily Bere, die Irland in den 1920er-Jahren verlässt und sich in den Hamptons ein neues Leben aufbaut.

DER CLUB DER LEBENDEN DICHTER

Als größter moderner Schriftsteller Irlands galt der in Derry geborene Nobelpreisträger Seamus Heaney (1939–2013). Seine große menschliche Wärme und sein trockener Humor ziehen sich durch jedes seiner atmosphärisch dichten Werke. Heaney war zweifellos Yeats' Nachfolger und einer der wichtigsten modernen Lyriker in englischer Sprache. Nachdem er 1995 den Nobelpreis gewann, verglich er den darauffolgenden Rummel mit der Aufmerksamkeit, die jemand bekommt, der seiner Mutter gegenüber das Wort „Sex" in den Mund nimmt. *Opened Ground – Poems 1966–1996* (1998) ist unser persönliches Lieblingsbuch.

Einer der zuverlässigsten Chronisten, die vom Wandel in der Hauptstadt der Republik berichten, ist der Dubliner Paul Durcan (*1944). 1990 wurde ihm der angesehene Whitbread Prize for Poetry für sein Werk *„Daddy, Daddy"* verliehen. Durcan gilt als humorvoller, bezaubernder, gefühlvoller und zugleich wilder Schriftsteller. Der aus Kerry stammende Dichter und Dramatiker Brendan Kennelly (*1936), eine Berühmtheit in Dublin, lehrt am Trinity College und verfasst eine ganz eigene Art von Gedichten, die sich durch Verspieltheit und historische sowie intellektuelle Einflüsse auszeichnen. Die überaus produktive und bewunderte Autorin Eavan Boland (*1944), die vor allem für ihre Dichtkunst bekannt ist, kombiniert Politik mit Feminismus. *In a Time of Violence* (1995) und *The Lost Land* (1998) sind zwei ihrer bekanntesten Gedichtbände.

Wer mehr über irische Lyrik im Allgemeinen erfahren möchte, kann sich auf der hervorragenden Website **Poetry Ireland** (www.poetryireland.ie) über die Werke neuer sowie etablierter Dichter informieren. In gedruckter Form bietet *Contemporary Irish Poetry*, erschienen bei Fallon and Mahon, einen Überblick über die zeitgenössische irische Lyrik. *A Rage for Order*, herausgegeben von Frank Ormsby, ist eine hervorragende Sammlung von Gedichten aus dem Norden.

Anne Enright, Jahrgang 1962, ergatterte 2007 den Booker Prize für *Das Familientreffen*, eine Geschichte über Alkoholismus und Missbrauch, die den Nerv der Zeit trifft. Die Autorin selbst beschrieb dieses Werk als „intellektuelles Pendant zur Hollywoodschnulze". Ein weiterer Booker-Preisträger ist das literarische Schwergewicht John Banville (*1945), dem die Auszeichnung für seinen Roman *Die See* (2009) verliehen wurde. Empfehlenswert sind außerdem *Das Buch der Beweise* (1989) und sein meisterhafter Schlüsselroman *Der Unberührbare* (1998), der in groben Zügen auf dem Leben des Kunsthistorikers und Geheimagenten Anthony Blunt basiert. Banvilles präzise und oft kühl wirkende Prosa spaltet die Kritiker, die ihn entweder für den besten zeitgenössischen anglophonen Sprachkünstler oder für einen unlesbaren Intellektuellen halten. Wer der zweiten Kategorie angehört, sollte einen Blick in seine äußerst unterhaltsamen Kriminalromane werfen, die er unter dem Pseudonym Benjamin Black verfasst hat, darunter die in jüngerer Zeit erschienenen Titel *A Death in Summer* (2011), *Vengeance* (2012) und *Holy Orders* (2013).

Zeitgenössische Romane

- *The Empty Family* (Colm Tóibín)
- *Irrlicht* (Joseph O'Connor)
- *Im Lichte der Vergangenheit* (John Banville)
- *Raum* (Emma Donoghue)
- *Tausend Worte* (Ciarán Collins)

Eine weitere literarische Größe ist der aus Wexford stammende Colm Tóibín (*1955), aus dessen Feder neun Romane stammen, darunter *Brooklyn* (2009) und die Novelle *The Testament of Mary* (2012), die sich mit dem Leben Marias, der Mutter Jesu, im hohen Alter beschäftigt.

Neben diesen etablierten Schriftstellern profitiert die zeitgenössische Literatur von einer Welle neuer Autoren, die das Leben, die Liebe und das Aufwachsen in Irland mit den Augen der Generation Y sehen. Sie widmen sich auf wunderbare Art ganz neuen Themen wie den Erfahrungen der Migrantengemeinschaften, den Umbrüchen durch den Wirtschaftsboom um die Jahrtausendwende und dem Ringen um die Gleichstellung der Geschlechter. Ihre Bücher erzählen mit Leidenschaft die Geschichte des Irlands von heute. Zu den herausragenden jungen Talenten zählt Ciarán Collins, dessen Erstlingsroman *Tausend Worte* (2013) einen wunderbar berührenden und komischen Blick auf die Leiden der Pubertät in einer irischen Kleinstadt wirft. Gavin Corbetts *This is the Way* (2013) schildert die Mühen eines Traveller (Mitglied des irischstämmigen „Fahrenden Volkes") im Dublin des 21. Jhs. Niamh Boyce bekam 2012 den Hennessy XO New Writer of the Year Award und veröffentlichte 2013 ihren ersten Roman, *The Herbalist* (2013), in dem es um einen exotischen Fremden in einer irischen Kleinstadt geht, dessen Erscheinen die dunkelsten Geheimnisse der Stadt ans Tageslicht bringt. Eines der erfolgreichsten Beispiele für im Eigenverlag veröffentlichte Bücher ist Helen Seymours Debütroman *Beautiful Noise* (2013) über eine fiktive Freundesgruppe im Dublin der 1980-Jahre, dessen Filmrechte der irische Regisseur John Moore kaufte.

Frauenromane

Autoren hassen das Etikett und die Garde der Verleger sieht darauf herab, doch Frauenromane *(chick lit)* sind ein Riesengeschäft und nur wenige beherrschen das Genre so gut wie die Irinnen. An vorderster Front behauptet sich Maeve Binchy (1940–2012), die mit ihrer Stilsicherheit in puncto Verkaufszahlen selbst die bekanntesten Literaturgiganten hinter sich ließ. Ihr letzter Roman vor ihrem Tod war *A Week in Winter* (2012). Auch Marian Keyes (*1963) kann eine ganze Reihe von Beststellern vorweisen, darunter ihr jüngstes Buch *Glücksfall* (2012). Sie ist eine großartige Erzählerin mit der seltenen Gabe, schwierige Themen wie Alkoholismus und Depressionen anzugehen – Probleme, unter denen sie selbst gelitten hat und mit denen sie bewundernswert ehrlich umgeht. Die frühere Kummerkastentante Cathy Kelly fabriziert fleißig jedes Jahr einen neuen Roman; einer der jüngeren ist *The Honey Queen* (2013), in dem es um die Probleme in der fiktiven Stadt Redstone geht.

Natur & Umwelt

An irischer Literatur, Musik und Kunst wird immer wieder deutlich, wie sehr sich die Landschaft der Insel – die sich 486 km von Nord nach Süd und nur 275 km von Ost nach West erstreckt – auf das Gemüt der Einwohner auswirkt. Vor allem Auswanderer geben überall zum Besten, wie sehr sie sich nach der Heimat sehnen. Für viele Traveller gehört das satte Grün der sanften Hügel und die gewaltige Kulisse zerklüfteter Küsten untrennbar zum Reiseerlebnis dazu.

1821 wurde in einem Moor in Galway die Leiche eines Mannes aus der Eisenzeit gefunden. Mantel, Schuhe und Bart waren noch erhalten.

Klippen & Felsen

Gewaltige Felsformationen wie der Burren im County Clare bilden zwar keine gute Lebensgrundlage für Gras, aber selbst hier sprießen mancherorts genügend Pflanzen, damit sich Schafe und Ziegen satt fressen können. Ansonsten ist das weite Land vor allem grau und karg. Ganz in der Nähe erheben sich wie abgeschnitten in der tosenden Brandung die dramatischen Cliffs of Moher. Genauso unverhofft stößt man im County Antrim auf die außergewöhnlichen sechseckigen Steinsäulen des Giant's Causeway und im County Donegal auf die schroffen Slieve-League-Felsen, Europas höchste Meeresklippen. Sanddünen schaffen einen Übergang zu weitaus sanfteren Abschnitten. Zudem erstrecken sich vor der gesamten Küste zahlreiche kleinere Inseln. Viele ragen als karge Felsen mit einzigartigen Ökosystemen aus dem Wasser, darunter Skellig Michael, ein atemberaubend zerklüftetes Eiland vor Kerry.

Die ländlichen Farmen an der Westküste sehen oft schroff aus, was hauptsächlich damit zusammenhängt, dass hier das Felsgestein so nahe am Boden liegt. Große Gesteinsteile wurden abgetragen, um fruchtbare Erde zu schaffen. Aus ihnen errichtete man Wälle, um kleine Landteile abzugrenzen. Auf den Aran Islands kann man ein ganzes Labyrinth solcher Mauern bewundern.

Berge & Wälder

Im Westen, der bergigsten Region des Landes, erheben sich zahlreiche Klippen und Hügel. Die imposantesten Gipfel liegen im Südwesten, darunter auch der höchste Berg des Landes, der Carrantuohil (1039 m), in den Macgillycuddy's Reeks, County Kerry.

Iren beklagen sich oft über den Verlust ihrer Forste. Ein Großteil der Bäume wurde bereits unter Elisabeth I. von den Engländern abgeholzt, die damit Schiffe für die Royal Navy bauten. Inzwischen ist kaum noch etwas von den einst so üppigen Eichenwäldern übrig. Heute sind die Bäume oftmals das Produkt des jüngsten Wiederaufforstungsprogramms. Anstelle der Wälder eröffnet sich dem Besucher ein Anblick von grünen Wiesen und Feldern, unterteilt durch Hecken und Steinwälle. Diese werden zum Ackerbau und als Weideland für Rinder und Schafe genutzt.

In *Reading the Irish Landscape* von Frank Mitchell und Michael Ryan erfährt man mehr über Irlands Geologie, Archaeologie, Städtewachstum, Landwirtschaft und Aufforstung.

Pflanzen

Obwohl es in Irland kaum Wälder gibt, ist die Zahl hiesiger Pflanzenarten größer als in vielen anderen Ländern Europas, was u. a. mit dem vergleichsweise späten Aufkommen der Landwirtschaft zusammenhängt.

DAS MOOR

Einst bestand Irland zu einem Fünftel aus Moorland, das eher whiskeyfarben als grün aussieht. Der Braunton stammt von Pflanzen wie Heidekraut und Torfmoos, die unberührte Sumpfgebiete überdecken. Mitunter stoßen Besucher im County Kildare unverhofft auf eines der Moore im Bog of Allen oder entdecken in den westlichen Grafschaften Sümpfe: Fast die gesamte Mayoküste ist ein einziger Morast und auch in Donegal erstrecken sich riesige Moore.

Überreste des ursprünglichen Eichenwaldes findet man im Killarney National Park und im südlichen Wicklow bei Shillelagh. Weiter verbreitet sind Kiefernschonungen. Hecken, die zur Unterteilung von Feldern und als Markierung von Landgrenzen gepflanzt werden, bestehen zum großen Teil aus einheimischen Arten, die früher zuhauf in den Eichenwäldern wuchsen – ein faszinierendes Beispiel für die Fähigkeit der Natur, sich anzupassen und erneut durchzusetzen. Im Burren, County Clare, gedeiht eine erstaunlich bunte Mischung aus mediterranen, alpinen und arktischen Pflanzen.

Informationen über Parks, Gärten, Denkmäler und Binnenwasserstraßen findet man unter www.heritageireland.ie.

Irlands Moore haben ihre ganz eigene Fauna, die an feuchte, säurehaltige, nährstoffarme Bedingungen gewöhnt ist. Ihr Fortbestand wird jedoch durch den Abbau der Sumpfgebiete als Energiequelle bedroht. Neben Rosmarin, Wollgras, Riedgras (dessen hauchdünner Halm eine Höhe von bis zu 30 cm erreicht) sowie verschiedenen Arten von Heidekraut und Flechten gehört das Torfmoos zu den häufigsten Moorpflanzen. Sogar fleischfressende Pflanzen gedeihen hier, darunter der Sonnentau, der mit seinen klebrigen Tentakeln Insekten fängt, oder die Wasserschläuche, deren winzige Fangblasen sich blitzschnell öffnen und mit dem Beutetier in der Falle wieder zuschnappen.

Tiere

Abgesehen von Fuchs und Dachs, die auf Menschen scheu reagieren und sich deswegen eher rar machen, kann man viele wild lebende Säugetiere Irlands in die Kategorie Kleintiere einteilen, darunter Kaninchen, Igel und Spitzmäuse. Wanderer entdecken häufiger irische Feldhasen bzw. sehen sie blitzschnell davonhoppeln. Rotwild streift in manchen abgelegenen Gebieten umher, vor allem in den Wicklow Mountains oder im Killarney National Park, wo auch die größte Herde des Landes zu finden ist.

Der illustrierte Führer *The Animals of Ireland* von Gordon D'Arcy bietet eine praktische und günstige Einführung in Irlands vielfältige Tierwelt.

Im Meer und in anderen Gewässern tummeln sich weitere Säugetiere, z. B. der in Europa mittlerweile selten gewordene Otter. Robben hausen an Flüssen oder an der Küste, ebenso wie Delfine, die dem warmen Golfstromwasser bis nach Irland folgen. Manche sind das ganze Jahr über zu sehen, besonders in Buchten und Zuflüssen vor der irischen Westküste.

Vögel

Viele Traveller kommen extra zur Vogelbeobachtung nach Irland. Dank ihrer Lage ganz im Westen Europas ist die Insel ein idealer Zwischenstopp für Zugvögel, die von Nordamerika und der Arktis gen Süden fliegen. Im Herbst werden die südlichen Grafschaften kurzfristig zur Heimat amerikanischer Watvögel (darunter Strandläufer und Regenpfeifer) sowie Grasmücken. Zugvögel aus Afrika wie Sturmtaucher, Sturmvögel und Alkenvögel bevölkern ab dem Frühling die südwestlichen Counties.

Den seltenen Wachtelkönig, der von Afrika ausgehend über Irland zieht, entdeckt man in den westlichen Grafschaften, in Donegal und rund um die Shannon Callows sowie auf Inseln wie Inishbofin in Galway. Im Spätfrühling und im Frühsommer verwandeln sich die schroffen Küstenstreifen, darunter vor allem Klippengegenden und Inseln, in ein wahres Paradies für brütende Meeresvögel wie Tölpel, Dreizehenmöwen, Schwarzschnabel-Sturmtaucher, Eissturmvögel, Kormorane und Reiher. Papageientaucher, die mit ihrem frackartigen Gefieder aussehen wie Pinguine, nisten in großen Kolonien auf Klippenfelsen.

In *Irish Birds* beschreibt David Cabot Vögel und ihre Lebensräume sowie die besten Orte zur Vogelbeobachtung.

Seen und tief gelegene Moorgebiete ziehen zahlreiche Wasser- und Watvögel aus der Arktis und Nordeuropa an, etwa Singschwäne, Kiebitze, Weißwangengänse, Blässgänse und Goldregenpfeifer. Im Wexford Wildfowl Reserve lebt die Hälfte der weltweiten Population an Blässgänsen und auch die Zwergseeschwalbe nistet dort von den Dünen geschützt am Strand. Im Winter kann man außerdem Krickenten, Rotschenkel und Brachvögel beobachten. Viele Vögel ziehen von April bis Mai und von September bis Oktober vorbei.

Der Wanderfalkenbestand konnte sich gut erholen und lässt sich beim Nisten auf den Klippen in Wicklow und auch anderorts beobachten. 2001 wurden 46 Steinadlerjunge aus Schottland im Glenveagh National Park, County Donegal, ausgesetzt. Das Projekt litt allerdings unter widrigem Wetter und traurigerweise auch durch Unbekannte, die die Vögel vergifteten und auf sie schossen. 2013 konnte man jedoch zwei Nester und eine Handvoll Küken retten. Seit Kurzem werden hier außerdem wieder Seeadler angesiedelt.

Weitere Infos siehe unter www.goldeneagle.ie.

Umweltprobleme

Irland gehört sicher nicht zu den größten Umweltsündern der Welt, aber mit dem neuen Wirtschaftsboom gingen mehr Industrie und ein erhöhtes Konsumverhalten einher, was zu mehr Abfall und Verschmutzung führte. Diese Mengen sind seit Anfang der 1990er-Jahre deutlich gestiegen. Die Bevölkerungsdichte des Landes ist eine der niedrigsten Europas, doch die Einwohnerzahl wächst stetig. In den letzten zehn Jahren entstanden um die Großstädte ausgedehnte Vororte; der größte von ihnen erstreckt sich rund um Dublin, vor allem im Pendlergürtel der Grafschaften Meath und Kildare. Der Zusammenbruch der Immobilienblase 2008 hat diese Entwicklung zum größten Teil beendet – die Doppelhausreihen bleiben trotzdem. Weil immer mehr Einheimische ein eigenes Auto haben oder fliegen, wird Irland zunehmend abhängiger von nichterneuerbaren Energiequellen.

Mittlerweile wächst die Sorge um die Umwelt, und so ergreift die Regierung nun erste Maßnahmen, um den Schäden der florierenden Wirtschaft entgegenzuwirken. 2007 wurde das Irische Energiezentrum in **Sustainable Energy Authority of Ireland** (SEAI; www.seai.ie) umbenannt und damit beauftragt, die Entwicklung von erneuerbaren Energien (Solar, Wind, Wasserkraft, Geothermie und Biomasse) zu unterstützen bzw. zu fördern. Bisher haben die Maßnahmen allerdings noch nicht allzu viel gebracht: 2013 konnten weniger als 5 % des Energiebedarfs (Wärme, Strom und Verkehr) durch erneuerbare Energien geliefert werden.

NATURSCHUTZGEBIETE

In der Republik gibt's 66 staatliche und zehn privat betriebene Nationale Naturschutzgebiete (National Nature Reserves, kurz NNR), Gebiete mit besonderer Pflanzen-, Tier- oder Gesteinswelt. Sie werden von Dúchas, dem Ministerium für Parks, Denkmäler und Gärten, verwaltet. Nordirland hat mehr als 45 NNRs, die dem dortigen Umweltministerium entweder gehören oder von ihm gepachtet werden, darunter der Giant's Causeway und Glenariff in Antrim sowie der North Strangford Lough, County Down. Mehr darüber erfährt man bei der **Northern Ireland Environment Agency** (www.ni-environment.gov.uk).

Die EU-Richtlinie für die Förderung der erneuerbaren Energien hat Irland dazu verdonnert, diesen Prozentsatz bis 2020 auf 16 % anzuheben, was viel zu optimistisch zu sein scheint: Das Land hat gar nicht die finanziellen Mittel, um so viele neue Windkraftanlagen zu errichten oder Sonnenkollektoren herzustellen.

In der Praxis waren mehrere Recyclingprogramme sehr erfolgreich, besonders das „Plastax" – eine Steuer von 0,24 €, die auf alle Plastiktüten im Einzelhandel erhoben wurde, worauf sich deren Benutzung um unglaubliche 90 % verringerte!

Obwohl diese Projekte durchaus positive Signale setzen, ist Irland noch lange kein Vorreiter in der Umweltbewegung. Umfragen lassen sogar vermuten, dass sich die Einwohner weniger um Ökothemen scheren als die Bürger der meisten anderen europäischen Staaten. Darüber hinaus ist das Land meilenweit von den Bestimmungen des Kyoto-Protokolls zur Senkung der Emissionswerte entfernt. Die Regierung macht für die Umwelt nicht viel mehr als EU-Abstimmungen zu ratifizieren. Diese verfolgen zugegebenermaßen recht hochgesteckte Ziele, was die Senkung der Luftverschmutzung und eine genauere Überwachung der Wasserqualität betrifft.

Weil die jährliche Zahl an Reisenden die der Iren bei Weitem übersteigt (ca. 1,5 zu 1), haben Besucher großen Einfluss auf das Geschehen. In dieser Hinsicht gilt der Tourismus als möglicher positiver Faktor, denn das Geld umweltbewusster Traveller könnte die ökologischen Aspekte der Wirtschaft in Schwung bringen. Zwar befindet sich der Ökotourismus noch in den Kinderschuhen, doch es gibt schon eine Organisation namens **Greenbox** (www.greenbox.ie), die erste Standards für Ökoreisen durch Irland eingeführt hat und Anbieter unterstützt, die den Vorgaben entsprechen. Die steigende Popularität von Outdoor-Aktivitäten schafft wirtschaftliche Anreize, die Sauberkeit von Irlands Küsten und Binnengewässern zu erhalten. Je mehr die Gebiete allerdings aktiv genutzt werden, desto schädlichere Auswirkungen könnte dies zur Folge haben – jedenfalls wenn niemand aufpasst.

Dank des äußerst effizienten Busnetzes kann man das Auto ruhig mal stehen lassen. Überhaupt ist das Land für Fahrrad- und Wanderreisen wie geschaffen. Viele Hotels, Pensionen und Hostels werben mit ihrem Sinn für Umweltbelange, und auch in Restaurants wird oft mit Biozutaten gekocht. Touristen haben es in Irland also wirklich nicht schwer, sich umweltfreundlich zu verhalten.

Irlands Nationalparks

- *Burren*
- *Connemara*
- *Glenveagh*
- *Killarney*
- *Wicklow Mountains*
- *Ballycroy*

Sport

Für viele Iren ist Sport eine Art Religion. Einige glauben an Erlösung durch gute Werke wie Joggen, Radfahren oder Mannschaftsport. Alle anderen geben sich dagegen mit der Rolle als Zuschauer zufrieden, insbesondere von der Couch oder dem Pubhocker aus. Von dort begleiten sie die wechselhaften Geschicke ihrer Lieblingsmannschaften mit großer Hoffnung oder lautstark geäußerter Verzweiflung.

Gaelic Football & Hurling

Gälische Sportarten sind wie ein Spiegel der irischen Seele. Sie gehören zum Leben und nehmen einen besonderen Platz in der Kultur ein. Ihr Wiederaufleben gegen Ende des 19. Jhs. ging einher mit dem damaligen Revival des Gälischen und dem Weg in die Unabhängigkeit. Herz des Ganzen ist die 1884 gegründete **Gaelic Athletic Association** (GAA; www.gaa.ie), die nach wie vor für die Pflege des Amateursports verantwortlich zeichnet. Dass die gälischen Sportarten in Zeiten der Globalisierung und der allgemeinen Kommerzialisierung noch immer zu den absoluten Lieblingen der Einheimischen gehören, ist geradezu herzerwärmend.

Viele Grafschaften sind nur in der einen gälischen Sportart gut, in der anderen nicht. Kilkenny, Waterford, Clare und Tipperary überzeugen im Hurling, während Kerry, Meath, Mayo und alle neun Ulster-Counties besser Gaelic Football spielen. Cork, Galway, Offaly, Wexford und Dublin können jedoch in beiden Sportarten mithalten.

Sowohl gälischer Fußball als auch Hurling sind schnelle, aufregende Spiele und deshalb nichts für Leute mit schwachen Nerven. Gekämpft wird meist hart und aggressiv. Beide Sportarten finden auf County-Ebene statt, Meisterschaften werden erst regional, dann überregional ausgetragen. Natürlich träumt jeder Vereinsspieler davon, seine Grafschaft vertreten zu dürfen, um vielleicht im September im Croke Park in Dublin beim Meisterschaftsendspiel, dem All-Ireland Final, dabei zu sein.

Fußball

Fußball hat in Irland jede Menge Anhänger. Die meisten sind Fans von Manchester United, Liverpool oder den beiden Clubs aus Glasgow (Rangers und Celtic); dagegen interessieren sich weit weniger Leute für die mittelmäßigen Profis und Amateure der irischen **National League**

SPIELREGELN

Sowohl beim Gaelic Football als auch beim Hurling gibt's zwei Teams mit je 15 Spielern. Ziel ist es, den Ball durch eine Art Rugbytor zu schießen: ein Netz zwischen zwei hohen, senkrechten Pfosten und einer waagerechten Latte, bewacht von einem Torwart. Für ein Tor (unterhalb der Latte) bekommt man drei Punkte; geht der Ball über die Latte, aber durch die beiden Pfosten, gibt's einen Punkt. Angezeigt werden die Punkte folgendermaßen: 1–12, d. h. in diesem Fall ein Tor (3 Punkte) plus 12 Punkte, was zusammen 15 Punkte ergibt.

Gaelic Football wird mit einem runden Ball gespielt, den man kicken oder auch mit der Hand weitergeben darf. Hurling ist der weitaus elegantere Sport. Dabei benutzt man einen flachen Schläger *(camán)*, mit dem man den kleinen Lederball *(slíothar)* schlägt oder trägt. Eine Ballabgabe per Hand ist ebenfalls erlaubt. Beide Spiele dauern 70 schweißtreibende Minuten.

DU SAGST SOCCER, ICH FOOTBALL

Um Fußball von Gaelic Football zu unterscheiden, wird Ersteres oft *soccer* genannt – besonders in gälischen Hochburgen, wo der Begriff gleichzeitig Verachtung gegenüber den so genannten „Garnisonssportarten" ausdrückt. Irische Fans des Association Football (so die offizielle Bezeichnung) bleiben bei *football* und Gaelic Football oder – in Dublin – bei *gah* für die Abkürzung GAA (Gaelic Athletic Association).

(www.fai.ie) und der nordirischen **Irish League** (www.irishfa.com). Mit der millionenschweren Premier League in England können irische Teams nicht mithalten, und zu allem Übel werben die Engländer auch noch sämtliche Talente ab. Zu den irischen Spielern im Ausland gehören u. a. John O'Shea (Manchester United), Robbie Keane (Spurs), Aiden McGeady (Celtic) und Stephen Ireland (Manchester City).

Auf internationaler Ebene haben die Republik und Nordirland getrennte Fußballteams. 2009 lagen beide ungefähr gleich auf, allerdings Welten entfernt von ihren Glanzzeiten: Für das nordirische Team waren das die 1980er und für die Republik die Jahre 1988 bis 2002.

Rugby

Obwohl Rugby eher ein Sport der irischen Mittelschicht ist, herrscht bei den jährlichen Six Nations Championships im Februar und März überall im Land Hochstimmung, denn das Nationalteam besteht aus Spielern aus dem Norden sowie dem Süden und wird daher sowohl von Nationalisten als auch von Unionisten angefeuert. Aus diesem Grund spielt man bei internationalen Spielen nicht mehr die irische Nationalhymne, sondern das etwas merkwürdige, dafür aber harmlose Lied *Ireland's Call*, das speziell für diesen Anlass komponiert wurde. Das störte jedoch niemanden, als 2009 Irland zum ersten Mal seit 1948 wieder ein Grand Slam (Sieg gegen alle anderen Mannschaften innerhalb des Turniers) gelang.

Rugby ist auf Provinzebene aufregender, wo Leinster und Munster kontinuierlich miteinander im Wettstreit liegen (beide gewannen zweimal den Heineken Cup, den anspruchsvollsten Europapokal-Wettbewerb; Leinster zuletzt 2009 und 2011). Ulster folgt ihnen auf den Fersen. Im Westen spielt Rugby keine große Rolle, daher ist Connacht weniger gut.

Golf

Schottland mag die Heimat des Golfsports sein, doch in Irland verbringt er seinen Urlaub. Die hiesigen Plätze können durchaus mit den besten der Welt mithalten. Bei über 400 davon, darunter zahlreiche in Parklandschaften und im Landesinneren, haben Golfer die Qual der Wahl. Ein Besuch der großartigen Resorteinrichtungen im amerikanischen Stil, die in den vergangenen Jahrzehnten gebaut wurden und die mit makellosen rasenartigen Fairways, weißen Sandbunkern und strategisch platzierten Wasserhindernissen aufwarten, lohnt auf jeden Fall.

Das Herz des irischen Golfsports schlägt jedoch am Meer: Praktisch an der gesamten Küste reihen sich spektakulär gelegene Links aneinander.

Zum Schluss noch ein Wort über die irischen Golfer. Wenn man mal von den Snobs und den sehr auf Einhaltung der Etikette bedachten Spielern mit hohen Handicaps absieht, sind die echten irischen Spieler die Männer und Frauen, die ihre Schuhe auf dem Parkplatz wechseln und es kaum erwarten können, zum ersten Abschlag zu kommen. Sie kennen alle sicheren Bereiche, in die man den Ball schlagen kann, und betrachten es als ihre Pflicht, dieses Insiderwissen zu teilen. Wenn jemand allein ankommt und vorher noch ein wenig übt, sind sie es, die eine gemeinsame Runde vorschlagen, weil sie es für falsch halten, allein zu spielen. Der irische Golfer ist freundlich und locker. Ihm ist stets klar, dass man beim Golf niemals gewinnt und dass die schlechte Runde heute nicht viel bedeutet, denn morgen kann alles schon wieder anders sein. Außerdem weiß er, dass sich eine Runde über 19 Löcher erstreckt, denn welchen Sinn hätte ein Golfspiel schon, wenn man nicht hinterher bei einem Drink gemeinsam darüber lachen könnte?

Pferde- & Windhundrennen

Die Leidenschaft fürs Pferderennen wird Iren in die Wiege gelegt. Sie gehen damit unbefangener und weniger versnobt um als die Engländer. Wer Spaß daran hat, kann sich jeden Tag in eines der vielen Wettbüros setzen und Rennen aus England und Irland verfolgen. Allerdings scheint bei den Wetten niemals Geld den Besitzer zu wechseln, denn jeder irische Spieler beteuert, dass er seine Einsätze am Ende wieder rausbekommt.

Darüber hinaus genießen die Iren einen exzellenten Ruf als Züchter von Pferden für Rennen oder andere Sportarten wie Springreiten. Letzteres ist ebenfalls äußerst populär, zieht allerdings ein etwas blasierteres Publikum als die Pferderennen an. Zu den großen Turnieren gehören das Irish Grand National (Fairyhouse, April), das Irish Derby (im Curragh, Juni) und das Irish Leger (im Curragh, Sept.). Weitere Auskünfte erteilt **Horse Racing Ireland** (www.hri.ie).

Einst traditionell das Vergnügen des „armen Mannes“, haben Windhundrennen in den vergangenen Jahren an Prestige gewonnen und sich teilweise zu Massenveranstaltungen gemausert. Sie sind eine günstigere und leichter zugängliche Alternative zu Pferderennen. Es gibt in Irland rund 20 Strecken, die vom **Irish Greyhound Board** (www.igb.ie) betreut werden.

Road Bowling

Das Buch des irischen Akademikers Dr. Fintan Lane, *Long Bullets: A History of Road Bowling in Ireland*, verfolgt die Geschichte dieser Sportart bis ins 17. Jh. zurück.

Ziel des *road bowling* (Boßeln) ist es, eine gusseiserne, ca. 800 g schwere Kugel 1 bis 2 km möglichst schnell, kontrolliert und akurat eine verkehrsarme Straße entlangzubefördern. Wer die wenigsten Würfe benötigt, gewinnt. Üblicherweise schließen die Teilnehmer während des Spiels Wetten ab.

Der Ball wird als *bowl* (Kugel) oder *bullet* (Geschoss) bezeichnet. Ein *shot* (Schuss) ist ein Wurf, ein *kitter-paw* ein werfender Linkshänder. Hört man jemanden über seinen *butt* sprechen, ist die Zielmarkierung auf der Straße gemeint. *Breaking butt* bedeutet, dass jemand die Zielmarkierung vor dem Wurf überschritten hat. *Faugh an Bheallach* ist ein traditioneller irischer Schlachtruf und heißt, man sollte aus dem Weg gehen. Ein *sop* ist ein Grasbüschel, das platziert wird, wo die Kugel erstmals auf den Boden auftreffen soll, und ein Spiel wird *score* genannt.

Besonders beliebt ist *road bowling* in Cork (dort gibt's 200 Clubs) und in Armagh. Die Wettkämpfe ziehen zahlreiche Zuschauer an und finden das ganze Jahr über statt. Mittlerweile ist die Sportart in vielen Ländern populär, u. a. in Deutschland, wo vor allem die Ostfriesen boßeln. Inzwischen wird sogar eine Weltmeisterschaft ausgetragen (siehe unter www.irishroadbowling.ie). In Irland kontrolliert die Irish Road Bowling Association den Sport.

Praktische Informationen

Allgemeine Informationen

Arbeiten in Irland

EU-Bürger können ohne Einschränkungen in der Republik und in Nordirland arbeiten.

Die vom Staat finanzierte Organisation **Work in Ireland** (☎01-878 3156; www.workinireland.ie; 15–17 Eden Quay; ⌚Mo–Fr 9–20, Sa & So 11–17 Uhr) in Dublin ist sehr nützlich, denn dort wird einem für etwa 45 € pro Jahr beim Einrichten eines Bankkontos, dem Erstellen eines Lebenslaufs, der Terminabsprache für Vorstellungsgespräche und der Unterkunftssuche geholfen. Auch Sprachkurse werden vermittelt, und es gibt Ermäßigungen bei Fahrten sowie bei Anrufen.

Botschaften & Konsulate

Auf der Website des **irischen Außenministeriums** (www.dfa.ie) findet man eine Liste der irischen Botschaften und diplomatischen Vertretungen im Ausland.

Deutschland Botschaft (☎269 3011; www.dublin.diplo.de; 31 Trimleston Ave, Booterstown, Blackrock, County Dublin); Konsulat (☎028-9024 4113; 22 Great Victoria St, Chamber of Commerce House, Belfast)

Österreich Botschaft (☎269 4577; www.bmeia.gv.at/botschaft/dublin.html; 93 Ailesbury Rd, Dublin 4)

Schweiz Botschaft (☎218 6382; www.eda.admin.ch/dublin; 6 Ailesbury Rd, Ballsbridge, Dublin 4)

Essen

Cafés und Restaurants sind in diesem Buch nach Preisen sortiert, beginnend mit den günstigsten Lokalen. Innerhalb der Preiskategorien haben die Autoren sie nach persönlichen Vorlieben aufgelistet. Die qualitative Einordnung ist selbstverständlich nicht in Stein gemeißelt und natürlich immer eine Geschmacksfrage.

Feiertage & Ferien

Gesetzliche Feiertage sorgen meist für Chaos auf den Straßen, weil dann besonders viele Leute unterwegs sind. Rund um diese Termine sollte man seine Unterkunft besser weit im Voraus buchen.

Gesetzliche Feiertage in der Republik und in Nordirland:

Neujahr 1. Januar

St. Patrick's Day 17. März

Ostern (Karfreitag bis Ostermontag) März/April

Maifeiertag Erster Montag im Mai

Weihnachten 25. Dezember

St. Stephen's Day (Zweiter Weihnachtsfeiertag) 26. Dezember

Wenn der St. Patrick's Day und der St. Stephen's Day auf ein Wochenende fallen, werden sie am darauffolgenden Montag gefeiert. In der Republik hat an Karfreitag fast alles zu, obwohl er kein offizieller Feiertag ist, während in Nordirland viele Geschäfte öffnen, dafür aber am darauffolgenden Dienstag geschlossen bleiben.

Nordirland

Spring Bank Holiday Letzter Montag im Mai

Orangeman's Day 12. Juli

August Holiday Letzter Montag im August

Republik Irland

June Holiday Erster Montag im Juni

August Holiday Erster Montag im August

October Holiday Letzter Montag im Oktober

RESTAURANTPREISE

KATEGORIE	REPUBLIK	NORDIRLAND
günstig (€/£)	<12 €	<12 £
mittelteuer (€€/££)	12–25 €	12–20 £
teuer (€€€/£££)	>25 €	>20 £

Fotos

- Die Tage können ziemlich düster sein, daher sollte man auch lichtempfindlichere Filme mit ISO 400 dabeihaben.
- In Nordirland sollte man sich eine Genehmigung besorgen, bevor man Polizeireviere, Armeeposten oder andere militärische Einrichtungen fotografiert.
- In den protestantischen und katholischen Hochburgen von Belfast sollte man keine Personen ohne Erlaubnis knipsen und muss ein „Nein" akzeptieren.

PRAKTISCH & KONKRET

Maße & Gewichte metrisches System; eine Ausnahme bilden die Maßeinheiten für alkoholische Getränke, die in *pints* gerechnet werden

Radio RTE Radio 1 (88–90 MHz), Today FM (100–103 MHz), Newstalk 106–108 (106–108 MHz), BBC Ulster (92–95 MHz; nur in Nordirland)

Währung Euro (€) in der Republik Irland, Pound Sterling (£) in Nordirland

Zeitungen *Irish Independent* (www.independent.ie), *Irish Times* (www.irishtimes.com), *Irish Examiner* (www.examiner.ie), *Belfast Telegraph* (www.belfasttelegraph.co.uk)

Frauen unterwegs

Frauen können problemlos durch Irland reisen. Verhütungsmittel bekommt man inzwischen sehr viel leichter als früher. Wer die Pille nimmt, sollte dennoch einen ausreichenden Vorrat mitbringen.

Rape Crisis Network Ireland (☎1800-77 88 88; www.rcni.ie) 24-Stunden-Hotline in der Republik.

Rape Crisis & Sexual Abuse Centre (☎028-9032 9002; www.rapecrisisni.com) Bietet den gleichen Dienst in Nordirland an.

Freiwilligenarbeit

Das Angebot ist begrenzt, es gibt jedoch ein paar Projekte, bei denen man sich engagieren kann. Entsprechende Informationen, z. B. über Bewerbungen und Anlaufstellen, gibt's unter www.volunteeringireland.ie.

Geld

In der Republik zahlt man mit dem Euro (€) und in den sechs Ulster-Counties – Antrim, Armagh, Down, Fermanagh, Londonderry und Tyrone – mit dem nordirischen Pfund (£). Auch wenn Letzteres eigentlich in ganz Großbritannien gesetzliches Zahlungsmittel ist, wird es außerhalb Nordirlands oft nicht akzeptiert und muss in britischen Banken umgetauscht werden.

Geldautomaten

Geldautomaten findet man abgesehen von sehr kleinen Ortschaften fast überall. Vorsicht vor manipulierten Automaten: Das Ausspähen von Daten auf der Bankkarte, das sogenannte *skimming*, greift immer mehr um sich.

Kredit- & Debitkarten

Kredit- und Debitkarten von Visa und MasterCard sind weit verbreitet. American Express wird nur von größeren Ketten akzeptiert und mit Diners bzw. JCB kann man nur sehr selten bezahlen. Kleinere Geschäfte wie Pubs und einige B&Bs bevorzugen Debitkarten und erheben eine Gebühr bei Zahlungen mit Kreditkarte. Fast alle Kredit- und Debitkarten sind Chipkarten, die über die Eingabe einer PIN funktionieren. Weiß man diese nicht, wird die jeweilige Karte oft nicht angenommen.

Steuern & Erstattungen

In Irland wird eine Mehrwertsteuer (VAT) in Höhe von 21 % auf viele Luxusgüter erhoben, ausgenommen Bücher, Kinderschuhe und Secondhandkleidung. Nicht-EU-Bürger, die gekaufte Waren innerhalb von drei Monaten ausführen, bekommen die Steuer erstattet.

Bei einem Betrag von mehr als 250 € auf einem Voucher muss dieser vom Zoll in der Ankunftshalle in Dublin oder Shannon abgestempelt werden, bevor die Erstattung erfolgen kann.

In Nordirland erhält man in den Läden zusätzlich ein Formular, das man am Zoll abgeben muss. Nachdem das Formular dort abgezeichnet wurde, geht es zurück an den jeweiligen Ladeninhaber, der seinen Kunden dann einen Scheck nach Hause schickt.

Trinkgeld

Wenn das Essen oder der Service nicht zufriedenstellend waren, ist man nicht verpflichtet, Trinkgeld zu geben. Das gilt selbst dann, wenn auf die Rechnung automatisch eine Servicegebühr aufgeschlagen wird.

Hotels Nur für Hotelpagen, die Gästen ihr Gepäck abnehmen; 1 €/1 £ pro Gepäckstück.

Pubs Nur wenn man am Tisch bedient wird; 1 €/1 £ pro Getränkerunde.

Restaurants 10 % für einen guten Service, bis zu 15 % in gehobenen Lokalen

Taxis 10 % oder aufrunden.
Toilettenpersonal
0,50 €/0,50 £

Gesundheit

Für Irlandreisen sind keine Impfungen vorgeschrieben. Die medizinische Versorgung ist gut und schnell verfügbar. Bei kleinen Wehwehchen geben Apotheker nützliche Ratschläge und verkaufen rezeptfreie Medikamente. Auch bei größeren Beschwerden können sie bezüglich der weiteren Vorgehensweise helfen.

Seit 2004 gilt die Europäische Krankenversicherungskarte (EHIC) in allen EU-Staaten sowie weiteren Ländern (u. a. der Schweiz), seit 2006 ist sie in Deutschland bei gesetzlich Versicherten in die übliche Versicherungskarte integriert. Sie garantiert bei Notfällen medizinische Versorgung in der gesamten EU, der Rücktransport ins Heimatland ist jedoch nicht abgedeckt.

In den Notaufnahmen staatlicher Krankenhäuser Nordirlands wird jeder, unabhängig von seiner Nationalität, kostenlos behandelt.

Internetzugang

Wegen der zunehmenden Verbreitung von Smartphones und WLAN sind Internetcafés in zahlreichen Städten auf dem Rückzug. Die verbliebenen Läden verlangen in der Regel 6 €/5 £ pro Stunde.

Wer mit seinem eigenen Laptop oder Mobiltelefon surfen möchte, findet in den meisten Hotels und einer steigenden Anzahl von B&Bs, Hostels, Bars und Restaurants WLAN-Zugang, der teilweise gratis verfügbar ist und ansonsten bis zu 5 €/5 £ pro Stunde kosten kann.

Fast alle Hotels und Hostels in größeren Städten haben alternativ einen Gäste-PC mit Internetzugang.

Karten

Die Michelin-Karte im Maßstab 1:400 000 (Nr. 923) wartet mit klaren Markierungen und Zusatzangaben zu besonders schönen Straßenstrecken auf. Empfehlenswert sind auch die vier Pläne (Norden, Süden, Osten und Westen) der Ordnance-Survey-Holiday-Serie im Maßstab 1:250 000.

Die Karten von Ordnance Survey Discovery decken das ganze Land in 89 Versionen im Maßstab 1:50 000 ab.

Collins bringt ebenfalls eine Reihe Karten für Irland heraus.

Alle werden im **National Map Centre** (☎476 0471; www.mapcentre.ie; 34 Aungier St, Dublin; ⏲Mo–Sa 10–18 Uhr), unter www.osi.ie und in vielen Buchhandlungen verkauft.

Kinder

➡ Ab 21 Uhr (Mai–Sept. ab 22 Uhr) dürfen sich in Pubs keine Kinder mehr aufhalten.

➡ Kindersitze (ca. 50 €/30 £ pro Woche) sind für Kiddies zwischen neun Monaten und vier Jahren vorgeschrieben.

➡ Wickelräume gibt's nur in Einkaufszentren größerer Städte.

Allgemeine Informationen bietet das Buch *Travel with Children* von Lonely Planet. Nützliche Infos im Internet findet man beispielsweise unter www.reisen-mit-kindern.info und www.mit-kindern-reisen.de.

Klima

Belfast

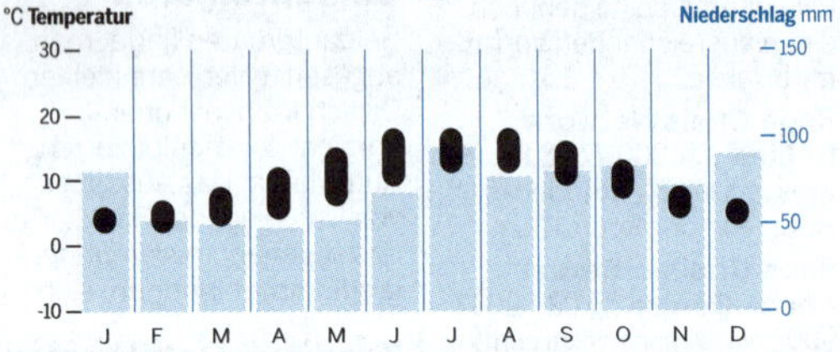

Dublin

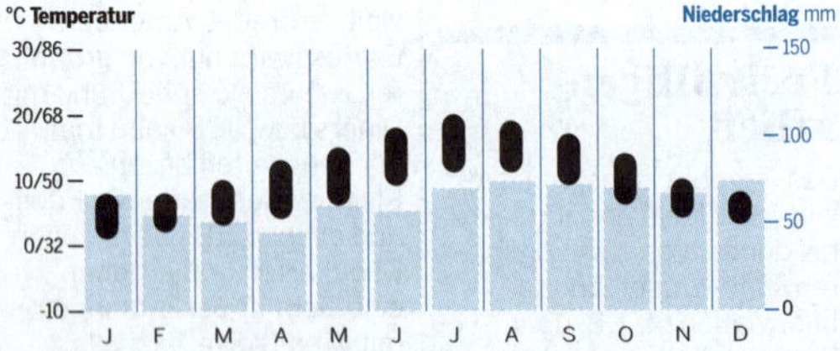

Galway

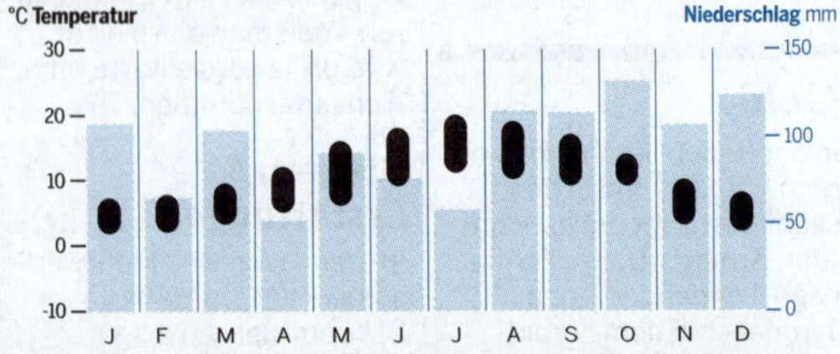

Öffnungszeiten

In der Republik und in Nordirland gelten in etwa die gleichen Öffnungszeiten.

Banken Mo–Fr 10–16 Uhr (Do bis 17 Uhr)

Büros Mo–Fr 9–17 Uhr

Geschäfte Mo–Sa 9–17.30 oder 18 Uhr (Do und teilweise auch Fr bis 20 Uhr); in größeren Städten So 12–18 Uhr. Läden in ländlicheren Gebieten schließen über Mittag sowie einen Tag in der Woche.

Postämter Nordirland Mo–Fr 9–17.30, Sa 9–12.30 Uhr; Republik Mo–Fr 9–18, Sa 9–13 Uhr. Kleinere Postämter schließen oft über Mittag sowie an einem Tag in der Woche.

Pubs Nordirland Mo–Sa 11.30–23, So 12.30–22 Uhr. Pubs mit einer extra Lizenz haben Mo–Sa bis 1, So bis 24 Uhr geöffnet; Republik Mo–Do 10.30–23.30, Fr & Sa 10.30–0.30, So 12–23 Uhr (plus 30 Min. zum „Austrinken"). Pubs mit Bar öffnen Do–Sa bis 2.30 Uhr; an Weihnachten und Karfreitag sind alle Kneipen geschlossen.

Restaurants 12–22.30 Uhr. Viele Lokale haben einen Tag in der Woche zu.

Touristeninformationen Mo–Fr 9–17, Sa 9–13 Uhr. Die meisten Tourismusbüros haben im Sommer längere Öffnungszeiten. Von Oktober bis April verkürzen sich diese Zeiten, außerdem schließen manche an einigen Tagen oder sogar komplett.

Rechtsfragen

Illegale Drogen sind weit verbreitet, besonders in Clubs. Der Besitz von Marihuana führt zu Geldstrafen oder einer Verwarnung, härtere Drogen ziehen schwerwiegendere Konsequenzen nach sich. Trunkenheit in der Öffentlichkeit ist zwar illegal, kommt aber häufig vor – solange es keinen Ärger gibt, drückt die Polizei normalerweise ein Auge zu.

Rechtsbeistand geben z. B. die beiden nachfolgend genannten Einrichtungen:

Legal Aid Board (☎066-947 1000; www.legalaidboard.ie) Verfügt über ein Netzwerk örtlicher Rechtsberatungen.

Northern Ireland Legal Services Commission (www.nilsc.org.uk)

Reisen mit Behinderung

Alle neuen Gebäude sind rollstuhlgerecht ausgestattet, außerdem verfügen viele Hotels über Aufzüge, Rampen und andere Einrichtungen. Andere Unterkünfte, darunter vor allem B&Bs, sind weniger gut ausgerüstet. Fáilte Ireland und das NITB bringen Führer heraus, in denen geeignete Unterkünfte für Behinderte hervorgehoben sind.

In Großstädten sind zwar zahlreiche geräumige Niederflurbusse unterwegs, in den kleineren Städten oder auf dem Land darf man diesen Service allerdings nicht erwarten.

Wer vorab um Hilfe bittet, wird am Bahnhof von einem Angestellten der irischen Bahngesellschaft Iarnród Éireann zum Zug begleitet (jedenfalls theoretisch). Neuere Züge sind mit Hilfssystemen für Leute mit Seh- oder Hörbehinderungen ausgestattet.

Antworten auf zahlreiche weitere Fragen rund um das Thema Reisen mit Behinderung bekommt man beim **Citizens' Information Board** (☎01-605 9000; www.citizensinformationboard.ie) in der Republik Irland und bei **Disability Action** (☎028-9066 1252; www.disabilityaction.org) in Nordirland. Informationen zu Nordirland gibt's außerdem unter www.allgohere.com.

Schwule & Lesben

Irland ist recht tolerant gegenüber Schwulen und Lesben. Größere Städte wie Dublin, Galway, Cork, Belfast und Derry haben etablierte Schwulenszenen. In kleineren Orten und ländlichen Gegenden trifft man jedoch immer noch auf homophobe Menschen. Online kann man sich hier informieren:

Gaire (www.gaire.com) Mit einem Forum und zahlreichen Informationen für Schwule.

Gay & Lesbian Youth Northern Ireland (www.glyni.org.uk)

Gay Men's Health Project (☎01-660 2189; www.hse.ie) Ratschläge zum Thema Gesundheit.

National Lesbian & Gay Federation (NLGF; ☎01-671 9076; www.nlgf.ie) Veröffentlicht die monatlich erscheinenden *Gay Community News* (www.gcn.ie).

Northern Ireland Gay Rights Association (Nigra; ☎9066 5257)

Outhouse (☎01-873 4932; www.outhouse.ie; 105 Capel St, Dublin) Zentrum für Schwule, Lesben und Bisexuelle.

Sicherheit

Irland ist sicherer als viele andere europäische Länder, trotzdem sollte man die normalen Vorsichtsmaßnahmen beachten.

Auch im Norden muss man sich keine übertriebenen Sorgen machen, obwohl es Gegenden gibt, vor allem in Belfast, wo der Konfessionskonflikt nach wie vor recht stark zu spüren ist. Aus diesem Grund sollte man nicht gerade um den 12. Juli herum nach Nordirland reisen, wenn die Märsche des Oranierordens stattfinden. Selbst viele Nordiren verlassen an diesen Tagen das Land, weil es dann nicht selten zu Ausschreitungen kommt.

Strom

Telefon

Ortsvorwahlen haben immer drei Ziffern und beginnen mit einer 0, z. B. ☎021 für Cork, ☎091 für Galway und ☎061 für Limerick. Einzige Ausnahme ist Dublin mit einer zweistelligen Vorwahl (☎01). Bei Anrufen aus dem Mobilfunknetz muss die Vorwahl gewählt werden, bei Anrufen aus dem Festnetz innerhalb des jeweiligen Vorwahlbereichs nicht.

In Nordirland gilt für alle Festnetznummern die Vorwahl ☎028. Diese muss jedoch nur bei Anrufen aus dem Mobilfunknetz oder außerhalb Nordirlands gewählt werden. Für Anrufe aus der Republik nach Nordirland wählt man ☎048 statt ☎028. Die internationale Vorwahl lässt man weg.

Weitere Vorwahlen:

- ☎1550 oder ☎1580 – gebührenpflichtige Nummern
- ☎1890 oder ☎1850 – Ortstarif bzw. geteilte Kosten zwischen Anbieter und Anrufer
- ☎0818 – Ortstarif für Anrufe in der Republik
- ☎1800 – kostenlose Anrufe

Außerhalb der Republik sind kostenlose oder preisgünstige Vorwahlen nicht gültig. Einige Tipps:

- Abends nach 18 Uhr und an den Wochenenden kosten Gespräche weniger.
- Wer eine funktionierende Telefonzelle findet, zahlt in der Republik unabhängig von der Uhrzeit für ein etwa dreiminütiges Ortsgespräch rund 0,30 € (ca. 0,60 € auf ein Mobiltelefon). In Nordirland kosten Ortsgespräche ca. 40 p bzw. 60 p, wenn man eine Mobilfunknummer anruft. Abweichungen sind möglich.
- Prepaidkarten werden in Zeitungsläden und Postämtern verkauft; mit ihnen kann man an allen Kartentelefonen Inlands- sowie Auslandsgespräche führen.

Auskunft

Es gibt verschiedene Anbieter für Telefonauskünfte.

- In der Republik wählt man ☎11811 und ☎11850 und für internationale Anfragen ☎11818.
- Im Norden hat man die Auswahl zwischen ☎118 118, ☎118 192, ☎118 500 und ☎118 811.
- Aus dem Festnetz kostet der Service mindestens 1 €/1 £ und aus dem Mobilnetz bis zu 2 €/2 £.

Auslandsgespräche

Wer in Irland Auslandsgespräche führen möchte, wählt 00, die Landesvorwahl (49 für Deutschland, 43 für Österreich, 41 für die Schweiz), die Ortsvorwahl (ohne 0) und die jeweilige Nummer. Die internationale Telefonvorwahl für Irland ist 353 und die für Nordirland 44.

Mobiltelefon

- Irland nutzt den GSM 900/1800-Standard, der mit europäischen Telefonen kompatibel ist.
- Bei den großen Anbietern bekommt man einfache Prepaidhandys ab etwa 40 €, bei denen meist ein Guthaben von 10 € inbegriffen ist.
- Alternativ sind SIM-Karten erhältlich, allerdings muss man überprüfen, ob das jeweilige Mobiltelefon mit dem lokalen Anbieter kompatibel ist.

Touristeninformation

Touristeninformationen und -schalter findet man in allen größeren Städten der Republik und Nordirland. Viele vermitteln Zimmer und buchen Ausflüge, wechseln Geld und verkaufen Karten sowie Bücher. Häufig liegt hier auch kostenloses Infomaterial aus.

In der Republik ist **Fáilte Ireland** (www.discoverireland.ie) für Urlauber zuständig und in Nordirland das **Northern Irish Tourist Board** (NITB; ☎Hauptgeschäftsstelle 028-9023 1221; www.discovernorthernireland.com). Außerhalb des Landes agieren Fáilte Ireland und das NITB gemeinsam unter dem Namen **Tourism Ireland** (www.tourismireland.com).

Die Hauptfilialen von Fáilte Ireland in der Republik:

Cork Discover Ireland Centre (☎021-425 5100; Grand Pde, Cork) Für die Counties Cork und Kerry zuständig.

Discover Ireland Dublin Tourism Centre (☎01-605 7700; www.visitdublin.com; St. Andrew's Church, 2 Suffolk St, Dublin)

Donegal Discover Ireland Centre (The Quay, Donegal-Stadt)

Galway Discover Ireland Centre (☎091-537 700; Forster St) Für Galway, Roscommon und Mayo.

Mullingar Discover Ireland Centre (☎044-934 8761; Market Square, Mullingar) Für Kildare, Laois, Longford, Louth, Meath, Nord-Offaly, Westmeath und Wicklow.

Sligo Discover Ireland Centre (☎071-916 1201; Old Bank Building, O'Connell St) Für Cavan, Donegal, Leitrim, Monaghan und Sligo.

Waterford Discover Ireland Centre (☎051-875 823; The Granary, 41 The Quay) Für Carlow, Kilkenny, Süd-Tipperary, Waterford und Wexford.

Unterkunft

Die Unterkünfte reichen von rustikal und einfach bis zu teuer und opulent. Rückgrat des irischen Gastgewerbes sind die allgegenwärtigen B&Bs. In letzter Zeit bekommen sie jedoch zunehmend Konkurrenz von Mittelklassehotels und Gästehäusern. Online wird man u. a. auf folgenden Seiten fündig:

- **www.daft.ie** Anzeigen für Ferien- und Mietwohnungen.
- **www.elegant.ie** Burgen, Altbauten und Anwesen für Selbstversorger.
- **www.familyhomes.ie** Liste privat geführter Pensionen und Ferienhäuser.
- **www.gulliver.ie** Online-Buchungssystem von Fáilte Ireland und dem Northern Ireland Tourist Board.
- **www.irishlandmark.com** Eine nicht profitorientierte Denkmalschutzgruppe, die Ferienhäuser von historischer oder kultureller Bedeutung vermietet, darunter Burgen, Leuchttürme und Torhäuser.
- **www.imagineireland.com** Moderne Mietcottages in der Republik und in Nordirland.
- **www.stayinireland.com** Liste mit Pensionen und Ferienhäusern.

B&Bs & Gästehäuser

Bed and breakfasts sind kleine Familienbetriebe mit weniger als fünf Zimmern in Bauern- oder Landhäusern. Sie unterscheiden sich sehr voneinander, bieten aber fast immer Privatbäder und kosten etwa 35 bis 40 € pro Person bzw. Nacht. In luxuriösen Pensionen können die Preise auf 55 € oder mehr ansteigen. Außerhalb der Saison (in der Regel von Oktober bis März) sowie unter der Woche sinken sie in der Regel.

Gästehäuser ähneln luxuriöseren B&Bs, sind jedoch größer und so etwas wie irische Boutique-Hotels. Meistens haben sie ein besseres Serviceangebot und verfügen manchmal auch über ein Restaurant.

Was man sonst noch wissen muss:

- Das Serviceangebot in B&Bs reicht je nach dem, welchen Betrag man bereit ist zu zahlen, von einfach (Bett, Bad, Teekessel) bis zu luxuriös (Whirlpool, LCD-Fernseher, WLAN).
- Fast alle Pensionen akzeptieren Kreditkarten, in ländlichen Gebieten sollte man aber besser bei der Buchung nachfragen.
- Eine Vorabreservierung ist ratsam, besonders in der Hochsaison (Juni–Sept.).
- Ist ein B&B belegt, empfiehlt der Betreiber manchmal eine Unterkunft in der Gegend; eventuell handelt es sich dabei um ein Privathaus, das gelegentlich Gäste aufnimmt und nicht offiziell beworben wird.

Campingplätze & Kanäle

Campingplätze sind in Irland weniger üblich als im restlichen Europa. Einige Hostels haben Zeltplätze auf ihrem Grundstück und erlauben die Mitbenutzung der sanitären Einrichtungen im Haus; dadurch sind sie angenehmer als die großen Anlagen. Auf den kommerziellen Plätzen zahlt man für ein Zelt und zwei Personen 12 bis 20 € (7–12 £). Die in diesem Buch angegebenen Preise gelten – soweit nicht anders angegeben – für zwei Personen. Für einen Wohnwagenstellplatz werden zwischen 15 und 25 € (11–15 £) verlangt. Zahlreiche Campinganlagen sind nur von Ostern bis Ende September oder Oktober geöffnet.

Als Alternative zum normalen Wohnmobil bieten sich von Pferden gezogene Wagen an, mit denen man durch die Landschaft zuckeln kann. In der Hochsaison kostet ein solcher Wagen etwa 800 € pro Woche. Unter www.discoverireland.ie findet man eine Liste von Betreibern, eine weitere gute Quelle ist www.irishhorsedrawncaravans.com.

Einen ruhigen und erholsamen Blick auf die Landschaft bieten Kanalfahrten mit einer Barkasse. Fáilte Ireland kann einem Verleihstellen nennen.

Alternativ mietet man ein Hausboot und schippert damit über Irlands Wasserstraßen. Hausboote für den Shannon-Erne-Kanal gibt's z. B. bei **Emerald Star** (☎071-962 0234; www.emeraldstar.ie).

Ferienwohnungen & -häuser

Unterkünfte für Selbstversorger werden oft wochenweise vermietet, meist handelt es sich um Apartments oder Ferienhäuser. Preise variieren je nach Region und Saison. **Fáilte Ireland** (☎Republik 1850 230 330, GB 0800 039 7000; www.discoverireland.ie) veröffentlicht einen Führer mit registrierten Wohnungen

UNTERKUNFT ONLINE BUCHEN

Weitere Hotelbeschreibungen von Lonely Planet Autoren gibt's unter http://lonelyplanet.com/hotels/ireland. Dort findet man unabhängige Kritiken und Empfehlungen zu den besten Unterkünften, außerdem kann man gleich online buchen.

STANDARDPREISE FÜR HOTELS?

So etwas gibt's nicht. Die Preise unterscheiden sich je nach Nachfrage und Buchungsart (online, telefonisch oder direkt vor Ort). Während sie in B&Bs recht beständig sind, schwanken sie in fast jeder anderen Unterkunft je nach Monat, Tag, Veranstaltungsprogramm und dem Verhandlungsgeschick der Gäste. In diesem Band gelten für Unterkünfte folgende Preiskategorien (Berechnungsgrundlage ist ein Doppelzimmer mit Bad in der Hochsaison):

KATEGORIE	REPUBLIK	NORDIRLAND
günstig (€/£)	<60 €	<50 £
mittelteuer (€€/££)	60–150 €	50–120 £
teuer (€€€/£££)	>150 €	>120 £

und Häusern. Weitere Infos liefert die Website.

Hostels

Die in diesem Buch angegebenen Preise gelten für Personen über 18 Jahren. Ein Bett im Schlafsaal kostet während der Hauptsaison meist zwischen 10 und 25 € (8–14 £). Viele Hostels verfügen auch über Familienzimmer und kleinere Räumlichkeiten.

Die wichtigsten Jugendherbergsverbände:

An Óige (www.anoige.ie) Der irische Herbergsverband gehört zu Hostelling International (HI), seinem internationalen Pendant, und unterhält 26 Hostels in der Republik.

HINI (www.hini.org.uk) HI-Mitglied mit sechs Herbergen in Nordirland.

Independent Holiday Hostels of Ireland (IHH; www.hostels-ireland.com) 80 von der Tourismusbehörde empfohlene Hostels in ganz Irland.

Independent Hostel Owners of Ireland (IHO; www.independenthostels ireland.com) Unabhängiger Verband.

Hotels

Vom örtlichen Pub bis zur mittelalterlichen Burg ist hier so gut wie alles zu haben. Meist bekommt man einen besseren Preis, wenn man über die Website des Hotels bucht oder direkt verhandelt (besonders in der Nebensaison). Die zunehmende Zahl farbloser Mittelklasseketten (viele werden von Iren geführt) sind eine große Konkurrenz zu den traditionellen B&Bs oder Gästehäusern. Sie bieten wahrscheinlich nicht denselben persönlichen Service, aber ihre Zimmer sind sauber und die Einrichtungen ganz gut.

Wohnungstausch

Wohnungstausch wird immer beliebter. So kann man das Land bereisen und sich trotzdem zu Hause fühlen. In Irland gibt's mehrere Agenturen, die gegen Jahresgebühr einen internationalen Wohnungstausch organisieren. Als Mitglied erhält man Zugang zu einer Website sowie ein Buch mit Beschreibungen, Fotos und Infos über die Besitzer bzw. deren Häuser. Danach muss jeder seine eigenen Absprachen treffen. Manchmal darf man sogar das Auto der Inhaber benutzen.

Homelink International House Exchange (www.homelink.ie)

Intervac International Holiday Service (www.intervac-homeexchange.com)

Versicherung

Eine Reiseversicherung, die Diebstahl, Verlust und die medizinische Versorgung einschließt, ist sicher eine gute Investition.

Die in der EU gültige Europäische Krankenversicherungskarte deckt fast alle medizinischen Behandlungen ab. In anderen Bereichen können Zusatzversicherungen abgeschlossen werden.

Eine weltweit gültige Reiseversicherung gibt's unter www.lonelyplanet.com/travel_services. Sie lässt sich jederzeit abschließen, verlängern und natürlich in Anspruch nehmen – auch unterwegs.

Wer mit einem Auto auf öffentlichen Straßen umherreisen möchte, sollte das Fahrzeug versichern. Kommt man mit dem eigenen Wagen nach Irland, muss man vorher nachprüfen, ob die Autoversicherung auch Fahrten in diesem Land abdeckt.

Visa

EU-Bürger und Schweizer können ohne Visum in die Republik und nach Nordirland einreisen und hier ohne Einschränkungen wohnen, arbeiten sowie studieren. Zur Einreise ist nur ein gültiger Personalausweis oder Pass erforderlich.

Zeit

Im Winter gilt in Irland die Greenwich Mean Time (GMT), also die Westeuropäische Zeit. Im Sommer werden die Uhren eine Stunde vorgestellt. Wenn es in Berlin, Bern und Wien 12 Uhr ist, ist es in Dublin 11 Uhr.

Zollbestimmungen

Sowohl in der Republik als auch in Nordirland wird zwischen zollfrei in Nicht-EU-Ländern und bereits versteuerten, in einem anderen EU-Land erworbenen Waren unterschieden. Im Prinzip gibt's keine Obergrenzen für den Transport von Waren innerhalb der EU, allerdings teilt der Zoll die Mitbringsel in Produkte für den persönlichen und für den gewerblichen Gebrauch ein. Dabei gelten folgende Regeln:

Aus EU-Ländern Für den persönlichen Gebrauch gelten u. a. folgende Obergrenzen: 3200 Zigaretten (oder 400 Cigarillos, 200 Zigarren oder 3 kg Tabak) und entweder 10 l Spirituosen, 20 l mit Alkohol angereicherter Wein wie Sherry oder Port, 60 l Schaumwein, 90 l Wein oder 110 l Bier.

Aus Nicht-EU-Ländern Zollfrei dürfen aus Nicht-EU-Ländern 200 Zigaretten, 2 l Getränke mit bis zu 15 Vol.-% und 1 l mit mehr als 15 Vol.-% Alkoholgehalt sowie 60 ml Parfüm und 250 ml Eau de Toilette eingeführt werden.

Hunde & Katzen

Die Mitnahme von Hunden und Katzen in die Republik und nach Nordirland unterliegt sehr strengen Quarantäne-Vorschriften. Es gilt das EU Pet Travel Scheme: Das Tier muss einen Mikrochip haben, außerdem muss es sechs Monate vor der Einreise einer Tollwutimpfung und einem Bluttest unterzogen werden. Weitere Informationen gibt's beim **Department of Agriculture, Food & Rural Development** (☎01-607 2000; www.agriculture.gov.ie) in Dublin.

Verkehrsmittel & -wege

AN- & WEITER-REISE

Einreise

Fast alle Irlandbesucher gelangen über Dublin ins Land. Die Zunahme von Billigfliegern in den letzten Jahren führte zu einem größeren Angebot und günstigeren Preisen bei Verbindungen zwischen Irland und anderen europäischen Ländern. Wer in die Republik reist, sollte Folgendes beachten:

- Die große Mehrheit der Fluggesellschaften steuert die Hauptstadt an.
- In Dublin gibt's zwei Häfen, die als wichtigste Umschlagplätze für den Seehandel mit Großbritannien dienen. Fähren aus Frankreich legen am südlichen Hafen von Rosslare an.
- Darüber hinaus ist Dublin der Hauptverkehrsknotenpunkt des Bahnverkehrs in Irland.

EU-Bürger und Schweizer dürfen ohne Visum in die Republik und nach Nordirland einreisen. Flüge, Touren und Zugtickets können online unter www.lonelyplanet.com/bookings gebucht werden.

Flugzeug

Flughäfen

Die wichtigsten Flughäfen der Republik:

Cork Airport (ORK; ☎021-431 3131; www.corkairport.com)

Dublin Airport (DUB; ☎01-814 1111; www.dublinairport.com)

Shannon Airport (SNN; ☎061-712 000; www.shannonairport.com; 📶)

Einige Flughäfen in der Republik werden nur von Großbritannien aus bedient:

Donegal Airport (CFN; ☎074-954 8284; www.donegalairport.ie)

Ireland West Airport Knock (NOC; ☎094-936 8100; www.irelandwestairport.com; abseits der N17) 15 km nördlich von Knock gleich abseits der N17. Tägliche Flüge zu sieben Städten in Großbritannien und weniger häufige Verbindungen nach Portugal, Spanien, Deutschland, Italien und auf die Kanaren.

Kerry Airport (KIR; ☎066-976 4644; www.kerryairport.ie; Farranfore)

Waterford Airport (WAT; ☎051-875 589; www.flywaterford.com)

Flughäfen in Nordirland:

Belfast International Airport (BFS; ☎028-9448 4848; www.belfastairport.com) Hier landen u. a. Flieger aus Innsbruck und Berlin (via London Heathrow).

City of Derry Airport (LDY; ☎028-7181 0784; www.cityofderryairport.com)

George Best Belfast City Airport (BHD; ☎028-9093 9093; www.belfastcityairport.com)

KLIMAWANDEL & REISEN

Fast jede Art der motorisierten Fortbewegung erzeugt CO_2 (die Hauptursache für die globale Erwärmung), doch Flugzeuge sind mit Abstand die schlimmsten Klimakiller – nicht nur wegen der großen Entfernungen und der entsprechend großen CO_2-Mengen, sondern auch weil sie diese Treibhausgase direkt in hohen Schichten der Atmosphäre freisetzen. Auf vielen Websites kann man mit speziellen „CO_2-Rechnern" ermitteln, wie das persönliche Emissionskonto nach einer Reise aussieht, und mit einer Spende für Umweltprojekte eine Art Wiedergutmachung leisten. Auch Lonely Planet spendet Gelder, wenn Mitarbeiter und Autoren auf Reisen gehen.

Fährrouten

Auf dem Landweg

Eurolines (www.eurolines.com) bietet dreimal täglich einen Bus- und Fährservice von der Victoria Station in London bis zum Busáras-Busbahnhof in Dublin an.

Übers Meer

Die wichtigsten Fährrouten zwischen Irland, Großbritannien und dem europäischen Festland:

- Belfast–Liverpool (England; 8½ Std.)
- Belfast–Stranraer (Schottland; 1¾ Std.)
- Cork–Roscoff (Frankreich; 14 Std.)
- Dublin–Liverpool (England; schnelle/langsame Verbindung 4/8½ Std.)
- Dublin/Dun Laoghaire–Holyhead (Wales; schnelle/langsame Verbindung 1½/3 Std.)
- Larne–Cairnryan (Schottland; 1½ Std.)
- Larne–Fleetwood (England; 6 Std.)
- Rosslare–Cherbourg/Roscoff (Frankreich; 20½ Std.)
- Rosslare–Fishguard/Pembroke (Wales; 3½ Std.)

Die Konkurrenz durch Billigflieger zwingt Fährunternehmen dazu, Rabatte und flexible Preise anzubieten. So kann man außerhalb der Hauptverkehrszeiten tolle Schnäppchen erzielen. Die beliebte Route zwischen Dublin und Holyhead über die Irische See kostet dann z. B. 15 € pro Person bzw. 90 € für ein Auto plus bis zu vier Passagiere.

Die Website www.ferrybooker.com listet alle Fährrouten und Anbieter ab Großbritannien auf, von wo die meisten Fähren nach Irland in See stechen.

Einige Hauptanbieter:

Brittany Ferries (www.brittanyferries.com) Jeden Samstag von April bis Oktober.

Irish Ferries (www.irishferries.com) Holyhead-Fähren verkehren ganzjährig bis zu viermal am Tag. Frankreich und Rosslare verbinden sie dreimal wöchentlich von Mitte Februar bis Dezember.

Isle of Man Steam Packet Company/Sea Cat (www.steam-packet.com)

Norfolkline (www.norfolkline.com) Tägliche Verbindungen.

P&O Irish Sea (www.poirishsea.com) Tägliche Verbindungen.

Stena Line (www.stenaline.com)

KOMBITICKETS FÜR BUS & FÄHRE

Man kann Bus- und Fährtickets von allen größeren britischen Städten zu Orten im irischen Busnetz kombinieren, was vielleicht nicht so bequem ist wie ein Billigflug, aber weniger CO_2 hinterlässt. Die Fahrt von London nach Dublin dauert rund zwölf Stunden. Von London nach Belfast ist man 13 bis 16 Stunden unterwegs. Tickets für beide Routen kosten 40 £ (hin & zurück), weitere Infos gibt's bei **Eurolines** (www.eurolines.com).

UNTERWEGS VOR ORT

Irland lässt sich entweder mit dem Auto oder den öffentlichen Verkehrsmitteln entdecken. Mit den eigenen vier Rädern kann man die Zeit am besten nutzen und gelangt über das verworrene Netz von Nebenstraßen auch zu abgeschiedenen Orten. Miet- und Benzinkosten belasten allerdings kleinere Reisebudgets, zudem strapazieren eingeschränkte Parkmöglichkeiten und Staus in den meisten Großstädten die Nerven, weswegen öffentliche Verkehrsmittel oft die bessere Wahl sind.

Das Busnetz wird vom Staat und von privaten Anbietern bedient. Es ist umfassend und in der Regel preisgünstig, auch wenn die Fahrtzeiten oft recht lang sind. Züge sind schneller, jedoch ziemlich teuer; sie steuern nur große Städte an. Zu Hauptverkehrszeiten ist sowohl in Bussen als auch in Bahnen viel los. Wer einen Sitzplatz möchte, sollte reservieren.

Auto & Motorrad

Mit dem Auto oder Motorrad ist man besonders flexibel und unabhängig. Das Straßensystem ist gut und wird ständig ausgebaut, was immer kürzere Fahrtzeiten zur Folge hat. Zu den Nachteilen gehören Verkehrsstaus, Parkprobleme in Großstädten und hohe Benzinkosten.

Mietwagen

Ein Auto in Irland zu mieten ist eine kostspielige Angelegenheit. Ein Kleinwagen kostet rund 250 € pro Woche (unbegrenzte Kilometerzahl), wobei die Preise in der Hochsaison steigen und in der Nebensaison fallen.

Die genannten Unternehmen haben länderspezifische Websites, so unterscheiden sich die Preise auf der irischen Seite beispielsweise von der deutschen. Um die besten Angebote zu finden, ist ein bisschen Onlinerecherche vonnöten. **Nova Car Hire** (www.novacarhire.com) vertritt Alamo, Budget, European und National und bietet gute Rabatte.

Weitere Tipps:

➡ Fast alle Fahrzeuge haben Schaltgetriebe; Automatik-Autos sind zwar verfügbar, jedoch teurer.

➡ Wer von der Republik aus in den Norden fährt, sollte vorher prüfen, ob die Versicherung auch für Fahrten dorthin gilt.

➡ Die meisten Autovermietungen verlangen ein Mindestalter von 23; zudem muss man seit mindestens einem Jahr über einen Führerschein verfügen.

➡ Manche Firmen in der Republik vermieten keine Autos an Personen über 74 Jahre; im Norden besteht keine Regelung dieser Art.

➡ In Irland kann man keine Motorräder und Mopeds mieten.

Die wichtigsten Anbieter:

Avis (www.avis.ie)

Budget (www.budget.ie)

Europcar (www.europcar.ie)

Hertz (www.hertz.ie)

Sixt (www.sixt.ie)

Thrifty Car Rental (☎1800 515 800; www.thrifty.ie)

Parken

In allen größeren Städten gibt's gut ausgeschilderte, überdachte Kurzparkzonen.

➡ Um an einer Straße zu parken, benötigt man häufig einen Parkschein oder eine Parkscheibe; Letztere ist in Zeitschriftenläden erhältlich. Die Tarife reichen von 1,50 bis zu 4,50 € pro Stunde; für

FAHRTKOSTEN

Wenn nicht anders angegeben, beziehen sich die in diesem Buch genannten Fahrtkosten auf ein einfaches Ticket für einen erwachsenen Reisenden.

den ganzen Tag zahlt man rund 24 €.

➡ Gelbe Linien (einfache oder doppelte) am Straßenrand zeigen Parkverbotszonen an. In der Regel darf man auf den einfachen gelben Linien zwischen 19 und 8 Uhr parken, die doppelten gelben Linien hingegen signalisieren ein grundsätzliches Parkverbot. Zudem sollte man immer auf die jeweiligen Schilder achten, die darüber Auskunft geben, wann geparkt werden darf und wann nicht.

➡ In Dublin, Cork und Galway werden gegen Falschparker Metallkrallen eingesetzt: Das Entfernen der gelben Biester kostet in der Republik 85 € und in Nordirland 100 £.

Straßen & Verkehrsregeln

Über die Autobahnen (zu erkennen an einem M und einer Nummer auf blauem Grund) und Nationalstraßen (N und eine Nummer auf grünem Grund) gelangt man am schnellsten von A nach B. Nebenstraßen (R und eine Nummer) sind sehr viel malerischer und interessanter, jedoch häufig kurvenreich und extrem eng – perfekt für eine langsame Fahrt mit wunderbaren Ausblicken.

➡ EU-Führerscheine werden wie irische Führerscheine behandelt.

➡ Führerscheine von Nicht-EU-Bürgern sind ab dem Tag der Einreise bis zu zwölf Monate lang gültig.

➡ Der Führerschein muss jederzeit mitgeführt werden.

➡ Wer sein eigenes Auto aus dem europäischen Ausland einführt, benötigt eine Haftpflichtversicherung.
Grundregeln im Verkehr:

➡ Links fahren, rechts überholen.

➡ Fahrer und alle Mitfahrer müssen den Sicherheitsgurt anlegen.

➡ Kinder unter zwölf Jahren dürfen nicht vorne sitzen.

➡ Für Motorradfahrer und Beifahrer besteht Helmpflicht.

➡ Bei der Einfahrt in einen Kreisverkehr hat Vorfahrt, wer von rechts kommt.

➡ In der Republik sind Geschwindigkeitsbegrenzungen und Entfernungen in Kilometern angegeben (gelegentlich entdeckt man allerdings auch ältere weiße Schilder mit Meilenangaben), in Nordirland in Meilen (1 Meile = 1,6 km). Es gelten folgende Geschwindigkeitsbegrenzungen:

Republik 120 km/h auf Autobahnen, 100 km/h auf Nationalstraßen, 80 km/h auf Landstraßen und 50 km/h in Ortschaften (oder gemäß den Schildern).

Nordirland 70 mph (112 km/h) auf Autobahnen, 60 mph (96 km/h) auf Landstraßen, 30 mph (48 km/h) in geschlossenen Ortschaften.

Gegen Alkoholsünder am Steuer geht man hart vor. Sowohl in der Republik als auch in Nordirland gilt eine Promillegrenze von 0,8, wobei viele für eine Absenkung auf 0,5 Promille sind.

AUTOMOBILCLUBS

Die beiden wichtigsten Automobilclubs:

Automobile Association (AA; www.aaireland.ie) Republik (☎Pannendienst 1800 667 788, in Cork 021-425 2444, in Dublin 01-617 9999; www.aaireland.ie); Nordirland (☎0870-950 0600, Pannendienst 0800 667 788; www.aaireland.ie)

Royal Automobile Club (RAC; www.rac.ie) Republik (☎1890 483 483; www.rac.ie); Nordirland (☎0800 029 029, Pannendienst 0800 828 282; www.rac.ie)

Bus

Private Anbieter konkurrieren häufig sehr erfolgreich mit Bus Éireann und verkehren auch dort, wo die staatlichen Busse nur selten oder gar nicht hinfahren.

Die Entfernungen sind nicht sehr groß, so dauert die längste Busfahrt nicht mehr als fünf Stunden. Durchschnittlich zahlt man für eine beliebte Route wie Dublin–Cork rund 12 € für eine einfache Fahrt. Die Preise hängen von der Entfernung und Konkurrenz ab, wobei kürzere, aber weniger frequentierte Strecken auch teurer sein können.

Buchungen für Bus Éireann sind online möglich, es ist allerdings nicht möglich, Plätze für bestimmte Strecken zu reservieren.
Die wichtigsten Busunternehmen:

Bus Éireann (☎01-836 6111; www.buseireann.ie) Staatliches Busunternehmen der Republik.

Dublin Bus (www.dublinbus.ie) Dubliner Busdienst.

Metro (☎028-9066 6630; www.translink.co.uk) Belfaster Busdienst.

Ulsterbus (☎028-9066 6600; www.ulsterbus.co.uk) Staatliches Busunternehmen Nordirlands.

Fahrrad

Aufgrund seiner überschaubaren Größe und der recht flachen, malerischen Landschaften eignet sich Irland perfekt für Radtouren. Die einzigen Mankos sind das unbeständige Wetter und die eine oder andere unebene Straße. Wer im Westen Ausflüge unternehmen will, sollte wegen der vorherrschenden Winde besser von Süden nach Norden fahren.

In Bussen dürfen Räder transportiert werden, allerdings nur, wenn genug Platz ist. In Zügen muss man Folgendes beachten:

BUS- & BAHNPÄSSE

Es gibt verschiedene Bus- und Bahnpässe sowie Kombipässe, die sich lohnen, wenn man häufig mit öffentlichen Verkehrsmitteln unterwegs ist. Alle nachfolgend genannten Pässe werden von **Bus Éireann** (☎01-836 6111; www.buseireann.ie) ausgestellt.

Emerald Card (Bus & Rail) Gilt acht Tage lang in einem Zeitraum von 15 aufeinanderfolgenden Tagen (218 €) oder 15 Tage lang in einem Zeitraum von 30 aufeinanderfolgenden Tagen (375 €) für alle regionalen und überregionalen Bus- und Bahnverbindungen in der Republik und in Nordirland.

Irish Rambler (Bus) Gilt an drei Tagen in einem Zeitraum von acht aufeinanderfolgenden Tagen (53 €) oder an 15 Tagen in einem Zeitraum von 30 aufeinanderfolgenden Tagen (168 €) für alle Bus-Éireann-Verbindungen.

Irish Rover (Bus) Gilt an drei Tagen in einem Zeitraum von acht aufeinanderfolgenden Tagen (68 €) oder an 15 Tagen in einem Zeitraum von 30 aufeinanderfolgenden Tagen für alle Verbindungen von Bus Éireann und Ulster Bus sowie für Stadtbusse in Cork, Galway, Limerick, Waterford und Belfast.

Irish Explorer (Bus & Rail) Gilt an acht Tagen in einem Zeitraum von 15 aufeinanderfolgenden Tagen (194 €) für Bus- und Bahnverbindungen innerhalb der Republik.

Irish Explorer (Rail) Gilt an fünf Tagen in einem Zeitraum von 15 aufeinanderfolgenden Tagen (115,50 €) für Bahnverbindungen in der Republik.

Kinder unter 16 Jahren zahlen für diese Pässe und für normale Fahrkarten jeweils die Hälfte. Wer jünger als drei Jahre ist, fährt in öffentlichen Verkehrsmitteln kostenlos mit. Die oben genannten Pässe werden an größeren Bahnhöfen und Busbahnhöfen verkauft.

- In Intercityzügen zahlt man bis zu 10 € pro Rad.
- Räder werden in den Passagierabteilen transportiert.
- Man sollte im Voraus reservieren (www.irishrail.ie), da pro Zug nur drei Räder zulässig sind.

Folgende Anbieter organisieren Radtouren in ganz Irland:

Go Ireland (☎066-976 2094; www.govisitireland.com; Old Orchard House, Killorglin, County Kerry)

Irish Cycling Safaris (☎01-260 0749; www.cyclingsafaris.com; Belfield Bike Shop, UCD, Dublin 4) Irish Cycling Safaris veranstaltet Gruppentouren im Südwesten und Südosten sowie in Connemara und in den Counties Clare, Donegal und Antrim.

Flugzeug

In Irland sind Inlandsflüge eigentlich überflüssig – außer man hat's sehr eilig. Es gibt Verbindungen zwischen Dublin und Belfast, Cork, Derry, Donegal, Galway, Kerry, Shannon und Sligo sowie zwischen Belfast und Cork. Fast alle Flüge innerhalb des Landes dauern zwischen 30 und 50 Minuten.

Irische Airlines:

Aer Lingus (www.aerlingus.com)

Aer Lingus Regional (www.aerarann.com)

Ryanair (www.ryanair.com)

Geführte Touren

Im Rahmen geführter Touren lassen sich die Hauptattraktionen des Landes in relativ kurzer Zeit erkunden. Buchen kann man diese in Reisebüros und Touristeninformationen der größeren Städte oder direkt beim Veranstalter. Einige der renommiertesten Anbieter:

Bus Éireann (www.buseireann.ie) Tagestouren in verschiedene Städte der Republik und des Nordens.

CIE Tours International (www.cietours.ie) Vier- bis elftägige Busfahrten in der Republik und im Norden inklusive Übernachtung und Verpflegung.

Grayline Tours (www.irishcitytours.com) Halb- und ganztägige Ausflüge zu Attraktionen rund um Dublin und zum Ring of Kerry.

Paddywagon Tours (www.paddywagontours.com) Drei- und Sechstages-Aktivtouren durch ganz Irland mit netten Reiseleitern. Übernachtet wird in IHH-Hostels.

Railtours Ireland (☎01-856 0045; www.railtoursireland.com) Für passionierte Bahnfahrer. In Zusammenarbeit mit Iarnród Éireann organisiert das Unternehmen eine Reihe von ein- bis zweitägigen Zugreisen.

Ulsterbus Tours (www.ulsterbus.co.uk) Veranstaltet viele Tagestrips durch den Norden und die Republik.

Grenzübergänge

In den letzten Jahren wurden die Sicherheitsmaßnahmen in Nordirland immer weiter gelockert. Heute sind alle Grenzübergänge offen und meist unbesetzt. Dauergrenzposten wurden entfernt und auf den Hauptstraßen erinnern nur die neuen Straßenschilder, die Farbe der Autonummernschilder und die Briefkästen daran, dass man gerade die Grenze überquert hat.

Nahverkehr

In Dublin, Belfast und vielen anderen größeren Städten gibt's ein gut ausgebautes Busverkehrsnetz.

➡ Der Dublin Area Rapid Transport (DART) verkehrt entlang der Küste. Die beiden Strecken des neuen Straßenbahnsystems Luas erfreuen sich großer Beliebtheit.

➡ Für Taxifahrten muss man ziemlich tief in die Tasche greifen: Tagsüber beträgt die Grundgebühr 4,10 € und jeder Kilometer kostet mindestens 1,03 € (nachts sind die Preise dann noch etwas höher).

Zugstrecken

Schiff/Fähre

Es gibt viele Fährverbindungen zu den vor der Küste gelegenen Inseln, darunter die Aran Islands und Skellig Islands im Westen, die Saltee Islands im Südosten sowie die Tory und Rathlin Islands im Norden.

Außerdem kann man mit Booten Flüsse, Buchten und Seen überqueren, was vor allem für Radfahrer eine praktische Abkürzung ist.

Fahrten auf dem 258 km langen Shannon-Erne-Kanal und auf den vielen Seen erfreuen sich großer Beliebtheit. Die Touristeninformationen empfehlen übrigens nur die bei ihnen registrierten Anbieter. Infos zu anderen Unternehmen findet man in den jeweiligen Kapiteln dieses Reiseführers.

Trampen

Trampen wird in Irland immer unbeliebter, obwohl man hier im Vergleich zu anderen Ländern in Europa nicht lange auf eine Mitfahrgelegenheit warten muss. Anhalter sollten sich immer darüber im Klaren sein, dass sie ein kleines, aber dennoch ernst zu nehmendes Risiko eingehen. Aus diesem Grund lässt man es am besten einfach! Wir raten jedenfalls vom Trampen ab. Wer trotzdem nicht darauf verzichten möchte, sollte beachten, dass man auf Autobahnen nicht trampen darf.

Zug

In Anbetracht der überschaubaren Größe Irlands muss man für Bahnreisen tief in die Tasche greifen. Alle größeren Städte der Republik sind an das begrenzte, von **Irish Rail** (Iarnród Éireann; ☎1850 366 222; www.irishrail.ie) betriebene Bahnnetz angeschlossen. Dublin ist dabei Dreh- und Angelpunkt. Wer also zwischen Zielen, die nicht auf der Hauptstadtroute liegen, reisen möchte, muss zunächst die Fahrt nach Dublin auf sich nehmen. Darüber hinaus gibt's keine Nord-Süd-Verbindung entlang der Westküste, kein Streckennetz in Donegal und keine Direktverbindungen von Waterford nach Cork oder Killarney.

Unter der Woche zahlt man für eine einfache Fahrt von Dublin nach Cork rund 65 €. Hin- und Rückfahrtickets kosten nur wenig mehr, was das Bahnfahren konkurrenzfähiger machen soll, jedoch zu teuren Preisen für einfache Fahrten führt. Die günstigsten Tarife gibt's online.

Northern Ireland Railways (NIR; ☎028-9089 9411; www.nirailways.co.uk; Belfast Central Station) bedient von Belfast aus vier Routen. Eine führt über Newry nach Dublin; die anderen drei verlaufen östlich nach Bangor, nordöstlich nach Larne und nordwestlich über Coleraine nach Derry.

Sprache

ENGLISCH

Englisch ist die am weitesten verbreitete Sprache der Welt. Selbst wenn man sie nie gelernt hat, kennt man z. B. durch Musik oder Anglizismen in Technik und Werbung ein paar Wörter. Sich einige Brocken mehr anzueignen, um beim Smalltalk zu glänzen, ist nicht schwer. Im Folgenden einige wichtige Begriffe und Wendungen:

Grundlagen

Wer einen Fremden nach etwas fragt oder ihn um etwas bittet, sollte die Frage bzw. Bitte höflich einleiten („Excuse me, …").

Guten Tag.	*Hello.*
Hallo.	*Hi.*
Auf Wiedersehen.	*Goodbye.*
Bis später.	*See you later.*
Tschüss.	*Bye.*
Wie geht's Ihnen/dir?	*How are you?*
Danke, gut.	*Thanks, fine.*
Und Ihnen/dir?	*... and you?*
Wie heißen Sie/ heißt du?	*What's your name?*
Ich heiße ...	*My name is ...*
Ja.	*Yes.*
Nein.	*No.*
Bitte.	*Please.*
(Vielen) Dank.	*Thank you (very much).*
Bitteschön.	*You're welcome.*
Entschuldigung	*Excuse me/Sorry.*
Sprechen Sie Englisch?	*Do you speak English?*
Ich verstehe (nicht).	*I (don't) understand.*

NOCH MEHR ENGLISCH/ IRISCH?

Wer sich intensiver mit der Sprache beschäftigen möchte, legt sich am besten den praktischen *Sprachführer Englisch* von Lonely Planet zu. Empfehlenswert ist auch das Buch *Irish Language & Culture*, ebenfalls von Lonely Planet. Letzteres erhält man unter **shop.lonely planet.com** oder im Apple App Store.

Könnten Sie ...?
Could you ...?

bitte langsamer sprechen
please *speak more slowly*

das bitte wiederholen
repeat that, please

das bitte aufschreiben
write it down, please

Essen & Trinken

Was können Sie empfehlen?
What would you recommend?

Welche Zutaten sind in dem Gericht?
What's in that dish?

Ich bin Vegetarier/Vegetarierin.
I'm a vegetarian.

Ich esse kein ...	*I don't eat ...*
Prost!	*Cheers!*
Das war köstlich.	*That was delicious.*
Die Rechnung bitte.	*Please bring the bill.*

Ich würde gern einen Tisch für ... reservieren.
I'd like to reserve a table for ...

(acht) Uhr	*(eight) o'clock*
(zwei) Personen	*(two) people*

Grundwortschatz

Abendessen	*dinner*
Delikatessen	*delicatessen*
Essen	*food*

Fragewörter

Warum?	*Why?*
Wann?	*When?*
Was?	*What?*
Wer?	*Who?*
Wie?	*How?*
Wo?	*Where?*

Flasche	*bottle*
Frühstück	*breakfast*
Gabel	*fork*
Gericht	*plate*
Glas	*glass*
Hauptgericht	*main course*
Hochstuhl	*highchair*
kalt	*cold*
Kindergericht	*children's menu*
Lebensmittelladen	*grocery store*
Löffel	*spoon*
Markt	*market*
Messer	*knife*
mit/ohne	*with/without*
Mittagessen	*lunch*
örtliche Spezialität	*local speciality*
Speisekarte (auf Englisch)	*menu (in English)*
Teller	*dish*
Vorspeise	*appetiser*
warm	*hot*
Weinkarte	*wine list*

Fisch & Fleisch

Auster	*oyster*
Hühnchen	*chicken*
Kalb	*veal*
Krabbe	*crab*
Lamm	*lamb*
Rind	*beef*
Schnecke	*snail*
Schwein	*pork*
Tintenfisch	*squid*
Truthahn	*turkey*

Obst & Gemüse

Ananas	*pineapple*
Apfel	*apple*
Aprikose	*apricot*
Backpflaume	*prune*
Bohnen	*beans*
Erbsen	*peas*
Erdbeere	*strawberry*
Frühlingszwiebel	*shallot*
Gemüse	*vegetable*
Gurke	*cucumber*
Kartoffel	*potato*
Kirsche	*cherry*
Kohl	*cabbage*
Kürbis	*pumpkin*
Mais	*corn*
(rote/grüne) Paprika	*(red/green) pepper*
Pfirsich	*peach*
Pflaume	*plum*
Pilz	*mushroom*
Rote Bete	*beetroot*
Salat	*lettuce*
Spargel	*asparagus*
Spinat	*spinach*
Tomate	*tomato*
Weintraube	*grape*
Zitrone	*lemon*

Weitere Begriffe

Brot	*bread*
Butter	*butter*
Ei	*egg*
Essig	*vinegar*
Honig	*honey*
Käse	*cheese*
Linsen	*lentils*
Marmelade	*jam*
Pasta/Nudeln	*pasta/noodles*
Pfeffer	*pepper*
Reis	*rice*
Salz	*salt*
Zucker	*sugar*

Getränke

Bier	*beer*
Kaffee	*coffee*
Milch	*milk*
Rotwein	*red wine*
(Orangen-)Saft	*(orange) juice*
Tee	*tea*
(Mineral-)Wasser	*(mineral) water*
Weißwein	*white wine*

Notfall

Hilfe!	*Help!*
Es ist ein Notfall!	*It's an emergency!*
Rufen Sie die Polizei!	*Call the police!*
Rufen Sie einen Arzt!	*Call a doctor!*
Rufen Sie einen Krankenwagen!	*Call an ambulance!*
Lassen Sie mich in Ruhe!	*Leave me alone!*
Gehen Sie weg!	*Go away!*
Ich habe mich verirrt.	*I'm lost.*
Es tut hier weh.	*It hurts here.*
Wo ist die Toilette?	*Where are the toilets?*
Ich habe Durchfall/ Fieber/Kopfschmerzen.	*I have diarrhoea/ fever/headache.*

Wo ist der/die/das nächste ...?	*Where's the nearest ...?*
Apotheke	*chemist*
Arzt	*doctor*
Krankenhaus	*hospital*
Zahnarzt	*dentist*

Ich bin allergisch gegen ...	*I'm allergic to ...*
Antibiotika	*antibiotics*
Aspirin	*aspirin*
Penizillin	*penicillin*

Shoppen & Service

Ich suche ...
I'm looking for ...

Wo ist der/die/das (nächste) ...?
Where's the (nearest) ...?

Wo kann ich ... kaufen?
Where can I buy ...?

Ich möchte ... kaufen.
I'd like to buy ...

Wie viel kostet das?
How much is this?

Das ist zu viel/teuer.
That's too much/expensive.

Können Sie den Preis senken?
Can you lower the price?

Haben Sie etwas Günstigeres?
Do you have something cheaper?

Ich schaue mich nur um.
I'm just looking.

Das gefällt mir nicht.
I don't like it.

Haben Sie noch andere?
Do you have any others?

Können Sie es mir zeigen?
Can I look at it?

Die Rechnung stimmt nicht.
There's a mistake in the bill.

Geldautomat	*ATM*
Internetcafé	*internet cafe*
Kreditkarte	*credit card*
Post	*post office*
Touristeninformation	*tourist office*

Uhrzeit & Datum

Wie spät ist es?	*What time is it?*
Es ist (ein) Uhr.	*It's (one) o'clock.*
Zwanzig nach eins.	*Twenty past one.*
Halb zwei.	*Half past one.*
Viertel vor eins.	*Quarter to one.*

morgens/vormittags	*am*
nachmittags/abens	*pm*
jetzt	*now*
heute	*today*
heute Abend	*tonight*
morgen	*tomorrow*
gestern	*yesterday*

SATZMUSTER

Wo ist (der Eingang)?
Where's (the entry)?

Wo kann ich (eine Eintrittskarte kaufen)?
Where can I (buy a ticket)?

Wann fährt (der nächste Bus)?
When's (the next bus)?

Wie viel kostet (ein Zimmer)?
How much is (a room)?

Haben Sie (eine Landkarte)?
Do you have (a map)?

Gibt's (eine Toilette)?
Is there (a toilet)?

Ich möchte (ein Zimmer buchen).
I'd like (to book a room)

Kann ich (hereinkommen)?
Can I (enter)?

Könnten Sie (mir helfen)?
Could you please (help me)?

Muss ich (einen Platz reservieren)?
Do I have to (book a seat)?

Morgen	*morning*
Nachmittag	*afternoon*
Abend	*evening*
Montag	*Monday*
Dienstag	*Tuesday*
Mittwoch	*Wednesday*
Donnerstag	*Thursday*
Freitag	*Friday*
Samstag	*Saturday*
Sonntag	*Sunday*
Januar	*January*
Februar	*February*
März	*March*
April	*April*
Mai	*May*
Juni	*June*
Juli	*July*
August	*August*
September	*September*
Oktober	*October*
November	*November*
Dezember	*December*

Unterkunft

Wo ist ein/e ...? *Where's a ...?*

Pension	*bed and breakfast*
Campingplatz	*camping ground*
Hotel	*hotel*
Jugendherberge	*youth hostel*
Privatzimmer	*room in a private home*

Wie viel kostet es pro ...?
How much is it per ...?

Nacht	*night*
Person	*person*

Kann ich es sehen?
May I see it?

Kann ich ein anderes Zimmer bekommen?
Can I get another room?

Es ist gut. Ich nehme es.
It's fine. I'll take it.

Ich reise jetzt ab.
I'm leaving now.

Haben Sie ein ...? *Do you have a ... ?*

Einzelzimmer	*single room*
Doppelzimmer	*double room*
Zweibettzimmer	*twin room*

Schilder

Closed	Geschlossen
Entrance	Eingang
Exit	Ausgang
Information	Information
Men	Männer
Open	Offen
Prohibited	Verboten
Toilets	Toiletten
Women	Frauen

mit (einer/einem) ... with (a) ...

Bad	bathroom
Fenster	window
Klimaanlage	air-con

Verkehrsmittel & -wege

Wann fährt der/die/das ... ab?
What time does the ... leave?

Boot	*boat*
Bus	*bus*
Flugzeug	*plane*
erster	*first*
letzter	*last*
nächster	*next*

Ich möchte nach ...
I want to go to ...

Hält er/sie/es in ...?
Does it stop at ...?

Wann fährt er ab/kommt er an?
At what time does it leave/arrive?

Können Sie mir sagen, wann wir in ... ankommen?
Can you tell me when we get to ...?

Ich möchte hier aussteigen.
I want to get off here.

Der/die/das ... ist gestrichen.
The ... is cancelled.

Der/die/das ... hat Verspätung.
The ... is delayed.

Ist dieser Platz frei?
Is this seat free?

Muss ich umsteigen?
Do I need to change the bus?

Sind Sie frei?
Are you free?

Was kostet es bis ...?
How much is it to ...?

Bitte bringen Sie mich zu (dieser Adresse).
Please take me to this address.

ein ... -Ticket	*a ... ticket*
1.-Klasse-	*1st-class*
2.-Klasse-	*2nd-class*
einfaches	*one-way*
Hin- und Rückfahr-	*return*

entfällt	*cancelled*
Fahrkartenschalter	*ticket office*
Fahrplan	*timetable*
Fensterplatz	*window seat*
Gangplatz	*aisle seat*
verspätet	*delayed*

Ich möchte ein/e/en ... mieten.
I'd like to hire a/an ...

Auto	*car*
Fahrrad	*bicycle*
Geländewagen	*4WD*
Motorrad	*motorbike*

Wie viel kostet es pro ...?
How much is it per ...?

Tag	*day*
Woche	*week*

Autogas	*LPG*
Benzin	*petrol*
bleifreies Benzin	*unleaded*
Diesel	*diesel*
Kindersitz	*child seat*
Mechaniker	*mechanic*
Sturzhelm	*helmet*
Tankstelle	*service station*

Wo ist eine Tankstelle?
Where's a petrol station?

Ist das die Straße nach ...?
Is this the road to ...?

(Wie lange) Kann ich hier parken?
(How long) Can I park here?

Wo muss ich bezahlen?
Where do I pay?

Ich brauche einen Mechaniker.
I need a mechanic.

Ich habe (in ...) eine Panne mit dem Auto.
The car has broken down (at ...)

Ich habe eine Reifenpanne.
I have a flat tyre.

Ich hatte einen Unfall.
I had an accident.

Das Auto/Motorrad springt nicht an.
The car/motorbike won't start.

Ich habe kein Benzin mehr.
I've run out of petrol.

Ich habe meine Autoschlüssel verloren.
I've lost my car keys.

Wegweiser

Wo ist ...?
Where's (a bank)?

Wie kann ich da hinkommen?
How can I get there?

Könnten Sie mir bitte die Adresse aufschreiben?
Could you write the address, please?

Wie weit ist es?
How far is it?

Können Sie es mir (auf der Karte) zeigen?
Can you show me (on the map)?

an der Ecke	*at the corner*
dort	*there*
gegenüber	*opposite*
geradeaus	*straight ahead*
hier	*here*
hinter	*behind*
links	*left*
nahe	*near*
neben	*next to*

Zahlen

1	*one*
2	*two*
3	*three*
4	*four*
5	*five*
6	*six*
7	*seven*
8	*eight*
9	*nine*
10	*ten*
20	*twenty*
30	*thirty*
40	*forty*
50	*fifty*
60	*sixty*
70	*seventy*
80	*eighty*
90	*ninety*
100	*one hundred*
1000	*one thousand*

rechts	*right*
weit weg	*far away*
vor	*in front of*
Norden	*north*
Osten	*east*
Süden	*south*
Westen	*west*

IRISCH (GAEILGE)

Irisch (Gaeilge) ist die offizielle Sprache des Landes. Seit 2003 müssen alle offiziellen Dokumente, Straßenschilder und Verlautbarungen entweder in Irisch oder sowohl in Irisch als auch in Englisch abgefasst sein. Trotz seines offiziellen Status wird Irisch nur in einigen Gegenden auf dem Land gesprochen, die als Gaeltacht-Gebiete bekannt sind. Zu den wichtigsten gehören Cork (Corcaigh), Donegal (Dún na nGall), Galway (Gaillimh), Kerry (Ciarraí) und Mayo (Maigh Eo).

Wer außerhalb dieser Regionen Leute danach fragt, ob Sie Irisch sprechen, wird in neun von zehn Fällen wohl ein „*ah, cupla focal*" (ein paar Wörter) als Antwort zu hören bekommen – und genauso ist es meist auch. In den Schulen wird die Sprache für die Sechs- bis 15-Jährigen zwar als Pflichtfach unterrichtet, allerdings bringen ihnen die Lehrer den Stoff auf eher fantasielose Weise nahe. Viele Erwachsene bedauern es heute sehr, dass sie so wenig von der alten Sprache ihres Landes verstehen. Vor Kurzem wurde jedoch endlich ein neuer Lehrplan für Irisch eingeführt, der die Stundenzahl reduziert, aber den Unterricht dafür unterhaltsamer und praktischer machen soll.

Aussprache

Es gibt lange (mit Akzent) und kurze Vokale (ohne Akzent), die entweder offen und breit (**a**, **á**, **o**, **ó**, **u**, **ú**) oder geschlossen (**e**, **é**, **i** und **í**) sind, was häufig den nachfolgenden Konsonanten beeinflusst. Abgesehen von einigen ungewöhnlichen Kombinationen wie **mh** und **bhf** (beide werden wie das englische w ausgesprochen), spricht man die Konsonanten wie im Englischen aus.

Die drei Hauptdialekte sind Connaught Irish (in Galway und im nördlichen Mayo), Munster Irish (in Cork, Kerry und Waterford) und Ulster Irish (in Donegal). Die im Folgenden angegebene (blaue) Lautsprache bezieht sich auf eine anglisierte Version des modernen Standardirisch, das im Grunde eine Mischung aus allen dreien ist: Wer die Wörter wie im Englischen ausspricht, wird keine Probleme haben, sich verständlich zu machen.

CUPLA FOCAL

Mit diesen Sätzen und Ausdrücken *os Gaeilge* (auf Irisch) kann man die Iren beeindrucken:

Tóg é gobogé.
Immer mit der Ruhe.
tohg ay gobogay

Ní féidir é!
Ausgeschlossen!
nee faydir ay

Ráiméis!
Quatsch!
rawmaysh

Go huafásach!
Das ist schrecklich!
guh hoofawsokh

Ní ólfaidh mé go brách arís!
Ich werde niemals wieder etwas trinken!
knee ohlhee mey gu brawkh ureeshch

Slainte!
Zum Wohl!/Prost!
slawncha

Táim go maith.
Es geht mir gut.
thawm go mah

Nollaig shona!
Frohe Weihnachten!
nuhlig hona

Cáisc shona!
Frohe Ostern!
kawshk hona

Go n-éirí an bóthar leat!
Gute Reise!
go nairee on bohhar lat

Grundlagen

Hallo.	*Dia duit.*	deea gwit
Hallo. (Antwort)	*Dia is Muire duit.*	deeas moyra gwit
Guten Morgen.	*Maidin mhaith.*	mawjin wah
Gute Nacht.	*Oíche mhaith.*	eekheh wah
Auf Wiedersehen.		
(wenn man geht)	*Slán leat.*	slawn lyat
(wenn man bleibt)	*Slán agat.*	slawn agut
Ja.	*Tá.*	taw
So ist es.	*Sea.*	sheh
Nein.	*Níl.*	neel
So ist es nicht.	*Ní hea.*	nee heh

(Vielen) Dank.

Go raibh (míle) maith agat.	goh rev (meela) mah agut

Entschuldigung.		
Gabh mo leithscéal.	gamoh lesh scale	
Es tut mir leid.		
Tá brón orm.	taw brohn oruhm	
Ich verstehe nicht.		
Ní thuigim.	nee higgim	
Sprechen Sie/sprichst du Irisch?		
An bhfuil Gaeilge agat?	on wil gaylge oguht	
Was ist dies?		
Cad é seo?	kod ay shoh	
Was ist das das?		
Cad é sin?	kod ay shin	
Ich möchte nach ...		
Ba mhaith liom dul go dtí ...	baw wah lohm dull go dee ...	
Ich möchte ... kaufen.		
Ba mhaith liom ... a cheannach.	bah wah lohm ... a kyanukh	

ein anderes/ ein weiteres	*ceann eile*	kyawn ella
nett	*go deas*	goh dyass

Konversation

Willkommen.	
Ceád míle fáilte.	kade meela fawlcha
(wörtlich: 100 000 Willkommen)	
Wie geht es dir/Ihnen?	
Conas a tá tú?	kunas aw taw too
..., bitte.	
...más é do thoil é.	... maws ay do hall ay
Wie heißen Sie/heißt du?	
Cad is ainm duit?	kod is anim dwit
Ich heiße (Sean Frayne).	
(Sean Frayne) is ainm dom.	(shawn frain) is anim dohm

Wochentage

Montag	*Dé Luaín*	day loon
Dienstag	*Dé Máirt*	day maart
Mittwoch	*Dé Ceádaoin*	day kaydeen
Donnerstag	*Déardaoin*	daredeen
Freitag	*Dé hAoine*	day heeneh
Samstag	*Dé Sathairn*	day sahern
Sonntag	*Dé Domhnaigh*	day downick

Zahlen

1	*haon*	hayin
2	*dó*	doe
3	*trí*	tree
4	*ceathaír*	kahirr
5	*cúig*	kooig
6	*sé*	shay
7	*seacht*	shocked
8	*hocht*	hukt
9	*naoi*	nay
10	*deich*	jeh
11	*haon déag*	hayin jague
12	*dó dhéag*	doe yague
20	*fiche*	feekhe

Schilder

Fir	fear	Männer
Gardaí	gardee	Polizei
Leithreas	lehrass	Toilette
Mna	mnaw	Frauen
Oifig An Phoist	iffig ohn fwisht	Postfiliale

GLOSSAR

12. Juli – der Tag, an dem der *Orange Order* (Oranierorden) seine Umzüge abhält, um den Sieg des protestantischen Königs Wilhelm III. über den katholischen König Jakob II. in der Schlacht am Boyne 1690 zu feiern

An Óige – wörtlich „die Jugend"; Republic of Ireland Youth Hostel Association (Jugendherbergsverband der Republik Irland)

An Taisce – National Trust for the Republic of Ireland (Staatliche Denkmalverwaltung der Republik Irland)

Anglonormannen – Normannen, Engländer und Waliser, die im 12. Jh. in Irland einfielen

Apprentice Boys – eine loyalistische Organisation, die 1814 gegründet wurde, um jedes Jahr im August an die große Belagerung von Derry zu erinnern

ard – wörtlich „hoch"; irischer Ortsname

Ascendancy – bezieht sich auf protestantische Adlige, die von den Anglonormannen oder jenen Siedlern abstammen, die sich hier während der *Plantation* niederließen

bailey – Außenmauer einer Burg

bawn – befestigter Innenhof; von Mauern umgebenes Gelände um die Hauptgebäude einer Burg, das der Verteidigung diente und wo in unruhigen Zeiten auch Vieh gehalten wurde

Bienenkorbhütte – siehe *clochán*

Black & Tans – britische Rekruten der Royal Irish Constabulary kurz nach dem Ersten Weltkrieg, die vor allem wegen ihrer Brutalität berüchtigt waren

Blarney Stone – heiliger Stein im Blarney Castle, Grafschaft Cork, den man nach hinten gebeugt küssen muss, um so mit einer tollen Rhetorik beschenkt zu werden

bodhrán – in der Hand gehaltene Trommel aus Ziegenleder

Bronzezeit – frühestes Zeitalter, in dem Metall verarbeitet wurde; in Irland zwischen 2500 und 300 v. Chr.; nach der Steinzeit und vor der *Eisenzeit*

B-Specials – nordirische Hilfspolizeitruppe, die 1971 aufgelöst wurde

bullaun – Stein mit einer Vertiefung, der wahrscheinlich als Mörser zum Zermahlen von Medizin oder Nahrungsmitteln diente; häufiges Fundstück in alten Klöstern

caher – ein ringförmiger, von Steinen eingeschlossener Bereich

cairn – aufgeschichtete Steine über einem prähistorischen Grab

cashel – steinerne *Ringfestung;* siehe auch *ráth*

céilidh – Treffen mit traditioneller Musik und Tanz, auch *ceili* genannt

ceol – Musik

Chor – Ostende einer Kirche, wo sich der Altar befindet; reserviert für die Geistlichen und den Chor

chipper – Slang für Fast-Food-Restaurants, die Fish ‚n' Chips anbieten

cill – wörtlich „Kirche"; irischer Ortsname, auch *kill*

cillín – wörtlich „kleine Zelle"; eine Einsiedelei, manchmal auch ein kleiner, abgelegener Friedhof für ungetaufte Kinder und andere „unerwünschte Tote"

Claddagh-Ring – Ring mit einem gekrönten Herzen zwischen zwei Händen, der seit Mitte des 18. Jhs. in *Connaught* getragen wird; zeigen die Hände zum Herzen, ist der Träger in einer Beziehung oder verheiratet, zeigen sie zur Fingerspitze, ist er noch auf der Suche

clochán – kreisförmiges Gebäude aus Stein, das an einen altmodischen Bienenstock erinnert und in frühchristlicher Zeit errichtet wurde

Connaught – eine der vier alten Provinzen Irlands, bestehend aus den Grafschaften Galway, Leitrim, Mayo, Roscommon und Sligo; manchmal auch *Connacht* geschrieben; siehe auch *Leinster, Munster* und *Ulster*

craic – Unterhaltung, Klatsch, Spaß; auch *crack* geschrieben

crannóg – künstliche Insel in einem See, die gute Verteidigungsmöglichkeiten bot

currach – Ruderboot aus einem Weidenrutengerüst, überzogen mit geteertem Segeltuch; auch *cúrach* geschrieben

Dáil – Unterhaus des Parlaments der Republik Irland; siehe auch *Oireachtas* und *Seanad*

DART – Dublin Area Rapid Transport, ein Nahverkehrszug

demesne – Landbesitz rund um ein Haus oder eine Burg

diamond – Stadtplatz

Dolmen – Grabkammer oder Grab aus aufrecht stehenden Steinen mit einem quer liegenden Deckstein aus der Zeit um 2000 v. Chr.

Drumlin – von zurückweichenden Gletschern abgerundeter Hügel

Dúchas – Behörde, die für Parks, Monumente und Gärten der Republik zuständig ist; früher unter dem Namen Office of Public Works bekannt

dún – Festung, meist aus Stein

DUP – Democratic Unionist Party; 1971 von Ian Paisley gegründet; strikt gegen die Versöhnungspolitik der *UUP*

Éire – irischer Name der Republik Irland

Eisenzeit – Periode der Metallverarbeitung vom Ende der *Bronzezeit* etwa 300 v. Chr. (Ankunft der Kelten) bis zum Aufkommen des Christentums um das 5. Jh. n. Chr.

Esker – mit Sand und Kies ausgefüllte Schmelzwasserrinne

Fáilte Ireland – „Willkommensausschuss"; Irische Tourismuszentrale

Fianna – mythische Kriegertruppe, die in vielen Erzählungen über das alte Irland eine Rolle spielt

Fianna Fáil – wörtlich „Krieger Irlands"; eine wichtige politische Partei in der Republik, entstanden aus einer *Sinn-Féin*-Gruppierung, die den 1921 abgeschlossenen Vertrag mit Großbritannien ablehnte

Fine Gael – wörtlich „Stamm der Gälen"; eine wichtige politische Partei in der Republik; sie entstand aus einer *Sinn-Féin*-Gruppierung, die den 1921 mit Großbritannien abgeschlossenen Vertrag befürwortete und die erste Regierung des unabhängigen Irlands stellte

fir – Männer (Singular: *fear*); Schild an Herrentoiletten; siehe auch *leithreas* und *mná*

fleadh – Festival

GAA – Gaelic Athletic Association (Irischer Sportverband); zuständig für Gaelic Football, *Hurling* und weitere irische Sportarten

Gaeltacht – bezeichnet Gebiete in Irland, in denen vorwiegend Irisch gesprochen wird

gallóglí – Söldner des 14. und 15. Jhs., zu *gallowglasses* anglisiert

garda – Polizei der Republik Irland (Plural: *gardaí)*

ghillie – Angel- oder Jagdführer, manchmal auch *ghilly* geschrieben

gort – wörtlich „Feld"; irischer Ortsname

HINI – Hostelling International of Northern Ireland (Nordirischer Jugendherbergsverband)

Hunger, the – umgangssprachlich für die Große Hungersnot von 1845 bis 1851

Hurling – irische hockeyähnliche Sportart

Iarnród Éireann – Republic of Ireland Railways (Eisenbahnen der Republik Irland)

INLA – Irish National Liberation Association (Irische Nationale Befreiungsarmee); 1975 als Splittergruppe der IRA entstanden, hält seit 1998 Waffenstillstand

IRA – Irish Republican Army (Irisch-Republikanische Armee); die größte paramilitärische Organisation der Republik wurde vor 80 Jahren gegründet, um für ein geeintes Irland zu kämpfen; 1969 teilte sich die IRA in die Official IRA und die Provisional IRA; die Official IRA ist nicht mehr aktiv und die PIRA wurde zur IRA

jarvey – Fahrer eines *jaunting car*

jaunting car – traditionelle Kutsche in Killarney

Kelten – kriegerische Stämme in der *Eisenzeit,* die um 300 v. Chr. nach Irland kamen und das Land in den nächsten 1000 Jahren beherrschten

Keltischer Tiger – scherzhafte Bezeichnung für die irische Wirtschaft in den Boomjahren von 1990 bis 2002

knackered – Slang für „müde, erledigt"

Leinster – eine der vier alten Provinzen Irlands mit den Grafschaften Carlow, Dublin, Kildare, Kilkenny, Laois, Longford, Louth, Meath, Offaly, West Meath, Wexford und Wicklow; siehe auch *Connaught, Munster* und *Ulster*

leithreas – Toiletten; siehe auch *mná* und *fir*

leprechaun – boshafter Kobold oder Naturgeist aus der irischen Folklore

lough – See, lange schmale Bucht oder Meeresarm

Loyalist – Person (meist handelt es sich um nordirische Protestanten), die der Ansicht ist, dass Nordirland mit Großbritannien verbunden bleiben muss

Luas – Niederflurstraßenbahnsystem in Dublin; Irisch für „Geschwindigkeit"

marching season – die Zeit von Ostern bis in den Sommer hinein, in der die Paraden des *Orange Order* stattfinden; sie erinnern an den Sieg des protestantischen Königs Wilhelm III. von Oranien über den Katholiken Jakob II. in der Schlacht am Boyne am 12. Juli 1690 sowie an die Vereinigung mit Großbritannien

Mesolithikum – Mittelsteinzeit (etwa von 8000–4000 v. Chr.); zu dieser Zeit ließen sich die ersten Siedler in Irland nieder; siehe auch *Neolithikum*

midden – Abfallhaufen einer prähistorischen Siedlung

mná – Damen; Schriftzug an Toiletten; siehe auch *fir* und *leithreas*

Motte – frühe normannische Befestigung: ein abgeflachter Hügel mit einem Bergfried auf dem Gipfel; wird die Anlage von einer Mauer eingefasst, bezeichnet man das Ganze als *motte-and-bailey fort;* Anfang des 13. Jhs. enstanden in Irland viele solcher Befestigungen

Munster – eine der vier alten Provinzen Irlands mit den Grafschaften Clare, Cork, Kerry, Limerick, Tipperary und Waterford; siehe auch *Connaught, Leinster* und *Ulster*

Nationalismus – Glaube an ein wiedervereinigtes Irland

Nationalist – Anhänger der Wiedervereinigung Irlands

Neolithikum – Jungsteinzeit (zwischen 4000 und 2500 v. Chr.); in dieser Zeit wurden die Menschen in Irland sesshaft; danach folgte die *Bronzezeit;* siehe auch *Mesolithikum*

NIR – Northern Ireland Railways (Eisenbahnen in Nordirland)

NITB – Northern Ireland Tourist Board (Nordirische Tourismusbehörde)

NNR – National Nature Reserves (Nationale Naturschutzgebiete)

North, the – die politische Einheit Nordirland, nicht der geografische Norden der Insel

NUI – National University of Ireland (Nationale Universität von Irland) mit Fakultäten in Dublin, Cork, Galway und Limerick

Ogham Stone – Stein mit eingeritzten Kerben: Ogham ist die älteste Schrift in Irland und bestand aus einer Vielzahl von Kerben

Oireachtas – Parlament der Republik Irland, bestehend aus dem *Dáil* (Unterhaus) und dem *Seanad* (Oberhaus)

Orange Order – der 1795 gegründete Oranierorden ist die größte protestantische Organisation in Nordirland mit bis zu 100 000 Mitgliedern; der Name erinnert an den Sieg König Wilhelms von Oranien in der Schlacht am Boyne

óstán – Hotel

palladianisch – Architekturstil, den Andrea Palladio (1508–1580) in Anlehnung an die altrömische Architektur entwickelt hat

Paramilitärs – bewaffnete illegale Organisationen, entweder *Loyalisten* oder *Republikaner*, denen man den Einsatz von Gewalt und Verbrechen zum Erreichen politischer sowie wirtschaftlicher Ziele vorwirft

partition – Teilung Irlands 1921

passage grave – keltisches Grab mit einer Kammer, die durch einen engen Gang zu erreichen ist; meist in einem Hügel

Penal Laws – Strafgesetze des 18. Jhs., die Katholiken u. a. den Kauf von Land sowie die Aufnahme eines öffentlichen Amtes verboten

Plantation – Siedlung protestantischer Einwanderer (auch *Planters* genannt) im 17. Jh.

poitín – illegal gebrannter Whiskey; auch *poteen*

Prod – Slang für einen nordirischen Protestanten

provisionals – Provisional IRA; wurde nach dem Bruch mit der offiziellen *IRA* gegründet; eine vielschichtige Gruppierung mit einem Namen, der von der provisorischen Regierung 1916 inspiriert wurde; stärkste Kraft bei der Bekämpfung der britischen Armee im Norden; auch als *„provos"* bekannt

PSNI – Police Service of Northern Ireland (Nordirische Polizei)

ráth – *Ringfestung* mit Erdwällen rund um eine hölzerne Palisade; siehe auch *cashel*

Real IRA – Splittergruppe der *IRA*, die das Karfreitagsabkommen ablehnt und sich damit gegen *Sinn Féin* stellt; verantwortlich für den Bombenanschlag in Omagh 1998, bei dem 29 Menschen starben; trotz eines später geschlossenen Waffenstillstands gilt sie als verantwortlich für Bombenattentate und andere Gewaltverbrechen in Großbritannien

Republic of Ireland – die Republik Irland besteht aus den 26 Grafschaften im Süden

Republikaner – Befürworter eines vereinigten Landes

Republikanismus – Glaube an ein vereinigtes Irland, manchmal als militanter Nationalismus

Ringfestung – von Wällen und Gräben umgebene ringförmige Siedlung, die von der Bronzezeit bis ins Mittelalter genutzt wurde, vor allem in frühchristlicher Zeit

RTE – Radio Telifís Éireann; nationaler Rundfunksender der Republik mit zwei Fernseh- und vier Hörfunkstationen

RUC – Royal Ulster Constabulary; früherer Name des Police Service of Northern Ireland *(PSNI*, Nordirische Polizei)

SDLP – Social Democratic and Labour Party; größte nationalistische Partei im nordirischen Parlament; trug wesentlich zum Zustandekommen des Karfreitagsabkommens bei und will ohne Gewalt ein wiedervereinigtes Irland erreichen; überwiegend katholische Mitglieder

Seanad – Oberhaus des Parlaments der Republik Irland; siehe auch *Oireachtas* und *Dáil*

shamrock – dreiblättriges Kleeblatt, mit dem der hl. Patrick die Dreieinigkeit erklärt haben soll

shebeen – vom irischen *síbín*; illegale Kneipe mit Alkoholausschank

sheela-na-gig – wörtlich „Sheila mit den großen Brüsten"; weibliche Figur mit übertrieben dargestellten Geschlechtsmerkmalen, die an manchen Kirchen- oder Burgwänden in Stein gehauen wurde; Erklärungen dafür reichen von Warnungen männlicher Kleriker vor den Gefahren des Geschlechtsverkehrs bis zu Darstellungen keltischer Kriegsgöttinnen

Sinn Féin – wörtlich „Wir Selbst"; eine republikanische Partei, deren Ziel ein vereinigtes Irland ist; wird als politischer Flügel der *IRA* betrachtet, betont aber stets, dass beide Organisationen völlig unabhängig voneinander seien

slí – Wanderweg

snug – Nebenzimmer in einem Pub, in dem nur Getränke serviert werden

Souterrain – unterirdischer Raum, oft in *Ringfestungen* bzw. *Wallanlagen*; diente wahrscheinlich als Versteck bzw. Fluchtweg und Lagerraum

South, the – Republik Irland

standing stone – aufrechter, in den Boden gepflanzter Stein aus verschiedenen Zeiten und in Irland weit verbreitet; manchmal Kennzeichen für ein Grab

Taoiseach – Premierminister der Republik Irland

teampall – Kirche

TD – *teachta Dála*; Parlamentsmitglied des Unterhauses *(Dáil)* der Republik Irland

Tinkers – abwertende Bezeichnung für die umherziehenden Iren; siehe auch *Travellers*

trá – Strand

Travellers – Bezeichnung für Irlands Roma

Treaty – angloirischer Vertrag von 1921, der Irland teilte und dem Süden relative Unabhängigkeit verlieh; Ursache für den Bürgerkrieg 1922–23

Trikolore – die grün-weiß-orangefarbene irische Flagge, symbolisiert die Hoffnung auf eine Einigung des „grünen" katholischen Südens mit dem „orangefarbenen" protestantischen Norden

turlough – ein kleiner See, der in trockenen Sommern oft komplett austrocknet; vom irischen Wort *turlach* abgeleitet

UDA – Ulster Defence Association; Irlands größte paramilitärische *Loyalistengruppe*; hält seit 1994 einen Waffenstillstand

uillean pipes – irische Dudelsäcke mit einem Blasebalg, der unter dem Arm befestigt wird; *uillean* ist das irische Wort für „Ellenbogen"

Ulster – eine der vier alten Provinzen Irlands; manchmal bezeichnet man damit die sechs Grafschaften Nordirlands, obwohl Ulster auch noch die Counties Cavan, Moanghan und Donegal (alle in der Republik) umfasst; siehe auch *Connaught*, *Leinster* und *Munster*

Unionist – Person, die Nordirlands Verbindung mit Großbritannien aufrechterhalten will

United Irishmen – 1791 gegründete Organisation, die die britische Macht in Irland einschränken möchte; sie zeichnete für eine Reihe erfolgloser Aufstände und Unruhen verantwortlich

UUP – Ulster Unionist Party; die größte *Unionistenpartei* in Nordirland und stärkste Macht im nordirischen Parlament; sie wurde 1905 gegründet und zwischen 1910 und 1921 von Edward Carson geführt; zwischen 1921 und 1972 war sie die einzige unionistische Organisation, wird heute jedoch von der *DUP* bedroht

UVF – Ulster Volunteer Force; eine illegale paramilitärische *Loyalistenorganisation* in Nordirland

Volunteers – Ableger des *IRB*, der als *IRA* bekannt wurde

Wallanlage – ein mit Wällen und Gräben befestigter Hügel, der zumeist aus der *Eisenzeit* stammt

Hinter den Kulissen

WIR FREUEN UNS ÜBER EIN FEEDBACK

Post von Travellern zu bekommen ist für uns ungemein hilfreich – Kritik und Anregungen halten uns auf dem Laufenden und helfen, unsere Bücher zu verbessern. Unser reiseerfahrenes Team liest alle Zuschriften genau durch, um zu erfahren, was an unseren Reiseführern gut und was schlecht ist. Wir können solche Post zwar nicht individuell beantworten, aber jedes Feedback wird garantiert schnurstracks an die jeweiligen Autoren weitergeleitet, rechtzeitig vor der nächsten Nachauflage.

Wer uns schreiben will, erreicht uns über **www.lonelyplanet.de/kontakt**.

Hinweis: Da wir Beiträge möglicherweise in Lonely Planet Produkten (Reiseführer, Websites, digitale Medien) veröffentlichen, ggf. auch in gekürzter Form, bitten wir um Mitteilung, falls ein Kommentar nicht veröffentlicht oder ein Name nicht genannt werden soll. Wer Näheres über unsere Datenschutzpolitik wissen will, erfährt das unter www.lonelyplanet.com/privacy.

DANK VON LONELY PLANET

Vielen Dank an folgende Traveller, die uns nach der letzten Auflage hilfreiche Tipps, Ratschläge und spannende Anekdoten geschickt haben:
Janet Armstrong, David Bellamy, Sonja Bergin, Darryl Bourke, Karsten Brauckmann, Brian Callahan, Nora Casey, Kate Cooke, Marie Coyne, William Dalrymple, Doug Eager, Tony Eklof, Anna Ellis, Kinga Eysturland, Kennet Fischer, Patrick Foley, Bryan Gray, Mechthild Hißler, Fiona Holdsworth, Kelly Hoskin, Aoife Kelly, Robert Keyes, Francis Lu, Melanie Luangsay, Tim McGowan, Jane O'Brien, Maitiú Ó Coimín, Arie van Oosterwijk, J-Me Peaker, Stuart Routledge, Rudy Trullemans, M Van De Merwe

DANK DER AUTOREN

Fionn Davenport

Mein Dank geht an Cliff, Gina und die Formatexperten bei LP, die meine Fragen schnell und hilfsbereit zu jeder Tages- und Nachtzeit beantwortet haben. Außerdem danke ich meinen Koautoren Catherine, Ryan, Neil und Josephine, deren großartige Arbeit dieses Buch noch besser gemacht hat. Danke auch an alle in Dublin und Irland für ihre Vorschläge, ihre Kritik und die hilfreichen Hinweise: Ich habe zwar nicht immer um eure Tipps gebeten, diese aber stets geschätzt!

Catherine Le Nevez

Sláinte zuerst und vor allem an Julian sowie an sämtliche Iren, Mitreisenden und im Tourismusbereich tätigen Menschen im Südwesten, die mich mit Tipps und Informationen versorgten und mit denen ich eine tolle Zeit hatte. Ganz besonders hervorheben möchte ich Michael in Tipperary, Denise und Dave in Clonakilty, Pat Joe in Bantry, Daniel in Dingle, sowie Anne und alle anderen in Killarney. Ganz herzlichen Dank auch an Cliff Wilkinson, Angela Tinson, Fionn und das *Irland*-Team sowie an alle Mitarbeiter bei Lonely Planet. Und wie immer merci encore an meine Eltern, meinen Bruder, meine *belle-soeur* und meinen *neveu*.

Josephine Quintero

Danke an die Mitarbeiter in den Touristeninformationen der Regionen, für die ich zuständig war, denn sie waren unglaublich hilfsbereit. Herzlichen Dank an Rosalind Fanning für ihre unschätzbaren Tipps und an Robin Chapman für die großartige Gesellschaft und die Fähigkeit, Karten zu lesen. Darüber hinaus danke ich Clifton Wilkinson bei Lonely Planet für seine unermüdliche Unterstützung während des gesamten Projekts.

Ryan Ver Berkmoes

So wie eine Unterhaltung in einem Irish Pub könnte auch die Liste derer, denen ich für ihre Hilfe danken möchte, endlos sein. Ein paar

Menschen gilt jedoch besonders großer Dank: In Galway war Charley Adley wie immer ein Freund und ein Quell der Inspiration. Anna Farrell verhielt sich respektlos wie immer und Eva Dearie war extrem hilfsbereit. Und unter einem ungewöhnlich goldenen Himmel pflückte ich eine Pflaume mit Alexis.

Neil Wilson

Ich danke dem Belfast Welcome Centre, dem freundlichen und hilfsbereiten Personal der Touristeninformationen und Translink in ganz Nordirland, Carol Downie sowie Tom und Will Kelly und Kevin Hasson (die Bogside Artists).

QUELLENNACHWEISE

Klimakartendaten von Peel, M. C., Finlayson, B. L. & McMahon, T. A. (2007), „Updated World Map of the Köppen-Geiger Climate Classification", *Hydrology and Earth System Sciences*, 11, 1633-44.

Illustrationen S. 64–65 und S. 72–73 von Javier Zarracina. Illustrationen S. 340–341 und S. 464–465 von Michael Weldon.

Umschlagfoto: Radfahrerin auf einem Feldweg, Inishmore, Aran Islands, Ireland/Douglas Pearson, Corbis ©.

DIESES BUCH

Dies ist die 5. deutsche Auflage von *Irland*, basierend auf der mittlerweile 11. englischen Auflage von *Ireland*, die von Fionn Davenport, Catherine Le Nevez, Josephine Quintero, Ryan Ver Berkmoes und Neil Wilson verfasst und bearbeitet wurde. Dieser Reiseführer entstand im Auftrag des Lonely Planet Büros in London und wurde von folgenden Personen produziert:

Verantwortlicher Redakteur Clifton Wilkinson
Leitende Redakteurinnen Gina Tsarouhas, Tasmin Waby
Chefkartografin Jennifer Johnston
Leitender Layoutdesigner Wibowo Rusli
Redaktion Bruce Evans, Annelies Mertens, Martine Power
Layoutdesign Jane Hart
Redaktionsassistenz Judith Bamber, Michelle Bennett, Elin Berglund, Janice Bird, Penny Cordner, Elizabeth Jones, Alan Murphy, Charlotte Orr, Gabrielle Stefanos, Fionnuala Twomey
Kartografieassistenz Julie Dodkins, Rachel Imeson, Jackson James, Drishya Liji, Anoop Shetty
Layoutassistenz Nicholas Colicchia
Umschlagrecherche Naomi Parker
Interne Bildrecherche Kylie McLaughlin
Redaktion Sprachführer Branislava Vladisavljevic

Dank an Anita Banh, Sasha Baskett, Laura Crawford, Brendan Dempsey, Ryan Evans, Larissa Frost, Chris Girdler, Genesys India, Jouve India, Carol Jackson, Annelies Mertens, Wayne Murphy, Trent Paton, Dianne Schallmeiner, Rebecca Skinner, Angela Tinson

Register

C

D

000 Kartenseiten
000 Fotoseiten

000 Kartenseiten
000 Fotoseiten

000 Kartenseiten
000 Fotoseiten

T

000 Kartenseiten
000 Fotoseiten

Kartenlegende

Sehenswertes
- Strand
- Vogelschutzgebiet
- Buddhistisch
- Burg/Festung
- Christlich
- Konfuzianisch
- Hinduistisch
- Islamisch
- Jainistisch
- Jüdisch
- Denkmal
- Museum/Galerie/ Historisches Gebäude
- Ruine
- Sento/Onsen
- Shintoistisch
- Sikhistisch
- Taoistisch
- Weingut/Weinberg
- Zoo/Naturschutzgebiet
- Sehenswürdigkeit

Aktivitäten, Kurse & Touren
- Bodysurfen
- Tauchen/Schnorcheln
- Kanu-/Kajakfahren
- Kurse/Touren
- Skifahren
- Schnorcheln
- Surfen
- Schwimmen/Pool
- Wandern
- Windsurfen
- Andere Aktivitäten

Schlafen
- Hotel/Pension
- Campingplatz

Essen
- Restaurant

Ausgehen & Nachtleben
- Bar/Kneipe/Club
- Café

Unterhaltung
- Theater/Kino/Oper

Shoppen
- Geschäft/Einkaufszentrum

Praktisches
- Bank
- Botschaft/Konsulat
- Krankenhaus/Arzt
- Internet
- Polizei
- Post
- Telefon
- Toilette
- Touristeninformation
- Noch mehr Praktisches

Landschaften
- Strand
- Hütte/Unterstand
- Leuchtturm
- Aussichtspunkt
- Berg/Vulkan
- Oase
- Park
- Pass
- Rastplatz
- Wasserfall

Städte
- Hauptstadt
- Landeshauptstadt
- Stadt/Großstadt
- Ort/Dorf

Transport
- Flughafen
- Grenzübergang
- Bus
- Seilbahn/Standseilbahn
- Fahrradweg
- Fähre
- Metro/MRT-Bahnhof
- Einschienenbahn
- Parkplatz
- Tankstelle
- Skytrain-/S-Bahn-Station
- Taxi
- Bahnhof/Eisenbahn
- Straßenbahn
- U-Bahn-Station
- Anderes Verkehrsmittel

Hinweis: Nicht alle Symbole kommen in den Karten dieses Reiseführers vor

Verkehrswege
- Mautstraße
- Autobahn
- Hauptstraße
- Landstraße
- Verbindungsstraße
- Sonstige Straße
- Unbefestigte Straße
- Straße im Bau
- Platz/Fußgängerzone
- Stufen
- Tunnel
- Fußgängerbrücke
- Spaziergang/Wanderung
- Wanderung mit Abstecher
- Pfad/Wanderweg

Grenzen
- Staatsgrenze
- Bundesstaaten-/Provinzgrenze
- Umstrittene Grenze
- Regionale Grenze/Vorortgrenze
- Meeresschutzgebiet
- Klippen
- Mauer

Gewässer
- Fluss/Bach
- Periodischer Fluss
- Kanal
- Gewässer
- Trocken-/Salz-/ Periodischer See
- Riff

Gebietsformen
- Flughafen/Start- & Landebahn
- Strand/Wüste
- Christlicher Friedhof
- Sonstiger Friedhof
- Gletscher
- Watt
- Park/Wald
- Sehenswertes Gebäude
- Sportanlage
- Sumpf/Mangroven

DIE AUTOREN

Fionn Davenport

Hauptautor; Dublin; Counties Wicklow & Kildare Der in Dublin geborene und von seiner Heimatstadt überzeugte Fionn hat an mindestens sieben Auflagen dieses Reiseführers mitgearbeitet. Er fühlt sich immer stärker an Tancredis Lehrspruch in *Der Gattopardo* erinnert: „Alles muss sich ändern, damit sich nichts ändert." In Irland ist mittlerweile tatsächlich alles anders, trotzdem konnte das Land seine traditionellen Stärken – schöne Landschaften, freundliche Bewohner und eine generelle Fröhlichkeit – bewahren, was einen regelrecht zur Wiederkehr zwingt. Fionn verfasste auch die Anfangskapitel zur Reiseplanung sowie die Texte in der Rubrik „Irland verstehen" und in der Rubrik „Praktische Informationen".

Catherine Le Nevez

County Cork; County Kerry; Counties Limerick & Tipperary Catherine entdeckte ihre Reiselust schon im Alter von vier Jahren bei einem Roadtrip durch Europa. Seither war sie wann immer es ging unterwegs. Sie schrieb sowohl ihre Doktorarbeit in Creative Arts in Writing als auch ihren Master in Professional Writing und ihre Abschlussarbeit in Editing and Publishing im Ausland. Catherine hat irische und bretonische Vorfahren und liebt Guinness. Es gibt keine Region auf der grünen Insel, wo sie sich nicht auskennt. Für Lonely Planet hat sie einen Großteil der Counties bereist, u. a. in vielen früheren Ausgaben dieses Bandes.

Josephine Quintero

Counties Wexford, Waterford, Carlow & Kilkenny; Die Midlands; Counties Meath, Louth, Cavan & Monaghan Als Josephine einige weniger besuchte Counties erkundete, entdeckte sie mystische Höhlen, Menschen, die an Elfen glauben, und Restaurants mit altmodischen Gerichten. Außerdem stieß sie auf geschichtsträchtige Burgen, malerische Landschaften und atmosphärische Ruinen. Ein hervorragender Gegenpol zu diesen ländlicheren Gegenden waren Aufenthalte in den lebendigen Städten Waterford und Kilkenny. Josephine arbeitete bisher an über 35 Lonely Planet Reiseführern mit. Ihre Liebe zu Irland wächst bei jedem Besuch.

Mehr zu Josephine unter:
lonelyplanet.com/members/JosephineQuintero

Ryan Ver Berkmoes

County Clare; County Galway; Counties Mayo & Sligo Ryan hat sämtliche Höhepunkte in den von ihm bereisten Counties abgeklappert. 1985 war er zum ersten Mal in Galway. Seine Erinnerung von damals führt ihn an einen grauen Ort, wo die Einwohner gern durchs matschige Watt stapfen und das als Spaß haben verstehen. Diese Zeiten sind jedoch vorbei! Ob er nun einsame Dorfpubs besucht oder in verblichenen Erinnerungen schwelgt – Ryan schwärmt einfach für dieses Land, in dem sein Vorname die Menschen zum Lächeln bringt und sein Nachname für Stirnrunzeln sorgt. Mehr über ihn erfährt man unter ryanverberkmoes.com, außerdem kann man ihm bei Twitter folgen (Twitter@ryanvb).

Neil Wilson

County Donegal; Belfast; Counties Down & Armagh; Counties Londonderry & Antrim; Counties Fermanagh & Tyrone 1994, als nach dem Waffenstillstand so etwas wie Optimismus aufkam, reiste Neil zum ersten Mal nach Nordirland. Nachdem er herausfand, dass fast all seine Vorfahren mütterlicherseits aus Ulster stammten, stieg sein Interesse für die Geschichte und Politik des Landes immer mehr. Durch seine Mitarbeit an *Irland* konnte er die Friedensbemühungen aus unmittelbarer Nähe beobachten. Neil arbeitet in Vollzeit als Reisejournalist. Er lebt in Schottland und hat bisher über 50 Reiseführer für ein halbes Dutzend Verlage verfasst.

Mehr zu Neil unter:
lonelyplanet.com/members/neilwilson

DIE LONELY PLANET STORY

Ein uraltes Auto, ein paar Dollar in den Hosentaschen und Abenteuerlust, mehr brauchten Tony und Maureen Wheeler nicht, als sie 1972 zu der Reise ihres Lebens aufbrachen. Diese führte sie quer durch Europa und Asien bis nach Australien. Nach mehreren Monaten kehrten sie zurück – pleite, aber glücklich –, setzten sich an ihren Küchentisch und verfassten ihren ersten Reiseführer *Across Asia on the Cheap*. Binnen einer Woche verkauften sie 1500 Bücher und Lonely Planet war geboren. Heute unterhält der Verlag Büros in Melbourne (Australien), London und Oakland (USA) mit über 600 Mitarbeitern und Autoren. Sie alle teilen Tonys Überzeugung, dass ein guter Reiseführer drei Dinge tun sollte: informieren, bilden und unterhalten.

Lonely Planet Publications,
Locked Bag 1, Footscray,
Melbourne, Victoria 3011,
Australia

Verlag der deutschen Ausgabe:
MAIRDUMONT, Marco-Polo-Straße 1, 73760 Ostfildern,
www.lonelyplanet.de, lonelyplanet@mairdumont.com

Chefredakteurin deutsche Ausgabe: Birgit Borowski

Redaktion: Meike Etmann, Isabelle Zeder, Michaela Franke; Verlagsbüro Wais & Partner, Stuttgart
Mitarbeit: Nadine Beck
Übersetzung der 5. Auflage: Julie Bacher, Anne Cappel, Britt Maaß, Petra Sparrer, Katja Weber
(An früheren Auflagen haben zusätzlich mitgewirkt: Matthias Eickhoff, Christiane Gsänger, Ulrike Jamin-Mehl, Jutta König, Dieter Krumbach, Monika Krumbach, Claudia Mark, Thomas Pago, Marion Pausch, Christiane Radünz, Jutta Ressel, Claudia Riefert, Margit Sander, Beatrix Thunich, Karin Weidlich, Simone Wiemken)
Technischer Support: Primustype, Notzingen

Irland
5. deutsche Auflage Juli 2014,
übersetzt von *Ireland 11th edition*, März 2014
Lonely Planet Publications Pty
Deutsche Ausgabe © Lonely Planet Publications Pty, Juli 2014
Fotos © wie angegeben 2014

Printed in China